災難救援、安置與重建

林萬億、張麗珠、李香潔、莊明仁、陳竹上、王秀燕、
陳武宗、謝宗都、陳偉齡、劉華園、傅從喜、謝志誠、
邵俊豪、邵珮君、趙善如、范舜豪、吳慧菁、譚慧雯、
蕭淑媛、鍾昆原、蔡宜廷、黃瑋瑩、李俊昇、鄭如君、
楊文慧、林珍珍、邱筱雅、蔡宜蓉、黃瑋瑩、林津如　等著

五南圖書出版股份有限公司

編者序

　　本書得以問世，首先要感謝這群關心臺灣災難的朋友們，從1999年921集集大地震開始，就持續投入災難救援與研究工作。到2009年莫拉克風災，更是以過去累積的救災經驗，加上更多學術與實務的視角，將臺灣大大小小的災難救援經驗，爬梳整理，成為這本厚厚的著作。不過，若是沒有當時的國科會全力相挺，也不可能有持續的經費支持，讓研究團隊有來回出入災區的車資、伙食費與訪談費。

　　當莫拉克風災發生不久，我陪同前行政院長蘇貞昌回到他的家鄉屏東，探望當時的縣長曹啟鴻，並主動提出參與救災的意願。我們一行人站在高速公路林邊段往波濤依然一望無際的淹水區看過去，只看到水中孤島的廟宇屋頂飛簷，說實在地，腳已痠軟。可以想像，水退後的場景將是如何，垃圾堆積如山、斷垣殘壁、田園砂石覆蓋，破落的家園重建路迢遙。不只這些，撤離家園安置的災民們，有死有傷，如何盡快讓他們返家清理家園、恢復村落生機，也不是一年半載能竟全工。

　　之後幾天，我又來到高雄縣，去探望楊秋興縣長、吳麗雪處長，希望盡棉薄之力，協助救災。聽到楊縣長說光是那瑪夏楠梓仙溪沖積下來的土石，淹沒南沙魯、小林部落，就不知道要清理多久？從桃源鄉、那瑪夏鄉、甲仙鄉撤離下來的災民，在內門、杉林，甚至到佛光山，還有部分遠離到高雄市投靠親戚、教會避難，何時才能再回到故鄉？想到就頭皮發麻。

　　這些場景，把我拉回到921大地震，當時擔任臺北縣副縣長，除了奉蘇貞昌縣長之命，坐鎮新莊博士的家、龍閣社區倒塌大樓救援之外，也創建社會暨心理關懷站，協助災民重建家園。之後，又奉行政院之命派駐臺中縣霧峰一個月，支援臺中縣清理倒塌大樓、安頓災民。更抽空前往南投縣協助處理災後生活重建中心。

　　在臺灣，所有國民只要有一定的歲數，很難不遭遇到幾次大大小小的災難、風災、水災、地震、火災、車禍等。即使住在北部的我，沒有聽聞長輩描述八七水災的可怕，也難逃葛樂禮颱風水淹及屋頂的恐怖經歷。而臺灣人在1999年以前，已經有超過一甲子沒有被大地震震撼到，我卻在1989年目睹美國舊金山大地震折斷海灣大橋的經驗。也是那次震災，讓我直接接觸到什麼叫大規模救災的場面，從聯邦政府來的FEMA組織人員機具設備，來自加州及鄰近州的國民兵、州政府、鄰近各縣政府、舊金山市政府、社區居民，以及NGOs的投入，那種忙中有序的救災，給我很多的學習，深信災難雖難規避，但卻可透過預防、救援、復原與重建，使得災難傷害減低到最小。

　　　　　　　　　　　　　　　　　　　　　林萬億

目錄

第一篇

總　論

第一章　災難與臺灣災難史

林萬億

壹、前言

　　依世界銀行2005年出版的《天然災難熱點：全球風險分析》（Natural Disaster Hotspots: A Global Risk Analysis）（Dilley et al., 2005）報告指出，臺灣是世界上最易受到天然災害衝擊的地方。因為臺灣約有73.1%的人口居住在有3種以上災難可能衝擊的地區。99.1%的土地暴露在2種以上災難可能衝擊的地區，這些地區居住人口高達全臺灣的98.9%。就多重災難對經濟風險的影響來看，臺灣處在高風險區域（percent of total area at risk）的面積高達97%，處在高風險區域的人口群（percent of population in areas at risk）高達總人口的96.6%，這些高風險區域的產值高達國民生產毛額（Percent of GDP in Areas at Risk）的96.5%。臺灣多災多難的原因，首先是臺灣位於亞洲大陸東南邊緣，屬於歐亞大陸板塊與菲律賓海板塊的聚合交界處，為世界上有感地震最多的地區之一；其次，臺灣也位於季風氣候帶與颱風行徑的路線上，每年夏季颱風水患等氣象災害造成的損失極為可觀；第三，其他天然災害如梅雨、寒流、乾旱等也造成臺灣經濟上不小的損失。

　　Rogge（2003）指出，在21世紀，自然與科技災難造成的痛苦與喪失的風險，必然持續。主要在於人口增加的壓力與全球氣候變遷，全球暖化或長期大氣循環（long-term atmospheric cycles），造成個人、家庭、社區與生態的傷害。許多社區才度過一個災害的救援，馬上又面臨另一個災害的預防。一天之內，一個國家有可能同時面對颱風、旋風、洪水、地震、科技災難。

　　任何社會幾乎都避免不了遭遇各種災難，不論是人為的或是天然的。Grossman（1973）指出災難（disaster）是人為或非人為的破壞力量，未預警地對人類常態社會功能產生重大的瓦解性影響。聯合國國際減災策略（International Strategy of Disaster Reduction, ISDR）定義災難是一種自然、人為環境與社會過程間複雜的互動之下，產生顯著地對人類與永續環境的傷害（UN General Assembly, 1989）。聯合國（the UN）指出災難是一種嚴重破壞社會功能，導致廣泛的人類、物質，或環境的損失，而超出受災地區使用自身資源能力因應的。

　　人為的災難包括戰爭、集體自殺、自殺式攻擊、散播有毒物質、流血鎮壓、大規模毀滅性攻擊、化學爆炸、交通運輸事故等；天然災難（natural disaster）則有地震、水、火、風、旱、蝗、瘟疫、雪崩、冰雹、蟲等。災難雖可預防，但難以預測。Echterling & Wylie（1999）指出當人類居住在受災環境，自然的威力將引發眾多人民的傷害或死亡；摧毀住家、鄰里，以及整個社區；瓦解社會的經濟、社會與政治功能。只能透過完善的防災準備以降低損害，或是透過快速有效的救援而使災難傷害降至最低。因此，各國政府除了投下心力於災難預警系統的研發外，無不努力於防災與救災的準備與規劃工作，以降低災難的損害。

　　Coppola（2011）指出晚近災害的趨勢有以下幾點：1. 受到災害影響的人數增加，2. 因災害死亡人數減少，3. 總的來說災害造成的成本增加，4. 窮國受到災害後果的影響不成比例地高，5. 每年災害發生的次數增加。臺灣也不例外，不只是自然災害沒減少，人為災害越來越多，受到影響的人民也越來越多，災難成本亦越來越高。尤其是科技帶來的災害是早年所未曾經歷的，例如：氣爆、塵爆。

　　災難的發生不只是人員傷亡、農作物損毀、房舍倒塌、交通中斷，還涉及到緊急安置、社區生活重建、災難創傷症候群等問題；災難受害者每每因個人或家庭的生命、財產受到傷害，以及個人經歷到的驚恐而產生各種創傷，包括生理的病變，如胃痛、痙攣、退化、麻木、食欲不振、心臟疾病等；心理的病變，如過度悲傷、憤怒、自責、驚嚇、失眠、退縮、沮喪、自殺、壓抑、焦慮、失業、失學、失依等；以及社會的傷痛，如人際關係疏離、支持體系瓦解、經濟不安全、家庭解組、社區崩潰等。兼顧效率與過程的災難救援可以減少災難帶來的傷害（林萬億，2011）。

　　反思臺灣的災難管理，過去無數次的災難中，救災人員關心的焦點往往集中在救人、救財物、清理現場，以及災害慰助金發放上，較忽略災民緊急安置、社區重建、災難創傷症候群的抒解，對災難管理的重要性，更不用說從災難經驗中累積防災、救災的知識。

　　本文先從災難的性質談起，進而整理臺灣發生過的災難，藉此討論臺灣救災與防災機制的建立。

貳、災難的性質

　　「disaster」在臺灣被譯為災害或災難。依我國的「災害防救法」第2條定義災害是指下列災難所造成之禍害：

　　（一）風災、水災、震災（含土壤液化）、旱災、寒害、土石流災害等天然災害。

　　（二）火災、爆炸、公用氣體與油料管線、輸電線路災害、礦災、空難、海難、陸上交通事故、森林火災、毒性化學物質災害、生物病原災害、動植物疫災、輻射災害、工業管線災害等災害。

　　顯示，災害因天然災難與非天然災難而引起。亦即，災害是災難的後果。既然是災難，必然造成重大的人員傷亡、財產損失、作物損毀、環境破壞、生態改變等重大影響。

　　在災難防救實務上，有幾個概念與災難有關，有時甚至被交互使用，包括：災害、風險、脆弱性、危機、重大災難等，以下分別敘述。

一、災害（hazard）

　　hazard源於法文的*hasard*，一種擲兩顆骰子的賭局，是指機會的意思；或是阿拉伯文的*al-zahr*，意指死亡。依美國聯邦緊急管理總署（Federal Emergency Management Agency, FEMA）的定義，災害是一種事件（events）或物理條件（physical conditions），潛在地造成死亡、傷害、財產損失、基礎工程破壞、農業損害、環境破壞、商業中斷，或其他形式的傷害或喪失（FEMA, 1997）。一般說來，災害指涉一種潛在的危險（danger）或外部系統或暴露的主體的風險因子（Cardona, 2007）。基本上，災害來自自然的過程或現象，或一種物質或人類

活動，可能會導致生命損失、傷害，和其他健康的影響、財產損失、生計和服務的喪失、社會和經濟的破壞，以及環境惡化。其發生機率是在一個特定的時間與既定的區域內，一種潛在的破壞性的自然現象。通常有三個階段：蟄伏期（dormant）、引爆期（armed）、惡化期（active）。例如：船難、飛機失事、森林大火、禽流感、有毒物質外洩等都是災害。

　　人類生活在無所不在的災害中，包括天然災害（natural hazards）、科技災害（technological hazards）、人為災害（intentional hazards）等（Coppola, 2011）。

（一）天然災害

1. 地質災害（tectonic hazards/ seismic hazards）：最常見的地質災害是地震，及其造成的二度傷害，例如：山崩／滑坡（landslides）、土石流（rockslides／rockfalls）、雪崩（avalanches）、海嘯（tsunamis）等。此外，火山（volcanoes）爆發及其岩漿（mudflows／lahars）是另一個嚴重的地質災害。

2. 大規模運動災害（mass-movement hazards）：是指非因地質引起的迅速、大規模的物體滑落，或物質膨脹、收縮活動造成的天然災害，最常見的是受到大雨、大雪、雪融、冰融、侵蝕、失去草木植被支撐、地震、火山爆發，或者因於人類活動導致的碎裂運動（debris movement）。常見的大規模運動包括土石流、山崩、土石裂解、雪崩、地層下陷等。

3. 水文災害（hydrologic hazards）：水文造成的災害包括洪水、岸蝕（coastal erosion）、土壤侵蝕（soil erosion）、鹽化（salination）、乾旱、沙漠化（desertification）等。常見的洪水有河川潰堤、豪雨淹水、水壩決堤、海岸侵蝕、沖積扇淹沒等。乾旱是因雨量少造成；沙漠化則可能因自然的雨量減少，或是人類不當、疏於土地管理或動物的壓迫造成。

4. 氣象災害（meteorological hazards）：包括熱帶風暴（tropical cyclones）（形成於東經160度以西的西南太平洋）、暴風（severe cyclonic storm）（形成於北印度洋的風暴）、颶風（hurricane）（形成於北大西洋與換日線以東的東北太平洋、東經160度以東的南太平洋）、颱風（typhoon）（形成於換日線以西的西北太平洋）。此外，季節風（monsoons）、龍捲風（tornadoes）、直線風（straight-line winds）、冰暴（ice storms）、雪暴（snowstorms）、冰雹（hailstorms）、降霜（frost）、酷寒（extreme cold）、酷暑（extreme heat）、風暴（windstorms）、沙塵暴（sandstorms／duststorms）、野火（wildfires）、雷電風暴（thunderstorms）、大霧（fog）、聖嬰與反聖嬰（El Niño／La Niña）現象等因氣候變遷造成的天氣災害。

   霧霾（Smog）則不是一種自然現象，比較屬於工業災害。當水平風減弱時，不利於大氣汙染物向城區外圍擴展稀釋，容易累積高濃度汙染，再加上發生逆溫現象，汙染物無法對流至高空，就形成霾。而大氣汙染物的來源多樣，例如：汽車排放的廢氣、工業排放、道路揚塵、建築施工揚塵、工業粉塵、垃圾焚燒，甚至火山爆發等。1952年12月發生於倫敦的霧霾，自12月5日持續到12月9日。發生的原因包括氣溫低、反氣旋，再加上無風，以及大量燃燒煤炭所產生的空氣汙染，形成了濃重的大霧。霧霾釀成4千人死亡的大災難，並導致10萬人以上受到呼吸道疾病影響。2004年的報告重新評估指出，估計超過12,000人死亡（Bell, Davis & Fletcher, 2004）。

5. 生物或健康相關的災害（biological/health-related hazards）：包括人類流行疾病（human epidemics）、禽畜流行疾病（livestock or animal epidemics）、植物與農業流行疾病（plant and agricultural epidemics）等。

6. 其他天然災害：例如隕石（meteors and meteorites）擊中、中毒、太空氣象、動物攻擊等。

（二）科技災害（**technological hazards**）

1. 交通災害（transportation hazards）：包括交通基礎建設災難（transportation infrastructure disasters）、飛機失事（airline accidents）、火車事故（rail accidents）、船舶失事（maritime accidents）、道路事故（roadway accidents）。

2. 基礎建設災害（infrastructure hazards）：包括大規模停電、電信系統故障、電腦網路故障、大規模停水、瓦斯管線破裂、水壩失效、食物短缺、公共健康設施過度負荷、經濟失靈等。

3. 工業災害（industrial hazards）：包括危險物質生產與儲存災害、礦災。

（三）火災與建築倒塌

火災是人類社會最常見的因人為疏失或縱火引發的災難，例如：森林大火、社區大火、大樓火災、廠房失火等。建築物倒塌則是因為結構設計不良、施工品質不佳，或因地震、土石流造成。

（四）人為災害

1. 戰爭是人為災害中最嚴重的。人歷史上因戰爭而死亡的人數難以估計。即使到今天，世界各地仍然還繼續為了宗教、種族、地盤、資源、權力而征戰不休。

2. 恐怖主義（terrorism）則是另一種可怕的人為災害。戰爭與恐怖主義造成人類傷亡，除了傳統爆炸型武器之外，也使用大型破壞武器（weapons of mass destruction, WMDs），例如：化學、生物、輻射或核能武器的殺傷力更強。

3. 網路恐怖主義（cyberterrorism）是利用駭客攻擊電腦網路，竊取資訊、癱瘓網路系統、盜取銀行存款等。

4. 毒品恐怖主義（narcoterrorism）是利用毒品生產、交易、運送轉取大量的資金，也是造成重大傷亡的禍根。

5. 公民暴動、示威、抗議也可能釀成死傷慘重的災難。

6. 犯罪也是人為災害的之一，例如：校園攻擊、謀殺。

7. 蜂擁（stampedes）是為了逃難、朝拜、搶看明星、搶紅包、搶購物資而一擁而上地推擠，可能因人擠人、踩死人而造成災害。

8. 複雜緊急狀態（complex emergency）是一種被聯合國特出單獨定義的災難情境，或稱複雜的人道緊急狀態（complex humanitarian emergency, CHE）。是指一個國家的人道危機（humanitarian crisis），起因於內部、外部衝突或天然災難，導致政治、社會、經濟與社會情境的迅速崩壞，嚴重損及人口生存與國家因應的能量，需要結合多部門與國際的應變（Wigdel, 2000）。

二、風險（risk）

如同人生難免遭遇災害一樣，人生亦遍布風險。風險的正面意義是冒險（venture）、機會（opportunity）。阿拉伯文*risq*是「指任何事務上帝已經賜予你，你將從此獲益。」（Kedal, 1970; 引自Coppola, 2011）這可能是為何有人將風險視為是機會的原因。拉丁文*risicum*則是指水手試圖繞行，避免讓船隻駛入暗礁而擱淺的先發動作。看來拉丁文的風險比較像是與當今災難管理有關聯的風險的字源，此時風險偏向負面的描述。

Ansell & Wharton（1992）將風險定義為「風險＝似真×後果」（risk=likelihood x consequence）。似真表達一種機率（probabilities）或頻率（frequency）以作為考量分析的參考；後果表示災害造成人民死傷與財產損失的測量。據此，風險表達一種減少災害成真與後果降臨的可能性。如果將災難等同於天然災害，則災害與脆弱性就相有互動關係，據此，Blaikie, Cannon, Davis & Wisner（1994）將風險定義為「風險＝災害＋脆弱性（risk=hazard + vulnerability）」。

三、脆弱性（vulnerability）

　　脆弱性來自拉丁字*vulnerabilies*，意思是受傷害。脆弱性被用來測量一個客體、區域、個人、社區、國家，或其他實體面對災害的後果。脆弱性呈現災難的多面向性（multi-dimensionality），涵蓋整個既定社會情境中的各種關係，組成災難結果的環境力量與過程（Oliver-Smith, 2007）。通常，兩個不同的國家或區域遭受到同樣程度的災難，因為脆弱性的差異，使災難的後果呈現不同的局面（Hewitt, 1997）。例如，2001年1月26日發生於印度古吉拉特（Gujarat）的芮氏7.8-7.9級地震，這是印度自1950年發生8級大地震以來最強烈的一次地震，死亡超過2.5萬人，16.7萬人受傷。一百年前的1906年4月18日，美國舊金山也發生一次7.8級強震，當時公布死亡人數為478人，保守估計應該有3,000-6,000人喪生，22.5萬至30萬人無家可歸。同樣的兩個地震，印度古吉拉特地震的死亡人數多於舊金山大地震的原因在於脆弱性的差異。即使一百年前美國舊金山的城市建設差今天很遠，仍比印度古吉拉特的基礎建設好，救災的機制完善。

　　既然災害相似，災難不同，取決於脆弱性的程度，脆弱性就不只可被研究，也可被測量。Pelling（2001）認為脆弱性由三個要素組成：暴露（exposure）、抵抗（resistance）、復原力（resilience）。暴露是周遭環境與位置；抵抗是人民健康條件與生計；復原力是調適與整備。亦即，減少對自然環境的破壞，增加對災害的減災行動與整備潔可降低脆弱性。一般來說，脆弱性包括四方面：物理、社會、經濟、環境。每一方面都由一組因素組成，且可測量。例如，物理因素包括：植被、土質、地形、坡度、面向、水資源、溼地與分水嶺、瑕疵、氣候等。社會脆弱性因素則是包括宗教、年齡、性別、識字率、健康、政治、安全、人權、政府與治理、社會公平、傳統價值、習慣、文化等（Coppola, 2011）。Pelling（2007）指出都市化與風險是同時演進的。擁擠、規劃不當、過度開發、施工不良、欠缺水土保持、環境破壞、生態失衡、貧富差距、社區意識淡薄、享樂主義、城市治理差等都是都市較常發生天然、人為災難的原因。亦即，都市不只是潛藏環境上的脆弱性，也是具有高度的社會脆弱

性。

　　脆弱性也是一個了解風險的關鍵概念，其企圖打破由來已久西方文化規範中關於人類社會與其環境間關係的全盤科技態度（all-too-technocratic attitudes）。在1970年代以前，西方社會普遍認為災難是一種純粹的物理現象，需大量依賴科技解決；之後，取而代之的是認為災難是人類行動的後果。亦即，災難是社會脆弱性的體現（actualization of social vulnerability）（Lewis, 1999）。

　　Cannon（1994）更直白地說：「災害是天然的，災難則不是（hazards are natural, disasters are not）。」國際減災策略（ISDR）出版的《與風險共存》（*Living with Risk*）文件中也指出：「大部分的天然災害也許難以避免，但是災難可免（While most natural hazards may be inevitable, disasters are not）。」（ISDR, 2004）因為社會過程不同使得每個人暴露在風險的機會不同，有些人容易陷入災難，另一些人則否，而這種不均的現象大量受到該社會權力關係運作的影響。人類與其環境的關係可以從個人、家戶、社區、社會等系統來理解，每一系統都有其脆弱性。社會脆弱性的決定因素部分源於階級、性別與種族複雜的屬性所組成。Wisner（1993）也指出，脆弱的人們處在風險中，並非單純由於他們暴露在災害中，而是由於其身處邊緣性（marginality），導致其生活在長期緊急（permanent emergency）狀態中。邊緣性決定於階級、性別、年齡、種族與身心障礙等多種因素組成。

四、危機（crisis）

　　危機（crisis）是指因危害事件（hazardous events），或一連串的困難，導致個人、家庭、團體、組織、社區、社會、國家失去平衡而陷入脆弱狀態（vulnerable states）。危機既是危險，也是機會。危機與災難關聯較多在於因災難造成的創傷後壓力疾患（Post-traumatic Stress Disorder, PTSD）的臨床介入與宏觀的危機介入（macro crisis intervention）（Sundet & Mermelstein, 1996）。

五、重大災難（catastrophe）

重大災難是指讓生活在一個社區中的所有或大多數人的基本生活供應中心受到影響，自救已不可能的狀況，例如：飢荒、戰爭、核能電廠爆炸。

災難的特性影響社會與心理後果包括災難原因、預測程度、恐懼程度、災難發生位置、損害範圍、資源支持的無限與永續（Regehr, Roberts, & Bober, 2008）。不管是哪一種災難，均有以下特質（Drabek, 1970; 林萬億，2002，2010a，2010b，2011）：

（一）突發性（suddenness）：有些災難發生前有2到3天的預警期，如颱風、颶風、洪水、火山爆發、乾旱。但是，有些災難幾乎無預警期，如地震、化學爆炸、火災、飛機失事、火車相撞等都是突然發生。

（二）不熟悉（unfamiliarity）：人們雖然見識過不少災難，但是它終究不是生活中熟悉的事物。每一次災難發生，往往都帶來新的體驗。

（三）難預料（unexpectedness）：颱風會不會帶來豪雨？豪雨會不會帶來土石流？土石流會不會經過民宅？雖可預測，但難精準計算。

（四）地區性（highly localized in scope）：災難通常是地區性的，如地震通常隨斷層帶走，水災往往淹沒全河域，海嘯侵襲整個沿海地區。

（五）警報脈絡的變異（warning contexts varied）：在不同地點有不同的生態、法律的警示標準與做法，如墨西哥裔美國人靠口耳相傳，依賴非正式的家庭、朋友等社會網絡來傳遞災難資訊，美國白人或黑人則較依賴正式的警報資訊（Fothergill, Maestas & Darlington, 1999）。

無疑地，災難會造成人員傷亡、財產損害、社區瓦解、環境破壞等多重後果。災難發生，涉入者包括受害者（傷亡）及其家屬、目睹者、救災人員，有時還有加害者。每一組人因涉入「人在危機情境中」（person-in-crisis situation）所處的位置不同，而有不同的行為反應。（林萬億，2002a，2002b，2010a，2010b）指出：

（一）因個人或家庭的生命、財產、自主、福祉受到威脅的行為反應，依災難發生的時序可大分為三個階段

1. 災難發生時：驚嚇、麻木、手足無措、痛哭、失控。

2. 災難發生後一段時間：沮喪、悲傷、失落、無力感、罪惡感、無助感、焦慮、失眠、做惡夢、憂鬱、食欲不振、害怕孤獨、退縮、壓抑、人際關係不良。

3. 復原或重建後期：認知改變、接納、發展新的問題解決行為、適應新環境。

（二）對災難的理解不同，行為反應也不同

1. 不管人們是否曾經歷過災難，恐懼、憤怒與無助在災難發生中是常態的反應，即使這些感覺是無益的。但是，曾經歷過災難的人，恐懼與無助會降低（Coulter & Noss, 1988）。

2. 如果人們認定災難對生命安全有害，那麼用再多的科學根據來說明災難風險很低，就很難取信於民了。例如，美國牛肉是否含有狂牛症病毒？H1N1疫苗安全嗎？中國大陸的毒奶粉、毒水餃等安全嗎？核能輻射食物安全嗎？

3. 在危機中，責難特定的個人或組織的情形會擴大，如要求查辦偷工減料、工程施作不當、官商勾結、救災不力等。受害者有可能訴諸法律行動，如訴訟；或訴諸集體抗爭，如抗議、遊行、示威等。

4. 受害者認為天災可原諒，人為疏忽則會要求追究責任。若是人為造成災難則會要求查辦嚴懲；若是人類錯誤的結果，只好共同承擔。

5. 救災有誠意，責難相對少；救災行動快，災民怨懟低；社會支持多，災區復原好；救災能整合，復原較完善。

（三）早年未解決的困擾，影響當前處理危機的效能

1. 救災組織間的主張不同會在救災過程中一一暴露。例如，本來立場、主

張不一致的災難救援組織會在救災過程中出現對救災方法、途徑、順序等的不同看法。如果起爭執，往往影響救災的效率。

2. 災區居民間的利益矛盾會在災難發生時一一浮現。例如，本來就利益不一致的社區居民，會爲了維護自身社區利益，而質疑救災物資的發放公平性，導致救災過程出現不必要的延宕（林萬億，2002）。

3. 行政部門與民意機關不合，救災效果會大打折扣。例如，921震災突顯了南投縣政府與某些鄉鎮市公所、縣議會間的嚴重不合。集集鎮長呼籲中央政府把縣政府虛級化（林萬億，2002）。

4. 中央政府與地方政府不合，救災組織效能也較不彰。例如，莫拉克風災時，中央是國民黨執政，受災區域嘉義縣、臺南縣、高雄縣、屏東縣都是民進黨執政。國民黨籍立法院黨鞭林益世擔心中央救災資源被民進黨籍縣市長拿來作爲選舉的工具，硬是把921震災以來社區生活重建中心是由地方政府執行的慣例，修正爲由中央政府直接委外給民間團體辦理，跳過縣市政府，藉此弱化縣市政府的災後生活重建主導權，導致出現地方災後重建工作的多頭馬車（Lin, 2016; 林珍珍、林萬億，2014）。2005年8月底侵襲美國南方各州的卡崔娜颶風（Hurricane Katrina）也因當時美國聯邦政府執政的是共和黨布希總統（President Bush），而路易西安納州長布蘭可（Kathleen Blanco）與紐奧良市長納晉（Ray Nagin）都是民主黨籍，不同政黨對救災的觀念不一致，導致延宕卡崔娜颶風的救災，而被批判是跨政府間協調的澈底失敗；甚至美國紅十字會也未能在第一時間就被允許進入紐奧良協助撤離災民，缺乏迅速引進非政府組織參與救災，也被批判爲跨部門協調的澈底失敗，簡直就是無管理與缺乏領導（Handmer & Dovers, 2008）。

（四）災難期間受災者的求助與自助意願高

1. 災民是一時的，不要將災民當成永遠的弱者來餵養；更不該把災民變成是救災團體行善的犧牲者。

2. 災民期待盡快復原，也有意願參與救災工作。激發災民的求助與自助意願是必要的，隨時讓災民維持穩定的工作能量，復原才能順利。

（五）災難是學習解決問題的方法的最佳時機

1. 災難發生時，人們首先會用慣常的解決問題的方法來因應，俟慣常的方法失敗後，會創新方法，使自己可以在新環境中恢復平衡。

2. 從過去的災難經驗中學到教訓是減少災難損害的不二法則。因此，在災難復原後，必須重整救災組織、防災政策與教育。

　　雖然，人們經歷災難的死傷慘重都是刻骨銘心的傷痛，可是卻也是健忘的。例如，劉兆玄先生在1999年時任行政院副院長，擔任921行政院災後重建委員會的執行長，在其〈災區兩月〉一文中提及：「我曾說過，沒有任何國家能真正隨時隨地準備好應付一場七‧三級的地震，但是如果一個國家不幸遭受了七‧三級的地震而不從其中學到教訓，那將是比七‧三級地震更大的災害。」（中國時報，1999年12月4日）湊巧的是，10年後莫拉克颱風正是劉兆玄先生任行政院長。但是，從莫拉克風災的救災經驗來看，我們的政府似乎沒有從過去的災難經驗中學到教訓。

　　莫拉克風災的救援不但速度慢，且章法亂。更具爭議的是異地安置與重建，如基地區位遠離原有生活圈、住宅基地沒有所有權、原居住地之再使用與否、永久屋申請與分配之公平性等；而爭議最大者，莫過於受災者的主體性與參與性不足，特別是由少數民間團體主導下的永久屋基地（賓拿流，莫拉克獨立新聞網，2009）。

　　看來，災難雖是學習解決問題的方法的最佳時機。但是，政治常讓學習預防與救援災難的效果大打折扣，甚至一再重蹈覆轍。

參、臺灣的災難發生史

　　臺灣本位居風、震災頻繁地區，再加上人為的戰爭或鎮壓，災難的發生歷代均有。依《臺灣省通志》（1972）引述各種地方志書記載，最早有史可稽的風災是明帝國永曆19年（1665年）4月，清帝國派施琅率舟師攻打澎湖，為颶風飄散而還。如果當時不是颱風的天災解澎湖戰爭之危，也將會是人為的災難。以下將晚近臺灣遭逢的重大災難分類分項描述。除了人民武裝抗爭與統治者的武力鎮壓，造成的傷亡之外，臺灣也是天災頻仍，依《臺灣省通志》（1972）記載，自1949年至1961年止，本地共發生風災117次、水災77次、震災30次，其他如火災、旱災等計388次，總計612次，死亡2,019人、受傷1,858人。隨著臺灣工業化、城市化之後，工業設施遍布各地、城市大樓林立、大型室內休閒娛樂場所如雨後春筍成立，一旦建築設計不良、施工偷料、防火設備不足、機具操作錯誤，再加上防災觀念不足，導致重大工業災難、交通事故、火災仍頻，臺灣進入高災難的風險社會。

一、天然災害

（一）風災

　　清帝國統治臺灣期間，大大小小的天然災害也有近2百次，有時甚至一年數災，例如，嘉慶20年（1815年）夏6月噶瑪蘭大地震，田園陷落，房屋傾倒。秋8月，大雨水成災，田園為沖沙積壓，田禾大損。9月淡水廳大地震，傾損民房，後小震匝月始止。冬10月，彰化大風成災，農禾大損。冬12月，淡水廳雨雪，冰堅寸餘（臺灣省通志，1972：72）。

　　臺灣近半世紀來，釀成10人以上死亡的颱風至少75次，平均每年1.15次。造成傷亡慘重的颱風則有10次，這10次颱風總計造成2,358人死亡。其中以八七水災與莫拉克颱風傷亡最為嚴重。

　　1959年8月7日，日本南方海面的艾倫颱風因藤原效應作用，把東沙島附近的熱帶風暴第081號引進臺灣，形成強大的西南氣流，引起豪雨，連續3日臺灣中南部的降雨量高達800至1,200公釐；特別是8月7日當天的降雨量已高達500至1,000公釐，接近該區域年平均降雨量。由於地表積水難退，再加上山洪爆發，導致河川水位高漲決堤，造成空前的大水災，受災範圍廣及13個縣市，其中以苗栗縣、臺中縣、南投縣、彰化縣、雲林縣、嘉義縣及臺中市受災最為嚴重；受災面積達1,365平方公里，受災居民達30餘萬人、死亡人數達667人、失蹤者408人、受傷者942人，房屋全倒27,466間、半倒18,303間。災區的交通通訊幾乎全部中斷，受損的農田13餘萬公頃，總損失估計新臺幣37億元，占前一年國民生產總值約12%。

　　1963年9月6日的葛樂禮颱風（Typhoon Gloria），造成224人死亡、450人受傷及88人失蹤，房屋全倒13,950戶、半倒者計10,783戶，農林漁牧、交通產業及民眾財產等損失，總計達新臺幣14億元以上。

　　隨著全球氣候變遷，晚近30年臺灣的強烈颱風越來越多。1986年8月韋恩颱風（Typhoon Wayne）造成死亡失蹤68人、442人受傷，房屋全倒6千6百多間，半倒3萬1千5百多間，漁船毀損超過1,000艘，全臺電力電信等設備受損達五成以上，養殖漁業受損1萬1千多公頃，農田受損3萬公頃，估計損失金額超過200億以上。

　　1996年的賀伯颱風（Typhoon Herb）造成51人死亡、21人失蹤，災損超過253億新臺幣。1997年的溫妮颱風（Typhoon Winnie）釀成44人死亡、1人失蹤，並重創汐止林肯大郡，房屋全倒121間、半倒2間，釀成拖延甚久的災難症候群（disaster syndrome）（林萬億，2002）。

　　2000年象神颱風（Typhoon Xangsane）造成64人死亡，以基隆市「建益護理之家」14人溺斃與「天道研究學院」15人溺斃最為嚴重，農業損失也高達36億。2001年納莉颱風（Typhoon Nari）造成死亡及失蹤人口104人、265人輕重傷，約165萬戶停電、175萬戶停水，408所學校遭受嚴重損壞，估計全臺損失新臺幣190億元（不含修建費）。2005年敏督利颱風（Typhoon Mindulle）造成

33人死亡、12人失蹤，僅農林漁牧損失就高達89億元以上。2007年克羅莎颱風（Typhoon Krosa）造成9人死亡，農業損失約42.7億。

2009年8月7-8日的莫拉克颱風（Typhoon Morakot）重創南臺灣，高雄那瑪夏鄉小林平埔族部落為土石流淹埋，最是令人心驚膽顫，是臺灣50年來災情最慘重的風災，僅次於八七水災。截至2010年7月1日止，計死亡681人、大體未確認身分23件、失蹤18人、重傷4人，合計726人（件）。

（二）震災

1897年12月19日，臺北測候所（現今中央氣象局位置）裝設了臺灣第一部地震儀Gray-Milne型地震儀，開啟了臺灣地震科學觀測的時代。一百年來該儀器觀測的39個大地震，規模介於7.0-7.43的有32次，介於7.5-7.9者有6次，以及1920年6月5日發生在花蓮外海，規模達到8.0的地震，是臺灣過去100年中所發生的最大地震（鄭世楠、葉永田，2004）。

臺灣從1897到2016年總計發生死亡超過10人的大地震有20次，死亡總數達8,122人。其中有3次死亡超過1,000人，包括1906年3月17日凌晨6時43分於嘉義打貓東頂堡梅仔坑莊（今嘉義縣梅山鄉）一帶因陳厝寮、梅山斷層錯動而發生的7.1級強烈地震，是自臺灣有文獻記載以來，這場地震的死亡總人數為史上第三慘重，至少有1,258人遇難。

1935年4月21日清晨6時2分16秒於新竹、臺中一帶發生地震，規模為7.1，震央位於臺中市北北東30公里處的大安溪中游。因其震央位於今苗栗縣三義鯉魚潭水庫及關刀山一帶，又名關刀山地震；又因內埔屯子腳（舊稱「墩仔腳」，今臺中市后里區）及清水街（今臺中市清水區）一帶災情最為慘重，又名后里大地震、清水大地震、屯子腳大地震或墩仔腳大地震。該地震有感區域幾乎遍布臺灣全島，更遠達中國福州、廈門等地區，並造成新竹州及臺中州（約今新竹縣市、苗栗縣、臺中市一帶）3,276人死亡、12,053人受傷，房屋全倒17,907戶、半倒36,781戶，是自1906年嘉義梅山地震後再度重創臺灣的地震，也是臺灣有史以來傷亡最慘重的自然災害。

1999年9月21日的南投集集大地震，屬車籠埔斷層錯動的逆斷層型地震，規模7.3級，造成地表85公里破裂。到該年年底，計2,453人死亡、11,305人受傷，房屋全倒52,605間、半倒53,133間。農林漁牧損失23億6,408萬元，連同建物、交通、工商業營收損失總計高達新臺幣3,568億元（行政院研考會，2000）。亦即，臺灣平均每2.5年發生一次規模7.0以上大地震，每5年發生一次死亡10人以上地震。可見地震對臺灣人民的潛在威脅極大。

近百年來，死亡超過百人的地震有1904年11月6日凌晨4點25分發生在雲林斗六的地震，規模6.1級，連隔壁的嘉義縣都感受到明顯的搖晃，此次的有感地震深度僅7公里，屬於淺層地震，將當時的土埆厝摧毀。此次地震造成了廣泛的破壞，致使145人死亡、158人受傷，房屋全倒661棟、3,179棟損壞。

1941年12月17日上午3時19分，震央位於今天嘉義縣中埔鄉龍山腳附近，該地震又名「嘉義地震」，規模7.1，造成雲林、嘉義、臺南縣360人死亡、729人受傷，住家全倒塌4,481戶，半倒則有6,787戶。主震發生後，引發草嶺地區山崩，土石堵塞清水溪形成堰塞湖。

1964年1月18日晚上8時4分在臺南縣東部因觸口斷層錯動而發生的6.3級地震。這場地震共造成106人死亡、650人受傷，並且災情蔓延遠至嘉義市區，是為臺灣發生在20世紀的地震中排名第六慘重，若從二次大戰結束後算起，排名則是僅次於921大地震、2016年高雄美濃地震。

2016年2月6日上午3時57分，震央位於高雄市美濃區，規模 6.6級，最大震度為臺南市新化7級。與同樣發生於臺灣南部的1964年臺南白河地震和2010年高雄甲仙地震的規模類似。此起地震與1999年集集大地震同為臺灣在二戰後傷亡相當嚴重的地震，並造成臺灣有史以來單一建築物倒塌之罹難人數最多的地震。

（三）重大傳染疾病

臺灣也發生過多次重大傳染疾病。臺灣最初發現鼠疫為1895年，1901年患者4,496人、死亡3,670人，1904年患者4,494人、死亡3,370人。經過長期防疫工

作，自西元1918年起，臺灣便不再有鼠疫（紀鑫、邱南昌，2004）。

李筱峰（2003）據日人《征臺衛生彙報》說法，1895年5月日軍入臺，面對各地抗日軍抵抗，日軍戰死的只有164人，但病死的卻多達4,642人，是戰死的40倍。1918年6月A型流行性感冒（Influenza A）從美國流行到臺灣，當時全世界人口有19億，死了2千1百萬人，臺灣人口中有78萬人生病，死了2萬5千人，死亡率爲3%。當時臺灣百業蕭條，只有口罩、藥品和冰塊生意特別好，且臺北的醫院中有半數護士病倒（丁崑健，2008）。

1947年狂犬病由上海侵入臺灣，1948年由臺大醫院林宗義醫師首先發現第一個狂犬病病例，其後陸續有病例發生，其中以1951年發生238例達到最高峰。1956年起由農復會與臺灣省衛生處展開撲滅工作，畜犬全面注射美國進口狂犬病疫苗，並採行撲殺野犬等控制動物傳染窩的措施。臺灣最後一個人類死亡病例發生於1958年，最後一個狂犬死亡病例發生於1959年，於1961年宣告撲滅狂犬病，而成爲狂犬病非疫區。在這一段流行期間，估計總死亡人數約782人。

小兒麻痺症曾是全球性的流行疾病，臺灣也出現過小兒麻痺大流行的情形，後因預防疫苗的普遍施用，至1980年代中期，該疾病始被有效控制，不再產生新的病例。從1955至1985年內小兒麻痺症的罹患人數可以看出其演變，1955至1966年間，每年約計有500人罹患小兒麻痺症，1958年的罹病者曾多達760人，1959年爲748人。1975年之後，每年罹病的人數在10人以下，1981年甚至未發生病例，但1982年曾一度暴發1,043個病例（張淑卿，2013）。

晚近，臺灣流行傳染疾病釀成災難者莫過於2003年春嚴重急性呼吸道綜合症（Severe Acute Respiratory Syndrome, SARS）肆虐，造成84人死亡，且嚴重影響居民生活便利與工商發展。依世界衛生組織（WHO）說法，SARS於2002年11月16在中國的順德出現，第一例報告病例的患者是於2002年12月15日在廣東省河源市發現患病的黃杏初，中國醫學界認爲最初的病人黃杏初是在接觸果子狸的過程中感染病毒。據此，中國醫學界認爲人類通過食用果子狸而感染SARS，由於病者出現肺炎病症，所以當時將之歸非典型肺炎類別，中國媒體普遍簡稱其爲「非典」或「非典肺」。雖然中國醫學界也認爲果子狸只是嚴重急性呼吸道症

候群病毒的中間宿主，不是天然宿主，牠亦是被傳染的，但是，黃增國、張梅（2013）認為果子狸是人類嚴重急性呼吸道綜合症的「疑兇」證據不足。

SARS在廣東地區嚴重流行，中國政府在疫情初期隱瞞疫情情況，時任廣東省委書記的張德江禁止廣東省媒體報導疫情，加劇了其蔓延速度。從2002年底到2003年2月初，中國廣東省總計通報了305個病例。中國政府在2003年2月之前並沒有每日向世界衛生組織通報廣東地區的疫情，直到2月10日中國政府才將該病情況通知世界衛生組織，在最初提供的數據中，只列出廣東省的發病狀況。

此病經由旅遊、商貿、移民人群迅速擴散到了香港，並由香港再擴散至越南、新加坡、臺灣及加拿大的多倫多。中山大學附屬第二醫院（孫逸仙紀念醫院）退休教授劉劍倫於廣東參加抗疫工作時受到傳染，其後被發現出現肺炎病徵，但他自行服用抗生素後病情好轉，並於2月21日赴香港出席親屬的婚禮，入住香港京華國際酒店（九龍維景酒店）911號房，當天即已造成16位酒店房客和訪客受到感染。在京華酒店睡了一晚後，劉劍倫的病情在第二天（2月22日）早上復發惡化，先前服下的抗生素逐漸失效，遂往廣華醫院急症室求診，在3月4日不治過世。從京華國際酒店被感染者，到廣華醫院的護士也被感染，繼而引起香港的威爾斯親王醫院疫情大爆發和聖保祿醫院的小型疫情，以及3月底淘大花園社區住戶321例感染的社區大爆發，亦同時把SARS病毒傳到遙遠的加拿大多倫多與溫哥華、越南河內、臺灣、新加坡、菲律賓、英國、美國等，以及回傳中國大陸本身。其他被劉劍倫傳染的人，計有他的妻子、女兒、妹夫和廣華醫院的一位護士，共20人被劉劍倫傳染，而他本人亦最終客死異鄉。SARS事件使香港陷入蕭條，共造成299人死亡，包括6名公立醫院醫護人員，是香港2000年代最嚴重的瘟疫。

2003年2月26日越南河內出現第一個病例。一名常駐上海的美國商人在途經香港到達河內後確認染病，之後河內當地醫院的多名醫療人員也受感染，該病人之後又回到香港接受治療，但是依然於3月14日去世。常駐河內的世界衛生組織的無國界醫師額巴尼（Carlo Urbani）首先向世界衛生組織通報了當地醫療人員的病情，並將該病命名為SARS。額巴尼醫師之後也於3月29日因該疾病去世。

臺灣第一例SARS是一位勤姓商人於2月21日從中國大陸返臺，於2月26日發病。3月8日勤姓商人至臺大醫院掛急診。3月14日勤姓商人被衛生署列入臺灣第一個SARS可能病例，3月6日即發病的勤太太亦在同一天列入，也住進臺大醫院。3月20日勤姓夫妻的兒子也發病住進臺大醫院。稍後，一名香港淘大花園社區疑似SARS感染者，於3月26日來臺探親，3月28日搭華航CX511班機返港後，他在臺灣的弟弟即在3月30日出現SARS疑似症狀，並在4 家不同醫療院所求醫後，後經衛生署確認為國內第18例SARS可能個案，這也是首度證實直接由香港境外移入，且直接感染臺灣民眾的本土個案。這是香港淘大社區病毒在臺灣現蹤的警訊，不啻為臺灣SARS疫情防治網帶來更大的挑戰。

然而，更驚悚的是臺北市立和平醫院隱瞞病情，導致SARS加速擴散全臺。和平醫院的隱瞞病情事件被形容為「官僚殺人、9命冤死」（壹週刊，2003年5月8日）。在4月22日臺北市立和平醫院經傳爆發大感染前，和平醫院8B病房早在4月初就已收治SARS病患。直到22日，感染的醫護人員多達7人，紙包不住火了，才向衛生局通報，但疫情已一夕潰堤。在此之前，臺北市政府沾沾自喜以為防疫成功，衛生局長邱淑媞還與行政院衛生署因是否要將SARS列為法定傳染病而有所爭論。和平醫院由於未告知醫護人員及員工院內有疑似案例，雖然這些案例是較難判斷的，但行政院衛生署要求將疑似病患當成SARS病患處理以策安全。4月22日封院前，在和平醫院受到感染的員工與病患已陸續到臺大、仁濟、高雄長庚等醫院就診，9百多名員工和數千名病患，早已將SARS擴散全臺。在封院後短短2週內，和平醫院光是8B病房就有二、三十位醫護人員感染，全臺更有高達140個病例，都來自和平醫院，更使臺北市萬華區、中正區面臨嚴重的社區感染危機。

臺北市立和平醫院因SARS院內感染而遭到封院，其原因是在於SARS病例判斷困難、防護措施未能嚴格落實執行及醫院在發現疑似病例時未隔離。和平醫院封院混亂，造成院內醫護人員人心惶惶，之後邱淑媞率官員至和平醫院視察，配有全套防護衣、氧氣筒，裝備比物資缺乏的第一線醫護人員還齊全，更是諷刺。而在中央接手下，和平醫院及仁濟醫院採取只出不進的方法將病患及醫護

人員疏散。

　　臺北市從2003年3月14日發現第一個SARS病例，到2003年7月5日世界衛生組織宣布將臺灣從SARS感染區除名，近4個月期間，共有664個病例（行政院衛生署疾病管制局9月重新篩選出346個實際病例），其中73人死亡，行政院衛生署在疫情流行期間宣布將SARS列入為第四類法定傳染病，並創下1949年以來，和平醫院及周圍街道、鄰近大樓管制封鎖、其他醫療院所院外發燒篩檢的首見景況，2003年5月和平醫院院長吳康文遭免職，邱淑媞因輿論壓力請辭。

　　即使臺灣過去已經歷無數次傳染疾病的大規模流行，然而，因應像SARS這種過去未曾發現的傳染疾病大流行仍然是經驗不足的，應驗了災難是不熟悉的，且難以預料，更致命的危機治理錯誤是隱瞞資訊的風險，使得風險變成危險，傷亡人數迅速增多。在不同政黨執政的中央政府（民進黨）、地方政府（國民黨）相互較勁之下，社會脆弱性頓顯無遺，犧牲的卻是人民的身家性命與社會安定。

二、科技災害

（一）礦災

　　臺灣煤礦的開採史，自1876年清帝國政府在基隆八斗子的第一個官營煤礦起，到2000年臺北縣三峽的利豐煤礦、裕峰煤礦、新店市山區的安順煤礦，以及石碇鄉的臺誠煤礦宣告停工，臺灣煤礦業正式畫下句點，共經歷了約125年。而臺灣煤礦的分布，北起基隆，南至南投集集大山、嘉義阿里山和澎湖群島，但因交通與煤礦品質等問題，臺灣煤礦的主要開採地集中於苗栗以北的地區。煤礦開採由於地質特性、開採技術、勞動條件、員工疏忽等因素，礦災的發生幾乎很難避免。

　　歷史紀錄中臺灣最早的礦災是1969年臺北縣瑞芳侯硐的瑞三煤礦災變，造成37人死亡、2人受傷。同年12月，臺北縣三峽金敏煤礦2名礦工因瓦斯中毒死亡。幾天後的12月20日，臺北縣雙溪礦業公司本坑發生災變，2死3重傷，38人

受輕傷。

　　1970年6月21日，臺北縣瑞芳三功礦場發生瓦斯爆炸，礦工5人罹難。1971年12月1日，基隆七星煤礦災變，42人死亡、2人重傷、3人輕傷。1977年5月5日，基隆七堵福基煤礦災變，5人死亡、14人受傷。1980年3月21日，瑞芳永安煤礦災變，34人死亡。1984年，臺灣同時發生多起重大礦災，共造成289人死亡；其中臺灣北部的三次嚴重災變共造成至少277人死亡，一連串事故敲響臺灣煤礦業的喪鐘。

　　1984年6月20日，臺北縣土城鄉的海山煤礦發生災變，由於臺車第7車和第8車的插哨沒有插好，造成臺車滑落，又因為撞擊到高壓電，引發的火花和漫布在空氣中的煤粉接觸，引起爆炸，未在撞擊過程中喪命的礦工，也因為空氣中布滿了一氧化碳而喪生，該次災變共有74人死亡。

　　1984年7月10日，距離前次礦坑災難不到一個月，臺北縣瑞芳鎮的煤山煤礦也發生了103人死亡、22人輕重傷的災變，是臺灣礦業史上最大的災變。

　　1984年12月5日，當時臺北縣三峽鎮的海山一坑發生災變，共有93人死亡，在將近5天（93小時）後獲救的礦工周宗魯是唯一生還者。周宗魯在發生災變的礦坑中為求生存，找到一處通風口，避免吸入礦坑中的一氧化碳，並用安全帽蒐集尿液，但因礦坑中攝氏40度的高溫，讓尿液發酵，僅能用於溼潤嘴唇，幸好找到由岩壁滴下的水，才免於因缺水死亡的威脅。周宗魯表示，在礦坑中，曾經試著吃木材維生，但無法下嚥，最後只好吃往生同件的肉來止飢。獲救後的周宗魯成為一位傳道的牧師。

　　礦脈資源逐漸枯竭、開挖成本相對高、職業災害安全標準的要求提高，以及煤礦災難事件的一再發生，讓臺灣的煤礦業就此走入歷史。

（二）飛機失事

　　不計入因戰爭導致的飛機墜毀，臺灣過去70年來發生的大大小小空難高達22次，其中從1964年以後，民航飛機失事機率約每2.5年即發生一次，頻率頗高。

最早非因戰爭攻擊導致飛機失事是1945年9月10日的三叉山美軍機撞山事件。三叉山高3,496公尺，屬中央山脈，為臺灣百岳之一，排行第26。二次大戰日本宣布投降後，一架從菲律賓起飛的軍機，載滿已釋放的美軍俘虜，在三叉山東北方撞毀，機上26人全部罹難。日本雖然戰敗投降，日警依然決定出動搜救隊上山救援。搜救隊由日本憲兵、警察、布農族壯丁、平埔族、漢人共97人組成，分前中後三隊，從臺東關山出發，途中遭逢暴風雨（當時恰巧有颱風侵襲），迷路、失溫、大霧、糧食耗盡，導致隊員走失分散，各自求生，前隊有26人在途中遇難，生還者僅憲兵曹長後山定1人，史稱「三叉山事件」。

1964年6月20日，一架屬民航空運公司編號為B-908的C-46運輸機從臺中飛往臺北的定期班機，起飛後不久即墜毀，導致機上57人全部遇難，因墜毀地點靠近臺中縣神岡鄉，故稱「神岡空難」。後來證實這是一起劫機事件，劫機者因劫持不成而將飛行員殺害，從而使飛機墜毀。

1968年2月16日，臺灣民航空運公司一架從香港啟德國際機場飛到臺北松山機場的定期班機，航班編號CT-010，該機屬被稱為「超級翠華號」的B-1018波音727-92C班機，因飛機進場高度偏低，重新起飛不順，墜毀於臺北縣林口鄉，共造成21人死亡、42人受傷。

1969年1月2日，中華航空227號班機，編號為B-309的道格拉斯DC-3客機，搭載24名乘客及機組員，從花蓮機場經臺東豐年機場，飛往高雄國際機場的班機，突然遇到下沉氣流，在屏東大武山墜毀，造成24人死亡，這是中華航空公司第一次失事。沒隔多久，1969年2月24日，一架由高雄國際機場飛往臺北松山機場的遠東航空104號班機的罕德列貝吉-信使者（Handley Page HPR-7 Herald 201）型飛機，由於引擎故障，迫降失敗，在臺南縣歸仁鄉山溝中墜毀，36人死亡。

1970年8月12日，中華航空206號班機，屬日本航空機製造YS-11雙渦輪螺旋槳發動機編號B-156型飛機，由花蓮飛往臺北，因天候不佳導致能見度低，在降落松山機場失敗後，墜毀於機場西側的山林中，造成14死17傷。1971年11月20日，一架中華航空825號班機卡拉維爾型客機由臺北松山機場飛往香港啟德國際

機場途中，因不明原因而在澎湖上空爆炸解體，導致機上25人全部遇難。1974年，空軍P-2V戰機在澎湖墜海，造成12人死亡。1975年7月31日，遠東航空134號班機，機型屬維克斯子爵式，從花蓮飛往臺北，因為大雨中能見度差，機長重飛時間過晚，導致爬升力喪失而墜毀於臺北松山機場跑道上，造成27死48傷。

　　1981年8月22日，一架遠東航空103號班機，屬波音737-222型客機，由臺北松山機場飛往高雄國際機場，於空中解體並墜毀在苗栗縣三義鄉雙湖村大坑地區的山區，故又常被稱為三義空難，機上人員110人全數罹難。事後經調查發現機體有嚴重腐蝕，導致機身蒙皮破裂，進而解體失事。1983年6月6日，一架金門戰地政務委員會的班機——空軍C119飛機，在起飛不久後，即墜入料羅灣，機上的47人，33人死亡、5人失蹤，只有9人生還。1986年2月16日，一班由臺北松山機場飛往澎湖馬公機場的中華航空2265號春節加班機，由一架編號為B-1870的波音737-200執行。當天該班機在降落馬公機場失敗後重飛，又因重飛失敗而墜毀於吉貝嶼附近海域，導致機上13人全部遇難。1989年6月27日，一架永興航空公司（後更名為國華航空，現已併入中華航空子公司華信航空）的賽斯納404型（Cessna 404 Titan, C404），編號B-122061的小型客機，由高雄國際機場起飛，預計飛往澎湖，但4分鐘後失事墜毀於高雄市前鎮區佛光路36巷附近一棟興建中之7層樓公寓，迅速起火燃燒，造成12人死亡、1人重傷，稱草衙空難。1989年10月26日，一架中華航空204號班機編號為B-180的波音737-209型，由花蓮機場飛往臺北松山機場時，在起飛後不久因轉向錯誤方向而撞山墜毀，機上54人全數罹難。

　　1994年4月26日華航班機編號為B-1816的空中巴士A300-622R型客機從桃園中正機場飛往日本名古屋，在名古屋機場降落時不幸墜毀，264人罹難，是臺灣航空史上傷亡最嚴重的空難。空難原因為副駕駛在操縱飛機降落時，不小心誤將飛機設定在「重飛」（go-around，亦即中止降落重新爬升），而正駕駛不熟悉空中巴士客機操作模式不允許駕駛員操控飛機，副機師又擔心被責罵，未及時向正機師報告；使得機師錯過了調整飛機姿態的黃金時間，導致飛機向上衝的攻角過大而失去平衡，遂失速墜毀。

　　1997年8月10日，一架來回臺北松山機場至馬祖北竿機場定期航班，屬國華航空7601號班機的多尼爾228-212型客機，因駕駛飛錯航道而於馬祖北竿壁山墜毀，機上有16名乘客遇難。1998年2月16日，一架中華航空676號班機，編號B-1814的空中巴士A300B4-622R型客機，自印尼峇里島飛往桃園中正國際機場，因在抵達目的機場的降落過程中高度過高，機長欲執行重飛時發生失誤，導致客機墜毀於中正國際機場旁的國際路二段（臺15線）一帶。機上乘客與機組人員共196人全數罹難，並且波及國際路二段上的民宅與汽車，導致地面上6人死亡，總計在這場空難中共造成202人罹難，稱為大園空難。1998年3月18日，一架國華航空7623號班機從新竹飛往高雄，在新竹墜海，13人罹難。

　　2000年10月31日，新加坡航空006號班機從新加坡樟宜國際機場出發，經桃園中正國際機場前往洛杉磯國際機場的定期航班，編號9V-SPK的波音747-412型客機。在臺灣當地時間夜間11時17分，遭遇象神颱風強風豪雨下，該班機準備自05L跑道起飛時，因為大雨造成能見度不佳、機組人員的疏忽與塔臺方面的溝通不良、塔臺航空交通管制員的不符合程序操作，以及中正機場的指示設施不佳，因而誤闖了正在施工維修而暫停開放的05R跑道。在客機開始加速後，直到飛行員目視到停放在05R跑道上的施工機具時，在無法及時停止情況下，班機以超過140節的速度擦撞機具，翻覆並斷裂成三截，機身引起大火。在這場意外中，共有79名乘客和4名機組員罹難、71人受傷，這是新加坡航空自創立以來，第一次發生有人員喪生的空難紀錄，也是新一代波音747首次出現致命事故，同時是臺灣發生的首次涉及外國航空公司的空難。

　　2002年5月25日一架由桃園中正國際機場飛往香港國際機場（赤臘角機場）的中華航空公司波音747-200型、編號B-18255（舊機號B-1866）客機定期航班，搭載206名乘客及19名機組員，在半途中於澎湖馬公東北方23海浬的34,900呎（約10,640公尺）高空處解體墜毀，造成機上人員共225人全數罹難，為發生在臺灣境內死傷最慘重的空難。

　　2014年7月23日，復興航空222號班機從高雄小港機場飛往澎湖馬公機場，疑因大雨造成飛機降落不順，重飛失敗，於澎湖湖西鄉西溪村墜落，起火燃

燒，造成機上人員48人死亡、10人重傷；另外波及11棟民宅，5人輕傷。

　　澎湖一帶曾先後發生的重大空難6次，頻率之高，實屬罕見，包括中華航空825號班機空難（1971年）、澎湖空軍P-2V戰機墜海（1974年）、中華航空2265號班機空難（1986年）、中華航空611號班機空難（2002年）、復興航空791號班機空難（2002年）和復興航空222號班機空難（2014年），無怪乎媒體稱之為「臺灣百慕達」。

　　2015年2月4日，復興航空235號班機，機型ATR-7600，飛機編號B-22816，從臺北松山機場起飛後因一具引擎故障，卻關錯油門導致失速墜毀於臺北市南港區的基隆河上，造成43人死亡。

　　飛機失事原因大多是操作錯誤、機器故障，或天候不佳造成。至於澎湖一帶的不明原因飛機解體，仍是個謎。

（三）鐵路事故

　　1948年5月28日，發生在臺北萬華車站與板橋車站之間的新店溪橋（現今華翠大橋位置）上的臺灣鐵路管理局列車失火事故，起因是有乘客攜帶危險物品上車，導致4節車廂被燒毀，旅客死亡21名、重傷40名、輕傷36名；另有家屬申請登記失蹤者51名，其中經過調查後有43名推定死亡。事後臺鐵也修改規章並加強宣導禁止旅客攜帶、託運危險品，同時也制定獎勵辦法鼓勵民眾檢舉攜帶危險品上車的旅客。

　　1961年7月11日，臺鐵特快車與嘉義客運相撞，造成48死、29傷。1981年3月8日，臺鐵一列自強號列車行經縱貫線新竹車站至竹北車站間頭前溪橋南時，撞上闖越平交道的砂石車而出軌翻落於頭前溪河床，造成至少30人死亡、130人輕重傷，是臺鐵自強號列車自1978年上路以來最重大的交通事故。

　　1991年11月15日，一列自高雄發車的1006次EMU100型自強號列車在苗栗縣造橋鄉的山線的134號誌站與南下1次莒光號發生側撞事故，造成30人死亡、112人受傷。肇事原因是自強號機車端的ATS／ATW系統故障。

　　2003年3月1日，阿里山森林鐵路阿里山線發生小火車翻覆事故，造成17人

死亡、205人輕重傷，是阿里山森林鐵路通車以來最慘重事故。事故原因是車務人員沒有將連結機車和客車車廂之間的貫通煞車系統「角旋塞」打開，導致煞車失靈以致下坡時車速過快，車廂撞上山壁，才會發生這起意外。

（四）公路事故

　　1965年3月20日，桃園縣新屋鄉永安國校四年級師生於臺北陽明山發生車禍，造成29人死亡、71人輕重傷。1980年3月17日，師範大學工業教育系畢業旅行時於梨山發生大車禍，造成17死、15傷。1984年4月8日高速公路連環車禍罹難人數13人、22人受傷。1986年10月8日遊覽車於臺中縣谷關墜河，42人死亡、3人受傷。1987年9月4日陽明山仰德大道一輛載滿43名乘客的遊覽車，在中午1時許衝入仰德大道邊的斜坡密林內，造成22人死亡、21人輕重傷的慘劇。1989年2月27日橫貫公路嚴重車禍遊覽車墜谷，12人罹難、24人傷。

　　1997年11月19日清晨，從臺北開往高雄的統聯客運大客車，行經中山高速公路中壢服務區北上路段時，疑因變換車道不當，擦撞前方行駛中的大貨車，車身失控衝撞中央分隔島後，飛越北上車道，並連續撞擊兩輛砂石車，因衝擊力道猛烈，導致大客車車身嚴重扭曲斷成兩截，造成4車共16人死亡、7人輕重傷。

　　2006年12月3日，搭載高雄市鼎金國小學生與家長的遊覽車在臺南縣楠西鄉梅嶺風景區翻車，釀成車上22人死亡、24人輕重傷，是臺灣自1986年谷關車禍以來死傷最慘重的道路交通事故。

　　2010年10月21日，受到梅姬颱風外圍環流與東北季風共伴影響，宜蘭縣蘇澳鎮及南澳鄉降下超大豪雨，造成臺9線蘇花公路112公里到116公里的路段遭到大量土石崩塌沖毀，行經該路段而受困的大小車約有30輛、逾500人一度受困，其中一輛創意旅行社的遊覽車搭載21名來自中國廣東珠海的旅行團員，在臺9線蘇花公路114.5公里附近遇到瞬間暴雨造成的大量坍方，疑似遭到落石擊中並墜海，車上臺灣導遊與中國大陸遊客共計共26人死亡。

　　2012年12月9日，一輛搭載22名同為新北市泰山國小第19屆同學會成員出遊的中型遊覽車，行駛在新竹60縣道，距司馬庫斯部落約9公里處，即泰崗部落和

宇老部落間，下山的休旅車看到該中型巴士後，靠邊停下準備讓上山的中型巴士通過，兩車會車後，中型巴士卻熄火，整輛車旋即往下滑掉進山谷裡，造成13人死亡、10人受傷、1人失蹤。

2016年7月19日，一輛滿載中國遊客低價團的紅珊瑚車隊的遊覽車在國道二號大園段發生火燒車，造成26人死亡的事件，是歷來死傷最嚴重的單一遊覽車火燒車事件。起火的原因經初判，可能是車內電線因行駛中不停摩擦，導致絕緣外殼脫落造成短路而走火引起。再加上逃生門有鎖上暗鎖無法推開。桃園地檢署調查認定遊覽車司機蘇明成預謀縱火自焚，並拖著全車乘客及導遊陪葬。

2017年2月13日晚間9時許，一輛臺北市蝶戀花旅行社的遊覽車在武嶺賞櫻一日遊回程中，於國道5號接國道3號南下往木柵轉彎處翻落邊坡，釀成33人死亡、11人受傷的慘劇，據遊覽車上的記錄器顯示，確認當時車速60公里，超速20公里；另發現遊覽車屬靠行車，且車齡19年，司機未依勞基法休假，疑似過勞等。此一事件再度突顯臺灣遊覽車組裝、旅行社管理與廉價旅遊的問題。

（五）船難

除了因戰爭造成的船舶被砲擊沉沒之外，臺灣也發生多起客輪沉沒事件。最慘重的是太平輪沉沒事件，發生於1949年1月27日，中華民國中聯企業公司向太平洋船務公司租用的客輪「太平輪」因超載（2,093噸），並於夜間航行時沒有開啟航行燈，於上海開往基隆途中，在舟山群島海域的白節山附近與一艘載著2,700噸煤礦及木材的貨輪「建元輪」相撞，兩船沉沒。太平輪上共932人喪生，而建元輪則有72人罹難。

澎湖於1953到1956年間發生3起船難，都是從高雄航行返回馬公，途經澎湖縣望安鄉東吉及西吉嶼海域時所發生。1953年3月「第三海盛輪」觸礁沉沒，造成20餘人罹難，經澎湖地檢署調查船難原因是因為航線錯誤，且船長失事後的處置失當，在沉船剎那，船員各自搶救自己物品而未全力救人，以致客輪僅離望安鄉東吉島50公尺遠，卻有如此多乘客罹難。同年4月又發生客貨輪「聯盛輪」在東吉海域沉沒，美國海軍協助救起14人，其餘48人罹難或失蹤，該客貨輪

與之前沉沒的「第三海盛輪」是同一船主。1956年11月15日發生的「第二光盛輪」在西吉海域沉沒事件，死傷尤其慘重，101人葬身大海，據文化局訪查，美軍軍艦在事發晚上誤將他船當做是出事客輪，失去50多個小時救援黃金時間，「第二光盛輪」延至隔天清晨沉沒，又遇上風浪強勁救援困難，造成死傷慘重（顏文彬，2009）。

　　1973年9月3日清晨，一艘由旗津開往前鎮的民營渡輪「高中六號」，在航行途中，因為超載加上機械失靈而不幸翻覆沉沒，造成25人罹難。25名罹難者均為住在旗津中洲地區，任職位於前鎮的高雄加工出口區的未婚女性。事故發生後，依臺灣民間信仰，認為單身未嫁女姓不能入列祖先牌位，一般都會採「冥婚」或是「設廟立祠」兩種方式讓其陰魂有所依歸。於是，高雄市政府與家屬及地方人士協調，決定將她們合葬在中興里與中和里之間，稱為「二十五淑女墓」。後因興建第四貨櫃儲運中心再遷葬至旗津國中今址，2008年4月28日（國際工殤日），高雄市政府將該墓所在地更名為「勞動女性紀念公園」。這起船難事件的原因雖不同於1833年發生的臺中東勢「寮腳事件」[1]（廖文欽，2002），但後續依臺灣民間信仰處理災後創傷療癒的方式則類似。

　　1990年8月25日，臺灣殼牌公司在日月潭舉辦員工自強活動，當時規定僅能搭載42人的「興業號」遊艇卻違規超載了92人，導致船隻翻覆，共有57人罹難、24人獲救。

（六）化學物質爆炸

　　除了礦坑爆炸外，臺灣也發生15次重大傷亡的毒性化學物質爆炸案。主要

---

[1]　依《東勢義渡慈善會沿革》記載清道光13年（1833年），「寮腳」（東勢角）慶祝中元節普渡，演戲酬神。有婦女18人搭乘渡船，從大甲溪對岸的土牛要到東勢看戲。船駛到大甲溪中央，因為船夫惡作劇，調戲婦女，以致婦女驚慌，引起騷動，渡船翻覆，18位婦女盡溺斃於湍急溪中。18條人命歸天之後，地方醞釀械鬥，當時任朴仔籬堡總理（清代官名）的石岡土牛莊貢生劉章職出面調停，除了嚴辦惹禍船夫，並邀集地方士紳，發動募捐，擬成立「義渡會」，以絕後患。1937年，義渡會興建往來東勢與中料之間的檜木橋，此橋為連接多個部落的交通要道，1970年改建為鋼筋水泥橋至今，橋頭刻有「義渡橋」。「東勢義渡會」就成為臺灣史上第一個非營利組織，後更名「東勢義渡社會福利基金會」。

是爆竹、廢船、廢彈、瓦斯氣爆。廢彈爆炸有1953年4月6日臺北縣中和南勢角廢彈場爆炸死亡40人、受傷500餘人。廢彈爆炸災難已隨著廢彈場清理而減少。

　　爆竹爆炸案：1963年9月27日的桃園縣平鎮鄉「晉興花炮廠」爆炸，工人40死、41傷。1975年1月28日臺中市興中街三號「義成堂糖果玩具行」於10時30分發生爆炸，因於三樓大量儲存爆竹，加上通風不良、溫度過高，造成嚴重的爆炸，31人死亡、154人輕重傷。1979年12月2日臺中縣大甲萬鋼煙火工廠突然爆炸，造成12人死亡、66人受傷，36間廠房被毀，附近工廠亦受波及。1990年8月30日，桃園縣八德鄉廣隆街162巷內一處地下爆竹工廠爆炸引發大火，造成12人死亡、50多人輕重傷。

　　輪船爆炸：1961年4月8日高雄光龍輪爆炸，10人死、43人傷。1984年3月1日馬公輪載運石油氣抵澎湖爆炸，大火燒死11人。1986年8月11日高雄港大仁宮拆船碼頭Canari號油輪爆炸，16人死亡、107人輕重傷。

　　瓦斯氣爆：1979年7月13日晚上11時25分，臺北市松山區撫遠街403巷發生爆炸事件，並引發大火，造成33死、20傷，房屋全毀20戶、半毀6戶，發生爆炸的位置是撫遠街403巷10號經營化工原料保麗樹脂，包括色素、促進劑、硬化劑、臘等FRP助劑及滾筒之類工具的曄星實業股份有限公司，其中硬化劑「過氧化甲基乙基甲酮」因貯存不當而導致發生爆炸。

　　1990年4月12日臺中縣外埔鄉鋐光公司地下丙烷管路外洩爆炸案，40人死亡、29人輕重傷。1996年10月7日桃園縣蘆竹鄉永興樹脂化工廠發生氣爆，死亡10人、受傷47人。1997年9月3日上午8時許，中油公司在高雄前鎮區鎮興橋一帶進行管線切割更換工程，工程人員未測試管內是否有殘存的液化石油氣，便先在管線上開洞，湧出大量液化石油氣，施工單位求助消防隊，沒想到消防車才剛到現場，就發生嚴重氣爆，造成11人死亡、17人輕重傷的慘劇。

　　2014年7月31日高雄市前鎮區與苓雅區發生多起氣爆事件，死亡30人、受傷310人。事後調查認定為4吋丙烯管線遭不當包覆於排水箱涵內，致管壁由外向內腐蝕並日漸減薄，而無法負荷輸送管內之壓力而破損，致運送中液態丙烯外洩，引起本件爆炸案。

　　2015年6月27日新北市八里區八仙樂園發生粉塵爆炸。由「玩色創意國際有限公司」與「瑞博國際整合行銷有限公司」所舉辦的「Color Play Asia—彩色派對」活動中，疑似因以玉米澱粉及食用色素所製作之色粉發生引爆粉塵爆炸及迅速燃燒而導致火災事故，此次事故共造成15死、484傷。

　　塵爆是臺灣過去少見的非天然災害，對臺灣救災體系來說是陌生的。顯示，臺灣的災難救援與重建必須隨著氣候變遷與科技發展而調整步伐。

三、火災、建築物倒塌與山難

（一）火災

　　1949年以來，臺灣發生死亡10人以上的火災不下40次，傷亡嚴重的火災事件大多發生於都市，以電影院、旅館、遊樂場、集合住宅大火傷亡最爲慘重。

　　旅館火災：1984年5月28日，臺北時代大飯店燒死19人、49人受傷。1985年4月1日臺南市帝王大飯店縱火案燒死26人、10人受傷。1989年6月22日花蓮花旗飯店離奇大火致11死、8傷。1992年10月20日高雄花旗飯店大火燒死18人、13人受傷。

　　休閒遊樂場所大火：1989年4月23日桃園縣中壢市新生路、大同路口21世紀視聽中心MTV火災燒死18人。1990年6月16日高雄市錢櫃MTV大火，燒死16人、傷2人。1991年1月6日臺北市天龍三溫暖大火，燒死18人、傷7人。1992年5月11日臺北縣中和自強保齡球館大火燒死20人。1992年9月23日新竹今夜卡拉OK大火燒死13人、傷3人。1992年11月21日臺北市神話世界KTV大火燒死16人、傷2人。1993年4月10日臺北縣樹林黑珍珠卡拉OK大火燒死10人、傷7人。1993年5月12日臺北市卡爾登理容院縱火案，燒死22人、傷7人。1994年10月25日臺北市巨星鑽KTV大火燒死13人、傷1人。1995年4月17日臺北市快樂頌KTV縱火案，燒死13人、傷11人。1996年2月17日臺中市夏威夷三溫暖大火燒死17人。

　　住宅大火：1983年2月1日臺北市開封街2段木造房子大火燒死13人、傷23人。1989年5月16日高雄市鹽埕區九龍生活大廈縱火案，燒死24人。1993年5月

5日桃園平鎮市中豐路山頂段民宅大火，燒死11人。1995年10月31日嘉義市嘉年華大樓大火燒死11人、傷8人。1996年2月27日臺中市民聲大樓火災燒死13人、傷25人。1998年4月5日臺中市中清路民宅大火燒死12人。2003年8月31日臺北縣蘆洲大囍市社區縱火案燒死15人、傷69人。

在這些火災災害中，傷亡較慘重的莫過於發生於1966年1月19日農曆除夕前一天的中午過後，臺北市中華路與衡陽路口的新生大樓，內有新生戲院、萬國舞廳和渝園餐廳全被大火吞噬，焚燒達3小時，導致大樓全毀，死亡32人、受傷24人。6層大樓不算太高，但當時消防車水龍噴水高度僅及於3-4層樓高，且大樓外牆被電影廣告看板擋住，導致救火困難。在中華路數千圍觀群眾的焦慮、嘆息聲中，大樓付之一炬。肇事原因確認是電線走火。

1984年5月28日上午臺北市中山區發生的時代大飯店大火，燒死19人、49人輕重傷，經警方鑑識人員勘察研判起火點在2樓天花板上，可能是電線短路造成。因建築物的裝潢都是易燃物，加上皆為玻璃帷幕，導致濃煙無法排出，造成火勢一發不可收拾。另許多受傷的民眾表示飯店房間有部分太平梯的鐵門被鎖住，使他們無法逃生。

發生於1985年4月1日臺南市帝王飯店的縱火案，釀成26死、10傷。縱火犯共4人，因為其中一人不滿在友愛街帝王飯店地下室酒店服務，花名為「婷婷」的女服務生，有意疏遠其友人，遂而共謀砸店教訓，其中一人更提議放火燒飯店。於是，4人於深夜11時許持汽油在飯店大門口縱火，隨即坐上計程車逃離現場。火勢直到凌晨2點半方撲滅，造成地下室酒店客人、服務生及樓上飯店服務生、旅客當場被燒死或為濃煙嗆死的共26人，受輕重傷者達10餘人。共犯4人中，提議縱火者判死刑、1人判無期徒刑、1人未成年判15年徒刑、1人逃亡通緝。逃亡者通緝時效為25年，至2010年3月31日期滿，然其逃亡至24年11月21日後，於2010年3月22日於嘉義縣民雄鄉落網，後處死刑，於2013年執行完畢。

1989年5月16日內高雄市鹽埕區九龍生活大廈縱火案，這起案件的關係人李姓嫌犯，在事發前曾與起火地點地下室的銀車卡拉OK店家有過節，於傍晚6點50分許丟擲汽油彈於卡拉OK店樓梯口。該大樓一樓為泌尿科診所與電動玩具店，

2、3樓是九龍池三溫暖，樓上則是住家，9樓爲賽鴿協會辦公室，火勢燃起後，一路從地下室往上竄燒，在大樓內的民眾一發現失火，隨即倉皇失措地逃生，大多數人跟蹌沿著樓梯向上奔逃，希望到頂樓天臺等待救援，無奈爬到頂樓赫然發現通往戶外天臺的逃生門遭鎖死，導致23人葬身火海，其中5名死者是兒童。

1990年1月27日晚上，位於桃園市永安路、民權路、新生路三叉道路之間的正發綜合大樓疑似業者烹煮食物不愼而引發大樓火警，因爲業者任意封鎖逃生門及擅自拆除火警設備，導致救災極爲困難，復因大樓使用裝修的建材爲易燃材質，更添加火災事故的嚴重性，總計28人死亡。1992年5月11日凌晨自強保齡球館發生大火造成20人罹難，因窄巷停滿機車，消防車無法正常進出，再加上豪華的室內裝潢多是易燃性材料，整幢建築物又被鐵板封住，室內樓梯及升降機集中設於一處，沒有遵循「二方向避難原則」**[2]**，導致傷亡慘重。

1992年5月15日上午11時40分，健康幼稚園舉辦新竹六福村主題樂園校外教學活動，師生所搭乘的遊覽車在行經桃園縣平鎮市中興路時，因車輛震動電源變壓器，導致老舊電源線發生短路、電線走火，並引燃車內的易燃物，爆炸起火燃燒。又因安全門把手年久失修，致反鎖卡住而無法打開，該起火災共造成23人死亡、9人輕重傷。健康幼稚園事件也燒出臺灣學童交通車安全的議題；同時，因老師林靖娟爲搶救學童而身亡，事後入祀臺北市忠烈祠，爲臺灣第一位入祀忠烈祠的平民。至於罹難者家屬與當時擔任立委的林志嘉等社會熱心人士，在1993年4月3日共同發起成立了「靖娟兒童安全文教基金會」，積極投入推動與「兒童安全」相關的法令修正及教育宣導、協助兒童安全意外傷害事件善後處理等，並提高社會大眾對兒童安全的重視。

1993年1月19日，臺北市松江路303號興華大樓1、2樓層的論情西餐廳大火，造成33人死亡、21人輕重傷。事發於凌晨2時17分，起火點位於餐廳門口吧檯附近。起火時，餐廳服務生以滅火器滅火失敗，餐廳晚班主任立刻通知顧客後

---

[2]　「二方向避難原則」依建築技術規則建築設計施工編第97條規定，係指通往特別安全梯之防火區劃走廊、通道，可由不同方向進入特別安全梯之前方陽臺或排煙室等。

報案，同時打開一面窗戶引導客人逃生。火災發生時，餐廳內約有70餘人，有30餘人透過小窗口跳下，但因窗戶開口面積有限，有33人逃生不及而死亡。

1995年2月15日晚間7時，臺中市西區臺中港路二段52、54、56號，靠近日新路交叉口的衛爾康西餐廳發生大火，起因於瓦斯外洩。一樓吧檯炊具附近的瓦斯管線破裂，外洩的瓦斯遇到火源，瞬間引燃周圍可燃材料，一方面往一樓其他部分延燒，另一方面則循往二樓樓梯向二樓擴大延燒。由於當時正值晚餐時間、人潮聚集，同時餐廳員工又未及時疏散顧客，且起火點位於靠正面的主樓梯旁，造成內部人員逃生不及，結果造成64人死亡、11人受傷。這次大火為臺灣歷來單一建築物死亡人數最多的火災。

從以上資料顯示，大樓火災發生於1980-1990年代占三分之二，可見經濟起飛後的臺灣，大樓林立，但是防火設備與觀念均不足，再加上娛樂設施集中於都市的大樓中，使用瓦斯與電力稍有不慎，就釀成大火災。縱火則是大樓火災另一重要的原因，即使將縱火犯判處死刑，仍然不能完全制止怒火中燒的縱火者。此外，瓦斯外洩、電線短路是常見的起火原因，再加上易燃物堆積，造成火勢猛烈，逃生門被阻塞更造成死傷慘重。新生大樓火災事件後，高樓消防設備已更新，因噴水龍不及高樓的情形便不再發生。

（二）建築物倒塌

1983年8月24日，位於臺中縣的省立豐原高中大禮堂正在舉行647位新生的入學訓練。下午1點半，生活教育課開始6分鐘後，禮堂左邊突然沖下大水，之後天花板掉落，禮堂內的人群紛紛向兩邊大門逃跑，不到30秒屋頂即塌毀，這時還有3百多名學生沒有逃出來，被壓在瓦礫堆下，造成26死、66傷的慘劇。這是臺灣少數非於施工中倒塌的建築物意外事件。當時的臺灣省教育廳廳長黃昆輝在隔天就立刻請辭負起政治責任。最後鑑定結果出爐，建築學會認為豐原中學禮堂倒塌原因，主要是屋頂負荷過大，柱頭偷工減料，導致混凝土強度不足所致。

（三）山難

　　1913年3月10日，日本為探測太魯閣原住民活動情形，因而組成探險隊，隊長是藩務本署技師野呂寧，共14名主要幹部，巡查55名、巡查補5名、測伕2名、隘勇46名、腳伕100名、原住民64名，合計286人組成一支強大的探險隊，於21日抵達合歡山頂露營，當日早晨5點半由櫻峰分遣所準時出發，下午2時抵達合歡山。原住民嚮導建議不宜在山頂露營，應選擇於山下獵寮避寒，然未被接納，隔日（22日）風勢加劇，夾帶冰雹和冷雨襲來，氣溫降至零下3度，狂風驟雨，帳棚被吹倒，眾人各自遁逃，共失蹤101人。事後清查，最後確定失蹤人數，9名是隘勇、80名為腳伕，總共89人，這一夜凍死了89人，是臺灣史上最大的山難事件。

　　1986年5月25日上午11點25分，太極峽谷在毫無預警的情況下，落下重達一百多公噸的巨石，從高達320公尺的千層瀑布頂端崩落。突如其來的巨大落石因為溪谷狹窄，正好砸在下方欣賞美景的百餘名登山客身上，眾人完全無法躲避。巨石落地後因為撞擊力道強烈，濺起頁岩碎片四射，往四周遊客飛去，太極峽谷瞬間血肉橫飛，造成28人不幸死亡、28人輕重傷、300多人受困，太極峽谷也因此而封閉，為臺灣史上另一慘重的山難。南投縣政府為重新發展太極峽谷的觀光開發，2004年著手計劃興建吊橋，稱為天梯。2009年3月14日起，梯子吊橋設立收費風景區，成為觀光旅遊景點。

四、人為災害

（一）武力抗爭與鎮壓

　　清帝國於1683年再派施琅發兵攻滅趕走荷蘭人而進入臺灣的鄭氏王朝（1661-1683），到1895年《馬關條約》，清帝國將臺灣主權讓予日本止，共統治臺灣212年。期間反抗事件層出不窮，日本學者伊能嘉矩在《臺灣文化志》中提及，清帝國兩百餘年的統治，實際上就是「對移民叛亂的鎮壓和漫無計畫的綏

撫工作的歷史」（引自王育德著，黃國彥譯，1979）。在這段期間，百姓暴動頻起，總計發生了百餘次反抗事件，其中大規模者達三、四十起，俗諺稱臺灣「三年一小反，五年一大亂」。在這些武裝起義事件中，以1721年的朱一貴事件（國號永和）、1786年的林爽文事件，以及1862年的戴潮春事件，被稱爲清帝國統治下臺灣的三大「叛亂案」。

此外，臺灣原住民的抗爭事件也層出不窮，其大者有1731年（雍正9年）年末暴發的大甲溪社番亂（亦稱大甲西社抗清事件），巴布拉族消失，大肚王國滅亡，這場反抗事件過後，參與的男性原住民幾乎被屠殺殆盡，造成「番童少雁行，番婦半寡居」的情景。1878年，噶瑪蘭族聯合撒奇萊雅族與清兵對抗，發生加禮宛事件（亦稱達固湖灣事件），撒奇萊雅族開始流離失所或隱居他族，從此消失在歷史紀錄中而被認爲是已消失滅絕的原住民族。直到2007年，隱身於花蓮阿美族部落的撒奇萊雅族後裔才獲得正名，恢復其原住民地位，族人僅剩8百餘人；噶瑪蘭族群則精銳盡失，餘眾或向南逃竄或歸降清軍。原住民的抗清事件，以清朝廷的「開山撫番」政策之後最爲頻繁，較重大的有1875年「獅頭社事件」（內外獅頭社事件）、1876年「太魯閣事件」、1877年「大港口事件」（奇密社事件）、1878年「加禮宛事件」、1886年「大嵙崁社事件」、1887年「中路開山事件」、1888年「大莊事件」（卑南呂家望事件）、1895年「觀音山事件」等。「開山撫番」政策完全無視原住民的傳統生活領域，原住民若有不服者，下場就是遭到清軍「破莊滅族」、「喪身滅社」，因此造成許多部落喪失家園、流離失所。上述這些起義、革命與反抗事件，導致官民死傷不計其數。一般歷史學者都同意，發生這些叛亂的主因，不外乎清廷從唐山派來的官吏素質粗劣、官民間語言的隔閡，以及清廷對臺灣住民的高壓政策等（引自王育德著，黃國彥譯，1979；吳密察，1980；楊碧川，1987；江政寬，1999；黃昭堂，1996；黃昭堂著，廖爲智譯，2005；戴寶村，2006）。史明（1980）甚至認爲這些抗爭事件其實是一種殖民地解放的革命運動。

日本殖民臺灣初期到1915年間，由於殖民地統治不被臺灣人民接受，而頻繁發生武裝反抗與鎮壓事件。首先是1907年11月14日的北埔事件，爲此喪命的

原住民族賽夏族人、北埔客家人、日本人總計超過165人。接著是1912年3月22日的林杞埔事件，死亡的臺灣人與日本人計12人。第三是1912年至1913年間的苗栗事件（羅福星事件），死亡的臺灣人至少20人，其中很多是苗栗客家人。第四是1914年5月7日的六甲事件，死亡的臺灣人至少11人。第五是1915年6月到1916年4月的西來庵事件（噍吧哖事件），這是臺灣人武裝抗日運動中規模最大的一次，死亡的臺灣人、日本人人數上萬。平靜了一段時間之後，1930年的霧社事件，是臺灣原住民族賽德克族人大規模的武裝反抗日本統治事件，賽德克族人、漢人與日本人總計死亡400多人（翁佳音，1986；楊碧川，1988；吳密察，1994；葉榮鐘，2000）。

　　晚近臺灣最大規模的一次武力鎮壓事發生於1947年2月27日至5月16日的「二二八事件」。1947年2月27日，專賣局查緝員在臺北市天馬茶房前查緝販賣私菸的寡婦林江邁時使用暴力手段，造成民眾一死一傷，成為事件導火線。隔天市民前往行政長官公署前廣場示威請願，卻遭公署衛兵開槍掃射，使原先的請願運動轉變成為反抗政府行動。部分臺籍民眾開始攻擊外省人，之後臺灣各地發生軍民衝突，政府出動軍警開槍鎮壓，造成許多死傷。學生和地方組織開始維持區域治安，部分地區則有民眾要求接收武器、組織民兵進行武裝抗爭。地方人士組成「二二八事件處理委員會」，試圖與臺灣省行政長官陳儀協商談判，自此各地衝突逐漸平息，但陳儀暗中要求國民政府自中國大陸調派軍隊增援。軍隊於3月8日抵達臺灣後，在各地展開武力鎮壓屠殺，造成大量民眾死亡和失蹤。往後政府更實施清鄉，許多仕紳、知識分子與民眾遭到逮捕或槍決（行政院研究二二八事件小組，1992）。

　　「二二八事件」到底死傷多少人？當時監察委員楊亮功調查報告稱死亡190人、傷1,761人，臺灣警備總司令部則稱死亡3,200人。1992年行政院研究二二八事件專案小組，認為死亡在1萬8千至2萬8千人之譜（李筱峰，1996）。由此顯示，二二八事件所造成的傷亡人數，就已經超過所有天然災難的死亡人數。

　　「二二八事件」發生的原因包括在政治方面，臺灣省行政長官公署治臺政策錯誤、官民關係惡劣、軍隊紀律不良、官員貪汙腐敗。在經濟方面，政府一手壟

斷並管制物資買賣、濫印鈔票,並掏空民生物資運往中國大陸支援國共內戰,導致嚴重通貨膨脹、大量民眾失業,臺灣經濟因而巨幅倒退,終至民不聊生。再加上掌握資源控制權的外省人(隨國民政府來臺的中國大陸籍人士)對臺灣人民的種種歧視與打壓,使得臺灣人民深受其害,因而不滿的情緒不斷累積,最終導致龐大民怨能量總爆發(張炎憲、李筱峰、何義麟、黃秀政、陳儀深、陳翠蓮、陳志龍、黃茂榮,2006)。

(二)人群推擠踐踏

雖然蜂擁擠踏事件在臺灣並不多見,但還是發生過2件。1963年11月23日,桃園縣中壢中山堂誤傳火警,導致觀眾爭相逃生、相互擠踏,造成14死、21傷。1966年1月26日,基隆市大世界戲院觀眾散場互擠造成7死、9傷,死者均為兒童。

如同全球再保公司Munich Re(2006)的觀察,自從1950年代起,主要的天然災害增加3倍,造成損失升高8倍,保險理賠成長15倍。Walter(2001)也指出,1990年代,災害每年造成平均7萬5,250人的死亡和2億1千1百萬人受到影響。這些數字顯示90%損害來自氣候變遷所造成的氣象災難的影響(Handmer & Dovers, 2008)。臺灣的天然災害也受到氣候變遷的影響,而人為災害大多與工業化有關。

肆、臺灣災害防救工作的演進

誠如Handmer & Dovers(2008)所言,已開發國家受到天然災害影響的程度小於開發中國家。從1991到2000年,平均每一天然災害在高度開發國家(highly developed countries, HDCs)造成22.5人死亡。但是,卻在中度發展國家(countries with a medium level of development, MDCs)造成145人死亡。在低度發展國家(least developed countries, LDCs)則高達1,052人死亡。顯示,災難相關的機

制（Disaster-related institutions）扮演關鍵的角色。越是發展的國家，越重視緊急與災難機制（emergency and disaster institutions）的建立。

人類開始有災難管理的觀念並非自近代才有。早在西元前3200年，居住在美索不達米亞（Mesopotamia）的阿希普人（Asipu）（現今伊拉克境內）即有社區居民面對危險的處理方式，首先分析當前的問題，提出幾種備選方案，最後針對備選方案可能的結果進行決定，這也就是今天的決策分析（Covello & Mumpower, 1985）。Coppola（2011）指出西元79年8月24日義大利維蘇威火山（volcano Vesuvies）爆發，火山灰掩埋了山下兩城鎮：赫庫蘭尼姆（Hercula-neum）和龐貝（Pompei）。龐貝居民存活者較多的原因在於當火山灰逐漸覆蓋整個城鎮的幾小時內，城鎮的長官迅速組織居民集體逃生，因而倖存；但是，赫庫蘭尼姆城並沒有做同樣的逃生準備，導致全城死亡殆盡。這個歷史記憶仍刻石存放於義大利博物館，以茲警惕。終究，這還是被動地逃難。

主動因應災難最早被發現是西元前1817-1722年間的埃及阿蒙涅姆赫特三世王朝（Amenemhet III），利用大規模河川治理工程，用200個水車引尼羅河（Nile River）水進入摩利湖（Lake Moeris），以灌溉153,000畝荒地變成良田，滋養埃及人民無數（Quarantelli, 1995）。

關於火災的因應最早可追溯到西元64年7月17日晚上起，長達6天7夜的羅馬大火後，因應而生的消防隊設置。關於羅馬大火，一說是當時的羅馬皇帝尼祿（Nero Claudius Caesar Augustus Germanicus）下令放火燒城，原因是尼祿皇帝不喜羅馬舊市容的擁擠，想要興建自己的新宮殿，甚至是僅僅想寫一部羅馬焚城詩來過過雅興。這種說法也被拍成電影「暴君焚城錄」。不過，十九、二十世紀以降的當代史學觀點則大多不予採信，認為如同中世紀到現代的城市大火一樣，羅馬大火應為單純的意外事件。因為大火起火點距離尼祿想要重建皇宮的地點有一公里遠，同時也延燒了部分尼祿自己的皇宮，以及大火是在滿月後的兩天發生，並非是派人縱火的好時機（Griffin, 2000）。對於救災來說，重要的是大火後尼祿在其羅馬軍隊中設置了專職的消防單位，稱「夜警部隊」（the Corps of Vigiles），成為後來都市設置消防隊的由來（Coppola, 2011）。

　　至於現代災難救援機制的形成大多在第二次世界大戰之後才漸次出現。英國的災難管理署（Disaster Management Agency）是在1948年的國民防衛法（Civil Defense Act）中明定。加拿大的國民防衛組織（Civil Defense Organization）也是創立於1948年。美國的聯邦緊急管理署（Federal emergency Management Agency, FEMA）的成立是立基於1950年通過的國民防衛法（Civil Defense Act）（Coppola, 2011）。

　　雖然臺灣災害發生頻繁。但是在1964年以前並無災害防救的全國性法律規定。主要法規以救濟為主，包括「災害協賑辦法（1948年）」與「臺灣省人民因災死傷及民間房屋因災倒塌救濟辦法（1956年）」。一旦災害發生後，由臺灣省政府與中央政府直接指揮軍警及行政單位人員進行救災與災害重建工作。

　　直到1965年才頒訂「臺灣省防救天然災害及善後處理辦法」，作為省政府及各縣市政府應變救災的依據，軍方成為災害搶救的重要力量。該辦法所稱天然災害指風災、水災及震災。該辦法也確立災害防救組織體系三級制度，最高組織為省政府災害防救會報，各地方縣市設防救災害指揮部，以縣市長為指揮官，警察局局長為副指揮官，在鄉鎮層級則設防救災害執行中心。另臺北市與高雄市兩地在升格為直轄市後，也分別參照制定各自的處理辦法。依該辦法第3條規定各級防救災害之組織為任務編組，於災害發生前或後組成之，任務終了時裁撤。顯示，該辦法是為了因應風災、水災及震災發生前後的臨時性組織編組與救災行動規範。

　　吸取日本於1961年制定「災害對策基準法」、美國於1979年成立「聯邦緊急事務管理總署（FEMA）」的經驗，1994年行政院制訂「災害防救方案」，為臺灣首次出現綜合型的災害防救政策。其目的在於健全災害防救法令及體系，強化災害預防及相關措施，有效執行災害搶救及善後處理，並加強災害教育宣導，以提升全民之災害應變能力，減輕災害損失，保障全民生命財產安全，促進國家之現代化與永續發展。

　　「災害防救方案」規定的災害防救範圍包括颱風、洪水、坡地崩塌、大規模地震等常見之重大天然災害，以及大規模火災、爆炸、交通事故等部分的重大人

爲災害。除了規定緊急應變事務，另規定災害防救工作的重要「實施項目」，包含了災害預防、災害應變及災害善後等3類，合計32項的工作項目與63項的採行措施。並規定4級政府（中央、省（市）、縣（市）、鄉（鎮、市）中），設置平時的「防災會報」與災害時的「災害防救中心」，並指定中央相關部會與公共事業單位於災害發生時，須成立「緊急應變小組」。規定訂定「防災基本計畫」（中央）、地區防災計畫（縣市、鄉鎮）、防災業務計畫（相關部會及指定公共事業單位）等三類法定防災計畫。

「災害防救方案」包含災害預防、災害應變及災害善後復原重建三大重要工作項目，著重於災害時緊急應變及善後復原重建，並提出有效防範措施，建立完善之防災體系。至此，臺灣已進入符合災難管理（Disaster Management）的4個階段論：災難預防期（pre-disaster prevention）、災難整備期（pre-disaster preparedness）、災難應變期（disaster response）、災難復原階段（post-disaster recovery），成爲注重災難管理的社會（Godschalk, 1991; Banerjee & Gillespie, 1994；丘昌泰，2000；周月清、王增勇、陶蕃瀛、謝東儒，2001；林萬億，2002）。

參考書目

中文書目

丁崑健（2008年9月）。1918-20年全球流行性感冒下的臺灣疫情。論文發表於「第三屆白沙歷史地理學術研討會」。彰化，國立彰化師範大學歷史研究所。

丘昌泰（2000）。災難管理學—地震篇。臺北：元照。

史明（1980）。臺灣人四百年史（上、下冊）（平裝普及版）。San Jose, CA：蓬島文化公司。

江政寬（1999）。臺灣歷史中的反抗精神：一個意識層面的初步考察。夏潮基金會（編），中國意識與臺灣意識論文集，頁287-332。臺北：海峽學術。

行政院研究二二八事件小組（1994）。二二八事件研究報告。賴澤涵總主筆，臺北：時報文化出版。

吳密察（1980）。唐山過臺灣的故事：臺灣通史。臺北：時報文化。

吳密察（1994）。臺灣近代史研究。臺北：稻鄉出版社。

李汝和主修（1972）。臺灣省通志。臺北：臺灣省文獻委員會。

李筱峰（1996）。解讀二二八。臺北：玉山社出版公司。

李筱峰（2003年5月12日）。中國之疫。中國時報。

周月清、王增勇、陶蕃瀛、謝東儒（2001）。921地震社會工作者災難服務角色與功能評估。行政院國家科學委員會補助專題研究計畫。

林珍珍、林萬億（2014）。災難治理與社會排除：高雄市與屏東縣莫拉克風災後重建服務網絡之檢視。思與言，52: 3，5-52。

林萬億（2002）。災難救援與社會工作：以臺北縣921地震災難社會服務為例。臺大社會工作學刊，7，27-202。

林萬億主編（2010a）。災難管理與社會工作實務手冊。臺北：臺灣社會工作專業人員協會出版。

林萬億（2010b）。災難管理與社會工作。社區發展季刊，131，65-83。

林萬億（2011）。災難管理與社會工作。呂寶靜（主編），社會工作與臺灣社會，第15章，頁470-505。臺北：巨流。

紀鑫、邱南昌（2004）。臺灣傳染病演變史與感控措施。感染控制雜誌，14(2)，99-104。

翁佳音（1986）。臺灣漢人武裝抗日史研究：1895-1902。臺北：國立臺灣大學出版委員會。

張炎憲、李筱峰、何義麟、黃秀政、陳儀深、陳翠蓮、陳志龍、黃茂榮（2006）。二二八事件責任歸屬研究報告。臺北：二二八事件見念基金會。

張淑卿（2013）。復健、輔具與臺灣小兒麻痺病患生活經驗（1950s-1970s）。臺灣史研究，20(2)：125-176。

壹週刊（2003年5月8日）。SARS九命冤死　和平院長謊言殺人。上網日期：2017年6月7日，取自海洋臺灣網頁http://www.oceantaiwan.com/wwwboard/posts/1627.html

廖為智（譯）（2005）。臺灣民主國研究：臺灣獨立運動史的一斷章（原作者：黃昭堂）。臺北：前衛。（原著出版年：1993）

黃昭堂（1996）。第二次大戰前「臺灣人意識」的探討。財團法人現代學術研究基金會（編），臺灣淪陷論文集，頁81-109。臺北：財團法人現代學術研究基金會。

黃國彥（譯）（1979）。臺灣：苦悶的歷史（原作者：王育德）。東京：臺灣青年社。（原著出版年：1964）

黃增國、張梅（2003）。果子狸是人類SARS病毒的「疑兇」證據不足。預防醫學情報雜誌，19(3)，213-214。

楊碧川（1987）。簡明臺灣史。高雄：第一。

楊碧川（1988）。日據時代臺灣人反抗史。臺北：稻鄉。

葉榮鐘（2000）。日據下臺灣政治社會運動史。臺北：晨星。

廖文欽（2002）。東勢義渡慈善會沿革。東勢義渡社會福利基金會（編），東勢義渡社會福利

基金會創立一七〇週年紀念特刊。臺中：東勢義渡社會福利基金會。

賓拿流（2009年12月9日）。魯凱：我們不要滅族式的「特定區域劃定」。上網日期：2013年8月31日，取自莫拉克獨立新聞網網頁http://www.88news.org/?p=1488

劉兆玄（1999年12月4日）。災區兩月（中國時報）。上網日期：2017年6月7日，取自921網路博物館網頁http://921.gov.tw/rec_doc/g025-1.html

鄭世楠、葉永田（2004）。地震災害對臺灣社會文化的衝擊。詹素娟、林美容、丁仁傑（編），災害與重建：九二一震災與社會文化重建論文集，頁131-162。臺北：中央研究院臺灣史研究所。

戴寶村（2006）。臺灣政治史。臺北：五南。

顏文彬（2009）。第三海盛輪、聯盛輪、第二光盛輪海難事件口述歷史。澎湖：澎湖縣政府文化局。

英文書目

Ansell, J., & Wharton, F. (1992). *Risk: Analysis, Assessment, and Management.* Chichester, UK: John Wiley & Sons.

Banerjee, M. M., & Gillespie, D. F. (1994). Strategy and organizational disaster preparedness, *Disaster*, 18: 4, 344-354.

Bell, M. L., Davis, D. L. & Fletcher, T. (2004). A retrospective assessment of mortality from the London smog episode of 1952: The role of influenza and pollution. *Environmental Health Perspectives, 112*(1), 6-8.

Blaikie, P., Cannon, T., Davis, I. & Wisner, B. (1994). *At Risk: Natural Hazards, People's Vulnerability, and Disasters*. London: Routledge.

Cannon, T. (1994). Vulnerability analysis and the explanation of natural disaster. In A. Varley (Ed.), *Disaster, Development and Environment* (pp.13-29). Chichester, UK: John Wiley and Sons.

Cardona, O. D. (2007). The need for rethinking the concepts of vulnerability and risk from a holistic perspective: A necessary review and criticism for effective risk management. In G. Bankoff, G. Frerks, & D. Hilhorst (Eds.), *Mapping Vulnerability: Disasters, Development & People* (pp. 37-52). London: Earthscan.

Coppola, D. P. (2011). *Introduction to International Disaster Management* (2nd ed.). Burlington, MA: Elsevier.

Coulter, M. & Noss, C. (1988). Preventive social work in perceived environmental disasters. *Health and Social Work*, Fall, 296-300.

Covello, V. T., & Mumpower, J. (1985). Risk analysis and risk management: An historical perspective. *Risk Analysis, 5*(2), 103-118.

Dilley, M., Chen, R. S., Deichmann U., Lerner-Lam, A. L., Arnold, M., Agwe, J., Buys, P., Kjekstad, O., Lyon, B., & Yetman, G. (2005). *Natural Disaster Hotspots: A Global Risk Analysis*. Washington, DC: The World Bank.

Drabek, T. (1970). Methodology of studying disasters: Past patterns and future possibilities. *American Behavioral Scientist*, Jan/Feb 70, 13: 3, 331-343.

Echterling, L. G., & Wylie, M. L. (1999). In the public arena: Disaster as a socially constructed problem. In R. Gist & B. Lubin (Eds.), *Response to Disaster: Psychological, Community and Ecological Approaches* (pp. 327-347). Ann Arbor, MI: Braun-Brumfield.

Federal Emergency Management Agency (FEMA) (1997). *Multi-hazard Identification and Assessment*. Washington, DC: FEMA.

Fothergill, A., Maestas, E. G. M., & Darlington J. D. (1999). Race, ethnicity and disasters in the United States: A review of the literature. *Disasters, 23*(2), 156-173.

Godschalk, D. R. (1991). Disaster mitigation and hazard management. In T. E. Drabek & G. J. Hoetmer (Eds.), *Emergency Management: Principles and Practice for Local Government* (pp. 131-160). Washington, DC: International City Management Association.

Griffin, M. T. (2000). *Nero: The End of a Dynasty*. London: Routledge.

Grossman, L. (1973). Train crash: Social work and disaster services. *Social Work*, 18: 5, 38-44.

Handmer, J., & Dovers, S. (2008). *Handbook of Disaster & Emergency Policies & Institutions*. London: MPG Books Group.

Hewitt, K. (1997). *Regions of Risk: A Geographical Introduction to Disasters*. London: Routledge.

International Strategy for Disaster Reduction (ISDR) (2004). *Living with Risk*. Geneva, Switzerland: The United Nations Inter-Agency Secretariat.

Lewis, J. (1999). *Development in Disaster-prone Places: Studies of Vulnerability*. London: Intermediate Technology Publications.

Lin, W. I. (2016). Disaster relief and reconstruction in Taiwan: Policy and issues. In D. Romero (Ed.), *Natural Disasters: Risk Assessment, Management Strategies and Challenges* (pp. 185-222). New York, NY: Nova Publishers.

Munich Re (2006). Munich Re Group annual report, 2006. Retrieved August 31, 2013, from https://www.munichre.com/site/corporate/get/params_E415811138/1389944/302-05252_en.pdf

Oliver-Smith, A. (2007). Theorizing vulnerability in a globalized world: A political ecological perspective. In G. Bankoff, G. Frerks, & D. Hilhorst (Eds.), *Mapping Vulnerability: Disasters, Development & People* (pp. 10-23). London: Earthscan.

Pelling, M. (2001). Natural disaster? In N. Castree & B. Braun (Eds.), *Social Nature: Theory, Practice and Politics* (pp. 170-188). Oxford: Blackwell.

Pelling, M. (2007). *The Vulnerability of Cities: Natural Disasters and Social Resilience*. London: Earthscan.

Quarantelli, E. L. (1995). *Disaster Planning, Emergency Management, and Civil Protection: The Historical Development and Current Characteristics of Organized Efforts to Prevent and Respond to Disaster*. Newark, DE: University of Delaware Disaster Research Center.

Regehr, C., Roberts, A. R., & Bober, T. (2008). On the brink of disaster: A model for reducing the social and psychological impact. *Journal of Social Service Research*, *34*(3), 5-13. doi: 10.1080/01488370802085890.

Rogge, M. E. (2004). The future is now. *Journal of Social Service Research,* 30: 2, 1-6.

Sundet, P., & Mermelstein, J. (1996). Predictors of rural community survival after natural disaster: Implications for social work practice. *Journal of Social Service Research, 22*(1-2), 57-70.

UN General Assembly (1989). *International Decade for Natural Disaster Reduction (1990-1999).* UN: UNISDR.

Walter, J. (2001). Disaster data: Key trends and statistics. In J. Walter (Ed.), *World Disaster Report 2001: Focus on Recovery* (pp. 160-217). Geneva, Switzerland: International Committee of the Red Cross (ICRC).

Wigdel, J. (2000). A roadmap to collaborative relief and recovery. *Liason, 1*(4), January.

Wisner, B. (1993). Disaster vulnerability: Scale, power and daily life. *Geo Journal, 30*(2), 127-40.

第二章　災難管理：減災與整備

林萬億

壹、前言

　　災難管理（disaster management）是現代國家經歷無數災難考驗後的制度設計。以美國為例，從1947年的國家安全法（National Security Act）通過後，才將災難管理觀念從國民防衛轉向整備（from civil defense to preparedness），在國民防衛計畫辦公室（the Office of Civil Defense Planning）之下設置國家安全資源委員會（the National Security Resources Board, NSRB），統合各種災難的救援。然而，這種新機制的設計，在災難救援與國家防衛上功能上的雙重性，在承平時期是救災，在冷戰時就是國土安全。但是，處在冷戰時期的美國，還是把較多的心力放在國土安全上，把天然災害的預防與救援交給公務員與非營利組織。

　　1970年代，地方政府一再反映聯邦政府缺乏管理災難的全國性政策，不利於天然與人為災害的預防與救援。於是災難政策國家化（nationalization of disaster policy）的呼籲浮現。1979年卡特總統（President Carter）時期，創設了聯邦緊急管理署（Federal Emergency Management Agency, FEMA）作為執行機關，美國災難管理從任務編組進入常設機關，整合的災難管理機制於焉成形。然而，未設置專責機關之前，發生任何災難，聯邦只負責提供財務與資源協助各州與地方政府救災，無需承擔救災不力的責難。之後，聯邦緊急管理署就必須承擔救災成效的課責。

　　實務上，救災是一個高度政治化的行動，在1980年代到1990年代，因為幾次颱風侵襲應變不佳，國會曾經出現廢掉聯邦緊急管理署的聲浪。1990年代，因應國土安全的挑戰，原先以降低脆弱性、減災等做法為主的自然災害因應對策，逐漸注意到人為災難的危害，人為災難的預防也成為聯邦緊急管理署的核心工作。然而，減災方案造成的資源浪費、詐欺、濫用也層出不窮。雖然2001年911恐怖攻擊紐約世貿中心的多組織應變（multi-organizational response）計畫被認為是成功的，但是2005卡崔娜颶風（Hurricane Katrina）侵襲南方卻暴露了美國救災體系的諸多缺失，例如：官僚化、政治化、政府厚重化（thickening of government）、政府的空洞狀態（hollow state），讓政府救災能量崩壞。於是，

重啟災難風險私有化（privatization of risk）的想法，讓私部門有更多機會參與救災工作（Roberts, 2010）。可見，災難管理機制是不斷演進修正的過程。

由於災難風險的不可預測，災難管理已被賦予災難治理（disaster governance）的新觀念。Jasanoff（2010: 15）在研究風險的民主因應時指出：「我們必須變得更有技巧地發展集體記憶的策略，且不能再以狹隘的管理概念來看待風險本身，而必須改以具政治意涵的治理視之。」亦即，風險評估的科技導引人們試圖發展出因應風險的科技工具。但是，人們已經逐漸認識到科技並不具決定性，關鍵在風險機率的治理。風險機率不是隨機的，雖然依過去的經驗知識來預測未來的準確度，或多或少可被計量。二十世紀中葉以來，風險已經超出統計邏輯之外，例如：氣候變遷、工業災害、環境破壞、金融危機等。

上述這些風險的難以計量在於以下幾個因素：首先，是文化的障礙。人們經常有特殊的方式理解與看待風險，且很難理性地估計災害的後果。其次，科層體制的化約主義。行政體制通常因為了方便而簡化了過去人類受災經驗的複雜與豐富性，以致很難從過去的經驗中學習到真實的功課。第三，倫理的課題。誰是易受害者？誰真實受害？誰要對災難負責？誰的聲音該被聽到？優先順序的設定如何？無一不涉及倫理的急迫性。第四，經濟的限制。風險的影響不一，資源配置應該如何？有限資源應該配置給預防，還是救援（Jasanoff, 2010: 15）？

貳、災難管理的四階段

如前章所述，現代緊急管理（modern emergency management）是從第二次世界大戰之後即已出現的概念。現代各國緊急管理或災難管理（disaster management）一般都採四階段途徑（four-phase approach）：減災（mitigation）、整備（preparedness）、應變（response）、復原（recovery）（Godschalk, 1991, Banerjee & Gillespie, 1994; Baird, 2010; 丘昌泰，2000；周月清、王增勇、陶蕃瀛、謝東儒，2001；林萬億，2002）。

（一）減災（mitigation）：主要是災難發生前的防範措施，例如災難性質的分析、災難風險分析、預警系統的建構、災難管理政策與規劃、防災教育、防災措施等，又稱「災難預防（pre-disaster prevention）」。

（二）災難整備（per-disaster preparedness）：係指預測災難可能發生，而先前建立起因應災難的各種準備，如緊急災難應變的任務小組組成、因應災難的作業計畫與行動措施、防災與救災人員的組訓與演練、救災資源與器材的充實與管理等。

（三）災難應變（disaster response）：包括災難預警、救災資源的動員、災難現場指揮系統的建立、緊急救難行動的執行，包括財物、人員、設施的救援，並減少災害的二度傷害。這也就是真正進入災難救援階段了。

（四）災難復原（post-disaster recovery）：指災後修復與重建，通常先讓受災地區人民生活回復到平常狀態，再進一步求重建與發展。復原的工作包括危險建物的拆除、基礎工程建設的修建、災民救濟、創傷後壓力疾患（Posttraumatic stress disorder, PTSD）的減輕、社區生活機能的重建、住宅安置或重建等。

災難管理四階段是一個循環的概念，稱為災難管理循環（disaster management cycle），如圖2-1。當然，不同的災難在每一個階段持續的時間不同，重大交通事故發生只能減災，很難預測，而其災難影響期間很短暫，失事現場快則幾小時就會被處理完畢，復原期也比較不是以社區為基礎（community-based），除非火車、汽車、飛機意外事故損及民宅。地震發生也只能減災，難以預測，其災難來得快，餘震會持續一段時間，而復原期很長，因為要清理斷垣殘壁與住宅重建、社區生活重建，需要較長的時間，連同創傷後壓力疾患（PTSD）的減輕，往往需要三、五年。颱風則是有稍長的預警期，以現代氣象科學的預測能力，至少可進行一週以上的颱風警報預測，而颱風登陸時間很短，有時只有幾小時，頂多二、三天。但是，颱風夾帶豪雨，帶來土石流、淹水，往往影響好幾天，災區清理、住宅重建、社區生活重建也需要較長時間。社區範圍的爆炸案如同地震、颱風、水災一樣，很難預測，意外事件發生得很突然，也都需要一段時間來進行復原。

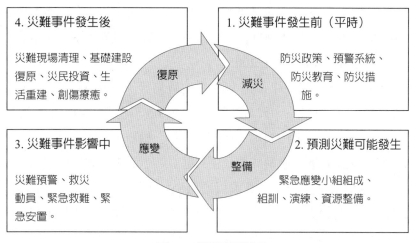

圖2-1 災難管理循環

（作者整理）

以上四個階段環環相扣，相互影響，前階段做得好，後階段就省力；前一個災難管理得好，後一個災難就較好管理。尤其是防災做得越好，災難損失越少。亦即，前階段的投入多寡與後階段的投入需求成反比；前階段的努力與後階段的損失也成反比。

參、減災

減災又稱災難預防或降低風險（risk reduction），災難預防是災難管理的基石（cornerstone of disaster management）。個人、家庭、社區（部落）、國家如果不針對該地區常見的災難，事先加以預防，只會任由災難重複地肆虐。

依人類經驗，災難預防通常是在經歷災難之後才警覺到需要進行減災工作，而減災準備越充足，下次災害的損失越少。否則，就不會有前一章提及的，同樣程度的災難發生在已開發國家的損害程度遠低於發生在開發中國家、低度發展國家的證據。減災的觀念由來已久，且歷久彌新。例如，西元前2000

年夏禹治水的傳說，解決了黃河長年的水患問題，夏禹因治水有功而得天下。如今，減災的做法依然在各地不斷地被檢討改善，例如，流經大臺北盆地的基隆河整治經歷了半世紀3次改良，才在2005年完成。

夏禹治水傳說出現在一件西周中期後段的青銅器「遂公盨」，盨內底有銘文10行，共計98字，首句曰：「天命禹敷土，隨山浚川，迺差地設征」，與《尚書·禹貢》：「禹敷土，隨山刊木，奠高山大川」相似，證明夏禹治水的傳說在西周已流傳於山東的遂國（虞舜的後代受封建立）。詳細傳說出自《山海經·海內經》：「洪水滔天，鯀竊帝之息壤以堙洪水，不待帝命。帝令祝融殺鯀於羽郊。鯀復生禹，帝乃命禹卒布土以定九州島。娶塗山氏女，不以私害公，自辛至甲四日，復往治水。禹治洪水，通轘轅山，化為熊。謂塗山氏曰：『欲餉，聞鼓聲乃來。』禹跳石，誤中鼓，塗山氏往，見禹方坐熊，慚而去。至嵩高山下，化為石，方生啟。禹曰：『歸我子！』石破北方而啟生。」

傳說帝堯時，中原洪水氾濫造成水患災禍，百姓愁苦不堪。帝堯命令鯀治水，鯀受命治理洪水水患，用築堤法（圍堵法），也就是挖土築堤，但黃河水卻越淹越高，歷時9年未能平息洪水災禍。天帝就派火神殺了鯀，接著命鯀的兒子禹繼任治水。禹立即與益和后稷一起，召集百姓前來協助，他視察河道，並檢討鯀治水失敗的原因。禹總結了其父治水失敗的教訓，改革治水方法以疏導河川治水為主，依水向低處流的自然趨勢，疏通了九河；把平地的積水導入江河，再引入海洋。經過13年的治理，終於成功地消除中原水患。大禹整治黃河水患有功，受舜禪讓繼帝位，國號夏，史稱夏禹。不論這個傳說是否溢美夏禹治水，至少提醒了後人正確的河川整治是可以減少洪水氾濫的減災水利工程。

員山子分洪則是臺灣晚近為解決基隆河下游淹水而有的水利工程。基隆河下游進入平坦的臺北盆地，曲流蜿蜒，在內湖大直地區還出現許多河套。由於河道曲折阻滯水流，過去經常發生水災，造成臺北市民莫大的痛苦，於是政府進行了兩次截彎取直工程，試圖解決水患困擾。尤其是1963年葛樂禮颱風狂掃北臺灣，造成臺北市士林地區重大的水災，社子地區淹水3天。士林地區彎曲河道不利於洩洪，被認為是淹水的原因之一。於是，1965年政府對基隆河進行了第一

次的截彎取直工程，將環繞劍潭、士林的舊河道填平，另外在社子島上開鑿一條新河道，將這段河道拉直。現在的基河路，就是當年截彎取直之前的基隆河舊河道。

第二次截彎取直工程是在1991年11月動工，1994年完工，主要是將南港的南湖大橋，到圓山中山橋，全長17.4公里的大幅彎曲的河套拉直，同時興建與加高兩岸堤防、新河槽開挖、整理河川地及綠化、低水護岸、興建抽水站等，目標是使基隆河兩岸達到200年洪水重現期保護標準。工程完成後，產生了數百公頃河川地，造就大直、內湖的新興工、商業用地和河濱綠帶景觀遊憩區，大佳河濱公園就是基隆河截彎取直後，所產生的一段長約12公里的河濱綠地。

然而，基隆河下游截彎取直之後，河道蓄洪量降低，一旦颱風帶來豪雨，基隆河水患淹沒區域向中游延伸，東湖、南港、汐止成為替代淹水災區。考驗出現在2000年10月的象神颱風，造成基隆市、臺北縣汐止市、臺北市東湖一片汪洋；2001年9月的納莉颱風造成臺北市內湖、南港、忠孝東路、臺北縣汐止市大淹水，迫使政府重新思考整治基隆河上游，才能一勞永逸解決基隆河淹水問題。行政院遂於2002年推動「基隆河整體治理計畫」，員山子分洪工程為計畫主體工程之一，於臺北縣瑞芳鎮瑞柑新村旁施作進水口分洪結構，開鑿內徑12公尺、長度2,483.5公尺的引水隧道及出水口放流設施，完成後每秒可導引1,310立方公尺水量進入東海，使基隆河自侯硐介壽橋以下河段可達200年洪水重現期之防洪保護標準。全部工程於2005年7月完竣。從此，基隆河的淹水情形大幅改善。如果基隆河減災計畫是由上游而下治水，且上中下游同步規劃，逐段實施，而不是從下游先截彎取直，大臺北地區的水患災害損失必然可以減少。

可見，有些減災是在災難不斷試煉之後慘痛教訓的結果。減災是指持續地投入減少災害風風險以降低災害來臨的可能性或災害風險發生的後果。換句話說，減災包括減少災害發生或降低災害的損壞。進一步可以將這兩個面向區分為5個減災的目的（Coppola, 2011）。

一、降低風險發生的可能性

在現實生活中，並非每一種災難都能降低發生的可能性，例如：颱風、地震、海嘯、火山爆發，到目前為止，人類尚無能力發展出可以讓地震不發生、颱風不生成、海嘯不形成的科技。但是，人類還是有可能讓某些災難不發生，例如：飛機失事、火車事故、車禍、爆炸、火災、傳染疾病、建築物倒塌等。也許有一天，人們可以透過破壞颱風眼的形成來降低颱風的強度，或是擁有像摩西一樣的想像能力將紅海分開以阻止海嘯湧來，或藉由投擲某種物質進入火山口讓活火山死亡。

二、減少風險的負面後果

如果風險發生不可免，則減少風險帶來對人、財產、結構、環境的負面後果是努力的目標。例如，提升建築物的耐震等級、避難設施的建設、防災教育、預警系統的建立、土石流危險區域的調查分類管理、地震斷層帶資訊公開、不安全居住與活動區域的限制、跨國國境安全資訊的交換等，都可能減少災難發生之後的災害程度與範圍。

三、迴避風險（risk avoidance）

有些災害發生的可能性無法減少，例如地震、颱風；而且即使減少負面後果，仍然會造成難以接受的損失，因此就必須想辦法避開風險。最理想的狀態是避免在地震帶建築房舍、不允許在不安全居住地區開發，或不允許瓦斯管線經過住宅區地下等，但是這些規定或限制要完全實現幾乎不可能。唯有做到局部限制，例如，在坡度達到一定程度的山坡地限制開發；在距離海嘯風險區域海邊一定距離範圍內限制老人、兒童、身心障礙社會福利設施興建；在斷層地帶限制興建核能電廠，甚至建立非核家園，永遠脫離核能外洩或爆炸導致輻射汙染的風險等。在1997年的溫妮颱風重創臺北縣汐止林肯大郡之後，內政部修正「建築技術規則建築設計施工編」第262條，明定山坡地坵塊圖上，平均坡度超過55%

者，不得計入法定空地面積；平均坡度超過30%，未逾55%者，得作爲法定空地
或開放空間使用，不得配置建物，以加強山坡地管制。

四、接納風險（risk acceptance）

既然某些天然風險不可免，個人、家庭、社區（部落）、社會、國家只好
承認災難是存在的，它是地理、社區生活的一部分。有時是由於成本效益分析之
後，發現遷移避開風險可能發生地區的成本過高，如遷村成本太高；或是避開風
險區域之後可能帶來的二度後果（secondary consequence）未可預期，例如，遷
徙到安全地區之後，文化適應、就業機會、社區整合等都可能受到威脅，不如接
納既存的風險，以其他方式來進行減災。

五、風險轉嫁、分攤與分散

最後，當風險不可免時，只好將風險轉嫁、分攤或分散。基本上這並沒有減
少整體風險的降低，但是讓風險可能帶來的後果平均分散由更多人承擔。最常見
的是災害保險，例如：地震險、火災險、意外險、農作物保險，讓受災人民的財
務損失轉嫁由保險公司承擔，而保險公司則透過收取保費與給付系統集體分攤風
險。除了正式的保險分攤之外，也有非正式的風險分攤機制，例如：志願收養災
區兒童、承擔災區兒童的教育費用直到成年爲止，或是社區共同接納災區人民安
置或共享生活資源等。

Coppola（2011）將減災策略分爲結構式與非結構式兩類，便於討論與規
劃。結構式減災是指透過建設、改變物理環境等來減少災害的發生或影響。非結
構式是指修正人類行爲或自然過程。

（一）結構式減災（structural mitigation）

結構式減災有「人定勝天」（man controlling nature）的企圖，透過建設、
公共工程或某些法律機制來管制、服從、檢查、維護、更新建設。結構式減災策

略包括以下幾種：

1. 抗災建築

最佳減災策略是把建築物對抗各種災難的抵抗力極大化，亦即抗災設計（hazard-resistant design）。例如，經常遭遇洪水氾濫的地區，建築物就會設計墊高，一樓墊高，底層作為行水之用。荷蘭的兩棲屋（amphibious house）是每一棟兩棲屋都可以跟其他兩棲屋相互連結，當水漫進來時，互相鏈結扣合的兩棲屋彼此順著水流安全地漂浮，與船屋的概念異曲同工。此外，如果有地下室或地下鐵、捷運系統，也需要有阻隔淹水的設計或墊高往地下室的門檻高度。經常地震的地區，建築物的耐震強度要有更高的標準要求。

現代新式抗震工法主要分為制震（減震）與免震（隔震），制震設計分兩種工法，一是減少建築物搖晃，如101大樓採用的風阻尼器，另一則是增加結構建築物抵抗地震的能力，如採用日本新日鐵VEM阻尼器的臺北市的「仁愛帝寶」。至於免震工法則是透過裝設在混凝土基礎與主體結構柱之間的隔震層阻隔與吸收地震位移能量，效果優於制震設計，可降低地震搖晃程度3-4倍，是目前市面上最佳抗震工法，但工法較難、成本最高，臺灣少有建商使用，知名建案為臺北市的「信義帝寶」。

2. 建築技術規則與管制規定

建築物不只需要有耐震設計，例如承受水平與垂直震動，為了對抗強風，建築物也需要抗風壓力；防火材質也是避免減少火災傷亡的基本要求；在下雪地區建築物的屋頂使用人字形設計，以減輕壓力等。這些規定都要進入建築技術規則中，且要求人民遵守。未達標準者不予核發使用執照，舊建築也要輔導補強與改善。

對抗地震當然要有耐震建築。臺灣於1999年9月21日集集大地震後，內政部營建署依最新強地動資料，於1999年12月修正我國建築技術規則耐震設計，依震區水平加速度係數畫分為地震甲區及地震乙區，其對應之加速度係數分別為0.33g（即耐震級數在6級裂震，最大水平地表加速度在0.25g至0.40g之間）及

0.23g（耐震5級強震）。除臺北縣市、基隆、桃園、部分高雄及屏東地區為乙區外，其餘為甲區。2005年12月21日再檢討修正調整震區水平加速度係數、垂直地震力及臺灣震區畫分等，並考量近斷層效應、大地震下建築物不得崩塌之設計、隔減震及被動消能系統之應用，以強化建築物耐震設計規範。2011年3月11日，日本發生8.9級超級地震，內政部營建署再修正「建築物耐震能力設計規範及解說」，強化地盤分類指標、臺北盆地微分區、隔震建築物設計分析方法、設計詳細要求事項、實體試驗等規定，並自2011年7月1日實施，以進一步提升我國建築物結構設計安全標準。

3. 異地安置或遷村（relocation）

世界銀行定義異地安置或遷村是將一個社區（部落）的住宅、資產和公共基礎設施在另一個位置重建的過程（Jha et al., 2010; 謝志誠、林萬億、傅從喜等譯，2012）。遷村有時會被認為是一種好的減災與災後重建的選擇，因為原居住地已經被判定為不適合居住了，因而被認為是降低面對未來災害風險脆弱性的最佳選擇。但是，實務上，遷村通常不是正確的解決方法，因為不是所有風險都是因基地的特殊性而引起，而遷村本身也承擔許多風險，要找到一個合適的新基地來安置遷徙的人民，可能是一項嚴峻的挑戰；不適合的新基地，可能導致生計、社區意識及社會資本流失、文化疏離、貧窮，甚至演變到後來，移入者放棄新基地，又重返原居住地（Jha et al., 2010）。所以，遷村不是「要不要」的二選一選項，而是必須經過考量各種條件，審慎評估後的風險管理決策。通常原居住地的居民比外人更了解其居住地的居住合適性，亦即在地知識（local knowledge）或本土知識（indigenous knowledge），往往比科學知識更符合在地需求，且容易被在地人接受。因此，風險溝通就成為異地安置或遷村重要的過程。

4. 結構修正（structural modification）

基於科技的進步，有關於災害的資訊越來越充足，新的科學資訊可提供作為檢視風險可能性的新的面向與程度，促成主管機關或建築物所有人調整因應風險

的策略，修正建築結構的標準，或補強以對抗災害風險。例如：新發展的建築材質、建築結構設計、電力輸送系統等。

5. 建設社區庇護所（community shelters）

針對高風險區域的居民建立完善的社區庇護場所，例如：城市中的地下防空避難設施、社區緊急收容中心等。這些設施平常就要維護，分配負責單位與主責人員管理，避免破舊髒亂不堪。此外，社區居民平常要被告知進入避難設施的動線規劃、警報系統，以及準備緊急狀況下的個人自我維生必備品（避難背包）。

6. 建構柵欄、改道、穩固系統（construction of barrier, deflection, or retention system）

在災難發生時，有些建築物或基礎建設會受到破壞，這些遭破壞後的斷垣殘壁、道路，或是有毒化學物質外洩，都可能帶來二度災害。因此，需要準備阻絕物，例如圍籬、柵欄等障礙物，以避免人畜進入而遭受二度災害。同時，因應交通路線的改變，需要搭建便橋、替代便道、流籠等改道設施，有時甚至要準備擋水牆將洪水改道等。加設穩固系統則是在預防土石滑落、建築倒塌、洪水潰堤時可以穩定山坡、建築物、堤防等，避免災害擴大。

7. 探測系統（detection system）

探測系統的建立主要在於及早發現風險潛勢區域。1997年臺北縣汐止林肯大郡發生28人死亡的重大坡地災害事件之後，關於坡地社區需要加強「防災安全監測」，已是普遍的共識了。目前，農委會水土保持局已劃定土石流潛勢溪流，於颱風暴雨期間加強防救災監控，並對居民進行警戒疏散；各縣市政府亦建立了大型坡地社區年度安全檢查之例行作業，於發現大地環境與建物存在安全質疑時，促使進行補修維護，以防範災害的發生。監測系統科技發展迅速，包括土壤飽和、地下水位、滑坡位移、變位傾斜、上游土石流、崩塌、土壤液化等都可以監測到。這對於居住在鄰近坡地的居民來說，可以獲得比經驗法則更精準的科學警訊，尤其在氣候異常的大環境改變，單靠過去的傳統智慧不足以因應無常的

氣候變遷下的風險增加。

監測系統也包括對火山活動、水文變化、地震活動、鳥獸棲息地改變、候鳥遷徙等的觀測，現代科技已大量利用衛星資訊傳送、手機接送資訊等，有助於迅速了解各種風險出現的可能性。此外，探測系統也包括在救災時的生命探測器裝備，有助於加速救援，減少生命犧牲。

8. 物理環境調整

物理環境改變包括築堤、養溼地、建蓄洪池、築水壩、引流、清淤、坡式梯田、定錨、涵洞、造林、植被等都可能改變物理環境，減少災難發生。前述的大禹治水、基隆河截彎取直、圓山子分洪都是改變物理環境的例子。

9. 處理系統（treatment system）

災害發生時要有足夠健全的各種處理系統，才可能減少災難的影響範圍擴大，甚至避免造成二度災害，例如：垃圾處理、土石廢棄物清理、汙水處理、有毒物質處理、消毒、核能輻射汙染清理等系統。一旦災區的殘骸、垃圾、廢棄物、有毒物質等清理系統進度緩慢，居民的生活重建就會跟著延宕。因此，能動員充足的處理系統，有助於減少災害擴大，加速災後復原。

10. 足夠的生命安全基礎建設

維生基礎建設更是災難發生後必須立即復原的基礎建設，沒有維生基礎設施，災後復原也會相對緩慢。因此，生命安全基礎建設要能減少在災難發生時受損，越有利於加速災後復原，包括：電力系統、醫療設施、能源供給、飲水供給、交通設施、灌溉系統、食物供給。通常政府機關、學校、醫院的建築必須更堅固，以作為災難後的救援基地和指揮中心。

（二）非結構式減災（nonstructural mitigation）

非結構式減災是採「人隨自然調適」（man adapts to nature）的謙卑態度。對於社區居民來說，減災成本相對小。主要做法有以下幾種：

1. 管制措施

　　管制措施是利用法律規定管制人民的行為以達到減少災難發生的可能性。例如：土地分區使用管理、綠地（帶）設置、保護自然資源、限制高風險地區的服務提供、人口與住宅密度管制、建築物使用管制、減災式地役權同意釋出、有毒物質處理流程管制、社會活動的安全管制、自然資源使用管制、雨水排水道管理、環境保護、接近高風險地區限制管制、減災環境改善貸款等。

2. 社區覺醒與防災教育

　　民眾是保護自己的身家性命免於受到災害影響的關鍵因素。「多一分防災準備，少一分災害損失」是常見的防災教育提醒語。社區覺醒（community awareness）中最重要的環節是風險溝通（risk communication）。依照世界衛生組織（WHO）對食品安全、防疫的風險溝通做法是針對所有利害關係人，包括消費者，都能有機會獲得有關該議題的對話機會，最終目的是讓民眾擁有該風險的相關資訊，進行有利於自己健康的決策，增強其保護自身健康的能力。因此，風險溝通是一種教育過程，也是一種警示過程。通常包括：災害風險的覺察、行為修正、建立警報系統、風險圖示（risk mapping）。

　　911集集大地震後，2000年11月國科會核定教育部負責：(1)推動防救災體系之評估與強化對策課題檢討，(2)規劃本土化災害防救教育課程並編訂適用教材。據此，2004年教育部公布「防災教育白皮書」，將防災教育正式納入教育體系中。目前教育部已將防災素養融入九年一貫課程與高中職課程中。

　　至於學校該不該有防災課綱則仍有爭論。臺北市長柯文哲於2016年1月26日到日本參訪東京的「臨海廣域防災公園」，深受日本防災教育之完備所感動，希望學習日本的防災準備，而下令教育局等局處，規劃出「臺北市學生防災課綱」，將地震、火災等天災，還有性侵、暴力等納入，建立學生的防災概念。然而，是否一定要有單獨的防災課綱，還是將防災知能融入課程中即可？其實是可以再思考的。

　　日本與臺灣一樣都屬地震、風災頻繁的地帶，但日本的防災教育發展早於

臺灣。隨著1947年災害救援法（Disaster Relief Act）通過之後，開始實施防災教育，一開始採取民主與經驗主義；1951-1959年間受到歐美國家災難管理的科學主義影響轉而採取科學知識模型（scientific knowledge model）。1959年超級颱風維拉（Super Typhoon Vera）侵襲日本伊勢灣，造成超過4,000人死亡，是日本歷史上傷亡最慘重的颱風。因此於1961年通過災害對策基本法（the Disaster Countermeasures Basic Act）澈底改造了日本的災難管理，防災教育也轉向公民參與模式（the civic participation model），建立中央災害管理委員會（Central Disaster Management Council），通過基本災害管理計畫（the Basic Disaster Management Plan），日本災難管理制度趨於完備。

　　然而，1995年7.3級的阪神大地震（the Great Hanshin-Awaji Earthquake）造成6,437人死亡，25萬建築倒塌，僅次於1923年的關東大地震（Kanto Great Earthquake）死亡10萬5千人。阪神大地震暴露日本災難管理的三個缺失：第一，都市人口密集區是震災時的脆弱地區，傷亡慘重；第二，地震造成維生設施的破壞，影響災難救援與災後重建甚鉅；第三，缺乏明確的災難溝通機制。於是，新的生活態度——「平凡生活」（zest for living）被強調，1995年也被稱為「日本志工元年」，非政府組織大量出現參與救災與災後重建，再加上2001年發生於大阪府池田市小學的校園謀殺事件，造成8人死亡、15人受傷，日本防災教育也轉變為多重災害模式（the multi-hazard model），以因應天然與人為災難發生於校園。2011年311東日本大地震，引發39.7公尺高的海嘯與福島核能電廠爆炸，釀成18,800人死亡，災難教育更走向日常生活模式（the everyday life model），立基於寬廣的經濟、政治、社會脈絡下學習防災；同時，社區復原力也被廣泛地推動，共存（kyozon）、互助概念在災後復原中滋長（Kitagawa, 2015）；日本志工參與救災與災後重建也在311東日本大地震中展現無遺。

3. 非結構性的物理調整

　　非結構性的物理環境調整是指門窗、家具、櫥櫃、照片、工具等可移動的設備或裝飾品的安全維護，將櫥櫃上鎖，以避免地震、淹水時，因家庭生活必需品

受到損害而步調大亂。

4. 環境控制

環境控制是指改變有毒物質儲存、爆炸物儲存、人造雨、管制山坡地種植、改善土質、家禽飼養環境改善、森林中易燃乾燥枯枝與樹葉清除、易積水區域清理、清淤、坍方整理等。

5. 行為修正

行為修正是指生活方式改變，例如：輪種或休耕以避免乾旱時期缺水搶水、環境保護觀念改變、以財政手段改變破壞環境行為、強化社會連結以利共同防災等。

李威儀（1995）在日本阪神大地震後觀察災變危機管理，有感而發，認為當代都市防災功能的弱質化有其原因：

(1) 都市人苟安與趨喜避憂的心理。

(2) 建設公司與豪富們「別有居心的安全神話」。

(3) 專業工程人員的夢想與罪惡。

(4) 防災及救災體系的嚴重缺失。

(5) 救災能力的低落。

(6) 中央政府缺乏危機管理的能力。

這也與都市脆弱性有關。其中前3點都與減災有關。如Coppola（2011）指出減災最大的障礙在於成本考量，平時怕花錢，認為事情發生再說，何況不一定會發生，那樣錢就白花了；其次是政治不支持，政客任期有時限，通常不會做長遠考量，進行防災準備；第三是社會文化因素，許多人民生活在一個地方，習以為常，要改變行為有相當程度困難；最後，心存僥倖，認為反正準備了不一定有用，風險也不一定會發生在自己家，運氣沒那麼差，就算發生災難也是命中註定，就認命了。其實，不只是都市人的防災體質脆弱，大多數現代人都怕麻煩，沒有居安思危的準備，一旦災難發生，便只好任由災難蹂躪了。

肆、災難整備

　　災難整備是預測災難可能會發生，而有先期的準備。這種準備已經不是進行長期規劃來得及的，而是短期、密集的行動。災難整備必須要靠公私部門的協力方可完成。依我國的災害防救法規定，行政院應設中央災害防救會報，其任務如下：

1. 決定災害防救之基本方針。
2. 核定災害防救基本計畫及中央災害防救業務主管機關之災害防救業務計畫。
3. 核定重要災害防救政策與措施。
4. 核定全國緊急災害之應變措施。
5. 督導、考核中央及直轄市、縣（市）災害防救相關事項。
6. 其他依法令所規定事項。

直轄市、縣（市）政府設直轄市、縣（市）災害防救會報，其任務如下：

1. 核定各該直轄市、縣（市）地區災害防救計畫。
2. 核定重要災害防救措施及對策。
3. 核定轄區內災害之緊急應變措施。
4. 督導、考核轄區內災害防救相關事項。
5. 其他依法令規定事項。

鄉（鎮、市）公所設鄉（鎮、市）災害防救會報，其任務如下：

1. 核定各該鄉（鎮、市）地區災害防救計畫。
2. 核定重要災害防救措施及對策。
3. 推動災害緊急應變措施。
4. 推動社區災害防救事宜。
5. 其他依法令規定事項。

顯示，在引進現代災難管理觀念之後，各級政府必須啟動災難整備。

一、政府部門的災難整備

　　政府在進行災難整備通常有5個重要工作：計畫、演習、訓練、裝備、主管機關，以下分別說明。

（一）計畫

　　各級政府都應該都要有緊急救災操作計畫（emergency operational plans, EOPs）。我國將緊急救災操作計畫區分為三級，依災害防救法第2條規定災害防救計畫是指災害防救基本計畫、災害防救業務計畫及地區災害防救計畫。災害防救基本計畫是指由中央災害防救會報核定之全國性災害防救計畫；災害防救業務計畫是指由中央災害防救業務主管機關及公共事業就其掌理業務或事務擬定之災害防救計畫；地區災害防救計畫是指由直轄市、縣（市）及鄉（鎮、市）災害防救會報核定之直轄市、縣（市）及鄉（鎮、市）災害防救計畫。

　　緊急救災操作計畫內容包括四個部分：災害風險分析（hazards risk analysis）、基本計畫（the basic plan）、功能附件（functional annexes）、災害特殊性附件（hazard-specific annexes）。災害風險分析是指針對不同災難可能造成的不同的後果，需要不同的應變機制與對策進行分析。我國將不同災害預防、應變及復原重建權責歸屬不同主管機關。依災害防救法規定，各種災害之預防、應變及復原重建，以下列機關為中央災害防救業務主管機關：

1. 風災、震災（含土壤液化）、火災、爆炸災害：內政部。
2. 水災、旱災、礦災、工業管線災害、公用氣體與油料管線、輸電線路災害：經濟部。
3. 寒害、土石流災害、森林火災、動植物疫災：行政院農業委員會。
4. 空難、海難、陸上交通事故：交通部。
5. 毒性化學物質災害：行政院環境保護署。
6. 生物病原災害：衛生福利部。
7. 輻射災害：行政院原子能委員會。

8. 其他災害：依法律規定或由中央災害防救會報指定之中央災害防救業務主管機關。

各不同災害防救業務主管機關必須將各該災害風險進行分析，以利中央政府進行災難管理。

基本計畫是指緊急救災操作計畫的主體，敘述一個國家或社區如何運作緊急救災。基本緊急救災操作計畫（basic emergency operation plan, BEOP）內容包括：引言、目地、情境與假設、操作概念、組織與責任分工、行政與後勤、計畫發展與後勤、主責單位與參考資料。

功能附件是指各部門支持中央災害應變中心的跨部門協調結構，這個機制將各功能整合，通常包括中央政府支持地方政府、中央政府部會間相互支援。緊急救災部門功能包括：交通運輸、溝通、公共工程、產業、能源、消防、資訊與規劃、醫療、災害救助、住宅、人群服務（社會工作）、搜尋與救難、石油與有毒物質處理、農業與自然資源保育、能源、公共安全與治安、國際救援等。通常這些不同部門的功能會當成附件。

而各不同功能附件都應該包括：指揮與控制、警報系統、疏散與庇護、溝通、公共工程、消防、搜救、緊急醫療與照護、殯葬服務、安全與周邊控制、軍隊資源、交通管制、救援、短中長程復原、財物管理、國際協調、志工管理、募捐管理、脆弱人口群、寵物安置、災難事件應變等。

災害特殊性附件是指在基本緊急救災操作計畫中無法涵蓋的特殊部分，例如：地理特徵、脆弱人口群分布、易受感染區域人口屬性等，針對這些特殊性，需要有特別的警報系統、撤離計畫、安置計畫等。

（二）演習

應變演習是在於協助涉入救災的個人依緊急救災操作計畫，各司其職，妥善扮演合適的角色，同時發現分工、協調上的漏洞與缺失，立即修正與彌補，以免災難來臨時，應變措手不及。演習也讓平時難得有機會見面的救災人員同聚一堂，不只是了解自己的職掌、知悉他部門的操作，同時也相互了解對方的工作特

質與習性。既建立正式的分工，也培養非正式的情感支持。演習有幾種方式介紹如下：

1. 操練（drill）

操練是在一個有控制、督導的環境下，個別災難管理者操作或執行其擔任的職責。例如，練習將學童從教室集合、疏散。筆者曾經在2012年9月到日本參訪311東北大地震的救災與重建，造訪宮城縣、福島縣，曾訪問遭到海嘯重創的宮城縣石卷市立大川國小，該校有74名學童及10名教師罹難。大川國小是在學校災難管理下死亡學生最多的一所學校。該校距離海岸線大約4公里，311地震發生時間為下午2點46分，海嘯來襲時間為3點37分。校方原本應該有充裕的時間安排避難，但地震發生後，校方僅將全校學童集合在校園內等候了大約50分鐘，3點半時教師從廣播聽到6到10公尺高的海嘯來襲，才慌張地帶領學生避難。當時距離海嘯抵達大約還有7分鐘，教師們卻帶領學童們朝著海岸方向的一處避難高地移動，導致所有人在半路上就被海嘯吞沒。事後，罹難學童的家屬認為校方應變失當，家屬認為大川國小後有一座山，過去校方也曾讓學童在山上學習香菇栽培，如果從校園爬上這座後山，大概只要一分鐘，而且山丘的高度也足以躲避海嘯，但校方卻捨近求遠，引導學童到較遠且地勢較低的地方避難。家長另一方面也指控縣府及市公所指定的避難高地僅有7公尺高，根本無法躲避大海嘯，就算學童抵達指定地點也只是去送死。

因此，有23位家屬集體對市公所及縣府提訴求償23億日圓。仙台地方法院於2016年10月26日宣判原告勝訴，命令宮城縣和石卷市賠償14億2,600萬日圓（約合新臺幣4億3,500萬元）。訴訟過程中，辯方主張，大川國小距離海岸線大約4公里，以前從未有海嘯受災紀錄，所以並未設定為海嘯警戒區，而且學校後山可能有發生土石崩塌的危險，市公所主張指定的避難地點並無不合理之處。然而，仙台地院法官指出，老師帶領學童避難時已能預見海嘯來襲，卻帶領學童前往不適當的地點避難，確實有其過失，判決家屬勝訴（自由時報，2016/10/27）。

　　這是一個活生生的例子，平時演練如何將學童疏散到安全的避難處所，在災難來臨時就不會慌慌張張地將學童帶領到錯誤的方向，或是靜候海嘯警報才開始採取行動。石卷市的海岸邊有一塊石碑提醒著人們發生海嘯時記得立刻逃命，這是記載1896年6月15日下午7時32分30秒發生於日本東北地區三陸外海的8.2-8.5級強震，震央在岩手縣上閉伊郡釜石町（現在的釜石市）東方200公里，摧毀了大約9,000棟住宅，造成至少21,900人死亡。當年接近震央的岩手縣死亡18,158人，南鄰的宮城縣也死了3,452人，包括距離岩手縣不遠的石卷市。

2. 桌上演練（tabletop exercise）

　　這是一種低壓力下的情節討論，讓災難管理人員依著演練主持人所出的各種假設情節判斷應有的應變行動。藉由說出答案，來修正或確定應變行動的正確性。通常是因為時間限制之下，無法實地演練。桌上演練結束後，還是要有足夠的討論時間，以發現更多未練習到的情境。

3. 功能演練（functional exercise）

　　功能演練是災難管理人員只預演屬於自己欲扮演的角色，而不是操練所有災難救援與復原的所有程序。功能演練可以結合桌上演練，逐一讓不同部門參與救災人員練習在不同情境下各自的角色扮演。這是無法將全體災難管理人員聚集在一起的情況下的變通方法。

4. 全程演練（full-scale exercise）

　　全程演練是以情境為基礎的完整事件（scenario-based event）進行演練，所有的參與者都必須依緊急救災操作計畫的內容，從頭到尾預演一次自己擔任的職責，而現場的裝備、場景也盡可能依實際情況擺設，期使災難發生的真實經驗能預先模擬到。功能演練與全程演練有時交錯進行，在全程演練過程中，加強某些重點的功能演練。

（三）訓練

　　訓練也是災難整備必要的過程。災難預防與救援工作很難在學校課程中完

整提供，通常是在學校課程中習得基本知識之後，再靠實習與實務累積而增加經驗。針對災難管理人員的訓練，有些國家已建立集中式的訓練中心，有些非政府組織也有自己的訓練中心。

　　臺灣世界展望會是臺灣NGOs中較早關注到災難救援知能的培訓的組織。1995年6月，為因應1995年2月15日發生於臺中市衛爾康西餐廳的大火災造成64人死亡、11人重傷，該會與臺灣省政府合辦「重大災難緊急救援國際研討會」，邀請美國洛杉磯（LA）的FEMA的官員來分析1995年日本神戶與1994年洛杉磯大地震救援工作經驗。之後，1996年5月又辦理該會社會工作人員災難演習初級應變訓練；並於1997年10月成立緊急救援專案，因應1996年7月賀伯颱風災後的大社區災難救援窗口。1999年9月21日集集大地震後，該會在組織架構進行調整，成立921原鄉重建專案三年計畫。1999年到2003年間該會接受國際展望會（WVI）的指導，舉辦了數次救災演練研習會，與政府及與民間合作開了數十次的社區防災緊急救援演練，添購救災設備（救援車、無線通訊器材、臨時指揮所用的帳棚、儲糧）。2003年該會編撰《緊急救援社會工作手冊》，要求各中心規劃災難前初期因應計畫（Initial Disaster Prepare Plan, IDPP）（全國成，2010；Lin, 2016）。

　　通常第一線的災難管理人員（消防、警察、緊急醫療人員等）的訓練課程包括：撤離（疏散）、傷患照顧、死亡人數管理、廢墟管理、抗洪操作、警報協調、志工管理、危險物質辨識、破壞性工具使用、氣旋風暴因應、都市與野外搜救、輻射因應、群眾控制、恐怖攻擊因應、野火因應等。

（四）裝備

　　救災裝備齊全不僅有助於提升救災的效率，也可減少救災人員的傷亡。救災的裝備常見的有：運輸工具（卡車、拖拉機、救生艇、運輸機、直升機等）、器材（滅火器、水管、高空雲梯車、顯影設備、生命探測儀等）、化學物品（泡沫滅火器、消毒水、清潔液等）、救援設備（梯子、起重機、破壞剪、挖土機、灑水車、固定柱等）、醫療設備（急救箱、簡易醫療站等）、聯絡工具（手機、通

信器材、收音機、無線網路、電腦、資源清單、常用聯絡名冊等）、個人保護設備（口糧、水、急救用藥、維他命、換洗衣褲、防風雨外套、衛生紙、溼紙巾、瑞士刀、保溫瓶、打火機、手電筒、電池、雨衣、垃圾袋等）。

（五）主管機關

最後是明確權責主管機關、承辦人員名冊，以利聯繫。有時也會將互相支援的單位名冊、聯繫窗口也列出，以利請求支援時馬上派得上用場。

二、民眾整備

災難發生最早到場的一定是社區鄰里，而不會是政府救災人員；平常對災害發生可能性的判斷，也是在場的人、使用者、居民最直接感受到風險即將發生，而不待遠在都市的政府官員提出警告，除非是大氣變化現象。此外，災難發生不可能完全靠外來的救災人員搶救，一部分必須靠當事人自救。因此，民眾的災難整備也非常重要。以下分三項敘述：

（一）公眾教育

這個階段的公眾教育主要放在提醒民眾災害風險即將發生，讓民眾確認即將發生的風險大到足以造成立即而明顯的災害，如果不進行個人、社區的災難整備，會因小失大，因此有備無患是最省錢的災難因應作為。提醒民眾災難整備是大家的事，不是政府單方面的的事，也不是左鄰右舍的事。災難不會長眼睛，一旦受害是不分政治、宗教、性別、族群、職業、教育、地位，整備越周詳，受害程度越低。

（二）提高警覺

提高民眾警覺是災難整備的要務。首先，災難資訊要被民眾接收到，不管是颱風警報、乾旱、大雨特報等，民眾無法收到警訊就不會有警覺。其次，警訊是否會讓民眾產生警覺，通常引發個人關切與生命威脅是最佳提醒民眾的策略。如

果民眾覺得事不關己、不會有生命危險，大概很難引發災難整備的動機。善用鄰里組織、親友網絡比單純地使用大眾傳播媒體宣傳來得有效。使用大眾傳播媒體時，專家信賴是公眾接收資訊的習慣，請專家分析氣象，絕對比找一位美女、帥哥記者警報災難氣象有效；同樣地，找感染專家解析流行疾病的嚴重性、傳播管道、致命性，以及如何預防，其警覺性也會比非專家來得有效。目前資訊傳播大量依賴網路，立即傳遞正確資訊、建立資訊權威是必要的，尤其簡明易懂的懶人包不但可快速傳播資訊，也可阻止假資訊的流竄。目前社會正處在轉型中，不可能採取單一的傳播資訊管道即可普及災難準備，要考慮教育水準、語言、地理限制、科技可近性、職場差異、生活習慣等，採取不同的資訊傳播途徑、資訊內容、語言使用、文化理解等有助於災難風險溝通。

（三）行為改變

災難整備階段，有些民眾的行為應該被禁止，例如：颱風天登山、大雨特報時去泛舟、驟雨時到野溪玩水、出團到不宜旅遊的警戒區[1]等，都是不恰當的災難整備行為。此外，準備儲糧、手電筒、固定櫥櫃、固定廣告看版、清理建築工地、清理排水設施淤積、儲備防水沙包等，都是積極的災難整備。

Paton（2008）發展出一套影響災難準備的結構模式：正向地預期相信災難是可以經由準備而降低後果、社區參與高、集體效能好、充權、人民信任災難管理與資源才有高的災難準備企圖。據此，Paton et al.（2009）以海嘯為例，檢視美國奧瑞岡州與阿拉斯加災難準備的社會脈絡（social context）指出，意向因素（dispositional factors）、社區特質、災難資訊是影響海嘯準備的主要因素。意向因素是指對災難後果的預期是正向或負向的。社區因素是指社區參與、集體效能與充權。進一步才可能信任災難知識與資源，接著才有可能採取災難準備行動。具體建議是：首先，要鼓勵社區居民討論災難議題，界定其所需資源與

---

[1] 依「外交部發布國外旅遊警示參考資訊指導原則」，灰色警戒：提醒注意；黃色警示：特別注意旅遊安全並檢討應否前往；橙色警示：高度小心，避免非必要旅行；紅色警示：不宜前往。

資訊，以因應災難後果，並保證社區有能力取得資訊以採取最佳行動；其次，保證社區——機構間的關係是互補與充權的；最後，了解影響災難準備意圖改變的因素。進一步，在檢視紐西蘭（Johnston, Pettersson, Downes, Paton, Leonard, Pishief, & Bell, 2008）、澳洲的經驗，發現相似的結果，證實上述的災難準備模型是可靠的（Mclvor, Paton, & Jonston, 2009; Paton, Johnston, Rossiter, Buergelt, Richards, & Anderson, 2017）。

參考書目

中文書目

丘昌泰（2000）。災難管理學—地震篇，臺北：元照出版。

全國成（2010年11月）。災後原鄉社區生活與產業重建—以臺灣世界展望會為例。論文發表於「2010年兩岸社會福利學術論壇—災害救助與社會工作」研討會。臺北：中華救助總會。

李威儀（1995）。災難來時如何顧生命—從阪神大地震看都市的防災及救災功能，建築師，3，106-110。

自由時報 （2016年10月27日）。疏散不當學童枉死 日震災家屬獲國賠。

周月清、王增勇、陶蕃瀛、謝東儒（2001）。921地震社會工作者災難服務角色與功能評估，國科會研究計畫。

林萬億（2002）。災難救援與社會工作：以臺北縣921地震災難社會服務為例，臺大社會工作學刊，7，127-202。

謝志誠、林萬億、傅從喜等（譯）（2012）。安全的家與堅強的社區：天然災難後的重建手冊。（原作者：Abhas K. Jha et al.）。臺北：臺灣大學出版中心。（原著出版年：2010）

英文書目

Baird, M. E. (2010, January). *The "Phases" of Emergency Management*. Background Paper Prepared for the Intermodal Freight Transportation Institute (ITFI), University of Memphis.

Banerjee, M. M. & Gillespie, D. F. (1994). Strategy and organizational disaster preparedness, *Disaster*, 18: 4, 344-354.

Coppola, D. (2011). *Introduction to International Disaster Management*. Burlington, MA: Butterworth-Heinemann.

Godschalk, D. R. (1991). Disaster mitigation and hazard management. In Thomas E. Drabek & Gerard

J. Hoetmer (Eds.), *Emergency Management: Principles and Practice for Local Government* (pp.131-160). Washington, DC: International City Management Association.

Jasanoff, S. (2010). Beyond calculation: A democratic response to risk. In A. Lakoff (Ed.), *Disaster and the Politics of Intervention.* NY: A Columbia/ SSRC Book. pp. 14-41.

Jha, A. K., Barenstein, J. D., Phelps, P. M., Pittet, D., & Sena, S. (2010). *Safer homes, Stronger Communities: A Handbook for Reconstructing after Natural Disasters.* Washington, DC: The World Bank Group.

Johnston, D., Pettersson, R., Downes, G., Paton, D., Leonard, G., Pishief, K. & Bell, R. (2008). Developing an effective tsunami warning system: Lessons from the 1960 Chile earthquake tsunami for New Zealand coastal communities. *Kōtuitui: New Zealand Journal of Social Science*, 3, 105-120.

Kitagawa, K. (2015). Continuity and change in disaster education in Japan, *History of Education, 44*(3), 371-390.

Lin, W. I. (2016). Disaster relief and reconstruction in Taiwan: Policy and issues, In D. Romero (Ed.) *Natural Disasters: Risk Assessment, Management Strategies and Challenges* (pp.185-222). New York, NY: Nova Publishers.

Mclvor, D., Paton, D. & Jonston, D. (2009). Modelling community preparation for natural hazards: Understanding hazard cognitions, *Journal of Pacific Rim Psychology*, 3(2): 39-46.

Paton, D. (2008). Risk communication and natural hazard mitigation: How trust influences its effectiveness, *International Journal of Global Environment Issues*, 8(2): 2-16.

Paton, D., Houghton, B.F., Gregg, C.E., Mcivor, D., Johnston, D.M., Buergelt, P., Larin, P., Gill, D.A., Ritchie, L.A., Meinhold, S., & Horan, J. (2009). Managing tsunami risk: Social context influences on preparedness, *Journal of Pacific Rim Psychology*, 3: 1, 27-37.

Paton, D., Johnston, D., Rossiter, K., Buergelt, P., Richards, A., & Anderson, S. (2017). Community understanding of tsunami risk and warnings in Australia, *Australian Journal of Emergency Management, 32*(1), 54-59.

Roberts, P. (2010). Private choices, public Harms: the evolution of national disaster organizations in the United States, in A. Lakoff (Ed.) *Disaster and the Politics of Intervention* (pp.42-69). New York, NY: A Columbia/SSRC Books.

第三章　災難管理：應變與重建

林萬億

壹、前言

不論我們做了多少減災行動與防災整備，天然災害還是不斷地侵襲人類社區，人為的災難也從沒間斷過。但並非就此放棄預防災難以及準備與災難搏鬥，還是要正面迎戰災難的來臨，必須要有有效的災難應變，否則災害只會更慘重。應變在於減少災難來臨時的傷亡與損失。

有些災難有較長的預警期，例如颱風形成通常有一週的整備，其行進路徑雖不必然如預測般固定，但是經過多國路徑預測資訊的綜整，的確可以較精準地判斷颱風來襲時間與影響區域。因此，災難整備的時間較充裕，災難應變也較不匆忙。至於，地震、氣爆、車禍、飛機失事、船難、建築物倒塌等緊急事故，災害事件一發生就得立即啟動應變，連警報期都很短，甚至沒有。應變是在災難發生時啟動，所以時間相對緊迫、快速，要在短短幾小時、幾天內將災難的威脅降到最低，是一件有時效性、高密集管理、高耗體力、高心理壓力的工作。承認或確定災難不可免，不管其是否會造成災害，都要先採取行動，稱為災難前的行動。之後才進入救災行動。

貳、災難應變

依災害防救法第13條規定「重大災害發生或有發生之虞時，中央災害防救業務主管機關首長應視災害之規模、性質、災情、影響層面及緊急應變措施等狀況，決定中央災害應變中心開設時機及其分級，應於成立後，立即報告中央災害防救會報召集人，並由召集人指定指揮官。中央災害應變中心成立後，得視災情研判情況或聯繫需要，通知直轄市、縣（市）政府立即成立地方災害應變中心。」

同法第14條規定「災害發生或有發生之虞時，為處理災害防救事宜或配合各級災害應變中心執行災害應變措施，災害防救業務計畫及地區災害防救計畫指

定之機關、單位或公共事業，應設緊急應變小組，執行各項應變措施。」

依災害影響的區域、嚴重程度，災害跨越二個以上直轄市、縣（市）行政區，或災情重大且直轄市、縣（市）政府無法因應時由中央政府出面協調及處理救災事宜。依此類推，跨越二個以上鄉鎮市（區），或災情重大且鄉、鎮、市（區）公所無法因應時，由直轄市、縣（市）政府出面協調及處理救災事宜。各級政府應據此原則分工合作，上級政府應避免不當介入或袖手旁觀；下級政府也應據此勇於承擔。但是，現時的政治氛圍是只要發生災難，上級沒立刻插手介入，就會被質疑冷血無情、反應遲鈍。因此，許多應由下級機關主導的救災，就被拉高處理層次，緩衝的空間就相對被擠壓，也因此造成下級機關等候上級發號施令，而錯失立即介入的時機，甚至讓解決問題的能量萎縮。

一、災難前行動（pre-disaster action）

災難前行動包括三個重要工作：警報與撤離、資源與器材就定位、最後的減災與整備計畫。

（一）警報（warning）與撤離（evacuation）

災難警報發出，提醒民眾做最後一分鐘的防災整備，或及早撤離出危險區域，進入社區緊急收容中心，或尋求其他短期安置，特別是脆弱人口群要提早撤離或疏散。在颱風的預警中發布紅色土石流警訊是最常見的，居住在高風險區域的居民被要求疏散。但是，警報與撤離還是有其限制。例如，莫拉克風災淹沒小林村的課責中，有論點提及小林村避難失敗是傷亡慘重的原因。爭論點之一為小林村是否事先已被發布紅色土石流警訊？官方說法是已發布過7次，也要求村民避難。但是，反駁觀點認為，即使已發布紅色警訊，小林村在8月8日上午，下游的聯外道路就已經被沖壞了，因此要離開小林村避難已經不可能，只能在原地撤離到安全的地點。村民要如何撤離，政府是有一套計畫的，而小林村也演練過，當天亦有村民事先警覺，配合村長的勸導進行撤離。問題是，撤離的計畫估

算錯誤，而雨量也遠遠超出原先預期的500mm，所以土石走山的區域，根本就把原先認為安全的村民安置點——小林國小、小林行政中心也掩埋了（潘建志，2009）。可見，警報與撤離不等於安全無虞，還是要看警報效果、撤離時間、撤離路徑與撤離地點的正確性。

（二）資源與器材就定位（pre-positioning）

每一種災難的性質不同，所需的救災器材、設備不同。針對可能發生的災難應變所需的資源與器材應集結於災難臨近的調度場，且人員、補給、運輸工具也要就定位。救災如打仗，工具要齊備、速度要飛快。

（三）最後的減災與整備計畫

最後的減災與整備是指最後檢查門窗是否關緊、廣告招牌與鷹架固定好、檢查屋頂遮蓋是否穩固、易潮溼物品是否墊高、重要與高價值物品儲藏好、儲備食糧與飲水是否足夠應付幾天、瓦斯或電源是否關閉、手電筒、蠟燭與備用電池是否準備足夠、重要可攜帶的貴重財務隨身攜帶、到感染區的救災人員要先打預防針等。

二、災難救援行動

（一）災難評估（disaster assessment）

在災難發生時，各單位提供災情速報，讓災難應變指揮人員能盡速了解災情，例如：影響程度、範圍、死傷人數、死傷類型、災難現場狀況、災區現場資源儲備、道路狀況、感染區域、建築物倒塌數量、危險建築、農業受損情形、社區居民心理狀態、受害家屬需求等。但是，必需提醒的是各部門常因分別蒐集資料而訪談受害者家屬，造成受害家屬不斷被干擾、重複提供資訊的二度災難；各救災人員也可能因輪班、輪值而任務交接不完整，導致重複評估災情、重複統計，或因受訪者不耐煩而拒絕回答、任意回答，導致資訊不完整或謬誤。資訊錯

誤將引導錯誤的資源配置、救災順序，以及救災速度，不可不慎。

（二）搜救（search and rescue）

　　不管哪一類型災難，救人是第一要務。通常在災難發生後的6小時內是救人的第一黃金時間，例如，被壓在建築物、殘骸下的傷患，若在6小時以內被救出，有50%的生存機會（BBC, 1999；引自Coppola, 2011）。如果超過6小時以上沒被救出者，生存機會相對小；到了72小時仍未能搜救到的受災者，其生存機會更小；依救災實務經驗，7日內未能搜救到的受災者，倖存機會將被認爲是奇蹟了[1]。即使如此，受災的家屬、朋友、社區居民仍然會期待在7日後繼續維持搜救動作。救災現場指揮官通常會配合這種期待，適度延長搜救時間。搜救順利與否的關鍵是搜救人員、機具設備、生命探測儀、現場管制等是否到位。例如，沒有破壞機具，單靠徒手挖掘，緩不濟急；挖掘出來的土石，沒有立即清運，會阻礙搜救；缺乏生命探測設備，只靠盲目挖掘，也可能錯失待救援傷患的生存機會。搜救現場必須進行交通管制與動線安排，避免閒雜人等干擾搜救。這也印證災難整備的重要性，足夠專長相稱的搜救人力、設備、資源、策略、管理，是救人不可或缺的。

（三）撤離（疏散）

　　即使災難發生前已及早進行「預警式撤離」或「防禦性撤離」，以避免受災害影響；一旦災害發生，其影響程度超出預期，必須擴大撤離的範圍，此時進行「緊急式撤離」，以減少損失或避難。有時，在災難發生後的復原階段，發現有危險建築、化學汙染、泥濘不堪、交通阻斷、資源短缺、生計受影響、教育中斷、醫療需求等因素，也會進行「調適性撤離」，以利復原順利進行。例如，將學童、身心障礙者、老人、病人、孕婦撤離至安全、便利地點，暫時安置，讓成

---

[1]　1984年12月5日，臺北縣三峽鎮的海山一坑發生災變，共有93人死亡，在將近5天（93小時）後獲救的礦工周宗魯，是唯一生還者。1999年九二一地震，臺北東星大樓倒塌，孫啟峰與孫啟光兄弟在活埋6天後，奇蹟似地從瓦礫堆中被搜救人員發現而救出生還。

人進行家園重建與社區復原。在莫拉克風災後一週，高雄縣桃源鄉長謝垂耀申請直升機將他載運下山，遭楊秋興縣長在電話中痛批他：「災後重建正要開始，身為鄉長怎可棄鄉而逃？」但是，鄉民聲援鄉長，理由是山上物資缺乏、沒有油料、電腦無法作業、相關慰助資料無法彙整，且謝鄉長幾乎一個禮拜沒睡覺了（王紀青、林政忠、林保光、曹敏吉，2009）。可見，災後復原階段仍有可能進行必要之局部性撤離、針對性撤離。

　　莫拉克風災的撤離也突顯災害現場遠離災害應變前進指揮所的困境，不只必須動員直升機作為撤離的運輸工具，造成的撤離速度、能量受限，而且無法直接評估受影響人口、區域的受害範圍與程度，以安排撤離順序，也無法將撤離與入住短期安置中心一貫作業，以符合庇護原則。這些新的經驗誠如本書一開始定義災難的性質之一「不熟悉」一般，隨時有新經驗必須當下應變。

（四）緊急醫療救護

　　任何災難都可能造成大量傷患，其醫護需求往往超出臨近醫療服務提供的能量。因此，各國都會事先規劃緊急醫療體系，以因應災難大量傷患的醫療需求。依我國的緊急醫療救護法第5條規定「為促進緊急醫療救護設施及人力均衡發展，中央衛生主管機關應會同中央消防主管機關劃定緊急醫療救護區域，訂定全國緊急醫療救護計畫。其中，野外地區緊急救護應予納入。中央衛生主管機關為整合緊急醫療救護資源，強化緊急應變機制，應建立緊急醫療救護區域協調指揮體系，並每年公布緊急醫療品質相關統計報告。」第6條規定「直轄市、縣（市）政府應依轄區內之緊急醫療救護資源，配合前條第一項之全國緊急醫療救護計畫，訂定緊急醫療救護實施方案，辦理緊急醫療救護業務。」第7條規定「各級衛生主管機關對災害及戰爭之預防應變措施，應配合規劃辦理緊急醫療救護有關事項；必要時，得結合全民防衛動員準備體系，實施緊急醫療救護。」亦即，一旦災難發生，各級政府即依災難規模、區域啟動緊急醫療救護。

　　中央衛生主管機關應依緊急醫療救護區域協調指揮體系，委託醫療機構於各區域內組成區域緊急醫療應變中心。基此，我國緊急醫療體系分臺北區、北

區、中區、南區、高屏區、東區等五個區域，設區域緊急醫療應變中心。

　　緊急醫療救護除了緊急醫療救護區域畫分與協調之外，最重要是人力配置與運輸工具。依緊急醫療救護法第13條「直轄市、縣（市）消防主管機關應依其轄區人口分布、地理環境、交通及醫療設施狀況，畫分救護區，並由救護隊或消防分隊執行緊急傷病患送達醫療機構前之緊急救護業務。」同法第14條規定「救護隊或消防分隊，每隊至少應配置救護車一輛及救護人員7名，其中專職人員不得少於半數。」救護車則分一般救護車與加護救護車兩種。救護車於救護傷病患及運送病人時，應有2名以上救護人員出勤；加護救護車出勤之救護人員，至少應有1名為醫師、護理人員或中級以上救護技術員。

　　緊急醫療救護的程序是救護人員應依救災救護指揮中心指示前往現場急救，並將緊急傷病患送達就近適當醫療機構。如果是地震災難，遇大量傷患時，會在事故現場及緊急收容中心設野外緊急醫療站（field hospitals），持續到受害者全部搜救完成，緊急收容中心關閉才會撤站。依大量傷患醫護需求，醫護站除了必須配置醫師、護理人員之外，還會視需要加入心理師、諮商師、社工師，處理驚嚇、恐懼、失落、悲傷、喪親、死別等創傷。

　　一旦出現大量傷患，救護車會盡速將傷患送達指定之急救責任醫院。醫院為有效調度人力與設備，應建立緊急傷病患處理作業流程及內部協調指揮系統，遇有緊急傷病患時應即檢視，並依其醫療能力予以救治或採取必要措施，不得無故拖延；其無法提供適切治療時，應先做適當處置，並協助安排轉診至適當之醫療機構或報請救災救護指揮中心協助。

　　大量傷患急救最擔心的是醫療資源的供給能量，以2015年6月27日新北市八里區八仙樂園發生粉塵爆炸為例，將近500位受害者，發生此次事件的大臺北地區，是全臺灣醫療資源最充足的區域，全國燒燙傷病房有超過三成集中在北區4縣市。即使如此，當超過400位燒燙傷患者同時需要住院時，北區醫療體系還是無法獨力承擔，需要將病人分散轉診至其他區域的醫院接受療護。如果類似的災害發生在臺灣其他區域，特別是東區（花蓮縣和臺東縣的燒傷病床分別僅有6床和2床），不僅醫療資源非常有限，後送路途又遙遠，後果將不堪設想（周恬

宏，2015）。

　　緊急醫療救護除了醫療救護設施與人力、傷患運輸之外，必須仰賴交通指揮、疏導，以及隔離設施，以確保救護車可以迅速將傷患送抵指定醫院，野外緊急醫療站可以迅速、安全、隱密地進行傷患急救。

（五）維生資源提供

　　災難發生後，不論是個人受害、住家被摧毀，或是社區聯外道路阻斷，食物與飲水缺乏、水電停止供應、電信聯絡中斷、交通受阻、醫藥欠缺等，災民都嗷嗷待哺，等待緊急供應維生資源。如果能將災民儘速接送至緊急、臨時或短期安置中心接受庇護，其維生資源相對足夠。然而，不是立即可將所有災民接送至安置中心。不管是用空投方式或是直接送達，食物供給以乾糧、熟食爲佳，不必再經烹煮，因爲災區居民在水電瓦斯都缺乏的情況下無法煮食。便當、麵包、肉粽、乾糧是最方便的食物。

　　泡麵固然也很方便，但是必須配合熱水供應，否則不是最佳選擇。至於火鍋、羊肉爐也都只適合水電仍然正常供應的災區。爲了解決泡麵需要熱開水沖泡或煮熟的限制，慈濟基金會於2006年成功研發「香積飯」，平時呈乾燥狀，質輕攜帶方便，但是用開水浸泡，30分鐘後就能食用。其口味有玉米、花椰菜、雪菜、咖哩、香筍、蔬菜、紅豆糙米與綠豆糙米等8種。香積飯在災難發生時，可迅速提供救難人員與災民止飢，平常也能作爲主食，已成爲慈濟在國內外救災的重要創新。

　　不過，必須留意食物的有效期間各有不同，救災物資管理人員應謹愼核對，避免提供過期食物，影響健康。此外，部分災民會期待改變食物的口味，例如吃多了素食便當，想要改換葷食，救災人員應評估可行性，儘量滿足災民的需求，尤其是兒童想要吃炸雞與薯條、老人想喝熱湯、上班族想喝一杯熱咖啡，這些都是基本人性需求，無須把提出這種需求的災民當成是挑嘴、公主病、不識好歹。也許一塊炸雞排、一碗熱湯、一杯咖啡都可能是與災難搏鬥者的生命鬥志泉源。然而，也要注意如何將一塊炸雞牌、一碗熱湯、一杯咖啡送到災區，而不造

成資源浪費，例如，為了一碗湯而煮一大鍋湯到災區，最後卻喝不完，又沒冰箱可保存而必須倒掉。

水的供應不只是飲水，還包括洗滌、清理家園用水。飲水相對單純，瓶裝水可滿足基本需求，但是洗澡、清潔用水量較大，缺乏用水又會嚴重影響生活便利與復原。因此，水車運載、簡易儲水設備、分區供給可能是必要的。加速自來水供應是災區復原非常重要的工作。

至於嬰兒奶粉、牙膏、牙刷、肥皂、毛巾、刮鬍刀、洗髮精、衣服、鞋子、棉被或毛毯、醫藥、衛生紙、衛生棉、乾電池、簡易維修工具、清理家園的機具等維生必要資物資，都是災民必備的，宜優先供給。

（六）緊急庇護（emergency shelter）

缺乏緊急庇護，傷患、倖存者的死亡機會升高。通常緊急庇護視災區情況與資源多寡有不同選擇。緊急庇護也隨著受災戶的個人社會網絡與災區受影響規模，可採不同的緊急安置方式：1. 協助受災戶暫時投宿於臨近家戶可供寄宿的家庭。過去臺灣風災淹水時，常以臨近地勢較高的地方的家戶作為暫時寄宿家庭。2. 有些受災戶會在城市自行尋找空地，暫時搭建簡易帳棚或板屋居住。3. 有些受災戶會在鄉間自行尋找空地，暫時搭建簡易帳棚或板屋居住。4. 由災害應變中心協助集體安置於社區活動中心、學校或其他緊急收容中心。5. 自行利用露營車進入熟悉的安置營地。6. 由災害應變中心協助引導進入規劃的安置營地，包括帳棚、露營車、簡易臨時住宅等設施（Jha et al., 2010）。

通常優先以災民的親戚、朋友、鄰里多餘住宅、房間為優先考量；其次才是社區活動中心、學校禮堂、室內運動場、學生宿舍、教會、廟宇香客房、軍營、旅館、公共住宅、工廠宿舍、帳棚、露營車等現有資源。露營地、帳棚作為緊急安置地點在美國較普遍，在臺灣露營地點離市區較遠，不是優先選項，即使要搭臨時帳棚，也會選擇公園、綠地、學校操場。緊急安置場所並非安全、穩定、舒適的生活環境，不但對兒童、老人、身心障礙者、婦女、病人生活帶來不便，也容易引發疾病感染。因此，應儘量縮短災民安置在緊急收容中心的時

間，及早安排還家，或過渡到短期安置場所（林萬億，2010）。提醒若非進行旅館安置不可時，盡可能不要選擇過於豪華的旅館，以免造成災民生活落差太大，徒增後續過渡安置的困擾。災民復原的基本原則是極大化恢復原有的生活能力，而不宜以救災人員一時興起或道德虧欠，來舒適補償災民的復原。當大量受災戶需要安置時，就必須用到大型體育場館，其安置的交通運輸、區隔、床位安排，都必須準備妥適。以卡崔娜颶風爲例，撤離的居民就超過50萬，光是被安置在休士頓體育場（Houston Astrodome）的災民就有13,000人，是美國歷史上除1935年4月14日北部沙塵暴以來最大規模的緊急安置行動（Williams, 2008）。

庇護性居住場所依時序可分成三類：緊急住宅（emergency housing）、中繼（暫時）住宅（interim/temporary housing）、過渡住宅（transitional housing）（Coppola, 2011）。

1. 緊急住宅：是指短期、暫時性的居住場所，直到情勢穩定之後，立即遷移至永久、長期住宅的緊急性、短暫性措施，例如：前述的緊急收容中心。緊急住宅不適合超過60天以上，如果能在7日以內轉進到中繼住宅或永久住宅是較佳選擇。

2. 中繼（暫時）住宅：中繼住宅配備有較完整的生活必備設施，生活條件相對便利與舒適，例如：租屋、組合屋、宿舍、教會、營地、訓練中心、旅館、軍營等也都只是權宜之計，其暫時性、簡易性對亟需有個良好復原環境的災民來說，還是不夠理想。通常生活在不確定情境下的時間越長，對災後生理、心理、社會復原的效果越差。因此，有效能與符合人性的災後復原及重建，絕不容忍緊急安置與短期安置期間拉長到一年半載以上（林萬億，2010a）。

3. 過渡住宅：如果不能立即興建或分配到永久住宅，但又必須遷離緊急住宅或中繼住宅，過渡住宅是另一選項，例如：承租社會住宅、老人住宅、租屋等。不過，前提是要有足夠的這類住宅可供過渡。

根據以上分類顯示，有些住宅同時可作爲緊急與中繼之用，例如：租屋、軍營、旅館、公共住宅等。而選擇何種居住環境適合作爲庇護住宅，有以下條

件：

1. 符合受災戶的社會需求：距離原居住地不宜太遠、宗教信仰相同、文化相容、族群包容性高、少政治紛爭等。

2. 生計考量：災民不可能只靠緊急救濟維生，必須盡快恢復原有生計，或新的職業訓練，因此，能讓災民盡快回到職場的地點是較佳選擇。

3. 接近水源：陽光、空氣、水是必備的生存要素，接近水源是重要的安置地點選擇。

4. 適足空間：臨時安置期間，雖然個人可用空間分配可稍微降低，但是過於擁擠的居住環境，也不利於災後復原。世界衛生組織建議適合長期居住的空間，每人至少應有30平方公尺（約9坪）。

5. 交通便利：安置地點必須有公共運輸工具、貨運可抵達。災民必須靠公共交通工具自由出入社區、市場、學校、醫院、工作地點等；同時，安置地點也必須有足夠聯外道路，路寬至少讓搬運、送貨卡車可以抵達。

6. 地質考量：安置居住建地的排水、灌溉、安全、可耕作也是重要的考量。除了避免淹水、積水之外，居民也許會利用周邊土地種植蔬果、花草，作為自給自足、療癒之用。

7. 土地產權：土地產權優先選擇公有土地為宜，避免糾紛。但是，必須避開古蹟、文化遺產、考古遺址等。

一旦選址完成，還須考量以下幾個重要面向：

1. 環境設計（the physical layout）：一般緊急安置區的空間配置很容易採格子系統設計（grid system design），空間被切割成四四方方，看似方便管理、提升空間使用效率，但是卻不符合社區認同、有效溝通、社區服務輸送、生活便利等要素。採分散化的鄰里（decentralized neighborhoods）規劃可能是較理想的災民安置區規劃。把社區基礎服務機能也分散在每一鄰里區內，營造鄰里意識，有助於復原。莫拉克風災後的屏東瑪家農場的禮納里（Rinari）永久屋社區有點類似去集中化的鄰里設計，安置瑪家鄉瑪家村、霧臺鄉好茶村，以及三地門鄉大社村三個部落的災

民。瑪家村屬排灣族馬卡扎亞扎亞（Makazayazaya）部落、大社村是排灣族達瓦蘭（Tavalan）部落、好茶村屬魯凱族古茶布鞍（Kochapon-gane）部落。基於不同的族群的文化、社會組織、生活方式，社區區分為三個次區，達到部落認同的鄰里效果。

2. 建築樣式：既然是供給受災戶居住，建築樣式就必須與原居住地建築樣式盡可能相近，以利社區認同。該不該把永久屋蓋成讓人誤以為到了法國東南毗鄰義大利的地中海沿岸度假勝地普羅旺斯（Provence）一般，是一項深沉的災難復原價值爭議[2]。如果條件允許，讓受災居民參與設計、建造、監造是較理想的做法。要住進房子裡的人最了解該有什麼樣的建築樣式與室內設計。參與式的社區規劃（participatory community planning）不只是在承平時期有效，在災難住宅安置仍然適用。莫拉克風災後，有報導便提及：「慈濟基金會為莫拉克風災部落災民蓋永久屋的美意，因不同宗教信仰、文化而產生爭議。屏東霧臺鄉4個魯凱族部落的原民團體擔心，未來大愛村會如同高雄杉林大愛村一樣充滿『慈濟圖騰』、不尊重原住民宗教信仰與文化，今天將在屏東榮譽國民之家舉標語發傳單連署，要求參與永久屋設計，否則將拒絕入住永久屋。」（唐鎮宇，2010a）曾帶頭拒絕入住大愛村的小林村重建發展協會會長蔡松喻也表示，慈濟只是蓋他們心中的「精舍」，而不是小林村心中的「家」（唐鎮宇，2010b）。顯示，參與式的社區規劃較能調和宗教、族群、階級、文化差異對社區（部落）建築樣式、生活方式的隔閡。

3. 公共設施：庇護住宅如同永久住家一樣都需要基礎公共設施，例如：公共廁所、洗衣房、晒衣場、活動中心或聚會所、公園、會議室、閱覽室、教堂或廟宇、市場、雜貨店、販售機、消防設施、社區服務中心、

---

[2] 2011年08月06日，八八風災屆滿兩週年，馬英九總統夜宿屏東縣瑪家鄉禮納里永久屋，媒體問馬英九：「睡得好不好」？馬連連稱許：「好棒！」並說：「睡得非常好。晚上很涼爽，不需要蓋被，一點都不覺得熱，很舒服，然後非常安靜，很少有這樣的經驗，像出普羅旺斯的感覺。」將永久屋比喻成法國度假勝地，有部落居民說：「有些覺得不是滋味。」網友則是一陣撻伐，甚至將馬總統比喻晉惠帝（莫拉克獨立新聞網，2013）。

　　幼兒園、停車場、客運候車亭、保健室、垃圾處理、資源回收等。

　　莫拉克風災後由慈濟基金會、世界展望會、紅十字會、法鼓山、張榮發基金會等非政府組織募款興建的永久屋，顧名思義就是讓災民永久居住的住宅，自不屬於緊急庇護居住，永久屋每戶約14-34坪，土地屬公有土地無償撥用，大部分為2層樓建築，每戶含客廳、餐廳、衛浴及公設，平均一戶造價成本約100萬到150萬元。災民擁有地上物的所有權並有繼承權，不得轉讓（轉售）、轉租或分租。不過興建的非政府組織同意災民在無償使用一段時間後應允許轉賣，至於所有權移轉究竟是5年、10年或20年後，則交由政府決定。永久屋的政策實施之後，學者有不同的看法，謝志誠、傅從喜、陳竹上、林萬億（2012）認為永久屋政策是「一條離原鄉愈來愈遠的路」；進而質疑這種「跳過中繼直達永久」的異地安置政策，是為了滿足一次到位的重建目的，組合屋的問題被擴大論述，政府與NGOs聯手發展與執行永久屋政策，表面上雖達成亮麗的重建速率，但實際上卻建築了不適切的居住硬體與生活環境（謝志誠、陳竹上、林萬億，2013）。由莫拉克獨立新聞網記者群編寫的《在永久屋裡想家─莫拉克災後三年，「永久屋」與人的故事》，書寫永久屋政策形成的過程、爭議，以及居民的生活。反映了永久屋政策是一個被嚴格檢驗中的嘗試。

（七）治安與安全維護

　　在緊急救援階段，交通管制、安全隔離、治安維護是必要的配合措施。限制非當地居民與非救災人員的車輛不得進入災區，是為了避免災難觀光與交通阻塞，影響救災效率。同時，在緊急救人、滅火、拆除建築物、破壞結構體等工程進行中，必須淨空現場讓救災工程人員方便施展。此外，災區可能有斷橋、傾斜建築物、坍方、落石、泥濘、積水、汙染、廢棄物、垃圾等未清除，如果外地人不熟悉災區路況，很容易造成二度災難。因此，交通警察、義交等在現場指揮交通、設置封鎖線是非常重要的。有秩序的救災現場，效率與士氣會相對提高。

　　針對危險建築也會拉起封鎖線，禁止進入，以保障救災現場安全。尤其還在悶燒中的大樓，或是餘震不斷的社區，避免人員進入危險區域也是必要的安全措

施。但是，受災戶企圖搶救貴重財務是人之常情，必須經過嚴謹的建築物結構安全評估之後，始允許受災戶在救災人員陪同下進入封鎖線搶救貴重物品，以免遭受二度災難。

災害現場有許多貴重物品，有人可能會趁火打劫，趁受災戶與救災人員忙碌之餘，混進救災現場或緊急收容中心行竊，導致受災戶財物損失，是救災現場不樂見的行為，尤其脆弱人口群更容易被攻擊或欺騙。因此，災害現場、緊急收容中心、臨時住宅區都必須設置臨時警察服務所或巡邏崗哨，以維護治安；同時必須靠保全人員、社區志工通力合作。

（八）殯葬服務

既然是災難，傷亡人數必然不少。世界衛生組織針對災難後的屍體處理有一套標準處置程序建議（WHO, 2009）。救災人員必須了解幾個重要觀念，才不至於手忙腳亂。首先，災難受害者的屍體不會引發傳染疾病，無須恐慌。其次，沒有直接接觸遺體的人幾乎不會有健康風險。第三，屍體的排泄物露出可能會造成水源汙染。第四，在屍體上噴灑消毒水或灑石灰粉是沒有用的。第五，接觸屍體的工作人員，感染疾病的風險除了結核病、B型與C型肝炎、HIV、痢疾稍微有可能之外，其餘感染率很低；HIV在死亡6日內可能感染接觸者，其餘2日而已；穿戴適當的防護措施就可減少感染。第六，在災難救援中照顧倖存者的優先性高於搜尋屍體。第七，不能急著將屍體埋葬，要等確認身分與死因之後再行安葬，以免造成認（埋）錯屍體。第八，屍體尋獲之後要安全保存在冰櫃、乾冰，或暫時掩埋，且要確認身分、拍照存查，並留下足以辨識身分的資訊，以利未來法醫調查。第九，尊重個人宗教、文化、習俗的葬儀，這對降低死別創傷有很重要的意義。第十，非本地人（含外國人）的遺體也必須慎重處理，宜儘速聯絡戶籍所在地相關單位協助通知家人，或諮詢外交單位協助。

災難現場屍袋、棺木、冰櫃需求量大，必須儘速調集，倘若本地殯儀館、殯葬服務業者的庫存量不足，必須儘速請求鄰近縣市協助。大體須盡速以白布覆蓋，避免暴露在陽光下，尤其是天氣熱的季節，更需要儘速處理。大體處理必須

尊重往生者的遺體隱私權，不宜讓其見天日，也不宜有吵雜干擾，更不宜讓媒體拍照。儘速將遺體護送至鄰近的殯儀館或葬儀社是較能穩定家屬情緒的做法。

在地震、火災、車禍、飛機失事現場，往往無法立即辨識大體的身分，家屬認屍的心情是非常複雜而沉重的。非在醫院死亡者需要經過醫師、檢察官相驗，以確定身分，開立死亡證明。在醫師、檢察官會同驗屍的過程中，社會工作者、救災宗教志工必須陪同在家屬身旁，隨時隨地進行死別的悲傷輔導。

家屬除了期待遺體能有完整的殯葬儀式外，還會擔心靈骨塔位、骨灰罐、殯葬服務費等，縣市政府轄下的公立殯儀館就應協助家屬處理。首先，殯儀館要協調殯葬業者不可以為了業績搶奪災難生意，而單獨與家屬接洽，除可免發生糾紛外，亦可且避免殯葬業者穿梭救災現場，干擾緊急救援。殯葬業者所提供的服務包括公祭費用、火化、塔位，甚至業者也可結合鮮花店，免費布置靈堂。除了殯葬儀式外，殯儀館也有社會工作師、心理治療師前去協助，家屬悲傷輔導的分工是先由社會工作人員接觸受災家庭，篩選較嚴重的受災者由心理師接手後續心理諮商（林萬億，2002）。

在地震、水災、傳染疾病緊急救援階段，可能正好碰上頭七[3]，依佛教、道教習俗，喪家會非常在意頭七的公祭佛事。政府官員會被期待前來參與頭七法會，這是約定俗成的禮儀，救災人必須提醒各級長官排入行程。

（九）關鍵基礎建設優先恢復

關鍵基礎建設恢復（critical infrastructure resumption）是緊急救援階段非常重要的任務。缺乏電力供應就無法使用破壞工具、照明、緊急醫療等。缺乏自來水供給會影響救災現場飲水、清潔、烹飪、降溫、防塵工作進行。交通中斷則病患後送、災民安置、資源運補、器具運送、垃圾清除、廢棄物搬運都會受到嚴重

---

[3] 頭七是指人去世後的第六日晚上到第七日早晨，一般習俗認為頭七前往生者魂魄會到處飄蕩，然後於頭七當日的子時返家，家人除了準備飯菜祭拜之外，同時，從頭七到尾七（滿七、圓七）期間也是做功德的最佳時機，好讓往生者魂魄早日順利投胎轉世為人。

限制。通訊中斷也不利於災情正確了解、傷亡通報、請求支援、人力調配、物資運補。

　　除了上述4種關鍵基礎建設之外，瓦斯供應、消毒設施也是緊急救援階段很重要的基礎建設。而這些基礎建設的統籌機關是地方政府，因此，地方政府若失靈將是致命的傷害。一旦上級政府發現災區地方政府本身也是受災戶，且嚴重受創到功能喪失，例如建築物被嚴重破壞，以致辦公處所、電腦系統、人力幕僚均無法正常運作，必須緊急接管或徵調相鄰地方政府協助。

（十）緊急社會服務

　　災難現場除了救人、搶救財務、清理物理環境之外，受災家庭、社區（部落）的個人、家庭、集體心理創傷、失親、失依、人際網絡的瓦解、社會關係的破裂、財產損失、無家可歸、失業、失學、親屬協尋、勸募管理、志工管理、物資管理、健康照護，都需要當下立即進行緊急危機介入（emergency crisis intervention）或緊急社會服務，這些工作主要靠社會工作者的參與。在本書「災難管理與社會工作」一章中會有較完整的闡述。

（十一）募捐管理

　　重大災難發生後，都會引發個人、家庭、企業、宗教團體、慈善團體、社團，甚至他國政府與人民的捐贈救援。現金捐款對捐款人來說相對簡便，受捐贈單位可自行決定如何使用善款，又不需要儲藏空間，也無須增加行政成本，但並不代表捐贈物資是不需要的，在緊急情況下，有時現金難買缺貨品。不過，募集物資必須注意以下原則，否則募來的物資會堆積如山，徒增二度災難（Coppola, 2011）。

1. 受災人民與社區確實需要的物資種類、數量、品項、規格。越清楚地描述物資需求，越能捐募到合適使用的物品。否則，災區老人需求一副老花眼鏡，因為勸募管理不確實，可能湧進足足可以開一家眼鏡行的各式眼鏡。資源管理單位將要花更多時間來管理暫時不需要的物資，這是得

　　不償失的。

2. 文化、地理敏感。勸募單位必須清楚地告知捐贈人，受災地區人民的生活習慣、地理位置、氣候等，否則會募來一堆不合用的衣服、食物、日常生活用具。

3. 物資狀況要足夠好。災民不是二等國民，雖然可以使用舊的、二手的物品，但一定要是有用、堪用的。不能趁救災勸募機會清理自家或企業的倉庫。食物必須注意在賞味期間內，不可將過期或即將過期的食物往災區運送，徒增物資管理部門的困擾，也會增加行政成本。

4. 國際救援物資通關要便捷。通常國際救災物資較少有海關限制，但是在某些國家，特定食物、農產品、藥品是禁止進口的。勸募管理單位最好告知捐贈國適合捐贈哪些物資。反之，捐贈國也應透過國際紅十字會或外交關係，了解受災國人民的需求。

（十二）志工管理

　　志工是救災現場不可或缺的人力資源。救災志工可分為有組織的志工（organized volunteer）與自發型志工（spontaneous volunteers）。前者是某些非政府組織（NGOs）或公部門長期培訓與支持的志工。這些志工有固定組織型態、領導幹部、分工、訓練、服務經驗。在災難發生時，立即被動員來災區參與救災。只要這些志工所屬單位與災區現場指揮人員協調得宜，這些有組織的志工立即就可以上手。反之，自發型志工是聽聞災情之後臨時集結（convergent）、無所屬團體（unaffiliated）、不請自來的（walk-in）。這些人大部分熱心有餘、訓練不足、欠缺領導、時間不固定、對災情一知半解等，有時反而成為「災難中的災難」（disaster within the disaster）（Coppola, 2011），例如：造成災區交通阻塞、食物與住宿供給困難、健康照顧負荷等志工管理上的負擔。因此，較佳的災難救援志工管理是明確列出需求志工人數、專長、時間、分工、排班、個人裝備等，請求有組織的志工優先加入，即使人力不足，也宜由NGOs代為招募、訓練、領導、分工、支持，再由救災指揮系統與NGOs協調即可。

（十三）新聞報導

　　救災過程中另一項重要課題是媒體的影響。媒體對救災如刀之兩刃，亦如水之可載舟可覆舟，如果媒體協助警告、宣導、呼籲、傳遞、報導災難消息，有助於災難之減輕，以及救災之順利；反之，媒體若未能適當處理災難消息，可能引發民眾不必要的恐慌及傷害。

　　災難新聞報導與救災的效率關係深遠。臺灣沒有像日本一樣指定一個全國性的公共電視臺作為災難新聞報導的專責機構，而是任由各電視臺、平面媒體、網路媒體各自採訪與解讀來自氣象局、災害應變中心的資料。日本廣播協會（NHK）是唯一的國家級防災媒體機構，NHK負有雙重職責，一是一般新聞工作者的新聞事件報導；另一是政府依災害對策法指定的公共機構。NHK配合前述的災難管理四階段扮演不同的角色，平時會積極製作有關災難教育的新聞或節目。災難發生前，播報有助減災的新聞，例如，迅速發布海嘯警報、颱風動向，提醒民眾提高警覺，及早避難。當災難發生時，NHK會迅速播報災情、防止二度災害。日本氣象廳一發布任何災難警報，便立即傳給NHK，NHK會在接收到氣象廳的資訊後一秒鐘傳播出去；NHK並協助國家、地方政府或有關單位進行災害搶救。災難結束後，NHK也會配合傳播重建或復原的資訊（入江沙也可，2012）。

　　除了公共電視臺之外，廣播電臺也扮演重要的角色。以美國為例，在2005年卡崔娜颶風之後，美國國家廣播電臺（NPR）與全美社區廣播聯盟（NFCB）共同發展廣播電臺防災計畫（Station Action for Emergency Readiness, SAFER），全美國社區廣播電臺在災難時可以立即獲得可靠的資訊，以拯救生命。SAFER網站也提供各種救災機構、團體的救災資訊，民住可以迅速查到正確的災難資訊（Watson, 2011）。

　　善用社群媒體也是當代社會緊急救災不可或缺的。澳洲廣播電視公司（Australian Broadcasting Corporation, ABC）利用群眾外包（crowdsourcing）資源平臺「見證」（Ushahidi）作為災難資訊蒐集、傳播的流通平臺，試圖有效整合社群

網路資訊作爲救災的傳播管道（羅萍，2011）。

社會媒體（social media）在現代社會扮演非常重要的溝通、傳遞信息、交換資訊、互動的角色，在災難管理中社會媒體提供閱聽、監控情境、整合資訊、群眾外包與協力發展、創造社會凝聚力與集體治療、聚集資源、研究等功能。然而，模糊的消息、假新聞、謠言擴散、製造混亂也是常有的負面作用（Alexander, 2014）。

臧國仁與鍾蔚文（2000）指出，媒體常因資訊受到官方控制或操縱而與政府處在緊張或敵對情勢，原因之一就在於政府單位視災難溝通爲次要事項。媒體既然無法獲得正確消息，只好「有什麼報什麼」，因而易於導致誇大報導或提供彼此矛盾的訊息。媒體此種「到處亂跑的行動」，有時甚至發生阻擾政府機關救災行動的情事。

唐雲明（2000）指出災害搶救時的媒體公關很重要，應：(1)抓住媒體記者關注的事項，(2)注意發布新聞的適當時機，(3)掌握新聞該準備及聯繫事項，(4)受訪時確實發揮該做的事項，避免犯下不該做的錯誤。而最重要的是處理媒體公關得宜，才能有助救災。

林照眞（2013）研究臺灣莫拉克風災的電視新聞報導（TVBS-N、三立、民視、中天）發現，在災難程度愈嚴重時，電視的災難報導就會愈加關注有關政府災難處理事宜，也就是所謂「災難管理」的報導，而且媒體的報導策略是採取評價式的建構立場。各臺對於災難管理均是以負面立場的報導角度爲最常見，這是因在災情嚴重時，電視媒體基於監督職責，自會關注政府之災難管理缺失；但本論文同時亦發現，電視媒體藉著災難事件報導，反映媒體既有的意識型態，亦在災難發生期間出現。林照眞（2013）認爲災難發生時，媒體監督政府的角色非常重要；但在監督政府之時，實不應藉著災難事件，影響災難報導的內容與角度，甚至反映電視臺政治意識形態框架，已不符合新聞媒體的專業倫理。

張春炎、楊樺、葉欣誠（2015）研究莫拉克風災TVBS的新聞報導，也發現新聞論述在政治人物救災報導上，所建構的意涵反映在新聞論述可能促成了具體的救災職權的泛政治化，使得已經制度化的救災事務、救災體系，卻在新聞論述

建構下，造成總統、主責官員不是在機構內調度、指揮救災，而是頻頻走向災區前線，用親力親爲的形象來博得新聞報導的版面。而在這類泛政治化的災難新聞論述，非救災指揮統籌者的總統，卻能夠在鏡頭面前逕自進行救災物資的指揮調度；內政部長甚至在救災期間離開指揮管理崗位，跑去爲救災罹難的飛官扶棺。這些與救災制度和災難管理邏輯相斥的內容，能夠被不加批評地、再現於新聞畫面之中，形成見怪不怪的現象，深刻突顯出CNN效應[4]的建構效果（林照眞，2009）。

災難新聞報導最怕的是新聞沒被看到、假新聞、資訊噪音。媒體使用相對不利的地區、人口群，往往也是災難的脆弱地區與人群。必須用多種傳播工具、語言、方法，讓這些人接收到資訊，例如：老人、身心障礙者、原住民、外籍移工等。假新聞是另一個令人頭痛的傳播議題，有時消息是被故意製造出來的，以亂視聽；有時是人云亦云誤傳；有時是未經查證或來不及查證的善意提醒。假新聞在災難時負面影響更大，因爲在救災忙碌之下，難有時間進行確證，而在此時又是人心惶惶，容易被加油添醋、煽風點火。建立如上述的資訊公共平臺，或可減少假消息流竄。一旦有假消息出現，務必立即澄清，越早澄清，假消息的流傳範圍越小。至於資訊噪音或垃圾，必須提醒網路鄉民，在災難期間減少傳遞個人意見、偏方等資訊，以免正確資訊被洗版。

定時對外發布救災進度是必要的。災民與社會大眾急切想知道災難救援的進度，再加上臺灣電視新聞臺數太多，又有網路即時新聞的供稿壓力，如果災害應變中心或前進指揮中心無法定時提供最新資訊，媒體記者就會流竄於災難現場挖掘新聞，不但干擾搜救，也框架（framing）或建構符合其媒體意識形態的救災現場報導。最好能配合整點新聞，每一小時供應最新資訊給媒體。如果沒辦法如此密集地提供新聞，至少每天早午晚夜要供應最新救災新聞4次以上。媒體常常

---

[4]　CNN效應（CNN effect）是指CNN（cable news network）於1980年發展出全球24小時的新聞播報型態頻道，以事件飽和覆蓋（saturation coverage）的做法，透過相對內容完整、快速傳播、深度報導的全球新聞傳播特質，充分發揮第四權（fourth estate）的監督效果，影響國家外交、代議民主政治體制下的政策形成。CNN效應不只影響國際冷戰下的全球政治、恐怖主義，也包括天然災害議題。

爲了競爭收視率，將恐懼放大（panic amplification），例如，記者捲起褲管下水試深度，或抱住樹幹讓風吹身體試風速，以引起觀衆或讀者注意颱風有多強、淹水有多深；而受害者遇有媒體採訪，也會痛苦放大（distress amplification），嚎啕大哭，或攔轎申冤、跪地陳情，以博取觀衆同情。這不一定是鏡頭前表演的實境秀效應，有時也是一種自然的人性反應。於是，不斷重播的強風、巨浪、山崩、土石流、樹倒、路斷、災民控訴、批判政府的災難新聞就此充斥畫面，而忽略了媒體參與災難管理的社會責任，應該真實客觀報導災情，協助救災體系發揮最大效能、支持受災者生存的勇氣、激發災民家園重建的鬥志，同時進行防災教育。

（十四）指揮與協調

　　災難發生，各部門代表進入災害應變指揮中心，依分工啟動緊急救援。由於有政府各單位、NGOs、駐軍、自來水、交通運輸、電力公司等非本地政府管轄範圍的機關（構）代表參與，協調就成爲各單位是否能順利進行緊急救災的關鍵。緊急救災協調包括橫向協調、縱向協調。橫向協調是平行單位間的業務、資源、作業程序、工作方法、工作習性、工作倫理、地盤畫分、人事幕僚配置等的分工、整合、執行；縱向協調則是與上下級機關（構）間的職責分工與資源整合。

　　缺乏有效的協調是救災現場常見的缺失，例如：重複工作、工作不連續、分工不明、界線模糊、角色混淆、競爭績效（搶功）、推卸責任等。爲解決協調上的困擾，採取群組（cluster）分工或許是一個較有效的做法。將緊急救援階段的各種事務區分爲若干群組，例如：工程搶修、水電供應、交通運輸、通信、醫療、物資管理、緊急安置、殯葬、後勤支援等，視需要而定。每一群組由召集人負責協調。這些群組召集人再定時向災害應變中心指揮官報告進度，並負責跨組協調。

　　緊急應變中心指揮系統也可以視災區範圍大小而調整，必要時設前進指揮所，或現場指揮官，以統合現場緊急救援人力、物力。現場緊急指揮系統（incident command system, ICS）也可以因災難性質差異而區分若干次系統，例如：計畫、運作、後勤、財務與行政等分工（Coppola, 2011）。每一次系統自行成為一群組作業，以利協調。

參、災後復原與重建

災後復原是透過災難管理讓國家、社區、家庭、個人從災難中重新建構、修補、獲得失去的部分，進而在未來相同的災難中降低風險。Ozcevik, Turk, Tas, Yama, & Beygo（2009）認為災後復原階段涉及四個重要內涵：災後復原的綜合計畫、社會資本與社區發展、法律架構、方案管理，缺一不可。所謂的社會資本是個人與團體間的互信、社會網絡，以及有責任與意願朝向互惠的災後復原集體行動的社會規範。而永續的社區發展才是災後重建計畫的成功關鍵，因此，不能輕忽社區組織的重要性。

Bradley & Graninger（2004）從社會復原力（social resilience）的角度來探討災後復原與重建，認為若是災難的損失不會影響其常態生活時，所採取的策略原則上是以居民過去的生活經驗為依歸，就現有生活方式與空間來做調整。亦即，採原地重建；但若是災難造成資源的損失影響社區居民的常態生活與生存，則必須採取替代性策略，例如：異地安置、異地重建、改變收入來源，或是讓外部相關系統中功能較佳者進入社區共同工作。災後重建工作與社區居民生活情境脈絡有著明顯的關係，所以必須注意其生活背景的文化特色與價值。

Campanella（2006: 142）在探討災後社區復原力（community resilience）時指出：「復原力超出建築物重建甚多」（resilience involves much more than rebuilding）。一個完整的復原計畫必須包括倖存者與撤離者的家庭、社會與宗教網絡的再連結。復原是一個個網絡、一個個區塊的復原，而不只是一棟棟建築物的重建。亦即，災害復原必須重建鑲嵌在學校、職場、兒童安排、商家、宗教、休閒活動等的金字塔社會關係中。

一、災損評估

在進行復原計畫之前，災難管理單位要先進行精確與即時的災害損害評估，缺乏精確的資訊，很難進行資源籌措與有效的復原計畫。災損評估清單包括：

（一）傷亡人口

死亡與受傷人數分開統計、年齡、性別、族群等社會人口資料，特別標記脆弱人口群資料，例如：兒童、少年、老人、身心障礙者、孕婦、病人、外籍人士等。

進一步要進行家庭評估，包括家戶傷亡人數、是否為（中）低收入戶、經濟條件、家戶人口、同住人口、是否為單親家戶、是否為家防中心服務個案、社會福利身分、宗教信仰、使用語言、特殊生活習慣、財產損失、家庭支持系統、殯葬儀式等；受傷者的受傷人數、嚴重程度、醫療院所、照顧需求、飲食習慣、個人與家庭疾病史、藥物過敏情況等。

（二）安置人口

安置地點、負責單位、安置人數、性別、年齡、族群、宗教、原居住地、家戶資料、進出狀況、健康條件，以及就學、就業、醫療、物資、零用金、經濟、家庭設備、交通運輸需求等。

（三）損害範圍

影響區域、家戶數、人口數、企業（工廠）數、學校、教堂、廟宇、公共服務設施、道路、橋梁、電力、通訊、自來水供應設施等。

（四）搜救進度

已救出人口、待救援人口、救援進度規劃、救援人力需求、機具支援、特殊救災器材需求。

（五）食物供給

糧食種類、庫存量、供應天數、支援來源與數量、市場恢復進度、特殊需求食物、配送系統、儲存地點、領取方式等。

（六）建築物損壞

住宅、學校、公共建築、廠房、辦公大樓等全倒、半倒、毀損狀況，以及家具損壞、設備損壞、維修需求、可用建築材料供給。

（七）健康條件

受影響地區健康條件、受感染人數、受感染區域、營養條件、醫療服務狀況、藥物供應、特殊病患狀況等。

（八）水資源

飲水、灌溉水、清洗用水、汙染情形、備用水容量、分區供水、水車服務、供水站等。

（九）公共衛生

汙泥、垃圾、汙染、汙水下水道阻塞情形，以及動物屍體掩埋、公共廁所、臨時廁所、消毒需求等。

（十）農業損失

損害範圍與嚴重程度，包括水稻、雜糧、蔬菜、果樹、魚塭、家禽、畜牧、養殖漁業、漁船等，庫存供給量、價格影響。

（十一）交通運輸與物流

交通狀況、機場關閉、飛機班次調整、鐵路中斷、鐵路班次調整、公路坍方、公路客運班次調整、港口運作情形、船舶班次調整、橋梁毀損、替代道

路、臨時接駁交通工具、新設轉運點、運輸能量、貨運抵達狀況、替代搬運方法、搬運人力需求等。

（十二）基礎建設

自來水、電力、通信、道路、港口、碼頭、橋梁、隧道、水庫、灌溉渠道等損壞、簡易替代設施、修復期程等。

二、社區重建

世界銀行指出災後社區重建有以下幾種模式（Jha et al., 2010）：

（一）現金給付途徑（Cash Approach, CA）

這是在沒有技術支援的住宅重建下的無條件財務補助。適合小範圍災害，讓災民自己選擇重建方式，政府只提供基本規範，不提供操作指導；只提供現金補助，不提供技術援助。

（二）所有權人主導重建（Owner-driven reconstruction, ODR）

房屋所有權人自行承擔或無外部的財力、建材和技術援助的重建方法，亦即是所有權人自助模式。由外部機構協助房屋、土地、設施規劃技術指導，產權所有人自助方式重建。但這模式須要有很好的重建規範、技術訓練、財務管理、重建監督、公正價格機制。

（三）社區主導的重建（Community-driven reconstruction, CDR）

在重建專案循環中，讓有組織的社區擁有不同程度的參與，通常是在建材、財政援助和／或培訓提供機構的協助下執行的一種重建方法。由社區為基礎的組織來承擔重建責任，包括領導、規劃、住宅設計、建築、材料選擇、參與建築、監工、驗收等。然而，必須有好的社區組織、互信、社區能量始得以發

揮。

（四）機構主導的原地重建（Agency-driven reconstruction in situ, ADRIS）

這是機構導向的重建途徑，針對毀損的房屋的重建，通常是由建設公司在受災前的原地進行重建。由政府、非政府組織主導重建計畫，包括危險建物清除、住宅規劃、設計、公共設施規劃等。通常是政府將毀損房屋委由建設公司重建後再交給災民使用；或由政府委託非政府組織進行重建後交給災民使用。據此，原居民可以部分參與意見。

（五）機構主導的異地重建（Agency-driven reconstruction in relocated site, ADRRS）

這也是機構導向途徑，指與一個機構簽約在新的地點興建住宅，通常很少讓社區與業主參與。由政府或非政府組織尋覓土地與資金，再委由建設公司承攬進行新社區的重建，包括土地使用規劃、住宅設計、公共設施規劃、住宅分配、新社區管理等。因此，災民較少被邀請參與意見。

世界銀行出版《*Safer Homes, Stronger Communities－A Handbook for Reconstructing after Natural Disasters*》一書（Jha et al., 2010; 謝志誠、林萬億、傅從喜等譯，2012），第5章特別討論有關遷村或不遷村（To relocate or not to relocate）的議題，應是目前國際上關於天然災害後受災居民異地重建機制最具系統的探討之一。其所討論的災後遷村，即是「異地重建」。

世界銀行指出在災害發生後，遷村有時會被認定為是一種最好的選擇。其理由包括：(1)受災者已經因為災害而遷移了，(2)原居住地已經被判定為不適合居住，(3)從原居住地離開被認為是降低未來災害風險弱點的最佳選擇。如果災害是因為原居住地特有的脆弱性而引起，從該基地遷離當然是恰當的。在都市地區，非正式的居住地常常是位於地形脆弱且其脆弱程度不易被減輕的地區。在農村地區，居住在斷層帶上或洪水氾濫的區域，其脆弱性或弱點通常是不太可能解

決的。災害將持續迫使人類離開家園，而且經常只留下遷村一途，沒有其他選擇。如果將脆弱的社區遷移到一個較安全的地方，經常是保護社區不再受到災害傷害的最佳途徑。災害發生後，遷村是一種最佳的選擇，特別是原居住地已經被判定為不適合居住的情況下。為此，世界銀行特別歸納出遷村的指導原則（Guiding Principles for Relocation）：

1. 一個有效或可以產生預期結果的遷村計畫，應該是要讓受影響的人們願意站出來協助發展，並且對於遷村計畫的看法或意見是正向且積極的。
2. 遷村不是一個二選一的決策。風險可以簡單地靠降低聚落的人口，予以充分地減少，而不是靠著把聚落全部的人遷移到另外一個地方來達成。
3. 遷村不是只有把「人」移入新居而已，還得包括生計的恢復，社區、環境及社會資本等的重建。
4. 創造機會、鼓勵遷移比強迫遷移好。
5. 遷村地點應該儘可能地靠近原居住的社區。
6. 社區是受影響的人的一部分，應該被涵蓋在規劃範圍。其中，所稱的社區是指受影響者彼此間的連結。這種人與人的連結，應該納入遷村的考量範疇。

即使如此，遷村通常不是正確的答案，因為並不是所有的風險，都與基地特性有關，且遷村本身也承擔各種風險。要找到適合的基地來遷移受災害影響的社區，可能是一項嚴峻的挑戰。不合適的遷村基地，可能導致生計的流失、社區意識及社會資本的流失、文化疏離感及貧窮，甚至演變到後來，遷居者放棄新居住地，又返回到原居住地。遷村的經濟、社會及環境成本必須在最後決定遷移前仔細地評估，且其他可減輕成本的選項都應該一併考慮。例如，有時候遷移社區的一部分，可能就足夠了。因此，世界銀行報告中指出，災難過後讓災民異地重建常是不可避免的選擇之一，但此一做法卻經常面臨失敗。主要原因包括適當地點的選擇不易、基於成本考量而將移置地點設於生活機能與社會網絡不佳之處、建造與設計欠缺社會與文化適當性、決策缺乏居民參與、經費不足等。世界銀行也對於出自政府或組織的方便，未考慮潛在的巨大負面社會後果的遷村提出警

告，並列舉出遷村常常不成功的五大因素（Jha et al., 2010）：

1. 不適宜的新基地

　　幸福、安全與健康是選擇遷村基地的準則之一。遷村失敗的主要原因之一在於把幸福、安全與健康的權重放得太低。會以不適宜的土地作爲遷村計畫的用地，往往是因爲該土地可以很快取得。一般來講，這種土地不是政府擁有，就是政府所控制，或者它的地形有利於快速用來建造房屋。出於同樣的理由，人類爲了避免一個風險（例如：海嘯）而移居，卻可能又讓自己暴露在一個新的風險中，例如：因遷居引起的生計危機、高犯罪率、公共服務不足等。

2. 距離維持生計的地點與社會網絡太遠

　　接近有就業機會的地區，往往缺乏負擔得起的土地，使得貧苦的人們得因此遷到土地價格比較便宜的地區。然而，一個遷村計畫之所以不能持續，其中的關鍵因素就是新基地距離維持生命所必需的資源（例如：可放牧的土地及食物的來源等）、親戚、社會網絡、生計及市場等太遙遠。此外，即使土地便宜，要把基礎設施和服務帶到偏遠地區，又可能非常昂貴。因此，完整的新基地成本分析應該包括基礎設施的投資及服務的提供，如公共運輸系統。2004年斯里蘭卡印度海嘯的案例顯示，當供應商被遷移到遠離市場的地方，生計就受到影響。

3. 社會文化不當的安置與布局

　　住宅設計、基地布局與建造方法，經常被歸咎爲災後遷村計畫遭拒絕或失敗的理由，特別是在農村地區。被安置的社區之所以放棄新基地，經常被提到的理由包括：

(1) 使用不熟悉的土地利用方式來規劃安置計畫，導致親屬和鄰里無法聚集在一起。親屬與鄰里間的凝聚力對農村地區是很重要的。

(2) 缺乏足夠的空間收納工具棚、牲畜及其他農業的需要，加上土壤條件差、缺乏灌溉、工具、農業投入和牲畜等，導致要在農業地區重新建立以農地爲基礎的生計，變得很困難。

(3) 錯誤的內部設計和施工（如缺乏保暖）、建坪有限、房子難以擴充和改良、

缺乏家庭和生活活動空間等。

(4)不易進入且缺乏公共運輸，特別是前往市場及社會設施的公共運輸。

(5)與自己或鄰近的社區發生衝突和產生競爭，無法從遷居過程得到任何好處，
且缺乏治理資源的組織。

(6)將不同種族、宗教或社會背景的社區遷移在一起，導致社會衝突。

(7)寡婦和女性為戶長的家庭遭受性虐待和肢體暴力。

4. 缺乏社區參與

　　諮詢社區居民，請他們來參與基地的選擇與規劃，了解其需求與價值，以及從當地的經驗和在地的知識獲得領悟等，都有助於降低遷村的風險。引進外來的勞工來興建新居住地，不僅失去社區的參與，且剝奪社區成員的就業機會。缺少社區的參與，可能阻礙自主意識的發展，以及對家及新基地的責任感，導致疏離感增加，並養成長期依賴外援的習慣。

5. 低估遷村成本的預算編列

　　低估遷村成本是常見的，其可能因而削弱整個遷村過程。硬體成本（基礎設施、住宅建築）及軟體成本（課程指導、培訓、社會救助及臨時公共服務）都應該基於保守假設予以預估，且持續資助一段期間，一直到社區居民已經能夠完全適應新的居住地，且生計都已經重建為止。估計的數字應包括用來協助解決占用荒廢或閒置空間的人們，或那些沒有辦法提供土地所有權證明者，以及其他有土地使用權問題者的成本。

　　據此，世界銀行建議：

(1)如果可能，要避免異地重建，特別避免在距離原居住地遙遠的地點異地重建，要盡最大努力將社區結合在一起。

(2)如果正在考慮異地重建，一定要針對異地重建區的環境、社會及經濟風險，以及供選擇基地降低風險的策略成本，有詳細的、參與式的評估。

(3)政府不僅應該在自己的住宅方案中避免有異地重建選項，而且也應該約束非政府部門重建方案中的異地重建。因為非政府組織之所以挑選異地重建，一

方面是為了獲得較高的能見度，另方面則是為了管理的方便。

(4)如果遷村是無可避免的話，就得組織社區遷村委員會參與決策過程。

(5)機構應該聘請夠資格且有經驗的專家提供服務，協助異地重建計畫的設計及執行。

(6)在遷村地點提供水、電、醫療服務、學校、市場、警察局及公共運輸等基處公共服務等，其技術、財務與體制上的可行性如何，應該在計畫階段就要講清楚。一旦確定要遷村，這一切都必須在遷村前就已經到位。

(7)在專家的協助下，透過異地重建計畫好好地規劃如何協助異地重建者回復其生計活動，或者在異地重建地點展開其不同的生計活動。

(8)對個人或集體文化財產的異地重建也要有計畫。

(9)評估及減緩遷村對社區的衝擊（或影響），並針對會引起社會衝突、違法行為、懈怠、少年犯罪及二次遷移等問題的防止做好準備。

(10)透過設計、預算編列及貫徹對策，防止異地重建的社區或其他人回去原居住地。

(11)預估遷村計畫所需的時間及費用時，務必要保守。

　　因於不同的災害程度、社區組織能量，世界銀行也建議，社區重建模式可採以下的選擇指標（Jha et al., 2010）：1. 重建成本。2. 住宅與社會安全的提升。3. 生計的復原。4. 政治環境。5. 文化脈絡。6. 人民得到的福祉、充權和能力的自我目標。

　　世界銀行對於遷村（異地重建）的警語，在莫拉克風災後重建中不幸有許多面向都一一應驗。風災後重建過程中，包括政府與民間的合作模式、受災居民的參與和意見表達、部落安全性的認定、永久屋地點的勘定、永久屋的設計與建造，乃至於部落異地重建所涉及原住民保留地的產權問題等等，諸多面向都引發不少爭議和質疑（王增勇，2010；丘延亮，2010；陳永龍，2010；謝志誠、傅從喜、陳竹上、林萬億，2012；謝志誠、陳竹上、林萬億，2013）。

表3-1　比較921地震與莫拉克風災社區重建模式

災難	921震災重建			莫拉克風災重建		
基地	臺中縣和平鄉三叉坑部落	南投縣中寮鄉清水村頂水堀社區	南投縣信義鄉潭南部落	高雄縣杉林鄉大愛園區	高雄縣甲仙鄉五里埔基地	屏東縣瑪家鄉禮納里部落
戶數	45	20	35	1,060	90	483
重建主導權	住戶主導，籌組委員會辦理，機構協助。	住戶主導，籌組委員會辦理，機構協助。	住戶主導，籌組委員會辦理，機構協助。	機構主導。	機構主導，住戶參與建築師遴選與規劃說明會。	機構主導，住戶參與建築師遴選與規劃說明會。
經費負擔	部分負擔	部分負擔	部分負擔	無償贈與（附條件）	無償贈與（附條件）	無償贈與（附條件）
住宅權利	所有權，無其他限制。	所有權，無其他限制。	所有權，無其他限制。	所有權，除繼承外，不得處分、出租或設定負擔。	所有權，除繼承外，不得處分、出租或設定負擔。	所有權，除繼承外，不得處分、出租或設定負擔。
土地權	政府徵收，分售給住戶。土地所有權。	住戶向國有財產局承租使用。土地使用權。	政府徵收，分售給住戶。土地所有權。	無償提供土地使用權。	無償提供土地使用權。	無償提供土地使用權。
異地型態	離災不離村	離災不離村	離災不離村	離災離鄉	離災不離鄉	離災離鄉、離災不離鄉
住戶來源	和平鄉三叉坑部落	中寮鄉清水村	信義鄉潭南村	那瑪夏鄉、甲仙鄉、桃源鄉、茂林鄉、六龜鄉	甲仙鄉小林村	霧臺鄉好茶村與三地門鄉大社村、瑪家鄉瑪家村

災難	921震災重建	莫拉克風災重建
安置政策	三擇一政策：組合屋、發放租金及釋出待售及即將推出的國宅（謝志誠、邵珮君，2009c）。	1.自行租屋、自行購屋或政府安置「三選一」優惠安家方案。2.中長期安置以永久屋為原則，除非情況特殊，才以組合屋安置。（行政院莫拉克颱風災後重建推動委員會，2011a：29）

資料來源：林萬億、謝志誠、傅從喜、陳武宗（2011）。重大災害災民安置與社區重建的社會治理整合型研究計畫。國科會研究計畫。

三、災害住宅策略

　　2005年卡崔娜颶風侵襲美國南部各州，在短時間內撤離到各地的避難所與旅館的受災人口達140多萬戶登記入住，嚴重考驗美國政府與民間因應災民住宅需求的能力。美國國土安全部聯邦緊急管理署（FEMA），於是在2009年發布國家災害住宅策略（The National Disaster Housing Strategy, NDHS），該策略指導國家如何在災後提供災害住宅（Disaster Housing），建立提供災害住宅的改進方法以滿足災民（disaster victims）或社區（communities）的緊急需求。災害住宅包括三種：避難所（sheltering）、臨時（中繼）住宅（interim housing）、永久住宅（permanent housing）。

　　該策略的目標如下：

1. 支持個人、家庭和社區盡快回復到自給自足的生活。
2. 確認並執行基本災害住宅的責任和角色。
3. 提高共同的判斷力和能力，以滿足災民和受災害影響社區的需求。
4. 提供廣泛靈活的住宅選擇的建造能力，包括避難所、臨時住宅和永久住宅。
5. 完整地整合災害住宅援助與相關的社區支持服務，及長期的復原工作。
6. 改善災害住房規劃，以利更佳地從災害中復原。

（一）避難所的住宅策略

1. 管理原則

(1)避難所的運作主要由地方政府負責。

(2)避難所的運作非常複雜，不宜簡化視之。

(3)避難所須經過縝密的規劃，廣泛地涵蓋不同的組織，以滿足緊急事件發生時的需要。

(4)就災害救援來說，避難所在災害事件的運作中已進入一個新的規劃和協調的領域。

2. 責任與角色

(1)個人和家庭：個人和家庭擬定和實施個人的緊急應變計畫，在災後的前72小時內，以滿足避難所和個人的需求（例如：食物、棉被、藥品、重要的文件和身分證）。

(2)地方政府：地方政府指派一個緊急事件管理者。緊急事件管理者與當地政府、NGOs及私部門有密切的聯繫，且擁有制訂計畫與獲取最需要的住宅援助資源的權利和責任。

(3)州、地區以及部落政府：州長和地區、部落領袖指派或任命一名緊急管理人員作為領導官員，負責州、地區或部落的緊急避難所計畫的規劃、發展、資源配置、執行和計畫完整的實施，以支援和補充當地社區避難所或協調避難所運作及全州的資源。

(4)聯邦政府：根據斯塔福德法（Stafford Act）和全國緊急應變架構（National Response Framework），在災害期間聯邦緊急管理署透過緊急援助功能第6項（ESF #6）負責向聯邦協調援助——民眾照顧（Mass Care）、緊急援助（Emergency Assistance）、住宅及人群服務（Human Services）。聯邦緊急管理署和主要合作夥伴，例如，美國紅十字會（American Red Cross）、健康與人群服務部（HHS）和美國陸軍工程隊（USACE），負責聯邦和州之間的協調，支援避難所的規劃，發展和維持州層級需求的能力並發揮領導的角色。

(5)私部門與NGOs：私部門與NGOs提供必要的避難所支援各個州、地區、部落政府，特別是地方政府。在災害發生的前後提供專門技術、指導方針、工具箱、財貨、管理人員和安排避難所管理的志工及其領導者。

3. 做法

(1)自我避難（self-sheltering）：在許多災害中，多數人在得不到援助的情況下被迫遠離家園尋找臨時的住所。在災害發生前他們已擬定緊急計畫，居住在汽車旅館、飯店、朋友和親戚家。在某些情況下，地方官員可以直接指示個人和家庭就地避難（shelter in place）或留在屋內，以降低可能直接接觸威脅生命財產的危險地區。自我避難的方案須事前規劃，包括：鼓勵個人或家庭儲備飲用水、乾糧、電池及手持無線電。這種避難方式，適合自己有避難能力的個人或家庭。

(2)緊急避難（emergency sheltering）：社區必須預為一些在災害發生時缺乏財力和機會找尋臨時避難所的居民規劃完整的避難計畫。為了這些人的需要，社區必須開設緊急避難所。避難所的開設地點與計畫必須在災害發生前完成規劃。通常設在預先確定的設施，如學校、教堂、社區活動中心、軍營（armories），以滿足特定的結構及其他需求。此外，必須考量居民的特殊需求，例如：醫療支持、功能需求或單位、寵物照顧等。

避難所不僅提供即時從威脅或災害事件撤離的緊急安置，還提供食物、飲用水、基本的急救，以及社區服務。緊急避難所可設計為一般民眾或支援其他特殊需求的居民。避難所的總管理中心通常是由社區組織負責，例如：當地的美國紅十字會或宗教團體，在大型的都市地區，當地的緊急管理機構可能會與這些組織一起合作，以解決避難所內複雜且大量的人口收容問題。

社區組織在避難所的管理上密切與其他社會團體配合，例如：社會服務機構、當地的消防局和警察局，以及企業。他們額外提供支援服務，例如：托兒或老人照護、娛樂活動、精神和情感上的支援，以及藥品、衣物、毯子和個人衛生用品的供給。

(3) 過渡性的避難所（transitional shelters）：當緊急避難所供不應求，且傳統的臨時住宅尚未提供時，社區內的旅館或汽車旅館以及設施，如活動場所和會議中心可能被改變，以提供更多空間。在某些情況下，超過需求總量時，非傳統的過渡性住宅也可當作避難所使用。此外，必須同時考量配套措施：

(A) 住宿補償／代用券方案（Lodging Reimbursement/ Voucher Programs）：政府機構和NGOs提供讓災民得以入住旅館或汽車旅館的住宿補償方案，補償通常是直接提供憑證或代用券的形式在某些設施做短期的停留。

(B) 設施變更：緊急避難所與商業或公有設施重新配置，以提供家庭更多的避難空間和住所的興建，設施的改變也可提供食物準備區和浴室，這可能需要一段時間來設計方案，徵求業主同意與確定資金來源，始能完成必要的建設。

（二）臨時住宅的住宅策略

1. 管理原則

(1) 有效的臨時性住宅策略必須清楚所有相關人員的期待。

(2) 臨時性住宅遠超出基本生存必需提供的結構。

(3) 臨時性住宅必須是安全、穩固、可及的。

(4) 臨時性住宅是暫時的。

(5) 災害影響的延長將是臨時性住宅的挑戰。

2. 責任與角色

(1) 個人和家庭：個人和家庭主要為他們的生活安排負責，在滿足自身的住宅需求上扮演積極的角色。

(2) 地方政府：地方政府必須負責決定災害住宅選擇最適合的興建地點，尋求興建災害住宅可用與合適的土地和建築物，採用適合當地的法規確保為當地居民提供災害住宅服務。

(3) 州、地區以及部落政府：當住宅需求超出避難，州政府與地方和聯邦官員一

起參與確保民眾之安全，透過相關的評估方案以確定臨時性住宅的供給是最好的。

(4)聯邦政府：聯邦政府建立一個指導方針、能量和資源維持架構，以支援州和地方政府的在災害發生時住宅的選擇。國土安全部（DHS）透過聯邦緊急管理署，有責任與州政府官員接觸協調聯邦災害臨時性住宅，聯邦緊急管理署與聯邦住宅與都市發展部（HUD）一起提供臨時住宅援助。

(5)私部門與NGOs：私部門在災難臨時性住宅中扮演重要的角色。企業擁有財產、財貨、服務和專業技術，能夠有效補充和支援政府住宅。而NGOs不僅提供住宅興建、修繕的支援，以滿足個人、家庭、社區和州有關的住宅需求，也提供醫療、諮商、就業服務與兒童照顧等的協助。

3. 做法

(1)善用目前可用的住宅資源。包括：租金補貼、立即修繕補貼、租屋修繕。屋主向美國小企業管理局（U.S. Small Business Administration）申請貸款。

(2)使用傳統形式的臨時性住宅。包括組合屋、休旅車（Recreational Vehicles）。

（三）永久住宅的住宅策略

1. 管理原則

(1)重建通常比一般人所想像的還需要更多的時間，個人需要準備因應各種情形的發生。

(2)個人和社區在災害整備時，就必須考慮災後住宅的修復。

(3)整修和替代住宅必須比原住宅抗災力好，且應該有適合的保險。

(4)一些臨時性住宅可能成為永久性住宅。

(5)災害事件需要額外的協調和資源，以實現永久性住宅。

(6)確定集體的永久住宅興建，以加速災後重建。

2. 責任與角色

(1)個人和家庭：個人和家庭可能爲租屋者或屋主。租屋者可以負責尋找社區內可替代性的出租住宅。屋主則可以負責重建的決策，與保險公司進行協調，並尋求其他融資的方式。

(2)地方政府：地方政府負責土地利用的決策，建造與居住的檢查和許可，並提供基本的服務，例如：供水、汙水、垃圾處理、公共交通，以及警察和消防服務。

(3)州、地區以及部落政府：州、地區和部落政府有促進現代建築法規，減輕洪水和其他風險、提供州資源，並確定或要求聯邦資源提供開發永久性住宅的責任。

(4)聯邦政府：聯邦政府提供資金和技術援助，以支持州、地區和部落政府所制定永久性住宅政策。

(5)私部門與NGOs：私部門提供專門的技術與援助是永久性住宅成敗的關鍵性因素，產物保險公司提供資金以修復損壞的財產，和往後繼續提供房東和房客得到重建家園的保險理賠，扮演關鍵性的角色。開發商、業主及貸款的低收入住宅稅收減免方案也是實現永久性住宅關鍵性的因素。NGOs爲重要的支援角色，透過提供訊息、轉介，以及個案管理服務，幫助家庭回到永久性住宅，並建立重要的心理輔導，關心個人與家庭返回永久住宅的情況。

3. 做法

(1)一般承租戶（renters）：提供受災房客媒合新的租屋單位。包括無補貼（Unsubsidized）房客，亦即居住在無補貼出租住宅的低收入戶和因災害而導致無家可歸的家庭協助尋求其他資源補助房租。有補助（Subsidized）房客，亦即以前HUD的租屋券資助租戶可持券到另一出租單位繼續承租住宅。住宅援助專案的住戶，如公共住宅（public housing）、住宅法第8節（Section 8）專案，以及其他獲得聯邦資源補助的無家可歸的住戶，將轉由聯邦緊急管理署提供長達18個月的租金援助和其他臨時住宅直到完成修復和重建。

(2) 自有房屋者（homeowners）：在理想的情況下，屋主擁有足夠的私人保險，將迅速提供所需的資源來進行重建。這是選擇永久性住宅的首選。但許多時候，屋主本身的保險不足或者是根本沒有保險，在這種情況下，屋主有充足的信貸和收入可獲得貸款，或者是由中小型企業管理局（SBA）和美國農業部（USDA）中獲得長期的貸款。大多數的災害，這些貸款的主要形式是由聯邦援助，以進行非農業的修復和重建、私部門的災害損失。

(3) 房東（landlords）：房東是社區內出租住宅的主要供應者，房東扮演提供永久性住宅與暫時無法完成重建而必須承租住宅的屋主的關鍵性角色。

(4) 無家可歸者（homeless）：HUD提供給予緊急避難所、過渡性住宅、永久住宅，並提供麥金尼-維托無家可歸者援助（McKinney-Vento Homeless Assistance）服務贊助。

　　日本的防災集體遷移計畫也值得我國參考。2011年東日本大地震引發的海嘯與核災所制訂的〈東日本大震災受災地區施行防災集體遷移促進事業手冊〉（國土交通省，2011），其集體遷移程序包括：

1. 指定受災市街區為「災害危險區域」，依據復興計畫條例實施建築限制。

2. 於「災害危險區域」中劃定包含遷移家戶住宅地在內的土地區域為「遷移促進區域」。

3. 由防災集體遷移促進事業實施住宅社區的整備、遷移促進區域內住宅地的收購（徵收）及遷移者住宅重建的援助。

4. 遷移後的墟地可於條例規定的建築限制範圍內，依復興計畫進行土地利用。其中，市町村實施集體遷移事業時，須先會同國土交通大臣召開集會並徵得其同意後，始得擬訂集體遷移促進事業計畫。

此外，該手冊中特別提醒：

1. 為防範有心人買賣受災區土地、重建無抗海嘯能力的不堅固住宅，地方公共團體（都道府縣、市、町、村）將實施必要的建築管制；

2. 地方公共團體將整備遷入地點的住宅社區，並將它讓渡或租賃給受災

者；

3. 地方公共團體將補助受災者遷居所需花費；

4. 受災者欲運用房屋貸款取得土地或重建住宅時，地方公共團體將補助相當於其利息的金額；

5. 地方公共團體應於住宅社區內就遷移者遷居相關且必要的農林水產業生產基礎及其近代化設施（共同作業場所、加工場所及倉庫等）予以整備，並租賃給遷移者，以確保遷移者的生計需求；

6. 由於集體遷移事業為缺乏強制力的地方自主事業，務必在相關受災者充分理解計畫且達成協議後始得施行。

東日本大地震受災地區施行的防災集體遷移促進事業，所規定的集體遷移方式有三種：

1. 入住公營住宅：社會住宅模式。

2. 租賃住宅用地，並重建或一併購入住宅：租地集體重建。

3. 購入住宅用地，並重建或一併購入住宅：購地集體重建。

除了現有公營住宅可安置有限家戶之外，其餘受災戶為符合防災集體遷移促進事業手冊規定，幾乎不可避免的進行臨時住宅（temporary housing）（假設住宅）或中繼安置（國土交通省，2011）。

2005年（平成17年）修正的〈防災集體遷移促進事業國家財政特別措施相關法律〉第4條所規定「市町村於擬定事業計畫時，應尊重及促進區域居民的意願，並以達成遷移促進區域全體居民遷移為目標」。由此可見日本已體認執行集體遷移促進事業之目的雖為避免居民再度受害，但讓遷移居民充分理解遷移計畫、達成共識，亦是異地重建圓滿達成的必要元素。據此，「跨過中繼、直達永久」的災後住宅政策發生的可能性幾乎是零。為了凝聚社區重建的共識，日本災後臨時住宅居住期間超過2年是常有的事。因此，臨時住宅的興建也會朝向幾近於永久住宅的規格，除了居住空間較小之外，室內設計、社區活動中心、圖書館、會議室、便利商店、食堂、洗衣間等，樣樣齊全，除了簡便組建之外，其居住與使用質感均有一定水準。

四、生活重建

前述的社區重建與住宅重建指涉的比較是住宅、社區街廓、生態環境、社區意識，以及社區資本的重建。但是社區是由人（居民）、土地或地盤、社會互動、認同所組成（Hillery, 1955; 林萬億，2013）。因此，人的生活復原是災後重建非常關鍵的項目。人的復原包括個人、家庭、社區、社會的各體系與面向。

臺灣的災後生活重建是由生活重建中心執行，是921震災重建中最具特色的社會福利服務。明文規定於「災後重建計畫工作綱領」，其與社會福利直接相關的是「社會救助及福利服務計畫」，其計畫目標爲（陳素春，2000）：

1. 協助安置災區弱勢同胞，安定生活。
2. 輔導喪親者走出悲傷，適應新生活。
3. 透過生活照顧，協助恢復生機。
4. 結合政府與民間資源，協助解決災民困難。
5. 凝聚社區意識，重建家園。

其服務方法提及針對受災對象之不同需求，結合宗教及其他民間團體力量，訂定各類求助措施，分工合作，提供災區失依老人、孤兒、身心障礙者及其生活扶助之後協助與照顧，並協助組合屋臨時社區意識，協助災民重建生活。

除了生活重建中心之外，921地震南投災區另由南投縣政府向921震災重建基金會申請補助一年9千餘萬元，設置了23個由民間NGOs承接的「社區家庭支援中心」作爲災區居民接受服務的第一線據點。社區家庭支援中心的任務包括以下幾項（陳婉眞，2001）：1.諮詢與轉介，2.個案輔導與管理，3.居家照顧服務，4.社區組織。

臺北縣政府也於921地震後積極地規劃成立一個爲期3年的「社會暨心理關懷站」，作爲協助博士的家、龍閣社區受災戶生活重建的據點（林萬億，2002）。

莫拉克風災後，內政部也仿照921震災的做法通過「莫拉克颱風災區生活重建中心實施辦法」。第一階段於2010年設置22處生活重建中心：嘉義縣4處、

高雄縣4處、屏東縣10處、臺南縣1處、臺東縣3處。委託民間團體辦理，計投入經費1億2,070萬元，投入社工人力101人、行政人力與服務人員55人。第二階段由各縣市政府配合營建署規劃永久屋基地增設南投縣1處、屏東縣3處、臺南市1處，合計5處。總計設置生活重建中心32處。生活重建中心的服務內容包括：心理服務、就學服務、就業服務、福利服務、生活服務、其他轉介服務（黃碧霞、蔡適如、陳千莉、周慧婷，2010）。生活重建的執行在本書另有專章討論，在此不多贅述。

五、重建基金或募捐管理

重建經費除了部分來自政府預算、重建基金之外，一部分來自受害者先前的各種保險費，例如：火險、水險、地震險、農業保險、意外險、健康保險、人壽保險等，這些保險理賠由各受益人提供證明向各該保險公司申請。另一部分來自國內外捐款與物資捐贈。

各國在因應災難重建經費所需，都會成立政府的重大災害重建基金，例如：美國的賑災基金（The Disaster Relief Fund）、墨西哥的國家災害基金（FONDEN）、加拿大的災難財務救助安排（Disaster Financial Assistance Arrangements）、德國的特別災難扶助與重建基金（Sonderfonds Aufbauhilfe）、菲律賓的國家重大災難基金（National Calamity Fund）、印度的國家重大災難事件基金（National Calamity Contingency Fund）、日本的復興基金。

我國並無國家災害重建基金的設置，在921大地震之後曾經成立「九二一震災重建基金會」，運用「九二一賑災專戶」捐款，邀請社會人士與相關單位組成，1999年10月13日組成，2008年7月1日解散。內政部另於2002年1月21日成立「財團法人賑災基金會」，2013年7月改隸衛生福利部，該基金規模很小，基金3,000萬元，106年度預算規模才1億4,405萬餘元。

另依我國的「公益勸募條例」規定，非營利團體基於公益之目的可向各級政府申請募集財物或接受捐贈。各級政府機關（構）得基於公益目的接受所屬人員

或外界主動捐贈，不得發起勸募；但遇重大災害或國際救援時，不在此限。

重大災害所需的資源除了金錢之外，還需要各種物資，例如：糧食、飲水、醫藥、衣被、嬰兒奶粉、尿布、建築材料、組合屋、消毒器材、消毒水、人工植皮等。關於公益勸募、資源管理本書有專文討論，本章暫不詳述。

六、公共救助

政府在災後復原與重建最重要的工作是盡速恢復人民慣常的社區生活，包括清理傾倒路樹、淤泥、土石、垃圾，拆除倒塌危險建築、道路修補，與恢復通車、供水、供電、電信通話之外，另外的重頭戲是補償災害損失，針對傾倒房屋、農漁牧災損、廠房機具受損等，以及對死亡者的遺屬、受傷者、失依者的救助。

我國的災害救助規定於社會救助法中。但是，遇重大災難會另訂特別條例規定重建的公共救助，例如「九二一震災重建暫行條例」、「莫拉克颱風災後重建特別條例」等都有針對公共救助特別的規定。各地方政府也會因為災後重建的需要，訂定相關的災害救助規定。

七、文化復原

因為建築時代久遠，防震、防火、防潮等設施不足，古蹟、文化遺產、歷史建築等在災害中很容易受到傷害。但是，文化資產是社區復原力中很重要的元素，因此，文化復原也是災後重建中重要的工作。例如，九二一地震霧峰林家各群落破壞程度均達70%-100%，在當時行政院九二一重建委員會的經費、監察院、內政部及行政院文化建設委員會支持下，2002年啟動第一期復建工程，修復組群分別是頂厝的景薰樓、頤圃及下厝的大花廳、宮保第、二房厝。於2006年10月先期完成頂厝頤圃之復建，於2009年11月前完成各群落復建，歷時7年之餘。

八、創傷後壓力疾患處理

與創傷（trauma）相關的情緒障礙其實已存在於精神醫學，或心理學研究中超過百年，當1980年美國「精神及患診斷與統計手冊」第三版（*Diagnostic and Statistical Manual of Mental Diseases*, DSM-Ⅲ）將創傷後壓力疾患納入之前，一般稱為驚嚇（shock）、戰爭心理病（war neurosis），以及強暴創傷症候群（rape trauma syndrome）（Foa and Meadows, 1997）。可見，創傷的起因有許多種，如災難、車禍、戰爭、恐怖分子攻擊、犯罪、性犯罪等都可能造成創傷。陳淑惠、林耀盛、洪福建、曾旭民（2000）引述Monahon（1993）的界定，指出創傷是由「非比尋常」、「無法預測」、「突發」、「強力衝擊」、「損毀解體」，以及「不斷轉變的」等語意所圈圍。基於此，災難與創傷幾乎不可分離。

創傷事件通常包括兩個要件：(1)人們經歷、見識或面對某一事件，引發確實或理解到生命或生理整合受到威脅；(2)人們對此一事件產生包括恐懼、無助或高度的害怕等情緒反應（Foa & Meadows, 1997）。依美國的研究，Richards（2001）整理相關的資料發現，創傷後壓力疾患的普及率為1-3%，但是針對受害者的調查，苦於PTSD的災難倖存者高達22-50%。46%車禍事件的受害者有PTSD，若再加上PTSD的次症狀，則高達66%。據研究，22-26%退伍軍人有PTSD，28%洪水災害的受害者有PTSD。59%的颶風受災戶在事後6個月還有PTSD。

災難造成長期的罹病率（morbidity）、死亡率（mortality）、經濟負擔、職業與社會功能的損傷。Ruggiero等人（2009）利用大樣本（1,452個受訪者），電話訪問Florida州33個郡的18歲以上成年人，探討颶風經驗、創傷事件史、社會支持、PTSD、一般焦慮障礙、主要壓抑症狀、藥物濫用、自我報告健康條件。發現壓抑（depression）與健康條件關係密切，健康條件差的呈現5倍的壓抑症狀；災難發生前的社會支持也是健康狀況的保護因子。任何自然災難都有社區災難（community disaster）的性質，也就是居住在災區的人都有可能受到災難的波

及，不論是災民或非災民（North and Hong, 2000）。創傷後壓力疾患的處理於本書災難管理與社會工作一章中會有較詳細的討論，在此不贅述。

參考書目

中文書目

入江沙也可（2012）。透視日本防災體系—公共媒體角色。公共電視臺（編），防災總動員：日本311的一堂課會議內容完整實錄，頁9-30。臺北：公視基金會。

日本國土交通省（2011）。東日本大震災受災地區施行防災集體遷移促進事業手冊。東京：作者。

王紀青、林政忠、林保光、曹敏吉（2009年8月17日）。鄉長棄逃論，桃源人激憤（聯合報）。上網日期：2017年6月7日，取自聯合知識庫網頁http://udndata.com/

王增勇（2010）。災後重建中的助人關係與原住民主體：原住民要回到誰的家？臺灣社會研究，78，437-449。

周恬宏（2015年9月7日）。八仙樂園粉塵爆出醫療的危與機。臺灣新社會智庫政策報告。

林照真（2009）。電視媒體與災難管理—災難新聞的倫理困境。廣播與電視，31，55-79。

林照真（2013）。臺灣電視新聞之災難報導，以「莫拉克」風災為例。新聞學研究，115，141-185。

林萬億（2002）。災難救援與社會工作：以臺北縣921地震災難社會服務為例，臺大社會工作學刊，7，127-202。

林萬億（2010b）。災難管理與社會工作。社區發展季刊，131，65-83。

林萬億（2013）。當代社會工作。臺北：五南。

林萬億、謝志誠、傅從喜、陳武宗（2011）。重大災害災民安置與社區重建的社會治理整合型研究計畫。國科會研究計畫。

林萬億主編（2010a）。災難管理與社會工作實務手冊。臺北：臺灣社會工作專業人員協會。

邱延亮（2010）。不對天災無奈，要教人禍不再—災後民間力量在信任蕩然的叢林世界中的對抗與戰鬥。臺灣社會研究，78，363-401。

唐雲明（2000）。災害搶救與危機管理—921震災檢討，中央警察大學災害防救學報，1，29-44。

唐鎮宇（2010a年4月11日）。小林村會長：我們要家不是精舍（中國時報）。上網日期：2017年6月7日，取自苦勞網http://www.coolloud.org.tw/node/51479

唐鎮宇（2010b年4月11日）。霧臺原原民連署拒住大愛村（中國時報）。上網日期：2017年6

月7日，取自苦勞網http://www.coolloud.org.tw/node/51477

張春炎、楊樺、葉欣誠（2015）。自然災難與媒體建構：以TVBS新聞爲例，重探八八風災新聞論述。環境教育研究，11(1)，1-30。

莫拉克獨立新聞網（2013）。《在永久屋裡想家》—莫拉克災後三年，「永久屋」與人的故事。臺北：莫拉克獨立新聞網出版。

許慧麗、趙善如、李涂怡娟（2010）。民間團體參與屏東縣88水災社區復原工作模式初探。社區發展季刊，131，250-268。

陳永龍（2010）。莫拉克災後原住民部落的再生成的主體化運動。臺灣社會研究，78，403-435。

陳素春（2000）。九二一震災社會救助與福利服務因應措施。社區發展季刊，90，19-30。

陳婉眞（2001年3月）。從社會福利行政角度看家支中心的規劃過程與實施成果，論文發表於「災後生活重建研討會」，臺北：農訓協會天母國際會議中心。

陳淑惠、林耀盛、洪福建、曾旭民（2000）。九二一受創者社會心理反應之分析—兼論「變」與「不變」間的心理社會文化意識，中大社會文化學報，10期，頁35-60。

黃碧霞、蔡適如、陳千莉、周慧婷（2010）。內政部對於莫拉克風災災害救援及生活重建之工作報告—社會工作專業觀點。社區發展季刊，131，5-21。

臧國仁、鍾蔚文（2000）。災難事件與媒體報導：相關研究簡述。新聞學研究，62，143-151。

潘建志（2009）。小林村滅村的原因：我的觀點。上網日期：2009年8月21日，取自Billy Pan's Blog http://billypan.pixnet.net/blog/post/37230455

謝志誠、林萬億、傅從喜等（譯）（2012）。安全的家與堅強的社區：天然災難後的重建手冊。（原作者：Jha A. K. et al.）。臺北：臺灣大學出版中心。（原著出版年：2010）

謝志誠、陳竹上、林萬億（2013）。跳過中繼直達永久？探討莫拉克災後永久屋政策的形成。臺灣社會研究季刊，93，49-86。

謝志誠、傅從喜、陳竹上、林萬億（2012）。一條離原鄉愈來愈遠的路？：莫拉克颱風災後異地重建政策的再思考。臺大社會工作學刊，26，41-86。

羅平（2011）。善用社群媒體—以澳洲ABC爲例。公共電視臺（編），防災總動員：日本311的一堂課會議內容完整實錄，頁981-107。臺北：公視基金會。

英文書目

Alexander, D. (2014). Social media in disaster risk reduction and crisis management. *Sci Eng Ethics, 20*, 717-733.

Bradley, D., & Graninger, A. (2004). Social resilience as a controlling influence on desertification in Senegal. *Land Degradetion and Development, 15*(5), 451-470.

Campanella, T. J. (2006). Urban resilience and the recovery of New Orleans. *Journal of the American*

Planning Association, *72*(2), 141-146.

Coppola, D. (2011). *Introduction to International Disaster Management*. Burlington, MA: Butterworth-Heinemann.

Federal Emergency Management Agency (FEMA) (2009). The National Disaster Housing Strategy, NDHS.

Foa, E. B., & Meadows, E. A. (1997). Psychosocial treatments for posttraumatic stress disorder: A critical review, *Annual Review Psychology*, *48*,449-480

Hillery, G. A. (1955). Definitions of community: Areas of agreement, *Rural Sociology*, *20*: 111-123.

Jha, A. K., Barenstein, J. D., Phelps, P. M., Pittet, D., Sena, S. (2010). *Safer Homes, Stronger Communities: A Handbook for Reconstructing after Natural Disasters*. Washington, DC: The World Bank Group.

North, C. & Hong, B. (2000). Project crest: A new model for mental health intervention after a community disaster, *American Journal of Public Health*, *90*(7), 1057-1059.

Ozcevik, O., Turk, S., Tas, E., Yama, H., & Beygo, C. (2009). Flagship regeneration project as a tool for post-disaster recovery planning: the Zeytinburnu case. *Disasters*, *33*(2), 180-202.

Richards, D. (2001). A field study of critical incident stress debriefing versus critical incident stress management, *Journal of Mental Health*, *10*(3),351-362.

Rigg, J., Grundy-Warr, C., Law, L., & Tan-Mullins, M. (2008). Grounding a natural disaster: Thailand and the 2004 tsunami. *Asia Pacific Viewpoint*, *49*, 137-154.

Ruggiero, K. J., Amstadter, A. B., Acierno, R., Kilpatrick, D. G., Resnick, H. S., Tracy, M., & Galea, S. (2009). Social and psychological resources associated with health status in a representative sample of adults affected by the 2004 Florida Hurricanes, *Psychiatry*, *72*(2), 195-210.

Watson, D. (2011). SAFER: Station Action for Emergency Readiness-he role of NPR and Local Public Radio Stations during times of crisis. 編入公共電視臺主編防災總動員：日本311的一堂課會議內容完整實錄。pp. 53-77.

Williams, S. A. (2008). Introduction. *Journal of Social Service Research*, *34*(3), 1-3.

World Health Organization (WHO) (2009). Management of disaster bodies after disasters: A field manual for first responders. Retrieved April 10, 2017, from http://www.paho.org/disasters/index.php?option=com_content&view=category&layout=blog&id=1052&Itemid=931

第四章　社區與防災

張麗珠

壹、前言

　　教育部重編國語辭典修訂本定義「社區」為「一些人以自由結合的方式所居住的特定區域；此範圍內的每一分子，皆可共享區域內所有的服務與利益」（李鍌，2015）。談到社區內所有服務與利益的共享，衛生福利部（2014）修正發布的社區發展工作綱要第二條則稱，社區「係指經鄉（鎮、市、區）社區發展主管機關劃定，供為依法設立社區發展協會，推動社區發展工作之組織與活動區域。社區發展係社區居民基於共同需要，循自動與互助精神，配合政府行政支援、技術指導，有效運用各種資源，從事綜合建設，以改進社區居民生活品質。社區居民係指設戶籍並居住本社區之居民」。談到社區發展立基於社區居民的共同需要，強調自動與互助精神的重要性。

　　社區防災係指長期以社區為基礎，藉由提升社區居民的防救災意識，透過社區培力的過程，來強化其災前準備、災時應變，以及災後重建的能力，以降低社區因災害所造成的人員傷亡與財產損失。災前準備雖然不能保證「有備無患」，但期許能多一分準備，少一分災害損失。災前準備的計畫內容須明定執行方式，可針對當地常見天然災害的特質進行了解，並從各級政府官網中的災害防救專區取得所需資料，再研擬因地制宜的防災整備及災害應變措施，同時，也需熟習當地既有與潛在資源，如人力、物力、資訊、醫療等，以利於災害發生時掌握及運用所需資源。

貳、臺灣常見的天然災害與災害救助

　　交通部中央氣象局（2015）將臺灣重要的天然災害分成七大類，包括氣象災害（如颱風、梅雨）、海象災害（如暴潮、海水倒灌）、洪水災害（如山洪暴發、洪水氾濫）、地質災害（如土石流、泥火山噴發）、地震災害（如土壤液化、水庫潰堤）、農業災害（如農作物病蟲害），以及森林災害（如森林火

災）。但是，頗具知名度的比利時災害資料庫EM-DAT（2016）將1998年的腸病毒疫情及2003年的SARS疫情也歸類在天然災害。臺灣的天然災害有下列七個特點：

（一）種類多：颱風、雷擊、水災、土石流、地震、崩塌等，近年來龍捲風與旱災發生的頻率也有增加的趨勢。

（二）範圍廣：一年四季都可能發生，任何地點、地形都可發生。例如，以前7-8月暑假期間是臺灣的颱風季節，2016年9月的莫蘭蒂、馬勒卡、梅姬颱風嚴重到足以讓東部及南部縣市停班停課，10月還有艾利颱風侵臺（中央氣象局，2017b）。

（三）頻率高：2012-2016五年平均每年就有5.4個颱風，而且幾乎所有的颱風都會帶來豐沛的雨量，水災與土石流似乎變成年年會有的戲碼，只是受災範圍大小與嚴重程度的差異罷了。中央氣象局1994-2015年地震規模統計（2017a）顯示，發布地震平均每年就有124個，有感地震平均每年高達932個。

（四）持續時間長：大部分的颱風警報時間為3-4天，莫拉克風災則長達6天。

（五）群發性：如強風、豪雨、土石流等災害常於同一時段內在許多地區發生。

（六）連鎖反應：如豪雨造成淹水、並引發土石流和山崩等天然災害。

（七）災情嚴重：如921地震與莫拉克風災造成嚴重的人員傷亡及財產損失，詳見表4-1。

表4-1　1990-2016 年重大災害死亡人數一覽表

災害發生日期	災害類型	死亡人數
1996/07/31	風災	45
1997/08/18	風災	44
1998/04/00	腸病毒疫情	54
1999/09/21	地震	2,264
2000/11/01	風災	89
2001/07/30	風災	100
2001/09/16	風災	80
2003/02/25	SARS疫情	37
2004/06/29	風災	28
2004/08/24	風災	32
2009/08/07	風災	630
2010/10/22	風災	32
2016/01/20	極端氣候	85
2016/02/06	地震	117

資料來源：EM-DAT: The International Disaster Database（2016）。

一、風災與防災整備

　　颱風常伴隨著豪大雨，造成低窪地區淹水、沿海地區海水倒灌、山坡地崩塌或引發土石流等情形。所幸中央氣象局的天氣預報，已能有效地掌握颱風動向，當颱風之7級風暴風半徑在未來24小時之內將侵襲臺灣或金門、馬祖100公里以內之海域時，中央氣象局就會發布海上颱風警報；當颱風7級風暴風半徑在未來18小時內將侵襲臺灣或金門、馬祖陸地時，即發布陸上颱風警報。雖然在預估降雨量方面仍有成長的空間，天氣預報的功能及時提醒社區居民做好防颱準備。

　　一般的居家防颱準備包括儲水及乾糧、照明設備（如露營燈、手電筒與電池、打火機、緊急照明設備等）、汽（機）車加滿油、門窗裝上防風板、清理居

家附近的排水溝以確保其良好的排水功能、檢查屋頂的排水孔確認無阻塞的情形，住在低窪地區或土石流警戒線區域內的民眾，須依照政府指示，在氣候與交通均良好的情況下先做預防性疏散避難。

二、水災與防災整備

洪水期間，河流水位增高，河水流速與流量均增加。一般而言，洪水可分為上游洪水與下游洪水，上游洪水常因山區局部強烈驟雨，造成山洪爆發，通常來得快去得也快，影響範圍較少且多局部性。相較之下，下游洪水的影響範圍較廣，為患時間也較長。水庫蓄水即時資料與洪水相關資訊可由經濟部水利署的水利防災中心網頁（http://www.wra.gov.tw/lp.asp?ctNode=3111&CtUnit=569&BaseDSD=7）查詢，也可透過行動水情APP、防汛抗旱粉絲團（https://www.facebook.com/防汛抗旱粉絲團-193424980763650/）、淹水語音廣播、淹水簡訊等管道獲得相關訊息，民眾亦可善用當地鄉、鎮、市、區公所的災害應變小組災情通報系統。

（一）防洪準備

1. 注意中央氣象局的颱風預報或豪雨特報，並留意其動向與影響範圍。
2. 留意水利防災中心的即時資料。
3. 建築或購買住屋前，可先調閱當地的易致災地圖，並避免該地區或將地基墊高。
4. 住在低窪地區的民眾，可在家中每個入口設置防水閘門，阻擋洪水入侵，並及早將家具等移至家中較高處。

（二）淹水處理

社區民眾的住家、農田或魚塭若不幸淹水，且因此造成財產的損失，可申請機具借用、請求災害救助，或申請扣抵綜合所得稅。各縣、市政府及鄉、鎮、市、區公所通常備有中小型移動式抽水機供民眾申請借用，並保有抽水機數量與

型號資料表，有需求的民眾可以到當地公所，填寫抽水機借用單直接申請。

三、土石流與防災整備

　　臺灣因為氣候、地震，以及植被等因素常發生土石流，原本就多雨的氣候，再加上聖嬰與反聖嬰現象，現在的颱風幾乎每次都伴隨著豪雨。因地震造成山坡地土石鬆動；因山坡地的濫墾濫伐，改種淺根植物，導致水土流失情形嚴重；因過度使用山坡地，而破壞其穩定性。豪雨、水土保持不佳，加上地質不穩定，因此，容易在大雨後造成土石流。

（一）土石流的前兆

　　土石流的發生是有跡可循的，只要稍加注意周圍的環境，留意土壤移動的現象，就可以將土石流災害降到最低。土石流發生的前兆有：

1. 斜坡上的樹幹斜向生長。
2. 傾斜的電線杆。
3. 牆壁或天花板無故破裂。
4. 門或窗戶擠塞。

（二）土石流的預防與整備

1. 遵循大自然的規律

　　建築或購買住屋或進行土地開發時，可先至農委會水土保持局的土石流防災資訊網（https://246.swcb.gov.tw/debrisInfo/DebrisStatistics.aspx）查詢當地的土石流潛勢溪流分布圖（如圖4-1）及相關資訊，再者，經濟部中央地質調查所的國土地質資料庫（http://www.moeacgs.gov.tw/app/index.jsp?cat=2）與集水區地形及地質調查成果查詢系統（http://gwh.moeacgs.gov.tw/gwh/gsb97-2/sys9/）均可提供最新的資料，依據查詢結果迴避易致災區，堅守危地不居不用的原則。

圖4-1 北中南各區土石流潛勢溪流分布

資料來源：農委會水土保持局土石流防災資訊網（2017）。

2. 疏散避難計畫

對於目前住在土石流潛勢溪流或地質不穩定地區的民眾，特別需要熟習當地社區的疏散避難計畫，以因應災害的發生，各縣市政府及鄉鎮市區公所的官網均設有災害防救專區，內容包括防災宣導、災害救助、避難收容處所清冊、防災公園配置圖（見圖4-2）、簡易疏散避難圖（見圖4-3）等供民眾參考。避難處所分為：(1)在地緊急避難處所：提供適當避難環境與生活機能，並做定期安全評

估。(2)外地收容所：針對在地有災害擴大之虞或易形成孤島地區，由鄉、鎮、市、區公所依實際狀況安排適當外地收容所，協助慢性病患、孕婦、幼童、行動不便者等與保全住戶進行外地疏散避難。

圖4-2　防災公園配置圖

資料來源：屏東縣政府社會處。

圖4-3　簡易疏散避難圖

資料來源：屏東縣政府社會處。

3. 社區土石流防災整備

(1)建立保全住戶名冊：由鄉、鎮、市、區公所調查並預先掌握土石流潛勢溪流所在村里之弱勢族群（如老人、幼童、孕婦、洗腎或重病患者、身心障礙者）名單，並詳列保全住戶的姓名、性別、年齡、行動不便原因、住址、聯絡電話、預定緊急安置的場所，以及緊急聯絡人的姓名與電話等。

(2)避難處所整備：由縣、市政府協助鄉、鎮、市、區公所考量交通特性與文化特質，規劃緊急避難處所，並準備避難所所需物資，如糧食（泡麵、營養口糧）、水、生活必需品（肥皂、牙膏、衛生紙等）、醫藥品（透氣膠帶、抗生素藥膏、止腹瀉藥、體溫計等）、睡袋、燃料、發電機及通訊設備等。所有的物資需盤點並詳細標明種類、數量與存放地點，對於開口契約廠商和大

賣場的主要聯絡人的電話及手機都須清楚載明，再將之整理成防災疏散避難處所及避難物資儲存地點統計表。

(3)疏散避難之人力資源的管理與運用：人力資源的管理與運用是災害整備重要的一環，特別是在面對區域性的重大災害如土石流與破壞性地震，如何整合既有的人力資源，並依照他們的專長編組分工，則有賴平時資源網絡的建構。

一般常見的疏散避難編組有：疏散班、引導班、收容班及行政班。(1)疏散班的任務是發布避難勸告時，負責挨家挨戶通知保全住戶進行自主避難；發布撤離指示後，則進行強制疏散。警察、鳳凰志工、民防隊、守望相助隊、鄰長、社區領袖等皆為適當人選。(2)引導班的任務是發布避難勸告時，負責交通管制、秩序維護等；發布撤離指示時，負責交通管制、秩序維護、警戒區域管制、協助疏散班進行強制疏散。民防隊、守望相助隊、義消、義警都能勝任此任務。(3)收容班負責收容安置等所需事項，包括物資供應、調度與分配，還有收容民眾的管理及照護等。社區媽媽教室、愛心媽媽、環保義工、守望相助隊等皆是適合的人選。(4)行政班負責疏散避難之各類文書、情資蒐集與分析研判，以及發布訊息等。公、私部門的專業工作人員或自軍、公、教退休的志工可能較適合。編組分工後，為確保計畫具體可行，須定期進行演練，方能在災害發生時，發揮最大的效能。

四、地震與防災整備

（一）地震的特質與前兆

科學家嘗試透過分析土壤中氡（Rn）、氦（He）、二氧化碳（CO_2）、甲烷（CH_4）、氫（H_2）、氬（Ar）、與氮（N_2）等氣體成分及濃度的變化，作為地震前兆的地球化學研究。臺灣幾個地球化學探勘案例，如新城斷層及山腳斷層的土壤氣研究，就發現地震與氣體成分變化具有相關性，但是，要證實地表異

常氣體成分濃度變化與地震事件眞的有關聯，必須要有更多及更長時間的觀測資料來做進一步的確認（國家實驗研究院，2017）。雖然目前的科技還無法有效地預測地震的發生，但在重大地震發生前卻是有跡可循的，例如，在地震空白處（斷層帶上安靜或較少活動處），最可能是下次大地震發生的地點；頻繁且較小的前震發生時，可能是主震的徵兆；地面拱起或傾斜；異常之電磁現象（如強光）；井水突然乾枯或水位升高；地下水氫氣（Rn）含量異常增加；動物的異常行為，如馬、狗煩躁不安，成群的海鳥往陸上飛，蛇、鼠、蚯蚓等從洞穴中爬出等都可能是地震的前兆。

（二）防震準備

1. 建築或購買房屋時，遠離斷層帶。
2. 檢視既有建築物的耐震係數，必要時，進行耐震度的補強。
3. 熟悉家中瓦斯、自來水及電源安全閥的開關方式，以便在地震發生時可立即關閉，避免因瓦斯漏氣造成火災或因電線掉落造成觸電的危險。
4. 事先分配每個家人緊急應變任務並常演練，以確保在地震發生時，家人可以發揮分工合作的精神，儘量減少人員傷害及財物的損失。
5. 事先找好家中較安全的避難處，並確保疏散路線和避災地點暢通無阻。
6. 家具雜物要加固，重物不要置於高架上，特別是睡覺的地方，更要採取必要的防範措施。
7. 易燃物品要妥善保管，準備滅火設備，學習必要的防火、滅火知識及操作方法。
8. 每個人都可在床邊放著手電筒，或最近流行的可透過太陽能、插電或電池充電的露營燈和一雙鞋子，以避免在黑暗中踩到碎玻璃或其他尖銳物品而受傷。
9. 地震發生時，立即找一個掩體保護自己，特別是保護頭部、頸部避免受傷，並採取「趴下（drop）、掩護（cover）、穩住（hold）」的動作。
10. 如果可以，熟習基本的醫療救護技能，如人工呼吸、止血、包紮和護理

方法等，以便協助家人或其他有需要的人。

11. 每年至少進行一次演習，以更新並增強防震整備。

（三）防震守則

中央氣象局地震測報中心（2017）宣導的防震守則（見表4-2）及內政部消防署的臺灣抗震網（comedrill.com.tw），提供民眾簡單易懂的自我保護原則，如果人人都用點心思來熟習防震抗震技巧，相信因地震而衍生的建築物倒塌、危樓、瓦斯管線破裂、家具壓人、墜落物傷人等事件所造成的人員傷亡，便可大幅減少。

表4-2　防震守則

保持鎮靜勿慌張	切斷電源關瓦斯
身在高樓勿近窗	堅固家具好避處
檢查住所保性命	危樓勿近先離開
公共場所要注意	爭先恐後最危險
震後電梯勿搭乘	上下樓梯要小心
聽從老師避桌下	順序離室到空地
室外行走避來車	慎防墜物和電線
行車勿慌減車速	注意四方靠邊停
收聽廣播防餘震	自助救人勿圍觀
防震演習要確實	時時防震最安全

資料來源：中央氣象局地震測報中心（2017）。

五、災害救助種類與標準

根據105年9月9日修正的「風災震災火災爆炸災害救助種類及標準」第3條規定，災害救助之種類如下：

（一）死亡救助：

1. 因災致死者。

2. 因災致重傷，於災害發生之日起30日內死亡者。

3. 因災害而失蹤，經法院依本法第47條之一第一項規定，為確定其死亡之裁定確定者。

　（二）失蹤救助：因災致行蹤不明者。

　（三）重傷救助：因災致重傷；或未致重傷，必須緊急救護住院治療，自住院之日起15日內（住院期間）所發生自行負擔之醫療費用總額達重傷救助金金額者。

　（四）安遷救助：因災致住屋毀損達不堪居住程度者。

前項第三款所稱自行負擔之醫療費用，指依全民健康保險法規定應自行負擔之費用及不在全民健康保險給付範圍之費用。

根據第5條的規定，災害救助金核發標準如下：

　（一）死亡救助：每人發給新臺幣20萬元。

　（二）失蹤救助：每人發給新臺幣20萬元。

　（三）重傷救助：每人發給新臺幣10萬元。

　（四）安遷救助：住屋毀損達不堪居住程度，戶內實際居住人口以5口為限，每人發給新臺幣2萬元。

前項第2款救助金於發放後，其失蹤人仍生存者，其發給之救助金應繳回。依第3條第1項第1款第3目規定發給死亡救助金後，其失蹤人仍生存，並經法院為撤銷其死亡之裁定確定者，亦同。

再者，根據105年4月13日修正之災害防救法第44-3條及105年7月27日修正之所得稅法相關規定，凡營利事業、納稅義務人本人及其配偶或受扶養親屬所有之財產，因遭受不可抗力之災害，如地震、風災、水災、火災、旱災所造成之災害損失，得享有營利事業所得稅、貨物稅、娛樂稅、菸酒稅、綜合所得稅、房屋稅、地價稅、使用牌照稅、燃料稅等之減免（見表4-3）。為保障租稅法上的權益，營利事業單位及納稅義務人應於災害發生後之次日起30日內檢具損失清單及證明文件，向戶籍所在地稽徵機關或就近向災害所在地稽徵機關申報（見圖4-4）。

表4-3　各稅災損申報一覽表

項目	申請事項	申請書表名稱	申報（請）期限	受理機關
綜合所得稅	個人災害損失	個人災害損失申報表	災害發生後30日內	所在地國稅局、分局或稽徵所
營利事業所得稅	營利事業災害損失	營利事業原物料、商品變質報廢或災害申請書營利事業固定資產及設備報廢或災害申請書	災害發生後30日內	所在地國稅局、分局或稽徵所
營業稅	小規模營業人扣除未營業天數	災害損失減徵營業稅申請書	災害發生後申請	所在地國稅局、分局或稽徵所
娛樂稅	查定課徵之娛樂業者扣除未營業天數	申請書	災害發生後申請	所在地地方稅稽徵機關或分支單位（縣轄部分亦可向當地鄉、鎮、市公所申請）
貨物稅	貨物稅廠商，其已稅或免稅貨物消滅或受損致不能出售者，申請已納稅款之退還或銷案	申請書	災害發生後申請	所在地國稅局、分局或稽徵所
菸酒稅	貨物稅廠商，其已稅或免稅菸酒消滅或受損致不能出售者，申請已納菸酒稅及菸品健康福利捐之退還或銷案	申請書	災害發生後30日內	所在地國稅局、分局或稽徵所
房屋稅	房屋毀損三成以上	房屋稅減免申請書	災害發生之日起30日內	所在地地方稅稽徵機關或分支單位
地價稅	土地因山崩、地陷、流失、沙壓等環境限制及技術上無法使用	地價稅減免申請書	災害發生後30日內	所在地地方稅稽徵機關或分支單位

項目	申請事項	申請書表名稱	申報（請）期限	受理機關
使用牌照稅	汽車、機車（151cc以上）因災害受損停駛、報廢		災害發生之日起1個月內	所在地地方稅稽徵機關或分支單位

備註：
一、綜合所得稅災害申報損失總金額在新臺幣（下同）15萬元以下者，得由村里長出具證明申報災害損失列舉扣除額。
二、營利事業所得稅災害申報損失總金額在500萬元以下者，得由稅捐稽徵機關書面審核。
三、稅捐延期或分期繳納規定：依稅捐稽徵法第26條規定，納稅義務人因天災、事變、不可抗力之事由或為經濟弱勢者，不能於法定期間內繳清稅捐者，得於規定納稅期間內，向稅捐稽徵機關申請延期或分期繳納，其延期或分期繳納之期間，不得逾3年。所稱天災、事變、不可抗力之事由、經濟弱勢者之認定及實施方式之辦法，由財政部定之。符合上開規定之民眾，可依財政部訂定之「納稅義務人申請延期或分期繳納稅捐辦法」申請延期或分期繳納稅捐。
四、災害損失減免稅捐各項申請書表，請至財政部稅務入口網（www.etax.nat.gov.tw）下載。
五、服務窗口服務專線：
　　國稅局0800-000-321　　地方稅稽徵機關0800-086-969
資料來源：財政部北區國稅局。

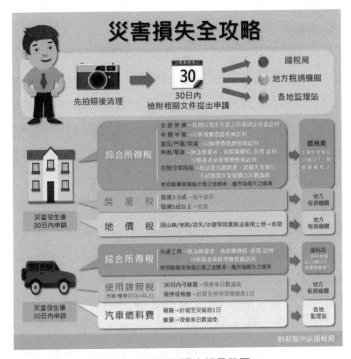

圖4-4　各稅災損申報彙整圖

資料來源：財政部中區國稅局。

參、家庭防災整備

一、防災整備應考量的議題

　　家庭防災整備須將各類臺灣常見災害的特質，特別是地域性常見的災害，例如屏東縣、臺東縣、花蓮縣及宜蘭縣每年均因颱風橫掃而造成人員損傷、家中財物損失，以及農漁畜牧業的損失，這些地區的居民在規劃防災整備時，須將颱風可能帶來豪大雨而造成淹水或土石流議題，以及強風可能吹落屋頂與門窗而受損列入考量。再者，上述地區的主要經濟活動（如農業、漁業）與自然環境有密切的連結，颱風可能使全家整年甚至多年的心血全泡湯，例如，莫拉克風災帶來大量泥水淹沒林邊的蓮霧樹，很多果樹需要重種；沿海地區居民賴以維生的養殖業，因魚塭魚隻及魚苗流失或死亡，造成家庭經濟重大損失。相對於臺灣其他地區的居民，儲備糧食及維生物資與災損相關保險等對於農漁業縣如屏東縣、臺東縣及宜蘭縣等益形重要。

　　食、衣、住、行、經濟、法律、教育及保險等均需列入防災整備的考量，「民以食爲天」，基本溫飽有著落才有能量面對因災害衍生的挑戰，「食」的整備包括緊急避難包的三天份糧食及三個月的家庭儲備糧食。「衣」的整備主要是緊急避難包裡放一套換洗衣物、防風防寒衣物、簡易雨衣。「住」的部分包括強化自家房屋的建築結構及固定屋內家具擺設，強化其防震係數及防颱功能；如果因大規模的災害而須離開自家房屋或社區，可能的居住安排，例如：暫住親朋好友的家、縣市政府或鄉鎮市區公所規劃的避難所、防災公園。再者，留在自家房屋或疏散撤離到避難處所的安全性，如果受災地區停水停電，留在自家房屋的衛生議題如何解決；如果疏散撤離到避難處所，雖然衛生醫療服務與設施設備、傳染病預防的處理都由政府相單位負責，受災民眾及家庭還可以做什麼以確保自己及其他受災社區民眾「住」的安全。「行」的部分係指聯外交通，重大災害常造成橋梁及道路中斷，受災地區與外界隔絕變成孤島，「行」的防災整備可於災前事先規劃幾個替代路線，如果主要道路或橋梁不通，還有哪些捷徑或便道可以協

助家人平安抵達避難處所或其他安全地區。

　　「經濟」也是一個重要的考量，雖然錢非萬能，但是今日社會沒有錢還真的是萬萬不能，重大災害常衝擊整個地區甚至全國的經濟，受災地區商業活動不熱絡，就業市場就受影響，農漁畜牧業受創，業者家庭經濟可能出現問題，所以經濟方面的防災整備可以包括個人及家庭儲蓄與投保產物、災害及其他相關保險，以便將因災害造成的損失、對家庭經濟的影響降至最低。「法律與政策」是較常被一般社區民眾疏忽的部分，但其影響力不容小覷，所有權益相關的重要文件如房地契、房貸契約、保險單據、身分證明文件、戶口名簿、存摺等均留存一份影本於緊急避難包，可於災後作為補發的重要依據。另，為協助受災地區民眾的生活重建，政府常制定針對受災地區特定災損的補償措施與政策，例如921災民重建家園專案載明（中華民國中央銀行全球資訊網，2000）：

1. 原貸款餘額申請由金融機構承受

   毀損房屋之原貸款餘額，經與原承貸金融機構協議同意承受者，由央行於每戶最高350萬元額度內提供利息補貼；如有餘額，可再適用央行家園重建專案貸款申請購屋或重建貸款。

2. 原貸款餘額續由受災戶繳付本息，申請央行利息補貼

   由央行於每戶最高350萬元額度內提供利息補貼；如有餘額，可再適用央行家園重建專案貸款申請購屋或重建貸款。

3. 未辦理金融機構承受亦未辦理央行利息補貼者，申請央行重建家園專案貸款辦理購屋、重建貸款，每戶最高額度350萬元；如有餘額，可就前二項方式擇一辦理。

　　令人惋惜的是並非每個受災社區民眾都收到或理解相關訊息，不僅糟蹋了政府的美意，也讓自己的權益睡著了。最後，對於家有就學年齡人口的家庭，孩子的「教育」安排會是重要考量之一，如果重大災害發生於學期間，學校受創嚴重，小孩需要轉校、寄讀，還是整個遷校？不管是轉校、寄讀或是遷校，都可能衍生孩子的接送、在新學校的環境適應、安全等議題。

二、家庭緊急應變計畫

針對當地較可能發生的災害列出緊急應變計畫，將此計畫保存在容易取得、容易記住的地方（例如：和緊急避難包放在一起），建議在汽車和辦公室也各放一份。緊急應變計畫應包括縣市政府或鄉鎮市區公所提供的簡易疏散避難圖、從住家及工作地點到避難處所與防災公園的疏散路徑、家人會合場所、特殊醫療需求的處理，以及緊急聯絡人的資訊。

（一）疏散路徑

預先規劃從住家往自訂或社區避難處所的疏散路徑，為確保每個家人都知道如何迅速疏散至預定的避難處所，每年至少演習一次。再者，疏散路徑的規劃應避免人多擁擠的路段，而且最好有備案，以免因災後道路、橋梁中斷或因交通混亂而阻礙求生路線。

（二）會合場所

預先找好家人可以安全會面的地方，如果在緊急情況下不得不離開家，或在慌亂中與家人失散，要儘速趕到預先約定的會面處所。該處所最好是與住家同側，這樣就不需穿越街道，因為在緊急情況下，街道上會有消防車、救護車和其他車輛，交通容易大打結。

（三）有特殊醫療需求的人

詳細地將醫療情形、過敏反應、各類手術史、家族疾病史、服用藥物、健康檢查報告、近期的預防注射紀錄、緊急聯絡人和保險等情況記載在紙上，準備一個輕便的醫藥箱，內有兩週的藥量和醫療器具，如果可以，建議將醫生開的處方簽和醫療文件一併放入醫藥箱，以備不時之需。

（四）緊急聯絡資訊

建議將當地緊急電話號碼及家庭信任的醫療院所的電話與住址詳列清

單，與親友聯絡清單一起放在家用電話旁，並將重要電話、賴（line）、臉書（FB）、電子郵件等存入手機。在緊急情況下，確保每位家人都能透過電話、賴（line）、臉書（FB）、電子郵件或其他通訊軟體與同一位住在外地的緊急聯絡人聯絡，並讓外地的緊急聯絡人知道你的現況。此特定緊急聯絡人需住得夠遠，所以當重大災害危及居住及鄰近社區時，他才不會因為也是受災戶，而無法提供你所需的協助。另外，在急難或重大災害發生時，很容易受傷，因此，規劃緊急送醫路線與所需時間也是必要的作為。緊急聯絡資訊可包括下列三項：

1. 當地緊急電話號碼

   火警與救護車：119　　警察局：110

   醫療院所：

   電話：

   地址：

2. 鄰近朋友或鄰居的聯絡方式

   姓名：　　　　　　　　家庭電話：

   工作電話：　　　　　　手　　機：

   賴（line）：　　　　　臉書（FB）：

   電子郵件：　　　　　　其他通訊軟體：

   住　　址：

3. 外地緊急聯絡人的聯絡方式

   姓名：　　　　　　　　家庭電話：

   工作電話：　　　　　　手　　機：

   賴（line）：　　　　　臉書（FB）：

   電子郵件：　　　　　　其他通訊軟體：

   住　　址：

（五）72小時緊急避難包

近年來天然災害有越來越多且越嚴重的傾向，當颱風、水災、土石流等發生

時，大部分的救援資源可能集中到明星災區，或者當下因為資訊混亂，救援單位無法確切掌握受災者的所在位置。如何在外界救援抵達前，保護自己及家人的安全？準備「72小時緊急避難包」是平時防災最重要的措施之一，緊急避難包可選擇質輕、防水、結構耐用、多層或多種小口袋設計的背包（如圖4-5），內政部消防署、東京都政府（Tokyo Metropolitan Government, 2015）與楊明綺（2012）建議內容物可包括飲用水、糧食、簡易急救箱、保暖衣物、防風防水保暖毯等（詳見表4-4）。

圖4-5　緊急避難包

表4-4　緊急避難包內容物清單

物品名稱	數量	說明
飲用水	2公升	瓶裝礦泉水，可另準備攜帶型濾水壺。
糧食	9餐份	如口糧餅乾、速食麵或飯、調理包、隨身包、罐頭、巧克力、肉乾、水果乾等立即可食、高熱量及重量輕的食物。家中有嬰幼兒者須準備奶粉。
簡易急救包	1份	OK繃、止血帶、方巾、優碘、消毒棉+紗布+透氣膠帶、生理食鹽水、腸胃藥、止痛藥、防蚊蟲藥、藥用貼布、消炎藥膏、體溫計、安全別針、剪刀、個人疾病特殊藥物、口罩等。
簡易急救手冊	1本	
多用途工具刀	1只	選擇多用途及不鏽蝕刀具，如瑞士刀。
照明設備	2種以上	如太陽能露營燈、手電筒及其電池、頭燈、蠟燭、打火機、防水火柴等，並置於背包外明顯的地方，以便能在黑暗中迅速找到。

物品名稱	數量	說明
收音機+電池	1只	選擇輕便型並最好防水，或mp3。
指南針+地圖	1組	當地簡易疏散避難圖、防災公園設置圖。
文具用品		便條紙、筆，以便隨時記錄重要訊息。
針線包	1組	
高音哨	1只	
粗棉工作手套	2副	
帳篷	1只	或可遮蔽的防水布。
睡袋	1只	可選擇質輕、保暖、摺疊後體積小的睡袋、並建議加上可防風防水之錫箔毯。
清潔用品	1套	溼巾、衛生紙、衛生棉、清潔皂、毛巾等。家中有嬰幼兒者須準備紙尿褲。
盥洗包	1個	私人盥洗用具。
禦寒衣物	2套	簡易型雨衣、內衣、防寒防水衣物、襪子、帽子、手套等。
拋棄式暖暖包	數個	
報紙	數份	多用途、可保暖、可固定傷肢等。
摺傘	1把	
備份鑰匙	1份	
重要文件及證件影本		身分證、戶口名簿、護照、保險文件、健保卡、不動產權狀、銀行存摺、提款卡及其他重要文件影本。個人醫療資訊清單（含姓名、出生年月日、性別、血型、過敏原、健康問題、藥物使用、學校／工作地點、緊急聯絡人）。
家庭相片		家人和寵物的照片。
家庭通訊錄		包括緊急通訊電話，如附近醫院、警察局、家庭成員的手機、當地及外地親朋好友的聯絡方式等。另備電話卡或手機+手機充電器等。
現金		重大災害可能造成銀行建築物倒塌、提款機毀損而無法提供服務，或塑膠貨幣暫停使用情形。

資料來源：作者自行整理。

使用緊急避難包須注意下列五件事項：

1. 緊急避難包須是可攜帶式的，放在房子出入口附近。緊急時，可以輕易地抓起來就跑。

2. 緊急避難包不要超重，因為在找到合適的避難所前，可能需要背著它走遙遠的路。

3. 每位家庭成員都需要有自己的緊急避難包，除了基本的糧食、水及保暖衣物外，其他較重的物件可以分配擺放。

4. 緊急避難包的內容要符合個人的需求，糧食必須放自己平常會食用的，簡易急救包的藥品及急救用品是自己熟悉的。

5. 每年至少兩次重新檢視緊急避難包，要注意食物及水的有效期限，檢查小孩的衣服大小是否合適，冬天或夏天的衣服應稍作替換，並檢查電池、手電筒、收音機是否可用。

三、儲存備用糧食及維生物資

依據家人日常飲食習慣採購家中備用糧食，每次採買糧食時多買些乾糧、罐頭、蔬果汁、沖泡即食的麵或飯等可存放的食物，逐漸增加家中備用糧食的儲存量，建議儲存足夠三個月的用量，且備用糧食需定期食用與更換，以免腐壞。儲備飲用水，應將水儲存於堅固、防漏、抗破裂的容器內，一般用來盛裝果汁及汽水的塑膠瓶是不錯的選擇，儲水容器應避免接近熱源及直接日照。

楊明綺（2012）與東京都政府（Tokyo Metropolitan Government, 2015）建議，每個家戶飲食習慣不同，在儲存備用糧食時應考慮家中成員的需求與愛好，基本的備用糧食可包括下列15項：

1. 儲備飲用水及烹煮用水：每人一天約需2公升的水。

2. 主食：米、乾麵條、麥片，以及冷熱水沖泡即可食用的速食飯和麵等，可用全新的大型油漆桶儲存，相較於其他容器，油漆桶便宜又有良好的密封效果。

3. 常備蔬菜：店內常溫陳列且耐久放的根莖類菜，如馬鈴薯、地瓜、牛蒡等。

4. 家人常用調味料：如醬油、醋、鹽、糖等。

5. 粉類食材：麵粉、糯米粉、地瓜粉、樹薯粉等可變化烹煮為主食，可用全新的大型油漆桶密封儲存。

6. 乾燥食材：乾香菇、金針花、乾燥蔬菜、海帶芽、海帶、蝦米、魚干（富含礦物質、食物纖維、維他命等營養成分）等，可分類後用全新的大型油漆桶密封儲存。

7. 醃製食材：如梅干菜、酸白菜、泡菜、蘿蔔干、梅子等，建議用密封玻璃罐保存。

8. 罐頭食品：玉米、豆類、魚罐頭、水果罐頭、果醬等，最好都是易開罐的包裝。

9. 冷凍食品：三色蔬菜、毛豆、豌豆仁等。

10.真空調理包：選擇家人常用或愛吃的真空調理包口味。

11.隨身包食品：如綜合穀粉、杏仁粉、三合一麥片等隨沖即食的食品。

12.點心類食品：零嘴與甜食（Snacks and sweets）如，乾燥蔬果、水果乾、蘇打餅乾、堅果、巧克力等，甜食是活力來源，也有消除疲勞的作用。

13.脫脂奶粉：可補充鈣質。

14.蔬果汁。

15.營養補給品：家人常用的營養品或維他命等。

其他家中常備的維生物資項目可包括下列15項：

1. 慢性病患或每天必用的藥品。

2. 家用水。

3. 急救箱。

4. 溼巾、衛生紙、衛生棉、清潔皂、毛巾等，家中若有嬰幼兒者須準備紙尿褲，若有健康狀況欠佳的長輩，則需準備成人紙尿褲。

5. 拋棄式暖暖包。

6. 打火機。

7. 垃圾袋或大型塑膠袋。

8. 可攜式收音機+電池。

9. 手機充電器或備用電池。

10.橡膠手套及粗棉工作手套。

11.安全帽。

12.攜帶式卡式爐+罐裝瓦斯。

13.照明設備，如手電筒或露營燈。

14.保鮮膜及鋁箔紙。

15.其他家人所需的特定物資。

四、災害保險

　　災害常對個人的生命財產造成重大的損失，而災害保險不僅可給予受災社區民眾即時、充分的經濟補償，加速他們的災後重建進度，提升他們的災後復原力，也可以協助強化社區防災宣導與整備。簡言之，災害保險具有補償作用與防災作用：

1. 補償作用：如果家庭或個人參加保險，一旦遇到因天然災害所造成的人員傷亡或財物損失，可透過保險理賠獲取經濟補償，降低災害損失對家庭生活所造成的衝擊，迅速回復災前的日常作息模式。

2. 防災作用：保險公司為減少理賠機率，對保險責任範圍內的天然災害的預防及搶救措施較有意願投資，且會盡力幫助被保險人採取積極的防災、減災措施，以減少因災害造成的損失，進而降低理賠金額。

肆、社區防災整備

　　臺灣文化相當重視關係，常言道「有關係就沒關係，沒關係就有關係」、

「見面三分情」，都在說明關係或連結的重要性，社區民眾間有了連結，很多事都好商量，沒有連結或沒有交情，所有的東西都要依規定處理，做事很容易卡關。故，欲規劃一個具體可行的社區防災整備計畫，必須先了解社區的文化與權力結構，協助社區民眾更認識他們所處的生態環境，提升他們對當地特定災害特質的認知，並致力於引發社區民眾對社區事務的興趣及參與，以提升他們對自己社區的認同感、強化社區凝聚力，由社區民眾一起討論出共存共榮的社區發展方向。

災後重建已是社區防災整備的開始，原臺中縣東勢鎮王朝一期的921地震受災戶，災後意識到「團結就是力量」，所以籌組自救會，有了領頭羊，就有方向。因為大部分的住戶是東勢在地人，他們的共同目標就是把家園重建得更好（Build Back Better, BBB），也是2015年聯合國降低災害風險辦公室（The United Nations Office for Disaster Risk Reduction）集結187個國家的2,800名政府代表，在日本仙台經過5天馬拉松式討論的「2015-2030 仙台減災綱領（Sendai Framework for Disaster Risk Reduction 2015 – 2030）」（UNISDR, 2015）的指導原則之一。為了重建一個更安全的家，受災戶經常聚在一起規劃如何讓社區重新站起來，從易地重建的新地點協調到文新帝國的規劃與建造過程，大部分的受災戶都派代表參與，先生需要工作養家活口，太太就出來協助，受災戶們輪流在建築工程現場當監工，特別是在綁鋼筋及灌漿時，他們甚至24小時有人值班，以確保整棟建築物的建造品質，他們秉持「自己住的安全，自己把關」的信念，再尋求相關專業團隊的協助，共同完成一棟高耐震係數、節能減碳並兼具降低各類災害風險的大樓。

歡喜入住後，為確保住的品質，大樓管理委員會對於新加入文新帝國社區的住戶進行篩選且嚴格把關，住戶有定期的聯誼與溝通平臺，住戶還組隊到日本感謝當初協助921救災的團隊。因為一起走過，所以珍惜；因為共同參與，所以有革命情感，更加珍惜彼此，更願意互助；因為家園的重建是社區民眾共同規劃與執行，所以更符合社區與住民的需求與期待（Jang, 2009）。

「東勢人與臺大人的921地震十年課」道盡天災的無情與人們生命力的韌性

與強大，災後，東勢地區有意願服務的國中及國小老師們參與臺大921東勢心理復健小組所規劃的種子教師成長營，期能借重鄉親對「老師」的尊重與信任，請種子教師經由「老師」的角色爲學生家長或社區民眾進行安心輔導。逐漸地，幾個熱心的學生家長也加入培訓的行列，藉由生命故事的分享、紓壓訓練、情境演練等，一群有熱忱的社區健康志工被培養出來了（吳英璋、蕭仁釗、林耀盛、洪福建、姜忠信、柯書林，2009）。雖然官方的921重建計畫告一段落了，但這群健康志工持續用感恩惜福的心服務自己社區的鄉親，藉以回饋當年到東勢協助921災後生活重建的臺大921東勢心理復健小組。這群社區健康志工在512四川大地震及莫拉克風災後，也與汶川及小林的受災社區民眾面對面分享自己災後復原的心路歷程，當世界各地因重大災害發生而躍上臺灣的新聞版面，或者921及其他重大災害的週年前後，這群社區健康志工會互相勉勵，並主動關懷可能會受新聞事件或媒體報導影響的鄉親們。

　　莫拉克風災後，甲仙當地頗具名氣的餐廳老闆兼大廚問在地小旅行推動者：「我們不知道家鄉還有什麼方向？有沒有可能幫我們規劃甲仙小旅行？」冰城老闆感嘆政府每年花大筆預算補助、救濟受災地區，幾年下來，大家已經習慣向政府及民間單位伸手拿錢了，沒有自尊、沒有自信還養成依賴心態，他語重心長地說：「我們不想再拿政府的補助了，我們需要的是方向。」從兩個看見家鄉需求且願意爲自己家鄉努力的「平民領頭羊」開始串聯，領頭羊的第一個目標是讓社區民眾可以透過共同完成一件事而動起來，彩繪河堤成功地吸引甲仙人甚至外來客的參與，陣頭青年們將陣頭臉譜化妝技術發揮得淋漓盡致，透過Q版神明的社區彩繪翻轉人們對臺灣陣頭文化的認知，動員甲仙人包括嫁出去的甲仙女兒，小額集資贊助母校甲仙國小拔河隊到外地參賽的旅費，甲仙人透過一次又一次的「共同完成一件事」找回希望，找到家鄉的方向，並將找回的希望串聯成一座橋，編織成動人的「拔一條河（Bridge over Troubled Water）」的故事（余宜芳、楊力州，2013；張麗珠，2017）。

　　如前所述，重大災害的發生有越來越頻繁的趨勢，「人定勝天」已不再適用於災害情境，我們無法避免災害的發生，但是我們可以透過防災整備將災損程

度降至最低。有社區認同與凝聚力為基礎，便可鼓勵社區民眾平時做好防災整備工作，包括自身安全維護與家庭儲糧和水。同時，尋求當地防救災專家們的協助，以了解該社區以往的災害應變與處理因災害所引發的相關議題的模式，再根據以往社區防救災的成功經驗，與公、私部門的災防資料庫資訊整合，大家集思廣益一起規劃出具體可行的社區防災計畫。

　　社區防災整備可包括人力資源、物力資源、社區災防資訊資料庫、災害應變、防救災教育訓練、緊急醫療應變中心，以及網際網路等7個方面。

一、社區人力資源

　　規劃社區人力資源的運用與管理時，可以里（村）辦公室及社區發展協會為推動主體，整合既有的社區組織，如社區守望相助隊、睦鄰救援隊、生產班、社區媽媽教室、愛心媽媽等，分工合作、發揮所長。同時，結合縣（市）政府與鄉（鎮、市、區）公所、防救災團體（如消防隊、義消、義警、鳳凰志工隊、紅十字會等）、非營利組織（如世界展望會、財團法人臺灣兒童暨家庭扶助基金會、勵馨基金會、財團法人老五老基金會等）、學校、由宗教團體組成的防救災組織（如佛教慈濟基金會、中華基督教救助協會等）、醫護團體（如緊急醫療應變中心、衛生所、當地責任醫院等）及其他地方性之志工團隊等發揮整體力量，共同推動社區防救災工作。

　　再者，運用社福單位既有服務弱勢族群（如獨居老人、身心障礙者等）的機制，透過居服員或志工，於平時將服務網絡建構完備。在災害發生時，善用既有機制將服務對象送至適當的緊急安置場所。同時，跨專業的人力資源，如醫療護理、社會工作、心理衛生、法律，以及網際網路志工可透過平時的社區參與，逐步接受訓練，以強化社區災防與自救的能力。社區志工須事先清楚規劃編組，將每組志工的職責與負責業務詳細載明，哪組服務哪一個特定族群，如甲組負責老人、乙組負責青少年、丙組負責兒童、丁組負責慢性病患、戊組負責身心障礙者，以及己組負責孕婦等。在災害發生時，可與當地相關的社會福利單位配搭工

作，如配合財團法人老五老基金會的工作人員負責老人們的緊急安置、照護與管理。

　　另外，將社區人力資源分為緊急應變小組與緊急收容中心小組。緊急應變小組的服務內容包括：綜合服務、救濟、慰助、勤務、收容服務、弱勢人口安置與服務、生活重建與物資管理，組員們可以彼此支援。而緊急收容中心的業務通常分為綜合作業組、物資管理組、關懷照顧組、治安組、人力資源組 （王秀燕，2010）。

二、社區物力資源

　　資源的盤點、開發與連結可以清楚了解既有及潛在的在地資源，並掌握這些資源的運用情形。社區平時可建立盤點機制，以了解目前組織有哪些管道可獲得所需的資源，如人力、物力、財力、服務等。再系統化的開發既有和潛在的各項資源，儲備與累積防救災資源以便於發生災害時及時運用。

　　物力資源可包括醫療救護、救災裝備（如衛星電話、運輸工具、救難車、裝備車、破壞剪、探熱器、橡皮艇、越野車等）、受災民眾基本生活相關的維生器材與公共資源（如水、電、通訊設備等），除了某些特殊的救災裝備外，大多可透過物資募集與備災倉庫的設置來獲得與儲備。備災倉庫即地方政府或民間單位與大賣場或製造廠商簽有開口契約，在重大災害發生時，工廠及大賣場裡的貨物優先作為救災之用。

三、社區災防資訊資料庫

　　欲建構社區災防資訊資料庫，必須對社區環境進行實地探勘與調查，並善用各級政府的防救災中心資料庫，方能規劃出一份兼顧當地社區災害與文化特質，又完備的社區防災地圖。社區環境調查須包括社會環境與社區防救災資源（行政院災害防救委員會，2017）。

（一）社會環境調查

1. 弱勢族群：調查老人、幼童、孕婦、洗腎或重病患者及身心障礙者等的人數，以及他們的聯絡方式與居住處所，以便在災害發生前，優先安排他們到符合他們特定需求的避難處所。
2. 老舊建築物：建造達一定年限，老舊失修或結構較危險的建築物，可以透過強化建築結構措施或拆除重建等方式改善住戶住的安全。
3. 公共工程：聯外道路、內部道路、橋梁、堤防、擋土牆、排水溝渠等，以利規劃疏散撤離路線。
4. 維生管線：水、電、瓦斯、電信設備等。
5. 重要設施：里（村）辦公室、社區活動中心、消防分隊、派出所、醫療院所、學校、（防災）公園、避難處所等。

（二）社區防救災資源調查

1. 防救災專業人才：如西藥房的藥劑師、開怪手的司機、醫護人員、社區巡守隊、土石流防災專員等。
2. 防救災設施設備：避難處所、防救災設備與救濟物資，及其地點、所有人或是保管者、聯絡方式，以及目前的狀態。

（三）社區環境踏勘地圖彙整

在地人理應最了解生活場域的特質，但是人們常以忙為藉口，輕忽社區環境與自己及家人安全的關係，社區環境實地探勘希望能透過專家的協助、科學儀器的輔助、當地耆老的智慧，找出社區環境的問題所在，將相關資訊（文字、圖像、照片）彙整於地圖上。

（四）社區易致災地圖彙整

將環境踏勘地圖上的資訊，與社區社會經濟資料、坡地災害經驗等調查結果，進行社區環境的診斷，分析社區內較為危險與較安全區域。將上述資訊

（環境踏勘成果、調查結果、分析結果）彙整在地圖上，內容可包括弱勢族群、建物類型與安全性評估、較危險的區域（如靠近斜坡順向坡之坡角與坡頂邊緣的地方、溪流及河川兩岸、地勢較低窪的區域、老舊堤防或擋土牆、狹窄巷弄或死巷），及較安全的區域。

（五）社區防災地圖

將社區防救災設施、設備位置、防救災組織、避難處所、疏散避難路線等資料，與易致災分析結果繪製於地圖上，同時結合社區防救災常用資訊，將上述資訊彙整在地圖上。疏散避難資訊應包括社區內優先疏散區域、防災公園、避難處所或緊急安置場所的基本資訊（位置、容納人數、電話、所有人或保管者、防救災物資種類與數量）、疏散避難路線標示與緊急疏散避難須知。

四、災害應變

災害應變的大原則應先恢復救災需求和人們生活及生產急需的維生系統，如水、電、醫療、交通和通訊。災害發生時，除了可結合既有志工，如社區媽媽、環保、保健志工隊、守望相助隊等，也需提供受災社區民眾參與災後救助的機會，受災社區民眾與志工可共同負責緊急收容中心安置之民眾膳食、環境維護、秩序維持等，動員慈善基金會志工協助物資管理，提供短期與即時性服務。常用的緊急物資募集方式有一般模式、焦點模式，以及契約模式 （王秀燕，2010，223頁），簡述如下：

1. 一般模式：透過新聞媒體、有線電視跑馬燈、電視臺廣播等方式，向社會大眾募集所需的物資。

2. 焦點模式：確定所需大宗物資種類與數量，再個別向特定對象如公益團體、慈善社團、生產廠商 （供應商）、機關等進行聯繫募集。

3. 契約模式：事先與大賣場、福利中心等廠商訂定開口契約，依物資需求數量再聯絡送達。

五、防救災教育訓練

1. 用民眾可以懂的語言作防救災宣導。
2. 電梯警語：將當地常見的災害及簡易應變方式公告在各建築物的電梯間。
3. 編印防救災訓練教材，舉辦研習營。
4. 就參與防救災之工作人員及志工實施繼續教育訓練。
5. 專業團隊與社區共同協商，安排課程、展開學習與演練。

六、緊急醫療應變中心

　　談到防救災整備，緊急醫療體系的重要性是不容忽視的，歷經921大地震的洗禮後，衛生署於2005年在北、中、南、東區成立六個區域緊急醫療應變中心（見表4-5），再者，衛生福利部依據「緊急醫療救護法」於2008年4月22日發布「區域緊急醫療應變中心作業辦法」，明定區域緊急醫療應變中心應定期聯繫區域內之急救責任醫院（見圖4-6），應置負責人一人，明定標準作業流程，並指定急診醫學科專科醫師一名為執行長，且應有輪值醫師數名，由該醫療機構熟諳緊急醫療救護體系運作之醫師擔任，該應變中心需二十四小時輪值，即時監控區域內災害有關緊急醫療之事件。該作業辦法第5條明定，區域應變中心應於災害發生時執行下列事項：

1. 持續監控災害之發展及蒐集傷病患處理情形，並將相關資訊提供予中央衛生主管機關。
2. 應地方衛生主管機關之請求，提供前款資訊或區域內緊急醫療資源之現況資料。
3. 應地方消防機關或救災救護指揮中心之請求，協助蒐集及提供轄區內救護車設置機關（構）之相關資訊，以供其調度。
4. 其他經中央衛生主管機關指示辦理之災害應變相關措施。

目前全臺有六個緊急醫療應變中心：臺北區由國立臺灣大學醫學院附設醫院

負責、北區由長庚醫療財團法人林口長庚紀念醫院負責、東區由佛教慈濟醫療財團法人花蓮慈濟醫院負責、中區由臺中榮民總醫院負責、南區由國立成功大學醫學院附設醫院負責、高屏區由高雄榮民總醫院負責，藉以負責該區域的緊急醫療監控及緊急狀況資源的調度。各區域的緊急醫療應變中心以24小時輪班服務，平日以提供災難教育與演習訓練為主，當災害發生時，立即給予進駐長官正確資訊以及協調區域內醫療資源。緊急醫療應變中心依照事件的大小及影響程度，分為紅色（一級）、黃色（二級）、綠色（三級）運作機制：

1. 一級啟動（Code Red，紅色）：重大危機或災難，必須全國總動員。
2. 二級啟動（Code Yellow，黃色）：危機或災難規模較大，需要跨縣市的相互支援。
3. 三級啟動（Code Green，綠色）：局部地區的緊急事件，以縣市的資源可自行處理。

表4-5　區域緊急醫療應變中心一覽表

區域	主責醫院	所轄區域
臺北區	國立臺灣大學醫學院附設醫院	臺北市、新北市、基隆市及宜蘭縣
北區	長庚醫療財團法人林口長庚紀念醫院	桃園縣、新竹縣市、苗栗縣
中區	臺中榮民總醫院	臺中市、彰化縣、南投縣
南區	國立成功大學醫學院附設醫院	雲林縣、嘉義縣市、臺南縣市
高屏區	高雄榮民總醫院	高雄市、屏東縣、澎湖縣
東區	佛教慈濟醫療財團法人花蓮慈濟醫院	花蓮縣、臺東縣

資料來源：作者整理。

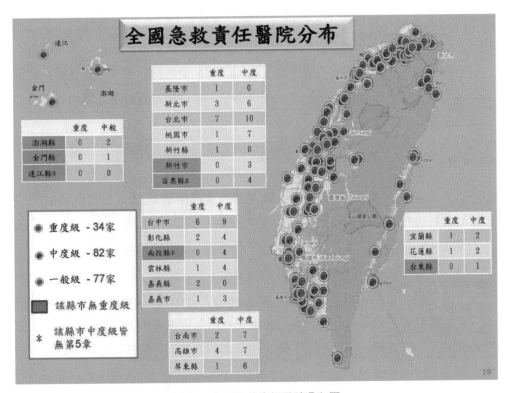

圖4-6　全國急救責任醫院分布圖

資料來源：衛生福利部。

七、網路與社群媒體在防救災整備的應用

（一）受災地區親友協尋：提供受災社區民眾的親友登錄尋找因災失聯的親友，尋人者和被尋找者的電話、地址、特徵等資料。

（二）賑災物資需求即時資訊：網站管理者將各災區賑災物資需求分門別類製成表格，以利管控救災物資的物流與庫存量，即時資訊的優點在於能夠馬上讓非受災社區民眾知道，他們可以透過那些方式提供協助或參與救災，缺點則是沒有時間確認資訊的正確性。

（三）災變志工招募與管理：線上招募志工以補充受災地區服務的人力、

志工服務團隊的報到與派遣，提醒民眾或救援單位進入受災地區時應注意的事項。

（四）募（捐）款活動：提供公、私部門另一個募款途徑，方便非受災社區民眾甚至海外華人或國際友人捐款，讓網路使用者直接在網路上以信用卡或其他方式參與捐款活動。

（五）災後救助諮詢：包括救災服務站、收容中心、避難處所、物資集散中心、救災進度、災後相關社會福利補助資訊等。

（六）防救災資料庫：包含各類災害特質與應變建議、災害整備教戰手冊、防災社區指導手冊、教學影片、救援、賑災、重建的相關資訊，方便民眾隨時上網查詢，以提升民眾對災害的覺察，改善防災整備的知能。

（七）災情通報：網路媒體即時災情通報。

（八）縣市政府或鄉、鎮、市、區公所官網的防災資訊常包括疏散避難計畫、疏散避難資源盤點管理、社區防災地圖、防災專員／志工隊、巡狩隊、災害防救體系、防災整備、防災知識、防災相關網站連結、災情查報網、災害社會救助、簡易疏散避難圖等。

伍、結論

Viktor E. Frankl 說：「生命的意義因人、因日、因時而異，因此，重要的不是一般的生命意義，而是在特定的時間點，生命對個人有什麼特定的意義（For the meaning of life differs from man to man, from day to day and from hour to hour. What matters, therefore, is not the meaning of life in general but rather the specific meaning of a person's life at a given moment.）」（Brainy Quotes, n.d.）。921大地震後，東勢鄉親展現出「打斷手肘反而更強壯」的精髓，發揮人飢己飢、人溺己溺的精神，自己從苦難中跌跌撞撞地走出來，站穩腳步後，主動向其他鄉親伸出援手。約20年前臺大921東勢心理復健小組到東勢開始一個善意付出，觸動一些東勢鄉親的心，提醒他們勇敢地對社區民眾表達關懷與愛，心想如果遠在臺北

的人都可以定期到受災社區陪伴，試問自己可以為家鄉做些什麼？因為921大地震，所以有「東勢人與臺大人的921地震十年課」，因為臺大人的付出，活絡東勢鄉親的心，至今社區民眾還在持續複製善意付出，善的循環也讓社區民眾的連結更緊密，社區凝聚力更強大，生命找到意義，重新建構或修復受損社會支持網絡，強化防災整備與減災的動能。

曾為東勢指標的王朝一期在921大地震不堪一擊，應聲倒地，這一搖讓原本互不認識的住戶共有一段刻骨銘心的成長歷程，為了共同的目標——讓家園重建得更好（Build Back Better），深深體會重建就是防災整備的開始，傳統家庭主婦踏出廚房開始學習寫陳情書、看建築設計圖、綁鋼筋灌漿原則、與官員及相關單位溝通，受災社區民眾學習組織與管理團體，透過團體的力量爭取權益，家庭及個人開始調整生活的優先順序，「讓家園重建得更好」是大家共同的目標，也是生活中的第一優先順序。因為有著共同的災害受損經驗，也因為有著共同的家園重建目標，受災社區民眾藉由共同克服一項又一項挑戰，完成一件又一件社區事務，他們培養出革命情感，他們重建社會支持網絡，他們的社區參與度與凝聚力隨著家園重建進度而提升，共同努力重建的美麗家園便是個耐震防水的安全窩。

「大家共同完成一件事」讓甲仙人動起來，社區精神領袖願當領頭羊，協助社區找到方向，河堤彩繪、Q版神明彩繪、社區牆彩繪展現出社區認同感與凝聚力，「大家共同完成一件事」提供舞臺給被主流社會邊緣化的人，他們的才能被看見、被肯定，看到自己的正能量，社區民眾共同的目標是讓社區重新活過來。同樣是重災區，東勢與甲仙都呈現出災後成長的樣態，921大地震與莫拉克風災讓東勢與甲仙人看到自己的能量，找到希望、找到社區的方向。

家庭是社區的基本單位，防災整備要從家庭做起，家庭防災整備可以從緊急避難包的準備開始，先有3天份的糧食及基本維生物資，再延伸至3個月份的儲備糧食與飲用水，以及含括衣、住、行、疏散避難計畫的家庭防災整備，如果每個人及每個家戶都落實防災整備，便有機會將災害造成的人員損傷及財產損失降至最低。

參考書目

中文書目

中央氣象局（2015）。天然災害災防問答集。臺北：交通部中央氣象局。

中央氣象局（2017a）。中央氣象局1994〜2015年地震規模統計。上網日期：2017年4月
7日，取自交通部中央氣象局網頁http://www.cwb.gov.tw/V7/service/notice/download/no-
tice_20150909103259.pdf

中央氣象局（2017b）。颱風資料庫。上網日期：2017年4月7日，取自交通部中央氣象局網頁
http://rdc28.cwb.gov.tw/TDB/ntdb/pageControl/ty_warning

中央氣象局地震測報中心（2017）。防震守則。上網日期：2017年4月7日，取自交通部中央氣
象局網頁http://scweb.cwb.gov.tw/GraphicContent.aspx?ItemId=11&loc=tw

中華民國中央銀行全球資訊網（2000）。舊貸款協議承受及利息補貼。上網日
期：2017年4月12日，取自中華民國中央銀行全球資訊網頁http://www.cbc.gov.tw/
ct.asp?xItem=27121&ctNode=838

王秀燕（2010年11月）。政府與民間的災變管理合作機制之探討。論文發表於「2010兩岸社會
福利學術論壇：災害救助與社會工作研討會」。臺北：中華救助總會及財團法人中華文化社
會福利事業基金會。

行政院災害防救委員會（2017）。防災社區指導手冊。上網日期：2017年4月22日，取自行政
院災害防救委員會網頁http://homepage.ntu.edu.tw/~lcchen/index.files/page0002.htm

行政院農業委員會水土保持局（2017）。土石流防災資訊網。上網日期：2017年4月7日，取自
行政院農業委員會水土保持局網頁https://246.swcb.gov.tw/debrisInfo/DebrisStatistics.aspx

余宜芳、楊力州（2013）。拔一條河：甲仙的人情與美味。臺北：遠見天下文化。

吳英璋、蕭仁釗、林耀盛、洪福建、姜忠信、柯書林（2009）。東勢人與臺大人的921地震時年
課。臺北：臺大921東勢心理復健小組。

李鍌（2015）。教育部重編國語辭典修訂本。中華民國教育部。上網日期：2017年3月15日，取
自中華民國教育部網頁http://dict.revised.moe.edu.tw/cgi-bin/cbdic/gsweb.cgi?o=dcbdic&searchid
=Z00000129465

屏東縣政府社會處（n.d.）。災害防救專區。上網日期：2017年4月7日，取自屏東縣政府網頁
http://www.pthg.gov.tw/planjdp/cp.aspx?n=45CFDAA3892507DA

財政部中區國稅局（n.d.）。稅務行政—災害損失專區。上網日期：2017年4月7日，取自財政部
中區國稅局網頁https://www.ntbca.gov.tw/etwmain/front/ETW118W/VIEW/988

財政部北區國稅局（n.d.）。稅務行政—災害損失申報專區。上網日期：2017年4月7
日，取自財政部北區國稅局網頁https://www.ntbna.gov.tw/etwmain/front/ETW118W/

CON/2257/5258397763454507111

國家實驗研究院（2017）。地震來時有前兆嗎？地震前兆研究（地球化學觀測）介紹。上網日期：2017年4月7日，取自國家實驗研究院網頁http://www.narlabs.org.tw/tw/pressroom/popsci/popsci.php?feature_id=18

張麗珠（2017）。4月3日專訪陳敬忠。甲仙：統帥芋冰城。

楊明綺（譯）（2012）。海嘯、地震、輻射救命避難手冊（原作者：河田惠昭、小出裕章、坂本廣子、石原哲、藤岡篤子）。臺北：如果出版事業。（原著出版年：2011）

衛生福利部（2008）。區域緊急醫療應變中心作業辦法。上網日期：2017年3月15日，取自全國法規資料庫網頁http://law.moj.gov.tw/LawClass/LawAll.aspx?PCode=L0020130

衛生福利部（2014）。社區發展工作綱要。上網日期：2017年3月15日，取自全國法規資料庫網頁http://law.moj.gov.tw/LawClass/LawAll.aspx?PCode=D0050077

英文書目

Brainy Quotes (n.d.). Viktor E. Frankl Quotes. Retrieved April 15, 2017, from https://www.brainyquote.com/quotes/quotes/v/viktorefr133213.html

EM-DAT: The international disaster database. (2016). Disaster Profiles. Retrieved April 12, 2017, from http://www.emdat.be/

Jang, L. (2009). The 921 Earthquake: A study of factors influencing disaster recovery. the 20th Asia Pacific Social Work Conference 2009, Nov. 11-13, The Aotearoa New Zealand Association of Social Workers (ANZASW), a national affiliate of the International Federation of Social Workers (IFSW) and the Asia Pacific Association of Social Work Educators (APASWE), Auckland, New Zealand.

Tokyo Metropolitan Government. (2015). 東京防災 (*Disaster Preparedness Tokyo*). Tokyo: Tokyo Metropolitan Government.

UNISDR (2015). *Sendai Framework for Disaster Risk Reduction 2015-2030*. Geneva, Switzerland: The United Nations Office for Disaster Risk Reduction.

第五章　臺灣的災害防救體系

李香潔、莊明仁

壹、前言

　　臺灣的災害防救體系，主要是指災害防救法（內政部，2017）所規範之災害防救組織、計畫等等架構。其中，在管理上比較不同於他國之處，是中央部會分工原則採災因導向設計，亦即依災害別於災害防救法內明定業務主管機關。

　　災害防救法於民國89年公告施行，歷經91、97、99、101、105、106年度多次修正。民國99年，亦即莫拉克風災後修正幅度最大，包含將行政院災害防救委員會更名為中央災害防救委員會，並於其下增設行政院災害防救辦公室、更名內政部消防署為災害防救署、於地方政府設置災害防救辦公室。民國105年再度修正，還原災害防救署為消防署，以因應政府組織改造[1]。

　　依據災害防救法，災害防救組織分為中央、直轄市、縣（市）政府及鄉（鎮、市）公所三級，於平時進行災害預防、整備，災時進行應變，災後進行復原重建。災害預防、整備、應變、復原重建的概念，不但為災害防救法部分內容架構，亦是其要求各級政府機關在撰寫災害防救計畫時，應包含之項目。

貳、各級政府災害防救組織

　　臺灣的災害防救組織關係圖，通常可用圖5-1及圖5-2組織架構來介紹之。圖5-1代表的，是中央層級各災害防救組織關係圖。圖5-2則表示中央與地方的縱向關係。

---

[1] 參考立法院法律系統，災害防救法異動條文及理由（民國105年3月25日）。上網日期：2017年4月6日。取自 http://lis.ly.gov.tw/lglawc/lawsingle?002753613ABD000000000000000014000000004000000^01248105032500^0008C001001

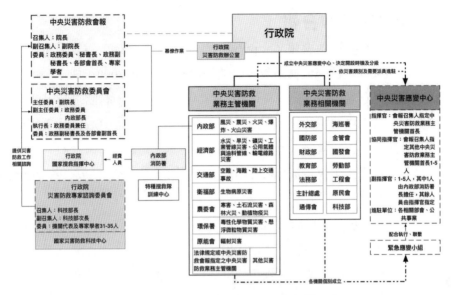

圖5-1　中央災害防救體系組織架構

資料來源：行政院http://www.cdprc.ey.gov.tw/

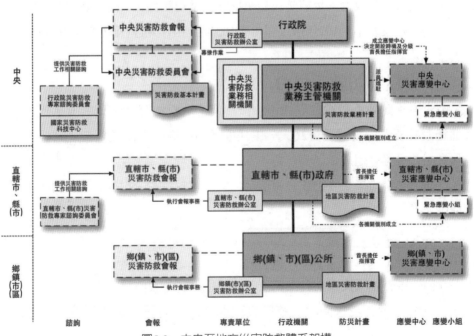

圖5-2　中央至地方災害防救體系架構

資料來源：行政院http://www.cdprc.ey.gov.tw/

一、中央災害防救會報

行政院中央災害防救會報（http://www.cdprc.ey.gov.tw/）為災害防救政務最高決策單位，成立之法源依據為災害防救法第6條。其於2000年成立，由行政院院長兼任召集人，副院長兼任副召集人。半年開一次會，有需求時得開臨時會議。成員包含各中央機關首長、專家、學者等等共28-32人。執行任務包含：

（一）決定災害防救之基本方針。

（二）核定災害防救基本計畫及中央災害防救業務主管機關之災害防救業務計畫。

（三）核定重要災害防救政策與措施。

（四）核定全國緊急災害之應變措施。

（五）督導、考核中央及直轄市、縣（市）災害防救相關事項。

（六）其他依法令所規定事項。

各次會議，將重要議題處理進度加以列管。以2016年3月31日之第34次會議為例，其列管案件包含：災害防救職系推動策略規劃報告、建築物實施耐震能力評估及補強方案97年至102年成果報告暨103年至107年推動重點與策進作為。

二、中央災害防救委員會

中央災害防救委員會設立法源依據為災害防救法第7條第2項，亦於2000年底通過設置要點。設置委員26人，主任委員由行政院副院長兼任。其他成員由各部會副首長等等組成。任務包含：

（一）執行中央災害防救會報核定之災害防救政策、推動重大災害防救任務及措施。

（二）規劃災害防救基本方針。

（三）擬定災害防救基本計畫。

（四）審查中央災害防救業務主管機關之災害防救業務計畫。

（五）協調各災害防救業務計畫或地區災害防救計畫間牴觸無法解決事

項。

　　（六）協調金融機構就災區民眾所需重建資金事項。

　　（七）督導、考核、協調各級政府災害防救相關事項及應變措施。

　　（八）其他法令規定事項。

　　和上述會報在法定角色上不同處在於，會報之最重要工作為核定各項災害防救方針、計畫、措施等。委員會的角色則應有實際執行、規劃、擬定、審查、協調的功能。不過，因為目前委員會並非獨立的行政部門，仍是以定期開會的方式存在，實際執行、規劃、擬定、審查、協調的功能目前多依賴行政院災害防救辦公室先行處理，再提報至委員會。

　　委員會亦協助會報過濾重要報告事項，決定哪些事項在委員會可以解決，哪些需再提報至會報列管之。以2016年3月2日之委員會第29次會議為例，列管案件包含防救災區域簡訊傳送服務建置成果暨CBS未來規劃報告、研議辦理民間網路組織與人員協助處理大量網路災情資訊納入救災體系或災時進駐各級政府災害應變中心之可行性、確認蘇迪勒颱風中央災害應變中心第11次情資研判會議紀錄。

三、行政院災害防救辦公室

　　行政院災害防救辦公室（簡稱行政院災防辦）為行政院中央災害防救會報、中央災害防救委員會之幕僚單位，其設立法源依據亦為災害防救法第7條第2項。2009年莫拉克颱風促成此辦公室之成立，2010年2月設立時，為任務編組專責單位，於2011年12月改為正式編制單位。共有編制25人，組織架構方面，共有四科：減災復原科、整備訓練科、應變資通科與管考協調科。其明定工作內容包含：

　　處理中央災害防救會報及中央災害防救委員會有關業務，及下列事項：

　　1. 災害防救政策與措施之研擬、重大災害防救任務及措施之推動。

　　2. 會報與委員會決議之各級政府災害防救措施執行之督導。

3. 災害防救基本方針及災害防救基本計畫之研擬。

4. 災害防救業務計畫及地區災害防救計畫之初審。

5. 災害防救相關法規訂修之建議。

6. 災害預警、監測、通報系統之協助督導。

7. 災害整備、教育、訓練及宣導之協助督導。

8. 緊急應變體系之規劃。

9. 災後調查及復原之協助督導。

10.其他有關災害防救之政策研擬及業務督導事項。

如上所述，因為中央災害防救委員會目前以開會的方式運作，其法定上被付予的任務，目前由行政院災防辦執行之。但行政院災防辦角色為行政院幕僚，只有編制25人，且無專屬的業務預算，故在執行各項任務時，限制和挑戰皆大（馬士元、內政部消防署，2002）。

四、行政院災害防救專家諮詢委員會

行政院災害防救專家諮詢委員會（簡稱行政院專諮會）之角色，依據災害防救法第7條第3項，為提供中央災害防救會報、中央災害防救委員會諮詢意見。此委員會之召集人，由科技部部長擔任，並由行政院聘任機關代表、專家學者擔任委員。行政院專諮會委員分有五組，包含颱洪組、體系組、資訊組、地震組，以及公安衛組，共有委員31-35人，任期兩年。全體委員會議每半年召開一次，必要時得以召開臨時會議。任務包含：

（一）災害防救政策、措施之建議及諮詢。

（二）災害防救相關計畫之建議及諮詢。

（三）災害防救科技研發之建議及諮詢。

（四）災害調查相關事項之建議及諮詢。

（五）其他相關災害防救諮詢事項。

行政院專諮會雖然和會報一樣，組成成員有政府代表及學者，但會報以核

定措施等為主，故以政府代表為主；行政院專諮會以諮詢為主要角色，故成員
多為學者。自第三屆起，各屆行政院專諮會均出版政策建議書，歷屆政策建議
書主題，包含仙台減災綱領落實策略建議（行政院災害防救專家諮詢委員會，
2018）全災害管理體系建構——以都會型大規模地震災害為例（行政院災害防救
專家諮詢委員會，2016）、巨災風險財務分散與轉移機制（行政院災害防救專
家諮詢委員會，2014）、防減災策略與施政優先課題建議（行政院災害防救專
家諮詢委員會，2012）、莫拉克颱風災害的課題檢討與政策建議（行政院災害
防救專家諮詢委員會，2010）、防減災政策與施政優先課題建議（行政院災害
防救專家諮詢委員會，2008）。

五、國家災害防救科技中心

　　國家災害防救科技中心前身為1997年11月由國科會成立的「防災國家型科技
計畫辦公室」，為第五次全國科技會議後之產物。國家災害防救科技中心設置要
點於2003年5月通過；同年7月國家災害防救科技中心正式成立；2014年4月28日
正式改制為行政法人，隸屬科技部。

　　依據災害防救法第7條第3項，國家災害防救科技中心會同行政院災害防救
專家諮詢委員會，提供中央災害防救會報及中央災害防救委員會諮詢意見。因為
上述行政院災害防救專家諮詢委員會以定期召開會議為主要運作形式，需要執
行祕書、工作人員負責實際運作，法規規定由科技部及相關機關人員調用或派
兼。歷屆主要由國家災害防救科技中心主任擔任行政院災害防救專家諮詢委員會
執行祕書，並由國家災害防救科技中心負責實際運作。

　　國家災害防救科技中心的其他任務，包含依據中央災害應變中心作業要點
（行政院，2017）進行中央災害應變中心之情資研判、國家層級災防科技計畫
整合與運作、跨部會防救災情資整合、災害管理方法研發等。

六、其他中央單位

　　上述中央災害防救會報、委員會、行政院災防辦、專諮會、國家災害防救科技中心，在平時減災與整備工作上扮演重要角色。平時減災與整備的重要單位，還有各災害別的業務主管機關。災害防救法第3條明定各類災害之業務主管機關，故圖5-1在行政院底下，區分業務主管機關、相關機關。例如，風災、震災、火災、爆炸、火山災害之業務主管機關為內政部。災時應變方面的重要機關，則包含中央災害應變中心、各機關之緊急應變小組、行政院國家搜救指揮中心、特種搜救隊訓練中心等。

　　中央災害應變中心（http://www.emic.gov.tw/）之設置依據為災害防救法第13條：「重大災害發生或有發生之虞時，中央災害防救業務主管機關首長應視災害之規模、性質、災情、影響層面及緊急應變措施等狀況，決定中央災害應變中心開設時機及其分級，應於成立後，立即報告中央災害防救會報召集人，並由召集人指定指揮官。中央災害應變中心成立後，得視災情研判情況或聯繫需要，通知直轄市、縣（市）政府立即成立地方災害應變中心。」又，依據中央災害應變中心作業要點（行政院，2017）第7條，原則上指揮官由業務主管機關之首長任之。緊急應變小組之設立依據，則為災害防救法第14條，「災害發生或有發生之虞時，為處理災害防救事宜或配合各級災害應變中心執行災害應變措施，災害防救業務計畫及地區災害防救計畫指定之機關、單位或公共事業，應設緊急應變小組，執行各項應變措施。」

　　行政院國家搜救指揮中心於2000年八掌溪事件後，由國防部國軍搜救協調中心以任務編組方式成立。2003年，轉由內政部消防署為作業幕僚。[2]行政院國家搜救指揮中心設置要點（行政院，2016b）規定其設置目的：「中央災害防救委員會為有效整合運用救災資源，統籌、調度國內各搜救單位資源，執行災害事故之人員搜救及緊急救護之運送任務，特依災害防救法第七條第四項規定，設行

---

[2] 參考〈行政院國家搜救指揮中心保護您〉，上網日期：2017年3月2日，取自http://enews.nfa.gov.tw/V4one-news.asp?NewsNo=9633

政院國家搜救指揮中心。」主要負責跨部會機艦資源調度，和臺灣海空區域與鄰接國家的搜救行動協調，消防署特種搜救隊及訓練中心之設立依據，則爲災害防救法第16條，「內政部災害防救署特種搜救隊及訓練中心、直轄市、縣（市）政府搜救組織處理重大災害搶救等應變事宜。」特種搜救隊爲實際執行人命搜救行動的單位；消防署訓練中心，則負責搜救人員的訓練。

七、地方政府災害防救組織

依據災害防救法第9條第2、3項，直轄市、縣（市）政府設災害防救辦公室（簡稱縣市災防辦）、縣市災害防救專家諮詢委員會，以執行直轄市、縣（市）災害防救會報事務。鄉（鎮、市）政府則依據災害防救法第11條第2項，設鄉（鎮、市）災害防救辦公室（簡稱鄉鎮災防辦），以執行鄉（鎮、市）災害防救會報事務。

縣市災防辦係由各縣市自行規劃設立，相關組織章程沒有一致的規定，目前各縣市災防辦主任，多由副縣長或副市長兼任，以2013年調查結果爲例，22個縣市當中，有18個縣市之災防辦主任爲副縣長或副市長，其他縣市之主任，包含祕書長、參議、消防局長（吳季穎，2013）。上述2013年調查結果顯示，共有16縣市之災防辦，由祕書長（或參議）和消防局長共同主導（副主任、執行祕書角色），爲主流；只有少數縣市，有跨局處室之主導者。縣市災防辦副主任爲兼任性質，執行祕書亦多爲兼任，上述2013年調查結果，發現只有臺中市、臺南市之執行祕書爲常駐或專任性質；縣市災防辦成員部分，則只有四縣市（臺南市、高雄市、宜蘭縣、金門縣）爲常駐或專責。另外，多數縣市災防辦並無獨立預算（馬彥彬等，2014），不過縣市災防辦是否需要獨立預算，尚有討論的空間。

鄉鎮市區部分，消防署深耕計畫協助建立鄉鎮市區應變中心，但受限於人力和經費，尚少有實際可運作之鄉鎮市區災防辦，亦有學者質疑鄉鎮市區成立災防辦之必要性（馬彥彬等，2014）。再者，「部分地方自治事項，如消防、警

察、衛生、戶政、環保（不含清潔隊）等業務，係由縣市政府直接管轄，並不隸屬於鄉鎮市公所。」故鄉鎮層級較不易形成整合且可獨立運作的災防辦（馬士元、內政部消防署，2002）。另外，無論是縣市或鄉鎮市區的災害應變作業，目前高度依賴消防署深耕計畫補助之各大學團隊協助。當計畫補助無法繼續下去，如何永續經營縣市或鄉鎮市區的災害防救能力，為一大挑戰。

參、政策與計畫

一、災害防救基本計畫

依據災害防救法第2條，「災害防救基本計畫：指由中央災害防救會報核定之全國性災害防救計畫。」第17條規定，「災害防救基本計畫由中央災害防救委員會擬定，經中央災害防救會報核定後，由行政院函送各中央災害防救業務主管機關及直轄市、縣（市）政府據以辦理災害防救事項。」另外，災害防救法施行細則（內政部，2017）第7條規定，災害防救基本計畫每5年檢討1次。

民國102年版本的災害防救基本計畫（行政院，2013），放棄之前版本將不同災別分別論述的風格，而改採全災害管理的架構為一大變革，其包含5大基本方針與18項策略目標如表5-1。不過，其基本方針和策略目標撰寫方式，尚且不夠具體，主要為大方向的建議，多無具體量性目標、相關經費規劃及分工建議。例如，5年後，如何評估表5-1方針—第四項策略目標：「建置複合型災害評估與協調機制，強化各部會整合介面。」是否達到？要達到此項目標，需要多少經費？由誰負責？

表5-1　民國102年災害防救基本計畫：基本方針與策略目標

5大基本方針與18項策略目標
方針一、強化體系效率彈性：建構以效率為導向，專職、專業、具彈性的風險治理模式
一、健全中央與地方災害防救組織體系，建立鄉鄉有專責防災單位及人員。 二、強化專責、專職與專業之災害防救施政，建置災害防救職系。 三、建立災防計畫預算制度，合理編製及配置防救災預算、研議建置巨災財務風險分擔機制，強化縣市配合編列災防預算。 四、建置複合型災害評估與協調機制，強化各部會整合介面。
方針二、提升科技精度速度：提升災害評估、監測與預警之精度、速度
一、強化災害評估、監測能力與監測介面的整合。 二、推動建置防救災雲端資訊交換與服務網。 三、以提升早期預警精度與速度為科技研發資源投入之重點，強化災害風險評估與災損評估之科技研發。 四、強化關鍵基礎設施之防護監測與備援機制。
方針三、加強資訊快捷傳遞：建構迅速、透明、正確的災害資訊傳播方式
一、利用既有網路社交溝通模式，有效導入防救災正確、必要之溝通與訊息傳播。 二、強化並整合資通訊傳遞系統，確保大規模複合型災害應變溝通之功能，實踐最後1哩。 三、整合、加值既有災害防救資料庫，建立有效取得、發布資訊之標準與流程。 四、推動政府與民間緊急危難資訊共享政策與機制。
方針四、推動政府與民間緊急危難資訊共享政策與機制
一、強化應變資源募集、整合、分類、運送、情報揭露及物資集散措施，防救災服務流程標準化。 二、規劃防救災單一窗口服務模式。 三、整合各項災害資訊、影像及警戒發布訊息，建立即時、正確的發布標準作業流程。
方針五、集結民間夥伴能量：傾聽基層自主防災需求，提出政策誘因導入企業與民間參與
一、傾聽村里防救災需求，持續強化社區自主防災、離災、應變與復原之能量。 二、導入企業參與防救災，提出政策誘因與機制，推動企業可持續營運計畫，鼓勵發展防救災產業。 三、建構非營利組織參與政府災害防救之溝通協調平臺。

資料來源：行政院（2013）。

　　量性目標的設定，需要對國家層級災害情境進行想定，這部分也是臺灣所

欠缺的。目前臺灣常用的淹水情境，為水利署公開的幾種淹水潛勢圖，例如一日降雨量300mm、450mm，或600mm，但並無國家層級或地方公部門的報告指出哪些淹水情境最為重要，以及接續的災害議題有哪些。地震的情境更少討論，2016年第七屆行政院專諮會政策建議書全災害管理體系建構—以都會型大規模地震災害為例（摘要版）（行政院災害防救專家諮詢委員會，2016）和中央災害防救會報第35-37會議（2016～2017年），有初步討論結果。

此外，基本計畫若扮演戰略的角色，需要和政治領袖對災害防救的願景有所配合。目前基本計畫五年一修，並不符合臺灣四年一次大選的政治體制。

二、災害防救白皮書

莫拉克颱風之後，災害防救法新增第17條第3項規定，「行政院每年應將災害防救白皮書送交立法院」。依據中央災害防救會報網站（http://www.cdprc.ey.gov.tw/），災害防救白皮書「以揭露國家災害防救基本政策、國土保（復）育策略、災害防救機制、防災與治水預算、相關法律制（修）定進度。災害防救白皮書為所有災害防救計畫的指導原則。」

最早的100年災害防救白皮書（行政院，2011），其章目錄包含：災害環境變遷與趨勢、施政重點與成果、施政挑戰、未來優先施政重點與願景。其中，未來施政重點包含：（一）推動防災思維的法制作業；（二）提升國土監測、觀測及災害預警之效能與精度；（三）凝聚氣候變遷調適的策略共識與綱領制定；（四）大規模震災、強化施策並予落實；（五）研定與推動關鍵基礎設施及災害監測防護計畫；（六）危害性化學物質災害防治的強化；（七）生物病原災害防治的強化；（八）以科學系統方法建構應變救災情資及其服務網絡；（九）推動社區自主防災與民間參與救災之多元網絡；（十）研提後莫拉克颱風之前瞻災害防救策略。至105年災害防救白皮書（行政院，2016a）的章目錄包含：防救災方針與目標之推動情形、104年災害概況、災害防救重點與成果、災害防救施政預算配置、未來推動具體策略與措施。上述105年災害防救白皮書之未來推動方向

包含：大規模地震情境模擬為基礎之減災規劃、土壤液化之資訊公開及改善措施、大型活動公共安全之管理與策進、強化緊急醫療系統及增進後送效能、蚊媒傳染病疫情之防治策略、國土計畫法後續防災減災推動、因應全球氣候變遷及巴黎協定之施政策略、我國對於仙台減災綱領的施政因應策略。

　　100年災害防救白皮書提及之防災法制、監測及預警、應變救災情資、社區自主防災等等，在過去5年已有相對豐富的推動經驗，故不再納入民國105年版本之未來推動方向。氣候變遷調適、大規模震災、關鍵基礎設施（仙台減災綱領重點之一）則為需要持續努力的重點。另外，國土計畫法為新興重點議題。土壤液化、大型活動公共安全管理、緊急醫療後送等則為當年災害經驗之反思議題。

　　除了議題的不同，民國100年和105年兩本白皮書最重要的差異及進步在於，在災害概況單元，開始有系統性地建置各項損失調查統計，並納入專章說明過去一年的災害防救施政預算配置。不過，目前的做法仍是以綜整各機關過去一年的經費為主，而非依據災害防救基本計畫，檢討過去一年經費執行狀況，或是對未來一年的經費進行整體規劃。

三、災害防救業務計畫

　　依據災害防救法第2條，「災害防救業務計畫：指由中央災害防救業務主管機關及公共事業就其掌理業務或事務擬定之災害防救計畫。」例如，依據災害防救法第3條，風災、震災、火災、爆炸之業務主管機關為內政部，故由內政部撰寫此四個災別之災害防救業務計畫。災害防救法第3條，是否要明定各災害業務主管機關，已討論多年，如2004年行政院災害防救委員會委託研究報告即指出，當時已有討論應進行修改，但後來作罷：「……災害防救主管機關內政部，業已比照日本等先進國家，研擬修正災害防救法對於災害防救業務計畫擬定之規定，將現行各災害防救業務計畫由各中央災害防救業務主管機關擬定，改為中央災害防救相關機關應依災害防救基本計畫與相關災害防救政策及措施，擬定

災害防救業務計畫，報請行政院災害防救委員會核定後實施。亦即，爾後各中央災害防救業務相關機關必需針對各類型不同災害，依災害中其所應辦理事項及扮演角色，擬定各該機關之災害防救業務計畫。」（張寬勇、曹文琥、陳國星，2004）。是否應該直接在災害防救法內文明定各項災別之主管機關，爭議原因包含：

1. 直接明定各災別業務主管機關，無法因應尚未明定主管機關之新類型災害，如海嘯、坡地災害等等。分災別的方式，也不易處理複合型災害的狀況。

2. 目前由各災害主管機關主責撰寫相關業務計畫，故傾向以自身觀點，先行規劃其他機關和主責災別有關的工作，再開協調會議確認分工。因為其他機關非主責者，傾向以刪除不適合的工作為主要原則，較不會主動依其專業角度，建議增加工作。

3. 各災害主管機關和其他相關機關之間並無上下關係，不易從上位者的角度進行整體規劃，並分派資源與工作。以地震為例，從一開始的風險評估工作，目前相關單位含經濟部地調所、科技部、氣象局，但主責單位為內政部，主責單位規劃完風險評估相關工作後，不易協助其他單位爭取預算，或針對工作結果進行管考督導（馬士元、內政部消防署，2002；行政院災害防救專家諮詢委員會，2016）。

四、地區災害防救計畫

　　依據災害防救法第2條，「地區災害防救計畫：指由直轄市、縣（市）及鄉（鎮、市）災害防救會報核定之直轄市、縣（市）及鄉（鎮、市）災害防救計畫。」

　　地區災害防救計畫的大部分內容為災後各項業務的說明，近年來有開始依據可能的災害情境進行對策研擬，例如，收容所不設在災害潛勢圖內、海上颱風警報期間，依據災害潛勢圖進行抽水機調派等等。在缺乏國家層級的災害想定情境

之下，地區災害防救計畫以歷史災害經驗、淹水潛勢圖的情境、臺灣地震損失評估系統TELES包含的情境作為其地區災害防救計畫撰寫的依據。

地區災害防救計畫的目的之一，包含建立區域間之支援協定，目前區域間之支援協定也是許多演習之項目，在近年災害狀況，也有實際操作，例如2016年尼伯特颱風時，臺南對於臺東提供機具等支援。不過整體上，學者仍覺得目前區域間實際相互支援的程度是不夠的（馬彥彬等，2014）。消防署目前規劃的第三期深耕計畫，亦將推動區域間的互相支援作為重要工作項目之一。

另外，縣市災害防救計畫由縣市災防辦負責，鄉鎮災害防救計畫，原則上由鄉鎮災防辦負責。不過，目前鄉鎮災防辦的人力較不足，故鄉鎮災害防救計畫，主要由負責災害防救業務的民政課、兵役課、建設課、農業課等負責，對口上也和縣市層級以消防局等為主的系統有所落差（馬士元、內政部消防署，2002）。

肆、爭議與挑戰

是否要於災害防救法第3條明定各災害主管機關，仍是目前討論臺灣防救體制的主要議題。不分災別為國際上的主流，以日本為例，中央專責單位為日本內閣府防災擔當（相當於國務大臣，如圖5-3），利用中央防災會議的方式，設定國家層級的重要災害情境，並成立專門調查會進行整體的災害防救對策或計畫的規劃與擬定，且有預算編列的權責。針對各類別災害，由中央防災會議指定公共機關制定、實施防災業務計畫。此外，各個部會，則要針對各類災害事件撰寫災害管理計畫。臺灣如果要轉換為這樣的操作方式，除了法規、組織架構需要調整，還包含人力、能力培養、經費到位種種挑戰。

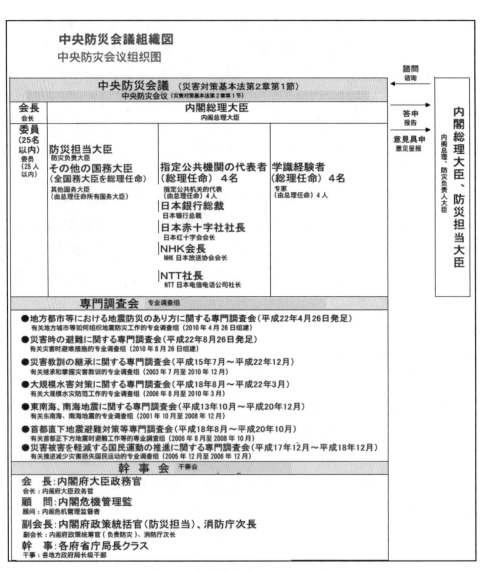

中央防災会議組織図
中央防灾会议组织图

中央防災会議 (災害対策基本法第2章第1節)				諮問 咨询	内閣総理大臣、防災担当大臣
中央防灾会议 (灾害对策基本法第2章第1节)					内阁总理、防灾负责人大臣
会長 会长	内閣総理大臣 内阁总理大臣			答申 报告	
委員 (25名 以内) 委员 (25人 以内)	防災担当大臣 防灾负责大臣 その他の国務大臣 (全国務大臣を総理任命) 其他国务大臣 (由总理任命所有国务大臣)	指定公共機関の代表者 (総理任命) 4名 指定公共机关的代表 (由总理任命) 4人 日本銀行総裁 日本银行总裁 日本赤十字社社長 日本红十字会会长 NHK会長 NHK 日本放送协会会长 NTT社長 NTT 日本电信电话公司社长	学識経験者 (総理任命) 4名 专家 (由总理任命) 4人	意見具申 意见呈报	

専門調査会　专业调查组

●地方都市等における地震防災のあり方に関する専門調査会(平成22年4月26日発足)
　有关地方城市等如何组织地震防灾工作的专业调查会 (2010 年 4 月 26 日组建)
●災害時の避難に関する専門調査会(平成22年8月26日発足)
　有关灾害时避难措施的专业调查组 (2010 年 8 月 26 日组建)
●災害教訓の継承に関する専門調査会(平成15年7月～平成22年12月)
　有关继承和掌握灾害教训的专业调查组 (2003 年 7 月至 2010 年 12 月)
●大規模水害対策に関する専門調査会(平成18年8月～平成22年3月)
　有关大规模水灾防范工作的专业调查组 (2006 年 8 月至 2010 年 3 月)
●東南海、南海地震に関する専門調査会(平成13年10月～平成20年12月)
　有关东南海、南海地震的专业调查组 (2001 年 10 月至 2008 年 12 月)
●首都直下地震避難対策等専門調査会(平成18年8月～平成20年10月)
　有关首都正下方地震时避难工作等的专业调查组 (2006 年 8 月至 2008 年 10 月)
●災害被害を軽減する国民運動の推進に関する専門調査会(平成17年12月～平成18年12月)
　有关推进减少灾害损失国民运动的专业调查组 (2005 年 12 月至 2006 年 12 月)

幹 事 会　干事会

会　　長:内閣府大臣政務官
会长:内阁府大臣政务官
顧　　問:内閣危機管理監
顾问:内阁危机管理监督官
副会長:内閣府政策統括官(防災担当)、消防庁次長
副会长:内阁府政策统筹官 (负责防灾)、消防厅次长
幹　　事:各府省庁局長クラス
干事:各地方政府局长级干部

圖5-3　日本中央防災會議組織圖

資料來源：日本内閣府（2011）。

　　　若有類似日本防災擔當、中央防災會議（包含專門調查會）的角色存在，
亦可避免目前法定業務機關主導的災害防救計畫撰寫方式，容易從災害發生後

業務單位的角色爲何進行撰寫，而非從災害預防及減輕的角度進行思考（Chen, Wu, & Lai, 2006）。災害預防及減輕的角色，是從災害風險評估、情境設定開始，再去思考災害預防及減輕策略，而非等到災後才進行處理。另外，若只保留類似日本防災擔當、中央防災會議（包含專門調查會）的組織，可簡化目前體制設計角色過於複雜，並衍生出過多會議的問題。

　　地方層級組織的主要討論，則集中在人力、人才、經費等資源如何整合及永續（馬士元、內政部消防署，2002）。目前縣市之災防辦，多由祕書長和消防局長主導及主責，如何有實質跨局處室性質的縣市災防辦，關係到資源是否到位。另外，無論是縣市或鄉鎮市區的災害應變作業，目前高度依賴消防署深耕計畫補助之各大學團隊協助。當計畫補助無法繼續下去，如何永續經營縣市或鄉鎮市區的災害防救能力，爲一大挑戰。

　　計畫與政策方面，災害防救基本計畫、災害防救白皮書的定位需要再確認。目前災害防救基本計畫的角色，應該是臺灣整體災害防救戰略計畫，或是類似美國的National Preparedness Goal，由總統所發布。[3]災害防救法施行細則（內政部，2017）規定五年一修災害防救基本計畫，建議必須要釐清爲何修改時間點不依循選舉制度而設計。另外，戰略計畫的擬定，除了願景、國家層級災害情境設定，亦必須包含經費規劃、分工、量性或質性績效指標等，這方面是目前災害防救基本計畫所欠缺的。依據災害防救法，災害防救白皮書每年皆要提出，故角色較類似年度檢討報告及下一年度的規劃報告，因爲災害防救基本計畫並無提出績效指標，故不容易利用災害防救白皮書進行年度工作檢討及修正。

　　再者，一些前瞻性觀念，或是臺灣目前尚未有足夠經驗的項目，如災害風險評估、災害的社會脆弱性、氣候變遷、土地利用、永續環境、因應災害的韌性、高齡化社會之災害防救、復原重建等等，多已出現在災害防救基本計畫、災害防救白皮書當中（Sunders, De Bruin, Ruiz Rivera, & Lee, 2015）。但因爲缺乏

---

[3] 參見〈DHS Announces First National Preparedness Goal〉，上網日期：2017年2月5日。取自https://www.dhs.gov/news/2011/10/07/dhs-announces-first-national-preparedness-goal

可操作性指標，很難落實至災害防救業務計畫、地區災害防救計畫當中，更沒辦法評估實施後的成效。

參考書目

中文書目

內政部（2017）。災害防救法。上網日期：2018年6月29日，取自全國法規資料庫網頁http://law.moj.gov.tw/LawClass/LawAll.aspx?PCode=D0120014

內政部（2017）。災害防救法施行細則。上網日期：2017年3月30日，取自全國法規資料庫網頁http://law.moj.gov.tw/LawClass/LawAll.aspx?PCode=D0120021

日本內閣府（2011）。日本的災害對策。上網日期：2017年1月25日，取自日本內閣府網頁http://www.bousai.go.jp/1info/pdf/saigaipanf_c.pdf

行政院（2011）。100年災害防救白皮書。上網日期：2016年12月12日，取自中央災害防救會報網頁http://www.cdprc.ey.gov.tw/News.aspx?n=3C0311D19EAA0CFE&sms=DA6D9254E41A9FA3

行政院（2013）。災害防救基本計畫。上網日期：2016年12月12日，取自中央災害防救會報網頁http://www.cdprc.ey.gov.tw/News.aspx?n=69E9CBA4662D1267&sms=949874E4899E18ED

行政院（2017）。中央災害應變中心作業要點。上網日期：2017年4月12日，取自中央災害防救會報網頁http://www.cdprc.ey.gov.tw/News.aspx?n=69E9CBA4662D1267&sms=949874E4899E18ED

行政院（2016a）。105年災害防救白皮書。上網日期：2016年12月12日，取自中央災害防救會報網頁http://www.cdprc.ey.gov.tw/News.aspx?n=3C0311D19EAA0CFE&sms=DA6D9254E41A9FA3

行政院（2016b）。行政院國家搜救指揮中心設置要點。上網日期：2017年2月17日，取自內政部消防法令查詢系統網站http://law.nfa.gov.tw/LNFA/FLAW/FLAWDAT01.aspx?LSID=FL028974

行政院災害防救專家諮詢委員會（2018）。仙台減災綱領落實策略建議。

行政院災害防救專家諮詢委員會（2016）。全災害管理體系建構—以都會型大規模地震災害為例（摘要版）。上網日期：2016年12月12日，取自行政院災害防救專家諮詢委員會網頁http://www.ncdr.nat.gov.tw/drc/techforum.html

行政院災害防救專家諮詢委員會（2014）。巨災風險財務分散與轉移機制。上網日期：2016年12月12日，取自行政院災害防救專家諮詢委員會網頁http://www.ncdr.nat.gov.tw/drc/techforum.html

行政院災害防救專家諮詢委員會（2012）。防減災策略與施政優先課題建議。上網日期：2016

年12月12日，取自行政院災害防救專家諮詢委員會網頁http://www.ncdr.nat.gov.tw/drc/techfo-rum.html

行政院災害防救專家諮詢委員會（2010）。莫拉克颱風災害的課題檢討與政策建議。上網日期：2016年12月12日，取自行政院災害防救專家諮詢委員會網頁http://www.ncdr.nat.gov.tw/drc/techforum.html

行政院災害防救專家諮詢委員會（1999）。防減災政策與施政優先課題建議。上網日期：2016年12月12日，取自行政院災害防救專家諮詢委員會網頁http://www.ncdr.nat.gov.tw/drc/techfo-rum.html

吳季穎（2013）。我國地方政府災害防救業務主管核心能力指標建構之探討。為出版碩士論文，國立臺灣師範大學環境教育研究所碩士論文。

馬士元、內政部消防署（2002）。災害防救體系、法令與運作。新北市：內政部消防署訓練教材。

馬彥彬、李長晏、紀俊臣、劉鴻陞、曾士瑋、謝岱芬、林盈甄（2014）。強化地方政府災害防救效能之研究。臺北市：國家發展委員會。

張寬勇、曹文琥、陳國星（2004）。中央災害防救相關機關災害防救業務計畫擬定準則之研究——以內政部為例。行政院災害防救委員會委託研究報告，由財團法人中華民國消防技術顧問基金會執行。上網日期：2017年1月25日，取自國家災害防救科技中心網頁http://www.ncdr.nat.gov.tw/PlanData/PG9302-0862_93-%A4%A4%A5%A1%A8a%AE%60%A8%BE%B1%CF%B7~%B0%C8%ADp%B5e%C0%C0%A9w%B7%C7%ABh.pdf

英文書目

Chen, L.C., Wu, J.Y., & Lai, M.J. (2006). The evolution of the natural disaster management system in Taiwan. *Journal of the Chinese Institute of Engineers, 24*(4), 633-639.

Sunders, W., De Bruin, K., Ruiz Rivera, N., & Lee, H.C. (2015). A comparative study of natural hazard policy in Taiwan, Mexico, New Zealand and Norway. Retrieved November 10, 2016, from http://www.start.org/download/2015/SR_2015_005_WSSF_Report.pdf

UNISDR. (2015). *Sendai Framework for Disaster Risk Reduction 2015-2030*. Geneva, Switzerland: UNISDR.

第六章　我國災後國家賠償機制與案例

陳竹上

壹、前言

　　重大災難往往引發財物、生命、家園之損失，並且有天災與人禍之間的探討。關於災後國家賠償，也屢屢引發法律爭議，如何辨認與判斷究竟為不可抗力之天然災害，或是有人為過失的國家責任，經常是災後重建無法回避的一環。為此，本章首先扼要介紹國家賠償機制，爾後再陸續以溫妮颱風（林肯大郡土石流坍塌，86/08/16）、九二一大地震（88/09/21）、莫拉克風災（98/08/08）、拉庫斯溪土石流（桃源區復興里下部落受災，101/06/11）、高雄氣爆（103/07/31）等災後國家賠償案例進行探討，期許政府及各界藉此更重視事前防災與事後治理之責任，對各類開發行為之核准與公共工程，也須回到人與環境共存之關係重新審視。

貳、國家賠償機制概述

一、實體規範：國家賠償的兩大基本類型

　　我國憲法第24條規定：「凡公務員違法侵害人民之自由或權利者，除依法律受懲戒外，應負刑事及民事責任。被害人民就其所受損害，並得依法律向國家請求賠償。」為求具體落實，民國69年7月2日立法院通過、總統公布國家賠償法，其第2條第2項規定：「公務員於執行職務行使公權力時，因故意或過失不法侵害人民自由或權利者，國家應負損害賠償責任。公務員怠於執行職務，致人民自由或權利遭受損害者亦同。」第3條第1項規定：「公有公共設施因設置或管理有欠缺，致人民生命、身體或財產受損害者，國家應負損害賠償責任。」可謂國家賠償的兩大基本類型。以下分述之：

（一）因公務員於執行職務行使公權力而受害

　　若是人民主張遭受國家公權力之侵害，欲請求國家賠償者，應符合(1)須為

公務員之行為（作為或不作為），(2)須為執行職務行使公權力之行為，(3)行為
具違法性，(4)行為人具故意或過失，(5)公務員之行為侵害人民之自由或權利，
(6)須違法行為與損害結果間有因果關係（劉春堂，2007）。至於主張公務員怠
於執行職務，必須該不作為具備違法性，始構成國家賠償責任，換言之，公務員
怠於執行職務應以其在法令上有積極作為之義務為前提。就此，司法院大法官曾
於民國87年11月20日公布釋字第469號解釋，其解釋文表示：「法律規定之內容
非僅屬授予國家機關推行公共事務之權限，而其目的係為保護人民生命、身體及
財產等法益，且法律對主管機關應執行職務行使公權力之事項規定明確，該管機
關公務員依此規定對可得特定之人所負作為義務已無不作為之裁量餘地，猶因故
意或過失怠於執行職務，致特定人之自由或權利遭受損害，被害人得依國家賠償
法第二條第二項後段，向國家請求損害賠償。」

於此之前，法院對於國家賠償法第2條第2項後段所謂公務員怠於執行職
務，向來受到最高法院72年台上字第704號判例之影響，該判例認為：「國家賠
償法第二條第二項後段所謂公務員怠於執行職務，係指公務員對於被害人有應執
行之職務而怠於執行者而言。換言之，被害人對於公務員為特定職務行為，有公
法上請求權存在，經請求其執行而怠於執行，致自由或權利遭受損害者，始得依
上開規定，請求國家負損害賠償責任。若公務員對於職務之執行，雖可使一般人
民享有反射利益，人民對於公務員仍不得請求為該職務之行為者，縱公務員怠於
執行該職務，人民尚無公法上請求權可資行使，以資保護其利益，自不得依上開
規定請求國家賠償損害。」釋字第469號則認為此一判例對於符合一定要件，而
有公法上請求權，經由法定程序請求公務員作為而仍怠於執行職務者，雖有其適
用，但並不以此為限，只要「法律對主管機關應執行職務行使公權力之事項規定
明確，該管機關公務員依此規定對可得特定之人所負作為義務已無不作為之裁量
餘地」，猶因故意或過失怠於執行職務，致特定人之自由或權利遭受損害，被害
人即得向國家請求損害賠償（蕭文生，2015）。

（二）因公有公共設施因設置或管理有欠缺而受害

　　誠如上述，國家賠償法第3條規定若公有公共設施因設置或管理有欠缺，致人民生命、身體或財產受損害者，國家應負損害賠償責任。相較於上述因公務員於執行職務行使公權力而受害之情形，必須行為人具故意或過失，最高法院85年台上字第2776號民事判例則表示：「國家賠償法第三條所定之國家賠償責任，係採無過失主義，即以該公共設施之設置或管理有欠缺，並因此欠缺致人民受有損害為其構成要件，非以管理或設置機關有過失為必要。」也因此，人民因公有公共設施因設置或管理有欠缺而受害，縱使該設置欠缺係因第三人所造成，國家仍應負損害賠償責任。就此最高法院73年台上字第3938號民事判例可供參照：「上訴人（臺南市政府）管理之路段既留有坑洞未能及時修補，又未設置警告標誌，足以影響行車之安全，已不具備通常應有之狀態及功能，即係公共設施管理之欠缺，被上訴人因此受有身體或財產之損害，自得依國家賠償法第三條第一項及第九條第二項規定請求上訴人負賠償責任，至損害之原因，縱係由於某公司挖掘路面所致，倘認該公司應負責任，依同法第三條第二項之規定，上訴人對之有求償權，並不因而可免除上訴人對被上訴人之賠償義務。」此外，所謂公有公共設施之「公有」，不以國家所有為限，僅需國家有管理權限，就此可參照最高法院94年台上字第2327號民事判例：「凡供公共使用或供公務使用之設施，事實上處於國家或地方自治團體管理狀態者，均有國家賠償法第三條之適用，並不以國家或地方自治團體所有為限，以符合國家賠償法之立法本旨。」

二、程序規範

（一）金錢賠償、消滅時效、賠償義務機關

　　國家賠償法第7條規定國家負損害賠償責任者，應以金錢為之。但以回復原狀為適當者，得依請求，回復損害發生前原狀。賠償所需經費，應由各級政府編列預算支應之。第8條規定賠償請求權，自請求權人知有損害時起，因二年間不

行使而消滅；自損害發生時起，逾五年者亦同。第9條規定：因公務員於執行職務行使公權力而受害請求損害賠償者，以該公務員所屬機關為賠償義務機關。因公有公共設施設置或管理有欠缺而受害請求損害賠償者，以該公共設施之設置或管理機關為賠償義務機關。賠償義務機關經裁撤或改組者，以承受其業務之機關為賠償義務機關。無承受其業務之機關者，以其上級機關為賠償義務機關。不能確定賠償義務機關，或於賠償義務機關有爭議時，得請求其上級機關確定之。其上級機關自被請求之日起逾二十日不為確定者，得逕以該上級機關為賠償義務機關。

（二）協議前置原則、假處分

國家賠償法第10條規定：依本法請求損害賠償時，應先以書面向賠償義務機關請求之。賠償義務機關對於前項請求，應即與請求權人協議。協議成立時，應作成協議書，該項協議書得為執行名義。第11條規定賠償義務機關若拒絕賠償，或自提出請求之日起逾三十日不開始協議，或自開始協議之日起逾六十日協議不成立時，請求權人得提起損害賠償之訴。但已依行政訴訟法規定，附帶請求損害賠償者，就同一原因事實，不得更行起訴。此外，依法請求國家損害賠償時，法院得依聲請為假處分，命賠償義務機關暫先支付醫療費或喪葬費。

參、我國重大災後國家賠償案例探討

本章以下將陸續以溫妮颱風（林肯大郡土石流坍塌，86/08/16）、九二一大地震（88/09/21）、莫拉克風災（98/08/08）、拉庫斯溪土石流（桃源區復興里下部落受災，101/06/11）、高雄氣爆（103/07/31）等災後國家賠償案例，透過對於司法判決的整理與摘錄進行探討（相關災難名稱、重要國賠事件、被告機關、裁判結果可參考表6-1）。

表6-1　我國重大災後國家賠償案例一覽

災難名稱	重要國賠事件	被告機關	結果
溫妮颱風 （林肯大郡土石流坍塌）86/08/16	臺北縣林肯大郡案 （臺灣新北地方法院89年重國字第3號）	臺北縣政府	部分勝訴
九二一大地震 88/09/21	1. 臺北市東星大樓案 （臺灣臺北地方法院90年重國字第12號）	臺北市政府工務局	部分勝訴
	2. 臺北市豪門世家大樓案 （臺灣臺北地方法院91年國字第19號）	臺北市政府工務局	部分勝訴
	3. 臺中縣向陽永照大樓案 （臺灣臺中地方法院91年重國字第8號）	臺中縣政府	敗訴
莫拉克風災 98/08/08	1. 高雄縣甲仙鄉小林村滅村事件 （臺灣高等法院高雄分院103年度重上國字第1、2號）	1. 高雄市政府 2. 甲仙區公所	敗訴
	2. 高雄縣南沙魯部落案 （臺灣高等法院高雄分院104年原重上國字第1號民事判決）	1. 高雄市政府 2. 那瑪夏區公所 3. 行政院農委會水土保持局 4. 經濟部水利署南區水利資源局	部分勝訴
	3. 屏東縣好茶部落案 （臺灣高等法院高雄分院104年原重上國字第2號民事判決）	1. 行政院原住民族委員會 2. 屏東縣政府 3. 行政院農業委員會 4. 行政院農業委員會林務局 5. 行政院農業委員會林務局屏東林區管理處 6. 行政院農業委員會水土保持局 7. 經濟部水利署 8. 經濟部水利署第七河川局	敗訴

災難名稱	重要國賠事件	被告機關	結果
拉庫斯溪土石流 （桃源區復興里下部落） 101/06/11	臺灣高雄地方法院103年度原重國字第1號	1. 桃源區公所 2. 水保局臺南分局 3. 屏東林管處 4. 高雄市水利局	部分勝訴
高雄氣爆 103/07/31	1. 臺灣高雄地方法院104年度國小字第1號、104年度國字第22號 2. 臺灣高雄地方法院104國16、104國簡1、105國簡2、104國15、105國簡1	高雄市政府	部分勝訴

一、溫妮颱風（林肯大郡土石流坍塌，86/08/16）[1]

研究指出：「在臺灣，每隔幾年就會發生一起駭人聽聞的順向坡災變，究其原因，有出於天然因素如颱風、地震者；有出於人為因素如施工、維護不當者；更有天然及人為因素二者兼具者。由於順向坡地質特性使然，其災變事件往往造成人民生命、身體及財產的重大損害。關於此等損害，除加害人須負擔侵權行為之賠償責任之外，國家是否負有國家賠償責任，以及構成何種責任類型，成為法學的重要研究課題。」（關弘侑，2011）。

1997年8月18日溫妮颱風過境，其所挾帶之雨水滲入地下，居民所有及居深五十公尺、東西長度約一百四十公尺之地層滑動，使擋土牆、格梁及地錨因無法支撐岩體下滑力量而瞬間坍塌，致混凝土牆體併同大量泥石，衝向坐落於坡腳處緊臨擋土牆之「林肯大郡」第二、三區房舍，撞斷該建物一、二樓梁柱，部分房舍瞬間傾倒。本案原告為其中三位受災住戶，於民國88年8月17日向臺北縣政府

---

[1] 以下國家賠償事件之案情整理自：臺灣板橋地方法院（臺灣新北地方法院）八十九年度重國字民事判決（裁判日期：91/05/31）。相關研究可參考：盛仲達（2014）。順向坡土地開發與國家賠償責任－以國道三號走山及林肯大郡崩坍事件為研究中心。世新大學法律學研究所碩士論文。

（以下稱「被告」）請求賠償，被告以八十八年度法賠字第二十號拒絕賠償，故原告向法院訴請國家賠償。以下整理本案雙方之爭議點及法院之認定：

（一）核發建造執照部分

被告所屬公務員於執行職務時就本建案是否有明知爲同一建築工事，用脫法方式以八支建造均小於一公頃爲由，省卻會勘檢討公共設施與公用設備，便發給建造執照？就此法院認爲：(1)本案經監察院調查而提出糾正案，認爲被告對申請開發地區，僅要求起造人應切結水源洪應，鄰近交通、排水系統等公共設施與公用設備均能配合，而制定所謂「依往例審查」作業辦法，經詢問該府相關人員，工務及農業單位皆互推非其審核範圍，顯前開審查作業辦法未臻明確，造成承辦人員漠視現場勘查，違失情形嚴重。(2)依法一公頃以下申請案並不得僅審查書面切結書，未實際會勘檢討公共設施及公用設備即行發照，被告機關所屬公務員依法至少應舉行檢討公共設施及公用設備之審查會，而無不作爲之裁量餘地。從而，法院認爲被告怠於行使審查職務，致使建商得以順利取得八支建造執照，其發照程序顯屬違法，並至少具有過失。

（二）核發使用執照部分

關於被告所屬公務員於職行職務時，就本建案是否有明知圖實不符，仍核發使用執照？就此法院認爲被告相關單位人員均曾親至現場查看，在以肉眼即可明白窺知本建案明顯圖實不符之前提下，被告所屬公務員不但未依規定駁回申請，並對業主處以罰鍰、強制拆除、勒令補辦變更設計手續或勒令停工，亦未依「臺北縣政府工務局建造執照申請有關特殊結構委託審理原則」之規定（有安全顧慮之建築物及高度超過九公尺之邊坡擋土牆結構物，經工務局認有必要者，得委託有關專業機關審查），對高達九公尺以上之擋土牆部分完工查驗不確實，於圖實明顯不符情況下卻發給使用執照，顯有過失。

（三）建商擅自先行動工問題

　　雙方對於本案建商申請變更設計時，已擅自先行動工，行將完成一節並無爭執，而可認為真。但法院認為對已進行至完成階段之工程，主管機關似已無勒令停工之實益及必要，蓋本件原告主張「有危及安全之虞」部分，既為業主未經許可已擅行開挖部分（即達原核准挖方三點四倍），顯與未經主管機關勒令停工而「繼續施工」之收尾雜事（無涉及「開挖」工程本體）無涉，則被告機關建管承辦人員審酌實情（即客觀已近完工），認已無勒令停工之必要，而依建築法八十七條規定處以三千元罰鍰（法定最高額）並令補辦手續，已基於職權判斷予以裁量處分，並無不妥。

（四）關於主管機關就山坡地開發建築案之「隨時抽查」義務

　　關於被告所屬公務員是否有違反山坡地開發建築管理辦法第二十一條第二項「隨時抽查」之作為義務？即該條抽查義務係指主管機關就轄下全部案件，應不特定隨機加以抽查，抑或就每一案件均應隨時抽查？就此法院認為：山坡地開發建築管理辦法第二十一條第二項固規定有關山坡地雜項工程施工期間，主管建築機關應會同有關機關隨時抽查，但所稱「隨時抽查」，應係指主管機關就所管轄的全部案件，應就不特定案件隨機加予抽查，而非謂對每一個個案均應查驗，是以原告主張林肯大郡基地雜項工程施工期間，被告未曾就個案隨時抽查，即謂公務員違反山開辦法第二十一條第二項抽查義務，應無可採。

（五）關於審查義務之「行政與技術分立原則」

　　本案被告所屬公務員就其法定審核義務，是否具實質認定之能力，即相關技術責任，基於行政與技術分立原則，是否應由申請人（建商）及其他專門技術人員負責？抑或主管機關行政人員應併同負責？就此被告辯以：「本案相關建照，均經建築師簽證負責，並附簽證負責表在卷，其水土保持計畫工務局均曾會辦農業局審核簽認『可行』已達無礙水土保持之條件，工務局依程序准許，並無違誤。」

就此，法院認為：基於專業分立原則，被告工務單位對於是否「無礙水土保持」之認定作業標準，固應尊重農業局水土保持主管單位之審查結果，惟被告所屬農業局相關人員，則應盡相當之審查義務，始得簽註認定是否「無礙水土保持」，倘農業局水土保持單位，僅視建築師簽證負責即無庸再做任何審查，則由工務局自行審查即可，豈有必要再會農業局簽認。是以原告主張：被告所屬農業局水土保持課人員，就本件雜項執照之申請是否無礙水土保持，未盡實質審查義務，逕於工務局之會簽上簽認可行，致使工務局誤依山坡地開發建築管理辦法第十八條第一項但書前段核准本件雜項執照併建造申請，其執行職務顯有過失及違法。

（六）地質鑽探報告不實部分

關於被告所公務員未發見地質鑽探報告不實而核發建照部分，法院認為：依「建築技術規則建築構造編」第六十四條規定：「五層以上建築物或供公眾使用建築物，均須由登記有案之鑽探業，應用地基探鑽方法調查」；同編第六十五條規定：「地基鑽探孔應均勻分布於基地內，每六百平方公尺鑽一孔，但每一基地至少二孔。如基地面積超過五千平方公尺時，當地主管建築機關得視實際情形規定孔數。」經查本案坍塌調查報告結論指出：「林肯大郡」建商於八十二年五月六日為申請建造執照所檢附之「地基鑽探與土壤試驗報告書」，係以「林肯大郡」一至六區全部土地面積五萬零八百八十二平方公尺為範圍進行地質鑽探調查（惟實際上並未執行鑽探工作），全部基地僅施鑽九孔，平均每五千六百五十三點五五平方公尺僅施鑽一孔。

本案原告所有房地坐落之二區，為面積一公頃左右不同區位之基地，依法該區基地範圍內至少應鑽十六孔，可見建商所提出之「地基鑽探與土壤試驗報告書」所載鑽探孔數明顯不足；同時鑽探報告內無任何關於地層特性及強度參數等資料；且現場鑽探時間記載為民國81年12月25日至82年1月1日，僅八日，依其所述作業方式，實無法於該作業時間內完成，由其形式即可研判鑽探報告可能存在未實際依法施作之情事。

就此被告雖辯稱：本件所涉被告機關核發相關執照事宜，係依法採行「行政監督及技術簽證分立」原則辦理，並無違失。但法院認為：依行政與技術分立原則，其目的乃在提高行政服務效率及建築設計品質，以加速相關建築執照審核時效，非若被告所稱主管機關只需就書件有無檢附予以查核，完全不問其所檢附書件之內容是否符合形式之標準，即屬依法行政。從而，縱使依行政與技術分立原則，主管機關就相關書件形式內容是否完足等，仍負有「雖低度但最基本之審查義務」。

為此，法院認為：本件被告僅單就鑽探報告形式審查，即可明顯發見有地質鑽探孔數顯然不足法定最少孔數、完全無任何地層特性及強度參數資料；且就所描述之鑽探方法，顯然無法於所記載之工作日數完成，從而存有實際全部或局部未鑽孔施作之高度可疑。亦即被告所屬公務人員僅需對地質鑽探報告僅作形式審查，即不難查覺缺漏違誤，並可在「綜合審查」欄內核簽而督促申請人補正。被告所屬機關公務員於審核建造執照時，竟連此基本之應鑽孔數皆未加查核以要求改正，過失確實明顯。

（七）侵權行為與損害結果間是否具有相當因果關係

法院認為：損害與違法執行職務之行為間只須具有相當因果關係則為已足，不以該違法執行職務之行為係發生損害之唯一原因為必要，縱另有其他原因（如第三人之加害或被害人自身之非行等）併生損害，亦無礙於相當因果關係之成立，而係共同不法行為或過失相抵之問題。觀諸本案坍塌調查報告表示：本坍塌區之地質係砂頁岩互層之地質，邊坡破壞模式係為一沿頁岩面下滑之順向坡平面滑動破壞。由於邊坡之岩層有若干垂直節理存在，豪雨時大量雨水沿垂直節理之張力裂縫滲入，蓄積在擋土牆RC面版後方及頁岩之層面間，且頁岩遇水後強度會有明顯降低的特性，故豪雨時一方面水壓力造成下滑之推力增加，一方面頁岩之抗滑力又明顯降低，當下滑力大於抗滑力時，即造成邊坡之全面坍塌破壞。造成邊坡坍塌之人為面向包括：基地調查部分、建築配置部分、設計部分、施工部分、管理維護部分。

　　本案如前所述，被告所屬機關公務員之核發建築執照行為明顯違反相關建築法令，其若能對建商檢附鑽探報告時善盡審查之義務，使基地調查部分不致流於形式，尚不致造成因地質、地層調查資料明顯不足且不實，進而導致建築配置、設計均有重大違誤，致安全標準不足。又「林肯大郡」業主不當建築行為，固為導致系爭災損原因之一，惟主管機關於發見圖實不符之情況下，竟未盡監督糾正之責，仍逕許核發使用執照，錯失將邊坡擋土牆送專業機關審核之機會，而無法發現已興建完成擋土牆、格梁及地錨系統不足以提供足夠之抵抗。是依客觀觀察，被告怠於查驗、違法發給建築證照行為，與業主施工及管理不當，均屬本案損害發生之共同原因，而有相當因果關係存在。

　　綜上所述，法院認定被告應負國家賠償責任，本案經被告上訴後，二審法院僅調整賠償金額（三位住戶分別獲賠約：475萬、229萬、196萬），仍確認被告應負國家賠償責任[2]。

二、九二一大地震（88/09/21）

　　1999年9月21日發生之九二一大地震，引發所起大樓倒塌及住戶死傷，但事後住戶訴請國家賠償的結果卻未盡一致，例如臺北市東星大樓案、豪門世家大樓案，一審法院均判決臺北市政府工務局應負賠償責任[3]。然而，臺中縣向陽永照大樓案，一審法院則判決住戶敗訴，亦即臺中縣政府無須負賠償責任[4]。為此，以下即整理分析臺中縣向陽永照大樓案之法院見解以供參照：

　　本案住戶即原告主張向陽永照大樓於1999年9月21日九二一大地震中倒塌，造成原告所有建物毀損，四十二人死亡、四十五人輕重傷[5]。經臺灣臺中地方法院檢察署檢察官會同國立中興大學至現場勘驗，並委託臺灣科技大學鑑定之結

---

[2] 請參考臺灣高等法院93年度重上國字第11號民事判決。

[3] 請參考臺灣臺北地方法院90年重國字第12號民事判決、臺灣臺北地方法院91年國字第19號民事判決。

[4] 請參考臺灣臺中地方法院91年重國字第8號、第12號民事判決。

[5] 蘋果日報（2004年09月21日），「震災孤兒年此時最痛，盼不再受干擾重做平凡人」，網址：http://www.appledaily.com.tw/appledaily/article/headline/20040921/1248639/，瀏覽日：2017/4/9。

果，建築物之毀損倒塌確係因施工混凝土品質不良、箍筋不足、模板組立時未將木屑清除及違反建築技術規則所定之水灰比等人為因素造成，與地質斷層帶無關。

原告另主張被告即臺中縣政府為建築主管機關，其核發向陽永照大樓之建造執照及使用執照，相關缺失包括：(1)未察覺技師、營造業者違法借牌情事。(2)未指定符合資格之人員進行審查。(3)被告於建築物施工時均未進行抽查及勘驗，因而未能發現建築物施工之偷工減料、不依建築技術成規及設計圖施工等缺陷。(4)依建築法之相關規定，被告所屬負責審查、勘驗之公務員對於建築物之執照審查及施工階段，本應依規定確實進行勘驗審查，且不得以有建築師簽證即免除其勘驗義務，竟於審查使用執照時勘驗不實，未依規定對於建築物之主要構造進行查驗，即在審查表中第四項「工程每階段是否勘驗合格」之審查結果打「○」。為此，被告顯係怠於執行職務而有過失，其所屬公務員怠於執行職務與建築物倒塌，造成住戶人員傷亡及財物毀損，自有相當因果關係。原告前已先向被告請求國家賠償，被告於2001年7月23日發文檢附拒絕賠償理由書拒絕賠償，故原告向法院訴請國家賠償。本案住戶敗訴之關鍵在於：法院認為以上公務缺失縱使存在，但與施工問題、大樓倒塌之間並未有相當因果關係，並認為施工問題、大樓倒塌之原因及責任應歸咎於建商。以下整理本案雙方之爭議點及法院之認定：

（一）關於縣府指派不符資格之人員審查並核發建築執照部分

法院認為本案建築物倒塌之原因，係因施工混凝土品質不良、箍筋不足、模板組立時未將木屑清除及違反建築技術規則所定之水灰比等人為因素造成，即施工時偷工減料或違反建築成規所致。而縣府審查建築執照時指派資格不符之人員審核（按依建築法第三十四條第二項規定應以大專有關科、系畢業或高等考試或相當於高等考試以上之特種考試相關類科考試及格，經依法任用，並具有三年以上工程經驗者為審查，不得以高工畢業者為之），然如審照人員之資格縱未符規定，倘被審查之內容並無不符合規定，自與建築物倒塌無關。本件原告並未舉證

證明被告所屬公務員審核建照時，被審查之內容有何不合規定之情事，僅以審照人員資格未符合規定爲其請求之依據，難謂與其損害間有何因果關係。

（二）關於縣府審查建築執照時未察覺建商之技師、營造業者違法借牌部分

被告對其於審照時未察覺技師、營造商借牌情事，固不爭執。然系爭建築物係借牌承攬僅爲一事實，其未必發生施工偷工減料或違反建築成規之結果，自與系爭建築物倒塌造成原告之損害間無因果關係。且原告未就借牌承攬是否爲被告所知而未處理乙節舉證，亦難認被告有故意或過失。

（三）關於被告未勘驗建築施工部分

關於被告未勘驗轄內建築施工有無怠於執行職務？及倘被告未不定期勘驗而怠於執行職務，與原告所受之損害間有無因果關係？法院認爲民國73年11月7日修正前建築法第五十六條係規定：「建築工程中必需勘驗部分，應由直轄市、縣（市）（局）主管建築機管於核定建築計畫時，指定由承造人按時申報勘驗合格後方得繼續施工。前項建築工程必須勘驗部分，由省（市）政府於建築管理規則中定之。」修正後之規定爲：「建築工程中必須勘驗部分，應由直轄市、縣（市）主管建築機關於核定建築計畫時，指定由承造人會同監造人按時申報後，方得繼續施工，主管建築機關得隨時勘驗之。前項建築工程必須勘驗部分，勘驗項目、勘驗方式、勘驗紀錄保存年限、申報規定及起造人、承造人、監造人應配合事項，於建築管理規則中定之。」修法後將原條文中「勘驗合格」文字刪除，其修正理由爲：「建築工程必須勘驗部分明定由承造人會同監造人按時申報，並增訂主管建築機關得隨時勘驗監督，以簡化勘驗手續。並增加勘驗紀錄之保存，以利查考與建築之管理。」

臺灣省建築管理規則第二十八條第一項雖明定：「建築工程必須勘驗部分，依左列施工階段辦理：一、放樣勘驗……」，然同法條第三項亦規定「申報勘驗之文件應經承造人會同監造人查核簽章後於階段工程施工前送達當地主管建

築機關次日方得繼續施工。但有緊急施工之必要者，監造人或承造人得監督先行施工並於三日內報備……」，從而，建築法第五十六條所謂「建築工程必須勘驗部分」，其勘驗之義務人明定為監造人、承造人，渠等會同勘驗簽章後，將勘驗申報書送達主管建築機關備查次日後即可施工，足徵，現行建築法對於施工管理階段乃採行報備制。雖其後段規定「主管建築機關得隨時勘驗之」，考其立法意旨應係指主管建築機關立於監督之地位，得隨時勘驗而已，然主管建築機關並非施工勘驗之義務人甚明。

監察院曾就本案為調查，被告亦函復監察院稱：「當時該府依臺灣省建築管理規則第二十八條之規定，由承造人、監造人及主任技師現場勘驗核可於申報書簽章負責，報府申請。該府查核其申報有無簽章後，即予備查，該府並未派員現場勘驗……」等語，監察院即據以認定上開條文規定主管建築機關仍有隨時勘驗之職責，惟非應定期勘驗工程，而係得隨時為之，而被告未採行隨時抽查勘驗，決策顯欠妥適，行事輕忽，核有違失，此有原告提出之監察院函文可稽。

按上開法條雖採報備制，由承造人會同監造人負勘驗之責，然同時輔以主管機關監督職責，以免承造人、監造人未確實勘驗，則主管建築機關即不得以上開修正條文採報備制，而免除自己應負之監督義務。但建築主管機關尚無須定期勘驗全數施工工程，基於建築主管機關人員之配制，相較於轄區中之工程龐大，實際上亦不可能由建築主管機關人員於每次建築施工均到場勘驗，從而，如有公務員怠於執行職務，其所怠於執行之職務並非指其未於每次施工階段皆應為勘驗而未勘驗，蓋其並非勘驗義務人，其所怠於執行之職務乃指其對於全縣轄內建築之施工均未曾勘驗，行監督之責。易言之，被告如有為抽查勘驗，即無怠於執行職務，如未為抽查勘驗，即有怠於執行職務。

按所謂「相當因果關係」，係指無此行為，必不生此損害，有此行為，通常即足生此損害之情形而言，前者為條件關係之判斷，後者為相當性之判斷。是本件應先審究前者之條件關係，即無此行為（指有抽查勘驗），是否必不生偷工減料之情事？查施工勘驗義務人乃承造人及監造人，被告僅係監督機關，並非施工勘驗之義務人，被告如有抽查勘驗，雖會使承造人、監造人心生警惕，有減少偷

工減料之可能，然因抽查勘驗僅係於轄區內眾多之施工建築抽查而已，被告人員有限，且既係抽查勘驗，只能就其中之一部分為之，此有如建造執照及雜項簽證項目之抽查，即每十件中抽查其中幾件，即可謂之抽查勘驗，且施工中有多項階段，並非每個階段皆需勘驗，故就其中一項或幾項為勘驗亦屬抽查勘驗，尤以立法機關並未明文規定建築主管機關必需抽查勘驗之比例或件數，則被告縱有對於轄區內之建築施工為抽查勘驗，並不一定抽查勘驗到本案之建築物，且縱使抽查勘驗到本案建築物，因施工有多數階段，亦不一定該次抽查勘驗即查到有偷工減料或違反建築成規之情事。

　　依邏輯推論及經驗法則，主管機關縱行監督之抽驗，並不能推論導致施工中之建築絕無偷工減料之結果，此有如海關對人員或物品之入關，負有抽查有無人員借入關之便，持毒品入關，或抽查有無以假品名為不實之輸入，雖海關人員之抽驗有使入關者生警戒之心，然因海關人員有限，待抽驗之數量龐大，並無法全數檢驗，故仍有人闖關，因此雖海關人員有抽驗，然國內毒品、走私物品仍不能盡絕。故施工勘驗之義務人即承造人、監造人之未確實勘驗之，與偷工減料之結果間應有因果關係，甚為顯然；然縣府立於監督人地位，因人員不足僅負抽驗之責，其未抽查勘驗與承造人偷工減料或違反建築成規之結果，實難認有必然之關係。

（四）關於審查使用執照時有無勘驗不實部分

　　建築法第七十條規定：「建築工程完竣後，應由起造人會同承造人及監造人申請使用執照，直轄市、縣（市）（局）主管建築機關，應自接到申請之日起，十日內派員查驗完竣。其主要構造，室內隔間及建築物主要設備與設計圖樣相符者，發給使用執照……」。經查被告於審查本案建築物使用執照時，曾派員至現場勘查後，始核發使用執照，為兩造所不爭執。而系爭建築物倒塌之原因既係施工混凝土品質不良、箍筋不足、模板組立時未將木屑清除及違反建築技術規則所定之水灰比等情，此等情事均係發生於建築物施工完成前，被告所屬承辦核發使用執照之公務員，於建築物施工完成後前往現場堪查時，自無從查悉

上情，從而難認被告於系爭建築物完工核發使用執照審核階段有何違法失職可言。

此外，建築施工既採報備制，其勘驗義務人乃承造人及監造人，是使用執照審查表之審查項目第四欄「工程每階段是否勘驗合格」欄，自應以承造人及監造人之勘驗紀錄為準，如承造人及監造人已依規定申報，並簽章表示勘驗合格，則被告如無其他情事（例如：發現承造人及監造人未按時申報或無勘驗合格之紀錄等），其審查結果自應打「○」，而本案建築物之承造人及監造人均依規定簽章申報勘驗合格，被告所屬公務員於建築物「使用執照審查表」之審查項目第四欄「工程每階段是否勘驗合格」欄，在「審查結果」打「○」，表示勘驗合格，據此尚難謂被告所屬公務員於審查使用執照時未確實勘查。故本案施工混凝土品質不良、箍筋不足、模板組立時未將木屑清除及違反建築技術規則所定之水灰比不符建築技術規則，既係審查使用執照時，所無從審查之事項，其責任仍應歸於承造人及監造人之不實勘驗紀錄，尚不能歸責於被告。

綜上所述，法院認為本件被告核發使用執照既無違法情事，雖其於審查建築執照時，未依規定使用符合資格之人員，又未察覺承造人借牌承攬之情事及應於施工中為抽查勘驗而未實施，而有違失，然上開違失與原告所受之損害無相當因果關係，被告自無國家賠償責任可言。本案住戶雖提起上訴，仍遭駁回[6]。

三、莫拉克風災（98/08/08）

八八水災，又稱莫拉克風災，是2009年8月6日至8月10日間發生於臺灣中南部及東南部的一起嚴重水災，起因為颱風莫拉克侵襲臺灣所帶來創紀錄的雨勢（許多地方2日的降雨量，相當於1整年份的量），是臺灣自1959年八七水災以來最嚴重的水患，期間臺灣多處淹水、山崩與土石流，其中以位於高雄縣甲仙鄉

---

[6] 臺灣高等法院臺中分院93年重上國字第2號民事判決、最高法院94年台上字第2116號民事判決、最高法院94年台上字第1839號民事判決。相關研究可參考：白友桂、孫斌（2010）。違反職務義務與國家賠償責任－評臺灣高等法院91年度重上國字第10號判決(東星大樓案)。萬國法律，169：63-80，黃絲梅（2014）。臺中市改制前後公務員怠於執行職務與國家賠償之研究。東海大學公共事務碩士在職專班碩士論文。

小林村小林部落於8月8日因獻肚山崩塌而滅村事件最為嚴重，造成474人活埋。高雄縣甲仙鄉小林村滅村事件受難者之親友，於高雄縣市合併後，以高雄市政府、甲仙區公所為被告，請求國家賠償，但一、二審法院均判決駁回其請求[7]，主要理由如下[8]：

（一）本案應分就獻肚山崩塌及土石流災害分別觀察

本次事故經行政院公共工程委員會委託中國土木水利工程學會，及高雄地檢署邀請國內專家學者進行調查結果，認係因獻肚山崩塌及因崩塌形成之堰塞湖潰決所致，此主要係因該地地質條件及高強度降雨雨量所造成，單純之降雨並非獻肚山崩塌之單一、必然誘發原因。土石流與崩塌並非完全相同，我國當時僅就土石流部分有警示及注意規定，崩塌部分則無警示處理措施之相關規定。本事故係因獻肚山山體崩塌，並非當地列為土石流潛勢溪流之高縣DF006、007發生土石流災害所致。故應分就獻肚山崩塌及土石流災害部分，分別觀察公務員有無怠於執行職務之行為，否則即屬課予公務員過高且不合理之責任。

（二）依當時可掌握之資訊難以預見獻肚山崩塌

就獻肚山崩塌部分，依現有可查之歷史資料，獻肚山並未有大規模崩塌紀錄。參與本事故致災原因調查之學者表示：「此種崩塌無法預測」。行政院農委會事後邀集相關學者及權責機關召開研商崩塌防災體系架構及分工會議結論亦表示：「以目前科技無法預測崩塌，事先預警實務上並不可行。」獻肚山並非僅因降雨因素崩塌，高雄市政府及甲仙區公所所屬公務員依當時可掌握之資訊、科技及所受之訓練，難認有獻肚山崩塌之預見可能，進而將全村撤離，此部分公務員並無違反法定義務之不作為疏失。

---

[7] 請參考臺灣高雄地方法院101年重國字第3、4號民事判決；臺灣高等法院高雄分院103年度重上國字第1、2號民事判決。

[8] 整理自臺灣高等法院高雄分院新聞稿，發稿日期：105年8月10日，發稿單位：行政庭長室，編號：105-03。

（三）被告未配合中央指令撤離土石流保全對象有不作為之疏失

就土石流災害部分，小林村在8月8日中午以前並無高強度降雨情況，亦無土石流發生之徵兆，小林村村長依現地觀察狀況，並無雨量將造成當地高縣DF006、007溪流發生土石流危險可能之預見，故其當時決定未為勸告或強制撤離村民之行為，尚無違反災害防救法及疏散作業規定。惟中央災害應變中心於8月8日12時50分下達撤離指令，高雄市政府及甲仙區公所所屬公務員已無裁量空間，應依令針對土石流保全對象進行執行撤離之作為，但小林村村長未服從上級命令進行撤離動作，甲仙區公所及高雄市政府均未即時督促執行，此部分有不作為之疏失。

（四）被告不作為之疏失與本案災害無相當因果關係

然依當時小林村路況及現地情況，當時縱使進行避難作為，亦係針對土石流保全對象進行就地避難安置於小林國小及小林社區活動中心，而上開二區於獻肚山崩塌瞬間亦遭掩沒。故高雄市政府、甲仙區公所縱有疏失，其與上訴人親人死亡損害間，仍無相當因果關係，而不成立國家賠償責任[9]。

四、拉庫斯溪土石流（桃源區復興里下部落受災，101/06/11）

2012年6月11日，高市桃源區復興里因豪雨釀災，造成9戶民宅遭惡水沖毀、4戶半毀，當地居民認為高雄市政府水利局、桃源區公所等單位怠於整治拉庫斯溪河道及管理護岸，成立自救會共12戶、48位居民，提告訴請國賠3,400萬元。自救會指出，拉庫斯溪上游於2009年8月莫拉克颱風侵襲時，出現千萬立方公尺的崩積土石，主管機關遲未疏浚，使得拉庫斯溪集水區於2012年6月11日因連降大雨而夾帶大量土石流入復興里下部落，淹沒村內十餘戶土地、房屋，顯示

---

[9] 本案於本文2017年4月截稿時已上訴最高法院。相關研究可參考：周元浙（2009）。國家承擔水土保持義務之責任。軍法專刊，55（6）：132-161。

未記取莫拉克風災教訓，仍疏於整治管理才釀災[10]。

　　本案原告認為因桃源區公所未安善處理清疏所生土石，亦未採取疏濬拉庫斯溪以擴大通水段面之積極整治措施，導致土石回流堵塞拉庫斯溪河道；水保局臺南分局未對拉庫斯溪進行疏濬措施，亦未監督桃源區公所辦理清疏工程；屏東林管處明知拉庫斯溪上游堆積大量土石，卻怠於執行清疏及處理崩塌土石之職務；高雄市水利局所設置之拉庫斯溪復興里聚落安全護岸工程（以下稱系爭護岸）則因管理欠缺，使拉庫斯溪水經由系爭護岸缺口沖入復興里下部落，致生本次災害，從而被告機關共同不法侵害原告之權利，應連帶賠償原告之損失。為此，原告依國家賠償法第2條第2項、第3條第1項，及侵權行為之法律關係，請求被告連帶賠償原告因系爭災害所受財產上及非財產上之損失。臺灣高雄地方法院認定高雄市政府水利局、農委會水保局臺南分局對於相關公共設施設置管理確有欠缺，判決二機關應國賠災民共588萬5千元，重要理由如下[11]：

（一）屏東林管處及高雄市桃源區公所無國賠責任

　　原告對屏東林管處及高雄市桃源區公所請求賠償部分敗訴，因其二者非拉庫斯溪之管理或護岸之設置機關，亦無法證明就系爭災害之發生有故意、過失或怠於行使職務之不法侵權事實。

（二）預算問題並不得作為國家免責之事由

　　水保局臺南分局為本件拉庫斯溪之管理機關，而「河川」依立法理由之說明，係屬公有公共設施無誤。證據顯示拉庫斯溪於本次災害發生前，持續處於不安全之狀態，已堪認客觀之管理上有所欠缺。若損害之發生純粹屬於天然災害或不可抗力，人民固無從請求國家賠償，惟若公有公共設施之管理欠缺，在時空上

---

[10] 蘋果日報（2016年08月31日），「611惡水沖毀民宅，高市府農委會國賠588萬」，網址：http://www.appledaily.com.tw/realtimenews/article/new/20160831/939321/，瀏覽日：2017/4/9。

[11] 請參考臺灣高雄地方法院103年度原重國字第1號民事判決、臺灣高雄地方法院新聞稿，發稿日期：105年8月31日，發稿單位：行政庭，編號：105-006。

因天然災害之加入，而導致損害之發生或擴大，即應認具有相當因果關係。而整治河川縱使預算有限，此預算上之問題，並不得作為國家免責之事由，是以本次災害雖與611之超大豪雨有關，但拉庫斯溪之管理機關即水保局臺南分局仍應負有國家賠償法第3條第1項之無過失賠償責任。

（三）護岸設置機關應負無過失之國家賠償責任

高雄市水利局係河川護岸設置機關，又護岸於本次災害發生前呈現一段缺口，自屬設置上之欠缺。護岸之設置欠缺，對於災害仍有加速其發生或擴大之作用，是應認護岸之設置欠缺，就災害所造成損害之發生或擴大，具有相當因果關係。故護岸之設置機關即高雄市水利局亦應依國家賠償法第3條第1項之規定，負無過失之國家賠償責任。

（四）法院認定此案不得請求慰撫金

原告請求精神慰撫金部分，因原告之舉證尚不足以證明其等因系爭災害而受有身體或健康上之不法侵害，且就居住權、文化權、家庭權等其他人格權部分，經查亦尚未達情節重大之程度。亦即，本件依原告舉證尚不符民法第195條第1項得請求精神慰撫金之要件，故此部分之請求應予駁回[12]。

相關研究曾指出：「整體而言，水利類所占全部國家賠償案件比例仍然偏低，但水利設施與民眾生命財產關係越來越緊密，衍生國家賠償事件將越來越頻繁，許多水利管理機關須面對冗長和繁複的訴訟攻防，更須擔憂訴訟敗訴之賠償金額籌措」[13]（呂春生，2016），值得主管機關平日即用心維護，防範於未然。

---

[12] 民法第195條：「不法侵害他人之身體、健康、名譽、自由、信用、隱私、貞操，或不法侵害其他人格法益而情節重大者，被害人雖非財產上之損害，亦得請求賠償相當之金額。其名譽被侵害者，並得請求回復名譽之適當處分。前項請求權，不得讓與或繼承。但以金額賠償之請求權已依契約承諾，或已起訴者，不在此限。前二項規定，於不法侵害他人基於父、母、子、女或配偶關係之身分法益而情節重大者，準用之。」

[13] 該研究選擇水利機關設施維護管理所導致國家賠償案例進行評析，經彙整15件各級法院裁判案例統計發現，多數水利類國家賠償案件為二審審結居多，裁判機關賠償案例占7件（47%）最高，判決賠償案件以賠償100~300萬4件（27%）及被求償機關以中央水利署暨所屬單位7件（47%）最多。其中，水利設施缺失案件主要以水防道路缺失致被害人死傷7件（47%）最多，財產損害6件（40%）次之；其中被害人死傷案件多數以被害人死亡居多。

五、高雄氣爆（103/07/31）

　　高雄氣爆事故是2014年7月31日23時55分以後至8月1日凌晨間，發生在臺灣高雄市前鎮區與苓雅區的多起石化氣爆炸事件，造成32人死亡、321人受傷，並造成至少包括三多一路、三多二路、凱旋三路、一心一路等多條重要道路嚴重損壞。事後經調查認定為四吋丙烯管線遭不當包覆於排水箱涵內，致管壁由外向內腐蝕並日漸減薄，而無法負荷輸送管內之液體壓力而破損，致運送中液態丙烯外洩，引起本件爆炸事故[14]。因本次事件受損害而申請國家賠償者眾多，法院一致認為發生氣爆案的排水箱涵為公有公共設施，高雄市政府應依國家賠償法第3條第1項規定，就公有公共設施設置之欠缺，負國家賠償責任。氣爆發生原因，歸納其要點如下[15]：

　　（一）包覆排水箱涵內之4吋管線，因長年懸空暴露於水氣中，導致管線第一層因潮濕鏽蝕而破損；又因懸空埋設於排水箱涵內，管線第二層保護之陰極防蝕法缺乏導電介質而失效，管壁因而由外向內腐蝕並日漸減薄，2014年7月31日晚間終至無法負荷輸送管內壓力出現破損，管線內運送液態丙烯外洩而發生重大爆炸，此業經金屬工業研究發展中心鑑定明確。

　　（二）法院基於以下原因，認「排水箱涵逕將管線懸空包覆」之施工工法並非施工慣例，僅為便宜行事之作法，管線如與箱涵牴觸即應遷改，故被告排水箱涵之設置顯有欠缺：

1. 箱涵將管線懸空包覆，此施工工法終將因時間推演致使管線破損，顯不應為工程實務所採，此參以證人即時任水工處設計科股長之廖哲民於刑案偵查中證：「我們在箱涵設計時不會允許管線穿越，如有跟管線交叉，我們會要求對方遷改」等語益明。

2. 水工處為處理箱涵埋設與路面下其他事業管線牴觸問題，已於1991年8月7日邀集含中油公司在內之各管線事業單位召開協調會，共同達成：「與

---

[14] 臺灣高雄地方法院檢察署檢察官起訴書第17頁。
[15] 請參考臺灣高雄地方法院104年度國小字第1號、104年度國字第22號民事判決。

箱涵埋設區域牴觸之事業管線必須遷改」之結論，水工處人員趙建喬基此並於設計圖附註第13點載明「本工程施工範圍均有既設管線，倘有牴觸，施工前須協調辦理遷移」，在在足見與箱涵牴觸之管線應協調遷改始為工程慣例。

3. 此外，依趙建喬刑案偵查中所述，依其設計係將管線包含箱涵頂板，亦未採將管線懸空包覆於排水箱涵內之施工工法，堪認此僅為承商瑞城公司便宜行事之作法，被告排水箱涵之設置有欠缺，應可認定。

本案縱使認為輸送丙烯之管線非公有公共設施，但其亦應屬「石油管理法」所稱石油管線，而有石油管理法之適用。故學者指出：「石油管線之主管機關，為經濟部及高雄市政府，負有監督業者維護管線安全之職務義務，如長年未執行此項應執行之職務，致因管線腐蝕漏氣引起爆炸而造成人民傷亡及財物損害，亦須就其因怠於執行職務而生之損害，依國家賠償法第二條第二項後段、第九條第一項負擔國家賠償責任。總之，無論公共設施管線或非公共設施管線，皆應確保其安全。尤其非公共設施管線，若不能確保其安全，即不應容許或許可在人口聚集地區埋設。若管線經許可埋設，則埋設管線之道路主管機關及有核准該管線設置埋設之權責機關，應行使公權力，確實維護其安全，乃其應執行之職務，責無旁貸。」（廖義男，2014）。

肆、結語

以上分就近二十年來臺灣面臨風災、水災、地震等五次災難，整理呈現其國家賠償判決之法院重要見解。前三次之溫妮颱風（林肯大郡土石流坍塌）、九二一大地震（多起大樓倒塌）、莫拉克風災（小林村事件），較屬於因公務員是否怠於執行職務而使人民受害之類型；後二次之拉庫斯溪土石流（桃源區復興里下部落遭沖毀）、高雄氣爆，較屬於因公有公共設施因設置或管理有欠缺而使人民受害之類型。後者因採無過失主義，即以該公共設施之設置或管理有欠

缺，並因此欠缺致人民受有損害為其構成要件，非以管理或設置機關有過失為必要，從而兩案均成立國家賠償責任。

　　至於前者，小林村事件雖法院已確認小林村村長未服從上級命令進行撤離動作，甲仙區公所及高雄市政府均未即時督促執行，此部分有不作為之疏失，但卻因天災範圍過大，避難安置處所之小林國小及小林社區活動中心於獻肚山崩塌瞬間亦遭掩沒，故公務疏失與損害間仍無相當因果關係，誠屬特殊情形。未來如何更落實撤離及避難安置，值得持續加強。

　　林肯大郡坍塌與向陽永照大樓倒塌事件之國家賠償責任，則形成對比。相關研究曾彙整最高法院對建築法事件主管機關怠於執行職務之見解（尤重道，2011），核心爭議包括建築執照或使用執照須做形式審查或實質審查？主管建築機關未於施工中進行勘驗有無怠於執行職務？被害人所受損害與主管建築機關怠於執行職務間有無相當因果關係存在？就此等爭議，法院容有肯定說、否定說等不同見解，凡此或與個案事實有關，但政策上如何使建築規範更能落實切實監督制衡、確保人民安全、抵抗天災之目的，已刻不容緩。2016年2月6日美濃大地震所導致臺南維冠大樓倒塌事件，是否能為臺灣建築法制上之疏漏畫下句點？值得各界持續關注。

參考書目

中文書目

尤重道（2011）。建築法事件消極不作為國家賠償責任之探討—對最高法院相關判決見解分析。法務通訊，2539：4-6。

白友桂、孫斌（2010）。違反職務義務與國家賠償責任—評臺灣高等法院91年度重上國字第10號判決（東星大樓案）。萬國法律，169：63-80。

呂春生（2016）。水利機關之國家賠償責任判決案例評析。現代營建，439：58-70。

周元浙（2009）。國家承擔水土保持義務之責任。軍法專刊，55(6)：132-161。

盛仲達（2014）。順向坡土地開發與國家賠償責任—以國道三號走山及林肯大郡崩坍事件為研究中心。世新大學法律學研究所碩士論文。

黃絲梅（2014）。臺中市改制前後公務員怠於執行職務與國家賠償之研究。東海大學公共事務碩士在職專班碩士論文。

廖義男（2014）。高雄氣爆之國家賠償責任與管線埋設相關之法規範及其主管機關之權責。月旦法學，234：139-149。

劉春堂（2007）。國家賠償法。臺北市：三民書局出版。

蕭文生（2015）。裁量萎縮至零與怠於執行職務—最高法院103年度台上字第711號民事判決。法令月刊，66(3)：1-22。

關弘侑（2011）。論順向坡災變之國家賠償責任。國立臺灣海洋大學海洋法律研究所碩士論文。

第二篇

災難救援

第七章　災難管理與社會工作

林萬億

壹、前言

由於災難讓受害家庭與社區陷入傷病、死亡、貧窮、解組的痛苦，尤其是弱勢人口群的社會脆弱性（social vulnerability）充分暴露。因此，Rogge（2004）認為災難與創傷事件絕對是個社會福利議題。Miller（2004）也認為當災難發生，不論是自然或人為的，社會工作者一定會出現在那裡。

災難的特性影響社會與心理後果包括災難原因、可預測性程度、恐懼程度、災難發生位置、損害範圍、資源支持的無限與永續（Regehr & Bober, 2005）。如本書第一章所述，判定災難的指標也有部分適用於意外事故（incident）或偶發事故（accident），其間差異在於影響範圍的大小，及損壞的程度。災難的社區性與毀滅性遠大於單一的疏失造成的意外事故或偶發事件。社會工作者長期以來即是以每個人一生中不可避免的生、老、病、死所伴隨著的社會事故（social contingencies），或因工作失敗而陷入貧窮，甚至燒炭自殺；也可能因車禍而致殘，更可能因產業外移而失業等現代社會不可預期的社會風險（social risks），作為介入對象，這些弱勢人口（the disadvantaged），一旦遭遇任何意外事故、偶發事故，或是災難，就成為脆弱性最高的人群。而社會工作者的介入取向是以人在情境中（person-in-crisis situation）、人在環境中（person-in-the environment），或人在脈絡中（person-in-the context）、家庭為中心（family-centered），以及以社區為基礎（community-based）（林萬億，2013、2015）。因此，發生災難時，社會工作者就成為最被期待的災難管理者（disaster manager）之一。

有鑑於災難的頻仍與社會工作者在救災中的重要性，2007年起美國社會工作教育委員會（Council of Social Work Education, CSWE）即提出「災難管理與社會工作」（Disaster Management and Social Work）的新課程，供各社會工作學院參考。

關於社會工作介入災難（social work intervention in disasters）的議題，Journal of Social Service Research曾做過3次的專輯，第一次是在1996年，重點在檢視

災難與創傷壓力的影響及評鑑服務成效的研究方法論。第2次是在2003年，進一步檢視跨國救災經驗，藉此提醒跨文化的救災經驗中的災難復原與創傷壓力服務（Soliman & Silver, 2003）。第3次是2008年，針對災難社會服務。顯見這是全球災難高風險國家共同面對的迫切課題。

貳、社會工作與災難管理階段

基本上，社會工作者在災難管理的四個階段都扮演重要的角色。但是，一旦災難發生，受害者中的脆弱人口群本就是社會工作者的主要服務對象，因此，社會工作者被期待除了在減災、整備階段參與災害防救團隊的任務分派之外，更會花心力在災難應變、災後復原與重建上，因為在此二階段，社會工作者的可替代性很低，這也是為何社會工作學院必須發展災難管理與社會工作課程的原因。

社會工作觀點的災難管理與傳統災難管理的四個階段有些許差異。Dodds & Neuhring（1996）提出五個階段的災難救援進程，將復原期拉長：1.災難前準備，2.直接災難影響，3.災難後救援，4.延長復原，及5.重建。這與社會工作者參與災難管理的經驗吻合，災後復原與重建階段會持續很長一段時間。

Roberts（2006）進一步提出三個ABCD模式（Triple ABCD model）的危機管理與災難情境。亦即，四個災難管理階段都必須處理三個課題，而這三個課題也是很社會工作取向的。四個階段如下：

（一）A（災難救援人員抵達）

1. 緊急救援團隊、緊急醫療人員、主要救災負責人員，或危機介入人員抵達現場。
2. 情境、環境風險、危險、醫療與健康需求、活化緊急指揮系統、危機回應與（或）緊急救援工作人員的評估。
3. 財產損失估計、物理環境與設施破壞及其對人（與他人）的危險性、心

理健康條件（心理症狀、心理創傷與社會功能）等的評估。

（二）B（建立救援系統）

1. 溝通網絡的建立，以及建立一個緊急救援人員與危機介入團隊、倖存者、受害者、家庭成員、小團體、社區心理衛生，及執法單位間的和諧關係。

2. 簡要地界定情緒、行為、認知、心理意念、觸發的緊急事件（triggering incidents）及症狀。

3. 摘要地針對優先問題、聚焦當前情境，以及被認為對社會功能與適應形成最大威脅的問題。

（三）C（危機介入）

1. 藉由積極聆聽、透露因應企圖、再強化新的因應選項，及經由自我支撐、同理敘述與優勢觀點來執行危機介入。

2. 認知在建構、修正曲解的理念與觀念、重新架構，以及危機介入行動計畫與準備。

3. 危機解決與連結其他支持團體。

（四）D（發展後續計畫）

1. 發展災難心理衛生、危機解決與後續照顧。

2. 處理創傷症狀、解毒與長期復原技術。

3. 如果有必要，討論為了推進期程的追蹤與機會，及轉介社區資源。

另一組社會工作者的災難管理階段是Kreuger & Stretch（2004）將創傷後壓力症候群（PTSD）納入災難管理階段劃分，發展出另一套災難管理的四個階段，如下圖7-1。

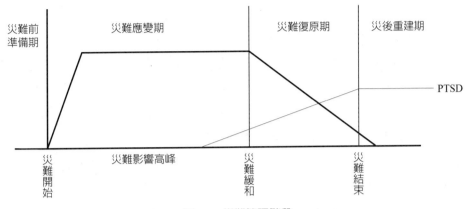

圖7-1 災難管理階段

　　第一階段為「災難前的準備」，社會工作者配合防災與整備。特別是針對脆弱人口的資源整備、緊急庇護中心的規劃與管理。

　　第二階段是「災難應變期」，也就是災難影響的高原期的緊急救災階段。這一階段救災人員的救援動員與技術針對受害者及其家屬、目睹者、社區居民，以及救災人員進行的悲傷輔導（grief counseling）、壓力管理（stress management）、緊急安置等緊急服務（emergency services）是工作的重點。

　　第三階段是「災難復原階段」，是指在災難趨於緩和後到災難結束前的階段。主要救災人員已離開救災現場，進入復原的階段。現場已改由工程復原或修復人員進行搶修。災難救援進行過渡服務（transitional services），或短期安置，或中繼工作，包括住宅、就業、就學、社會救助、喪葬、家庭重建、創傷後壓力症候群等議題的處理。投入的人力以社會工作、心理、醫療保健、住宅、教育、就業服務人員為主。

　　最後是「災後重建階段」，從災難結束前到創傷後壓力症候群的治療結束為止。屬長期社會暨心理重建的時期，亦即提供穩定服務（stabilization services）。災難症候群或壓碎症候群（crush syndrome）嚴重者可能需要三、五年才能復原，輕者也要幾個月到一、二年，才有可能平撫。所以，一套中長期的災後重建計畫是必要的，包括長期住宅安置、財務處理、社區重建、心理復健、家庭

重建、失依者的長期照顧等。

其中災難的嚴重程度與影響廣度不同，會使災難影響曲線高度與長度產生變化。曲線垂直高度越高，表示災難影響越嚴重。災難開始到災難結束的跨幅越寬，則表示災難影響期間越長。通常大地震來得快，去得也快，但是影響程度可能很大，例如：1995年日本神戶大地震、1999年臺灣921南投大地震、2005年巴基斯坦與印度邊界的大地震、2008年中國四川省汶川大地震、2010年的海地大地震、2011年3月11日日本東北大地震引發的海嘯與福島核能電廠事故等。以921震災重建為例，2000年2月3日總統公布「九二一震災重建暫行條例」，作為銜接緊急命令之任務性與限時性的特別法，共計75條，施行期限為5年。更長的重建期是日本東北大地震，由於福島第一核能電廠輻射外洩，導致6年後仍然有12萬3千名撤離者未能回到家園重建。

風災與水災從颱風警報到水災退去，往往也只有一個禮拜。以2009年8月7-8日的臺灣莫拉克颱風為例，其災後復原與重建期也拉得很長。於重建期間（2010年至2012年），在重建區設置26處「生活重建服務中心」，作為中央政府服務災區民眾之單一窗口，提供心理、就學、就業、福利服務、生活、轉介等服務；生活重建中心計畫結束後，又辦理「莫拉克重建區社區培力永續發展計畫」（簡稱培力計畫），期程從2013年1月1日至2014年8月29日止，整個莫拉克風災重建期間也長達5年以上。不論是災難影響高原陡峭，或是時間拉長，兩者都對災民的影響大，也越不利於救災。

參、災難社會工作者的任務

由於社會工作者在不同的工作領域，參與災難管理的角色扮演也不同。Zakour（1996）認為社會工作者在災難管理上的任務有以下幾點：

1. 提供脆弱的人群的社會服務。
2. 預防嚴重的健康與心理健康後果。

3. 連結個人與資源及協助體系。

4. 連結體系與促使其更接近服務使用者。

5. 改變微觀與宏觀體系，以促進服務使用者的福祉。

所有社會工作者參與救災經驗都告訴我們資源體系的開發與連結，以及對弱勢人口群的關懷是社會工作者最被期待的兩大任務（Zakour, 1996）。而所謂災難中的弱勢者包括身心障礙者、高齡者、幼齡人口、社經地位低下、少數民族等，通常他們較少投保各種災害保險，較不易接近救災資源、較易被救災組織遺忘，本身也較少參加救災組織，他們所住的地區往往也較遠離救災資源集中的地區（Zakour, 1996）。

Cherry & Cherry（1996）對1992年8月安德魯颶風重創南佛羅里達州，導致7萬5千幢房子受損，14個月後還有不少無家可歸者流落各處的社會行動研究；Bolin & Stanford（1998）對1994年1月加州北嶺（Northridge, California）地震後拉丁裔（Latino）災民未被滿足的需求進行研究，都是典型的把觸角伸向弱勢族群的例子。

據此，Rogge （2004）建議社會工作者必須在災難救援增強專業的能量，包括：

1. 界定災難與創傷事件，以及了解其本質。

2. 在災難與創傷事件發生前、救援中、復原後，將人們的文化多樣性與脆弱人口群的需求納入考量。

3. 經由協調計畫、訓練，以及其他行動，在災難發生前增強社區回應災難的效能。

4. 以知識與技巧來回應災難與創傷事件，降低居民的痛苦。

5. 建立機構、服務輸送體系，及社區行動計畫，促進社區從災難復原中提升其生活品質。

6. 運用災難相關的知識與技巧促成政策與實務的進步。

7. 開發個人、地方、組織、區域、國家，以至跨國的災難管理策略。

社會工作者在災難管理中的角色，直覺都會想到災害救助、資源獲得、住宅

安置、悲傷與喪失的支持。McFarlane（1984）從澳洲灌木叢大火的救災經驗中發現，社會工作者的確發揮值得讚賞的角色。但是，對於災後復原的心理衛生議題，社會工作者的涉入並不一致，有些社會工作者缺乏心理衛生方面的訓練與介入的角色界定。然而，對受災戶來說，心理衛生議題是復原階段重要的課題。

　　由於社會工作者在不同的工作實務領域，參與救災的角色扮演也不同。Silverman（1986）認爲醫院社會工作者在震驚創傷服務（shock-trauma service）的角色有：

1. 倡導：與家庭與病患發展長期的臨床關係。在危機時刻，醫院往往是一個令人混淆與感到冰冷的場所，而家庭卻是處在開放與接受外在環境協助的時候。

2. 諮詢：社會工作者必須回答病人家屬有關創傷的細節與提供適當的醫療資訊。

3. 連結（link）：連結醫療團隊與家庭，讓病人家屬了解診斷結果、治療計畫與病人情況。

4. 評估與再評估家庭的動力與因應能力：評估家庭系統、家庭納入工作任務的可能性。

5. 準備家庭與病人會面：避免家屬因第一次與創傷手術後病人見面的驚嚇與悲傷。

Shahar（1993）以波斯灣戰爭期間以色列一家醫院的社會工作者爲例，舉出醫院社會工作者在緊急災難時的職責如下：

1. 直接提供對病人與傷亡者的服務：
   (1)治療性介入傷亡者及其家屬，
   (2)住院病人及其家屬的後續管理，
   (3)保證持續照顧與離院後的追蹤。

2. 運作成爲公眾的資訊中心：
   (1)連結、協調與活化社區中的支持性服務，
   (2)集中社區中的緊急服務資訊，

(3)建立區域資訊系統，以利大眾和醫院人員知悉，

(4)設計一套特別的社區社會服務合作方案，有助於解決後續照顧的相關問題，

(5)提供正式與非正式的諮商給醫院人員。

Shahar（1993）同時指出從例行工作（routine work）到「緊急例行工作」（emergency routine work）的任務改變，社會工作部門立刻進行組織調整與治療取向的改變，其調整重點如下：

1. 組織變遷：改變工作程序與例行活動，改為24小時值勤。

2. 變化工作團隊：配合社會工作者本身的家庭受災情形與醫療專業需求，改變工作團隊的組成。

3. 職位輪替：設計一套配合社會工作者個人與家庭因素，以及工作需求的輪值表。

4. 提供即時資訊。

5. 志工招募與組訓。

6. 改變治療的過程：由於波斯灣戰爭是長期抗戰，不像一般洪水、颶風、龍捲風或地震、車禍、飛機失事屬單一、短期災難。因此，對災難後的創傷壓力處理，採行的是持續創傷壓力疾患（Continous Traumatic Stress Disorder, CTSD）的診斷，而非一般的PTSD。兩者的差異在於一次創傷與連續多次創傷，但其危機介入與團體治療程序相似。

在國外的研究資料中顯示社會工作者參與災難管理工作還包括社區教育、支持與訓練資源方案（Community Resources for Education, Support, and Training, CREST），這是1993年美國密蘇里河大水災在聖路易市（St. Louis）所發展出來的綜合性社區災難救援的危機介入方案，社會工作師與心理學家、精神科醫師、護理師、諮商師、活動治療師等共組的救災服務團體，提供災後社區心理衛生的危機介入與後續服務（North and Hong, 2000）。

1982年5月美國伊利諾州瑪麗翁（Marion, Illinois）發生颶風，社會工作者也提供了一套救災方案（Disaster Relief Project），協助災民解決災後創傷壓力

（Seroka & Associates, 1986）。

1985年9月墨西哥市發生芮氏8.1級的大地震，2萬人死亡，50萬人無家可歸，社會工作者也提供了一套綜融的災後介入方案（Dufka, 1985）。1991年10月發生於美國加州奧克蘭與柏克萊（Oakland-Berkley）交界的東灣區山丘森林大火，社會工作者也加入提供「多種壓力紓解」（MSD）的團體給救災人員（Armstrong & Lund, 1995）。

臺灣的經驗，在災難管理中社會工作者扮演非常重要的角色。當海山、煤山礦災後，臺北縣的社會工作員制訂了整體性的輔導計畫（徐照美，1984）：

1. 心理輔導及精神支持：協助案主家屬調適新喪情緒、輔導案主家屬了解情況確認事實、重建家人信心與強化家庭功能，輔導自立自強，並建立未來之計畫。

2. 提供積極性、建設性之生活照顧：就業或專案輔導、子女教育補助、醫療補助、協助案主制定經濟計畫、比照低收入戶予以特別照顧等。

3. 追蹤輔導：經常性訪視，提供即時之服務與解決困難。

上述三個任務並未包括搶救過程中的緊急安置。周月清、王增勇、陶蕃瀛、謝東儒（2001）研究發現在921震災緊急救援期間，社會工作者最常介入的任務依序是：

1. 對受災個人及家屬的支持，

2. 協助個人與資源的連結及增加多元性資源的可及性，

3. 防止災民有更嚴重的身心健康問題，

4. 預防個人、家庭的瓦解，

5. 改變微觀體系，促進受災居民之福祉，

6. 改變宏觀體系，促進受災居民之福祉，

7. 其他。

而到了重建階段（3週以後），這些任務有些許調整，順序變成1、2、3、4、5、7、6，另增加一項排在最後的預防團體、組織、社區的瓦解。

肆、社會工作的災難管理

一、災難預防與整備

工業化、城市化以來，土地開發商結合政府不斷地塑造繁榮的神話，浮誇大多數人的夢想、鬆動大多數人的防備，加上減災是不討喜的政治承諾，在任期有限之下，政客通常喜歡有利於連任的施政，於是災難就如影隨形。然而，大多數現代人都怕麻煩，長存苟且心態，沒有居安思危的準備，認為「我的運勢沒那麼『衰』，災難不會發生在我家」，當然就沒有耐心做好防災準備（Coppola, 2011；李威儀，1995）。就這樣，每次災難永遠都是第一次新經驗。林萬億（2002a、2002b、2010a、2010b）指出在這一階段政府的社會工作者要做好以下幾件事：

1. 編制分組：將社會局（處）人力依救災工作需要編制為若干組。如進駐前進指揮中心、緊急收容、人力動員、物資管理、救助與慰問、募款與基金管理、媒體公關、交通運輸、機動應變等，設定分工任務。

2. 規劃安置場所：轄區內建築、設施、機構可以作為緊急安置、短期安置的場所，如社區活動中心、學校、廟宇、教堂、體育場館、教育訓練中心、宿舍、旅社、軍營等，列出清單，評估其容量、交通動線、物資儲存安全、生活機能完善，以利緊急疏散時，立即發揮安置功能。

3. 指派安置中心主管：事先指派各安置中心的負責人，及其轄下配置人力，以利其熟習各安置場所運作，並於職務調動時列入交接。

4. 儲備物資：除了急難救助基金外，應有足夠緊急應變的救災物資儲備，如準備金、泡麵、飲水、急救箱、睡袋等維生必需品的儲備。同時，應該有餐飲商、麵包商、計程車行、超商等店家的聯絡清單，包括可供應物品的量與質。

5. 人力動員清單：社會局（處）應該建立自己的跨區域支援救災社工、志工名冊，以利緊急動員之需；並與民間救災組織密切聯繫，交流經驗，

以備不時之需。

6. 個人救災準備：救災人員要有自保能力，避免造成他人的負擔。因此，隨時準備口糧、飲水、急救藥品、維他命、手電筒、手機充電器、備用電池（滿格）、瑞士刀、禦寒衣物、救災背心、聯絡電話等，以利隨時被動員之需。

一旦災難警報發出，或是災難發生，上述準備就派得上用場。沒有準備而進入災區現場的救災人員，會成為其他救災人員的災難。

二、緊急救援與短期安置

傳統上災難救援組織，如紅十字會（American Red Cross, 2006）對災難救援的看法都傾向於立即、短期的救災，「災難救援焦點在於滿足人民因立即緊急災難所引起的需求，……使其能夠回復獨立的常態生活。」這樣的救災模式不但會忽略災民在安置家庭長期的需求，尤其是那些無法立即返家，或是必須重新建立家園的災民，也會疏忽接待社區面對大量災民蜂擁而至的回應（Bliss & Meeham, 2008）。

安置大量災民從來就不是美國歷史經驗的一部分，僅1930-1936年間美國大蕭條時期的沙塵暴（the Dust Bowl）有過如此龐大的災民需被安置，而且沙塵暴籠罩時災民安置的問題經驗是好幾年內分批完成，2005年卡崔娜颶風（Hurricane Katrina）則是在幾天之內就必須安置成千上萬的災民（Bliss & Meeham, 2008）。

Drumm, Pittman & Perry（2003）從1999年5月科索沃（Kosovo）戰爭下的難民收容所的社會工作介入經驗中，發現生態系統觀點（Ecosystems）的社會工作介入是必要的，他們發現難民收容所最大重要的議題是：創傷與情緒支持、缺乏資訊、活動需求與自決。據此發展出一套滿足難民需求的生態系統介入：

（一）微觀系統（microsystem）

1. 提供評估、諮商與聆聽是難民收容所的標準服務。
2. 提供個案工作協助難民接近資訊；利用電子資料傳送認定與連結難民。
3. 常態化個人空間與活動；提供教育與遊戲活動給兒童。

（二）中觀系統（mesosystem）

1. 增強第一線的工作人員的關係；促進自我照顧的機會預防救援人員二度創傷。
2. 增強政府與救災機構的關係。
3. 加強收容所管理人員與救災機構的關係。

（三）外部系統（exosystem）

1. 教育救災基金來源有關社會工作服務與早期心理衛生介入的重要性；倡議救災機構優先支持第一線救災人員。
2. 執行承平後的研究與發展。
3. 維護既有文化與消費習慣。

（四）宏觀系統（macrosystem）

1. 經由和平教育啟動，擴大政府與社會了解；擴展研究議程，聚焦在難民議題與介入。
2. 建立政府政策，要能在危機時期動員設備與社區資源。
3. 建構接待國家的照顧難民的能量；發展友好與和善的文化。

美國喬治亞大學社會工作學院在卡崔娜（Katrina）颶風發生後，由離學校不遠的鷹岩鎮（Rock Eagle）接受175個家庭緊急安置，社會工作學院志願擔任支援。社會工作師生參與安置計畫必須有一套安置藍圖如下（Bliss & Meeham, 2008）：

（一）先確立救災啟動計畫的原則

1. 應變（response）而非反應（react）。

2. 案主驅動（client-driven）的啟動。

3. 協助家庭自助。

4. 聚焦在那些能做到的，而非那些做不到的。

5. 從每個家庭的現況為出發點開始工作。

6. 使用持續與簡單的評鑑過程架構。

7. 不要低估支持與人際連結的重要性。

（二）開始啟動（initiative）安置介入第一步必須先問

1. 什麼是災民確實與立即的需求？

2. 這些家庭需求的優先順序是什麼？

3. 目前社區的資源有哪些可用來滿足這些需求？

4. 如何讓協力組織可以將其資源或能量用在滿足這些家庭的立即需求？

5. 即使這些情境是未知的，什麼是接近災民的最佳方式？

6. 安置救援的啟動需要有階段或進程嗎？

7. 如何讓人力資源維持在永續的狀態？

8. 學生志工如何能在不影響學習的情況下與家庭一起工作？

9. 學術機構的後勤資源如何能被用來協助救災啟動？

10. 有哪些資源限制會影響救災啟動的本質？

11. 救災啟動的首要焦點是什麼？

12. 負責單位人員與家庭間的關係性質為何？

13. 協力單位的短、長程目標為何？

14. 協力單位的最終目標的條件為何？

15. 如何不讓評鑑要素納入救災啟動後，造成對家庭需求回應的障礙？

（三）救災倫理考量

1. 不要對家庭主要需求提供假象的希望，如住宅、工作、交通、財力協助。
2. 維持適當的界線，避免使社會工作研究生成為提供社會服務的專業資源之一。
3. 教師支持學生。
4. 強調自助人助，不以父權的觀點介入，以免養成依賴。

（四）概念架構：需求為基礎的生態觀點

以生態概念介入，了解每一個家庭都有獨特的需求，提供社區有的服務資訊，以慈悲、希望與能量建立（capacity-building）作為提供人際連結的基礎，使之成為主要概念議題，來驅動災難救援啟動。

（五）操作架構：快速回應的服務學習

研究生從服務中完成學習的過程，於學期結束要提出反省報告以利整合實務與理論學習。然而，服務絕不能延宕，不能因為學生學期開始或結束而使服務延後或中斷。

（六）評鑑架構：持續的評鑑過程

需求是否被回應？社區連結與社會工作學院的能量與資源是什麼？每一個階段的工作均被檢討、修正、調整，以因應案主為中心的服務焦點，尋求有用的服務模式。

進一步推動3階段的以家庭為焦點的展延災難救援應變計畫（extended disaster response model）：

（一）評估

1. 家庭展現的復原力能用來因應生活重建所需嗎？

2. 即使家庭的需求被關切，但在既有的資源的限制下，家庭能被協助以適應新環境嗎？

3. 學生提供的人際連結與社會支持資源能協助家庭因應災後的影響嗎？

（二）工作計畫（engagement）

1. 協助的方式會取代卡崔娜颶風發生前家庭所依賴的非正式社會支持嗎？

2. 假使家庭尚未準備好結束他們與學生的關係，該如何回應？

3. 家庭如何因應準備回到紐奧良的感受？

（三）問題解決（resolution）

1. 家庭在後續重建的過程中，如何適應未來不確定的服務提供？

2. 在卡崔娜颶風災後一週年來臨時，家庭的短、長期心理健康將會受到怎樣的影響？

3. 家庭的長期心理需求是什麼？

最後，還要進行成效評鑑。其內容包括：

（一）概念架構的過程評鑑

1. 展延的災難應變模式有助於滿足迫切需求與關心的議題嗎？

2. 哪些是展延的災難應變模式最有助益的面向？

3. 哪些是展延的災難應變模式較無助益的面向？

4. 未來如何才能使展延的災難應變模式對災民有助益？

（二）操作架構的過程評鑑

1. 在你（研究生）開始參加服務學習前，什麼是你假設與期望有關災民所涉及的社會問題或議題？

2. 你所假設與期望有關災民所涉及的社會問題或議題，在服務學習方案進行中哪些是一致的？哪些不一致？

3. 在你正在學習與其他課程的脈絡下，如何來解釋這些一致或不一致的地方？

4. 你如何了解有關災民所涉及的社會問題或議題，在服務學習的方案過程中如何改變？

5. 在服務學習的方案中你經驗與學習到社會正義的意涵？

6. 你如何將從這個服務學習的方案得到的領悟與經驗用在未來的個人發展上、成為一位社會工作者的發展上，以及社區參與上？

　　在安置的過程中，學校也是不可或缺的一環，於災難結束後，學校必須盡快接觸創傷的學童，提供心理、生理、社會創傷的協助。安置社區的學校，例如：卡崔娜風災之後，出現40萬個學童必須易地安置。安置社區的學校扮演建立復原力（building resilience）的角色，解決學生的課業問題、社會情緒的需求滿足、財務問題、生活必需品的提供等。穩定是讓安置學童盡快復原的重要手段（National School Boards Association, 2005）。

　　卡崔娜風災社會工作採取個案管理（case management）的工作模式並非唯一，澳洲2009年2月的灌木叢大火，社會工作者也採取相同的工作模式，稱為維多利亞灌木叢大火個案管理服務（the Victorian Bushfire Case Management Service, VBCMS）（Hickson & Lehmann, 2014）。這種個案管理模式不同於一般的綜融式社會工作，而是將每一受災戶視為一個服務的整體，由一位社會工作者負責，進行外展服務（outreach service）。亦即，「一戶一社工」，社工扮演以家庭為中心的災後復原個案管理、諮商、社區組織的角色。而每一位社工服務約5-30個家庭，依地點遠近決定個案負荷量。

三、復原與社區重建

　　Bell（2008）指出個案管理在災難救援中提供界定倖存者、評估其需求、復原計畫、連結地方服務資源、監督介入產出、倡議中觀與巨視層次的服務。卡崔娜颶風侵襲之後，約120萬人撤離紐奧良，德州就接收25萬人的安置，而這些災

民短期間不可能回到原社區。安置社區儘速協助災民離開短期收容中心，過渡到較長期的住宅，如租屋，美國國土安全部的聯邦緊急管理署（FEMA）立即提供房租津貼給災民就地租屋。接著FEMA提供家具補助，並由地方政府負責運送。重建由地方政府接手災民復原計畫。因此，地方機構必須產生新的協力關係，包括：認養家庭方案、食物供應、緊急心理衛生計畫等。個案管理應運而生，依郵遞區號劃分責任區，提供下列：

1. 界定服務對象（identification）：取得名單很辛苦，取得災民的信任很重要，尤其不同的族群與文化經驗。

2. 評估（assessment）：資料不全是評估最大的難題，交通浪費造成評估上的困難。

3. 規劃（planning）：發展復原計畫（recovery plan），最重要的是家庭自足。自足的進度緩慢是因災民失去社會網絡，無法配合安置社區的經濟環境所需的技巧與經驗，加上創傷壓力，以及返家的遙遙無期。

4. 連結（linkage）與監督（monitoring）：如何配合倖存者不斷變動的需求，而能找到相對象的資源與服務，如就業、住宅、交通等。監督轉介後的服務產出。

5. 倡議（advocacy）：包括中觀的與巨視的資源與服務方案，如住宅資源、公共救助、投票權、社區診所等。

6. 災難復原與重建。

災難復原與重建階段最重要的是凝聚社區居民的共識。以卡崔娜颶風為例，起先紐奧良市長納金（Nagin）任命富商坎尼雷諾（Joseph Canizero）組成以都市土地研究所（Urban Land Institute, ULI）的全國性專家為主要成員，提出「把紐奧良帶回來（Bring New Orleans Back, BNOB）」計畫，但是由於社區參與不足，在「我們不需要外來專家告訴我們要如何做，我們不信任富商」的反對聲浪下戛然而止。

接著，市議會接手規劃藍伯特計畫（Lambert Plan），由佛羅里達藍伯特顧問公司獨立規劃。雖然該公司成功地將在地的建築師、規劃師結合，且與災民一

起工作。但是，市長、都市計畫委員會、投資商、受害較少的鄰里、區域代表都未被邀請加入，因此也沒有獲得路易西安納州重建委員會的認可。於是，州重建委員會把地方政治、機構結合在一起，成立一個「統一紐奧良計畫」（Unified New Orleans Plan, UNOP），由洛克斐勒基金會（Rockefeller Foundation）捐資350萬元支持，同時獲得具聲望與政治中立的大紐奧良基金會（Greater New Orleans Foundation）支持。UNOP設計了雙層公共參與：區與市，由13區各自邀請市民參與公共計畫會議。上層是全市的3個社區議會，負責審查計畫與募款。但是由於倉促成軍與出席率低，屢遭批評，於是又組成第二社區議會（Community Congress II）來凝聚共識。第二社區議會集合2,500個代表性市民，用視訊連結5個城市，加上15個離散的衛星社區。採用審議式民主（deliberative democracy）方式，完成UNOP的通過（Wilson, 2009）。可見參與式民主在災難重建中建立共識的關鍵位置。

英國阿伯凡（Aberfan）礦災的因應與重建過程也示範了地方代表性的重要位置：

1. 基金募集與運用：緊急委員會由鄉鎮市議會與當地各界代表組成。基金用在罹難者慰問、心理與物質重建、房屋整修、紀念碑、社區活動中心費用等。

2. 社會心理照顧：必須要有對社區具某種程度了解的醫師來協助病人，了解他們日常生活的想法與恐懼，最好醫師與居民熟識，且大家信任其專業忠告。

3. 家庭個案工作：社會工作者提供的實務協助多於諮詢工作，例如：幫忙喪葬安排、補償金申請、與家屬建立良好的工作關係等。聘請外來社會工作專家協助本地心理衛生工作人員與社會工作者處理受害家庭的個案工作。社會工作者扮演個人與社會、受害者與協助者間的連結與橋梁角色。

4. 社區自助自立：支持網絡的建立，有效解決家屬的許多困擾。社區協調會命名「向前行」（the way ahead），成功卸除教堂、罹難者家屬與

倖存者、房屋倒塌者與房屋完好者、基金會與地方議會間的藩籬（李瑞金、盧羿廷，2003）。

Riad & Norris（1996）研究美國水牛浦（Buffalo Creek）水災發現，不適當的住宅與安置收容計畫對倖存者來說會引發更大的心理傷害、折損其非正式網絡。負向的社區重建因子有社會解組、社區衝突、非正式網絡的瓦解、社區貧窮等；滋養或正向因子有災難前的社經地位、親屬的支持網絡、及早警報、領導出現、社區凝聚或出現治療性社區現象、社區團結等。

Yoon（2009）研究社區資產（community assets）對災後社區重建的影響，他以1999年9月北卡州王子村（Princeville）的水災後重建為例，發現在災後社區重建中彈性地思考社區資產認定是必要的。以王子村為例，其最寶貴的資產是該鎮為第一個黑人在美國建立的社區地標。第二，社區重建過程中居民自決應被尊重，以王子村為例，美國聯邦聯邦緊急管理署提供的住宅補助是在遠離洪水區之外購屋安置災民，不許災民在原地重建，為的是節省再次被淹沒的成本，但被災民反對，救災機構必須重新思考為何災民會堅持意見，雙方應尋求共識，災民寶貴的意見應被尊重。第三，倖存者的心理症狀治療也應該視為是社區重建的投資項目，以利最佳的災難復原。第四，災後財產諮詢與其他服務不宜只以短期危機管理視之，而應拉長期程。最後，社區重建的評鑑指標不宜只重視正式的指標，如住宅進住量，而必須考量其他多重指標，如個人財產復原，以免誤導救災決策者。災難復原與重建階段最重要的是凝聚社區居民的共識。

社會工作者在災難復原過程中也可善用創傷支持性團體，進行社區外展工作，例如：家庭訪問、演講、座談，示範創傷復原的經驗，協助社區中有情緒支持需求的創傷案主（Bradford, 1999）。

伍、創傷後壓力疾患的心理暨社會治療

921地震後不久，臺灣的精神科醫師，社會工作學者、心理治療學者、公

共衛生學者也立即想到災難心理與社會復健是一條漫長的道路。但是，當下的危機介入（crisis intervention）是必要的，包括「臺大921災後社會、心理復健小組」、「社工賑災行動聯盟」、「臺北市立療養院」、「玉里榮民醫院精神科」、「財團法人靖娟兒童安全文教基金會」等都各自提供了有關「創傷後壓力疾患」（或譯「創傷後症候群（PTSD）」）的資料，以作為受災者及救災人員的危機管理參考。這些資料被開拓文教基金會（蕃薯藤）整理成冊，可以免費上網下載，且印製成冊贈送給受災縣市。

一、創傷後壓力疾患的心理與社會意涵

依照「精神及患診斷與統計手冊」第4版所定義的創傷後壓力疾患症狀如下（楊延光、葉宗烈、陳純誠，1999）：

（一）再經驗創傷的感覺

1. 反覆回想到此一災難事件，包括想法、影像、感受。
2. 反覆夢到此一災難事件。
3. 感覺彷彿災難再發生，比如感覺再度經歷或是有災難之錯覺。
4. 當有內在或外在相似的狀況時，會造成內在強烈的心理壓力。
5. 當有內在或外在相似的狀況時，會造成身體的反應或不適。

（二）刻意避免災難相關事物

1. 避免討論及感受災難事件。
2. 避免接觸會聯想到災難事件的人、地方及活動。
3. 無法回想災難事件之重要事件。

（三）以麻木的方式面對

1. 對事情或對環境變得不感興趣。
2. 不想和別人在一起，無法融入他們。

3. 情感變得麻木，不能感受到任何感覺、快樂或是維持親密。

4. 無法規劃未來。

（四）過度警覺反應

1. 無法入眠或半夜醒來。

2. 無法控制的憤怒。

3. 無法集中精神。

4. 記憶力減退。

5. 極度不安、容易受驚嚇。

　　這些症狀通常會在創傷事件發生後一個月後仍然存在。晚近，創傷治療又有新的概念被引入，1997年一群研究死別（bereavement）、創傷與精神疾病分類學（psychiatric neology）的專家集會於美國討論有必要建立一套新的指標，以利診斷複雜的悲傷，他們稱之為「創傷悲傷」（Traumatic Grief）。這是由分離的痛苦（separation distress），如思念、追思故人、喪失後的過度寂寞等，形成的一種創傷痛苦（traumatic distress），如因追思逝者的侵入思考導致感覺麻木、不相信喪失、茫然若失、眩惑、安全感與信任感碎裂等，這種症候群有別於壓抑（depressive）與焦慮症候群。這樣的症候群可能持續好幾年（Jacobs & Prigerson, 2000）。會後，他們建議創傷痛苦的診斷指標如下：

（一）指標A

1. 個人經歷重要他人的死亡。

2. 因逝者的侵入與痛苦的迷住而反應思念、憧憬、追思等。

（二）指標B：回應死亡而產生以下顯著且持續的症狀

3. 經常努力迴避憶起死者，如思考、感覺、活動、人物與地點。

4. 對未來感到沒有目的或沒有用。

5. 主觀地感覺麻木分離，或缺乏情感反應。

6. 感覺茫然、眩感或驚嚇。

7. 難以承認死亡。

8. 生命感到空虛或無意義。

9. 缺少死者之後，生命很難想像會有圓滿。

10. 感到自身也有部分已死。

11. 世界觀粉碎，如喪失安全感、信任感或控制感。

12. 關於或針對死者的假定性症狀或傷害行為。

（三）指標C

13. 症狀持續至少2個月

（四）指標D

14. 此種症狀將引發臨床上顯著的社會、職業或其他重要領域的功能障礙。

創傷痛苦可以說是針對死別、喪失所引發的痛苦、焦慮，更明細的分類將有助於心理治療、危機介入、團體治療或行為治療等更有效地運用在協助這些因死別的傷痛產生的症狀。對於災難的倖存者來說，這樣的診斷分類，更有助於區別災難所造成的創傷後壓力與死別的創傷痛苦間的差異。

創傷後壓力疾患的形成並非單純的制約反應（conditioning）而已，還有其他種神經活化作用（process of kindling）（楊延光等人，1999）。陳淑惠、林耀盛、洪福建、曾旭民（2000）更進一步指出從災害到創傷，並非一種線性的演進模式，災害與創傷可說是一種辯證關係的存在狀態。

林耀盛（2000）引用Bettelheim（1979）的說法指出創傷的符號不必然映射一種PTSD的病名診斷類別的「一對一」對應函數關係，更涉及一種生還者存活權（survivorship）的義理，那可說是一種面對存在的困境如何過活的生活掙扎狀態。也就是創傷的概念強調個人在生活週期裡所建立的目標與理想的徹底崩解，同時在這般狀態下伴隨著個人認同持續毀滅性衝擊，並影響其家庭與社會關係。

　　林耀盛（2000）企圖超越將創傷後壓力疾患視爲一種個人的精神疾患的主流精神醫學界定，而導入後現代主義（postmodernist）的解構（deconstruction）與傅柯（Foucault）的論述（discourse）及「推論的實踐」（discursive practice）。他指出創傷事件的災難意義不只個人身心反應現象所形構的PTSD，亦即後創傷社會違常現象（post-traumatic social disorders）。他的立論基礎來自Young（1995）對越戰戰士PTSD的研究，發現藉由越戰士兵個別醫療化的診斷，取代了公眾的罪疚。也就是，將集體的責任移轉成爲個人受苦經驗的敘說，其實是一種社會建構的結果。林耀盛（2000）進一步引述McFarlane（1995）的提醒，認爲災難事件「本身」固然與個體日後是否會產生身心症狀有關聯，但個體解釋災難意義的方式與因應創傷衝擊的策略，以及「後災難」（post-disaster）整體環境的重建狀態與個體所遭逢的後續生活事件或日常壓力，對於個體是否會產生心理病理發展的影響層面，仍不容小覷。

　　災難影響受到性別、年齡、發展階段、文化差異、手足關係、家庭因應型態、睡眠效應（sleeper effect）（兒童看起來因應良好，但是在一段時日後出現發展上問題）的影響。Kreuger & Stretch（2004）建立一套針對兒童與少年的PTSD的洪水災難程度、傷害、風險與介入的模式。將洪水分爲五等：1. 小範圍的洪水，沒有傷害，風險小，只要災難準備即可。2. 進入區域性洪水，就會有一些公共服務受影響，少數案例會出現，必須透過傳播警告可能傷害。3. 一旦發生區域性洪水，學校與工作行程被打亂，就會有嚴重的案例出現，學校方案就要啟動。4. 若災區擴大，學校將停課、父母停止上班，作物與牲畜受到損害，此時，中度與重度案例將出現，就必須進行外展與學校篩選。5. 洪水區域再擴大，大部分地區氾濫成災，居民撤離，住家受損或流失，嚴重與長期案例出現，要進行臨床諮商。

　　災難對兒童與少年的影響有別於成人，Klein, Devoe, Miranda-Julian, & Linas（2009）研究住在紐約市曼哈頓區與布魯克林區中，視線可以看到被攻擊的世貿中心大樓起火地區的5歲以下兒童，發現911恐怖攻擊事件對年幼兒童的影響，有些與一般對兒童PTSD的研究一致，但有些並未完全出現。在攻擊事件發生當

天，兒童對家長解說與引導攻擊事件的反應是安靜與合作的；部分兒童行為出現恐懼、尖叫、不聽話；也有害怕的反應，如恐慌、哭泣、退縮行為；睡眠、飲食習慣改變、易怒、暴躁、脾氣不好、肌肉顫抖等。在攻擊事件後一段時間後出現悲傷，如與遺失個人物品連結；分離焦慮，如不願與父母分離、不喜歡說再見、在學校不願分開等；出現新的害怕事物，如聽到飛機聲、吵雜聲、建築物倒塌聲，或黑暗、獨處等；睡眠與常規改變，如淺眠、夜驚、拒絕獨睡、易怒、暴躁、經常哭鬧、脾氣不好；回歸正常的需求，如要求大人停止討論911事件、要求關掉電視等。

而對救災人員來說替代創傷（Vicarious traumatization）是常見的。替代創傷是指臨床工作者與被服務者互動而受影響，致產生創傷經驗（McCann & Perlman, 1990）。這與臨床工作者的個人特質有關，如現在的生活環境、個人創傷史，以及與案主呈現的素材互動。

替代創傷與崩熬（burnout）、反轉移（counter-transference）同是描述臨床工作者在治療案主過程中的經驗。然而，不一樣的是，崩熬係因工作疏離、困難、案主過度需要、工作負荷、持續同理、科層與行政因素而導致的工作壓力；反轉移則是指臨床工作者個人的經驗，通常是指未解決的個人衝突在臨床互動中成為影響工作的因素（Cunningham, 2003）。

替代創傷可以從個人的認知圖（cognitive schemas）或世界觀來了解。認知圖提供個人一種認知結構，來組織經驗與資訊，俾利有效地在複雜、變遷的環境中運作（Bawlby, 1969）。個人發展關於自我與他人的認知圖是基於基本心理需求：安全、信任、自尊、控制與親密。

Cunningham（2003）研究服務性侵害受害者與癌症病人的社會工作者的替代創傷發現，證明在安全、信任、自尊上的替代創傷是顯著的。服務性侵害的社會工作者的替代創傷又明顯高於服務癌症病人的社工，主要因為性侵害是人為引起的創傷，被認為是潛在無止盡的人類的罪惡與醜陋。服務癌症病人的社會工作者覺得個案負荷量較大，原因在於案主的輪替較高、接觸對象較多，以及提供較多具體的服務；而性侵害的社會工作者對象較少，且常是針對同一案主服務提供

6個月以上的心理治療服務。

二、創傷後壓力疾患的普及率

依美國的研究，Richards（2001）整理相關的資料發現，創傷後壓力疾患的普及率為1-3%，但是針對受害者的調查，苦於PTSD的災難倖存者高達22-50%。46%車禍事件的受害者有PTSD，若再加上PTSD的次症狀，則高達66%。22-26%退伍軍人有PTSD，28%洪水災害的受害者有PTSD。有59%的颶風受災戶在事後6個月還有PTSD。

犯罪的受害者也是PTSD的高危險群。犯罪事件後美國男性推估有5.5%，女性有11.5%罹患PTSD。在一項研究美國4,008位婦女的報告中也顯示69%的女性在一生中都至少經歷過一次的創傷事件，且其中17.9%的人吻合終身的PTSD指標，6.7%吻合當下的PTSD指標，而全體受訪者的PTSD普及率12.3%（終身指標）、4.6%（當下指標）。若以被強暴婦女來說，也有32%的受害者吻合終身PTSD指標，12.4%符合當下PTSD指標（Richards, 2001; Foa & Meadows, 1997）。

針對921地震受害者的創傷後壓力疾患的研究，陳淑惠等（2000）研究南投三個鄉鎮、臺中縣一個鄉鎮，及臺中市的199位受訪者，發現地震發生當時的感受以心跳加速與加重、發抖、感到昏眩、站不穩、像要昏倒的感覺、覺得周遭人事物好像不是真的、呼吸急促、感到害怕、好像快要死去的樣子等幾項的報告率較高。地震後的身、心、社會狀態的變化，覺得身體狀況變差的有58.1%，精神狀況變差的有59.5%，人生觀變悲觀的有42.8%；配偶關係、性關係、性興趣改變較不顯著；至於人際關係則傾向不變或變得較以前好。而在地震後3、4個月的當下感受，也呈現較高頻率的「惡性的預期／影像的反覆」、「後創傷徵候」、「鬱灼的無助感」、「身心症候群」、「心身症叢結」、「日常作息失調」、「刻意逃避／心理麻木」及「功能不良的因應」的現象。

許文耀（2000）研究南投某高中一、二年級的681名學生，於災後4個月的問卷調查中發現受訪者最常見的心理症狀依序如下：(1)容易變得分心、注意力

不集中，(2)對於周遭事物變得過度警戒或敏感，(3)老是想到地震可能再發生，(4)睡太多，(5)變得過度小心謹慎，(6)變得昏昏沉沉、提不起精神，(7)變得容易受驚，(8)脾氣變得不好、容易生氣，(9)容易疲倦、四肢無力，(10)不愉快的念頭、想法重複出現在腦海，(11)變得比較愛抱怨，(12)感到茫然，(13)體重增加，(14)腰酸背痛，(15)喜怒無常，(16)手腳冰冷，(17)吃太多，(18)其他不愉快的記憶瞬間在腦中重複出現，(19)變得刻意逃避某些地點。至於社經變數是否影響學生身心症狀的有無，研究指出，經濟狀況變差的學生有比較多的身心症狀。

楊延光等人（1999）於災後21天內研究南投縣魚池鄉308位災民的PTSD得出再經驗創傷的感覺（反覆回想到地震情景、反覆夢到地震情景、錯覺再發生地震、情緒反應、生理反應）發生率約有60-70%；其次，是過度警覺反應（睡眠障礙、無法控制之憤怒、精神不集中、記憶力差、不安、易受驚嚇）發生率也有50-60%；迴避（避免討論、避免接觸、無法回應）與麻木因應（與環境疏離、與人疏離、情感麻木、無法計劃未來）兩組症候出現的機率約在10-30%間。接著研究者再以中國人健康量表（CHQ-12）來測量，有高達88.2%的災民有某種程度的精神障礙，其中中度以上障礙者就高達66.6%，其主要症狀是失眠、心理壓力、緊張不安、心情鬱悶、頭痛、心悸、胸悶，以及過分擔心等。

蔡崇煌等（2000，2001）針對臺中縣東勢鎮農會附設醫院於921地震從6到12週的門診病人277人為對象（後又擴大到303人為對象的另一研究）研究發現，有PTSD者有16.6%，而所有門診病人中出現較明顯症狀是災難的再次經驗組最普遍，其次是高警覺反應組，第三才是逃避反應組。與楊延光等人（1999）的研究發現類似，只是蔡等的研究沒有麻木方式因應組的變項。蔡等的研究也發現年齡越高，PTSD的症狀越明顯；家中不幸遭遇越多，PTSD也越容易發生。性別的差異除了睡眠障礙與前途悲觀外，均無統計上的顯著差異。

蘇秀娟、李慧貞與林建志（2000）研究臺北縣80位921地震受災戶發現，較高出現率的反應是「我常不自主地就會想到地震這件事」、「對於地震這件事我有強烈的情緒起伏」、「我試著不去討論地震這件事」，以及「當我回憶起地震

時，避免讓我自己有挫折感」。

　　由於本土PTSD的研究很有限，即使有上述幾篇研究，但是連最基本的量表都不一致，研究結果很難比對。有的研究將PTSD分為四組反應，如楊延光等人（1999），有的分成三組，如蔡崇煌等（2000、2001），而蘇秀娟等（2000）只將之分為二組。許文耀（2000）採用陳淑惠等（2000）的量表，與上述幾位的測量工具也不同。

　　其次，樣本代表性的限制，楊延光等人（1999）在魚池鄉，蔡崇煌等（2000、2001）在東勢鎮，蘇秀娟等（2000）在新莊市，許文耀（2000）的對象是南投某高中，只有陳淑惠等（2000）的樣本分布在5個鄉鎮市。

　　此外，這些研究都努力搶PTSD研究的黃金3個月，但是，誠如楊延光等人（1999）所說的，整個災區將有多少比率的災民罹患PTSD，仍缺乏系統性的流行病學研究資料報告，而根據其他國家的研究資料顯示，PTSD經過3年的追蹤仍有1/3病人出現明顯症狀（Helzer, Robins, & Mcevoy, 1987）。因此，後續的追蹤仍屬必要。

　　除了PTSD研究之外，任何自然災難都有社區災難（community disaster）的性質，也就是居住在災區的人都有可能受到災難的波及，不論是災民或非災民（North & Hong, 2000）。瞿海源（2000）以中央研究院社會學研究所社會意向小組於災後兩個月所進行的「921災後民眾社會心理之研究」資料分析，在受訪的災區民眾1,014人中發現以下四項結論：

1. 災區民眾不論是災民或非災民，在地震後顯示對助人態度的樂觀看法，認為社會上願意幫助別人的比例比在震災前所做的調查高出許多。
2. 災民對個人的經濟、生活品質，和未來一、兩年的前途顯著地感到悲觀，然而對整體社會的經濟、治安乃至於整個臺灣社會的發展都和災區非災民情況相似，並不會特別悲觀。
3. 災民的夫妻關係在地震後一方面有比地震前變得好的趨勢更為明顯，變得不好的比例很低。
4. 921大地震確實使許多民眾遭到心理的創傷，災民比起非災民有較高的比

例，災民的心理復健顯然是很迫切需要的。

吳聰能與賴辛癸（2000）於921震災一年後發現，南投縣的企圖自殺通報數明顯增加，一年內高達252例，其中死亡數40例，10人與震災有直接關聯，自殺原因以房屋被法院查封（32%）最多，其次是個人因素（14%）、夫妻爭吵（11%）。顯然，災後心理衛生工作不可輕忽。

林萬億（2002a、2002b）研究臺北縣921受災戶的心理暨社會服務，經過3年，災民因921帶來的各種壓力（心理、金錢等）殘存的比率還剩41.8%，表示已有相當比率獲得紓解。創傷壓力殘留率較高的指標是屬於PTSD的再經驗創傷的感覺，以及過度警覺反應。結論與楊延光等人（1999）、蔡崇煌等（2000、2001）在921震災後所做的PTSD研究中，出現率較高的症狀也是再經驗創傷的感覺相同，其次是過度警覺反應的研究發現一致。可見，出現率較高的症狀，若未能有效進行紓解，症狀殘留期間會較久。

三、創傷後的危機介入

如前所述，創傷壓力（traumatic stress）可能持續幾天、幾週，如果沒有即時被處理的話，甚至會延續幾年，通常越快處理越好（Mitchell & Bray, 1990; Bell, 1995）。Mitchell（1983）發展出危急事件壓力紓解（critical incident stress debriefing, CISD）的7階段緊急介入（acute intervention）技術，又稱爲創傷事件紓解（traumatic event debriefings, TED）（Bell, 1995），或多種壓力紓解（multiple stressor debriefing, MSD）（Armstrong & Lund, 1995）。

壓力紓解（debriefing）相對於簡報（briefing）。簡報是指飛行員出任務前由指揮官給予戰鬥任務的簡報，而紓解則有任務完成之後返回基地回報的意思，一方面將任務完成經過簡述給交辦者知道，另一方面則將責任壓力卸掉，所以有接受詢問、說明清楚之意。壓力紓解首先由軍隊、災難緊急救援人員發展，最後也被用來協助直接創傷的倖存者。

Mitchell（1983）針對消防員提供緊急服務者的創傷事件紓解，以減輕這些

深入災難現場救災的人員的創傷壓力，其最佳進行時機是這些暴露在創傷事件下的人們於創傷事件發生後的24到72小時。Gilliland & James（1988）警告「危機是否會轉變為慢性或長期的疾患，端視危機事件發生後是否有立即的介入」。因此，危機事件後立即的危機處理是非常重要的。CISD或TED是一種小團體的危機介入技術，其階段如下（Mitchell, 1983; Mitchell & Bray, 1990; Bell, 1995; Everly, 1995）：

（一）介紹與建立規則（introduction phase）如下

1. 維護私密性。
2. 只有創傷事件的涉入者才可參加，家人或陪伴者均不能加入。
3. 不要強制要求成員表達，但鼓勵把話說出來。
4. 只說自己的經驗。
5. 雖然這不是調查，但是參與者可能會被傳喚說明，然參與者不應該揭發足以傷害與該事件或行動有關的人員的細節。
6. 壓力紓解過程中不會有中場休息，如果中途有任何參與者必須離席，團體協同領導者應陪他離席，以確保離席者不會有事。
7. 不製作紀錄或錄音（影）。
8. 在紓解過程中人人平等，沒有尊卑。
9. 參與者被鼓勵提問。
10. 團隊工作成員可以在紓解團體結束後的恢復精神階段，與成員進行個別談話。

　　在第一階段中除了設定原則外，也要設定期待、引介工作人員、簡介紓解過程、引起參與動機、答覆任何初步關心的課題，以及建立進行CISD的基礎。這些工作與一般團體工作或團體治療進行的第一階段差異不大。

（二）事實階段（fact phase）

　　這個階段由每位參與者從他們自己的觀點闡釋發生了什麼創傷事件。由於

說出細節與不同的觀點，創傷事件在此一階段復活，如此一來，提供了一個最容易，也最少威脅的方式讓參與者討論創傷事件。有時，團體領導者可以採取開放式提問來徵求每一位成員輪流發言，例如：你是誰？在哪裡工作？在這個事件中被指派擔任什麼任務？在這個事件中你看到了什麼？這些提問基本上是針對事實的認知而設計。

（三）思考階段（thought phase）

這個階段的重點是讓參與者逐漸從事實取向的過程轉進到思考取向的過程。團體領導者開始引導參與者去描述個人對事件的認知反應，或者對事件的關心部分，例如：對這個事件你有何看法？這些思考應該是個人觀感的，藉此逐步轉進到更多情緒面的表露。

（四）反應階段（reaction phase）

這個階段要引出參與者的情緒。焦點放在參與者認為事件對其影響最大的部分是什麼？例如問：整個事件對你來說最糟糕的是什麼？通常在上一個階段就會有一些情緒的反應，在這個時候只是讓參與者有更多機會自我揭露與再確認其情緒受到影響的原因。

（五）症狀階段（symptom phase）

此時，團體要從情緒瀰漫的氣氛轉回到認知層次上，團體領導者要引導成員討論他們的生理、情緒、行為、認知症狀，也就是PTSD常見的症候群，通常，這些問題的討論不是在進行團體治療，而是在進行危機介入而已，以穩定參與者為主要任務。

（六）教育階段（teaching phase）

團體領導者開始詳細創傷後壓力可能出現的生理、情緒、行為、認知反應，而且強調這些創傷事件的後續反應對任何正常的人於非正常的事件發生

時，都會有如此正常的反應。同時，也要再肯定這些創傷後的壓力將隨時間的消逝而減弱。提供一些口語或文字的減壓技術的相關參考資料給參與者是必需的；此外，也可以介紹一些對創傷後壓力治療有所專長的人給參與者，以便有需要時可以前去求助。如果團體領導團隊成員就是精神科醫師或心理治療師，也可以即時認定在上個階段所揭露的症候是否有病理上或呈現極端的危險因子，如潛在自殺傾向，好加強成員的危機抗衡與危機管理策略。

（七）再進入階段（reentry phase）

　　這個階段需處理團體結束的工作，團體領導者要強化危機因應的技術，界定失功能的部分，回答參與者的個別問題，引導團體進入結束階段，幫助參與者對事件進行心理的了結，評估後續接觸的必要性，發送一些相關的危機管理資料，鼓勵成員在團體結束後打起精神。最後，在結束後也可以有一些個別的閒聊，以緩和團體離別的傷感。

　　CISD的團體組成如一般團體工作或團體治療，成員以8到12人較適中，團體的進行時間以1小時半到3小時為度。但是，依團體規模的大小，團體進行的時間可以調整，成員最好不超過25人。團體領導者則以2到6個不等，視團體規模的大小與成員的需求而定。通常帶領CISD的團隊工作者可以由有團體帶領經驗的精神科醫師、心理治療師、諮商師、社會工作師進行，或由有其他團體帶領經驗的非專業團體領導員（Bell, 1995; Everly, 1995）。

　　CISD之所以被認為能有效地消除創傷後的壓力，主要基於下列10項要素（Everly, 1995; Mitchell & Everly, 2003）：

　　1. 早期介入：在創傷後幾小時到幾天內即進行危機介入。
　　2. 濾清的機會：提供創傷事件受害者有機會表達或暢通其情緒，達到濾清（catharsis）的效果。
　　3. 創傷語言化：讓受害者至少有兩次機會將其創傷用語言表達出來。
　　4. 行為結構：透過有計畫、有步驟的路徑圖讓受害者循序漸進地減輕其壓力與傷害。

5. 認知—情感結構：在7個連續步驟中，受害者從事實到認知，再到情緒，又回到認知，有步驟地處理受害者的認知情感結構。

6. 團體過程：利用團體的優勢，如資訊交換、濾清、經驗共享、有價值的溝通、相互關照、互助、希望的促成等特質，有利於受害者減壓。

7. 同儕支持：有相同受害經驗的人集中在一起，再加上團領導者也可以引進相似受災經驗的同輩，容易產生信賴感。

8. 關懷的展現：CISD不只是一種危機介入，也是一種對受害者的關懷，對受害者有莫大的鼓舞作用。

9. 希望與控制的產生：CISD 帶給受害者自我效能（self-efficacy），以及能自我控制危機的感覺。

10. 後續追蹤：CISD也提供機會給需進一步治療或處置的受害者得到後續服務。

努力減低創傷壓力以減少長期精神疾患的痛苦是心理衛生工作者的共識，也因此有急性介入的必要，CISD就在這樣的背景下發展出來，而且被納入災難管理計畫的一環（Deahl, 2000），不論是針對災難的直接受害者，或是因救難產生的「在職創傷」（on-the-job trauma）（Armstrong & Lund, 1995），或其他在場與不在場的相關人員的「替代性創傷」（vicarious trauma）。然而，不管哪一種形式的心理紓解（psychological debriefing, PD），其真的有用嗎？Deahl（2000）發現所有關於心理紓解效果的研究都苦於方法論上的困境，如下：(1)缺乏預測性，(2)小樣本，(3)缺乏基線，(4)缺乏隨機控制樣本，(5)缺乏比較單一對多元的傾訴，(6)創傷的暴露不同，(7)未考慮其他混淆變數，(8)低回應率，(9)無法完成進行治療分析的企圖，(10)樣本代表性偏差，(11)缺乏標準一致的PD，(12)時間變異，(13)問卷對面談的結果差異，(14)不同的結果測量，(15)附帶治療、諮商與實際上的支持的混用。

甚至，質疑心理紓解的風險，如造成助人者的二度傷害（secondary victims），產生被動參與和憤慨，以及可能因為了進行壓力紓解而延遲診斷與治療（Deahl, 2000）。據此，Mitchell & Everly（2003）改良早年的CISD，新發展出

危急事件壓力管理（Critical Incident Stress Management, CISM）來彌補CISD的一些缺憾。

　　CISM整合了創傷前的訓練（pre-trauma training）、CISD，以及個別追蹤等三者。Richards（2001）實證研究發現，CISM的確比單獨進行CISD還顯著地降低了犯罪受害者的長期壓力疾患。因此，他認為與其對CISD澆冷水，不如多用點功夫來發展CISM。美國聯邦緊急管理總署（FEMA）編撰了「緊急救難工作者的壓力調適與控制：工作人員手冊」，即以根據CISM來提醒救難人員進行三階段的CISM。

　　與心理壓力相關聯的心理社會因子研究已經相當豐富，包括從因應策略（coping strategies）、社會支持、希望（hope）等觀點切入。因應策略又分兩部分：問題聚焦（problem-focused）策略、情緒聚焦（emotion-focused）策略，前者指聚焦在與創傷事件有關的特定行為；後者聚焦於與災難事件有關的情緒反應。社會支持則包括功能支持與結構支持兩者，前者指個人於創傷事件發生後理解到社會互動的助力與無助；後者則針對個人社會網絡的外部面向，如網絡的規模與複雜度。希望是一種達成目標的認知動機與理解能力。Glass, Flory, Hankin, Kloos, & Turecki（2009）研究美國卡崔娜颶風的倖存者發現，迴避因應（avoidant coping）、問題聚焦的因應與PTSD呈正相關，社會支持、希望則呈負相關。此外，抱持希望會減緩迴避因應與心理創傷的關聯，突顯希望在減緩心理創傷上的重要性。

　　在卡崔娜風災之後，2005年10月美國的社會服務組織要求人類豐富基金會（the Foundation of Human Enrichment）提供災難相關與替代創傷治療給參與救災的員工。尤其是替代創傷、次級創傷壓力（secondary traumatic stress）引發的身體病變。此類創傷治療的方法很多，如認知行為治療（cognitive-behavioral therapy, CBT）、眼睛運動減敏感與再生（eye movement desensitization and reprocessing, EMDR）、身體經驗與創傷復原（Somatic Experiencing/Trauma Resiliency Model, SE/TRM）（Leitch, Vanslyke, & Allen, 2009）。

　　Miller（2003）指出社會工作者的角色之一就是提供危急事件的壓力紓解

（critical incident stress debriefing）。壓力紓解（debriefing）最常被救災組織，如紅十字會、社區救災團體、專業的救災人員、機構為基礎的團隊所採用，這都會有社會工作者涉入。

典型的壓力紓解過程是由催化員引導進行半結構的團體，其程序大致如下：回顧所發生的事件、認知反思、情緒與心理的反應、心理教育的教導典型的壓力反應與有用的因應機轉、引出想法與治療計畫、自我照顧與互助支持（Miller, 2004）。

雖然不同的組織使用壓力紓解來達成不同的目的，但是，Warheit（1988）認為有7個共同的要素：

1. 危急事件對倖存者與救援者的影響被評估。
2. 與問題有關的關鍵議題，特別是與安全有關的議題被確認。
3. 思考的濾清、情緒與經驗發生與反應被有效執行。
4. 預測未來的反應與回應。
5. 事件與回應被完整地暴露與回顧。
6. 事件被揭露且連結人們的經驗到社區資源。
7. 壓力紓解協助人們再回到社區與職場。

Miller（2003）比較四種常見的壓力紓解模式：

1. Mitchell（1983）的危急事件的壓力紓解（critical incident stress debriefing , CISD）：(1)引導與建立規則，(2)事實階段：發生了什麼事？(3)思考階段：認知反應，(4)感受階段：情緒反應，(5)反應階段：症狀與後果，(6)常態化、教導階段：確認（validation）與因應，(7)再回到工作、家庭與社區。
2. 全國受害者組織的救援壓力紓解：(1)引導與建立規則，(2)經驗的認知層次，(3)感官經驗（聞、聽、看等），(4)情緒，(5)事件之後發生了什麼？改變、症狀、後果，(6)經驗常態化：確認與因應，(7)結束（Young,1997）。
3. 美國紅十字會的壓力紓解：(1)建立規則，(2)事件暴露，(3)感受與反應，

(4)因應策略：協助什麼？(5)結束（Armstrong & Lund, 1995）。

4. 心理壓力紓解：(1)引導入災難角色，(2)參與者自己的災難經驗分享，(3)回顧負面的面向與感受，(4)回顧正面的面向與感受，(5)參與者與家庭的關係：影響了什麼？(6)同理他人，(7)從災難角色中撤離，(8)災難經驗的整合（Raphael, 1986）。

國內的研究資料不多，朱美珍與胡正申（2000）研究921地震國軍救災官兵的身心反應與生活適應發現，參與「任務回顧（即本文所譯的紓解）」團體的成員在生理、情緒、行為、認知、社會適應等5個方面均有正、負向反應，其負向反應與PTSD的症候群類似。倒是正向反應是西方研究「在職創傷」所較少關心的。而正向反應，如感恩、榮耀、立志做志工、功德、珍惜生命等會對PTSD產生多少寬解，或是反而引發更多壓抑，從研究中看不出來。而且，朱胡兩人的研究同樣犯了方法論上的問題，即依CISD的實施指引，是不能錄音的，也不能將未直接參與救災的人員與救災人員放在一起紓解，更不能有同一團體進行2次到6次的團體治療形式的危機介入，導致CISD與研究、團體治療混雜在一起。所以，無法確知「任務回顧」到底有沒有效果。

參與臺北縣災民安置所心理重建工作的李維庭心理師提供的經驗可能是大多數加入921震災危機介入的臨床心理師的困境，他說：「原本我們所熟悉的晤談室操作的介入型態，在實際的情況下，顯得格格不入。」（李維庭，2000，頁234）又說：「又原本用於災後心理重建最為混亂的論述─針對PTSD產生、偵測及後續處理的一套做法。對照我們實際的經驗下，顯得相當單薄。換言之，若以協助災民回復生活的秩序感為主要目標的話，所要關切的面向，不能侷限在心理症狀的面向。」李維庭對傳統心理治療「晤談室操作典範」的反思與林耀盛（2000）反思把心理復建置放到「人寓居於世」（being-in-the-world）的取向是契合的。921震災的救援工作讓臺灣的心理師走出晤談室模式，走出專業的症狀診斷模式，也是一種學習。社會工作者早在二十世紀初就領悟人在情境中，後來更擴大到人在環境中、人在脈絡中。

四、慢性創傷後壓力疾患與心理重建

誠如李維庭（2000）所言：「以PTSD為主的關切，在災民身上並不多見。事後反省的結果，我們所做的，就是持續且不間斷地關懷，而這樣對他們生活全面的關懷底下，災民能夠獲得相當程度的支持，在這樣的支持中，我們相信能夠減低其阻礙自我效能的負面情緒，而使得災民更加善用自己本身存在的自體修復能力」（頁234-235）。PTSD本來就不一定能靠CISD或CISM加以有效減除，也不可能在救災的緊急條件下被聚焦或成為優先課題。因此，慢性PTSD的存在與治療不可忽視。

Foa & Meadows（1997）整理出以下幾種心理社會處置有利於解決慢性PTSD的痛苦：

（一）催眠療法（Hypnotherapy）

最早佛洛依德（Freud）就使用催眠來治療創傷相關的痛苦，他用消散（abreaction）與濾清來協助病人排除衝突的感受。有一些研究指出催眠有助於消滅PTSD。但是，因為缺乏嚴謹的診斷標準、方法論的檢驗，以及治療程序的標準化，使催眠療法的療效有待證實。但是，就現有經驗檢視，Foa & Meadows（1997）認為催眠療法、減敏感法（desensitization），應該有某種程度消減創傷後痛苦的效果。

（二）心理動力治療（psychodynamic treatment）

心理動力治療，特別是心理動力團體治療也被用來處理災後的壓力痛苦，雖然，同樣面對研究方法論上的限制，無法很精確地指出其效果有多大，不過，越來越多嚴謹的研究已逐漸能確認心理動力治療對PTSD的療效。

（三）認知行為治療（cognitive-behavioral treatment, CBT）

這是最常用的治療方法，其治療方案有多種：

1. 暴露療法（exposure procedures），讓案主面對其恐懼，如系統減敏感法

（systemic desensitization）、延長想像與生動暴露（prolonged imaginal and in vivo exposure）、壓力接種訓練（stress inoculation training）、眼睛運動減敏感與再生術（eye movement desensitization and reprocessing）等。

2. 焦慮管理方案（anxiety management programs），讓案主學習一套掌控焦慮消除的技術，包括放鬆訓練、正向的自我敘事、呼吸再訓練、生理回饋、社交訓練、分神技術等。

3. 融合治療方案，亦即同時採用兩種治療方案，如暴露療法中的延長暴露與壓力接種訓練合併療程，認知過程治療（cognitive processing therapy）等。

認知行為治療到目前為止是較有實證研究支持的療法（Foa & Meadows, 1997）。Math, Nirmala1, Moirangthem, & Kumar（2015）提醒心理衛生工作者在介入災難管理上相對被忽略，其中可以貢獻的部分包括：心理急救（Psychological First Aid）、壓力紓解（debriefing）、認知行為介入（Cognitive Behavioral Intervention , CBT）、社區為基礎的介入（Community-Based Interventions），以及其他PTSD的介入等。

在921地震之後，為了消減災民PTSD的痛苦，行政院於2000年1月推出的災後重建計畫—生活重建部門，也推出心靈重建計畫，由行政院文建會主導，負責處理師生、救災官兵、原住民、兒童、青少年、婦女、老人、身心障礙者、單親家庭等特殊對象之心靈重建工作。其實，心靈重建計畫所要處理的是災後PTSD的痛苦，而不是什麼「心靈」的困境，因為要「心靈重建」，所以就把主導單位交給文建會，真是個大誤會。可見，政府還沒有準備好救災的專業分工。

金樹人（2000）針對921震災後的心理復健工作，提出制度面的反省，指出由於缺乏一個主導整合的機構，災區出現了資源分配與救災需求的極大差異；同時，災區充斥了太多所謂心理（心靈）復健專家。光這個制度的不健全就可以打敗921震災後的心理重建工作。

吳聰能與賴辛癸（2000）進一步指出921震災後心理重建工作上面對逐漸增

高的自殺案件，仍有許多問題有待解決：(1)研究資料的缺乏，(2)以往資源的投入太少，(3)公共心理衛生人才的缺乏，(4)災後心理衛生資源的分配不均，(5)心靈重建計畫分散在部會，成效如何，無法評估。因為是「心靈重建」，所以嘉年華會、音樂會、烤肉等或特定族群集體旅遊的方式紛紛出籠也就不足為奇了。欠缺整體、有計畫的社會暨心理評估，就很難提出心理重建的有效方案

陸、文化敏感與弱勢人口照顧

一、文化敏感

Puig & Glynn（2003）針對6位社會工作碩士生前往中美洲支援宏都拉斯的瓜納哈（Guanaja）島紅樹林海灣（Mangrove Bight）的颶風救災，發現跨文化救災工作者（cross-cultural disaster relief workers）必須擁有關於種族、族群、文化史等特別的知識，以及個人與專業對救災實務的影響，包括：

1. 了解偏見、歧視信念、態度與感受，以及這些方面是如何控制人們對社會、個人、專業的互動。
2. 社會政治與社會經濟因素的了解與覺知，以及這些如何修正、產生國際關係與社區關係的偏見。
3. 覺知與了解救災工作對象的特定國家、人民，包括其生活經驗、文化與歷史。
4. 覺知自己對當地助人實務的看法，以及他們是否對社區本地求助與助人方法有所肯定與尊重。
5. 了解關於特定文化有關的家庭結構、社會階層，及影響社區特徵的信念的知識。
6. 覺知在災區國家或社區既存的社會與政治歧視與壓迫。
7. 覺知知識、技巧、知能、能力在提供救災服務上的限制。

跨文化救災工作人員的技巧：

1. 運用各種助人技術，包括口語、非口語回應與介入，適切地回應問題與尊重案主的文化傳承。

2. 從其他救災專業尋求協助，以及盡可能從社區成員中尋找協助。

3. 服務的翻譯員要能代表災民的、種族、族群、文化背景，以及接受緊急救援的訓練。

4. 有效的問題解決，包括排定需求的優先性、進行迅速回應救災關鍵的決策。

5. 評估救災服務是否滿足災民真正的需求，例如，在1998年中美洲的瓜納哈島的風災，紅樹林海灣的災民接收到一大堆衣服捐助，但都是長袖汗衫與其他冬衣，不合當地的熱帶氣候。據此，許多救濟物資都沒有用。

6. 技巧地搜尋與協商微視與巨視的議題，救災努力必須平衡這些議題對社區與災民的影響。

7. 教導災民如何為自己倡議，以防一旦救災人員離去後的服務真空。

8. 由於睡眠不足，身體功能處在高密集水平下，必須慎防陷入見樹不見林。

9. 進展、進展、再進展。救災成功的關鍵在於有能力管理立即而複雜的任務，以及視需要調整步伐與因應下一個危機。

Kayser, Wind, & Shankar（2008）研究南亞海嘯後的支持復原，發現災難救援後的恢復社會常態功能其實是受到文化的界定不同影響；穩定家庭體系也是受文化規範的影響；在集體主義的社會裡，自我效能（self-efficiency）取決於互賴的社區脈絡的定義，包括期待分享資源、互相照顧的責任；而在個人主義的社會裡，自我效能就是指個人責任的提升。

Jang & Wang（2009）探討921震災對臺灣客家社區的影響，她們以東勢鎮為例，指出在災難復原力（disaster resilience）的保護因子有個人層次的接納、準備、自賴、精神，加上社區層次的客家精神、資源可得性、社會支持網絡、服務他人。客家精神指勤儉、勤勞、自賴、責任與硬頸。客家人認為災難是一種生命經驗與大然和諧的一部分。常態化、與災難共存是客家人災難復原力的特質。

二、弱勢人口群的照顧

McEntire（2001, 2004, 2005）指出脆弱性有幾個面向：物理、社會、文化、政治、經濟、科技等。雖然Palliyaguru, Amaratunga, & Baldry（2014）建議應該建構一套全盤的災難風險減低（holistic approach disaster risk reduction）策略，包括：政策與規劃、物理與科技、緊急整備、自然保護，以及知識管理策略。然而，針對弱勢人口的減災準備仍然常被忽略，一旦災難發生後，其受害程度常是最嚴重的，且不易接近服務。

Zakour & Harrell（2004）指出中低收入人口群最不容易接近自然災害的預防與社會服務，包括黑人、女性單親家戶、老人。他們的脆弱在於較少受到保險的保障、老舊的住宅、復原的物質資源較少。同時，這些人也很少受到救災社會服務組織與災難預防方案的服務。他們也研究發現，美國都會區中的黑人、單親女性家戶集居區，較少有災難救援相關的組織網絡設置。服務這些弱勢人口群的災難救援組織，較少有災難救援組織網絡存在，災難救援的能量也相對不足。

Al-rousa, Rubenstein, & Wallace（2014）調查1,304位平均70歲的美國老人有關天然災難整備的事項，發現只有34.3% 的受訪者曾參與防災教育方案或閱讀災難整備有關資料，只有不到 15% 的受訪者有使用避免電力短缺風險的不斷電醫療設備；同時，年齡越老、身體失能程度越嚴重、教育水準越低、所得越低，災難整備的情形越差。可見弱勢者往往是兼具年齡、身體條件、社會、經濟、科技的多重弱勢。

在災難時，食物不安全會導致災民為了求生存而違反法律，例如：謊報家庭人口數、低報家庭所得、囤積救濟食物，甚至偷、搶商家食物。Pyles, Kulkarni & Lein（2008）研究美國紐奧良（New Orleans）發生卡崔娜颶風時的食物不安全（insecurity）經驗導致的經濟生存策略，發現當地方食物供給無法預測時，居民容易囤積食物，導致食物變得稀少。食物的稀少，限制個人的慷慨行為；再者，在災難食物與食物不安全時，地方機構與其他支持也常不足，個人、家戶、大團體接管私人財產，特別是食物與飲水，致使儲存食物與飲水成為公共議題；食物供給單位緩慢與無效能的反應，讓災民有被貶抑的感受，災民覺得他們

連狗都不如；政府方案很少在災難一開始就適足，使災民無法立即接近食物資源。災民認為別人說他們是偷搶，但就他們的處境而言，只是求生存罷了！

　　女性也經常是災難的脆弱人口群。Alston（2009）研究澳洲乾旱政策下的性別主流化（gender mainstreaming）發現，2000年以來澳洲政府補助旱災的政策顯示性別主流化只是徒有其表（empty signifier）。女性的貢獻在旱災補助政策中看不見了。因為補助的對象是農民，而農民經常登記為男性。女性在乾旱季節為了償還貸款、維持生計，必須賺取非農業所得，而這些非農業所得每年要在2萬澳幣以下才合乎補助標準，致使許多女性平時努力賺錢還債，維持生計，到了乾旱季節，政府卻以其非農業所得超出門檻而不給予乾旱補助。女性的生計貢獻反而成了懲罰。亦即，缺乏性別敏感的救災政策會使女性更容易受害。

　　學童在災難發生後有些反應是有別於成人。基本上，兒童是最脆弱的人口群，更應被特別照顧。兒童不只在天然災害中的脆弱性高於成人，在人為災難中亦然，因其自我保護能力較弱、受感染機會較高，也容易成為恐怖攻擊的對象，導致其災害罹病率、死亡率均高於成人，兒童災難計畫就成為重要的議題（Grindlay & Breeze, 2016）。前述兒童在災難中的創傷與成人不完全一樣，Hobfoll et al.（2007）、Gibbs et al.（2014）建議災後兒童與少年心理與社會復原的五個重點是：安全感、平穩、自我與社區效能、連結、希望。Shelby & Tredinnick（1995）研究安德魯颶風（Hurricane Andrew）對南佛羅里達州（south Florida）造成20萬居民無家可歸，當時災難心理健康服務團（Disaster Mental Health Services Team）發現兒童於災後的喪失感、退化、焦慮、恐懼特別顯著。他們就用遊戲替代言談的介入策略，讓兒童把創傷經驗玩出來。

　　另一個例子是1999年9月佛洛伊德颶風（Hurricane Floyd）侵襲東南卡羅萊納州，36小時的暴雨，塔河（Tar river）暴漲五百年防洪頻率，造成塔玻羅市（Tarboro）氾濫成災，該地佩提洛A+（Pattillo A+）小學的社會工作師在災後為學童進行治療性休閒服務（therapeutic recreation service），以減輕兒童的災後創傷壓力（Russoniello, Skalko, Beatly, & Alexander, 2002）。該校治療性休閒服務包括四個層次：

1. 徵募休閒器材，以利催化學童的成長與發展。

2. 爲學童建築新的遊戲場。

3. 培訓服務人員使用上述休閒設施的能力。

4. 提供有系統的介入學童災後的生活與功能受創的復原。

除了治療性休閒服務方案外，教室的危機介入（Classrooms Crisis Intervention, CCI）也是災後學校應有的職責，不只是學校社會工作師要有這方面的認識與能力，班級教師或輔導老師都應有一些基本訓練，而社會工作師與輔導教師要協助班級教師進行教學危機介入。通常教學危機介入由2位（輔導教師或學校社工師，或加入其它專家）擔任催化員，如果學生較多，可增加催化員的人數，適當的比例是10位學生1位工作人員，CCI的過程是：(1)引導，(2)提供事實與澄清傳言，(3)分享事件始末，(4)分享反應，(5)充權（empowerment），(6)結束（Brock, 1998）。這個程序類似前述的壓力紓解過程。如果學生仍然有不適應情形，教師應將個別轉介給心理治療師或精神科醫師進行詳細的評估與治療。

在921地震後災後重建計畫—生活重建計畫中也有「學校教學及學生輔導計畫」，可見教育主管單位與社會工作界都深知學童災後心理復健的重要性。臺北縣因爲有學校社會工作師的設置，參與學童心理重建就成爲學校社會工作師的職責，其職責包括（黃韻如，2000）：

1. 追蹤輔導因震災而暫時失學的學生，

2. 機動性工作團隊，支援災區學校不足的輔導人力，

3. 扮演教育局與災民的溝通橋梁，

4. 加強學校兒童少年災後心理輔導，

5. 扮演學校及區域性的社區資源的橋梁，

6. 提供教師相關輔導訊息，以協助教師輔導受災學童。

除了由學校提供給兒童及少年災後心理、教育、社會復原之外，家長也扮演重要的支持角色。在美國卡崔娜風災之後，「拯救卡崔娜風災後的兒童」（Save the Children after Hurricane Katrina）組織出現，提供「照顧者希望之旅」（Caregivers Journey of Hope, JoH）方案，提供家長心理暨教育工作坊，協助渠等了解

如何支持災後受創傷的子女。Powella & Leythamb（2014）研究發現，這類家長心理教育課程（parental psycho-education curriculum）的確可以幫助家長在災後：(1)獲得社區的社會支持、(2)有能力界定壓力與壓力對身體的影響信號、(3)如何因應壓力，以及(4)更正向地展望未來。

脆弱病人也是災難中必需要被關照的一群，Anikeeva, Cornell, Steenkamp, & Arbon（2016）指出在澳洲的老人、慢性病人、與社會隔絕者較少被納入災難整備計畫中，家醫科醫師（general practitioners, GPs）扮演非常關鍵的角色，協助界定脆弱病人、協助家屬提升脆弱病患的復原力、提供緊急服務。

柒、結論

Rogge（2004）指出，在21世紀，自然與科技災難造成的痛苦與喪失的風險，必然持續。主要在於人口增加的壓力與全球氣候變遷，全球暖化或長期大氣循環（long-term atmospheric cycles），造成個人、家庭、社區與生態的傷害。許多社區才度過一個災害的救援，馬上又面臨另一個災害的預防。一天之內，一個國家有可能同時面對颶風、旋風、洪水、地震、科技災難。

就如同挪威地理學者Brun（2009）急切地呼籲地理學者迫切需要加入災難研究一樣，社會工作學者也亟需加入災難研究。社會工作者被要求成為災難救援中緊急安置、短期安置、災害慰助、社區生活重建的主力（林萬億，2002b）。此外，志工人力的動員與管理、弱勢人口群的照顧、災後創傷壓力的減輕、文化敏感、媒體公關等，也常被列入社會工作者的職責。因此，社會工作者除了了解災難救援之外，也必須參與減災與災難整備、充實災難管理知識的累積、參與災難的研究。

參考書目

中文書目

朱美珍、胡正申（2000）。國軍救災官兵身心反應與生活適應之探討。社區發展季刊，90，154-169。

李瑞金、盧羿廷（2003）。英國意外災難之因應與重建—以威爾斯Aberfan礦災為例。社區發展季刊，104，117-127。

李威儀 （1995）。災難來時如何顧生命—從阪神大地震看都市的防災及救災功能。建築師，3月號，106-110。

李維庭（2000）。經歷九二一：災民安置所的心理重建經驗。應用心理研究，6，213-250。

吳聰能、賴辛癸（2000）。由九二一震災探討公共心理衛生工作的困境。中華衛誌，19(4)，239-243。

金樹人（2000）。九二一震災後的心理復健工作。理論與政策，14(1)，87-102。

周月清、王增勇、陶蕃瀛、謝東儒（2001）。921地震社會工作者災難服務角色與功能評估。行政院國家科學委員會補助專題研究計畫。

林萬億（2002a）。災難救援與社會工作實務探討：以臺北縣921社會暨心理救援與重建模式為例研究報告。臺北縣政府委託研究計畫。

林萬億（2002b）。災難救援與社會工作：以臺北縣921地震災難社會服務為例。臺大社會工作學刊，7，127-202。

林萬億主編（2010a）。災難管理與社會工作實務手冊。臺北：臺灣社會工作專業人員協會。

林萬億（2010b）。災難管理與社會工作。社區發展季刊，131，65-83。

林萬億（2013）。當代社會工作—理論與方法（三版）。臺北：五南。

林萬億（2015）。團體工作：理論與技巧（三版）。臺北：五南。

林耀盛（2000）。創傷、復健與置身所在：再論現代心理學處境，兼回應李維倫教授。應用心理研究，6，54-64。

徐照美（1984）。談臺北縣社工的「機動」角色—從「海山」「煤山」到「洲後村」。社區發展季刊，27，40-42。

許文耀（2000）。九二一地震災區學生的因應型態與心理症狀的關係。中華心理衛生學刊，13(3)，35-59。

陳淑惠、林耀盛、洪福建、曾旭民（2000）。九二一受創者社會心理反應之分析—兼論「變」與「不變」間的心理社會文化意識。中大社會文化學報，10，35-60。

黃韻如（2000）。撫平震撼的心靈—九二一震災災後心理重建與輔導工作報告，論文收入臺北縣國民中學試辦設置專業輔導人員計畫第一階段工作成果彙編。

楊延光、葉宗烈、陳純誠（1999）。創傷後壓力症候群—921大地震魚池鄉災後初期工作經驗。護理雜誌，46，20-29。

蔡崇煌、陳宇嘉、范世華、吳萬慶、林正介、林高德（2000）。九二一集集大地震創傷後壓力疾患—以臺中縣某地區醫院門診病人爲例。中華家庭醫學雜誌，9(2)，103-112。

蔡崇煌、陳宇嘉、范世華、吳萬慶、林正介、林高德（2001）。創傷後壓力疾患—以臺中縣某地區醫院921地震後門診病人爲例。臺灣醫界，44(1)，21-24。

瞿海源（2000）。災區民眾社會心理。理論與政策，14(1)，141-155。

蘇秀娟、李慧貞、林建志（2000）。921地震北縣新莊災民創傷後反應及其影響因素之探討。護理研究，8(6)，652-662。

英文書目

Alston, M. (2009). Drought policy in Australia: Gender mainstreaming or gender blindness? *Gender, Place & Culture, 16*(2), 139-154.

Anikeeva, O., Cornell, V., Steenkamp, M., & Arbon, P. (2016). Opportunities for general practitioners to enhance disaster preparedness among vulnerable patients, *Australian Journal of Primary Health*, *22*, 283-287.

Armstrong, K. & Lund, P. (1995). Multiple stressor debriefing and the American Red Cross: The East Bay Hills fire experience, *Social Work, 40*(1), 83-91.

Bawlby, J. (1969). *Attachment and Loss: Attachment* (Vo.1). London: Hogarth.

Bell, H. (2008). Case management with displaced survivors of Hurricane Katrina'. *Journal of Social Service Research*, 34: 3, 15-27.

Bell, J. (1995). Traumatic event debriefing: Service delivery designs and the roles of social work. *Social Work*, 40: 1, 36-44.

Bliss, D. L. & Meehan, J. (2008). Blueprint for creating a social work-centered disaster relief initiative. *Journal of Social Service Research*, 34: 3, 73-85.

Bolin, R. & Stanford, L. (1998). The Northridge earthquake: Community-based approach to unmet recovery needs, *Disaster*, 22: 1, 21-38.

Bradford, A. (1999). Rebuild: An Orthopedic trauma support group and community outreach program. *Health & Social Work*, 24: 4, 307-311.

Brock, S. (1998). Helping classrooms cope with traumatic events. *Professional School Counseling*, 2: 2, 110-117.

Brun, C. (2009). A geographers' imperative research and action in the aftermath of disaster. *The Geographical Journal, 175*(3), 196-207.

Cherry, A. & Cherry, M. E. (1996). Research as social action in the aftermath of Hurricane Andrew.

Journal of Social Service Research, 22: 1/2, 71-87.

Coppola, D. (2011). *Introduction to International Disaster Management*. Burlington, MA: Butterworth-Heinemann.

Cunningham, M. (2003). Impact of trauma work on social work clinicians: Empirical findings. *Social Work*, 48: 4, 451-459.

Deahl, M. (2000). Psychological debriefing: Controversy and challenge. *Australian and New Zealand Journal of Psychiatry, 34*, 929-939.

Dodds, S. & Neuhring, E. (1996). A primer for social work research on disaster. *Journal of Social Service Research,* 22: 2, 27-56.

Drumm, R. D., Pittman, S. W. & Perry, S. (2003). Social work interventions in refugee camps. *Journal of Social Service Research*, 30: 2, 67-92.

Dufka, C. (1988). The Mexico City earthquake disaster. *Social Casework: The Journal of Contemporary Social Work, March*, 162-170.

Everly, G. (1995). The role of the critical incident stress debriefing (CISD) process in disaster counseling. *Journal of Mental Health Counseling*, 17: 3, 278-291.

Foa, E. B. & Meadows, E. A. (1997). Psychosocial treatments for posttraumatic stress disorder: A critical review. *Annual Review Psychology, 48*, 449-480.

Gibbs, L., Snowdon, E., Block, K., Gallagher, H. C., MacDogall, C., Ireton, G., Pirrone-Savona, A., Forbes, D., Richardson, J., Harms, L., & Waters E. (2014). Where do we start? A proposed post-disaster intervention framework for children and young people. *Pastoral Care in Education, 32*(1), 68-87.

Gilliland, B. E. & James, R. K. (1988). *Crisis Intervention Strategies*, Monterey, CA: Brook/Cole.

Glass, K., Flory, K., Hankin, B. L., Kloos, B., & Turecki, G. (2009). Are coping strategies, social support, and hope associated with psychological distress among Hurricane Katrina Survivors? *Journal of Social and Clinical Psychology, 28*(6): 779-795.

Grindlay, J. & Breeze, K. M. (2016). Planning for disasters involving children in Australia: A practical guide, *Journal of Pediatrics and Child Health, 52*, 204-212.

Helzer, J. E., Robins, L.N. & Mcevoy, L. (1987). Posttraumatic stress disorder in the general population: Findings of the epidemiologic catchment area survey. *New England Journal of Medicine*, 317, 1630-1634.

Hickson, H., & Lehmann, J. (2014). Exploring social workers' experiences of working with Bushfire-affected families. *Australian Social Work, 67*(2), 256-273.

Hobfoll, S. E., Watson, P., Bell, C. C., Bryant, R. A., Brymer, M. J., Friedman, M. J., & Ursano, R. J. (2007). Five essential elements of immediate and mid-term mass trauma intervention: Empirical evidence. *Psychiatry, 70,* 283-315.

Jacobs, S. & Prigerson, H. (2000). Psychotherapy of Traumatic Grief: A review of evidence for psycho-therapeutic treatments. *Death Studies,* 24: 6,479-496.

Jang, L. & Wang, J. (2009). Disaster resilience in a Hakka community in Taiwan. *Journal of Pacific Rim Psychology, 3*(2): 55-65.

Kayser, K., Wind, L. & Shankar, R. A. (2008). Disaster relief within a collectivistic context. *Journal of Social Service Research,* 34: 3, 87-98.

Klein,T. P., Devoe, E. R., Miranda-Julian, C. & Linas, K. (2009). Young children's response to September 11th: The New York City experience. *Infant Mental Health Journal,* 30: 1, 1-22.

Kreuger, L. & Stretch, J. (2004). Identifying and helping long term child and adolescent disaster victims: Model and method. *Journal of Social Service Research,* 30: 2, 93-108.

Leitch, M. L., Vanslyke, J., & Allen, M. (2009). Somatic experiencing treatment with social service workers following Hurricanes Katrina and Rita. *Social Work,* 54: 1, 9-18.

Math, S. B., Nirmala1, M. C., Moirangthem, S. & Kumar, N C. (2015). Disaster management: Mental health perspective. *Indian Journal of Psychological Medicine, 37*(3), 261-271.

McCann J. F. & Pearlman, L. A. (1990). Vicarious traumatization: A framework for understanding the psychological effects of working with victims. *Journal of Traumatic Stress, 3,* 131-149.

McEntire, D.A. (2001). Triggering agents, vulnerabilities and disaster reduction: Towards a holistic paradigm. *Disaster Prevention and Management, 10*(3), 189-196.

McEntire, D.A. (2004). Tenets of vulnerability: An assessment of a fundamental disaster concept. *Journal of Emergency Management, 2*(2), 23-29.

McEntire, D.A. (2005). Why vulnerability matters: Exploring the merit of an inclusive disaster reduction concept. *Disaster Prevention and Management, 14*(2), 206-222.

McFarlane, A. (1984). The Ash Wednesday bushfires in South Australia: Implications for planning for future post-disaster services. *Medical Journal of Australia, 141*(5), 286-291.

Miller, J. (2004). Critical incident debriefing and social work. *Journal of Social Service Research,* 30: 2, 7-25.

Mitchell, J. T. & Everly, G. S. (2003). *Critical Incident Stress Debriefing: An Operations Manual for CISD, Defusing, and Other Group Crisis Intervention Services* (4th ed.). Ellicott City, MD: Chevron.

Mitchell, J. T., & Bray, G. (1990). *Emergency Services Stress: Guidelines for Preserving the Health and Careers of Emergency Services Personnel.* Englewood Cliffs, NJ: Prentice Hall.

Mitchell, L. T. (1983). When disaster strikes: The critical incident stress debriefing process. *Journal of Emergency Medical Services,* 1: 8, 36-39.

National School Boards Association (2005). After the storm, schools reach out to traumatized students.

American School Board Journal, November, 4-6.

North, C. & Hong, B. (2000). Project crest: A new model for mental health intervention after a community disaster. *American Journal of Public Health*, 90: 7, 1057-1059.

Palliyaguru, R., Amaratunga, D., & Baldry, D. (2014). Constructing a holistic approach to disaster risk reduction: The significance of focusing on vulnerability reduction. *Disasters, 38*(1), 45-61.

Powella, T., & Leythamb, S. (2014). Building resilience after a natural disaster: An evaluation of a parental psycho-educational curriculum. *Australian Social Work, 67*(2), 285-296.

Puig, M. E., & Glynn, J. B. (2004). Disaster responders. *Journal of Social Service Research*, 30: 2, 55-66.

Pyles, L., Kulkarni, S. & Lein, L. (2008). Economic survival strategies and food insecurity. *Journal of Social Service Research*, 34: 3, 43-53.

Regehr, C., & Bober, T. (2005). *In the Line of Fire: Trauma in the Emergency Services*. Oxford: Oxford University Press.

Riad, J. K. & Norris, F. H. (1996).The influence of relocation on the environment, social and psychological stress experienced by disaster victims. *Environment and Behavior, 28*, 163-182.

Richards, D. (2001). A field study of critical incident stress debriefing versus critical incident stress management. *Journal of Mental Health*, 10: 3, 351-362.

Roberts, A. R. (2006). Applying Roberts's triple ABCD model in the aftermath of crisis-inducing and trauma-induce community disaster. *International Journal of Emergency Mental Health*, 8: 3, 175-182.

Rogge, M. E. (2004). The future is now. *Journal of Social Service Research, 30*: 2, 1-6.

Russoniello, C. V., Skalko, T. K., Beatly, J., & Alexander, D. B. (2002). New paradigms for therapeutic recreation and recreation and leisure service delivery: The Pattillo A+ elementary school disaster relief project. *Parks and Recreation, 37*(2), 74-81.

Seroka, C. M., & Associates (1986). A comprehensive program for post-disaster counseling. *Social Casework: The Journal of Contemporary Social Work*, January, 37-45.

Shahar, I. B. (1993). Disaster preparation and the functioning of a hospital social work department during the Gulf War. *Social Work in Health Care*, 18: 3/4,147-159.

Shelby, J. & Tredinnick, M. (1995). Crisis intervention with survivors of natural disaster: Lessons from Hurricane Andrew. *Journal of Counseling & Development*, 23: 5, 491-498.

Silverman, E. (1986). The social worker's role in shock-trauma units. *Social Work*, July-August, 311-313.

Soliman, H. H., & Silver, P. T. (2003). Social work intervention in disasters and traumatic stress events. *Journal of Social Service Research, 30*: 2, xiii -xv.

Warheit, G. J. (1988). Disaster and their Mental Health Consequences: Issues, findings, and future trends. In M. H. Lystad (ed.), *Mental Health Response to Mass Emergencies: theory and practice* (ch3). New York, NY: Brunell/ Mazel.

Wilson, P. (2009). Deliberative planning for disaster recovery: Re-membering New Orleans. *Journal of Public Deliberation, 5*(1), 1-23.

Yoon, I. (2009). A mixed-method study of Princeville's 28.rebuilding from the flood of 1999: Lessons on the importance of invisible community assets. *Social Work*, 54: 1, 19-28.

Young, A. (1997). *The Harmony of Illusions: Inventing Post-Traumatic Stress Disorder.* Princeton, NJ: Princeton University Press.

Zakour, M. (1996). Geographic and social distance during emergencies: A path model of inter-organizational links. *Social Work Research*, 20: 1, 19-30.

Zakour, M. J. & Harrell, E. B. (2004). Access to disaster services. *Journal of Social Service Research*, 30: 2, 27-54.

第八章　災害救助與物資管理

王秀燕

壹、前言

處在天然災害威脅機率頻繁的國家，災害預防、應難措施、災後復原重建等成為政府相關部門、民間重視的工作項目，災變管理中，災害救助與物資管理更是社會福利等單位在災害防救體制中重要的一環。

災害救助，包含傷、亡或失蹤濟助、輔導修建房舍、設立臨時災害收容場所以及其他必要之救助等；災害救助的法源主要以「社會救助法」與「風災震災火災爆炸災害救助種類及標準」、「水災災害救助種類及標準」等為主，在實務上，亦包含民間捐助與救助。在災害預防階段，必須預先建立災民避難收容處所資料，災民臨時收容所主要項目包含建立避難收容處所資料、收容空間整備、收容管理作業、緊急收容期間等。而臨時收容中心是一短期的應變方式，提供受災戶暫時性的居住場所，經一段過渡時期後，讓家庭及個人可以返回居住地或協助租屋。

物資管理包含民生物資儲備、天然災害緊急救濟民生物資儲存糧食、民生用品之管理及逾期處置、災變物資管理等四部分，物資管理目的主要在因應災害發生時在應變階段及時提供基本物資，滿足緊急需求。有鑑於歷次災害未受災之縣市總是不分彼此，爭相恐後向受災縣市伸出援手，但未有妥善規劃和分工反而易造成受災縣市之困擾，因此，衛生福利部建立區域聯盟機制，以利災害應變階段可充分發揮支援之功效。

本章主要內容包含災害救助、災民臨時收容所設置、物資管理、區域聯盟協調運作等，以國內有關災害救助和物資管理主要法規與受災縣市的經驗為本章主要的參考文獻，加上筆者曾參與多次重大災害之救災工作，期盼對相關單位與第一線實務工作者在從事災變管理有其參考價值，在未來因應災害時可減少救災的摸索期，有條不紊地發揮助人工作，儘速恢復個人、家庭、團體、社區的社會功能。

貳、災害救助

災害救助的法源主要以「社會救助法」與「風災震災火災爆炸災害救助種類及標準」、「水災災害救助種類及標準」為主，救助項目包含傷、亡或失蹤濟助、輔導修建房舍、設立臨時災害收容場所以及其他必要之救助等。在實務上，亦包含民間捐助與救助。

一、災害定義與臺灣重大天然災害損失概況

（一）災害定義

社會救助法（法務部，2017a）所稱的災害指的是人民遭受水、火、風、雹、旱、地震及其他災害，致損害重大，影響生活者，政府予以災害救助。而「風災震災火災爆炸災害救助種類及標準」（法務部，2017b），所謂的災害指的是人因遭受風災（含颱風及龍捲風）、震災（含海嘯及土壤液化等）、火災或爆炸災害，致損害重大，影響生活，政府發給災害救助金，以維持其個人或家庭之基本生活。社會救助法包含雹、旱等災害。常發生的重大天然災害均已包含在內。

（二）臺灣重大天然災害損失概況

臺灣是易受天然災害侵襲的國家之一，歷次重大災害中破壞力最強、造成傷亡人數眾多以及大量房屋倒塌的災害，在內政部消防署（2017a）統計資料中莫過於1999年921集集大地震，傷亡人數有13,749人，全半倒戶105,479戶，以及2009年8月發生的莫拉克颱風造成2,258人傷亡、全半倒戶105,479戶；2015年蘇迪勒颱風造成451人傷亡，全半倒戶105,479戶，影響層面廣。從1958年到2015年發生災害330種，傷亡人數累積36,923人，房屋倒塌達543,433戶，人命、房舍、財務等損失巨大。另2016年2月6日上午3時57分高雄美濃地震造成維冠金龍大樓倒塌，死亡人數116人、受傷510人，9棟大樓倒塌，僅1棟0傷亡（內政部消

防署，2017b）。也造成臺灣史上因單一建築物倒塌而造成傷亡最慘重的災難事件。

（三）災害損失為何需要救助？

依內政部消防署統計臺灣歷年天然災害，在所有類型中以颱風最多，其次是震災，第三是水災，影響人民生活與精神損害甚巨，以1999年921大地震以及2009年8月莫拉克颱風為例，從受災到災後媒體不斷播放的災難畫面，罹難者、重傷者、倒塌房子、緊急收容中心、無以棲身的受災戶等，傷痛感令人難以承受。當受災區的受災戶面對家園瞬間破滅的浩劫、失去親人悲痛、喪失工作的痛苦、面對經濟和生活上劇變產生的壓力等等，都是在短時間恐難復原的。因此，這種巨大的災害事件，非政府給予救助，難以復原時，就需政府啟動跨專業團隊以及公私部門合作的協助和救助，才能讓個人、家庭、社區的社會功能恢復，將傷害減到最低。災害救助成為災變管理中最基本的，也是最重要的項目。

二、適用對象

（一）社會救助法

依「社會救助法」第25條規定：「當人民遭受水、火、風、雹、旱、地震及其他災害，致損害重大，影響生活者，予以災害救助」。這裡所稱人民是指居住在臺灣地區設有戶籍之國民。

（二）「風災震災火災爆炸災害救助種類及標準」

依「風災震災火災爆炸災害救助種類及標準」第2條規定：「中華民國國民於國內受災，適用這個標準的規定；中華民國國民之配偶是臺灣地區無戶籍國民、外國人、大陸地區人民、香港或澳門居民，但已在臺灣地區合法居留並有共同生活者，亦適用之」。這裡所稱國民含合法居留並有共同生活者。

三、災害救助項目與核發標準

（一）社會救助法

依「社會救助法」第26條規定：「直轄市或縣（市）主管機關應視災情需要，辦理災害救助，而救助方式得由直轄市、縣（市）主管機關依實際需要訂定規定辦理之。救助方式包含搶救及善後處理；提供受災戶膳食口糧；給與傷、亡或失蹤濟助；輔導修建房舍；設立臨時災害收容場所；其他必要之救助等」。

（二）風災震災火災爆炸災害救助種類及標準

依「風災震災火災爆炸災害救助種類及標準」第3條所稱災害救助之種類計有死亡救助、失蹤救助、重傷救助、安遷救助等四種（法務部，2017a），可整理如表8-1。同一期間發生多種災害符合標準及其他法規之救助規定者，具領人僅能就同一救助種類擇一領取災害救助金，不得重複具領。有重複具領者，應予追繳。

表8-1 災害救助金核發項目與標準

項目	條件	核發標準
死亡救助	1. 因災致死者。 2. 因災致重傷，於災害發生之日起30日內死亡者。 3. 因災害而失蹤，經法院依本法第47條之一第一項規定，為確定其死亡之裁定確定者。	每人發給新臺幣20萬元
失蹤救助	因災致行蹤不明者	每人發給新臺幣20萬元
重傷救助	因災致重傷；或未致重傷，必須緊急救護住院治療，自住院之日起15日內（住院期間）所發生自行負擔之醫療費用總額達重傷救助金金額者。	每人發給新臺幣10萬元
安遷救助	因災致住屋毀損達不堪居住程度者	住屋毀損達不堪居住程度，戶內實際居住人口以5口為限，每人發給新臺幣2萬元。

資料來源：整理自法務部（2017a）。

在安遷救助補助部分，依「風災震災火災爆炸災害救助種類及標準」第3條規定：「受災戶[1]住屋毀損需達不堪居住程度情形之一者，給予安遷救助」，經整理如表8-2：

表8-2　安遷救助受災戶住屋毀損達不堪居住條件一覽表

項目	條件
地震造成	1. 住屋塌陷程度達二分之一以上。 2. 住屋屋頂倒塌或樓板毀損、塌陷面積達二分之一以上。 3. 梁柱：混凝土剝落、鋼筋外露之梁柱達梁柱總數百分之二十以上；或箍筋斷裂、鬆脫、主筋挫曲混凝土脆裂脫出，樓層下陷之梁柱達梁柱總數百分之十以上。 4. 牆壁： (1)厚度十五公分以上之鋼筋混凝土牆牆內主筋斷裂挫曲，混凝土碎裂之結構牆長度達總結構牆長度百分之二十以上。 (2)八吋磚牆裂縫大於0.5公分者之長度達磚牆總長度百分之五十以上。 (3)木、石、土造等住屋牆壁剝落毀損，屋頂下陷達二分之一。 5. 住屋傾斜率達三十分之一以上。 6. 住屋遭砂石掩埋或積砂泥，其面積達原建築物總面積二分之一或淹沒最深處達簷高二分之一或100公分以上。 7. 住屋上部結構與基礎錯開達5公分以上之柱基占總柱基數達百分之二十以上。 8. 住屋基礎掏空、下陷： (1)住屋柱基掏空數達總柱基數百分之二十以上。 (2)住屋基礎不均勻沉陷，沉陷斜率達五十分之一以上。 (3)住屋因土壤液化致屋頂、樓板、梁柱、牆壁、基礎或維生管線受損，經直轄市、縣（市）政府認定。 (4)其他經工務（建設）主管機關認定。 9. 其他經直轄市、縣（市）政府認定住屋受損嚴重，非經整修不能居住。

[1] 所稱受災戶，指災害發生時已在現址辦妥戶籍登記，且居住於現址者；所定住屋，以臥室、客廳、飯廳及連棟之廚房、浴廁為限。

項目	條件
非地震造成	1. 住屋屋頂損害面積超過三分之一；或鋼筋混凝土造住屋屋頂之樓板、橫梁因災龜裂毀損，非經整修不能居住。 2. 住屋牆壁斷裂、傾斜或共同牆壁倒損，非經整修不能居住。 3. 其他經直轄市、縣（市）政府認定住屋受損嚴重，非經整修不能居住。

資料來源：整理自法務部（2017a）。

（三）水災災害救助種類及標準

　　除「風災震災火災爆炸災害救助種類及標準」有死亡救助、失蹤救助、重傷救助、安遷救助等四種外，依「水災災害救助種類及標準」第三條規定尚包含住戶淹水救助、農田受災救助、魚塭受災救助、漁船（筏）、舢舨受災救助等四項（法務部，2017c），見表8-3。

表8-3　水災災害救助種類及標準

項目	條件	核發標準
住戶淹水救助	實際居住之住屋因水災淹水達50公分以上，以一門牌為一戶計算。但建物分別獨立，或非屬獨立而為不同獨立生活戶者，應依其事實認定之。	每戶最高發給新臺幣2萬元，由各直轄市、縣（市）政府依據轄區自然環境條件、財政狀況及受災損害情形自行發放。
農田受災救助	農田遭受水災致流失及沖積砂土埋沒而無法耕種者。	每戶農田受災面積應達0.05公頃以上；其流失每公頃最高發給新臺幣10萬元，埋沒每公頃最高發給新臺幣5萬元。
魚塭受災救助	魚塭遭受水災致流失、埋沒或塭堤崩塌，無法養殖者。	每戶魚塭流失、埋沒面積應達0.05公頃以上，塭堤崩塌應達6立方公尺以上；其流失每公頃最高發給新臺幣10萬元，埋沒每公頃最高發給新臺幣5萬元，塭堤崩塌每立方公尺最高發給新臺幣300元。但塭堤崩塌者每戶最高以新臺幣2萬5千元為限。
漁船（筏）、舢舨受災救助	漁船（筏）、舢舨遭受水災致無法作業者。	依臺灣地區遭難漁船筏救助要點第四點規定之救助標準辦理。

資料來源：整理自法務部（2017c）。

（四）專戶救助

　　一般受災縣市依「公益勸募條例」（法務部，2006）第5條「……各級政府機關（構）得基於公益目的接受所屬人員或外界主動捐贈，不得發起勸募。但遇重大災害或國際救援時，不在此限」。可依條例成立捐款專戶，統籌募款，除單一窗口受理捐款外，每日公布收支情形，並成立管理運用委員會向主管單位核備。管理運用委員會委員組成除主管和相關單位外，需包含捐款單位、受災戶代表等，動支各種救助項目、災後生活重建等所需經費均需經運用管理委員會通過。

（五）財團法人賑災基金會救助

　　2002年設立，創立基金新臺幣 3,000 萬元，由行政院第二預備金支應。以運用社會資源，統合民間力量，協助因天然災害受災地區之賑災為宗旨。運用與管理賑災捐款，統籌運用各界賑災捐款，主要彌補政府在防救災體系中不足。主管機關為衛生福利部。主要救助項目有以下5項（財團法人賑災基金會，2017）：

1. 災民撫慰、安置、生活、醫療及教育之扶助。
2. 失依兒童、少年、老人及身心障礙者之撫育或安（養）護。
3. 災民住宅重建重購。
4. 重大天然災害賑災、重建相關事項之調查、研究、規劃、活動及記錄、出版等。
5. 其他與協助賑災及重建有關事項。

　　針對天然災害以外的其他重大災害發生後，有協助受災民眾之必要者，基金會得依衛生福利部之通知並經董事會之決議，可準用該項規定。

四、災害救助金具領資格

　　「風災震災火災爆炸災害救助種類及標準」第7條規定其順序為：

　　（一）死亡或失蹤救助金，具領人依下列順序定之：

1. 配偶。

2. 直系血親卑親屬。

3. 父母。

4. 兄弟姊妹。

5. 祖父母。

（二）重傷救助金：由本人領取。

（三）安遷救助金：由受災戶戶長或現住人員領取。

五、災害救助服務流程

依衛生福利部2016年頒布的「強化對災民災害救助工作處理原則」（衛生福利部，2016a）：

（一）災害救助作業期程

1. 死亡、失蹤及重傷者慰問事宜，如屬認定無疑義者，應於災後1週內完成，但災情重大時不在此限。在實務上，災情重大時會在3日內完成。

2. 房屋租金或生活扶助金之發放，配合災民避難收容處所撤離時配套作業，以爭取時效。

3. 房屋毀損不堪居住者之安遷救助，於災後2週內完成勘災作業，並先陳報安遷救助經費預估數，同時應於1個月內完成救助經費發放作業。但災情重大時不在此限，在實務上，災情重大時會在2週內完成。

4. 重傷及具認定疑義者，應於災後1個月內完成慰助事宜。

（二）執行進度通報

1. 死亡、失蹤、重傷名單及災民安置慰助情形，需定時通報到應變中心之單一窗口；如應變中心撤除，則應回報衛生福利部，直到發放完畢為止。

2. 安遷救助經費發放情形，亦應於每日下午通報執行進度，直到全案發放完成為止。

（三）實務上運作流程

從臺中縣在1999年遭逢921地震後，依當時救災經驗由實際參與救災的工作夥伴在2005年編印的「臺中縣社政防災及救災實務手冊」（臺中縣政府，2005）與歷次災害之救災經驗，整理實務上運作流程如下：

1. 一般災害救助金發放作業流程流程，見圖8-1：

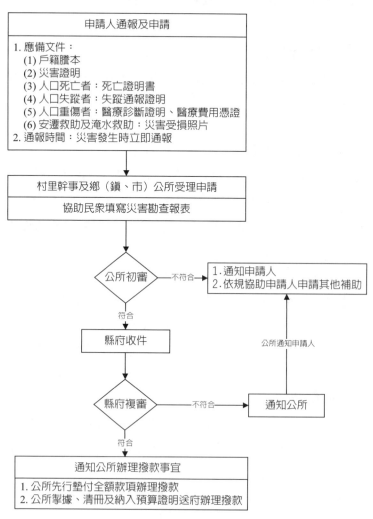

圖8-1　一般災害救助金發放作業流程

資料來源：臺中縣政府（2005）。

2. 死亡、失蹤及重傷者慰問

(1) 由主管單位評估確認所需專業人力，編組後辦理行前說明。一般為行政人力與社工人力各1名，行政處理救助金，社工人員需做後續協助與服務。

(2) 取得傷、亡、失蹤名單，慰問及救助資訊，相關表格及慰問金。

(3) 確認應攜帶之配備及物品，如需搭配提供物資則向物資管理組申請。

(4) 與慰問個案或家屬取得聯繫，表明身分及慰問之意，確認案家代表領款人員身分是否符合規定。

(5) 於約定之時間、地點致送慰問金。注意用印之清晰及效力，如為按捺指紋或簽名，則須工作人員或里長、地方人士2人擔任證明人加蓋職章為證；如係由家屬代領，亦須二名證明人蓋章。

(6) 關心個案及家屬身心調適狀況，蒐集需求與待助事項，如其需求有急迫性應即儘速通報或協處，後續並予追蹤關懷。

(7) 依限填寫受災戶訪視紀錄表，對於須通報相關單位之事項，需依限辦理。

(8) 依據單位交辦配合協助安排關懷與慰問行程。

3. 災害救助金溢領或冒領之處理

(1) 因故意致自身或他人受災死亡、失蹤、重傷或住屋毀損達不堪居住程度者，該人不得具領災害救助金；已具領者，應予追繳。

(2) 救助金係屬公法之救助金，民眾明知不實而故意或重覆領取則為不當得利，應負刑事責任，如拒絕繳回，依規定移送行政執行處辦理強制執行。

(3) 必要時可依刑法第214條「使公務員登載不實之偽造文書罪」主動移送地檢署偵辦。

六、勘災

（一）勘災：當災情發生後，先由各鄉鎮市（區）公所進行災情現場勘查，如遇有疑義時，則會同相關人員進行複勘。

（二）救助金發放：依據災害防救法令相關規定，如「風災震災重大火災爆

炸災害救助種類及標準」、「水災公用氣體與油料管線輸電線路災害救助種類及標準」等災害類別及天然災害災情勘查表發放災害救助金。

七、災區弱勢人口（含服務中之個案）救助與訪視

（一）轄區社工員於災害發生後，儘速針對原輔導之受災個案進行關懷或訪視，調查其需求，如其需求有急迫性應速通報或協處。

（二）編派人力針對一般受災戶及災區弱勢人口關懷訪視，並進行需求調查通報。

（三）與鄉鎮市公所、村里鄰長、社福團體或社區組織、地方人士……等聯繫，取得災區災情及動態，適度調整工作任務或進行方式。特別主動詢問是否有弱勢人口須協助與救助，避免求助能力不足發生意外。

（四）依限填寫受災戶訪視紀錄表，對於須通報相關單位之事項，應儘速辦理。

八、罹難者家屬及重傷、弱勢家庭關懷訪視與慰助

（一）慰問關懷死亡、失蹤家屬及重傷者並完成家庭訪視，評估緊急需求，提供即時服務。

（二）訪視各緊急收容中心受災戶，調查並通報迫切需求建立基本資料，作為後續規劃與提供服務之參考依據。

（三）調查並通報轄內受災戶及災區弱勢人口（含輔導中個案），以個案管理模式提供服務。

九、福利機構受災協助

掌握轄內各福利機構受災情狀況提供協助（物資、人員疏散或安置等）、機構初步處理情形等，並就需助事項予以通報協助。

依上述之相關救助在一般重大災難發生之後，其慰助與補助內容涵蓋生活扶

助、就學扶助、就業扶助、就醫補助、房屋重建、稅捐減免、農林漁牧等相關項目，主要經費來源包含政府與民間捐助。主辦單位需就相關救助項目、內容及具備文件、服務窗口等詳細資料，依類型和相關單位當下之實施規定或辦法彙整提供給受災戶參考和申請。詳見附件表1。

參、災民臨時收容所設置

　　緊急收容中心是一短期的應變方式，提供受災戶暫時的居住所，經過一段過渡時期後，讓家庭及個人可以返回居住地或提供租金補助到協助租屋等。

一、災民臨時收容所設置與工作內容

　　依衛生福利部2016年頒布「強化對災民災害救助工作處理原則」，對於災民臨時收容所設置與工作內容，在災害預防階段，就必須預先建立災民避難收容處所資料，災民臨時收容所主要項目包含建立避難收容處所資料、收容空間整備、收容管理作業、緊急收容期間等，整理如表8-4。

表8-4　災民臨時收容所設置與工作內容

項目	工作內容
（一）建立避難收容處所資料	1. 平日調查安全地區，設定災民避難收容處所，規劃合理收容量，並確認避難收容處所避開災害潛勢區，定期更新且於網站公告有關收容地點、收容量、聯絡人及主要負責人等資料，陳報衛生福利部。平日進行整備演練，確定聯絡管道暢通，溝通無虞。 2. 對於老人或身心障礙者等特殊需求個案，應協請轄內老人長期照顧機構、身心障礙福利機構空餘床位，視需要妥為安置，確保安置品質。
（二）收容空間整備	災民進住前完成場地清潔、消毒及簡易隔間等，提供較符人性化的居住空間及相關日常生活用品，如：臉盆、毛巾、牙刷、牙膏、漱口杯、拖鞋、毛毯、墊被及女性與嬰幼兒用品等。

項目	工作內容
（三）收容管理作業	辦理災民資料登記，詢問專長，俾加以運用暨鼓勵災民協助相關管理作業，以減輕人力不足問題。
（四）收容情形回報	災民避難收容處所管理負責人應於每日3時、6時、9時、12時、15時、18時、21時、24時，填報收容情形至中央災害應變中心防救災相關系統，直到避難收容處所撤離為止，該項資料由地方到中央應具一致性。
（五）緊急收容期間	緊急臨時收容以二週為原則，最長不超過一個月，並於開設一週內由社工人員進行中長期安置需求調查統計，俾辦理後續配套措施規劃作業。

資料來源：整理自衛生福利部（2016a）。

　　災民臨時收容安置在災害應變階段應主動及時完成災民安置工作，並提供民生物資，進行需求調查及心理支持工作。

二、災害應變階段

　　災害應變中心調查實際需求與狀況後，於災害發生前可先行安置危險地區居民至災民臨時收容所，在災害應變階段發現災難倖存者無法繼續留在家中，且無適當場所可暫時居住時，需建立合適且安全的緊急收容中心，實務上運作流程參考「臺中縣社政防災及救災實務手冊」（臺中縣政府，2005）以及各縣市緊急災民收容中心標準作業程序（臺中市政府，2011）與歷次災害之救災經驗經整理如下：

（一）任務編組

　　各收容中心設負責人1名，設綜合業務組、物資管理組、關懷照顧組、治安組及人力資源組等5組，各設組長1名，組員數名，視需要增減組別。

表8-5　各緊急收容中心分組與工作內容

組別	工作內容
綜合業務組	行政協調、資料統計與彙整事宜；災情與提供相關資訊、傳遞與公布；設立專線電話、傳真，及文書作業設備（如電腦、列表機）。 定期、不定期的回報收容中心狀況，設置服務臺協助居民填寫健保IC卡掛失申請表，接受登記及申請勞委會臨時工作方案等。
物資管理組	物資的統籌、管理分配或轉發；受贈與請領物資分開登記；各界相關物資詢問電話的接洽。
關懷照顧組	設計需求評估表，著手調查災民需求與待協助事項、相關災情狀況，並建立訪視紀錄和需求評估報告；諮詢服務；評估特殊需要協助者，如兒童、老年人、精神疾病患者、特殊族群團體、經驗到嚴重失落或創傷事件的個人；提供工作人員支持團體、減壓活動、簡短的支持性諮商服務相關資源；區域內相關社福機構的連結、專業人員的聯繫與運用；提供兒童照顧、醫療照顧、娛樂團康活動等服務；協助居民之組織與會議。
治安組	日常生活秩序之維護；相關人員的進出控制與紀錄；居民進出的掌握；相關設施（設備）使用規範、生活公約的訂定公布。
人力資源組	協助緊急收容中心人力排班與值夜事宜；相關志工統籌窗口；協助緊急收容中心物資收發；支援相關活動；協助救濟金發放；緊急採購所需物資；其他臨時交辦事宜及機動人員。

資料來源：整理自臺中縣政府（2005）、臺中市政府（2011）。

（二）各緊急收容中心權責任務與工作內容

各緊急收容中心權責與主要任務和工作事項可見表8-6。

表8-6　各緊急收容中心主要任務與工作事項

任務	工作事項
動員聯絡	災害應變中心成立後，負責聯絡通知中心負責人並完成編組。各緊急收容中心完成編組動員，由綜合業務組將動員、查報聯絡資料彙整，將有關表冊回報區災害應變中心
環境規劃	由綜合業務組負責收容中心場地規劃、配置、工作人員調度、救災物資、器材收整發送。

任務	工作事項
受理登記	由關懷照顧組登記到中心之受災民眾並回報各區災害應變中心，另由人力資源組受理志工人力報到登記，並會同綜合業務組進行志工人力調度。
生活照顧	關懷照顧組會同物資管理組負責指引配置受災民眾住宿、分配物資、場地介紹等服務，物資管理組和受災民眾分工協助備膳。
環境維護	由治安組及其他里鄰自治組織共同維護收容中心內秩序、受災民眾生命財產安全維護，並由人力資源組結合志工及災民共同維護收容中心整潔。
慰問	應變中心主導並由收容中心成員協同辦理受災民眾救助金、物資之致送慰問事宜。
護送復原	綜合業務組於危險解除緊急安置收容撤銷後聯絡交通車輛，會同關懷照顧組護送受災民眾返家。收容中心之復原工作由中心所有人員共同負責清理相關事宜。

資料來源：整理自臺中縣政府（2005）、臺中市政府（2011）。

（三）收容中心主要服務項目

1. 基本生活需求

(1) 食：乾淨飲水、三餐與點心的準備及供應。如收容中心無烹調設備者，食物可由他處準備和供應或搭建簡易廚房。

(2) 衣：足夠換洗且符合季節之衣物。

(3) 住：就寢的安置，提供受災戶一個可以睡眠及休息的地方。

(4) 行：協助交通的運輸以及鄰近醫院或市區之交通訊息，返家、探視或整理家園之交通工具。

2. 醫療保健

提供疾病預防、健康維護、急救，以及全天候的醫療與護理監督。相關成人與兒童對災難的心理衛生反應、自助的壓力管理建議以及如何尋求協助的資訊或手冊，情緒支持與危機諮商、兒童遊戲治療等，徵求心理治療或精神醫學專業人員進駐。

3. 娛樂團康

就收容所內各個年齡層、各類團體或家庭,提供適合之活動與休閒用具,以舒緩緊張與壓力、提振士氣、轉換心情。

4. 兒童照顧

提供兒童照顧,尤在成人返家整理家園或因故暫離收容中心時。

5. 個案協助

對有特殊需求之家庭提供提相關資訊、說明救災資源、為兒童做就學的安排、成人之就業媒合協助或訓練、生活重建相關補助的申請。

6. 綜合性服務

收容所內居民之入住、遷出之登記。物資的管理、紀錄的保持、物品的採購、報告彙整。傳播與公關,訊息的布達與資源的連結。

7. 秩序維護

人員、收容所內之居民每日的出入登記。安全、火源及衛生設備使用的規定維護管理。

8. 居民之組織

協助居民進行組織工作(選出幹部與日常生活的規範訂定)與共識決策,召開每日定期的居民會議,提供討論、集結意見、形成共識。

肆、物資管理

物資管理包含民生物資儲備,天然災害緊急救濟民生物資儲存,糧食、民生用品之管理及逾期處置,災變物資管理等四部分。

一、民生物資整備

民生物資儲備在國內各種相關法規均有規定,詳見表8-7,主要包含災害防

救物資、器材之儲備及檢查、救災口糧、飲用水及其他生活必需品等。在災害預防階段就必須完成物資管理儲備作業。依衛生福利部2016年頒布的「強化對災民災害救助工作處理原則」分兩部分，包含儲備管理與管理方式，說明如下（衛生福利部，2016a）：

（一）儲備管理

依地區交通路況及物資輸送可能性等，可與廠商簽定開口合約，保證供貨無虞；或者依「○○直轄市、縣（市）危險區域因應天然災害緊急救濟民生物資儲存作業要點」，分三級儲存物資之安全存量以備不時之需，並需將合約影本、儲存地點、內容物資及管理聯絡人等資料報衛生福利部。

（二）管理方式

鄉（鎮、市、區）公所及直轄市、縣（市）政府宜成立單一窗口辦理物資管理、配送及定期檢驗物資效期等事宜，並應製作發送流程暨救災物流管制作業，以避免重複發放，影響物資調度。

（三）鄉（鎮、市、區）公所及直轄市、縣（市）政府宜因地制宜，規劃於偏遠村落或易形成孤島地區設置小型備災場所或據點。

（四）民生物資儲備需考量弱勢人口及不同性別需求。

表8-7　民生物資整備相關規定

相關法令主管單位	條別	民生物資整備規定
災害救助法法務部	23	為有效執行緊急應變措施，各級政府應依權責實施下列整備事項： 五、災害防救物資、器材之儲備及檢查。
全民防衛動員準備法行政院	16	為確保動員實施階段軍事、工業及基本民生需求之供應，物資經濟動員準備分類計畫主管機關應預估需求，完成各項重要物資及固定設施之調查及統計，並選定部分重要物資作適量儲存。直轄市及縣（市）政府並應配合辦理。

相關法令 主管單位	條別	民生物資整備規定
強化對災民 災害救助工 作處理原則 衛生福利部	四-〈三〉	各縣市依災害救助法第25條平時需完成災害救助物資之整備一般 至少包含以下各項： 1. 按季清查災害救助物資儲存情形。 2. 鄉鎮區公所及縣市政府評估區域需求，與廠商訂定開口契約或 　依採購法辦理災害救助物資採購，規定應儲存物品及物資需用 　量，惟得視轄區人口數因地制宜完成整備。 3. 災害救助物資需指定專人管理。 4. 成立備災物流管理中心或物資集散點。 5. 收受民眾或團體捐贈物資一般以有效期限2月以上為原則。
救災物資調 節作業規定 衛生福利部	3-4	一、救災物資之分配處理 （一）國內捐贈物資：指除依捐贈者指定用途或指定地點使用者 外，由直轄市、縣（市）政府統籌分配處理。（二）國外捐贈物 資：視物資之種類及用途，由國內對口單位會同該目的事業主管 機關、中央災害應變中心及災區直轄市、縣（縣）政府共同分配 處理。（三）政府備災物資：直轄市、縣（市）政府每年應協調 鄉（鎮、市、區）公所儲備足夠之救災口糧、飲用水及其他生活 必需品，以備緊急救濟之需。搶救傷病之重要醫藥衛生器材平時 由直轄市、縣（市）政府統一購置，並指定醫療院所及各衛生所 儲存備用。（四）民間備災物資：直轄市、縣（市）政府、鄉 （鎮、市、區）公所應予充分掌握，並協調統籌運用。 二、救災物資之調節

資料來源：法務部（2016）、行政院（2001）、衛生福利部（2016a, 2016b）。

二、天然災害緊急救濟民生物資儲存

　　依衛生福利部「直轄市、縣（市）危險區域（村里、部落）因應天然災害
緊急救濟民生物資儲存作業要點範例」（2016c），針對天然災害發生後的危險
區域，為災害來襲時造成的聯外道路中斷、居民糧食及民生用品供應斷絕，預先
建立緊急救濟民生物資儲存作業機制，區分三級儲存原則，以預存糧食及民生用
品。如表8-8。

表8-8　天然災害緊急救濟民生物資儲存三級儲存

區域	特性	安全存量
離島、山地村（里）、孤立地區	交通靠船舶、飛機或主要出入交通幹道易因海象、山崩、土石流等致交通中斷，無其他替代道路者	14日
農村、偏遠地區	主要公共設施如道路、水電等之搶通復原需要時間；得依地區所在位置及災害潛勢類型，因地制宜訂定糧食儲存日數或運用開口契約輔助相關民生物資備災	3日
都會、半都會地區	交通便利、物資運補較為迅速	2日份非食品類

資料來源：整理自衛生福利部（2016c）。

三、糧食、民生用品之管理及逾期處置

依衛生福利部（2016c）「直轄市、縣（市）危險區域（村里、部落）因應天然災害緊急救濟民生物資儲存作業要點範例」，針對糧食、民生用品之管理及逾期處置如下：

（一）糧食及民生用品之購置及儲存，由直轄市、縣（市）政府或鄉（鎮、市、區）公所指定專人管理，並定期盤點。遇有重大天然災害發生時，授權由當地村（里、鄰）長、指定團體或特定人士會同警察機關協助指揮發放。

（二）糧食及民生用品由直轄市、縣（市）政府或鄉（鎮、市、區）公所協調廠商供應者，其供應數量應比照第二點第一項規定辦理。

（三）直轄市、縣（市）政府或鄉（鎮、市、區）公所應於糧食及民生用品安全使用期限屆滿前完成盤點，並得以下列方式處理：

1. 公開拍賣，其拍賣所得作為補充購置費用。
2. 轉送低收入戶等弱勢族群或社會福利機構。

（四）逾期物資之處理依相關規定辦理。

四、災變物資管理

災害發生時，應變階段主要在提供即時物資，物資募集與管理的工作，從

「臺中縣社政防災及救災實務手冊」中針對災變物資管理,整理成重要實務指引如下(臺中縣政府,2005):

(一)緊急物資管理中心開設

1. 設置時間

　　天然災害發生,如因道路交通中斷或其他原因,造成嚴重災情,使災民日常民生物資有短缺或斷糧之虞時,於緊急應變中心指揮官下達設置指令後24小時即須成立,並展開相關物資募集運送工作。

2. 設置地點

　　設置地點需考量交通方便,進出動線分明,同時要有開闊廣場與儲放物品空間,以利直升機、貨運車輛可順利起降或進出迴轉,並儲放物資。

3. 需用物品

　　需用物品除一般桌椅文具用品、各式紙張外,尚需準備白板(筆)、磅秤、遮水帆布、紙箱、膠帶等,如現場無現成電話可用,亦可請電信公司裝設臨時電話。

4. 任務編組分工

　　至少應分為4組,即行政總務組、志工支援組、物資搬運管制組、機動支援組各組織人力配置與工作內容和注意事項等可整理如表8-9,物資運送流程如圖8-2。

表8-9　緊急物資管理中心任務編組

組別	人力	任務	注意事項
行政總務	2-4	(1)建立相關配合單位（個人）之聯絡資料 (2)登記物資出入數量及回報 (3)開立捐贈物資收據 (4)寫運補表單 (5)請求協助記錄 (6)購臨時需用物品 (7)餐食 (8)其他交辦事項	(1)協助現場指揮官掌握物資、人員動態 (2)電話留言紀錄簡要確實 (3)捐贈物資收據填寫詳盡正確，便於災後補開正式收據 (4)確實登記到場協助之志工團體及個人之資料，以便日後製送感謝狀
志工支援	2-3	(1)志工團體聯絡 (2)臨時志工登記 (3)志工人數及動態掌握 (4)現場工作分派 (5)其他交辦事項	(1)確實掌握志工團體可協助時間及人數 (2)工作分派清楚明確 (3)志工均需著背心以及識別證
物資搬運管制	3-6	(1)進場物資搬運及放置 (2)引導送貨員或民眾至服務臺填寫收據 (3)清點物資數量及回報 (4)核對確認運送物資數量及送達地點 (5)依物資需求及載運方式調配物資和數量	(1)視實際需要機動增加輔助人力 (2)慎選反應敏捷者指揮直升機運補作業 (3)遵守物資進出規定，核對所需單據 (4)依現有物資數量和種類調整運送內容 (5)物資如有不足應盡速通知行政總務組
機動支援組	2-3	(1)後送災民接送 (2)現場臨時待協助支援事項	事先請派司機及車輛到場協助；如有民眾願意提供車輛幫助載送物資，可登記聯絡電話及支援時間

資料來源：整理自臺中縣政府（2005）。

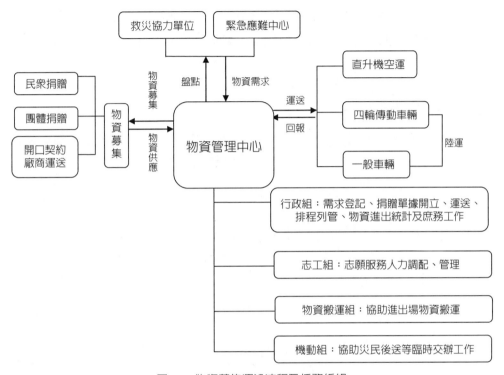

圖8-2 物資募集運送流程及任務編組

資料來源：整理自臺中縣政府（2010）。

依臺中縣政府2005年編印的《臺中縣社政防災及救災實務手冊》，緊急物資募集可分為3種模式：

1. 一般模式：透過新聞媒體、有線電視跑馬燈、電臺廣播等方式，向社會大眾募集所需要的物資。

2. 焦點模式：確定所需大宗物資種類與數量，再個別向特定對象如公益團體、慈善社團、生產廠商（供應商）、機關等進行聯繫募集。

3. 契約模式：事先即與大賣場、福利中心等廠商訂定開口契約，依物資需求數量再聯絡送達。詳如圖8-2。

緊急物資募集原則，包含(1)盤點現有物資種類及數量。(2)確定需對外募集或採購之種類及數量。(3)對外統一發布募集訊息、聯絡特定對象勸募或請契約

廠商送貨。(4)清點送達物資數量，放置適當地點，並填寫收據及相關資料。(5)送達物資如保存期限短，需及早送出；如需冷藏或不堪日晒雨淋，則需特別放置。

（二）緊急物資運送

　　與消防單位和民間救援與相關組織合作，針對路斷與偏遠地區動用直升機、四輪傳動吉普車運送，以及一般車輛運送緊急物資。見圖8-3。

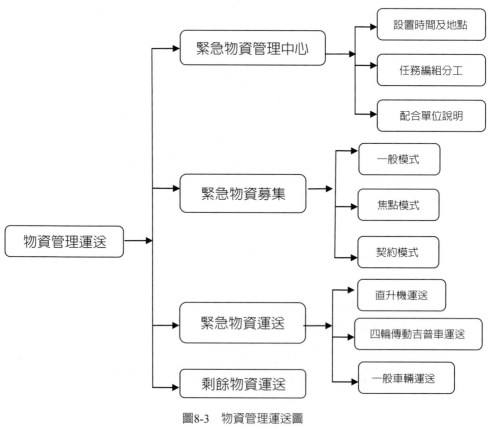

圖8-3　物資管理運送圖

資料來源：整理自臺中縣政府（2010）。

（三）剩餘物資處理原則

除依衛生福利部（2016b）「直轄市、縣（市）危險區域（村里、部落）因應天然災害緊急救濟民生物資儲存作業要點範例」處理規定外，在實務上之運作流程包含：

1. 依保存期限及用途，確實清點剩餘物資種類及數量，製作清冊。
2. 留存緊急物資管理中心作為備用物資。
3. 分送災區各鄉鎮市公所轉存災民緊急避難中心或物資供應中心。
4. 轉送相關救災救難機關單位，做為備用存糧。
5. 轉至所屬福利服務中心或適合地點儲放。
6. 保存期限短或近到期之物資，可轉送社會福利機構、慈善團體或由社工人員分送低收入戶、獨居老人等弱勢人口與團體。

（四）緊急物資管理中心相關單位任務與分工

緊急物資管理中心需要跨單位組成，各相關單位可依業務分工安排任務，可參考表8-10。

表8-10　緊急物資管理中心相關單位任務與分工

單位	任務	備註
消防局	負責與直升機派遣單位聯繫，安排起降班次，並處理傷病患後送醫院事宜	
派出所	負責管理中心安全及秩序維護	
陸軍	支援物資搬運人力	
憲兵隊	支援物資搬運人力、交通指揮、災民登記等	
中華電信公司	協助架設臨時使用電話	
環保局與公所	協助提供垃圾子車及清運	
民間團體	救難協會、吉普車協會等：於中斷道路搶通、路況不佳時，協助物資陸路運送事宜	
其他		

資料來源：整理自臺中縣政府（2005）。

伍、區域聯盟協調運作

有鑑於歷次災害未受災之縣市總是不分彼此，爭相恐後向受災縣市伸出援手，但未有妥善規劃和分工易造成受災縣市之困擾。因此，衛生福利部建立區域聯盟機制，以利災害應變階段充分發揮支援之功效，主要運作如下（衛生福利部，2016a）：

一、建立社政區域聯盟

將地方政府按地理區域劃分為北、中、南、東及離島等五個區域，採「區域聯盟、即時協助」模式辦理支援，當災害發生時以聯盟區域內最近距離之縣市先派員支援受災縣市，如有不足再由次近距離縣市支援。區域聯盟運作表參見表8-11。

二、支援人數與方式

（一）地方政府先就轄內社政人力整編工作小組，如仍不足再向聯盟協調支援。

（二）聯盟區域內所轄社政（含社工及督導）員額10人以下者支援2人，11至20人者支援4人，21人至30人者支援6人，31人以上者支援8人（支援4人以上至少需含1名公部門社工督導）。

三、工作內容

建立受災戶資料及需求調查、提供相關諮詢及整合運用民間資源、提供災民簡易創傷輔導與心理支持、協助發放慰助金及濟助物資等。

四、經費來源

衛生福利部主要是啟動區域聯盟運作所需社政人力之專案差旅費、輔導費

及雜支等經費，除由區域聯盟縣市相關預算支應外，亦可按支援之區域距離及天
數，由衛生福利部所編列規劃建立社工專業相關經費項下補助。

表8-11　社政人力區域聯盟運作表

區域	聯盟縣市	支援順序					次支援區域
北區	臺北市	新北市	基隆市	桃園市	新竹市	新竹縣	中區－東區－離島區－南區
	新北市	臺北市	桃園市	基隆市	新竹縣	新竹市	
	基隆市	臺北市	新北市	桃園市	新竹市	新竹縣	
	桃園市	新北市	臺北市	新竹縣	新竹市	基隆市	
	新竹縣	新竹市	桃園市	新北市	臺北市	基隆市	
	新竹市	新竹縣	桃園市	新北市	臺北市	基隆市	
中區	苗栗縣	臺中市	南投縣	彰化縣	雲林縣		北區－南區－東區－離島區
	臺中市	南投縣	苗栗縣	彰化縣	雲林縣		
	彰化縣	南投縣	雲林縣	臺中市	苗栗縣		
	南投縣	臺中市	彰化縣	苗栗縣	雲林縣		
	雲林縣	彰化縣	臺中市	南投縣	苗栗縣		
南區	嘉義縣	嘉義市	臺南市	高雄市	屏東縣		中區－離島區－北區－東區
	嘉義市	嘉義縣	臺南市	高雄市	屏東縣		
	臺南市	高雄市	嘉義市	嘉義縣	屏東縣		
	高雄市	屏東縣	臺南市	嘉義市	嘉義縣		
	屏東縣	高雄市	臺南市	嘉義市	嘉義縣		
東區	臺東縣	花蓮縣	宜蘭縣				北區－南區－中區－離島區
	宜蘭縣	花蓮縣	臺東縣				
	花蓮縣	宜蘭縣	臺東縣				

資料來源：衛生福利部（2016a）。

陸、結語

　　2005年世界銀行出版《天然災害熱點：全球風險分析》（*Natural Disaster Hotspots: A Global Risk Analysis*），內容主要為地震、洪水、乾旱等各種天然災害對全球各國家之危機分析，在各項天然災害危機分析臺灣都是世界第一，臺灣的天然災害危險潛勢遠大於其他國家；因為臺灣約有73%的人口居住在有三種以上災害可能衝擊的地區（The World Bank，2005; 林萬億，2010）。生活在位處地震、颱風帶頻繁的臺灣，重大天然災害在所難免；「多一分準備，少一分傷害」是不變的法則，規劃災難管理每一個階段與任務相當重要，從歷次災害累積的經驗分享與整理，無非是期待可以提供一個指引，讓國內相關人員在平時災害預防階段即可多做準備，當災害發生時，可以從容應對，將傷害減至最低。

參考書目

中文書目

內政部消防署（2017a）。臺灣地區天然災害損失統計表統計表。上網日期：2017年1月28日，取自中央災害應變中心網頁http://eoc.nfa.gov.tw/eoc/index.aspx?ID=37

內政部消防署（2017b）。2016災害專區網頁。上網日期：2017年1月29日，取自內政部消防署網頁http://www.nfa.gov.tw/main/History.aspx?Year=2016

臺中市政府（2011）。緊急災民收容中心標準作業程序。臺中：臺中市政府。

臺中縣政府（2005）。臺中縣社政防災及救災實務手冊。臺中：臺中縣政府。

臺中縣政府（2010）。物資募集運送流程及任務編組修訂版。臺中：臺中縣政府。

行政院（2001）。全民防衛動員準備法。上網日期：2017年2月26日，取自行政院網頁http://www.isu.edu.tw/upload/04/1/files

林萬億（2010）。災難管理與社工實務工作手冊。臺北：內政部委託臺灣社會工作專業人員協會。

法務部（2006）。公益勸募條例。上網日期：2017年2月26日，取自法務部網頁http://law.moj.gov.tw/LawClass/LawHistory.aspx?PCode=D0050138

法務部（2016）。災害防救法。上網日期：2017年2月26日，取自法務部網頁http://law.moj.gov.tw/LawClass/LawAll.aspx?PCode=D0120014

法務部（2017a）。風災震災火災爆炸災害救助種類及標準。上網日期：2017年1月29日，取自法務部網頁http://law.moj.gov.tw/LawClass/LawAll.aspx?PCode=D0120017

法務部（2017b）。社會救助法。上網日期：2017年1月29日，取自法務部網頁http://law.moj.gov.tw/LawClass/LawHistory.aspx?PCode=D0050078

法務部（2017c）。社會救助法水災災害救助種類及標準。上網日期：2017年2月18日，取自法務部網頁http://law.moj.gov.tw/LawClass/LawAll.aspx?PCode=J0110032

財團法人賑災基金會（2017）。財團法人賑災基金會捐助章程。上網日期：2017年2月28日，取自財團法人賑災基金會網頁http://www.rel.org.tw/rules.html

衛生福利部（2016a）。強化對災民災害救助工作處理原則。臺北：衛生福利部。

衛生福利部（2016b）。救災物資調節作業規定。上網日期：2017年2月26日，取自衛生福利部網頁http://mohwlaw.mohw.gov.tw

衛生福利部（2016c）。因應天然災害緊急救濟民生物資儲存作業要點範例。上網日期：2017年2月26日，取自衛生福利部http://mohwlaw.mohw.gov.tw

英文書目

The World Bank (2005). *Natural Disaster Hotspots: A Global Risk Analysis*. Retrieved February 12, 2017, from http://documents.worldbank.org/curated/en/621711468175150317/pdf/344230PAPER0N a101official0use0only1.pdf

附件

表1　重大災害救助與補助內容，以及服務窗口及應備文件彙整表

項目	救助內容	服務窗口與應備文件	相關法規
一、生活扶助	〈一〉重大災害造成死亡、重傷、失蹤之救助金 1. 死亡救助： 　因災致死者於災害發生之日起30日內死亡者，每人額度20萬元。 2. 失蹤救助： 　因災致行蹤不明，並於警察機關登記協尋有案者，每人額度20萬元。 3. 重傷救助： 　因災致重傷或未致重傷，須緊急救護住院治療，自住院日起15日內，每人額度10萬元。	〈一〉 1. 應備文件： 　檢察機關相驗屍體證明書或死亡證明書 2. 應備文件： 　警察機關開立協尋證明 3. 應備文件： 　因災重傷醫師診斷證明書、住院及醫療自付總額明細表或收據	「社會救助法」、「風災震災火災爆炸災害救助種類及標準」、「水災災害救助種類及標準」
	〈二〉安遷救助 因災致住屋毀損達不堪居住程度者，戶內實際居住人口以五口為限，每人發給新臺幣2萬元。	〈二〉 1. 應備文件： 　複勘查表 2. 由戶籍地公所主動查報	
	〈三〉住戶淹水救助 住屋因水災淹水達50公分以上，以一門牌為一戶計算。但建物分別獨立，或非屬獨立而為不同獨立生活戶者，應依其事實認定之。每戶最高發給新臺幣2萬元。	〈三〉 1. 應備文件： 　複勘查表 2. 由戶籍地公所主動查報 3. 〈一〉至〈三〉服務窗口： 　各鄉鎮市公所社會課 　各縣市政府社會局／處 　財團法人賑災基金會 　衛生福利部	
	〈四〉租屋補助與貸款利息補貼 1. 自行租屋者： 　租金賑助。	〈四〉 1. 應備文件：租屋與貸款相關證明	

項目	救助內容	服務窗口與應備文件	相關法規
	2. 自行購屋者： 　　建購住宅貸款利息補貼。 3. 由政府安置： 　　臨時住宅（組合屋）安置，或運用現有國防部營舍（區）、教育部閒置校舍、其它閒置公有建築物等資源。	2. 服務窗口： 　　租屋購屋問題諮詢專線 　　縣市政府都發局 　　營建署國宅組 3. 安置問題： 　　內政部營建署企劃組	
	〈五〉生活扶助 依各種災害運用民間捐款給予每月生活扶助金。	〈五〉 1. 應備文件： 　　鄉鎮市公所或縣市政府開具之受災證明 2. 服務窗口： 　　各鄉鎮市公所社會課 　　各縣市政府社會局／處	專戶救助所訂實施辦法 財團法人賑災基金會所訂實施辦法
二、就學	〈一〉緊急紓困金與相關補助 向各級學校申請緊急紓困助學金或透過就學安全網申請，國中小到大專院校學生都有不同的協助方案。 〈二〉助學金 1. 學產基金緊急疏困助學金 　　父母有下列情形之一： 　　①失蹤達6個月以上、入獄服刑或非自願離職者，核給新臺幣1萬元。 　　②符合全民健保重大傷病標準者，核給新臺幣2萬元。 　　③因特殊災害受傷並住院未滿7日者，核給新臺幣5千元；住院達7日以上者，核給新臺幣1萬元。 　　④死亡者，核給新臺幣2萬元。 　　⑤因其他家境特殊、清寒或遭逢重大意外事故等原因，經教育部專案核准者。 2. 財團法人賑災基金會助學金 3. 賑災專戶	1. 應備文件： 　　鄉鎮市公所或縣市政府開具之受災證明 2. 服務窗口： 　　各級學校協助辦理緊急紓困助學金申請之單位 3. 就學安全資訊網： 　　02-77366336	教育部學產基金設置急難慰問金實施要點

項目	救助內容	服務窗口與應備文件	相關法規
三、就醫	〈一〉免健保卡看病 因災致健保卡遺失或損毀無法使用者，於特約醫療院所登入身分證號碼確認受災身分後，即可就醫。 〈二〉免除健保部分負擔及保費 1. 災區居民於當地健保特約醫療院所就醫，免除門診部分負擔。住院一般膳食費及其他醫療費用由中央健保局全額支付。 2. 無力繳納健保費，健保局協助辦理紓困貸款及分期付款。 3. 領有政府核發死亡、失蹤、傷重及安遷慰助金之被保險人及其眷屬，於健保特約醫療院所就醫： (1)可免除門診部分負擔 (2)住院一般膳食費及其他醫療費用由中央健保局全額負擔 (3)政府補助自付保險費 〈三〉提供心理諮商與相關補助 〈四〉防疫資訊 提供防疫、傳染病相關訊息諮詢	1. 應備文件 鄉鎮市公所或縣市政府開具之受災證明 2. 服務窗口： 健保局駐各地服務處 各縣市鄉鎮區公所 各縣市政府社會局／處	○○○災後全民健康保險保險費補助及就醫協助辦法
四、就業	〈一〉天然災害臨時工作津貼 〈二〉因應災害實施方案 1. 短期工作專案 2. 以工代賑 3. 擴大就業 4. 創業貸款 〈三〉緩繳勞保費及滯納金	1.應備文件 鄉鎮市公所或縣市政府開具之「受災證明」 2. 服務窗口： 鄉鎮市公所或縣市政府 勞動部職訓局 勞工保險局駐各地服務處	訂定相關實施辦法
五、稅捐減免	〈一〉稅捐減免 依實際受災情況，申請勘查後申請減免綜合所得稅、營利事業所得稅、營業稅、貨物稅、菸酒稅、娛樂稅、房屋稅、地價稅及使用牌照稅。	1. 應備文件 鄉鎮市公所或縣市政府開具之「受災證明」、勘查表 2. 服務窗口：	訂定相關實施辦法

項目	救助內容	服務窗口與應備文件	相關法規
	〈二〉租金減免 國有土地承租戶受災造成農作物或地上房屋毀損不堪使用者，得減免租金。	國稅局 0800-000321 地方稅徵稽徵機關 0800-086969 財政部國有財產局 0800-357-666	
六、住宅重建與修繕	〈一〉購置住宅利息補貼 〈二〉天然災害災區住宅修繕貸款 〈三〉重建／重購賑助	1. 應備文件： 鄉鎮市公所或縣市政府開具之「受災證明」、購屋、修繕證明 2. 服務窗口： 由各地鄉鎮市公所初審，縣市政府複審後，彙整申請	專戶救助所訂實施辦法 財團法人賑災基金會所訂實施辦法
七、其他	〈一〉農田受災救助 面積應達0.05公頃以上；其流失每公頃最高發給新臺幣10萬元，埋沒每公頃最高發給新臺幣5萬元。 〈二〉魚塭受災救助 面積應達0.05公頃以上，塭堤崩塌應達6立方公尺以上；其流失每公頃最高發給新臺幣10萬元，埋沒每公頃最高發給新臺幣5萬元，塭堤崩塌每立方公尺最高發給新臺幣3百元。但塭堤崩塌者每戶最高以新臺幣2萬5千元為限。 〈三〉漁船（筏）、舢舨受災救助 依臺灣地區遭難漁船筏救助要點第四點規定之救助標準。	1. 應備文件： 鄉鎮市公所或縣市政府開具之「受災證明」、農作物、魚塭漁船（筏）、舢舨受災損害 2. 服務窗口： 由各地鄉鎮市公所初審，縣市政府複審後，彙整申請	水災災害救助種類及標準

註：重大災害主要救助與補助項目依當下災害所提供補助或救助，依項目分類，以利受災戶即時運用資訊和獲得協助。

第九章　災難社會工作人力教育訓練課程發展與評估——以莫拉克風災為例

陳武宗、張麗珠、謝宗都

壹、研究背景與目的

　　人力資源是災難救援與重建工作的關鍵因素，而回應不同災難類型救援與重建人力的質量，更直接影響或衝擊到救援與重建的效能（Patton, 1996; 黃肇新，2003）。因此，災難救援人員的養成與培訓工作，一直是整體災難救援與重建機制重要的環節之一。緊急醫療救護及消防人員的教育訓練制度，則是我國最早由官方授權或依法培訓的兩種災難救援人力，發展至今已建構出完整的培訓課程與訓練基地（南區緊急醫療應變中心，2016）。

　　但國內第一線災難救援與重建社會工作人力質量的問題，及如何培育與有效地動員的議題，從921大震災開始顯現與持續被關心，可惜至今尚未發展出一套符合跨災難需求的社會工作人力培育制度和相關課程（黃源協，2000、2001；陳婉真，2001；謝廣仁，2001；王增勇，2001；廖俊松，2002c；陳玉澤，2003；張麗珠，2010；鄭如君，2014；呂清喜，2015）。其中因社工人力接受災難社工教育訓練有限或不足，明顯地影響衝擊到專業表現與服務品質，更是不斷被提出與關切的問題。

　　Chou（2003）研究指出，臺灣社會工作者災難救援與重建階段的角色及功能很明顯，特別是連結資源滿足受災居民需求部分更是突出。但多數參與災難救援社會工作者相關的訓練很有限，大學社工教育也尚未納入災難社會工作實務課程。孫智辰、郭俊巖（2010）研究也發現，社會工作者面對災難現場管理的挑戰，在未接受完善訓練即進入災區進行服務工作的狀況下，自然無法提供有效的服務，因此社會工作本身的專業能力及訓練是須關注、加強與改善的。但過了10年之後，鄭如君（2014）以莫拉克風災為例探討我國災後生活重建機制，除歸納出災後重建的四大面向的困境與契機，並提出一套災後生活重建的指導原則外，災難救援社會工作者的養成與重建人才的培育，及災難社會工作教育的建構，仍是當務之急。另張麗珠（2010）、鄭如君（2014）特別指出的是，社會工作人力在緊急災難救援階段的動員方式，常採用臨時與支援性，因資歷淺且訓練與實務經驗不足，常難以勝任回應災難情境現場受災民眾與實際問題，而在重

建階段於災區設立的重建中心,則是運用大批大學剛畢業的社工新手,政府與委託單位除需投入密集的職前與在職教育訓練資源外,邊做邊學人力運用方式,其專業表現與服務成效,自然也會令人質疑與擔心。

上述的陳述,一致點出了國內社會工作人力在災難救援與重建歷程的教育訓練和有效動員方式,是很重要且需好好關心探討的課題。至於如何培育災難社會工作人才與發展可行的教育訓練模式,及規劃設計貼近本地眞實災難救援與重建脈絡的課程與教材,則是國內當前災難社工文獻最缺乏的部分。也是本文最關心的焦點所在。

故本研究主要目的,在以莫拉克風災爲背景,嘗試運用教育訓練與評量的理論,參考課程規劃或發展的操作步驟,進行災難社會工作人力在災難救援與重建兩套的課程規劃與成效評估。

貳、文獻探討

一、災難管理歷程社會工作人力動員、任務與困境

社會工作者進入災難情境有別於其熟悉與慣常的工作環境,社工人力被動員與運用到各類的災難救援工作和任務,除延續其既有的工作方法與專業知能的應用。社會工作者在災難情境中的角色功能,Zakour(1996)即認爲社會工作者在救災上的任務是:

1. 提供服務給脆弱的人群。
2. 預防嚴重的健康與心理健康後果。
3. 連結個人與資源與協助體系。
4. 連結體系與使其更接近消費者。
5. 改變微視與鉅視體系,以促進案主福利。簡言之,他認爲資源的開發連結與對弱勢人口群的關懷,是社會工作者在災難救援最被期待的兩大任務。

另外，周月清等人（2001）研究發現在921震災緊急救援期間，社會工作者最常介入的任務依序是：1.對受災個人及家屬的支持；2.協助個人與資源的連結及增加多元性資源的接近性；3.防止災民有更嚴重的身心健康問題；4.預防個人、家庭的瓦解；5.改變微視體系，促進受災居民之福祉；6.改變鉅視體系，促進受災居民之福祉；7.其他。

在災難發生第一時間，地方政府是緊急救援的啟動點，而地方政府社政體系在災難緊急救援與應變時期的回應步驟與執行的任務，對整體救災成效與災民的及時協助，能發揮出很關鍵的作用與影響力。

林萬億（2002）則以臺北縣921震災的社會服務經驗為例，訪問27縣府公所救災人員及受災區志工，自評救災的角色、任務及成效，結果發現臺北縣雖曾經歷多次重大災害，救災人員在救災初期仍是慌亂，不過，很快整合出三階段的社會暨心理重建計畫，完成一次尚完整的社工救災經驗，而所設的社會暨心理關懷站在受災戶生活適應滿意度中，關懷站的服務也是被評價較高者之一。王秀燕（2010）以921震災臺中縣政府的操作經驗，歸納出以下9項：1. 啟動緊急應難小組，2. 受災戶短期收容安置，3. 提供即時物資、物資募集與管理，4. 勘災與慰問及救助，5. 成立專戶統籌募款，6. 罹難者家屬及重傷、弱勢家庭關懷訪視與慰助，7. 福利機構受災協助，8. 志工人力資源管理，9. 資訊提供與媒體公關等。吳麗雪、趙若新（2010）則以88風災高雄縣政府的應變經驗，指出大規模災民撤離原鄉收容安置宗教場所與營區，是和以往社政在救災的任務最不同的經驗與挑戰，加上原鄉族群宗教的因素，帶給社會工作者跨文化衝擊的洗禮、挑戰及省思；李明峰（2016）指出臺南市政府社會局在美濃震災維冠金龍大樓倒塌緊急救援時，對家屬提供了四項服務措施：1. 設置家屬休息區與社工進駐提供服務，2. 定時說明救災進度與家屬的詢答，3. 建立一對一社工服務關係，4. 善用網絡工具，建立與家屬和市府內的訊息溝通傳遞管道。

而上述社政部門在緊急救難時期所擔負任務的順利執行，除須審視災難型態與規模，衡量自身救援能量，重新將社工人力編組與給予新任務，或需尋求跨縣市政府與民間社會福利組織的社會工作人力支援。這是災難緊急應變時期地方政

府社政體系面對其主責的任務，內外的人力重組與動員方式。而除自身社工人力的重組、動員與運用外，當災難規模大，受災區已超出地方政府社政體行政能量時，如何有效地動員社會福利非營利組織或或社工社群的專業人力，協力合作處理受災民眾的問題？這是成功救援很重要的跨部門或組織合作關係連結與社工人力動員，但從921震災到88水災兩次天然災害緊急救援階段的經驗，也發現了社會工作人力動員與運用的困境。

陳正元（1999）在分析臺北市社會工作者參與921救災的一些經驗，指出服務很難展開，救援角色的定位模糊與衝突，以及面對死亡的不習慣，都造成社會工作者的兩難。莫藜藜、李易蓁（2000）也點出災難服務中社會工作外展的困難，資訊正確性與流通管道的問題及提供服務與災民的需求不符等困境。孫智辰、郭俊巖（2010），在面對災變現場社工管理與服務的挑戰下，社會工作者往往缺乏相關的教育訓練，即進入災區進行服務工作狀況下，自然無法提供有效的服務，因此社會工作本身的專業能力及訓練是須關注、加強與改善的。

張麗珠（2010）、鄭如君（2014）分別指出，從921大地震到88風災，社工人力動員方式，都是在災難發生當下，由縣市政府社會處及非營利組織的既有工作人員，直接進入災區協助災難救援工作，再增聘大量的約聘社會服務工作者，協助生活重建服務中心的業務。常見的現象是社會服務工作者尚未準備好，但基於個人對人道服務的使命感，甚至在毫無防救災相關專業訓練的情況下被徵召，就進到受災地區參與災難救援或後續的災區重建工作，導致救災或重建工作的推動效益受限，甚至影響社會服務工作者未來參與救災的意願。此種在緊急救援和重建階段的臨時性且大量社會工作人力動員的方式，因人員缺乏災難現場的實務經驗與訓練，對工作者本身與專業的表現，是很大的衝擊與挑戰。

因此如何在災難救援與重建過程中，使社工人力有效地被運用與展現社工專業效能？災難教育訓練的目標與使命是什麼？如何發展與規劃合適的課程，以培訓稱職的災難社工人才，適時地回應災難管理過程中社會工作人力的有效動員？這是從921震災後，持續被提及與關注的議題，也是本文以莫拉克風災爲背景，嘗試努力去探討和回應的焦點所在。

二、災難社會工作人力教育訓練的重要性與必要性

　　災難帶來不同新的服務人口群與重大的環境改變，這使得傳統社會工作的相關知識與技能必須面臨轉變，且對服務提供的觀念與態度也應隨時調整，這種轉型更加深了社會工作人力接受培訓的重要性與必要性，而培訓也被視為是因應變遷的重要媒介（Gregoire, Propp, & Proertner, 1998）。針對災難社會工作人力教育訓練需求與重要性，國內外已有不少文獻討論。

　　Newburn（1993）強調對災難工作人員的教育、督導與支持十分重要，因為他們承受過高的壓力，十分需要教育、督導與支持舒緩工作壓力，相互支持分享。Chan（2009）等人在四川512大地震的研究中發現，當地專業災難救援工作者因為工作太累、任務太難、關心太少而產生心理失衡與矛盾，甚至有幾位負責當地重建的高級幹部，在身心俱疲的情況下，最後走上不歸路。資深社會工作者及海棠文教基金會執行長陸宛蘋（2010）實際參與921大地震、四川512大地震及莫拉克風災的救災活動，她語重心長地提出警告，社會服務工作者在進入受災地區前得先做好自己身、心、靈各方面的準備，免得成了受災地區的負擔，也傷了自己及家人。

　　Paton（1994）認為無論任何全方位的教育訓練計畫，也難讓人裝備充足知能，能夠去面對災難情境的多變性、處理災難救援工作與消除問題，但它能減低災難衝擊的嚴重度。故投入救災工作人員能在技術與心理上裝備好，以面對災難情境中非常態性的要求，透過訓練與實務工作的不同脈絡，產生概念化的理解、提高可預測性、可控制與適應性，更能確保人員在各種處境裡，讓操作性的基模發揮出安定身心狀態與工作效能。而從相關的探討災難教育訓練功能的文獻除可呼應其看法，確實對災難救援與重建人員提供教育與訓練計畫能發揮以下功能，例如，促進對災難情境的調適能力；加速復原能力；強化救災人員的健康福祉及專業表現的有效性，並能夠賦予非尋常複雜的衍生的災難事件意義的能力。（Alexander & Wells, 1991; Paton, 1994, 1996; Driskell & Salas, 1996; Grant, 1996; Flin & Arbuthnot, 2002）。

　　在災難日漸頻繁且不可避免的預期下，災難社會工作者的培訓和社區工作方法的加強是社會工作教育刻不容緩的事情。社會工作者在災後救援、復原及重建階段都扮演重要的角色，社會工作人員的儲備與訓練，是積極防災與救災的重點工作，也是受災地區生活能否順利重建、培養社區知能、建構災難復原力的關鍵（Paton,1996; 張麗珠，2010）。

　　故災難救援的教育訓練和實務經驗，雖可在不同的脈絡下進行與累積，但兩者皆能有助於對救災情境一般性的理解、提升可預測性、控制力以及適應性，同時確保災難救援工作者對其所習得的有關災難救援操作性的認知基模，有助於提升其個人福祉與整體救災效能（Paton, 1994）。此看法指出教育訓練與救援經驗所產生的實際效用，同時，提升災難救援工作者與災後社區重建工作者，其個人福祉及整體救災效能的重要性與必要性。

三、救災成效與災難社會工作教育訓練方式和內容

　　有哪些因素會影響救災成效？楊永年（2009）透過國內外重大的災難案例分析討論後，歸納出影響救災成效的3項主要因素。1. 資訊：具體與正確的災情資訊，是決定救災體系救援成效的首要因素；2. 動員：短時間內動員資源投入救災是第二個關鍵因素；3. 組織間合作：組織是最有秩序與穩定進行資源動員投入救災的較佳工具，災情龐大，跨組織間合作與分工，更能提升成效。汪明修、陳秋政等人（2012）就88水災政府決策、緊急救援、動員及安置等機制失靈問題的探討，也發現災難管理機制成效宜從資訊面、組織面及協調面去進行評估。

　　在檢視上述國內社會工作人力投入在緊急救援與生活重建第一線服務工作的任務與困境後，如果從服務供給與輸送層面切入，爲什麼須特別關注災難社工管理人才的教育訓練課題？此人才的培養，除回歸機構本位，考量機構在災難救援的政策與任務，同時也需評估機構社工人力的質量，規劃機構的社工人力動員計畫，以莫拉克風災大量撤離災民的臨時收容安置點的開設與管理，在公私協力合

作關係下，委託由社會福利非營利組織協助支援，此組織須針對此支援任務，及時規劃出可行的社工人力動員計畫，包括具有臨時收容安置點經營管理潛能與現場服務災民的社會工作支援人力，和支援期間的人力管理與行政支援等等。以確保支援任務目標的完成，和社工專業服務的品質。王美懿、林東龍（2014）以高雄榮民總醫院精神醫療團隊於莫拉克颱風受災區進行的災後心理重建支援計畫，在此支援計畫裡的精神社工師，除是醫療團隊進入社區的橋梁，其實就是在展現災難社工管理者統籌協調與主導的角色功能。緊急應變時期類似的狀況，也出現在莫拉克風災受災區內醫療機構社工部門緊急撤離災民大量湧入醫院，急需跨院際的社工人力支援；或在宗教場所與營區大量撤離災民安置地點開設、管理及社工進駐服務等，此時就需跨機構合作且讓具有災難社工管理訓練與經驗者上場。

　　因此能將管理的內涵與元素融入到災難救援時期，此管理人力具有資訊蒐集與方案規劃的能力，發揮垂直與橫向資源整合的功能，提高服務輸送之效能與品質，應可提升社會工作在災難救援過程的有效動員與專業表現。再從整體影響救災成效的資訊、動員及組織間合作等因素來看，災難社會工作管理人才，除對機構災難救援與重建政策能發揮相當的功能外，整體而言，對國內社會工作人力在災難救援與重建歷程的有效動員與運用，能帶來全面的提升。

　　陳宇嘉、陳世堅（2001）研究南投縣與臺中縣對921震災後參與生活重建社工人員進行教育訓練的方式，指出南投縣教育訓練課程，由縣政府社會局排定每月一次，進行穩定，參加者為所有重建中心的工作者；臺中縣則是兩個政府自設的重建中心工作者共同安排自己的上課課程與講師，而委辦的重建中心，則輪流主辦教育訓練與講習活動，但受訪的工作人員表示他們需要彼此更多的互動分享與交流。廖俊松（2001）進一步檢視南投縣政府社會局安排的訓練課程，內容多半在加強工作人員的必需之知識技能，少有對工作者相互支持討論的功能。兩縣的社工人力都是新進人員為主力，兩縣也都注意到教育訓練的重要性，但從工作人員的角度而言，他們的教育訓練需求需要更多教育和支持性督導，及同儕間的經驗交流與分享，此充分反應出災後社區重建社工人力教育訓練的重要性，以

及其督導與同儕相互支持的高度需求。

此次莫拉克風災後生活重建由中央主導，也是臨時招募大批新進社會工作投入受災區服務，從內政部出版的重建實錄（2014），中央與地方政府對此重建社工新生軍，除安排有巡迴輔導外，也規劃了職前予在職的訓練課程，但呂清喜（2015）指出重建社工人力召募困難且流動率高，重建的第一、三年，更是頻繁，除對在職新手社工加強支持性督導與經驗交流分享，訓練課程也需再加以整合。

但發展至今，特別是經歷過不同的災難類型與規模的救援與重建工作後，社會工作在地方政府社政體系、醫療體系及社會福利非營利組織等，已有不同的災難救援與重建的專業實踐經驗累積下來。社工教育體系已開始有災難管理與社會工作實務的相關課程發展，少數具國際災難救援經驗的社會福利非營利組織如慈濟、世展，也有系統性地規劃與執行機構內部社會工作相關人員參與災難救援與重建的教育訓練計畫。舉慈濟爲例，針對該會全國各區的社會工作人員與志工人員，在每年汛期來臨前，於臺北內湖基地提供一天的災害援助工作研習，課程設計採實境實作方式進行，主題包含有：災情資訊彙整分析、關懷訪視工作規劃、關懷訪視實作與資料彙整分析及分享與回饋等。針對個別災難事件後的災害救助相關議題與社會工作服務模式的經驗重整與分享，已是政府提供公私部門社會工作者災難救援與生活重建教育訓練的管道與方式之一。

至於針對不同領域，社會工作實務經驗者在災難社會工作教育訓練的重點、內容及方式如何？Rogge（2003）建議社會工作者必須增強專業的能量在災難救援方面，包括：1. 界定災難與創傷事件，以及了解其本質。2. 在災難與創傷事件發生前、救援中、復原後，將人們的文化多樣性與脆弱人口群的需求納入考量。3. 經由協調計畫、訓練，以及其他行動，在災難發生前增強社區回應災難的效能。4. 以知識與技巧來回應災難與創傷事件，降低居民的痛苦。5. 建立機構、服務輸送體系，及社區行動計畫，促進社區從災難復原中提升其生活品質。6. 運用災難相關的知識與技巧促成政策與實務的進步。7. 開發個人、地方、組織、區域、國家，以至跨國的災難管理策略。Paton（1996）建議訓練內

容應包括：1. 對壓力源的認識及應變技巧訓練，2. 強化能提升復原力的特質。
參與災後重建的社會服務工作者常面臨的壓力源有：缺乏來自機構主管及同儕的
支持、重建工作者的配置與協調、角色的不確定性、無法完成任務、與督導或主
管的理念不合、資源可近性的問題、面對往生者家屬、耗竭與疲憊等。壓力源越
大越多，復原力越低。提升復原力的特質則包括：團隊成員在任務目標及優先順
序上有共識、採團隊合作的工作模式、團隊意識與歸屬感，以及破解科層制度不
拘泥形式。優質的社會服務工作者是社區的重要資源之一，可以強化社區居民的
社會支持網絡，並提高社區居民對重建計畫的共識與參與度，以加速受災地區恢
復正常運作。

四、教育訓練的課程發展與成效評估

　　Goldstein於1993年提出一個教育訓練系統模式，這個模式強調計畫中的每一
個元素，以及彼此間的關係，對於建立目標及評估程序具有重要的促進作用，包
含：1. 需求評估階段：教學需求評估與教學目標；2. 訓練發展階段：包含訓練
環境的設計，以及學習的原則；3. 評估的階段：包含發展評估標準及評估模式
的應用；4. 檢視訓練目的階段。廖凱勇和楊湘怡（2002）強調教育訓練的目的
在於提升知識和技能，以勝任其目前和未來的工作，並且增加組織運作效能。
而根據Cascio（1991）指出，一個嚴格的教育訓練計畫必須包含三個階段，分
別是教育訓練需求之評估（Needs Assessment）、訓練規劃與實施階段（Plan-
ning and Implementation Stage）、成效評鑑（Evaluation Stage）。訓練需求之
評估（Needs Assessment）：需求訓練評估是訓練工作上的首要問題，Goldstein
（1993）認為，完整的教育訓練需求評估包括組織分析、工作分析以及人員分
析等三個步驟。訓練規劃與實施階段（Planning and Implementation Stage）：訓
練的方法種類繁多，依據Campbell, Dunnette, Lawler, & Weick（1970）之分類，
訓練技術可分為三大類，分別是訊息呈現技術（Information Presentation Tech-
niques），包含演講、研討法；情境模擬方法（Simulation Methods），包含個案

法；及在職訓練法（On-The-Job Training Methods），包含見習。而課程的發展
是整體教育訓練計畫的主體，其發展的思維邏輯與操作步驟，大致依循上述教
育訓練的理論與元素，只是更重視具體的規劃與操作程序的設計。過去對課程
（Curriculum）的認知，它僅是一份課程綱要或進度表，但其實也隱含著可能正
式與非正式的學習機會。當然它也是教育計畫意圖、機制與脈絡的展現，同時也
需所有計畫利害關係人，如教師、學生、行政人員、雇主、政府及社會大眾等的
投入。

　　Grant（2014）認爲課程是學習者所有經驗的組合，它使學習者藉此達成特
定的學習目標。而Bloom等人早在1950年，就明確區分出學習至少包含認知、心
智活動與情感等三個層次。因此，當前對課程此概念的理解，已包含有：1. 學
習結果，2. 教與學的方法，3. 教育的策略，4. 學習的脈絡，5. 學習環境，6. 評
量程序（Ronald & Laidlaw, 2012）。

　　Thomas, Kern, Hughes, & Chen（2011）提出課程發展（Curriculum Develop-
ment）需有六個步驟：1. 問題確認與需求評估，2. 標的學習者的需求評估，3.
目的與可測量的目標，4. 教育策略，5. 執行，6. 評量與回饋。因此在規劃與執
行一門課程，須謹愼以對，且完整考量與好好反覆檢核下列問題：1. 教育訓練
的目的與使命何在？2. 什麼是預期的學習成果？3. 課程需涵蓋哪些內容重點？
4. 如何組織課程的內容？5. 採用的教育策略是什麼？6. 採用哪一種教學方法？7.
如何進行評估？8. 如何對學習者溝通課程的相關細節？9. 什麼的教育訓練環境
與氣氛需營造？10. 如何有效管控規劃的過程？（Ronald & Laidlaw, 2012）

　　成效評估（Evaluation stage）是一項繁複的工作，在評估整套訓練計畫之
有效性上，基本上是依Kirkpatrick（1977）之觀點，分別就受測者之反應（reac-
tion）、受訓者之學習成就（learning）、受訓者之行爲改變（behavior），以及
整體結果（result）。Kirkpatrick（1996）本身認爲如果能將訓練評估劃分成一些
具邏輯性的步驟，可以使評估由一個複雜和難理解的概述變成一個清晰而可達
成的目標，他把訓練評估劃分爲四個步驟（step，有時用level）。Kirkpatrick 從
1959年開始提出的四層次概念定義至今已有些微的調整：

1. 反應（reaction）：反應層次主要在於衡量學員對訓練課程的喜愛及滿意程度，含對課程內容、講師教學方式、口語表達技巧、授課教材、空間設備等的感覺；通常於訓練課程結束後，以問卷的方式進行評估。

2. 學習（learning）：學習層次主要在於衡量學員透過訓練學得新知識與技能的程度，亦即學員是否有學習到受訓以前所不知道的內容，且其了解程度及吸收程度為何；此層次可藉由紙筆測驗、面談、觀察或實作測試等方式來衡量。

3. 行為（behavior）：行為層次主要在於衡量學員將訓練所學習到的知識與技能應用在工作上的程度，亦即評估受訓者的行為、能力、效率等是否有所改變，訓練是否得到轉移，因而使工作績效提高。

4. 結果（result）：結果層次主要在於衡量學員行為上的改變的多寡，亦即學員參與訓練對組織經營績效有何正面的貢獻，例如：產量的增加、品質的改善、投資報酬率的增加等等；此一層次是最不容易評估的一個層次，一般以成本效益分析、生產力指標、主管訪談、專家評量等方式進行。

過去對課程（Curriculum）的認知，它僅是一份課程綱要或進度表，但其實也隱含著可能正式與非正式的學習機會。當然它也是教育計畫意圖、機制與脈絡的展現，同時也需所有計畫利害關係人，如教師、學生、行政人員、雇主、政府及社會大眾等的投入。

如何讓現職且具備不同服務領域的實務經驗的社會工作人員，能成為災難救援與生活重建工作的勝任者？Ericsson（2004）的研究結果發現，有經驗的專家，其專業性表現的維持成長，無其它竅門，只能靠勤於練習與接受指導，故社工教育體系對災難社工人才的養成的積極與具體性回應，從每次災難救援與重建過程社會工作的實踐經驗出發，以此為基礎發展災難社會工作人才的訓練課程與教材，除可整合與累積災難社工實踐經驗，進行經驗傳承，也可在課程執行與評估後，對現職的社會工作者提供較貼近其本職業務的訓練課程，有效地運用於災難管理的不同階段，這也是本研究以莫拉克風災為背景進行災難社工人才在災難

救援與重建階段的兩套課程規劃與評估，主要目的之所在。

參、研究設計

基於上述研究背景與目的，進行災難社工人才在災難救援與重建階段的兩套課程規劃與評估，前者共8門課程，後者共4門課程，其設計規劃過程分別說明如下：

一、災難救援階段課程規劃

（一）課程規劃與評估

於2010年3月1日至2011年5月31日期間進行「災難救援階段」課程發展與研究，並利用重要事例法進行評值與檢討。召開三次研究小組會議後，確認災難社工管理人才所需的核心業務與能力，搭配相關研究理論與文獻，再透過研究團隊會議，依災難社工管理人才所需核心業務與核心能力之指標，據以規劃課程內容、成效評估方式以及行政作業細節等事項。

（二）課程內容

依上述核心業務與核心能力，制定「災難管理與社會工作總論」、「莫拉克風災現場影像傳真—觀賞與討論」、「重要／關鍵事例（CIT）技術與訪談者角色之介紹」等基本概念課程，共產生8門正式課程，每堂課均有設定課程目標（詳細核心能力與目標見表9-1），上課方式設計有影片觀賞、講師課堂講授，以及講師帶領小組討論、經驗分享等三大方式。

招收學員以具五年以上年資的工作者為主要正式學員，可以取得結業證書，課程總參與者共有38人，正式學員31人，非正式學員7人，取得結業證書共25人，未取得結證書為6人。

　　依照有取得證書的25位學員相關背景統計：工作單位屬性，其學員有6人於公部門，7人於醫療單位，12人於社福團體。領取社工師證照，有20人領取，5人未領取。擔任管理職務，有18人曾擔任過，7人未曾擔任過。救災經驗，22人有救災經驗，3人則無。

表9-1　課程內容

課程名稱	災難管理與社會工作總論
核心能力	1. 熟悉災難特性與歷程。 2. 了解災難管理程序。 3. 了解不同救援時期，不同的救援重點。 4. 了解社工在不同救援階段的角色任務及業務。
課程目標	1. 讓成員能了解災難管理概念及內涵。 2. 了解災難不同階段的重點工作。 3. 了解災難社工的角色任務。
課程名稱	莫拉克風災現場影像傳真─觀賞與討論
核心能力	1. 熟悉災難特性（nature of disaster）。 2. 增強對災難情境的感受及敏銳度。
課程目標	1. 說明災難社工管理人才課程設計之背景脈絡、目的與期待。 2. 了解災難特性、情境辨識：培養學員進入災難社工管理人才訓練課程的情境，喚起學員對於莫拉克風災的回憶，連結與再現個別救災經驗，對災難特性與災難情境有進一步的認知。
課程名稱	重要／關鍵事例（CIT）技術與訪談者角色之介紹
核心能力	重要事例法CIT技術。
課程目標	了解如何透過重要事例之情境、行為與結果進行整合分析，據以了解災難社工管理能力所需具備之重要工作要素與特徵。
課程名稱	災害防救體系─中央與地方政策
核心能力	1. 辨識災難嚴重度。 2. 熟悉當前災防相關法令與運作機制。
課程目標	了解災防相關法規：建立學員對中央及地方政府之災害防救相關法規，以及防救體系、災防機制、組織、任務之了解。
課程名稱	災難工作人員身心健康維護與壓力管理

核心能力	1. 正向人格特質、調適能力、復原力、挫折忍受度。 2. 了解面對災難情境的反應。 3. 具備進行心理急救（psychological first aid）的能力。
課程目標	1. 強化調適能力與復原力：強化學員自身的調適能力與復原力，使學員面對災難情境所帶來之龐大壓力時，能妥善發揮其督導能力。 2. 了解災難反應：建立學員對於災民及第一線工作者面對災難情境時所產生之情緒反應的認知。 3. 研擬身心安適維護計畫：透過學習心理急救技巧，研擬一套身心安適維護計畫，使學員了解如何因應災民及第一線工作者之情緒反應以提升救災效能。 4. 宣導生死教育：建立學員對死亡的了解，增強學員面對失落與悲傷的能力。
課程名稱	災難社會工作管理實務（一）
核心能力	1. 蒐集與澄清救災資訊、有效傳播並適當決策。 2. 覺察潛在問題並以適當回應，針對救災政策與受災者權益義務進行倡導。 3. 災難過程中人力組織、調度及物資管理。 4. 跨專業與跨領域溝通協調能力。 5. 緊急應變與危機處理能力。 6. 具備文化敏感度。
課程目標	1. 了解災難過程中，災難社工管理的議題。 2. 了解地方政府體系救災管理的經驗與實際的管理議題，並給予後續改善建議。
課程名稱	災難社會工作管理實務（二）
核心能力	1. 蒐集與澄清救災資訊、有效傳播並適當決策。 2. 覺察潛在問題並以適當回應，針對救災政策與受災者權益義務進行倡導。 3. 災難過程中人力組織、調度及物資管理。 4. 跨專業與跨領域溝通協調能力。 5. 緊急應變與危機處理能力。 6. 具備文化敏感度。
課程目標	1. 了解災難過程中，災難社工管理的議題。 2. 了解地方政府體系救災管理的經驗與實際的管理議題，並給予後續改善建議。

課程名稱	災難管理機構應變計畫
核心能力	1. 了解如何蒐集災情資料。 2. 規劃個別化機構災難應變計畫。
課程目標	1. 由學員針對個別機構內部既有之人力、物力、財力資源進行評估。 2. 根據評估結果規劃機構內部災難回應計畫，安排機構內部資源分配與輪調。
課程名稱	災變歷程團隊合作—跨專業的協調合作
核心能力	1. 具備跨專業與跨領域溝通協調能力（跨機構合作、機構內協調）。 2. 進行跨專業跨機構間的協調合作。
課程目標	1. 了解國家治理效能與社會系統總動員的概念。 2. 認識災變情境中動態關係的剖析與協調面向。 3. 緊急救援的啟動、分工及專家與團隊的行動運作之實務案例分享。 4. 認識團隊合作的意涵、需求、領導及合作。

資料來源：作者自行整理。

（三）成效評估

　　在成效評估方面，研究團隊會議討論成效評估之方法，成員表示教育訓練成效須包含滿意度、知識、行為以及績效評估等四層面。後為整體研究進行上有其時間性，後續行為與績效評估層面無法立即取得，並在考量課程內容後進行調整規劃其評量方式，調整為前後測、滿意度以及整體課程設計回饋四大部分。

二、災後社區生活重建階段課程規劃

（一）課程規劃與評估

　　於2011年8月日至2013年7月31日期間進行「災難重建階段」課程發展與研究，在「災難社工管理人才教育訓練其重要事例研究方法」奠定的基礎上，「災後社區生活重建人力之人力資源發展策略」研究，即先著重於事例的蒐集與運用。利用訪談5位921重建人員、2間災後生活重建中心拜訪、2場焦點團體、5次工作坊以及國外文獻的蒐集等方式蒐集事例文本，並將團隊成員分工，針對

生活重建中心的工作人員、災後社區生活重建人力資源等相關事項與議題進行認識與了解，後依事例分類建構一套災後社區生活重建人力資源的的選訓留用之架構，使災後社區生活重建人力資源得以建立起人才資料庫永續之概念。並邀請國外學者Paton，諮詢研究內容以及分享國外有關人力資源重建的經驗。

　　依據蒐集的兩百多則重要事例、參考3年災後生活重建相關教育訓練課程以及相關文獻的回顧，訂定課程需求問卷。再透過專家諮詢會議以及團隊成員討論，將課程主題名稱、分類與內涵、適合授課填寫方式內容，以及問卷排版與格式進行修訂問卷。郵寄給26個重建中心進行問卷調查，了解各課程的重要性、必要性、適合授課方式（含講座方式、經驗分享、重要事例討論）以及推薦講師之名單，2012年12月31日，共計回收15處重建中心、83份，回收率達約69%。

（二）課程內容

　　透過上述方法確認災後社區生活重建人力資源發展教育訓練的主題，課程分爲「重建政策與法令課」、「團隊領導與管理」、「產業發展與行銷」及「社區培力與資源整合」等4單元如表9-2。

　　課程內容安排使用「理論、實務與綜合討論」之組合式教學方法，於訓練課程開始時安排一段時間來說明本計畫及訓練課程之目的，並邀請重建中心主任分享每個議題所有遇到的狀況，做一個課程前的引言，後續再接續3個議題的正式課程做概念介紹及實務經驗分享。

　　本套課程的實施因配合單位、受訓學員時間考量、同時增加本課程的實際操作機會，分爲高雄場與屏東場，兩場次的課程稍有調整，高雄場維持2天，屏東場課程受限時間因素調整爲1天。參與課程人數爲高雄場次 51 人、屏東場次 70 人，共計有121 個學員參與，實際完成課程人數共 85 人。

　　本套課程所有講師授課的內容，皆有完整錄製並上傳至本研究建構的網路平臺共享（http://wutsch.dlearn.kmu.edu.tw/kmu/）。

表9-2　課程內容

課程名稱	災後社區生活重建政策與法令議題
核心能力	1. 災後社區重建政策與法令之知識 　了解重建中心的相關政策與法令，如重建中心設置的內容、規範、業務範圍以及相關協助災後社區重建的政策。 2. 災後社區重建政策與法令的應用 　了解這些政策和法令的內容與運用。
課程目標	1. 了解災後社區重建工作之相關政策與法令。 2. 了解此災後社區重建模式對人力資源發展策略的情形。
課程名稱	災後社區生活重建團隊領導與管理議題（聚焦在管理者知能）
核心能力	1. 規劃 　訂定重建中心未來目標、建立達成目標之策略，以及發展一套有系統的計畫，來整合與協調中心的各項活動。 2. 組織 　能指派適合人選執行重建中心任務、將任務釐清劃分，以及中心的資源分配。 3. 領導 　懂得如何激勵部屬、影響團隊。選擇最有效的溝通管道，或解決團體內部衝突。
課程目標	1. 讓管理者能規劃中心的目標，並組織中心適當人才與資源。 2. 讓管理者懂得激勵部屬，運作團隊。
課程名稱	災後社區生活重建實務工作方法與議題一（社區培力）
核心能力	1. 災後社區重建資源（含人力、物力及財力）的發掘、運用及維持 　能進入社區以發掘當地現有資源，如各非營利組織、村里長、服務方案、場地以及物資等，且了解如何運用和維繫這些有關災後重建的相關資源。 2. 災後社區重建資源的整合與連結 　能將當地社區資源做平臺的整合以及資源上的互相連結。
課程目標	1. 讓成員了解災後社區重建資源的內涵與實務操作。 2. 了解災後社區重建資源的整合和連結之工作重點。
課程名稱	災後社區生活重建實務工作方法與議題二（社區產業與行銷）
核心能力	災後重建社區的培力與產業發展 能評估社區需求與特性，並運用有效方法協同或培力在地自主的組織或團體，開創社區內新的資源或特色產業。

課程目標	了解社區培力與產業發展之概念及實務操作的經驗分享。

資料來源：作者自行整理。

（三）成效評估

在成效評估方面，每單元課程完成後，預留15 分鐘讓學員進行學習成效的問卷填答，問卷的內容包括滿意度和學習成效，其中滿意度包括：需求、學習方式、分享內容、講師表達、時間和地點共六題；學習成效包括：基本概念的理解程度、重建中心的經驗理解等約三到六題。

肆、研究結果

本節依序統計說明兩階段課程對學員的學習成效與課程滿意度，第一部分為課程前後測成績，第二部分為滿意度成績。

一、課程前後測成績

（一）救援階段

因為每一堂課學員出席人數的差異，回收的問卷份數不同，但從統計的資料來看，經過課程訓練後，參與的學員其前後測成績比較如表9-3顯示，答對率皆有提升。

表9-3 每堂課課程前後測成績

主題	回收份數	提升率	前測問卷 答對率	後測問卷 答對率
災難管理與社會工作總論	26	11.9%	65.8%	77.7%
災難工作人員身心健康維護與壓力管理	28	13.9%	67.5%	81.4%
災難社會工作管理實務（一）	29	26.2%	41.4%	67.6%

主題	回收份數	提升率	前測問卷 答對率	後測問卷 答對率
災難社會工作管理實務（二）	29	22.2%	62.1%	84.3%
災難管理機構應變計畫	28	14.3%	60.7%	75.0%
重要／關鍵事例（CIT）技術與訪談者角色之介紹	25	48%	36.0%	84.0%
災難歷程團隊合作—跨專業的協調合作	28	21.1%	45.7%	66.8%
災難防救體系—中央與地方政策	26	17.7%	46.5%	64.2%

資料來源：作者自行整理。

（二）重建階段

　　本套課程分為高雄與屏東場次，根據每單元回收的問卷進行描述性的統計分析，兩場次共計有121個學員參與，分兩場次統計，但每單元實際參與課程並完成學習成效評量的學員的人數不同，整體而言在「學習成效」方面，學員對各單元的學習成效包括：基本概念的理解程度、重建中心的經驗理解程度，皆達四分以上（最高五分），換言之，學員對各單元的課程學習皆表示有所收穫。

　　但因限於篇幅與兩場次課程時間安排不同，故僅呈現高雄場學員的統計結果如表9-4，表格內容則以母數與百比分較高之項目加以呈現。

表9-4　問卷題目與統計結果

項目	類別	人次	百分比
災後重建政策與法令課程學習成效（N=23）			
此單元學習後，請問您對社區生活重建服務中心的發展背景之了解程度	4分	14	60.9
此單元學習後，請問您對社區生活重建中心之法定業務之了解程度	5分	11	47.8
此單元學習後，請問對社區生活重建服務中心的業務督導執行策略之了解程度	5分	12	52.2
此單元學習後，請問您對921與88生活重建服務中心比較之了解程度	4分	14	60.9

項目	類別	人次	百分比
此單元學習後，請問您對萬丹生活重建服務中心的人力資源發展的經驗之了解程度	5分	12	52.2
此單元學習後，請問您對南化生活重建服務中心的人力資源發展的經驗之了解程度	4分	13	56.5
災後社區生活重建團隊管理領導與管理學習成效（N=23）			
此單元學習後，請問您對管理內涵之了解程度	4分	12	52.2
此單元學習後，請問您對領導與管理差別之了解程度	4分	11	47.8
此單元學習後，請問您對伊甸基金會的團隊領導與管理經驗之了解程度	5分	15	65.2
此單元學習後，請問您對東港生活重建服務中心的團隊領導與管理的經驗了解程度	5分	14	60.8
災後社區生活重建實務工作方法與議題一（社區培力）學習成效（N=25）			
此單元學習後，請問您對災後社區生活重建社區培力的內涵之了解程度	4分	16	64.0
此單元學習後，請問您對災後社區生活重建資源整合的內涵之了解程度	4分	17	68.0
此單元學習後，請問您對桃源社區生活重建服務中心資源整合的經驗之了解程度	4分	14	56.0
此單元學習過後，請問您對梅山社區生活重建服務中心社區培力人力的經驗之了解程度	5分	14	56.0
災後社區生活重建實務工作方法與議題二（社區產業與行銷）學習成效（N=22）			
此單元學習後，請問您對災後社區生活重建社區產業發展與行銷的內涵之了解程度	5分	13	59.0
此單元學習後，請問您對阿里山（南三）社區生活重建服務中心在社區產業發展與行銷的經驗之了解程度	4分	13	59.0
此單元學習後，請問您對杉林社區生活重建服務中心在社區產業發展與行銷的經驗之了解程度	4分	13	59.0

資料來源：作者自行整理。

二、課程滿意度

（一）救援階段

　　如表9-5顯示，本次教育訓練課程以〈災難社會工作管理實務（一）〉、〈災難防救體系—中央與地方政策〉，以及〈災難管理與社會工作總論〉算三堂課的滿意度為最高，滿意度分別為4.6分、4.5分以及4.35分。另外，在整體課程回饋此堂課的滿意度為4.22分。

表9-5　每堂課課程平均滿意度平均值

課堂名稱	平均分數（1-5分）
1. 災難管理與社會工作總論	4.35
2. 莫拉克風災現場影像傳真觀賞與討論	4.04
3. 災難工作人員身心健康維護與壓力管理	4
4. 災難社會工作管理實務（一）	4.6
5. 災難社會工作管理實務（二）	4.2
6. 災難管理機構應變計畫	4.12
7. 重要／關鍵事例（CIT）技術與訪談者角色之介紹	3.9
8. 災難歷程團隊合作—跨專業的協調合作	4.3
9. 災難防救體系—中央與地方政策	4.5
10.整體課程回饋	4.22

資料來源：作者自行整理。

（二）重建階段

　　本套課程分為高雄與屏東場次，根據每單元回收的問卷進行描述性的統計分析，兩場次共計有121個學員參與，分兩場次統計，但每單元實際參與課程並完成學習成效評量的學員的人數不同，整體而言在「滿意度」方面，大多數的參與者，皆表示滿意與非常滿意。

　　但因限於篇幅與兩場次課程時間安排不同，故僅呈現高雄場學員的統計結果，表格內容則以母數與百比分較高之項目加以呈現。

表9-6　每堂課課程滿意度題目與統計結果

項目	類別	人次	百分比
災後重建政策與法令課程滿意度（N=23）			
此單元內容符合我的需求	認同	15	65.2
此單元進行方式適合我的學習	認同	16	69.6
災後社區生活重建團隊領導與管理滿意度（N=23）			
此單元內容符合我的需求	非常認同	10	43.5
此單元進行方式適合我的學習方式	非常認同	16	69.6
災後社區生活重建實務工作方法與議題一（社區培力）滿意度（N=25）			
此單元內容符合我的需求	認同	17	68.0
此單元進行方式適合我的學習方式	認同	13	52.0
災後社區生活重建實務工作方法與議題二（社區產業與行銷）滿意度（N=22）			
此單元內容符合我的需求	認同	13	59.1
此單元進行方式適合我的學習方式	認同	12	54.5

資料來源：作者自行整理。

　　因此，從以上兩套課程學員對學習成效與課程滿意度的統計結果顯示如下：

1. 災難救援階段之災難社工管理人才教育訓練其前後測皆有進步，顯示學員對八門課程內容學習有獲得新的知識，學員的反應也代表原課程設計目標的完成。

2. 災後社區生活重建之重建人力資源教育訓練其學習狀況皆有達4分以上，顯示學員對4門課程內容學習有獲得新的知識，學員的反應也代表原課程設計目標的完成。

3. 學員對課程的滿意度皆有4分以上，顯示學員對課程的設計，包括主題、時間安排、講師與教學方法等，皆給予正面高度評價。

伍、結論與建議

一、結論

本研究以莫拉克風災爲背景，運用教育訓練的理論與課程發展的操作程序，發展出兩套教育訓練課程，一套爲「災難救援階段之災難社工管理人才教育訓練」，另一套爲「災後社區生活重建之重建人力資源教育訓練」，並分別招收具備社工實務經驗的學員，進行全套的課程訓練與成效評估，學員對課程主題與內容的學習成效與滿意度皆給予正面評價，並留下對災難社工人才教育訓練課程發展實際的操作歷程與珍貴的經驗：

（一）再次確認災難社工人才教育訓練的重要性與使命

從本研究前述相關文獻的爬梳，發現教育訓練對社工專業人力身心福祉與救災效能的提升具有正面的效用。災難有其不可預測性，且教育訓練的投資也有其成本的考量，但臺灣的天然與人爲災害頻傳，社會工作人力已成爲災難救援與重建不可或缺的角色，所謂「養兵千日，用在一時」，故再次確認災難社工人才教育訓練的重要性與使命，對不同領域社工人力的課程發展與訓練是很根本的問題。

（二）累積災難社工人力教育訓練課程發展的理論運用與操作經驗

本研究參考教育訓練的理論與課程發展操作的程序，實際運用到「災難救援階段之災難社工管理人才教育訓練」與「災後社區生活重建之重建人力資源教育訓練」兩套課程的發展。災難救援階段的課程，呼應災難社工管理人才所需之知能。而災後重建階段，因應管理者與第一線工作者所需具備的災後重建知能，據以規劃出符合實務工作之課程。從需求評估、課程發展與執行到學習成效評估，再一次應證了，規劃與執行一門課程，須謹愼以對，且完整考量與不斷地反覆檢核相關的指標，這樣的理論運用與操作經驗，對未來災難社工人才的教育訓

練的發展十分珍貴。

（三）確認災難社工管理人才的專業知能

　　社會工作人力已成為災難救援與重建不可或缺的角色，然國內災難社工多數文獻主要在討論其角色、任務與功能，鮮少討論其災難救援社工管理人才所需具備的知能。透過此次課程發展，邀請各專家、學者及實務工作者，讓其定義與內涵更為完整明確，並據此發展出八門課程的教育訓練計畫。此人才的養成，從前述影響救災成效的資訊、動員及跨組織間合作等三項因素來看，對機構未來的救災政策與社工人力有效動員，具有其正面效用。

（四）運用重要事例法於社工人才訓練課程

　　此次災難社工人力教育訓練課程，首度使用重要事例法為研究方法，蒐集莫拉克風災參與人員在緊急救援與重建階段不同情境下的行為表現資料，包含完整的事件情境、情境下展現的特殊行為，以及該情境下，展現特殊行為後的正負向結果等。此方法有利蒐集到與實際現場相符的事件，歸納整理後可當作教材運用於課程教學上，使學員更能夠貼近真實的災難與重建情境，並與自身的實務經驗相連結。

（五）看見課程發展與成效評量的專業特性

　　本研究運用Kirkpatrick的4層次的評量模型，設計學員課程的學習成效與滿意度評估方式，此模型雖特別聚焦在下列3項問題，第一，學員已習得哪些知識？第二，學員已發展或強化了哪些技巧？第三，學員的哪些態度有所改變？但從「災難救援階段之災難社工管理人才教育訓練」與「災後社區生活重建之重建人力資源教育訓練」兩套課程學員學習成效評量方式，前者採用前後測，後者僅有後測，以了解學員的學習成效。整體而言，學員對課程內容學習與滿意度，皆有正面評價。但依其課程的目標與內容，學員學習成效大致在Kirkpatrick的第一、第二層級，也就是僅反應出學員對者兩套課程學習內容的差異與滿意度。此

針對災難社會工作人才的課程學習成效評量的操作過程與經驗，從課程單元主題與目標、講師遴選邀請、講義內容、施測題目設計及執行及結果統計等，需環環相扣，也顯示教育訓練課程發展與評量的專業性，而這領域也是社會工作教育界須在累積與發展的部分。

（六）大學為基礎的災難社工人才教育訓練課程發展運作模式新嘗試

此次莫拉克風災為背景的災難社工人才教育訓練課程發展經驗，也看見鄰近受災區大學在緊急救援與重建的角色功能，除提供緊急的醫療支援、災民需求調查及參與相關的研究計畫外，社工相關科系除了舉辦災害救援學術研討會、開設災難管理與社會公作課程，從此次的運作經驗，組合校內外的跨領域師資與在地社工專業團體，一起參與災難整合型研究，爭取和運用學術研究資源，以發展災難社會工作教育訓練課程的過程，所串聯起來產官學互動平臺，除可整合分享救災與重建的經驗，也是課程發展實際操演的運作模式之新嘗試。善盡大學社會責任與延展教學研究的功能，應能整合在地災難救援與重建的經驗，發展課程與培訓在地人才。

二、建議

（一）災難社工人才的基礎進階訓練課程

本研究團隊成員張麗珠老師，以有無參與災難救援相關經驗，規劃出災難社工人才基礎與進階訓練課程的架構和內容，如表9-7。可供一般公私社會服務部門參考採用：

表9-7 救援工作管理的訓練內容

學員具備災難救援相關經驗	學員沒有具備災難救援相關經驗
基礎課程	基礎課程
無	1. 認識災難的本質 2. 災難常見的議題 3. 災難倖存者的回應 4. 心理支持 5. 其他
進階課程	進階課程
1. 危機干預 2. 機構間的協調 3. 公私部門間的協力合作 4. 倡導 　A.受災者權益 　B.災難救援政策 5.資源連結 　A.財務支援，B.實物，C.救災物資，D.志工人力的連結，E.庇護場所，F.兒童照顧，G.老人照顧，H.職業訓練，I.就業，J.其他	1. 危機干預 2. 機構間的協調 3. 公私部門間的協力合作 4. 倡導 　A.受災者權益 　B.災難救援政策 5. 資源連結 　A.財務支援，B.實物，C.救災物資，D.志工人力的連結，E.庇護場所，F.兒童照顧，G.老人照顧，H.職業訓練，I.就業，J.其他

資料來源：作者自行整理。

（二）重視災難社工管理人才的培育

災難救援與重建議題龐雜，難以有套課程訓練通才去回應不同的災難情境，加上教育訓練也是一種投資，故建議重視災難社工管理人才的培育，以扣緊公私機構災難回應政策與支援計畫，進行有效的社會工作人力動員。此包含災情的蒐集與研判、應變或支援計畫形成、內部人力資源的盤整與動員方式，以及跨機構的聯繫與合作等能力的養成，同時對機構的災難社工教育訓練需求與使命確認，和課程資源連結，是國內面對災難事件不斷，須優先培育的人才。

（三）建立以大學爲基礎的區域災難社工人才培育與動員機制

本研究兩套災難救援與重建人才教育訓練課程發展的運作模式，建議未來

可由政府分區域委託具有災難研究與教育訓練課程發展經驗的大學社工相關科系，進行災難社工人才培育的計畫，包括課程設計、執行及成效評估，培訓後的人才可建立資料庫，與在地的社工專業組織連結，作爲未來災難救援與重建的社工人力有效動員的管道。這樣的人才培育與動員機制，可統合與納入政府、大學、機構及在地社工專業組織等的教育訓練資源。

（四）培育災難救援與重建的講師人才

災難救援與重建工作是具有跨專業的特性，除有計畫地培育災難社工的講師人才之外，也需有系統地集結災難防治政策與法規、人力資源發展、跨專業合作、跨文化及產業等專長領域的人才，建立講師人才資料庫，以利課程操作過程能找到適合的講師。

（五）發展貼近災難情境的課程，採取實作演練的教學方法

本研究利用重要事例法蒐集災後社區生活重建社工人力資源發展的兩百多則事例，十分貼近災後社區重建的眞實情境，可發展成不同教案，並採取小組討論，或實際模擬演練方式帶領學員操作，此教學方法對具有社會工作實務或救災經驗者，可突破傳統制式的演講授課的限度，和學習者現有的實務經驗相融合，激發學員對災難情境的想像力。

（六）多元災難社工人力教育訓練課程發展與有效動員結合

按現有緊急醫療法、災害防治法已建構的緊急應變機制，緊急應變時期的大量傷患處理社工介入及地方政府社政體系災害救助與社工服務，或民間社福組織的社會工作人力動員，或跨區跨機構間的人力支援等，會改善以往臨時性與未受訓即上場的動員方式，逐漸朝系統化方向運作。如地方政府的一級開設、醫療機構大量處理的訊息發布，人員就需緊急動員就位。因此未來在災難社工人才的培訓上，除災難管理基礎的課程外，教育訓練的需求與課程發展，建議回歸服務領域或機構本位加以規劃，並以提升災難社工人力的身心福祉與救災重建效能，爲

培訓與有效動員的最終目標。

　　後記：本文為國科會補助執行之「災難救援社會服務模式的建立：以莫拉克風災為例」之整合型計畫的子計畫：「災難社工管理人才教育訓練模式之建構—重要事例法（CIT）之運用」部分研究成果。

參考書目

中文書目

王秀燕（2010年11月）。政府與民間的災變管理合作機制之探討。論文發表於「2010兩岸社會福利學術論壇：災害救助與社會工作研討會」。臺北：中華救助總會及財團法人中華文化社會福利事業基金會。

王美懿、林東龍（2014）。精神醫療團體於莫拉克颱風災後心理重建之在地實踐經驗：兼論精神社工專業角色的省思。臺大社工學刊，29，97-147。

王增勇（2000）。南投縣災後生活重建規劃—社區家庭支援中心。護理雜誌，47(5)，39-46。

王增勇（2001年3月）。從社會工作專業看家支中心經驗。論文發表於「災後生活重建研討會」。臺北：農訓協會天母國際會議中心。

王增勇（2010）。災後重建中的助人關係與原住民主體：原住民要回到誰的家？臺灣社會研究，78，437-449。

吳麗雪、趙若新（2010）。地方政府社政體系在救災過程中的任務、角色與困境：高雄縣政府莫拉克風災救災的經驗。社區發展季刊，131，33-49。

呂清喜（2015年12月）。實務社會工作者對災變工作專業的探討。論文發表於主辦之「全國災害救助過程中社會工作參與的省思與檢討：突破與創新」研討會。臺北：輔仁大學社會工作學系。

李明峰（2016）。臺南市政府消防局0206震災救災紀實。消防月刊，4，17-28。

汪明修、陳秋政等人（2012）。我國災難管理機制之運作現況與問題，發表於臺灣公共行政與公共事務系所聯合會暨國際學術研討會。

周月清、王增勇、陶蕃瀛、謝東儒（2001）。921地震社會工作者災難服務角色與功能評估（國科會專題研究計畫成果報告編號：NSC89-2625-Z031-001）。國科會研究計畫。

林萬億（2002a）。災難與社會工作倫理與實踐—九二一震災的啟示。王永慈（主編），社會工作倫理應用與省思，頁21-36，臺北：輔仁大學。

林萬億（2002b）災難救援與社會工作實務探討：以臺北縣921社會暨心理救援與重建模式為例研究報告。臺北縣政府委託研究計畫。

林萬億（2002c）。災難救援與社會工作：以臺北縣921地震災難社會服務為例。臺大社會工作學刊，7，127-202。

南區緊急醫療應變中心（2016）。關於應變中心。上網日期：2017年04月03日，取自南區緊急醫療應變面中心網http://seoc.hosp.ncku.edu.tw/EOC/about_1.aspx

孫智辰、郭俊巖（2010）。風險設為下災變事件對社會工作人力教育影響之初探。非營利組織管理學刊，8，30-51。

張麗珠（2010）。災變社會工作者的培訓與服務效率的提升。社區發展季刊，131，101-116。

莫藜藜、李易蓁（2000）。災難服務中之外展社會工作初探—以九二一震災為例。中華醫務社會工作學刊，8，18-36。

陳正元（1999）。災難救援中社工員的心理衝擊與兩難—從東星大樓倒塌事件救災過程分析，福利社會，10，28-32。

陳玉澤（2003）。化危機為轉機：社會福利機構因應災變的組織發展策略。未出版碩士論文，臺灣大學社會學系。

陳宇嘉、陳世堅（2001年8月）。臺中縣「社區福利服務工作站」效益評估。論文發表於「災變社會福利服務研究研討會」。臺中：臺中縣政府。

陳婉真（2001年3月）。從社會福利行政角度看家支中心的規劃過程與實施成果。論文發表於「災後生活重建研討會」。臺北：農訓協會天母國際會議中心。

陸宛蘋（2010年11月）。社會工作在重大災變服務提供的角色及民間非政府組織（NGOs）介入所遭遇的挑戰。論文發表於「2010兩岸社會福利學術論壇：災害救助與社會工作研討會」。臺北：中華救助總會及財團法人中華文化社會福利事業基金會。

黃源協（2000）。九二一震災重建區福利服務輸送模式之探討—以大埔里社區家庭支援中心為例。社區發展季刊，90，94-109。

黃源協（2001年3月）。家支中心對社區照顧的意涵。論文發表於「災後生活重建研討會—南投縣社區家庭支援中心經驗的回顧與展望」。臺北：農訓協會天母國際會議中心。

黃肇新（2003）。營造公民社會之困境—921災後重建兩種民間團體的理想和實踐。未出版博士論文，臺灣大學建築與城鄉研究所。

楊永年（2009）。八八水災救災體系之研究。公共行政學報，32，143-169。

廖俊松（2001）。南投縣社區家庭支援中心的回顧與展望。社區發展季刊，94，364-374。

廖俊松（2002c）。生活重建服務中心政策評估及推動模式之研究。行政院九二一震災災後重建推動委員會專案研究。

廖凱勇、楊湘怡（2014）。人力資源管理理論與應用。臺北：智勝文化。

衛生福利部（2014）。莫拉克颱風災後生活重建中心—重建實錄。臺北：衛生福利部。

鄭如君（2014）。從災難復原力觀點探討我國災後生活重建機制：以莫拉克風災為例。未出版碩士論文，國立臺灣大學社會工作學系。

謝廣仁（2001年3月）。從福利服務民營化看社區家庭支援中心行政管理體系的發展。論文發表於「災後生活重建研討會─南投縣社區家庭支援中心經驗的回顧與展望」。臺北：農訓協會天母國際會議中心。

英文書目

Alexander, D.A. & Wells, A. (1991). Reactions of police officers to body handling after a major disaster: A before and after comparison. *British Journal of Psychiatry, 159*, 517-555.

Bloom, B.S., Engelhart, M.D., Furst, E.J., Hill, W.H., & Krathwohl, D.R. (1956). *Taxonomy of Educational Objectives, Handbook I: The Cognitive Domain*. New York, NY: David McKay Co Inc.

Campbell, J. P., Dunnette, M. D., Lawler, E. E., & Weick, K. E. (1970). *Managerial Behavior, Performance, and Effectiveness*. New York, NY: McGraw-Hill Book Company.

Cascio, W. F. (1991). *Applied Psychology in Management* (4th ed.). Upper Saddle River, NJ: Prentice-Hall International Editions.

Chan, C. L. W., Wang, X., Shi, Z., Ho, R. T. H., et al. (2009, December). Local professionals in quake-hit regions of Sichuan Province, China: Would they still be the hope of tomorrow if their psychological well-being were impaired? Paper presented at "Disaster Management and Social Work: Policy, Practice, and Research Conference", Taipei, Taiwan.

Thomas, P. A., Kern, D. E., Hughes, M. T., & Chen, B. Y. (2016). *Curriculum Development for Medical Education: A Six-step Approach* (3rd ed.). Baltimore, MD: The Johns Hopkins University Press.

Driskell, J. & Salas, E. (1996). *Stress and Human Performance*. Mahwah, NJ: Lawrence Erlbaum Associates.

Ericsson, K. A. (2004). Deliberate practice and the acquisition and maintenance of expert performance in medicine and related domains. *Academic Medicine, 79*(10), S70-S81.

Salas, E., Weaver, J., & Cannon-Bowers, J. (2002). Command and control teams: Principles for training and assessment. In R. Flin, & K. Arbuthnot (Eds.), *Incident Command: Tales from the Hot Seat* (pp.239-257). Aldershot, UK: Ashgate Publishing.

Goldstein, I. L. (1993). *Training in Organization: Needs Assessment, Development, and Evaluation* (3rd ed.). Pacific Grove, CA: Brooks/ Cold.

Grant, J., (2014). Principles of curriculum design. In Swanwick, T. (Ed.), *Understanding Medical Education: Evidence, Theory and Practice*. Chichester, UK: Wiley-Blackwell.

Grant, R. M. (1996). Prospering in dynamically-competitive environments: Organizational capability as knowledge integration. *Organization Science, 7*(4), 375-387.

Gregoire, T. K., Propp, J. & Proertner, J. (1998). The supervisor's role in the transfer of training, *Administration in Social Work, 22*(1), 73-91.

Kirkpatrick, D. L. (1996). Evaluation. In Craig, R. L. (Ed.), *The ASTD Training and Development Handbook: A Guide to Human Resource Development* (pp. 294-312). New York, NY: McGraw-Hill.

Newburn, T. (1993). *Disaster and After: Social Work in the Aftermath of Disaster*. London: Jessica Kingsley Publishers.

Paton, D. (1994). Disaster relief work: An assessment of training effectiveness. *Journal of Traumatic Stress, 7*, 275-288.

Paton, D. (1996). Training disaster workers: Promoting wellbeing and operational effectiveness. *Disaster Prevention and Management, 5*(5), 11-18.

Rogge, M. E. (2003). The future is now. *Journal of Social Service Research*, 30: 2, 1-6.

Ronald M. H., & Laidlaw, J. M. (2012). *Essential Skills for A Medical Teacher: An Introduction to Teaching and Learning in Medicine*. Edinburgh, UK: ELSEVIER.

Chou, Y. C. (2003). Social workers involvement in Taiwan's 1999 Earthquake disaster aid: Implications for social work education. *Social Work & Society*, 1, from http://www.socwork.de/Chou.html.

Zakour, M.J. (1996). Disaster research in social work. In Streeter C.L. & Murty S.A. (Eds.), *Research on Social Work and Disasters* (pp.7-25). Binghamton, NY: Haworth Press.

第十章　長期照顧機構緊急撤離決策與執行經驗之探討 —— 以高雄氣爆為例

陳武宗、陳偉齡、劉華園

壹、研究目的與方法

一、研究背景與目的

　　不同災害型態對長期照顧機構（以下簡稱長照機構）的威脅與因應，已日漸成為國內外學術與實務討論的課題（U.S. Department of Health and Human Services, 2012; 立木茂雄，2011；謝宗都，2014；宋榮哲、芳芝雅、黃沁芫、陳武宗，2014）。特別是機構收容的住民多數為行動不便或完全臥床者，也就是一群避難的弱勢者，故當遭遇災害時，撤或不撤離住民，更是機構災害因應過程的重大挑戰。

　　據中央災害應變中心或高雄市政府資料顯示，2014年8月1日凌晨，高雄市前鎮與苓雅區主要幹道的石化管線發生氣爆重大工安事件，造成30位民眾死亡、近300位傷者緊急送醫救治。另由高雄市政府社會局資料顯示，氣爆受災區內在3個不同路段有3處14家長照機構，其中11家設立在同1棟的12層大樓裡，從2008年陸續申請設立，官方核定收容床數約300床。此機構群聚的現象是國內少見，當然對災害的因應更是造成重大的挑戰，特別是需要在短時間撤離全部的住民。而這種機構群聚型的模式，當面對此氣爆案須撤離全部住民時，也是國內一次較大規模的住民撤離行動，其撤離決策與執行的經驗的重整與檢視，將是本研究探討的重點所在。而此研究結果，更有助於政府與機構住民撤離政策規劃與準備的參考。故本研究主要目的，在探討此次事件發生當下後，3處機構撤或不撤離住民的決策及執行過程。

二、研究方法與對象

　　本研究主要目的，在探討此次事件發生當下，3處機構撤或不撤離住民的決策及執行過程。故採用訪談法，以蒐集受訪者從第一時間獲知氣爆訊息，與實際參與撤離決策和執行的個人主觀性經驗內容，並實地到3處機構所在地進行周邊道路與撤離路程的了解，以交互查證訪談的內容。受訪者對象來源，主要藉由在

地社會關係網絡的引介，並實際參與撤離決策和執行者爲主。最後，本研究訪談政府部門消防、衛政及社政代表4人（代號G-1、G-2、G-3、G-4）、兩處機構（代號A、B-1、B-2）、長照團體（L）及參與救援團體代表（V）1人，共計9人，受訪者資料如下表10-1。

表10-1 受訪者與機構的基本資料表

單位／機構	現職	業務年資	風險訊息來源	其他（備註）
G-1社會局	科長	2週	市政府一級開設啟動	業務主管
G-2社會局	主任	7年多	市政府一級開設啟動	前業務主管
G-3衛生局	股長	？	緊急醫療系統啟動	業務主管
G-4消防局	技正	？	市政府一級開設啟動	業務承辦人員
L 協會	理事長	未滿1年	Line群組	業者（20多年）兼團體負責人
V 志工團體	督導	12年	Line群組	志工團體督導經驗
A業者	老闆	21年	員工、消防隊	40床、獨棟
B-1業者	社工	未滿2週	社會局	175床、大樓
B-2業者	老闆	7-8年	家屬、新聞媒體、Line群組	70-80床、大樓

資料來源：本研究自行整理。

三、資料蒐集與分析

訪談資料的蒐集與進行，主要以受訪者獲知氣爆訊息的第一時間爲主軸，引導受訪者說明參與撤離決策和執行的過程，以受訪者在當下參與的角色身分、時段，且完整清楚陳述的經驗內容爲主。訪談時間最長爲70分，最短爲15分（電訪）。訪談結束後，研究小組立即針對訪談過程，加以回顧檢視，並留下重點備忘紀錄，有助於訪談聚焦與逐字稿分析，或以電話後續追問，以釐清不清楚的文本。因受限於時間與受訪者人數及背景，故文本分析，先以氣爆發生第一時間，官方與三處機構受訪者的風險訊息來源、撤離決策及執行的歷程爲主。同時爲眞實理解與感受受訪者陳述的內容，研究成員親自到三處機構與周邊環境，實

際進行觀察，特別機構群聚大樓內外與前後道路，和住民撤離的鄰近小學的動線，此對文本的閱讀與分析很有臨場感與貼近受訪者的眞實情境。

貳、文獻探討

一、長照機構的災害風險管理與脆弱性

　　臺灣時常受到災害的侵襲，每年因災害的發生，造成許多條寶貴生命消逝，世界銀行組織（2005）指出，臺灣遭受災害的風險是世界首位，可以看出災害對於我國所帶來的威脅遠勝於其他國家（林萬億，2010）。而且，近年來災害事件對我國長照機構也造成不小的傷害，從表10-2來看，如1998年慈民安養院、2000年建益護理之家、2012年北門護理之家等不幸事件的發生，使得長照機構的災害風險管理受到高度關注。又，鄧之宜（2012）指出長照機構收容的多爲行動不便之住民。故此在災害撤離時，住民特性不僅會拉長撤離的時間，也需要動員到更多的人力協助撤離，不僅突顯了長照機構在面對災害時撤離的困難，同時也突顯長照機構災害風險管理之準備與因應的重要性。

表10-2　1998-2014年期間長照機構發生不幸災害事件與傷亡一覽表

時間	名稱	傷亡
1998.01.15	臺北中和慈民安養院火災	11死10輕重傷
2000.11.01	基隆建益護理之家水災（象神颱風）	14死
2009.08.08	嘉義福懋老人養護中心	26名收到安置
2010.09.19	高雄普德安養中心水災（凡娜比颱風）	29名輕重傷
2011.06.30	高雄博正醫院	1死30傷
2012.10.23	臺南北門護理之家火災	12死59輕重傷
2013.02.19	苗栗海青護理之家附設戊山園火災	1傷
2013.06.13	板橋海山護理之家火災	無傷亡
2014.05.27	臺南長和老人照顧中心	12傷

時間	名稱	傷亡
2016.07.06	新北中和樂活長照中心	5死27傷
2017.03.11	桃園龍潭私立愛心長照中心	4死（22床超收15床）

資料來源：中央災害應變中心（2014）、宋榮哲（2015）。

　　另，交通部中央氣象局（2010）爲使國人對災害有所了解，提高對災害的因應能力，將各個災害類型歸納統整，將災害依發生的型態分爲人爲、天然、人爲天然、天然人爲與複合式災害5種類型。本研究所探討的八一氣爆事件即屬於人爲天然災害，且此次災害之發生，是因爲石化管線老舊，使得危險氣體——丙烯洩出，引發大規模的氣爆，不僅爲我國災害史上的首例，同時也造成我國長照機構史上第一次的大規模撤離。因此，從長照機構災害風險管理來看，在這大規模災害發生的當下，機構經營者如何獲取災害風險訊息，做出撤離的決策與過程，降低機構住民因災害的傷亡，是本研究所想要了解與關注的議題。

　　又，機構在因應災害的傷亡與機構脆弱性有關，脆弱性是從傳統風險評估發展而來，1982年由聯合國救災組織（United Nations Disaster Relief Organization, UNDRO）定義爲源於自然災害之損失程度。而其後經過學者多方的討論與整理，提出脆弱性包含暴露程度（exposure）、敏感性（sensitivity）、適應能力（adaptive capacity）與因應能力（coping of capacity）3個因子（Turner et al., 2003; Kasperson et al., 2005; Adger, 2006; Smit and Wandel, 2006; Galloпın, 2006）。綜合以上所述，可以知道脆弱性主要分爲暴露程度、敏感性，以及適應與因應能力3個要素，長照機構可以從這3個要素去了解自身機構的脆弱性程度，進而提升機構預防與因應災害的能力。並且，已有大量的研究數據顯示，當災害發生及結束期間，高齡者已被明確地歸類爲脆弱的族群之一（片田敏孝，2002；鄧之宜，2012；宋榮哲等人，2014）。健康狀況不佳、低社經地位、孤獨、憂鬱、低支持連結，但也有少數的諸多因素將增加高齡者在災害中的脆弱。另從廣義來看，脆弱性是「個人或是團體暴露在不利的自然環境條件之中，且無能力去抵抗、保護或是預防災害帶來的衝擊」（宋榮哲等人，

2014），意味著長照機構在災害衝擊的當下，機構住民行動不便、需特殊儀器等特性，在整個機構災害因應與撤離時易造成傷亡。故，撤離住民是為了避難，以維護住民的安全，但不當的撤離過程，也常因住民特殊的身心條件，容易造成意外的傷亡。因此，撤或不撤離的決策過程是機構經營者重大的挑戰。

　　此外，有日本學者針對災害因應當下，部分災民因其特性難以撤離而造成的傷亡，對於這群人給予一個統稱──「災害弱者」。對於災害中的弱勢者（災害弱者）的定義，片田敏孝（2002）以報章雜誌常用的定義做區分，總體而言，身障者與具養護需求之高齡者最常被通稱為災害中的弱勢者，狹義上定義是指避難撤離行為上有困難者，但是會稱為災害中的弱勢者，其背後的問題原因應該包含廣義及狹義的定義，並且依照場域不同而有所異動。

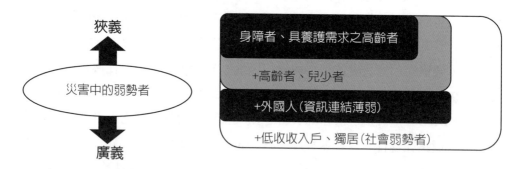

圖10-1　災害中的弱勢者概念圖

資料來源：片田敏孝（2002）。

　　而災害中弱者定義上的概念，如圖10-1所示，過程中分為「避難困難者」、「避難生活困難者」、「生活再建困難者」，並有這三者順序可能交換之考慮，其中特別是避難困難者，因為其避難的有無會直接攸關個人性命安全，因此減少災害弱勢者面對災害危機的直接衝擊，而因生理特性的限制造成高齡者都可能導致自行撤離上的困難時，當失能且失智的機構住民進行撤離，其身心限制勢必更加受到很多挑戰。故此，綜合上述來看，脆弱性使機構住民成為撤離階段的災害弱勢者，在災害因應當下，保護機構住民安全撤離的決策與執行，將會是機

構經營者在災害風險管理上的一大挑戰，也是本研究所要探討的主題之一。

二、機構災害風險之決策與撤離

　　災害風險對長照機構的影響很大，尤其是在住民的傷亡部分，時常會因為災害的來襲，機構住民對災害資訊接受的困難，以及其在本身難以撤離的特性，使其在災害撤離上比起一般正常人更為困難，更可能因此困難而造成大量的機構住民傷亡。因此，評估災害可能造成的危機，在整個機構災害風險管理的決策與撤離過程中，機構經營者如何透過獲取災害資訊，安全撤離機構住民的決策與執行，將會是保障住民安全上，值得機構經營者、公部門與私部門等注意的議題。

　　當前長照機構因應災害準備，主要是透過機構災害風險管理來考量。鄭如君（2012）指出災害風險管理的功能，它是一個有系統的程序，其運用行政指示、機構組織、操作技巧與能力，去執行策略、政策與改善後的應對能力。且依據消防法施行細則第十五條規定，長期照顧機構每半年應針對災害進行防災演練，模擬災害侵襲時的因應與撤離情境，以提升機構人員對災害因應與撤離之經驗與能力。故此，為保障機構住民在因應災害時的安全，在災害風險管理上，公部門透過法規規範，強化機構在因應災害與撤離時的經驗。同時讓機構經營者了解在整個撤離過程中，機構住民特性對撤離過程時的脆弱性與危險性，以作為未來災害撤離決策時的參考依據。

　　因此，身為機構的經營者或管理者，當危機發生的時候，其角色和定位可能因為當下決策行動而有所不同，但是相同的是，要引領機構避免或降低災害的侵襲。在機構管理者的角色，有學者提出另一種看法。Mintzberg（1973）年提出管理者有十種角色，如下表10-3所示，在管理者的工作牽涉到人際性、資訊性以及決策性的角色，像是同儕關係、執行協調、激勵部屬、解決衝突、建立資訊網絡、散播資訊、在少量或矛盾資訊中做決定，以及分配資源，而這些角色都需要一些技巧支持。管理者之管理型態認為應該會受到自我價值觀、工作經驗、本身能力，及學習內容影響（高麗雀，2001）。故此，可以發現機構經營者在因應

災害當下，會扮演者不同的管理角色，以增加機構住民的安全。

　　機構管理人在決策過程中可能扮演相當多的角色。從卡崔娜颶風及東日本震災的經驗中，顯示了高齡者在災害中的脆弱性，因此當災害來臨時，例如在資訊上就會影響其撤離的決定，或是撤離遭到路線封鎖、住民特性、人力短缺或無運輸工具等（Peters，2006）。因此，在整個因應災害當下，管理者可以稱為決策性角色的資源分配者，撤離過程時，便具備人際性及資訊性的角色，傳達撤離的指示外，易取得外界支援等協助。

表10-3　Mintzberg的管理角色

角色	描述	實例
人際性角色		
主管	組織象徵性人物；要負許多法律與社會責任	主持儀式，代表組織從事社交活動
領導者	負責激勵與引導部屬	與部屬有關的所有實質管理活動
聯絡者	建立向外蒐集情報之網絡	蒐集董事局及股東的活動動向
資訊性角色		
監視者	廣泛地蒐集各種組織內、外的資訊	處理、接收與資訊有關的重大文件及合約
傳達者	將從各整內、外管道得到的資訊，傳送給組織其他成員	口頭告知部屬檢討會召開的日期
發言人	向外宣告公司計畫、政策、行動或結果	在股東大會上做報告
決策性角色		
企業家	檢視組織環境內藏的機會，以適時發動改革	建立及設計各種改進之專案計畫
危機處理者	排除組織所遭遇的重大且未預期之阻礙	建立危機管理策略
資源分派者	決定或核准組織重大決策	編列時間表、預算及部屬工作進度表
談判者	在重大仲裁中代表組織	商談合約

資料來源：Mintzberg（1973）。

　　另外對於管理的決策上，有學者提出不一樣的見解。Peters（2006）提出影響決策的「冷點（cold）」與「熱點（hot）」的討論，冷點指的是客觀的數據資料，如公部門提供的災害資訊，包括雨量、風速、災害規模與強度等；熱點指的是經營者經過自身的經驗，或是比較決策之間的不同，會選擇較有價值的決策來執行，如經營者透過自身經驗，並以住民安全為考量，進行機構的預防性撤離。因此，長照機構經營者在決策時，透過官方提供的「冷點」災害數據資料，或是運用自身的經驗與價值去判斷與決策。另外，長照機構從法規與評鑑的規範，多以風、水、火災的演練模式為主，但此次氣爆的災害型態，有別於風、水、火災有客觀的資料可供參考，屬新興災害形態，經營者難以與災前獲取相關的資訊進行評估與決策。因此，經營者的風險資訊來源與進行撤離決策的參考依據為何，是本研究想進一步探討的問題。

　　從上述提到，機構經營者為抵禦災害對機構住民的衝擊，部分經營者會採取撤離的方式，以避免災害直接對住民的衝擊。撤離（evacuation）是指民眾自主或政府透過勸導或強制手段，將災害發生影響範圍，或研判可能影響範圍內的民眾，遷移至安全或相對安全的環境或避難場所（引自行政院政策小辭典）。一般在實務運作上，又將區分為預防性撤離（preventive evacuation）與緊急性撤離（emergency evacuation）。預防性撤離是指發現災害徵兆或判斷有可能發生災害時，即由民眾自主或由政府透過勸導、強制手段進行疏散撤離，預防災害發生時造成人命傷亡或損失（引自行政院政策小辭典），尤以在2010屏東縣來義鄉來義村因凡娜比颱風來襲，地方政府以居民安全為考量，於災害發生做預防性的撤離，將住民移動到安全的臨時安置所。後來儘管來義村受到風災所造成土石流的侵襲，但因先行撤離至安全區域，使得來義村的居民免受到災害的衝擊，而此經驗更作為我國日後災害的預防性撤離的典範與依據（吳榮平、蕭旭宏，2013）。而緊急性撤離則是指，直接且緊急移動人們遠離威脅或是實際發生的災害，如長照機構在遇到水災的威脅，當下將住民臨時安置於後送機構之中，這種在災害當下，緊急且立即性的撤離，即為緊急性撤離（Wikipedia，2015）。另外，還有一種撤離方式為強制性撤離（mandatory evacuation），是指國家提供

具體的法定權力給地方政府，使其在災害時，能夠採取緊急的行動，且在法規規範中，會針對不服從撤離命令之個人、團體或組織訂定罰則，以維護法規之效力（Bohannon, 2011）。因此，在災害即將來臨時，機構經營者或是公部門會透過災害風險訊息的接受，評估是否採取預防性的撤離；而另一方面，在災害發生當下，為避免災害直接的衝擊與威脅，會採取緊急性撤離以保護住民的安全。而從公部門的角度來看，為避免機構住民在災害來臨前或是災害當下的生命與財產威脅，其可透過強制性撤離的做法，使機構進行預防性撤離或是緊急性撤離。所以，在災害階段的撤離上，會依據災害對機構的威脅與急迫性，進行不同的撤離方式，甚至於透過公權力進行強制性撤離，以保護機構住民在災害因應時的身心安全。

三、緊急撤離決策

依照老人福利法與護理人員法等相關法令設立的機構，從緊急撤離的角度而言，收容住民的特性是相當關鍵的因素，少數雖能有自主的行動，但當緊急狀況發生時，大多數行動不便的住民，都是完全需要被協助的對象，因此機構在不同時段的人力配置、設備及內外資源連結的能力等，皆是在緊急撤離過程重要的因素（李香潔等，2013）。從研究者試訪的資料顯示，受災區長照機構共有13家，氣爆當晚，位在三多路的護理之家僅窗戶部分受損且不在警戒區內而未撤離，另一家位在凱旋路上的長期照護機構，當晚則立即撤離所有住民共40多人。11家設立在同一棟12層大樓之中，機構裡的300多位住民，則在隔天上午8時左右，由社會局下令撤離到鄰近的光華國小（緊急收容中心），因人數眾多須在同一時段撤離，其2部電梯輸送與如何護送住民移動到避難點？此撤離狀況算是國內長期照護機構，因災難撤離住民人數較多的一次，從風險訊息與溝通、撤離決策與行動、資源動員、住民身心維護及公私部門互動方式等等，皆值得加以記錄重整，同時可檢視現行撤離政策與運作機制，以作為未來長照機構與官方規劃撤離政策與準備之參考。

　　緊急撤離（emergency evacuations）涉及到機構住民的特性與機構的人力、管理與應變能力，及現有的災難的應變體系等，有複雜性（Keith M. Christensen, Martin E. Blair, and Judith M. Holt, 2007）。而長照機構所收容的對象，多有身體衰弱、行動不便、失智、視覺或聽覺障礙等，不僅撤離困難，亦影響機構負責人的撤離意願，不當的撤離也容易對住民安全與身心帶來傷害，從機構收容的住民特性可以了解，大多住民是行動不便，需要被協助與救援的對象，除有別於一般機構或場所的被撤離者的條件，也是此類型機構撤離政策與規劃很重要的考量因素。

　　Perry等學者在1981年以撤離的時效與期限界定了四種不同的緊急撤離的類型：第一，保護性撤離（Protective evacuations），此類型的特性是對緊急情境採取較長期且事先的衝擊回應，此撤離方式較採取個人針對非特定事件或是急迫性的事件的撤離方式，如颶風。第二，預防性撤離（Preventive evacuations），此類型屬短期而且是事先的衝擊回應，此反應方式較常與低預測性和區域事件為主，因無法有充足的時間採取疏散方式，如炸彈威脅發生，用此撤離方式將人移動到不同的建築中。第三，救援性撤離（Rescue evacuations），此類型一般發生在緊急事件發生後所採取的方式，其主要目的是達到在一個危害性的環境下個人的安全，如一個失火的建築情境中。第四，復原性撤離（Reconstructive evacuations），在緊急事件發生後，為了減緩立即的健康與安全威脅，轉變成持續性的健康與安全損害，將被撤離者移動到帳棚到臨時性的庇護當爲中。此四種撤離類型一般等同於災難管理所用的四種名稱，災難準備、災難預防、災難回應及災難復原等。這些詞也常和緊急規劃作為（emergency planning effort）一起使用。

　　基本上此四類撤離方式，皆會對撤離的政策與規劃的決策產生重大的影響，譬如說保護性的撤離會著重在個別或機構災難準備的部分，預防性撤離會著重在撤離的後勤規劃，撤離的需求管控及協談的勤務，譬如輸送的警告及指導。救援性撤離較重視去營造建築的出口調整，最後復原性的撤離較強調後勤資源的輸送。Christensen K. M. 等學者指出這四種撤離方式會受到三種因素的全面的影響：第一，個別行為的影響；第二，現行體制的運作；第三，事件發生的環

境影響。將四種撤離方式與三種因素納入整體性思考架構，有助於指導緊急撤離政策制定與規劃。由上述四種類型及三種因素所建立起的緊急撤離架構，可作爲討論不同災難事件中撤離決策與規劃的參考。故也可以說，認清撤離期間存在的各種設定的條件，其主要目的就是在理解緊急撤離政策與規劃。

四、風險感知與撤離決策

　　風險感知（Risk Perception）是指個人對風險的主觀認知與感受，包括當事人對災害發生機會的評估，以及自認能夠控制災害損失和擔心的程度。根據「警戒動機論」（protection motivation theory, PMT），一個人對某個風險所進行的「威脅衡估」（threat appraisal），包括感知脆弱性（perceived vulnerability）和感知嚴重性（perceived severity）兩部分。威脅衡估一旦達到某個水準，當事人才會開始評估各種避險方式的利弊，以及自己本身的能力，這就是所謂的「因應衡估」（coping appraisal）。因應衡估包括三方面。反應效能指一個人認爲某種保護行動對降低風險的有效性，自我效能指個人對自己能否採取某個保護措施的能力的想法，反應成本指一個人對實際採取該保護措施需付出的成本估量。威脅衡估和因應衡估共同決定一個人的警戒動機，進而影響是否採取避難行動。

　　風險感知與避險行爲之間的關係非常複雜。過去有過災難經驗對同類型災難的風險感知有顯著影響，也會影響目前採取避險行動的可能（Knuth et al, 2014）。不過如果災難經驗時間距離太遠，風險感知和採取避險行動的可能性都會下降。災難經驗影響的除了感知機率（perceived probability）和感知後果（perceived consequences）理性的判斷外，還有情緒因素如恐懼害怕等，這些都會影響避險行動（Bubeck, Botzen, & Aerts, 2012）。人們對於可以控制的風險傾向內在歸因，認爲是自己的問題；如果是外在歸因或認爲政府該提供災難補貼救助，則比較不會去採取避險行動（Bubeck et al, 2012; Rickard, 2014）。此外，對政府及專家信任的程度也會影響災難風險感知。採取某種避險行動是否有效的

因應衡估，對於是否會採取該避險行為有顯著影響（Wachinger, G., O. Renn, C. Begg, & C. Kuhlicke, 2013）。不過整體而言，儘管高風險感知不見得就會去採取降低風險的行動，但高風險感知對提高避難行為是具有正面影響的。

擁有較多資訊與資源的人們能夠避免暴露在自然脆弱的地方，弱勢者可能缺乏能力去獲取避免災難的資訊（張維安，2013）。以此角度可了解機構住民，大多數在緊急撤離過程，除因行動不便須完全依賴別人的協助外，其風險資訊取得幾乎是被隔絕，其避難或撤離的避險，亦須完全依靠機構人員。也可以說其避難的決策與風險，完全看機構的風險資訊蒐集與決策。依照目前長期照顧機構設立的標準與評鑑的規則，以火災的演練為主，而面對天然災害時，除地震無法事先預測外，颱風的氣象預報與雨量，能有助於機構採取適當的防範或撤離措施。根據決策的理論，人類的判斷與決策過程，到底是受冷（cold）或熱（hot）的資訊，還是情感因素所影響（Ellen Peters et al.,2006），風災有氣象報告、雨量及水位等科學客觀性的風險資訊可參考。但面對此次高雄氣爆工安事件，充滿人為不確定風險，機構與業務主管機關，常處於完全缺乏風險資訊的狀態中，故機構的管理者與業務主管機關人員，面對此特殊的災難型態，其風險感知、溝通方式與緊急撤離的決策與執行方式，是否有不同於以往的應變經驗，有必要加以整理分析。

綜合上述來看，機構經營者在不同的災害期間，會扮演不同的角色，如在災害預防階段，其扮演的是企業家或是危機處理者的角色，建立機構預防災害的系統或體系；另，在因應災害的階段，機構經營者應轉而成為一個決策者或是領導者，透過冷、熱點之資訊蒐集、評估與判斷，於適當的時機做出預防性或緊急性撤離的決策，引領機構員工進行住民的撤離與安置，降低機構因災害而造成的傷亡。另一方面，公部門透過對災害風險訊息的蒐集，評估災害當下的情況，為保護住民的安全，亦有可能採取強制性撤離的決策。因此，回到機構的災害風險管理上，主要以機構經營者為主、公部門為輔，著實會影響到機構整體在因應災害的結果，尤其在經營者與公部門對災害資訊的蒐集、評估與判斷決策上，更是本研究所關注與探討的地方。

參、研究結果

一、氣爆受災區長照機構的區位與回應方式

在氣爆事件過後，有實際參與決策與撤離過程的人，是最有深刻感觸的。因此，研究者透過滾雪球的抽樣方式，訪談實際參與氣爆撤離過程之長照機構經營者和工作人員，以及公部門的參與人員，將焦點鎖定在氣爆發生當下的撤離決策與執行。

從地理位置來看，如圖10-2所示，本研究受訪的機構分屬三處於氣爆區域管制範圍內：

第一處：L1，位在瑞隆與凱旋路段，為氣爆嚴重區域，第一個氣爆點，兩層透天厝。

第二處：L2，位在三多一路上，機構前馬路炸開，機構輕微的損傷，三層連棟透天厝。

第三處：L3-1、L3-2，位在和平與二聖路段，在氣爆管制區內，12層大樓內共11家（含兩家護理之家），分屬四個家族經營。

以下根據受訪者的訪談資料，初步彙整出三處長照機構，進行風險評估、撤離決策的狀況，分述如下：

L1：員工察覺異狀通報，經營者再次向消防隊確認以「一級開設」為關鍵詞，了解現場狀況，獲得官方資訊，判斷其災害的準確性及可能的嚴重程度，前往現場後感受到瓦斯味瀰漫，一時無法與社會局聯繫上，決議當晚11點立即撤離，透過內部運輸系統，撤離40多位住民至旗下連鎖機構進行安置，安頓好後聯絡家屬告知撤離及住民安置位置，開始至撤離完畢共花費3小時。

L2：機構前方的道路因氣爆被炸開，建築物有些微的損傷，經衛生局人員到現場評估、掌握名單及了解消防逃生路線的標準，並聯絡家屬及經營者三方協商後，決定該機構暫不撤離，開放床數48床。

L3：位於同一棟12層大樓（含兩家護理之家）的L3-1與L3-2，雖然和平路

下面沒有管線通過，但鄰近二聖路的氣爆點，並在紅色管制區內。大樓從2008年第一家進入核准立案，截至2014年通過核准約有300床，隔天整棟大樓撤離294位住民。

1. L3-1於隔天八點半接獲社會局撤離通知，但是經營者電話詢問警察局現場狀況，發現機構有水有電且已有民眾在外走動，對於撤離的決策感到猶豫。另，自家經營之五間機構都位在同一棟大樓內，因此現場指揮官先行撤往鄰近區公所設立的緊急避難中心。爾後不久，社會局到場了解情況，認定其避難中心不宜住民長時間久留，並要求撤往其他安置機構，因此再透過政府與協會協助，才進行第二階段的後送安置，撤離約175床的住民，耗費12小時。

2. L3-2氣爆當天晚上12點經營者接到家屬通報，再透過媒體消息報導，了解事情嚴重性，先至電聯繫機構員工，了解機構當前狀態為何，確認目前機構沒事並立刻驅車前往，現場了解後與司機及護理人員討論是否撤離。在決議撤離並開始規劃撤離的路線與物資準備，但因擔心夜間路況不明，故決議早上撤離。然，隔日因道路封鎖，導致交通運輸系統直到早上8點才來到機構，但剛好碰到社會局發布撤離指示，大樓電梯頓時動彈不得、難以撤離，經管委會協商後才得以順利疏散住民，共撤離70-80位住民，撤往自家經營的後送機構安置，耗費4至5小時。

L3因大樓內有長照機構及護理之家同時進駐，分屬社會局與衛生局的管轄，此二單位在撤離的決策與執行也不盡相同。故此，研究者亦透過滾雪球的方式，訪談社會局與衛生局的參與人員，以從公部門的角度，來檢視此兩種不同類型之機構的撤離決策與執行的歷程，進而將兩種不同體系的風險評估與決策歷程統整與分析，讓公部門與私部門之間的風險評估與撤離決策之歷程更趨完整。

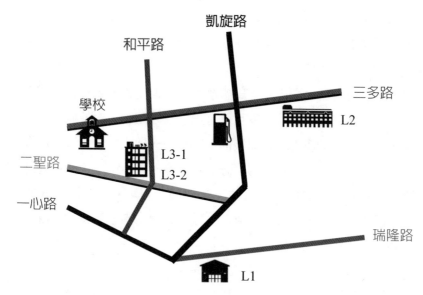

圖10-2　氣爆受災區長照機構的所在地

資料來源：研究者自行整理。

二、風險訊息接收與決策

（一）風險訊息來源

氣爆發生第一時間，受訪者透過機構內部員工及家屬通報，獲知訊息。

「當天大概是在十點左右，我在……公司，員工就打電話跟我說，他們那邊好像有很大的火災，因為我有一家OO店剛好是在……」（A1001）

「他們說他們在八點半，或接近有點七點多就已經去顧現場顧到現在啊，聞到頭殼都暈了，聞那個味道（瓦斯味）。」（A1015）

「來自家屬（氣爆當下12點）看到電視後，打電話告訴我的。」（B1-2-01-1）

「首長核定一級開設後，此訊息由新聞局發布，群組、簡訊及通訊各種管

道立即轉發，市府各局處人員同時動員就位。」（G4）

　　然而除了內部訊息通報，風險訊息來源還有很多管道。在外部方面，再次確認風險訊息，包括透過媒體資訊、官方提供的數據與對專業術語的認知，來判斷其災害事件危害的程度。

「會不會再爆，我們一直打電話問消防局，但都沒有肯定的回覆，所以我們決定還是撤離。」（G3-02-2）
「我先打電話給消防隊，因為消防隊有很多朋友，我就打電話給他們，結果他們說已經一級開設，那所謂一級開設在我的觀念裡面，就是有重大的災害才會有一級開設……」（A1002-1）
「撤或不撤，需考慮有否立即的危險如會不會再爆、鄰近加油站、水電正常供應等；機構有否在官方劃定的警戒區內。」（G4）
「主任也透過電視發現現場狀況很糟，電話了解機構目前狀況後，就開車前往，但因多數道路封鎖或被炸開，繞了快40分鐘，才到機構現場。」（B1-2-01-2）

　　除了內部與外部提供的風險訊息外，親臨現場，實際感受亦是一種切身的、主觀的訊息蒐集，以判斷當下的嚴重程度，做撤與不撤離的決策。

「一級開設我就開始聯絡車子，大概在十一點左右就到現場，那個時候，已經聞到了很濃的瓦斯味道……是你走到哪個範圍、哪個空間，就是那個瓦斯的味道，是整個壟罩到籬仔內（地名），攏是這種味，老人家怎麼受得了。」（A1002-2）
「沿途道路封閉並被炸開，覺得很嚴重，須撤離住民……本棟大樓又是消防局、社會局列管的場所……」（B2-18-01）

　　當機構經營者獲得相關災害訊息並到場觀察與了解，評估現場潛在的危害時，經營者便開始整合訊息，並做出撤與不撤離的相關決策。

（二）機構撤離的決策歷程

　　機構撤離決策責任重大，如果是經營者便可馬上決策行動，但當經營者不在現場，透過代理人的方式，就會降低撤離決策的效率。

「當下就決定一定要撤離，就很簡單！」（A1002-3）
「第一時間開車到機構，沿途就感受到氣爆的嚴重性，就決定當晚要撤了，但夜間的路況不明確（路被炸開），擔心造成住民撤離時會有危險，所以整晚在做撤離準備，想說等天亮再說……」（B2-11）
「上班後機構行政人員接到社會局撤離的命令，我是聽到接到社會局的電話我才趕到，這個事情我沒有經驗，馬上報告國外的主任……但是主任打電話問附近的派出所，就說附近已經有民眾走動了、商家都開店了，很正常啊，為什麼要撤？」（B1009）

　　當官方已下達撤離之命令，但因經營者有無在現場，對撤離決策的急迫性有不同的感受。

「……沒有停水停電，大樓運作正常。再來就接到社會局的電話，指示說要撤離。可是我們第一個反應就是，看其他樓層沒有人在撤……後來去了解其他樓層好像有在做這樣的準備，然後我們主任就說：『好，那就撤！』」（B1007）
「……當天晚上就要撤了，但夜間的路況不明確（路被炸開），擔心造成住民撤離時會有危險……想說等天亮再說……一早八點多在接到社會局撤離的電話，很快就動作了……」（B2-11）
「……隔天撤已經沒有作用，因為原因已經找到了，知道了那個點，但當

天晚上，還不知道那是什麼東西才嚴重！……因為他們一級開設的話，主管立即就要到，你主管就是必須要去決策說，你這個區塊會爆炸的，區塊裡面的安養院要不要給他撤……」（A1027）

三、撤離過程的原則與資源動員

（一）撤離過程的原則

在緊急撤離的狀況下，優先將住民撤離，再輸送藥品跟日常用品，並同步通知家屬。

「先將長輩安全撤出，結束安頓好後，再回來包藥，並通知家屬。」（A1056）
「我們是先將重症的長輩先做撤離。」（B2-03）
「先將住民（護理之家）送到鄰近的醫院，確定狀況穩定後，再後送到機構安置。」（G3-03）

大樓的撤離原則，是先從高樓層開始往下撤。

「八點多社會局下令撤離，整棟大樓就陷入混亂，電梯每一個樓層都停，撤離變得很慢，因此我父親就出面，與大樓管委會主委協調後，才決定由高樓層撤離，才結束一小時的混亂局面。」（B2-09-2）
「這個決策是因為有一個業者的老闆說他們在做緊急撤離的時候，就有做過這樣的一個討論。就是說，他們以前就有討論過本來就是應該要這樣，只是到後來，一個人跳出來講，那……那是因為我們沒有參加會議，所以我們不知道。他做一個結論，應該要從最高樓層，那時候已經撤到五樓過後了，然後他才又說應該要從最高樓層……」（B1094）

（二）撤離過程的資源動員與連結

經營者在撤離決策過程，接收到訊息，或是決策者本身感知到災害可能造成的危害，「撤離」本應該是一個行動，但是考量到撤離的理由、撤離過程的安全、撤離後的資源時，「撤離」反而可能因此變成災害風險管理中，其中一種因應選擇。

> 「我們撤的理由在哪裡，那有撤的必要嗎？再來，你要撤離的第一點，就是運輸，你要撤這些人，你必須動到運輸，你運輸車輛夠嗎？你分配的點夠嗎？床數夠嗎？」（A1133）

上述中提到，當撤離成為一個選擇的時候，其內部資源便是機構需要首先考慮的要素。

> 「對呀，主要是我本身有運輸系統……因為我平常時候就有載老人去病院，晚上有在走急診，所以我的車子上都保持在場的，因為坐我車的人都已經十幾年了，心態都很一致，大家都將心比心，一打電話全部車子就出來了。」（A1092）

> 「當天晚上就規劃撤離的路線和資源準備，調四臺車，每部車可以6-7個人，聯絡那邊的機構清點床數，因為至少要容納70多人。」（B2-09-1）

當機構內部有完整系統可以因應災害發生，不需外界連結的協助，撤離的完成嚴格上只是時間的問題。但若內部系統部無法支持機構的撤離，例如撤離時卻沒有人力、沒有車輛、沒有後送機構，那撤離便成為一個挑戰。

> 「在這棟大樓大部分機構，都有自己的後送機構，只有其中五家是循他們的緊急避難機制，先撤到鄰近的學校，其實也沒有錯，可是那個地方不適

合長輩久待，因爲其他機構都到他們自己的場所去了……」（G1-017）

「他（理事長）下午有來一段時間，他雖然提供了很多資訊，並從屏東調度車輛前來支援……有些機構我跟他聯繫，只能提供床位，但沒有車子，我們就放棄了，其實我們最糟糕的就是我們沒有車。」（B1172）

　　因內部資源系統不足，須不斷地連結可支援的系統，造成撤離過程時間的延宕，與住民的身心負荷。

「而且在聯繫上有的他就說只有五床，可是需要一個護工，還要一個護士，我就說：『很抱歉，我們沒有辦法，感謝你的提供。』因爲我根本沒有辦法給你兩個人力！」（B1166）

「我從群組看了好久，原本按兵不動，但實在是看不下去了，下午兩點才到現場（學校），協調車輛和調查可以安置的機構床位。」（L）

「網友在網路po文和平大樓需要志工幫忙，到現場20幾位志工在大樓前待命，因大樓僅有兩部電梯，輪椅輸送慢……後來不缺志工是缺車輛……」（V）

「本來回家休息了，但從群組看到同事在LINE上PO的訊息，覺得他們遭遇到困難，才又出面到現場（學校）關心協助。」（G1019）

「……後來他（理事長）會來是因爲蔡小姐跟他講說，我們現場已經有一點混亂。所以他親自跑過來做一個車輛的調度跟提供機構……」（B1289）

「是！最主要是很多單位，他們（志工團體）透過新聞，看到了這個事件，有主動要求說需要幫忙嗎？……後來才知道，是社會局調度志工團體前來支援。」（B1052）

「（在學校的現場）有的人要吃飯、要吃粥、要喝水，這些物資，如果沒有社會局的話，我們業者，根本沒有能力，去照顧這些長輩。」（B1261）

　　而撤離除了運輸工具外，還要了解撤離的動線做相關規劃，才能達到在撤離

過程中，確保住民的身心安全。

「我已經撤到他的爆炸點以外，那個爆炸點是在光華路，最多到民權路，民權路跟中山路口也有爆一個點，那個涵洞，就是在三十六樓的門口，也是炸開，所以我是跳過那邊，跟他們說怎麼走。」（A1035）

「我先請交通車的司機去探查撤離的路線，先知道哪條路被封掉不能走，結果一趟過去需要花40分鐘（和平路—鳳山平常約10分鐘）。」（B2-07）

　　撤離攸關住民的生命安全，因此在統整內部人員的時候，分工合作是相當重要的，才能有效地進行撤離。

「我很感謝員工都很配合，甚至還有員工覺得很嚴重，電梯又動不了，一人背著住民一人扶著他的背走樓梯下來……12樓、4樓和1樓分別由我父親、哥哥和我在現場做指揮。」（B2-16）

「等一切都撤離完畢，再由我們兩位社工一一跟家屬聯絡告知家人被送到哪裡，護理師也打、行政人員也打，連司機都有幫忙聯絡，讓家屬放心。」（B2-14）

　　在撤離過程，人力不足影響到住民照顧與家屬的抱怨。

「……有的可能不舒服要喝水什麼，根本沒有多餘的人力去照顧這些，因為有的長輩是沒有辦法獨立把他扶起來，可能要兩個人，才有辦法把他……所以人力其實是不夠的。」（B1032-1）

「撤離當時家屬都有主動打電話，可是我們都沒有人力回覆，當下也沒有人力主動告知家屬，因為沒有人力……」（B1112）

　　機構經營者透過撤離過程前或是過程中對住民名冊的掌握，優先讓住民安置

告一段落後，接著就是準備藥品、衣物等物資進行輸送。

> 「九點，就回到機構包藥，那時候在想說先包個三天好了，那三天後會回來！然後包好藥的時候，發覺已經快十二點了……後來我就打電話問護工，你那邊現在情況怎麼樣？你還缺什麼？然後你覺得我們什麼時候去比較好？那……」（B1153）
>
> 「我把人全部安置出去的時候，是不是有名單出來了，那然後……請護士把這些人分開，他們的藥物，還有他們的那個……紀錄本，還有他的衣物，把它……弄在一起，寫名字，然後再配送。」（A1058）
>
> 「當天晚上我們就已經把名冊整理出來，物資也準備好，早上把長輩安置好後，東西（物資）就跟著就出去了。」（B2-04）

　　結合上述，對一個處在撤離過程中的機構而言，資源系統的完善程度，將會影響撤離效率及住民的身心安全，如在人力、交通運輸工具的配置與動員等方面之內、外部資源連結與動員，對機構撤離之住民身心安全都具有極高的影響力與重要性。可想而知，當缺少其中一塊資源時，就可能在撤離過程，對住民安全與身心帶來威脅。

　　總之，在整個撤離過程中，機構經營者或現場指揮官應以住民的安全為優先考量的依據原則，調動機構內、外部的資源，如人力、車輛、後送機構等，再行後續物資的配送。相對於上述的狀況，L3-1在撤離過程中出現的種種問題，顯示現場指揮、人力分工、資源動員等在有效的撤離決策與執行過程的重要性。

四、公部門在撤離決策過程的角色

（一）撤離過程機構與公部門的互動

　　在經營者的立場，有些因為內部系統的完善而可以自行處理撤離的問題，需要的只是通報社會局已經撤離完成，但對於某些經營者急需外部資源援助時，公

部門在資源媒合中扮演了相當重要的角色。

「我們主管跟他說：『我們已經撤好了。』」（A1247）

「同時與社會局email聯絡告知撤離事宜，但後來還是（自行）決議撤離。」（B2-02）

「我覺得這次真的如果沒有社會局的話，我們（L3-1）很難做什麼，什麼都沒有。」（B1256）

（二）大樓（L3）撤離的決策過程

12層大樓11家機構（含兩家護理之家），此種機構群聚型的大樓，收容的都是行動不便且部分需要醫療儀器輔助的住民，加上只有兩部小型電梯，在短時間內要完成全部撤離的難度很高……同時，在風險訊息不確定的狀態下，要用最嚴謹的決策考量，以保障住民的安全為優先。

「會不會再爆，我們一直打電話問消防局，但都沒有肯定的回覆，所以我們決定還是撤離。」（G3-02-2）

「過去曾經在一次楠梓附近的機構在水災撤離時，曾經向我們（社會局）表示當時白天沒風沒雨，可不可以不要撤離，畢竟撤離所耗費的資源、經費與人力都相當可觀。但我們考慮住民的特性與撤離需花費的時間，還是堅持要機構撤離……基於這樣的經驗，我建議還是要撤離。」（G2-05-02）

「大樓位在氣爆的紅色警戒區內，且無法確定現場會不會再爆炸，還是要撤離。」（G124）

「群聚式機構，僅兩部電梯，住民行動不便甚至插管臥床，不撤離，萬一再爆，可能承擔的風險……」（G1）

「大樓特殊性，老舊建築，避難空間缺乏，大樓前後道路作業空間受限，車輛人員進出調度不易，雖然撤離兩邊不討好，但萬一發生傷亡時被究責，不如先被罵。」（G4）

上述公部門基於過去的撤離經驗，考量住民的特性與撤離的時間花費，再加上氣爆區內不確定的狀況，做了撤離的決策。

肆、結論與建議

一、結論

依本研究主要目的與訪談文本分析結果，整理出以下幾點初步的結論：

（一）災害風險訊息與機構撤離決策之影響

當災害發生前，獲知災害風險的訊息，已成爲機構經營者與公部門評估後續進行撤離決策的基準，因此事件發生第一時間內，災害風險訊息的獲得，就顯得相當重要。災害風險的訊息來自多元管道：1. 透過機構內部員工通報；2. 從住民家屬告知；3. 公部門與地方團體資訊；4. 即時通訊軟體交換訊息；5. 根據媒體報導；6. 經營者現場觀察與感知等。由受訪者的資料分析結果，顯示部分機構經營者在第一時間獲取資訊後，會再次確認該訊息的準確性與急迫性，甚至於親自到現場查看狀況；又部分機構經營者沒有從任何管道獲得相關訊息，將會使得機構經營者或現場指揮官，因訊息不足，而無法判斷災害的危險性與急迫性，延誤機構撤離決策的判斷，影響到機構住民的安全。因此，第一時間風險訊息的取得、查證與現場查看，對風險的評估與撤離的決策判斷，有關鍵的影響。

（二）三處機構撤離決策與方式的差異：

L1：在氣爆發生當天晚上，經營者獲知員工通報與消防局一級開設的訊息後，並親至現場後，即做下撤離的決策，在3個小時內撤離40位住民。

L2：位於爆炸點路邊，建築結構受到輕微損害，衛生局人員到現場親自了解受害程度，並掌握住民名單與身心狀況，實際檢視其消防演練逃生之動線

後，與經營者達成不撤離的決策，同時知會家屬。

L3-1：五家機構位於同一棟大樓內，於隔天八點接獲社會局撤離通報後，經營者與工作人員確認同業之間的撤離動態，決定先將住民撤往臨時避難中心（學校），耗時12小時，在社會局與民間團體的幫忙下，才將175位住民完成安置。

L3-2：由家屬告知經營者氣爆訊息，再透過媒體確認後，電話了解機構現場動態，同時經營者親自到現場查看後，指示進行撤離準備，因擔心夜間路況不佳，造成住民撤離過成傷亡，才於隔天上午，社會局撤離通報後，與大樓業者一同進行撤離，耗時4到5個小時，完成撤離70多位住民。

由上述的結論顯示，三處機構因不同建築類型機構、住民特性及經營者、資訊來源等，看出機構不同的撤離決策過程與方式。L3-1家數與住民數居首位，但缺少現場可決策與指揮的角色（負責人出國，靠電話互通訊息與決策）、自主撤離所需的人力、車輛與後送安置機構完全需靠外部支援，導致撤離時間花了近12小時，讓住民身心與安全受到很大的威脅。有受訪者形容住民真的「受盡折磨」。

（三）經營者在撤離決策判斷歷程的角色

從受訪者的訪談資料分析結果，顯示機構經營者在災害因應階段，應扮演聯絡者、監視者與危機處理者的管理角色，其透過聯絡者與監視者的角色，蒐集機構內外部的冷、熱點災害資訊，冷點如：消防隊的一級開設、公部門的客觀數據等風險訊息的接收；熱點則如：機構經營者親臨現場，觀察環境，親自評估現場環境的潛在危險性等災害資訊的蒐集，以危機處理者的管理角色，對機構災害的撤離進行決策與執行，確保機構住民於災害因應時的安全為優先考量。另在災害因應階段，機構經營者除了透過不同管道與角色，對災害風險資訊蒐集與評估之外，在決策時，尚會考量到機構住民災害弱者的特性，以及在撤離過程中的危險性與安全性，並檢視機構是否真的有必要進行撤離這個決策。因為不當的撤離，也會對住民身心與安全帶來負面衝擊。

（四）從住民安全的角度來看機構撤離過程之原則與資源動員

從受訪者訪談資料結果顯示，整個撤離的原則有：「住民優先、再輸送物資」、「重症住民優先輸送」、「高樓層之機構住民先行撤離」、「（護理之家住民）先送到鄰近的醫院，確定狀況穩定再送到機構安置」等，這些原則基本上，完全站在住民的生命與安全的角度為出發點，並作為撤離準備與內外資源動員的最高行動準則。而撤離過程缺乏自主執行能力，需外部支援協助的機構，公私協力分工與資源動員，對有效與安全的撤離任務達成很重要，如業者主動釋出床位、車輛與在學校現場進行指揮調度；公部門下達撤離指令、調派志工推輪椅護送住民到避難學校、調度床位與交通車及緊急撤離避難場所期間的物質供應等；家屬自行接回住民；醫院支援等。

綜合上述緊急性撤離的不當決策與執行，對機構住民的負面衝擊，是從此研究中需被正視的課題，當然也更加突顯長期照護機構住民緊急撤離政策與運作效能和適當性的議題，在政策與管理上的重要意涵。特別是面對避難弱勢人口群緊急撤離複雜性的理解，更加深刻。

二、研究建議

茲針對上述的結論，提出以下幾項建議：

（一）善用即時通訊軟體，獲得最新與多元的風險訊息。

（二）住民的生命與安全為機構因應任何災害型態時，進行住民撤離的最高準則，故撤離的優先原則，應以重症住民為優先撤離對象。

（三）在資源動員部分，對機構住民安全與撤離上，很重要的影響因素，如人力照顧、撤離的交通工具、合宜的後送單位等，在安全考量上，是缺一不可的。

（四）面對機構本身內外資源不足時，公部門與民間團體的適時介入，可減少住民因漫長的撤離過程所造成的身心傷害。同時在機構撤離政策與規劃執行過程，仍須建立在以機構為主，政府輔助的大原則上，加以思維運作。

（五）機構經營者需重視建立完整的資源體系與維持同業間良好的互動關係，將有助於撤離決策的有效施行。

（六）住民撤離過程包含人力配置、車輛調度、安置機構，以及後續住民所需物資的準備等，須由稱職的現場指揮官扮演領導者與資源連結者的角色，並能有效地人力分工，有助於撤離有效地進行。

三、研究限制

因時間與訪談對象的限制，本文僅著重在風險訊息及撤離決策與執行的議題，有關機構撤離過程的準備與內外資源的動員、住民在撤離過程的身心維護及公私部門的互動與合作關係。建議在未來的研究，能再訪談家屬、第一線的工作者及後送安置機構的人員，進行更完整與深入的探討。藉由此研究的成果，與此次撤離經驗的統整，將可進一步發展出可供公私部門參考之長期照顧機構撤離政策的規劃與準備的操作手冊。

參考書目

中文書目

中央災害應變中心（2014）。高雄氣爆事件災情狀況。上網日期：2015年01月29日，取自內政部消防署http://eoc.nfa.gov.tw/eoc/List.aspx?ID=37&MenuID=952&ListID=2525

交通部中央氣象局（2010）。天然災害災防問答集。臺北：交通部中央氣象局。

全國法規資料庫（2012）。消防法施行細則。上網日期：2015年01月29日，取自全國法規資料庫網頁http://law.moj.gov.tw/Law/LawSearchResult.aspx?p=A&t=A1A2E1F1&k1=

行政院（2014）。政策小辭典。上網日期：2015年01月30日，取自行政院網頁http://www.ey.gov.tw/Dictionary_Content.aspx?n=43BC5BE6555D00BC&s=FF0F8FD2C6E8B5D2

吳杰穎、江宜錦（2008）。臺灣天然災害統計指標體系建構與分析，地理學報，51，65-84。

謝志誠、林萬億、傅從喜等（譯）（2012）。安全的家與堅強的社區：天然災難後的重建手冊。（原作者：Abhas K. Jha et al.）。臺北：臺灣大學出版中心。（原著出版年：2010）

宋榮哲（2015）。長期照顧機構脆弱性與因應災害之分析—以臺南市某護理之家火災事件為「鏡」。未出版之碩士論文，高雄醫學大學醫學社會學與社會工作學系。

宋榮哲、黃沁芃、方芝雅、陳武宗（2014）。北門護理之家火災之後，改變了什麼？機構脆弱性與主管因應方式的分析。論文發表於「重構專業的根基─社會工作發展新思維研討會」。臺北：臺灣社會工作專業人員協會。

宋榮哲、方芝雅、黃沁芃、陳武宗（2014年3月）。北門護理之家火災後，改變了什麼？機構脆弱性與主管因應方式之分析。論文發表於「重構專業的根基─社會工作發展新思維」研討會。臺北：臺灣社會工作專業人員協會。

李香潔（2014）。社福機構災害風險評估方法的建立。王文基、傅大為、范玫芳（編），臺灣科技爭議島，頁222-227。臺北：交通大學出版社。

李香潔、李洋寧、楊惠萱、莊明仁〈2013〉。老人福利機構水災撤離因應韌性分析。思與言，51(1)，187-219。

卓春英、盧芷儀（2010）。貧窮、社會性別與災難。社區發展季刊，131，154-168。

周月清、王增勇、謝東儒、陶蕃瀛（2004）。九二一地震社會工作者災變服務角色與功能探討。林美容（編），災難與重建：九二一震災與社會文化重建論文集，頁 203-256。臺北：中央研究院臺灣史研究所。

周桂田（2007）。新興風險治理典範之芻議。政治與社會哲學評論，22，179-233。

林萬億（2010）。災難管理與社會工作。社區發展季刊，131，33-51。

邱大昕、陳建州（2014年11月）。身心障礙對風險認知與避險行為的影響。論文發表於「風險社會─臺灣社會變遷基本調查第22次研討會」。臺北：中央研究院。

高雄市政府社會局（2014）。老人福利：高雄市立案老人福利機構名冊。上網日期：2015年01月29日，取自高雄市政府社會局網頁http://socbu.kcg.gov.tw/?prog=2&b_id=4&m_id=160&s_id=660

高雄市政府社會局（2014）。高雄市政府老人福利促進小組第二屆第四次委員會資料。高雄：高雄市政府社會局。

高麗雀（2002）。應用Mintzberg的十個角色理論探討管理能力的提昇。志為護理-慈濟護理雜誌，1(2)，12-16。

張維安（2013）。災難的社會學省思：「災難研究」專題導言。思與言，51(1)，1-5。

葉高華（2013）。社會脆弱性可解釋九二一地震死亡率分布嗎？。思與言，51(1)，135-153。

歐陽瑜（2014）。永續發展──個治理的問題：從高雄氣爆事件談轉型管理的落實。周桂田（編），永續之殤─從高雄氣爆解析環境正義與轉型怠惰，頁158-176。臺北：五南。

蔡光超、石富元、石崇良、林芳郁（2006）。以 JCAHO 標準對醫療照護機構緊急應變能力之現況調查與評析。中華民國急救加護醫學會雜誌，17(1)，1-12。

蔡宏政（2014）。石化產業的資本累積：資產階級民主化與民主風險治理的缺乏。周桂田（編），永續之殤─從高雄氣爆解析環境正義與轉型怠惰，頁142-156。臺北：五南。

鄧之宜 （2012年11月）。長期照護機構之災害緊急應變──機構住民與家屬之多少。論文發表於

「第16期臺灣老年學論壇」。臺南：成功大學老人學研究所。

鄭元良、施邦築、林祐正、黃韻潔、黃仲豪、陳彥貝（2011）。老人安養機構避難空間應變能力調查之研究。臺北：內政部建築研究所研究報告。

謝宗都（2013）。天災？人禍？—以風災下長期照顧機構之災難管理過程爲「鏡」。未出版碩士論文，高雄醫學大學醫學社會學與社會工作學系。

謝龍生、許銘熙、游保杉（2005）。美國卡崔娜颶風專輯—堤防潰堤產生淹水問題對國納防洪系統之省思與建議，土木水利，32(5)，21-28。

英文書目

Adger, W. N. (2006). Vulnerability. *Global Environmental Change, 16*(3), 268-281.

Bohannon, D. (2011). "Fight or flight:" On enforcing mandatory evacuations. *Low Practice Today*, April. Retrieved January 30, 2015, from http://www.americanbar.org/content/dam/aba/publications/law_practice_today/fight_or_flight_on_enforcing_mandatory_evacuations.authcheckdam.pdf

Boyce, J. K. (2000). Let them eat risk? Wealth, rights and disaster vulnerability. *Disasters, 24*(3), 254-261.

Bubeck, P., Botzen, W. J. W., Kreibich, H. & Aerts, J. C. J. H. (2012). Long-term development and effectiveness of private flood mitigation measures: An analysis for the German part of the river Rhine. *Nat. Hazards Earth Syst. Sci., 12*, 3507-3518.

Burton, Ian, Robert W. Kates, & Gilbert F. White (1993). *The Environment as Hazard*. New York, NY: Guilford Press.

Chou, Y.-J., Huang, N., Lee, C.-H., Tsai, S.-L., Chen, L.-S., & Chang H.-J. (2004). Who is at risk of death in an earthquake? *American Journal of Epidemiology, 160*(7), 688-695.

Cutter, Susan L., Bryan J. Boruff, & W. Lynn Shirley (2003). Social vulnerability to environmental hazards. *Social Science Quarterly, 84*(2), 242-261.

Peters, E., Vastfjall, D., Garling, T., & Slovic, P. (2006). Affect and decision making: A "Hot" topic. *Journal of Behavioral Decision Making, Dec. Making, 19*, 79-85.

Emergency evacuation (2015, January 13). In Wikipedia, the free encyclopedia. Retrieved from: http://en.wikipedia.org/wiki/Emergency_evacuation Reading: 104.01.30

Finucane, Melissa L., Ali Alhakami, Paul Slovic & Stephen M. Johnson (2000). The affect heuristic in judgments of risks and benefits. *Journal of Behavioral Decision Making, 13*(1): 1-17.

Frieden, Lex (2006). *The Impact of Hurricanes Katrina and Rita on People with Disabilities: A Look Back and Remaining Challenges*. Washington, DC: National Council on Disability.

Gallopı n, C. G. (2006). Linkages between vulnerability, resilience, and adaptive capacity. *Global Environmental Change,16*(3), 293-303.

Hewitt, Kenneth (1997). *Regions of Risk: A Geographical Introduction to Disasters.* Harlow, Essex: Longman.

Kasperson, J. X., Kasperson, R. E., Turner II., B. L., Schiller, A., & Hsiel, W. H., (2005). Vulnerability to global environmental change. *Social Contours of Risk, 2*, Earthscan, London, 245-285.

Knuth, D., D. Kehl, L. Hulse, & S. Schmidt (2014). Risk perception, experience, and objective risk: A cross-national study with European emergency survivors. *Risk Analysis: An Official Publication of The Society for Risk Analysis, 34*(7), 1286-1298.

Kung, Yi-Wen and Sue-Huei Chen (2012) Perception of earthquake risk in Taiwan: Effects of gender and past earthquake experience. *Risk Analysis 32*(9), 1535-1546.

Mintzberg, H. (1973). *The Nature from Managerial Work.* New York, NY: Harper Collins Publishers.

Morrow, Betty Hearn (1999). Identifying and mapping community vulnerability. *Disasters, 23*(1), 1-18.

Naoko Muramatsu, & Hiroko Akiyama (2011). Japan: Super-aging society preparing for the future. *Gerontologist, 51*, 425-432

Osaki, Yoneatsu & Masumi Minowa (2001). Factors associated with earthquake deaths in the Great Hanshin-Awaji Earthquake, 1995. *American Journal of Epidemiology, 153*(2), 153-156.

Perry, R. W., Lindell, M. K., & Greene, M. R. (1981). *Evacuation Planning in Emergency Management.* Lexington, MA, and Toronto: Lexington Books.

Peters, E., Västfjäll, D., Gärling, T., and Slovic, P. (2006). Affect and decision making: A "Hot" topic. *Journal of Behavioral Decision Making, 19*, 79-85.

Pilgrim, Nicholas Kumoi (1999). Landslides, risk and decision-making in Kinnaur district: Bridging the gap between science and public opinion. *Disasters, 23*(1), 45-65.

Renn, Ortwin, William J. Burns, Jeanne X. Kasperson, Roger E. Kasperson, & Paul Slovic (1992). The social amplification of risk: Theoretical foundations and empirical applications. *Journal of Social Issues, 48*(4), 137-160.

Rickard Laura N. (2014). Perception of risk and the attribution of responsibility for accidents. *Risk Analysis: An Official Publication of The Society for Risk Analysis,34*(3), 514-528.

Slovic, P., Fischhoff, B. & Lichtenstein, S. (1982). Why study risk perception? *Risk Analysis, 2*, 83-93.

Slovic, Paul (1993). Perceived risk, trust, and democracy. *Risk Analysis, 13*(6), 675-682.

Slovic, Paul (2000). *The Perception of Risk.* London: Earthscan.

Slovic, Paul (2010). *The Feeling of Risk: New Perspectives on Risk Perception.* London: Earthscan.

Smit, B., & Wandel, J. (2006). Adaptation, adaptive capacity and vulnerability. *Global Environmental Change, 16* (3), 282-292.

The World Bank Hazard Management Unit (2005). *Natural Disaster Hotspots: A Global Risk Analysis. Disaster Risk Management.* Washington, DC: The World Bank.

Turner, B. L., Kasperson, R. E., Matson, P. A., McCarthy, J. J., Corell, R. W., Lindsey Christensen, & Andrew Schiller (2003). A framework for vulnerability analysis in sustainability science. *Proc. Nat. Acad. Sci, 100*(14), 8074-8079.

Tversky, Amos & Daniel Kahneman (1974). Judgment under uncertainty: Heuristics and biases. *Science, 27, September,* 1124-1131.

U.S. Department of Health and Human Services (2012). *Gaps Continue to Exist in Nursing Home Emergency Preparedness and Response During Disasters: 2007-2010* (OEI-06-09-00270). Washington, DC: Author.

UNISDR (2004). *Living with Risk: A Global Review of Disaster Reduction Initiatives*, Geneva: Switzerland: United Nations Publication.

Wachinger, G., O. Renn, C. Begg, & C. Kuhlicke (2013). The risk perception paradox: Implications for governance and communication of natural hazards. *Risk Analysis: An Official Publication of The Society for Risk Analysis, 33*(6),1049-1065.

Wåhlberg, A. E. AF (2001). The theoretical features of some current approaches to risk perception. *Journal of Risk Research, 4*(3), 237-250.

Wisner, Ben, Piers Blaikie, Terry Cannon, & Ian Davis (1994). *At Risk: Natural Hazards, People's Vulnerability, and Disasters*. New York, NY: Routledge.

日文書目

吉田 隆幸、太田 純一、飯田 仁（2011）。「東日本大震災から半年後の被災地高齢者の居住環境・事業活動実態調査研究(1)宮城県仙台市市役所、介護事業者、被災者へのヒアリング」『いい住まいいいシニアライフ：財団ニュース』105，61-73，2011-11。

警察庁（2012）。「災害に係る今後の危機管理体制について」2012年02月発表警察 Homepage（http://www.data.go.jp/data/dataset/npa_20140905_0302）（2012年02月現在）

厚生労働省老健局（2011）。「東日本大震災への對応【介護保険・高齢者福祉関係】」2009年10月発表 厚生労働省老健局Homepage（http://www.mhlw.go.jp/stf/shingi/2r9852000001q8my-att/2r9852000001q8of.pdf）（2009年10月現在）

山本 渉、佐藤 平（2010）。「特別養護老人ホームにおける入居者の居場所に関する研究：福島県内H施設におけるユニットケアについて」『学術講演梗概集』4(1)，2000，287-288，2000-07-31。

小松 知寛、古賀 紀江（2011）。「長期避難生活をする高齢者の生活領域の形成：地域生活に焦点をあてたケーススタディ（災害と居住，建築計画，2013年度日本建築学会大会（北海道）学術講演会・建築デザイン発表会）」『学術講演梗概集』2013（建築計画），1373-1374，2013-08-30 [この号の目次]一般社団法人日本建築学会。

全国社会福祉協議会（2012）。「2011.3.11東日本大震災への社会福祉分野の取り組みと課題～震災から一年の活動をふまえて（活動記 ）～」2012年12月発表 全国社会福祉協議会Homepage（http://www.shakyo.or.jp/saigai/pdf/katsudou_kiroku.pdf）（2012年12月現在）

片田 敏孝、山口 宙子、寒澤 秀雄（2011）。「洪水時における高齢者の避難行動と避難援助に関する研究」『福祉のまちづくり研究』4(1)，17-26，2002-06-30。

立木 茂雄（2011）。「高齢者、障害者と東日本大震災：災害時要援護者避難の実態と課題（特集 東日本大震災(8)避難所）」『消防科学と情報』消防科学と情報(111)，7-15，2013 消防科学総合センター。1985-。

齋藤 俊行（2011）。「福島第一原子力発電所20～30km圏域の被災者に對する歯科医療・口腔ケア支援における初動体制について」『口腔衛生学会雑誌』61(3)，310-317，2011-07-30。

総務省統計局（2013）。「東日本大震災の仕事への影響に関する集計（速報）（岩手県，宮城県，福島県）」2013年3月発表 総務省統計局Homepage（http://www.stat.go.jp/info/shin-sai/）（2013年3月現在）

第十一章　救災公益勸募與管理[1]

陳竹上、傅從喜、林萬億、謝志誠

[1] 本章摘錄及改寫自作者曾發表之：陳竹上、傅從喜、林萬億、謝志誠（2012）。我國災後勸募規範之法制發展與運作實況—以莫拉克風災後全國性勸募活動為例之法實證研究。政大法學評論，129，301-380。

壹、從921災後之立法呼籲到公益勸募條例之誕生

重大災害之防救，近年來已成為國際上備受關注之焦點，聯合國曾將1990年起之10年定位為「國際降低自然災害10年」（the International Decade for Natural Disaster Reduction），此等宣告正反映出近年來國際上重大災害頻傳之現況（Aptekar, 1994; Hooke, 2000）。Dille等人曾表列全球面臨多重災害風險程度偏高之國家，其中臺灣被列在面臨最多重災害數（三種或以上）之地區，並且於此一類屬中風險度排名第一，全臺有73.1%之區域暴露於災害風險之下（Dille, Chen, Deichmann, Arthur, & Arnold, 2005），顯見災害之防備與治理已是臺灣政府與民間相關單位之重大課題。重大災害之發生，常造成可觀之財物損失。例如，921震災估計財物損失達新臺幣3,623億元，此一數額約占當年GDP之3.7%，其比重較高於日本阪神大地震（約2%）及美國加州大地震（約0.7%）所造成之損失（行政院主計處，2004）。

重大災害之發生及其衍生之人員傷亡與財物損失，往往能激起民眾對於受災者之同情，進而慷慨解囊，大方捐輸。同時，在重大災害發生後，也常出現大規模之勸募活動（Canter, 1989; Wegner, 1994）。1999年，921震災發生4天之內，即出現至少60多個募款帳戶。在地震發生之後3個月內，「大人上班時公司有同事負責勸募；小孩上學時有老師負責愛心捐款箱；去郵局寄信或到銀行辦事可以看到牆壁上張貼了一串劃撥帳號；下班後參加社團，也會有勸募活動；連經過天橋、便利商店或是廟宇，都有募款箱……。」（全國民間災後重建協調監督聯盟，2000）地震後1年內，政府機關設立之捐款專戶計108個，民間募款團體計235個，合計434個帳戶，捐款總額高達約375億元，扣除企業認養學校重建之隱藏性捐款約60億元，現金捐款約315億元左右（謝國興，2001）。相較於1995年發生於日本之阪神大地震匯集了1,790億日圓捐款（當時約合臺幣481億元），若以捐款對照人口比率觀之，臺灣平均每人對921震災之捐款是日本平均每人對阪神大地震捐款之4.4倍（黃意錦，2000）。

誠如上述，921震災巨變後，來自國內外世界公民之愛心伴隨一批又一批

之捐款、物資與人力支援，如潮水般地匯聚至災區。其中，引發討論之關鍵議
題，在於紛紛成立之募款帳戶與沿街托持或設立之募款箱，其正當性、合法性
究竟如何？民間善心資源是否獲得妥善運用？雖然當時已有「統一捐募運動辦
法」，規定「發起各種捐募運動，應先將計畫用途及募集方式，申報該管社會行
政機關會商各該事業主管機關核准」（第3條），然而於事發突然下，許多募款
單位並未經核准即開始進行勸募。稍後，內政部採取權宜措施，允許募款單位於
同年10月底前補辦核備事宜，若募得款項並非交由中央統籌運用者，須將使用
計畫書或執行運用分配要點、會議紀錄等相關資料函送內政部備查。當年於法令
架構不甚完備之情形下，有民間團體出面籌組「全國民間災後重建協調監督聯
盟」（簡稱「全盟」），成立「捐款監督委員會」，擬定「九二一民間募款帳戶
監督原則」，並於募款單位同意後，由全盟協調會計師及律師共同查核募款單位
資金來源、流向及其用途[2]。按統一捐募運動辦法為1943年二次世界大戰時期所
發布，未必能充分因應當前臺灣社會之時空背景[3]，故不論是全盟之捐款監督報
告書或內政部之查核報告，均將921震災勸募問題指向統一捐募運動辦法之低位
階與不完備，並倡議制定更周延之勸募法制（內政部，2002）。

　　提升勸募規範之位階，雖為各界共識，然而對於勸募規範之實質內容，則
存有不少爭議。自1999年6月立法委員江綺雯提出「捐募管理條例草案」起，至
2006年4月三讀通過公益勸募條例止，共歷經第4、5、6屆立法委員，將近7年之
時間始完成立法。期間除行政院版之草案外，亦先後有5位立法委員提出不同之
版本，足見勸募規範於法制選擇上之多元性及爭議性[4]。2006年5月17日，以「有

---

[2] 2000年4月29日全盟「捐款監督委員會」於總召集人李遠哲院長主持下，召開捐款監督總結報告記者會，並由
時任全盟執行長之中央研究院謝國興教授主筆撰寫「九二一震災捐款監督報告書」，該報告書於當年7月25日
出版。不久之後，內政部也委託正風聯合會計師事務所辦理民間團體賑災捐款之查核，並於2002年2、4月出版
「九二一震災民間團體賑災捐款數額使用情形及流向帳目查核報告（一）、（二）」。

[3] 統一捐募運動辦法在1943年5月2日制定公布，其背景為抗戰動員時期，當時受助者眾，惜零星式救援力有未逮，
利弊時見，乃有定法規約束之需要，即訂定此法。可參考李家諭、王飄玲（2009）。公益勸募的探析，頁23；楊
錦青（2007）。公益勸募條例立法過程剖析。社區發展季刊，118，22-39。

[4] 各版本之草案名稱亦不盡相同，包括：捐募管理條例草案（江綺雯版）、社會募捐管理條例草案（朱惠良版）、
國家重大變故勸募管理條例草案（顏錦福版）、捐募法草案（朱鳳芝版）、公益勸募法草案（鄭龍水版）、勸募

效管理勸募行為，妥善運用社會資源，以促進社會公益，保障捐款人權益」為目的之公益勸募條例共計32條，終於完成立法程序、公告施行，其子法尚包括由內政部訂定公告共計18條之「公益勸募條例施行細則」，以及「公益勸募許可辦法」共計9條，使我國公益勸募法規之位階提升至法律層次，配套之行政命令亦同時到位，規範之形式架構堪稱完備。

　　發生於2009年8月之莫拉克風災（又稱為「88水災」），是我國於公益勸募條例公告施行後第一次面對之大型災害，各界踴躍捐輸之情況，一如921震災。10年前之疑慮及期待，是否因公益勸募條例之制定而獲得解決及兌現？本章以莫拉克風災後發起之全國性勸募活動為例，呈現公益勸募條例之實際適用及執行情形，並評估其規範機能之良窳。全文係以公益勸募條例之規範架構為分析之基礎進行探討，期能於法律制度面與社會事實面之對照過程中，一方面彙整莫拉克風災後之勸募實況，一方面檢視公益勸募條例之制度選擇，是否有助於規範目的之達成，以作為未來政策興革之參考。

　　2009年因莫拉克風災申請全國性勸募活動而獲得許可者共計有28個勸募團體，2010年則有2個，若再加上依「中華民國紅十字會法」第29條規定發起勸募之中華民國紅十字會總會（以下簡稱「紅十字會」）[5]，則莫拉克風災後發起全國性勸募活動之勸募團體共計31個（以下簡稱「全國性勸募團體」），其名稱及基本資料請參照表11-1。

　　公益勸募條例因合計僅32條，故立法時並未分章制定，本章將各條條文要

管理條例草案（行政院版）等六種版本。關於公益勸募條例之相關立法沿革係整理自立法院公報相關議事紀錄，可由「立法院法律系統」下載取得，請參考網址：http://lis.ly.gov.tw/lgcgi/lglaw，瀏覽日：2017/03/06。

[5]　「中華民國紅十字會法」已於2016年7月12日經立法院決議廢止，其廢止理由為：「中華民國紅十字會於1954年透過特別立法賦予其獨特法律地位，以便在無集會結社自由之戒嚴時期能以人民團體名義勸募賑災，惟礙於我國特殊情勢，迄今未能加入紅十字國際委員會（International Committee of The Red Cross, ICRC），亦不被日內瓦公約所承認，在國際間的重大災害發生時反而因為其在國內的特別地位，僅能以捐款方式提供援助，不如非政府組織靈活。本法不僅相當多規定明顯與人民團體法賦予人民團體自治之精神相悖，政府介入過深不僅使其無法執行某些國際人道救援工作，其職務易淪為政治酬庸，且在賦予諸多發起勸募之財務特權同時卻欠缺透明公開之相關規範，爰廢除本法使其自訂章程，回歸『人民團體法』及『公益勸募條例』等法令規範，由主管機關監督之。」請參考網址：http://lis.ly.gov.tw/lglawc/lglawkm，瀏覽日：2017/03/06。

旨搭配其法律效果、施行細則予以整理對照，並綜觀條文內容，嘗試將整體規
範依照勸募活動之時序歸納及區分爲：「申請及許可階段」、「勸募階段」、
「勸募所得財物使用階段」；此外，於各階段均共通適用之條文，則歸納爲
「總則及附則」類（參照表11-2）[6]。本章以下之分析主要將集中於申請及許可
階段（含勸募團體之資格規範）、勸募階段，並於檔案資料許可之範圍內，兼及
勸募所得財物使用階段之制度及實證探討。

表11-1　全國性勸募團體基本資料[7]

編號	勸募團體名稱	申請年分	所於縣市
A01	社團法人臺南市清心慈善協會	2009年	臺南市
A02	社團法人中華民國肯愛社會服務協會	2009年	臺北市
A03	社團法人臺灣粉條兒文化協會	2009年	臺北市
A04	社團法人臺灣佛教協會	2009年	桃園縣
A05	社團法人中華護生協會	2009年	宜蘭縣
A06	社團法人中華社會福利聯合勸募協會	2009年	臺北市
A07	社團法人中華基督教救助協會	2009年	臺北市
A08	社團法人屏東縣原住民文教協會	2010年	屏東縣
A09	社團法人臺灣原住民族學院促進會	2009年	南投縣
A10	中國國民黨	2009年	臺北市
A11	社團法人中華民國截肢青少年輔健勵進會	2009年	臺南縣
A12	社團法人中華民國一貫道總會	2009年	臺北縣
A13	中華民國紅十字會總會	2009年	臺北市
B01	財團法人靈鷲山佛教基金會	2009年	臺北縣

[6] 我國近年來之立法模式，偏向於將法律所要求之作爲或不作爲義務等構成要件，與違反義務之管制手段等法律效果層面分開制定，通常將後者全數納入獨立的「罰則」中，如此立法模式將導致法律義務與違法效果間在條文上失去連結而無法一目了然，影響規範效果。本章經由表11-2之製作，應可使公益勸募條例之法定要求與行政管制手段間獲得更明確的對應。

[7] 有鑑於莫拉克災後募款期間尚未完成六都改制，故本章係以改制前之地方自治實況爲準。

編號	勸募團體名稱	申請年分	所於縣市
B02	財團法人北部臺灣基督長老教會新竹中會	2009年	新竹市
B03	財團法人中華民國兒童福利聯盟文教基金會	2009年	臺北市
B04	財團法人喜憨兒社會福利基金會	2009年	高雄市
B05	財團法人至善社會福利基金會	2009年	臺北市
B06	財團法人平安社會福利慈善事業基金會	2009年	臺北市
B07	財團法人陽信文教基金會	2009年	臺北市
B08	財團法人臺灣兒童暨家庭扶助基金會	2009年	臺中市
B09	財團法人富邦慈善基金會	2009年	臺北市
B10	財團法人伊甸社會福利基金會	2009年	臺北市
B11	財團法人新境界文教基金會	2009年	臺北市
B12	財團法人原鄉部落重建文教基金會	2010年	臺東縣
B13	財團法人天主教會臺北教區	2009年	臺北市
B14	財團法人天主教會臺灣地區主教團	2009年	臺北市
B15	財團法人臺灣世界展望會	2009年	臺北市
B16	財團法人臺灣基督長老教會宣教基金會	2009年	臺北市
B17	財團法人法鼓山社會福利慈善事業基金會	2009年	臺北市
B18	財團法人中華民國佛教慈濟慈善事業基金會	2009年	花蓮縣

註：本表A類為社團法人，B類為財團法人，除紅十字會外，係分別依預募金額之多寡排序。

表11-2　公益勸募條例條文要旨及配套措施──依規範階段彙整

規範階段	條號及條文要旨 （18-1表示18條第1項）	相關罰則或子法 （行政管制手段）
總則及附則	1. 立法目的	
	2. 名詞定義	配合細則2、3、4之再定義
	3. 適用範圍	
	4. 主管機關	
	22.返還勸募所得財物事由	警告／限期改善／罰鍰（26） 三年內不予勸募許可（9）

規範階段	條號及條文要旨 （18-1表示18條第1項）	相關罰則或子法 （行政管制手段）
	23.主管機關上網公告義務	每月15日前公告（細則17） 每年3/31前公告年度統計（細則17）
	31.施行細則之訂定	
	32.施行日	
申請及許可 階段	5. 適格之勸募團體	返還財務（22）、罰鍰／公告（24）
	7. 勸募申請	罰鍰／公告（24） 依「公益勸募許可辦法」申請
	9. 勸募不予許可事由	罰鍰／公告（24）
	10.廢止勸募許可事由	罰鍰／公告（24）
	11.撤銷勸募許可事由	罰鍰／公告（24）
勸募階段及 徵信	12.勸募期間規範	罰鍰／公告（24）
	13.開立捐款專戶義務	警告／限期改善／罰鍰（26） 三年內不予勸募許可（9） 應按月存入（細則8-1） 依國庫法、公庫法（細則8-1）
	14.強行勸募之禁止	罰鍰／廢止許可（25） 三年內不予勸募許可（9）
	15.出示許可文號義務	警告／限期改善／罰鍰（26）
	16.開立收據義務	收據應記載事項（細則9） 收據存根保留五年（細則10） 廢止勸募許可（10）
	17.必要支出上限規範	必要支出之定義（細則11） 物品捐贈之計算（細則12） 變現前之計算（細則13）
	18-1.勸募活動期滿公告義務	依細則5所定之公告方式 捐贈資料之定義（細則14） 所得及收支報告內容（細則15） 帳簿應保存十年（細則10）

規範階段	條號及條文要旨 （18-1表示18條第1項）	相關罰則或子法 （行政管制手段）
	21.主管機關檢查權限	罰鍰／強制檢查／廢止許可（27） 三年內不予勸募許可（9）
勸募所得財物使用及徵信階段	8. 勸募所得財物之用途	
	18-2.非現金支用原則	
	19-1.依計畫使用勸募所得之義務	應設置專簿紀錄（細則8-2） 三年內勸募不予許可（9）
	19-2.剩餘款項再使用程序	三年內勸募不予許可（9）
	19-3.剩餘款項再使用期限	
	20.使用完竣後之徵信及備查	定期辦理年度查核（20-2） 使用情形應載內容（細則15） 備查後上網公告一年（細則16） 依細則5所定之公告方式 警告／限期改善／罰鍰（26）
	6-1.政府勸募之徵信規範	警告／限期改善／罰鍰（28） 依細則5、6所定之公告方式
	6-2.對內勸募之徵信規範	警告／限期改善／罰鍰（28） 依細則5、6所定之公告方式

貳、申請及許可階段之探討

　　就勸募活動及災後勸募之申請及許可階段而言，經檔案分析後本章歸納四項較重大而曾引發立法爭議之課題，以下分述之，並呈現莫拉克風災後適用公益勸募條例之社會實況。

一、政府得否發起勸募之爭議

　　2009年8月，重創臺灣南部地區之莫拉克風災，是公益勸募條例公告施行後首度引發大量勸募活動之重大災害。如表11-3所示，依公益勸募條例第7條

第1項但書規定，向內政部**8**申請並經許可及依其他法律規定發起跨越直轄市、縣（市）勸募活動之全國性勸募團體共31個；依公益勸募條例第7條第1項本章規定，向活動所在地直轄市、縣（市）主管機關申請許可者則有22個，扣除其中事後申請撤銷勸募者，實際辦理勸募活動者有21個，總計勸募團體有52個（68.4%）；至於依公益勸募條例第5條第2項但書辦理勸募活動之政府機關共有24個（31.6%），包含內政部、15個直轄市、縣（市）政府、8個鄉（鎮、市）公所。以上總計76個勸募團體及政府機關，勸募所得共254億483萬元，政府機關占115億156萬元（45.3%），民間勸募團體占139億326萬元（54.7%），單一勸募主體勸募所得最高者為內政部之69億9,602萬（27.54%）。

表11-3　莫拉克風災勸募主體與勸募所得分析

勸募主體	個數	實募金額	實募金額／預募金額**9**
內政部	1	6,996,027,977	3.50
直轄市、縣（市）政府	15	4,463,340,277	0.59
鄉（鎮、市）公所	8	42,197,265	0.68
跨越直轄市或縣（市）之勸募團體	31	12,324,695,662	2.08
直轄市、縣（市）政府許可之勸募團體	21	1,578,573,826	4.16
合計	76	25,404,835,007	1.65
合計（淨募得款，扣除轉捐重複計算）		25,113,118,731	

資料來源：前內政部社會司2012年公布之「88水災政府及民間團體勸募活動上網公告情形一覽表」。

　　誠如上述，依據公益勸募條例第5條第2項規定，各級政府機關於平時除基於公益目的接受所屬人員或外界主動捐贈外，不得發起勸募；但遇重大災害或國際救援時，不於此限。因此，莫拉克風災後，政府機關得不經申請之程序而公開發起勸募活動，其所受既有公益勸募條例之規範，僅第6條第1項所要求之開立

8　相關業務因政府組織改造，已改由衛生福利部社會救助及社工司負責。
9　桃園縣政府、嘉義縣政府、彰化縣政府未提供預募金額，不列入比較。

收據、定期辦理公開徵信、依指定之用途使用3項，以及發起勸募之政府機關有上級機關者，應於年度終了後2個月內，將辦理情形函報上級機關備查而已。由於無需經過許可，從而亦無比照民間勸募團體提出勸募活動相關計畫之規定，故其勸募後所得財物要如何使用亦無計畫可資依循，相對於政府預算之編列與執行尚須提出計畫並經民意機關審查通過，現行法及政府機關於勸募活動之自我要求，明顯「寬以待己」。

依上述表11-3統計，莫拉克風災後政府機關募款占總金額之45.3%，內政部更高居單一勸募主體勸募所得最高者之69億9,602萬（27.54%）。然而從24個政府機關揭露於「公益勸募管理系統網站」之支出使用明細得知，將勸募所得全數轉捐給其他政府機關或勸募團體者共9個，除災區政府機關外，其餘均有相當高比例之轉捐。礙於現行制度關於政府勸募並無「勸募活動所得財物使用計畫書」可供捐款人於捐款了解捐款用途，加上目前民間勸募團體亦有將勸募所得轉捐給政府機關或其他勸募團體者，故上述政府機關轉捐之做法是否妥當，應可商榷。然而觀諸民間勸募團體被要求應於勸募發起前申請許可，並且應於申請時製備勸募計畫文件，則縮短勸募團體與政府機關發起勸募之規範落差，要求政府機關應於發起勸募活動前，提出勸募活動相關計畫送上級主管機關許可或備查，或至少要求其應將勸募計畫文件主動公告等，均屬合理期待。就此，審計部亦提出類似批評，並於審計年報指出：

公益勸募條例第6條第2項有關上級機關之定義並不明確，許多地方政府機關辦理勸募款項支用情形，缺少外部監督機制，事前未比照勸募團體依同條例第7條第1項申請許可，事後又因依同條例第4條後段各直轄市及縣市政府就是勸募主管機關，或因鄉鎮市公所自認是地方自治團體，未將募得款項支用情形函報上級政府或當地主管機關備查。

因缺少外部監督機制，部分地方政府將未支用之莫拉克捐款留待以後使

用，均遭審計部指出應明確改進[10]。

二、事前許可或事後核備之爭議

　　勸募團體應於勸募活動開始前，檢附「申請表」、「勸募活動計畫書」及「勸募活動所得財物使用計畫書」等文件申請勸募許可，至於主管機關據以核駁之規範，僅公益勸募許可辦法第7條第1項第5款就辦理國際救援勸募活動者，必須檢視其是否具有執行能力或經驗，此外係採負面表列方式呈現，區分為「應不予許可」事由[11]及「得不予許可」事由[12]。惟關於「申請許可制」之實際運作情形，經本章訪談得知主管機關於接獲勸募團體之申請文件後，將先依使用計畫書之內容，請相關部會表示意見，如無反對意見且未見不予許可事由者即予以許可。觀諸莫拉克風災後申請全國性勸募活動之團體全數獲得許可之現象，似亦與主管機關負責勸募相關業務之人力不足，以及應於受理申請之日起21日內（緊急救災於7日內）以書面核復之規定攸關，故實際上欲就勸募團體之計畫書內容、經驗及執行能力等進行實質審查恐確有困難，導致立法時因追求高密度管理而選擇之許可制，於重大災害後有名實不符之虞。因此，爾後究應落實許可制而就所有勸募申請予以事前管理並搭配適足人力，或採取低密度管理之備查制，尚非全無討論空間[13]。

---

[10] 請參考法源法律網：多團體未依法勸募審計部地方政府缺少外部監督機制，載於：http://www.lawbank.com.tw/news/NewsContent.aspx?NID=91651.00，上網日期：2017/03/06。

[11] 參考公益勸募條例第9條：「勸募團體於最近3年內有下列情形之一者，主管機關應不予勸募許可：一、違反第13條、第14條、第19條、第21條或第22條規定。二、有第10條第一款規定情形，經主管機關廢止其勸募許可。但其負責人或代表人經無罪判決確定者，不在此限。三、有第10條第2款、第3款或第11條規定情形，經主管機關廢止或撤銷其勸募許可。」

[12] 參考公益勸募許可辦法第7條：「勸募團體申請勸募許可，除有本條例第九條規定情形應不予許可外，有下列情形之一者，得不予許可：一、經團體許可設立、立案或監督之主管機關認定違反會務、業務及財務相關法令規定。二、勸募活動曾有違法情形，經主管機關令其改善未改善。三、勸募所得曾有逾勸募活動所得財物使用計畫書所載使用期限。四、勸募所得賸餘款曾有逾再執行期限。五、辦理國際救援勸募活動，不具有執行能力或經驗。」

[13] 國際經驗上，國際非營利法規中心（International center for not-for-profit Law）草擬之「非政府組織法的立法原則」亦持保障捐款人權益之事前許可制立場，可參考International center for not-for-profit Law (1997). Handbook on Good Practices for Laws Relating to Non-governmental Organizations, p.103；至於美國則除了「有獎募捐」須得到政

三、勸募發起團體之資格爭議

　　如前表11-1所示，莫拉克風災後發起全國性勸募之團體共計31個，其中公益性社團法人13個，財團法人18個，公立學校及行政法人則未發起募款[14]。相較於921震災後之募款團體數量，若將當年部分屬於同一系統者歸併後，仍有217個，顯見公益勸募條例施行後，基於對勸募團體之資格規範，已使發起勸募之團體數銳減。就此，亦可由兩次災害後勸募團體之性質略見一斑。921震災後募款團體依其性質可分為：傳播媒體性質35個、營利事業機構36個、互惠型非營利團體94個、社會福利機構12個、宗教團體31個、政治團體6個、其他3個（全國民間災後重建協調監督聯盟，2000）；相較於莫拉克風災後，全國性勸募團體已無傳播媒體性質及營利事業機構，由表2-5-4觀之，係以社會福利性質居多，合計14個（45.16%），包括綜合類、兒童福利類、身心障礙權益促進類；其次則為宗教團體，合計10個（32.26%），包括佛教、基督教、天主教、一貫道。政治類及文化教育類之募款團體則分別有2個（6.45%），值得注意者是本次有3個（9.68%）原住民相關權益促進團體進行全國性勸募，顯示出原鄉災後重建之自主性力量。整體觀之，於公益勸募條例施行後，因相關規範導致災後勸募團體數目銳減，而能夠跨越行政規制門檻並獲取社會信任，以進行全國性勸募之公益團體，於臺灣仍以宗教性及社會福利性團體居多。

府之特別批准外，NPO一般勸募無須事前申請許可，僅須向捐款人履行資訊公開義務，並將勸募集使用情形併同NPO之年度報告對外公開；至於英國「公共慈善勸募條例」（Public Charitable Collection Regulation）對於NPO發起勸募之規範，則以該組織是否取得募款資格證照為準，並搭配相關責信機制，不針對個別勸募活動進行事前審查與許可，可參考劉宜中（2009）。公益勸募條例實施對於非營利組織募款造成之影響。未出版碩士論文，南華大學非營利事業管理研究所，頁41-59。

[14] 在公立學校部分，立委蔣乃辛等曾引用審計部之調查指出，18所公立大學發動八八風災募款，卻未依法申請勸募許可，被點名之大學紛紛喊冤，表示只在校內募款，用於該校受災學生，並未向外募款。可參考聯合報，「未申請勸募許可18大學踩紅線」，2011年4月20日，網址：http://news.secr.ncku.edu.tw/files/15-1054-77706,c9485-1.php，上網日期：2017/03/06。

表11-4 全國性勸募活動之募款團體性質分析

性質	分類及個數				合計	比率（n=31）
宗教性	佛教	基督教	天主教	一貫道	10	32.26%
	4	3	2	1		
政治性	國民黨		民進黨[15]		2	6.45%
	1		1			
社福性	綜合類	兒福類	身心障礙類		14	45.16%
	9	2	3			
文教性	2				2	6.45%
原住民團體	3				3	9.68%

　　於災後募款之法實證及社會分析上，城鄉及區位面向亦值得關注。就區位分析而言，藉由「公益勸募管理系統」所公告各團體勸募申請書中之基本資料，可得知該勸募團體依法登記之所於縣市，經彙整後發現31個全國性募款團體共分布於全國13個縣市[16]（表11-5參照），其中又以臺北市顯然居多，共18個，占整體之58%，若再加上臺北縣（新北市）之2個募款團體，則大臺北地區即占65%；其中位於大臺北地區者有13個為財團法人，占18個募款財團法人之72%。相較於募款團體集中於大臺北地區之現象，莫拉克風災災區（重建區）之臺南縣、屏東縣均僅1個勸募團體，亦屬災區之高雄縣則無團體發起全國性勸募活動。雖然災區在地團體仍可向地方主管機關即縣（市）政府申請單一縣（市）之募款活動，但全國性、跨縣市之募款往往仍較具規模，故區位分析似呈現大型募款活動集中於大臺北地區之現象。

　　此一現象與臺北地區為中央政府所於地並為媒體中心而方便宣傳、經濟活動頻率及居民平均所得較高等有關，且國內發起勸募之知名團體亦多數設立或登

---

[15] 因「財團法人新境界文教基金會」係由民主進步黨捐助成立，故將其歸為政治類。

[16] 本章就地方自治之行政區而言係以2010年底縣市合併前為準。

記於臺北地區，故可以預期勸募所得亦將產生集中之現象。然而，重大災害後之重建工作繁瑣，亟需龐大之人力從不同面向投入，且往往得持續數年之時間，一旦災害發生地點不在臺北地區，甚至是資源相對貧瘠之偏鄉地區，如何支持在地組織並廣納民間團體投入重建，遂成為一個必須重視之課題。以921震災重建過程為例，由中央政府勸募所得轉捐成立之「財團法人震災重建基金會」，即於捐款運用時特別成立「九二一災後生活與社區重建123協力專案」，支持投入災後重建之在地組織與民間團體[17]。類此，莫拉克風災後紅十字會亦成立「八八水災服務聯盟」，補助國內依法立案並成為該聯盟盟員之非營利組織，鼓勵其投入災後生活、心理與社區重建計畫[18]。國際經驗如日本政府於重大災害後透過地方交付稅制度設立「復興基金」，已行之有年，從最早之「財團法人雲仙岳災害對策基金」，到爾後之「阪神‧淡路大震災復興基金」、「新潟縣中越地震復興基金」、「能登半島地震復興基金」與「新潟縣中越沖地震復興基金」等，均透過內容與目標明確之事業計畫，補助受災者及在地草根民間團體，提供長期性、安定性與機動性之支持[19]。此等做法，頗值得我國做為因應勸募資源區位集中化之參考對策。

表11-5　全國性勸募團體所於縣市分析

序號	所於縣市	募款團體數	所占比率（n=31）
1	臺北市	18	58.06%
2	臺北縣	02	6.45%
3	桃園縣	01	3.23%
4	新竹市	01	3.23%
5	南投縣	01	3.23%

[17] 關於「九二一災後生活與社區重建123協力專案」，其詳細內涵可參考財團法人九二一震災重建基金會，網址：http://www.taiwan921.lib.ntu.edu.tw/921pdf/FO8911.html，上網日期：2017/03/06。

[18] 關於「八八水災服務聯盟」，已架設獨立之網頁，網址：http://www.88alliance.org/，上網日期：2017/03/06。

[19] 請參考：阪神‧淡路大震災復興フォローアップ委員会，阪神‧淡路大震災の教訓，頁202-205，2009年。

序號	所於縣市	募款團體數	所占比率（n=31）
6	臺中市	01	3.23%
7	臺南縣	01	3.23%
8	臺南市	01	3.23%
9	高雄市	01	3.23%
10	屏東縣	01	3.23%
11	宜蘭縣	01	3.23%
12	花蓮縣	01	3.23%
13	臺東縣	01	3.23%

四、災後募款是否應審核救災能力之爭議

　　如前所述，公益勸募條例對於辦理國內勸募活動者，並未如發起國際救援勸募般要求勸募團體須具備執行能力或經驗，且法令中亦未進一步解釋何謂執行能力或經驗，故本節乃就莫拉克風災後勸募發起團體募款當時之年資、募款能力、是否參與過921震災重建、勸募計畫書內容等作為檢視指標。

（一）勸募團體之年資與募款能力

　　相較於一般公益活動，災後救災重建理應更須具備相關經驗及能力，惟受限於可供比對之一致性資料取得不易，本研究遂彙整勸募發起團體之年資以供參考。就31個全國性勸募團體之年資而言，以成立10年以下者占12個，即38.71%居多（文末附表參照），成立5年以內者亦有4個團體；其次為成立10年以上未滿20年者占11個，即35.48%；成立20年以上之勸募團體共計8個，占25.81%（表11-6）。若進一步就勸募所得與成立年資間進行比對，則由文末附表可發現截至2010年底，31個勸募團體中有2個勸募所得為0，成立年資均為6年；至於實募金額100萬以下者，則有7個團體，當中年資10年以內者即有5個；另就成立未滿10年之12個募款團體而言，實募金額未達預募金額有9個，其中7個實募金額未達預募金額之20%，可見勸募所得與其成立年資間仍有一定之關聯性。

表11-6　全國性勸募團體成立至莫拉克風災年資之次數分配

年資（年）	0-9	10-19	20-29	30-39	40-49	50-
團體數（N=31）	12	11	3	1	2	2
比率	38.71%	35.48%	9.68%	3.23%	6.45%	6.45%

（二）是否具有救災經驗

　　經核對921震災捐款監督報告書，可發現莫拉克風災後31個全國性勸募團體中曾有參與921震災重建經驗之團體共計13個。此外，部分勸募發起團體亦於所提之相關計畫書表示曾有其他救災經驗，如社團法人中華基督教救助協會、財團法人臺灣兒童暨家庭扶助基金會表示曾有四川大地震之重建經驗，財團法人至善社會福利基金會表示曾有2004年艾利颱風重建經驗（文末附表參照）。

（三）計畫書與救災工作之關聯性及內容分析

　　經閱讀31個全國性勸募團體之相關計畫書，發現多表示持「人飢己飢，人溺己溺」之精神進行救災重建之工作，但其中有部分計畫書似非全然與莫拉克風災之救災或重建直接相關，如某協會之申請表及勸募活動計畫書雖皆以莫拉克風災為對象，但勸募所得財物使用計畫書卻為四川地震之財務運用規劃；而某基金會之勸募活動名稱為「97年重大災害暨急難救援服務」，勸募期間為「97年9月1日起至98年8月31日止」，因莫拉克風災發生於98年8月，故本計畫應為八八水災前送出，以致於申請表及計畫書均未提及莫拉克風災救災重建工作。另一基金會之活動名稱為「99年度失能家庭各類弱勢服務經費」，似非因應莫拉克風災而發起，故於申請書及計畫書中亦未提出莫拉克風災相關勸募活動及救災重建工作規劃。

　　除上述計畫書與莫拉克風災間較缺乏關聯性之情形外，本研究亦就勸募團體相關計畫書中之服務對象及工作內容進行研析，發現有2個勸募團體並無執行直

接服務，而係分別轉捐至內政部賑災專戶及受災縣市政府[20]。就服務對象而言，則有3個勸募團體勸募所得財物之運用僅針對就學學生；就工作內容而言，本研究將其歸納為災後重建、緊急救災、生活補助、心理衛生及就學扶助等五類，並就勸募團體於計畫書中所規劃之工作內容進行次數分配，似可發現主管機關並未於受理勸募申請審核期間，先就勸募團體之計畫工作內容進行整合與分工（參考表11-7）。誠如前述，對於勸募申請之核駁與否，公益勸募許可辦法第7條第1項第5款僅就辦理國際救援勸募活動之執行能力有所要求，對於辦理國內重大災害之勸募活動則未設實質門檻。就此法規範上之空白，由於重大災難後民眾捐款數額龐大，災區需求迫切，加上災害常態化之挑戰，主管機關應可參酌災害防救法令關於災害防救團體及志願組織參與救災應經一定時數訓練之規定[21]，先於平時定期舉辦強化災害應變能力之知能研習與分工規劃，並強化關於救災、重建與勸募管理之規範共識，如行為守則與人權基準等，鼓勵各級政府機關與民間團體參與，並於災害發生後透過勸募審核及許可機制進行執行能力之把關及任務分派，俾能落實有效管理勸募行為、妥善運用社會資源並保障捐款人權益之目的，凡此均是未來制度上亟需納入規劃之一環[22]。

表11-7　莫拉克風災勸募計畫書之工作內容及次數分配

工作內容	團體數	團體性質	
		公益性社團法人	財團法人
災後重建	12	4	8
緊急救災	13	4	9
生活補助	5	2	3

[20] 關於募款後轉捐其他機構所涉及是否違反捐款人意願以及如何徵信之問題，現行公益勸募條例並未納入規範，尚待進一步規劃，經本章研究者訪問中央主管機關，得知目前亦已納入修法項目之一。

[21] 可參考依災害防救法第31條第3項規定訂定之「民防團隊災害防救團體及災害防救志願組織編組訓練協助救災事項實施辦法」，以及依災害防救法第50條第1項規定訂定之「災害防救團體或災害防救志願組織登錄辦法」。

[22] 經本章研究者訪問中央主管機關，得知莫拉克風災之勸募及資源整合機制，主要係由中央主管機關聯繫災區地方政府提出救災及重建需求，並於募款後邀集各勸募團體會議研商救災及重建工作分配等事宜。

工作內容	團體數	團體性質	
		公益性社團法人	財團法人
心理衛生	13	5	8
就學扶助	8	3	5

註：本表係扣除使用計畫書與莫拉克風災較無關之2個團體、直接轉捐之2個團體、因無申請資料可供參考之1個團體，以及因某基金會於計畫書僅做概括性說明，並未撰寫公益勸募許可辦法第4條第6款所規定之經費概算，故可統計之募款團體數為25個。

參、勸募階段之分析

於公益勸募條例共32條條文中，與勸募階段之規範相關者主要集中於第12條至第18條，包括第12條之勸募期間規範、第13條之開立捐款專戶義務、第14條之強行勸募禁止、第15條之揭示許可文號義務、第16條之開立收據義務、第17條之勸募活動必要支出上限規範、第18條第1項之勸募活動期滿公告義務。其中可由「公益勸募管理系統」公告資料分析者，主要為勸募活動期間、勸募活動必要支出、勸募結果及公告等3者，此3者亦與公益勸募規範目的之達成與否攸關，故分別探討分析莫拉克風災後相關勸募實況如下。

一、勸募活動期間之分析：法律規範與執行實況

關於勸募活動期間，公益勸募條例第12條規定：「勸募團體辦理勸募活動期間，最長為一年。」經分析30個申請許可之全國性募款團體勸募活動計畫書，得知各團體提出之勸募期間以法定上限一年者居多，占將近半數之14個；勸募期間最短者為一個月，計2個（文末附表參照），整體次數分配及比率可參考表11-8。此外，由文末附表亦可得知勸募期間之長短與實募金額多寡未必成正相關，例如上述勸募期間僅一個月之新境界文教基金會及財團法人中華民國佛教慈濟慈善事業基金會（以下簡稱「慈濟基金會」），前者募得6千8百餘萬元，為其預募金額之137%；後者更募得46億餘元，為其預募金額之387%，並占31個

勸募團體總實募金額之37.71%。

表11-8　勸募活動期間次數分配

勸募活動期間	0～3個月	3～6個月	6～9個月	9～12個月
團體數	7	6	1	16
比率	23%	20%	3%	53%

註：不含因無申請資料可供參考之紅十字會。

二、勸募活動必要支出之規範

　　關於辦理勸募活動必要支出上限之規範如表11-9所示，由於立法階段就已預見此一議題之敏感性，內政部官員於答詢時即表示：「我們要給他們多少比例，於計畫許可時會審核。」[23]然基於勸募發起團體間差異性很大，有些團體擁有大量之志工，可以動用支援之人力與物力較為豐沛，勸募活動支出必然會較低，有些團體則不然。經由分析30個勸募團體之勸募活動計畫書，發現所編列之勸募活動必要支出差異頗大，依據其預募金額及公益勸募條例第17條之法定標準，換算勸募活動必要支出之法定上限金額後，表11-10為勸募團體所編列勸募活動必要支出占法定上限比率之次數分配，其中有6個團體將勸募活動必要支出編列至法定上限；反之，亦有新境界文教基金會及慈濟基金會未編列勸募活動支出，亦即其勸募所得將全數用於勸募計畫所定之目的[24]。至於辦理勸募活動之必要支出，其實際項目為何？公益勸募條例施行細則第11條具體範定為「進行勸

---

[23] 引自立法院公報第93卷第21期，第291頁，立法院第5屆第5會期第1次聯席會議，林中森次長發言紀錄。

[24] 就國際經驗而言，我國「勸募活動必要支出」之規範，與美國所發展之「方案開銷比」（program-spending ratio）制度有足供參照之機能。在美國一般民眾常會以非營利組織之方案開銷比當作捐款決策之依據，認為方案開銷比愈高之非營利組織，表示其將愈多之資源用在服務上，從而認定該組織之績效愈好。普林斯頓調查研究機構（Princeton Survey Research Associates）於2001年針對2,003位美國成年民眾所做之調查發現：79%之民眾以「組織用於專案業務之支出比率」作為捐款時之重要依據。請參考Trussel, J. (2003). Assessing potential accounting manipulation: The financial characteristics of charitable organizations with higher than epected program–spending ratios. *Nonprofit and Voluntary Sector Quarterly*, 32(4), 616-634；以及胡予瀕（2007）。非營利組織會計操縱與透明度之分析—以美國非營利組織為例。未出版碩士論文，國立臺北大學合作經濟學系，頁13。

募活動所需人事費、業務費及其他辦理活動有關支出」。經分析計畫書，發現勸募活動必要支出之項目可大別為宣傳費、活動業務費、行政庶務費、雜支等四類，其項目及金額如表11-11。

表11-9　公益勸募條例第17條辦理勸募活動必要支出上限之計算方式

勸募活動所得	必要支出上限
1千萬以下	15%
1千萬至1億	150萬＋（勸募活動所得—1千萬）×8%
1億以上	870萬＋（勸募活動所得—1億）×1%

表11-10　全國性勸募團體編列勸募活動必要支出占法定上限比率之次數分配

比率	0%	1～20%	20～40%	40～60%	60～80%	80～99%	100%	逾越[25]
團體數	2	7	3	4	1	5	6	2
%（n=30）	7%	23%	10%	13%	3%	17%	20%	7%

註：未包含紅十字會。

表11-11　勸募活動必要支出之編列項目及金額

項目	細目	編列金額	比率
宣傳費	記者會活動、網站維護	10,524,400	15%
活動業務費	場地租金、交通、會議、清潔器物與耗材、活動企劃、活動人事等相關費用	31,498,100	46%
行政庶務費	電話、郵資、銀行手續費、簡訊、影印、文具、紙張、信封收據、文宣品運送等支出	22,654,900	33%
雜支		3,531,000	5%
合計		68,208,400	100%

註：本次勸募有2個團體將勸募所得全數轉捐，並無將勸募所得用於勸募活動支出之規劃；另有2個團體未填報活動經費概算表，故本表納入統計之勸募團體數為26個（不含紅十字會）。

---

[25] 表11-10雖呈現2團體編列之勸募活動必要支出總額超過法定上限，但其另於計畫書註明「本次活動由主辦單位與參與廠商共同支付」，特此說明。

三、勸募結果分析

　　截至2010年年終，因莫拉克風災發起之勸募活動均已結束，如以前表11-3所示，莫拉克風災後總計76個勸募主體，勸募所得共254億483萬元，政府機關占115億156萬元（45.3%），勸募團體占139億326萬元（54.7%）。單一勸募主體勸募所得最高者為內政部之69億9,602萬（27.54%），其次依序為慈濟基金會46億4,800萬元、紅十字會之45億9,819萬元、高雄縣政府之21億2,109萬元、財團法人臺灣世界展望會（以下簡稱「世展會」）之13億8,529萬元。文末附表顯示，31個全國性勸募團體之實募總額超過123億元；其中，超過10億者有3個，分別為慈濟基金會之46億餘元、紅十字會之45億餘元及世展會之13億餘元。慈濟基金會之募款期間僅1個月，募得金額即占前述實募總額之37.71%，相當具有特色。其他勸募所得超過1億以上者有4個，分別為「財團法人法鼓山社會福利慈善事業基金會」、「財團法人臺灣基督長老教會宣教基金會」、「財團法人臺灣兒童暨家庭扶助基金會」、「社團法人中華基督教救助協會」，以上7個團體勸募所得合計占前述實募總額之95.48%。此外，也有2個團體之勸募所得為0，顯示各勸募團體間勸募能力差距頗大，亦可見國人之捐款偏向集中於少數公益團體。勸募結果呈現大者恆大之情形，除延續921震災後之募款集中趨勢外，公益勸募條例施行後之勸募發起門檻及行政配合成本等篩選機制，加上國內大型公益團體或具有宗教色彩，或較有運用媒體宣傳之機會等因素，均使得此一集中趨勢更形明顯[26]。

　　於我國，非營利組織及公益團體分類及分析上之另一重要指標，為社團法人與財團法人之區別。由於財團法人之設立有其較高之捐助資金門檻，故一般而言，財務、人事等組織規模亦強於僅以人之結合為設立門檻之社團法人。表11-12係就公益性社團法人與財團法人之勸募結果進行加總式之比較，俾呈現

---

[26] 921地震後之勸募情形，其中以宗教團體募款金額最多，超過68億元（其中慈濟即占50億元左右），傳播媒體次之，約37億元，社會福利團體又次之，約20億元。營利事業機構設募帳戶者約募得11億餘元（全國民間災後重建協調監督聯盟，2000）。

組織型態所造成之影響。就預募總金額而言，財團法人為公益性社團法人之5.3倍，平均預募金額亦為3.5倍，可見募款設定之初規模即有所不同；就實募總金額而言，財團法人為公益性社團法人之16.6倍，平均實募金額亦為11.1倍，可見整體而言財團法人之募款能力，包含組織配合勸募規範之資源與能量均較公益性社團法人為佳，成為上述我國公益勸募大者恆大趨勢之註腳[27]。若進一步將紅十字會定位為公益性社團法人納入統計，則因其實募金額高居莫拉克災後募款第二，故將導致財團法人平均實募金額僅為公益性社團法人之1.05倍（表11-13參照）[28]。

表11-12　公益性社團法人與財團法人之勸募結果比較（不含紅十字會）

	財團法人（A）	公益性社團法人（B）	A/B
個數	18	12	1.5
預募總金額	2,451,133,000	464,479,600	5.3
平均預募金額	136,174,056	38,706,633	3.5
實募總金額	7,207,926,407	433,419,443	16.6
平均實募金額	400,440,356	36,118,287	11.1

表11-13　公益性社團法人與財團法人之勸募結果比較（含紅十字會）

	財團法人（A）	公益性社團法人（B）	A/B
個數	18	13	1.38
預募總金額	2,451,133,000	3,464,479,600	0.71
平均預募金額	136,174,056	266,498,431	0.51
實募總金額	7,290,415,179	5,034,280,483	1.45
平均實募金額	405,023,066	387,252,345	1.05

[27] 但亦有個別之例外情形，如實募金額之排序前十名中仍有3個公益性社團法人，分別為社團法人中華基督教救助協會（第六）、中國國民黨（第七）、社團法人中華社福利聯合勸募協會（第十）。

[28] 中華民國紅十字會係依1954年立法院通過之中華民國紅十字會法所成立，性質上與一般民間團體依法設立之法人較不相同，中華民國紅十字會法第2條規定：「中華民國紅十字會為法人。」另參照該法所規範如會員代表大會（第8條）、理事會（第10條）之組織架構，較屬公益性社團法人之性質。

就實募金額與預募金額間之關係而言，由文末附表及實募金額占預募金額比率之次數分配（表11-14）可知，實募金額超過預募金額之勸募團體計有15個，實募金額未達預募金額者則有16個，究其原因除部分團體募款能力較爲有限外，亦與部分團體預募金額設定較高有關。整體而言，31個全國性勸募團體原計畫之預募總額爲59億1,561萬2,600元，實募總額則達123億2,469萬5,662元，爲預募金額之208%[29]。

表11-14　勸募團體實募金額占預募金額比率之次數分配

比率區間	0%	1～10%	11～50%	51～100%	101～200%	201～300%	301～500%	>500%
團體數	2	6	5	3	8	1	3	3

此外，莫拉克風災總勸募所得雖低於921震災，但若考量就受災範圍與受災戶數，則本次勸募所得相對較高，再次展現國人災後踴躍捐輸之社會能量。然而，整體公民社會資源有限，重大災難後之大量捐款，往往亦將導致捐款人助人之愛心額度用罄，行善之自我要求獲得安頓，對於公益團體其他例行性之公益業務及勸募需求遂發生排擠效應[30]；於此窘境下，我國災後勸募所呈現大者恆大之趨勢，將使得善款同時產生匯聚於災後及匯聚於少數大型民間團體之雙重集中化結果，對於中小型公益團體之發展甚至生存所產生之負面效應，自然值得關

---

[29] 若將政府機關及紅十字會發起之勸募亦納入統計，則莫拉克風災後之總實募金額相對於各發起機關團體所填報之預募金額，亦達165%，部分直轄市、縣（市）政府、鄉（鎮、市）公所等政府機關實募金額低於預募金額。

[30] 重大災害後社會大量捐款導致NPO經常性募款之排擠效應，於1999年921震災後就有報導，如苗栗家扶中心於2000年1月表示，往年一個月平均可收到15萬元到20萬元捐款，但921大地震後減少三分之一，此外一萬元以上大筆捐款幾乎沒有，每年舉辦之「寒冬送暖」園遊會，也怕募款不易而沒有辦理（請參考聯合報：「愛心捐款 今多大幅縮水」，2000年1月18日）；南投縣家扶中心亦於2000年3月表示，過去每個月接受各界捐助之金額平均都接近40萬元，921震災後降至20多萬元，認爲是受地震賑災排擠作用，因爲接受扶助者眾，家扶中心希望熱心民眾以小額捐款幫助受扶助者（請參考聯合報：「捐助款變少了家扶中心盼熱心民眾伸援手」，2000年3月1日）；截至2000年11月，各社福團體仍多表示921震災募款排擠效應至今未消，股市又大跌，捐款銳減，依靠捐款維持之社福團體苦哈哈……。紀惠容表示，勵馨的確面臨危機，這是921之後即出現的，因爲募款排擠效應，各個團體募款都很辛苦……（請參考聯合報：「景氣低迷 社福捐款大幅減少 殘盟本月捐款只有六萬 勵馨赤字4百萬 聯合勸募需求三億多僅募得三千萬」，2000年11月27日）。

切。依據社團法人聯合勸募協會於2009年12月針對全國455個社會福利機構進行
之「社福團體資源排擠與因應」調查顯示，社福團體主要經費來自於大眾捐助及
企業捐助，合計占總經費來源三成八以上；惟2009年截至9月爲止前三季募款與
去年同期相較，近八成之社福團體表示募款金額大幅衰退高達21%，若依照訪查
的社福機構去年所募得之善款推估，募款金額短差了將近2億3千餘萬元；調查
中也歸納了公益捐款減少之幾個重要因素，依序爲全球不景氣（83.1%）、捐款
集中特定公益慈善機構（70.8%）、莫拉克風災（65.1%）、失業問題（63.0%，
表11-15參照）[31]。我國災後勸募所呈現大者恆大之趨勢，是公益勸募法制與既
有社會結構加乘作用之附隨效應。少數團體募得大量捐款後，制度上就後續之
勸募所得財物使用階段是否備有相對應之監督機制，則是以下將繼續討論之焦
點[32]。

表11-15　公益捐款減少原因調查（N=284，本題為複選題）

公益捐款金額減少原因	比率
全球不景氣	83.1%
捐款集中特定公益慈善機構	70.8%
88水災	65.1%
失業問題	63.0%
社會事件	13.0%
政治因素	7.4%
其他	5.3%

資料來源：社團法人聯合勸募協會「社福團體資源排擠與因應調查」（2009年12月），刊載於http://www.
citibank.com.tw/global_docs/chi/csr/new25.htm，瀏覽日：2017/03/06。

---

[31] 資料來源：社團法人聯合勸募協會「社福團體資源排擠與因應調查」（2009年12月），刊載於「募款成績令人憂
　　搶救愛心大作戰」，http://www.citibank.com.tw/global_docs/chi/csr/new25.htm，上網日期：2017/03/06。
[32] 至於當實募金額超越預募金額過多時，是否因逾越使用計畫書之範圍而應停止勸募活動或立即修改使用計畫書？
　　是否逾越該團體之執行能量？是否因而造成資源統籌分配不均等問題？未來於制度規範上亦值得關切。

肆、結論與建議

2006年5月17日，以「有效管理勸募行為，妥善運用社會資源，以促進社會公益，保障捐款人權益」為目的之公益勸募條例完成立法、公告施行。發生於2009年8月之莫拉克風災，是我國於公益勸募條例公告施行後第一次面對之大型災害，各界踴躍捐輸之情況，一如1999年9月之921震災。10年前921震災後募款引發之疑慮及期待，是否因為公益勸募條例之制定而獲得解決及兌現？本章分就勸募發起團體之資格規範、申請及許可階段、勸募階段3大主軸進行探討後之重要發現包括：(1)公益勸募條例授權政府得於災後發起勸募，但無須經過許可程序，相關責信監督機制明顯不足，相較於民間公益團體，難免有「寬以待己」之疑慮；建議應要求政府機關發動勸募前亦須提報申請書、勸募活動計畫書及勸募活動所得財物使用計畫書等文件，申請主管機關許可或備查，以縮短與民間勸募團體之待遇落差；至於球員兼裁判疑慮之破除，除仰賴政府內部之稽核機制外，亦有賴勸募發起機關樹立資訊公開機制以接受外部監督；(2)公益勸募條例將勸募發起團體資格限制為公立學校、行政法人、公益性社團法人、財團法人四類，故莫拉克風災後發起募款之團體明顯少於921震災；本次雖有3個（10％）原住民相關權益促進團體進行全國性勸募，顯示出原鄉災後重建之自主性力量，但31個全國性募款團體多位於遠離莫拉克風災之大臺北地區，並以社會福利性質及宗教性居多；大型勸募活動集中於臺北地區且勸募所得集中於中央政府及大型勸募團體之現象，短期之內恐難以避免。為妥善運用社會資源，發起勸募之政府機關或大型勸募團體可考慮匡列部分勸募所得成立專案，廣納於在地組織及民間團體由不同面向投入重建，發揮在地長期陪伴與多元化之優點，並促進草根性團體累積災後重建之實務經驗，培植其因應未來災害之能力，進而建立更和諧之政府與民間、民間與民間之夥伴關係；(3)法制上僅要求國際救災之災後勸募團體須具備救災及重建經驗，對於國內災後募款卻未規範；面對災害常態化之挑戰，實有賴主管機關連結民間相關團體於平時強化災害應變及重建能力，並於災害發生後透過勸募審核及許可機制進行能力之把關與責任之適性分派，以化解救

災或重建經驗不足之疑慮；(4)我國災後勸募非但延續921震災後大者恆大之集中趨勢，益且更加明顯，公益團體彼此間以及災後、平時勸募間之雙重排擠效應誠不容小覷；鑑於此一趨勢之延續性，建議大型勸募團體應超越法定最低標準，於平時即建制完整之救災、安置與重建計畫，募款後並自我要求資訊公開之完整性及可親近性，規範上主管機關亦可考慮採取分級管理態樣，針對勸募所得財物較多者，累進資訊公開之密度要求與接受監督之義務；(5)立法後勸募活動必要支出之法定上限已有所規範，但就資訊公開及非營利組織會計作業準則之建立而言，則仍亟待加強，建議修法明訂於重大災害後接受轉捐款之政府機關與民間團體，應比照勸募主體，將捐款使用情形揭露於勸募網站，並迅行建立法人會計作業準則，資訊公開內容則應再予深化，俾使捐款大眾、社會各界得以更清楚了解勸募所得使用計畫及善款流向等重要資訊。

雖因政府組織改造，公益勸募相關業務已改由「衛生福利部社會救助及社工司」負責，但以上法制課題，仍值得持續研議，畢竟臺灣面臨之天災頻繁，2016年「0206震災」即在過年春假期間，造成全臺117人死亡、504人受傷等重大災損。行政院表示，本次善款方面截至去年底，計有衛生福利部募得3億5,331萬餘元、臺南市政府42億7,009萬餘元、財團法人世界展望會3,357萬元。其中衛福部依捐款人指定用途轉交財團法人賑災基金會2億元外，其餘1億5,331萬餘元全數轉交臺南市政府統籌運用[33]。此外，2016年家扶基金會統計，受到臺南大地震、不景氣影響，募款較過去前2年相差很多，民眾捐款都紛紛轉向賑災，家扶從除夕夜起，創下罕見的12天都沒有捐款進帳的情況，希望民眾能夠踴躍發揮愛心，讓貧窮家庭學子求學無後顧之憂。類此，聯合勸募亦表示，雖然捐款不至於完全沒有，但的確受到地震影響，收到愛心捐款大幅減少[34]。以上情形均再次呈現出本章所探討之政府機關發動勸募、災後與平時勸募間之排擠效應等

---

[33] 蘋果日報，2017年02月04日報導：臺南大地震周年，政院：已核發9千萬慰問金，網址：http://www.appledaily.com.tw/realtimenews/article/new/20170204/1048836/，上網日期：2017/3/6。

[34] 蘋果日報，2016年02月22日報導：不景氣加震災，家扶過年至今募款掛零，網址：http://www.appledaily.com.tw/realtimenews/article/new/20160222/800798/，上網日期：2017/3/6。

課題，值得妥善研議。國人災後踴躍捐輸之社會能量，乃公民社會寶貴資產之一，未來如何就制度面及執行面，持續朝有效管理勸募行為，妥善運用社會資源，以促進社會公益，保障捐款人權益等目標持續邁進，誠值得主管機關、學術、非營利組織等各界攜手努力。

附表：莫拉克風災後全國性勸募團體之年資、救災經驗、募款能力

編號	機構名稱	設立日	年數	921	川震	勸募期間	預募金額（A）	實募金額（B）	B÷A	B÷總數
B18	慈濟基金會	1980/1/16	31	○	○	30天	1,200,000,000	4,648,000,285	387%	37.71%
A13	紅十字會總會	1904	107	○	○		3,000,000,000	4,598,193,927	153%	37.31%
B15	臺灣世界展望會	1964/1/9	47	○	○	1年	179,200,000	1,385,292,605	773%	11.24%
B8	兒扶基金會	1995/1/12	16	○	○	1年	30,000,000	438,073,093	1460%	3.55%
B17	法鼓山基金會	1999/4/2	11	○		142天	300,000,000	288,785,507	96%	2.34%
B16	長老教會宣教基金會	2000/3/22	10			1年	180,000,000	256,989,187	143%	2.09%
A7	基督教救助協會	1998/9/7	12	○	○	115天	20,000,000	152,288,401	761%	1.24%
A10	中國國民黨	1989/2/10	21	○		82天	80,000,000	91,462,553	114%	0.74%
A12	一貫道總會	1988/3/5	22	○		143天	100,000,000	71,683,143	72%	0.58%
B11	新境界文教基金會	1999/7/19	11	○		30天	50,000,000	68,337,292	137%	0.55%
A06	聯合勸募協會	1992/11/9	18	○		51天	20,000,000	64,054,144	320%	0.52%

編號	機構名稱	設立日	年數	921	川震	勸募期間	預募金額（A）	實募金額（B）	B÷A	B÷總數
B09	富邦慈善基金會	1988/12/17	22			141天	36,000,000	58,396,040	162%	0.47%
B10	伊甸基金會	1994/5/14	16	○		306天	37,000,000	48,898,214	132%	0.40%
B03	兒童福利聯盟基金會	1991/12/27	19			172天	19,683,500	34,100,917	173%	0.28%
B14	天主教臺灣地區主教團	2000/11/4	10			1年	100,000,000	20,237,209	20%	0.16%
A05	中華護生協會	2002/8/27	8			61天	12,000,000	18,220,575	152%	0.15%
A03	粉條兒文化協會	2008/6/25	2			1年	8,000,000	16,262,317	203%	0.13%
A08	原住民文教協會	2001/10/16	9			1年	60,000,000	16,136,707	27%	0.13%
B01	靈鷲山佛教基金會	1997/1/17	14	○		81天	5,000,000	15,855,803	317%	0.13%
B04	喜憨兒基金會	2001/5/8	9			1年	30,000,000	11,633,749	39%	0.09%
A04	臺灣佛教協會	2005/12/5	5			1年	10,000,000	5,571,298	56%	0.05%
B05	至善基金會	2007/6/15	3			1年	30,000,000	5,398,170	18%	0.04%
B07	陽信基金會	1995/10/3	15			197天	30,000,000	4,972,961	17%	0.04%
B13	天主教會臺北教區	1956/5/9	54			1年	100,000,000	4,184,079	4%	0.03%
B02	長老教會新竹中會	1965/10/6	45	○		1年	10,000,000	916,903	9%	0.01%

編號	機構名稱	設立日	年數	921	川震	勸募期間	預募金額（A）	實募金額（B）	B÷A	B÷總數
B06	平安基金會	1999/4/2	11			333天	30,000,000	343,165	1%	0.00%
A09	原住民族學院促進會	2002/11/5	8			1年	63,479,600	324,118	1%	0.00%
A01	清心慈善協會	2007/5/9	3			1年	1,000,000	45,000	5%	0.00%
A11	截肢青少年輔健勵進會	1996/12/5	14			60天	88,000,000	38,300	0%	0.00%
A02	肯愛社會服務協會	2004/10/28	6			1年	2,000,000	0	0%	0.00%
B12	原鄉部落重建文教基金會	2004/8/20	6			1年	84,249,500	0	0%	0.00%
合計							5,915,612,600	12,324,695,662	208%	100.00%

參考書目

中文書目

內政部（2002）。九二一震災民間團體賑災捐款數額使用情形及流向帳目查核報告。臺北：作者。

全國民間災後重建協調監督聯盟（2000）。921震災捐款監督報告書。臺北：作者。

行政院主計處（2004）。九十二年臺灣地區社會發展趨勢調查。臺北：作者。

李家諭、王珮玲（2009）。公益勸募的探析。臺北：松慧文化。

胡予瀕（2007）。非營利組織會計操縱與透明度之分析—以美國非營利組織為例。未出版碩士論文，國立臺北大學合作經濟學系。

陳竹上、傅從喜、林萬億、謝志誠（2012）。我國災後勸募規範之法制發展與運作實況—以莫

拉克風災後全國性勸募活動為例之法實證研究。政大法學評論，129，301-380。

黃意錦（2000）。九二一地震之後災後重建善款運用與監督。未出版碩士論文，國立臺灣大學新聞 究所。

楊錦青（2007）。公益勸募條例立法過程剖析。社區發展季刊，118，22-39。

劉宜中（2009）。公益勸募條例實施對於非營利組織募款造成之影響。未出版碩士論文，南華大學非營利事業管理研究所。

謝國興（2001）。協力與培力：全國民間災後重建協調監督聯盟兩年工作紀要。臺北：全國民間災後重建聯盟。

英文書目

Aptekar, L. (1994). *Environmental Disaster in Global Perspective*. Boston, MA: G K Hall.

Canter, W. N. (1989). Disaster response in developing countries. *Disaster Management*, 1: 17-20.

Dille, M., Chen, R. S., Deichmann, U., Arthur, L., & Arnold, M. (2005). *Natural Disaster Hotspots: A Global Risk Analysis*. Washington, DC: The World Bank Hazard Management Unit.

FEMA (2009). *Donations and Volunteer Management: Best Practice and Strategies for Success*. Washington, DC: FEMA.

Hooke, W. (2000). U.S. participation in international decade for natural disaster reduction. *Natural Hazards Review*, *1*, 2-9.

International center for not-for-profit Law (1997). *Handbook on Good Practices for Laws Relating to Non-governmental Organizations*. Washington, DC: The World Bank.

Trussel, J. (2003). Assessing potential accounting manipulation: The financial characteristics of charitable organizations with higher than expected program-spending ratios. *Nonprofit and Voluntary Sector Quarterly*, *32*(4), 616-634.

Wegner, D., & James, T. (1994). The convergence of volunteers in a consensus crisis: The case of the 1985 Mexico city earthquake. In Russell Dynes & Kathleen Tierney (Eds.). *Disaster, Collective Behavior, and Social Organization*.

第三篇

災民安置

第十二章　災民安置

邵俊豪、邵珮君

壹、初期安置

　　災時的初期安置，一般而言是在災時與災後，對於災民所做的安置措施，包含緊急安置與短期安置。本章節針對「緊急安置」與「短期安置」所必須注意的事項，進行說明與介紹。緊急安置階段，由於有時間上的急迫性，因此必須在平時的防災計畫內，便想好因應措施，並進行軟硬體的整備。在地區性的防災計畫裡，關於緊急安置的部分，嚴格來說，為短期安置的前置階段，含安置前的引導與配套措施，硬體方面則包含安置場所的規劃與引導道路的整備。日本的神戶市在1994年將收容安置的避難設施分為「緊急待避所」、「收容避難所」、「廣域避難場所」等（柏原士郎、森田孝夫、上野淳，1998）。「緊急待避所」與「廣域避難設施」傾向在緊急安置階段所整備的室內及戶外的設施。緊急待避所為室內的臨時避難空間，與收容避難所的區別在於水與食物囤放的有無；廣域避難場所則傾向在戶外，適合集團緊急避難安置。而我國的情況，防災公園屬於廣域避難場所，一般的避難所則在緊急安置與中長期安置兩者中都可使用。防災公園雖然多半在第一階段做緊急安置，當避難生活長期化後，移往設施型的避難所進行第二階段的安置。在目前因應國內安置時間普遍短暫，天候環境與火災延燒或後續餘震可能性的考量，防災公園等廣大戶外空間還是在緊急安置上扮演重要的角色。

一、緊急安置時避難設施之整備

（一）緊急安置人數的預測

　　一般常使用在緊急安置階段的設施為公園型態與操場型態的避難設施，在機能轉用上有著鮮明的特色。在硬體整備上，對於避難圈域的設定為其第一步。以周邊步行500公尺內可至的地區，可以視為90%的避難圈域，在這樣的圈域裡，有綠地的公園、有操場的校園，以至空曠的停車場地等，便可整備為緊急安置的

避難所。特別必須注意與鄰近設施的接壤，不同的鄰近設施，往往也讓以居民為主體的90%避難圈域人口避難，增加了路經與通勤人數的變動因素。也因此在都會區的戶外避難設施，如以防災公園為例，收容人數的預估必須考量當地鄰近設施可能出現的非居民人數。如果接近學校、辦公大樓、商店街、車站與捷運等，尖峰人數的預估也必須因應實際的當地滯留人口，而在減災時期有所整備。如以戶外型的緊急安置場做為對應的避難人口預估，有如下的公式所示：

$$POP_{shelter} = Resi_{possibility} + POP_{commnite}$$

上述公式的$POP_{shelter}$為緊急安置在戶外安置場所的人數，這其中包含90%避難圈內可能來此避難的居民（$Resi_{possibility}$），其中必須扣除沒有依親與到其他地區避難的居民。$POP_{commnite}$為在此經過而緊急避難安置的人數，包含通勤、觀光、就學的人，同時也包含因為交通斷絕而返家困難的人數。而戶外的避難往往不是靜態的避難方式，動態的滯留人數預測，往往需要以更為精準的模擬軟體來進行。在本節僅介紹影響戶外動態避難人數的因素。在上述公式我們所揭示的，為使用戶外安置場所進行第一階段避難的靜態預測人數，重點在於其組成的來源：居民與非居民。然而由於人群可能在短時間內大量湧入或者來去不定，因此靜態預測手法只能解釋最大值。再者，基於戶籍人口普查與工商業人口普查的靜態資料，沒辦法解釋居民多重身分下所造成的高估情況，舉例而言，在緊急安置設施避難的人，雖是90%避難圈域內的居民，但同時也在當地工作使用交通運輸設施，同時因為家屋破損，也被歸類在返家困難的人。凡此種種，點出了靜態預測可能遇到的困難。因此如以動態預測來看，不同時間季節、不同戶外安置場所的出入口、不同年齡人口的移動力等，都可能影響戶外型緊急安置設施收容力的預估。底下以緊急安置時可能影響動態滯留人數的因子，列數於下：

1. 季節

災時的所處季節，影響著初期安置時的人數多寡。冬天時節作為緊急安置

的廣域型避難場所往往人數不如設施型的避難所人數多。以1995年阪神大地震為例，65%左右的避難人口聚集在設施型的學校避難所，戶外空曠地的人數不足10%。由於當時為1月中旬，冬天時節的避難，必要的物資飲食與空調等，在設施型的避難所比戶外型避難場所來得受災民青睞。因此設施型的避難所如果災後沒有延燒的立即危險，建物也沒有結構性的破壞，在冬季可以預見將比戶外型廣域避難場所湧入更多的人群。反過來說，夏季燥熱，通風良好的戶外型避難場所在第一階段緊急安置時比設施型的場所更適合收容避難者。

2. 地形與位置

　　緊急安置時期的避難安置場所，由於避難者多半以徒步方式至安置場所進行避難。不管是設施型與戶外型避難場所，區位所在的條件與特色，也影響著避難者到此的意願。一般而言，避難道路被鐵路與公路所阻隔的避難場所，將影響從這一方位而來的避難人數。坡地類的避難場所，除非是海嘯避難，也比平地避難場所，容易聚集避難人數，而區位影響避難意願在高齡化的社區更為明顯。區位的影響往往也影響了交通工具的選擇。在都市地區避難使用車輛並不是被鼓勵的避難行為，因為可能造成主要幹道的阻塞。但如果在都會區中並沒有遭受到大範圍的災損，尤其交通幹道沒有因此被災而中斷時，以車輛作為到達第一階段避難安置的場所也並非少見的情況。當避難者以車輛進行避難時，戶外型的避難場所顯然可以容納較多的停車空間。在過去災例中學校避難所因為有操場，也讓許多駕車遠道而來的災民願意到達此地作為暫時安身的地方。

3. 年齡與家庭結構

　　居民的年齡結構也影響著是否到戶外型避難場所進行第一階段避難的意願。高齡化社區民眾傾向往鄰近的設施型，正值青壯年齡的避難者移動力較強，也較能移動到離居家較遠的避難設施進行避難，對於戶外型的避難場所接受度也比較高。而家庭結構上，家戶型避難所必須考量的避難需求也與個人型的避難者不同，在移動方式的選擇上，也有所差異。全家一起避難的家戶型，在移動上緩慢，且第一階段避難的緊急安置上，較不容易改變一開始的安置目的地，且

多半尋找設施型的避難場所，如有高齡者隨行，醫療設備看護措施的有無，往往是家戶型避難者的重要考量。個人單獨避難的情況，往往增加了最初避難場所目的地改變的可能性。由於家人分散，因此個人型的避難者，可能往家人所在的避難所移動，或者互相聯繫集合的地點，這些考量就未必與遠近距離有絕對關係。而個人避難在依親上較爲容易的緣故，所以也可能中途變轉爲依附親友或進行外地避難。總而言之，個人型避難路徑的掌握較不容易，尤其又以青壯人口更爲顯著。

4. 族群習慣與外來人口

在一般都會區中或許不明顯，在原住民較多的縣市，避難所的使用習慣與頻率也影響災時避難安置場所使用的可能性。依美國的研究顯示，原住民使用避難所的頻率高於其它族群（Peacock, Dash, & Zhang, 2006）。此外，觀光客、就職與就學的人口，也有著不同的避難行爲。以觀光客爲例，對於當地不熟的情況下，往往會依賴標示進行避難，前往名勝區與固定景點附近的避難場所；不住當地而通學通勤的人們，第一階段的安置場所會在其公司與學校，以及其鄰近的避難場所；而雖爲同樣避難對象，但較爲難預測的部分，爲通勤與通學者在火車、捷運上或車站時，遇到災時緊急停電而列車停駛的情況下，各類車站其附近避難場所將出現不容易預料的避難人群。這類避難者不一定會到戶外的避難場所進行緊急安置，較難掌握其出現的地方，這類避可歸類爲「返家困難」的類型，在本節後半段將會詳述其安置策略。

二、緊急安置的前置措施

本節以地震災害作爲災害種類，災時是否應該避難，在目前的防災知識裡，地震發生當下應就地掩護，確保自己的生命安全，待其沒有後續地震時，依家屋受損情況與其他考量因素，配合公部門的宣導，前往安置場所或進行其他避難措施。在緊急安置階段，首重至空曠處集結避難，有必要時再轉移至短期安置設施。在緊急安置階段有底下幾點必須重視。

（一）避難弱勢族群清冊的建立

在我國，災時安置階段，疏散至收容安置場所的事務，一般由公所職員與警消人員合作，一起進行疏散安置作業。以地震災害爲例，雖然大多數規模不大的地震不用進行緊急安置，然而當芮氏規模7以上的地震發生時，建築物結構被害受損的可能性大爲增加的情況下，大規模疏散避難與緊急安置就有其必要。由於此時避難行動有著時間上的急迫性與後續餘震是否會發生之考量，公部門的疏散避難與緊急安置就非常有效率。公部門所主導的避難引導，本身在實際執行時，常會遇到建築物與道路被害情況無法掌握的風險，而使疏散作業產生困難。一般以廣播器與巡迴車進行宣導，由於有時間等不確定因素的風險，考驗引導人員的臨場應變。在平時的避難演練裡，公部門如公所與消防局等機關，對於避難弱勢族群的資訊應該確實掌握，在災時進行安置引導的部分，應在例行性的防災演練裡確實地進行。

（二）戶外避難區域的規劃

在緊急安置的注意事項上，一般會先以較爲寬廣的戶外場地進行疏散引導，待無餘震之虞再移至有屋簷的避難所進行安置。在地區性的防災計畫裡，寬廣的戶外綠地區域設有防災公園的設置，其中廣大的戶外空間能夠提供避難，也有蓄洪池的設計或臨時水源的儲備。以下就防災公園裡在接受初期避難時，有幾個安置措施必須留意。

在硬體的設計上，避難道路的設計，以讓周邊的民眾能盡快疏散至此爲目的。避難道路的硬體要求上，基地內部廣場式道路建議可在1.5m～6m之間，而防災公園外部的道路，按曾明遜、詹士樑（2001）在「都市地區避難救助路徑有效性之評估」報告所建議，都市「避難輔助道路」寬度整理，最小寬度爲4m，最大寬度爲12m。如以戶外避難場所的基地內外來分，道路的配置如下（蔡綽芳、邵俊豪、簡賢文、洪啟東，2016）：

1. 基地內避難道路

在日本《建築基本法施行令》123條「屋外避難階梯」與125條「避難階梯至屋外出口道路設置」，皆建議寬度在1.5m以上，此一規定也見於〈東京都建築安全條例〉。我國「建築技術規則─施工篇」與「消防設備」中對於道路寬度的規定，亦為1.5m，廣場式道路的規定在6m以上。本研究所建議基地內避難道路設計寬度在1.5m～6m間。

2. 基地外避難道路

以國內學者曾明遜、詹士樑（2001）參與營建署委託案「都市地區避難救助路徑有效性之評估」，與盧文崇（1998）在「都市空間防災系統中交通動線計畫之研究─以臺北市大安區部分地區現況檢討為例」，所做目前都市「避難輔助道路」寬度整理，最小寬度為4m，最大寬度為12m。

在防災公園內的避難設施規劃應該有「帳棚區」、「臨時衛浴區」、「給食區」、「社會服務申請區」、「物資領取區」、「登記聯繫區」、「心理輔導與宗教區」、「醫療區」、「寵物收容區」等。由於緊急安置為收容安置的第一階段，第二階段為短期安置，在指定的室內收容所，但實際上的操作並非所有的避難都會進入第二階段的短期安置。因此是否所有的區位與設施規劃都必須涵蓋，可由該處避難公園的管理者與災害應變中心司令官、公所人員、警消人員、志工人員以及避難居民代表等一起討論決定。

（三）緊急安置的引導

在空曠的防災公園或學校設施操場等空曠處所進行的災後緊急安置，可想而知聚集了避難眾多的避難人數，必須由設施與場地的管理人員進行各項引導。舉凡進行個人資料的登記、相關社會福利的申請、食品與飲用水的分配、生活物資的領取、如廁或入浴等，都必須有引導的策略。這類引導措施一般與大規模人數參與的大型活動，進行避難疏散時，所參酌的引導策略一致，底下針對這類大規模人數的軟硬體引導策略進行說明（岡田光正，2003）：

1. 將動線進行分離

　　方向與屬性不同的人群在交會時常會因此增加推擠與踩踏的事故，所以用繩子與柵欄做相反動線的區隔，有其引導的必要性。在戶外型避難場所，圍起動線進行引導比較容易；在設施型避難場所，動線分離必須在硬體的樓梯與入口處，事先用繩子或柵欄圍起來去動線，以免人群採用「最近距離」的移動行為反而形成阻塞與推擠。

2. 拉長人群移動的動線

　　一般避難者或者人群移動的特性，往往會採取最近的距離，前往出口或其他目的地。當大量人群的共同目的地重疊時，這類看似最短距離的避難行動，反而成為推擠以及混亂的原因。在空曠的戶外避難場所，引導上或許會產生困難與沒有效率的移動：如在狹窄的設施型避難所，這類抄捷徑的移動特色可能產生推擠與踩踏的事故。因此不管在設施型或戶外型的避難場所，應設法將人群動線拉長，避免可能的人群擁擠，使避難場所的引導與管理產生問題。

3. 避免空間瓶頸產生的移動障礙

　　這部分較以設施型避難場所的引導做建議。在出入口、階梯等，有可能降低群眾步行速度的空間配置上不要進行動線的安排。這些地點的寬度或許都與一般道路相同，然而以結果來說，移動的瓶頸將因此而形成，進而阻塞人群的移動速度並造成推擠。

4. 人群行列的位置先行固定

　　在地面或者設施的牆上等，將行列的進行方向事先標上，在人群排隊時可以某種程度降低混亂情況。而視不同的情況下，這些標示與預定也該有進行改變的空間與可能。

5. 人員引導與資訊的更新

　　配合人員進行人群移動的行列引導，使用前述所言的柵欄與繩子，不應該是固定的，而應是可動式的裝置。在混亂時，這些避難場所的引導人員不會與群眾

的移動方向有所衝突，但同時又能隨時進行調整，因此平時設的引導訓練有其必要。此外，臨時改變避難場所集合的時間或出入口，常會形成混亂的狀況。對於避難設施與場所管理者來說，隨時掌握避難群眾的狀況非常重要。如何將場所內的任何情況，如發生了什麼樣的事情，及時讓管理者掌控狀況，同時也必須有傳達的方式，讓到此地進行緊急安置的民眾，能盡快得知所有必要的情況，並了解如何進行移動。

貳、都市地區災後返家困難的問題

大規模地震災害的避難，如果發生在大都會區，即使沒有建築物的被害產生，也將產生許多棘手的問題。按日本內閣府所調查，地震發生後伴隨而來的電力設施的受損與交通設施的被害，將造成日常藉著大眾運輸工具通勤上下班的上班族，產生所謂「歸宅不能」的情況。按2005年，「首都直下地震對策專門調查會報告」在通勤距離10公里以上，災害發生時就有可能發生通勤者返家困難的情況，根據當時的預測，7.5規模的首都直下型地震，東京都首都圈將有650萬名通勤者可能無法順利返家。而由2011年的311東日本大地震的案例來看，東京首都圈因為地區限電的關係，導致列車停駛，公共輸運交通的癱瘓，產生了約300多萬無法順利返家的人口，這些避難人口散布在通勤交通工具上、車站廣場及以大樓為主的工作場所。由於通勤族無法順利返家，所必須考慮的就是緊急安置的問題。大多數的人選擇到公部門所指定的避難所，或自行尋找旅館與依親來度過一晚。

在日本的地區防災計畫內，除了指定避難所外，如何於企業所在的建築物整備避難所本身也是自治體的重要課題。而伴隨而來，緊急安置的人口，在食物與飲水的準備上，在平時減災階段進行整備，考驗著地方政府與中央政府的智慧。311當時，東京首都圈的便利商店由於無法返家災民的飲食需求，因此庫存的食品多半使用殆盡，對於這個安置收容的課題，從2012年東京都消防廳所發

行的「以各類設施爲主的歸宅困難者對策報告書」中，對於311時首都圈內無法回家的災民課題與策略可供我國做參考。

（一）返家困難的人數，聚集地點無法預測

由於多數因爲停電與交通線路癱瘓而無法返家的通勤人士，除了在車站外，大多數集中在企業所在的建築物與學校單位。學生與上班族一般是通勤者的主要組成分子。當企業體或學校判斷有通勤交通癱瘓的情況，應該避免在下班與下課時間，讓通勤者同時返家的行動，因爲這樣的情況會讓無法發揮輸運功能的車站因通勤者的湧入而增添管理與應變的難度。這些地點，除了車站外，從311的案例來看，也包含電話亭、公共廁所、露天廣場、計程車招呼站等。湧入了大量無法返家的人潮，使設施管理陷入混亂。企業與學校本身在通勤者無法順利回家的時候，必須克盡收容安置的職責。對學校設施來說，本身由於肩負地區的指定避難所，因此物資的儲備與避難安置計畫上，較之一般企業更能勝任。然而企業體本身，在災時除了職員外也可能包含外部恰公人員。一般企業所在的大樓，較少被當成是收容安置場所，但因應此時的緊急安置，平時食料與物資的囤放，便應該有所準備。當安置收容進入短中長期時，便可以適時且順利地轉介。

（二）安全確認系統的活用

災時留言板與網路或語音安否確認系統，能以政府協助，配合電信網路公司所建立的災時安全確認系統，讓通勤者在暫時無法返家、手機也無法通訊的時候，能將個人資訊在災時告知家人。在日本，災時以中央、地方各級政府、相關電信業者所成立的災時安否確認系統以及（171）災時訊息流言版，讓災時通勤者及時的狀況能夠順利傳達。

（三）徒步返家支援與運輸

除了上述所言盡量避免一起返家行動的人潮，並採取適當的對策外，在一般

的企業體，應該盡快支援非企業所屬的人員返家，企業所屬人員在建築物內的避
難生活也應在數天內支援其返家。各級政府也應該在非指定避難所的設施，進行
整備以收容災時無法返家的人群。這些設施包含郵局、車站、便利商店、加油站
等各類情報提供點，進行整備以利災時支援在街頭無法返家的人群。

　　此為各地方的政府公部門應該利用多樣交通工具如船舶、巴士等，以彌補因
為地震所導致交通線中斷的鐵路與捷運等大眾運輸系統。而道路的管理者也應該
用道路的資訊版來告知目前交通受損狀況。

　　此外相關業者也應該提供道路受損狀況給受災的災民，為了在災時返家支
援運輸能達到最大的功效，平時階段的模擬是有必要的。一般離自家20公里以
下屬於可徒步返家的範圍內，除了需要特別運送的對象外，不用考慮特別的支援
運輸。在此範圍之外的，於徒步接送處（如廣場、港灣等）集合後集體運送返回
住處。而特別需要運送的對象（避難弱勢等），在運送據點的考量上，必須重視
到達集合地點前的運送。在鐵路無法使用的情況下先以計程車載至運送地點，再
搭乘巴士或船舶。如果在鐵路運送範圍內，利用鐵道運輸至運送點，再以巴士接
送，然後以計程車分別載回住處，如圖12-1所示。

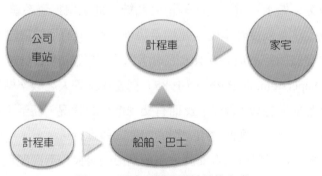

圖12-1　返家困難的運輸替代方式

資料來源：內閣府（2008）。

　　本節的討論以震災為主的緊急安置所應注意的軟硬體配置與措施，進行說
明。另一方面，當災害別為颱洪災害時，在疏散避難階段的緊急安置考量，除了

保全戶資料平時更新之外，與地震災害相同，弱勢族群的掌握也必須登錄在公所與消防單位的資料庫內。舉凡預警性撤離與雨量達到黃色警戒時，做出撤離與否的時機判斷，上述的資訊都是貴重的依據。而一般撤離也同樣必須考量時間性。雖然保全戶與避難弱勢必須先行撤離，但一般民眾的生命安全也必須衡量平時演練時撤離的速度，做到最大限度的保障。此外，除了土石流災害外，一般都市地區的颱洪災害之應變以垂直避難為主，出外避難至收容設施為輔，較為符合本國的民情與建築特性。總而言之，在緊急安置階段，必須先考量往短期安置的狀況，因應不同災害別，進行因時、因地、因人而異的安置措施。

參、短期安置

一、災後短期安置之相關論述

　　許多學者針對重建課題，從不同的災害進行觀察，整理出重建之階段分期。Hass, Kates & Bowden（1977）指出災後復原或重建應包含四個階段：(1)緊急應變：包含廢棄物清理、短期住宅（庇護所）提供、傷亡搜尋與救助；(2)公共服務的恢復：如水、電、瓦斯等維生系統、通訊與物資系統；(3)資本財或建物的重建或改建：恢復資本財或建物至災前水準；(4)生活重建：改善、重建或促進地方之發展與經濟成長。類似於短期安置階段的應該是短期住宅（庇護所）。Rubin, Saperstein, & Barbee（1985）補充Hass等人之觀察結果，認為此四個階段，實際上並非是線性程序，反而有交互進行的狀況，甚至不同重建區具有執行內容重點的差異，不見得會照完整的四個階段進行。

　　災害發生後，若能釐清收容安置之避難階段的災民生活問題與議題，則有助於災後復原與重建階段政策之擬定與推動，同時，於下次災害發生後如何改善避難階段之收容安置政策亦有其正面之影響。Quarantelli（1982）認為在災害發生之後，從「臨時避難所」過渡到「永久性住屋」大約需要數週至數年的時間，這期間「臨時性住屋」對中下階層災民扮演極為重要的角色。臨時性住屋的管理極

為重要，否則一些「臨時性住屋」在災民久居不離的情況下，就變成了「永久性住屋」；室崎益輝（1989）則認為災害發生後一週，應為災民在此時期尋求短暫的寄居場所及避難所的開設，而災害發生後1個月則應提供組合屋，並為銜接永久性住宅重建提供相關援助。表12-1為災害重建階段內容之整理。

表12-1　災後安置與重建各階段之措施重點

提出者	分期		時間	主要內容
Hass et al.（1977）	緊急應變			廢棄物清理 提供短期住宅（庇護所） 傷亡搜尋與救助
	公共服務的恢復			水、電、瓦斯等維生系統、通訊與物資系統恢復
	資本財或建物重建或改建			恢復資本財或建物至災前水準
	生活重建			改善、重建或促進地方之發展與經濟成長
Quarantelli（1982）	緊急避難所		幾分鐘～數小時	可能是搭建棚子的醫療站，甚至只是空曠的土地
	臨時避難所		數天～1、2週	通常政府、紅十字會或其他慈善團體會利用一些公共建築物（例如：學校、體育館）提供住宿、飲食及醫療來臨時性安置災民
	臨時性住屋		數週～數年	臨時性住宅可能是政府提供之組合屋或貨櫃屋
	永久性住屋		數年	住宅重建的最後一個階段，災民在原來土地上或另尋土地，重新建造永久性住屋
室崎益輝（1989）	危險迴避期		災害發生～24小時	避開二次災害 對災民發布緊急疏散命令
	混亂期		災害過後1週	災民尋求短暫的寄居場所 避難所的開設
	應付期		災害發生後1個月	組合屋的提供
	回復期		災害發生後半年	永久住宅需求逐漸升高 對低所得戶提供出租式公營住宅
	復興期		半年以後	大量建設永久住宅的時期 提供個人重建優惠貸款等資金面的援助

資料來源：本研究整理。

二、災害短期安置案例分析

（一）1994年北嶺地震（Northridge Earthquake）

1994年美國發生芮氏地震規模6.8之北嶺地震，FEMA發揮其功能，投入救災重建，Mary. C. Comerio等學者就FEMA主導之安置過程進行觀察。Mary. C. Comerio（1998）針對FEMA在大規模災害（大地震、颶風等）後的初期安置處理分為緊急時期（災後24小時～2、3週）：危險物之清除，救援物資或救援服務之供給如食物或收容所之供應等（類似3-1的緊急安置）；救援時期（災後1週～半年）：危險物已清除，公部門運作回覆常態，也依災情輕重執行各層次安置措施。在災情較輕之情形，災後72小時內美國紅十字會開設避難所，FEMA也提供短期租金與抵押補助等措施；在災情嚴重之時，除紅十字會開設之避難所與FEMA之救援措施外，HUD（the Department Housing and Urban Development，簡稱HUD）之Section 8規定會介入，發給低收入戶租金憑證，讓低收入戶能住進位因災害受損的空屋。由北嶺地震之處理也看出：臨時避難所的成立通常是基於可用性與便利性，通常為親朋好友的住所；臨時住宅通常則是可利用的空閒住宅，並且位於受災的鄰近地區，其距離是可通勤的範圍；住宅重建最後的階段是長久性的住宅，係指災後原地重建或是另謀其他地方之住宅。然而有很多因素影響住宅重建階段，為了能促進社區重建迅速推行，對於社區內未受損住宅可加以利用。

（二）日本阪神地震後短期安置與重建策略之銜接

1995年日本神戶地區發生芮氏地震規模7.2之地震，稱為阪神・淡路大地震。該地震導致房屋全半倒有240,954棟，共437,217戶。由於日本在昭和22年（1947年）頒布災害救助法，根據災害救助法規定於大規模災害發生後隨即開設避難所及興建組合屋。因此，在地震後的1月23日共開設了1,153處避難所，避難人數也達到了巔峰的31萬人（兵庫県まちづくり部，2000）。也因為避難人數多，除了興建組合屋，同時也提供公營住宅、租用民間住宅、召募家庭與旅館

住宿等設施供災民從避難所遷出後暫時居住。由於大量興建48,300戶組合屋，也使得在避難所的災民最長待了七個月，直到1995年8月底才完全離開而遷入組合屋。根據災害救助法，組合屋使用期限僅兩年，然因為阪神地震的災民多為低收入戶與高齡者，無法從安置階段順利進行住宅重建，使得組合屋安置政策維持了五年才拆除。

　　由於災害救助政策之執行慣例化，且阪神地震造成大部分高齡與低所得的災民必須於避難所生活半年以上，等待政府提供之組合屋（temporary housing，日本稱為假設住宅），又透過抽籤方式決定入住的組合屋地點，導致原有災前社區關係瓦解，高齡者於組合屋社區發生孤獨死等問題，也使得阪神地震後續之住宅與生活重建過程，將以社區為基礎之地區重建推動及支援高齡者重建生活系統列為災後重建階段之重要議題。

　　阪神地震後，不少學者針對安置時期與災害後重建復原工作之銜接及課題進行分析。高見沢邦郎、安藤元夫（1999）觀察震後三年之復原、復興所遭遇之課題，認為不同階段所遭遇的重建課題會有所差異，其中「避難所的問題」及「專門人員、團體（含行政、學會、職能團體……等）如何於安置階段支援災民重建」是復原過程中，面臨之主要課題。土井幸平（2004）認為災後若要推動社區營造方式進行之重建，則從安置時期到重建時期其過程應分為初期對應期、復興社區營造初期活動期、復興社區營造實踐期及正式復興期。(1)初期對應期（震災過後）主要內容為所有建物調查、都市復興基本方針決定、決定受災市街地復興推動地區的都市計畫；(2)復興社區營造初期活動期（震災後至1995年底），主要內容為阪神淡路都市復興基本計畫的策定、恢復期都市營造中心的設置、社區營造協議會的成立、專家支援網絡的支援；(3)復興社區營造實踐期（1995年底至1996年），主要內容為民間非營利組織的復興社區營造支援活動、實施土地重劃及都市更新事業、共同協議之重建、受災公寓的重建支援；(4)正式復興期（1997年過後），主要內容為擴充復興社區營造支援事業、制定縣的社區營造基本條例、推動社區營造計畫及地區計畫的策定、市町社區營造條例的制定及支援制度。而在短期安置時期，由於災民多待於避難所或臨時組合

屋，重建資訊較難全面掌握，因此，專家支援網絡、重建社造協議會組織或人員應與災民針對上述(1)至(3)之重建策略與想法積極進行溝通，以確立災民推動重建之信心。

（三）1999年921地震之安置對策

　　臺灣在1999年9月21日發生芮氏地震規模7.3之集集大地震，震災發生後，行政院成立九二一重建委員會主導災後重建工作，至2006年2月共計6年餘，政府之整體重建進度達成率約達99%，故終止重建會之任務，亦象徵臺灣之重建工作已達一定之階段。Shao（2002）在921地震發生後，將災後重建分為3個階段，首先為救援時期（地震發生後至1999年9月底），工作內容為災民安置，由政府提供公有建築物，緊急收容災民；其二為安置時期（1999年9月底至2000年1月），政府則以發放租金、提供臨時住宅及優惠承購國宅等方式供災民擇一進行後續的安置；復興時期（2000年1月底之後）之措施包含有個別住宅重建、社區重建及建設公共住宅。羅時瑋、謝宜庭（2002）觀察九二一地震後，南投縣龍安村的重建經驗，將之分為四個時期：緊急救災期（1999年9月21日至11月30日）：成立賑災中心及重建委員會、籌措臨時安置場所、發放救援物資；支援參與重建期（1999年12年至2001年7月）：外來團隊支援加上村民參與社區重建過程，外來團隊基本上以「送禮物」的模式——即自行募款或爭取補助協助災區重建工作，當地居民在災變之後重新進行社會再動員，與外來團隊配合行動；半自主參與重建期（2001年7月—）：此階段村民自主意識提升，外來團隊配合社區，甚或2002年後外來團隊進入社區組織內部，以協力方式共同參與重建事務；自主參與重建期：已無須仰賴外來團體，藉由社區自主的力量繼續完成重建工作。

　　黃秀政（2005）整理行政院九二一震災災後重建推動委員會相關文獻，依不同行政團隊之措置將重建過程分為搶救時期（1999年9月至1999年10月）：生命救援、交通管制、危機排除；災民安置時期（1999年10月至2000年5月）：落實成效、便利災民及因應緊急命令的時效性擬定災後重建暫行條例；重建前期

（2000年6月至2002年5月）；重建後期（2002年6月—），鍾啟岱就後兩期再細分為四階段，第一階段（2000年6月至2000年12月）：思考有效統治、區域治理、創新價值、回歸專業、在地精神、民力無窮；第二階段（2001年1月至2001年6月）：克服土石流災害威脅，扭轉社會對災區的不安與害怕心理，發揮重建效果；第三階段（2001年7月至2002年5月）：指標性工作的驗收及檢驗階段；第四階段（2002年6月—）：優質重建、永續環境、安居樂業為目標導向，繼續推動五年振興計畫及各項重建工作。

　　從九二一地震的經驗也可看出，災民安置時需要凝聚災民共識，找出下個階段住宅或社區重建的方向與目標，且災民的積極參與重建之價值為災區能否順利重建的關鍵。

（四）2011年東日本大地震之安置課題

　　日本東北地方於2011年3月11日發生芮氏9.0地震，伴隨發生大海嘯，造成包含東北地區各縣、東京都等共10縣約13萬棟住宅全倒、13縣約26萬棟住宅半倒，此地震所造成的避難人數尖峰有47萬人，至2012年9月尚有205人在學校或公民館等避難所生活，約31萬人分散於53,169戶組合屋、19,429戶公營住宅（含公務人員宿舍）、63,379戶民間租屋等地短期安置中（內閣府，2008）；在震災後第五年的2016年1月尚有17萬8千人過著避難生活，其中有超過9萬8千人以住在組合屋、親戚家為主，且以福島的災民居多。在阪神地震後組合屋社區發生孤獨死等前車之鑑下，也使得東日本大地震後災民於組合屋之生活亦考量以社區為基礎之地區重建推動及支援高齡者重建生活。雖如此，然因為組合屋生活不適導致自殺等震災關聯死亡人數，每年約有200人發生（Nippon, 2016），也使得高齡者於組合屋之居住環境考量為一重點，同時在避難生活上亦產生如福祉避難所需求與避難所性別對策落實等新議題。

　　為了減少上述安置階段之高齡災民生活不適及長期避難生活之身心健康問題，在災區並設置了高齡介護支援據點共111處，派遣1,200名諮商人員，藉此守護短期安置生活中災民的身心醫療需求，並防止孤獨或孤單等問題發生。

針對組合屋社區興建上亦有下列問題發生：

1. 因土地有限，蓋在較遠地方的組合屋較少被申請，故有充實交通接駁、購物與就業便利的必要性。

2. 配合大量興建，快速興建，大部分組合屋需要進行後續增補工程以達到適居性，如高齡者居住處增加無障礙空間、扶手等設施（圖12-2）。

3. 部分組合屋因戶數有限，仍無法讓同一社區的災民居住，對凝聚災民共識以利推動後續重建較為不利，若能改以多層式組合屋社區則可善用平面戶數不足之問題（圖12-3）。

4. 組合屋材質因規格統一，無法考量當地氣候風土，導致無法符合當地居民生活需求，有必要營造合乎當地氣候風土之組合屋環境（圖12-4）。

圖12-2　考量無障礙空間設計

圖12-3 多層式組合屋社區

圖12-4 田園式組合屋

資料來源：震災復興まちづくりのあり方に関する調査・研究（2014）。

（五）2016年熊本地震後之災民安置之現況

　　熊本地震分爲發生於4月14日當地時間21點26分芮氏6.5的前震，與4月16日當地時間凌晨1點25分芮氏7.3的本震。4月14日熊本地震前震後，僅熊本縣熊本市80處及益城町等地區共352處避難所約2萬3千人進行避難，避難所也以市町村的中小學校、體育館與公民館停車場等爲主。4月16日的本震發生後當天，根據內閣府統計主要有熊本、大分、福岡與宮崎共四縣開設1,148處避難所，約10萬4,000人進行避難，其中以熊本的689處91,763人、大分的181處10,070人與福岡的249處1,567人爲主。隨著餘震次數減少，福岡與宮崎兩縣均於4月底前結束避難所開設，而大分縣延至5月16日才完全結束避難所開設。

1. 避難所安置課題

　　透過日本朝日新聞、每日新聞與產經新聞針對避難所短期安置生活，進行相關課題分析，明顯得知：地震後一個月內災民大都因恐懼餘震，而待在避難所或者在車內避難；隨著於避難所生活的時間加長，災民滯留避難所之理由多爲居住環境破壞無法生活爲主因，其次爲其他天災帶來的二次災害威脅等。由於大規模災民無法立即離開避難所，使得避難所有延長開設的趨勢。也使得如何充實避難所物資與改善避難所舒適度、減輕災民避難生活的壓力，爲避難所開設的重要課題（圖12-5）。此外，災民多礙於避難所生活不便或擔心餘震，採取車內避難的問題亦爲公部門所忽視的，爲避免因車內避難而發生機艙症候群威脅災民健康，如何有效減少車內避難亦爲此次地震避難生活之課題（圖12-6）。從避難所環境整備上，則有強化避難物資整備與提升避難所設施便利機能的需要。

圖12-5　避難所景象

資料來源：産経新聞2016.5.15

圖12-6　車內避難景象

資料來源：朝日新聞2016.5.15

2. 避難所災民對重建的看法

　　根據日本朝日新聞（2016a）於4月23-24日針對108名避難所災民所做的調查：將近6成的災民尚未有具體的住宅重建計畫、2成的災民希望能住組合屋、1成的災民考慮承租房子或申請公營住宅。5月9-12日日本每日新聞（每日新聞，2016）針對100名避難所災民調查回收的86份有效問卷發現：50名傾向持續待在避難所，另外36名未來考慮會離開避難所，而其中的16人計劃搬遷，9人則正考慮是否搬遷，針對搬遷地點，大部分回應優先考慮原地區或通勤圈內的地區；傾向持續留在避難所的災民則希望「公部門能儘速興建組合屋」、「清除住宅毀壞的環境」及「補助住宅修繕」。5月12-13日日本朝日新聞（2016b）針對100名18-88歲避難所災民，詢問若日後離開避難所後有何考量：有高達69人回答「尚無任何計畫或想法」，而此69人最希望的居住環境依序為：「住到組合屋」（35人）、「租房子住」（14人）、「申請居住公營住宅」（4人）與「與親戚同住」（4人）；詢問有關中長期的居住場所時，有9成的人想繼續住在原居住地區。另外，有關避難所災民在未來生活重建上最感到不安的三件事，其回答分別為：「住宅重建」（75人）、「重建資金」（55人）及「餘震與豪雨帶來的雙重威脅」（35人）。

3. 組合屋安置對策與課題

　　至2016年5月中旬時，尚有1萬多名災民收容於避難所，從避難所災民的調查也掌握了災民大都希望能申請入住組合屋，受災較嚴重的市町村，從4月底開始陸續提出組合屋興建計畫。根據熊本縣政府的組合屋興建計畫，預計於16個市町村興建110處4,303戶，截至9月底已完成96處4,031戶，完成率為93.7%（熊本縣警戒對策本部，2016）。除了興建組合屋安置避難所災民外，熊本縣政府也提出民間空屋承租、公營住宅申請、九州境內其他縣之公營住宅及九州地區之外各縣的公營住宅與旅館住宿等多元性安置對策，避免因長期興建過多的組合屋，而延長居民於避難所生活的時間。然由於災民多集中在熊本縣，仍以熊本縣內的對策執行狀況較佳。

　　由於此次地震受災較嚴重的市町村集中於熊本縣，全倒較嚴重地區為上益城地區（全倒3,481棟，半倒30,185棟），占了全倒棟數的42.5%，尤以益城町全倒占了該區的78%為甚，其次為熊本市（全倒2,445棟，半倒14,641棟）占29.8%；因此，在組合屋興建地點與戶數最多為益城町，高達18處1,562戶，其次為熊本市的9處541戶。由於幾處組合屋社區的建設地點接近易淹水地區或土砂災害威脅地區，或距離災民原居住市區過遠，使得這幾處社區申請率不高。此次地震後興建的組合屋益城町所興建之組合屋戶數最多，由於2015年益城町的高齡者比例達27.6%，高於全國的26.8%，根據日本財團於7月29-8月5日針對益城町12處避難所364戶調查其入住組合屋意願，有183戶將移至組合屋持續生活，其中有77戶（42.1%）為高齡者，又加上住宅全倒者則有64戶，而12處避難所中有39戶高齡者家庭對於住宅重建未有計畫，其中23戶希望未來能住進組合屋（日本財團，2016）。由此推測未來在組合屋社區將面臨較多經濟弱勢、無能力進行重建的高齡居民。因此，未來如何以地區力為基礎，結合組合屋社區高齡者照護系統與友善設計（如圖12-7），在充分的住宅重建支援下確保兩年後高齡者可順利推動住宅重建，為未來組合屋安置生活的重要課題。

圖12-7　考量高齡者無障礙設施設計之益城町飯野小學組合屋社區

資料來源：邵珮君拍攝。

肆、結論

　　綜合上述災後短期安置經驗，可將避難所安置與臨時組合屋安置階段與重建工作重點整理如表12-2所示，事前能針對短期安置的內容與目標進行掌握與規劃，則有助於災後緊急避難措施落實之準確。而避難所災民之重建意願則與次階段之組合屋安置策略如何提供有密切關聯，若能於避難所階段掌握災民重建能力評估，則有助於協助政府提出具體之住宅重建支援。此外，避難所安置階段若能針對災民之屬性進行分析，更可降低或修正臨時住宅支援政策之不適性。

表12-2　初期安置階段與重建工作

		重建內容
初期安置階段	災害發生後數週內至數個月 開設避難所	安定的生活，生命威脅除去。 開始發放災害慰問金與災害援助資金的貸款等，飲食與水等物資確保。 公共服務恢復開設避難所。 災民尋求短暫的寄居場所管制交通。 掌握受災情況指定受災區域。 所有建物及住屋受災程度調查，掌握危險物品及廢棄物品之清除。 成立賑災中心及重建委員會決定復興重建基本方針。 因應緊急命令的時效性擬定災後重建暫行條例。
	災害發生後數個月 臨時住宅生活	公共事業、醫院、社區功能恢復。 水、電、瓦斯等維生系統、通訊與物資系統恢復指標性工作的驗收及檢驗階段。 扭轉社會對災區的不安與害怕心理，生活回復正常。 提供多樣的臨時住宅，臨時性市區形成。 公營住宅承租或優惠承購。 提供短期租金與抵押補助制訂重建相關法規。 社區協議組織的成立專家援助。 居民協議與提出多樣的復興方案、重建制度與計畫。 商討重建計畫。

資料來源：本研究整理。

參考書目

中文書目

邵珮君、邵俊豪（2016年11月）。日本熊本地震之災民收容安置現況與課題。論文發表於「2016臺灣災害管理學會十週年年會」。臺北：社團法人臺灣災害管理學會。

曾明遜、詹士樑（2001）。都市地區避難救助路徑有效性之評估（二）：動線與據點之配合。建築研究所委託研究案。

黃秀政（主編）（2005）。九二一震災災後重建實錄（摘要本）。臺北：五南。

蔡綽芳、邵俊豪、簡賢文、洪啟東（2016）。都市設計審議納入都市防災審查事項之研究—建築物外部空間疏散避難檢討。內政部建築研究所研究計畫。

盧文崇（1998）。都市空間防災系統中交通動線計畫之研究【以臺北市大安區部份地區現況檢討爲例】。國立臺灣科技大學工程技術研究所。

羅時瑋、謝宜庭（2002）。「九二一災後社區參與重建之案例：模式與運作機制探討—子計畫：九二一災後社區參與重建之個案研究—南投縣中寮鄉龍安案例」。行政院國家科學委員會補助專題研究計畫。（計畫編號：NSC 90-2625-Z-029-001）

英文書目

Comerio, M. C. (1998). *Disaster Hits Home: Current Policies, Current Problem.* Berkeley, CA: University of California Press.

Hass, J. E., Kates, R.W., & Bowden, M. J. (1977). *Reconstruction Following Disaster.* Cambridge, London: MIT Press.

Nippon. Com（2016年3月2日）。震災から5年：被災地と復興の現状。

Peacock, W. G., Dash, N., & Zhang, Y. (2006). Sheltering and housing recovery following disaster. In H. Rodriguez, E. L. Quarantelli, & R. R. Dynes (Eds.), *Handbook of Disaster Research* (pp.50-55). New York, NY: Springer.

Rubin, C. B., Saperstein, M. D., & Barbee, D. G. (1985). *Community Recovery from a Major Natural Disaster*. Boulder, CO: University of Colorado, Institute of Behavioral Science.

Quarantelli, E. L. (1982). *Sheltering and Housing after Major Community Disasters: Case Studies and General Observations*. Newark, DE: University of Delaware Disaster Research Center Final Project Report #29.

Shao (2002). Post-quake condominium reconstruction for Taiwan Chi-Chi Earthquake in 1999. *JAABE, 1*(1), 229-236.

日文書目

土井幸平（2004）。復興のまちづくりにおける取り組みの成果と課題及び提言。復興10年総括検証・提言報告書。

予防技術検討委員会（2012）。事業所における帰宅困難者對策に係る報告書。東京：東京消防庁。

內閣府（2008）。帰宅困難者等に係る對策の参考資料。上網日期：2017年3月1日，取自http://www.bousai.go.jp/kaigirep/chuobou/senmon/shutohinan/

內閣府（2012）。平成24年版防災白書。東京：內閣府。

內閣府政策統括官（2016）。平成28年熊本地震の影響試算について。東京：內閣府。

日本毎日新聞（2016年5月12日）。「依然避難生活」約6割……本紙100人調査。

日本毎日新聞（2016年6月12日）。熊本地震避難生活もなお4割……100人調査回答者。

日本財團（2016）。益城町内の避難所利用者の状況調査・結果分析。東京：日本財團。

日本産経新聞（2016年5月15日）。熊本地震「避難所満足していない」4割 被災者300人アンケート 発生から1ヵ月。

日本新潟日報（2016年4月21日）。車中泊体験者50人調査　4割以上体調崩す。2004年11月10日付け新潟日報朝刊掲載。

日本熊本日日新聞（2016年9月29日）。熊本市民アンケート　情報　物資　提供課題に。

兵庫県まちづくり部（2000）。住まい復興の記録-ひょうご住宅復興三ヵ年計画の足跡，頁1-3。

岡田光正（2003）。建築人間工学－空間デザインの原点。東京：理工學社。

室崎益輝（1989）。災害時の住宅復旧過程に関する研究。日本都市計画学会学術論文報告集，24，91-96。

柏原士郎、森田孝夫、上野淳（1998）。阪神・淡路大震災における避難所の研究。大阪：大阪大学出版会。

高見沢邦郎、安藤元夫（1999）。住宅・市街地の復旧復興をどう捉えるか，安全と再生の都市づくり－阪神淡路大震災を超えて。日本：学芸出版社，頁172-180。

都市計画コンサルタント協会（2014）。震災復興まちづくりのあり方に関する調査・研究，頁121-137。

朝日新聞（2016a年4月27日）。避難「余震怖いから」最多　熊本地震調査長期車中泊も。

朝日新聞（2016b年5月15日）。避難者の不安　「住宅」が7割　熊本地震100人調査。

熊本県警戒對策本部（2016年9月30日）。応急仮設住宅の建設着手及び工事完了について。熊本県：作者。

第十三章　重建住宅政策之形成與檢討[1]

謝志誠、陳竹上、林萬億、傅從喜

---

[1] 本章編輯與改寫自：謝志誠、陳竹上、林萬億（2013），跳過中繼直達永久？—探討莫拉克災後永久屋政策的形成，臺灣社會研究季刊93期，頁49-48。謝志誠、傅從喜、陳竹上、林萬億（2012），一條離原鄉愈來愈遠的路？：莫拉克颱風災後異地重建政策的再思考，臺大社會工作學刊，第26期，頁41-85。

壹、從921到88：消失的中繼屋、消逝的原鄉？

　　依據全球再保險業者Munich Re的觀察，從1950年代起，重大天然災害次數增加3倍，災損增加8倍，損失中由保險承受的部分增加了15倍（Handmer & Dovers, 2007）。特別是在全球氣候變遷的催化下，異常氣象事件頻傳，動輒造成地形地貌的大幅度改變並嚴重威脅到居住安全。Dilley et al.（2005: 2, 4）指出，全世界約有19%的土地，超過一半的人口暴露在至少一種天然災害（乾旱、洪水、氣旋、地震、火山爆發和山崩）中；而臺灣是地球上面對天然災害衝擊下最為脆弱的國家，有73.1%的土地與人口暴露在3種以上的災害中。歷年資料統計顯示，每年平均約有3～4個颱風，而規模大於5的地震每年平均發生24.4次（交通部中央氣象局，2010）。若進一步從過去的氣候變遷，以及近年來降雨的集中化與強度趨勢來看，就不難發現防災應變的不確定性正在逐漸增加，而災後的應變與重建也漸趨複雜化（國家災害防救科技中心，2010）。可以預期的是，人類居住聚落因天然災害威脅、毀損、破壞，而被認定為不適合人居住且必須集體遷移的案例將增加，居住聚落不得不採取異地重建（relocation）的途徑，以確保居民生命、人身，及財產避免再度遭受災害波及。因此，以降低再次災害風險（risks）為目的所衍生的異地重建案例有越來越多的趨勢。

　　我國在921震災前，因天然災害而進行的異地重建案例不多，少數經驗如1989年莎拉颱風造成臺南縣學甲鎮二港仔嚴重淹水，政府為解決水患而進行的臺南縣學甲鎮二港仔遷住計畫（程于娟，2011）、1990年歐菲莉颱風侵襲花蓮後的銅門村遷村計畫（陳宥全等，2006）。921震災後，因重大災害而生的異地重建則明顯增加，包括南投縣仁愛鄉中原口部落、瑞岩部落、中寮鄉頂水堀社區、信義鄉潭南部落，臺中縣和平鄉雙崎部落、松鶴部落、三叉坑部落與烏石坑部落等（謝志誠、張紉、蔡培慧、王俊凱，2008）。在國際上，各國政府就遷村式的異地安置亦多謹慎為之，以中國汶川大地震的災後重建為例，「中華人民共和國住房和城鄉建設部」於2008年9月4日發布之《關於加強汶川地震災後恢復重建村鎮規劃編制工作的通知》（建村【2008】161號）即指出：「堅持以原

址重建為主、異地新建為輔，……防止不顧條件盲目推行集中和簡單照搬其他地區的做法。」足見其對於災後採取異地重建途徑的審慎。

　　臺灣位處地殼變動劇烈的地區，加上氣候變遷與極端氣候異常，導致災害風險升高，坐落於地質敏感區的聚落因為天然災害發生頻率的增加，可能因避災需要或災害導致基地安全堪虞不適合再居住而有遷居之訴求。面對此一難以迴避的課題，臺灣需要發展什麼樣的異地重建機制？過去，因為重建政策的決策缺乏一致性的標準，對於重建速度與質量的權衡亦一直無法客觀與理性地討論，經驗的傳承、累積與制度的建立明顯不足，導致國內最近20年來面對不同災害的災後重建作為，出現極大的落差。就921震災與莫拉克風災來論，在同一塊土地上，相隔不到10年的2個天然災害，雖然災害發生當時的重建政策決策者均屬於同一個執政黨，卻在異地重建的做法上，包括重建主導權、社區與受災者參與的程度、重建住宅的經費負擔、土地與住宅權利、安置政策等方面均出現截然不同的樣態（表13-1）；如此的差異除了與2次災害的性質、災害發生的區域等因素有關外，顯然亦與兩次災害的住宅毀損數量、民間捐款、各大勸募團體之主張與捐款運用重點，以及政府與民間團體對於受災者重建家園的協助策略有關。

表13-1　921震災與莫拉克風災異地重建比較

災害名稱	921震災重建			莫拉克風災重建		
基地名稱	臺中縣和平鄉三叉坑部落	南投縣中寮鄉清水村頂水堀社區	南投縣信義鄉潭南部落	高雄縣杉林鄉大愛園區	高雄縣甲仙鄉五里埔基地	屏東縣瑪家鄉禮納里部落
住戶數	45	20	35	1,060	90	483
重建主導權	住戶主導，籌組委員會辦理，機構協助。	住戶主導，籌組委員會辦理，機構協助。	住戶主導，籌組委員會辦理，機構協助。	機構主導。	機構主導，住戶參與建築師遴選與規劃說明會。	機構主導，住戶參與建築師遴選與規劃說明會。
重建經費負擔	部分負擔	部分負擔	部分負擔	無償贈與（附條件）	無償贈與（附條件）	無償贈與（附條件）

住宅權利	所有權，無其它限制。	所有權，無其它限制。	所有權，無其它限制。	所有權，除繼承外，不得處分、出租或設定負擔。	所有權，除繼承外，不得處分、出租或設定負擔。	所有權，除繼承外，不得處分、出租或設定負擔。
土地權利	政府徵收，分售給住戶。土地所有權。	住戶向國有財產局承租使用。土地使用權。	政府徵收，分售給住戶。土地所有權。	無償提供使用。土地使用權。	無償提供使用。土地使用權。	無償提供使用。土地使用權。
異地型態	離災不離村	離災不離村	離災不離村	離災離鄉	離災不離鄉	離災離鄉、離災不離鄉
住戶來源	和平鄉三叉坑部落	中寮鄉清水村	信義鄉潭南村	那瑪夏鄉、甲仙鄉、桃源鄉、茂林鄉、六龜鄉	甲仙鄉小林村	霧臺鄉好茶村與三地門鄉大社村、瑪家鄉瑪家村
安置政策	三擇一政策：組合屋、發放租金及釋出待售及即將推出的國宅[2]。			1.自行租屋、自行購屋或政府安置「三選一」優惠安家方案。2.中長期安置以永久屋為原則，除非情況特殊，才以組合屋安置[3]。		

資料來源：作者整理。

　　從安置政策與住宅重建來看，921災後的中繼安置政策被莫拉克風災後的永久屋安置政策完全取代，是我國災後重建史上最明顯的政策轉捩點；更有甚者，於88水災後立法院通過的《莫拉克颱風災後重建特別條例》（以下簡稱「莫拉克特別條例」）第20條首度出現關於「強制遷居（compulsory resettlement）、遷村（village relocation）」的規定（以下簡稱「遷村條款」），這是921災後重建所無，亦屬國際罕見。根據莫拉克颱風災後重建條例，於災後5個

---

[2]　關於三擇一政策，進一步說明請參考謝志誠、邵珮君。2009。921大地震災後安置政策的回顧。檔案季刊，8(3)：4-15。
[3]　詳細政策說明請參考行政院莫拉克颱風災後重建推動委員會。2011。創新協力，重建永續家園。臺北：行政院。

月內便核定了160個必須劃定為特定區域的地區，區內共6,316戶計19,191人，其中原住民族就有13,911人，占72.5%（行政院莫拉克颱風災後重建推動委員會，2010a：42、43），突顯災後的遷村政策受到最大影響的是原住民族，族群文化本應是88災後重建的核心考量。然而，當政府數度為重建進度超越九成而慶賀之際，場外的原住民族卻高喊著：「原鄉零重建、迫遷達九成」、「我們不要普羅旺斯、我們要原鄉重建」等標語[4]。相較於88災後重建之初政府所標舉「離災不離村、離村不離鄉」的重建大原則，依據莫拉克重建會提供的資料，接受永久屋安置的3,096戶中，離災不離村與離村不離鄉者分別只有208戶與142戶，其餘2,746戶都屬於「離鄉」者，占88.7%。為此，本章將先透過文獻探討，參考災後住宅政策之國際經驗，繼而檢視2009年8月8日莫拉克風災後略過中繼階段，直接選擇永久屋為主要安置政策的實況及得失。

貳、災後住宅政策之理論與國際經驗

一、重大災後住宅重建的途徑

　　災後復原與重建（post-disaster recovery and reconstruction）為災害管理（disaster management）的一環。災害管理始於災害發生前的防範措施，災前準備功夫做得好，災害一旦發生，決策者就能立即啟動復原工作，包括災民的緊急收容安置與救濟、危險建物的清除、基礎建設的修復、創傷壓力的減輕等（林萬億，2010a）。住宅與社區重建（或稱為家園重建）是災後復原重建極具關鍵性的過程，在災害發生後即已開始，並可能延續好幾年的時間，其攸關重建進程，也可能改變受災者未來若干年生活的重建政策，必須在快速的損害評估後予以確定、宣布，然後展開詳細的評估，並隨著重建的進展，根據回饋意見進行

---

[4] 相關影像紀錄如公共電視「我們的島」第629集：「莫拉克—失根的漂浮生活」，網址：http://www.youtube.com/watch?v=njCvmIUGqcg，上網日期：2016/8/31。

政策的更新。這些決策必須與災後重建相關機關、受災社區與受災戶、非政府
組織及社會大眾磋商對話後，審慎地做出決定（Jha, Barenstein, Phelps, Pittet, &
Sena, 2010）。

　　一般而言，重大災難後的住宅重建大致包括幾個不同的途徑：(1)原地重建
（reconstruction in-situ）或修繕補強（repairing and retrofitting）；(2)自行於他
處購屋或自行租屋安置；(3)接受政府提供的安置住宅；(4)在另外一塊基地上，
將住宅、社區資產與公共基礎建設重建起來。其中，第(2)與第(3)種方式係由個
別家戶自行決定，可稱為「遷居（resettlement）」；而第(4)種方式稱為「遷村
（village relocation）」（Jha et al., 2010）。由於莫拉克風災重建有同一基地出
現不同社區或部落遷居與遷村者，也有同一社區或部落分別遷居至不同基地的情
形，為免陷於用詞困擾，本研究將災區內經評估為不安全土地的原居住者或房屋
毀損不堪居住者，在另外一塊基地接受安置或重建家園，而遷離原居住地的重建
方式統稱為「異地重建」，不論接受安置者為個別的遷居，或者是集體或局部性
的遷村。

　　然而，一個完整的復原計畫必須包括倖存者與撤離者的家庭、社會與宗教網
絡的再連結。復原是一個個網絡、一個個區塊的復原，而不只是一棟棟建築物的
興建。亦即，災害復原必須重建鑲嵌在學校、職場、兒童安頓、商家、宗教、休
閒活動等的金字塔社會關係中（Campanella, 2006: 142）。災民才是災害復原的
生活者、新社區發展的主體，居民充分參與社區重建是必要的。以社區發展的
技術援助模式來說，由社區發展機構決定人民需求什麼？或是人民應該擁有什
麼？直接由該機構提供人力、設備、土地房舍、方案，來幫助社區解決問題，滿
足需求或實現目標，是一種非發展的技術援助（non-developmental technical as-
sistance）（Fear, Gamm & Fisher, 1989），或是Batten & Batten（1975）所說的
「直接的或指導式的」（directive approach）。社區（部落）期待的是由技術提
供者與居民共享計畫變遷（planned change）過程的決策。也就是即使居民渴望
專家協助，以促進地方社會、經濟、物理環境的改變，但雙方也必須立基在一種
同意合作的關係上來發展社區（徐震，1980），才是一種發展的技術援助，也

是一種「間接的或非指導式的途徑」（nondirective approach）（Batten & Batten, 1975）。只幫助社區解決問題，卻不讓社區居民參與解決問題的過程與教社區居民如何解決問題，這種解決社區問題的方式難以持久（林萬億，2006）。

二、異地重建、社會復原與族群文化

災後異地重建無疑是一種公共政策的備選方案（alternatives）之一。政策方案的選擇，通常基於：合法性（legitimacy）、價值偏好、民意、菁英意見、利益團體平衡、最大社會利益、過去經驗、成本效益等因素（Mayer, 1985），而文化也是一個重要的考量（Clarke, 2004）。據此，社會計畫絕非單純的分析互動的（analytic-interactional）課題，也是社會政治的過程（sociopolitical process）（Gilbert & Specht, 1977）。而所謂「異地重建」，通常指因災害造成原居地已不適合再繼續居住，或為降低面對未來災害的風險，把居民從高度脆弱性（vulnerability）地區遷離，並在另外一塊基地安置或重建家園，包括個別家戶的遷居，以及集體聚落的遷村等[5]。周延的異地重建，其過程不應只是住宅的重建，還包括社區的重新組織、營造與發展，並支持居民可以在新基地上重新站起來，恢復生活機能。換言之，異地重建不僅是硬體重建而已，還包括生計、社區、環境及社會等的恢復（Jha, et al., 2010）。

由於災害可能持續迫使脆弱地區的人們離開家園，使得將該地區的聚落遷移到一個相對安全的地方，成為保護聚落免於再度遭受災害侵襲的無奈選擇。因此，亦有論點認為只要異地重建過程能謹慎地評估其對居民所帶來的社會和經濟影響，並透過安善的規劃與充分的資助方案等來降低風險，緩和其衝擊，則異地重建途徑是可以被支持的，而且是可能會成功的（Jha et al., 2010）。換言之，異地重建不是一個「要與不要」二選一的課題，而是涉及如何規劃與執行的社會、經濟、政治、文化與科技議題。亦即，在進行異地重建時不能僅以為了保

[5] 莫拉克風災重建有同一基地出現不同社區或部落遷居與遷村者，也有同一社區或部落分別遷居至不同基地的情形。

護居民生命、人身及財產不受再度傷害為至高無上的理由，而由權力擁有者單方主導遷移地點、新社區與住宅規劃，乃至於決定居民未來的生活方式。據此，具體歸納異地重建之所以經常不成功的因素包括：(1)不適宜的新基地；(2)距離維持生計的地點與社會網絡太遠；(3)不當的住宅設計與基地配置；(4)缺乏社區參與；以及(5)低估異地重建成本的預算編列等（Jha et al., 2010）。

Brandley & Graninger（2004）從社會復原力（social resilience）的角度來探討災後復原與重建，認為若是災難的損失不會影響其常態生活時，所採取的策略原則上是以居民過去的生活經驗為依歸，就現有生活方式與空間來做調整，亦即「原地重建優先原則」；但若是災難造成資源的損失影響社區居民的常態生活與生存，則必須採取替代性策略，例如：異地安置、異地重建、改變收入來源，或是讓外部相關系統中功能較佳者進入社區共同工作。災後重建工作與社區居民生活情境脈絡有明顯的關係，所以必須注意其生活背景的文化特色與價值。Campanella（2006: 142）在探討災後社區復原力時也指出「復原力超出建物重建甚多」（resilience involves much more than rebuilding）。一個完整的復原計畫必須包括倖存者與撤離者的家庭、社會與宗教網絡的再連結。復原是一個個網絡、一個個區塊的復原，而不只是一棟棟建築物的重建。亦即，災害復原必須將重建鑲嵌在學校、職場、兒童安排、商家、宗教、休閒活動等的金字塔社會關係中。

在災害救援與重建過程中，災民由於缺乏資訊、財力、權力、接近服務的機會，而很容易陷入脆弱的（vulnerable）、被排除的（excluded）處境，因此更應該被重視（Zakour & Harrell, 2003）。許多國家的研究均顯示災後重建過程中必須考慮經濟階層、文化和性別等等的因素（Kulatunga, 2010）。這些在結構上的弱勢人口群，會在災難重建的參與過程中受到忽略。少數民族在政策決定的過程中，則更受經濟、種族和文化的邊陲地位限制，他們也多居住於較易受害的區域，當災難發生時，這群災害的易受害者，往往因文化的差異性而在決策過程中成為被安排與被決定的非主導者。

據此，災後重建的相關措施必須有高度的文化敏感度，並且對於族群文化特有的信念與策略給予正向、積極的回應（Marsella & Christopher, 2004），因為

個人處理壓力是一個動態、互動的過程，這過程中結合了社會文化環境中的文化背景與文化價值（Clauss-Ehlers, 2004）。此外，社區資產必須被嚴肅地思考，並以社區居民自己文化的語言來重新建構災難事件的原因與結果的意義（Yoon, 2009）；以及運用了特有的族群文化因應機制（ethno-cultural response）來看待災難事件，因為這些生存者獨特的個人、社會、心靈因應策略的重要性與價值往往勝過於正式的心理健康服務輸送（Rajkumar, Premkumar, & Tharyan, 2008）。Ozcevik Turk, Tas, Yaman, & Beygo（2009）並指出災後復原階段涉及4個重要內涵：災後復原的綜合計畫、社會資本與社區發展、法律架構、方案管理等，缺一不可。所謂的社會資本是個人與團體間的互信、社會網絡，以及有責任與意願朝向互惠的災後復原集體行動的社會規範，而永續的社區發展才是災後重建計畫的成功關鍵，從而不能輕忽原鄉社區組織的重要性。

三、原住民部落遷移的特殊考量

　　對原住民而言，土地不僅是一種財產與生產工具，更是他們生存、信仰、風俗、傳統與文化的基礎（Daes, 2001）。就像總部設於加拿大的「全球原住民議會（World Council of Indigenous Peoples）」於1985年所說：「僅次於將我們射殺，更肯定能致我們於死地的方式就是將我們與土地分離」（引自Burger, 1990: 122），這種特殊的關係，使得原住民部落的異地重建難度更高，政策執行過程必須更加細緻。

　　我國原住民基本法第20條明定：「政府承認原住民族土地及自然資源權利。」同法第21條亦明定：「政府或法令限制原住民族利用原住民族之土地及自然資源時，應與原住民族或原住民諮商，並取得其同意。」這些條文都彰顯國家對於原住民對原居住地的土地與資源的權利。然而，當災難發生，原住民居住地經專業判定為不安全時，國家應否限制其對原鄉土地與資源的權利，甚至令其強制遷移？針對此一議題，國際勞工組織（International Labor Organization）曾於1989年舉行的第76屆會議中通過〈原住民和部落人民公約〉（Convention concerning Indigenous and Tribal Peoples in Independent Countries），明定除非符合下列各款之規定，否則有關民族不得被從其所居住的土地上遷走（引自國際特赦組織臺灣分會，2012）：

（一）當這些民族的遷離作爲一項非常措施被認爲是必要的情況下，只有在他們自主並明確地表示同意之後，才能要求他們遷離；如果得不到有關民族的同意，則只有在履行了國家立法和規章所規定的程序之後，才能提出這一要求。在適當的時候，上述程序中可以包括公衆調查，以便爲有關民族能充分地陳述其意見提供機會。

（二）如果可能的話，一旦當遷離的原因不復存在時，這些民族應有權返回他們傳統的土地。

（三）根據協議的規定，或在沒有此類協議情況下，凡此種返回已不可能時，應盡一切可能提供給這些民族質量上和法律地位上起碼相同於他們原先占有的土地，適合他們目前的需求和未來的發展。凡有關民族表示傾向於現金或實物補償時，他們應有適當的保證方式獲得此類補償。

（四）個人因遷離所受到的任何損失和傷害，均應獲得充分補償。

此一公約標舉了幾個重要的原則，包括：必須具有必要性、必須尊重其自主、必須保留其返鄉之權利、必須提供適當的支持。從這些原則來看，莫拉克風災對受重創的原鄉部落而言，某種程度具備了遷移的必要性，採異地重建似乎是不可避免的途徑。但在重建過程中是否尊重其意願？是否保障其返鄉權利？這些都是重建的重要議題。

四、災後重建與社區共識

災害復原與重建階段最重要的是凝聚社區居民的共識。以美國卡崔娜風災（Hurricane Katrina）爲例：首先，紐奧良市長Nagin任命富商Joseph Canizero組成以全國性專家爲主要成員的都市土地機構（Urban Land Institute, ULI），提出「把紐奧良帶回來」（Bring New Orleans Back, BNOB）計畫；但由於社區參與

不足，社區反對由外部專家而非由自己來決定其命運，此計畫在反對聲浪下胎死
腹中。接著，市議會接手規劃Lambert Plan，由佛羅里達Lambert顧問公司獨立作
業。雖然Lambert顧問公司成功地結合在地的建築師和規劃師，並與災民一起工
作；但因未邀請市長、都市計畫委員會、投資商、受害較少的鄰里、區域代表
一起加入，其計畫也沒有獲得路易西安納州重建委員會的認可。於是，州重建
委員會把地方政治、機構結合在一起，成立一個「統一紐奧良計畫」（Unified
New Orleans Plan, UNOP），由洛克斐勒基金會（Rockefeller Foundation）贊助
350萬美元，並獲得具聲望與政治中立的大紐奧良基金會（Greater New Orleans
Foundation）支持。UNOP設計了雙層的公共參與：區與市，由13區各自邀請市
民參與公共計畫會議。上層是全市的三個社區議會，負責審查計畫與募款。但
由於倉促成軍且出席率低，屢遭批評，於是，又組成第二社區議會（Community
Congress II）來凝聚共識。第二社區議會集合2,500個代表性市民，用視訊連結5
個城市，加上15個離散的衛星社區，採用審議式民主（deliberative democracy）
方式通過UNOP（Wilson, 2009）。從紐奧良的重建經驗中，可看出參與是災害
重建中建立共識的關鍵因素。

　　Yoon（2009）研究1999年9月美國北卡州王子鎮（Princeville）水災後的重
建，也強調重建過程中居民自決的重要性。最初美國聯邦FEMA是採取異地安置
的重建模式，提供受災民眾在遠離洪水區以外地區購屋的住宅補助，禁止災民在
原地重建，以避免未來再度面臨水患的風險。但在災民的激烈反對下，最後救
災機構必須重新思考受災民眾的意見，尋求雙方的共識，才讓重建工作得以進
行。

五、異地重建的流弊

　　災難復原與重建對某些受災者來說，能從傷害、失落中復原到低度的福祉
狀態已是萬幸。但對另一些人來說，災難可能是一種復原轉銜（recovery transi-
tions），災難帶來機會，打破原先的生活經驗，讓他們從原先的政治、經濟、社

會結構中跳脫到一種新的生計方式，亦即異地重建的重新開始。然而，對外來者來說也可能藉此災難遂行其政治經濟的利益掠奪，例如：介入土地開發、觀光事業或國土資源的重新配置等。Rig, Grundy-Warr, Law, & Tan-Mullins（2008）在研究泰國南部遭受2004年南亞海嘯傷害嚴重的皮皮島（Koh Phi Phi）一帶的復原與重建時，發現政客與商賈正好利用災難，將原先在當地生活的小攤商趕走，重新開發當地成爲新的觀光點。顯示災難與不當重建策略亦可能提供一種黑勢力的入場券，政商聯手以保護環境與公共財爲名，將原來的居民遷徙到較無價值的地區，以利資本掠奪與累積。同時，災難也提供新玩家陣仗入場的機會，取代既有地方層次相對穩定的政治經濟與社會脈絡，例如，志工團體、NGOs、宗教團體、國際救援組織等的介入提供重建服務計畫，改變了既有的資本累積與社會分工的模式。

　　針對災後的異地重建，世界銀行（the World Bank）也提醒：（一）異地重建者及其社區應該向參與重建的機構提出要求，給予適度主導的角色；（二）參與重建的機構應該與政府合作建立一個共同的異地重建政策與準則，然後在共通的程序上執行異地重建，避免出現機構間的資源競逐；（三）要異地重建的社區應該組織社區異地重建委員會參與決策過程；（四）避免在距離原居住地遙遠的地點異地重建，而且要盡最大努力，將社區結合在一起；（五）異地重建地點的基本公共服務設施應該在評估階段就要講清楚。一旦確定要異地重建，一切都必須在異地重建前就已經到位；（六）協助異地重建者回復他們的生計活動，或者在異地重建地點開展他們不同的生計；（七）避免將不同種族、宗教或社會背景的社區遷移到彼此很靠近的地區，以防止社會衝突（Jha et al., 2010）。從這些準則可以看出，重建者的協力、對受災者的尊重、對受災社區的支持、利害關係人的參與等，都是重建過程中必須兼顧的重要面向。

六、人權規範與日本經驗

　　異地重建若有涉及原居住地的限制居住與限期遷離，國際上已發展有「憑

何諾原則」（Pinheiro principles），亦即任何災民、難民或被迫遷離者有權要求歸還其被占有或非法掠奪之原有住宅、土地與財產（COHRE, 2005）。此外，我國憲法第23條亦保障人民之居住及遷徙自由，國家如欲限制，必須合乎比例原則，並應以法律或經立法機關明確授權之行政命令爲依據[6]。從而，異地重建於法令制度面必須有非常縝密周延之規劃，方能避免上述流弊並與社會復原及關照族群文化的理念契合。

　　以2011年東日本大地震引發的海嘯與核災所制訂的《東日本大震災受災地區施行防災集體遷移促進事業手冊》爲例，集體遷移程序包括：(1)指定受災市街區爲「災害危險區域」，依據復興計畫條例實施建築限制；(2)於「災害危險區域」中劃定包含遷移家戶住宅地在內的土地區域爲「遷移促進區域」；(3)由防災集體遷移促進事業實施住宅社區的整備、遷移促進區域內住宅地的收購（徵收）及遷移者住宅重建的援助；(4)遷移後墟地可於條例規定的建築限制範圍內，依復興計畫進行土地利用。其中，市町村實施集體遷移事業時，需預先會同國土交通大臣召開集會並徵得其同意後，始得擬定集體遷移促進事業計畫。此外，該手冊中特別提醒：(1)爲防範有心人買賣受災區土地、重建無抗海嘯能力的不堅固住宅，地方公共團體（都道府縣、市、町、村）將實施必要的建築管制；(2)地方公共團體將整備遷入地點的住宅社區，並將它讓渡或租賃給受災者；(3)地方公共團體將補助受災者遷居所需花費；(4)受災者欲運用房屋貸款取得土地或重建住宅時，地方公共團體將補助相當於其利息的金額；(5)地方公共團體應於住宅社區內，就遷移者遷居相關且必要的農林水產業生產基礎及其近代化設施（共同作業場所、加工場所及倉庫等）予以整備，並租賃給遷移者，以確保遷移者的生計需求；(6)由於集體遷移事業爲缺乏強制力的地方自主事業，務必在相關受災者充分理解計畫且達成協議後始得施行（東日本大震災復興對策本部，2011）。

---

[6]　司法院大法官第443、454號解釋參照。

　　前述《東日本大震災受災地區施行防災集體遷移促進事業手冊》的第6點提醒，係因應平成17年（2005年）修正的《防災集體遷移促進事業國家財政特別措施相關法律》第4條所規定「市町村於擬定事業計畫時，應尊重及促進區域居民的意願，並以達成遷移促進區域全體居民遷移爲目標」而來；由此可見日本已體認執行集體遷移促進事業之目的雖爲避免居民再度受害，但讓遷移居民充分理解遷移計畫、達成共識，亦是異地重建圓滿達成的必要元素。

　　東日本大震災受災地區施行的防災集體遷移促進事業，所規定的集體遷移方式有三種：(1)社會住宅模式（入住公營住宅）；(2)租地集體重建（租賃住宅用地，並重建或一併購入住宅）；(3)購地集體重建（購入住宅用地，並重建或一併購入住宅）。除了現有公營住宅可安置有限家戶之外，其餘受災戶爲符合防災集體遷移促進事業手冊規定，幾乎不可避免地進行臨時住宅（temporary housing）或中繼安置（東日本大震災復興對策本部，2011）。

圖13-1　宮城縣女川町311東北大地震後安置災民的「假設住宅」

參、莫拉克風災後異地重建政策的檢視

一、「遷村條款」的出現

如前所述，災後重建政策不僅影響後續的重建進程，也可能改變受災者未來數年，甚至餘生的生活。復原與重建需求從災害發生時就開始，所以決策者必須在損害與損失評估之後，迅速建立重建的政策基調。更重要的是，相關決策必須與主導災害重建的機構、受災地區政府、受災者、參與重建的NGOs及社會大眾充分磋商與溝通對話之後，審慎規劃而出。臺灣在921震災與莫拉克風災後，分別制定《災後重建計畫工作綱領》與《以國土保育為先的區域重建綱要計畫》（行政院經濟建設委員會，2009），其目的即在於揭櫫災後重建的總目標與基本理念，作為後續重建計畫研擬與推動的依據。

災後住宅與社區重建是整體災後重建的關鍵部分，異地重建是否作為解決住宅與社區重建的一種途徑，自然成為整體重建政策決策的核心。臺灣過去幾次天然災害，如1990年歐菲莉颱風、1996年賀伯颱風、1999年921地震、2004年敏督利颱風（72水災）災後，是否辦理異地重建都曾成為討論的議題。2009年8月莫拉克颱風侵襲臺灣，在臺灣中南部造成嚴重的山崩、土石流與淹水等災情，並以原住民部落遭受的損害最為嚴重。期間，土石流肆虐與小林村滅村的驚悚畫

面，透過媒體傳播震撼國人，使得加強國土保育與辦理災後遷村的呼聲再起。8月20日，時任行政院院長的劉兆玄先生在第3157次行政院院會表示（行政院經濟建設委員會，2009）：

> 從這次慘痛的災變中，我們更深刻體認到國土保育的重要性，請經建會限期儘速提出以國土保育為上位的區域規劃方案，做為災區重建的指導原則，讓基礎建設重建、家園重建及區域產業重建能據以順利展開，當重建完成之後，現在的災民可以居住在一個更適合人住、更好的地方。（頁1）

　　顯然，決策者已將「國土保育」選擇作為災後重建的上位價值。據此衍生出基礎建設、家園重建、區域產業發展的次要價值。從而有給災民一個更適合人居的新家的執行方案。就此為「以國土保育為先」的災後重建政策定調，而8月27日立法院迅速三讀通過的「莫拉克颱風災後重建特別條例」，也首度將「強制遷居、遷村」政策法制化，即一般所稱「遷村條款」[7]，亦即特別條例第20條（共計九項，以下摘錄第一項、第二項）：「災區重建應尊重該地區人民、社區（部落）組織、文化及生活方式。中央政府、直轄市政府、縣（市）政府得就災區安全堪虞或違法濫建之土地，經與原住居者諮商取得共識，得劃定特定區域，限制居住或限期強制遷居、遷村，且應予符合前項之適當安置。」表13-2呈現本次特定區域劃定情形。

---

[7]　依照立法說明及其條文內容，遷村條款係以「防止災區土地不當利用」為目的，「劃定特定區域，限制居住或限期強制遷居、遷村」為手段。而為達成目的，所施行的手段應符合三個要件：「災區安全堪虞或違法濫建之土地」、「與原住居者諮商取得共識」及「提供符合遷村條款第1項規定的適當安置」，三者缺一不可。就此所衍生之行政訴訟，亦可參考屏東縣阿禮部落古秀慧等人因不服行政院農業委員會將阿禮部落劃定為特定區域，向臺北高等行政法院提起之行政訴訟判決（臺北高等行政法院99年度訴字第1677號裁判）。

表13-2 特定區域劃定情形

地區	特定區域	安全堪虞地區	合計
原住民地區	26	36	62（59）
非原住民地區	72	26	98（96）
總計	98	62	160（155）

註：（）內數字爲經評估爲不安全的部（聚）落數
資料來源：行政院莫拉克颱風災後重建推動委員會（2011：42）

二、原鄉重建與異地重建的差別待遇

在握有龐大捐款的NGOs承諾下，遷居或遷村過程最令人頭痛的住宅重建問題已獲解決，政府已無庸顧慮其在重建住宅上所可能受到的限制，遷村條款從而從容入法，並爲回應外界對於強制劃定特定區域的疑慮，於原遷村條款加入「經與原住居者諮商取得共識」等文字作爲程序要件，並於該條款第1項加入「災區重建應尊重該地區人民、社區（部落）組織、文化及生活方式」作爲適當安置所應符合的條件。從此，機構主導的異地重建（Agency-driven reconstruction in relocated site, ADRRS）成爲莫拉克風災重建的特色，連帶使得永久屋安置成爲莫拉克風災重建的主軸。從表13-3可見重建資源明顯集中在異地重建上，原地重建者相形之下受到忽略。表13-4則呈現永久屋基地之永久屋設計與營造工程發包方式，按照行政院莫拉克颱風災後重建推動委員會（2011：44）的估算，每戶永久屋（含公共設施）的興建費用平均約400萬元。

表13-3 異地重建與原地重建的差別待遇

重建機構	異地重建（含另行購屋）	原地重建
慈濟基金會	無償贈與永久屋。	無。
紅十字會	無償贈與永久屋。	補助每坪4萬元、每戶最高補助112萬元。
世展會	無償贈與永久屋。	無。

重建機構	異地重建（含另行購屋）	原地重建
中央政府（含賑災基金會）	1. 另行購屋者（不分配永久屋）補助50萬元及提供低利貸款。 2. 配合限期搬遷的遷居者另有房屋租金、搬遷費與生活輔導金補助。	提供低利貸款。

資料來源：作者繪製。

表13-4　永久屋基地之永久屋設計與營造工程發包方式

民間團體	辦理單位	是否統包	遴聘建築師			營造廠商（或統包廠商）				每坪單價
			公開徵求建築師	公開評選建築師	有無外聘委員	公開徵求廠商	決標方式	公開評選廠商	有無外聘委員	
紅十字會	委辦	否	有	有（1,2）	有（1,3）	有	最低價	有	無	6萬以上
世界展望會	自辦	部分	有	有（1,2）	有（1,3）	有	最有利標	有（1,3）	有（1,3）	5～6萬
慈濟	自辦	否	否	有-2	有（1）	無	最低價	無	無	未答

註：外聘委員：1.專家學者、2.政府代表、3.災民或社區代表。評選廠商：1.制定評選規範、2.組織評選委員、3.其他。

資料來源：研究者依三個主要援建團體提供之資料自行整理。

三、跳過中繼安置

（一）安置的階段性

　　災害發生後，災民之安置依安置時間長短可分為緊急安置、中繼（過渡）安置、長期（或永久）安置三者。中繼安置顧名思義為非久居的暫時安排，期間從幾個禮拜到數個月，端視後續銜接之永久住宅的安排順利與否。中繼安置因其流動性、簡易性、封閉性，對亟需有一良好復原環境的災民來說，還是不夠理

想。通常生活在不確定情境下的時間越長，對災後生理、心理、社會復原的效果越差。因此，有效而符合人性之災後復原重建通常不會讓緊急安置與中繼安置期間拉長到一年半載以上（林萬億，2010b）。長期安置是永久性的居住環境安排，包括原地重建、補助購屋、異地重建、配住永久屋等。如果政府手頭上擁有足夠的住宅存量，如社會住宅、勞工住宅、國民住宅等，則可直接配售（租）給災民作為長期安置之用，大幅縮短中繼安置的期間，甚至不需要中繼安置而直接進行長期安置（林萬億，2010a、2010b）。臺北縣政府在921震災後以勞工住宅餘屋作為災民低利貸款購屋的案例，即是一縮短中繼安置而快速進入永久安置的案例（林萬億，2002）。然而，目前臺灣各級政府手上握有的國民住宅存量幾已售罄，社會住宅又僅有6,397戶，主要座落於臺北市，且都已出租，根本無餘屋可供災民中繼使用（林萬億，2012）。倘若要跳過中繼安置，就必須加速異地重建的永久屋興建。然而，一旦跳過中繼安置，直接進入異地安置，就很難吻合世界銀行所提出異地重建的成功條件：居民參與、充分溝通、文化相容、歸屬感、社會風險低、住宅設計相似、公共設施完善等訴求（Jha et al, 2010）。

（二）組合屋的汙名與永久屋的盛名

回顧921震災後曾發生組合屋供給過剩的問題，故88災後政府期能透過較詳細的調查與「三選一」方案的同步公布，避免重蹈此一覆轍（謝志誠、邵佩君，2009）。所謂「三選一」方案，係8月21日內政部公布「莫拉克颱風災民優惠安家計畫」（院臺內字第0980053963號）所提供災民三選一的優惠安家方案，包括政府安置、興建臨時住宅（組合屋）安置或運用現有國防部備用營舍、教育部閒置校舍、其他閒置公有建築物安置等。至此，興建臨時住宅（組合屋）仍是安置選項，亦即中繼安置尚在規劃之內。在討論過程中，世界展望會曾提出中繼屋、組合屋或臨時住宅的構想，其目的都是希望藉由這些措施，讓受災者在完成重建之前，先有個相對穩定、足以沉澱並凝聚共識、思考未來的中途安置。就災後安置而言，「中繼安置」與「永久屋安置」本非相互衝突的課題，88災後卻因許多論述誇大組合屋的缺點，使組合屋不斷地被汙名化，

例如：「蓋組合屋之後要拆掉比較浪費，所以主張直接蓋永久屋。」「921大地震……組合屋後續會衍生出相當多的問題，甚至過了10年還沒有解決……。」（陳儀深，2011：45、80），等此論述所形成的氛圍，使得直接興建永久屋安置成為88災後沒有替選方案的安置策略。亦即，當政府確立了這個「以國土保育為先」的理念（idea）之後，開始一連串的政治論述，企圖框架特定政治介入行動的正當性，影響人民的認知（Taylor-Gooby, 2005）。例如：誇大組合屋的弊病、刻意突顯永久屋的好處與效率。

　　上述對921災後組合屋經驗的負面評價，其實是來自於不清楚或刻意掩飾當時的問題源頭。問題其實始自民間團體於災後競相投入組合屋的興建，使得當時擔任行政院副院長的劉兆玄先生都曾表示：「蓋臨時屋不能有『比賽』心理」（黃恩齡，1999a），加上原先登記組合屋者因租金補助政策的發布，紛紛轉向申請租金補助（謝志誠、邵佩君，2009），使得組合屋供過於求（黃恩齡，1999b）；後來為充分利用剩餘的組合屋，政府提出「剩餘組合屋再分配」的政策，將剩餘組合屋的分配對象擴及全、半倒住宅的承租戶及其他屬於社會福利或救助體系應行照顧的對象。921地震後的第二年起，部分組合屋住戶因已另行購屋或完成重建而陸續遷離，政府遂著手組合屋的全面清查，並進行閒置組合屋的整併與拆除，於此過程中，各股勢力介入，掀起了一波波的抗爭（楊克華、唐蒼賜，2002）。不容否認的是，組合屋因屬臨時性建物，一旦建材使用或設計不良，確實有夏熱冬冷的問題。若再加上住宅重建進度不如理想，或無法提出妥善的再安置計畫，則組合屋社區老舊與拆遷的問題，會逐漸擴大，並衍生成社會問題。惟921災後的組合屋問題，隨著最後一處組合屋——埔里鎮「菩提長青村」因暨南大學提出「老人照顧綜合園區實驗計畫」而保留下來，並於2006年5月26日解除列管（謝志誠、邵佩君，2009），並無所稱10年還未解決之實。

　　雖然受災者希望中央政府能在「遷村」和「不遷村」之間，提供「臨時住宅（中繼屋）」的中間選項，讓災區居民避免受到二度傷害，休息、思考，準備重建家園之路，例如：高雄縣那瑪夏鄉鄉長、屏東縣來義鄉鄉長及霧臺鄉鄉長、嘉義縣阿里山鄉鄉長等四位主要災區基層地方首長，在莫拉克重建會聯合提案興建

中繼屋,但2009年11月6日莫拉克重建會第12次工作小組會議卻決議:「本案有關建議興建中繼屋一節,考量中繼屋建造成本甚高,及中繼屋安置恐延緩永久屋安置進度,仍傾向不予興建。」顯然,在救災初期的忙亂,總統府與行政院不斷被批評救災不力的背景下,劉兆玄企圖以快刀斬亂麻的態勢將短期安置人數減少到最小範圍,讓災民迅速進入永久屋安置,以縮短中央政府陷入災後重建泥沼的期間。在這種趕進度、拼效率、救面子的心態下,加上慈濟基金會興建永久屋的提議,行政院與慈濟基金會一拍即合,順勢把紅十字會、世展會、張榮發基金會及法鼓山拉進來。據此,讓山林休養生息的論述與救災效率的追求合而為一,其它選項幾乎完全被排除。從此,在政府與5大NGOs「永久屋為優先,組合屋為輔」的原則下,莫拉克風災後興建永久屋成為一股主流,中國政府贈送臺灣的1,000套組合屋也有過半被放入倉庫,實際興建的組合屋(含中繼屋)共9處,312戶(行政院莫拉克颱風災後重建推動委員會,2011:161),其中位於六龜鄉新威天臺聖宮旁的組合屋興建後完全沒有入住者。

Manyena(2006)在討論災難復原力時指出災難復原力是一個過程導向(process orientated)甚於結果導向(outcome oriented)的概念。若將復原力僅視為是一項災後重建的結果是危險的。如果過分強調結果導向的災後復原,就會偏愛採取家長作風(溫和的專制主義),如此會導致活動傾向供給面多於需求面。以結果為導向的災難復原力方案是傾向採取命令與控制的做法,會忽視不平等、壓迫、喪失應得的權利,其結果會造成不安全和另一場災難。然而,如前所述,讓山林休養生息的論述與救災效率的追求合而為一,建構了「永久屋為優先,組合屋為輔」的政策框架。

肆、結論

面對難以預測且漸趨頻繁的天然災害,及其對人類聚落所可能產生立即而明顯的安全威脅,異地重建經常被行政部門認為是降低未來災害風險的最佳選

擇。然而，世界銀行匯集各國經驗後強調：「要灌輸專案管理人儘量減少異地重建案例的概念，縱使在不得不採用異地重建時，也要儘量減少異地重建的範圍和影響。」（Jha et al, 2010）莫拉克風災後，政府與民間團體跳脫傳統上災後重建較常運用的三階段模式，於最短時間內啟動異地重建機制，甚至於與原居住者諮商劃定特定區域的同時，即已選定異地重建基地、著手興建永久屋。

　　莫拉克風災重建迄今，異地重建者雖陸續入住永久屋，未來發展如何恐怕得等待更長時間加以觀察。面對下次重大災害之可能，臺灣需要什麼樣的災後重建機制？921震災後，政府於震災當日決定提供低利與免息貸款協助受災者重建家園，受災者必須負擔較大比例的家園重建經費（謝志誠等，2009）；莫拉克風災後民間團體將勸募所得大量投入興建永久屋且無償贈與異地重建者，受災者不必負擔家園重建經費。時空脈絡不同，待遇不相同。下一次災害發生後，我們需要什麼樣的安置政策？是否仍要延續莫拉克風災後的做法——以快速興建的永久屋取代中繼安置？這一切恐怕得在承平時期規劃清楚。

　　安置政策的內容必須從要運用那些方法來達成安置的目的，並且滿足安置對象的需求等角度來思考。雖然興建組合屋是災後安置措施中頗令管理者費心並隱含不少缺點的一種選項，包括成本過高、設計不當和其他固有的問題（Johnson, 2007），但從日本與中國等鄰近國家多次大型災害後的重建經驗來看，災後提供中繼設施安置災民，似乎是重建過程中一項不可迴避的重要工作。使用的中繼安置設施不管是組合屋（或板房）、中繼屋或閒置公有建築物等，必須以可延續災前家庭功能為原則。安置型態的比例規劃，亦必須充分考量受災戶的特質，都會地區或市場餘屋豐沛地區，可考慮以補助房屋租金為主，提供中繼安置設施為輔；鄉村、偏遠地區或市場餘屋不足地區，則以提供中繼安置設施為主，補助房屋租金為輔；至於原鄉部落受災，更應將在地族群文化、社會連帶之維繫視為優先考量。

　　以日本經驗而言，跨過中繼、直達永久住宅發生的可能性幾乎是零。為了建立社區重建的共識，日本災後臨時住宅居住期間超過2年是常有的事。因此，臨時住宅的興建也會朝向幾近於永久住宅的規格，除了居住空間較小之外，室內

設計、社區活動中心、圖書館、會議室、便利商店、食堂、洗衣間等，樣樣齊全，除了簡便組建之外，其居住與使用質感均有一定水準。一旦確定將以組合屋等方式中繼安置受災者時，應審慎考慮者尚包括：(1)釐清是單純的災後安置或兼具社會救助功能，據以確定安置的對象與資格標準；(2)確實掌握安置對象的數量；(3)加強臨時住宅的防熱與防火設計及材料的使用；(4)提升臨時住宅社區的自我管理能力；(5)退場機制的事前規劃，並做好溝通取得受安置者與社會的充分理解等。如此認真面對及規劃中繼安置，累積經驗逐步改善，而非以去脈絡性之論述將其排除於災後住宅政策選項之外，方有助於國家重建能力的提升。

　　至於是否將異地重建提升為重要的降低風險策略？則必須將原居地各種可能的減災措施、災害風險管理選項均納入評估，亦必須把「要遷到哪裡」、「怎麼遷」都一併納入考慮。決策也不應該僅侷限於「遷」或「不遷」二選一，其它包括降低村落負載量、暫時性遷離，等待原居住地的脆弱性降低後再返回，均是值得考量亦較人性化的做法（COHRE, 2005; Yoon, 2009）。一旦異地重建經過評估提升為重要的災後重建策略時，便必須進一步與受災者、社區及利害關係人（stakeholder）就基地選擇、基地布局、住宅選擇、基本公共服務設施、生計恢復與協助策略等進行反覆的諮商。過程中，不宜要求受災者快速決定，更不可以是強迫他們離開，並應尊重該地區人民、社區（部落）組織、文化及生活方式。前述東日本地震所引發的海嘯、核災等複合型災害集體遷移所重視的原則：「由於集體遷移事業為缺乏強制力的地方自主事業，務必在相關受災者充分理解計畫，且達成協議後始得施行」，更是必須被實踐貫徹。88災後，在安全效率優先的異地安置政策主導下，是否會有如世界銀行所提醒：「不合適的基地，可能導致生計流失、社區意識及社會資本流失、文化疏離、貧窮，甚至演變到後來，受災者放棄新基地，又返回到原居住地」的現象？值得關注；現在的永久屋是否會變成未來的避難屋，尚有待更長時間的觀察（鄭淳毅，2012）。

　　綜上所述，異地重建不僅是一個立法、拆遷、補償、新建、遷移的技術性過程，也是一個複雜的社會、經濟、政治、文化過程。在缺乏嚴謹的災害風險評估、社會參與規劃下，異地重建很容易在被當作是降低風險的速成策略時，忽略

了其本身就是一項高度風險。誠如上述，根據莫拉克颱風災後重建條例，於災後5個月內便核定了160個必須劃定為特定區域的地區，區內共6,316戶計19,191人，其中原住民族就有13,911人，占72.5%（行政院莫拉克颱風災後重建推動委員會，2010a：42、43），突顯災後的遷村政策受到最大影響的是原住民族。既然異地重建的難度如此高、風險如此大、流弊如此難防，且原住民族部落共營的生計與社會結構又與其土地及原鄉有其特殊之連結，則為何相較於921震災，88災後卻是走向「永久屋當道，中繼屋消失」的重建策略？與中繼屋一起消失的原鄉部落文化，是當今學界與社運界面對普羅旺斯式永久屋及官方重建數據時最大的隱憂。

參考書目

中文書目

交通部中央氣象局（2010）。天然災害災防問答集。上網日期：2016年12月2日。取自中央氣象局網頁http://www.cwb.gov.tw/V7/prevent/plan/prevent-faq/prevent_faq.pdf

行政院莫拉克颱風災後重建推動委員會（2010）。莫拉克颱風災區非原住民地區聚落安全評估。臺北：行政院。

行政院莫拉克颱風災後重建推動委員會（2011）。創新協力、重建永續家園。臺北：行政院。

行政院經濟建設委員會（2009）。以國土保育為先的區域重建綱要計畫。臺北：行政院。

東日本大震災復興對策本部（2011）。東日本大震災からの復興の基本方針。日本：東日本大震災復興對策本部。Retrieved May 31, 2017, from http://www.reconstruction.go.jp/topics/doc/20110729houshin.pdf.

林萬億（2002）。災難救援與社會工作：以臺北縣921地震災難社會服務為例。臺大社會工作學刊，7，127-202。

林萬億（2006）。當代社會工作：理論與方法（二版）。臺北：五南。

林萬億（2010a）。災難管理與社會工作。社區發展季刊，131，65-83。

林萬億主編（2010b）。災難管理與社會工作實務手冊。臺北：臺灣社會工作專業人員協會。

林萬億（2012）。臺灣的社會福利：歷史與制度的分析。臺北：五南。

徐震（1980）。社區與社區發展。臺北：正中書局。

國家災害防救科技中心（2010）。莫拉克颱風的災情勘查與分析（摘要本）。上網日期：2016

年12月2日。取自國家災害防救科技中心網頁http://satis.ncdr.nat.gov.tw/morakot/report/abstract.pdf

國際特赦組織臺灣分會（2012）。原住民和部落人民公約。上網日期：2016年12月2日。取自國際特赦組織臺灣分會網頁http://www.aitaiwan.org.tw/index.php?page_id=812

陳宥全、黃昱翔、金紀偉（2006）。土石流災後遷村探究—以花蓮銅門村爲例。濤聲學報，1，263-278。

陳儀深（2011）。八八水災口述史2009-2010災後重建訪問紀錄。臺北：前衛出版社。

程于娟（2011）。災後遷住重建政策機制的探討—以臺南學甲鎮二港仔爲例。未出版碩士論文，長榮大學土地管理與開發學系碩士班。

黃恩齡（1999a）。劉兆玄：蓋臨時屋不能有「比賽」心理。中國時報1999年10月2日，3版。

黃恩齡（1999b）。組合屋分配出現供需失調。中國時報1999年10月22日，6版。

楊克華、唐蒼賜（2002）。災盟：強行驅趕災民太不人道。聯合報2002年6月20日，17版。上網日期：2016年8月31日。取自聯合新聞網資料庫網頁http://udndata.com/library/

鄭淳毅（2012）。大社部落回鄉報告祖靈：接受禮納里，不棄舊部落。上網日期：2016年8月31日。取自莫拉克獨立新聞網http://www.88news.org/?p=16455

謝志誠、邵珮君（2009）。921大地震災後安置政策的回顧。檔案季刊，8，4-15。

謝志誠、張紉、蔡培慧、王俊凱（2008）。臺灣災後遷村政策的演變與問題，住宅學報（論壇），17(2)，81-97。

英文書目

Batten, T. R., & Batten, M. (1975). *The Non-directive Approach in Group and Community Work*. London: Oxford University Press.

Burger, J. (1990). *The Gaia Atlas of First Peoples: A Future for the Indigenous World*. London: Gaia Books Ltd.

Campanella, T. J. (2006). Urban resilience and the recovery of New Orleans. *Journal of the American Planning Association, 72*(2), 141-146.

Clarke, J. (2004). *Changing Welfare Changing States: New Direction in Social Policy*. London: Sage.

Clauss-Ehlers, C. S. (2004). A framework for school-based mental health promotion with bicultural Latino children: Building on strengths to promote resilience. *International Journal of Mental Health Promotion, 6*(2), 26-33.

COHRE (Centre on Housing Rights and Evictions) (2005). *Pinheiro Principles*. Switzerland: COHRE International Secretariat. Retrieved August 31, 2013, from http://www.unhcr.org.ua/img/uploads/docs/PinheiroPrinciples.pdf.

Daes, Erica-Irene A. (2001). Prevention of discrimination and protection of indigenous peoples and minorities: Indigenous peoples and their relationship to land. *UN Economic and Social Council*, E/CN.4/Sub.2/2001/21, 11 June.

Dilley, M., Chen, R. S., Deichmann U., Lerner-Lam, A. L., Arnold, M., Agwe, J., Buys, P., Kjekstad, O., Lyon, B., & Yetman, G. (2005). *Natural Disaster Hotspots: A Global Risk Analysis*. Washington, DC: The World Bank. Retrieved December 22, 2011, from http://www-wds.worldbank.org/external/default/WDSContentServer/WDSP/IB/2005/11/23/000160016_20051123111032/Rendered/PDF/344230PAPER0Na101official0use0only1.pdf.

Fear, F., Gamm, L., & Fisher, F. (1989). The technical assistance approach. In J. Christenson & J. Robinson (eds.) *Community development in perspective* (chap. 4). Ames, IA: Iowa state University Press.

Gilbert, N., & Specht, H. (1977). *Issues, Models, and Tasks: Planning for Social Welfare*. Englewood Cliffs, NJ: Prentice-Hall.

Handmer, J., & Dovers, S. (2007). *The Handbook of Disaster and Emergency Policies and Institutions*. London: Earthscan.

Jha, A. K., Barenstein, J. D., Phelps, P. M., Pittet, D., & Sena, S. (2010). *Safer homes, Stronger Communities: A Handbook for Reconstructing after Natural Disasters*. Washington, DC: The World Bank Group.

Johnson, C. (2007). Strategic planning for post-disaster temporary housing. *Disasters, 31*(4), 435-458.

Kulatunga, U. (2010). Impact of culture towards disaster risk reduction. *International Journal of Strategic Property Management, 14*(4), 304-313.

Marsella, A. J., & Christopher, M. A. (2004). Ethno-cultural considerations in disasters: An overview of research, issues, and directions. *Psychiatric Clinics of North America, 27*(3), 521-539.

Mayer, R. R. (1985). *Policy and Program Planning: A Developmental Perspective*. Englewood Cliffs, NJ: Prentice-Hall.

Ozcevik, O., Turk, S., Tas, E., Yaman, H., & Beygo, C. (2009). Flagship regeneration project as a tool for post-disaster recovery planning: The Zeytinburnu case. *Disaster, 33*(2), 180-202.

Rajkumar, A. P., Premkumar, T. S., & Tharyan, P. (2008). Coping with the Asian tsunami: Perspectives from Tamil Nadu, India on the determinants of resilience in the face of adversity. *Social Science & Medicine, 67*(5), 844-53.

Rigg, J., Grundy-Warr, C., Law, L., & Tan-Mullins, M. (2008). Grounding a natural disaster: Thailand and the 2004 tsunami. *Asia Pacific Viewpoint, 49*, 137-154.

Taylor-Gooby, P. (2005). *Ideas and Welfare State Reform in Western Europe*. Basingstoke, Hampshire: Palgrave Macmillan.

Wilson, P. A. (2009). Deliberative planning for disaster recovery: Re-membering New Orleans. *Journal of Public Deliberation, 5*(1), 1-23.

Yoon, I. (2009). A mixed-method study of Princeville's 28. Rebuilding from the flood of 1999: Lessons on the importance of invisible community assets. *Social Work, 54*(1), 19-28.

Zakour, M. J. & Harrell, E. B. (2003). Access to disaster services, *Journal of Social Service Research, 30*(2), 27-54.

第四篇

復原與重建

第十四章　社區復原力

趙善如

壹、前言

　　在災難危機治理領域中，社區復原力（community resilience）是一個重要概念，也是一個行動計畫，因為社區復原力不僅關係著社區如何在災難過程中降低財物與人員損失，以及能夠有效率地從災難帶來的負面影響中重建、恢復日常生活。根據，聯合國國際減災策略組織（United Nations International Strategy for Disaster Reduction, UNISDR）（UNISDR, 2009）對復原力所下的定義，係指社區所以擁有的一種系統能力，此能力不僅可以讓社區抵抗災難與承受災難的影響，同時也可以即時且有效率地適應災後帶來的負面影響與重建。所以，社區復原力包括社區的防災能力與災後重建能力，使社區在災難中可以達到保護效果、減少損失，並且在災後可以有效的調適與重建，故牽動著社區居民在災難時的財產與生命安全。

貳、社區復原力之定義

　　社區復原力是指，社區可以去抵抗與回應災難、從災難中重建，以及在災難後適應的過程中有能量重新組織、改變，並且從災難事件可以有所學習。Imperiale & Vanclay（2016）就提到，與其說社區復原力是讓社區在災難之後能夠回到原狀的力量，更精準地說，社區復原力是社區生存的複雜過程，在此過程中社區的集體行動，回應災難後負面的社會與經濟之影響。所以，社區復原力不能僅被視為是一系列的社會資本，而應該被視為一複雜的社會過程，在此過程中是允許社區為了社區的生存與生活福祉，可以自我組織並且採取正向集體行動。

　　為了更積極地回應氣候變遷帶來的影響，現階段對於社區復原力概念，不僅是限於災後重建，已經擴充到社區如何與災難共存的能量，其內涵包括了在災難發生之前，社區居民和組織是參與減災的準備工作；在災難發生之後，參與社區的適應與復原之活動。具體說明其工作之意涵，即是包含了災難前的準備工

作，當災難來臨時使社區可以承受負面影響或是損害最小化；並且藉由有計畫的執行，當災難發生時可以獲得所需要的補充品和資源，使社區可以持續維持其主要活動；另外，在復原時期，社區在可估計的時間內有能量回到災難前的條件，或是因應災後的實際狀況，發展出新的能力，使社區更具有調適力（Ostadtaghizadeh, Ardalan, Paton, Khankeh, & Jabbari, 2016）。

另外，復原力在災難危機管理（disaster risk management, DRM）領域中，多數是從生態系統理論（ecological systems theory, SES）來了解人類與環境之間的交叉互動動力，並且在解釋復原力時將其視為一個系統特性，因此提供我們開始思考與關注相關的系統，包括適應循環的概念、適應力與轉變、社會或是生態的次系統（Walker et al., 2006）。雖然，社會生態系統可以提供我們對復原力有較整體的解釋，不過仍有一些限制，像是無法輕易地解釋政治議題；重視結構的改變而忽略系統中行動者的行為、無法處理的情緒（Brown & Westaway, 2011），這些可能會引發系統復原力的瓦解。所以，社區災難復原力（community disaster resilience, CDR）也被視為一種融入當地文化之現象，與當地社區居民生活方式、行為模式有密切關係。

然而，在討論社區災難復原力時，還必須釐清先確認復原力此概念重要的幾個相關議題，才有助於社區復原力之建構（Matyas & Pelling, 2015）：

第一，復原力不是易脆弱性的相反詞，復原力與易脆弱性兩者是同時存在，並且最好是被視為兩個獨立、分離的兩個概念。雖然，社區復原力在1970年代一開始是被視為人類的易脆弱性（vulnerability）之相反詞被運用（Gaillard, 2010），或是認為復原力與易脆弱性是一個銅板的兩面，但是這些是不恰當的（Klein, Nicholls, & Thomalla, 2003）。因為，事實上有些特質雖讓個體感到脆弱，但是卻同時會驅使個體有能力去適應。例如，老年是被視為造成個體脆弱性的來源，但是事實上老年個體同時是可以藉由過去的經驗、新的學習來增加其復原力（Matyas & Pelling, 2015）。

第二，過去對復原力的定義是傾向強調「結果」之取向，但是近來改變為「過程-結果」之取向（Manyena, 2006）。因為，如果是採取結果取向，會將復

原力視爲一個固定的狀態；但是，如果採用過程─結果取向，則會將復原力視爲持續發展、動態之現象，並且將焦點放在決策的系統而不是在成果。另外，如果採結果取向，也會引導我們將復原力視爲對某一種事件的反應狀態，而較缺乏主動性與減災之行動（Matyas & Pelling, 2015）。

第三，復原力不僅是回到災難前的原來狀態，而是有機會可以超出（Folke, 2006）。因爲，復原力相信個體與社會組織系統是有自我期許、批判性的學習、反思性，是可以從過去的經驗有所學習；並且每一個威脅或是易脆弱因子，都是社區改進、發展的一個機會與一個開始（Ostadtaghizadeh et al, 2016）。所以，即使社區的結構是相同，但個體與組織不僅可以使社區在災後回到現況，而且有機會可以是一個新的樣貌（Matyas & Pelling, 2015）。

由上述可知，社區復原力在災難危機管理中，是包括了災前的準備與災後的調適、重建；社區復原力建構分析，不僅是看到社區的不同次系統，也要關注系統中行動者彼此的行爲互動與情緒；社區的復原力是與易脆弱性同時存在；社區復原力的建構是過程與結果並重，並且其結果不僅是回復到社區的原狀，同時有機會讓社區有新生活的開展。

參、社區復原力之範疇、內涵與特徵

一、社區復原力之範疇、內涵

既然，社區災難復原力與社區居民的生活有密切相關，是牽動著社區居民在災難發生時的生命安全，故社區災難復原力所涵蓋的範疇是多面向。首先，Mayunga（2007）從資本的觀點，提出了社區復原力架構應該包括：

1. 社會資本，像是社會結構、信任、規範、社會網絡等。
2. 經濟資本（可以使社區居民維持生計的財政資源），像是儲蓄、收入、投資和信用等。
3. 物理資本，涉及所建立的環境，像是公共建築物、商業與工業、水壩和

堤岸、住宅等。

4. 人本資本，像是教育程度、健康情形、技術和知識等。

5. 自然資本，像是天然的原物料、土地、水資源、生態系統等。

Ostadtaghizadeh, Ardalan, Paton, Jabbbar & Khanken（2015）有系統地檢視社區災難復原力之相關文章後發現，將社區災難復原力大致可以分成5個領域，此5個領域的同義字或是次類目如下表14-1。

表14-1 社區災難復原力之領域與同義字

領域（Domain）	同義字或是次類目（Synonyms or sub-categories）
社會的	人類資本、生活型態與社區能力、社會與經濟、社區資本、社會與文化資本、人口和人口基本特質、危機知識
經濟的	經濟發展、社會與經濟
制度的	治理、具組織化的政府服務、資源管理、預警與撤離、危機回應、災難後重建
物理的	公共建設、土地利用和結構設計
自然的	生態系統

資料來源：Ostadtaghizadeh et al., 2015, p14。

從上述提供的訊息，讓我們了解社區復原力在災難危機管理領域之整體輪廓，主要涵蓋了社區居民個人的特質與知能、重要制度、生活環境與設施、生活型態、人與人之間的關係。所以，在討論、分析與建構社區復原力時基本上是必須在社區的社會脈絡之下，才能夠真實地反應當地社區復原力之樣貌，以及需要努力建構之方向。

另外，在建構社區復原力之前，必須先了解與評估目前社區復原力現況，作為建構復原力之依據；並且在建構復原力過程，也必須定期檢視復原力發展情形，作為後續行動策略之參考。因此，必須有一個明確與具體的社區復原力之架構與指標。Ostadtaghizadeh et al.（2016），曾以伊朗為例，透過質性研究，提出社區災難復原力的六個面向與指標。首先，在社區災難復原力面向包括了

管理、社會、經濟、文化、物理、環境等六個面向，並特別突顯文化面向。因為，伊朗伊斯蘭共和國實行政教合一的政治體制，伊斯蘭教在國家的政治生活中擔任非常重要的角色，伊斯蘭教在伊朗擁有至高無上的道德權威，是公共生活的最高準則；尋求社會的正義和公平是伊朗文化的重要特性，以及敬老尊賢和對外賓的殷勤款待也是伊朗傳統禮儀的一部分（維基百科，2017）。因此，在建構社區復原力主要面向範疇，除了考量一般共同的面向之外，也必須刻意突顯社區特殊且具影響力的生活面向。

　　此外，為使社區復原力的評估與建構更具體，在主要的面向下形成了指標。管理面向之主要指標，是涉及災難危險評估；社會面向是社區災難復原力中重要且具效能的指標，是可以快速提升社區復原力，並且也影響其他面向復原力的運作；經濟面向是包括了個人與政府的財務能力，其中個人的經濟能力尤其是重要指標；文化面向，主要涉及社區居民對災難事件處理的方式與態度；因為每一個社區是由物理結構、居民，以及兩者的關係所構成，所以在物理面向，是探究了社區物理的結構、位置、空間此三者與社區復原力的關係；在環境面向，主要是討論與災難有關的生態環境，以及社區面臨的災難的頻率與嚴重性（有關六個面向的詳細指標見表14-2）（Ostadtaghizadeh et al., 2016）。

表14-2　社區災難復原力面向、特質屬性、指標

面向	特質屬性	指標
管理	管理人員特質	管理人員的背景、彼此的相似性、過去的經驗、能力、專長、責任感、知識、技能
	管理的資源	電信系統、物流系統、財政資源、預警系統、進階的科技系統、快速的評估系統
	管理的程序	相關事務持續性的計畫、一致性的管理、法規、公共傳播、預備計畫、方案評估、協商、合作、危機評估、都市計畫

面向	特質屬性	指標
社會	社會資本	慈善機構、非營利組織、宗教委員會、公共參與、公共責任、地理上的連結、凝聚力、社會網絡、社會信任、社會適應、地方的協商會議、災難的非營利組織
	社會安全	貧窮、盜竊、藥物濫用、暴力、貪汙、不信任、凶殺、歧視、職業安全、犯罪、婦女議題
	心理社會準備	先前的災難經驗、目前壓力、面臨的問題、災難覺察、社區緊張、心理失調
	生活型態	公眾期望、預期壽命、健康、公共秩序
經濟	收入	儲蓄、薪水、災難前的薪水水平、財政支持、通貨膨脹、保險、社會安全制度
	就業	就業狀況、投資氣氛、投資機會
	經濟關係	政府的經濟力、與國家的財政的關係、可用在災難議題的經費、非官方的經濟單位、經濟問題
文化	世界觀與態度	對於優勢的信念、災難的觀點、因果關係觀點、意外事件觀點、哲學觀
	知識與覺知	讀寫能力、災難知識、災難覺知
	文化傳統	文化價值觀、古老的歷史遺址
	宗教	上帝存在與否、災難的報應、倫理觀
物理	位置	土壤特質、地下水、土地利用、完整與詳細的設計
	結構	建築物的法規、建築物的耐受性、逃生路線、正式的安置處所、結構受損的建築物
	空間	道路、閒置空間、醫院、消防站
環境	生態系統	環境政策、環境方案、氣候、工業、全球暖化、水源狀態
	災難的強烈度	災難發生的次數
	災難的嚴重性	災難發生的可能性、可預測的嚴重性

資料來源：Ostadtaghizadeh et al., 2016, p.1852。

　　Alshehri, Rezgui, & Li（2015）曾在沙烏地阿拉伯，利用德菲爾法（Delphi method）專家小組方式，提出了社區災難復原力應該含括面向之架構，並且依

據重要性給予評分。研究結果指出，社區復原力各面向的重要性，依序如下：健康與生活福祉、治理、訊息與溝通、物理與環境、社會、經濟等6個面向（其各面向的指標如表14-3）。換言之，相關專家認為，在社區災難復原力是以健康與生活福祉為最重要的面向，因為在災難發生時滿足社區居民的生理需求、維護社區居民的醫療健康照顧，是首要任務。另外，此6個面向在災難危機管理領域中有其不同的角色：

1. 健康與生活福祉面向，在社區復原力架構中，是扮演如同骨幹般之重要的角色，因為它確認在災後社區居民可以獲得適當的醫療服務，以及防止災後傳染疾病的發生。

2. 治理面向，是涉及災難危機減少的核心面向，其內涵是涉及法律、法規、協商、決策過程等，其中社區居民的參與更是不可缺少的元素。

3. 訊息與溝通面向，是發生災難情境下重要的議題，尤其是預警系統，是可以讓危險性較高地區居民可儘速來撤離；以及可信賴的溝通系統對有效的危機災難治理是極其重要。

4. 物理與環境面向，是指社區是否承受災難的襲擊的重要關鍵面向，主要是因為涉及社區中的基礎公共建設。

5. 社會面向，在社區復原力架構中重要的一部分，因為此面向在增加社區居民災難適應力扮演一個非常有意義的角色，比如社區居民的危機意識與訓練、不同個體和組織之間的社會網絡。

6. 經濟面向，此面向是與社區如何因應災難造成的影響有密切的關係，例如：可以運用的重建基金、不同的收入來源、保險項目等。

表14-3　針對災難的社區復原力面向與指標之內涵

面向	指標
健康與生活福祉 （14個指標）	可以獲得乾淨的水和適當的盥洗設備、食物的安全性、受到訓練的健康工作者、醫療資源（如醫院的病床）、傳染疾病的控制、可使用的健康支援、公共衛生、防疫方案、有效的生物安全保障系統、疾病檢查、家庭健康教育和訓練方案、辨識與定義特殊需求、心理健康照顧與心理支持方案、醫療智能取得
治理 （11個指標）	災難計畫與政策（包括減災計畫、危機管理的教育訓練）、災難後具統整性的領導、針對建築物與公共建設標準與規則之運用、可被分享的訊息（透明度）、適當的危險評估之科學性分析、已整合的發展政策與計畫、機構之間的合作與協調、清楚的夥伴關係與合作（包括私部門）、社區居民的參與（志願主義；包括女人與小孩）、整合不同人口群的特殊需求到危機計畫與行動中、在工作架構上具整合性的合作與協調
訊息與溝通 （9個指標）	預警系統、可信賴的溝通系統、可被信任的訊息來源、重要數據的蒐集、媒體的職責、社區溝通平臺、視覺性的警報系統、有能力去開發（利用）社會媒體、有能力串聯從國際到社區的相關訊息
物理與環境 （10個指標）	從過去災難的學習經驗（無論災難的影響多大、嚴重程度）、可以承受災難襲擊的公共建設（如鐵路、公路、下水道等）、已整合的交通／電力／通訊系統、災難來臨時可以使用住所、便利的公共建設、災難造成的廢棄物管理、重建工作機動性資源的管理（含受過訓練的工作人員）、已發展地區的位置（可能受到災難的影響）、對於已發展環境與現有服務的監督、受到汙染地區的處遇計畫
社會 （11個指標）	危機覺知和訓練、危機的認知、社區意識、居民的信念與態度、彼此之間的信任、先前的經驗、社會網絡、信仰組織（例如：清眞寺）、教育程度、人口基本特質（年齡與性別）、國際語言能力
經濟 （7個指標）	災後重建可利用的基金、可以使用的財政服務、經濟資源的層級與多樣性、保險項目、房屋所有權現況、收入與就業情形、生產總值（GDP）

資料來源：Alshehri et al., 2015, p.406-409。

　　上述所提到的社災難復原力的相關範疇面向，基本上不同的學者或是不同地區所產出的研究結果不盡相同，其主要原因是社區復原力展現出社區文化的特殊性，以及與當地的生活方式有密切相關。不過，基本上，社區復原力是一個具多重面向之現象，需要跨專業的合作，長期的規劃與採取行動，建構社區的災難復

原力。另外，仔細分析這些面向與指標，絕多數是在災難發生之前就必須進行分析評估、計畫、做好相關的準備；等到災難發生時可以協助社區抵抗災難，減少人員與財務的損失；並且在災難發生後，可以很快地適應災後的生活，可以有效地從災後中重建。因此，災難是具有不可控制性，且其造成的負面影響或是導致的財務損失，常超出我們的想像，建議我國中央政府與各級地方政府，可以根據地方或是社區的文化與生活型態，列出社區災難復原力的面向與指標清單，作為地方與社區防救災計畫長期努力的工作方向，以及災後適應與修復之依據。

二、社區復原力的特徵

　　社區復原力是被期待可以減少社區在災難的損害與損失，並且可以協助社區居民有效地適應災後生活與重建，所以除了內容範疇是多面向、需要跨專業之外，在災難危機管理領域運用中仍有其重要的特徵，這些特徵可以作為擬定與推動社區復原力建構計畫之參考（Bahadur, Ibrahim & Tanner, 2013）：

（一）高度多樣性（High diversity）

　　多樣性可以強化復原力與生態系統功能。多樣性在不同的生活場域中會以不同形態來呈現。例如，鄉村社居民的生計和幸福感，是強烈依賴多樣性的健康生態系統與服務提供者；社區的發展是依賴多樣性的天然資源；多樣性立場的利害相關人參與復原力的建構過程，可以有不同的貢獻；多樣性的計畫與重建活動，可以引發不同能量的建構。

（二）有效的治理與機構（Effective governance and institutions）

　　有效的治理與機構之價值，是在建構社區不同層級系統的復原力。復原力有一個重要的思維是，要使組織與政策可以分權化，因為如此可以更有彈性回應社區的需求和地方的事務。多中心與多階層的組織是可以改善知識與行動之間的適合度，並且在情境中能夠以適當的方式，給予更有調適力的回應。另外，考量團體和治理之結構，在支持社區居民生活適應的服務輸送系統相當重要。治理的團

體是在充分被授權與強調責信的情境下工作，通常其結果是傾向正向、強壯、有長期效果。

（三）接受不確定性與改變（Acceptance of uncertainty and change）

社區復原力，基本上就是要處理不確定與改變。當每一層級的系統，例如個人、組織，具有「彈性」此特徵時，就有能力去回應變化或是非預期的情況。雖然，我們總是期待社區災難復原力相關的計畫或是政策，是直線的發展，也就是依照規劃來完成；但是，事實上，在執行過程中總是會出現非預期的情況發生。因此，必須接受不確定性與改變，並且需要有足夠的彈性來處理。

（四）非平衡系統動力（Non-equilibrium system dynamics）

非平衡取向主張，儘管社區在災後企圖透過復原力，要使被破壞的社區狀況回歸到平衡、穩定的狀態。但是事實上，必須認知到不同系統元素之間是存在著一連串的關係，並且每一個系統都有其個別的平衡狀態。所以，當一個系統回到平衡狀態，其實另一個系統有可能就被牽動而處於非平衡狀態。故，在討論社區災難復原力時，必須認知到，整個社區大系統其實會一直出現非平衡系統動力。

（五）社區參與及包含當地的知識（Community involvement and inclusion of local knowledge）

社區參與及包含當地的知識，是可以改善緊急狀況相關服務的協調度。因為，社區參與以及包含當地的知識是建構社區災難復原力的重要基礎，並且可以彌補科學知識與當地現況之間的落差。值得注意的是，僅在當地知識的範疇內，社區能量建構是不夠的，還是必須結合現代科學知識，才足以對抗目前多變的氣候變遷與極端氣候之影響。

（六）準備與計畫（Preparedness and planning）

為災難可能帶來的破壞做好準備與計畫，也是社區復原力系統重要的特徵。因為做好準備與計畫，可以減輕災難帶來的損失，是增加復原力重要的工具之一。

（七）高度的公平性（High degree of equity）

在社區災難復原力的建構過程，當愈公平時，社區居民的凝聚力會提升，就會有更多的復原力。公平性的型態包括：資源和資產公平的分配、居民參與的公平性等。

（八）社會資本、價值觀、結構（Social capital, values and structures）

社會資本是結合了社會支持、組織間的連結、社區凝聚力，可以產生社區復原力；並且，社會資本促成的社會網絡，可以創造彼此之間的信任，此信任可以有助於問題的解決、建立共識、減少衝突，以及促進社區居民的參與。另外，在執行以社區為基礎的復原力適應計畫時，如果彼此之間沒有共同可以分享的社會價值觀，則無法調節彼此的差異、發展信任，反而會造成負面的影響。此外，社區原來就存在著不同屬性的團體或是有著不同利益的團體，並且它們彼此之間的動力存在高度多樣性，故在執行社區復原力計畫時，可以注意團體之間的平衡。

（九）學習

社區災難復原力係指，有能力去面對與處理災難帶來的不確定性、破壞、改變，所以必須學習相關的知能來回應災難發生的處境。同時，學習可以強化社區相關的準備工作，提高有效回應災難帶來的各種影響。

（十）採用跨不同系統的觀點（Adoption of a cross-scalar perspective）

當社區採用跨不同系統的觀點，意即可以垂直整合社區系統與社區外的系統，是協助社區擴充可以使用的資源，例如，一個都市的防災計畫，必須將鄰近的鄉村地區納入，因爲這些鄰近的鄉村可以提供一些重要的物資與服務。

透過上述社區復原力的特徵，可以進一步了解，社區要建構災難復原力，是一件不容易之事，需要進行不同的計畫與活動，需要不同專業知識的注入，需要不同背景社區居民與團體的參與，需要社區內部不同系統與社區外部系統的支援，最後，更需要一個完整的計畫，在災難發生之前就可以逐漸檢視與分析社區復原力現況，並且將相關的策略與活動，融入社區平常的活動與居民的日常生活；使災難發生時，可以有效發揮平日所準備與建構的能量，快速地適應災後生活。

肆、建構社區復原力的行動

社區復原力，不能只停留在概念、想法的討論，社區必須採取行動，具體建構因應災難的社區復原力。在此介紹社區行動計畫（Community Action Planning），作爲當災難發生前，建構社區復原力之行爲依據。社區行動計畫，是一種透過問題解決之參與方式，主要目標是藉由將焦點放在物理環境的改善、社區結構的強化來減低危機。社會行動計畫的參與者包括了社區、政府單位、非營利組織、其他的公民團體與社區居民。在社區行動計畫執行過程中，社區本身是可以藉由社區當地與相關參與者的知識，衍生出力量。換言之，社區行動計畫對社區而言，是具有自我充權的意義與價值，對社區復原力的建構是有高度之助力。社區行動計畫可區分成三個階段，一是問題與機會的辨識；二是具優先順序的解決策略；三是執行與監控的行動（Prashar, Shaw, & Takeuchi, 2013）：

（一）首先在問題與機會的辨識階段時，可以依據社區復原力面向和指

標，透過資源盤點、社區訪問或是小組討論，訂定出必須改善議題。

（二）再根據要解決的社區復原力之議題，藉由工作小組的腦力激盪、圖解法（diagramming）、問卷調查等方式，找到合適社區場域、社區能力可及的行動計畫，並且排出優先順序。

（三）最後，將行動計畫付諸執行，這過程包括了要設定時間表、成本分析、委員會的成立、責任的討論與分配等；另外，在監控部分，是評估社區行動計畫目標達成情形與產生的影響，並且可以同時使用質性與量化的評估方式。

另外，一個具有高度復原力的社區在面對災難時，有能量表現出抵抗、修復、創造等3種特性（Maguire & Hagan, 2007）；一個具復原力的社區可以抵抗災難，以及可以採取減災行動、適應與重建災後生活（Cimellaro, Reinhorn & Bruneau, 2010）。因此，Matyas & Pelling（2015）進一步指出，強化抵抗災難抵抗（resistance）、遞增調適力（incremental adjustment）、轉變（transformation），是將復原力建構納入危機管理政策很重要的三途徑，讓復原力在災難危機管理中，不僅只是一種思考，並且可以延伸為一種行動。首先，是強化抵抗災難的做法，並且讓抵抗災難策略更為主動，而不只是被動反應行為而已。其次，社區的穩定可以透過抵抗災難與遞增的調適力達成。抵抗災難是為了避免災難造成的負面效果；遞增的調適力此概念是接受災難帶來的負面影響的可能，是決定社區是否可以恢復到災難前的生活條件。最後，因為遞增調適力無法有效地處理大規模環境遭受衝擊之挑戰；因此需要「轉變」，即是從根本改變，改變的範疇是從個人、機構、社會制度到基礎建設（Kates, Travis, & Wilbanks, 2012）。

在強化抵抗災難抵抗（resistance）、遞增調適力（incremental adjustment）、轉變（transformation）的過程，必須要能夠有批判性的反思，因為批判性的反思是復原力取向的一種行動，可以使社區在發展與危機管理之間取得平衡。此批判性的反思不僅要檢視極重要的事項，例如：是否有效的服務輸送，還包括了相關事項的目標、目標背後的根本基本假設。然而，透過學習（learning）和自我組織（self-organization），是有助於養成批判性反思和社會系統在

面對災難危機的永續性（Matyas & Pelling, 2015）：

（一）學習，是將學習的焦點放在，如何因應目前的易脆弱性，以及如何強化眼前的危機管理。所謂的學習，包括改變行為或是做一些不一樣的事情，以及切除一些無用的層面、程序或是特質。對過去的經驗做批判性的反思，可以使行動者或是機構了解失敗的重要性。另外，學習是社區自我充權最好的手段，例如，透過舉辦防災工作坊，社區居民可以學習新的知能、彼此交換觀點，以及建立共識（Chou & Wu, 2014）。雖然，學習明顯地被視為是一項正向過程，但是「學錯東西」的可能性也必須被考量，比如片面的強調系統性失敗（Pelling, Manuel-Navarrete, & Redclift, 2012）等。另外，學習上的限制必須被探究，像是即使社區構顯露出某些地方需要強化學習，可是社會網絡不足確實也會限制了學習的機會。

（二）自我組織，是指有能力去形成網絡、機構、組織或是其他的社會集合體。此部分包括正式與非正式兩部分，在正式組織部分，例如：透過正式提出的合作契約；在非正式部分，像是透過朋友和信仰團體的網絡。無論是正式或是非正式新的自我組織之出現，是反思力的一個象徵，並且也透過信任感的建立、訊息分享新的途徑，提供一種可以經得起考驗的情境。非正式的組織，特別是在正式行政與行政人員之外的運作，可以藉由實驗與冒險，成為改革的來源。在這些網絡，小團體的組成可以提供領導與批判的反思性（Olsson, Folke, & Berkes, 2004）。

「復原力」，絕對不是一個全能的（catch-all）名詞，而是立基於在具反思性決策，以及在學習與自我組織之實踐（Matyas & Pelling, 2015）。可是，一旦災難發生，很不幸的是，有些災難治理實務應受到「災難迷思」（disaster myths）的影響，仍採用了「命令與控制」（command and control）方法，使得社區在災後更依賴社區外在的支持，以及毀滅的社區內部解決問題的潛力（Imperiale & Vanclay, 2016）。這些災難迷思包括了（Tierney, Bevc, & Kuligowski, 2006）：

（一）恐慌之迷思，也就是人們不被信任可以適當的方式來採取行動。

（二）無助受害者之迷思，也就是人們被視為無能力採取行動，必須無助地等待外部援助。

（三）集體的道德敗壞和社會混亂之迷思，也就是此時社會規範已經失去意義，並且社會崩盤即將發生。

（四）掠奪和目無法紀之迷思，也就是災難的受害者將變成不守法、暴力、剝削、較少人性。

（五）是離棄責任之迷思，也就是災難的受害者為了保護他們自己的利益，為離棄自己在公共事務上的職守。

所以，當災難發生後，展開適應、重建的另一階段時，必須理解與實踐社區復原力的理念與精神，一定要尊重與相信社區居民，以及依照社區復原力的工作模式，不要受到上述的災難迷思影響。另外，社區復原力牽涉到社區居民的生命安全、相關權利，故在展開建構社區復原力之計畫時，必須考量幾個重要的議題，讓此計畫不要淪為少數個人或是組織專屬的計畫，或是無法滿足社區居民之期待（Davoudi, 2012）：

（一）復原力如何被建立，以及會產生不良效果的行為如何來避免？

（二）復原力的最終目的是什麼？

（三）復原力是什麼？其範圍又到哪裡？

（四）是從誰的角度來定義復原力？

（五）社區居民彼此間何種類型的社會關係，是可以強化復原力的？

（六）社區居民該如何管理所擁有的資源？

（七）社區居民對他們所居住的地區給予什麼定義，有助於復原力？

除了考量上述之重要議題之外，如何在災難之後將社區復原力的概念與準備轉化為行動，更有其重要性。以下提出社區在災難之後，將社區復原力轉化為行動之建議：

（一）誘發行動的意圖性

Davoudi（2012）提到，社區復原力的產生，是來自社區居民採取行動的意

願；同時，社區居民採取行動的意願也影響了社區復原力的發展。Imperiale & Vanclay（2016）研究發現，居住在具有復原力社區的居民行動是受到強烈的感受所驅動，像是同理心、凝聚力、社會責任感。這些具驅動力的情緒是透過居民之間的合作行動與社會互動被觸發與被強化。通常，災後情況與相關危機提供社區居民機會，讓他們可以集體地去辨識社區存在的問題。所以，此時可以運用這些具有驅動性的情緒，使社區居民辨識社區存在的問題，並且誘發為了解決社區問題而產生的正向、合作之行為。社區居民為共同利益而一起工作之行為，是居住在具有復原力社區中居民行為意圖性的一項很重要指標。另外，鼓勵社區居民公平與慷慨地分享自己所擁有的物資，並且讓社區居民知道社區每一個居民的生存是依靠這樣的分享行為。

（二）鼓勵社區居民參與

社區居民的參與，是啟動社區復原力不可或缺的關鍵元素，因為不僅可以使社區復原力的執行更有效率，同時也提升一個組織的治理能力（Ostadtaghizadeh et al., 2016）。所以，災難發生之後，要積極地開闢讓社區居民參與的平臺或是相關鼓勵機制，使他們在災難之後，社區居民願意為社區問題，分享他們的想法、點子，以及一起參與解決的過程。雖然，政府仍有些由上而下、命令與控制的政策，但是社區居民會期待一起討論他們認為重要的社區議題，並且採取行動，而不是僅被告知要做些什麼（Imperiale & Vanclay, 2016）。另外，在災難之後，也可以鼓勵社區居民透過不同傳播媒介或是方式分享他們的調適方式和生活策略。總之，社區居民在參與的過程中，不僅會增加他們對社區所面臨的社會危機和易脆弱性之覺察，更可以強化他們的社區意識、公共責任（Imperiale & Vanclay , 2016）。基本上，當社區有高度的集體行動有效性與活力，是可以引發社區更多元的復原力（Chou & Wu, 2014）。

（三）啟動社會資本與社會網絡

社區本身、社區居民的社會資本對於社區災難復原力而言，如同魚和水的

關係，兩者關係非常密切，就本質而言，社會資本是建構社區災難復原力過程的重要條件，但是同時也是社區災難復原力重要的元素（Cox & Perry, 2011）。因為，社會資本所啟動的社會網絡、社會資源，可以讓社區可以去承受（承擔）災難的負面影響，以及適應災後生活和做進一步的改變（Guarnacci, 2016）。啟動社會網絡時，要再度辨識出意見領袖（可以適當地面對災難），以及這些意見領袖在災後如何取得資源／資訊，而且這些意見領袖又如何彼此取得連結；另外，要確定與社區外系統的資源連結對象、連結強度、資訊與資源的交換類型（Guarnacci, 2016）。

宗教與種族的意見領袖領導者是社會網絡最重要的節點（node），在災後很快透過節點獲得社會支持；尤其，宗教確實在社會網絡中扮演黏著劑的角色，並且在災後尋求社會支持的同時扮演建立社會連結的重要節點。不過，比較可惜的是，宗教次團體的意見領袖或是種族次團體的意見領袖，彼此比較無法建立合作的橋梁。因此，在建立社區的社會網絡時，必須提供合作的管道，讓這些的宗教與種族的意見領袖為了災難危機降低，可以分享彼此的資訊與資源（Guarnacci, 2016）。

（四）重視公平正義之議題

影響社區災難復原力的啟動與功能，是個體或團體不同的價值觀與利益，並且造成的影響力是勝過缺乏知識、協商或是能力（Reed, Friend, Toan, Thinphanga & Sutarto, 2013）；並且，影響復原力效能的關鍵因素之一，是社會與經濟的公平性，所以要特別注意程序的代表性與公平性（Bahadur, Ibrahim & Tanner, 2013）。因此，在災難之後，進行生活適應與重建的各項活動時，必須注意公平正義之議題，包括程序、分配、權利、責任。例如：誰可以參加、他們又如何被挑選；資源如何分配、分配之結果又影響到那些不同的團體；誰有權利來設定相關活動的議程與資源分配；誰有能力和優勢對社區做出貢獻與負責（Archer & Dodman, 2015）。

通常，造成不公平背後的元素，包括了階級、職業、貧窮、性別、年齡，

所以社區災難復原力活動或是計畫會引發一些政治問題。尤其，在處理災後的生活適應與重建議題時，目前是偏好制度化與科學化的知識，勝過於來自當地的知識，因此有機會參與社區災難復原力計畫或是活動者，也就被限制在某些人口群。所以，在設定社區災難復原力建構之相關議程或是進行相關活動，應該從不同階層、背景的社區居民的生活經驗，來討論與進行社區的社會—環境系統改變、利益與成本的平衡（Reed et al., 2013），才不會讓災後的重建活動變成政治角力，模糊了災後社區適應與重建之焦點，且犧牲社區居民的權益。

　　值得一提的是，社區災後復原力計畫與活動，將會遇到一個挑戰，即是如何統整社區居民不同的需求以及訂出社區居民都可以接受的優先順序。因為，社區居民本身是存在差異，尤其在都市地區更甚，包括職業、教育背景、家庭型態、宗教信仰、社會地位、經濟狀況，而這些差異同時也會創造出不同的需求、不同的優先順序（Prashar et al., 2013）。所以，必須有更多的溝通、討論與協商，找到社區居民彼此都可以接受的平衡點。

　　此外，雖然說社區復原力主要的目的，是要讓每一個人在災後重建都有一個比較好的結果，不過更期待易脆弱性之人口群，如小孩、老人、身心障礙者、低收入戶等，在社區災難復原力活動或是災後重建過程中，可以有機會獲得優先與特別之關注，對其生活幸福感可以有長期的改善（Imperiale & Vanclay, 2016）。最後，災難發生後，地方的經濟發展容易同時引發了個人利益與集體幸福感的兩難。因此，此時需要好的治理、監督、覺察之機制，不要讓貪腐的領導者與沒有道德的大型公司控制了大規模的開發。所以，社區復原力是為了強化社區全部人的幸福感，特別是在社會中處境更加不利的成員，而不是為了保護有錢者與有權者的財政利益（Imperiale & Vanclay, 2016），這樣才能夠符合社區居民所期待的正義公平。

伍、結語

　　在災難危機管理領域中，把增加復原力視為一個有意義的目標，是因為可以協助社區完全理解本身的危機與易脆弱性，以及協助社區把焦點直接放在復原力的能量，而不是易脆弱性的減少（Manyena, 2006）；另外，可以減少社區生命安全之傷害與財產之損失，並且可以創造出災後調適與重建的能量（Godschalk, 2003）。美國的全國災難重建架構（the National Disaster Recovery Framework）更指出，社區復原力是社區災後成功重建過程重要的基石（Pfefferbaum, Pfefferbaum, Van Horn, Klomp, Norris & Reissman, 2013）。所以，社區復原力的能量是透過建立社區復原力所執行的各項活動而形成，包括必須是在災難發生之前，社區對災難覺察與準備之強化；災難發生當下，對於緊急事件能有具有協調性的回應，減少災難事件的影響，以及強化社區在災難後的適應與重建（Ainuddin & Routray, 2012）。在本書的前二章，即是探究災前的防災、救援之相關議題與準備；後三章探究災難發生之後的生活適應、重建之相關議題與策略。

　　在討論與建構社區復原力時，必須先考量社區本身的易脆弱性（vulnerability）、評估社區災難危機認知與因應能力之後，建立社區復原力的範疇面向與指標之後才能清楚知道提升社區復原力之方向。基本上，每一個社區復原力的範疇面向與指標沒有一定的標準，而是必須回歸當地的社會制度、文化脈絡、社區居民的生活方式，才能滿足當地的需求。在建構社區復原力的過程，強調社區居民的參與、社會資本與社會網絡的累積、公平正義的實踐。所以，社區復原力同時看到社區的易脆弱性與能量，兼具過程與結果，並且在災後重建不僅是讓社區回到現況而已，而是社區居民有能力創造一個更適合的生活系統。

參考書目

中文書目

維基百科（2017）。伊朗。上網日期：2017年4月7日，取自維基百科網頁https://zh.wikipedia.org/wiki/%E4%BC%8A%E6%9C%97

英文書目

Ainuddin, S., & Routray, J. K. (2012). Community resilience framework for an earthquake prone area in Baluchistan. *International Journal of Disaster Risk Reduction, 2*, 25-36.

Alshehri, S. A., Rezgui, Y., & Li, H. (2015). Delphi-based consensus study into a framework of community resilience to disaster. *Natural Hazards, 75*(3), 2221-2245.

Archer, D., & Dodman, D. (2015). Making capacity building critical: Power and justice in building urban climate resilience in Indonesia and Thailand. *Urban Climate, 14*, 68-78.

Bahadur, A. V., Ibrahim, M., & Tanner, T. (2013). Characterising resilience: Unpacking the concept for tackling climate change and development. *Climate and Development, 5*(1), 55-65.

Brown, K., & Westaway, E. (2011). Agency, capacity, and resilience to environmental change: Lessons from human development, well-being, and disasters. *Annual Review of Environment and Resources, 36*, 321-342.

Chou, J.-S., & Wu, J.-H. (2014). Success factors of enhanced disaster resilience in urban community. *Natural Hazards, 74*(2), 661-686.

Cimellaro, G. P., Reinhorn, A. M., & Bruneau, M. (2010). Framework for analytical quantification of disaster resilience. *Engineering Structures, 32*(11), 3639-3649.

Cox, R. S., & Perry, K.-M. E. (2011). Like a fish out of water: Reconsidering disaster recovery and the role of place and social capital in community disaster resilience. *American journal of Community Psychology, 48*(3-4), 395-411.

Davoudi, S. (2012). Resilience: A bridging concept or a dead end? *Planning Theory & Practice, 13*(2), 299-333.

Folke, C. (2006). Resilience: The emergence of a perspective for social-ecological systems analyses. *Global Environmental Change, 16*(3), 253-267.

Gaillard, J.-C. (2010). Vulnerability, capacity and resilience: Perspectives for climate and development policy. *Journal of International Development, 22*(2), 218-232.

Godschalk, D. R. (2003). Urban hazard mitigation: Creating resilient cities. *Natural Hazards Review, 4*(3), 136-143.

Guarnacci, U. (2016). Joining the dots: Social networks and community resilience in post-conflict, post-disaster Indonesia. *International Journal of Disaster Risk Reduction, 16*, 180-191.

Imperiale, A. J., & Vanclay, F. (2016). Experiencing local community resilience in action: Learning from post-disaster communities. *Journal of Rural Studies, 47*, 204-219.

Kates, R. W., Travis, W. R., & Wilbanks, T. J. (2012). Transformational adaptation when incremental adaptations to climate change are insufficient. *Proceedings of the National Academy of Sciences, 109*(19), 7156-7161.

Klein, R. J., Nicholls, R. J., & Thomalla, F. (2003). Resilience to natural hazards: How useful is this concept? *Environmental Hazards, 5*(1-2), 35-45.

Maguire, B., & Hagan, P. (2007). Disasters and communities: Understanding social resilience. *The Australian Journal of Emergency Management, 22*(2), 16-20.

Manyena, S. B. (2006). The concept of resilience revisited. *Disasters, 30*(4), 434-450.

Matyas, D., & Pelling, M. (2015). Positioning resilience for 2015: The role of resistance, incremental adjustment and transformation in disaster risk management policy. *Disasters, 39*(SI), S1-S8.

Mayunga, J. S. (2007). Understanding and applying the concept of community disaster resilience: A capital-based approach. *Summer Academy for Social Vulnerability and Resilience Building, 1*, 1-16.

Olsson, P., Folke, C., & Berkes, F. (2004). Adaptive comanagement for building resilience in social-ecological systems. *Environmental Management, 34*(1), 75-90.

Ostadtaghizadeh, A., Ardalan, A., Paton, D., Jabbari, H., & Khankeh, H. R. (2015). Community disaster resilience: A systematic review on assessment models and tools. *PLoS Currents Disasters,* Edition 1.

Ostadtaghizadeh, A., Ardalan, A., Paton, D., Khankeh, H., & Jabbari, H. (2016). Community disaster resilience: A qualitative study on Iranian concepts and indicators. *Natural Hazards, 83*(3), 1843-1861.

Pelling, M., Manuel-Navarrete, D., & Redclift, M. (2012). *Climate Change and the Crisis of Capitalism: A Chance to Reclaim, Self, Society and Nature.* London: Routledge.

Pfefferbaum, R. L., Pfefferbaum, B., Van Horn, R. L., Klomp, R. W., Norris, F. H., & Reissman, D. B. (2013). The Communities Advancing Resilience Toolkit (CART): An intervention to build community resilience to disasters. *Journal of Public Health Management and Practice, 19*(3), 250-258.

Prashar, S., Shaw, R., & Takeuchi, Y. (2013). Community action planning in East Delhi: A participatory approach to build urban disaster resilience. *Mitigation and Adaptation Strategies for Global Change, 18*(4), 429-448.

Reed, S. O., Friend, R., Toan, V. C., Thinphanga, P., Sutarto, R., & Singh, D. (2013). "Shared learning" for building urban climate resilience-experiences from Asian cities. *Environment and Urbanization, 25*(2), 393-412.

Tierney, K., Bevc, C., & Kuligowski, E. (2006). Metaphors matter: Disaster myths, media frames, and their consequences in Hurricane Katrina. *The Annals of the American Academy of Political and Social Science, 604*(1), 57-81.

UNISDR. (2009). *2009 UNISDR Terminology on Disaster Risk Reduction*. Geneva, Switzerland: UNISDR.

Walker, B., Gunderson, L., Kinzig, A., Folke, C., Carpenter, S., & Schultz, L. (2006). A handful of heuristics and some propositions for understanding resilience in social-ecological systems. Ecology and Society, 11(1), 13. Retrieved April 7, 2017, from http://www.ecologyandsociety.org/vol11/iss1/art13/

第十五章　災後創傷壓力紓解與成長

范舜豪、吳慧菁

　　自1999年921大地震以來，臺灣因地形、地理環境等特殊性經歷了不少災難，如地震相關的臺南大地震，或者是風災相關的納莉颱風、莫拉克風災。有些災難則包含人為的因素，如：華航澎湖空難、高雄氣爆等。這些災難的發生與經驗呼應了Drabek（1970）對於災難特性之觀察，包含突發性（suddenness）、不熟悉（unfamiliarity）、未預期（unexpectedness）、高度地區性（highly localized in scope）及警報脈絡的差異（warning contexts varied）。林萬億（2002）以「人在情境中」的觀點提及社會位置的不同影響了災難發生的行為反應，回到助人工作者在服務過程中，應注意服務過程中每個人對災難理解的差異、過往早年未竟之困擾、重視災難期間中受災者求助與自助的意願高以及學習把握學習解決問題的契機，才能從災難經驗中成長。

　　災難發生後，正因個人所處的位置不一樣會感受到不同面向的影響，如：災難倖存者可能會經歷到創傷後壓力症（post-trauma stress disorder，後續簡稱PTSD）；受災者的家屬可能急於尋找家屬；救難專業人員則可能會因為直接面對災難現場，受到工作環境、內容與壓力的影響，產生替代性創傷的情況。或許從旁人的角度，認為救災專業人員在情緒與行為反應表現適宜，但介入救災工作過程中，長期暴露於各種創傷的刺激之下，易出現情緒與心理上的緊張（Myers, 1994）。這種隱而未現的傷口伴隨著災難的離去，或多或少帶給助人工作者許多生命課題，下面將依序從災難管理過程的不同階段討論救災過程中情緒反應階段、壓力反應與因應及自我成長，希冀從不同階段的需求看見助人工作者於災難的壓力調適與自我成長。

壹、救災工作人員的情緒反應

　　投入災難現場的專業工作者來自多元領域，例如：警消單位、醫療單位及心理衛生單位，而不同專業工作者皆面臨救災過程中自我情緒管理、壓力反應及自我照顧。

　　王昭洲與丁華（2015）指出救災過程中最艱鉅的任務是接觸到罹難者的大體，而救災工作者在參與救援任務之後，產生情緒及壓力症狀的比例提升，如：警消單位在災害發生時必須第一線進入災難現場，暴露在危險的環境中達成任務，並面對同事、倖存者及罹難者等各種情境，使身心受到挑戰，產生焦慮、憂鬱等情緒，甚至產生嚴重的PTSD。醫事單位則是在處理疾病治療及面對死亡不斷發生情況下，加上面對家屬、輪值制度、工作量等壓力處於高張力的環境中出現相關症狀。Biggs et.al.（2010）曾以參與美國911事件救災人員作爲研究對象，指出救援任務結束之後有26%的工作人員出現較爲嚴重的憂鬱情緒，以及有15%的工作人員出現急性壓力反應（Acute Stress Disorder, ASD）。

　　Myers（1994）將災難工作分爲四個階段，包含警覺期、動員期、行動期及降溫期，下列將說明各階段的情緒反應：

一、警覺期

　　警覺期的工作人員因爲對於災難現場尚不清楚，需等待相關消息與事實，因此容易感受到焦慮、不安以及易怒的感覺。

二、動員期

　　工作人員很快從初始的驚嚇恢復，並且開始發展與協調各種計畫。盤點各項補給物資、裝備以及人員；評估災區的需要；提出相互支援的需求，並開始行動。

三、行動期

　　工作人員針對必要的任務，主動、有組織的工作，並可以分爲兩部分：應變（response）與復原（recovery）。

　　（一）應變：工作人員的應變活動範圍包括避難所、急救醫療站、供餐的地點、停屍間等地點，通常積極地進行救災活動，但因惡劣環境、缺乏設備、通訊

中斷等因素感到挫折。在高壓中，工作人員會忽略自己的疲憊和創傷，使得耗竭（burnout）的狀況可能會發生。

（二）復原：除了短期的心理與情緒處理、危機介入與減壓之外，長期復原包括了主動接觸的外展活動、心理諮商、教育、個別和團體輔導、倡導、社區資源、轉介都是工作人員可以協助倖存者恢復到原本生活的工作。此時的步調較爲緩慢、比較無法有立即成效，而且災難倖存者也比較不會主動求助。

四、降溫期

工作人員開始回到日常生活的常軌，如果在行動期壓抑或否定自己的情緒，很多感受會在此時期開始體現，並且成爲難熬的階段。這些工作人員從挑戰性十足的災難現場離開，再回到日常生活中時，會經驗到失落和難過。

陳錦宏等（2001）指出救災工作影響工作人員心理和情緒、認知、行爲與身體，如下表15-1之說明：

表15-1　救災工作者常見之壓力反應

心理和情緒	認知
感覺像英雄、鐵金剛、愉悅	記憶力的問題
否認	失去方向感
擔心	迷惑
焦慮和害怕	思考和理解力變慢
擔心自己和他人的安全	計算、安排優先順序、很難下決定
生氣	注意力不集中
激動易怒	注意力集中時間很短
坐立不安	失去客觀性
悲傷、哀悼、憂鬱、悶悶不樂	無法停止思考災難的事情
惱人的夢	責怪
罪惡感或「倖存者的罪惡感」	
覺得被淹沒、無望	
感覺孤單、失落或被拋棄	
面無表情	
認同倖存者	

行為	身體
活動量改變	心跳、呼吸加快
效率和效能降低	血壓上升
難以溝通	食慾改變、體重改變
增加使用幽默感的機會	發冷、盜汗
突發性的生氣、爭吵頻率增加	手或嘴唇會發抖
無法休息或放下	肌肉抽動
改變飲食習慣	聽力變遲鈍
改變睡眠形態	視力變窄
改變親密關係和性慾	感覺不協調
改變工作表現	頭痛
間歇性哭泣	肌肉酸痛
增加物質使用，如：酒精、菸、藥物	下背痛
社交退縮、安靜	喉嚨有梗住的感覺
警覺環境的安全性	過度的驚嚇反應
避開引起記憶的活動、地方	疲累
容易發生意外	月經週期改變
	性慾改變
	抵抗力下降
	過敏或關節炎突然發作
	掉髮

貳、救難人員的壓力反應與因應方式

對於救災工作者而言，整理好自己的想法與態度是重要的。工作者應明白自己也是社會中的一分子，即使有其專業角色、責任與任務，但面對到災難的強烈情緒反應及壓力反應，在異常的災難情況下都是正常且短暫的。一旦壓力源解除，隨時間過去，便可以重建生活的平衡，因此透過教育工作者各種階段的壓力反應與管理技巧，是平時訓練工作者協助自己預測和處理自己反應的重要工作（陳錦宏等，2001）。

一、進入救災前

工作者進入災難現場時可依據下列幾個面向評估自己是否準備好進入災難現場，包括：個人、家庭、健康、工作。

（一）個人：評估對於自己接受各種狀況的心理接納程度

1. 是否能接受服務對象不願意接受心理衛生的協助？
2. 服務對象可能是面對強大壓力與強烈反應的人，因此會有如：尖叫、歇斯底里地哭泣、憤怒、退縮等情緒反應。
3. 服務對象與伙伴的背景可能與自己的文化、族群、生命階段與信仰有所差異。
4. 服務對象的情況可能需要面對死傷議題。
5. 災難現場可能是充滿混亂、無法預知、許多風險的環境。
6. 災難現場可能無法有督導與管理的環境，因此無法及時獲得需要協助的資源。
7. 災難現場需要的協助可能得從事許多與心理衛生無關的工作，如：物資整理與發送等。
8. 災難現場因與不同專業團體共事，因此工作模式通常有所差異。

（二）家庭：評估救災期間，家人能夠與你的配合情況爲何

1. 家人是否能夠準備接受你可能因爲救災而有數日至數週的時間不在家？
2. 家人是否能接受你在風險未知的環境下進行工作？
3. 你的支持系統是否能在你離家時協助分擔家中的某些責任與義務？
4. 是否有與家人未完結的關係會影響到你投入救災期間的專注力？
5. 結束救災時，是否有個穩固且支持性強的家庭環境能返回？

（三）健康：檢視自己身心狀況是否能長時間在災難現場工作

1. 自己的身心健康是否也受到災難的影響？

2. 自己近期是否接受過手術？

3. 自己近期是否有情緒受到挑戰？

4. 自己過去半年或一年是否有遇到生命的轉變或失落？

5. 是否存在著早年的失落或其他負面生活事件？

6. 在救災期間是否準備足夠的個人藥物？

7. 當下是否有慢性病且會受到情緒影響的情況？

（四）工作：評估撥出時間進行救災對於自身工作的影響

1. 主管是否能夠支持你在救災上面的興趣？

2. 主管是否能夠允許你在工作中暫時抽身？

3. 主管是否會答應以公假或留職停薪的方式讓你從事救災工作？

4. 你的工作性質是否有足夠的彈性讓你在聯繫後的24-48小時回應救災現場的任務？

5. 同事是否能夠支持你的離開，並營造支持性環境等待你回歸職場？

或許在成為一名救災工作者前，經過個人、家庭、健康、工作等面向評估之後會發現有許多實際的問題產生壓力，然而事前若是能夠蒐集相關資訊則可以使自己在救災體系中定位角色與職責，並且做出符合自己狀況的決定。資訊可以從事件發生的過程、嚴重程度開始著手，並理解目前團隊的資源、指揮調度到災難現場的物理環境進行。這些事前準備有助於舒緩救災前的壓力反應。

二、進入救災的期間

災難救助工作的過程中，工作者若能辨識一般壓力反應和極端壓力反應，則可以評估求助時機。因此，在此時期，工作者的自我照顧及了解每個機構協助工作者減壓的方式是重要的因應技巧與準備。以下提供自我壓力的常見反應，無論是一般或是極端壓力反應，若是嚴重影響生活作息與人際社交功能，應立刻求助心理諮商服務。

（一）一般壓力反應

救災時因長時間與倖存者一起工作，工作者會經驗到許多壓力反應，例如：身體活動面向的活躍程度之增減；生理面向的睡眠困難、頭痛、胃痛、易受驚嚇、激躁、易怒、沮喪；心理面向的麻木、憂鬱、焦慮、替代性創傷；社會面向的物質／藥物使用、社會活動減少等皆是被認為是在災難發生時期，屬於一般的壓力反應。

（二）極端壓力反應

當工作者參與過程中因同理心產生更嚴重的壓力反應，如感受到無助、困惑、孤立，或出現去道德化、孤單、屈從等反應時，可能已產生極端壓力反應，此時需要更多觀察與評估，並尋求專業協助或由一位督導者來督促。觀察與評估的方式得從工作者的狀態是否過於沉溺，或是強迫性地直接、間接反覆經歷創傷，甚至出現在個人或工作上產生過度掌控的現象，有「救星情結」的想法與行為著手。

在行為表現上呈現退縮、孤立、依賴物質、過於投入工作、睡眠習慣的劇烈改變以逃避感覺、不必要的冒險、拒絕再接觸相關環境與逃避生活事物；或是社交互動上出現人際關係的困難，如家庭暴力等；並會有因憂鬱及相伴而來的絕望，使人處在自殺高風險的情境中。

（三）工作者的自我警惕

在全力投入災難救援的工作期間，需要受到工作主管及同事的支持、肯定與認同，而非一味接受一切的工作要求，甚至遭受到跨領域或同業間的責備。因此在受到職場要求或自我責任感的期許下，當工作者意識到自己需要調整工作步調時，可以從生活狀態及自我想法開始調整。

1. 在生活狀態的部分，我們應該避免：

(1)長時間獨自工作狀態。

(2)長時間缺少休息或回家。

(3)強烈充滿自己的不適任感和無能感。

(4)使用過量的物質或食物來面對這樣的情緒。

2. 在自我想法的部分應避免陷入一些阻礙自我照顧的態度，例如：

(1)花時間休息是很自私的。

(2)其他人都超時工作，我也該如此。

(3)倖存者的需要比工作者的需要更重要。

(4)一直持續工作，我才能提供最大的貢獻。

(5)只有我能做這些那些事。

如有上述情況，並已經影響到自己的生活，應立即調整生活步調或與機構主管／督導討論，如果產生更嚴重的情況則應尋求心理諮商的協助，以避免壓力過度負荷。

（四）工作者自我照顧

處於這個階段的工作者，能夠透過下列活動來協助進行自我照顧：

1. 管理個人資源。

2. 做好自己家庭的安全計畫，例如：照顧孩子、照顧寵物的計畫。

3. 攝取足夠的營養、進行足夠的運動和充分的休閒。

4. 定期使用壓力管理的工具

(1)定期尋求督導的幫助，並透過分享、關懷、辨識艱困的經驗，以擬定解決問題的策略。

(2)在平常工作日中，可以進行短暫放鬆技巧的練習。

(3)尋求夥伴分擔沮喪的情緒反應。

(4)保持清楚的覺察能力去感受限制，例如：處在飢餓、憤怒、孤單和疲倦狀態，並且採取適當的自我照顧行動。

(5)多參與正向的活動。

(6)進行宗教信仰、哲學思考及靈性的冥想。

(7)花時間和家人朋友相處。

(8)學習如何將壓力放下。

(9)可以進行寫作、素描及繪畫等紓壓方式。

(10)限制咖啡因、香菸及物質的過度使用。

（五）工作者的調適方式

工作者可以在這個階段透過下列方式調適所遭受到的壓力環境：

1. 自我監控壓力，並依自己的情況調整投入的程度。

2. 保持適當界線，將工作分擔給其他成員，並在關鍵時刻說「不」，以避免在一次的工作時間中和太多的倖存者相處。

3. 避免過長時間進駐災難現場，使自己無法完全區隔助人工作與私我空間。

4. 和同事、家人、朋友定期保持關照與檢視自己壓力狀態。

5. 和夥伴或是團隊一起工作。

6. 進行放鬆、壓力管理、身體照顧及恢復精力的休息。

7. 定期進行同儕督導或者是諮商。

8. 試著讓自己更有彈性、有耐心，並且包容差異與不完美。

9. 接受自己能力有限的事實。

（六）認識創傷後壓力症以及替代性創傷

在這個階段，倖存者可能會因為是災難過後出現創傷後壓力症的現象，而工作者可能從服務過程中也經歷到替代性創傷的現象，因此下面將說明這兩種需要警惕的反應。

1. 創傷後壓力症（posttraumatic stress disorder）

依據美國精神醫學會於2013年出版的DSM-5之診斷指標如下說明：

(1) 診斷標準A

暴露於真正的或具威脅性的死亡、重傷或性暴力，以下列一種或更多的形式：

①直接經歷這些創傷事件。

②親身目擊這些事件發生在他人身上。

③知道這些事件發生在親密的親戚或朋友身上；如果是眞正的或具威脅性的死亡，這些事情必須是暴力的或意外的。

④一再經歷或大量暴露在令人反感的創傷事件細節中。

(2) **診斷標準B**

在創傷事件之後，出現下列一項或更多與之有關的侵入性症狀：

①不斷發生、不由自主，和侵入性地被創傷事件的痛苦回憶苦惱著。

②不斷出現惱人的夢，夢的內容和／或情緒與創傷事件相關。

③出現解離反應，個案感到或表現出好像創傷事件重演。

④當接觸到內在或外在象徵或創傷事件相似的暗示時，產生強烈或延長的心理苦惱。

⑤對於內在或外在象徵或與創傷事件相似的暗示時，會產生明顯生理反應。

(3) **診斷標準C**

在創傷事件之後，持續逃避與創傷有關的刺激，顯示出下列一項以上的逃避行爲：

①避開或努力逃避與創傷事件相關的痛苦記憶、思緒或感覺。

②避開或努力逃避引發與創傷事件相關的痛苦記憶、思緒或感覺的外在提醒物，例如：人物、地方、對話、活動、物件、場合等。

(4) **診斷標準D**

開始於或惡化於創傷事件之後，與創傷事件相關的認知上和情緒上的負向改變，顯示出下列兩項以上的特徵：

①無法記住創傷事件的一個重要環節。

②對於自己、他人或世界持續且誇大的負面信念或期許。

③對於創傷事件的起因和結果，有持續扭曲的認知，導致責怪自己或他人。

④持續的負面情緒狀態，例如：恐懼、驚恐、憤怒、罪惡或羞愧。

⑤對於參與重要活動的興趣或參與明顯降低。

⑥感覺到與他人的疏離、疏遠。

⑦持續無法感受到正面情緒。

(5) 診斷標準E

始於或惡化於創傷事件後，與創傷事件相關警覺性或反應性的顯著性改變，顯示出下列兩項或以上的特徵：

①易怒行為和無預兆發怒，典型出現對人或物品的口語或肢體攻擊性行為。

②不顧後果或自殘行為。

③過度警覺。

④過度驚嚇反應。

⑤專注力問題。

⑥睡眠困擾。

(6) 診斷標準F

針對診斷標準BCDE的症狀持續超過一個月。

(7) 診斷標準G

此困擾引起臨床上顯著苦惱或社交、職業或其他重要領域功能減損。

(8) 診斷標準H

此困擾無法歸因於某物質的生理效應（如：藥物、酒精）或另一身體病況所致。

創傷後壓力症會透過侵入反應、逃避及退縮反應、生理激發反應等現象呈現。因此，若在工作過程中，發現倖存者或者是自己有這些反應時，要特別敏感是否已經發生創傷壓力症的情況。

侵入反應是腦中出現與創傷事件相關的令人痛苦的想法或影像，例如：看到的場景、夢見事情的發生。遭遇創傷喚醒物時，有些人會覺得彷彿所經歷最糟糕的經驗又再次發生，並且有相應的行動，稱為「回憶重現（flashback）」。

喚醒物的種類包括創傷喚醒物、失落喚醒物、變動喚醒物等。創傷喚醒物可以是景象、聲音、地點、氣味、特定的人、一天中特定的時間、特定的情境，甚至如害怕或焦慮的感覺。又如特定創傷事件的颱風、地震、水災、火災等災難發生過程中的風的聲音、下雨的聲音、直升機的聲音、尖叫或大吼大叫，及當時在場的特定某人。長久下來，對喚醒物的逃避行為會讓倖存者難以從事日常生活的行為或必須做的事；失落喚醒物可以是景象、聲音、地點、氣味、特定的人、一天中特定的時間、特定的情境，或特定的感受。失落喚醒物引發個體想起所愛的人已經不在，並在思念逝者會帶來強烈的情緒，如悲傷、緊張、對於沒有過世者的未來感到不確定、感到生氣、孤獨、被遺棄，或是感到無望。例如：倖存者看到逝者的照片、遺物等，並可能讓人們逃避去做他們想做或必須做的事；變動喚醒物可以是人、地、物、活動或困境，提醒倖存者至今的生活已經因為災難而如何改變，例如：起床、學生上不同的學校，或我們身處不同的地方。這些日常生活的例行事務提醒我們生活經歷了什麼樣的改變，並可能使我們想念過往所擁有的。

　　逃避及退縮反應是避免或對抗侵入反應的方式，這類反應包含努力去避談或想到創傷經驗、避免相關的感受及避免與任何可能勾起創傷回憶的人、事、物接觸。所以工作者跟倖存者工作時，可能發現倖存者為了抵抗痛苦的感受，情緒會變得侷限甚至麻木，並逐漸與社會他人隔離，而這種疏遠感也會導致其社交退縮，並對以往喜愛的活動可能會失去興趣。

　　生理激發反應是持續警戒危險、容易驚嚇／驚跳、焦躁不安，或經歷憤怒將爆發、難以入睡或維持睡眠，與難以專注等等。

2. 替代性創傷

　　救災的工作者可能因目睹受災者的傷害，或因為同理其情緒，產生替代性創傷。不同的專業人員會經歷到不同的傷害，例如：看見屍塊、聽到刺耳的尖叫聲、嗅到腐臭的味道、重複傾聽受災者的經歷等。隨著暴露在創傷的刺激增加或時間拉長的情況下，工作者接受到的衝擊越強，並認同倖存者的挫折，有可能進

入到潛意識中，盡量避免聽到痛苦的經驗。

替代性創傷概念最早由Pearlman & Saakvinte（1995）提出，意指工作者在經驗創傷工作後，對自我的看法產生負向改變，並影響到參考架構、自體能力、自我資源、心理需要、感覺系統等不同層面。

(1) 參考架構

意指個體成長過程中，透過生活經驗的累積形成對於自我及世界的看法，包括對於外在世界的看法、對於自我身分的認同及對於自我意義的創造（靈性）。

替代性創傷帶給參考架構的改變在於工作過程中所產生的困惑、悲傷會讓工作者對於舊有世界觀因無法承受而生氣，並破壞服務歷程的信念，甚至產生對於倖存者能夠療癒的質疑。並且為了保護自己，防衛痛苦的感覺，工作者可能會減少對於自己內在深層想法和感受的洞察力，也會以否認、合理化、感覺隔離等方式減少與他人的連結。

(2) 自體能力

意指個體內在的能力，能夠維持自我處於正向的狀態，如：正向感受、與他人的連結、情感感受力、整合能力。

替代性創傷使工作者自體能力被破壞時可能尋求酒精、工作過度、飲食過度等方式來麻木感受。

(3) 自我資源

意指個體運用外在資源滿足心理需求的能力，包括協調與促進自我成長的能力、保護個體與協調人際關係的能力。

替代性創傷使工作者自我資源運用的能力遭受阻礙時，可能會使維持界限的能力下降、保護自己的能力下降、意識到自我需求的能力下降，並產生出工作過度、做決定感到困難、失去敏感度、喪失對他人的興趣，甚至阻礙到自我的成長。

(4) 心理需要

意指個體對於創傷事件中比較容易影響的五個需求，包含：安全、信任、

尊重、親密與控制。創傷經驗會使這些認知基模改變，使得自我與客體關係改變。

　　替代性創傷影響到工作者的認知基模時，會展現出心理需求的變化，例如：安全感下降，使得工作者面對傷害的能力變得脆弱，並產生過度保護的行為；減少對自己或他人的信任感，因此懷疑自己的判斷力，或者是拒絕外在資源的協助；減少對於自己或他人的尊重，因此會有自我批評的狀況，以及過度將他人理想化；對於親密感的影響則是從家人、朋友的互動中可以發現較為疏離，而且減少社交活動；自我控制感下降，對於自我預測能力沒信心，也放棄助人的能力感。

(5) 感覺系統

　　意指個體不同層面的系統，如語言、意向、情感、身體與人際關係等所產生的感覺受到分離與影響。

　　長期暴露在創傷經驗，並且有替代性創傷的工作者可能會在自己的生活經驗中，被倖存者類似的經驗、意向影響，而在身體感覺中會有麻木、解離的情況，並開始在感覺系統中連結倖存者的故事，產生受到驚嚇的反應。

　　綜上所述，「替代性創傷」指的是工作者與創傷事件的倖存者工作中所累積的轉變，並非案主加諸於助人者，是一種內在的轉變，當同理的感受運用在倖存者的創傷所產生的結果。不過並非所有的工作者都會產生替代性創傷，會與自己的內在特質、外在狀況、生命經驗及社會支持有關。個人特質越是外向、開放、一致性高、負責任等在救災經驗後，較能產生正向的自我成長；外在狀況，如工作年資、工作認同感程度，也都會影響到工作者投入程度及與個案界限之維持；工作者過去的經驗如何因應創傷壓力，亦是影響到面對倖存者時能否避免替代性創傷的因素；機構提供的社會支持程度，包含同儕支持、督導質量、教育訓練、工作氛圍等都是協助工作者平衡壓力，減少替代性創傷發生的可能性。

參、災難結束後

離開災難現場返回原本生活後，需要準備經歷一段調適的時間助人工作者也許在一段時間內都需要把重返原本生活當成是生活的第一個目標。在這段期間的壓力因應方式，可從自我照顧及工作機構對於工作者的協助討論。

一、助人者的自我照顧

我們可以從建立自身的資源連結、重建規律生活、調整想法及避免負面的因應模式做起。

1. 資源連結

在需要時，向外界資源求助，獲得社會支持外，也可以透過團隊成員討論、機構支援、親友在災後的鼓勵與重聚等多元管道建構。若極大壓力持續超過兩到三週，應要正式尋求協助，並把救災工作的反應、情緒等表達出來。

2. 重建規律生活

透過均衡飲食、運動、規律睡眠等日常生活調整外，再增加休閒活動與紓壓方式，如：養成寫日記的習慣，將擔心和煩惱的事物從心中移除。並觀察一段時間後，仍發現有易怒或調適困難，要尋求專業協助。

3. 調整想法

經歷了救災的歷程，預備接受自己世界觀的改變，而且這可能無法從他人眼中觀察出，並且利用這段時間自我省思，試著學習接受別人的給予，或是尋找讓自己開心的事情，放下主控者、專家的角色，進而增加一些自己對靈性或哲理有益處的經驗。並且接受有些想法和夢境重複地出現，並明白它們會隨著時間漸漸減少。

4. 負向因應方式

災難協助工作結束後，人生可能會有很大的改變，即使可能會擔心重新適應

原本的生活，也可能會出現否定自己救災過程貢獻的想法，但大量使用酒精、毒品或是超過劑量的處方用藥、從事阻礙自我照顧的事，例如：過於忙碌、將幫助別人看得比照顧自己重要、不願與人談論救援工作，都是我們可以選擇避免的因應方式。

二、工作組機構對助人者的照顧

組織環境中的同儕、督導、行政人員若是沒有先預備救災過程中容易產生之情緒、替代性創傷等概念乃至無法事前預防，並缺乏對於工作人員的照顧，產生不主動支援、協助工作人員的需求，可能會因為工作者長時間面對創傷個案經驗因而發生替代性創傷的機會（洪素珍、楊大和、黃燕珠譯，2002）。

反之，機構針對協助災難的工作人員能透過一些方式給予支持，例如：鼓勵工作者在發覺自己個人的傷痛議題或失落時有休息的時間，並在必要時鼓勵其接受心理諮商的服務資源。並透過事後訪問，幫助助人者整理他們的經驗、建立聯絡網、分享聯絡方式，或是安排聚會讓彼此能有所交流。這些整理與交流不僅讓工作者有機會習得壓力管理的多元方式，也可以帶給他們正向資訊，例如：和家人溝通自己的技巧等，讓工作人員可以在穩定且安心的環境下復原。

肆、救災人員的自我成長

災難復原的過程中，工作人員同時參與很多活動，包括富有意義的、充滿壓力的工作過程，這些經驗提供了正面的、痛苦的感受，這些交織在一起的情緒構成矛盾感。工作人員可能會認為自己的生命有所不同，但缺乏時間整理，因而失落，當這種想法出現時，能以過渡（transition）的概念能協助工作人員自我成長（陳錦宏等，2008）。

一、自我成長與自我照顧

　　過渡階段是一種結束，亦即失落與放下，是一段煩惱與迷惑的時期，是一段修通與找出意義的時期，也是一個新的開始。在這個階段，若能思考下列的問題，可以幫助自己整理救災的經驗，也可以分享使團隊其他成員一起走過過渡階段：

　　（一）救災工作結束之後，我會留下什麼？有正向的東西嗎？有不這麼正向的東西嗎？

　　（二）當我離開救災工作之後，回到原本的生活時，我自己的過渡階段會是什麼樣子？過渡階段中，我會遇到什麼困難？什麼可以幫助我度過過渡階段？

　　（三）藉由這次的救災機會，我的哪些部分改變了？對我自己而言，是否有未竟之事？是不是有些事情是我能在離開救災現場時能夠做的？

　　（四）離開這裡之後，我要去哪裡？從這次的經驗，我是否帶走什麼？

　　除了想法上面的整理，具體的自我成長可以透過下列幾個方式進行：

（一）定期接受專業督導

　　督導的意義在於協助工作者服務品質以及維護個案的權益，若是透過督導關係能夠協助工作者釐清自己的限制、服務過程中的自我覺察、因應，以及成長了哪些面向，則可以使得工作者在災難服務過程後得以整理自己的經驗，成為支持的力量。

（二）積極學習、保持繼續教育

　　繼續教育的形式可以是參加工作坊、個案研討會、演講、有計畫地閱讀，透過各種學習方式整合自己，並且發展自己的能力。

　　在服務過程中，若是有發現替代性創傷的現象，透過覺察（awareness）、平衡（balance）與連結（connection）三個過程能夠舒緩替代性創傷的影響，意即工作者時常自我覺察，了解自己的需求及限制，學習自我接納，使自己的生活與工作達到平衡，維持自我內在狀態的調和與完整，以及多與自己或他人產生連

結，避免疏離感（Pearlman &Saakvitne, 1995）。洪素珍等人（2002）更以提出一般性自我照顧、參考架構以及侵入創傷意象等具體形式說明替代性創傷的自我照顧之道：

（一）一般性自我照顧

　　鼓勵工作者可以休息與玩耍，例如：睡覺、什麼事都不做、看書、聽音樂等方式，因為能夠讓工作者呈現出工作過程未有的部分，並且與自己連結。

（二）參考架構

1. 認同：透過瑜珈、有意識的呼吸、運動、體操、舞蹈、伸展、按摩、碰觸等方式讓自己提醒身體與知覺是彼此連結的。
2. 靈性：透過宗教、瑜珈、靜坐等方式去發展自己的意義，並且覺察生命各種情緒，如痛苦或快樂，進而接受人類可能會受苦、工作可能受到影響的等概念，並允許自己接受這些苦痛，發展生命的韌性。
3. 世界觀：將自己置於第三者的角度檢視自己的工作，並重新建立分裂的參考架構。

（三）侵入創傷意象

　　減少意象侵入的方法就是連結深藏在個人經驗中有關此意象的心理需要，並處理這些需要呈現出的問題。除此之外，改變場景，試著練習假想有個人能夠引導進入此場景，並進行恐怖場景的轉換，感覺鬆一口氣。

二、機構協助工作人員的成長

　　提供救災工作者一個穩定且具有結構性的環境，能夠協助其面對災難發生期間以及結束後減輕其壓力，因此機構協助建構支持性的環境是必要的，說明如下：

（一）排班形態

1. 助人工作者的機構可以藉由支援與實施相關策略減低極端壓力的危險，包括限制輪班工作的次數，避免工作者一次工作超過 12 小時，並鼓勵休息。

2. 讓助人者可以從壓力暴露程度最高的任務輪逐漸換到暴露程度較低的任務。

3. 適度休假。機構應給予工作者調整工作步驟、安排工作行程，鼓勵放彈性旅遊假期的時間，或是身體狀況不佳時可以請病假。

（二）機構資源樣態

1. 確認機構中的各種部門都有足夠的人力，包括行政人員、督導人員及支援人員。

2. 鼓勵同儕督導及工作模式，用意有二。其一為針對困難的談話、介入時，夠減輕單一工作者的負擔；其二在於工作者間可以彼此觀察工作狀況、疲累情況以及壓力程度。對於營造同儕的正向氣氛不僅透過彼此督導與討論，平時真誠、互相扶持的互動都是能夠遠離替代性創傷或是舒緩工作壓力的好方式。

3. 隨時針對高風險指標的工作者進行關懷，指標對象可以從服務下述幾個類別的對象進行，包括災難倖存者、受嚴重影響的個人和社群有固定接觸者、原先就有個別狀況的工作者、有多重壓力者、短時間內接觸多重災害的人。

（三）教育訓練

1. 平時建立督導、個案研討，以及工作人員的經典例子供工作者參考。針對不同實務工作年資的工作者提供充足且適當的教育訓練或督導，是組織需要注意的一環，督導過程中可協助工作者辨識出移情、反移情的動力，並辨識出救災過後對於工作者的影響，例如：是否產生替代性創

傷？而減少這類傷害，早期介入與發現是必要的，透過個案研討、教育訓練或過去工作者經驗的分享能夠協助工作者在工作過程中時常留意，並且預防之。

2. 進行壓力管理演練的訓練。

參考書目

中文書目

王昭洲、丁華（2015）。以ABCX理論探討參與救災任務官兵的壓力反應及適應歷程。復興崗學報，107，57-81。

林萬億（2002）。災難救援與社會工作—以臺北縣921地震災難社會服務為例。臺大社會工作學刊，7，127-202。

洪素珍、楊大和、黃燕珠（譯）（2002）。創傷與治療師：亂倫生存者心理治療中的反移情與替代性創傷。臺北：五南。

陳錦宏、劉慧卿、林博、鍾明勳、廖定列、劉時寧、李秋月、林秀慧、林明雄、巫毓荃（譯）（2001）。災難與重建：心理衛生實務手冊。臺北：心靈工坊。

英文書目

The American Psychiatric Association (2013). *Diagnostic and Statistical Manual of Mental Disorders* (DSM-5®). Washington, DC: American Psychiatric Pub.

Biggs, Q. M., Fullerton, C. S., Reeves, J. J., Grieger, T. A., Reissman, D., & Ursano, R. J. (2010). Acute stress disorder, depression, and tobacco use in disaster workers following 9/11. *American Journal of Orthopsychiatry*, 80(4), 586-592.

Drabek, T. E. (1970). Methodology of studying disasters: Past patterns and future possibilities. *American Behavioral Scientist*, 13(3), 331-343.

Myers, D. G. (1994). *Disaster Response and Recovery: A Handbook for Mental Health Professionals*. Menlo Park, CA: DIANE Publishing.

Pearlman, L. A., & Saakvitne, K. W. (1995). *Trauma and the Therapist: Countertransference and Vicarious Traumatization in Psychotherapy with Incest Survivors*. New York, NY: WW Norton & Co.

第十六章　莫拉克颱風災後社區重建在地人力培力網絡建構與運作經驗之探討——以高雄縣爲例

陳武宗、譚慧雯、蕭淑媛

壹、研究背景與目的

　　莫拉克風災後，受災區地方政府在災後社區生活重建的地位與功能，與921大地震災後相比較，受災區縣市政府在重建政策的制度安排下，變成輔助與業務督導的角色，其在災後社區生活重建的功能完全受到侷限（曹啟鴻，2011；林珍珍、林萬億，2014）。而在此政策背景與制度安排下，受災嚴重且區域範圍大的高雄縣（市）與屏東縣政府社會部門，運用風災善款，也在同時期推出了培力在地組織參與災後社區重建的計畫，出現公部門中央與地方地府雙軌同步進行的災後社區重建情形（林珍珍、林萬億，2014；鄭如君，2014；蔡家瑜，2015）。也因此，高屏地方政府社會部門，需同時扮演配合中央政府內政部在鄉鎮所設立的社區生活重建服務中心的督導業務角色，也積極主導自身所推動的培力在地人與組織參與災後社區重建工作。而這種經驗或現象，和過去討論地方政府社政部門的角色功能與任務的相關文獻對照，主要以緊急救援階段的災害救助、災民慰問與安置等居多，部分文獻會探討影響地方政府災後社區重建政策的因素和成效（Col, 2007; 林萬億，2002；吳麗雪、趙若新，2010；陶蕃瀛、王增勇，2004）。至於，從在地思維與培力的觀點，培力社區組織與人力，進行災後社區重建，則是較少觸及的部分。

　　八八風災肆虐南臺灣，前高雄縣成為重災區，縣內桃源、茂林、那瑪夏、甲仙、六龜、旗山及杉林等七個山區鄉鎮遭遇前所未有的破壞與損傷，人民生命財產的損失與傷痛更是無可計數；災後家園重建與產業復原的工作，雖有政府、企業、慈善團體、專業組織陸續投入，然如何啟動在地居民的力量凝聚與行動參與，實為災後重建不可忽略的一環。同時在中央政府內政部主導下，迅速地在桃源、茂林、那瑪夏等三個原鄉部落，及後來新設立的杉林大愛永久屋基地，分別委託介惠、世展及慈濟等國內大型社會福利非營利組織經營四處生活重建中心，而甲仙、六龜則有前高雄縣政府社會處以公辦公營的方式設立兩處重建中心。

　　另地方政府社會處意識到，偏鄉部落長期處在邊陲、資源缺乏、人才流

失、重建人力不足等困境，又預期到當中央設立的重建中心結束撤離，而剛起步的多元且複雜社區重建工作，將停擺下來（高雄市政府社會局，2014）。故前高雄縣政府社會處在2010年1月8日施行「八八風災社區重建在地組織人力支持計畫」（以下簡稱爲人力支持計畫），以發揮在地扎根與社區深耕的力量，計畫執行方式委託旗美社區大學協助重建人力教育訓練與輔導工作。2010年12月高雄縣市合併後，高雄市政府仍致力於重建工作，期待透過社區在地人才的發掘、培育與陪伴，協助在地資源需求的掌握及社區人力團隊的組織與經營。2012年12月重建中心結束後，結合行政院衛生福利部22個月「莫拉克重建區社區培力發展永續發展計畫」（以下簡稱爲永續發展計畫）培力員補助案，也同步延續「人力支持計畫」，提出了在旗山杉林、甲仙那瑪夏、六龜茂林及桃園區等4個社區培力據點的協力員補助案，深化三年來「人力支持計畫」在社區組織與人才培力已累積的基礎。五年內逐步發展出地方政府在偏遠地區（含原鄉部落），災後社區重建的在地社區與人力培力架構與運作機制。此地方政府社政部門運用莫拉克風災善款，藉由人力支持計畫培力重建區在地組織與人力，參與災後社區重建工作的運作方式，有別於921震災後的地方政府社政部門災後社區重建的回應經驗，而其計畫的背景與目標，培力歷程與架構的成形，特別是地方政府社會部門、在地輔導團隊及重建區的社區組織等三方，如何逐步形構出重建人力培育與社區組織間的跨區互助合作網絡？又外部具專業資格的人力資源導入有限的狀況下，如何藉由重建區在地人力的進用與培力過程，提升社區組織能量與進行社區的重建工作？則是本研究優先關注與探討的主題。

故本研究首先除參考相關文獻整理，重現此在地社區與人力培力架構形成與運作機制發展的背景與歷程，也分別從地方政府曾參與此業務主管和人員、人力支持計畫輔導團隊專員與教師及重建工作者、培力員、協力員等三種人員的焦點團體訪談資料與經驗分享文本，進一步去了解與探討偏鄉地區（含原鄉部落）災後重建社區與人力培力的運作歷程與經驗的主題，其主要的目的有：（一）探討地方政府災後社區培力的政策脈絡、培力網絡建構與運作機制爲何？（二）分析偏鄉地區（含原鄉部落）重建人力培力網絡的運作、困境及其對在地組織與社區

災後發展的影響為何？（三）此地方政府的社區培力方式對未來國內災後社區重建政策有何啟發？

貳、文獻討論

一、災後社區重建概念內涵與政策理念檢視

（一）災後社區重建概念界定與內涵

　　災難（Disaster）不論是天然或人為的，皆會帶來多重與嚴重的破壞性的災害。因此緊急救援告一段落後，軟硬體的重建過程，更是漫長且多元複雜的議題。而災後重建（post-disaster reconstruction）就隱含著許多概念組成，包括「重建」、「復原」、「恢復」、「恢復生活機能」（洪鴻智、邵珮君、陳逸鴻，2004，引自郭瑞坤、邵珮君、張秦瑞，2012）。其中「重建」強調災後受損或毀壞之建物設施的重建；「恢復」強調重置主要或災前實質的社會型態；「恢復生活機能」的主張與恢復類似，但較強調居民生活機能的恢復；「復原」所牽涉的層面較廣泛，隱含欲將災後受損情形，恢復至某個可以接受的水準，此水準不必然等同於受災前。

　　王增勇（2000）根據日本阪神地震的經驗指出，地震所造成的有形傷害，是最容易復原重建的，但生活次序的破壞、希望的破滅、生存目標的淪喪，及社區網絡的破壞等，最難復原，卻也是最重要的。趙善如（2010）認為災後社區重建工作是多元議題的串聯與延伸包含有心靈重建、基礎工程與住宅重建、產業與文化及生活重建，才能達成社區整體的重建目標，也因此重建政策須具有長遠性與包覆性。蔡家瑜（2015）認為災後重建工作，不僅是硬體建設，更應規劃工作平臺、人力培訓及社區活動方案等，促進居民參與和多元行動者間的共識，以落實在地化的重建工作。災後重建不只是硬體的重建或提供短期的工作機會，而更應關注在重建人力的培養，好的重建工作者才是重建工作的關鍵，此種

情況在偏遠地區尤其明顯（旗美社區大學，2012）。災後社區重建工作，雖然多元龐雜，但能從在地思維角度出發，重視在地組織與人力參與，一起形成共識與發展出具在地特色的重建方式，也才有其可能性與機會。

（二）災後社區重建的政策脈絡與特點

　　莫拉克風災發生後，行政院於2009年8月15日成立「行政院莫拉克風災後重建推動委員會」。2009年8月27日更快速於立法院三讀通過《莫拉克颱風災後重建特別條例》，明定災後重建計畫包含家園、設施、產業、生活與文化重建。原施行期間原訂為3年，因重建工作可能未能於101年8月執行完畢，立法院於100年5月24日修訂條例第30條第2項，必要時，得經行政院核定酌予延長，期間最多以2年為限。依〈莫拉克颱風災後重建特別條例〉第五條指出，重建計畫內容應包含家園重建、設施重建、產業重建、生活重建、文化重建，並依循國土保育與復育原則辦理。行政院於莫拉克風災後第七天成立重建推動委員會，立法院亦迅速通過了特別條例及特別預算的審定，後續重建工作迅速展開。

　　永久屋興建與生活重建中心設立，成為莫拉克風災後重建政策重要的特點，且在中央政府由上而下積極主導與高效率的速度下，再加上全國性大型非營利組織的配搭協力，很快地就展現永久屋興建與安置災民的成果：「永久屋在公、私部門積極、全力合作下，災後不到半年即完成興建611間，災滿三週年更達將近九成七的完成率，及時讓民眾有個溫暖的家，過程可謂效率空前，充分體現政府安置受災民眾的努力與決心。截至103年1月20日止總計規劃興建43處基地、3,559間永久屋，目前已完成41處共3,495間永久屋，安置人數達1萬2千人以上，充分展現政府與民間重建合作成功模式與典範。」

　　內政部則依據「莫拉克颱風災後重建特別條例」，訂頒「莫拉克颱風災區生活重建服務中心實施辦法」，並編列重建特別預算4億6,905萬元，分3年（99年—101年）執行，階段性任務於101年12月底完成，並舉辦成果分享與出版重建實錄加以記錄。

　　然為及早建立階段任務完成後之轉銜機制，內政部自100年度起將社區組織

培力納入生活重建服務中心重點工作考核指標並加強宣導，考量永久屋基地新興社區成立初期及重建區居民參與之多項公共事務尚待推動，莫拉克重建區社區組織培力非短期間即可完成，102年起生活重建服務中心之轉銜規劃，將重心放在協助地方政府順利承接重建區生活重建工作之推動，內政部控留重建特別預算8,000萬元，補助地方政府自辦或結合原生活重建服務中心承接團體繼續運用既有服務資源量能，並責成由各縣市提報102-103年度延續性計畫——「莫拉克重建區社區培力永續發展計畫」，以持續培力莫拉克重建區社區組織加強參與公共事務能力，建立社區自主重建力量，早日達成社區永續發展目標（行政院莫拉克風災後重建推動委員會）。內政部則依據「莫拉克颱風災後重建特別條例」，訂定「莫拉克颱風災區生活重建服務中心實施辦法」，自2010年執行至2012年，委託有社福經驗的非營利組織經營重建區26處重建中心及41處聯絡站，配置人力共183人（含社工161人、服務員41人、行政人員26人），提供災區民眾服務，擔任「窗口」及「橋梁」任務，提供心理、就學、就業、福利、生活及其它轉介等，共六大服務（衛生福利部，2014）。

從前述文獻所示，災後重建階段社區意識與社群功能的建構，是災後重建政策與重建中心功能發揮之關鍵因素。永久屋興建與重建中心設立，是莫拉克風災後社區重建的主要作為與特色，社區培力雖考量重建中心結束後轉銜有所規劃，但不是整個災後社區重建的核心理念與重點。從中央政府興建永久屋為重心的災後重建政策與「莫拉克颱風災區生活重建服務中心實施辦法」之內容，可清楚看出，其所揭示的重建工作，主要是以災民的慰助與重建工程的施作為主，並未強調社區重建之要性。該條例明定政府應於各災區設立生活重建服務中心，其功能在提供生活、心理、就學，以及就業等各項福利服務，明顯地在強調以個人和家庭為導向的服務模式，社區培力與社區發展則不在其法定工作項目之中。

故前高雄縣莫拉克風災民間捐款專戶管理委員會，也通過「高雄縣八八風災在地組織社區重建人力支持計畫補助辦法」，從2010年至2013年補助災區內組織或團體僱用專職人力投入災後社區生活的重建工作，2010年此計畫共補助22個社區27位進用人力，2011年則有30個社區35位進用人力，同時甄選「八八風

災在地組織社區重建人力支持計畫」的輔導團隊，提供2位專職人力及4位兼職輔導老師，期待透過計畫進行在地社區人才的發掘、培育與陪伴，突破偏遠與邊陲的受災社區缺乏投入重建工作的困境（高雄市政府社會局，2009a、2009b；高雄市政府，2012）。從上述說明，除第一次出現政府部門間同步進行災後的社區重建工作外，也因災後社區重建政策與做法上差異，形成明顯的對比。

故重建中心採臨時大量動員具專業背景，但缺乏實務經驗的新手社工人力，執行法定六大任務；「人力支持計畫」則以發掘培育在地可用人力，參與災後社區重建工作，學經歷與專業背景採寬鬆原則。但兩邊社工人力與重建人力的工作任務，還是有不同：「在還未進入這份工作之前，過去生活重建服務中心工作中，主要是以個案管理及社會福利服務為優先，其次是針對生活、就學、就業等。過去與現在工作比較，過去在生活重建工作中心工作主要是針對個案居民需求，但進入到社區培力據點工作，發現整個工作模式已漸漸進入到社區組織。」（六龜茂林區社區培力據點—協力員，藍蕙欣，P.71）

（三）對重建政策的檢視與批判

莫拉克風災偏鄉與原鄉部落受災嚴重，而大規模遷移方式成為主要災後重建政策，因此相關的文獻提出檢視與批判一一浮現，如林珍珍、林萬億（2014）指出莫拉克風災受災地區多為臺灣原住民居住區域。原住民在文化、宗教與就業等方面均明顯異於漢人社會，缺乏文化敏感性的災後重建服務反而讓原住民陷入困境。災後重建的政策決定過程是否重視公民參與和社區及個人的認同，乃是災難治理成敗的重要關鍵。

譚佳音（2015）以屏東禮納里部落為經驗發現因災後重建偏重目標導向，反而忽略居民及社區各項生活調適狀態轉變的歷程；在生活適應及品質需求則因重建政策並未落實「尊重差異」，造成居民在生活調適上多方衝突；而社區參與意識因是由上而下的家園重建方式，缺少社區與居民的共識導致無法產生認同；同時因災後重建大規模遷移政策逐漸解構族群社會結構。故建議指出生活重建不是制定一個重建條例、成立臨時單位「由上而下」的執行，就能安善

處理復原生活的工作。它是一個涉及「人」的本質問題，龐雜且多元的議題，對於受災地方／區域，不論是在個人、社區、文化、資源等，都應以「尊重差異」、「多元包容」、「實際參與」的視角。謝文中、鄭夙芬、鄭期緯（2011）以解釋性互動論探討受災原民面對災後永久遷徙造成的苦痛與衝擊，並以那瑪夏鄉爲參與觀察場域並深度訪談六位部落鄉民，最後形成三個結果：「在一個『變』、『慌』和『亂』中決定『永久』」、「又見災難：搬到杉林≠回到山林」及「遷移之名，創造切割的事實」，並據此提出：「決定永久前，請多給一點溫柔」，及「如果我們再搬一次家，政府請別太意外」等結語。王美懿、林東龍、陸悌（2014）以醫療機構精神醫療團隊外來團隊在六龜提供災後心理衛生重建，落實在地服務的困境，其中研究發現中央規劃的重建政策將個人創傷與集體創傷分開處理，著重提供物質和短期救助，忽視社區共同體的修補，無助平復集體創傷，更造成二度災難現象。另外第一線重建工作者實際貼近社區重建的體驗與對重建政策的批判，「五年前一場風災，讓我進入社區工作，社區工作讓政府和外來協力團體，花更多時間傾聽在地的聲音，尊重當地的文化和傳統，相關的決策和討論一定要有當地族人的參與，而過程絕對是要花更多的時間和心力，且紮實精緻的走過每一步。三年後、五年後，絕對比起果斷決策和中央集權的處置，有更豐富和多元的重建成果，不急不躁，進而慢慢來，最後反而比較快速復原。」（桃源區社區培力據點—協力員，鄭金鳳，P.90）「受災地區不僅有原住民部落，也包含了平埔族部落及漢人的聚落，遭到了重建特別條例、劃定特定區域與永久屋政策的衝擊，讓身處災區的民眾身心俱疲。許多政策的走向時有變數，以致多數受災的民眾並不清楚了解，也無法認同；因爲沒有從地方的出發點思考，所以政府單位所謂的重建之路，才會受到許多的阻擾。」（六龜區，新開部落災後重建協會，石明道，P.55-58）

　　從上述的文獻能再次強烈對照出「由上而下」、「講究效率與速度」、「目標與任務導向」，與「由下而上」、「培力在地人、永續發展」、「慢慢來，會更快與紮實」的社區與人力培力取向的兩種重建政策之差異。

二、重災區的嚴重性與特性

(一) 莫拉克風災的災害統計與分析

　　莫拉克風災造成的傷亡與嚴重的衝擊，從行政院莫拉克颱風風災後重建委員會全國性的傷亡統計顯示，到2010年2月4日止，死傷人數有728人（含確認死亡667人、大體未確認身分者25件、失蹤22人、重傷4人等），此次傷亡人數，雖沒有921震災人數慘重（24,593人死亡、11,305人受傷），但水災引發的土石流，卻帶來嘉義、臺南、高雄、屏東、臺東等南臺灣五縣市毀滅性的傷害，其所造成對水土破壞、產業衝擊及社區解組等，更超過921震災，且受災區域的範圍也大於921震災，特別是對高雄屏東原鄉部落傳統生活文化的衝擊，其嚴重性實在是難以預估，也直接影響到後續的安置與災後重建政策。

　　另依據前高雄縣莫拉克颱風災情與災後重建專案報告（楊秋興，2009：1-5），截至2009年8月31日統計，受災情形包括人員失蹤死亡、房屋倒塌毀損、道路橋梁受損、校舍學童受災、農漁畜產受災等。其中人員失蹤死亡統計顯示，已確定死亡人數517人、申報失蹤人數34人、失聯人數12人，因地形關係，主要傷亡地區集中於甲仙鄉、桃源鄉、那瑪夏鄉與六龜鄉等山區鄉鎮，其中尤以甲仙鄉死亡429人、失蹤28人之傷亡最為嚴重。房屋倒塌毀損部分，因山區土石流淹沒民宅，使許多民眾無家可歸，截至8月31日統計，縣內民宅受損災情主要有：那瑪夏鄉房屋毀損148戶；桃源鄉房屋毀損137戶；六龜鄉房屋毀損165戶；甲仙鄉毀損224戶；茂林鄉房屋毀損16戶；其他鄉鎮毀損110戶，估計共計毀損房屋高達800戶。甲仙鄉小林村與那瑪夏鄉南沙魯村，於災後原居地已不堪居住，居民流離失所，後續遷移到易地重建的杉林永久屋。縣內學校因遭受土石流或惡水侵襲，造成校舍及軟、硬體教學設施嚴重毀損校舍受災區學生人數（含失蹤死亡者）達1,678人。道路橋梁受損嚴重，甲仙、六龜、茂林等地受限於交通，觀光業蕭條影響當地生計。全縣農業損失達16億7千萬元，其間農田埋沒或流失面積約3,524公頃，預計復建金額達32億9千萬元。

　　除了上述官方的災情統計，從以下幾則重建區幾位重建人員在「再見莫拉克—高雄市八八風災重建經驗交流會」分享的文章內容，對當時所親自經歷與目睹社區災情與景象的真實描述，更能貼近災難對其所熟悉的家園帶來的衝擊與改變，包含整個中央政府積極主導的安置與重建政策在內，當然也激發這群在地人思索自身與社區災後可能的出路。

「當莫拉克的災害發生時，中寮的道路到處崩塌、交通中斷、無電、無通信、缺水又缺糧，使居民陷於生活困境，此時當地的居民只有自助互助，共渡難關，當災害發生過後，農作物損失慘重，例如我們的農產、龍眼、山蕉、生薑、芋頭，農民愁眉苦臉，且需再隔年才能再有收成，居民生活困苦。」（旗山區，中寮社區，黃怡綾，P.26）

「看見受災戶支離破碎的家園，與驚慌失措的情景，讓我內心衝擊之大，於是燃起了放棄原有工作，回到社區服務的念頭。」（杉林區，新和社區，陳舉琇，P.28-29）

　　綜合上述，因莫拉克風災災難特性與對偏鄉部落的嚴重衝擊，在災難緊急應變時期，撤離家園總計有2萬4,950人，又此次重災區80%屬於原住民地區，原住民被安置的人數有4,522人，占總受災安置人數的93%（中華民國家庭照顧者關懷總會，2011）。而此次需協調國軍動用直升機，大量撤離受困災民，與緊急開設收容所進行安置的經驗，對地方政府社政部門在緊急應變行政能量、資源動員與公私協力等的新挑戰與任務，已超出以往社政單位在緊急救災的既定任務。「8月14日一天直升機起降112架次，總共救援1,943人，水災造成道路中斷，家園摧毀，其中1,633人無家可歸，需緊急安置，您能想像一天之內，這麼多人需要安置在哪裡嗎？」「當時一天最高開設8個收容所，本次共計由寺廟、教會等開設32處安置處所，一天最高收容人數有4,892人。」（吳麗雪、趙若新，2010）莫拉克風災這樣的災難型態、規模及衝擊，除直接考驗著在地政府整體的災難治理與緊急應變能力外，特別是在中央政府所主導「永久屋」、「重建中

心」的災後社區重建政策下，地方政府面對嚴重被災難衝擊的偏鄉（原）社區與部落漫長和複雜的重建議題，要如何回應？這也是本文藉由前高雄縣政府社會處的「人力支持計畫」想要去還原的政策推動背景。

（二）前高雄縣重建區受災前後社區人口組成與組織結構

依表16-1顯示，前高雄縣旗山鄉、杉林鄉、甲仙鄉、六龜鄉、桃源鄉、那瑪夏鄉、茂林鄉等重建區，災前人口密度均未達縣平均人口密度每公里445人。高雄縣全縣的老年人口比例為10.3%、扶養比為34%（內政部戶政司，2009）。此等偏鄉聚落分布兩極化，聚落間距離遙遠，社區人口稀少與高齡化，青壯人口外流嚴重，因不足以吸引私部門資源進入，公共服務呈低度發展。在地社區組織理事長及幹部也多為老年人，組織運作能力缺乏，且缺乏年輕人力或專業人力，可協助會務的運作。

「因為青壯人口外移，留在鄉下的大多是老人、小孩、婦女，很多是單親、隔代教養、新住民、中低收入戶的弱勢族群，延伸出許多問題，希望未來也能盡一份力去協助。」（六龜區，財團法人高雄市六龜重建關懷協會，陳淑芳，P.53）

「小小的聚落多是老人及兒童，小朋友也多是隔代教養及單親，放學騎著腳踏車兜來兜去。」（高雄市杉林成功社區發展協會—重建人力，戴婇安）

「寶來重建協會因為災後許多青壯年為了生活都離開故鄉，留下來的就是『三不走』：沒有能力無法走的人，老人家一輩子的家有牽絆不能走，在地組織的幹部團隊希望努力能有幫助而捨不得走。這些人讓寶來重建協會除了公共工程的重建參與外，也開始思考如何面對之後留下來的人，所以在沒有經費下，沒有猶豫地做了老人關懷陪伴，期許的是，互相陪伴能

讓留下來的老人家常常因為雨天而有不能控制的莫名恐懼平緩。」（六龜區，寶來重建協會，呂月如，P.51）

表16-1　前高雄縣山區人口密度

鄉鎮	旗山鄉	杉林鄉	甲仙鄉	六龜鄉	桃源鄉	那瑪夏鄉	茂林鄉	前高雄縣
人口密度（Per.sk.km）	427	107	61	79	5	14	10	445

資料來源：內政部戶政司「鄉鎮土地面積及人口密度」統計資料（2009）。

　　由上可知，前高雄縣重建區社區組織在災前已存在社區老化狀態，人口稀落，組織運作力缺乏等情形。又屬重度災害區，除人員傷亡外，房屋毀損、校舍學童受災、農漁畜產受損，道路橋梁毀壞中斷等的嚴重災情，影響原地重建的生計、產業、生態及社會文化網絡等。房屋毀損後原居地無法居住，居民被安排易地重建，文化上亦受到衝擊，故此重建區的社區重建，遠比其它災區複雜度高。而在緊急應變階段，因應當地救災需求，除外地工作的年輕人亦返鄉協助，成為重災區珍貴的人力資源外。前高雄縣政府社會處所推動的「人力支持計畫」相關計畫及導入的資源，如何在外部專業人力有限的狀況下，建構一套完整社區與人力培力互助網絡，支持在地人（媽媽、女性志工、返鄉遊子等）轉化成為災後重建的社區工作者？這群重建人力在培力的過程，除自身生活和能力轉變外，對社區組織與社區又帶來哪些改變？這些議題也是本文關心與探討的部分。

三、培力與社區培力相關理論

（一）培力概念的討論與界定

　　培力（empowerment）的用語與概念，出現在地方政府社區培力架構名稱與人力支持相關計畫內容中，除災後社區在地重建人力的培力，也同步展開在

地組織與社區的培力。「empowerment」此英文名稱，中文除翻成培力外，也有譯成賦權、增強權能、增能及充權等，國內不同領域有其偏好的使用，如護理界常使用賦權、社區總體營造則用培力、社工界充權與增強權能交替使用。但暫不細論中文譯法，直接探究此概念的本義，Rappaport（1984）以廣義的觀點將此概念定義為：「是指人們、組織群體及社區獲得他們自己生活主控權的過程」，Schulz, Israel, Zimmerman, & Checkoway（1995）定義它是一多層次的概念建構，在個人心理層次，是指個人生活的自我決策能力，它的建構與自我效能及個人能力有關。在組織層面則只賦予組織機構權力，促使個人成長的機會和自我決策的歷程，並參與社會經濟資源分配的能力。林萬億（2013）：「它的目的是，促進社會正義，提升個人、家庭、團體及社區的福祉，把力量注入無力感人們的身上，讓人們有能量，去促進其生活品質、掌控環境、獲得有力的感覺。」李聲吼（2010）、吳明儒（2006）認為培力此概念可以從下列幾個面向來探討：1.授權：授權給某人或把能力給某人；2.使能：使沒有能力的人轉變為有能力的人，使能力低者成為能力高者，能力高者盡力協助能力低者；3.賦能、賦權、增權、使能、充能、培力及權能激發；4.充權是多面向的過程，它幫助人們獲得決定本身生活的權力；5.充權挑戰人們做事的方式，挑戰人們對權力、助人及成就的基本看法。李易駿（2011）從培力的原則認為培力是過程、學習、互動與意識覺醒、改變的過程。對培力者而言，培力是有設計的過程，讓參與其中的被培力者（含個人、組織與社區）逐步具有能力、信心，甚至權力。對被培力者而言，培力是一些活動，在實際的參與演練中，習得與習慣某些表達與運作的方式和技術，進而重建信心、能力及權力。同時，培力更是朝向自立與自主的發展方向。所謂「自主」是指社區在培力者離開之後，有能力持續推動社區的發展與工作，而自立則是以社區組織、社區居民具有一定的能力，並擁有一定的社會資本與資源為前提。

（二）社區培力相關理論

黃麗玲、王秀紅（1999）參考國外學者的文獻，對社區培力（communities

empowerment）定義為：期望能藉由賦與社區居民權利，使他們為自己與整體社區問題負起責任，經由社區中每一位居民的全力參與過程，與社區資源運用，增加居民自主性與決策權，進而改善社區問題。她們更指出社區參與、自我決策與效能及有效的行動等，是社區培力主要特性，而專業人員則扮演代言者、促進者及協調者等多元化角色。這才是充權或培力的精神與理念所在，也是在檢視災名詞翻譯與使用的適切性外，更須好好監督對政府或民間組織有否將此理念一一落實到災後社區重建政策與各類措施和計畫裡。也就是說災後社區重建目標與原則，須以社區和居民為主體，激發居民或在地組織參與意識，培養提升其知能，自訂優先的行動目標與計畫，重獲自我決策與掌控能力，讓重建區裝備好改變與提升生活品質的能量。Paton（2008）更指出，社區參與和培力是影響災難適應與準備的重要之一。良好的社區培力工作，相信並確保災區有能力取得災難知識與資源，才有可能採取災難準備行動。蕭仁釗等人（2009）指出，災難不只有造成重創或破壞，也會形構療癒的社群，人們因著可以與人分享災變觀點，而逐漸培能壯大。因此，培力在地人不僅可發揮自救救人的功能，亦具有從「心理創傷」走向「健康社區」的意涵，深耕在地關懷力量和增進民眾復原力。

　　Flint & Luloff（2005）、謝志誠（2010）表示重建能否成功之關鍵在於社區意識、社區參與及自力更新的精神。陶蕃瀛（2000）從在中寮鄉的社區工作經驗整理出，災後重建必須固守的工作原則有：

1. 尊重地方社區、發展社區能力。
2. 發展基層社區的合作組織與社區基層組織，並重建居民與大社會的共生關係，如社區共生合作農業。
3. 發展地方自主教育。

　　Bankoff, Frerks & Hilhorst（2004）也強調災後重建中，如何整合社區與社群的資源網絡，並在開放、自主與多元優質互動的社區參與下，提升社區參與的自我實踐，讓社區與社群的功能充分發揮，並分享彼此的生活智慧；陳俐蓉（2003）則認為社區居民與地方人士之關係，有助於災後重建；曾志雄

（2005）研究發現社區組織力量強弱與延續性，有助於縮短重建完成時日。劉乃慈（2015）以南投縣神木村異地重建例子，來了解重建過程中心成立的社區發展協會的培力狀況，及功能的展現狀況，研究結果指出，在永久屋社區裡的在地社區組織中，社區發展協會有動員社區居民、凝聚社區共識的優勢，並建議社區培力概念應從重建一開始就運作，且從社區居民的凝聚力與社區共識開始，而在永久屋社區未有社區共識前，協助重建的組織間應互相溝通、了解彼此所作的重建工作，讓社區重建的方向一致。

另，近來從災難復原力觀點所發表的文獻，如許慧麗、趙善如、李涂怡娟（2010）在探討不同災難型態的災區民間組織參與社區重建的研究結果指出，復原力的驅動關鍵有社區參與、居民互動所凝聚的社區意識等，加成因素有資源、資訊及知識平臺的建構、有動能工作團隊的組成、有遠見可行的重建政策等，持續因素有社區能力培養、提升社區組織能量等，並提出具有復原力概念的工作方法。黃松林、郭銀漢、楊秋燕、汪中華（2012）研究指出：「平時積極參與社區事務、接受訓練課程的志工及社區守望相助隊，是發展社區復原力重要的人力資源。」鄭如君（2014）以莫拉克風災背景，採用災難復原力觀點探討我國災後生活重建機制，她參考了世界銀行《重建手冊》指導架構及我國生活重建機制建構與執行經驗，提出了八項具有復原力內涵的生活重建指導原則、運作機制規劃與執行架構，而指導原則是生活重建的基本信念，可作為運作機制規劃與執行的依據和參考，其最主要的目的，仍是在確保受災區是重建的主體，保障社區參與的權利，提升生活重建成功的機會。

Kretzmann & McKnight（1993）提出資產基礎模式（the asset-based approach），此模式將優勢觀點運用到社區發展，從以往需求為焦點的取向，轉向聚焦在社區中的資產、特色及技巧。他們指出社區改變的四個主要面向：1. 改變起自社區的內部，2. 改變建立在社區內已存在或具備的人力和資產，3. 改變是一種關係的驅動，4. 改變將被導向永續性的社區成長。如兩位學者所描繪，當社區內部的資產被動員，而社區不再以成為慈善的受惠者自我滿足，很清楚的，這種已動員的社區就具備了與別人成為真正夥伴關係，以及給予關心社區有

效行動與投資回報的利害關係人的一種參與合作的機會。

　　從前述的文獻學者專家所提及影響社區重建成功的因素與原則，其實和培力或充權的理念出發的災後社區重建目標與原則，是相呼應的。並和災難復原力、優勢觀點所發展出來的重建模式，其精神內涵是相通的。

參、研究設計

一、資源來源與研究對象

　　基於上述的研究目的與問題，本研究的資料有三種來源：

　　（一）本研究以前高雄縣政府社會處運用88風災善款所實行的「人力支持計畫」為探討主體，除整理計畫執行過程及成果報告的書面資料，並訪談輔導團隊四位成員及一位社會局業務負責人。此書面資料的整理與訪談資料，可蒐集人力支持計畫背景與目標，及輔導團隊對重建人力培力的實踐經驗。

　　（二）運用了2012年「再見莫拉克—高雄市88風災重建經驗交流會會議手冊」內，33篇重建工作者參與災後社區重建的經驗分享文章；2014年「綻放！希望的花蕊—災後重建社區培力經驗集結交流會活動手冊」內，18篇有關六龜茂林區、旗山杉林區、桃源區、甲仙那瑪夏區等4個培力據點中4位培力員、14位協力員的培力據點經驗分享文章。以了解第一線重建人力、培力員及協力員參與社區培力的經驗。

　　（三）科技部「重大災害災民安置與社區重建的社會治理整合型研究計畫——子計畫3——重大災害災民安置與社區重建服務系統的建構」焦點團體文本，採用其中有關高雄市政府社會局曾參與處理災後社區重建業務之主管和現職承辦人員的訪談資料。可了解地方政府「人力支持計畫」的背景與目標，重建區重建中心與在地組織的互動。

　　故本研究對象有三類：1. 曾參與地方政府災後社區重建計畫規劃與業務執行人員；2. 輔導團隊成員含計畫主持人、輔導老師及專案人員等；3. 重建工作

者、培力員及協力員（重建工作者轉換成協力員有三位）。因所採用的分析資料，除輔導團隊由研究者自行訪問外，地方政府社政部門人員部分，則經整合型計畫主持人同意採用其焦點團體相關主題訪談資料，最後重建工作者、培力員及協力員則採用經驗分享會所發表的文章。而藉由此三項資料的蒐集與分析，則分別在回答本研所關心的問題，地方政府社政部門「人力支持計畫」的背景與社區培力運作架構的形成過程，輔導團隊的社區培力優勢、方式及挑戰，重建工作者的角色轉換與自我增能的經驗，與社區組織和重建社區的互動經驗及輔導團隊的互動經驗（含後期的培力員、協力員）。此種由地方政府社政部門善用捐款，從「人力支持計畫」的提案啟動，五年期間，跨越縣市合併，跨越中央地方計畫延續和資源整合，如何讓在地重建人力的補助與培力，開始活化在地社區組織與災後重建區社區的社會人文工程？如何讓單一社區組織發展成組織間的區域協力網絡？整體而言，這種地方政府社政部門的災後社區重建模式與921震災的經驗是不同的，當然也可說是首創，因此再次重建與理解其計畫的背景與運作經驗，特別是對在地人力與社區的培力操作過程，也是本研究所關注與探討的主題。

二、資料蒐集步驟與分析

從上述3種資料來源，第一種：輔導團隊成員含計畫主持人、輔導老師及專案人員等的訪談，主要在蒐集整體的輔導架構、陪伴經驗及挑戰，訪談過程經受訪者同意錄音，將錄音檔轉成文字稿進行文本分析；第二種：重建工作者、培力員及協力員（重建工作者轉換成協力員有3位），主要蒐集輔導團隊與地方政府社會局前述的兩次重建實務經驗分享的文章，重建工作者33篇、培力員3篇、協力員15篇，51篇逐一反覆閱讀後，大致掌握書寫的結構與內容重點，如自述成為重建工作者角色轉換與學習成長、對災後殘破家園的描述與個人行動連結、自述自我增能前後改變、與社區組織和輔導團隊的互動經驗、進入社區工作的方式與歷程、重建工作與家庭的拉扯等。再依此內容重點將每篇文章標示出來，並請工讀生轉登文字檔，進行分析；第三種是高雄市政府社會局曾參與災後社區重建

計畫規劃與業務的人員，則經整合型計畫主持人同意採用其焦點團體相關主題訪談資料，經同意取得焦點團體的逐字稿全文，研究者先完成全文稿的閱讀並搭配焦點團提綱，截取出與本研究主題的訪談資料文本，進行分析。考量受訪者身分保密原則，故受訪者的文本引用，以英文字母B、D、E、F代號表示，受訪者基本資料詳如表16-4。分享文章部分，就比照一般以公開發表文獻，直接呈現被引用文本者的姓名、社區組織及職稱，並彙整成如表16-2、16-3，以方便查閱對照。

表16-2　高雄市八八風災7個重建區，38個社區組織，47位重建人力一覽表

行政區—社區組織	重建人力	行政區—社區組織	重建人力	行政區—社區組織	重建人力	行政區—社區組織	重建人力
旗山區		杉林區		六龜區		甲仙區	
南洲社區	潘碧連	新和社區	陳舉琇（吳峰智）	新威社區	傅雅玲	關山社區	王麗娟（蘇美玉、柯洲鎰）
大林社區	羅素玉	集來社區	李昭姿	中興社區	張碧雲	大田社區	許詩婷
南新社區	蔡芳綺（潘碧連）	成功社區	戴綵安	六龜社區	張淑菁（潘友錫）	和安社區	王芊鳳
中寮社區	黃怡綾	杉林八八重建協會	遲杏芳	寶來重建協會	呂月如	小林社區	潘淑卿
湄鼓社區	劉忠肯	桃源重建發展協會	高阿美	六龜重建關懷協會	陳淑芳（鄭綉雲）	甲仙愛鄉協會	曾麗雲
茂林區		大愛生態社區關懷協會	白莉娜	高雄山城花語美好生活促進會	潘友錫	南橫三星JSP區域聯盟組織	許淑卿

行政區—社區組織	重建人力	行政區—社區組織	重建人力	行政區—社區組織	重建人力	行政區—社區組織	重建人力
茂林社區	盧蘭妹	臺灣八八水災小林村重建發展協會	吳家蓁	新開部落莫拉克災後重建協會	石明道 潘巧惠	那瑪夏區	
萬山社區	林書羽（武素靜）	大愛觀光推廣協會	孫雅慈	荖濃平埔文化永續發展協會	潘麗華	卡那卡那富文教產業發展促進會	江翁美英
茂林社區營造協會	姚瑪麗 藍秀彩	金興社區	楊家峻	新開部落重建關懷協會	潘怡禎	桃源區	
茂林原住民婦幼發展協會	江芸瑤	小愛小林社區	詹淑惠	荖濃社區	江雅惠 蔡吟悅	寶山社區	陳美君（林佳瑋）
						勤和就地重建發展社區	邱培霜

資料來源：研究者整理自：（一）財團法人鍾理和文教基金會、旗美社大莫拉克社區重建站（2012）。再見莫拉克—高雄市八八風災重建經驗交流會會議手冊，時間：2012年10月22日，地點：高雄市政府社會局婦幼青少年館演藝廳；（二）高雄市政府社會局（2014）。綻放！希望的花蕊—災後重建社區培力經驗集結交流會活動手冊，時間：2014年8月7日，地點：高雄市政府社會局婦幼青少年館演藝廳。

表16-3　高雄市重建區社區培力員／協力員服務據點及職稱

編號	社區培力據點	職稱	姓名
1		培力員	陳昭宏
2		協力員	張淑菁
3	六龜茂林區社區培力據點	協力員	藍惠欣
4		協力員	池宸君
5		協力員	郭淳毅

編號	社區培力據點	職稱	姓名
6	旗山杉林區 社區培力據點	培力員	邱俊英
7		協力員	宋怡賢
8		協力員	林倩玲
9		協力員	陳舉琇
10		協力員	詹馨儀
11	桃源區 社區培力據點	培力員	江雅玲
12		協力員	張惠珍
13		協力員	鄭金鳳
14	甲仙那瑪夏區 社區培力據點	培力員	曾瑞昇
15		協力員	林春福
16		協力員	黥布
17		協力員	鄭燕珠
18		協力員	曾麗雲

資料來源：高雄市政府社會局（2014）。綻放！希望的花蕊—災後重建社區培力經驗集結交流會活動手冊，時間：2014年8月7日，地點：高雄市政府社會局婦幼青少年館演藝廳。

表16-4　受訪者資料表

代號	訪談者曾擔任人力支持計畫職務
B	甲仙區小林一村、關山輔導老師
D	旗美重建站副站長／桃源區專案人員
E	旗美重建站重建站站長／計畫主持人／桃源區輔導老師
F	六龜區專案人員
G	前高雄縣人團科暨人力支持計畫業務承辦人員
H	中央派駐地方政府生活重建中心督導
I	前高雄縣甲仙鄉生活重建中心負責人
J	前高雄縣救助科專員
K	前高雄縣旗山社福中心督導
L	前高雄縣兒少科專員
M	學者

註：H-M為焦點團體受訪人員。

肆、研究結果

一、政策脈絡與人力培力網絡建構

（一）地方政府社政部門災後重建政策脈絡與培力理念

莫拉克重建條例中的災後社區生活重建中心設立與運作，法定由內政部主導並直接委託民間組織經營，地方政府僅擔負業務督導之責，在此有別於921震災後地方政府主導的重建政策脈絡下，除擔心重建中心的運作成效與撤離後地方政府須承擔的重建責任，「中央在縣內公辦民營的四處重建中心，因為招募不到有經驗的社工人才，能夠服務與影響層面有限制，它成功的機率不大，擔心發了幾千萬，結果一點效果都沒有，加上中央內政部所設計的管理層級過於複雜，出現多頭馬車的困局，因此自行設立兩處重建中心，當四處公辦民營重建中心結束撤走，就準備好了，可接手了。」（高雄縣社會處，2011）（引自蔡家瑜，2015：49），故高雄縣政府社會處在莫拉克風災捐款切出一大塊，推出「人力支持計畫」，活化在地組織，參與災後重建工作，除考量如何激發在地組織參與社區重建，也擔心中央委託經營的民間組織的重建成效與突然撤離，和3年重建結束後的銜接問題等，故除自設兩處重建中心，更善用捐款積極主導由地方政府可掌控的災後社區培力政策，也就是善用捐款，將進用人力導入社區組織，培力利用在地人，一起參與重建工作，此目標十分明確。

> 「我們沒有辦法參與到NGO他們被賦予責任的過程。所以我們處長當時就有考慮到說，如果NGO當時說不玩了，一下子撤出的話，至少還有兩個可以做後續的因應這樣子，所以我們那時才會有兩個自設的，不會像其他地方好像都是NGO的。」（K）

> 「我想如果就目標上，我們應該是做整合。另外我想也是協調的過程，做資訊的傳遞的過程。那當然還是社區培力，我們希望那個社區，在地能夠

爲自己有更多的想法。」（J）

「我記得我們那時候處裡面，針對生活重建的方向和重點，就是一開始講
到爲什麼在人團科的時候，我覺得組織有一個非常明確的就是：我們想培
力在地的社區跟人。所以我們在莫拉克專戶裡面，切了很大一塊是在要利
用社區當地的人，一起來做重建的工作，那個目標非常地明確。」（L）

「其實背後還是要有一個方向，就是怎樣讓一個社區可以重組起來，或是
他說自主性增加的一個方向。」（M）

「所以就回到比較深的培力部分，可是那一部分外地團體真的不太容易
做，而且培力比一般的服務工作更難，不只有提供一般的東西而已，還有
更多人跟人之間的關係。所以我現在反而比較擔心的是，時間一到，資源
快速地抽離，那個落差產生相對的剝奪之後。」（J）

（二）社會處、輔導團隊及社區組織──三方共構重建人力培力網絡

　　高雄市重建區除了內政部設立與委託社會福利非營利組織經營的桃源鄉、
茂林鄉、那瑪夏鄉及杉林鄉等四個重建中心外，前高雄縣政府社會處在甲仙區、
六龜區公設公營的兩處重建中心，同時善用莫拉克風災善款與中央政府同期推出
「人力支持計畫」，讓進用人力導入在地社區組織，活化組織與累積參與重建的
動能，並提出「人力培育計畫」委託旗美社區大學組成輔導團隊，全程陪伴培
力。此種社會處、輔導團隊及社區組織等三方共構的在地人力培力網絡，加進中
央政府設立的重建中心，成爲高雄縣偏（原）鄉災後社區重建獨特的運作方式，
五年期間所建構的社區培力架構與運作機制，特別是重建人力的進用與培育方
式，對落實在地人（組織）參與災後家園重建，與發展具在地特色的重建方式，
此社區培力網絡形成與人力培育過程，是值得加以記錄與書寫保留的經驗。

「相較於921重建經驗，高雄地區很快地勾劃出一張互相支持的網絡，每
個社區組織，災後並無太多條件，去彼此競爭，而是透過人力支持計畫網
絡，互相刺激並累積能量，找到各自可以發展和分工的方向。」（陳昭
宏，2014：59-60）

（三）社政部門的規劃與行政能量——人力培育整合式計畫的導入社區組織

莫拉克風災造成高雄縣嚴重災情，風災期間共開設36處緊急安置處所，安
置人數最高達3,992人，截至2010年3月10日共募集社會捐款新臺幣10億8,231萬
1,622元整。災難救援與災民緊急安置過埕，社會處各科室及所有社會工作人力
動員投入，在物資運送、儲藏、管理、徵信等扮演重要的角色（中華民國家庭
照顧者關懷總會，2011；吳麗雪、趙若新，2010）。在重大災難緊急應變5個月
後，高雄縣政府社會處在上述的災後重建脈絡與培力在地人力明確的目標下，
其所提出的「高雄縣（市）八八風災社區重建在地組織人力支持（人才培育）
計畫（簡稱：人力支持計畫）」，於2009年12月31日經「高雄縣莫拉克風災民
間捐款專戶管理委員會」審查通過，其「補助辦法」於2010年1月8日正式核定
實施。「提案單位甄選辦法」接續於2010年3月15日核定實施。和「人力支持計
畫」在2010年6月正式上路的同時，除同步推出「高雄市八八風災在地組織社區
重建人才培育計畫（2010.06-2013.05，以下稱人才培育計畫）」，作為前者的輔
導計畫，納入旗美社區大學9年內的在地學習網絡與社造經驗，建立具在地優勢
的進用人力的輔導培力團隊。另為廣邀全國性、縣市及在地非營利組織等，參與
災後社區及生活重建，協助在地組織探索社區需求與社區營造基本技術操練，社
會處規劃「八八災後社區及生活重建協力方案（2010.06-2014.08），以下稱協力
方案」，支持的方案面向包含有：社區福利照顧、家庭服務成長教育、社區意識
提升與文化保存、社區活化團隊培力、產業研發及產銷經營等，以鼓勵在地社區
組織從在地需求與資源，思索社區重建的方向。而「八八災後重建基層組織社會
工作專業人力養成培育計畫（委託長榮大學社工系開設社工學分班，前期由黃盈

豪老師主責、後由蘇文彬老師接任），以下稱專業養成計畫」，以增進重建人員社會工作專業知能與技巧學習，協助生涯發展（高雄市政府社會局，2014）。從培力的觀點，構思災後偏鄉具有在地思惟的社區重建政策，並規劃成可行的計畫實際的操作，除展現了社會處的政策規劃與行政執行力，更清楚的是區隔出與中央政府不同的災後社區重建理念目標、路徑及任務。從「人力支持計畫（含補助辦法、提案單位甄選辦法）」、「人才培育計畫」、「協力方案」、「專業養成計畫」等四計畫與兩辦法，整合成一套整體環環相扣的在地組織與人力的培力網絡，納進了在地人（待培力的重建工作者）、提案的社區組織、輔導團隊（旗美社大）、社會處業務單位及高雄縣莫拉克風災民間捐款專戶管理委員會（社會捐款人代理人）等多重的行動者。前三年培力所建構的架構如圖16-1所示，在後兩年並依據衛生福利部公布的「莫拉克重建區社區培力發展永續發展計畫」。

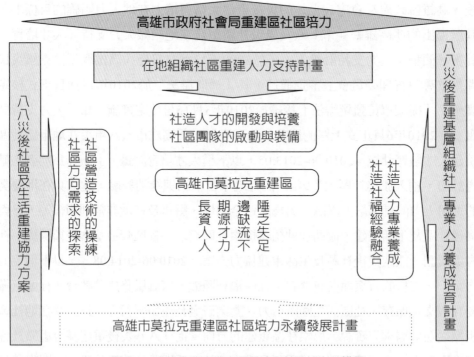

圖16-1　高雄市政府社會局重建區社區培力架構圖

　　此透過多元行動者所形成的相互支持的互動關係網絡，確實有別於921震災與莫拉克風災後政府間臨時大量僱用社工人力所推展的設立社區生活重建模式。從2013年1月1日至2014年8月29日止，共20個月，各縣市開始委託民間組織辦理設置培力據點，聘用培力員並辦理莫拉克重建區社區培力據點人員暨社區承辦人員教育訓練。受託民間組織的條件各縣市大致設定是：1. 實際於該區重建區從事災後生活重建、社區營造或社區培力且於重建區設置辦公處所之立案非營利團體。2. 於該區立案且於該區重建區從事災後生活重建、社區營造及社工社福工作之在地組織。社會處從災難應變、緊急安置到明確走出地方的災後社區重建的方向與目標，展現的行政能量、效能與專業性是有目共睹的。（財團法人鍾理和文教基金會、旗美社區大學莫拉克社區重建站承接張正揚主任、楊力州導演）

> 「其實我們比較屬於社區重建的部分主要有兩個計畫同時在跑。一個就是給這個在地，這個在地就是以社區發展協會或是說甲仙的一個社團。這個部分我們是有刻意地把這些全國性的NGO組織排除。因為我們覺得還是要讓在地的人可以參與。這個部分我們是給人力的支持。那目前是有30個單位，35名人力在進行這樣子。那另外同時有一個計畫就是方案的補助，不管他做福利照顧、文化重建、做家庭教育或者是產業的部分，不管是在地團體或NGO團體都可以從這一塊來取得經費。可是目前一年多下來，大概重建中心那邊的案子幾乎沒有，都來是以在地組織來做提案的比較多。」
> （G）

二、重建人力培力的運作機制設計

　　與重建中心的社工人力相關人力聘用和任務安排，「人力支持計畫」下，重建人力培力過程，也依循著社會處所設計一套運作機制下進行操作，從工作內容、人力的條件設定與甄選、培育與發展、薪資與福利、考核與表現等，而此

「支持人力計畫」的重建人力培力的制度設計，與人力資源管理的人力資源規劃、任用、績效評估、薪酬、人力資源發展及勞資關係等六大功能相呼應（張火燦，2000）。重建人力能否通過此制度設計的程序順利進用與培育？在地社區組織的提案與否？是關鍵的第一步，有了組織的提案行動，再經過社會處評選機制，完成人員的聘用程序，輔導團隊就能接續，進行進用人力的陪伴與培力（育）工作，而這也是在地人轉化成重建工作者的個人培力與互助支持網絡建構，正式開展的歷程：

（一）人力資源與規劃

「人力支持計畫」的主要目的，在進用與培訓在地人成為災後社區的重建人力，以扶植社區組織，參與災後社區重建工作。故重建人力補助，基於尊重提案單位的用人權限，審查採「提案單位審查」為主。只要是在地組織均可申請，透過甄選方式，或補助後自聘重建人力，進行社區重建工作，2011年及2012年均有新的提案單位加入。每個申請單位最多以進用2人為限（申請2人者，至少應有1位為女性）。旗美社大重建站的角色功能在於協助行政作業，包括協助提案、輔導、工作會議、督導考核。如表16-5顯示「人力支持計畫」在2010-13年期間，補助單位與重建人力數量之統計。

（二）工作內容與設計

依據「人力支持計畫補助辦法」，雖有明訂第一年以基礎重建及社區機能活化為主，後續工作視各申請單位推動及發展方向調整。內容包括：社區問題需求與資源調查；社區人力組織及團隊；社區成長服務活動辦理；社區互助關懷照顧方案；社區資源及團隊連結；社區營造計畫及重建服務方案提擬；其他自主性工作；社區行政事務與會務運作協助。但未有工作設計或說明，需透過進用人力與在地組織自行探詢工作方式。

（三）人力招募與甄選

依「高雄市八八風災在地組織社區重建人力支持計畫提案單位甄選辦法（以下稱為提案單位甄選辦法）」辦理，採實地訪視及委員會談二階段審查方式，錄取補助單位。評選重點：組織動能與團隊凝聚力（含過往實績或災後作為）、組織任務的迫切性與適切性、對重建或社造的想法與理念、計畫方案的具體及可行性、資源運用及人力運用的合理性。「人力支持計畫」之人力招募與遴選，主要因應在地需求，及社區重建所需，故對學歷、性別及專業資格等條件採取寬鬆原則：

1. 放寬學歷門檻：考量偏鄉高學歷人才難求，且希望以社區服務經驗資歷為主要條件，故放寬學歷為國中以上。

「我們發現很多社區的媽媽學歷不高，但是她是社區工作非常重要的人才，也很有她的經驗，所以當時我們在訂的時候，刻意將學歷標準標準放寬，讓有一些社區或部落的媽媽，是可以進得來的。」（G）

2. 增設婦女保障：每個申請單位最多以進用2人為限，申請2人者，至少應有1位為女性。

「整個社區基層生態結構裡面，你會發現做事的都是女人。」（G）

3. 無社工專業限制：重災區本來就缺乏社工人員與社福機構進駐，故不以社工專業為門檻限制。

「人力支持計畫」為鼓勵更多社區參與，2010-2013年每年均進行遴選。以六龜區為例，該區有12個里，每個里人口均約1,000人上下，共有9個社區組織單位獲得「人力支持計畫」補助，每個組織單位約服務1,000人的區域範圍。如表16-6顯示，2010-2013年「人力支持計畫」聘用「重建人力」（此用法為「人力支持計畫」使用名稱）共94人，以女性61人居多，年齡以70-79年次（20-30

歲）最多達30人，學歷以高中職居多達31人，31人有社區志工經驗如老人關懷或兒童課輔，進而願意投入服務。進用期間以0.5-1年居多達22人，0-0.5年達18人，顯示重建人力的異動率高，無法持續一年的計畫。進用人力中有9位進用期間達到2.5-3年成為資深人員，提供經驗傳承與累積。另外，進用人員以年輕人居多，有些於風災後自外地返鄉，希望為家鄉盡一份力，但因不熟悉社區與組織，造成重建人力，無法順利融入社區，人員流動率高。

表16-5　2010-13年人力支持計畫—補助單位與重建人力統計

年度	2010年	2011年	2012年	2013年
補助單位（個）	21	30	32	27
重建人力（人）	26	35	35	29

資料來源：引自譚慧雯、蕭淑媛、陳武宗（2015）。

表16-6　2010-2013年人力支持計畫—重建人力基本資料

基本資料	各比例人數					
性別	男性13人	女性61人				
年齡	40-49年次5人	50-59年次17人	60-69年次20人	70-79年次30人	80-89年次2人	
學歷	國小1人	國中13人	高中職31人	專科5人	大學23人	研究所2人
工作或志工經驗	曾做過行政工作9人	曾做過協會幹事7人	志工經驗者31人	生活輔導員經驗4人	無任何工作或志工經驗者23人	
進用期間	0-0.5年18人	0.5-1年22人	1-1.5年10人	1.5-2年5人	2-2.5年10人	2.5-3年9人

資料來源：引自譚慧雯、蕭淑媛、陳武宗（2015）。

（四）人力培育與發展

　　旗美社大重建站，以「社區培力」與「社區陪伴」兩大主軸為架構，並形

成「區域協力」，由社區內協力合作。社區培力課程規劃分為「初階」、「進階」、「參訪觀摩」、「交流分享」四大類別，至2011年起增加「組織實習」一大類別；2012年起增加「自主學習選修」一大類別，總計發展出六大類別培力課程，整體重建人員培育與輔導計畫如圖16-2所示。

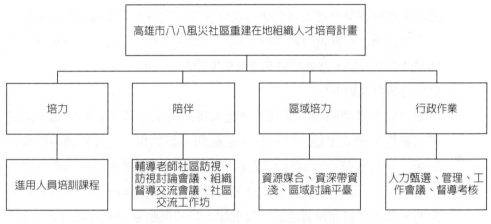

圖16-2 人力支持計畫—重建人力輔導計畫

資料來源：高雄市八八風災社區重建在地組織人才培育計畫-2012年契約書。

1. 透過培力課程，提升重建人力實作能力，包括社區調查、計畫的規劃與撰寫，啟發其對如何發展社區工作的發想，其中三天的組織單位實習與外區觀摩參訪行程，讓重建人力由感動到模仿學習，由試做到願意在自己的社區提案。重建人力在交流工作坊與回饋紀錄中，多能展現出學有所獲。重建人力在三年課程中，因為上臺分享的經驗，也逐步訓練出自己的記錄及表達能力，進用人員開始將社區經驗記錄，並投稿於報章中，且製作成「再見莫拉克—高雄市八八風災重建經驗交流手冊」。

2. 輔導老師的陪伴方式，主要有社區訪視、訪視討論和組織督導交流會議、社區交流工作坊等。依區域的特性與主力議題，區分輔導老師及專案人員組成輔導團隊，每月固定進入社區進行輔導訪視，關心重建人力的工作狀況，並積極參與社區活動，即時給予重建人力協助和陪伴，以

建立社區夥伴關係。輔導老師給予專業反饋和實質建議，也進行資源引介。

3. 社區組織督導與重建人員交流

自2011年起，每季1次「社區組織督導交流會議」，與重建人力所屬組織負責人或督導，了解組織對其角色期待與工作情形，與社區組織交換訊息，並適時調整重建人員的學習進度及工作內容，以促進其與社區組織的正向關係。在實習或觀摩後，進行「社區交流工作坊」，讓重建人員間彼此交流分享，增進經驗交流及醞釀相互合作的氛圍。

4. 定期會議與互動平臺：

主要方式爲資源媒合、資深帶資淺及區域討論平臺。依照區域、議題等關聯性，建立重建人員與社區組織間，彼此相互支援的網絡和夥伴關係，以有效整合區域性的資源。針對不同的需求，尋找適合的媒合平臺或單位，透過多元合作模式，引介資源進入社區，給予社區即時的協助。其中「資深帶資淺」，因重建人員的流動率，所造成的新人適應問題，提供正向的支持與協助，資深的重建人員成爲輔導的授課講師之一，也在區域中成爲社區的陪伴者。

（五）重建人員考核與表現

1. 考核方式

高市社會局與輔導團隊對各社區重建人力執行成效，以實地訪視或委員會談方式進行審查及年度考核，作爲是否繼續補助之依據，重建人力考核甲等以上者，隔年可持續獲得補助。

2. 學習成效與回饋

從工作成果報告可顯示，重建人員對課程參與率與滿意度，均在七成以上。回饋紀錄也能見到重建人員，透過跨區觀摩參訪與單位組織實習課程的學習成長，並實際運用到自身的社區。

3. 提案能量與成效

　　社區組織自有重建人員後，忙於政府各類方案計畫的提案與執行，包括社會局計畫、水保局的農村再生計畫、勞委會的短期津貼或多元就業計畫、內政部的社區關懷據點，及文建會計畫，如表16-7顯示，補助單位平均每一年執行6.3件計畫。

表16-7　申請人力支持計畫單位歷年提案申請方案計畫件數

年度	方案計畫總案數（件）	社區組織平均提方案計畫數（件）
2010	134	6.3
2011	186	6.2
2012	202	6.3

資料來源：引自譚慧雯、蕭淑媛、陳武宗（2015）。

（六）薪資與福利

　　依「高雄縣八八風災在地組織社區重建人力支持計畫補助辦法」，專職人力聘用的學歷與薪資福利規定如下：

　　1. 專職人力薪資：每個申請單位最多以進用2人為限（申請2人者，至少應有1位為女性）

　　　(1) 國中畢業者，以每月18,000元核算。

　　　(2) 高中／職畢業者，以每月新臺幣20,000元核算。

　　　(3) 國內大專／大學以上畢業者，以每月新臺幣22,000元核算。

　　　(4) 碩士以上學歷給予學歷加給新臺幣2,000元。

　　2. 勞健保費用：以實際薪資投保，全額補助，實支實付（個人負擔部分由進用人員自行負擔）。

　　3. 差旅費：專職人員及志工團隊參與培訓、會議之車輛交通津貼（以印領清冊核銷），以高雄客運票價為準，每年最高補助2萬元。

　　在2011年底考核時，增加對於考績甲等、優等、特優等之重建人員，分別加薪1,000元、2,000元、3,000元。

三、在地人轉化成災後社區重建人力的歷程

　　一群自稱不願離開，也離不開的在地人，如社區組織幹部、社區媽媽志工、家庭主婦、災後返鄉遊子等，面對災後被風災水災摧毀的家園，在前述由地方政府社會處人力支持計畫、旗美社大輔導團隊、社區組織等三方所共構築起的重建人力培力網絡與制度裡，藉由在地組織的提案，爭取社會處人力支持計畫重建人力的進用，開啟此難得的機會參與家園重建的工作，這群在地人災難前後生活與角色的變化，以及對災難、社區及重建的認知與行動，轉化成重建工作者的歷程及個人培力後對組織與社區的影響等，以下可從其自身、輔導團隊及培力員和協力員等角度，去描述這群在地人轉化成災後社區重建人力的動態歷程與困境：

（一）誰成爲災後家園重建工作者？

　　受災區的在地人在災難前後經歷很大的生活變化，尤其是離鄉離地進駐永久屋的受災偏鄉部落住民，哪些在地人成爲支持計畫的進用人力？被三方共構的培力網絡培育轉化成爲重建人力？有機會參與災後社區家園的重建工作，並重新認識自身的社區和給予重建新的意涵？同時活化社區組織機能與開始擾動社區。

　　「一個四十幾歲的女人，從桃源鄉桃源村嫁到那瑪夏南沙魯村，在山上成立了日不落工坊，陪伴部落婦女從事原住民文化記憶傳承工作，順遂地一直過著美滿知足的日子，直到98年8月8日的莫拉克八八風災，也許是上天對我的試煉，無論是自己的出生地——桃源，或是夫家的居住地——那瑪夏，都逃不出八八風災的摧殘，所以面對這樣的巨變，我選擇勇敢與堅強並挺身挑戰，挑戰的不是上天的力量，亦不是挑戰別人，而是挑戰自我的過去與未來。」（杉林區，桃源重建發展協會，高阿美，P.35）

　　「98年的10月中旬進到自救會開始幫忙重建，當時看著電腦打失蹤、死亡者的名單時，看到自己親人的名字，内心總是會想到他們！眼淚也在眼眶

中打轉，心想在那裡的你們過得好嗎？我成為了社會處（現社會局）在地組織的進用人力，剛開始接觸上課、寫計畫、社區實習……，心想：『這是什麼工作啊？怎麼和我所了解的不一樣？我只是想要來幫忙重建家園，這些課程和我要蓋回小林有什麼關係啊？』但經過同樣是進用人力的伙伴分享，才了解到重建的範圍非常廣，不是只有把家蓋回來而已，家可以安定人心，但不能代表重建完成。」（杉林區，臺灣八八水災小林村重建發展協會，吳家蓁，P.36-37）

「今年2月分，我進入了社區算是這個人力計畫後期的新生，在未加入社區前，我是位全職媽媽，在我進入家庭近10年後，再次踏入工作圈，期盼讓自己有更多學習的機會。」（甲仙區，大田社區，許詩婷，P.40）

「我是甲仙的女兒，跟一般偏鄉的孩子一樣的命運，高中以後就必須遠離家鄉，奔向繁華城市尋找安身立命，在臺北渾渾噩噩地過了30年，我的生涯因為八八風災而澈底改變了。」（甲仙區，甲仙愛鄉協會，曾麗雲，P.43-44）

「高雄市政府也在災後推動『八八風災在地組織人力支持計畫案』，社區申請了專職人力，我才有這個機會進入社區工作。在進入社區工作前，我是個全職媽媽，每天的生活，就是把我家，那兩個小搗蛋鬼照顧好，陪著他們一起學習與成長，所有的生活重心，都在他們身上。」（六龜區，六龜社區，張淑菁，P.49-50）

「災後五年來，莫拉克民間捐款，支持一群在地工作者，投入社區重建的工作，這群人中，有20幾歲的年輕人、家庭主婦、單親媽媽、異鄉遊子、學碩士等身分，因為重建的考驗成為夥伴，互相鼓勵、學習，他們有不同背景、經歷，但相同的是：他們為社區尋找出路，帶給社區一股『蛻變』

的能量。」（高雄市政府社會局，2104）

（二）重建人力角色的多元認知與培力

　　從支持計畫到重建人員分享文章內容，對此進用人力的稱呼十分多樣，如專職人力、社造員、社區工作者、重建人力等等，顯示了從社政部門業務人員、社區組織負責人或幹部、輔導團隊及社區居民等，對此新設的角色的認知與功能定位有所差異，也因此在重建工作者個人培力與社區互動過程，需多方不斷透過磨合與調整，去尋求共識與動態的界定，此重建人力在社區重建脈絡的位置與功能；我們配的這個人，她（他）其實就是在地生活，只是沒有專業的背景或養成的過程。但基本上她（他）在社區裡扮演的角色和重建中心的社工角色，我不覺得有差太多。（G）

「理事長與總幹事說：『專職工作其實很簡單，除了用電腦整理資料、參加會議以及做核銷工作。』他們還說：『社區的工作當作玩遊戲，玩玩就好……』聽起來應該不困難，於是就先答應了。」（旗山區，大林社區，羅素玉，P.24）

「社區的工作，層面很廣，要做的事情很多，除了老人弱勢關懷之外，舉凡社區綠美化、社區產業、社區文化、社區生態、社區導覽……等等，都包含在內，且愈做愈多，往往為了趕計畫、趕核銷，一早五點多起床，就開電腦工作，晚上工作到十一、二點，也是常有的事。」（六龜區，中興社區，張碧雲，P.48）

「對於角色定位這個問題，協會給的角色和人力計畫與輔導團隊期待的角色不一樣，頓時我慌了手腳，我不知道我要聽誰的話！」（茂林區，茂林原住民婦幼發展協會，江芸瑤，P.64）

「剛開始進協會，原以爲只是打打字、撥撥電話就好，哪知那些字跟那些話我根本不會講、不會打！哪裡有得學，哪裡有訊息就往哪裡跑，像隻無頭蒼蠅一樣亂跑。」（甲仙區，小林社區，潘淑卿，P.42）

（三）運作機制下的重建人力個人培力與互助協力網絡

進用的重建人力缺乏專業背景與資格，同時缺少社區工作或社造經驗，因此在社政部門所設計的重建人力培力的運作機制，加上個人、組織、社區及社政業務人員等對此角色與功能的不同認知，重建人力的個人培力該如何進行？並逐步建立起個人的互助協力網絡？

「前三年因爲人力支持計畫與陪伴培力機制，高雄重建區建立出綿密的社區組織支持網絡，各自社區逐漸確立發展方向，同時不同的需求也開始因應而生，撰寫計畫或者資源盤整調查等基礎能力已經具備，而區域合作與不同面向的專業需求儼然成爲共同需求。」（六龜茂林社區培力據點督導／培力員，陳昭宏）

「進入了專職的社區工作，從進入重建人力開始，經過輔導單位設計一系列課程，從基礎課程、進階、觀摩、團隊互動、老師教導、相互扶持，一路走來，經過無數難題與波折，從不懂到懂這漫長旅程裡，讓我受益良多。」（杉林區，新和社區，陳舉琇，P.28-29）

「社造員，喜憂參半，喜則提升自己能力，憂是怕電腦不靈光，辦事情還要學習多，這期間旗美社大輔導團隊老師指導協助，讓我能進入狀況，申請計畫、社區辦活動及社區業務處理。服務過程中產生自信，肯定自己，而緊張的程度慢慢改進，學習到專業知識、常識、膽識、辨識，應用在工作上及生活態度很大幫助。」（旗山區，南洲社區，潘碧連，P.22-24）

「從計畫活動中，學習到計畫書的撰寫、蒐集資料，到數次的開會討論、分工合作，透過社區的連結，避免不必要的資源浪費，互相借力使力、團結合作，大家串聯在一起，有著共同的目標，就是要讓我們的社區更美好。」（杉林區，集來社區，李昭姿，P.30-31）

「這個工作是我做得最久的一份工作，這4年11月的工作與學習所累積的經驗，讓我更重視人與人之間的互動，參與社會局所辦理的課程及觀摩，幫助我在工作及生活上，突破了很多的挑戰，才知道進用人力的角色，原來這麼重要。回過頭來，看看自己這幾年，在部落做過志工、生活輔導員、文化傳承等等……，在工作上，也慢慢地增進智慧，更感謝協會，給我學習的機會，學習擁有不同的認知。」（高雄市茂林區營造協會，重建人力，姚瑪麗，P.141）

「我要再強調一次我覺得培力這件事情喔，他不是一種工作坊或培訓課程，他就可以的，他是一種生活性的、常態的，他是一點一滴的，從量變到質變，他不是一次性的馬上就可以，不是這樣，人的學習和改變是一個很複雜的。」（D）

（四）輔導團隊對重建人力的陪伴與培力

　　旗美社大所組成的輔導團隊在陪伴與培力重建人力的歷程，除社區重工作的知能與方法，面對重建人力在家庭、社區組織與社區間遭遇的難題，如何協助化解？

「98年9月，莫拉克風災重創高雄縣，旗美社大除第一時間協助災後物資運送、志工分配、災區資訊傳遞等工作，並於99年承接原高雄縣社會處（現高雄市政府社會局）『八八風災社區重建在地組織人才培育計畫』與原文建會（現文化部）『莫拉克颱風災後社區組織重建計畫』，4月『旗美社大

莫拉克社區重建站』成立，一路陪伴7個鄉鎮（除內門、美濃）30幾位社區
夥伴走到現在。」（旗美社大重建站專員，周依禪）

「但透過這三年的學習與經驗累積，讓我更重視人與人之間互動的融洽，
從我參加旗美社大辦理的基礎課程及觀摩，幫助我在工作及生活上，突破
了很多的挑戰，我才知道進用人力的角色，原來是那麼重要。」（茂林區
茂林社區營造協會，姚瑪麗，P.63）

「在重建工作前三年，高雄市政府社會局規劃裡，還安排旗美社區大學擔
任了輔導團隊的業務、輔導團隊會安排各式各樣的社區營造的課程，給重
建人力和人力督導去上課，上10次課程會有8次老師會跟我們說社區營造、
社區重建，要營造、要重建的是（人），但（人）是最難的！」（高雄市
甲仙區關山社區發展協會—重建人力，蘇美玉，P.122）

「他們第一年的時候，不太問問題，就是一直上課嘛，可是到第二年的時
候，大家就會上課時提問，或是大家私底下討論的氣氛，就會愈來愈熱
絡，因爲大家實務經驗在跑嘛，然後回到課程上面，大家做的事情又有一
些雷同，所以大家討論的部分，就會比較多。」（E）

「重建人力要把一個工作做好，要從公文的歸檔、理監事會議的會議的召
開、會議的撰寫、電話的聯絡，那麼多的事情，都要做好，才能把這些
東西，累積成一個整體的東西，但是沒有人在教他這些事情的時候，我們
輔導團隊就一直很積極，所以爲什麼安排組織實習，那是一個很麻煩的事
情。」（D）

「這份工作對家庭的衝突蠻大的，因爲就是跟他們夠熟，有時候我可能要
半夜載他們下去看醫生，然後又載他們上來，然後對他們整個家庭的情況

變成是一個傾訴的垃圾桶。」（F）

「培力的過程，只是幫忙他們怎麼看到社區，其實是可以幫社區做一些事情，然而能爲社區做一些事情，其實是需要你們這些人能力的培養，你（專案人員或輔導團隊）怎麼幫忙這個人或者這個社區，我覺得其實就是一個轉型的過程。」（G）

（五）重建人力與社區組織的磨合及貢獻

　　重建人力與進用的社區組織的互動關係，從其對角色功能的認知與期待，社區提案的優先性多是磨合的過程，在輔導團隊的協助下如何融入社區組織？並爲組織帶來貢獻？

「社區重建工作有很多的不安定感，讓原本滿腔熱血重建心情下，幾經人與人之間的磨擦與理念上不同調而起的爭執，有人就選擇放棄了。」（杉林區，大愛生態社區關懷協會，白麗娜，P.33）

「在社區裡工作三年多了，從一開始重建永久屋、協助村民辦理各項賠償，到現在的重建產業、穩定社區生計等……，我很佩服在社區服務的工作者，不僅要有耐心及毅力，還要具備一顆熱忱服務的心，和眞的想要社區更好，才能夠勝任。」（杉林區，臺灣八八水災小林村重建發展協會，吳家蓁，P.36-37）

「剛接任這個重建人力支持計畫時，我所面臨的挑戰不是在社區工作，而是協會。在一個人數多達14人的協會、計畫多達七項的協會裡面工作，要立足根基眞的不是簡單的事，還好，輔導團隊是我的靠山，每次心裡有不愉快，第一個就是找輔導團隊。」（茂林區，茂林原住民婦幼發展協會，江芸瑤）

「到後來整個重建站包括我自己，重建人力在外面一直培力的時候，能量的成長還蠻快的，但是組織的幹部或是理事長，他是沒有跟上來的，對，這時候就會有一種衝突很矛盾，⋯⋯後來我會發現就是說，如果你要讓重建人力有更多的發揮或是更多嘗試的話，你必須適時協助他跟組織溝通。」（F）

（六）重建人力對社區弱勢人群的關懷與社區擾動

災後偏鄉社區（部落）與永久屋的新社區有不同的特性和需求，但面對社區內社會弱勢人口群如何給予必要的關懷與協助？並藉由不同的服務方案與活動擾動災後社區，帶來生機與活力？

「我們鼓勵社區媽媽加入參加各種培訓課程，例如故事媽媽培訓，在培訓課程了解自己興趣與能力，讓他們漸漸了解社區，進而進入社區工作，我們團隊也就慢慢地形成。現在，她們也進入新庄國小擔任故事媽媽。」（杉林區，新和社區，陳舉琇，P.28-29）

「社區的工作，層面很廣，要做的事情很多，除了老人弱勢關懷之外，舉凡社區綠美化、社區產業、社區文化、社區生態、社區導覽⋯⋯等等，都包含在內，且愈做愈多，往往爲了趕計畫、趕核銷，一早五點多起床，就開電腦工作，晚上工作到十一、二點，也是常有的事。」（六龜區，中興社區，張碧雲，P.48）

「老人共食方面，老人家也從原本只想拿便當回家，到現在願意阿公招阿嬤、厝邊招厝邊一起到共食的地方，當志工也願意把自己種的菜分享給其他共食的老人吃；在這些過程中也經歷許多挫敗，想放棄這份熱忱，但因長輩、小朋友和大家的鼓勵讓我重拾自信心，看到我在社區工作的小孩，變得熱心助人和有責任心，更加看到原民和漢民的融合。」（杉林區，高

雄杉林八八重建協會，遲杏芳，P.34）

「課後照顧方案就進入軌道，順利執行。社區的孩子，也從一開始的叛逆、內向、害羞、不聽話，到後來變得活潑、懂事、禮貌與貼心。」（旗山區，南新社區，蔡芳綺，P.25）

「災後年輕婦女努力地參加故事媽媽課程培訓及課後照顧服務人員的訓練，荖濃社區在社會局重建方案裡申請執行辦理『學童課後照顧服務計畫』，讓婦女們有一個屬於自己可以發揮的舞臺，陪伴與照顧學童。」（高雄市六龜區荖濃社區發展協會—重建人力，江雅惠，P.133）

「其實每個社區若有外來的人事物去擾動和社區內部的照顧與關懷，例如：共食、健康檢查和帶活動等等，對該社區的人而言，是很美妙的一件事。」（高雄市旗山區湄鼓社區發展協會—重建人力，劉忠肯，P.116）

「讓南沙魯關懷協會在這短短的12個月，從三個方案出發，並帶進原民會母語朗誦、陷阱射箭競賽、環境整潔、部落風味餐共食、部落健康活力操等方案，藉由健康操帶動社區居民重視健康，凝聚社區居民的向心力。計畫的執行在於擾動社區，期待居民從不斷學習中共同凝聚，讓社區居民互相彼此信任，引導他們的想法，關心他們生活點滴。」（高雄縣那瑪夏鄉南沙魯關懷協會—重建人力，馬秀玉，P.108）

「執行計畫之初，爲了擾動社區提升社區幹部能力，從培訓開始舉辦了幹部培訓、志工培訓、生活輔導員等等培訓，我喜歡用討論，在討論裡找答案、找方法與想法。從志工培訓、生活輔導員的進階培訓、跨區擾動社區實習一連串的課程。」（旗山杉林區社區培力據點—協力員，宋怡賢，P.80）

（七）重建人力與家庭和社區的拉扯困境突破

從在地人成為受薪的重建工作者，角色身分的轉換，除需不斷藉由輔導團所設計的課程學習、跨區觀摩與夥伴經驗分享等方式自我增能，有時更需面對來自社區和家庭間的拉扯阻抗，而陷入進退兩難的困境：

「接下來協會裡的一堆行政工作、業務，比我想像中的繁雜，申請永久屋繼承的問題、申請土地賠償、計畫的業務執行……等等，那段奮鬥的日子。讓我面對家庭時真的很為難，差點造成家庭革命，印象最深刻的是，記得要參加第一年進用人力社區參訪行程時，家裡的人反對我，繼續做這份工作，當時內心非常難受。也很猶豫到底要不要堅持繼續做下去，因為我還有一個3歲多的女兒要帶，進來協會工作後沒有一天是正常時間下班，每天到家最早已經是晚上八點，最晚是凌晨四點，根本沒有時間陪小孩，每次回到家都是她要睡了，不然就是睡著了，回想起來最讓我難過的就是對不起我女兒，那段時間沒有好好地照顧她！」（杉林區，臺灣八八水災小林村重建發展協會，吳家蓁，P.36-37）

「家人一直對社造工作收入與工作時數很難諒解，且數度提出非常不合理之觀點；內心對家鄉的那份牽掛，是家人及眾多好友無法理解的。」（甲仙區，和安社區，王芊鳳，P.41）

「其實族群事務的工作，不單純只是『錢』跟『人』的問題，總之沒錢有沒錢的做法；最痛苦的是，我們在做的事，明明很單純，但還是會被誤解，人們用複雜的心態，去看我們；看起來大家都是為了共同的目標去努力，但還是會有不同的立場和空談傳言，讓我們相互拉扯，感覺偏離了原來的目標方向。」（那瑪夏區，臺灣卡那卡那富文教產業促進會，江翁美英，P.71）

「有的就還有家庭，家人不喜歡他們做這些事情，因爲有時候很晚回家，假日也要去辦活動，老公就會生氣，然後小孩子也顧不到，那其實都蠻掙扎的。」（D）

伍、結論與建議

一、結論

綜合前面文獻討論、資料與文本分析的結果，茲歸納成以下4項重點與結論：

（一）重整和釐清政府間同步進行災後社區重建之脈絡與差異

莫拉克風災災後社區重建第一次出現中央與地方政府同期（步）進行災後重建的情形，同時清楚分辨出兩種不同的社區重建政策理念與做法，並形成明顯的對比。前者在突顯了永久屋興建與重建中心設立的重建重點與特色，後者以發掘、培育重建區在地人力，累積社區組織一起參與重建工作的能量。前者展現出由上而下的思維，講究迅速與成效，後者藉由陪伴培力的過程，營造出「慢慢來，會更快」氛圍與支持網絡，一起來參與重建工作。前者有全國性大型非營利組織配搭與協力，後者是需持續培力的在地組織與人力。前者採大量臨時的動員社會工作人力方式執行6大法定重建任務，後者鼓勵在地組織提案，透過甄選取得進用在地人力機會，從事符合在地社區重建需求的工作。

（二）盤整與記錄地方政府「人力支持計畫」推動背景與培力網絡之建構

本文了解前高雄縣政府社會處自行公辦公營甲仙、六龜兩處生活重建中心和推出「人力支持計畫」的重建政策脈絡與背景，以及此計畫如何將社會大眾的捐款轉化成偏鄉部落社區組織重建人力的發掘、培育及社區活化的目標。又五年內

在社政部門行政與專業的主導下，社政部門、輔導團隊及社區組織等三方所共構出來的社區與人力培力網絡與運作機制。此完整的培力架構包含有：以「人力支持計畫」爲主軸，前三年逐步納入「人才培育計畫」、「協力方案」及「社工專業養成計畫」等配套與整合取性的計畫，及後兩年搭配中央重建中心的結束撤離重建區，補助地方政府聘用社區培力員持續進行災區社區培力工作的「永續發展計畫」，同時提出「人力支持延續計畫」。

（三）完整記錄「人力支持計畫」運作機制與成果

地方政府「人力支持計畫」之目標、培力架構與各計畫的落實，依循著一套社政部門設計與發展的運作機制下去操作，此套以重建人力培力爲目標的運作機制設計，包含有從工作內容、人力條件設定與甄選、培育與發展、薪資與福利、考核與表現等，其精神與功能與人力資源管理所重視的六大功能相近。因此當重建區的社區組織提案獲得此重建人力進用機會，此進用人力與組織則需整合進入此培力的網絡與運作機制裡，一起爲災後社區的重建與發展，尋求出路。

（四）在地人轉化成重建人力歷程之其實呈現

從在地人轉化成災後社區重建人力的歷程文章段落，在第一線重建作者的經驗分享的文字整理與呈現後，可深切感受到在這套多方共構出來的培力網絡與運作機制下，如何在個人、家庭、社區組織、輔導團隊、運作機制及社區間，突破關卡與障礙，建立緊密的信任與支持網絡，持續社區重建的工作。

「如果沒有他們肯留在這裡爲家鄉付出，培力據點毫無用武之地。感謝他們認真參加一系列的串聯，還有一連串的課程，我們有看見這些不辭勞苦的參與；感謝他們即使面臨挫折、拉扯，甚至是人與人之間的壓力時，他們都還是牙關一咬忍耐下來，不氣餒、不離開；感謝他們看見我們的陪伴，並且支持、認同與信任我的伙伴。人與人之間的繫絆，還有與家鄉土地的關聯，在這資源普遍比都市或是平地少的情況下，更深也更緊密，套

　　一句常常聽到重建人力夥伴們說的話：『我們不願離開，也離不開。』」
（六龜茂林區社區培力據點—協力員，池宸君，P.75）

　　因為這一群「不願離開、離不開」的在地人擔任此重建人力的工作，邊做邊學，融入人力培力的網絡與運作機制裡，進行身分轉化與自我增能的歷程，從個人培力到社區組織能量提升，從社區社福照顧方案關懷弱勢人群，從培訓在地婦女或志工，擾動社區，活化社區，具在地特色的社區重建，才有可能出現。

　　「重建計畫帶入了資源，讓災後的居民看到了一線光明，循著光線看見更多的援手，社區的長輩有人關心照顧，社區孩童有人陪伴，在外工作的孩子也可以放心地拚事業，帶動社區活絡了起來；有了重建計畫，大家也學會尋求自己的需求與可發展的潛力，六龜正在恢復生命力，社區正在萌芽中。」（高雄市六龜區六龜社區發展協會—重建人力，潘友錫，P.128）

二、建議

　　根據上述幾項重點與結論，茲提出以下建議：

（一）善用在地與培力觀點調整災後社區重建政策內涵與做法

　　災後重建階段的社區意識與社群功能的建構，如果是災後重建政策與重建中心功能發揮之關鍵因素，中央政府過度重視由上而下、速度與效率、任務導向的災後社區重建政策取向，有必要回歸在地與培力觀點重新檢視與調整。

（二）維持地方政府在災後社區重建的在地優勢

　　災難發生有其地方與社區性，且地方政府在災難救援與重建過程有其不可取替的角色功能，因此在災後社區重建的政策規劃與安排，須重視與維持其在地優勢，特別是對重建區人口結構、發展需求與組織生態的掌握與培力。

（三）提升地方政府社政部門災後社區重建政策規劃與行政能量

地方政府社政部門除在緊急救援時期發揮出災害救助、災民慰問與安置、志願性人力與物資募集管理等功能外，面對天然災難帶來基層鄉里與部落社區嚴重傷害後，所遭遇的長遠且多元複雜的災後社區重建議題，需不斷藉由縣市間彼此社區重建政策規劃與實際操作經驗交流觀摩，累積與提升社政部門災後社區重建政策規劃與行政能量，尤其是如何善用捐款轉化成培力在地人力與社區組織計畫的議題。

（四）培力在地社區組織運作能量

社區發展協會或災後新成立的社區組織如能維持其一定的運作能量，在災後社區重建的過程，也能發揮其在地的影響力。故基層鄉鎮公所或社政部門，在災難準備時期即可給予培訓與交流觀摩的機會，或藉由社區活動的串聯，促進組織間形成議題與行動的互動關係。

（五）建構多元社區重建人力的培育機制

重建人力，是影響社區重建工作成效最關鍵的因素。重建中心的大量且臨時性的動員社工人力投入第一線社區生活重建，「人力支持計畫」則以培力重建區在地人成爲重建工作者，兩者人力特性、動員與運用模式有相近之處，和功能與運用的侷限。特別是偏鄉部落過程具專業背景導入嚴重受限的情形下，僅能採多方取才，加以陪伴培力（育），讓在地人參與重建事務，服務在地社區。

（六）後續延伸性的研究方向

如前述本研究的三種資料來源，除部分爲焦點團體和訪談資料外，主要也搜集有重建人力、培力員、協力員等的經驗分享性文章。故本文除先探討與分析地方政府社政部門「人力支持計畫」的政策背景外，也針對社政部門、輔導團隊及社區組織等三方建構人力培力網絡與運作機制，和在地人轉化成重建人力的歷程進行探討分析。後續可再運用地方治理或社會資本的觀點針對下列兩個主題：高

雄屏東地方政府培力社區組織與人力的經驗，和重建人力、培力員及協力員參與
培力過程的經驗，進行更完整深入的資料蒐集與探討。

參考書目

中文書目

中華民國家庭照顧者關懷總會（2011）。社會工作救災實務操作指引—莫拉克風災經驗集結實
　　錄研究計劃期末報告。高雄縣政府社會處委託研究。

內政部戶政司（2009）。人口統計資料—「三階段人口及扶養比」。上網日期：2017年6月3
　　日，取自內政部戶政司全球資訊網http://www.ris.gov.tw/zh_TW/346

王美懿、林東龍、陸悌（2014）。精神醫療團隊於莫拉克颱風災後心理重建之在地實踐經驗：
　　兼論精神社工專業角色的省思。臺大社會工作學刊，29，97-148。

王增勇（2000）。南投縣災後生活重建規劃—社區家庭支援中心。護理雜誌，47(5)，39-46。

衛生福利部（2014）。莫拉克颱風災後生活重建服務中心—重建錄。臺北：衛生福利部。

吳明儒（2006）。社區評鑑行政化的困境，臺閩地區 95 年度推展社區發展工作績效評鑑報告。
　　臺北：內政部。

吳麗雪、趙若新（2010）。地方政府社政體系在救災過程中的任務、角色與困境—高雄縣政府
　　莫拉克風災救災經驗。社區發展季刊，131，16-32。

李易駿（2012）。當代社區工作，臺北：雙葉。

李聲吼（2010）。高雄市社區培力與永續發展之探討。城市發展，10，24-33。

林珍珍、林萬億（2014）。莫拉克風災高屏地區重建服務網絡之研究：災難治理的觀點。思與
　　言，52(3)，5-52。

林萬億（2002）。災難救援與社會工作：以臺北縣921地震災難社會服務為例。臺大社會工作學
　　刊，7，127-202。

林萬億（2013）。當代社會工作：理論與方法（三版）。臺北：五南。

財團法人鍾理和文教基金會、旗美社區大學莫拉克社區重建站（2012）。「再見莫拉克—高雄
　　市八八風災重建經驗交流會」會議手冊。高雄：財團法人鍾理和文教基金會、旗美社區大學
　　莫拉克社區重建站。

高雄市政府（2012）。地方政府重建成果：高雄市政府。行政院莫拉克颱風災後重建推動委員
　　會（編），頁436-461。臺北：行政院莫拉克颱風災後重建推動委員會。

高雄市政府社會局（2009a）。高雄市八八風災在地組織社區重建人力支持計畫要點。高雄：高
　　雄市政府社會局。

高雄市政府社會局（2009b）。高雄市八八風災在地組織社區重建人力支持計畫提案單位甄選辦法。高雄：高雄市政府社會局。

高雄市政府社會局（2014）。「綻放！希望的花蕊──災後重建社區培力經驗集結交流會」活動手冊。高雄：高雄市政府社會局。

張火燦（2000）。策略性人力資源管理。臺北：揚智。

張正揚（2014年8月）。人是最美的風景──災後重建在地人力培育機制。論文發表於「綻放！希望的花蕊──災後重建社區培力經驗集結交流會」。高雄，高雄市政府社會局。

曹啟鴻（2011）。從新生到永續──屏東縣莫拉克災後重建研討暨社區產業成果展論文集序（上）。屏東：屏東縣政府。

許慧麗、趙善如、李涂怡娟（2010）。民間團體參與屏東縣88水災社區復原工作模式初探。社區發展季刊，131，250-268。

郭瑞坤、張泰瑞、沈逸晴（2012）。災後社區重建機制：解析921地震和莫拉克風災重建經驗。中國地方自治，65(10)，21-22。

陳俐蓉（2003）。蛻變與新生──臺北縣新莊龍閣社區災後重建歷程之研究。未出版碩士論文，輔仁大學社會工作學系。

陳昭宏（2014年8月）。結伴、蹲點、陪伴──區域組織協力的社區培力機制。論文發表於「綻放！希望的花蕊──災後重建社區培力經驗集結交流會」。高雄，高雄市政府社會局。

陶蕃瀛（2000）。打造一個永續的農村社區──921地震後中寮鄉的社區工作經驗。中大社會文化學報，10，1-15。

陶蕃瀛、王增勇（2004）。南投縣與臺中縣地方政府災後生活重建政策形成與執行之比較。災難與重建──九二一震災與社會文化重建論文集。臺北：中研院史所籌備處。

曾志雄（2005）。社區特性與集合住宅重建之關聯性研究：以九二一震災臺中縣全倒之集合住宅為例。未出版碩士論文，銘傳大學媒體空間設計研究所。

黃松林、郭銀漢、楊秋燕、汪中華（2012）。社區復原韌性與社會工作災害重建的關係。臺灣社區工作與社區研究學刊，2(1)，1-27。

黃麗玲、王秀紅（1999）。社區賦權的概念及其應用。高雄護理雜誌。16(1)，30-36。

楊秋興（2009）。高雄縣莫拉克颱風災情與災後重建專案報告（議會臨時會專案報告）。高雄：高雄縣。

趙善如（2010）。屏東縣政府社會處莫拉克颱風林邊鄉災民關懷需求調查。屏東縣縣政府委託調查研究。

劉乃慈（2015）。社區發展協會協助災後重建過程之探討──以莫拉克風災影響下的一個社區為例。未出版碩士論文，暨南大學社會政策與社會工作學系。

蔡家瑜（2015）。莫拉克風災災後生活重建在地化模式之探討──以甲仙、那瑪夏地區為例。未出版碩士論文，高雄醫學大學醫學社會學與社會工作學系。

鄭如君（2014）。從災難復原力觀點探討我國災後生活重建機制：以莫拉克風災為例。未出版碩士論文，國立臺灣大學社會工作學系。

蕭仁釗、林耀盛、姜忠信、洪福建、柯書林、吳英璋（2009）。當臨床心理師遇見九二一。應用心理研究，41，153-173。

謝文中、鄭夙芬、鄭期緯（2011）。這是「房子」不是「家屋」：從解釋性互動論探討莫拉克風災後原住民的遷徙與衝擊。臺大社會工作學刊，24，135-166。

謝志誠（2010）。集合住宅自力更新重建之民間經驗。社區發展季刊，131，211-229。

譚佳音（2015）。災後重建社區居民生活調適問題之探討—屏東縣禮納里部落經驗。未出版碩士論文，國立中山大學公共事務管理研究所。

譚慧雯、蕭淑媛、陳武宗（2014年3月）。陪伴與培力社區長出力量—高雄市災後重建的人力支持計畫探討。論文發表於「2014年重構專業的根基—社會工作發展的新思維」。臺北，臺灣社會工作專業人員協會。

英文書目

Flint, C. G., & Luloff, A. E. (2005). Natural resource-based communities, risk, and disaster: An intersection of theories. *Society and Natural Resources,* 18(5), 399-412.

Col, J. M. (2007). Managing disasters: The role of local government. *Public Administrative Review,* 67 (December), 114-124.

Bankoff, G., Frerks, G., & Hilhorst, D. (2004). *Mapping Vulnerability: Disasters, Development and People.* Sterling, VA: Earthscan.

Kretzmann, J., & McKnight, J. (1993). *Building Communities from the Inside Out.* Chicago, IL: Center for Urban Affairs and Policy Research.

Paton, D. (2008). Risk communication and natural hazard mitigation: How trust influences its effectiveness. *International Journal of Global Environment Issues*, 8(2), 2-16. doi: 10.1504/IJGENVI.2008.017256

Rappaport, J. (1984). Studies in empowerment: introduction to the issue. *Prevention in Human Services*, 3(1), 1-7.

Schulz, A. J., Israel, B. A., Zimmerman, M. A., & Checkoway, B. N. (1995). Empowerment as a multilevel construct: perceived control at the individual, organizational and community levels. *Health Education Research*, 10(3), 309-327.

第十七章　莫拉克風災災後社區生活重建中心社工人力資源發展策略——重要事例法之運用

陳武宗、鍾昆原、謝宗都

壹、問題背景與目的

內政部於98年9月7日訂定「莫拉克颱風災區生活重建服務中心實施辦法」外，並研擬「莫拉克颱風災區設置生活重建服務中心委託專業服務」，以委託民間團體之方式，於莫拉克颱風災區設置生活重建服務中心（以下簡稱重建中心）。為委託民間團體設置重建中心，內政部依據「莫拉克颱風災區生活重建服務中心實施辦法」第四條規定，公告「莫拉克颱風災區設置生活重建服務中心委託專業服務」徵求服務建議書，並邀請專家學者、災區直轄市政府、縣（市）政府及公正人士成立評選小組，辦理公開評選事宜。其中，有關專案目標與範圍、重建中心之服務事項、工作內容、工作方式、交付項目、人力設備要求與投標資格等規範。期待藉此提供災區居民心理服務、就學服務、就業服務、福利服務、生活服務及其他轉介服務，並輔導災區民眾，建立社區共識，主動發掘社區需求，結合社會資源，藉此有效、迅速推動災後重建工作，以重建家園，提升其自立能力，回歸正常生活。

依行政院劃定之受災鄉鎮市區為範圍設置最高30處重建中心，每處重建中心於50戶以上之重建住屋聚集處，得設置1個生活重建服務聯絡站，最高60個生活重建服務聯絡站。受災區各縣市重建中心的設立數量，高雄市（縣）有4處（含聯絡站5處），屏東縣有11處（含聯絡站21處），嘉義縣4處（含聯絡站8處），臺東縣3處（含聯絡站3處），臺南市2處，南投縣1處（含聯絡站2處），共計重建中心27處（含聯絡站39處）（詳如表17-1）。重建中心主要工作內容為：提供心理諮商輔導及協助醫療轉介、學生就學扶助及輔導、失業者申請失業給付、參加職業訓練及推介就業等服務、對老人／兒童及少年／身心障礙者／變故家庭／單親家庭／低收入戶／原住民或其他弱勢族群之生活需求，提供預防性、支持性及發展性之服務，創造在地就業機會及促進地方產業發展與其他轉介服務（提供法律、申訴、公共建設、產業重建、社區重建、藝文展演與其他重建相關服務及資訊之轉介）。

工作方式為：重建中心之服務模式，應配合災民不同階段安置狀況調整，

即朝動態及滾動式服務方向規劃；承接單位亦應配合受災縣市政府考量災區縣市
人文地理、產業發展及災民需求，規劃聯絡站設置必要性及服務區域。考量社區
（部落）之特性，保留因地制宜的彈性。中心之設置要跳脫鄉鎮的行政區域的思
考模式，而應以人文地理與產業發展等因素考量。應依災區重建階段之需求彈性
調整生活重建服務中心服務內容、工作時程及人力。

表17-1　生活重建服務中心分布與聯絡站處數

編號	縣市鄉鎮別	中心地點	聯絡站處數	編號	縣市鄉鎮別	中心地點	聯絡站處數
1	高雄市桃源區	桃源里	3處聯絡站	15	屏東縣高屏溪	屏東市	1處聯絡站
2	高雄市茂林區	茂林里	1處聯絡站	16	屏東縣潮州鎮	五魁里	1處聯絡站
3	高雄那瑪夏區	達卡努瓦	1處聯絡站	17	屏東縣枋寮鄉	大庄村	無
4	高雄市杉林區	月眉農場	無	18	嘉義阿里山南	山美村	2處聯絡站
5	屏東縣林邊鄉	永樂村	5處聯絡站	19	嘉義阿里山北	樂野村	1處聯絡站
6	屏東縣佳冬鄉	佳冬村	2處聯絡站	20	嘉義縣梅山鄉	瑞里村	1處聯絡站
7	屏東縣東港鎮	新勝里	2處聯絡站	21	嘉義縣中埔鄉	富收村	4處聯絡站
8	屏東縣萬丹鄉	香社村	2處聯絡站	22	臺東太麻里鄉	泰和村	1處聯絡站
9	屏東縣高樹鄉	新豐村	2處聯絡站	23	臺東縣金峰鄉	嘉蘭村	1處聯絡站
10	屏東縣霧臺鄉	長治百合	2處聯絡站	24	臺東縣大武鄉	大鳥村	1處聯絡站
11	屏東三地門鄉	禮納里	2處聯絡站	25	臺南市南化區	玉山村	無
12	屏東縣來義鄉	古樓村	2處聯絡站	26	臺南市安南區	安南區	無
13	屏東縣泰武鄉	佳平村	1處聯絡站	27	南投縣	南投市	2處聯絡站
14	屏東縣牡丹鄉	石門村	1處聯絡站				

資料來源：內政部社會司，陳千莉視察。

上述得知，（一）災後生活重建服務中心的服務內容，包含了災區居民心
理服務、就學服務、就業服務、福利服務、生活服務及其他轉介服務，服務對象

更包含了兒少、老人、婦女及身心障礙等多元類型；（二）服務範圍遍及原高雄縣、屏東縣、臺東以及嘉義等山地地區；（三）人力晉用資格從第一年的標準，至第二年放寬到符合大學資格或修習社會工作20分學分並有2年工作年資。社工人員被賦予的工作內容與職掌有家戶關懷訪視及個案管理、社區需求調查與資源連結、服務方案規劃與執行，以及社區工作及人才培訓。希望透過社工扮演危機介入、支持、協調、需求評估、資訊提供、諮商輔導、個案管理、結合資源等多重角色，協助民眾儘速重建家園。

　　3年重建期限內，第1年（2010年）任務針對特殊個案進行持續追蹤，及確實評估社區及民眾之需求；第2年（2011年）致力於個案服務，並兼顧人才培力工作，與在地就業機會與產業發展；第3年（2012年）加強輔導在地組織，進行中心退場機制之準備（衛生福利部編印，2014）。從重建中心人力配置與特質統計顯示，全部中心僱用的188位人力，具有社工專業背景之主任與社工員，占所有人力的6成，其中曾受過社工專業訓練者（至少修習社會工作相關學科7科20學分以上）約82%，另18%之社會工作員，考量中心位於原鄉，無法僱用具社工專業人員時，可聘用至少有高中職畢業者。而中心整體社工人力女性占80%以上，且73%有大學以上學歷（衛生福利部編印，2014：43-45）。

　　在上述重建中心政策背景及明確的重建時程與法定業務界定下，各中心如何採取實際有效的選訓留用的人力資源發展策略，招募與培訓適當的第一線社工重建人力，以回應此具有目標與任務導向，並完成此具時效性的業務委託任務，這是本文所探討的主題。由此可以清楚發現，重建中心計畫特性與社工的角色。故本研究之目的，在採用重要事例法，蒐集各重建中心選訓留用第一線社工人力的實際事例，並加以分析整理。

貳、文獻探討

一、災後社區生活重建

洪鴻智等人認為，災後重建包括重建、復原、恢復及恢復生活機能（引自郭瑞坤、邵珮君、張泰瑞，2012）。依災後重建計畫工作綱領所示，災後重建包括四大計畫：公共建設、產業重建、生活重建、社區重建。其中生活重建又包括：心靈重建、學校教學及學生輔導、社會救助及福利服務、就業服務、醫療服務及公共衛生等五項次計畫。陳素春（2000）指出與社會福利直接相關的是「社會救助及福利服務計畫」，其目標包括：1. 協助安置受災地區的弱勢族群，安定生活。2. 輔導喪親者走出悲傷，適應新生活。3. 透過生活照顧，協助恢復生機。4. 結合政府與民間資源，協助解決受災居民困境。5. 凝聚社區意識，重建家園。謝志誠（2010）、Flint and Luloff（2005）表示重建能否成功之關鍵在於社區意識、社區參與及自力更新的精神。陶蕃瀛（2000）從在中寮鄉的社區工作經驗整理出，災後重建必須固守的工作原則有：1. 尊重地方社區、發展社區能力。2. 發展基層社區的合作組織與社區基層組織，並重建居民與大社會的共生關係，如社區共生合作農業。3. 發展地方自主教育。再再顯示，重建目標為恢復原有社區的生活。

在社區要恢復原有生活時，有賴當地居民充分、開放且自主地參與，誠如Bankoff, Frerks, & Hilhorst（2004）所述，災後重建中，如何整合社區與社群的資源網絡，並在開放、自主與多元優質互動的社區參與下，提升社區參與的自我實踐，讓社區與社群的功能充分發揮，並分享彼此的生活智慧。當然，地方組織或團體的投入對社區生活的恢復，更是一大助益，如陳俐蓉（2003）認為社區居民與地方人士之關係，有助於災後重建；曾志雄（2005）研究發現社區組織力量強弱與延續性，有助於縮短重建完成時日。

謝志誠（2010）將921地震與88水災之重建政策進行比較發現，兩者有一個重大之不同，即88水災捨棄了921災後所發展出來之中繼安置及原鄉重建等之重

建模式，重建跳過了中繼階段，直接進入永久屋之安置。88水災重建興建永久屋過程中，包括政府與民間之合作模式、受災居民之參與以及意見表達、部落安全性之認定、永久屋地點之勘定、永久屋之設計與建造等等，諸多面向都引發不少爭議和質疑（王增勇，2010；邱延亮，2010；陳永龍，2010）。因此，無論是異地安置與重建已引發出下列議題，如基地區位遠離原有生活圈、住宅基地沒有所有權、原居住地之再使用與否、永久屋申請與分配之公平性等。

二、生活重建服務中心功能與運作

　　災後重建其指的就是重建復原的工作，包含災民救濟與災後創傷壓力的減輕，社區生活機能重建，住宅安置或重建等（Godschalk,1991; Banerjee & Gillespie,1994; 丘昌泰，2000；周月清、王增勇、陶蕃瀛、謝東儒，2001），林萬億（2002）也指出一套中長期的災後重建計畫必須包括社區重建、心理復健、家庭重建，以及失依者的長期照顧等。因此生活重建服務中心的目標為，提供災區居民心理服務、就學服務、就業服務、福利服務、生活服務及其他轉介服務，且輔導災區民眾，建立社區共識，主動發掘社區需求，結合社會資源，有效、迅速推動災後重建工作，以重建家園，提升其自立能力，回歸正常生活。

　　重建中心是921震災最具特色的社會福利服務之一，莫拉克風災延續類似做法，不同於921震災重建模式的是，莫拉克風災災後重建運作由中央政府主導。「莫拉克颱風災後重建特別條例」第九條規定：「中央政府應於各災區（鄉、鎮、市）設立生活重建服務中心，提供生活、心理、就學、就業及各項福利服務，前項實施辦法由中央主管機關定之」。98年9月7日發布實施的「莫拉克颱風災區生活重建服務中心實施辦法」明文規定，由中央政府直接委託非營利組織，設置重建中心，展開為期三年（99-101年）的災後重建工作，重建特別預算編列經費4億9,110萬元，每處每年度預算按依服務區域受災程度（包括災民人數、弱勢人口數、服務區域幅員大小、產業及公共建設等指標），邀集專家學者審定級等編列，（一）重級（6名人力）：536萬元、（二）中級（5名人力）：

468萬元、（三）輕級（4名人力）：400萬元、（四）聯絡站（1名人力）：67萬元。此種跳過縣市直接介入鄉、鎮、市設立的生活重建服務中心的做法是最主要的差異。

　　重建中心服務內容如下：

　　（一）心理服務：提供心理諮商輔導及協助醫療轉介。

　　（二）就學服務：協助學生就學扶助及輔導。

　　（三）就業服務：協助失業者申請失業給付、參加職業訓練及推介就業等服務。

　　（四）福利服務：對老人、兒童及少年、身心障礙者、變故家庭、單親家庭、低收入戶、原住民或其他弱勢族群之生活需求，提供預防性、支持性及發展性之服務。

　　（五）生活服務：協助創造在地就業機會及促進地方產業發展。

　　（六）其他轉介服務：提供法律、申訴、公共建設、產業重建、社區重建、藝文展演與其他重建相關服務及資訊之轉介。

三、災後社區生活重建人力資源發展策略

　　人是社區的根本，也是延續社區工作的能量來源（黃肇新、蔡淑芳、劉曉梅，1998），災後設立重建中心，從921震災到莫拉克風災，以成為國內災後重建重要的政策，也是福利服務輸送與社工人力投入重要的區塊（黃肇新，2003）。因此，災難與重建社會工作者之人力資源的發展策略與教育訓練，是十分重要的課題。

　　人力資源管理的內涵，包含以下3大部分（吳秉恩、黃良志、黃家齊、溫金豐、廖文志、韓志翔，2013）：

　　（一）人力規劃與任用：任務重點有人力資源與規劃、工作分析與設計、人力招募與甄選。

　　（二）人力培育與發展：任務重點有員工訓練與發展、績效評估與管理、生

涯規劃與管理。

　　（三）薪資與福利：任務重點有工作評價與薪資管理、激勵與獎金制度、福利與服務制度。

　　而人力資源發展（human resource development, HRD）一詞，是由人力資源發展專家納德勒（L. Nadler）從1969年提出使用到今，此名稱普遍被使用，但尚難有一致性的界定，且此概念內涵，和之前的「訓練」、「訓練與發展」，以及「教育與訓練」等用語的意涵相通。又1970年納德勒將此概念界定為「在一段時間內進行有計畫與目的性的學習，以提升工作上表現」（Nadler, 1984）。管理百科全書，除對此名詞有較完整的詳細說明外，他將此概念界定為「用以促進工作表現，配合組織需求發展的概念內涵」。至於他實際操作的活動為下列三項：

　　（一）持續評估員工所需的工作能力。

　　（二）規劃與執行員工教育與訓練，提升工作和能力的活動。

　　（三）預期目標的達成與確認。

　　許士軍（2004）認為策略是一種達到組織目標的手段，他表現在組織的重大資源配置與布署的方式上；司徒達賢（2005）認為策略會呈現在組織不同時間點的經營形貌，及其改變的軌跡。Robbins and Coulter認為策略是描述一個組織如何進行應做的事，如何面對競爭，以達到組織的目標（引自林孟彥、林均妍，2014）。黃英忠（1989）即認為，對任何組織（企業、非營利團體、政府或其他人類領域）而言，「人」是最寶貴的資源，此看法亦同樣適用於各類型的災難救援與社區重建階段工作中，關於社會工作者之人力資源。

　　而國內外的教育部門針對此議題日漸重視，但有關針對在職人員所提供災難救援與重建的教育訓練方案，則有待加強。社會工作正規教育如何因應外部環境的挑戰，與時俱進，並善用案例教學方法，重視教學方法，甚至將社工管理視為培訓專業社工所不可或缺的學科，特別是社會工作的品質、績效及團隊的管理（黃源協，2007；莫藜藜，2007；黃秀香、謝文宜，2002）。如何維繫工作者及工作標準與滿意度，Herzberg, Mausner, & Synderman 於 1959 年提出該理

論，將工作滿意與需求歸類爲激勵因素與保健因素二大類。激勵因素（Motivator Factor），指的是能使工作者感到滿意的項目，如成就感、認同感、責任感、工作本身、工作升遷等。保健因素（Hygiene Factor），指的是凡使工作者感到不滿意的因素，如薪資、身分、人際關係（上司、同儕、下屬）、工作環境、安全性、個人生活、組織政策、技術諮詢等，都只是讓員工維持其工作標準，並不能增進工作滿意度，故又稱爲維持因素（黃源協，2013）。此時「人力資源發展」概念，就相當重要可運用於其災後生活重建的議題上。

依上述的理論與概念，來看重建中心的人力資源管理與發展，從衛生福利部編印之《莫拉克颱風災後生活重建服務中心—重建實錄》中，第三篇督導與考核的內容，很清楚的中心的功能定位與業務職掌，及中心人員的業務職掌都已經被衛生福利部的業務委託契約明確規範，甚至人員的教育訓練與督導，中央與地方政府也有規劃職前與在職的教育訓練和督導方式，因此重建中心的承接單位（含母會），如何採取有效的方式，招募到所需的第一線社工人力，搭配政府與規範的教育訓練與督導方式，讓受聘的社工人力迅速地上線執行業務，並善用承接單位可用的人才留用策略與具體措施，減低人員的流動率，這是本文想進一步探討與回答的問題。

參、研究方法

本段首先介紹重要事例法（critical incident technique，英文簡稱CIT）發展背景與運用領域，並接著說明本研究主題爲何採用此方法的理由？

美國軍方在第二次世界大戰期間，好奇爲什麼有些飛行駕駛員駕駛的轟炸機命中率非常高，有些駕駛員卻是百發不中？於是在第二次世界大戰「飛行心理計畫」的後續研究中，藉由對飛航失事或轟炸失敗原因進行檢討，觀察出其中具關鍵性的具體特殊事例，再根據這些重要事例訂出適用於戰鬥機飛航人員之甄選標準、分類，以及軍事人員之訓練（Nyquist & Booms, 1987）。1954年，Flanagan

開始指導匹茲堡大學（University of Pittsburgh）的研究生陸續進行關鍵事例的相關研究，包含：工廠領班、銷售業務員、牙醫等特定的職業群體或活動。重要事例法（critical incident technique, CIT）已經被蓬勃發展成為一種工作分析的方法，研究各種人們的專業活動（Flanagan, 1954）。透過蒐集資深工作者對於研究者預觀察探討的標的事件下，遭遇的情境、展現出來的行為特色，以及攸關工作成敗的特殊事例，並經由眾多事例之情境、行為與結果的整合與歸納性分析後，據以發現工作的重要要素與特徵，用以協助解決實際問題。故重要事例法算是以「質化」（Qualitative）的觀點出發的一種研究方法（鄭紹成，1997）。

由此可見，社會工作者在進入災難過程中，不管是災難應變期或生活重建期，皆須找到適合的人力資源。於是運用重要事例法，藉以將工作內容進行分析，即可挑選出適合的人力進入場域，讓災難應變與生活重建的工作成效更加提升。而重要事例鮮少運用於災難與社工領域，災後生活重建中心又是以目標、任務導向、新手社工、新成立的單位、招募新手、如何迅速找到人、很快讓他們進入業務狀況為重點，呈現工作績效。這也是本研究採用此方法蒐集事例的理由，而經過整理後的事例，除可保留重建情境的真實經驗，未來也是教育訓練的教材之一。

故本研究訪談3位921重建人員、參訪2處災後生活重建中心、辦理2場焦點團體（共22位受訪人員），將蒐集的事例整理後，爾後又執行5場工作坊，除核對之前蒐集的事例外，也進一步了解不同地區所採取的方法有何差異並加以蒐集額外事例。故藉以蒐集情境、角色行為與正負向結果之事例。重要事例編碼019102，前1、2碼為事例來源，如焦點團體、重建中心參訪以及工作坊等等；3、4碼為事例地區或受訪人員，如某社工或某地區重建中心；5、6碼為事例時間序號。舉例說明如下：

「中心成立時，需要招募新進社工，中心主任透過地方的總幹事、社工督導等人脈推薦人選，順利找到人才前來應徵」019102。01代表第1次焦點團體會議，91代表1社工員，02代表陳述的第2個事例。（以上詳如表17-2）

表17-2　中心、人數及編碼代號

1、2碼：事例來源				
01	第一次焦點團體會議（主管及意見領袖）			
02	第二次焦點團體會議（社工及意見領袖）			
03	921重建人員訪談參訪			
04	生活重建中心參訪			
05	重建中心工作坊			
3、4碼：事例地區或受訪人員		災區	受災程度	社工人數
01	1生活重建中心	屏東地區	重級	6
02	2生活重建中心	屏東地區	重級	6
03	3生活重建中心	屏東地區	輕級	4
04	4生活重建中心	屏東地區	重級	6
05	5生活重建中心	屏東地區	重級	6
06	6生活重建中心	高雄地區	重級	6
07	7生活重建中心	高雄地區	重級	6
08	8生活重建中心	高雄地區	重級	6
09	9生活重建中心	高雄地區	中級	5
10	10生活重建中心	屏東地區	中級	5
11	11生活重建中心	屏東地區	中級	5
91	1社工員	921重建中心人員		
92	2社工員	921重建中心人員		
93	3社工員	921重建中心人員		

資料來源：本研究小組製作

肆、研究結果

　　根據上述事例分析的結果，以下針對重建中心社工人員選訓留用的實際有效的做法，整理說明如下：

一、選用：如何找到人才

　　社區生活重建中心之設立由中央公開徵求服務建議書，經專家學者、災區直轄市政府、縣（市）政府及公正人士所成立的評選小組進行遴選。遴選為提供服務的單位後，由服務提供單位內部遴選社區生活重建中心之管理者，並由外部招募新進人員，以完成招募的流程。

　　民間單位剛承接生活重建中心時，定會面臨重建中心人才從何找起的難題。然而，鮮少文獻提及生活重建中心社會工作實務者如何招募，且沒有判斷的依據來確定能否勝任災區重建的工作。因此，依據實務工作者的經驗，彙整以下幾個招募人才的方向，並據以說明其具體例子：

（一）人脈

1. 地方領袖

　　地方總幹事、社工督導或主任，熟悉在地適合人才，透過他們在地領袖的力量，以利生活重建中心招募人力。

> 「中心成立時，中心需要招募新進社工，中心主任透過地方的總幹事、社工督導等人脈推人選，中心順利找到人才前來應徵。」（019102）

> 「中心地處偏遠重創區，就業市場不理想，交通也不方便。因此在中心開始成立之時，一度找不到人才前來應徵，主任決定透過在地的地方領袖來推薦人選，便找上鄉長推薦，中心順利找到兩名人才前來應徵。」（019104）

2. 母會

　　部分生活重建中心為母會地區分支予以承接，故透過母會內部的人才資料庫，有利人才招募與母會人員的內部調任。

「中心母會剛承接重建中心的時候，需要找尋一批社工前往災區協助中心
母會採用內部徵調，發給每一位社工一封徵召函，等待有意願者回信後，
面試篩選出一個工作團隊。」（019113）

「母會原先在地方服務的中繼安置站結束服務，轉而承接重建中心母會，
區長優先詢問先前擔任過中繼安置站的站長，是否願意前去中心服務，站
長剛好就是在地人，因此願意前去中心工作。也由於先前有過相關服務經
驗，因此在中心工作初期，較能輕易上手。」（019211）

3. 老師

　　生活重建服中心多大學剛畢業的新手社工，透過師長，可清楚了解該社工的
特質與能力，以利重建中心招募到適合人力。

「學校老師跟重建中心的母會有認識，知道中心正在招募社工，老師知道
某社工在學校時，都從事社區相關的學習，實習也是到社區服務，對社區
相當感興趣，因此推薦剛畢業的社工前去中心面試社工，順利被錄取，並
且表現良好，中心主任感到非常滿意。」（019210）

4. 同儕

　　同儕間彼此會交流與互動，也清楚彼此的工作特性以及能夠給予該中心的能
量，因此推薦去應徵。

「社工原先是社區總幹事，在衛生局承接專案助理。後來在陸軍官校的安
置站碰到了先前的社工老同事，與對方寒暄了一下，老同事告知社工，
某母會在當地承接了重建中心，推薦社工可以前去應徵，社工確實很想替
自己的社區服務，因此辭去原先的專案助理，前去中心應徵，最後順利錄

取。」（019207）

「社工當時是應屆畢業生，處於找工作階段。正好大學同學在辦活動時，與已經在地方工作的學姐有聯絡，而該學姐工作的辦公室恰恰在重建中心隔壁，知道中心正在招募社工，學姐告知社工重建中心有職缺，建議她前去應徵試試看，社工前往中心應徵，並且順利留用。」（019209）

5. 其他

透過相關人士的引見，讓未被發掘的人才，因而被發現並晉用。

「當重建中心計畫開始運作的時候，縣政府督導原先就與社區關懷據點有聯繫，因此認識一位在地幹部，對方不僅是社工，目前還在屏科大持續進修相關課程，縣政府督導事先打電話詢問社工，是否願意前往中心工作。得知社工意願後，聯絡中心，進一步讓中心通知社工前去中心面試，社工順利留在中心服務，至今仍表現良好。」（019201）

6. 公開徵才

透過人力招募平臺，招募願意投入的人力。

「在地組織承接了重建中心的業務，需要招募一群想為社區服務的社工，中心主任透過一些非營利組織的平臺、徵人平臺，發布職缺的相關資訊，結果發現沒有什麼效果，沒找到人才前來應徵。」（019129）

（二）甄選

1. 工作說明

過程中會盡力解說工作內容、負荷及特性，讓應徵者能夠更清楚工作環境與

壓力之處，不要讓生活重建中心應徵了人力進來後，又需要做許多的溝通與職務調整。

> 「在地的產業組織承接了重建中心的案子，透過鄉長介紹了兩名社工前來中心應徵。兩名社工中，一名是位有財經背景的女性，年過40，身體健康上有些狀況，由於中心背後的母會沒有相關的社工服務經驗，因此也不是那麼確定未來的業務項目。在甄選的過程中，沒有清楚說明未來中心多數聚焦在社區的工作，過程中需要舉辦許多大小活動，可能需要扛東西，花費大量體力。社工工作兩個月後，覺得本身期待與真實的工作內容有落差，體力更是負荷不上。於是找了主任討論，決定離職。溝通的過程，態度是很ok的。」（019106）

2. 在地人

甄試會加以注意是否為在地人。因有了在地人，相關業務的推動與執行將會更為順利與活絡。

> 「在中心有幾位社工離職後，主任考量未來捲動在地經濟發展，因此希望可以使用在地人才前來中心工作，主任在請社會處協助推薦人才的過程中，懇請對方能介紹在地青年，回到在地工作，中心順利找到一位很棒的在地社工，不但表現良好，還因為是在地人而順利將母會的一些相關活動導入社區，幫助社區活絡。明年將會被提報為督導人選，未來即使重建工作結束，他也可以繼續留在當地，幫助社區發展。」（019110）

3. 其他

面試過程中，會透過社工的書寫能力，來了解其邏輯性與嚴謹度，以利重建中心的主管能挑選適合之人才。再者，也會盡可能挑選較無經驗的社工，以利將

共同的價值觀與以傳遞與溝通。另外，更重視有文化相關知識的人才，以利生活重建中心在推展社區文化時，可以很快地與在地資源及人脈做連結。

「由於社工未來在中心工作時，每天的工作日誌是一件很重要的業務，因此社工需要完善的書寫能力、邏輯性，以及字跡工整，主任在篩選過程中，請面試員花半個小時手寫一份自傳，透過自傳的撰寫，主任方便篩選未來適合中心的社工。」（041104）

「中心在招募甄選的過程中，主任參照過去的經驗，主觀意識太強的社工有時不好溝通，比較不配合。主任在篩選人才的過程中，以沒經驗的社工為優先考量，中心順利招募到比較沒主觀意識的社工，因此辦公室內的價值觀比較一致，能接受母會的核心概念。」（041114）

「中心主任希望社區在地文化與一些資源可以順利延續，永續經營。在篩選的過程中，優先選擇有涉獵相關文化的社工或相關人員，中心後續在社區文化推展相關活動時（如：手工藝），社工可以很快連結在地資源與人脈。」（041125）

二、訓練：如何精煉人才

訓練部分，中央更是統籌規劃災後社區生活重建訓練課程與辦理績優生活重建中心觀摩交流，並且與家庭扶助基金會合作，建立巡迴督導機制，輔導生活重建中心的成長。在各服務提供單位中，進行個案研討外，也由管理者帶著新進社工，逐一拜訪社區各意見領袖，達到做中學之見習觀察、實做與實務中邊督導等效益。

當然，社區生活重建中心之實務工作者須具備個案處理（含需求評估與處遇）、社區介入（社區資源盤點、社區意見領袖關係連結、社區行動方案倡

議、在地關係重整、特殊人口群的方案規劃，如老人、兒童或身心障礙）、考核辦理（服務成果的呈現與考核）、提案能力、在地組織組織培力及在地生計發展等知能。然而，整體的重建工作，也應當回應道社區意識、社區參與以及自力更新的精神，如此才是成功關鍵（Flint & Luloff, 2005; 謝志誠，2010）。以下也針對相關的事例，整合出讓生活重建中心發揮更大效益，且直接受惠給災區居民們的可參考之具體行動。

（一）核心能力

1. 關係經營

　　災後重建工作，有賴與在地關係的經營，不管是民眾或在地組織，皆需與之互動並共同討論，進一步了解到他們對社區的期待，並讓後續的工作能順利進行。

　　「中心剛在社區成立，社工初步與社區村民建立關係，社工都會竭盡所能地協助村民，讓村民予取予求。有時即便到了深夜，社工還是會陪伴村民，當中心到了要考核的日子，社工們必須優先處理行政事項時，村民感覺被冷落，無法接受這個轉變而破口大罵社工。」（019152）

　　「社工在初步社區訪視的時候，與村民尚不熟悉，社工會觀察村民感興趣的事情，陪村民聊他們感興趣的事，如村民在種蓮霧，就和對方討論蓮霧；發現對方是守望相助隊，就關心對方如何值勤。花時間陪伴村民，參與他們的社區小活動。社工用心的付出，讓村民感受到社工想要融入他們，雙方關係便慢慢融洽。」（040415）

　　「主任剛承接重建中心，對於地方的人脈、在地組織尚不熟悉，母會督導與在地有一定的關係，在初期時，會帶著主任一個一個去拜訪在地的領

袖，經由督導的開路，雙方關係能比較快搭上線。日後主任便能獨自找地方領袖討論社區工作的事宜。」（041016）

2. 語言

災後重建地域會不同，有時於沿海地區，有時於偏鄉部落地區，都會面臨環境下慣用的語言，若能藉以作為媒介，可以讓彼此更熟悉，也更活絡彼此的關係。

「社工在社區訪視的時候，村民阿公都說臺語，但社工本身臺語不好，說起話來會有點卡卡的。社工發揮自己的本性來克服溝通的障礙，會跟村民開玩笑，不會說的臺語就直接說自己不會，問對方那是什麼意思，村民反而覺得社工很可愛，會教社工怎麼說臺語。互動久了，也很信任社工。」（040412）

3. 供需釐清

面對災民的需求或在地組織，皆需表明清楚，可以協助與限制的地方，以利彼此的工作互動。

「剛畢業的社工初到重建中心工作，沒有什麼相關實務經驗，因此容易會拿學校所學來當實際社區狀況的依循。社工參訪某位災民時，看見對方缺乏多項生活基本物資，並睡在地板上。可是在調查需求時，對方回答沒有關係，沒有需求。因此社工為了尊重災民，便確實在調查表上勾選沒有需求。僵化地貫徹學校所學，導致社工無法真實反映出災民的需求。而這些需求觀察的敏感度，往往需要實務經驗的積累。」（019132）

「一位村民前來中心希望社工與社工督導能幫他重建家中全倒的房子。社

工透過調查訪視的資料後發現，村民本身不願意去工作，長期飲酒，同時還有另外一棟可住的房子在隔壁，並非那麼迫切需要資源協助。社工督導除了告知對方可能可以幫忙連結哪些資源外，亦會採用反拋式的問句，來讓村民反思自己具體的想法、需求，是否自己能付出什麼努力、尋求過哪些資源，以及評估蓋房子的急迫性。後來村民退掉申請了，因為他自己清楚知道那棟房子蓋好不是用來住的，只是看著其他人都到中心尋求協助，自己也想看看能否獲得相關資源。」（040103）

「原鄉部落的區公所，或在地辦活動，都會前來中心尋求贊助。社工明白告知對方中心沒編列這項預算，可能沒辦法提供協助。活動單位當下雖能明白，但日後一舉辦活動還是會前來詢問是否捐錢。」（040910）

4. 資源連結

　　災後生活重建，需大量仰賴外部的資源提供，做為生活重建中心的工作人員，更需透過資源間的串接，讓服務提到到位。

「由於社區老人對於健康促進沒有什麼概念，想運動時，沒有相關的專業知識與設備，社工希望能幫助社區老年人有一套完善的運動方案。中心母會原先就是在做老人福利這一區塊，因此社工連結母會的資源，將一些老人運動班方案導入。社區居民對於運動班的評價很好、參與度很高，身體健康普遍也有所改善。」（019228）

「重建初期，社工對負責的社區開始進行社區訪視。社工會先查看誰是在地的地區領袖，發現在地廟宇有設置社區關懷據點，裡頭的大姐正是社區總幹事，便會常去拜訪，與對方建立良好的互動關係。由於社工與地區總幹事的好關係，事後當中心需要發送資源，或者課輔班在招生時，透過總

幹事的管道仲介，非常方便而且有效率。」（040417）

「當中心在原鄉做社區工作時，思索著如何能更有效、更直接地與村民互動與連結。主任察覺到中心的兩位主管皆是基督徒，中心社工也多為在地原青，和在地部落一樣多數為基督教背景。因此透過與地方教會合作，一起推動社區工作與地方教會合作，幫助中心在推動社區工作時，能比較順利，也比較有效率。」（041004）

5. 資源整合

災後生活重建尚需，創造整合當地組織、外來團體或現有資源平臺的知能，以利災後重建的效益。

「重建中心剛到社區時，發現在地資源混亂，有很多社服團體進駐。過程中，發現許多團體出現了搶個案的情形，資源不斷出現重疊與浪費的情形。重建中心為了整合混亂的資源，與各個團體做聯繫，設置一個每月一次的平臺會議，討論每個單位的業務分配、資源分配。並且在平臺上，大家可以相互分享資源、連結資源社工們透過平臺順利地協調各個單位的工作分派，以及整合資源，減少資源重疊造成的浪費。」（019236）

6. 社區培力

讓在地居民培力力量，從自身開始強化起，讓災後生活重建更有在地性。

「社工發現有一些村民常會關注重建中心的舉動，對於社區也特別關心，好像想為社區做點什麼。社工協助那些對社區特別關心的村民，成立一個社區關懷據點，培力他們成為社區志工，透過志工培力的過程，村民看到社區有在做轉變，同時也開始認同重建中心在地方上的服務。」

（019220）

「重建中心在部落社區培力一年多後，小有績效。中心提拔在培力班中表現比較優秀的培力員出來當講師。」（040915）

7. 方案規劃與評估

每處社區，其人口的需求皆不同，必須透過方案規劃與評估的知能，讓災後生活重建的服務，更有效地推進到當地居服。

「由於在地是一個農漁業混雜的社區，多數皆為老人與小孩。許多老人平日閒閒沒事只能坐在馬路旁數車子，社工希望可以透過一些方案活動，讓社區居民多參與社區活動，聯絡彼此感情，並讓重建中心與社區居民建立良好的互動關係。社工在社區導入一個『銀髮族平衡健康運動班』，每週請物理治療師帶領社區老人做運動，社區老人普遍認為肌耐力與平衡感有被強化，甚至有一位手臂僵化的老人覺得透過運動班後，症狀大幅改善。在運動班最後的成果展時，每位成員甚至還一人煮一道菜，一起辦個愉快的結業式。透過這個活動，社區老人也越來越願意參與中心活動。」（019227）

「社區居民在88風災前多為養殖戶，一個風災卻把多數人的畢生積蓄毀於一旦，許多家庭因此出現爭執與衝突。社區中的長輩看到自己的子女面臨如此經濟困境，又礙於對方面子而不方便多說什麼，心中便漸漸累積偌大的壓力與負向情緒。社工希望能幫助社區長輩釋放88風災以來，所積累的壓力，因此在社區帶了一個生命回顧團體，過程中的活動也透過讓成員自由創作來抒發情感。社區的長輩們透過創作品，將情緒移情在創作上，向先前的傷痛與遺憾道別。」（019230）

8. 靈性

靈性爲一種特殊的精神支柱，讓工作人員或居民，能夠在生活上有個寄託，讓自己充滿能量，持續面對後續的工作或生活。

「中心考核時間近了，社工需要跟同事密集開會討論工作分配，記事本總是記載著滿滿的事項與業務。當腦中一時塞進過多的待辦事項時，社工會忘記自己的服務熱忱。社工透過每週參加基督教教團體舉辦的禮拜、讀書會、詩歌分享，讓自己暫時跳開工作環境，並沉澱反思自己究竟是爲什麼而做？透過每週的反思與沉澱，社工便能重振心力，改善自己在社區的心情，也更注意自己的服務態度。」（040407）

「當原鄉部落的村民面臨永久屋搬遷的問題時，對未來產生很多不確定感，情緒很不穩定。主任因本身和村民有著共同的信仰，透過相同的宗教語言來陪伴村民、和村民溝通，村民會感到比較安心，也比較能接受這樣的一套說法。」（041007）

三、留用：人才如何留任

社區生活重建中心，除了薪資相對較一般社福單位高外，在保健因子上，工作條件留用的方式有包含：提供住宿、餐食與交通工具，而在激勵因子有：從服務中得到成就感、主管的鼓勵以及社區居民的回饋等。而此部分，亦鮮少針對此重建模式下所進行人力資源留用的文獻，因此以下也將透過事例，來讓大家有具體參考的事例，以便未來類似的重建模式進來後，我們如何留住這些災後重建的社會工作實務人才。

（一）激勵因子

1. 願景

　　成立災後生活重建中心，必須讓員工們知道重建的目標，以茲遵守，並以其為工作原則，讓服務可以扣住單位的核心價值。

　　「中心主任承接重建中心的時候，為了避免新進社工對於重建工作沒有方向，主任決定對於中心未來提出一個明確的願景。主任將『災後的生活要比災前更好』的標語貼在中心大門對面的牆壁，希望能帶給新進社工一些清晰的目標。此舉動讓社工們對於未來努力的方向更明確，同時還讓居民知道中心的服務宗旨。」（019101）

2. 工作意義

　　災後重建一條漫長的道路，需要更長遠的態度去面對，因此更需讓員工們知道工作上的意義與價值。

　　「中心的社工工作一段時間後，跑去與主任訴苦，覺得自己的工作價值不見了。常常因為投入太多心力於社區，突然間失去了方向。中心背後的母會為基督教機構，主任考量到大家有共同的宗教語言。主任便透過牧羊人的故事來提醒社工們的工作意義，社工聽了牧羊人的故事後，明白自己不是雇工，對災民是有一種神聖使命感的，喘息片刻後，便能重新提起心力。」（019115）

　　「中心社工由於先前在業界豐富的工作經驗，吸引了某間新成立的公司聘他前去當人事主管，而社工也答應了對方一週後報到。中心主任得知此消息後，便與社工促膝長談，與對方分享自己的生命故事，談到自己先前也待過公部門……等工作，解釋為什麼最後會選擇留在NPO，是因為在此看

到了人生的價值、工作的意義。社工在兩、三天後回覆主任他願意繼續留在中心付出。」（019116）

（二）保健因子

1. 薪資

薪資對於員工而言，是一大誘因，也是生活上安全的保障。

「一群剛當完兵的社工系畢業生，面臨找工作的情境。因緣際會，得知重建中心的徵才訊息，年輕社工們比較業界的一般薪資水準後，發現重建中心這份工作即便3年就會結束，但對於剛畢業沒經驗的新鮮人來說，依舊算是一份非常優渥的工作機會。社工們決定前往中心面試，最後也順利被錄取。同時，因為成員的同質性與凝聚力，該中心的社工至今仍沒半人離職。」（019142）

2. 升遷

災後生活重建為期3年的計畫，若能讓員工知道3年後不是漂流，而是有機會回到母會的制度裡，繼續升遷，如此更能讓員工獲得工作上的保障。

「在重建中心工作的社工，3年過後，都需要面臨計畫結束，重新找工作的局面。由於中心背後的母會有一套穩定的升遷機制，社工們被留用的機會非常高，這讓他們在後期工作時，比較無後顧之憂。有一套穩定的升遷機制，讓社工不用擔心重建計畫3年後會失業，因此促進中心的流動率低。」（019143）

3. 管理品質

工作上更需仰賴服務上的品質，因此更需在每次工作互動中，將更有啟發與

更需要注意的議題，提出來讓員工們省思，有效管理工作的品質。

「中心某位社工與村民發生了一次很嚴重的誤會事件，深深被嚇到，引起了其他社工的關注。主任認為這次是個好機會，引導大家一起去面對、反省這整件事，討論是否過程中有哪些細節需要注意？有哪些部分是要事先做好防範？大家一起面對這次的衝突事件後，整個中心變得非常同心。被嚇到的社工也獲得非常多的同儕支持，那種社工間彼此的互動支持是非常珍貴的。」（019153）

4. 工作環境

災後生活重建許多都於偏鄉地區，除了薪資的保障外，交通上的協助或因素，更是持續流用員工的指標之一。

「在原鄉的重建中心的駐點需要招募工作人員，因此找到了4名原鄉婦女，以及1名平地名額的社工。平地社工需要克服許多交通上、便利上的差異，產生很多水土不服的情形，所以社工選擇離職。平地保障名額的社工更換比率非常高，而另外4名在地的婦女卻留用至今。」（041006）

從上述重建中心社工人力選、訓、留用的事例整理說明，可了解承接單位或重建中心主管在社工人力選訓留用的策略與有效方法。可以說，如何很快找到人、留住人、邊學邊做及做出成績，應是重建中心在此社區生活重建政策背景與運作模式下，最有效的社會工作人力資源發展策略與回應方式。當然，也是國內災後社區生活重建過程，很獨特的社會工作人力動員方式與運用經驗。

這種因應災後社區生活重建計畫的目標與任務，臨時性且大量僱用新手社工人力，擔任受災區重建中心第一線實務工作的人力動員與運用方式，雖然政府提供了職前在職教育訓練、巡迴督導與考核的措施，委託單位也提供了外聘督導

或個案研討的機會，但整體而言，就呈現出邊訓、邊學、邊做及做出成績的災後社區生活重建新手社工的運用模式。此模式也反應了生活重建計畫的臨時、限期、任務及重績效等計畫的特性與內涵。加上計畫結束後，缺乏對新手社工提供完整且延續性的生涯發展規劃與工作保障，所以造成流動率高，成爲一種不穩定的人員動員與運用方式，當然是一種可預見的現象。因此，未來災後社區生活重建中心的設立，若仍是國內重大災難災後社區生活重建的政策方向，如何提供第一線社工人力穩定的就業環境與生涯規劃，應須加以列入考量。同時災後社區生活重建政策上，應優先充實與強化地方社會福利服務輸送體系，與健全基層政府單位鄉鎮區公所的公私協力網絡，或強化跨政府／跨區的支援合作關係，以減低設立重建中心的必要性。

伍、結論與建議

一、結論

從個別訪談、焦點團體及工作坊，針對各中心，第一線社工人力選訓留用的人力資源發展策略，所蒐集到較實際有效的重要事例，經歸納整理後，獲得下列在中心社工人力選用、培訓與留用初步的結論：

（一）選用部分，委託單位剛承接重建中心時，一定會面臨適合社工人力從何找起之難題。事例顯示，透過人脈中的地方領袖、母會、老師以及同儕等管道，可找到較爲適合的人力，在人力招募後，除盡量說明工作特性外，也以在地人之工作要求，作爲甄選的標準。

（二）訓練部分，除中央與地方政府統籌與規劃相關職前和在職訓練外，也辦理績優重建中心觀摩交流，並與家庭扶助基金會合作，建立巡迴督導機制，輔導重建中心的成長。而做中學之見習觀察、邊做邊督導，是中心認爲最能讓社工人力上線的方法。從事例中看到，關係經營、語言、供需釐清、資源連結、資源整合、社區培力、方案規劃與評估，及靈性等面向，是重建第一線社工人力所需

具備的知能。

　　（三）留用部分，重建中心具時間性、任務與目標性，服務地點位於偏遠地區，社工人力的招募不易外，僱用後如何提升留任意願，也是中心的管理難題。故如何讓社工人力在短時間中有願景與工作意義，就格外重要。在具時間性的工作業務中，也需兼顧其薪資、升遷與工作環境等，保障員工基本的權益。而上述研究結果之重要事例，也期待供未來投入災後社區生活重建社會工作者做為參考，讓重建工作更具臨場、效益且經驗傳承。

二、建議

　　在整個重建政策的背景與運作制度下（中央政府主導、地方政府配合、公設民營、委託民間經營），及重建中心的功能定位與業務特性（新增臨時、有時程限制、法定任務與目標導向）。重建區第一線社工人力在災後重建的動員與運用，從人力資源發展，包含選訓留用，所累積較有效與正面的實踐經驗為何？又有哪些待突破的困境，如原鄉文化衝擊、偏鄉人才招募不易如何克服，以及社工教育訓練與督導方式，甚至對整體災後社區生活重建政策的倡導等。綜合上述的結論，茲從社工個人、委託單位及重建政策等面向，提出以下建議：

（一）社工個人

1. 個人心理準備

　　災後重建是個階段性與任務性之業務，且是要深根社區，除協助災民個案管理服務外，尚需社區培力與後續生計發展，故應有快速立即上線與清楚每階段的工作任務的預備。

2. 持續在職訓練

　　以本文探討莫拉克風災為例，許多災區充滿文化敏感之議題，故無論有無在執行業務啟程裡，皆須不斷透過在職訓練來提升自我文化的敏感度，並持續更新工作模式，讓自己有最佳狀態，以利突破重建工作的環境。

（二）業務委託單位

1. 協助員工職涯發展

重建爲階段性任務，委託經營單位須協助晉用後的人力，安排中心結束後後續的職涯發展與保障，以利具重建經驗的人力永續被委託經營單位活用，並可納入重建人才資料庫，被機動、彈性及有效地被動員與運用。

2. 工作保健與激勵因子的活用

由以此次重建實務經驗事例的蒐集與分析，顯示社工人力，在較偏鄉或原鄉服務，若能在基礎的薪資給予額外的津貼、住宿、交通補助、營造友善與行政支持職場環境或升遷管道，並適時給予工作上的價值與願景，方能讓委託單位有效留用不易招募之人力。

3. 強化災後重建社工人力督導支持體系

社工人力進駐災區，因階段性與目標性，需仰賴具災後重建經驗社工督導，即可有效帶領未具經驗的社工，使之做中學，並累積重建業務經驗。

（三）災後社區生活重建政策

1. 建立災後社區生活重建人才資料庫

災後重建工作任務結束後，因階段性與目標性之計畫，讓人力資源在此期間有效被訓練。然而可惜人力資料庫無被有效建置，若等下次災難來，重建工作又開始，勢必再面臨人力的養成與災民權益緩慢被提供的窘境，故災難社工人力資料庫的建立，有效讓政府與民間單位快速結合，具效益地提供服務給災區災民們。

2. 培植在地性組織爲在地人服務

我國921震災至莫拉克風災，重建中心被賦與任務，僅是整個災後重建的一環，故當中心階段性的工作任務結束後，如何讓既有服務中或持續性的服務，面臨中斷。若能培植在地組織，成爲在地的重建工作團隊，才可有效深入社區，進行社區永續的發展。

三、研究限制與建議

本研究採用重要事例研究方法，經3年研究期程的經驗，提供以下未來研究之建議：

（一）重要事例研究方法之運用

本次研究方法採用重要事例法，經第一年的運用，因發現運用在媒體文本發展教案，由學員擔任教案審核員，發現對媒體文本的教案難有核心業務與能力一致性的評價。故建議未來在重要事例應用上，仍須以實務現場的工作人員實務經驗的事例，較為具體且符合真實的情境狀況。

（二）重要事例的蒐集與分析

重要事例法期待蒐集到情境下，角色行為導致的正向或負向結果。然而本次研究所蒐集到的事例，皆較偏向正向的事例，故難以參照負向的事例，作為前車之鑑，較能完整地蒐集到正負面的事例，以掌握事例背後的情境脈絡，讓實際的現場經驗與行為較客觀地被理解。

（三）訪談對象的區域性與特性的選擇

此次訪談對象較著重在高雄與屏東地區，雖有涵蓋臨海、偏鄉、原鄉及平地地區，在取材上相對已豐富許多。然而此次莫拉克風災，災區尚含括南投、臺南、嘉義及臺東等區域，在對象的特性上也有不同的背景與經驗，建議在時間充裕下，蒐集更多不同的經驗事例，以突顯資料的多元與豐富性。

後記本文為科技部補助執行之「重大災害災民安置與社區重建的社會治理」整合型計畫的子計畫：「災後社區生活重建的人力資源發展策略與教育訓練模式建構（1/2與2/2）」部分研究成果。執行時間：2011/08/01～2013/10/31。感謝計畫總主持人林萬億教授的策劃與領導，讓本計畫順利通過與執行完成，並能以專書集結研究成果，提升社工社群在國內災難研究的學術與專業地位。

參考書目

中文書目

王增勇（2010）。災後重建中的助人關係與原住民主體：原住民要回到誰的家？臺灣社會研究，78，437-449。

王增勇（2000）。南投縣災後生活重建規劃——社區家庭支援中心。護理雜誌，47，5，39-46。

丘昌泰（2000）。災難管理學—地震篇，臺北：元照。

司徒達賢（2005）。策略管理新論：觀念架構與分析方法。臺北：智勝文化。

林萬億（2002a）。災難與社會工作倫理與實踐—九二一震災的啟示。王永慈（主編），社會工作倫理應用與省思，頁21-36，臺北：輔仁大學。

林萬億（2002b）災難救援與社會工作實務探討：以臺北縣921社會暨心理救援與重建模式為例研究報告。臺北縣政府委託研究計畫。

林萬億（2002c）。災難救援與社會工作：以臺北縣921地震災難社會服務為例。臺大社會工作學刊，7，127-202。

邱延亮（2010）。不對天災無奈，要教人禍不再—災後民間力量在信任蕩然的叢林世界中的對抗與戰鬥，臺灣社會研究，78，363-401。

周月清、王增勇、陶蕃瀛、謝東儒（2001）。921地震社會工作者災難服務角色與功能評估（國科會專題研究計畫成果報告編號：NSC89-2625-Z031-001）。國科會研究計畫。

吳秉恩、黃良志、黃家齊、溫金豐、廖文志、韓志翔（2013）。人力資源管理：理論與實務（三版）。臺北：華泰。

莫藜藜（2007）。臺灣社會工作學科教育的發展與變革的需要。社區發展季刊，120，30-47。

許士軍（2004）。許士軍談管理：洞悉84則管理新語。臺北：天下文化。

張火燦（1998）。策略性人力資源發展。臺北：揚智。

陳千莉（2012）。災後社區生活重建人力資源發展研習會—高雄場次。上網日期：2016年12月12日。取自災變社會工作管理人才教育訓練模式之建構網頁http://wutsch.dlearn.kmu.edu.tw/kmu/

陳俐蓉（2003）。蛻變與新生—臺北縣新莊龍閣社區災後重建歷程之研究。未出版碩士論文，輔仁大學社會工作學系。

陳永龍（2010）。莫拉克災後原住民部落的再生成的主體化運動，臺灣社會研究，78，403-435。

陶蕃瀛（2000）。打造一個永續的農村社區—921地震後中寮鄉的社區工作經驗，中大社會文化學報，10，1-15。

郭瑞坤、邵珮君、張泰瑞（2012）。大規模災難災後重建社區營造機制之研究。臺北：行政院研究發展考核委員會。

黃英忠（1989）。現代人力資源管理，臺北：華泰書局。

黃肇新、蔡淑芳、劉曉梅（1998）。關懷、參與、改變的新契機：社區資源手冊。臺北：開文教基金會。

黃秀香、謝文宜（2002）。案例教學法在社會工作專業教育的探討——以家庭暴力個案為例。社區發展季刊，99，253-278。

黃肇新（2003）。重建啟示錄。臺北：雅歌。

黃源協（2007）。專業主義、新管理主義與最佳價值——社會工作專業教育的挑戰與回應。社區發展季刊，120，85-105。

黃源協（2013）。社會工作管理。臺北：雙葉書廊。

曾志雄（2005）。社區特性與集合住宅重建之關聯性研究：以九二一震災臺中縣全倒之集合住宅為例。未出版碩士論文，銘傳大學媒體空間設計研究所。

衛生福利部（2014）。莫拉克颱風災後生活重建服務中心——重建實錄。臺北：行政院衛生福利部。

謝志誠（2010）。集合住宅自力更新重建之民間經驗。社區發展季刊，131，211-229。

鄭紹成（1997）。服務業顧客轉移因素之研究——以金融業員工及個人顧客觀點雙向探討。中山管理評論，5 (4)，879-897。

林孟彥、林均妍（譯）（2014）。管理學（十版）（原作者：Robbins, S. P, & Coulter, M.）。臺北：華泰。（原著出版年：2014）

英文書目

Banerjee, M. M. & Gillespie, D. F. (1994). Linking disaster preparedness. *Journal of Community Practice*, 1(3), 129-142.

Bankoff, G, Frerks, G, & Hilhorst, D. (2004). *Mapping Vulnerability. Disasters, Development and People*. London: Earthscan.

Flanagan, J.C. (1954). The critical incident technique. *Psychological Bulletin*, 51(4), 327-359.

Flint, C. G., & Luloff, A. E. (2005). Natural resource-based communities, risk and disaster: An intersection of theories. *Society & Natural Resource*, 18(5), 399-412.

Godschalk, David R. (1991). Disaster mitigation and hazard management. In T. E. Drabek & G. J. Hoetmer (Eds.), *Emergency Management: Principles and Practice for Local Government* (pp.131-60). Washington, DC: International City Management Association.

Heyel, C. (1982). The encyclopedia of management (3rd ed.). New York, NY: Van Nostrand Reinhold.

Nadler L. (1979). *Developing Human Resource*. Houston, TX: Gulf.

Nyquist, J.D. & Booms, B.H. (1987). Measuring services values from the consumer perceptive. In C. Suprenant (Ed.), *Add Value to Our Service* (pp.13-16). Chicago, IL: American Marketing Association.

第十八章　重要事例法在災後社區生活重建人力資源管理的應用

鍾昆原、陳武宗、蔡宜廷

壹、緒論

　　從2011年3月的紐西蘭基督城地震、2011年1月至3月間澳洲昆士蘭的內陸海嘯，到2011年3月11日的日本九級大地震引發的複合式世紀大災難，其嚴重程度與傷亡人數遠超出過往的經驗。反觀國內，每年因颱風、豪雨、地震等天然災害所造成的人民生命財產損失慘重，而近20年來對整體社會衝擊最大的莫過於921集集大地震和莫拉克風災，再再考驗國家的危機管理與防救災治理能力。在緊急救援的嚴厲考驗後，接下來要面臨的則是漫長的重建之路，然而在推動各種的重建計畫，協助受災人民與社區生活早日回歸常態的同時，也常因國家所架構的重建政策和法令之差異造成不同的重建模式與影響。

　　不同的安置與重建方式如何影響重建社區民眾的生活品質、災後社會心理調適、社區關係的維繫與重建、社會支持網絡的建構與維持，以及社會福利服務需求的滿足；如何影響服務提供者的服務模式、服務內容、面臨的議題、相關資源的連結以及服務體系的建構。上述各項重建計畫的落實與社區民眾需求的滿足，均需質量兼優的重建人力資源來加以支援，而此等的人力招募、培訓與維持，則需一套跨災難人力資源管理策略與教育訓練模式方能實踐。這就是前文（第十七章，莫拉克風災災後社區生活重建中心社工人力資源發展策略——重要事例法之運用）的焦點所在。

　　前項研究主要採用的「重要事例法」對國內重大災難後生活重建經驗的事例分析，其所蒐集與分析事例成功或失敗的因子，應有助於建構國內重大災難後生活重建經驗的完整圖像，進而了解哪些因素可以提升或阻礙災後社區的生活重建，並提供政府作為擬訂社區重建模式與服務輸送體制的參考。研究結果請參看前文，本文旨在詳細介紹重要事例法之內涵與操作範例，期能提供後續相關研究與實務之參考。

貳、文獻回顧

　　重要事例法（critical incident technique）為學者Flanagan（1954）發展出來之一種工作分析方法，主要是透過相關資深工作者蒐集與工作成敗有關之事例，並經由眾多事例之情境、行為與結果之整合分析，據以指出重要之工作要素與特徵。工業組織心理家McCormick& Ilgen（1985）對此方法之評價指出：重要事例法適於人事甄選、訓練以及工作考核之應用；事實上，過去在700 多個專案研究中，重要事例法被證實在訓練需求之衡鑑與訓練設計上有獨特之效果（Fivars, 1980）。

一、重要事例法之源起與內涵

　　美國軍方在第二次世界大戰期間，好奇為什麼有些飛行駕駛員駕駛的轟炸機命中率非常高，有些駕駛員卻百發不中？於是在第二次世界大戰「飛行心理計畫」的後續研究中，藉由對飛航失事或轟炸失敗原因進行檢討，觀察出其中具關鍵性的具體特殊事例，再根據這些關鍵事例訂出適用於戰鬥機飛航人員之甄選標準、分類，以及軍事人員之訓練。1949年，Miller與Flanagan首次應用於通用汽車公司的Delco-Remy事業部，進行一項時薪工作者的工作關鍵要求研究。此項研究方法於1947年被正式命名為「重要事例法」（Flanagan, 1954）。

　　1954年以來，Flanagan開始指導匹茲堡大學（University of Pittsburgh）的研究生陸續進行關鍵事例的相關研究，包含：工廠領班、銷售業務員、牙醫等特定的職業群體或活動。重要事例法（critical incident technique，簡稱CIT）也被發展成為一種工作分析的方法，研究各種人們的專業活動（Flanagan, 1954）。透過蒐集資深工作者在相關議題下的事例，包含遭遇的情境、展現出來的行為以及結果，並經由眾多事例之情境、行為與結果的整合與歸納性分析後，據以發現工作的重要要素與特徵，用以協助解決實際問題。故重要事例法是以「質化」（Qualitative）的觀點出發的一種研究方法（鄭紹成，1997）。

二、重要事例法之特點與步驟

　　CIT主要蒐集三方面的重要訊息：1.完整的事件情境，2.情境下展現的特定行為，3.該情境下展現特定行為後的正負向結果。Fisher & Oulton（1999）將蒐集重要事例的過程分為五步驟：

（一）確定整體性目標（General Aims）

　　在蒐集資料前，要先確定研究的目的與問題，清楚的研究目標對CIT來說是必要的，它會影響資料的蒐集與分析，也是讓訪談順利蒐集事件的關鍵因素。

（二）計畫與規範事件類型（Plans and Specifications）

　　確認將蒐集事例的類型，並要考慮事件的具體性與切合性。為使研究聚焦於對目標有決定性影響的行為上，必須給研究參與者精確的指示，包含情境及對象的定義。Flangagan（1954）指出重要事例這種比較特殊的事件，通常會比標準流程的行為來得好回憶。

（三）資料蒐集（Collecting the Data）

　　資料蒐集通常可以三種方式進行，即個別訪談法、團體討論法及問卷調查法（Bownas, & Bernardin, 1988），它是一個兼顧質化與量化的資料蒐集方法。

　　在觀察具體行為的時候，直接觀察與表格記錄是兩種非常有效的方法；但當需要蒐集一些內在心理歷程時（如臨床決策與規劃這類的認知活動），此兩種方法便有些許不妥。

　　當研究者希望用短時間蒐集大量資料時，可採用問卷調查法蒐集案例，此方法不僅省時，資料的來源也較為廣泛，但蒐集到的資料通常容易出現不適用與深度不夠等問題。問卷調查法在重要事例蒐集中是較少採用的方法，其適用時機是填答者參與感高，同時了解其貢獻的重要性，並具備流暢的語文表達能力。

　　團體討論法主要是由6至12位資深工作者組成討論團體，研究者可在短時間內蒐集多種案例，同時藉由團體的互動可蒐集較具深度之案例，過去文獻大多建

議採取本方法蒐集資料。

　　當事例提供者很難參加團體討論，或者是研究者有充分的研究人力時，研究者可採用個別訪談法蒐集資料。Bownas and Bernardin認為個別訪談研究者除蒐集重要事例外，還可進一步蒐集相關資料作為事後分析的基礎，因此能夠獲得較足夠深度的資料。訪談時，訪談者的角色是去協助受訪者盡可能地描述特定事件，資料的品質會取決於研究者的訪談能力。有受過訓練、有經驗的研究者可以精確地釐清受訪者的行為，並且減少受訪者事例描述不具體的情形（Flanagan, 1954）。

　　重要事例的樣本大小取決於蒐集事例多寡而定，而非單看訪談了幾位受訪者，因為研究者分析的是事例，不是受訪者本身（Flanagan, 1954）。然而在初步分析與確認事例的質量之前，我們很難推估需要訪談幾位受訪者。Flanagan認為資料的樣本大小，50個至1,000個事例左右皆有可能，取決於研究者欲研究的議題。

（四）資料分析（Analyzing the Data）

　　這步驟主要在分析、編碼蒐集到的事例。如果可行的話，搭配其他資料比對能幫助研究的結果更完整。包含了問卷訪談法、觀察報告等。Flanagan（1954）承認這步驟的分析是比較不客觀的，不過多年研究修正下來，質性研究法有著嚴格的標準把關，CIT現在不僅具備嚴謹性，同時已是被常用來分析資料的研究方法之一。

　　在資料解釋的過程中需要確保兩件事：1.不假設；2.不忽視。接著可透過兩種歸納方法進行資料分析：一種是直接依據前人理論架構將事例分類（Hoffman, Kelley, & Rotalsky, 1995），另一種是由研究者自行創建分類架構（阮慧沁、余麗樺、鍾昆原，1995）。前者較省時方便，資料分析結果也可與前人研究相比較；後者較費時，但自行創建之架構較能符合研究者解析問題之需要。此方法除了能重視受訪者主體性外，也可被用來驗證理論，因此被廣為使用（Hammers-ley, 1989; Brannen, 1992; Bryman, 1992）。

（五）解釋與報告（Interpreting and Reporting）

第五步驟，也是最後一步驟，就是討論研究的結果。在研究過程中，發表研究是很重要的一部分，必須呈現研究所得到有價值的結論。同時研究者須重新檢驗先前的四大步驟，了解研究的基礎、限制及其適用範圍，並於報告中說明。一般而言，研究者會給目標讀者一點量身訂做的回饋。

上述五大步驟爲CIT主要的操作模式，但CIT不是沒有彈性的，研究者可依照研究具體情境需求、研究的特殊性或研究問題來修正研究方法。這些微調的措施分別可從蒐集資料的方法，以及後續的分析這兩大部分著手。

三、重要事例法之應用

早期重要事例法常用在人事甄選、訓練、績效考核的部分。Norman, Redfern, Tomalin, & Oliver（1992）發現重要事例法能方便有效地找出與高護理工作品質有關之標準；Cox, Bergen, & Norman（1993）亦指出重要事例法能有效確認重要之護理工作要素。近年來，則有更廣泛的應用，尤其是與工作情境有關之研究，包括甄選量表編製、華人組織公民行爲量表的編製（Farh, Zhong, & Organ, 2004; 陳彰儀、張裕隆、王榮春、李文銓，2003）。陳彰儀（1989）以重要事例法爲基礎，分析壽險業業務員工作要素，據以編製壽險業務人員之甄選工具，結果發現依據重要事例法編製的情境式晤談問卷具有可接受之信效度；另外，阮慧沁等（1995）以重要事例法爲基礎編製護理人員之甄選工具，結果發現該情境式晤談量表在護理人員甄選模式中解釋變異量最大；黃英忠、鍾昆原、溫金豐（1998）則發現，依據重要事例資料編製的護理人員工作考核表，信效度均達可接受標準，該工具並且適用於訓練需求衡鑑與訓練課程之規劃等實務工作上。

在服務品質研究上，有學者應用重要事例法分別從顧客與員工觀點，找出服務接觸中受歡迎與不受歡迎之事例（Bitner et al., 1990; Bitner et al., 1994），也有學者應用重要事例法追蹤服務失敗與失敗之補償案例（Kelley et al., 1993;

Hoffman et al., 1995），另外還有學者應用重要事例法發展服務生的訓練課程
（Goodman, 1979）。

　　綜合上述，本研究主題所欲探討的重建中心人力資源發展策略，因有清楚
三年重建期限與重建任務，同時中心的主管與社會工作相關人力組合皆屬調派或
短期僱用，如何採取直接且有效的招募甄選、培訓督導、維持留用等策略，回應
建構在任務與成果導向機制上的重建模式，以獲得年度考核通過與一定的重建成
效。因此各重建中心所採取的人力資源發展策略和做法，確實符合重要事例法的
情境設定，也是本研究採用此方法蒐集資料的主要原因。此外，重要事例法在訓
練需求之衡鑑與訓練設計上之應用有獨特之效果，重要事例資料特性又正符合
社會學習理論（Bandura, 1977）與經驗學習模式之要素（Kolb, Rubin, & Osland,
1991），適用於觀察學習與模擬演練等訓練之取材。未來如要發展一套針對社
區重建社工的教育訓練課程，本研究的重要事例將會是很好的參照素材。

參、研究方法

一、研究設計

　　研究團隊以人力資源角度為主體性目標，採用重要事例法訪談參與本次88
風災重建的政府單位、重建中心主任與社工、地方意見領袖，以及專家學者。此
外，也針對參與先前921重建工作的資深社工進行深度個別訪談。研究者透過一
些半結構式問句，訪問參與重建的人員在重建的過程中，從招募甄選、教育訓
練、維持留用三大重建人力資源部分，觀察到哪些關鍵事件，並具體描述三階段
問題：1. 當時事件發生的情境是如何？參與對象是誰？2. 是什麼人在該情境下
做出了關鍵行為？關鍵行為為何？當下是什麼樣的想法與動機去展現該關鍵行
為？3. 事件導致什麼樣的正、負向結果？有什麼樣的後續影響？

　　研究者透過一次一次的訪談資料，逐步修正蒐集資料的方向，並分析出一套
切合本次88風災人力資源角度的架構。

蒐集過程如下：

（一）以焦點團體的方式，分別針對重建中心主管與重建中心社工召開兩場會議訪談，從兩方不同立場與角度來進行人力資源向度的事例蒐集與分析。

（二）以個別深度訪談的方式，針對先前九二一重建資深社工進行人力資源向度的事例蒐集與分析。

（三）透過焦點團體與個別深度訪談，將初步分析的事例成果，到5地重建中心舉辦工作坊，分享研究成果，其中包含平地重建中心與原鄉重建中心，以及重災區與輕災區。透過分享的過程，誘發重建中心與重建中心之間的經驗對話，進而蒐集不同中心的相關事例，並分析整合架構。

（四）舉辦專家會議，將研究成果分享，詢問專家對於88風災事例所發展出來的人力資源架構是否具有內容代表性、適切性，以及完整性。並請專家建議應該修正、刪除或需追問哪些情境下的行為結果，甚至能否提供其他關鍵事例。

二、研究對象

本研究主要針對臺灣88風災的資深工作者進行訪談，分別包含：(1)政府單位的社工人員，(2)重建中心的主任、督導、社工與志工，(3)災區在地的意見領袖，(4)相關專業人員，如：巡迴督導。詳細的受訪者資料如表18-1所示，受訪的60位重建資深工作者中，10位重建中心主任、3位重建中心社工督導、34位重建中心社工人員、2位縣政府單位中心社工、4位在地意見領袖、3位重建相關專業人員（巡迴督導、老師）、4位重建中心相關人員（中心志工、同工、母會牧師）。

表18-1 受訪者資料一覽表

主管焦點團體 時間：2011/12/23 地點：高雄醫學大學濟世大樓Cs805
屏東縣重建中心主任：5位 屏東縣政府社工督導：1位 非營利組織社服專員：1位 屏東縣地方意見領袖：2位
社工焦點團體 時間：2011/12/30 地點：高雄醫學大學濟世大樓Cs805
屏東縣重建中心社工人員：11位 屏東縣地方意見領袖：2位
訪談921社工
921 生活重建中心社工：1位 921心衛中心工作人員：1位 921心靈關懷志工：1位
東港工作坊 時間：2012/04/26 地點：東港生活重建中心
屏東縣重建中心主任：1位 屏東縣重建中心社工人員：6位 屏東縣生活重建中心母會督導：2位
萬丹工作坊 時間：2012/05/03 地點：萬丹生活重建中心
屏東縣重建中心主任：1位 屏東縣重建中心社工人員：9位 屏東縣生活重建中心督導：1位
茂林工作坊 時間：2012/05/31 地點：茂林生活重建中心
屏東縣重建中心主任：1位 屏東縣重建中心社工人員：3位 屏東縣生活重建中心督導：1位 屏東縣重建中心同工人員：1位
來義工作坊 時間：2012/10/09 地點：來義生活重建中心
屏東縣重建中心主任：1位 屏東縣重建中心社工人員：6位 屏東縣生活重建中心督導：1位
泰武工作坊 時間：2012/10/16 地點：泰武生活重建中心

| 屏東縣重建中心主任：1位 |
| 屏東縣重建中心社工人員：3位 |
| 專家諮詢會議　　時間：2012/10/23　　地點：高雄醫學大學濟世大樓Cs805 |
| 屏東縣重建中心主任：3位 |
| 屏東縣重建中心社工人員：2位 |
| 屏東縣生活重建中心督導：1位 |
| 非營利組織社服專員：1位 |
| 高雄醫學大學醫學社會學與社會工作學系教授：1位 |
| 國立高雄師範大學輔導研究所兼任副教授：1位 |

三、事例編碼

　　事例編碼目前採用6碼將事例建檔，前2碼參照事例蒐集的來源編碼，分別為01「焦點團隊會議」、02「深度訪談921重建中心社工」、04「重建中心工作坊」；3、4碼參照地區或受訪人員編碼，分別為01「萬丹」、02「林邊」、03「枋寮」、04「東港」、05「高樹」、06「杉林」、07「桃源」、08「六龜」、09「茂林」、10「來義」、11「泰武」、91「重建中心主任與意見領袖」、92「重建中心社工與意見領袖」、93「鍾○明」、94「黃○鈞」、95「林○馨」；5、6碼參照每個來源事例蒐集的時間順序編碼，01「該來源該地區的第一則事例」、02「該來源該地區的第二則事例」、03「該來源該地區的第三則事例」，以此類推。詳情請參照表18-2。

表18-2　事例編碼表

1、2碼：事例來源	
01	焦點團體會議
02	深度訪談921重建中心社工
04	重建中心工作坊

3、4碼：事例地區或受訪人員	
01	萬丹
02	林邊
03	枋寮
04	東港
05	高樹
06	杉林
07	桃源
08	六龜
09	茂林
10	來義
11	泰武
91	重建中心主任與意見領袖
92	重建中心社工與意見領袖
93	鍾○明
94	黃○鈞
95	林○馨

5、6碼：事例時間順序	
01	該來源該地區的第一則事例
02	該來源該地區的第二則事例
03	該來源該地區的第三則事例
以此類推	

四、資料的嚴謹性

　　Lincoln and Guba（1985）認為質化研究信度是指可重複性的，效度則是指可靠的、穩定的、一致的、可預測性的以及正確的。此外，本研究也參照其它質化研究方法的建議（胡幼慧、姚美華，1996），採用下列方法提升嚴謹性。

（一）眞實性：即內在效度，指資料的眞實程度。

1. 增加資料眞實性的機率（資料來源多元化）

本研究的資料蒐集來源，不僅有針對重建中心主任、社工的兩次焦點團體，另外有921資深社工的個別訪談、5次重建中心工作坊、專家諮詢會議。

2. 研究同儕參與討論

在資料分析的過程，每一份文本與事例都經由數位研究團隊成員閱讀、討論，撰寫的事例與分析類別也分別透過數度的團隊討論審核，最後萃取出的類別與分析架構。

3. 相異個案資料的蒐集

研究蒐集的對象來源包含：(1)兩次分別針對主任與社工的焦點團體，而兩次焦點團體的成員又分別邀請政府的相關單位、地方的意見領袖、巡迴督導等相關人員參與。(2)個別訪談921重建的資深社工，可與莫拉克88風災相互對照兩次的救災模式。(3)五次重建中心工作坊，分別找了平地重建中心與原鄉重建中心，以及重災區與輕災區，以此蒐集相異的個案資料。

4. 資料的再驗證

每一次的個別資料分析結果都會將資料寄回給受訪者，與對方確認事例撰寫是否眞實、分類架構是否切合，最後也會將研究結果寄給研究參與者們參考。此外，在五次重建中心工作坊後，研究團隊舉辦了一場專家諮詢會議，邀請了部分中心主任、社工、巡迴督導，以及兩位社工與救災相關的大學教授參與，詢問專家對於88風災事例所發展出來的人力資源架構是否具有內容代表性、適切性，以及完整性。並請專家建議應該修正、刪除或需追問哪些情境下的行爲結果，甚至能否提供其他關鍵事例。

（二）遷移性

即外在效度，指受訪者的陳述、感受及經驗能有效地轉換爲資料性的描述與轉換成文字的陳述。

1. 訪談筆記

研究者在訪談的過程中，會將當下的訪談重點記錄成訪談筆記，以此可以幫助研究者在聽錄音檔、看逐字稿時，能多一道線索回憶起當時訪談的脈絡、受訪者的情緒、受訪者的表情與當下的情境。

2. 與受訪者不斷來回澄清

研究者在訪談的過程中，會不斷與受訪者釐清對方所描述的情境、對象、行為與結果，並於對方完整描述完整個事例後，與對方覆述確認一次對方表達的內容。在資料分析的過程，研究者也會將分析的結果寄回給受訪者，詢問對方事例的結果是否符合他所想表達的意思，是否有過度詮釋或過度推論的情形。

五、研究倫理

（一）焦點團體

在實施兩次焦點團體的過程，研究團隊有在團體開始前，告訴參與對象團體的過程中，會全程錄影、錄音、攝影，以及會以當天的訪談內容撰寫成逐字搞，進行事後研究資料分析。同時，有給參與對象簽下書面的同意書。

（二）個別訪談

在實施三次個別訪談的過程，研究團隊有在訪談開始前，告訴參與對象訪談的過程中，會全程錄音，以及會以當天的訪談內容撰寫成逐字搞，進行事後研究資料分析。

（三）重建中心工作坊

在實施五次重建中心工作坊的過程，研究團隊有在工作坊開始前，告訴參與對象整個工作坊的過程中，會全程錄音，以及會以當天的工作坊內容撰寫成逐字搞，進行事後研究資料分析。由於是以工作坊形式進行資料蒐集，並未進一步要

求對方簽署同意書。

（四）專家諮詢會議

在實施專家諮詢會議的過程，研究團隊有在會議開始前，告訴參與對象會議的過程中，會全程錄音，以及會以當天的會議內容撰寫成逐字搞，進行事後研究資料分析。

肆、研究結果

一、事例類型與分析架構

研究團隊在完成資料蒐集後，經過團隊反覆閱讀、討論，將事例依人力資源向度架構的「招募甄選」、「培訓督導」、「維持留用」三大部分進行事例撰寫。經過三度歸納整理後，共有142則重要事例，「招募甄選」有34則重要事例、「培訓督導」有78則重要事例、「維持留用」有25則重要事例。茲將所有事例類別與內容詳敘如下，詳細事例架構則如下表。

（一）招募甄選

1. 招募

(1) 人脈：地方領袖、母會、老師、同儕

編號	情境	角色行為	結果
地方領袖－7則事例			
019102	地方社團剛承接重建中心時，中心需要招募新進社工。	中心主任透過地方的總幹事、社工督導等人脈推人選。	中心順利找到人才前來應徵。

編號	情境	角色行為	結果
019104	中心地處偏遠重創區，就業市場不理想，交通也不方便。因此在中心開始成立之時，一度找不到人才前來應徵。	主任決定透過在地的地方領袖來推薦人選，便找上鄉長推薦。	中心順利找到兩名人才前來應徵。
019107	中心地處偏遠重創區，就業市場不理想，交通也不方便。因此一度找不到人才前來應徵。眼見中心業務需要開始運轉，急需相關社工人才來中心服務。	中心主任找在地理事長推薦適當人選。	中心順利找到人才前來應徵。事後在甄選的過程中，發現對方與中心需要的人才有些出入，因此沒錄用。
019124	社會處因為重建中心的案子，需要招募十位新社工。	社會處督導請原鄉部落的地方領袖推薦人選。	社會處順利找到人才前來應徵。
041010	中心母會督導因為有過先前921重建的相關經驗，了解重建並非三年可以完成。因此，認為如何把人才留在在地，對於社區的復原才是一大關鍵。	中心督導透過地方領袖的推薦，來尋找在地原青。	中心找到兩位合適人選，目前兩人仍在中心服務，同時進修社工學程。
041101	重建中心剛成立，需要招募新社工。	社區學校校長推薦中心十人名單。	主任透過甄試，篩選合適人才。
041110	重建中心剛成立，需要招募新社工。	地方代表會主席、副主席、村長引薦人才，並參與面試。	透過地方領袖推薦，與當日報名，吸引到許多人才前來應徵。
母會－3則事例			
019113	中心母會剛承接重建中心的時候，需要找尋一批社工前往災區協助中心。	中心母會採用內部徵調，發給每一位社工一封徵召函，等待有意願者回信後，面試篩選出一個工作團隊。	中心團隊至今還發展良好，最後只有一位社工因為家庭因素，不得已離職。

編號	情境	角色行為	結果
019203	某母會承接了重建中心，需要一批社工前去中心服務。	母會向內部告知承接重建中心，並且發布中心未來職缺，讓有意願者前來面試。	原先母會中的一位教友剛當完兵，對於重建感到興趣，便前往面試，而後錄取。同時他介紹了數位先前大學同學一起前來應徵，最後皆順利留用，一起到了中心服務。
019211	母會原先在地方服務的中繼安置站結束服務，轉而承接重建中心。	母會區長優先詢問先前擔任過中繼安置站的站長，是否願意前去中心服務。	站長剛好就是在地人，因此願意前去中心工作。也由於先前有過相關服務經驗，因此在中心工作初期，較能輕易上手。
老師–3則事例			
019103	中心由於有社工離職，因此需要招募新社工。	中心主任透過學校社工相關科系的老師引薦。	中心找到適合的人才前來應徵，並且順利留用。也發現透過老師推薦的學生工作態度特別好，會自動加班，也不會抱怨。
019210	學校老師跟重建中心的母會有認識，知道中心正在招募社工。	老師知道某社工在學校時，都從事社區相關的學習，實習也是到社區服務，對社區相當感興趣，因此推薦剛畢業的社工前去中心面試。	社工順利被錄取，並且表現良好，中心主任感到非常滿意。
041011	當母會承接重建中心時，督導需要替中心找到合適的主任人選，但地方村長一時沒有合適人選可以引薦。	督導從母會中找上自己先前的學生，大學主修社工系，同時也在部落做健康營造數年，是一位合適人選。	當督導與對方聯繫時，對方很樂意承接中心主任，第一年也表現良好。但第二年因為自身體質問題，評估後認為身體不適才離職。

編號	情境	角色行為	結果
同儕—4則事例			
019204	社工大學畢業後就先去當兵，當完兵正值找尋工作之際。	中心母會的大學同學應徵上重建中心工作後，詢問社工以及其他剛當完兵的大學同學是否要一起前往中心工作。	社工與數位大學同學一起前往母會面試，最後一同被留用，前往中心工作。
019207	社工原先是社區總幹事，在衛生局承接專案助理。後來在陸軍官校的安置站碰到了先前的社工老同事，與對方寒暄了一下。	老同事告知社工，某母會在當地承接了重建中心，推薦社工可以前去應徵。	社工確實很想替自己的社區服務，因此辭去原先的專案助理，前去中心應徵，最後順利錄取。
019209	社工當時是應屆畢業生，處於找工作階段。正好大學同學在辦活動時，與已經在地方工作的學姐聯絡上，而該學姐工作的辦公室恰恰在重建中心隔壁，知道中心正在招募社工。	學姐告知社工重建中心有職缺，建議她前去應徵試試看。	社工前往中心應徵，便且順利留用。
040424	社工於社工系畢業後，本來沒有打算從事社工相關的工作，但聽從先前工作長官的鼓勵，把相關的學程念完，之後就在家當家庭主婦。	同學寄電郵告知社工重建中心在招募的訊息，中心地點剛好又在社工媽媽家附近，因此便打電話前去詢問、投履歷。	社工當天就被通知面試，最後也順利留在中心工作至今。
其他—4則事例			
019201	當重建中心計畫開始運作的時候，縣政府督導原先就與社區關懷據點有聯繫，因此認識一位在地幹部，對方不僅是社工，目前還在屏科大持續進修相關課程。	縣政府督導事先打電話詢問社工，是否願意前往中心工作。得知社工意願後，聯絡中心，進一步讓中心通知社工前去中心面試。	社工順利留在中心服務，至今仍表現良好。

編號	情境	角色行為	結果
019205	中心母會正在當地找尋租屋地點，同時中心仍缺幾名社工。	母會在當地找到租屋地點後，發現房東的女兒正好有社工背景，便詢問對方是否有意願到中心服務。	房東的女兒正好打算想要找一份可以為自己家鄉服務的工作，便留在中心服務。
019206	母會剛承接重建中心的時候，期待未來有一位比較資深的社工，可以領導其他年輕社工與災民。	母會督導在招募之際，遇見災區逃難過程中最後下山的志工，他在與記者們的對答上的氣質，讓母會認為或許他正是中心需要的領導人才，督導便前去詢問對方是否願意為重建中心服務。	社工事後順利前往中心服務，並且留用至今。
040901	在地社工長期居住在外，想回鄉工作。某次有機會回在地郵局辦事情。	社工聽到郵局內就業服務人員介紹重建中心的工作。	社工前去投履歷，並順利錄取。

(2) 公開徵才

編號	情境	角色行為	結果
公開徵才– 3則事例			
019129	在地組織承接了重建中心的業務，需要招募一群想為社區服務的社工。	中心主任透過一些非營利組織的平臺、徵人平臺，發布職缺的相關資訊。	結果發現沒有什麼效果，沒找到人才前來應徵。
019130	在地組織承接了重建中心的業務，需要招募一群想為社區服務的社工。	中心主任透過電郵，寄給自己與其他同仁信箱中的相關群組，不斷轉發。	結果就像亂槍打鳥，沒什麼效果，未見人才前來應徵。
040401	中心某社工因為要出國遊學，便決定不久後離職，因此中心需要補進新社工人力。	中心主任透過網路公開徵才訊息，希望能找到合適人選。	網路的公開徵才，招募效果明顯不佳。

2. 甄選：工作說明、在地人

編號	情境	角色行為	結果
工作說明－ 2則事例			
019106	在地的產業組織承接了重建中心的案子，透過鄉長介紹了兩名社工前來中心應徵。兩名社工中，一名是位有財經背景的女性，年過40，身體健康上有些狀況。	由於中心背後的母會沒有相關的社工服務經驗，因此也不是那麼確定未來的業務項目。在甄選的過程中，沒有清楚說明未來中心多數聚焦在社區的工作，過程中需要舉辦許多大小活動，可能需要扛東西，花費大量體力。	社工工作兩個月後，覺得本身期待與真實的工作內容有落差，體力更是負荷不上。於是找了主任討論，決定離職。溝通的過程，態度是很ok的。
019122	社會處因為重建中心的案子，內部也招聘許多位社工。	在甄選的過程中，不會特別交代未來的工作任務上，會有許多調控社區的行政工作，或者一些幫忙接收調配物資等業務。	剛從大學畢業的社工們做一段時間後，常常覺得做這些工作不是社工，並感到非常不適。多位年輕社工不久後相繼離職。
在地人－ 4則事例			
019110	在中心有幾位社工離職後，主任考量未來捲動在地經濟發展，因此希望可以使用在地人才前來中心工作。	主任在請社會處協助推薦人才的過程中，懇請對方能介紹在地青年，回到在地工作。	中心順利找到一位很棒的在地社工，不但表現良好，還因為是在地人而順利將母會的一些相關活動導入社區，幫助社區活絡。明年將會被提報為督導人選，未來即使重建工作結束，他也可以繼續留在當地，幫助社區發展。
019125	社會處因為重建中心的案子，需要招募十位新社工。	原鄉部落的地方領袖推薦社會處一位在地人才。	社會處順利找到一名原住民社工，日後也表現優良。因為是由災區出來的，非常能同理災民感受，與災民溝通完全沒問題。

編號	情境	角色行為	結果
041009	中心母會督導因為有過先前921重建的相關經驗，了解重建並非三年可以完成。因此，認為如何把人才留在在地，對於社區的復原才是一大關鍵。	督導在甄選過程中，在地的原青會納入優先考量。	透過在地領袖的推薦，找到數位優秀人才，目前在中心工作的社工多數為原青。
041109	中心主任希望未來社工可以繼續留在社區服務，將人才留在原鄉。	人才篩選標準以在地人為優先。	找到數位適合的在地人才。
其他－4則事例			
041104	由於社工未來在中心工作時，每天的工作日誌是一件很重要的業務，因此社工需要完善的書寫能力、邏輯性，以及字跡工整。	主任在篩選過程中，請面試員花半個小時手寫一份自傳。	透過自傳的撰寫，主任方便篩選未來適合中心的社工。
041111	中心招募時，地方領袖推薦數位人才。雖然迅速找到許多面試者，但也讓主任倍感壓力。	主任在篩選過程中，還是以面試者能力符不符合未來中心職位為優先考量，暫時放下人情壓力。	中心順利找到適合的社工人員。
041114	中心在招募甄選的過程中，主任參照過去的經驗，主觀意識太強的社工有時不好溝通，比較不配合。	主任在篩選人才的過程中，以沒經驗的社工為優先考量。	中心順利招募到比較沒主觀意識的社工，因此辦公室內的價值觀比較一致，能接受母會的核心概念。
041125	中心主任希望社區在地文化與一些資源可以順利延續，永續經營。	在篩選的過程中，優先選擇有涉獵相關文化的社工或相關人員。	中心後續在社區文化推展相關活動時（如：手工藝），社工可以很快連結在地資源與人脈。

（二）培訓督導

1. 核心能力：關係經營、語言、供需釐清、資源連結、資源整合、社區培力、方案規劃與評估、專業倫理、靈性

編號	情境	角色行為	結果
關係經營－21則事例			
019108	中心主任在招募的過程中，請在地理事長推薦適當人選前來中心應徵。但該人員未符合中心想要錄用的標準，因此並無錄取。	主任甄選完後，只請同仁寫信告知那位未獲錄取的人員，並未與理事長進一步溝通。	如此的溝通過程，造成訊息傳地上產生一些疏失。理事長為此大感不滿，認為中心出爾反爾，至今仍不願意與中心合作。
019114	災難剛發生的時候，大量資源湧入災區，造成一片混亂。等到中心進入社區時，村長在未釐清資源是由哪些單位發放之時，直接劈頭責難中心的主任與社工，大罵資源都亂發放。	主任與社工態度放軟，很有耐心地等待村長把想說的宣洩完，再進一步慢慢與村長溝通、解釋。	中心在初步建立關係的時候，面對責難的衝突選擇態度放軟，此方式不僅讓地方領袖可以宣洩情緒，也逐步讓他們明白中心的立場與服務，沒讓初期關係交惡。
019141	村民在社工訪視的時候，會擔心對方是詐騙集團，因此對於不認識的人，一律不予理會，讓社工碰壁受挫。	中心主任會透過自己的人脈，致電給在地領袖（如：村長、里長、理事長），跟對方打個招呼，並詢問對方能否幫忙帶一下社工，陪同訪視。	村民看見社工旁邊有自己認識的人陪同，才卸下心防，開門與社工進行初步的關係建立。
019152	中心剛在社區成立，社工初步與社區村民建立關係。	社工都會竭盡所能地協助村民，讓村民取予求。有時即便到了深夜，社工還是會陪伴村民。	當中心到了要考核的日子，社工們必須優先處理行政事項時，村民感覺被冷落，無法接受這個轉變而破口大罵社工。

編號	情境	角色行為	結果
040411	社工初期在做社區訪視的時候。	社工不會說公事公辦，只把要談得話說完就走，而是把對方當成朋友，做好長期經營關係的心態。	長期建立關係下來，社工與村民感情非常好，久久沒去拜訪村民，村民還會打電話到中心關切。不僅如此，社工訪視時，村民每次都會送一堆自己種的蔬果，讓社工很感動。
040415	社工在初步社區訪視的時候，與村民尚不熟悉。	社工會觀察村民感興趣的事情，陪村民聊他們感興趣的事，如村民在種蓮霧，就和對方討論蓮霧；發現對方是守望相助隊，就關心對方如何值勤。花時間陪伴村民，參與他們的社區小活動。	社工用心的付出，讓村民感受到社工想要融入他們，雙方關係便慢慢融洽。
040416	社工初期在做社區訪視，與在地的總幹事和幹部們並不熟悉，社工希望能和對方建立進一步的關係。在一次社區關懷據點的幹部開會中，總幹事對社工說他長得很像自己的兒子。	社工日後拜訪總幹事時，都會先關心他，問他說兒子有沒有回來，關心他的家裡狀況。	透過每次順利的破冰問句，總幹事漸漸會與社工自我揭露，訴說一些生活上的點滴，信任關係也順利建立。
040418	社工遇到一個可以開案的案主，當對方的兒子從中心名片上看到中心背後母會是基督教團體時，就很嚴肅地拒絕社工的服務。	社工不會硬說要服務，但會詢問對方真的不需要協助嗎？心中也盤算日後再多去兩三次，與對方建立關係。	社工後續兩三次的拜訪還是吃到閉門羹，個案的兒子都會很生氣地說不要。社工後來觀察案主家也還有其他資源後，便決定先不要打擾他們。

編號	情境	角色行為	結果
040419	社工在訪視社區時，村民發現中心背後承接的母會是基督教團體，並開始產生抗拒。	社工會強調母會只是來承接重建中心，中心裡頭有基督徒與非基督徒，不強調宗教色彩，加重說明中心專業化服務的部分。甚至把內政部搬出來，告訴對方中心是由公部門委託的，可以安心接受中心的服務。	村民透過社工的詳細解說，才開始對社工卸下心防。
040104	重建中心只要一放假，中心門口與停車棚就會有人停車。數次後，社工向督導反應。	督導告訴社工們要敦親睦鄰，反正中心假日放假，那些空位也暫不需使用，沒必要與鄰居交惡。	中心常給鄰居方便，這促進雙方的友好關係，鄰居平日沒事常會拿些食物到中心與社工們聊天。
041012	母會剛承接重建中心，中心主任與社工們是一批比較年輕的人員，在於地方尚未建立穩定的關係。	母會督導由於原先已在社區做了多年健康營造，因此有一定的影響力，便一同進入中心協助中心初期與在地領袖的關係經營。	督導的協助幫助主任與社工與地方建立關係，熟諳在地人際的潛規則，讓日後推動社區工作方便不少。
041013	中心母會督導已在原鄉推動健康營造多年，與鄉長關係十分良好。殊不知，當重建中心要進入在地時，原鄉長在選舉中敗選，鄉長換了不同黨派的人。	當母會督導得知鄉長換人時，第一個動作便是馬上去與新任鄉長打個照面，避免日後造成誤會，被分類到舊鄉長的政治派系。	督導對於關係之間的敏感度幫助中心能保持一個單純的背景，不會介入地方的政治或宗教派系，因此減少許多社區推動的阻礙。
041015	在原住民的部落中，村民的信仰多元，主要分為基督教與祖靈兩大部分。而信仰對於村民來說，是個很好的慰藉。	原鄉在地社工本身為基督教徒，同時也了解祖靈的文化，因此在面對社區村民時，會參照對方的信仰不同，而轉換不同的語言與對方溝通。	社工因對象而轉換對方的宗教語言，可以幫助不同信仰的村民更能接受社工想傳遞的訊息。

編號	情境	角色行為	結果
041016	主任剛承接重建中心，對於地方的人脈、在地組織尚不熟悉。	母會督導與在地有一定的關係，在初期時，會帶著主任一個一個去拜訪在地的領袖。	經由督導的開路，雙方關係能比較快搭上線。日後主任便能獨自找地方領袖討論社區工作的事宜。
041019	社工初期在做社區訪視時。	社工因為本身也是原住民。	這份關係讓社工即便聽不懂母語，雙方的感覺還是比較親近，關係容易建立。
041105	原鄉社工的家族在當地小有威望，爺爺又當了地區學校二十幾年的校長。	當社工在做社區工作時，村民都知道社工的背景。	由於社工與村民在訪視前就彼此熟識，因此關係建立很快。
041117	中心在招募甄選時，地方領袖推薦許多人才前來應徵。但主任著眼於中心未來發展，適材適用，而沒全數錄取推薦名單，因此小小得罪地方代表。	主任沒將此事看得過度嚴重，好好向地方代表解釋職位的需求，釋出善意。同時和其他地方代表打好關係，慢慢拉近與該代表的關係。	在主任不斷釋出善意下，漸漸的，雙方關係還是得以維繫。
041119	在地由社工號召所組成的自發性團體青年會，認為耆老對於永久屋的資源分配有所不公。	青年會的成員們對此事感到相當不滿，便沒注意與長輩溝通上的禮節和方式，直接將不愉快心情抒發於臉書社團上。	青年會的發文舉動得罪了當地耆老，導致耆老們相當不開心，也因為青年會是中心社工發起，連帶對中心有疙瘩。
041120	在地由社工組成的自發性團體青年會得罪了在地耆老。	主任為了中心和耆老們雙方長遠的關係，只能不斷去道歉，三不五時過去打聲招呼。並與社工溝通，看事情需要全面一些，縝密考慮行為帶來的後果。	主任花了很長一段時間，才慢慢修復與在地耆老們的關係，同時耆老們其實也知道這件事與中心並沒有直接的關係。

編號	情境	角色行為	結果
040907	原鄉部落重建中心的社工在處理社區個案時。	社工會面臨到一個困境：對方常常是自己的親戚或熟識之人。	此困境導致當對方提出一些不是中心能提供的服務時，往往很難以拒絕。雙方的關係界線有些模糊。
040911	部落中只要舉辦婚喪喜慶，都會寄帖子給主任。	主任在資源與時間有限的情況下，會選擇性前往。通常會挑與中心互動比較多的居民。	主任與居民的關係依舊保持良好。
語言– 3則事例			
019226	社工在做初期社區訪視時，發現在地多數都是講臺語的阿公阿嬤。	社工臺語講得不是太流利，有些比較專業的術語也不知道該怎麼講。	語言的不流利，造成溝通上的障礙，阿公阿嬤常聽不太懂社工想要表達的意思。
040412	社工在社區訪視的時候，村民阿公都說臺語，但社工本身臺語不好，說起話來會有點卡卡的。	社工發揮自己的本性來克服溝通的障礙，會跟村民開玩笑，不會說的臺語就直接說自己不會，問對方那是什麼意思。	村民反而覺得社工很可愛，會教社工怎麼說臺語。互動久了，也很信任社工。
041103	原鄉社工在做社區工作時，出現溝通問題。雖然社工本身也是原住民，但因長期在外求學，因此對於母語略顯生疏，只會聽，不太會講。	社工透過母會的志工與居服員陪同參與社區工作。	透過此方法順利解決溝通問題。
供需釐清–14則事例			
019132	剛畢業的社工初到重建中心工作，沒有什麼相關實務經驗，因此容易會拿學校所學來當實際社區狀況的依循。	社工參訪某位災民時，看見對方缺乏多項生活基本物資，並睡在地板上。可是在調查需求時，對方回答沒有關係，沒有需求。因此社工為了尊重災民，便確實在調查表上勾選沒有需求。	僵化地貫徹學校所學，導致社工無法真實反映出災民的需求。而這些需求觀察的敏感度，往往需要實務經驗的積累。

編號	情境	角色行為	結果
019151	中心社工平常都會竭盡所能地協助負責社區的村民，使村民予取予求，達到些微依賴的程度。一直到了中心要考核的日子，社工們必須花大量時間處理許多行政事項，較沒時間拿去陪伴村民。某社區村民見此感到生氣，並破口大罵，認為社工們有自己的事就不理他。	主任帶著社工前去村民家，不管對方的拒絕，硬著頭皮衝進去好好和對方道歉，同時解釋社工的處境、中心的其他業務。讓村民知道社工的為難與苦衷。	經過那一次三小時的溝通後，村民就像一夕長大了，能體會社工平日的辛勞，許多事情不再依賴社工，開始懂得獨立解決難題。雙方的關係也因為彼此的體諒與理解，而沒交惡。
040406	某天，有位酒醉大叔到中心無理取鬧，耍無賴希望中心能借他錢，說自己已經數天沒吃飯，希望中心能給個一兩百塊當作便當錢。	社工堅定明白地告訴對方，中心是不提供這類型的金錢補助，耐心與對方溝通討論，並建議大叔可尋求里長或警察局的協助。	當大叔聽到可去尋求警察協助時，好像被說服了，便轉身離開中心。
040103	一位村民前來中心希望社工與社工督導能幫他重建家中全倒的房子。社工透過調查訪視的資料後發現，村民本身不願意去工作，長期飲酒，同時還有另外一棟可住的房子在隔壁，並非那麼迫切需要資源協助。	社工督導除了告知對方可能可以幫忙連結哪些資源外，亦會採用反拋式的問句，來讓村民反思自己具體的想法、需求，是否自己能付出什麼努力、尋求過哪些資源，以及評估蓋房子的急迫性。	後來村民退掉申請了，因為他自己清楚知道那棟房子蓋好不是用來住的，只是看著其他人都到中心尋求協助，自己也想看看能否獲得相關資源。
040105	社區某位阿伯帶了水果到中心來，社工詢問對方是否有什麼需要，才發現阿伯只是想到中心聊聊天。當社工與阿伯聊天聊到一半時，中心電話聲響起。	社工跟阿伯說了聲抱歉，告知對方自己需要先接一下電話，處理業務，請阿伯先看電視或看報紙。	阿伯坐一下後發現社工在忙，就自己先出去了。日後幾次，雙方養成默契，阿伯只要看到社工在忙，也能體諒社工，會自己看看電視或翻翻報紙，坐一下子後就回家。

編號	情境	角色行為	結果
040109	社區有位阿嬤常常在社工訪視的時候，抱怨身體有哪些地方疼痛。有時可能只是輕微的擦傷，也會希望社工能陪同就醫。但社工是騎機車做社區訪視，載年紀大的阿嬤就醫可能會有危險，另一方面這也不是中心能提供的服務。	社工不會直接跟阿嬤說這不是他們能提供的服務，而是告訴阿嬤說會幫忙聯絡其他有提供陪同就醫服務的基金會來協助，告訴她有提供開車陪同就醫的服務會比較安全。	阿嬤雖然還是感到很失望，但也順利就醫了。
041020	社工服務的社區是自己生長的地方，面臨到的個案對象也是自己的親戚。某天，有人到協會討資源時，點出社工是誰誰誰的姪女，試圖強調雙方的關係。	社工會搬出協會來告訴對方申請的規定，盡量避免用到自己的身分和對方溝通。	避免使用自己的身分可以讓對方不會繼續為難。
041021	社工的親戚前來中心討資源，經過評估過後發現對方不符合資格，對方卻說：「啊我們就是親戚啊，你還是給我一點啦。」	社工因為在部落的輩分比較大，知道對方家裡的情況，會直接罵對方說這些資源本來就不是要給他的。	親戚摸摸鼻子妥協，認同資源還是應該留給比較需要的人。
041106	原鄉社工由於家族在地方的人脈甚廣，因此會遇到很多親朋好友前來中心討資源。	社工雖然為難，但會老實跟對方討論申請資格，同時表達立場。	透過雙方的討論，村民較能體諒社工立場。
041107	原鄉村民在中心沒申請到資源時，會與社工的長輩抱怨。	社工會坦白跟家人分析情況，說明如果資格不符卻讓對方申請的話，自己良心會不安。同時舉一個真正需要資源的例子讓家人比較。	透過溝通討論後，家人漸漸能明白社工為專業的堅持。

編號	情境	角色行為	結果
040905	部落居民由於身體不適，又沒經濟能力。當要就醫時，常會開口跟社工借錢。	部落居民由於身體不適，又沒經濟能力。當要就醫時，常會開口跟社工借錢。	社工雖然堅持不借錢，但也協助對方找其他援助，例如家人和教會。
040908	原鄉部落遠房家人前來中心借錢，說急用。社工心軟了對方，殊不知對方變本加厲又前來借第二次、第三次。	社工清楚告訴對方，他是在這邊工作，中心不提供這項服務。已經借了第一次應急，不應該再有第二次。	個案在那次過後，就沒有再前來中心找該社工借錢。
040909	原鄉重建中心常常會接到一些提出不合理要求的電話。	社工們會把電話轉給主任。由於主任有位階上優勢，加上不是在地人，問題會比較好處理。通常都會直接地告知對方這不是中心提供的服務。	通常主任直接講完後，居民會比較清楚明白中心社工的角色。
040910	原鄉部落的區公所，或在地辦活動，都會前來中心尋求贊助。	社工明白告知對方中心沒編列這項預算，可能沒辦法提供協助。	活動單位當下雖能明白，但日後一舉辦活動還是會前來詢問是否捐錢。
資源連結–13則事例			
019149	九一九風災讓許多災民家中的家具、電器毀壞，中心希望能協助災民尋找相關資源。	社工開始訪視災民，並進行基本物資的盤點，結束後再回到中心統計每樣物品的需求量，接著開始寫企劃、尋找資源、連結資源（如：村子調查完發現有100臺的電視損壞，社工寫完企劃後，將需求數提供給製造電視的奇美廠商。獲得資源後，再參照各戶村民的統計進行發放）。	中心順利替村民找到需求的基本物資。

編號	情境	角色行為	結果
019228	由於社區老人對於健康促進沒有什麼概念，想運動時，沒有相關的專業知識與設備，社工希望能幫助社區老年人有一套完善的運動方案。	中心母會原先就是在做老人福利這一區塊，因此社工連結母會的資源，將一些老人運動班方案導入社區。	社區居民對於運動班的評價很好、參與度很高，身體健康普遍也有所改善。
040417	重建初期，社工對負責的社區開始進行社區訪視。	社工會先查看誰是在地的地區領袖，發現在地廟宇有設置社區關懷據點，裡頭的大姐正是社區總幹事，便會常去拜訪，與對方建立良好的互動關係。	由於社工與地區總幹事的好關係，事後當中心需要發送資源，或者課輔班在招生時，透過總幹事的管道仲介，非常方便而且有效率。
040110	社區一位年紀大的阿嬤希望社工能陪同就醫，但社工一方面擔心騎機車送阿嬤就醫會危險，另一方面這也不是重建中心能提供的服務。	社工聯絡能提供陪同就醫服務的基金會前去協助，請對方站長去關懷阿嬤。	社工透過轉介給專門服務就醫的基金會，阿嬤能更清楚被評估身體狀況，也能更舒適地就醫。
041001	重建中心第一年剛到原鄉社區時，必須前往社區做整體普查。中心面臨到一個很大的困難，便是語言溝通上的問題，並非每位社工皆會說原住民語。	主任透過連結母會資源，請母會在原鄉的駐點原青陪同前往社區普查。	透過在地駐點人力的陪伴，在溝通上便有很大的幫助。另一方面，與村民接觸的時候，對方也比較明顯地能夠信任社工。
041002	重建中心在社區做普查時，主任請了母會在原鄉駐點的一位原青陪同進入社區，發現這個模式不僅克服語言的隔閡，也讓村民更容易信任社工。但普查需要更大量的人力。	主任透過在地具備翻譯能力的原青前來協助，一同陪同社工進入社區。	透過連結在地的原青，達到和駐點原青陪同一樣好的效果。

編號	情境	角色行為	結果
041004	當中心在原鄉做社區工作時，思索著如何能更有效、更直接地與村民互動與連結。	主任察覺到中心的兩位主管皆是基督徒，中心社工也多為在地原青，和在地部落一樣多數為基督教背景。因此透過與地方教會合作，一起推動社區工作。	與地方教會合作幫助中心在推動社區工作時，能比較順利，也比較有效率。
041018	中心剛到部落，想了解部落整體的概況，以及有哪些人迫切需要資源與關懷。	中心與地方教會的牧師聯繫，詢問牧師村民的近況。	透過一些在地key person的訊息網絡，可以迅速了解村民近期發生了什麼事，知道哪些人最需要受到幫助。
041122	中心的社工原先是區公所臨時的雇員。	中心主任透過社工來迅速認識公所內的一些人員，例如：社會處。	主任因此可以迅速認識公所內的一些狀況。
041116	中心多數社工不會講原住民母語。	主任編制母會在地居服員參與社工訪視。	此方法降低社工語言溝通上的問題，避免社工們在工作上挫折。
040904	部落早期的歌星得了痛風，行動不便，沒了經濟能力。早期投靠家人，後來溝通出了問題，被迫搬出去。	社工協助申請身心障礙手冊，並且試圖連結政府更多補助。	社工協助申請了兩次，終於在半年後得到許可。一個月有七千元慰問金，扣掉醫療費雖說不多，但可暫時度過生活。
040906	部落居民沒錢前往就醫，常會開口向社工借錢。但社工擔心對方會借成習慣，便一律拒絕。	社工幫忙居民聯絡家人，告知對方居民的身體狀況，以及所面臨的困境。同時幫忙聯絡在地教會給予協助。	社工順利協助居民就醫，並且讓對方明白哪些才是社功能提供的服務。
040914	由於重建計畫為期三年，社區培力的相關部分也會跟著結束。培力員詢問中心是否可以繼續。	主任找尋其他協會以及區公所商議是否有可能讓社區培力繼續發展。	主任與相關單位目前還在商討中。

編號	情境	角色行為	結果
資源整合－1則事例			
019236	重建中心剛到社區時，發現在地資源混亂，有很多社服團體進駐。過程中，發現許多團體出現了搶個案的情形，資源不斷出現重疊與浪費的情形。	重建中心為了整合混亂的資源，與各個團體做聯繫，設置一個每月一次的平臺會議，討論每個單位的業務分配、資源分配。並且在平臺上，大家可以相互分享資源、連結資源。	社工們透過平臺順利地協調各個單位的工作分派，以及整合資源，減少資源重疊造成的浪費。
社區培力－4則事例			
019220	社工發現有一些村民常會關注重建中心的舉動，對於社區也特別關心，好像想為社區做點什麼。	社工協助那些對社區特別關心的村民，成立一個社區關懷據點，培力他們成為社區志工。	透過志工培力的過程，村民看到社區有在做轉變，同時也開始認同重建中心在地方上的服務。
040912	重建中心到達部落後，發現部落原先的溫泉產業已經被水災破壞殆盡。	重建中心開始做社區培力，研發與重新耕種在地原先物種，包含：小米、紅藜、黑米。	在地產業逐漸復甦，近期紅藜與小米正在採收。也培養了許多培力員。
040913	重建中心對於社區重建，著手於社區培力這部分。	社工找社區外來媳婦一起參與社區培力課程，學一些部落的手工藝、貼布繡等等。	課程不僅幫助社區培力，讓外來媳婦更加了解在地文化。
040915	重建中心在部落社區培力一年多後，小有績效。	中心提拔在培力班中表現比較優秀的培力員出來當講師。	中心提拔在培力班中表現比較優秀的培力員出來當講師。
方案規劃與評估－4則事例			
019227	由於在地是一個農漁業混雜的社區，多數皆為老人與小孩。許多老人平日閒閒沒事只能坐在馬路旁數車子，社工希望可以透過	社工在社區導入一個「銀髮族平衡健康運動班」，每週請物理治療師帶領社區老人做運動。	社區老人普遍認為肌耐力與平衡感有被強化，甚至有一位手臂僵化的老人覺得透過運動班後，症狀大幅改善。在

編號	情境	角色行為	結果
	一些方案活動，讓社區居民多參與社區活動，聯絡彼此感情，並讓重建中心與社區居民建立良好的互動關係。		運動班最後的成果展時，每位成員甚至還一人煮一道菜，一起辦個愉快的結業式。透過這個活動，社區老人也越來越願意參與中心活動。
019230	社區居民在88風災前多為養殖戶，一個風災卻把多數人的畢生積蓄毀於一旦，許多家庭因此出現爭執與衝突。社區中的長輩看到自己的子女面臨如此經濟困境，又礙於對方面子而不方便多說什麼，心中便漸漸累積偌大的壓力與負向情緒。	社工希望能幫助社區長輩釋放88風災以來，所積累的壓力，因此在社區帶了一個生命回顧團體，過程中的活動也透過讓成員自由創作來抒發情感。	社區的長輩們透過創作品，將情緒移情在創作上，向先前的傷痛與遺憾道別。
041118	中心服務的社區由於地處偏遠，原先從小一起長大的年輕人多為了求學、工作，而離開家鄉。	中心希望能凝聚社區年輕人，透過在地宗教成立青年會。	青年會的成立開始吸引年輕人注意，並去思考能為社區做些什麼服務。日後曾經舉辦自發性的活動，回舊部落去打掃。至今已有二十多位成員。
041121	社區社工希望能凝聚在地年輕人。	社工知道年輕人喜歡音樂，因此成立吉他社，盼藉此來聯繫大家。	社工利用吉他社，順利聯繫了地區的年輕人。
專業倫理－5則事例			
019134	某天個案前來中心欲更改處遇計畫，恰巧碰上負責的社工請假，須由其他的社工來幫忙協助個案。	原先負責的社工沒相關實務經驗，比較容易一板一眼將學校所學的模式直接套入社區。因此先前處理完個案後，認為需要保護個案的資料，都會把個案資料帶回家。	將個案資料都帶回家這一事，造成其他社工要幫忙協助個案時，無法順利承接。

編號	情境	角色行為	結果
040420	社工與村民建立關係後，村民把社工當成朋友，會送點心或菜到中心，甚至還會送盆栽。但社工受到的專業訓練是說不能把個案當成朋友，這樣會失去專業的判斷。	社工會堅決地拒絕案主，婉轉告訴對方在工作領域上，那樣的行為可能不太適合。	村民還是會把東西放著才走，但社工沒辦法接受，內心開始產生衝突，不曉得對村民是要當一位專業社工員，還是當一位朋友。
040423	社工每次在社區訪視時，村民都會送給社工很多他們自己種的蔬菜或水果。但收下的話其實會有點違背社工的專業倫理。	社工觀察在地的文化後，發現村民喜歡分享，會覺得那沒什麼，是自己種的，沒花錢！也擔心拒絕對方會讓對方覺得很見外，因此便會把村民送的菜或水果帶回中心辦公室與大家分享。	雙方慢慢建立默契，社工了解村民就是愛這樣子，也都會歡喜接受，關係非常好。
040107	有一位村民很有心想要謝謝中心的社工督導，因此準備了一些食物帶到了中心。	社工督導很真誠地與對方道謝，拿幾個分給同事吃，然後會詢問村民說一起把其他的分送給其他更需要幫助的人好不好？鼓勵對方幫助別人。	村民接受了這個提議，一起把其他的食物分送給更需要的人。如此一來，不僅可以避免陷入專業倫理問題，東西也不會浪費。
040108	社工初期在訪視社區時，有一位阿公看見社工來訪時，就泡茶要給社工喝，還準備了餅乾點心。	社工剛開始會拒絕，但說了幾次後，阿公回社工：「阿你是看不起我嗎？（臺語）」，社工便吃了。但當要走時，社工告訴阿公，其實他只是要來關心他，陪伴他聊天，以後不用特別準備東西。	阿公聽完後，便能理解社工的意思，日後的訪視阿公就不會再強迫社工吃東西。
靈性－ 4則事例			
040407	中心考核時間近了，社工需要跟同事密集開會討論工作分配，記事本總是記	社工透過每週參加基督教教團體舉辦的禮拜、讀書會、詩歌分享，讓自己暫	透過每週的反思與沉澱，社工便能重振心力，改善自己在社區的

編號	情境	角色行為	結果
	載著滿滿的事項與業務。當腦中一時塞進過多的待辦事項時，社工會忘記自己的服務熱忱。	時跳開工作環境，並沉澱反思自己究竟是為什麼而做？	心情，也更注意自己的服務態度。
041007	當原鄉部落的村民面臨永久屋搬遷的問題時，對未來產生很多不確定感，情緒很不穩定。	主任因本身和村民有著共同的信仰，透過相同的宗教語言來陪伴村民、和村民溝通。	村民會感到比較安心，也比較能接受這樣的一套說法。
041014	社工的母親與妹妹在88風災中過世，這造成社工內心沉重的傷痛。	社工因為平日有參加在地教會的活動，教會中的弟兄姊妹會給予扶持與關心，並藉著聖經中所提到的「你周圍的人事物都是跟上帝借來的」一句話來思考生命議題。	教會的活動帶給社工內心一股力量，透過聖經的思路，不再沉浸在負面的思考，也讓母會的督導放心很多。
040916	部落通常一有人過世，就會跟著有兩三個人一起過世。	死亡在部落算是一件滿平常的事。	當社工遇到個案過世時，較能淡定處理。
其他– 2則事例			
019235	中心發現社區的老人們彼此不太互動，他們即便都知道每個人住哪，卻不會好好打招呼，或有所交集。	重建中心為在地老人設計許多活動、教學課程，來讓社區的老人彼此認識，促進社區凝聚力。	社區老人彷彿變成一個聯盟，開始很愛相約一起完成一件事，感情變得相當熱絡。先前在地發展組織希望能推動在海邊造林，老人們便帶著小孩子去種了兩百多顆樹。
040408	村民假借需要就業諮詢而前來中心，其實只是為了找社工聊天解悶。但社工本身還有許多業務等待處理，沒辦法與村民無止盡地閒聊。	社工還是會按照正常程序與個案會談，但發現個案又想聊天偏題時，社工只會給與簡單的回應（如：是喔），並不多做答話，同時試圖拉回話題。	幾次後，村民看到該社工值班，就會詢問其他社工在不在，不久便離開中心。

2. 訓練方法：實作法、講座法

編號	情境	角色行為	結果
實作法－4則事例			
019137	重建中心第一年發現社工們實務經驗明顯地不足，主任在檢討第一年的經驗後，想要在第二年的訓練方式稍作修正。	第二年的教育訓練部分，不像第一年著重在找講師前來中心授課，而是請許多資深的工作者來帶著社工實地演練，例如：資深工作者直接帶著社工進入社區與在地領袖認識、溝通。	透過一些實務經驗的演練，社工們對於社區服務可以說表現越來越好。
019215	母會承接重建中心後，找到一批新社工，卻也發現他們相關的實務經驗比較不足。	母會派出內部的資深工作者在一旁協助、指導，幫助社工們熟悉工作，直到社工們大致掌握狀況後，才逐漸退場。	透過資深工作者的協助，社工們很快就進入狀況，並且中心的評比常是優等。
040421	社工在中心服務時，服務的案主開始把他當成朋友，還會不定時送點心或菜到中心，這樣讓社工的內心非常衝突，因為專業的訓練是告訴他不能接受贈與，也不能把案主當成朋友。為此，社工感到非常困惑。	社工詢問了一位資深工作者，對方分享自己的例子，告訴社工還是可以把案主當成朋友，但在進行的評估時，要用專業客觀的角度去審視。	社工透過那次的分享，慢慢可以找到當中的平衡點，不會僵化堅持所學。
040902	在地社工剛開始承接重建中心的工作，還不太會寫企劃書。	中心主任建議社工先上網找尋相關企劃書撰寫的網站學習，並且討論。如果還有困難，資深的社工會給予協助。	社工透過幾次熬夜努力的經驗，逐步熟悉撰寫企劃書的流程。

編號	情境	角色行為	結果
講座法–3則事例			
019225	重建中心最近有在協助社區個案，申請老人房屋修繕。	母會提供社工房屋修繕的相關訓練課程。	透過一次一次教育訓練課程，協助中心社工順利進行社區工作。
040120	在88風災前，中山大學與中小企業處合作，申請到一筆經費，開設了「創意型地方產業研習班」。	主任參加了中山大學開設的「創意型地方產業研習班」。	當主任承接重建中心時，對於產業這塊很輕易上手。並且利用在地著名的紅豆，研發出紅豆味噌，讓許多相關單位大為讚嘆。
041115	當中心剛成立時，社工多數缺乏實務經驗，但承接的母會相當支持教育訓練。	中心找來參與過921重建的社工人員前來分享經驗。	課程幫助社工們可以更理解重建的狀況。

（三）維持留用

1. 激勵因子：願景、工作意義

編號	情境	角色行為	結果
願景–2則事例			
019101	中心主任承接重建中心的時候，為了避免新進社工對於重建工作沒有方向，主任決定對於中心未來提出一個明確的願景。	主任將「災後的生活要比災前更好」標語貼在中心大門對面的牆壁，希望能帶給新進社工一些清晰的目標。	此舉動讓社工們對於未來努力的方向更明確，同時還讓居民知道中心的服務宗旨。
040101	重建中心的計畫為期三年，目前距離計畫結束約剩一年多的時間。主任希望可以將社工們繼續留在地方服務，激勵社工不用替未來惶恐擔心。	主任著手成立「照顧服務勞動合作社」，按照縣政府的規定，六十位個案可留一位居服督導，兩百四十位就能留四位督導、一位社工、一位會計、一位經理，共七人。	社工們明白此計畫後安心不少，最後一年不用擔心計畫結束後要重新找工作，也較能將心力放在服務社區。

編號	情境	角色行為	結果
		主任將此計畫告訴社工，只要大家努力，計畫結束還是可以被留下來服務。	
工作意義- 4則事例			
019115	中心的社工工作一段時間後，跑去與主任訴苦，覺得自己的工作價值不見了。常常因為投入太多心力於社區，突然間失去了方向。	中心背後的母會為基督教機構，主任考量到大家有共同的宗教語言。主任便透過牧羊人的故事來提醒社工們的工作意義。	社工聽了牧羊人的故事後，明白自己不是雇工，對災民是有一種神聖使命感的，喘息片刻後，便能重新提起心力。
019116	中心社工由於先前在業界豐富的工作經驗，吸引了某間新成立的公司聘他前去當人事主管，而社工也答應了對方一週後報到。	中心主任得知此消息後，便與社工促膝長談，與對方分享自己的生命故事，談到自己先前也待過公部門等工作，解釋為什麼最後會選擇留在NPO，是因為在此看到了人生的價值、工作的意義。	社工在兩、三天後回覆主任他願意繼續留在中心付出。
019212	母會區長詢問社工是否願意前去中心服務。	社工剛好是在地人，想到前陣子災後回家幫忙的情形，喚起想回鄉協助的心情。	社工決定前去中心幫助社區生活重建。
040903	原鄉部落重建中心的社工在工作上遇到挫折（如：撰寫企劃書）。	社工會想起服務對象都是部落的人，以原住民來講，大家都是一家人，有困難一定要去協助對方。	社工慢慢調適自己的挫折，希望能再替部落付出。

2. 保健因子：薪資、人際、升遷、管理品質、工作環境、工作保障

編號	情境	角色行為	結果
薪資– 2則事例			
019105	中心某位男性社工，背負家中偌大的經濟壓力。同時得知在地農會有一份工作機會。	社工考量比較了重建中心與農會的工作待遇，發現相較於中心，農會職缺的收入更好，也更穩定。	社工最後選擇離開中心，前往農會工作。
019142	一群剛當完兵的社工系畢業生，面臨找工作的情境。因緣際會，得知重建中心的徵才訊息。	年輕社工們比較業界的一般薪資水準後，發現重建中心這份工作即便三年就會結束，但對於剛畢業沒經驗的新鮮人來說，依舊算是一份非常優渥的工作機會	社工們決定前往中心面試，最後也順利被錄取。同時，因為成員的同質性與凝聚力，該中心的社工至今仍沒半人離職。
人際– 4則事例			
019119	主任在帶領中心社工過程中，意識到非正式的互動對於一個好團隊是相當重要的因素。	中心主任會在工作時間之外，邀約社工們一同聚餐，或者到主任家舉辦同樂會，例如：燒桶仔雞。	透過那些私下的聚會，發現團隊更容易凝聚團隊的向心力，也可以幫助社工排除平日的壓力。
040425	重建中心計畫為期三年，到計畫結束的三個月前，社工的朋友建議他開始找工作，不然等到計畫一結束，可能會浪費很多時間在重新找工作。	社工認真思考過後，發現中心的工作環境讓他非常快樂，和同事之間的相處也讓他感到很年輕、很開心，這是他人生中最快樂的工作場合。	這樣的工作氛圍，讓社工決定好好珍惜最後三個月，把最後這一段時間做完。
040111	重建中心的社工們，整天忙忙碌碌，各部門都專心處理著自己的業務與個案，常常好幾個小時氣氛都非常安靜。	某天下午，中心某社工開始講笑話，約同事一起喝下午茶，並且一同討論團購東西。	這樣放鬆的氣氛，讓中心的社工得以紓壓。日後也形成中心辦公室的非正式文化。

編號	情境	角色行為	結果
040119	社工在社區處理個案的時候，個案仗著自己是弱勢，無理取鬧爭取資源，還怒罵社工。	由於督導原先營造的夥伴關係，社工回到中心的時候，夥伴就詢問他今天的狀況，而社工也將自己的苦水訴說出來。	藉由同儕的支持，情緒得以抒發，就能在打個案紀錄前恢復理性，做出比較客觀的描述。此外，會激勵自己下一次要更冷靜地去面對個案。

升遷–1則事例

| 019143 | 在重建中心工作的社工，三年過後，都需要面臨計畫結束，重新找工作的局面。 | 由於中心背後的母會有一套穩定的升遷機制，社工們被留用的機會非常地高，這讓他們在後期工作時，比較無後顧之憂。 | 有一套穩定的升遷機制，讓社工不用擔心重建計畫三年後會失業，此促進中心的流動率低。 |

管理品質–9則事例

| 019153 | 中心某位社工與村民發生了一次很嚴重的誤會事件，深深被嚇到，引起了其他社工的關注。 | 主任認為這次是個好機會，引導大家一起去面對、反省這整件事，討論過程中是否有哪些細節需要注意？有哪些部分要事先做好防範？ | 大家一起面對這次的衝突事件後，整個中心變得非常同心。被嚇到的社工也獲得非常多的同儕支持，那種社工間彼此的互動支持是非常珍貴的。 |
| 040410 | 中心上一任主任在工作滿一年後離職，新主任剛接下重建中心，與每位社工尚處於不熟悉的狀態，卻有急迫性需要把中心考核從負評拉回合格的水準，因此母會為中心提供了一次體驗教育活動。 | 主任在這一兩天的活動裡，認真地觀察每一位社工的個性與特質，為了日後可以找出不同的合適方式去對待每個人。例如，活動過程中，主任發現某位社工其實有很好的能力與資質，但在做事的過程，常沒想清楚就會選擇放棄。特別的是，他又是一位很願意聽話、很願意付出的社工。 | 主任對於每位社工更加熟悉，並且提升了團隊的凝聚力，也透過觀察每位社工的特性，進一步協助社工們增能。一年後，中心考核便從負評爬到了優等。 |

編號	情境	角色行為	結果
040116	社工某次私底下在和督導聊天時，勇敢地詢問督導是否可以不要繼續服務某位個案，也說出自己不適合的緣由。	社工督導會支持社工的決定，同理社工的處境，同時幫忙找尋其他社工前來協助，並且鼓勵社工勇敢說出自己的困境是一件好事。	透過這種溝通方式，可以避免社工勉強自己，讓自己被壓力繃得很緊。
040117	中心社工多為女性，而且幾乎都是大學剛畢業就投入中心工作，還沒什麼實務經驗。	督導因考量上述因素，決定讓社工在社區服務時，透過兩兩一組來進行。希望能透過兩兩相互學習的方式，彌補年輕社工的經驗不足，以及互補社工個性上的差異。	督導提倡的這個社區分組方式，讓社工們非常喜歡，因為女生兩兩可以有個照應，透過互補也增進更客觀完善的服務。當其中一位社工不想服務某個案，或者其中一位社工離職時，另外一位社工也能順利承接。當社工有些話不想跟督導討論時，夥伴彼此也可以溝通。
040124	社工第一次接到從醫院轉介的喪葬個案，沒經驗而不知如何找資源，完全不會處理。於是社工決定先去找督導。	督導會先引導社工一步一步地嘗試，等到社工遇到不知如何處理的部分，會再親自教導與協助。	社工因為督導的協助，順利完成這次的個案。日後再遇到喪葬個案，社工便能自己獨立處理。
041017	母會的督導平時不在中心，但他希望中心的訊息可以定期持續更新，遇到困難時他可以即時提供協助。	母會督導每個月都會與中心主任、社工召開「核心同工會議」，定期檢討當月的問題，問題也都會即時討論處理。	督導、主任與社工形成一個團隊，都能掌握彼此最即時的訊息，誰一有困難大家也比較能進入狀況。
041123	中心社工恰巧居住在中心服務的不同地區。	主任透過社工們的回報，可以迅速了解各區域的狀況。	當發生611水災時，此模式幫助中心主任快速得知某地區的工寮被沖走，進而提供協助。

編號	情境	角色行為	結果
041107	中心在進行社區工作的時候。	主任爲了避免社工會遭受在地家族、熟人的壓力，在分配區域時，會避免社工在自家區域服務。	透過服務其他社區，社工不僅可以多拓展人脈，也避免掉許多壓力。但社工多少也會遇到一些關係建立上的困難，因爲沒有相關人脈。
040909	原鄉重建中心常常會接到一些提出不合理要求的電話。	主任會幫社工們接聽難處理的電話。	如此一來可以降低社工們的負擔，也減少社工的人情爲難。
工作環境–1則事例			
041006	在原鄉重建中心的駐點需要招募工作人員，因此找到了四名原鄉婦女，以及一名平地名額的社工。	平地社工需要克服許多交通上、便利上的差異，產生很多水土不服的情形。	社工選擇離職，平地保障名額的社工更換的比率非常高，而另外四名在地的婦女卻留用至今。
工作保障–1則事例			
019123	社會處的社工在處理社區的業務上，遇到了一些不如意的挫折事件。	因爲重建中心案子是屬於階段性的，社工認爲工作沒發展性、沒保障，橫豎到了重建中心的三年案子結束後還是要走人，那不如現在不如意時就儘早走。	社工不久便離職了。
其他–1則事例			
040118	某位原住民社工本身還在唸碩士班，當得知重建中心的工作機會時，不顧老師的反對，前去中心服務。	社工工作一段時間後，發現自己寫論文的時間與工作的時間無法平衡，導致體力負荷不了。	綜合考量下，社工離開了重建中心。

表18-3　總事例架構

總事例架構-142則事例			
一、招募甄選 -34則事例	招募 -24則事例	人脈 -21則事例	地方領袖＊7、母會*3、老師*3、同儕*4、其他*4
		公開徵才 -3則事例	
	甄選 -10則事例	工作說明*2、在地人*4、其他*4	
二、訓練 -78則事例	核心能力 -71則事例	關係經營*21、語言*3、供需釐清*14、資源連結*13、資源整合*1、社區培力*4、方案規劃與評估*4、專業倫理*5、靈性*4、其他*2	
	訓練方法 -7則事例	實作法*4、講座法*3	
三、留用 -25則事例	激勵因子 -6則事例	願景*2、工作意義*4	
	保健因子 -19則事例	薪資*2、人際*4、升遷*1、管理品質*9、工作環境*1、工作保障*1、其他*1	

二、最佳人力資源管理策略

　　由上述事例發現，在此次法定、有時限且具體任務導向的社區生活重建下，較佳的人力資源管理策略如下：(1)招募甄選優先透過人脈介紹，為較快速有效的管道；(2)培訓督導採用實作法這類邊做邊學的方式最為實用；(3)維持留用部分則強調工作上的意義，以及協助聯絡中心成員感情。詳細之論述請參閱前文（第十七章，莫拉克風災災後社區生活重建中心社工人力資源發展策略──重要事例法之運用）。

伍、討論與建議

一、討論

　　由上述的事例類型與分析發現，在此次有期限與具體任務導向的社區生活重建政策和架構下，特定的重建中心人力資源發展策略會產生較高效能，包含招募甄選、培訓督導及維持留用等，分別摘述說明如下：

（一）招募甄選

　　善用徵選（調）與人脈。重建中心承接單位在找中心主管與工作人員各有優先考量的方式，中心主任靠母會內部徵選（調），社工人力與服務員則靠相關人脈，是較快速有效且安全的方法，由此類推到官方在公開徵求重建中心承接單位的過程，形式上雖是依法公開徵求評選，但實際運作仍不脫離此方法較可靠安全。

（二）培訓督導

　　從事例類型可看出在官方所辦理的在職訓練、聯繫會報、座談會、觀摩會等培訓督導方式，實作法、做中學或邊看邊學的方式，對參與此次重建工作的人員而言，是較直接快速且有用的方式，從中心主管或母會指派的督導、地方政府指派的專責業務督導、巡迴輔導專家等，在現場實際的指導、示範、觀摩學習與經驗交流，對跨入災後社區重建服務領域的新手而言，是最實用的方法。

（三）維持留用

　　訴諸參與重建工作的使命並賦予意義、重視中心人員情感聯繫、提供住宿與重建結束後能獲得工作機會等，在重建中心人力維持與留用策略上，從事例類型與實際的重建中心人力的穩定性來看，是較成功正面的方法。

二、建議

綜合上述討論，茲從政策面、管理面、課程發展及未來研究方向等，提出下列幾項建議：

（一）社區生活重建政策與模式再檢視

此次莫拉克風災後社區生活重建模式，是一種中央主導、地方督導、民間承接的垂直互動關係，配搭重建中心定期成果呈報與考核機制，加上官方、母會、巡迴輔導及重建中心間所形成的正式非正式的人力培訓督導網絡，雖有延續921的重建中心理念與方式，但更突顯中央主導，地方政府配搭的設計。在三年的重建期限下，重建中心承接單位的執行力，確實是很大考驗。而此任務與成果導向的重建中心運作方式，放入官民垂直互動關係、定期成果呈報與考核機制及人力培訓督導網絡裡，已有別於921的經驗。本研究從招募甄選、培訓督導及維持留用等發現的成功經驗，未來可供具有期限與任務成效導向的情境或計畫方案參考。

（二）延續民間承接重建中心的運作機制

重建中心的承接單位由母會背後支持，對中心運作是最有效與安全的方式，且重建告一段落後，對受災區延續性與永續性的服務發展，皆可有較有利與正向的可能性。

（三）建立社工人力資料庫

在受災區現場邊做邊學所培訓出來的第一線社工專業人力，除發掘出一種有用的社工人才養成的路徑與培訓督導方式，大多數社會工作相關系所的社會新鮮人，從重建服務的新手到具備此領域的社工知能與實踐經驗的人才，確實需要建立社工人力資料庫，善加運用其所長。

（四）課程發展與教材參考

　　本研究所蒐集的招募甄選、培訓督導及維持留用等的事例，可作為教育訓練的教材，也是了解災後社區生活重建人力教育訓練需求的來源之一。

（五）未來研究方向

1. 從母會徵調擔任重建中心主管，其原先已具備的管理專業核心職能為何？又轉換領域到災後社區生活重建工作，能持續使用的職能有哪些？又欠缺的主管能力有哪些？可再深入探討。
2. 在受災區設立重建中心，已成為國內回應重大災難後重建社區生活的模式，此做法與日本、美國、紐西蘭、澳洲等國確有不同，因此未來可再從政策面、管理層面進行比較研究。

參考書目

中文書目

阮慧沁、余麗樺、鍾昆原（1995）。護理人員甄選系統研究。行政院國家科學委員會補助專題研究計畫。

胡幼慧、姚美華（1996）。一些質性方法上的思考。胡幼慧（主編），質性研究：理論、方法及本土女性研究實例。臺北：巨流。

陳彰儀（1989）。人力甄選系統研究計畫：第一年研究報告。行政院勞工委員會職業訓練局委託國立政治大學心理研究所。

陳彰儀、張裕隆、王榮春、李文銓（2003）。應用傳記式問卷預測駐派大陸員工之外派適應。應用心理學研究，10，135-166。

黃英忠（1989）。現代人力資源管理。臺北：華泰。

黃英忠、鍾昆原、溫金豐（1998）。臺商派駐大陸人員跨文化訓練模式初探：重要事例法與社會學習理論之應用。輔仁管理評論，5(1)，19-47。

鄭紹成（1997）。服務業服務失誤、挽回服務與顧客反應之研究。未出版博士論文，中國文化大學國際企業管理研究所。

英文書目

Bandura, A. (1977). *Social Learning Theory*. Englewood Cliffs, NJ: Prentice-Hall.

Bitner, M. J., Booms, B. H. & Mohr, L. A. (1994).Critical serviceencounters: The employee's viewpoint. *Jounal of Marketing, 58*(October), 95-106.

Bitner, M. J. ,Booms, B. H. & Tetreault, M. S. (1990). The serviceencounters: Diagnosing favorable and unfavorable incidents. *Jounal of Marketing*, 54(January), 71-84.

Bownas, D., & Bernardin, J. H. (1988). Critical incident technique. *The Job Analysis Handbook for Business, Industry, and Government*, 2, 1120-1137.

Brannen, J. (1992). Combining qualitative and quantitative approaches: An overview. In J. Brannen (Ed.), *Mixing Methods: Qualitative and Quantitative Research* (pp.3-37). Aldershot, England: Avebury, Ashgate Publishing Company.

Bryman, A. (1992). Quantitative and qualitative research: Further reflections on their integration. In J. Brannen (Ed.), *Mixing Methods: Qualitative and Quantitative Research* (pp.57-78). Aldershot, England: Avebury, Ashgate Publishing Company.

Cox, K., Bergen, A. & Norman, I. J. (1993). Exploring consumer viewsof care provided by the Macmillan nurse using the criticalicident technique. *Journal of Advanced Nursing, 18*(3), 408-415.

DeCenzo, D. A., & Robbins, S. P. (1996). *Human Resource Management*. New York, NY: John Wiley & Sons.

Farh, J. L., Zhong, C. B., & Organ, D. W. (2004). Organizational citizenship behavior in the People's Republic of China. *Organization Science, 15*(2), 241-253.

Fisher, S., & Oulton, T. (1999). The critical incident technique in library and information management research. *Education for Information, 17*(2), 113-126.

Fivars,G. (1980). *Bibliography of 700 Critical Incident Technique Studies*. Palo Alto, CA: American Institute for Research.

Flanagan, J. C. (1954). The critical incident technique. *Psychological Bulletin, 51*(4), 327-58.

Goodman, R. J. (1979). *The Use of Critical Incident Methodologyapplied to the Development of Waiter-waitress Training Programs*. Unpublished doctoral dissertation, Cornell University, Ithaca, NY.

Hammersley M. (1989). *The Dilemma of Qualitative Method: Herbert Blumer and the Chicago Tradition*. London: Routledge.

Hoffman, K. D., Kelley, S. W., & Rotalsky, H. M. (1995). Tracking service failures and employee recovery efforts. *Journal of Services Marketing, 9*(2), 49-61.

Kelley, S. W., Hoffman, K. D. & Davis, M. A. (1993). A typology of retail failurew and recoveries. *Jounal of Retailing, 69*(Winter), 429-452.

Kolb, D. A., Rubin, I. M., & Osland, J. M. (1991). *Organization Bebavior: An Experiential Approach.*

Upper Saddle River, NJ: Prentice Hall.

Lincoln, Y., & Guba, E. (1985). *Naturalistic Inquiry*. Beverly Hills, CA: Sage.

McCormick, E. J. & Ilgen, D. (1985). *Industrial and Organizational Psychology*. Englewood Cliffs, NJ: PrenticeHall.

Miller, J. (2003). Critical incident debriefing and social work. *Journal of Social Service Research, 30*(2), 7-25.

Norman, I. J., Redfern, S. J., Tomalin, D. A. & Oliver, S. (1992). Developing Flanagan's critical incident technique to elicit indicators of high and low quality nursing care from patientsand their nurses. *Jounal of Advanced Nursing, 17*(5), 590-600.

Paton, D. (1994). Disaster relief work: An assessment of training effectiveness. *Journal of Traumatic Stress, 7*(2), 275-288.

Rogge, M. E. (2003). The future is now. *Journal of Social Service Research, 30*(2), 1-6.

第十九章　災後社區生活重建巡迴輔導機制的運作經驗

黃瑋瑩

壹、前言

　　921大地震，開啟了臺灣災變社工的新頁。不管是初期的社區家庭支援中心或是接續的生活重建服務中心，都是當時為因應災後生活重建的創舉。然而在短期內，許多外來專業、半專業團隊進駐災區，相關工作人力應運而生，大多卻對於何謂家庭支持或生活重建一知半解，有鑑於此，縣市政府透過專業輔導與評鑑等機制，希冀協助在地人力專業成長，以提供更優質的服務。此一機制，到莫拉克風災後，更由中央主管機關內政部主導，委由全國性的社福組織家扶基金會承辦「生活重建服務中心巡迴輔導及考核」專案，透過有計畫性的輔導考核措施，協助在地人力進行災後重建工作。

　　過去在國際災後重建的經驗都告訴我們，培訓和推動是參與式重建途徑的關鍵要素。社區需要支持他們特殊角色的訓練。在以社區為基礎的參與式重建，發掘、培訓且保有好的社區推動者對參與重建的政府及機構而言，是絕對關鍵的角色（謝志誠等譯，2012）。故，災後重建過程中，專業培力與輔導，顯然對於服務品質的提升扮演一個關鍵性的角色。

　　此外，為確保NGO伙伴堅持所建立的重建指導方針與界限，政府的監控有其必要性。災害防救業務主導機構應該指定一個政府機關去協調NGO的工作，並監控他們的表現（謝志誠等譯，2012）。所以除了巡迴輔導機制外，定期評鑑仍然不可或缺。透過評鑑機制，控管在地服務品質。在此一理念下，評鑑也納入巡迴輔導機制之設計，唯一不同之處在於並非由中央或地方政府直接執行評鑑，乃由民間單位承辦且結合全國相關專業人員投入。

貳、巡迴輔導機制緣起

一、921家支中心、生活重建服務中心

　　在921災後，行政院於1999年11月9日公布「災後重建計畫工作綱領」，讓

各級政府於災後重建工作上，有明確的原則可依循（財團法人九二一震災重建基金會，2009）。災後重建共區分為「公共建設計畫」、「產業重建計畫」、「生活重建計畫」、「社區重建計畫」等四大重建計畫，並說明各組織單位的角色分工，如於公共、產業、生活重建計畫中，應由中央主導，民間支援，地方配合。

　　災後重建工作綱領四大計畫之一的「生活重建」被納入社區重建的章節裡，內容規定政府應自行或委託其他機關、社會福利機構或團體，於各災區鄉（鎮、市）設立「生活重建服務中心」，提供居民「福利服務」、「心理輔導」、「組織訓練」、「諮詢轉介」等服務，後兩者服務的內容有社區重建、公共建設、產業重建等相關服務與資訊之諮詢、轉介與媒合等（劉乃慈，2015）。

　　根據九二一震災重建暫行條例第22條指出，生活重建服務中心提供之服務項目及服務內容分別包括：

　　（一）福利服務：對失依老人、兒童少年、身心障礙者、變故家庭、單親家庭、低收入戶、原住民或其他弱勢族群之生活需求，提供預防性、支持性與發展性之服務。

　　（二）心理輔導：提供居民、學校師生及救災人員個別式與團體式之諮商輔導及協助醫療轉介。

　　（三）組織訓練：協助發展社區組織，辦理重建服務人員有關社會福利、心理重建等相關教育與訓練。

　　（四）諮詢轉介：提供居民有關福利措施、就業、法律、申訴、公共建設、產業重建、社區重建及其他重建相關服務與資訊之諮詢、轉介與媒合。

二、莫拉克生活重建服務中心

　　至於莫拉克風災後，則由莫拉克颱風災後重建特別條例規定，成立地方政府重建推動委員會，內政部於2009年9月7日訂定了「莫拉克颱風災區生活重建

服務中心實施辦法」，研擬「莫拉克颱風災區設置生活重建服務中心委託專業服務」，以「政府採購法」發包委託民間團體辦理，採「輔導災區民眾，建立社區共識，主動發掘社區需求，結合社會資源，以有效、迅速推動災後重建工作，以重建家園，提升其自立能力，回歸正常生活」為目標，提供心理、就學、就業、福利、生活及其它轉介等服務。詳細服務內容包括：

　　（一）心理服務：提供心理諮商輔導及協助醫療轉介。

　　（二）就學服務：協助學生就學扶助及輔導。

　　（三）就業服務：協助失業者申請失業給付、參加職業訓練及推介就業等服務。

　　（四）福利服務：對老人、兒童及少年、身心障礙者、變故家庭、單親家庭、低收入戶、原住民或其他弱勢族群之生活需求，提供預防性、支持性及發展性之服務。

　　（五）生活服務：協助創造在地就業機會及促進地方產業發展。

　　（六）其他轉介服務：提供法律、申訴、公共建設、產業重建、社區重建、藝文展演與其他重建相關服務及資訊之轉介。

三、生活重建服務中心之人力與輔導

　　從這兩個重大災變災後重建的經驗中可見，廣泛的生活重建項目，均透過生活重建服務中心辦理。然而，中心業務主管機關在中央為內政部，地方為社會局（處），均由社政系統主導，故可見重建中心服務的面向多著重在社會福利服務及社區工作上，聘用人力亦以社工人力為主。

　　生活重建服務中心成為921災後生活重建執行政策的基層機制（廖俊松、王增勇，2002）。因此，災區工作能否順利成功的運作，社會工作專業人員的投入也是一個重要的關鍵。第一線實務工作者，於災難中所面臨到的狀況更是非如平日，不論在策略規劃、服務的提供等對社會福利機構或是社會工作人員都充滿未知的挑戰，對於社會工作專業如何進行災區社會工作，也是一項新的考驗

（周月清、謝東儒，2000；引自葉春杏，2006）。

　　由於社區家庭支援中心乃921災後首創之社會福利服務推動模式，加上承接辦理機構之專業、資源各有差異，推動之初必然困難重重，各團體間之推動模式與服務內容亦各異其趣，故南投縣政府透過「社區家庭支援中心輔導與評鑑研究計畫」、「執行績效及獎勵計畫」等協助各個社區家庭支援中心建立較為一致性之服務推動模式，同時也在研究觀察此種福利社區化推動模式未來推展之可能性（廖俊松，2000）。並且，也在短時間之內邀集社工相關老師成立了專業諮詢團，協助縣府在重建政策上的擬定以及家支中心之輔導。此一運作方式的確為研究所建議（葉春杏，2006），且在其後之莫拉克風災中的巡迴輔導機制亦為類似之設計。

　　研究指出，從事災區社會工作的社工人員在服務過程中遭受的心理影響及因應能力應獲得重視，對社工人員提供解壓和適度的社會心理支持，更是不可或缺的（廖俊松、王增勇，2002；周月清、王增勇、謝東儒、陶藩瀛，2004；引自葉春杏，2006）。實務工作中與社工人員接觸頻率及關係程度最為密切者，莫過於第一線的督導者（first line supervisor）。督導者在社會工作的角色就是要幫助指導、協調、加強與評估社工人員的表現，使其能夠獨立完成專業上的要求並增進專業能力，支持受督導者的工作動力並減低因工作而產生的壓力（Kadushin, 1992; Itzhaky &Atzmon, 1999: 58, 63；引自葉春杏，2006）。由此可知，在生活重建中心提供服務的同時，設置一套輔導機制實有其必要性，這也是自921至莫拉克災後重建過程中，所重視與強調的功能。

參、運作模式

　　從921到莫拉克，不論是初期的社區家庭支援中心，或是後來建置的生活重建服務中心，因為都在短期內成立運作，工作方向以及服務人力上都需要外部專業的協助。以下引用921災後南投縣社區家庭支援中心所成立之專業諮詢團的運

作，以及莫拉克風災後針對生活重建服務中心所進行之巡迴輔導模式分別加以說明。

一、專業諮詢團／巡迴輔導之模式

（一）921震災後生活重建之專業諮詢

南投縣政府在921大地震災後，短時間內即協助縣內成立社區家庭支援中心（以下簡稱家支中心），希望透過家支中心協助災後重建之社會福利體系建構與服務輸送，由民間單位承辦，全縣依區域等級共辦理23個家支中心。其功能消極面是發掘社區需求，結合社區資源，發展福利服務方案，以保障社區居民之生活品質；在積極面是引導社區組織的發展，以社區發展的方式，建立社區的共識，對社區共同的問題，形成解決問題的具體行動（王增勇，2000）。

由於家支中心委託民間單位承辦，廖俊松（2000）研究指出，社區家庭支援中心本身運作尚不健全。專業性不夠、專業人力不足、組織人力的流動性、內部行政作業管理系統跟不上等問題，在在使得社區家庭支援中心的運作力不從心。故南投縣政府擬定相關評鑑及輔導計畫，並成立「災後生活重建專業諮詢團」（以下簡稱專業諮詢團），定期協助各家支中心之工作人員，此為其輔導機制。在家支中心運作過程中有以下之協調機制（廖俊松，2000）：

1. 服務報表的管制
2. 每月一次主管聯繫會報
3. 每月一次，一天的在職教育訓練
4. 駐鄉鎮市社工員輔導與溝通協調服務
5. 諮詢委員的責任區輔導
6. 南投縣政府社會局局長、督導，不定期訪查、溝通與協調
7. 期中與期末評鑑

上述各機制可以看出，大多數以行政協調為主，確保服務與方案能依照規

劃與進度執行。至於專業能力的提升，則透過在職教育訓練與專業諮詢團的諮詢委員以責任區輔導來進行。專業諮詢團的運作主要有以下幾種方式（廖俊松，2000）：

1. 參與定期性召開的專業諮詢會議，提供社會局生活重建方案規劃與執行上的建議。
2. 兼任社區家庭支援中心督導，輔導新成立的社區家庭支援中心建立完整工作推動模式，同時也要參與每月定期舉行的主管聯繫會報，以為社會局與社區家庭支援中心的潤滑機制。
3. 兼任社會局規劃，專為所有社區家庭支援中心工作人員設計的在職教育訓練課程講師，以提升各位工作夥伴的專業知能水準。
4. 社區家庭支援中心期中與期末評鑑的主要評鑑委員。
5. 不定期提供社會局同仁生活重建業務的諮詢與協助。

（二）莫拉克風災生活重建服務中心之巡迴輔導

如前述，生活重建中心之設置係依據「莫拉克颱風災區生活重建服務中心實施辦法」實施，該法第11條明定中央政府應依業務需求辦理的事項包括有「結合專家學者巡迴輔導中心業務」。援此，當時之中央主管機關內政部委託家扶基金會辦理「生活重建服務中心巡迴輔導及考核」專案，對於各地區生活重建服務中心設置後，各項業務的推展提供協助，且針對其業務進行考核，作為未來工作推展之依據，以提供生活重建服務中心的「輔導」和「考核」機制，促使生活重建服務中心發揮功能，協助重建區完成家園重建（台灣兒童暨家庭扶助基金會，2014）。

巡迴輔導專案

(1)委託巡迴輔導業務工作項目：
　①業務聯繫：辦理巡迴輔導各項業務聯繫事宜。
　②資料分析：經由巡迴輔導進行資料蒐集、彙整、統計分析。

③研提因應措施：藉由資料分析和巡迴輔導的意見，提出因應措施。

④行程安排：巡迴輔導委員和會同人員之行程及相關事宜安排。

⑤經費核銷：辦理巡迴輔導委員各項經費之核銷事宜。

(2) 巡迴輔導辦理流程：

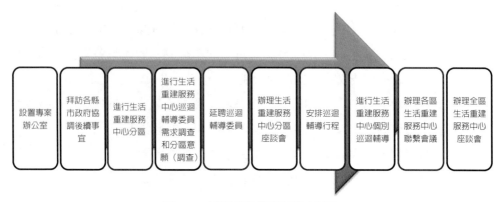

圖19-1　巡迴輔導業務服務流程圖

資料來源：台灣兒童暨家庭扶助基金會（2014）。

透過家扶基金會此巡迴輔導專案，針對生活重建服務中心，輔導目標有：

1. 協助生活重建服務中心提升福利服務品質；

2. 協助生活重建服務中心建構資源協調整合機制；

3. 協助生活重建服務中心推動符合社區需求之各項重建工作；

4. 蒐集、彙整、統計分析生活重建服務相關資訊；

5. 綜整研提建設性意見或因應措施作為政府施政之參考。

參照巡迴輔導所賦予的工作項目，依據27處生活重建服務中心所處地區，劃分為6個區域，分組提供巡迴輔導，實施方式如下（台灣兒童暨家庭扶助基金會，2014）：

1. 設置兩個巡迴輔導團隊：依據內政部提供之巡迴輔導委員名單，依委員意願和專長分為兩組，一為福利服務組，負責協助各生活重建服務中心的福利服務之輔導，就福利服務的輸送、推展提供協助輔導；另一為社

區重建組，負責協助社區重建、社區產業和資源協調整合之輔導，協助重建中心結合在地組織的力量，邀請重建區人員參與重建工作，藉由社區重建組委員的專業提供協助。

2. 成立6個縣市巡迴輔導小組：依照6縣市27處分別設置巡迴輔導小組，每一小組配置一名福利服務委員和一名社區重建委員，由小組委員分工負責輔導區域各生活重建服務中心。

3. 個別訪視巡迴輔導：每季由巡迴輔導小組委員依照其所屬任務，各自前往區域內的生活重建服務中心，進行福利服務巡迴輔導和社區重建巡迴輔導，以主體式進行，達到既深且廣的業務輔導。

4. 召開區域及全區巡迴輔導聯繫會議：每季召開一次區域巡迴輔導會議，每年至少召開一次全區巡迴輔導會議，作為各個生活重建服務中心業務交流或團體輔導，針對各個生活重建服務中心所面臨的困難和問題，由區域及全區輔導聯繫會議共同討論協助解決。

二、巡迴輔導人員之角色功能

（一）教育者／使能者

在巡迴輔導的過程中，首先遇到的挑戰即為許多在地重建工作者，過去雖長期在社區服務，但並非社工相關科系專業背景，雖然有與社區民眾工作的能力，但基本社工的工作方法仍力不從心。許多家庭功能評估、資源連結、個案或團體工作、方案撰寫執行與評估等等面向，均需在有限的督導或巡迴輔導過程中一一教導協助。

（二）諮詢者

巡迴輔導或是外聘督導的角色，無法取代組織內部主管及專業督導，隨時與第一線工作者在一起，針對服務過程中的疑問與困難即時面對處理。但是，透過定期輔導以及不定期的諮詢，的確可以協助對重建或其他專業議題不夠熟悉的工

作人員，給予工作方向、做法，或資源連結上的建議與參考。

（三）協調者

　　災後重建工作百廢待舉，且事涉政府各部門以及許多民間團體，重建工作者協調能力勢不可免。除了適時、正確傳遞各方訊息，更需把各方要求互相傳達。故巡迴輔導委員在協助生活重建的過程中，必須發揮好協調者的角色。

（四）倡議者

　　透過巡迴輔導過程，更能掌握災區重建的實際需求，且因著不同時期，也會需要調整服務面向。然相關重建工作或服務提供，並非第一時間可完整規劃出來，需要在過程中不斷進行滾動式修正。這時，巡迴輔導委員的角色相形重要，透過分區或全國的座談會議，以客觀第三者的立場，協助向政府部門提出在地需求，讓中央與地方政府適時調整重建策略。

（五）監督者

　　服務機制與成果的考核，特別在莫拉克風災重建的巡迴輔導機制中，並未設定為輔導委員的任務，而是由另一組考核委員擔任。然而，在平時的巡迴輔導歷程中，輔導委員除了扮演上述教導協助的角色外，同時也兼顧了監督者的角色，一旦發現服務提供過程偏離原本設定目標，無法符合災後重建需求時，輔導委員亦有責任予以導正，監督服務成效。

三、績效考核

　　針對災後重建過程中政府與民間伙伴的合作時，世界銀行（World Bank）在2010年發表了由Abhas K. Jha等人編寫的手冊中建議，當NGOs接受政府號召去執行某些特定活動時，資助要根據組織的能力調整、方案的關係要正式化，並且要建立方案活動的評效。且應針對所有NGOs的活動建立監控和評估系統，並建立追蹤受服務對象滿意度的機制（謝志誠等譯，2012）。故，基於上述理念，為

提升生活重建服務中心工作品質，內政部依據實施辦法第11條規定，邀集專家學者組成考核小組考核重建中心服務績效，希冀藉由此一作爲可成爲重建中心業務修正與提升服務品質之重要方向，並作爲巡迴輔導之主要依據（衛生福利部，2014），考核結果並作爲重建中心業務改善及續約之依據。故委託績效考核業務工作項目包括有：

1. 考核作業

(1) 研訂考核指標

(2) 辦理考核相關事宜之聯繫

(3) 辦理考核意見彙整

(4) 辦理考核委員會各項費用之核銷事宜

(5) 生活重建服務中心未達合格標準者，限期改善及覆核之輔導

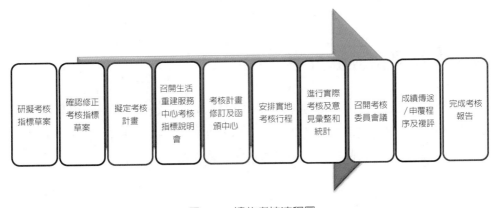

圖19-2　績效考核流程圖

資料來源：台灣兒童暨家庭扶助基金會（2014）。

2. 考核結果分析報告

(1) 完成考核成績計算

(2) 完成考核意見彙整

(3) 完成考核結果分析報告

四、成果發表與分享

災後重建工作多樣，在地人力專才與資源各有所長，各重建區也有各自的亮點與特殊工作模式，透過會議、座談等方式互相交流互相學習，更可以增進區域的重建成效。而對外發表重建成果也是責信的方法之一，讓社會大眾關注的重建議題，將進度一一展現在社會大眾面前。在此巡迴輔導制度的設計上，納入了每季在各區辦理的生活重建中心聯繫會議，邀請縣市政府、巡迴輔導委員，及各區生活重建中心的夥伴參與。會中可針對相關業務彼此分享交流、討論共同的困難如何突破，是一個非常好的相互學習模式。同時，每年也辦理一次全部的生活重建中心座談會，邀集中央與地方政府，讓主導政策的政府部門看到實務執行的狀況與困境，更藉此展現服務成果，達到責信的目的。當然，在生活重建的階段性任務完成後，諸多研討會的發表，在在讓全國民眾理解到災後重建的努力與成果，重建人力也在其中分享彼此經驗、累積專業知能。

肆、實踐運作經驗分享

筆者忝為莫拉克生活重建服務中心巡迴輔導委員之一，定期輔導高雄桃源區、茂林區以及臺南安南區等三個重建中心，以下係以巡迴輔導人員三年來在現場的觀察、經驗，分析此一運作機制限制與困難之所在。

一、需要什麼專業

莫拉克災後的生活重建中心，在三年之間，從社區需求評估、個案／家庭工作，一直到社區產業發展、觀光振興等，涵蓋面向非常廣泛。故巡迴輔導委員也依專長分為「福利服務組」和「社區重建組」。就巡迴輔導委員名單分析，17位委員中，共10位為社工、老福、心理、性別等相關專業老師，7位為農改、農企、土壤、景觀、生科等相關專業老師（衛生福利部，2014），理想上同一生活重建中心應該配置兩種不同專長之輔導委員，然而實際經驗中，受限於輔導委

員的時間、生活重建中心所在縣市區域等因素，似乎並未落實此一輔導機制安排。以本人爲例，所參與輔導的三個中心中，有兩個幾乎都以社工、心理相關專業之委員參與輔導，特別是後期針對社區產業的發展等議題討論時，著實感到力有未逮。生活重建面向之廣，的確非社工專業可以涵蓋，然重建中心人力，仍以社工爲主，方向上即已偏限。這也牽涉到中央與地方主管機關，當災後重建放在社政爲主軸之設計上，相關人力配置與結合便多以社福相關專業爲主，未來如何廣納其他專業如觀光休閒、農業、都市規劃、文化城鄉等等，是值得思考的議題。

二、外來專業面對在地智慧

　　不論是921震災，或是事隔十年發生的莫拉克風災，災後的生活重建都大量引進外來專業團隊協助。原因之一來自在地團體本身很可能也是受災戶，短時間內能量不足以承擔起大量重建工作，另外，受災區域多在原鄉、偏鄉，專業人力的確受到限制。然而，外來團隊進駐災區服務，首先要面臨的就是與當地居民建立關係、認識在地文化的議題。特別是莫拉克風災重災區幾乎都在原住民部落，不同原民族群的生活方式、文化傳統、信仰、價值等等，都需要予以尊重。這個議題在巡迴輔導的過程中，也不斷發生，某些時刻挑戰了所謂的「專業」。個人認爲，專業係站在尊重服務對象的立場上才得以發揮，故，如何在短時間內認識服務對象的特性，如何把相關專業協助融入這些災後重建的方案中，並且考量到在地的可行性與文化等因素，也是在重建與巡迴輔導過程需要謹愼處理的環節。

三、低度輔導期待帶來高度成長

　　莫拉克生活重建服務中心在三年的運作中，從第一年共22個中心，到第二年擴增爲27個中心，第三年則略減至26個中心，且分布範圍廣大，大多位於原鄉、偏鄉區域。在巡迴輔導的場次安排上，的確考驗承辦單位家扶基金會的協調

能力。由於經費與人力有限，第一年的巡迴輔導每位委員約安排六場次，即每兩個月輔導一次。第二、三年之後，考量到中心不同的需求，則規劃爲每位委員一年三場次的輔導。就社會工作專業督導而言，一年三場的輔導的確偏低，然而許多在地工作人力，過去並未受過完整社工訓練，對於需求評估、服務輸送、個案處遇、方案執行等等，即便到第三年仍然經常有問題或困難產生，如果母機構又未能提供密集的督導協助，則社區工作夥伴常面臨挫折，連帶造成頻繁的人事流動，也影響服務成效。然而生活重建中心的規劃時程爲三年，期待在三年內完成基本的重建業務，身爲巡迴輔導委員著實認爲此爲高度艱困之任務。

四、坍方、河床、行路難

　　如前所述，這幾次重大災害受災嚴重區域多在原鄉偏鄉，第一時間道路、橋梁中斷，行路艱困。三年之間，重大公共工程建設陸續完成，慢慢恢復道路順暢。然而，在三年重建期間，巡迴輔導委員可說是冒著生命危險進入重建區域提供輔導。個人經驗中，曾遇過落石坍方，受困三小時以上，也曾經因遇汛期，道路再度中斷，但輔導無法中斷，故自高雄開車至嘉義大埔與中心夥伴會合進行督導。每次交通動輒一、兩百公里，更遑論路途中的各式狀況。曾經有臺北的人員建議，何不以視訊方式進行督導？殊不知在某些區域連手機訊號都不穩定，遑論以電腦視訊會議進行之。投入救災、重建工作，的確發自個人專業應許，但整體服務條件之艱困，確實也考驗許多人的服務熱忱。若中央與地方政府在規劃相關服務時，能多考量實際條件的困難，給予比較多的支持與彈性，相信會有更多不同專業夥伴願意投入相關重建工作。

伍、檢討與建議

一、政府部門針對災變服務之儲備人力

　　如前所述，重大災難發生後，經常因爲區域現有人力與資源不足，而引進

外來專業團隊協助救災與災後重建工作。然而，外來團隊經常因爲不熟悉社區人事物，甚或採取高高在上的指導角色進入，影響整體服務效能。事實上，在莫拉克災後重建的生活重建服務中心也有類似的檢討，認爲對地方而言，重建中心是屬於外部團體，彼此缺乏信任度，致服務初期工作的推展不易，得花更多時間對居民、組織幹部來做澄清工作與化解地方意見領袖對重建中心的誤解等（屏東縣慈善團體聯合協會，2014）。所以，應該不要引進新的且不熟悉、具競爭性的組織結構，剝奪現有社區的主動權，而是想辦法讓他們聯手，把力量結合起來（謝志誠等譯，2012）。故，平時就應該有計畫性地培力社區組織，強化社區自主防災救災及災後重建的能力，一旦發生緊急事件需動員社區組織與人力時，相關人力與資源都可立即派上用場。

二、中央、地方、與民間的角色分工

921震災災後重建，地方政府的角色較爲突顯，然而，到了莫拉克風災後，生活重建中心相關業務則以中央政府主導，地方政府爲輔，而這中間，民間組織扮演很重要的第一線執行角色，不論是承辦家支中心、生活重建中心，或是承辦巡迴輔導考核業務等等。當遭遇大型天災後，面對重建工作，百廢待舉，中央、地方政府與民間單位如何合作，的確考驗所有投入救災重建單位的政治智慧。中央政府的角色在相關法令修訂、大量經費挹注、全國性的防救災重建政策擬定上，扮演不可或缺的角色，但是地方政府才是最清楚災區現況、在地需求、地區組織之強項與資源、如何運用其優勢輔導其不足等，各司其職，方能使複雜的重建工作一一就緒。巡迴輔導的機制亦然，中央委由全國性社福單位承辦，固然考量其服務量能、專業度，然而在輔導委員遴聘、安排各縣市巡迴輔導與考核業務上，仍需縣市政府大力支持與協助。若能從不同層面出發，發揮各自最大功能，協力進行災後重建工作，想必在災後重建過程中可以獲得更大效益。

三、巡迴輔導後如何轉化爲在地能力

在民國101年「莫拉克颱風災區生活重建服務中心實施辦法」執行第三年即將要結束時，政府考量永久屋基地內的新興社區才剛起步，在地組織的培力非短時間內可完成，決定從102年1月1日至103年8月29日追加實施「莫拉克重建區社區培力永續發展計畫」，由中央政府透過內政部委託督導生活重建服務中心之南投縣政府、嘉義縣政府、臺南市政府、高雄市政府、屏東縣政府、臺東縣政府等地方政府繼續補助莫拉克重建區。該計畫主要工作內容爲：(一)指派專責人力：統籌莫拉克重建區社區組織培力業務；(二)辦理社區活動：舉辦講座、研討、觀摩、座談會議等活動；(三)規劃辦理服務方案：規劃符合社區需求之積極性及照顧性服務方案；(四)召開及參與社區會議：召開會議及參與社區會議。政府希望藉由上述計畫，持續培力莫拉克重建區的社區組織，加強其參與公共事務、增加社區自主重建的力量，朝社區永續發展的目標邁進。透過此培力計畫，建構出社區的能力、凝聚了社會價值，並且形成社會資本，如此才能達到永續發展的境界（林勝義，2014）。

同時，高雄市政府在莫拉克災後重建社區培力機制與策略上，也啟動了多項社區與人才培力計畫，包括「在地組織社區重建人力支持計畫（99.06-102.06）」、「八八災後社區及生活重建協力方案（99.06-103.08）」以及「八八災後重建基層組織社工專業人力養成培育計畫（101.02-103.08）」，希望透過協助在地社區組織與人力成長的有計畫做法，使過去的服務經驗得以傳承，轉化爲在地可用的人力資源。

從921到莫拉克，十年間，累積許多災後重建的經驗，同時，也培植不少社區人力持續在地提供各類服務。在這些災後重建的過程中，許多在地人力的確透過輔導委員協助，學習到更多社工直接服務或社區工作的技巧。然而，外來專業如何謙遜地進入輔導協助，在地人力如何持續學習成長，中央、地方政府與民間單位協力，才是災後重建成功的關鍵。

參考書目

王增勇（2000）。南投縣災後生活重建規畫—社區家庭支援中心。護理雜誌，47(5)，39-46。

台灣兒童暨家庭扶助基金會（2014年4月）。公私協力—委託民間辦理生活重建服務中心之輔導與考核實施經驗。發表於「103年度莫拉克颱風災後重建經驗傳承：心理重建及生活重建座談會」。臺北，衛生福利部。

林勝義（2014）。莫拉克颱風災區的重建、培力與永續發展之探討。社區發展季刊，145，365-380。

屏東縣慈善團體聯合協會（2014年4月）。「生活重建服務中心」之服務策略與工作模式。發表於「103年度莫拉克颱風災後重建經驗傳承：心理重建及生活重建座談會」。臺北：衛生福利部。

財團法人九二一震災重建基金會（2009）。災後重建計畫工作綱領發布。上網日期：2017年1月15日。取自財團法人九二一震災重建基金會網頁http://www.taiwan921.lib.ntu.edu.tw/921_10/arch02-15.html

劉乃慈（2015）。社區發展協會協助災後重建過程之探討—以莫拉克風災影響下的一個社區為例。未出版碩士論文，國立暨南國際大學社會政策與社會工作學系。

葉春杏（2006）。災區社工人員受督導經驗之探究—以臺中縣九二一生活服務重建中心為例。未出版碩士論文，慈濟大學社會工作研究所。

廖俊松（2000）。地方政府行政治理能力之個案評估研究—以南投縣九二一災後生活重建為例。臺北：行政院研究發展考核委員會。

廖俊松、王增勇等（2002）。生活重建中心政策評估及推動模式之研究。行政院九二一震災災後重建推動委員會委託研究報告。（編號：921ERC-DLR-900-006）

衛生福利部（2014）。莫拉克颱風災後生活重建服務中心重建實錄。臺北：衛生福利部。

謝志誠、林萬億、傅從喜等譯（2012）。安全的家園，堅強的社區：天然災害後的重建手冊。（原作者：Jha, A. K., Barenstein, J. D., Phelps, P. M., Pittet, D., Sena, S.）。臺北：臺大出版中心。（原著出版年：2010）

第二十章　生活重建服務中心團隊與社區關係經營

李俊昇、張麗珠

壹、前言

　　根據世界銀行2005年出版的《天然災害熱點：全球風險分析》報告指出，臺灣可能是世界中容易受到天然災害的國家之一，因為臺灣約有73.1%的人口居住在至多4種災害可能衝擊的地區，災難的類型共可概分為6類，分別是乾旱、颱風、洪水、地震、火山爆發和土石流（Dilley et al., 2005）。檢視近代臺灣災後重建的簡史，重大災害（如921大地震及莫拉克風災）後，頒布災後重建條例及在重大受災地區成立生活重建中心是中央政府的一貫作風，然而二次重大災害相隔近10年，不論是災害類型、受災地區及範圍、受災族群等均有所差異，再加上政黨輪替等因素，當年協助921災後重建的規劃與經驗，如今似乎只能從期刊論文去了解。

　　以莫拉克風災為例，行政院於災後第7天成立重建推動委員會，立法院也於2009年8月28日制定了「莫拉克颱風災後重建特別條例」，並編列1,165億元的特別預算（行政院莫拉克颱風災後重建推動委員會，2012），由政府結合民間力量，展開緊急救援、安置災民、推動家園重建、設施重建、產業重建、生活重建、文化重建等各項重建工作。行政院重建會為協助災區居民重建家園，早日回歸生活常軌，依據「莫拉克颱風災後重建特別條例」第九條生活重建服務中心之設立，提供生活、心理、就學、就業及各項福利服務之規定，訂定「莫拉克颱風災區生活重建服務中心實施辦法」，以自辦及委託民間團體的方式於莫拉克颱風災區設置生活重建服務中心。自2010年2月1日陸續於各災區設立27處生活重建服務中心，以及41處的聯絡站，提供心理服務、就學服務、就業服務、福利服務、生活服務、其他轉介服務等。

　　依「莫拉克颱風災區生活重建服務中心實施辦法」，由中央政府根據「莫拉克颱風災後重建特別條例」第四條第四項規定委託民間團體設立生活重建服務中心，其規劃設置執行步驟為中央成立評審委員會、受災地區地方政府提報需求規劃、分階段審查設置地點、公開評選委託民間團體設置等，本文將聚焦於生活重建服務中心團隊角色與服務內涵，以及其與社區關係經營的方式。

貳、災後社區生活重建團隊

以莫拉克風災爲例，災後生活重建團隊包括生活重建服務中心（以下簡稱中心）的工作人員、承辦之民間團體的母會以及巡迴輔導專案的工作人員及其母會，以下將針對他們各別的角色與職責詳加說明。

一、中心人員的角色與職責

生活重建中心專業人力團隊中，常有主任、社工員、行政人員等三種角色：1. 主任的職責在於統籌管理所承辦生活重建中心業務規劃推展與品管職責；2. 行政人員職責在於協助業務推展過程中有關核銷、總務、場館等相關行政庶務的協助；3. 社工員的角色，扮演著生活重建中心一線服務人員的重要角色，然而，社工員在災變後不同時期，所扮演的角色與著重工作任務上有所不同。就莫拉克風災爲例，災變服務中社工員主要的功能有：1. 提供受災者支持；2. 協助連結資源，並增加多元資源的近便性；3. 防止受災者出現更嚴重的身心健康問題；4. 預防個人、家庭、團體、組織或社區瓦解；5. 改變微視與鉅視系統，促進受災民眾的福祉（兒童福利聯盟，2009），茲整理社工員於各階段時期所扮演的角色與任務如表20-1。

表20-1 災變社工的角色與職責

階段	時間	災變社工的角色	災變社工的職責
緊急救援與緊急安置期	災後一個月內	1. 危機介入者 2. 支持者 3. 需求反映者 4. 資訊提供者 5. 協調者／管理者	1. 參與緊急救援 2. 管理緊急收容中心 3. 物資管理 4. 協助傷者醫療 5. 殯葬服務

階段	時間	災變社工的角色	災變社工的職責
短期安置期	災後一個月至半年	1. 規劃者 2. 需求評估者 3. 諮詢／輔導者 4. 資訊提供者	1. 壓力紓解 2. 社會暨心理生活重建服務規劃與提供 3. 社區需求評估與資源整合 4. 重建相關資訊提供 5. 發放慰問金 6. 協助兒少就學及弱勢人口照顧安排
重整復原期	災後半年至三年	1. 規劃者 2. 社區工作者 3. 個案管理者 4. 諮詢／輔導者	1. 創傷後壓力症候群輔導／家庭支持 2. 中長期安置規劃與提供 3. 協助兒少就學及弱勢人口照顧安排 4. 就業輔導 5. 組織社區共識與建立社區資源網絡 6. 社會暨心理生活重建服務
重建發展期	災後三年至五年	1. 使能者／增權者 2. 社區工作者	1. 組織社區共識與建立社區資源網絡 2. 社區培力工作，扶植社區人才，促進社區自立自主

資料來源：彙整自兒童福利聯盟（2009）、鄭善明（2010）、林萬億（2011）。

二、中心人員的服務內容

根據「莫拉克颱風災區生活重建服務中心實施辦法」第二條規定，生活重建服務中心應提供災區居民下列服務：

（一）心理服務：提供心理諮商輔導及協助醫療轉介。

（二）就學服務：協助學生就學扶助及輔導。

（三）就業服務：協助失業者申請失業給付、參加職業訓練及推介就業等服務。

（四）福利服務：對老人、兒童及少年、身心障礙者、變故家庭、單親家

庭、低收入戶、原住民或其他弱勢族群之生活需求，提供預防性、支持性及發展性之服務。

（五）生活服務：協助創造在地就業機會及促進地方產業發展。

（六）其他轉介服務：提供法律、申訴、公共建設、產業重建、社區重建、藝文展演與其他重建相關服務及資訊之轉介。

上述6項服務皆有其主責機關（詳見圖20-1），中心人員提供上述服務的重點在於透過個案管理服務策略結合或轉介教育、勞政、農委、文建會等部門資源，協助受災民眾建立社區共識、發掘社會資源，有效、迅速推動災後重建工作，以重建家園，提升社區民眾自立能力，回歸正常生活。

家扶中心承辦生活重建服務中心巡迴輔導暨評鑑專案，比對中央政府以及家扶中心兩造對於生活重建中心於2010年至2012年為期3年期間之各階段服務重點有其共識。

生活重建服務中心人員介入受災地區服務為3年，依年度考核指標可區分為3個服務階段，各階段的服務重點詳列如下（台灣兒童暨家庭扶助基金會，2014）：

1. 第一年（2010年）目標為建構完善的辦公室硬體設備，確實評估社區及民眾之需求並提供福利服務。

2. 第二年（2011年）目標著重於個案、福利服務、社區服務以及生活服務，協助創造在地就業機會及促進地方產業發展，並且著重於社區之培力。

3. 第三年（2012年）目標則為預備退場機制，由地方政府輔導適當之在地組織承接生活重建服務，俾持續推動生活重建之工作。

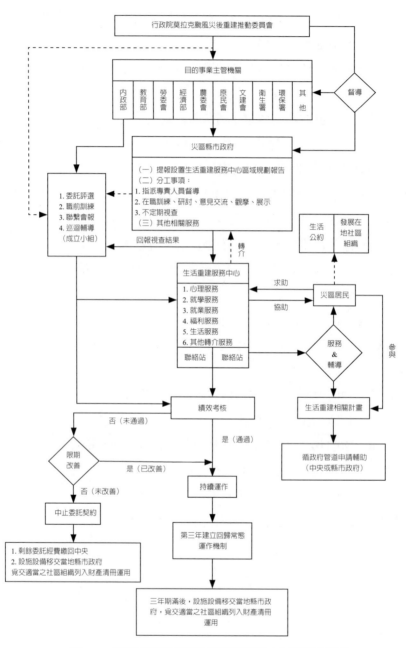

圖20-1　莫拉克颱風災區生活重建服務中心運作流程圖

資料來源：引自黃肇新、蔡詩詩、陳鈺欣（2011）。

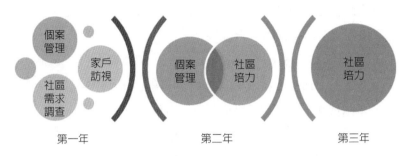

圖20-2　三年階段性工作重點

資料來源：衛生福利部社會救助及社工司（2014）。

三、母會的角色與職責

　　民間組織承辦生活重建服務中心業務，若僅由編制人力自立自主執行服務業務恐有所不足，母會在當中扮演著重要的角色，至少須提供督導與諮詢、資源連結與整合、品質管理等三部分的職責。

（一）督導與諮詢

　　社會工作是需要許多知識和技巧的行業，且因應服務對象、服務領域的不同，需要學習社會工作專業之外的相關知能；另外，在服務歷程中，它對情感和體力上也是相當耗費的，所以當社工員在執行生活重建服務中心服務業務時，母會提供的知能培訓以及情緒支持顯得格外重要，以幫助社工員能夠有效地執行所被賦予的工作，增加服務對象的權益保障，並達成組織的使命。

　　Kadushin區分督導的分類，分別有教育性、行政性、支持性等三種（NASW, 2013）；而彭懷真（2012）認為督導應還包含個案諮詢，詳述如下：

1. 行政性督導（Administrative supervision）：係指在工作內容、任務監督、檢查、溝通，以及高階人員與社工員的緩衝，並可分配社工員合適的任務。組織承辦生活重建服務中心時，每年於委託書中訂定量化、質性兩部分的履約指標，組織本身亦有額外期待的執行指標。此外，針對生活重建服務中心執行過程所需花費的財務會計部分，亦有協助的必要

性。故此，母會應擔負著監督、檢察生活重建服務中心人員，達成計畫
委託指標以及財會使用的合理性。

2. 支持性督導（Supportive supervision）：意即針對社工員於服務過程中
產生的壓力、情緒困擾、職業倦怠感等部分，提供情緒與人際關係的支
持。藉由提供合宜的支持性督導，可幫助社工員服務熱忱、士氣的提
升，抑或能夠幫助其發揮更多服務潛能。支持性督導除了生活重建服務
中心人力編制的一名主任擔任恐有不足，故，可由母會分派或是外聘資
深且資優的督導協助支持生活重建服務中心社工員。

3. 教育性督導（Educational supervision）：係指將過去所習得的知識，連
結並運用在當下的服務場域，或藉由提供因應當前情境必要的新知識，
以幫助社工員專業知能的提升，進而發展社工員的相關能力。生活重建
服務中心之服務內涵較為廣泛，教育性督導幫助社工員可以將社工專業
知識轉化為服務行動，並額外補充災後重建所需之跨專業知能，包含醫
療、衛生、心理、教育、建築、勞政，以及其他災難後重建相關領域
等。社工員原則上須有著資源連結與使用的基礎知能，才能有效地執行
跨專業合作的業務。故此，母會需要協助因應承辦地區災區重建情況所
需之相關專業領域學者或專家，建構社工員服務知能，並協助社工員有
效執行重建中心業務。

4. 個案諮詢（Case consultation）：個案諮詢的時機主要是社工員在獨特的
困難處境中，督導用他們豐富的經驗，以不同觀點提供諮詢。

（二）社會資源聯結與協助

社會資源（social resources）指的是舉凡從政府、民間給予的改善困難解決
問題，獲得個人身心最佳狀態的有形或無形資源總稱（林明禎，2013）。另，
依據社會工作辭典（內政部，1991）定義社會資源，包含了有形和無形的資
源，有形資源包括人力、財力、物力、活動空間，無形資源包含專業技術、社會
意識、社會關係等。

1. 有形的資源

(1) 人力資源：社區領袖、團體組織、志工人員、專業學者、社區居民等。

(2) 物力資源：米、食品、3C電器、文具用品、寢具、天然資源等。

(3) 財力資源：個人捐款、慈善會捐款、企業捐款、基金會捐款、政府補助等。

(4) 活動空間：場地、設施設備，舉凡承辦單位為了辦理某活動所需要的空間或設備。

2. 無形的資源

(1) 專業技術：擁有專業能力或技術、證照及專利等。

(2) 社會意識：社會議題的共識與認同、社區歸屬感、社區生命共同體意識。

(3) 社會關係：社會中的組織與人脈關係。

承辦生活重建服務中心單位於服務前及過程，需盤點服務區域中的有形無形的社會資源，以幫助服務提供前資源的認識與整合，進而滿足個案或社區的需求。然而，資源的連結與整合僅依賴生活重建服務中心運用地區社會資源是極為有限的，母會在當中扮演著重要的協助者角色，需協助生活重建服務中心募集生活重建服務中心地區所缺乏的資源，供給生活重建服務中心服務推展上所需，以幫助業務順利推展，其中所需要的社會資源包括有形、無形以及正式和非正式資源。

（三）品質管理

服務品質管理需要被內部、外部檢核，以幫助服務部門或是母會檢視其承辦業務的執行概況，而服務品質的檢核可分為內部績效評估與外部評估兩種；本部分所欲討論的是專注在母會針對生活重建服務中心執行品質的檢核管理之角色與職責。Hafford-Letchfield從社會工作角度認為，界定品質時可能需要包括（轉引自黃源協，2008）：

1. 有能力提供符合服務使用者／照顧者眞正需求的服務。
2. 易於在適當的時間和地點取得適當的服務。
3. 不管個案的社會、種族或文化背景，要能公平地提供服務。
4. 可靠、一致和持續性。
5. 明確的目的和目標，且敘明個案能取得服務的最低標準。
6. 所提供的服務有可用的資源，且符合成本、效率和經濟效益。
7. 由接受過高品質訓練、督導和支持的社工員提供服務。

　　服務品質管理所談論和涉及的面向廣泛，然而，這當中共同之處即是在於檢視母會內部應有職責，定期或不定期檢視承辦業務的執行概況，落實回應委託指標程度、保障服務個案權益、良好適切的風險管理、適切的有形資產管理等。

四、家庭扶助基金會——巡迴輔導專案

　　家庭扶助基金會承辦巡迴輔導專案，對於各地區生活重建服務中心設置後，各項業務的推展提供協助，且針對其業務進行考核，作爲未來工作推展之依據，因此以「生活重建服務中心巡迴輔導及考核」專案，作爲提供生活重建服務中心的「輔導」和「考核」機制，促使生活重建服務中心發揮功能，協助重建區完成家園重建（台灣兒童暨家庭扶助基金會，2014）。

（一）巡迴輔導部分

1. 委託巡迴輔導業務工作項目

(1)業務聯繫：辦理巡迴輔導各項業務聯繫事宜。

(2)資料分析：經由巡迴輔導進行資料蒐集、彙整、統計分析。

(3)研提因應措施：藉由資料分析和巡迴輔導的意見，提出因應措施。

(4)行程安排：巡迴輔導委員和會同人員之行程及相關事宜安排。

(5)經費核銷：辦理巡迴輔導委員各項經費之經費核銷事宜。

2. 巡迴輔導業務服務流程

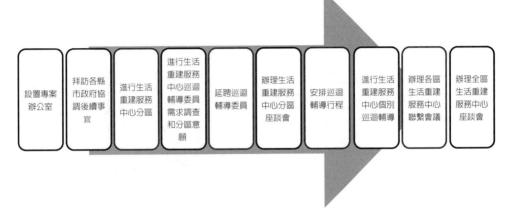

圖20-3　巡迴輔導業務服務流程圖

資料來源：台灣兒童暨家庭扶助基金會（2014）。

（二）績效考核部分

1. 委託績效考核業務工作項目

　　(1)考核作業

　　　　a.研訂考核指標

　　　　b.辦理考核相關事宜之聯繫

　　　　c.辦理考核意見彙整

　　　　d.辦理考核委員會各項費用之核銷事宜

　　　　e.生活重建服務中心未達合格標準者，限期改善及覆核之輔導

　　(2)考核結果分析報告

　　　　a.完成考核成績計算

　　　　b.完成考核意見彙整

　　　　c.完成考核結果分析報告

2. 績效考核流程

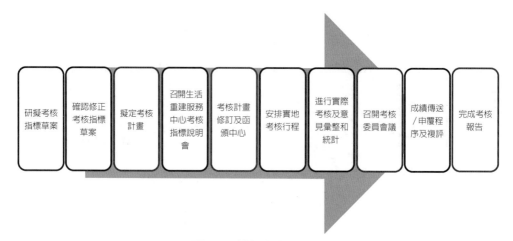

研擬考核指標草案　→　確認修正考核指標草案　→　擬定考核計畫　→　召開生活重建服務中心考核指標說明會　→　考核計畫修訂及函頒中心　→　安排實地考核行程　→　進行實際考核及意見彙整和統計　→　召開考核委員會議　→　成績傳送／申覆程序及複評　→　完成考核報告

圖20-4　績效考核流程圖

資料來源：台灣兒童暨家庭扶助基金會（2014）。

五、巡迴輔導老師的角色

參照巡迴輔導所賦予的工作項目，依據27處生活重建服務中心所處地區，劃分為6個區域，分組提供巡迴輔導，實施方式和巡迴輔導老師角色分述如下（台灣兒童暨家庭扶助基金會，2014）：

（一）設置兩個巡迴輔導團隊

依據內政部提供之巡迴輔導委員名單，依委員意願和專長分為兩組，一為福利服務團隊，負責協助各生活重建服務中心的福利服務之輔導；另一為社區重建團隊，負責協助社區重建、社區產業和資源協調整合之輔導。

（二）成立六個縣市巡迴輔導小組

依照6縣市27處分別設置巡迴輔導小組，每一小組配置一名福利服務委員和一名社區重建委員，由小組委員分工負責輔導區域各生活重建服務中心。

（三）個別訪視巡迴輔導

每季由巡迴輔導小組委員依照其所屬任務，各自前往區域內的生活重建服務中心，進行福利服務巡迴輔導和社區重建巡迴輔導，以主體式進行巡迴輔導，達到既深且廣的業務輔導。

（四）召開區域及全區巡迴輔導聯繫會議

每季召開一次區域巡迴輔導會議，每年至少召開一次全區巡迴輔導會議，作為各個生活重建服務中心業務交流或團體輔導，針對各個生活重建服務中心所面臨的困難和問題，由區域及全區輔導聯繫會議共同討論並協助解決。

參、社區關係經營

一、進入社區前的準備與機制

生活重建服務中心工作人員進駐災區社區服務，不僅從事個案管理服務，還需了解災區社區所在地理環境、人口結構、資源分布、受災情形、地方文化、社區需求等，針對社區中人、事、物，幫助工作人員服務前能夠掌握社區生態，以利協助災區社區生活重建工作的推展。且生活重建服務中心進駐社區，係以「蹲點」的方式進入災區社區服務，於社區中設置辦公室，提供階段性的服務，故應當與在地社區領袖幹部、民眾與資源連結，達到服務共識後，往往容易獲得社區居民的認同與支持，更易於動員資源及凝聚社區意識，能夠成為服務業務推展上極大的助力。

（一）了解社區背景

蘇景輝（2007）認為，欲了解社區概況，至少需包含下列幾項：
1. 社區名稱。
2. 地名由來及社區簡史。

3. 地理位置及四周地理、生態環境。

4. 人口結構：包括人口數量、性別比例、年齡比例、教育程度比例、職業別比例、社區弱勢人口概況等正式資源與非正式資源。

5. 社區資源：包括教育的、醫療健康的、娛樂休閒的、社會福利的、宗教的、文化的、政治及行政的等。

6. 社區問題：有什麼社區問題存在，以及社區人們對社區問題的看法。社區內部有沒有重大衝突？社區與外部環境有沒有重大衝突？若社區已有問題與衝突，目前是如何對應處置等。

社區背景的認識，通常可透過既有統計資料及文獻的閱讀分析，再結合針對社區幹部及民眾的訪談與觀察以獲得相關資訊（李易駿，2015）。

1. 既有統計資料及文獻分析：可透過縣市政府及鄉鎮公所於網站中公布的人口統計相關數據、地區地理結構、地方產業、社會資源概況、社區地理文化、社區受災情形等相關資訊的彙整與了解，亦可從相關研究資料及社區組織存有的相關社區文史資料，進行了解與認識社區。

2. 社區幹部及民眾訪談：一般社區背景調查，多以拜訪社區重要幹部（諸如村里鄰長、社區發展協會幹部、地方仕紳），或是社區參與度較高的民眾為主，廣泛地蒐集社區幹部及民眾對社區內問題的看法。

3. 社區觀察：透過參與社區環境走訪、社區活動參與等方式，觀察了解社區環境對居民互動行為的影響、社區內的設施及資源情況、社區內人口結構與居民互動行為的影響、使用語言及文化特性對居民互動行為的影響等。

（二）專業關係建立

一般而言，社工專業人員進駐社區服務原因可分為二類，第一類係因應當地社區的請求，而以外來專家或是協助者的身分進入社區提供協助；第二類則是政府單位因應推展政策及計畫的需求，派遣或委託民間承辦單位進駐社區提供專業服務。倘若社工專業人員進入社區的原因為第一類，則社區幹部對於專業關係的

建立較為主動且積極，因社區本身對於社區問題與需求已有一定程度的共識，且有解決問題的意願。若是社工專業人員進入社區屬於第二類原因，社工專業人員需積極主動地與社區幹部及民眾互動以建立專業關係。生活重建服務中心社工人員進入社區的原因係屬第二類，意即中心人員需積極與社區幹部及民眾建立並經營專業關係。

專業關係一詞，被定義為當案主遇到困難無法解決而前往助人單位尋求專業工作人員協助，此時助人者與受助者兩者間便產生助人關係（helping relationship），換言之，專業關係建立的目的，是為了讓遭遇困難的案主能以有效的方法解決其遭遇的問題（許臨高，2012）。Stepney等人提出三種社區工作介入方法中，其一是社區社會工作過程模式（Community social work model, CSW），即是將社會個案工作的精神，擴大到整個社區鄰里來思考，同時在介入模式上建立一個階段性的過程處遇（轉引自吳明儒，2013）。因此，與社區幹部及社區民眾之關係建立，亦可套用社會個案工作的專業關係原則。

Biesteck（1957）提出七項專業關係建立原則，分述如下：

1. 個別化（Individualization）：充分認識與了解受助者心理上、生理上和社會環境上的獨特性質，以適合受助者的工作原則和方法提供協助。

2. 有目的的情感表達（Purposeful expression of feeling）：受助者自由表達內心感受與對問題的想法及做法後，社工專業人員透過有目的情感表達協助受助者理解他人可能有的感受。

3. 接納（Acceptance）：接受受助者為一個真實的人，接納其優點和缺點、其所具有的特質、其所表達的各種觀點、態度和行為，視個案為有價值的人。但需注意的是，接納並不代表認同。

4. 適度的情感介入（Controlled emotional involvement）：工作者能敏銳地察覺受助者的感受，並對受助者的反應和情緒，適度地表達理解受助者的行為反應，並同理受助者。

5. 非論斷的態度（The nonjudgmental attitude）：工作者不對受助者本人或其行為加以論斷或譴責，但不意味工作者不可以對案主的態度及行為做

專業的評估。

6. 案主自決（Client self-determination）：工作者深信受助者有自我抉擇的權利和能力；但其自決權並不是毫無限制的，當其自決權涉及自傷、傷人或違反法律時，工作者基於保護職責，並合乎法規要求，須依法通報。

7. 保密原則（Confidentiality）：工作者應善盡專業倫理之職責，對案主的相關資料予以保密。

李俊昇（2016）研究發現，社工人員與社區幹部及居民建立專業關係的方式，係以雙向社區參與的方式建立關係，由社工人員主動參與社區大小活動，並提供適切的協助，以及社工人員辦理社區活動，供社區幹部及居民參與。相關概念分述如下：

1. 社工人員參與社區：社工人員拜訪社區幹部、頻繁參與社區大小活動、致電關懷社區幹部及居民、協助協會行政庶務或陪伴教導等方式。

2. 社工人員辦理活動供社區參與：社工人員辦理社區會議、社區活動等，供社區幹部及居民參與，促進其認識社工人員主責業務。

故此，生活重建中心社工員與社區組織幹部或居民建立關係，建議善用社工專業關係建立原則，透過社區雙向參與的方式，有助於初步與社區組織幹部或居民建立正向的專業關係。

（三）社區需求調查

1. 社區需求調查目的

Tutty & Rothery認為，除了可透過社區調查來認識社區之外，亦可透過社區調查來了解社區需求，一般而言，社區需求調查目的有五點（轉引自李易駿，2015）：

(1)檢視所有關係人所關心的議題是否被納入政策或服務方案。

(2)為既存的方案或政策辯護。

(3)評估服務使用者對服務提供的滿意情形。

(4)就幾個備選方案中，選出最被人們所期待的方案或政策。

(5)釐清需求是否已被滿足、方案效果是否貼近於目標。

2. 社區需求調查方法

Siegel指出，常用的社區需求調查方法共有8種（轉引自李易駿，2015），分述如下：

(1)社會與健康指標分析法（Social and health indicator analyses）：指透過政府既有的、有關對象社區的社會及公共衛生統計數據來認識社區，對社區的人口、社會結構有基本的了解。

(2)服務需要法（Demands for services）：透過社區中的福利機構及福利使用者的觀點來理解社區，其資訊來源包括既有的統計資料與相關文獻。

(3)服務提供者與資源分析（Analysis of providers and resources）：藉由福利機構所持續提供的服務、服務被使用的性質，間接地推論社區特性。

(4)民意調查（Citizen survey）：直接運用問卷調查等方法來蒐集社區居民的需求。

(5)社區論壇（Community forums）：此法乃透過公眾集會的方法，以互動的方法蒐集有關社區居民需求的資訊。

(6)名義團體技術（Nominal group techniques）：社區中各種團體領袖的集會即是一種名義團體。此法透過團體的過程，將個人偏好彙總，以進行團體的決策。

(7)德菲法（Delphi technique）：以社區意見領袖為對象，一再地向社區領袖請益及釐清相關問題，以蒐集社區資訊的方法。

(8)社區印象法（Community impressions）：此法乃結合社區資訊、意見領袖訪談、社區居民訪談及實地踏行，而獲得對社區的綜合印象。此法所得到的對社區的理解或許可以真正掌握社區的特性，但亦可能是偏誤的印象。

3. 社區需求調查應考慮事項

姚瀛志（2011）指出，在評估社區問題與需求時，應同步考慮下列六點：

(1) 社區問題是否爲居民所關心：每個居民對問題的看法不一，所以不應假設居民必定關心該社區問題，應客觀地深入接觸了解社區居民關心哪些問題。

(2) 居民是否有意願參與解決問題：居民表達意見，並不等於有意參與解決問題，所以須分析居民參與解決問題的動機，若居民對社區內的問題非常關心及參與解決問題的動力強，可推動居民成立關注相關事務的工作小組參與解決相關問題。

(3) 居民是否有能力解決問題：並不是所有問題都能夠由居民解決，例如政治問題、全球經濟問題等。但針對居民所關心的問題是因人爲或相關部門疏忽所致，可鼓勵他們以理性的表達方式，爭取合理權益。

(4) 解決問題時要動用哪些資源：解決社區問題難免會涉及資源運用，所以必須了解有哪些資源能夠被運用？哪些資源難以獲得？

(5) 解決社區問題對社會有何影響：當推動社區問題解決方案時，須考慮方案對社區日後的影響，社區內居民日後是否會接納。

(6) 處理問題後能否改善生活品質：在考慮改善方案時必須務實，方案不應只是口號，而應是真正能令居民改善生活品質的行動。

二、社區文化的敏銳度

　　災難救援、短中期安置，甚至是長期生活重建服務過程中，社會工作者常面臨跨文化服務的需求。以莫拉克風災爲例，受災地區範圍廣泛，居住人口族群包含原住民、客家人、閩南人等；另外，以從居住在山區、海口等不同區域其生活習性亦有所不同，進而形塑成當地特有的社區文化。因此，多元文化敏銳度的能力，是社會工作者在災變社會工作中必備的能力。

　　社區的價值體系與文化體系是分不開的，價值體系可說是社區中多數人的共同想法、信念及喜好，通常也是社區中多數的居民所要共同達成的目標或境界。而社區文化是指社區民眾爲了過社會生活所創造、所使用或表現的一切事物的總稱，包含有形的器物及無形的知識等（蔡宏進，2006）。而社區常因地理

環境、人口族群以及傳統觀念的不同,影響其特有的地方價值體系與文化。例如,原住民居住地區,其價值體系重視有關山的因素,而信仰宗教以基督教及天主教為多數;反觀居住沿海地區的居民,對於海的生產價值相當重視,宗教信仰則以道教為居多。

在社區工作過程,為有效與社區建立關係,以及維繫社區互動關係的經營,對社區文化的敏銳度益形重要,以下彙整幾點社工人員進入社區時,應留意的原則(李聲吼,2009;兒童福利聯盟基金會,2009;黃盈豪,2011):

（一）社工人員不以專家身分介入社區,而以學習者角色,在過程中向社區學習。

（二）試著了解性別、家族、少數族群的文化意涵和互動關係。

（三）接受、了解社區文化時,從社區角度來看事情,也就是反躬自省（reflexivity）。此外,社工人員應自我覺察本身的族群認同和文化對服務提供的意義與可能造成的偏見與歧視。

（四）評估的過程中,尊重少數族群的聲音並鼓勵社區參與。

（五）以資源結合與在地執行的概念進行處遇,關注到一個完整的社區和一個社區背後的族群文化系統。

（六）語言是一種資源,也是個人身分與認同的延伸,社區居民有權利在生活中使用自己的語言,社工人員以提供適當語言者為優先考量,以便對社區居民進行服務。如果沒有適當人選,則可請社區民眾協助語言的翻譯。

社區文化的能力並不是社工人員有了知識、價值和技術就知道如何去做,因為知識不可能是完整的,沒有工作人員隨時都清楚自己的價值觀,也沒有技術是完美的(黃盈豪,2011)。因此,社工人員若欲提升自身對社區文化的敏銳度,即應活生生地體驗感受服務社區的生活處境與價值,再輔以文化敏銳度的方法、原則進行服務與自我覺察。

三、社區參與

　　社區參與是居住在社區中的人們，有權利決定並自願參加社區中的一切事務，包括物質的與社會的，其目的在於改善社區生活，達成社區共識（郭瑞坤、汪夢怡、邱鴻遠，2006）。社區參與的理念，不僅期待透過居民參與以軟化僵硬的科層體制，減少需求與滿足之間的落差，更著重協助社區運用既有資產，培植自立自主的能力（林信廷、莊俐昕、劉素珍、黃源協，2012）。Midgley認為社區參與應是一種更具動態性的參與方法，形成人民為中心的發展取向，而非由國家主導或介入（轉引自國家教育研究院，2014）。所以，社區參與在社區工作介入方法中，有著相當重要的價值，因為對社區幹部與居民而言，是一種權利，同時也是一種學習，透過社區參與過程，社區幹部與居民得以共同決定社區發展目標與走向，也可學習負起社區改變的責任（李易駿，2015）。另外，社區工作也可被視為一種由下而上的社區發展歷程，唯有促進社區幹部與社區居民參與其中，才能真正減少供需之間的落差，落實解決社區問題、滿足社區需求，以及提升社區能力。

　　Plummer & Taylor（2004）認為社區參與有許多種形式，主要在於參與的深入程度不同，並進一步彙整社區參與六個層次的內容：

1. 告知（Notification）：屬於最低階的社區參與情形，僅告知可能影響社區的相關計畫，且計畫的辦理規劃前，也沒有預先蒐集意見。
2. 出席（Attendance）：指社區居民能夠出席參加會議，了解針對涉及每位社區居民、財務、活動發展等事項。
3. 表達（Expression）：指社區居民擁有參與表達自己意見的機會，在當中分享知識訊息以及期待，期能影響政府單位的決策。
4. 討論（Discussion）：社區透過表達個人、團體的想法，彼此相互討論，以影響最後的決策。
5. 決策（Decision-making）：對討論後的協商或是共識議題進行決策。
6. 倡議與自我管理（Initiative/self-management）：社區針對自身關注的議題，發起動員社區中的相關資源，以促使關注議題目標的達成。

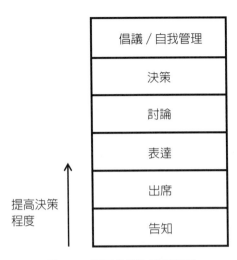

圖20-5 社區參與決策程度圖

資料來源：Plummer & Talor（2004）。

肆、結語

　　災難發生後，災變社工人員（生活重建中心）因應不同災難類型與發生後時間期程的不同，其所扮演的角色與職責亦有所差異。災難後初期災變社工主要係以問題解決為主要策略，以快速回應災區居民各項需求，而於災後中長期階段，則需運用社區工作技巧，陪伴與培力社區逐漸邁向自立自主的成長。災變社工在各個重建階段中，皆須鼓勵社區居民的參與、了解社區文化特性、檢視自己的文化敏銳度，並主動積極地與社區建立專業信賴關係，以達成生活重建中心服務提供的落實與成效。

參考書目

中文書目

台灣兒童暨家庭扶助基金會（2014）。公私協力─委託民間辦理生活重建服務中心之輔導與考核實施經驗。論文發表於「衛生福利部莫拉克颱風災後重建經驗傳承座談會」。高雄：高雄市政府文化局。

衛生福利部社會救助及社工司（2014）。莫拉克風災生活重建服務中心推動機制及成效。論文發表於「衛生福利部莫拉克颱風災後重建經驗傳承座談會」。高雄：衛生福利部。

彭懷真（2012）。社工管理學。臺北：雙葉。

黃源協（2008）。社會工作管理（二版）。臺北：雙葉。

蘇景輝（2007）。社區工作：理論與實務。臺北：巨流。

李易駿（2015）。當代社區工作：計畫與發展實務（四版）。臺北：雙葉。

許臨高（2010）。社會個案工作的專業關係。莫藜藜、黃韻如、許臨高、顧美俐、曾麗娟、徐錦鋒、張宏哲合著（2010），社會個案工作理論與實務，頁115-173。臺北：五南。

吳明儒（2013）。弱勢社區培力與輔導機制之探索性研究─三種CSW模式之分析。臺灣社區工作與社區研究學刊，3(3)，1-58。

李俊昇（2016）。社區培力經驗探討─以屏東縣莫拉克重建區社區培力永續發展計畫為例。未出版碩士論文，國立屏東科技大學社會工作系。

姚瀛志（2011）。社區組織理論與實務技巧。臺北：揚智。

黃肇新、蔡詩詩、陳鈺欣（2011）。從南化經驗看偏鄉生活重建中心之建置。論文發表於「2011兩岸社會福利學術研討會」。中華文化社會福利事業基金會，中國廣州。

林萬億（2011）。緊急與短期安置服務。林萬億（主編），災難管理與社會工作實務手冊，頁17-36。臺北：巨流。

兒童福利聯盟基金會主編（2009）。災後生活重建工作手冊。臺北：臺灣社會工作專業人員協會。

鄭善明（2010）。災變生活重建與社會工作內涵。社區發展季刊，131，100-116。

蔡宏進（2006）。社區原理。臺北：三民。

黃盈豪（2011）。災難社會工作中的多元文化思考。李明政（主編），多元文化社會工作。臺北：松慧。

李聲吼（2009）。文化能力在社會工作教育與運用之探討。社區發展季刊，127，153-158。

國家教育研究院主編（2014）。永續社會系列─社會正義與社區參與。臺北：五南。

郭瑞坤、汪夢怡、邱鴻遠（2006）。影響大學教師參與社區公共事務因素之研究。公共事務評論，7(2)，135-165。

林信廷、莊俐昕、劉素珍、黃源協（2012）。Making Community Work：社會資本與社區參與關聯性之研究。臺灣社會福利學刊，10(2)，161-210。

林明禛（2013）。社會資源的盤整與運用探析：從某縣市社會行政部門的探查。東吳社會工作學報，25，71-93。

行政院莫拉克颱風災後重建推動委員會（2012）。莫拉克颱風災後救助與安置。高雄：行政院莫拉克颱風災後重建推動委員會。

內政部（1991）。社會工作辭典。臺北：內政部社區發展雜誌社。

英文書目

Biesteck, F. (1957). *The Casework Relationship*. Chicago, IL: Loyola university press.

Plummer, J. & Talor, J. G. (2004). *Community Participation in China: Issues and Processes for Capacity Building*. London: Earthscan.

Dilley, M., Chen, R. S., Deichmann, U., Lerner-Lam, A. L., Arnold, M., Agwe J., Buys P., Kjekstad, O., Lyon, B., & Yetman, G. (2005). *Natural Disaster Hotspots: A Global Risk Analysis*. Washington, DC: World Bank Group.

NASW (2013). *Best Practice Standards in Social Work Supervision*. Washington, DC: National association of social workers association of social work boards.

第二十一章　災難重建與社區凝聚：以莫拉克風災重建爲例

傅從喜

壹、前言

　　近年來國內外重大天然災變頻傳，過去社會將重大災變視為環境發展的「異例」，而近年來由於發生頻率升高，重大災變反成為人類社會的一種常態（Özerdem & Jacoby, 2006）。而重大災害的防救，也成為各國和國際組織高度關注的議題（McEntire, 2007; Jha, Barenstein, Phelps, Pittet, & Sena, 2010）。臺灣在地理位置上就正好位於地震與風災發生頻繁的地區，Dilley, Chen, Deichmann, Lerner-Lam, & Arnold（2005）等人更將臺灣列為全球面臨多重災難風險程度偏高的國家之一，災害的預防與重建，乃成國內重要的課題。

　　重大災變的發生常伴隨著受災居民安置的需求，而「安置階段」也已成為救災工作的重要環節。國內在1981年因歐菲莉颱風在花蓮造成災害，而將受災民眾集體遷村至新建的「博愛新村」，是國內首見災後遷村的實例（陳宥全、黃昱翔、金紀偉，2006；謝志誠、張紉、蔡培慧、王俊凱，2008）。1999年發生的九二一大地震，震災後有些地區出現走山並引發土石流，進而引發遷村的討論，這也是國內首度因重大災難而面臨大規模遷村問題。最後九二一地震受災地區共有十個聚落面臨遷村，遷村的形式包括了「個別遷徙、集體安置」以及「集體遷徙、集中重建」等不同之模式，當時並未採取強制遷村的做法。2009年的莫拉克風災，洪水引發土石流對一些聚落造成重創，有些聚落基於安全性考量而被認定為不適宜居住，對於此等聚落，政府首度將「強制遷居、遷村」列為重建的途徑，使得災後重建的過程中引發諸多爭議（謝志誠等，2008）。

　　莫拉克風災後社會的熱烈捐款，也對災後的異地重建策略具有重要的影響。莫拉克風災後部分民間團體勸募所得的捐款數目龐大，幾個大型的非營利機構運用豐沛的捐款財源投入永久屋的援建，並採無償贈與的方式將永久屋送給符合資格而異地安置的災民，受災者則不必負擔重建家園的經費。這樣的做法，解決了災民災後長期安置的問題，但也在災後重建的過程中引發諸多的紛擾。尤其是，這種機構主導的異地重建（Agency-Driven Reconstruction in Relocated Site, ADRRS）是由出資興建的非營利機構主導，受災者及社區參與程度較低（Jha, et al., 2010），居民對於永久屋的興建以及新社區的規劃上，難有決定的餘地；加上政府的災後重建為追求時效，壓縮了受災社區和民眾對自己未來的思考、討論與決定的空間，因而在受災社區衍生諸多紛擾。

此次莫拉克風災的受災地區絕大多數位於原住民部落。原住民長期以來的生活方式與其所在的土地與環境有密切的連結。災難發生後，原鄉土地流失、族人暫時離散各地，對重建家園的想像未必一致。在此情況下，要重新凝聚部落的連結與向心，誠屬不易。而政府的災後安置，不論策略上和執行方式都迥異於過去九二一地震後的住宅重建。莫拉克風災後，政府決定跳過組合屋安置階段，而採取永久屋優先的長期安置策略；且永久屋是由民間非營利組織主導興建，並無償提供給符合資格且願意簽訂契約宣告不再返鄉居住的災民。這樣的做法對社區造成怎樣的影響？這是值得關注的議題，也是本文的焦點。

本文聚焦於遷村對社區凝聚的影響，以莫拉克風災後的遷村過程為例，探討遷村的策略與過程對於災民原有的社區連帶所造成的衝擊，進而提出以遷村作為災後重建的策略時，有哪些具體的做法可兼顧原有社區凝聚的維繫與發展。

貳、災後異地重建對社區的影響

聯合國的報告指出，災後對於災民的長期安置途徑，有原地重建、受災者自行離鄉購屋或租屋、由政府或非營利組織提供住宅安置，以及於新地點完整重建住宅、社區資產與公共基礎建設等四種方式。其中，第二與第三種方式是以個別家戶的遷居；而最後一種方式則屬於集體遷村，亦可稱為異地重建。災難發生後要採取何種重建模式，其影響因素相當多，包括所在地形地貌改變、建物毀損狀況，以及社區居民意願等都是重要的影響因素（Jha, et al., 2010）。

異地重建在災後住宅及社區重建中面臨相當多的挑戰。遷村不僅僅是將一群人做地理上的遷移，同時也牽涉到複雜的過程。包括搬遷地點的選取、土地的取得、建築的設計、住宅的分配、生活空間的規劃、生計的發展等，無一不

是繁瑣的過程（Oliver-Smith, 1999; Arslan & Unlu, 2006; Bardi, Asgary, Eftekhari, & Levy, 2006; Dikmen, 2006; 謝志誠等，2008；柯于璋，2009）。災後安置不僅僅在提供安全的居住環境，以及提供各種民生必需品以維持基本生計，更是包括各種資源的協助與安排，包括自然資源、物理環境、經濟資源與社會資本等（Lyons & Sanderson, 2013）。而這每一個過程，都影響到居民遷入新居後是否能順利地建立堅固的家園與社區。況且，遷村所涉及的不僅是土木與建築等硬體的構築，更牽涉到政治、經濟、文化等面向（Oliver-Smith, 1991; Arslan & Unlu, 2006; 柯于章，2009）。

　　國外重大災難後的異地重建始於1970年代祕魯和土耳其大地震後的重建。當時重建的思維都是尋求安全的場所，但皆遠離災民原來的生計處所，導致最後有許多新建的房舍空無人住（Lyons & Sanderson, 2013）。這種以住宅而非生計機會為優先考量的不當重建策略，在後來的災後重建歷史中仍一再出現。例如，2004年南亞海嘯後，斯里蘭卡選擇一些島嶼做異地重建，但因這些地方遠離海邊，對原來捕魚維生的災民而言實屬不當（Schilderman & Lyons, 2013）。

　　國內外的文獻都一致指出，不管其背景是基於區域衝突、公共建設或是災難重建的需要，非自願性遷村成功的案例相當少見（Partridge, 1989; Oliver-Smith, 1991; Dikmen, 2006; 陳其澎、范玉梅，2002；柯于章，2009）。Partridge（1989）更指出，從遷居者的角度觀之，強迫遷村絕對是個災難。Dikmen（2006）也指出，將一個聚落的民眾從其所熟悉的環境遷至他處，可能導致文化與環境等種種危機，進而引發新的災難。儘管如此，當災難發生，原居住地已不再適宜居住，則遷村就必然成為必須面對的議題。Oliver-Smith（1991）就指出，既然遷村那麼複雜且問題重重，為何負責災後重建的權責組織還是經常把遷村列為必要之途？最主要的理由，就是災難過後原居地的風險已升到不宜居住的標準。

　　Maly與Ishikawa（2014）比較了1999年土耳其地震、2004年南亞海嘯、2004日本新瀉地震、2008年中國汶川地震、2009年臺灣莫拉克風災等災難後的異地安置。土耳其的異地安置方案因欠缺居民參與且執行倉促，絕大多數的重建地點

選在離災民原居住地相當遠的地點，導致許多災民寧可接受住宅補貼而不願入住新建的永久屋；南亞海嘯後斯里蘭卡政府在海岸線設定禁建區，導致居民無法維持原來的捕魚作業；泰國則在南亞海嘯後協助災民集體購買土地進行住宅與社區重建，獲得災民好評；臺灣的禮納里社區重建允許住民依文化特性變動或裝飾住宅，並辦理許多經濟促進活動，吸引年輕世代願意入住；中國汶川地震後政府由上而下主導重建，災民無發聲的機會，原來務農的生計無法維持；日本新潟地震後，兼採原址重建、個別異地安置、集體異地安置等不同的方式，給予災民集體決定的空間。從這些比較中可以看出，居民參與和生計聯繫是影響異地安置成敗的重要因素。Schileerman與Lyons（2013）的研究也比較發現，在災後住宅重建過程中有較大程度參與者，相較於只是接受人家給予建好的房舍者，有更高的滿意度，因為有參與者會感到更高的擁有感。換言之，對救災後的異地住宅重建而言，過程往往比結果更為重要。

此外，在重大災難發生後，往往會有許多外地湧入的非營利組織參與重建。這些外來的機構必須和在地機構緊密合作，才能使安置和重建更為順暢。Lyon與Sanderson（2013）探討2004年南亞海嘯的重建就指出，當時有些NGOs本來只是打算協助災民建構房屋，完成後就離開，有些團體因不夠尊重在地專業與在地處境，而與地方政府存在緊張關係；在重建的時間壓力，以及媒體的關注之下，此種緊張關係顯得更加嚴重。許多團體後來與其他在地組織與專家合作，協助災民以參與經濟與教育方案，才讓重建工作較為順暢。

此外，災後住宅重建的過程，也可以被運用作為一種促進社區凝聚以及社區居民生計的機制。例如，災後住宅重建若能運用與災民原來的住宅相似的建築技術與風格，將會有助於災民對新生活的適應以及社區文化的傳遞和延續（Power, 2013）。同時，災後重建的過程需要許多營建、建材製作、交通運輸等工作的投入，這些都可以成為災民獲得經濟來源的管道（Schilderman & Lyons, 2013）。

Coburn, Leslie, & Tabban（1984）曾對何謂「成功的遷村」進行討論。他們認為，遷村成敗，其判斷依據是新的聚落最後是否依其自有的資源與能力自

立，或是與原有的聚落維繫足以自立的生計連帶。他們指出，社區是否具有發展
能力，是影響遷村能否成功的重要因素之一。他們並具體提出測量遷村成功與否
的六項指標，包括（Coburn, et al., 1984: 52）：(1)新聚落房舍入住之比率；(2)對
所提供房舍的形式與外觀做變更；(3)對房舍之維護與修繕；(4)營造自家花園、
植樹等；(5)投入資源擴充建築物；(6)新建自屬建物。這些指標意味著被迫遷村
的民眾以實際的行動展現出打算長期居住於新的居所的意願，開始願意投注資
源，用心經營新的居家環境。居民把新的居所視為長遠的家，是新的聚落發展社
區關係的重要基礎。

　　Scudder與Colson（1982）把非自願遷村的過程分為四個階段，第一個階段
是召集（recruitment）階段，在此一階段有些人決定加入集體遷村、有些人決定
自覓居所；接著是轉型（transition）階段，此一階段居民遷入新聚落並開始適應
新環境；第三個階段是潛能發展（potential development）階段，此一階段居民
融入新的環境並將災難置於身後，願意掌握機運並承擔風險以發展新的事業；最
後是凝聚（incorporation）階段，此一階段完成社會與文化模式的整合。這個宏
觀的階段區分涵蓋了從遷村的發動到遷村之後的長遠發展時期。換言之，對於災
後的集體遷村，主事者不能以完成居民入住安置作為任務的結束，更應關懷長遠
的生活適應與社區發展。

參、遷村對社區凝聚的影響

　　原住民是重視土地與部落的社群，其生活方式及文化內涵，都與其居住環境
有密切之聯繫。要自原居部落遷移，不能僅以一般變更居住場所的「搬家」行為
視之，而需關注其所可能面臨的文化、生計、人際、歸屬等問題。尤其是原鄉原
住民就業者主要以從事農林漁牧業為主（于若蓉、辛炳隆，2010），其生計與
原鄉自然環境有緊密的連結，一旦遷居，對其生計衝擊甚大。

　　過去數十年來，因資本主義高度發展造成就業型態改變，導致許多原鄉青

壯人口因尋求工作機會而大量外移到都市地區。過去四分之一個世紀以來，都會原住民占原住民總人口的比例已從6%大幅增加到40%（黃樹民，2010）。章英華、林季平、劉千嘉（2010）的大規模調查資料也顯示，原住民中有54.6%在15歲以後曾有遷徙的經驗，不令人意外地，絕大多數的遷徙型態是外移離開原鄉。

對絕大多數的原住民而言，因生計所需而遷離部落，並不是與部落連帶的斷裂，而是仍與家園維持密切的聯繫，在工作居留地和原居家園這兩個中心之間做移動，原居的家園仍是心中的「根」，是心之所屬、渴望回歸的地方（Clifford, 1994; 李有成，2010）。事實上，部落中許多因求學、就業、出嫁等因素而離鄉的族人，在部落農忙、重大節慶，或連續假期時，經常可見族人帶著家人返回部落幫忙農務或探視親友（高婉如，2011）。政府於2006年在「紀念日及節日實施條例草案」中，更首度將原住民歲時祭儀定為民俗節日，以利遷居外地的原住民返鄉參加祭典，維繫部落情感（劉璧榛，2010）。綜言之，遷離部落不等同於離棄部落，部落仍是族人聯繫與凝聚的中心。

除了因就學、就業、婚姻等生涯事件而導致的離鄉外，近年來重大天然災害頻傳，因居住安全問題而引發的原住民遷移議題，也成為社會關注的焦點。事實上，政府於2004年敏督利颱風造成重大災情後，就曾嚴肅面對原住民危險部落的遷村問題，由經建會擬定「國土復育條例草案」報行政院審議通過，草案中就將「強制遷村」寫入條例中。草案第二十六條提到：「國土復育促進地區內已有之部落或建築措施，經中央目的事業主管機關評定安全堪虞者，直轄市、縣（市）政府應優先協助該地區居民遷移，必要時得限制居住，強制遷村」（王俊棟，2005），此一草案至今未完成立法。但莫拉克風災後，強制遷村再度被寫進「莫拉克颱風災後重建條例」中，並在莫拉克災後重建執行過程中引發熱烈爭議與討論。

從歷史經驗觀之，原住民對於遷村並非全然抱持排拒的態度。例如，屏東霧臺的好茶村，村民基於交通、醫療及就醫等因素考量下，於1974年村民大會決議通過遷村，在政府及世界展望會輔導資助下，全社居民於1980年在新好茶完

成遷建。但這一個「成功」的遷村案例背後，也隱藏著對社區連帶的衝擊。當時的好茶遷村規劃中，政府要求每戶需自籌3萬元配合款，在籌措配合款的壓力下造成許多青壯人口為就業賺取薪資而外流。1981年政府規劃興建瑪家水庫，新好茶位於集水區的淹水地帶，可能再度遷村；但這一次全體村民公投表達反對遷建（王應棠，2003）。

從舊好茶遷到新好茶，也造成部落族人記憶的斷差。老一輩對於舊好茶的家園經驗仍然清晰，許多人仍把舊好茶當成最重要的家；但年輕一代沒有舊好茶的家園經驗，覺得新好茶才是家（高婉如，2011）。同時，自1990年代起，部分外流人口因不適應及不喜好平地生活，陸續返鄉，回到最初的舊好茶，試圖重建家園與生活（王應棠，2003）。

這種遷村後返鄉的經驗也出現在桃園的泰雅族。1960年代政府因興建石門水庫工程的需要，強制遷移居住於桃園大漢溪河岸阿姆坪，及其對岸石秀坪河階臺地的漢人與泰雅族卡拉社原住民。這群居民接受安置後，因安置地點面臨天然災後與都市開發等問題，又曾數度被迫遷移，最後部落被拆散，族人各自分居全臺各地。然近年來，開始有部分漢人與泰雅族原住民又回到最早遷離的阿姆坪原鄉覓地居住（陳其澎、范玉梅，2002）。

這些例子中清楚呈現出原住民對於原鄉土地與家園的強烈歸屬。雖然基於生計與安全考量而選擇／被迫離開，但只要家園還在，連帶就不斷。然而，莫拉克災後重建的遷村做法，對於經劃定為特定區域者，將限制原居住地之使用，進而造成族人之恐慌，擔心作為族人連帶核心的部落將被摧毀。除此之外，政府災後重建的諸般作為，也對部落凝聚造成不同的衝擊。

肆、莫拉克災後的遷村及對社區凝聚的影響

莫拉克颱風後，在臺灣中南部造成山崩、土石流及淹水等嚴重災情，許多遭受嚴重損害的地區都位於原住民部落。鑑於山區重大災害頻傳，部落居民生命

財產時受威脅，使得災後遷居與遷村的議題引發熱切討論。從九二一震災重建的經驗顯示，原住民地區的重建面臨一些特殊的問題，包括：保留地所有權、土地多位於山坡地保育或非建築用地、遷村土地不易取得、受災者無力負擔重建費用、申請貸款困難等；尤其是部分世居原住民保留地的受災者，沒有建築物所有權狀，也沒有稅籍證明，無法取得土地使用權與所有權。這些問題在災難發生前就已存在，卻對原住民聚落的災後住宅與社區重建造成重大的挑戰（林昭遠、劉昌文，2005；行政院九二一震災災後重建推動委員會，2006a、2006b）。

　　住宅與社區重建是災後重建的一部分。莫拉克風災後，部分地區居民的住所受創嚴重，使得災民的安置立即成爲重要的重建議題。政府提出以「國土保育」爲上位的災後重建政策（行政院，2009），行政院莫拉克颱風災後重建推動委員會迅速於災後一個月內提出《以國土保育爲先之區域重建綱要計畫》，並獲行政院核定。該計畫針對家園重建提出5項原則，其中第1項就宣示「以『安全』爲家園重建第一優先考量。」在安全性的考量之下，協助居住於「不安全」地區的民眾移居他處，便成爲災後重建不可避免的選項。在此一背景之下，行政院於災後所提出的《莫拉克颱風災後重建特別條例草案》第十二條明定：「中央政府、直轄市政府、縣（市）政府得就災區安全堪虞或違法濫建之土地，劃定特定區域，限制居住或限期強制遷居、遷村，並予適當安置。」而在草案的條文說明中，也明確指出強制遷居與遷村是基於「防止災區土地不當利用」（立法院第七屆第三會期第一次臨時會第一次會議紀錄，取自立法院議事暨公報管理系統）。這也呼應了政府所期望的以「國土保育爲上位」的重建策略。同時，在野的民主進步黨立法院黨團也另提出《莫拉克颱風災後重建特別條例草案》，其中第二十四條也提到，針對災區內對人民生活財產有重大威脅不適居住之地區，「應進行遷居並予以安置」。（立法院第7屆第3會期第1次臨時會第一次會議紀錄，取自立法院議事暨公報管理系統）。儘管在立法過程中有個別委員零星地質疑強制遷村的適切性，尤其是具有原住民背景的立委對於強制遷村反對最力，也有委員以憲法居住自由的精神反對強制遷村，（立法院第7屆第3會期第1次臨時會第一次會議紀錄，取自立法院議事暨公報管理系統），然而，

從國、民兩黨所提出的法案內容來看，當時朝野都認同異地安置為莫拉克風災後必要的重建策略。

草案於立法討論期間，外界對於遷村條款的強制手段也存有疑慮。同時，在立法過程中，包括國民黨黨團、民進黨黨團、立法委員陳瑩等都對涉及遷村的最主要條文——草案第十七條——提出修正動議。最後表決結果，民進黨黨團與陳瑩的版本皆不通過，而國民黨黨團所提之修正動議則獲通過。修正後的條文，於「得劃定特定區域、限制居住或限期強制遷居、遷村」前加上「經與原住居者諮商取得共識」等文字（立法院第七屆第三會期第一次臨時會第一次會議紀錄，取自立法院議事暨公報管理系統）。此等條文內容之調整，賦予災民相當的自主性，也藉此迴避強制遷村侵犯原居住者之居住及遷徙自由的質疑，緩和強制遷村對社區（部落）組織、文化及生活方式所可能造成的傷害。同時，也強化了配套措施，包括：「被限制居住或強制遷居、遷村的土地得徵收」、「被劃定為特定區域的土地及土地改良物得予徵收，並對承租公有土地者得予以補償或酌予救助金」，以及「對配合限期搬遷者予以相關補助」等。

莫拉克風災後政府為推動災後重建而將「強制遷居、遷村」納為法律條文，這與九二一震災重建的做法迴然不同。921災後的緊急安置是採取「申請住組合屋」、「請領租金」及「優惠購買國宅」的方式提供災民擇一安置。相對地，在莫拉克災後，政府鑑於921地震後的組合屋與中繼屋所衍生的問題，而跳過組合屋與中繼屋的安置，採取直接進入永久屋的一次到位重建模式（莫拉克重建委員會，2011）。此外，921震後並未採取強制遷村的做法，但在莫拉克災後重建中，強制遷村幾乎成為政府推動重建的主軸。促成此一發展的主要因素，除了與當時輿論發出國土保育與山林休養生息的呼籲有關外，更為關鍵的是當時的行政院長劉兆玄採納了佛教慈濟慈善事業基金會的建議，決定了由政府提供土地及公共設施，慈善單位興建永久屋的政策。此舉正好可協助政府解決災後重建中最難以處理的遷居與遷村問題（何日生，2010；莫拉克重建委員會，2011）。

遷村條款於立法確定後，加上非營利組織的協助，政府即開始推動，成為災後重建的一項重大工程。從執行面觀之，莫拉克災後集體遷村的推動，主要的

工作項目可區分為評估受災地點的安全性與協商特定區域之劃定、永久屋之興建，以及入住安置等3個階段。在這3個階段中的種種執行方式，對受災社區的團體凝聚有著重大之影響。本文接著將沿著上述的3個階段，討論政府的遷村做法及其爭議，並檢視其受災社區的社區凝聚之影響。

一、安全評估與特定區域之劃定

第一階段的評估工作係依據《莫拉克颱風災區劃定特定區域安置用地勘選變更利用及重建住宅分配辦法》第二條規定，經劃定機關認定有安全堪虞或違法濫建之情形者，即進入「與原居住者諮商取得共識，劃定為特定區域」階段。本辦法第二條也對所謂「劃定機關」做出明確界定，包括中央政府各目的事業法規主管機關、行政院農業委員會、經濟部、內政部、直轄市政府、縣（市）政府等。

至2010年6月底評估工作已告一段落，期間分別由行政院原住民族委員會、行政院經濟建設委員會、行政院莫拉克颱風災後重建推動委員會（以下簡稱「莫拉克重建會」）與地方政府等辦理291 處部（聚）落原居住地的初步安全評估與複勘，經評估為「安全」者有136處，「不安全」者有155處。莫拉克重建會接著會同相關單位辦理160處特定區域的劃定作業，最後劃定98處特定區域及62處安全堪虞地區（行政院莫拉克颱風災後重建推動委員會，2010a、2011）。

居民面對評估為不安全的結果，並不能提出異議或要求再評估，只能在接續的諮商階段選擇是否接受劃定為特定區域。後來政府調整策略，對不同意劃定為特定區域的土地直接核定為「安全堪虞地區」，導致經評估為不安全土地的原居住者最後只能就「接受政府安置」或「留在原居住地」二選一。

遷村條款規定，特定區域的劃定必須經與原居住者諮商取得共識。從2009年12月23日修正《劃定特定區域與住宅分配辦法》時所增訂的第二條之一條文

內容**1**，以及2009年12月30日莫拉克重建會第九次會議通過的《莫拉克颱風災區劃定特定區域說明書》及《家園重建計畫》所強調的「以人爲本，尊重多元文化」家園重建原則等來看**2**（行政院莫拉克颱風災後重建推動委員會，2011），政府是有意透過諮商程序爭取原居住者認同家園重建原則，進而接受特定區域的劃定。如此做法，確實有助於透過社區的充分參與，保留原居住者的自主性，緩和強制遷村所可能帶來的傷害。政府一方面希望居民接受原居住地已不安全且不能再繼續居住的事實，同時也希望居民認同家園重建原則，同意接受安置。然而諮商過程卻遭致不少反彈，有部落以強硬的方式阻止相關單位進入部落勘查，也導致有居民與民間團體前往行政院陳情、夜宿總統府前凱達格蘭大道以表達對劃定特定區域之反彈。

　　在安全性評估與特定區域劃定的階段，確實有不少部落因難以形成共識而出現了猜忌與緊張，甚至衍生分化與對立。最主要的問題根源，是部落居民對採取原地重建或是異地重建的意見歧異，以及主管機關在重建初期將「特定區域的劃定」與「永久屋的申請」相連結的做法。在重建初期，原居地需經勘驗後被判定爲不安全，且被劃爲特定區域後，該區域內之居民始能符合申請永久屋之資格；而且，申請永久屋者未來入住後，就不能再返回原居地居住。於是，期望留在原鄉重建的居民，因不願喪失未來返鄉重建的機會且擔心山上土地被徵收而堅決反對部落被劃爲特定區域。但也有些居民基於不同之理由，熱切期望部落能被劃爲特定區域，以便能申請永久屋。莫拉克風災發生後，不少部落的居民對於是否接受特定區域的劃定出現歧異，想留在原鄉重建者與想接受永久屋者甚至出現相互猜忌與攻擊，使部落關係出現嚴重的裂痕。例如，一位受災居民考量小孩就

1　第二條之一：「本條例第二十條第二項所稱與原住居者諮商取得共識，係就政府安置方式，經諮商取得原住居者意願，並予以尊重之共識。」本條文於2010年1月25日刪除。

2　家園重建原則包括：(1)遷村地點的選定以離災不離村爲優先，其次是離村不離鄉，最後才是縣內離鄉最近的安全地點；(2)遷居（村）重建地點的選擇、社區配置的規劃方案、社區公共設施的配置及設計、建築物設計等應充分尊重災民意見，並確保基本的民眾參與；(3)社區公共設施的規劃設計、建築空間設計及語彙設計，都能展現（原）住民文化及特色。

學的問題，即使其山上原住家並未有太大的毀損，但仍選擇遷入永久屋，但此舉卻引來部落責難（Takiludun tu Bunun, 2010）。

部落族人有人基於土地的情感要留下，有人基於安全或其他的考量要離開，要有一致的共識與行動何其困難。由於雙方都立場堅定，有些部落最後必須以會議表決的方式來決定是否要劃定特定區域（賓拿流，2010）。有些部落則是走向分割之途，例如，勤合村內部就曾爲了安不安全、是否要遷村的問題，出現嚴重之分歧（康椒媛，2009）。

此外，部落居民因遷與不遷而分成兩個陣營，若持不同意見者僅有少數，即可能被大部分族人視爲不合群，甚至被誤解是因爲個人利益而別有所圖。部落一分爲二，有人留在原鄉重建，有人接受永久屋離鄉展開新生活。即使未來遷入永久屋之居民想經常返鄉與族人共聚互動，但這些獲配永久屋之居民如何能坦然面對拒絕永久屋而留在原部落重建之親友？

劃定特定區域後才能申請永久屋之做法，遭到許多災民的反彈。同時，災民也憂心原居住地被劃定爲特定區域後，若入住永久屋後發現生活有困難，也無法再回原居地生活。因此，災民主張永久屋的申請不應以劃定特定區域爲前提；只要原居地安全堪虞，就可讓災民決定是否要入住永久屋，或選擇留鄉重建（柳琬玲，2010）。爲解決僵局，政府於2010年1月25日修正《莫拉克颱風災區劃定特定區域安置用地勘選變更利用及重建住宅分配辦法》第十條，增列「災區房屋所在地區，經劃定機關審定報請重建會核定爲安全堪虞地區之遷居戶」爲永久屋申請資格之一。

經此修正，永久屋的申請已與特定區域的劃定脫勾，只要是經勘查評估爲「不安全」的區域，居民即可決定要留在原居住地重建或接受政府安置遷居。此一調整，有助於化解部落內部的爭議，尤其是讓不想遷村者無須再背負「影響其他想遷村的人取得永久屋的權益和進度」的指責（古秀慧，2010）。然而，此一做法也使得部落不再是一個行動的整體，而是被拆解成個別的住戶，每一戶各自爲自己的未來做決定；過去部落休戚與共、命運一體的連帶已不復存在。

事實上，主管機關在進行安全性判定與劃定特定區域時，並未將整個部落

視為一體。有些部落的部分區域被判定為不安全，其他地區則被判定為安全，以致於一個部落中僅有部分區域被劃為特定區域，在2010年1月《重建住宅分配辦法》修正之前，未被劃入特定區域的居民，無法與部落其他居民一樣申請永久屋。例如，牡丹鄉高士村的中間路部落，災後部落會議做出遷村的決定，該部落有屏199線道貫穿整個部落，莫拉克風災後，屏199線道的東側被劃為特定區域，線道西側則未劃定，使得西側的12戶居民在申請永久屋時被排除。此一做法造成部落被迫一分為二，也引發居民對「遷村」策略的質疑。異地安置若只涵蓋部落中的部分居民，而排除其他居民，則變成個別式的「遷居」，與所謂「遷村」的精神相去甚遠，也直接割裂部落的整體性（李孟霖，2010）。莫拉克風災後，負責辦理部落原居地安全評估的原民會計辦理95處原居地之安全評估，其中被判定為「部分安全、部分不安全者」有15處（行政院莫拉克颱風災後重建委員會，2009，「莫拉克颱風災後家園重建計畫」）。安全評估的執行方式，導致這些社區面臨分裂的風險。

二、選址與永久屋興建

在「民間團體興建永久屋無償贈予受災者，政府負責提供土地與公共設施」的合作模式下，遷居或遷村基地的選定作業於災後不久就由內政部營建署負責展開協調。根據莫拉克重建委員會所設定的原則，遷村地點的選址原則有二：第一是以安全為首要考量；第二是設定優先順序，以「生計維繫」為原則，首先為「離災不離村」，其次為「離村不離鄉」，最後為「集體遷村至離鄉最近之適當地點」（莫拉克重建委員會，2011b）。

至2010年7月底共會勘142處，篩選出72處作為候選地點（行政院莫拉克颱風災後重建推動委員會，2011）。雖然以「離災不離村」為原則，但受災地區附近未必能找到符合安全性的重建地點，因此許多選擇接受異地重建的居民勢必將面臨離鄉而居的未來。至於能在原鄉找到符合安全條件的永久屋用地得以進行「離災不離村」的重建者，也未能免於內部分裂的危機。

　　永久屋基地的選址係以公有地為優先，再來是國由事業所有之土地，最後才考量私有土地。被選定之永久屋基地多屬公有土地或臺糖用地，二者合計面積達95.75%。選擇私人土地當作永久屋基地之總面積雖所占比例不高，但莫拉克重建會也在其報告中直言，私人土地的運用衍生諸多爭議（莫拉克重建會，2011a：93）。問題之一，是徵收私人土地作為興建永久屋用地的做法造成了地主與一般災民之緊張關係，也導致社區的撕裂。例如，臺東縣金峰鄉嘉蘭村之重建，政府就地在嘉蘭村選定永久屋用地，但部分地主基於對土地之情感以及想預留一塊安全的棲身之所，而反對其土地被徵收作為興建永久屋之用，在部落裡造成地主與災民之緊張關係，引發「強逼部落族人相殘？」的疑慮（楊念湘，2011）。尤其，在災後社會普遍同情災民的氛圍下，地主儘管有個人合理之考量，也不敢強硬表達反對土地被徵收之想法。在此情況下，「離災不離村」的重建原則使得地主成為間接的受害者，也造成部落內地主（有些也是災民，有些則非災民）與其他災民的矛盾（柯亞璇，2011）。

　　此外，由於大面積的永久屋用地難覓，有些部落遷村後無法安置到同一處。例如，嘉蘭部落的重建，永久屋預定地被切割為東、西兩側用地，彼此相隔約一公里（PNN, 2010）。另桃源鄉勤合村居民分3批安置：一部分入住離相較遠的杉林大愛園區永久屋，一部分選擇原地重建，其他族人遷往離鄉較近的六龜鄉寶來村樂樂段。勤和村的重建會演變成這樣的結果，部分也是由於重建的時程漫長且充滿不確定。勤合里民眾最初的打算，是共同爭取安置於樂樂段，若無法成功則全部入住大愛園區。但在漫長的爭取與等待過程中，許多居民因無法忍受長期的不確定，且覺得希望渺茫，故而紛紛選擇申請大愛園區的永久屋，部落一體行動、共同遷居的願望已落空（柳婉玲，2010；鄭淳毅，2010b）。

　　而永久屋的設計，也對社區凝聚具有潛在的影響。各地永久屋的興建，雖是由不同的團體負責規劃，但一般而言都是依不同的坪數而分區興建。這意味著部落原有的居住形式無法全部移植，原有的鄰舍關係需打散重組。若部落原有之關係緊密，多數居民都相互認識，甚至多少有親戚關係，則此一問題衝擊較小（查慧瑛，2010）。此外，部落中頭目住所的形式與區位都具有象徵的意

義，部落居民也常以其住家距離頭目住家的遠近來界定其在部落社會關係中的位置。但在統一施工、抽籤分配的安排下，已無法藉由住宅形式的規劃來強化以頭目爲中心的社區凝聚網絡。

三、入住安置

　　特定區域劃定與選定基地完成後，緊接著就進入永久屋的興建與申請入住階段。莫拉風災的受災地區大部分位於原住民居住之地區，而原住民是重視土地與宗親連帶的群體，這兩項條件也是促進原住民部落內部高度凝聚力的重要元素。災後的遷村，使得受災民眾被迫離開長久居住的土地；甚至有些聚落的災民被打散分別安置於不同之永久屋基地，使得部分原住民不得不和原來共同群聚生活的族人分離。土地的情感以及與人群連帶，也是激發社區意識最核心的兩大元素。如今災民因重建安置而使其原有的土地情感與人群連帶遭受割裂，勢必對於社區凝聚力與一體感造成重大之衝擊。

　　持平而論，政府在遷村過程中並非完全漠視原住民部落割裂的問題。針對災後安置，政府於2010年9月21日公布《莫拉克颱風災後原住民族部落集體遷村安置民間興建永久屋方案》，推動「遷村模式」。此一模式之提出原是爲因應部分災民自認應分配到永久屋，卻被認定爲資格不符而未獲配置的問題。雖核配永久屋的資格一再放寬，但仍無法解決此一問題。「集體遷村方案」被視爲解決此一問題的有效策略。同時，此一模式也在強調對原住民部落完整性之重視。

　　「集體遷村方案」的制訂乃依據「原住民族基本法」及「莫拉克颱風災後重建特別條例」之立法精神，在條文第一條就開宗明義指出推動此一方案之目的爲：「……維持原住民族社會（部落）組織之完整性及文化、生活方式之傳承，避免部落切割或分離」。強調依原部落之群體，經多數人共識決定遷徙，於異地重新發展出完整之部落文化生活、產業系統，架構整體居住空間，並結合聚落之公共設施、開放空間、農林地及住宅等，發展成爲區域性之聚落單元，以形塑具原住民生活特性，並具共同生活規範之空間結構。且根據此方案之規定，辦

理集體遷村的條件包含下列兩項：(1)部落申請永久屋安置的戶數已占總設籍戶數80%以上；(2)部落必須透過部落會議或村里民大會集體決議等機制表達集體遷村意願。經由這些程序，應能降低遷村可能對社區造成的割裂，在部落的共識上進行遷村，相當程度維繫部落之一體感。遷村模式實施以來，達成集體遷村共識者計有三地門鄉大社村、霧臺鄉好茶村、阿禮村、吉露村、牡丹鄉高士村、石門村、泰武鄉泰武村、瑪家鄉瑪家村等部落（莫拉克重建委員會，2011a）。

儘管主管機關在重建過程中發展出「集體遷村方案」等做法，試圖維繫遷村部落的完整性，但集體遷村也存在著負面的效應，而使許多部落時而面臨社區分化的危機。根據「集體遷村方案」，「集體遷村部落（或聚落、村）居民，經審定不符合民間團體興建永久屋之申請資格與分配原則者，除重複申請、未設籍且無居住事實、夫妻分別申請等明顯不合理者外，其他經部落會議認定其有實際居住事實者，直轄市、縣（市）政府得在安置基地內，永久屋興建核配情形許可下」，予以分配安置。亦即，對於申請者是否有實際居住之事實，是由部落會議來認定。在永久屋戶數有限的情況下，部落會議必須一一決定哪些住戶較有資格取得永久屋、哪些住戶需被排除。這樣的過程，必然導致部落族人間的衝突與對立。例如，屏東牡丹鄉的中間路部落，在主管機關審核入住資格後，尚餘有15戶空屋，於是由部落會議在有意申請永久屋的20多戶住家中，一一表決出比較有資格取得永久屋的15戶，而這樣的過程必然使部分族人到傷害。社區經過這樣檯面化的撕裂所提出的名單，最後送內政部審核時仍無法全數獲得通過（鄭淳毅，2012）。

部落族人申請入住永久屋，有人通過，有人不通過，也成為部落族人間猜忌與嫌隙的根源。在申請永久屋的階段，由於受災民眾所接收到的訊息不一，加上申請永久屋的資格條件曾有變動，災民對於自己是否符合永久屋的申請資格解讀不同。同時，永久屋之申請通常是經由村幹事等人之協助，有些申請永久屋未通過者，懷疑自己是否與有力人士關係不夠好以致申請不順，導致社區出現「他有我沒有」的流言蜚語和相互猜忌（PNN, 2010; 柯亞璇，2010a）。

此外，有些永久屋的興建分期完成，部落居民採分批入住，此一做法，除

了影響部落的一體感，也造成部落分裂的危機。例如，嘉蘭村永久屋的興建，原由世界展望會負責，後因預算不足，世界展望會僅負責西側永久屋之建造（第一期），東側基地轉給紅十字會援建（第2期）（PNN, 2010）。對於災後迫切渴望儘速有個安穩的居所之災民而言，自然大多希望能被排入第一期入住。不管篩選機制如何決定，注定引發居民間的利害對立。若第一期與第二期的工程與設計有所不同，則居民間的比較心態可能更加嚴重。基於此種對部落分化危機的擔憂，瑪家、好茶、大社等部落也都強烈要求所有永久屋的住戶全部統一入住，避免分批入住（柯亞璇，2010a、2010b）。

來自不同的社區或部落的民眾，住進同一個永久屋後，除了面臨原社區關係的聯繫外，如何與來自其他社區的居民建立新的連帶，也是重大的挑戰。世界銀行曾在其報告中提醒，災後的異地重建需留意到不同種族、宗教或社會背景的社區間潛在的社會衝突。莫拉克災後所興建的高雄杉林鄉的大愛園區與屏東瑪家鄉禮納里部落等都屬大型永久屋聚落，安置數個受災部落的居民，彼此如何相融以發展出新的社區一體感，成為新的挑戰。例如，在大愛園區成立管理委員會的過程中，有人強調園區居民都是一家，有人則希望要分村，並要考量文化差異而區別原住民與漢人（鄭淳毅，2010a）。永久屋的居民雖是一群同樣做了遷居決定的受災民眾，但對如何經營彼此未來的共同生活，有著不同的想法，這是後續重建不可忽視的課題。

伍、遷村與撕裂：無可避免的結果？

住宅重建是重大災難重建中最複雜且艱鉅的工作之一，莫拉克風災後重建至今已經歷多年，永久屋的興建已陸續完成，居民也已完成入住，但災後重建對於社區凝聚所造成的衝擊，有許多仍餘波盪漾。莫拉克風災後週年前夕，鄒族族人長途跋涉來到首都，在總統府前拉起「不要用遷村來分化我們」的布條。顯示受災民眾所關切的，不僅僅是在災後是否能有一個遮風擋雨的住所，同時也期盼維

繫社群的凝聚與和諧。

原住民部落過去通常以集體意志行動，災後面對遷村議題多期望同留或同遷，但重建過程卻造成一些部落的分裂，有人指控這是政府對部落的撕裂，但從政府部門的角度來看，災民們分別做出留在原鄉重建或接受離鄉安置的不同選擇，實乃基於尊重個人意願的必然結果。

莫拉克重建會強調，在「尊重每一位原居住者之自主意願」之精神下，讓災民選擇原地重建、修復、遷居或遷村（莫拉克重建會，2011：8）。災民的意願與選擇必須予以尊重，以此作為災後重建與安置的優先原則應是正當而合理的。然而，莫拉克風災後的異地重建過程對受災社區所造成的撕裂，其關鍵並非在災民對留鄉或離鄉的個人意願與選擇之差異，而是肇因於倉促的重建過程。災民們面對失去至親之慟以及家園毀損，對於未來的生活需要沉澱與思索，對於社群的關係也需要重新盤點與整理。然而，重建過程追求速度與效率，為了配合重建的進程，個人的思考與社區內部的對話與討論空間都被壓縮，這才是造成在莫拉克風災異地重建過程中災民徬徨與社區撕裂的主要原因。當然，有些社區的分裂早於莫拉克風災發生前就已存在，風災後的後異地重建不過是讓問題檯面化，成為社區撕裂的催化劑（陳儀深，2010：81）

重建過程中集體遷村模式的推出，也展現主管機關維繫部落完整性的具體作為。此一做法確實有助於維持部落的一體性，避免異地重建對社區造成的撕裂。如前文所述，集體遷村模式有助於解決原先「劃定特定區域」的爭議，讓部分持有少數意見的族人，不須再背負影響眾人權益的罪名，也進而化解了部分部落內部的衝突。

在原鄉重建過程中，部落的參與扮演著重要的角色。在行政院（2010）核定的「莫拉克颱風災後家園重建計畫」中，所提出的家園重建計畫基本理念之一，就是「保障社區參與」，包括「社區配置型態、社區或文化設施之內容，或者住宅分配地點、遷居（村）之方式及時間點等」事項，都需保障社區之參與。保障原社區在重建過程中的參與，是異地安置相當重要的原則（Jha et al., 2010）。然而，社區一旦涉入各項重建事務，就注定無法置身於重建過程的種

種紛爭之外。如前文所討論的，在特定區域劃定、申請永久屋資格認定等工作上，部落所具有的參與及決定權反而成為造成內部分裂的根源。此一困境顯示出重建過程中的諸多價值與目標難以兼顧之處。

如前文所述，居民對於新住家與新社區的認同及投入發展，是遷村成功與否的重要判斷依據。然而，居住於永久屋之居民僅擁有房屋所有權而無土地所有權，居民擁有的只是「半個家」。且在入住永久屋後，連在自家搭遮雨棚、在自家門前種花等舉動都會在社區引起爭議（鄭淳毅，2010a），可見要激發居民對於社區長遠發展的投入決心，還需長久的努力。

陸、結語

遷村是一個複雜的過程。儘管有越來越多研究顯示，遷村的挑戰性高、成功機會小，但當重大災難對土地造成重創而導致安全疑慮時，遷村就成為不得不面對的議題。另一方面，遷村雖是躲避天然災難風險的回應策略，但遷村本身就伴隨著各項的風險。面對不斷來襲的災害，把脆弱地區的聚落遷移到另外一個相對安全的地方，往往是不得不為的選擇。然而在遷村與否的評估過程中，除了仰賴專家學者對原居地的物理及環境現況的評估外，也需將遷村對社區可能造成的政治、社會、經濟與文化等面向的影響列入考量。

華人社會中一般民眾大多安土重遷，對於具有強烈土地情感的原住民而言，遷村與否更是個人與部落的重大決定，尤其是在遭逢重大災難之後，個人與家庭尚處於身心仍待安頓之際，個人與社區若要在短期內做出是否遷居的決定，何其為難。在莫拉克風災的重建過程中，許多原住民部落在安全性評估、特定區域劃定、永久屋興建與分配等議題上，都強烈而堅定地表達其立場與想法，正顯示出其對災後如何重建家園的熱切關心與渴望。

本文從安全性評估與特定區域劃定、永久屋興建以及入住與安置等遷村的3個階段來討論莫拉克風災後的異地安置對社區凝聚所造成的影響。透過對既有文

獻與報導的分析，本文深入地檢視各個階段的重建作為對社區凝聚所造成的衝擊與威脅。這些問題的產生，實乃源於諸多因素交相作用而產生，包括：居民所接收的資訊不全與混亂、重建單位與居民觀點的差異、部落居民對重建方式的不同偏好，以及原部落既有的內部衝突等。而這些因素之所以在遷村過程中引發社區的緊張與分化，其共同的根源在於以時間及效率為先的重建步調。災難過後，對災民的安置須迅速即時，以回應災民的需求與社會的期待，這是可理解的。但面對遷村大事，需有充分的時間與空間讓災民與社區仔細地思索未來、交換意見、凝聚共識。在莫拉克重建過程中許多部落一再要求先有中繼屋來安頓家庭與社區，以有充裕的時間與家庭及社區討論規劃未來長遠的方向，即可看出過度著重時間與效率的重建政策對災民與社區所造成的壓力。不同於921的重建模式，莫拉克風災後政府跳過組合屋與中繼屋階段而採取一次到位的方式直接進入永久屋的安置階段，並且實施強制遷村的手段。本文深入地呈現此一重建模式對於災後社區凝聚所造成的影響。對位處多重災難風險地帶、重大災難發生日益頻繁的臺灣寶島，需要有更多對於災難重建的討論與研究，以多元的角度思索最佳的災難重建策略，做好周全準備以因應未來可能再度降臨的重大災難。

參考書目

中文書目

PNN（2010年8月5日）。莫拉克週年專題─重災區回顧(2)：霧臺遷村路迢迢。上網日期：2016年5月11日，取自莫拉克新聞網http://www.88news.org/?p=5562

Takiludun tu Bunun（2010年3月2日）。大愛生活(2) 別人任重道遠？我可是忍辱負重入住永久屋。上網日期：2016年5月11日，取自莫拉克新聞網http://www.88news.org/?p= 3033。

于若蓉、辛炳隆（2010）。原住民就業狀況與分析。黃樹民、章英華（編），臺灣原住民政策變遷與社會發展，頁121-179。臺北：中央研究院民族學研究所。

王俊棟（2005）。原住民部落遷村政策之研究─以瑞岩和中原口兩部落為例。未出版碩士論文，國立暨南國際大學公共行政與政策學系。

王應棠（2003）。尋找家園─原住民文化工作者回歸部落現象中的認同轉折與家的意義重建：屏東魯凱、排灣族的案例。未出版之博士論文，國立臺灣大學建築與城鄉研究所。

古秀慧（2010，1月15日）孤寂的山中之國—魯凱阿禮感言。上網日期：2016年5月12日，取自莫拉克新聞網http://www.88news.org/?p= 2178

行政院（2009）。行政院劉院長兆玄先生98年言論選集。臺北：行政院新聞局。

行政院（2010）。行政院災害防救白皮書。臺北：作者。

行政院九二一震災災後重建推動委員會（2006a）。九二一地震住宅重建回顧。南投：作者。

行政院九二一震災災後重建推動委員會（2006b）。九二一地震重建經驗（上）。南投：作者。

行政院莫拉克颱風災後重建推動委員會（2010a）。莫拉克颱風災後重建周年成果彙編。高雄：作者。

行政院莫拉克颱風災後重建推動委員會（2010b）。劃定特定區問答。高雄：作者。

行政院莫拉克颱風災後重建推動委員會（2011）。創新協力 重建永續家園。高雄：作者。

李有成（2010）。緒論：離散與家園想像。李有成、張錦忠（主編），離散與家國想像：文學與文化研究集稿，頁7-46。臺北：晨允文化。

李孟霖（2010年，7月8日）。中間路部落：要劃就全部劃，別拆散了我們的部落。上網日期：2016年4月25日，取自莫拉克新聞網http://www.88news.org/?p=5014

何日生（2010）。世紀災難與重建典範。人醫心傳，78，11-13。

林昭遠、劉昌文（2005）。第六篇：住宅及社區重建。黃秀政（主編），九二一震災災後重建實錄（摘要本）。臺北：五南。

柯于璋（2009）災後遷村計畫之政治可行性分析：以高雄縣藤枝新舊部落為例，臺灣政治學刊，13(1)，107-159

柯亞璇（2010a年3月20日）。魯凱balio部落：我們的永久屋在阿禮。上網日期：2016年3月10日，取自莫拉克新聞網http://www.88news.org/?p=3386

柯亞璇（2010b年 3月23日）。屏東縣府：「政府是慈濟的媒人」。魯凱自主重建生變。上網日期：2016年3月10日，取自莫拉克新聞網http://www.88news.org/?p=3289

柯亞璇（2011年3月12日）。鄒族重建：政府很坦誠的騙我們！上網日期：2016年3月10日，取自莫拉克新聞網http://www.88news.org/?p=10490

查慧瑛（2010年10月19日）。遷村，換房也換鄰 村民還要再適應。上網日期：2016年3月12日，取自莫拉克新聞網http://www.88news.org/?p=7603

柳琬玲（2010年1月17日）。不棄原鄉，桃源鄉反對劃定特定區域。上網日期：2016年3月12日，取自莫拉克新聞網http://www.88news.org/?p=2197

高婉如（2011）。移動的家園：南投縣神木村遷村的民族誌研究。未出版之碩士論文，國立暨南國際大學人類學研究所。

章英華、林季平、劉千嘉（2010）。第二章：臺灣原住民的遷徙及社會經濟地位之變遷與現況。黃樹民、章英華（主編），臺灣原住民政策變遷與社會發展，頁51-120。臺北：中央研究院民族學研究所。

陳儀深（2010）。八八水災口述史，2009～2010災後重建訪問紀錄。臺北：前衛。

陳其澎、范玉梅（2002）。日久他鄉是故鄉：石門水庫移民遷徙歷程之研究。論文發表於「重訪東亞：全球、區域、國家、公民—文化研究學會2002年會」。臺中：東海大學社會學系。

陳宥全、黃昱翔、金紀偉（2006）。土石流災後遷村探究—以花蓮銅門村爲例。濤聲學報，1，263-278。

康椒媛（2009年10月23日）。安全不安全？拉扯中的勤和村。上網日期：2016年3月20日，取自莫拉克新聞網http://www.88news.org/?p=737

黃樹民（2010）。第一章：全球化與臺灣原住民基本政策之變遷與現狀。黃樹民、章英華（主編），臺灣原住民政策變遷與社會發展，頁15-50。臺北：中央研究院民族學研究所。

楊念湘、巴伐伐勇（2010，10月18日）。嘉蘭永久屋用地強制徵收，強逼部落族人相殘？上網日期：2016年3月20日，取自莫拉克新聞網http://www.88news.org/?p=7590

楊念湘（2011年2月23日）。推土機終究開了進來…撕裂部落的永久屋政策。上網日期：2016年3月22日，取自莫拉克新聞網http://www.88news.org/?p=10136

賓拿流（2010年3月3日）。魯凱：我們相信政府，政府卻欺騙我們！上網日期：2016年3月22日，取自小地方：臺灣社區新聞網http://www.88news.org/?p=3044

劉璧榛（2010）。文化產業、文化振興與文化公民權：原住民族文化政策的變遷與論辯。黃樹民、章英華（主編），臺灣原住民政策變遷與社會發展，頁406-459。臺北：中央研究院民族學研究所。

鄭淳毅（2010a年1月10日）。瑪雅、達卡努瓦村民共識：我們拒絕劃定、諮商。上網日期：2016年3月20日，取自莫拉克新聞網http://www.88news.org/?p=2123

鄭淳毅（2010b年10月6日）。長治百合系列（6）永久屋核配爭議，如何才能落幕？上網日期：2016年3月20日，取自莫拉克新聞網http://www.88news.org/?p=7293

鄭淳毅（2012年3月17日）。中間路部落：啟動「集體遷村方案」，部落會議決議仍落空。上網日期：2016年3月20日，取自莫拉克新聞網http://www.88news.org/?p=16690

謝志誠、張紉、蔡培慧、王俊凱（2008）。臺灣災後遷村政策的演變與問題，住宅學報（論壇），17(2)，81-97。

英文書目

Arslan, H., & Unlu, A. (2006, May). The evaluation of community participation in housing reconstruction projects after Duzce earthquake. Paper presented at the Proceeding International Conference and Student Competition on Post-disaster Reconstruction "Meeting stakeholder interests", Florence, Italy.

Bardi, S. A., Asgary, A., Eftekhari, A. R., & Levy, J. (2006). Post disaster resettlement, development and change: A case study of the 1990 Manjil earthquake in Iran. *Disasters, 30*(4), 451-468.

Clifford, J. (1994). Diasporas. *Cultural Anthropology, 9*(3), 302-338.

Coburn, A. W., Leslie, J., & Tabban, A. (1984). Reconstruction and resettlement 11 years later: a case study of Bingöl province, Eastern Turkey. In Schuppisser, S., & Studer, J. A. (Eds.), *Earthquake Relief in Less Industrialized Areas* (pp.49-56). Boston, MA: A.A. Balkema.

Dikmen, N. (2006, May). Relocation or rebuilding in the same area: An important factor for decision making for post disaster housing projects. In Proceedings of the International Conference and Student Competition on Post-disaster Reconstruction "Meeting Stakeholder Interests", Florence, Italy.

Dilley, M., Chen, R. S., Deichmann U., Lerner-Lam, A. L. & Arnold, M. (2005). *Natural Disaster Hotspots: A Global Risk Analysis*. Washington, DC: The World Bank.

Jha, A. K., Barenstein J. D., Phelps P. M., Pittet D., & Sena S. (2010). *Safer Homes, Stronger Communities A Handbook for Reconstructing after Natural Disasters*. Washington, DC: The World Bank Group.

Lyons, M., Schilderman T., & Sanderson. D. (2013). Harnessing time: Reflections on constraints to development. In D. Sanderson & J. Burnell (Eds), *Beyond shelter after Disaster: Practice, Process and Possibilities* (pp.25-29). New York, NY: Routledge.

Maly, E. & Ishikawa. E. (2014). Planning for relocation in recovery after the Great East Japan Earthquake: Considering residential relocation in historic and international context. *International Journal of Disaster Resilience in the Built Environment, 5*(3), 243-259.

McEntire, D. A. (2006). *Disciplines, Disasters and Emergency Management: The Convergence and Divergence of Concepts, Issues and Trends in the Research Literature*. Portland: Charles C Thomas Publisher.

Oliver-Smith A. (1991). Successes and failures in post-disaster resettlement. *Disasters, 15*(1), 12-23.

Oliver-Smith. A. (1999). *The angry earth: Disaster in anthropological perspective*. A. Oliver-Smith & S. M. Hoffman (Eds.), New York, NY: Routledge.

Özerdem, A., & Jacoby, T. (2006). *Disaster Management and Civil Society: Earthquake Relief in Japan, Turkey and India* (Vol. 1). London: I.B. Tauris

Power, P. J. (2013). Post-reconstruction: A current analysis of Gjarat's response after the 2001 earthquake. In D. Sanderson & J. Burnell (Eds.), *Beyond shelter after Disaster: Practice, Process and Possibilities* (pp.30-43). New York, NY: Routledge.

Schilderman, T. & Lyons M. (2013). Resilient dwellings or resilient people? Towards people-centred reconstruction. In D. Sanderson & J. Burnell (Eds.), *Beyond shelter after Disaster: Practice, Process and Possibilities* (pp.44-57). New York, NY: Routledge.

Scudder, T. & Colson E. (1982). From welfare to development: A conceptual framework for the analysis of dislocated people. In Art Hansen & Anthony Oliver-Smith (Eds.), *Involuntary Migration and Resettlement* (pp.267-287). Boulder, CO: Westview Press.

第二十二章　社區生活重建服務系統的建構

林萬億、鄭如君、楊文慧、林珍珍

壹、前言

　　1999年的921地震，行政院通過「災後重建計畫工作綱領」，提出公共建設重建、生活重建、產業重建及社區重建等4大重建計畫。其中生活重建又包括：心靈重建、學校教學及學生輔導、社會救助及福利服務、就業服務、醫療服務及公共衛生等5項次計畫。

　　2009年爲解決莫拉克風災災後的異地安置與重建問題，政府首度將「強制遷居、遷村」的政策列入《莫拉克颱風災後重建特別條例》。該條例第20條明定中央政府、直轄市政府、縣（市）政府得就災區安全堪虞或違法濫建之土地，經與原住居者諮商取得共識，得劃定特定區域，限制居住或限期強制遷居、遷村，並應以尊重該地區人民、社區（部落）組織、文化及生活之方式，予以適當安置；更進一步，就特定區域、安置用地、住宅重建與分配等面向，都予以規範。

　　依據世界銀行出版的《安全的家園、堅強的社區：災後重建手冊》（Jha, Barenstein, Phelps, Pittet, & Sena, 2010; 謝志誠、林萬億、傅從喜譯，2012）指出，在重大災難發生後，當居民因避災而被迫離開原居地，且其原居地已不適合居住時，異地重建常成爲災民不可避免的選擇。但此一做法卻經常失敗，主要的原因包括適當的地點選擇不易、基於成本考量而將異地重建地點設於生活機能與社會網絡不佳之處、建造與設計欠缺社會與文化適當性、決策缺乏居民參與、經費不足等。

　　莫拉克風災的嚴重災區大多爲原住民部落，經行政院原民會對95處災民原居地進行勘定，認定有48個部落爲「安全」（含有條件安全與部分安全部分不安全），另47個部落爲「不安全」（行政院莫拉克颱風災後重建推動委員會，2010）。被判定爲「不安全」的部落，可能被迫離鄉遷進永久屋。災區民眾要求「不離村」、「不離鄉」的重建訴求，已難以實現（丘延亮，2010）。災民們離鄉背井，雖能得安身之所，但已遠離其熟悉的生活環境與成長記憶。因此，如何協助其在新的環境中重建生活與社區關係，是災後重建階段的重大挑

戰。

　　為協助莫拉克風災受災民眾重建家園，行政院於2010年3月核定通過「莫拉克颱風災後家園重建計畫」。該計畫將社區總體營造列為重要主軸之一，並明定工作項目包括社區培力、社區組織與自救會等（行政院莫拉克颱風災後重建推動委員會，2010）。但政府於災後初期的做法並未盡符災民之意，尤其是跳過短期（中繼）安置階段直接進入長期異地安置（永久屋）的做法，使得災民必須在倉促間做出遷居、遷村的重大決定。同時，各方認為災後家園重建過於偏重工程與硬體，缺乏部落社群的概念，忽略了原鄉情感的面向，導致部分災民明確表達拒絕入住民間團體所建的永久屋（王增勇，2010；丘延亮，2010；陳永龍，2010）。因此，導致部落內部爭議，甚至彼此猜疑的情景，就經常出現在網路媒體報導中（莫拉克獨立新聞網，2009）。

　　從921地震到莫拉克風災，社區生活重建都是災後重建重要的工作項目。政府部門、災民團體與社區工作者也都呼籲，災後的社區重建除了硬體設施與生活機能的規劃之外，亦應重視群體關係與社區連結的維繫。Campanella（2006）指出復原力超出建物重建甚多（resilience involves much more than rebuilding）。一個完整的復原計畫必須包括倖存者與撤離者的家庭、社會與宗教網絡的再連結。復原是一個個網絡、一個個區塊的復原，而不只是一棟棟建築物的興建。亦即災難復原必須重建鑲嵌在學校、職場、兒童安排、商家、宗教、休閒活動中的金字塔社會關係。

　　從「莫拉克颱風災後重建特別條例」的內容可以清楚看出，其所揭示的重建工作，主要是以災民的慰助與重建工程的施作為主，未強調社區復原的重要性。該條例明定政府應於各災區設立生活重建服務中心，而其功能在「提供生活心理就學就業各項福利服務」，明顯係以提供個人和家庭為導向的服務，社區充權（community empowerment）與社區發展（community development）則不在其法定工作項目之列。依該條例第9條規定中央政府應於各災區鄉（鎮）市設立生活重建服務中心，提供心理、就學、就業及各項福利服務。前項實施辦法由中央主管機關定之。內政部已於98年9月7日發布施行「莫拉克颱風災區生活重建中

心實施辦法」。

　　依該辦法中央政府跳過縣市政府與受災社區（部落）直接介入鄉鎮市的生活重建中心設立，縣市政府雖被課以督導之責，卻無權力管轄。中央政府距離地方遙遠，如何治理地方生活重建？到底一個理想的災後安置與社區生活重建服務模式是如何建構？原地與異地安置與重建的服務模式有何不同？要考慮哪些要素？由誰來決定？服務內容應該有哪些？由誰來提供服務？服務成果如何評鑑？族群與宗教在重建服務過程扮演的角色？災難救援一旦進入復原與重建階段，媒體注意力將逐漸轉淡，社會大眾也會淡忘災難曾經如何慘重地損害災區居民生活。如果沒有完善的災後生活重建計畫，災區的社區重建將緩慢而零散，對災民恢復正常生活相當不利。本文即在探討莫拉克風災災後生活重建模式的建構、服務內容與執行情形，及其改善建議。

貳、文獻探討

一、災後復原與社區重建

　　在災難管理的研究中，復原力（resilience）（或譯為韌性）已成為晚近討論的新論述，尤其是從2005年世界減災會議（2005 World Conference on Disaster Reduction, WCDR）後，永續與具復原力的社區（sustainable and resilient communities）、復原性生計（resilient livelihoods）、建構社區復原力（Building community resilience）等概念變得耳熟能詳（Manyena, 2006）。復原力導向（resilience-oriented approach）的災難復原與重建成為顯學。復原力是指能在逆境中重新恢復的能力，能夠積極地回應危機與挑戰的成長過程；並且有能力承受生命的挑戰，從生命挑戰中重新恢復；即是個人或家庭本身具備的能力或特性，使其處於不利環境中能發展出保護機制，不受壓力與挫折情境的影響，可重獲自我控制能力，並發展出健康的因應行為（Walsh, 2003）。Ride & Bretherton（2011）認為復原力運用在自然環境的生態系統中，有三個意涵：1.多大的改變

是系統能忍受的，且能持續維持控制某種程度的功能與結構。2.系統能自我組織的程度。3.有能力建立與增加學習與調適的能量。

　　有關復原力的定義，已逐漸從結果導向轉移至過程導向。若將復原力僅視為是一項災後重建的結果是危險的，因為這會過度傾向強化災難管理的傳統實務，即是採取反應性的(respond)態度（Bliss & Meeham, 2008）而非預見於先的（proactive）態度（Pfefferbaum, Pfefferbaum, & Norris, 2010）。

　　Manyena（2006）指出災難復原力是一個過程導向（process orientated）重於結果導向（outcome oriented）的概念。無疑地，災難復原力是一個達成結果的過程。一個人、家庭、社區在災難後要在短時間內從震驚、疾病、痛苦中恢復。災難復原力扮演防護罩（shield）、震驚緩衝器（shock absorber）的效果，以降低傷害。而一般災難管理則只是在保證受害社區或體系的生命與生計損害最小，迅速恢復正常生活。

　　先前的學者是將復原力視為達成一項結果的過程，因而使用「因應」（cope）、「恢復原狀」（bounce back）、「禁得起」（withstand），或是「承受負面的影響」，在儘可能的短時間內恢復「常態」（normal）等概念。後來的描述則是較為適當，即是在破壞之後，可以有能力恢復到原始樣貌的過程。

　　過去災難管理介入是偏愛採取家長作風（溫和的專制主義），導致活動傾向供給面多於需求面。有些活動像是社區能量的建構、減緩和緊急準備計畫，都是嚴重地影響人們的復原執行，卻反而被忽略了。以結果為導向的災難復原力方案是傾向採取命令與控制的做法，忽視不平等、壓迫、喪失應得的權利，其結果造成不安全和另一場災難。相反地，將災難復原力視為深思熟慮的過程（此過程視為能通往所希望的結果），聚焦在包括當社區面臨壓力時，什麼是影響社區能力的一連串事件、行動或改變；重點集中在災難事件中每個人的角色。也因此，災難復原力無法在我們的經驗中一致性地被處理，強調每個人經驗的獨特性，例如，辨識每個人在災難事件中的角色、承擔的責任、災難重建計畫、完成重建計畫的能力、重建的優先順序、獨特的情境脈絡等是重要的（Manyena, 2006）。

　　Manyena（2006）也指出，人們不只希望在災難中降低脆弱性（vulnerability），也希望增強復原力。建構在地的知識與發展既存的能量是成功之道，且復原力不是個別發展活動的總和，而是超越減少脆弱面向。Tobin & Whiteford（2002）認為一個具復原力的社區應該是：1.具地方信念與實踐，2.社區資產，3.低風險，4.持續計畫，5.高層次的官方支持，6.政府的伙伴關係，7.互賴與獨立的社會網絡。

　　Bava, Coffey, Weingarten, & Becker（2010）認為過去個別的災後心理介入方案往往比建立社區效能來得受到重視，這種取向應該被翻轉過來。西方國家對創傷的研究是偏向個人為中心的（individual centred）生理醫學與心理取向，往往將個人經歷壓力事件後的痛苦創傷化（traumatisation），忽略家庭、社區，以及廣大社會的社會脈絡（social context）。因此，結合家庭與社區復原力的集體途徑（collective approach）的出現，有助於整合個人心理與社會創傷及社會脈絡的復原力（Saul & Bava, 2008）。促進社區復原力及幸福是與地方人民社會及情緒的福祉息息相關的，這又與其歷史與文化相結合。所以，災後重建服務應該以重建社區效能與復原力為重。而發展與地方居民的伙伴關係來協力（collaboration）推動生活重建方案，是重建社區居民個人與集體效能所必需的。

　　Landau（2007）、Saul（2007）定義社區復原力是一種社區能量（community's capacity）、希望（hope）與信念（faith），用來抵抗主要的創傷與喪失、克服逆境（adversity），以及普遍地增加資源、知能與關係連結。Landau（2007）提出連結人類系統的社區復原力模式（The Linking Human Systems Community Resilience Model）整合個人、家庭、社區的復原力，以因應危機、創傷與災難。亦即將個人、家庭與社區集結在一起成為變遷的媒介。

　　至於該如何使災後社區居民展現復原力，Walsh（2003, 2006, 2007）提到，為能協助受災的家庭培養復原力，能夠從創傷經驗進入重建，要注意以下幾個面向：

1. 信念系統：將創傷失落經驗意義化；尋找積極正向的展望；追求心靈（靈性）的成長。
2. 組織：彈性和重建穩定性；強化連結；擴大親屬、社會、經濟的資源。

3. 開放的溝通：清楚且一致性的訊息；情緒分享與支持；協力解決問題。

Landau & Saul（2004）也發現社區復原力包括四個課題：

1. 建立社區與強化社會連結，以增強社會支持系統、建立聯盟、資訊與資源分享是復原力的基礎。

2. 參與集體的說故事與確信創傷及反應，隨著故事的發展涵蓋更多不同的經驗。

3. 再建立生活的步調與例行安排，進行集體的治療儀式。

4. 從更新希望中獲得正向的未來願景。

這些課題支持上述的復原力過程中的信念系統、組織型態，與溝通過程。

Tedeschi & Calhoun（1996）、Calhoun & Tedeschi（2006）研究指出，創傷後的成長有以下五個面向：1.新的機會與可能性的出現；2.深化和擴大與其他人的關係；3.感受到更有力量去面對未來性的挑戰；4.重新安排人生目標和期望的優先順序；5.心靈層次更提升。

　　有些人在面對生活中的重大壓力或創傷事件時，可以採用正向的態度，運用個人、家庭或社區中潛在的優勢與資源，解決逆境或困難，而非長期陷入負向處境的惡性循環。換言之，在逆境中人們是有一定程度的調適能力。因此，相較於過去，目前對於災難創傷與失落的處理，已經從以個人為基礎、症狀為焦點的實務取向，逐漸轉換至強調將創傷經驗脈絡化（contextualization），發掘社區居民的優勢與資源的多重系統的復原取向途徑（multi-systemic, resiliency-oriented approach）。此實務取向轉換背後的邏輯是，在協助受災難事件波及的人們處理問題時，如果把焦點窄化，一直放在創傷的經驗或是症狀，問題、困難恐怕只會惡化；但若是要使災後重建就緒、回歸正常生活，則必須是將災難創傷的悲傷、痛苦常態化與情境化，並且發掘、善用強化社區居民生活網絡中的優勢和資源（Walsh, 2007）。

　　災後重建工作是透過受創家庭與社區來完成，因此必須釐清災難對家庭與社區的影響的幾個面向要素（Landau & Saul, 2004）：

　　（一）評估家庭與社區系統哪些部分受到瓦解。因為，當家庭與社區被重

大災害瓦解時，其原先慣用的調節功能會暫時失去作用，影響正常生活機能的運作。所以，要具體釐清受害家庭與社區的哪些功能、組成架構，以及組織受到破壞。

（二）評估災難帶來的壓力。改變與變遷在人類與社會發展中是必然存在的，並且有時是不可預期的。所以，災難帶來的改變與變遷會導致家庭與社區的壓力，引發的問題與症狀將在個人、家庭及社區層面發展中增加風險。家庭或社區在災後多數是隱藏著未解決的悲痛、失落，以及復原力未能積極展現，並且這些情緒會經常在生活中流動著。因此，災難勢不可擋的壓力所造成的悲傷及失落是需要更長時間復原的。

（三）評估災難事件對家庭動力的影響。家庭在遭受災難巨大襲擊，並且是在非常短的時間內進行改變，例如，逆轉了家庭生命週期原先正常的方向或速度，基本上會發生不可避免的過渡性衝突，據此，協助家庭有能力面對衝突是重建過程重要的處置。另外，對家庭而言，必須面對人際關係連結型態的改變，包括分離、缺乏角色區辨、親子間過度涉入的關係；以及溝通的型態造成改變，可能會帶來力量，但也有可能帶來阻礙。

（四）評估災難事件對社會層面的影響。其影響可分為二個方面，一是威脅到偵測系統，降低在環境中對於危險線索的敏感度；二是影響到情感系統，減損社會連結與團體凝聚力。

（五）災難事件對家庭與社區資源的影響。當人們的資源流失，或是發現當他們不管如何努力都無法再獲得資源時，皆會產生壓力。當災難事件發生後，那些擁有較少資源者，會受到較深的影響，也無法動員社區。而在社區中通常有一些隱藏的資源，當資源得以被分享時，就能提供個人與家庭更多的支持與優勢。

Landau & Saul（2004）、Landau（2007）、Walsh（2007）等研究發現，雖然人們、家庭、社區具備一些能力能夠修復災難事件後的負面影響，但是當復原力及其延伸的支持系統、資源沒有連結，或是中斷時，這些能力是沒有辦法發揮效益的。是故，能夠使人們接近其固有的能力是重要的，也就是他們必須與其家

庭、自然的支持系統、日常生活型態和習慣、心靈支持系統、文化系統，保持連結或是重新獲得連結。因此，在此之前必須評估受創家庭與社區可能擁有的復原力：

（一）在受創的情境下，我們要如何去辨識受創家庭和社區的復原力？並且此復原力是如何來呈現？

（二）在什麼樣的條件下，人們如何從失落中顯露出復原力？

（三）人們是如何呈現他們的弱點，或是如何呈現出他們在面對可怕的處境時的樂觀？

（四）我們如何知道哪些資源對他們是有用的，或是哪些已經是無望地被耗盡了？

（五）假如這些資源存在，我們何以得知他們是如何接近這些資源？

（六）他們是如何展示他們與其自身家庭、文化、社區的連結？

災後的重建對於社區中的家庭與組織而言，是相當不易的事，常會受到外在環境影響，而失去焦點與方向。綜上所述，趙善如（2010）指出協助社區居民重建行動的依據與參考如下：

（一）目前對於災難創傷與失落的處理，已從以個人為中心、症狀為焦點的實務取向，轉換至強調將創傷經驗情境化，發掘社區居民的優勢與資源的多重系統實務取向災難工作模式，也就是個人、家庭、社區必須同時來進行重建工作。

（二）重建雖然是過程也是結果，但過程重於結果。因為，將災難重建工作視為深思熟慮的過程時，主要的焦點是在了解什麼因素影響了社區行動或改變，重點集中在災難事件中人的角色；強調每個人經驗的獨特性；辨識每個人在災難事件中的角色、承擔的責任、獨特的情境脈絡（Manyena, 2006）。

（三）依據資源維繫理論，從生態的考量發現，資源不是固定不變，也不是獨立存在於某人或某個系統，而是存在不同的生態系統中，從個人、家庭到社區組織。Paton等人（2008）認為災後適應能量（adaptive capacity）是個人與社區互動的結果。在集體文化的社區，集體行動成為一種規範、共享命運。

　　（四）根據社會復原力（social resilience）（Bradley & Grainger, 2004），災後社區重建工作考量所採取的策略方向，須以災難對社區居民的影響是否嚴重的影響常態生活為重要的依據。若是災難的損失不會影響其常態生活時，所採取的策略原則是以居民過去的生活經驗為依歸，就現有生活方式與空間來做調整；但若是災難造成資源的損失影響社區居民的常態生活與生存，則必須採取替代性策略，例如：異地安置、改變收入來源，或是讓外部相關系統中功能較佳者進入社區，共同工作。

　　（五）重建工作與社區居民生活情境脈絡有著明顯的關係，因此，必須注意其生活背景的文化特色與價值。在災難事後的相關措施應該有高度的文化敏感度，並且對於種族文化特有的信念與策略應給予正向、積極的回應（Marsella & Christopher, 2004），因為個人處理壓力是一個動態、互動的過程，這過程中結合了社會文化環境中的文化背景與文化價值（Clauss-Ehlers, 2004）。另外，要認真地思考社區的資產，並以社區居民自己文化的語言來重新建構此次災難事件原因與結果之意義；以及他們的社區運用了特有的種族文化（ethno-cultural）因應機制來看待此次的災難事件，因為這些生存者認為他們獨特的個人、社會、心靈的因應策略的重要性、價值，是勝過於正式的心理健康服務輸送的（Rajkumar, Premkuma & Tharyan, 2008）。

　　至於該如何使災後社區居民展現復原力，Walsh（2003, 2006, 2007）提到，為能協助受災的家庭培養復原力，能夠從創傷經驗進入重建，要注意以下幾個面向：

1. 信念系統：將創傷失落經驗意義化；尋找積極正向的展望；追求心靈（靈性）的成長。
2. 組織：彈性和重建穩定性；強化連結；擴大親屬、社會、經濟的資源。
3. 開放的溝通：清楚且一致性的訊息；情緒分享與支持；協力解決問題。

　　此外，Walsh & McGoldrick（2004）也提到，相關的助人者為促進災難事件的受災戶重建與展現復原力，應該鼓勵個人、家庭、社區積極參與以下的過程：

1. 分享對於創傷事件與失落的感受：釐清事實、情境、模稜兩可的看法和感受。
2. 分享資源流失和生存的經驗：積極參與追思儀式；分享對生命的意義；情緒表達。
3. 家庭與社區的重建（為生存者的幸福擬計畫）：重新排列人際關係；重新分配角色和功能；重新建構生活、家庭、生計、親屬關係和社區。
4. 在人際關係和生命追求重新投資：建構新的希望與夢想；重新修正生活計畫與盼望；從不幸的失落中找到新的目標。

　　然而，災難復原與重建對某些受災者來說，能從傷害、失落中復原到低度的福祉狀態已屬萬幸；但對另一些人而言，災難可能是一種復原轉銜（recovery transitions），災難帶來機會，打破原先的生活經驗，讓他們從原先的政治、經濟、社會結構中跳脫到一種新的生計方式，例如：異地重建的重新開始。當然，對外來者來說，也可能藉此災難遂行其政治經濟利益的掠奪，例如：介入土地開發、觀光事業，或國土資源的重新配置等。Rigg, Grundy-Warr, Law, & Tan-Mullins（2008）在研究泰國南部遭受2004年南亞海嘯傷害嚴重的皮皮島（Koh Phi Phi）一帶的復原與重建時，發現政客與商賈正好利用災難，將原先在當地生活的小攤商趕走，重新開發當地成為新的觀光景點。災難提供一種黑勢力（Shadowy ithiphon muut, black influences）的入場券。政府以保護公共財為名，將原來的居民遷徙到較無商業價值的地區，以利重建其政商事業。同時，災難也提供一項新的玩家陣仗入場的機會，取代既有地方層次相對穩定的政治經濟與社會脈絡；例如，志工團體、NGOs、宗教團體、國際救援組織等的介入提供重建服務計畫，改變了既有的資本累積與社會分工的模式。

二、臺灣的災後生活重建

　　生活重建中心是921震災重建中最具特色的社會福利服務。其服務方法提及針對受災對象之不同需求，結合宗教及其他民間團體力量，訂定各類求助措

施，分工合作，提供災區失依老人、孤兒、身心障礙者及其生活扶助之後協助與
照顧，並協助組合屋臨時社區意識，協助災民重建生活。與生活重建中心類似的
是南投縣的家庭支援中心。事實上，「災後重建計畫工作綱領」中並未明示設置
「家庭支援中心」。南投縣之所以先於重建計畫工作綱領而推出家庭支援中心的
計畫，主要是因為災區出現以下問題（王增勇，2000）：

1. 片段且重複的需求調查。
2. 基層社工人力不足且素質仍待提升，無法滿足災後衍生的福利需求。
3. 民間供給服務的可行性。
4. 既有社會福利體系不足或不當，災後更顯侷促。
5. 災後社會福利需求甚多，但社區服務資源急待發掘。
6. 失業問題急待解決。

921地震南投災區規劃「社區家庭支援中心」作為災區居民接受服務的第一
線據點；並將受災情形分為3級，第1級設3個中心，第2級設2處，第3級設1處。
社區家庭支援中心的任務包括以下幾項（陳婉真，2001）：

1. 諮詢與轉介。
2. 個案輔導與管理。
3. 居家照顧服務。
4. 社區組織。

家支中心由南投縣政府向921震災重建基金會申請補助1年9千餘萬元，設置
了23個中心，於1999年12月15日簽約運作，總計有12個民間團體加入承接家支
中心的業務。陶蕃瀛（2000）以中寮鄉的社區工作經驗為例指出災後重建工作
的原則是：

1. 尊重地方社區、發展社區能力。
2. 發展基層社區的合作組織與社區基層組織，並重建居民與大社會的共生
   關係，如社區共生合作農業。
3. 發展地方自主教育。

南投的家支中心企圖結合普及化、社區化、民營化、服務整合、社區組織

等原則（王增勇，2001），其實這是一個頗具勇氣的策略。然而，一些外部環境的限制，以及內部行政管理的問題，對家支中心造成一定程度的限制（陳婉眞，2001；黃源協，2000）：

1. 專業人員的缺乏與流動，
2. 公所之間的矛盾與張力，
3. 外部政治環境的變化，
4. 政府更替造成經費的緊縮與政策的轉向，
5. 縣府內部不了解與缺乏支持。

南投縣的家支中心在2001年底縣市長選舉後，成為另一個政權輪替下的祭品，被移轉給鄉鎮市公所管轄，原本與民間的契約終止。新的家支中心是否能突破前2年的一些困境，特別是黃源協（2000）所關心的受委託團體在地化的問題，與缺乏適切的追蹤與評鑑體系，以及施教裕（2000）所擔心的整體組織運作與服務角色功能的釐清。

另一個例子是於1999年12月，臺北縣政府就積極地規劃成立一個為期3年的「社會暨心理關懷站」，2000年3月14日正式在五股員工住宅附近的工業策進會辦公室成立，以便就近提供服務。2001年7月22日新店生活重建中心也正式掛牌。「社會暨心理關懷站」擬定了3年的計畫，第1年以需求評估為主，進行家庭評估，透過不定期的家庭訪視，配合鄭麗珍、劉可屏兩位教授所帶領的訪視初步資料，再做有系統的評估，並藉電話、活動來建立服務關係（林萬億，2002a、2002b）。

第二年則開始辦理喪親團體、親子活動、壓力紓解、情緒調適、自我認識及生涯規劃、介紹臺北縣特殊人文景觀等活動。第三年則將目標鎖定在強化家庭支持性團體的運作，培養家庭的生活適應、資源整合及未來規劃等，並漸進結束專業關係。經過3年的社會暨心理服務，災民因921帶來的各種壓力（心理、金錢等）殘存的比率只剩41.8%，表示已有相當比率獲得紓解。創傷壓力殘留率較高的指標是屬於PTSD的再經驗創傷的感覺，以及過度警覺反應（林萬億，2002a、2002b）。

　　莫拉克風災的社區重建計畫是否記取921震災生活重建的教訓？前車之鑑是否能成為災後社區重建的殷鑑？內政部已於民國98年9月7日發布施行「莫拉克颱風災區生活重建中心實施辦法」。第1階段於2010年設置22處生活重建中心，包括嘉義縣4處、高雄縣4處、屏東縣10處、臺南縣1處、臺東縣3處。委託民間團體辦理，計投入經費1億2,070萬元，投入社工人力101人，行政人力與服務人員55人。第2階段由各縣市政府配合營建署規劃永久屋基地增設南投縣1處、屏東縣3處、臺南市1處，合計5處。總計設置生活重建中心32處。生活重建中心的服務內容包括：心理服務、就學服務、就業服務、福利服務、生活服務、其他轉介服務（黃碧霞、蔡適如、陳千莉、周慧婷，2010）。

　　屏東縣莫拉克風災復原將參與的32個民間團體依需求採取4個模式並進的方式：社區安全復原模式、社區照顧復原模式、社區營造復原模式、社區觀光復原模式（許慧麗、趙善如、李涂怡娟，2010）。

　　針對莫拉克風災災後生活重建服務的經驗，王御風（2011）指出綜觀兩年來大愛園區的重建，最成功的就是建築物的興建，快速地在2年內興建千戶永久屋，容納來自高雄縣災區居民，達成安置安置災區居民短期的目標，並形成一個全新的社區。但是，問題也慢慢發生。許多居民不願意將戶籍遷至園區內，其中固然牽涉到原住民住在山區與平地的福利問題，但也有居民發現其產業無法脫離原居地，目前的生計還是得回到原鄉去種植各種農作物然後拿到山下販售，遂興起「不如歸去」之感，或是不願放棄山上原居地，這與當初政府大費周章，希望他們遷居山下，讓山林「休養生息」大不相同。

　　大愛園區不只是產業發展無法滿足居民需求，園區旁的「永齡杉林有機園區」第一期62公頃，第二期100公頃，也只能僱用不到200位園區居民就業，對於上千戶大愛園區居民來說，能提供的工作機會有限。此外，園區的文化與族群差異帶來的分裂也沒有被有效地處理。即使原民會試圖彌補園區缺乏原住民文化象徵而提供的每戶10萬元的「原住民家屋建築語彙計畫」，立意良善，卻也帶來不同族群的緊張關係。沒有被列入補助對象的漢人，就不滿這種族群分化式的補助（王御風，2011）。至於，因為宗教信仰差異所造成的社區居民與興建單位

（慈濟）之間的嫌隙，不只是發生於原住民的基督教、天主教與佛教間；也發生於漢人的道教與佛教間的爭議。

　　從屏東莫拉克風災重建經驗出發，許慧麗、趙善如（2011）指出，不論是屏東縣的重建計畫，甚至中央生活重建中心計畫或社區營造重建計畫等，綜合來看大大小小的社區重建計畫執行過程都有行政遲滯、平臺會議未聚焦及專管團隊輔導認知落差等不利因素。而對應到計畫目的就是要重建區社區的生機與活力、培育激勵社區發展能量、社區培力的強化與社區主體性的建立、社區組織的催化與強化、人才培訓機制的活化與深化、政府與民間攜手建設在地化的永續工程，以及組織串聯、交流的社區網絡、創造跨域結盟的常態性。

　　黃肇新、蔡詩詩、陳鈺欣（2011）研究臺南市南化區生活重建中心的經驗發現，生活重建中心在既有制度框架下淪爲向個案工作傾斜的專業服務，繁複的專業與行政督導造成第一線工作人員難以適從。因此，建議生活重建中心應作爲各項服務輸送及防災體系基層據點，以重建社區需求爲取向的生活重建服務，生活重建中心需要多元知識，以及重視地方政府在重建工作中的角色。

　　而在生活重建的過程中，公私協力關係如何運作，王仕圖、趙善如、許慧麗（2011）認爲，首先，公部門要改變認知選擇培力社區，避免以管制角色介入社區重建；其次，要直接巡迴與接觸社區，讓政府培力發揮角色。亦即，公部門社會工作人員應透過業務指導直接接觸社區，並用更貼近無距離的模式權力輔導陪伴社區成長。

　　2012年12月12日內政部於高雄市蓮潭國際會館舉辦「愛・重生與希望」，生活重建服務中心3年成果發表系列活動之表揚與感恩大會，委託民間團體設置的27處（101年縮減爲26處）生活重建服務中心及41處（101年縮減爲39處）聯絡站，以及近200名的人力，宣告專案結束，銜接計畫啟動。內政部另定重建服務的延續性計畫，未來2年將以莫拉克重建特別預算8,000萬元，來補助地方政府於重建區設置社區的培力據點，繼續協助社區永續發展。

參、研究方法

　　本研究採問卷調查與焦點團體訪談兩種資料蒐集的方法。焦點訪談對象包括主管災後復原與重建的社會行政體系、參與安置與重建的工作人員、被安置的社區（部落）領導者，每一個受訪對象均有不同的角色扮演（詳見表22-1）。訪談是為了解莫拉克風災受災戶在安置與重建過程中期待與被告知、接受到的正式與非正式資源的協助，與期待家族提供的支持功能，以及受災戶對災難、災後安置與重建政策和方案的主觀感受；並進一步了解目前的復原情況，以及可改善的地方，以作為安置與重建工作的參考。

　　問卷調查則是為了解社區居民在生活重建過程中，獲得協助的情形與感受。問卷針對民眾所需的服務，例如：永久屋配置和裝潢、相關補助金、醫療資源、老人照顧、心理輔導及產業等相關面向，調查需求被滿足的情況；接著，研究者採用李克特尺度（Likert Scale）5分量表了解居民搬遷至永久屋後的生活適應狀況與滿意度。

　　問卷調查最初依照各縣市不同永久屋的實際居住人數，進行分層隨機抽樣（stratified random sampling）。然而，在實際執行的過程中，因聯繫上的阻礙，且須顧及重建中心、社區管理委員會及社區居民的意願等問題，研究者無法依樣本設計確實執行。因此，改採便利抽樣，以願意參與本研究的永久屋居民作為問卷訪問調查對象，計訪問居住在永久屋的受災戶222份（詳見表22-2）。資料分析初步採描述統計呈現永久屋居民的生活情形與想法。

表22-1　焦點團體受訪對象

地點	日期	訪談人員
屏東縣政府	100年10月20日	1. 來義生活重建服務中心主任 2. 屏東縣政府社工員 3. 霧臺生活重建服務中心督導 4. 三地門生活重建服務中心督導 5. 介惠基金會（泰武、牡丹重建中心）主任

地點	日期	訪談人員
		6. 霧臺生活重建服務中心主任 7. 三地門生活重建服務中心主任
高雄市政府社會局	100年11月3日	1. 社工科： 　(1)專員 　(2)六甲社福中心督導 　(3)旗山社福中心督導 　(4)約聘社工員 2. 兒少科專員 3. 人團科約聘人員 4. 救助科專員
高雄市杉林區生活 重建服務中心	100年11月3日	1. 大愛自然生態關懷協會總幹事 2. 大愛觀光推廣協會顧問 3. 八八重建協會理事長 4. 新桃源重建協會理事長 5. 杉林區生活重建服務中心主任
小林五里埔	101年3月18日	1. 五里埔管委會主委 2. 五里埔社區發展協會社會局人力支持計畫社造員 3. 五里埔文化種子 4. 五里埔培力計畫專管
日光小林	101年3月18日	1. 日光小林社區發展協會總幹事 2. 大滿舞團團長 3. 小林村耆老 4. 社會局人力支持計畫社造員 5. 大滿舞團團員

資料來源：研究者自行整理。

表22-2 樣本分布

縣市	永久屋基地名稱	認養團體	抽樣戶數
嘉義縣	日安社區	紅十字會	51
	逐鹿社區	紅十字會	50
高雄市	杉林大愛園區	慈濟	121
總計			222

資料來源：研究者自行整理

肆、研究發現

一、921震災與莫拉克風災生活重建政策的比較

謝志誠（2010）指出，921震災當年於南投嘗試運作的「社區家庭支援中心」方案，與其後由民間力量發想設置的「生活重建服務中心」，此種服務模式使生活重建服務「公辦民營」或「政府委託民間團體辦理」的觀念已獲得認同，而有關重建中心的委辦作業、服務內容與績效考核等，皆有所傳承，值得肯定。然而，921震災與莫拉克風災的重建經驗在諸多面向出現差異，王增勇（2010）歸納出4種變化：

1. 受災民眾文化之特殊性從一般民眾轉變爲原住民。

2. 921震災採中繼安置興建組合屋；莫拉克跳躍中繼安置直接興建永久屋。

3. 921震災委託並引導在地或小型的社福組織協助生活重建及社區營造；莫拉克災後中央政府直接介入營區安置，以及委託具規模之NGOs興建永久屋。

4. 重建工作從921震災的地方政府主導，轉變到莫拉克的中央政府主導。

上述結論指出兩次災難在受災民眾的文化特殊性、安置方式、NGOs的組織化程度及救災工作的層級，都有明顯差異。顯然，「生活重建服務中心」的設立與運作模式，921震災留下的寶貴經驗，並沒有爲莫拉克災後的生活重建機制，帶來可供學習與參考的模式。

在《九二一震災重建暫行條例》與《莫拉克颱風災後重建特別條例》的規定下，政府皆設置了名爲「生活重建服務中心」的服務輸送據點，協助居民進行生活重建。然而，這兩個相距10年時空的災後生活重建政策，實有諸多相異之處，本文將其異同分析如表22-3，並依此脈絡，進一步省思下列議題（林萬億，2013；鄭如君，2013）。

（一）法制化過程

921震災的生活重建的法制化過程耗時長，審查與監督準則也歷時3年才制

定完成。《九二一震災重建暫行條例》第5條明定縣市到社區等各級地方政府，都必須設立災後重建推動委員會，建構地方政府與災民皆能參與決策的機制，而災民代表能夠透過參與地方重建委員會，介入重建政策和規劃，提出災民觀點的重建構想（Summer, 2009）；臺灣農村陣線發言人蔡培慧認為《九二一震災重建暫行條例》規劃地方參與重建委員會的機制，使災民能夠凝聚、討論對重建工作的想像，這樣參與重建機制的機會，讓災民能夠自主投入重建工作（Summer, 2009）。

　　反觀莫拉克風災於災後2週，由行政院制定《莫拉克颱風災害重建特別條例》草案，並迅速地在行政院院會通過；隨後，立法院也緊急召開臨時會，於2009年8月27日三讀通過《莫拉克颱風災害重建特別條例》。苦勞網、小地方新聞網、環境資訊電子報、立報等各大媒體報導原鄉組織、環保團體及人權團體等，怒斥重建政策的急就章與草率，忽視災民的聲音與主體性，將重建工作的主角排除於決策過程外。這樣「由上而下」的思維，忽略了原住民的文化層面，更降低了災民凝聚社區意識的機會。臺灣原住民族政策協會理事拔尚認為救災要快、安置要準確，重建則要有全盤性的了解跟溝通，重建條例草率通過，只是另一場災難（胡慕情，2009）。

　　政府在20天內通過特別條例，94天通過特別預算，於2009年9月6日開始推動重建機制的情形下，災後一年各方通力合作，但重建工作仍艱難不順。重建到底錯在哪裡？特別條例「高效率」通過並非句點，而是將這個問號將愈滾愈大（柯亞璇，2010）。

（二）重建中心的組織層級

　　即使，《九二一震災重建暫行條例》將重建中心業務下放給鄉鎮市公所管理，廖俊松（2006）認為此方案已背離先前由縣政府與民間團體簽約的「社區家庭支援中心」的精神，將重建中心視為縣市政府在災區的「分身」，造成鄉（鎮市）公所等基層單位的反彈，且角色的重疊因縣府與鄉鎮公所的緊張關係而更加惡化。

　　反觀莫拉克風災後，政府將重建中心的主導層級提高到中央政府，並跨越地方政府於災區（鄉鎮市）設立重建中心，使得行政體系分工更為繁複，溝通與合作因疊床架屋而產生阻礙，組織間的關係也更為緊張。仔細觀察莫拉克風災的服務系統，是一種由中央政府與全國性非政府組織（NGOs、紅十字會、世界展望會、慈濟功德會）協同決策，地方政府與NGOs協力執行的「雙層割裂分工模式」。

　　依內政部98年9月7日發布施行的「莫拉克颱風災區生活重建中心實施辦法」規定，中央政府跳過縣市直接介入災區鄉鎮市的生活重建中心設立，縣市政府雖被課以督導之責，卻無權力管轄。縣市政府既無簽約之實，又非經費補助單位，如何督導？中央政府距離災害發生地點遙遠，如何管理地方生活重建？

　　中央政府之所以跳過地方政府直接委託NGOs辦理生活重建中心的業務，一方面是基於對救災與重建時效性的期待，在當時救災不力的社會批評氛圍下，中央政府自然不敢對於災後生活重建有所怠慢；另一方面是因為中央與地方執政政黨不同引發的績效歸屬問題，國民黨執政的中央政府深怕不主導永久屋與生活重建中心的規劃與執行，績效如果落給民進黨執政的高雄縣、屏東縣政府，對其執政能力的評價將是不利的。在莫拉克颱風災後重建特別條例立法過程，民進黨團所提版本地23條明定縣（市）政府應於災區鄉（鎮、市）設立生活重建服務中心，提供居民下列服務：福利服務、心理輔導、組織訓練、諮詢轉介。時任國民黨政策會執行長（俗稱大黨鞭）的林益世立委（高雄縣選出）基於選舉考量，強力運作國民黨團提出修正動議，修改為中央政府應於各災區鄉（鎮、市）設立生活重建服務中心，提供生活心理就學就業及各項福利服務。最後投票表決，國民黨以75票對24票絕對優勢壓過民進黨團意見[1]。於是出現違反災難治理的原則，授權中央跨過受災縣（市）政府直接在鄉（鎮、市）設立生活重建中心的惡例。這充分突顯了災難治理的特性，災難管理往往摻雜著非理性的政治因素。

---

[1]　詳見立法院公報98卷45期院會紀錄，頁66-67。

　　更令人質疑的是，原先在地方政府就有縣（市）政府社會局所設的社會福利服務中心。例如，桃源區、杉林區是原高雄縣旗山社會福利服務中心所服務的轄區，旗山社會福利服務中心在災後生活重建上也是角色缺席者。顯示，災後生活重建中心的規劃嚴重缺乏地方政府的參與。最後，地方政府只能啞巴吃黃蓮，有苦說不出，委屈地扮演「盡力協調」的角色。一個沒有資源當後盾的人能協調出什麼令人滿意的結果？

　　高雄市政府人團科約聘人員說道：「地方政府跟生活重建中心的關係是非常密切的。可是生活重建中心背後的那個母會，他聽命於中央。因為他的經費、他的相關受託是中央。所以變成是說，當這三角關係來講，我在4月接了以後我非常地混亂；我不曉得地方政府的立場，應該扮演什麼樣的角色。」

　　此外，內政部為了管制與輔導20餘個生活重建中心的運作，另外委託家扶基金會擔任生活重建中心的全國輔導團。在運作上，家扶中心扮演類似一般建築專案管理人的角色，然而，建築專案管理人的主要角色是進度管理與執行監理。而輔導團的角色到底是輔導或監督？這是一個很難拿捏的角色定位。如果輔導團是輔導角色重於監督，那就應該是支持、協助重於監督；反之，如果是監督重於輔導，那就會以進度管制與執行監督角色扮演為主。更何況，輔導團成員不在第一線，何以能擔任輔導角色呢？即使由資深的災難救援與重建專家擔任輔導團成員，也不見得能個殊化地了解每一個災區的差異經驗。結果往往是增加許多重建中心工作人員聯繫輔導委員、向上呈報的表單、業務報告等的行政工作，又不見得能真正解決各重建區的難題。於是，2010年第4季，內政部發現這種疊床架屋的問題之後，衍生出要求各縣市生活重建中心應參與縣市政府聯繫會議與教育訓練的要求，讓原先缺乏角色但對地方災區文化熟悉的縣市政府多了一個可以參與生活重建中心發展的管道。但是，也僅止於增加生活重建中心與地方政府的聯繫機會。

　　從2011年4月起駐站在高雄市的內政部聘任督導說道：「所以，我們在這邊一年約有辦4次的聯繫會議，那聯繫會議的參加對象大概就是我們幾個生活重建中心，然後可能就是加上我們地方政府的各個部門，像是6大服務裡面的各目的

事業主管機關，……，我們都會拉進來，固定一起來開會。可是往往會碰到一個困難就是，期待透過這樣子的一個聯繫會議，事先能夠讓生活重建中心提出來，他們平時在業務的推展上，碰到的困難，要跟這些公部門來協調、一起來解決。可是，比較可惜的是，往往沒有辦法做到這樣子，就是他們沒有辦法提出他們平常在業務上碰到的困難，提到這個會議中來討論，然後被有策略地來解決。」

終究，與中央政府簽約的NGOs承包的生活重建中心不一定熟悉與地方政府各相關部門的互動；地方政府對於中央主管的災區生活重建中心的期待還是不同於中央政府，除了政黨的不同之外，更多是為地方治理的經驗與期待不同。

（三）受託團體資格

兩次災難的受託團體資格，並無顯著差異。但921震災的受託團體除了全國性的社會福利團體之外，尚有「有提供社會福利業務」的在地或小型的組織，努力使重建服務在地化。而莫拉克風災的受託團體多為較具規模之社福團體，例如：世界展望會、慈濟功德會、紅十字會等。但受託團體在地化的問題，並沒有獲得解決。

（四）服務項目

《九二一震災重建暫行條例》的「就業服務」業務為直轄市、縣（市）勞工行政主管機關協助辦理，勞工主管機關須提供災區失業者當地公立就業服務機構之資料，作為推介就業或安排參加職業訓練之依據；而就學服務僅納入《災後重建計畫工作綱領》，未包含至生活重建業務中。莫拉克重建中心的業務相較於921震災，多了「就業」與「就學」服務，且每個類型的服務皆有明定目的事業主管機關。相較之下，莫拉克重建中心可提供的災民服務更加完善。然而，兩次災後的法定服務內容皆以個人與家庭為中心，欠缺以社區為基礎的考量。也就是未如前述文獻所述的從個人為中心的創傷復原，翻轉為多重系統的社區復原力的模式。

（五）督導考核機制

　　《莫拉克颱風災後重建特別條例》參考921震災的經驗，訂定督導考核機制。然而，主辦績效考核的中央政府，不易貼近重建中心所在的社區與族群，給予適切的評分。此外，如前所述，中央與地方並行的輔導、監督制度的重疊，徒增重建中心的負荷而減損其提供服務的力道。

（六）重建中心的委外辦理與政府直營

　　921震災之後的社區生活重建，有臺北縣與彰化縣的縣府公辦公營的模式；有南投縣、臺中縣市的委外經營模式。依縣市政府的資源與能量，形式上採因地制宜的多元模式。而莫拉克風災下的重建設置，卻採中央政府全面委託民營的模式，且委請地方政府協助督導。莫拉克的經驗使得行政體系疊床架屋，複雜化中央政府、地方政府與重建中心的角色與關係。

（七）文化敏感議題

　　雖然，921震災南投縣、臺中縣也有原住民部落遭受災害，但是規模與比例沒有莫拉克風災來得大。莫拉克風受災部落有47個被勘定為「不安全」地區，必須集體異地安置，因此，文化敏感就成為莫拉克風災重建的重要課題。以高雄市杉林區的大愛園區為例，千戶永久屋容納來自高雄縣那瑪夏與桃源鄉的布農族、茂林的魯凱族、小林的西拉雅平埔族、六龜等地的漢人。許多居民不願意將戶籍遷至園區內，其中固然牽涉到原住民住在山區與平地的福利問題，但也有居民發現其產業無法脫離其原居地，目前的生計還是得回到原鄉去種植各種農作物然後拿到山下販售，遂興「不如歸去」之感，或是不願放棄山上原居地，這與當初政府大費周章，希望他們遷居山下，讓山林「休養生息」的期待大不相同（王御風，2011）。大愛園區不只是產業發展無法滿足居民需求，園區旁的「永齡杉林有機園區」第一期62公頃，第二期100公頃。也只能僱用不到200位園區居民就業，對於上千戶大愛園區居民來說，能提供的工作機會有限。生計永續的議題不只是原住民才有，一位被安置在杉林大愛園區的漢人草根領袖就說道：

「我們曾經透過問卷，傾向於在這裡繁衍生息比例略高。但是慢慢地隨政策的改變也許這個會改變。如果說產業沒辦法重建的話、文化沒辦法重建的話，你也知道說農民離開土地是一個很殘酷的事實，這裡是一個沒有土地的社區，沒有土地就沒有安全感，心理上是徬徨的，他們對於土地的依戀、對於土地的依賴這是一定的。如果說這裡不能再開闢一個新的生活社區，那也許幾年之後鄉親他們還是會傾向說回到原本熟悉的地方。如果說我們莫拉克的重建已經在道路啦、各方面的安養措施都做好了，也許他們還是會傾向說回到他們原本熟悉的地方。」

顯見，土地、文化、產業是決定永久屋社區之所以能否永續發展的命脈。脫離土地、產業與文化的災民，即使有永久屋作爲「住家」，集體異地安置的原住民也不見得能眞正找到家。

此外，園區的文化與族群差異帶來的分裂也沒有被有效地處理。除了文獻所述的每戶10萬元的「原住民家屋建築語彙計畫」，帶來不同族群的緊張關係（王御風，2011）和因爲宗教信仰差異所造成的社區居民與興建單位（慈濟）之間的嫌隙之外，杉林大愛園區的漢人草根領袖接著說道：

「我們這裡有上達千戶、一個將近5千人的大社區裡面。首先，在這個族群的和諧跟尊重這方面應該還可以做的更好，應該可以再更人性化地思考。譬如來說，漢族與原住民你把他摻雜在一起，甚至於說毫無章法的配置，不管是生活習性或者說思想上、宗教信仰上面畢竟還是有所差距，那這樣的族群混雜難免會產生很多的摩擦。其實在整個安置的過程當中，來自於不同鄉鎮、不同村落、不同的族群，那你毫無章法地讓他們這樣子，第一個是產生一種撕裂，我跟原本幾輩子的老鄉親被拆開來，那隔壁族的不是我熟悉的人，不是我熟悉的鄉親。那隔壁也許在做禮拜，那我們正好在做那個，變成一種生活習慣會產生一種不尊重的情況發生。」

　　可見，混居的多元族群永久屋社區，不只是居住安置的議題，也是宗教信仰、生活方式、資源分配、權力關係、社區認同的議題。

表22-3　921震災與莫拉克風災生活重建服務中心的異同

	921震災	莫拉克風災
法制化過程	災後一個半月，訂定《災後重建計畫工作綱領》。災後五個月，制定《九二一震災重建暫行條例》。災後三年，訂定《社會福利機構或團體辦理921震災生活重建服務中心服務工作審查及監督準則》	災後20日，制訂《莫拉克颱風災後重建特別條例》。災後一個月，訂定《莫拉克颱風災區生活重建服務中心實施辦法》
執行／委託單位	縣（市）政府應自行或委託其他機關、社會福利機構或團體，於各災區鄉（鎮、市）設立生活重建服務中心。	中央政府應於各災區（鄉、鎮、市）設立生活重建服務中心。
受託團體資格	一、依法立案之社會福利機構、社會福利團體或社會福利慈善事業基金會。二、依法立案之社會團體、財團法人宗教團體或文教基金會，其章程或捐助章程中明定辦理社會福利業務者。	一、依法立案之社會福利機構、社會福利團體法人或財團法人社會福利慈善事業基金會。二、依法立案之社會團體法人、財團法人宗教團體或文教基金會，其章程或捐助章程明定辦理本中心所提供服務相關業務者。
服務項目	「福利服務」、「心理輔導」、「組織訓練」、「諮詢轉介」等4大類服務。未詳細說明服務項目之主管機關。	「心理服務」、「就學服務」、「就業服務」、「福利服務」、「生活服務」、「其他轉介服務」等6大類服務。分屬於衛生、教育、勞工、社會福利，以及相關目的事業主管機關。此外，涉及災區原住民事項，由原住民族事務主管機關協助辦理。
督導與考核	縣（市）政府：一、成立考核小組對生活重建服務中心辦理考評。二、不定期抽查社會福利機構或團體執行計畫之情形。	中央政府：一、邀集災區直轄市政府、縣（市）政府召開本中心督導聯繫會議，並邀集目的事業主管機關參加。二、結合專家學者巡迴輔導本中心業務。三、定期對本中心業務進行績效考核。中央政府得委辦災區直轄市政府、縣（市）政府辦理：一、指派專責人員督導本中心業務。二、不定期抽查本中心執行計畫之情形。

資料來源：鄭如君（2013）。

二、社區生活重建的經驗

（一）受訪者的基本資料

本研究受訪對象如表22-4基本資料，男性101人（45.5%）、女性115人（51.8%）、漢人134人（60.4%）、原住民83人（37.4%）。災害發生時居住在嘉義縣有101人（45.7%）、高雄市有121人（47.3%）。家庭主要經濟來源依序是：男性家長（30.6%）、已成年子女（24.8%）、雙薪家庭（18.5%）、女性家長（9.5%）、其他（9.5%）。

表22-4　受訪者基本資料

問項	項目	次數（人）	百分比（%）
性別	男	101	45.5
	女	115	51.8
	遺漏值	6	2.7
族別	漢人	134	60.4
	布農族	31	14.0
	排灣族	2	0.9
	鄒族	50	22.5
	其他	2	0.9
	遺漏值	3	1.4
婚姻狀況	已婚	132	59.5
	未婚	33	14.9
	同居	3	1.4
	離婚	11	5.0
	喪偶	27	12.2
	其他	2	0.9
	遺漏值	11	5.0

問項	項目	次數（人）	百分比（%）
莫拉克風災發生當時的居住地	嘉義縣梅山鄉	21	9.5
	嘉義縣番路鄉	31	14.0
	嘉義縣阿里山鄉	43	19.4
	嘉義縣中埔鄉	3	1.4
	嘉義縣其他	3	1.4
	高雄市六龜區	37	16.7
莫拉克風災發生當時的居住地	高雄市甲仙區	28	12.6
	高雄市那瑪夏區	18	8.1
莫拉克風災發生當時的居住地（續）	高雄市桃源區	13	5.9
	高雄市杉林區	21	9.5
	高雄市寶來區	2	0.9
	高雄市茂林區	1	0.5
	高雄市其他	1	0.5
現在居住地區	高雄市杉林區	121	54.5
	嘉義縣番路鄉	101	45.5
現在家中主要賺錢養家的人	男性家長	68	30.6
	女性家長	21	9.5
	男性與女性家長	41	18.5
	已成年子女	55	24.8
	其他	21	9.5
	遺漏值	16	7.2

資料來源：研究者自行整理。

（二）莫拉克風災的損失與傷害

　　莫拉克風災當時房屋屬自有的比率高達87.5%，其餘爲與親戚同住（5.9%）、借住（3.2%）、租賃（1.8%）。且這些自有房屋63.1%有合法產權，大部分（83.3%）受災戶也設籍於該住宅。房屋損壞的情形有59.5%達不堪居

住。顯示，災害造成的房屋損失是絕大多數災民共同的痛苦。受災戶家中有人員死亡的僅3.6%；有人員受傷的也不多，占6.8%。財產損失極嚴重的（損失500萬以上）有10.8%、嚴重的（損失100-499萬）占20.3%、中度（50-99萬）的有30.2%。對居住在部落或山邊的居民來說，這樣的災損已是不輕。

表22-5　莫拉克風災發生所造成的損失與傷害

問項	項目	次數（人）	百分比（%）
莫拉克風災發生當時的房屋狀況	自有	195	87.8
	租賃	4	1.8
	借住（暫時住在別人家）	7	3.2
	共有（與親戚合住）	13	5.9
	不清楚	3	1.4
莫拉克風災發生前，「自己的房屋」是否有合法權狀	沒有	34	15.3
	有	140	63.1
	不清楚	22	9.9
莫拉克風災發生前，「自己的房屋」設籍狀況	沒有	5	2.3
	有	185	83.3
	不清楚	3	1.4
莫拉克風災當時房屋的損害狀況	完全損毀（流失、掩埋、完全倒塌）	73	32.9
	嚴重龜裂或傾斜（即使整修後也不能住）	52	23.4
	房屋稍微龜裂，整修後仍可居住	59	26.6
	沒有損害	25	11.3
	不清楚	7	3.2
家中有無人因莫拉克風災而過世	有	8	3.6
	無	211	95.0

問項	項目	次數（人）	百分比（%）
家中有無人因莫拉克風災而受傷	有	15	6.8
	無	204	91.9
莫拉克風災造成家中損失狀況	無	15	6.8
	輕度（50萬以下）	66	29.7
	中度（50-99萬）	67	30.2
	重度（100萬-499萬）	45	20.3
	極重度（500萬以上）	24	10.8

資料來源：研究者自行整理。

（三）災後重建服務需求的滿足情形

　　表22-6呈現受災戶的各種需求、滿足狀況，以及居民辨識出滿足需求的服務提供者。

1. 居住環境需求

(1) 有永久屋配置需求的高達8成（82.0%），36.8%得到滿足，57.1%覺得有些滿足但不夠。64.3%認為這是政府與民間共同提供的，只有8.2%認為是民間提供的，也有11.5%認為是政府提供的。

(2) 永久屋的裝潢有71.2%覺得有需要，27.2%獲得滿足，51.9%覺得有些滿足但不夠，不滿足的比率頗高（20.3%），突顯居家裝潢在文化上的意義。59.5%認為這是政府與民間共同提供的，認為政府提供的僅8.9%，認為是民間提供者更少（5.7%）。

(3) 永久屋社區景觀營造也有79.7%有需要，但感到滿足也僅有28.8%，55.9%覺得有些滿足但不夠。63.3%認為這是政府與民間共同提供的，15.3%認為這是政府提供的。

(4) 公共設施建設有82.0%覺得需要，但感到滿足也僅有25.8%，57.1%覺得有些滿足但不夠。59.9%認為這是政府與民間共同提供的，17.6%認為是政府提供的。

表22-6　莫拉克風災後政府或民間單位提供服務的滿足程度

項目	有無需要？				需要有沒有被滿足？						是誰提供了相關的服務給您們？							
	沒有		有		沒有		有一些但不夠		有		政府		民間		政府與民間		不知道	
	次數(人)	百分比(%)	次數(人)	百分比(%)	次數(人)	百分比(%)	次數(人)	百分比(%)	次數(人)	百分比(%)	次數(人)	百分比(%)	次數(人)	百分比(%)	次數(人)	百分比(%)	次數(人)	百分比(%)
永久屋配置	32	14.4	182	82.0	9	4.9	104	57.1	67	36.8	21	11.5	15	8.2	117	64.3	27	14.8
永久屋裝潢	56	25.2	158	71.2	32	20.3	82	51.9	43	27.2	14	8.9	9	5.7	94	59.5	40	25.3
社區環境景觀營造	36	15.8	177	79.7	27	15.3	99	55.9	51	28.8	27	15.3	9	5.1	112	63.3	28	15.8
公共設施重建	30	13.5	182	82.0	29	15.9	104	57.1	47	25.8	32	17.6	6	3.3	109	59.9	34	18.7
居住品質（居住空間格局、材質、隔音、色調、採光等）	34	15.3	177	79.7	43	24.3	100	56.5	34	19.2	16	9.0	14	7.9	111	62.7	35	19.8
災害損失賠償	38	17.1	174	78.4	33	19.0	95	54.6	46	26.4	40	23.0	5	2.9	95	54.6	34	19.5
申請相關補助金	34	15.3	179	80.6	34	19.0	99	55.3	44	24.6	43	24.0	2	1.1	92	51.4	40	22.3
職業訓練、就業媒合	57	25.7	158	71.2	39	24.7	82	51.9	35	22.2	40	25.3	2	1.3	76	48.1	37	23.4
醫療資源	50	22.5	164	73.9	35	21.3	97	59.1	32	19.5	25	15.2	7	4.3	97	59.1	34	20.7
心理輔導	99	45	115	51.4	26	22.6	61	53.0	28	24.3	16	13.9	13	11.3	63	54.8	21	18.3
社區活動	50	22.5	164	73.9	17	10.4	94	57.3	50	30.5	13	7.9	25	15.2	99	60.4	24	14.6
促進家庭關係（配偶、親子、家族關係的服務）	93	41.9	121	54.5	23	19.0	67	55.4	31	25.6	7	5.8	8	6.6	76	62.8	30	24.8

項目	有無需要？				當時的需要有沒有被滿足？						是誰提供了相關的服務給您們？							
	沒有		有		沒有		有一些但不夠		有		政府		民間		政府與民間		不知道	
	次數(人)	百分比(%)	次數(人)	百分比(%)	次數(人)	百分比(%)	次數(人)	百分比(%)	次數(人)	百分比(%)	次數(人)	百分比(%)	次數(人)	百分比(%)	次數(人)	百分比(%)	次數(人)	百分比(%)
促進鄰里關係（鄰里的安排、居住地點的規劃）	75	34.2	138	61.3	27	19.6	75	54.3	36	26.1	14	10.1	15	10.9	79	57.2	26	18.8
教會或廟宇重建	83	37.4	129	58.1	29	22.5	52	40.3	49	38.0	12	9.3	13	10.1	71	55.0	29	22.5
教育資源提供	67	30.2	143	64.4	27	18.9	71	49.7	44	30.8	28	19.6	8	5.6	74	51.7	30	21.0
提供老人照顧	36	16.2	175	78.8	29	16.6	106	60.6	40	22.9	25	14.3	16	9.1	100	57.1	30	17.1
改善對外交通	37	16.7	175	78.8	33	18.9	107	61.1	34	19.4	42	24.0	3	1.7	86	49.1	40	22.9
提升購物方便性	45	20.3	167	75.2	37	22.2	94	56.3	35	21.0	20	12.0	18	10.8	81	48.5	44	26.3
規劃來住教會或廟宇的方便性	78	35.1	131	59.0	25	19.1	63	48.1	43	32.8	12	9.2	10	7.6	71	54.2	34	26.0
提供休閒和文康場所	37	16.7	172	77.5	44	25.6	94	54.7	33	19.2	22	12.8	9	5.2	96	55.8	41	23.8
社區（部落）組織重建	63	28.4	148	66.7	33	22.3	85	57.4	30	20.3	20	13.5	4	2.7	84	56.8	37	25.0
社區產業發展與輔導（農作、手工藝等之生產與行銷）	58	26.1	152	68.0	40	26.3	88	57.9	24	15.8	13	8.6	11	7.2	89	58.6	36	23.7

資料來源：研究者自行整理。

(5)對居住品質（居住空間格局、隔音、材質、色調、採光等）的需求，也有79.7%認為需要，但僅有19.2%得到滿足，56.5%覺得有些滿足但不夠。有62.7%認為這是政府與民間共同提供的。

　　永久屋的硬體需求都很高。但是，獲得完全滿足的比率平均只有27.6%。覺得只有部分滿足的高達55.7%。亦即，16.7%的居民覺得需求沒有被滿足。主要問題出在裝潢、居住品質上。61.9%的住戶認為這是政府與民間共同提供的服務。這種由政府出地、民間出錢興建的永久屋興建模式，受災戶普遍體會的到。也有12.5%的民眾誤以為是政府單方提供的，只有6%受災戶認為是民間提供的服務，約2成住戶不知道誰提供的服務。

2. 生活重建

(1)有78.4%的受災戶需要災害補償。有26.4%獲得滿足，54.6%覺得有些滿足但不夠。54.6%認為這是政府與民間共同提供的，也有23.0%認為是政府提供的，極少數（2.9%）認為這是民間提供的。

(2)申請相關補助金也有80.6%需要，24.6%獲得滿足，55.3%覺得有些滿足但不夠。51.4%認為這是政府與民間共同提供的，24%認為是政府提供的。

(3)有職業訓練、就業媒合者有71.2%，22.2%獲得滿足，51.9%覺得有些滿足但不夠，48.1%認為這是政府與民間共同提供的，25.3%認為是政府提供的。

(4)有醫療資源需求的也有73.9%，19.5%獲得滿足，59.1%覺得有些滿足但不夠。59.1%認為這是政府與民間共同提供的，15.2%認為是政府提供的。

(5)有心理輔導的比率較低（51.4%），24.3%獲得滿足，53.0%覺得有些滿足但不夠。54.8%認為這是政府與民間共同提供的。

(6)有社區活動需求的也有73.9%，30.5%獲得滿足，57.3%覺得有些滿足但不夠。60.4%認為這是政府與民間共同提供的，15.2%認為是民間提供的。

(7)促進家庭關係的服務有54.5%有需求，25.6%獲得滿足，55.4%覺得有些滿足但不夠。62.8%認為這是政府與民間共同提供的。

　　上述與家庭復原有關的服務，除了心理輔導、家庭關係促進約5成有需求，

其餘服務都超過7成有需求。但是，僅有24.7%感到完整滿足，55.2%覺得有些滿足但不夠，19.4%不滿足。其中社區活動的滿足程度最高，達3成。可見，生活重建中心的確提供較令居民印象深刻的社區活動。55.9%的受災戶認為這些服務是政府與民間共同提供的，16.4%認為是政府提供的，只有6.1%認為是民間提供的。顯見，即使是由NGOs承接的生活重建中心，大多數居民都了解這是政府與民間協力提供的服務。

3. 社會連結

(1) 61.3%的居民需求促進鄰里關係的服務，26.1%獲得滿足，54.3%覺得有些滿足但不夠。57.2%認為這些服務是政府與民間共同提供的。

(2) 有教會或廟宇重建需求的有58.1%，38.0%獲得滿足，40.3%覺得有些滿足但不夠。55.0%認為這些服務是政府與民間共同提供的。

(3) 有教育資源提供需求的占64.4%，30.8%獲得滿足，49.7%覺得有些滿足但不夠。51.7%認為這些服務是政府與民間共同提供的。

(4) 有老人照顧需求者78.8%，22.9%獲得滿足，60.6%覺得有些滿足但不夠。57.1%認為這些服務是政府與民間共同提供的。

(5) 有改善對外交通需求者有78.8%，只有19.4%獲得滿足，61.1%覺得有些滿足但不夠。49.1%認為這些服務是政府與民間共同提供的，24.0%認為是政府提供的。

(6) 有提升購物便利性需求者75.2%，21.0%獲得滿足，56.3%覺得有些滿足但不夠。48.5%認為這些服務是政府與民間共同提供的。

(7) 有規劃來往教會或廟宇的方便性需求者有59.0%，32.8%獲得滿足，48.1%覺得有些滿足但不夠。54.2%認為這些服務是政府與民間共同提供的。

(8) 有提供休閒和文康場所需求者77.5%，獲得滿足的有19.2%，54.7%覺得有些滿足但不夠。55.8%認為這些服務是政府與民間共同提供的。

(9) 有社區（部落）組織重建需求者有66.7%，20.3%被滿足，57.4%覺得有些滿足但不夠。56.8%認為這些服務是政府與民間共同提供的。

(10)有社區產業發展與輔導需求者有68.0%，15.8%被滿足，57.9%覺得有些滿足但不夠。58.6%認為這些服務是政府與民間共同提供的。

以上資料顯示，社會連結的服務活動提供在關係建立面的需求稍低些，例如：促進鄰里關係、教會或廟宇重建、規劃來往教會或廟宇的方便性等，需求占59.5%；其餘（教育、老人照顧、交通、購物、休閒、部落組織、產業等）皆有超過三分之二居民有需求。獲得滿足的僅24.6%，54.0%覺得有些滿足但不夠。其中，教會或廟宇重建獲得38.0%的滿足為最高。顯示居民因為宗教信仰的分歧，引發社會爭論而獲得關注與解決。但是，未被滿足的也很高，可見其需求的複雜度。而各項服務未被滿足的依序是社區產業輔導（26.3%）、休閒與文康活動場所（25.6%）、教會或廟宇重建（22.5%）、社區或部落重建（22.3%）、提升購物便利性（22.2%）。54.4%的居民認為這些服務是政府與民間共同提供的。也13.3%認為是政府提供的，特別是教育、交通改善。僅7.1%認為是民間提供的。

（四）社區組織發展

從表22-7可以發現，知道社區中設有由居民組成的管理委員會為社區提供服務者有60.4%，不知道的比率高達31.1%。受訪者本人或家人擔任社區管理委員會的委員或幹部的有22.4%。知道政府或生活重建中心協助社區成立管理委員會的有59.7%，不知道的有36.6%。知道社區管理委員會的主任委員是否每2個月定期召開管理委員會會議的只有35.1%，不知道的53%。知道管理委員是否每一至二年定期改選的有41.8%，不知道的有52.2%。知道管理委員會是否每年至少召開一次住戶大會的有50.7%，認為沒有的有6%，不知道的有42.5%。有參加過管理委員會所舉辦的活動的有66.4%，不曾參加的有32.8%。管理委員會所舉辦的活動的滿意度狀況有54.4%認為普通，31.1%滿意，但也有8.9%不滿意。對管理委員會的整體執行情況的滿意度情形有50.7%感到普通，20.9%不滿意，只有18.7%滿意。整體來說，有33.6%居民認為管理委員會對社區生活幫助是一般，31.3%認為有幫助，20.9%不太有幫助，11.2%完全沒有幫助，僅有3%認為非常

表22-7　永久屋管理委員會執行狀況（人數／％）

永久屋管理委員會執行狀況	選項（人數／百分比）
1.社區中是否有由居民組成之管理委員會？	無 19　8.6%｜有 134　60.4%｜不知道 69　31.1%
2.本人或家人是否擔任社區管理委員會的委員或幹部？	無 98　73.1%｜有 30　22.4%｜不知道 6　4.5%
3.政府或生活重建中心是否有協助社區成立管理委員會？	無 5　3.7%｜有 80　59.7%｜不知道 49　36.6%
4.什麼單位協助社區成立管理委員會？（複選）	政府 35　43.8%｜民間社團 19　23.8%｜生活重建中心 32　40.0%｜原住民部落組織 8　10.0%｜不知道 18　22.5%
5.社區管理委員會的主任委員是否每2個月定期召開管理委員會會議？	無 14　10.4%｜有 47　35.1%｜不知道 71　53.0%
6.管理委員會是否每一至二年定期改選？	無 6　4.5%｜有 56　41.8%｜不知道 70　52.2%
7.管理委員會是否每年至少召開一次住戶大會？	無 8　6.0%｜有 68　50.7%｜不知道 57　42.5%
8.是否參加過管理委員會所舉辦的活動？	幾乎每次都參加 8　6.0%｜經常參加 22　16.4%｜很少參加 59　44.0%｜不會參加 44　32.8%
9.是否滿意管理委員會所舉辦的活動？	非常不滿意 3　3.3%｜不滿意 8　8.9%｜普通 49　54.4%｜滿意 28　31.1%｜非常滿意 1　1.1%
10.是否滿意管理委員會的整體執行情況？	非常不滿意 8　6.0%｜不滿意 28　20.9%｜普通 68　50.7%｜滿意 25　18.7%｜非常滿意 2　1.5%
11.整體來說，管理委員會對社區生活有沒有幫助？	完全沒有幫助 15　11.2%｜不太有幫助 28　20.9%｜一般 45　33.6%｜有幫助 42　31.3%｜非常有幫助 4　3.0%

資料來源：研究者自行整理。

表22-8　生活重建服務中心之執行現況（人數／百分比）

生活重建服務中心執行現況 / 選項（人數／百分比）

1. 是否知道社區中設有「生活重建服務中心」為社區提供服務？

無		有		不知道	
10	4.5%	123	55.4%	89	40.1%

2. 生活重建服務中心提供哪些服務？（複選）

心理服務		就學服務		就業服務		福利服務		生活服務		其他轉介服務		其他	
52	42.3%	62	50.4%	101	82.1%	89	72.4%	69	56.1%	35	28.5%	5	4.1%

3. 曾經使用生活重建服務中心提供的哪些服務？（複選）

心理服務		就學服務		就業服務		福利服務		生活服務		其他轉介服務		其他		從未使用	
14	11.4%	16	13.0%	46	37.4%	47	38.2%	26	21.1%	9	7.3%	3	2.4%	40	32.5%

4. 生活重建服務中心所提供的服務是否滿足您的家庭的需求？

沒有		有一些但不夠		有	
12	14.5%	35	42.2%	36	43.4%

5. 您覺得生活重建服務中心對受災社區（部落）有沒有幫助？

完全沒有幫助		不太有幫助		一般		有幫助		非常有幫助	
3	3.6%	6	7.2%	20	24.1%	49	59.0%	5	6.0%

6. 您覺得生活重建服務中心對社區（部落）有沒有幫助？

完全沒有幫助		不太有幫助		一般		有幫助		非常有幫助	
2	2.4%	8	9.6%	18	21.7%	49	59.0%	6	7.2%

7. 整體來說，對於生活重建服務中心所提供的服務是否滿意？

非常不滿意		不滿意		普通		滿意		非常滿意	
1	1.2%	9	10.8%	26	31.3%	36	43.4%	9	10.8%

資料來源：研究者自行整理。

有幫助。顯然，設管理委員會作爲生活重建的組織體，仍須要加把勁讓不同的族群認同、參與。

（五）生活重建中心的執行狀況

　　表22-8呈現知道社區中設有「生活重建服務中心」爲社區提供服務的55.4%，不知道的仍很多（40.1%）。知道生活重建服務中心提供哪些服務？依序是：就業服務（82.1%）、福利服務（72.4%）、生活服務（56.1%）、就學服務（50.4%）、心理服務（42.3%）、其他轉介服務（28.5%）。曾經使用生活重建服務中心提供的哪些服務，依序是：福利服務（38.2%）、就業服務（37.4%）、生活服務（21.1%）、就學服務（13%）、心理服務（11.4%）、其他轉介服務（7.3%），從未使用生活重建服務的居民高達三分之一（32.5%）。顯示，曾經接受服務的比率不高。生活重建服務中心所提供的服務有43.4%滿足服務使用者家庭的需求，42.2%部分滿足。有59%的居民認爲生活重建服務中心對有受災的家庭有幫助，24.1%感覺一般，7.2%認爲不太有幫助，6%感到非常有幫助，僅有3.6%表示完全沒有幫助。有59%居民認爲生活重建服務中心對社區（部落）有幫助，21.7%感覺一般，9.6%認爲不太有幫助，7.2%感覺相當有幫助，僅有2.4%表示完全沒有幫助。整體來說，有43.4%居民滿意生活重建服務中心所提供的服務，31.3%普通，10.8%非常滿意，也有10.8%不滿意，1.2%非常不滿意。顯示，過半數（54.2%）滿意生活重建中心的服務。這眞是爲難這些夾雜在中央與地方政府間的委外NGOs組織了。

（六）當前生活狀況的滿意程度

　　最後，我們將永久屋社區居民對當前生活狀況的各項滿意程度，1分爲非常不滿意，5分爲非常滿意，列表如下（見表22-9）。其滿意程度較高者依序是：社區內的鄰居相處情形（3.5）、社區內的停車方便性（3.4）、小孩上學的便利性（3.3）、社區內的居住品質（3.2）、社區內的社區景觀（3.1）、社區內的交通便利性（3.1）、社區內的公共設施（3.1）、現在居住的社區生活品

質（3.1）、去教堂或廟宇的便利性（3.0）。滿意程度較低者依序是：外出工作的便利性（2.6）、社區內的治安狀況（2.6）、到醫院或診所看病的便利性（2.8）、社區內的環境衛生（2.9）、社區內的休閒與文康設施（2.9）、買東西的便利性（2.9）、縣（市）政府各局處室的服務（2.9）、鄉鎮市區公所的各項服務（2.9）。顯示，外出工作是較不便的，這與部分原住民往返於山林與永久屋之間的交通路程有關。居民也開始擔心治安問題和環境衛生問題。而原住民部落的休閒活動方式與永久屋所在地的居住環境不完全相容是可以想像的，他們必須發展新的平地、密集住宅區的休閒活動，需要一些時間來調整。至於，購物不便在永久屋社區已有小型商店出現，生活必需品的採購應可獲得部分解決。但是，要外出購物必須靠大眾運輸工具，或自用車輛，對年紀較大者不方便。而縣市政府、鄉鎮市公所在這莫拉克風災災後生活重建中心的設置過程中是被邊陲化的。因此，要加快腳步銜接鄉鎮市區公所、區域社會福利服務中心與生活重建中心的業務。

表22-9　各項生活狀況滿意程度（1：非常不滿意，5：非常滿意）

各項生活狀況	平均數
社區內的鄰居相處情形	3.5
社區內的停車方便性	3.4
小孩上學的便利性	3.3
社區內的居住品質	3.2
現在居住的社區生活品質	3.1
社區內的交通便利性	3.1
社區內的社區景觀	3.1
社區內的公共設施	3.1
去教堂或廟宇的便利性	3.0
鄉鎮市區公所的各項服務	2.9
社區內的環境衛生	2.9

各項生活狀況	平均數
社區內的休閒與文康設施	2.9
買東西的便利性	2.9
縣（市）政府政府各局處室的服務	2.9
到醫院或診所看病的便利性	2.8
外出工作的便利性	2.6
社區內的治安狀況	2.6

資料來源：研究者自行整理。

伍、結論

　　《九二一震災重建暫行條例》與《莫拉克颱風災後重建特別條例》的規定下，政府皆設置了名爲「生活重建服務中心」的服務輸送據點。然而，兩者除了服務項目、重建中心的委外辦理相同外，卻有諸多差異如下：法制化過程、重建中心的組織層級、受託團體資格、督導考核機制、文化敏感議題。

　　依內政部98年9月7日發布施行的「莫拉克颱風災區生活重建中心實施辦法」規定，中央政府跳過縣市直接介入災區鄉鎮市的生活重建中心設立，縣市政府雖被課以督導之責，卻無權力管轄。縣市政府既無簽約之實，又非經費補助單位，如何督導？中央政府距離地方遙遠，要如何管理地方生活重建？這嚴重違反了圖22-1的災後重建應有的社區治理（community governance）關係，讓災區的社區組織、社區生活重建中心、社會福利服務中心成爲社區居民生活重建的協力團體，而地方政府與在地NGOs爲其指導單位，而非中央政府（Lin, 2016; 林萬億，2013）。

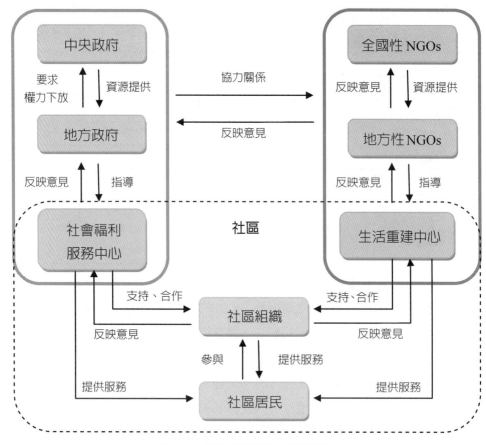

圖22-1　災後重建的社區治理關係

資料來源：林萬億（2013）、Lin（2016）。

　　社區的治理結構意味著地方政府角色的重新塑造，從提供服務到社區治理，應在國家最少介入的情況下，由地區、共同利益、問題、目標等而結合在一起的成員，自發性或自主性地在相互依賴與夥伴關係的互惠信任下，透過集體行動解決共同問題（李柏諭，2010）。

　　社區作為治理的一個最小單位，卻也是實踐治理由下往上的最重要基礎。地方政府是否能創造一個空間，可以讓社區團體與非營利組織坐在同一個桌上來協商和發展？地方行政部門、社區團體、非營利組織，以及其聯盟能否一

起工作，創造服務輸送的新方式？這都是觀察社區發展的重要面向。Wallace（2010）認爲治理的邏輯，正是從地方的社區的夥伴關係（partnering）和充權（empowering），來協助公民進入凝聚的社會單元。但是一個網絡化的、多元化的治理模式，以及充權的過程，卻未必因爲充權（培力）的提倡或公私協力的口號而產生。相反的，我們要去檢視一個整體的權力下放（devolution）、去中心化和新的公民參與的機會是否產生？或伴隨來的是一個更堅實的績效管理系統和集中化的目標，以及可能更受約束的中央監控的復活？在整體的結構中，社區是否能朝以下方向發展（Taylor, 2007），是社區治理檢視的焦點：

1. 發展社會資本和社區凝聚力。
2. 參與服務規劃和監督，以增進服務的輸送。
3. 透過地方來輸送服務，滿足地方的需求。
4. 能在政府的制度上有參與的機制，表達意見。

在治理的理論中，這樣的社區發展，最後企圖要達成的是一個自主管理的組織網絡。從圖22-1可以看出災後重建社區治理的組織網絡，社區居民與其組織間有提供服務與參與的關係，居民組織可能是社區發展協會、社區營造協會。在其外部有政府行政體系的社會福利服務中心與非營利組織的生活重建中心。這些單位分別提供社區組織資源，也接受來自社區組織的意見回饋。這些基層的服務單位有其各自的上層管理單位：從中央政府到地方政府與從全國性到地方性NGOs。而行政體系與NGOs間有協力與意見反映關係。社區如何在這種上下臣屬與平行協力的網絡關係中，吸納資源造福鄰里，又能自主發展，才是具有復原力的社區。其中原有社區生活重建中心如何將服務提供經驗傳承給社區組織、社會福利服務中心與在地NGOs，也是關係到新的社區治理成功與否的重要關鍵。

莫拉克風災生活重建中心的規劃，中央政府之所以跳過地方政府直接委託NGOs辦理生活重建中心的業務，一方面是基於對預設救災與重建時效的期待，在當時救災不力的社會批評氛圍下，中央政府自然不敢對於災後生活重建有所怠慢。另方面是因爲政黨不同引發的績效歸屬問題，國民黨執政的中央政府深怕不主導永久屋與生活重建中心的規劃與執行，績效如果落在民進黨執政的高雄

縣、屏東縣政府，對其執政能力的評價將是不利的。這充分突顯了災難治理的特性，災難管理往往摻雜著不理性的政治因素。

在生活重建中心設立委託過程中，受災地區的地方政府極少有參與空間，以致各區域行政系統的特性、資源銜接的連續性和文化特性，沒有共同規劃商議的場域，因此各區域的政治、社會、經濟、文化特殊性，無法在委託過程中受到重視。相對的，對災民生活重建的影響力是放在生活重建中心，其受委託後，成爲中央、地方政府與受災區的一個重要樞紐。它對中央和地方政府都以聯繫會議的形式來取得整合。換句話說，區域的特殊性是藉由各地的生活重建中心來綜理，同時它也扮演一個主動的參與角色，整合的機制是由透過聯繫會議來直接面對中央和地方各局處，推動整合性的搭配。

這樣的行政系統，從地方政府的角度上出現兩個問題。首先，中央在受託團體資格上，地方政府未有參與討論的位置。當受託團體在區域的了解、地方上的特性與資源面的掌握沒有具備一定能力時，受託團體進入重建社區後，往往會成爲需要地方政府協助的團體，而不是立即性協助地方政府處理重建地區的事務。其次，生活重建中心由中央所委託，代表中央有意主導生活重建。在委託關係下生活重建中心直接對中央負責，並必須接受每年一次的考核，生活重建中心與地方政府之間沒有直接的從屬關係，對於地方政府要求事項，也沒有配合的義務。因此，地方政府對生活重建中心只是被動的合作角色，限縮在生活重建中心所提方案和個案轉介的配合。

在這種條件下進行生活重建工作，必然產生某種隔閡。在各項居民需求滿足上，永久屋的硬體需求都很高。但是，獲得完全滿足的比率平均只有27.6%。覺得只有部分滿足的高達55.7%。換句話說，有16.7%的居民覺得有需求但未被滿足。與家庭復原有關的服務，除了心理輔導、家庭關係促進約5成有需求，其餘服務也都超過7成有需求。不過，只有24.7%感到完整滿足，55.2%覺得有些滿足但不夠，19.4%不滿足。社會連結的服務活動獲得滿足的有29.1%，54.0%覺得有些滿足但不夠。其中，教會或廟宇重建獲得38.0%的滿足爲最高。顯示居民因爲宗教信仰的分歧，引發社會爭論而獲得關注與解決。但是，未被滿足的也很

高，可見其需求的複雜度。

　　對永久屋社區管理委員會的整體執行情況的滿意度情形有50.7%覺得普通，20.9%不滿意，只有18.7%滿意。整體來說，有33.6%居民認為管理委員會對社區生活幫助是一般的，31.3%認為有幫助，20.9%不太有幫助，11.2%完全沒有幫助，僅有3%認為非常有幫助。整體來說，有43.4%居民滿意生活重建服務中心所提供的服務，10.8%非常滿意，31.1%普通，也有10.8%不滿意，僅有1.2%非常不滿意。可見生活重建中心盡力提供服務，54.2%覺得滿意。

　　最後，永久屋社區居民對當前生活狀況的各項滿意程度，其滿意程度較高者依序是：社區內的鄰居相處情形、社區內的停車方便性、小孩上學的便利性、社區內的居住品質、社區內的社區景觀、社區內的交通便利性、社區內的公共設施、現在居住的社區生活品質、去教堂或廟宇的便利性。滿意程度較低者依序是：外出工作的便利性、社區內的治安狀況、到醫院或診所看病的便利性、社區內的環境衛生、社區內的休閒與文康設施、買東西的便利性、縣（市）政府各局處室的服務、鄉鎮市區公所的各項服務。顯示，對生活環境的硬體設施是較滿足的；但是，就業、治安、健康照顧、環境衛生、休閒、購物、政府的服務等軟體，改進的空間較大。尤其，外出工作是較不便的，這與部分原住民往返於山林與永久屋之間的交通路程有關。

　　綜觀莫拉克災後生活重建的規劃，地方政府雖然被期待有督導生活重建中心之責。但是，委外契約關係在中央，即使生活重建中心的受託組織也能尊重地方政府，地方政府終究還是無法取代中央政府成為監督者。原在各該地服務的縣市政府社會福利服務中心也無權整合、督導、協調生活重建中心。社會福利服務中心與生活重建中心的關係是斷裂的。生活重建結束後，社會福利服務中心要無縫接軌，繼續未完成的災後生活重建，倍感艱辛。

　　中央政府在委外時，甚至為了避免角色重疊而避開原在地服務機構，引進外地組織，代價是外地組織不熟悉災區社區生態，自然無法很快地連結社區資源。再加上，社區充權與社區發展本就不是莫拉克災後生活重建的主要工作內涵。而各地湧進災區的社會福利組織，各有其設立宗旨與服務對象，也承載勸募

的責信規範。於是，各大社會福利團體依各自的服務對象與宗旨，提供災後以個人爲中心的創傷化服務活動。例如，一條桃源大街上，不到一百公尺，豎立5-6個全國性社會福利團體的招牌，稱之爲「社會福利街」也不爲過。災民家庭成員忙碌於參與不同社會福利團體安排的不同的服務方案，以滿足這些團體供給服務活動的需求。這也就是文獻述及的家長作風的供給面活動，滿足服務提供單位的救災熱誠與勸募責信規定。棲身一隅的委外生活重建中心也無權、無力整合這些全國性社會福利組織；又爲了履約壓力，自己也必須依約辦理以個人爲中心的生活、心理、就學、就業等各項福利服務。這樣的災後生活重建早已背離永續與具復原力的社區、復原力導向、過程導向、結合家庭與社區復原力的集體途徑的社區生活，重建遠矣！

參考書目

中文書目

Summer（2009，8月28日）。投票拒慈濟，爭取瑪家 好茶部落要做自己的主人。上網日期：2011年12月2日。取自苦勞網http://www.coolloud.org.tw/node/45535

王仕圖、趙善如、許慧麗（2011年12月）。屏東縣災後社區重建下之公私部門互動關係：以莫拉克風災爲例。論文發表於「從新生到永續：屏東縣莫拉克災後重建研討暨社區產業成果展」。屏東：屏東縣政府。

王御風（2011年11月）。莫拉克颱風災後重建的挑戰：以高雄杉林區大愛園區爲例。論文發表於「東日本大地震與非傳統國家安全」國際會議。高雄：國立中山大學日本研究中心。

王增勇（2000）。南投縣災後生活重建規畫─社區家庭支援中心。《護理雜誌》，47(5)，39-46。

王增勇（2001年3月）。從社會工作專業的觀點看南投縣社區家庭支援中心的經驗。論文發表於「災後生活重建研討會」。臺北：農訓協會天母國際會議中心。

王增勇（2010）。災後重建中的助人關係與原住民主體：原住民要回到誰的家？臺灣社會研究，78，437-449。

丘延亮（2010）。不對天災無奈，要教人禍不再─災後民間力量在信任蕩然的叢林世界中的對抗與戰鬥。臺灣社會研究，78，363-401。

李柏諭（2010）。實效社區治理模式的重組與實踐：以社區大學爲例。東吳政治學報，

28(10)，33-87。

林萬億（2002a）。災難與社會工作倫理與實踐—九二一震災的啟示。王永慈（主編），社會工作倫理應用與省思。臺北：輔仁大學。

林萬億（2002b）。災難救援與社會工作實務探討：以臺北縣921社會暨心理救援與重建模式為例研究報告。臺北縣政府委託研究。

林萬億（2013）。災後社區生活重建服務的轉銜與治理之研究：以莫拉克風災為例。行政院國家科學委員會補助專題研究計畫。

施教裕（2000）。埔里地區家庭支援中心災後重建工作檢討與展望。社區發展季刊，90，72-93。

柯亞璇（2010年11月22日）。災後一年(2)重建，錯在哪裡？！。上網日期：2013年9月5日，取自莫拉克獨立新聞網http://www.88news.org/?p=8425

胡慕情（2009年8月28日）。現場紀實：莫拉克災後重建條例0827三讀通過。上網日期：2011年11月5日，取自小地方新聞網http://www.dfun.tw/?p=17285

莫拉克獨立新聞網（2009）。垂死前的掙扎：部落會議決議「再度無效」。上網日期：2011年3月28日，取自http://www.88news.org/

許慧麗、趙善如（2011年12月）。從屏東莫拉克不同災難型態看社區復原力的展現。論文發表於「從新生到永續：屏東縣莫拉克災後重建研討暨社區產業成果展」。屏東：屏東縣政府。

許慧麗、趙善如、李涂怡娟（2010）。民間團體參與屏東縣88水災社區復原工作模式初探。社區發展季刊，131，250-268。

陳永龍（2010）。莫拉克災後原住民部落的再生成的主體化運動。臺灣社會研究，78，403-435。

陳婉真（2001年3月）。從社會福利行政角度看家支中心的規劃過程與實施成果。論文發表於「災後生活重建研討會」。臺北：農訓協會天母國際會議中心。

陶蕃瀛（2000）。打造一個永續的農村社區—921地震後中寮鄉的社區工作經驗。中大社會文化學報，10，1-15。

黃源協（2000）。九二一災後重建區福利服務輸送模式之研討—以大埔里地區社區家庭支援中心為例。社區發展季刊，90，94-110。

黃碧霞、蔡適如、陳千莉、周慧婷（2010）。內政部對於莫拉克風災災害救援及生活重建之工作報告—社會工作專業觀點。社區發展季刊，131，5-21。

黃肇新、蔡詩詩、陳鈺欣（2011年12月）。從南化經驗看偏鄉生活重建中心之建置。論文發表於「從新生到永續：屏東縣莫拉克災後重建研討暨社區產業成果展」。屏東：屏東縣政府。

廖俊松（2006）。公私協力：重建區社區總體營造計畫之案例觀察。社區發展季刊，115，324-334。

趙善如（2010）。家庭與社區重建服務。林萬億（主編），災難管理與社會工作實務手冊。臺北：臺灣社會工作專業人員協會。

鄭如君（2013）。從社區復原力觀點探討我國災後生活重建之建構。未出版碩士論文，臺灣大學社會工作學系。

謝志誠（2010年3月）。災後重建之政府與NGO關係。論文發表於「921.512.88災後重建工作研討會」。臺北：中華民國紅十字會總會。

謝志誠、林萬億、傅從喜等譯（2012）。安全的家園，堅強的社區：天然災害重建手冊（原作者：Jha, A. K., Barenstein, J. D., Phelps, P. M., Pittet, D. & Sena, S.）。臺北：臺大出版中心。（原著出版年：2010）

行政院莫拉克颱風災後重建推動委員會（2010）。莫拉克颱風災後重建周年成果彙編。高雄：作者。

英文書目

Bava, S., Coffey, E. P., Weingarten, K., & Becker, C. (2010). Lessons in Collaboration, Four Years Post-Katrina. *Familiy Process, 49*, 543-558.

Bliss, D. L., & Meehan, J. (2008). Blueprint for creating a social work-centered disaster relief initiative. *Journal of Social Service Research, 34*(3), 73-85.

Bradley, D., & Grainger, A. (2004). Social resilience as a controlling influence on desertification in Senegal. *Land Degradation and Development, 15*(5), 451-470.

Calhoun, L. G. & Tedeschi, R. G. (2006). *Handbook of Posttraumatic Growth.* Mahwah, NJ: Lawrence Erlbaum Association, Publishers.

Campanella, T. J. (2006). Urban resilience and the recovery of New Orleans. *Journal of the American Planning Association, 72*, 141-146.

Clauss-Ehlers, C.S. (2004). A framework for school-based mental health promotion with bicultural Latino children: Building on strengths to promote resilience. *International Journal of Mental Health Promotion, 6*(2), 26-33.

Jha, A. K., Barenstein, J. D., Phelps, P. M., Pittet, D. & Sena, S. (2010). *Safer Homes, Stronger Communities A Handbook for Reconstructing after Natural Disasters.* Washington DC: The World Bank.

Landau, J. (2007). Enhancing resilience: Families and communities as agents for change. *Family Process, 46*(3), 351-365.

Landau, J., & Saul, J. (2004). Family and community resilience in response to major disaster. In F. Walsh & M. McGoldrick (Eds.), *Living Beyond Loss: Death in the Family* (2nd ed.) (pp. 285-309). New York, NY: Norton.

Lin, W. I. (2016). Disaster Relief and Reconstruction in Taiwan: Policy and Issues, In D. Romero (Ed.) *Natural Disasters: risk assessment, management strategies and challenges* (Ch.12, pp.185-222.). New York, NY: Nova Publishers.

Manyena, S. B. (2006).The concept of resilience revisited. *Disaster, 30*(4), 433-450.

Marsella, A. J., & Christopher, M. A. (2004). Ethnocultural considerations in disasters: An overview of research, issues, and directions. *Psychiatric Clinics of North America, 27*(3), 521-539.

Ozcevik, O. (2009). Flagship regeneration project as a tool for post-disaster recovery planning: The Zeytinburnu case. *Disasters, 33*(2), 180-202.

Paton, D., Gregg, C. E., Houghton, B. F., Lachman, R., Lachman, J., Johnston, D. M., Wongbusarakum, S. (2008). The impact of the 2004 tsunami on coastal Thai communities: Assessing adaptive capacity. *Disasters*, 28(1), 106-119

Pfefferbaum, B., Pfefferbaum, R. & Norris, F. (2010). Community resilience and wellness for children exposed to Hurricane Katrina. In R. P. Kilmer, V. Gil-Rivas, R. G. Tedeschi, & L. G. Calhoun (Eds.), *Helping Families and Communities Recover from Disaster, lessons learned from Hurricane Katrina and its aftermath* (pp.265-288.). Washington, DC: American Psychological Association.

Rajkumar A.P., Premkumar, T.S., & Tharyan, P. (2008). Coping with the Asian tsunami: Perspectives from Tamil Nadu, India on the determinants of resilience in the face of adversity. *Social Science & Medicine, 67*(5), 844-53.

Ride, A. & Bretherton, D. (2011). *Community Resilience in Natural Disasters.* Basingstoke, UK: Palgrave Macmillan.

Rigg, J., Grundy-Warr, C., Law, L., & Tan-Mullins, M. (2008). Grounding a natural disaster: Thailand and the 2004 tsunami. *Asia Pacific Viewpoint, 49*,137-154.

Saul, J. & Bava, S. (2008, September). Implementing collective approaches to massive trauma/loss in western contexts: Implications for recovery, peacebuilding and development. Paper presented at the Trauma, Development and Peacebuilding Conference, New Delhi, India.

Saul, J. (2007). Promoting community resilience in lower Manhattan after September 11, 2001. *American Family Therapy Academy Monograph Series, winter 2007*, 69-75.

Taylor, M. (2007). Community participation in the real world: Opportunities and pitfalls in new governance spaces. *Urban Studies, 44*(2), 297-317.

Tedeschi, R.G., & Calhoun, L.G. (1996). The posttraumatic growth inventory: Measuring the positive legacy of trauma. *Journal of Traumatic Stress, 9*,455-471.

Tobin, G.A. & Whiteford, L.M. (2002). Community resilience and volcano hazard: The eruption of Tungurahua and evacuation of the Faldas in Ecuador. *Disaster, 26*(1), 28-48.

Wallace, A. (2010). *Remaking Community? New Labour and the Governance of Poor Neighbourhoods.* Oxford: Routledge.

Walsh, F. (2003). Family resilience: A framework for clinical practice. *Family Process, 42*, 1-18.

Walsh, F. (2006). *Strengthening Family Resilience* (2nd ed.). New York, NY: Guilford Press.

Walsh, F. (2007). Traumatic loss and major disaster: Strengthening family and community resilience. *Family Process, 46,* 207-227.

Walsh, F., & McGoldrick, M. (2004). Loss and the family: A systemic perspective. In F. Walsh & M. McGoldrick (Eds.) *Living beyond loss: Death in the family* (2nd ed.) (pp.3-26). New York, NY: Morton.

Yoon, I. (2009). A mixed-method study of Princeville's 28.rebuilding from the flood of 1999: Lessons on the importance of invisible community assets. *Social Work, 54*(1), 19-28.

第二十三章 災難治理與社會排除：災後重建服務網絡之檢視[1]

林珍珍、林萬億

[1] 本文改編自作者原論文：林珍珍，林萬億（2014）。莫拉克風災後高屏地區重建服務網絡之研究：災難治理的觀點。思與言，52(3), 5-52。

壹、前言

　　根據國際災害資料庫（International Disaster Database, EM-DAT）統計，2010年全球天然災害發生次數達385次，死亡人數29.7萬人，受影響人數21.7萬人，經濟損失1,239億美元（Guha-Sapir, Vos, Below & Ponserre, 2011）。而上一個10年（2000-2009）災害次數、死亡人數、受影響人數與經濟損失的年平均分別爲449次、839,000人、23,266萬人與890億美元，較再前一個10年（1990-1999）分別增加50.96%、59.51%、14.30%與27.26%（行政院，2011：20）。災害的頻仍，引發全球的危機感。災難治理（disaster risk governance）已成爲各國必須重視的議題，特別是處在災害高風險地區的政府。災難預防、整備、救援和重建過程包含一個極其複雜的網絡，涵蓋了國家與國際組織、中央與地方，以及公私部門的合作協調，而且還是一個大範圍的治理網絡。在這個網絡中，弱勢者由於缺乏資訊、財力、權力、接近服務的機會，而很容易陷入脆弱的（vulnerable）、被排除的（excluded）處境，因此更應該受到重視（Zakour & Harrell, 2004）。

　　以社區爲基礎的途徑（community-based approaches）是世界銀行所鼓吹的災後重建策略。在災後重建的過程中，利害關係人（stakeholder）的資源、利益和權力，會影響其於政策決定過程中的參與和互動（Jha, Barstein, Phelps Pittet & Sena, 2010）。許多國家的研究顯示，在重建過程中，必須考慮受災者的經濟階層、文化和性別等因素，特別是貧窮和傳統脈絡之下的區域，他們在結構上處於弱勢，因此在災難重建的參與過程中會受到忽略。對於少數民族而言，在政策決定的過程中，由於他們在經濟、種族和文化上的邊陲地位，再加上多居住於較易受害的區域，因此當災難發生時，在決策過程中成爲被安排與被決定的弱勢者，原先社會階層化的結果，將會同樣地出現在災難重建中（Fothergill, Aestas & Darlington, 1999; Belkhir & Charlemaine, 2007; de Silva, 2009）。

　　2009年莫拉克颱風侵襲臺灣所引起的災難，是1999年921大地震之後的最大災難，從莫拉克風災後的重建過程裡，可以看到非營利組織、政府共同合作興建

永久屋、發展災後社區產業，以及設立重建中心協助社區發展。這一系列的重建工作，形成一個極為複雜的合作網絡，其中包含了中央政府、地方政府、非營利組織和受災居民的社區或部落。然而臺灣這次的重建過程所遭遇到的困難，不僅是合作網絡的協調，由於受災區多為居住於山區原住民的傳統居住地，重建政策和服務輸送的網絡建構更受到文化衝突的挑戰。

當我們檢視莫拉克風災發生之後，從永久屋安置到社區重建的過程中所發生的各個社會爭議，可以發現重建政策產生了許多負面的效應。行政院經濟建設委員會2009年提出的「以國土保育為先之區域重建綱要計畫」和2010年提出的國土計畫，企圖從防治二次災害角度，以國土保育、山林養息來處理災害與家園重建問題，並在災後5個月根據莫拉克颱風災後重建特別條例第20條，核定了160個必須限期強制遷村安置的區域，區內共有6,316戶總計19,191人受影響，其中原住民有13,911人占了72.5%（陳振川，2010）。從這項數據可以看出，在災後的遷村政策中，受到最大影響的是原住民。這項以效率、政績和科學專家意見為基礎的遷村政策，引起臺灣社會的高度關切。特別在歷史沿革上，由於原住民居住在臺灣山區已久，土地的議題一直是統治原住民最根本的問題。歷經漢人移民威脅遷徙、受日本殖民被迫移地，之後再因土地國有和私有化喪失了土地，原住民一再被迫離開原居地並失去賴以維生的傳統領域，國土保育與原住民傳統領域的維持，就形成一個動輒衝突的議題。

為解決災民居住問題，行政院訂定「莫拉克颱風災民優惠安家計畫」，受災居民可就自行租屋、購屋或政府安置等三項方案擇一辦理。自行租屋者可領租金賑助，最長不超過2年，並同時領有生活賑助金6個月；自行購屋者享有貸款優惠措施，並領有生活賑助金6個月；選擇由政府安置者，則不發生活賑助金，安置是進住地方政府與各非政府組織協力建造的永久屋，到2012年6月有2,891戶進住永久屋，分別是南投縣179戶、雲林縣28戶、嘉義縣241戶、高雄市1,208戶、屏東縣1,121戶、臺東縣90戶、臺南市24戶。

這些措施不但未能顧及災民的文化特殊性，而且沒有給予他們充分參與決定的機會，引起了許多抗議。例如，原住民提出「八八水災暨莫拉克颱風後原鄉

重建請願書」、「莫拉克災後大社遷村重建訴求」、「莫拉克災後達瓦蘭部落遷居重建重點訴求」，在遷村的協調會中，則發生諸多災民抗議和阻擋的事件。在請願書中，他們認爲現存原住民部落會淪爲「安全堪虞」部落，多半是因爲過去政府主導集體移住遷村計畫，把原住民遷到危險地帶；或因爲政府主導與縱容伐木、開礦、道路等等不當開發，造成原住民傳統領域環境的破壞。這項遷村政策，就讓災民對於自身處境的歸因焦點，從原本導因於天然災害，轉變爲政府不當政策的結果（謝志誠、傅從喜、陳竹上、林萬億，2012）。

　　這項以「國土保育」爲理由進行災難預防的遷村政策，也引起學者對重建政策的檢討與批判（蔡志偉，2009；蔣斌，2010；李素馨、陳英任，2010；陳永龍，2010），認爲重建政策對原住民社會而言，是一種以現代科學詮釋其生活，漠視其生存文化的知識權力關係（蔣斌，2010）；象徵著文化霸權的運作（李素馨、陳英任，2010）；原住民族由於地位的不對等，大多是被動的，甚至是被迫接受災後安置的各項安排，政府的措施是一種「慈善暴力」（蔡志偉，2009：38）；原住民永遠都是「被重建」的對象，而不是他們自己重建（王增勇，2010）。未能參與決策與規劃，地方政府與大型非營利組織的指定援建，對受災社區而言，如同被「認養」和「被割讓」（陳永龍，2010：408）。永久屋的興建變成大型社福組織的責任，災後重建工作是透過政府採購法得標而承接「生活重建中心」的責任，與此相對的，原住民社區並不是由（原住民）自己來決定，民營化機制本身排除了原住民參與，部落在其中的概念仍被定義爲「方案實施的場域」，而不是「方案發展的主導者」（王增勇，2010）。而環境正義的討論則針對工業發展和政府的不當政策，申訴原住民正是這些不當管理之下遭遇環境災難的最大受害者（呂理德，2010；陳盈太、郭宏任，2011）。這些研究在在顯示，受災的原住民在重建政策中成爲政策的被排除者，決策的過程，由於未重視文化的特殊性與地區的特殊性，造成在決策和服務供給上對原住民部落的忽視和排除。

　　本文以災難重建的社會服務網絡爲考察對象，檢視災難重建過程中的治理結構及其所造成的困境，並探討爭議形成的根源。換言之，本文將從一個較高的

視角鳥瞰災後重建社會服務網絡，從災難重建的治理結構檢視，受災原住民部落在這個結構之下如何被排除於決策過程之外，在這一連串的過程中，「社會參與」和「文化脈絡」將是本文的重要課題。

貳、文獻探討：災難治理作為分析的架構

一、災難治理

（一）治理的概念

　　災後重建工作是政府與民間高度合作的時刻。但是，在建構出合作的機制時，卻常常未能事先釐清政府與社會的合作關係，以及利害關係人所處的位置。以治理的概念來了解災後重建，是從一個比較廣的視野來觀察這整個過程。「治理」是比公私協力更寬廣的概念，如果政府（government）的概念所指涉的是一種社會性的控制，而且涉及集體權力的主要機構；治理則意味一種控制的網絡形式，涉及了一個過程和與之結合的各種機構；地方性的權力及其如何行使是治理的主要焦點，在治理的概念下，國家不是唯一的權力行使中心（Newman, 2001）。統治與治理的區分，就意味著傳統以政府為中心的統治型態，已轉變為強調「政府和社會」協調合作的型態。「治理」指涉一種倡導公私部門資源結合、專業引導、多元合作、網絡協調的模式（廖俊松，2006）。具體而言，治理更強調的是，在中央與地方政府之外，服務所涉及的公私組織和志願性團體，彼此在互動時連結出來的合作網絡。

　　治理概念的發展反映出，長期以來社會分化和整合過程所導致的複雜互動網絡；這些互動逐漸地制度化和呈現多層次和多面向度的發展（Kooiman, 1999）。最初的討論，是由經濟的交易理論而來，是對於規則和規則運作形式的一種研究，對市場和階層進行一些諸如派系、組織和網絡的分析，這些在經濟學裡到處可見（Mayntz, 2004）。但是，目前所使用的「治理」的概念則是

總括了所有的行為協調形式。有關於它的討論常見於下列的脈絡中（Kooiman, 1999）：1. 對於公共干預的範圍和形式的再定義的討論；2. 公司治理（corporate governance）的討論，指的是大型組織如何被指導和控制的問題；3. 相對於統治的討論，治理如果放在新公共管理脈絡下則是與統治相對照的概念；4. 在德國的脈絡下，治理和德文中的調控（Steuerung, steering）概念有類似的討論，主要是研究政府在指導、控制和操縱社會部門時所扮演的角色；5. 世界銀行提出的善治（good governance）概念的討論；6. 治理視為自我組織的網絡的討論；7. 治理是一種秩序的討論，特別是出現在國際關係的領域中談全球治理的概念。在公共政策討論裡常被引用的則是Rhodes（1997）所下的定義，治理意指自我組織與其它組織間的網絡，強調互賴、資源交換、遊戲規則和自主性；是社會的行動者能共同參與政策的形成和實施；是一種非傳統的由上到下的統治方式。

　　由上述討論可知，治理的核心價值在於強調市民社會可以共同參與政治過程，治理在分析層次上，所指涉的是包含公私部門所有協調的行動或過程。在另一層意義上，治理強調「參與」是合作網絡中不可或缺的重要元素，它不僅是公民社會的重要價值，亦是政策執行過程中可以增強行動、降低爭議成本，同時也可以增加政策正當性和接受度的重要面向。因此，當我們用治理一詞來作為結構分析的概念時，同時也帶有一種強調「社會參與」的價值。

（二）災難治理的提倡

　　因於災難風險的不可預測，在目前的研究中，災難管理（disaster management）已加入災難治理的新觀念。Jasanoff（2010: 15）在研究風險（risks）的民主因應時就指出：「我們必須變得更有技巧地發展集體記憶的策略，且不能再以狹隘的管理概念來看待風險本身，而必須改以具政治意涵的治理視之。」亦即，風險評估的科技引導人們試圖發展出因應風險的科技工具。但是，人們已經逐漸認識到科技並不具決定性，關鍵在風險機率的治理。雖然依過去的經驗知識來預測未來的準確度，或多或少可被計量，然而風險機率並不是隨機的。20世紀中葉以來，風險已經超出統計邏輯之外。例如：氣候變遷、工業災害、環境破

747 第二十三章 災難治理與社會排除：災後重建服務網絡之檢視

壞、金融危機等。

　　風險的難以計量是基於以下幾個因素：首先是文化的障礙。人們經常以特殊的方式理解與看待風險，而且很難理性地估計災害的後果。其次，科層體制的化約主義。行政體制通常為了方便而簡化了過去人類受災經驗的複雜性與豐富性，以致很難從過去的經驗中學習到實用的功課。第三，倫理的課題。誰是易受害者？誰真實受害？誰要對災難負責？誰的聲音該被聽到？優先順序的設定如何？這些問題無一不涉及倫理學的判斷。第四，經濟的限制。例如，風險的影響不一，資源配置應該如何？有限資源應該配置給預防，還是救援（Jasanoff, 2010: 15）？

　　災難嚴重程度本就難以控制。但是，災難的治理所留下的政治紊亂（political mess）經常與災難一起餘波盪漾。以美國為例，2005年8月29日發生於紐奧良（New Orleans）的卡崔娜（Katrina）颶風，所造成的災難不只是災難損害本身，還包括政治的紊亂。民主黨的州政府與地方政府責怪共和黨執政的聯邦政府沒有精準地預測、提出警告，而且應變太慢。聯邦緊急管理署（Federal Emergency Management Agency, FEMA）也被批評救災不力（Jasanoff, 2010: 26）。類似的經驗在臺灣也是常見，例如，921震災的南投縣政府與議會之爭，國民黨執政的中央政府與臺中市、南投縣、新北市等民進黨執政的地方政府間的意見紛歧；莫拉克風災時，國民黨執政的中央政府與民進黨執政的臺南、高雄、屏東、嘉義等地方政府間的互不信任（林萬億，2010a、2010b）。

　　聯合國國際減災策略組織（United Nations International Strategy for Disaster Reduction, UNISDR）是協助各國因應災害風險的重要組織，曾對災難管理下了一個定義，認為災難管理應視為一個使用行政決定、組織、技術和能力的系統性過程，來作為實施政策、策略和發展社區與社會的因應能力，以面對災害的影響（Lassa, 2010）。所謂「這一系統性的過程」，還包含讓所有利害關係人能獲取相關的消息和情報並據此做出決策。在其2004年的全球報告內，則進一步釐清災難處理的系統性過程，並首度提出災難治理的概念作為減低災害的理解架構和具體原則（UNISDR, 2005）。聯合國發展方案（The United Nations Development

Programm, UNDP）也倡導災難治理的概念，認爲「治理是經濟、政治和行政當局，對國家事務的各層次的管理；它包含了機制、過程和制度，在此之中，公民和團體可表達利益、行使權利、履行義務和協調差異。它涵蓋了所有相關的團體，包含私部門和公民社會的組織」（Bureau for Crisis Prevention and Recovery - UNDP, 2010: 1）。而災難治理（Bureau for Crisis Prevention and Recovery - UNDP, 2010）則是以治理的角度來處理與災難相關的風險，認爲善治的一般性原則對災難風險的降低十分重要，參與、透明、責信、效率和負責等善治的原則，是有效減災和永續發展的災難重建的重要原則，最貧窮者和最易受害者的聲音，應該要在資源分配的過程中受到重視。因此制度和行政的安排，應連結公私部門與市民社會，同時對地方、區域、國家和全球規模的行動者建立起縱向的聯繫。

在聯合國對於災難治理觀點的倡導下，透過聯合國2005年的減災國際會議（UNISDR, 2005），全球減災評估報告（UNISDR, 2009b），以及2009仁川宣言（Incheon Declaration）（UNISDR, 2009a），治理成爲減災和災後重建的重要原則。和災難管理比較起來，災難治理包含災難管理的層面，但是災難治理強調，減災政策的決定過程，涉及的是一群複雜、衝突和具有各種利益的行動者，同時交織在多面向的各種制度之中，是一個針對減災的多元中心的政策決定過程（Lassa, 2010）。災難事件的處理會涉及國家、非營利組織、大學、專家，以及地方草根性組織和社區傳統網絡。因此處理災後重建並不是只有風險管理、政府政策、規劃和策略而已，而是公部門、私部門、市民社會能夠協調行動以處理災難風險。

總結來說，所謂災難治理，是指公私部門的任務分派是否能具有透明性，並且具有清楚的制度規則和能力分派，以增加政策制定者的課責。而在整個災難管理或危機處理的過程中，以治理的觀點來看，要降低災難帶來的風險，應重視下列的面向（Ahrens & Rudolph, 2006）：

1. 課責：對於組織的角色和責任是清楚的，而且災民能夠檢視他們的需求和觀點是否有被列入考慮。利用資訊的透明度，讓任務的分派透明化，

可以比較行動的結果，使得政策行動可被預期。

2. 參與：指的是個人、團體和組織的聲音是被聽到的，而且能確認服務和政策都是社會可接受的。參與是為了讓政策和方案能夠反應真實的需求，讓利益關係人可以透過會議或網絡來增強行動，降低爭議的成本，同時也增加合法性和政策的接受度。

3. 可預測性：需要建構一個有規則的系統，來聯繫公私部門。可以讓網絡的參與者對其角色有穩定的期待。公共政策會如何實施？財產權是否可預期地受到保障？在災後重建時對於人民的財產、居住、工作、投資等是否能創造最大利益？這些都是很重要的考慮，必須讓人民可以去預測自己的未來。

4. 透明化：資訊的透明是為了讓決策者對他們的行動負責。在中央化的結構裡，決策常是確保私人的目的，在災難時不透明的訊息則掩蓋了風險，也會影響災民的權利。此外，開放的資訊很有利於不同參與者之間的共同協調，並能提高對未來潛在災害的覺知，而且也同時是進行公共教育，強化人民對於正確知識的掌握。

簡單來說，對於災難事件中的治理結構而言，重要的是檢視服務輸送的系統性特徵，這就包含了公私部門和中央地方的行政合作。在協調和合作的策略上，可以觀察：公私部門如何交換訊息、如何確認任務分派和使用清楚的制度規則來增加課責、所有利害關係人的參與程度如何、是否降低成本和增加公共政策的正當性、最終是否能引導為一個取得新知識的學習過程，可使個人和組織作為一個行動者創造新的制度設計。

在臺灣現行的政策實施中，政府鼓勵民間積極參與，或是強調政府與民間共創福利願景的說法，指的就是公私協力（public-private collaboration, PPC），或是公私夥伴關係（public-private partnership, PPP）（Patti, 2009）。在莫拉克風災救援與重建的過程中，不但公私部門的互動關係及其形成的協力網絡逐漸受到關注（周芬姿，2011；王仕圖等，2011；廖俊松，2003），災難治理的議題也逐漸成為焦點。

（三）社會排除

社會排除的概念最早由法國學者Richard Lenoir在1974年提出（Brady, 2009），描述某些社會邊緣的群體無法接近正常的就業資源與福利國家的所得安全網，如無業青年、失業者、無家可歸者。這是衍生自涂爾幹的哲學（Durkheimian philosophy），認為社會排除是一種「社會被視為一個整體的集體價值的失落與社會結構的瓦解。」到了1980年代，法國的社會排除概念已經擴大到適用被國家遺棄者（les éclus, the pariahs of the nation），亦即被限制部分權利的新移民。1990年代，又擴大到描述市郊的被剝奪者（les banlieues），亦即城市排除（urban exclusion)（Taket et al., 2009: 6）。基本上，社會排除是被市場經濟制度多面向的排除與不利；是被社區所邊緣化(marginalization)、無關與疏離的；是一種多重剝奪（multiple deprivation）、累積悲慘（cumulative misery）（Brady, 2009，林萬億，2010c）。

雖然，社會排除被採用來描述失業與貧窮的現象（Room, 1995）。但是，社會排除與社會團結也被關聯，指涉個人權利、國家責任與拒絕剝奪；同時，也關係到社會整合，亦即社會包容就是一種社會整合。

社會排除是一個長期的過程，個人、家庭、團體，或鄰里參與社會、經濟、政治活動所需的資源被剝奪。這個過程基本上是因貧窮與低所得造成，但也夾雜著因歧視、低教育成就、惡劣的環境所造成。經由這個過程，人們在人生中的某個階段，會被阻斷享有所有社會成員都應該要擁有的制度、服務、社會網絡與發展機會（Pierson, 2010: 12）。社會排除通常存在於社會區隔（social differentiation）與社會兩極化（social polarisation）的社會中（Barry, 2002）。社會區隔是指在一個社會裡，不同的群體生存在不同的經驗與環境中，例如：種族隔離、階級對立，使得該社會無法整合。社會兩極化是指貧富不均拉大。在既存的社會區隔與兩極化下，一旦發生災難，在資源短缺與利益競奪下，社會排除更加明顯。

在以治理作為分析的架構時，將強調公民與利害關係人的參與，而非只是

服務的消費者或使用者，因此研究的焦點，就會放在行動者如何被「排除」和「包容」在政策過程之中。它的目標是指向人和所屬的社區能夠成為積極的行動者，最終可達到社會自我組織的理想。因此治理的概念在分析的層次上與過去也有所不同，它能夠連結社區、市民社會和地方性的治理，還有國家和超國家的層面。社區在這樣的分析架構下成為行政上的新焦點，而且讓人注意到社會排除的問題。

二、災難治理的結構

（一）政策網絡

在歐陸，治理的狹義解釋是指調控（Mayntz, 2004: 28）。在德國國家理論的發展脈絡裡，1970年代的討論是如何透過國家的調控，讓協調合作的方向和自主動力可以往某特定的方向發展；第二波的發展，則不再集中於行政系統的行動者觀點，而是側重社會中的行動者如何能夠共同發揮影響力（Mayntz, 2004; 林珍珍，2010）。這個發展引發了對新統（組）合主義的決策結構、政策網絡和社會自我管理的各種協調系統的研究，特別是關注到第三部門和非營利組織發展。主要討論的協調系統，是針對於新統合主義的安排，或是混合公私部門的政策網絡、社會自我管制系統的探討。在1980年代中期的討論焦點對去中心化、合作和網絡這三個概念的闡述，Mayntz（2004）認為，國家作為行動者也參與在政策網絡內，但它仍保留著重要的干預意義，即使政策決定的過程轉移到社會自我管制的制度形式上，國家仍是受認可的法律權力，有權威來決定社會行動者的紛爭，以及有權利用立法和行政行為來干預系統的行動者。因此治理雖然強調多中心的協商結構，但並未讓國家轉變為空洞化的形式，毋寧是社會的自我管制存在於制度架構內，而這個制度則由國家所認可，同時政府協助建立各種自我統治形式，換言之，層級化的控制和社會的自我管制並非相互排斥。

有關國家與網絡的定位，也發生於英美學界的討論脈絡中（Pierre & Peters,

2000）；英國的治理理論對於網絡的討論，從第一波強調「多層與多元中心」的社會組成概念，發展去中心化和無國家性（the stateless state）議題，而至第二波以國家爲中心的網絡治理，認爲國家應同時對階層、市場、網絡與認同社群四種不同類型制度與組織進行有效的整合、協調、設計與管理（Bevir & Rhodes, 2011; Rhodes, 2012; 黃婯郁，2012）。如果只注意到政策網絡的討論，有可能將國家機關的政策制定焦點轉移到次級系統，而忽略總體的政治過程以及如何整合國家與社會的關係的議題；如果只將政策網絡視爲利益中介的研究，將不自覺地強化了多元理論的國家印象（林玉華，2002）。

　　由上述討論中可以理解，網絡強調行動者之間的互賴，網絡的意義更接近於權力的分散和爲效率而需要的合作關係。但是在所謂的治理，國家仍占據特殊的位置，政策網絡可以視爲是一種政治制度，而治理乃是透過網絡的政治調控（Hoff, 2003）。因此就Schneider（2004）的觀點，政策網絡可置於治理的視野之下，視爲治理的結構，它是個多中心行動者的脈絡；在國家日漸依賴社會資源的發展下，公共政策不再是由一個整合的統治和行政階層組織所形成，而是由公營組織和私營組織構織的網絡所形成。因此，簡單來說，治理可說是提出了一種網絡形式的控制過程（Daly, 2003）。治理結構涉及：1.哪些人有權力或需要參與執行；2.參與者如何互動；3.確定哪些要素構成一個決策，透過這個結構，不僅可了解系統的基礎建構，更可了解制度系統的動態性（陳恆鈞，2012）。

（二）受災的利害關係人

　　有效的治理機制，是能加強個人和社區自我統治的能力，並且在社會參與的原則下，進行對事件的控制或管理。治理是一個意圖控制或管理關係、事件的過程，它涉及到政治、權威和政府的問題；也涉及認同、自我和個人。更清楚地說，治理包含了各種公私部門互動的協調形式，並提出一種網絡形式的控制過程，地方的權力和社區及團體的參與，是在這個過程中更被強調的（Daly, 2003）。

　　在災難治理的議題上，則強調去中心化，突顯地方在災難處理上的重要性

（UNISDR, 2009b）。地方政府的能力和課責是成功減低災難和災難重建的先決條件。因此地方政府必須透過去中心化的過程，來處理災難重建的各項因素，最首要的是讓公民和地方上的重要利害關係人能夠參與決定過程。決定過程的彈性化和社區充權（empowerment），才能促成透明化和好的治理（UNISDR, 2009b）。即使是在國家層級的災難減低和重建策略，地方層級的災難風險管理都具有關鍵性，因此災難治理必須建立於社區網絡，以及有效能的地方政府制度（UNDP, 2004）。

　　因此地方的行政系統和草根社區的利害關係人，是災難治理網絡中的重要元素，在政策上必須能得知地方社區的相關資訊，包含地方的資源和領導。由中央集中控制和計劃的災難處理計畫總是無效率的（UNISDR, 2004），面對災難必須是切實地由地方來規劃，並賦予它權力。因此災難治理的結構應注意：1.行政的安排：必須透過政府權力的去中心化和移轉，讓地方的需求得到支持；2.組織和結構：必須建立在社區網絡和有效的地方政府制度之中；3.重要的參與者：例如公民、利益團體和組織及草根的領導者，能夠在災難重建過程中參與協助，尤其是特殊的文化組織，如宗教、草根性組織和傳統的領導者，能夠共同參與和協助；4.發展地方政府與社區的能力：為了永續地發展去中心化的減災和災難重建，地方政府和地方社區必須有能力發展權力並獲得資源。

　　至於與災難重建相關的利害關係人方面，則必須注重原區域文化內非正式的溝通結構和傳統的社會網絡及對話形式。包含了Jha et al.（2010）所提出的：

1. 利害關係人

(1)主要利害關係人和投入的救援單位：包含受災者、家戶和草根代表、政府官員、公務員，國內和國際媒體、公民社會、學術機構、專業團體、宗教團體、工商業界、非政府組織、夥伴組織、捐助者。

(2)「隱藏」或次要利害關係人：影響較少的非受益者，他們可能在實施專案期間感到被忽視而成為攪局者。

(3)弱勢群體：女性為戶主的家庭、孤兒、身障者、慢性病患者、極端貧困和被

社會排除者。

(4)公共意見領袖或盟友。

2. 既有的溝通途徑

(1)利害關係人通常用來接收與傳播資訊的溝通管道。

(2)緊急事件時，溝通管道的可使用性或限制，以及可能的替代溝通管道。

(3)現有的社會溝通機制：如學校、教堂、市場和社會互動。

(4)社會網絡：如宗教、部落、社區、專業和學校。

(5)傳統的對話形式：如長老、宗教領袖會議。

　　根據上述由行政系統、地方組織和利害關係人所交織出來的網絡，乃是災難治理分析的對象。而社會參與和充權地方不但是災難治理的中心價值，也是達成課責和透明化的關鍵策略。根據這個結構特質，在災難重建的決策機制內沒被納進來的群體，將會在分析中被突顯出來。Daly（2003）以治理概念來對社會服務領域做分析，將焦點聚集在政策決定的實際運作上，從政策決定過程可以特別看到其「包容」或「排除」的程度（Daly, 2003: 120）。換句話說，治理的觀點可以提供一個對福利輸送的整體性視野，讓我們不只是看到哪些部門提供了服務，還可以進一步地檢視輸送的形式，以及相互交錯網絡內的決策過程。

參、研究問題與方法

　　無論是治理的視野或是社會資本的論點，都強調社區、地方、家庭和社會組織的「參與」程度，藉由參與，市民社會能在互惠和信任的狀態下增進自我統治的能力。國家是否能有效地減低風險，就必須看領導者是否能實行適當的政策，而所謂適當的政策就取決於國家治理結構的品質（Ahrens & Rudolph, 2006），也就是在這個複雜的網絡內，是否能進行有效的協調和合作。同樣地，在災難事件發生後，是否能建構高品質的災難治理結構，是災難救援和重建的成功要素。治理的視野，側重於觀察決策過程、各部門的交互關係和權力的位

置，它提供了一個比較寬廣的視角，來檢視災難事件的整體行動結構。災難事件的服務輸送，涉及一連串公私部門行動，本文的研究焦點就在於這個結構所突顯出來的決策過程，換言之，治理的觀點提供一個視野，可以檢視災後重建服務輸送過程中各部分的連結和互動。

　　基於治理的架構，本文檢視莫拉克災後社區重建服務系統，並聚焦於以下兩個重點：

1. 由公營組織和私營組織構織形成的網絡，呈現怎樣的決策過程和互動規則？所涉及的是災難治理過程中，中央和地方政府，以及公部門單位和私部門組織合作的制度安排。

2. 受災的利害關係人，也就是重建社區的居民和在地組織，以何種方式進入治理的區域網絡？它涉及的是地方的合作網絡，以及利害關係人在其中的角色。

　　本文以地方政府與受災區域之間的服務網絡為分析對象，以高屏地區為分析場域，以莫拉克風災過後，屏東縣與高雄市受災區域（原屬高雄縣）永久屋安置到重建中心設立，亦即從2009年到2012年的這段時間，作為分析的時期。災後重建服務的範圍特別是指從災後永久屋安置到生活重建服務中心（以下稱「生活重建中心」）成立與提供服務的過程，包含遷村、住宅服務的提供、永久屋安置、重建社區管理和生活重建中心的就學、就業、就醫、福利、生活、轉介等六大業務。

　　分析的資料來自2009年之後有關重建措施的各項資料，包含公部門次級資料、報紙、文章等文獻，並採用科技部研究「重大災害災民安置與社區重建的社會治理整合型研究計畫」的訪談資料。此科技部研究計畫所進行之焦點團體訪談，於2011年10月至11月進行，受訪者包含高雄市和屏東縣處理災區業務之公私部門主管和承辦人員，如下表23-1。本文將此訪談逐字稿，進行開放性譯碼、主軸譯碼和選擇性譯碼後，獲得分析性資訊，作為結構探討的實務佐證。

表23-1　焦點團體受訪對象

受訪者 服務單位	代號	受訪者 服務單位	代號	受訪者 服務單位	代號
高雄市政府兒少科	A1	高雄市政府社工科	A7	屏東縣府社工科	C2
高雄市政府人團科	A2	高雄市S永久屋社區管理委員會	B1	屏東縣生活重建服務中心A	C3
高雄市政府救助科	A3	高雄市S永久屋社區非營利組織	B2	屏東縣生活重建服務中心B	C4
高雄市受災區社福中心A	A4	高雄市重建服務中心A	B3	承辦屏東縣生活重建中心之非營利組織	C5
高雄市受災區社福中心B	A5	高雄市永久屋社區非營利組織總幹事	B4	屏東縣生活重建服務中心C	C6
高雄市重建服務中心B	A6	屏東縣重建服務中心D	C1	屏東縣生活重建服務中心E	C7

資料來源：作者整理。

以下將綜合各個資料分析，分二部分來討論莫拉克風災後重建的治理結構：首先，分析治理結構中的政策網絡所呈現的形態。其次，分析社區重建過程中，在地方上的制度安排所呈現的參與狀態及其限制。

肆、莫拉克風災後的災難治理網絡

一、中央、地方政府與生活重建服務中心的合作機制

本節檢視重建的社會服務網絡，特別是從災後永久屋安置到生活重建服務中心的成立過程。包含遷村、住宅服務的提供、永久屋安置、重建社區管理和生活重建中心所負責的六大業務。這些社會服務歸屬於災後重建推動委員會的職責。災後進行的所謂「長久安置」與「重建家園」的主要政策，分為兩個階段來實施，第一階段是針對緊急安置的居民進行永久屋安置等住宅服務（包含租屋與購屋的補助措施）；第二階段則是永久屋安置和設立生活重建中心。生活重建中

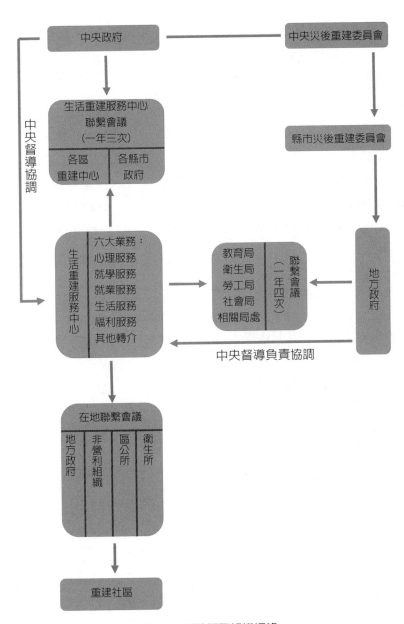

圖23-1　重建服務組織網絡

資料來源：作者整理。

心預計經營3年（2010-2012），提供受災居民心理服務、就業服務、福利服務、生活服務和其他轉介服務等六大業務。

根據「莫拉克颱風災區生活重建服務中心實施辦法」，在重建社區的組織和服務的設計中，如圖23-1所示，有關於總體規劃重建事項的單位，最高層級是屬於中央層級的災後重建推委員會；它督導、協調和推動地方層級的災後重建推委員會。生活重建中心是一個協助社區重建的主要樞紐，由中央委託非營利組織設立，協助災區居民發展組織，參與公共事務。在中央、地方政府和社區3個區域，則透過聯繫會議進行實質上的協調和合作的事項。中央聘用並委請地方政府指派督導，負責生活重建中心與中央和地方政府的協調和督導的工作。根據這樣的制度設計，我們可以從責任分配以及與其相對應的各組織的角色和能力，來探討形成合作過程時所發生的問題。

二、制度安排形成的特點

（一）地方政府效能的侷限

中央政府在重建過程中的第一階段，亦即永久屋安置等措施，訂定了「莫拉克颱風災民優惠安家計畫」，受災居民可就自行租屋、自行購屋以及由政府安置等三項優惠安家方案中擇一辦理，如前所述。

然而，未如預期的，永久屋安置和住屋補助措施帶給災民極大的衝擊。對一個著重集體與分享文化的原住民部落而言，遷村應該由部落所決定，並且盡可能地以集體遷徙的方式搬遷到共同的村落，就同過去的部落遷徙一般，應以部落而不是個人為單位來遷徙。但是，政府提出的選項卻是以個人或家戶為單位的措施；不但希望災民能迅速決定是否接受永久安置，還可能造成各部落混合居住，或是遷徙到部落不認同的地點。這些措施是無法令人即時理解的，不僅易於引起災民的焦慮，著重個人選擇的政策導向，更讓集體導向的部落會議無法在快速時間內形成共識。最後由中央主導的快速安置策略，遂引起了部落的反對和分

岐的意見（C1, C2, C4, C5）。

更進一步探索安置政策的問題，可以發現主要的問題是出自於地方政府的角色受到嚴重的忽視。依內政部2009年9月7日發布施行的「莫拉克颱風災區生活重建中心實施辦法」規定，中央政府直接介入災區鄉鎮市的生活重建中心設立，縣市政府則被課以督導之責。這項規定造成地方政府雖有督導責任，但是卻無權力管轄，因為縣市政府並非簽約的主體，也不是提供經費補助的機關，因此欠缺有效進行督導的條件，而中央政府距離地方遙遠，也很難有效管理地方生活重建。這項決策的原因可能肇於政黨競爭的因素，[2]但是不可否認，地方政府的角色是受到忽視的，同時，由於資源掌握和決定權在中央，非營利組織在分配永久屋興建區域和策略時，在地方政府未參與之下，便先與中央協調好了（A1, A3, A5）。也就是說，安置政策是由中央政府與全國性非政府組織（NGOs、紅十字會、世界展望會、慈濟功德會）所協同決策的，但卻是交由地方政府與NGOs協力執行。我們可以稱它為一種「雙層割裂分工模式」，在這種分工之下，中央政府和全國性非政府組織合作，擁有主導的權力；而地方政府和其他的NGOs合作，協力執行中央所主導的重建政策，但是並不擁有決策的權力。它所造成的結果，便是熟於地方文化的地方政府，無法進行因地制宜的重建策略。如文獻所述，全國性救災志願工作人力充沛的組織比較不受地理限制，可以支援偏遠地區的救災與災後重建（Zakour, 1996）。然而，除了世界展望會南區服務處有較多在地服務的經驗，會以原住民角度來思考安置與重建服務的課題之外（謝志誠等，2012），其他全國性NGOs的在地性明顯比較弱，也比較欠缺文化敏感性。

---

[2] 在莫拉克颱風災後重建特別條例立法過程，民進黨團所提版本第23條明定縣（市）政府應於災區鄉（鎮、市）設立生活重建服務中心，提供居民下列服務：福利服務、心理輔導、組織訓練、諮詢轉介。國民黨團提出修正動議，修改為中央政府應於各災區鄉（鎮、市）設立生活重建服務中心，提供生活心理就學就業及各項福利服務。前述實施辦法由中央主管機關定之。最後投票表決，通過國民黨的修正動議。這就可以說明，為何莫拉克風災重建與過去九二一震災的經驗，以及聯合國和世界銀行提出的以地方政府為主的災難重建原則，大相逕庭。（詳見立法院公報98卷45期院會紀錄，頁66-67；鄭如君，2014：84）

　　即使在公民權利（civil right）的地位上，所有受災者都同具有公民身分，但與其生活、生計、生命息息相關的社會權地位（social citizenship），主要還是聯繫於其縣民、市民、部落成員等身分，而且災後復原、重建工作大多屬地方政府的權責。然而地方政府並沒有在政策決定過程中，擁有足夠的影響力，依據受災區域的特殊性或時間、空間的策略和步驟，對區域長程規劃有參與的機會。特別是異地安置必須處理更多區域性的細節，如就業機會、文化生活、遷徙共識等問題，這些都是地方政府比較能夠著力之處。我們觀察到的狀況是，在安置政策上地方政府的角色只是一個配合執行者，而非中央政府的夥伴，受災居民則是被服務者，等待被安排。地方政府處在完全配合中央策略的執行角色上，只能負責說明政策與執行原則，當中央政策不明確、資訊有疑義或是災民提出替代的可能性時，地方政府無法直接回應受災居民，也無法考慮地區的差異性而做出適宜的策略調整。在此結構下，如果災區的訴求要發揮影響力，受災居民必須越級至中央層級請求，例如，直接向重建會或是長官陳情，或是當總統訪視災區時提出陳情。

　　此外，原來服務於原住民部落的甲福利機構不見得能標到其熟悉的部落，例如，原高雄市的桃源區就標給了來自屏東的乙福利機構，而不是在桃源鄉本就有設站服務的甲福利機構。乙福利機構以屏東偏鄉的老人送餐、居家服務起家，擴及臺東。儘管也承包其熟悉的屏東縣泰武鄉、牡丹鄉，及臺東縣大武鄉等地的生活重建中心，然而，必須注意的是桃源區居民以布農族與南鄒族為主，而乙福利機構熟悉的屏東的泰武、牡丹，及臺東的大武則屬排灣族部落，二者文化差異顯著。布農族是父系社會，以氏族為基本社會單位，排灣族則是世襲的階級社會。由此可見，中央政府主導的生活重建中心委外招標過程，並沒有考慮在地的文化相容性，但是在災難治理上，地方文化相容性與社區（部落）居民需求，應優先考量。

　　總之，在生活重建中心設立委託過程中，受災地區的地方政府極少有參與空間，以致各區域行政系統的特性、資源銜接的連續性和文化特性，沒有共同規劃商議的場域，因此各區域文化的特殊性，無法在委託過程中受到充分討論與規

劃，地方政府在委託的過程幾乎不具有任何影響力。對於災民生活重建最具影響力的生活重建中心，從圖23-1可得知，是中央、地方政府與受災區之間的一個重要樞紐，它對中央和地方政府都以聯繫會議的形式來取得整合。換句話說，在制度設計上，區域的特殊性是藉由各地的生活重建中心來表達，同時它也扮演一個主動性的參與角色，在聯繫會議中，就可以來直接面對中央和地方各局處，以推動整合性的措施。

在這樣的治理網絡中，如果立基於地方政府的角度，就會出現四個相關聯的問題。

首先，在受託團體資格上，地方政府未具有參與討論的位置。如果受託團體沒有具備一定能力來了解地方和社區的特性，以及掌握資源，當他們進入重建社區後，反而必須先得到地方政府的協助，而無法立即協助地方政府處理重建地區的事務（A5, A6, C2, C3）。例如，由長期在屏東縣服務的乙福利機構，而不是長期在該地服務的甲福利機構，在競標中獲得於高雄市桃源區服務的機會，這就導致後者無法延續其既有服務方案。由於外來的團體對地方不熟悉，因而無法立即整合地方性正式、非正式服務資源。作者在訪問桃源區生活重建中心時就觀察到，對布農族與南鄒族部落不熟悉的外來服務團體，發生無法立即打入在地生活的情況。而外來團體和地方政府及生活重建中心合作，三者之間的合作角色、規則和責任並不清楚，因此在合作過程中必然有一段長時間的磨合。然而，災後生活重建卻是迫切的、緊急的。能夠立即合作的主要事項就只能侷限於大型活動的邀約（A6），這對迫切需要災後重建生活的災民來說，緩不濟急。這種合作角色的不清楚，就導致災民的需求無法立即反應出來。

其次，生活重建中心由中央所委託，因此中央具有主導權。在委託關係下生活重建中心直接對中央負責，並必須接受每年一次的考核，生活重建中心與地方政府之間沒有直接的從屬關係（A5, A2），對於地方政府所要求的事項，也沒有配合的義務。因此地方政府對生活重建中心只具有被動的被諮詢角色，所能做的就侷限於配合生活重建中心所提方案和個案轉介。處在這樣的位置上，地方政府只能期待生活重建中心扮演主動評估需求、規劃方案、提供服務的角色。然

而，中央和受委託團體對於區域性的差異特質是了解不足的，地方政府雖然熟悉在地文化和服務資源，但是在運作上卻無從置喙。中央、地方與生活重建中心就形成一個到處受阻絕、不連續的服務網絡，而不是一個通暢的行政網絡。下面的例子，就可以突顯出三者的關係：

> 比方說拿一個比較簡單的例子來講。以統計報表來講，統計報表當初的設定就是由中央統一規劃出來。統計報表有一些地方可能需要被修改的時候，那地方政府期待這些生活重建中心能夠把這個報表的欄位重新設定，或是再增加某個欄位。可是生活重建中心……，會說，那些是中央所訂定的，必須要由中央說要更改才能更改（A2）。

在這個例子裡，受委託團體依招標須知，完成服務提供、成果報表、預算執行報帳、接受評鑑等作業，由於地方政府不是委託業主，無從管理受委託團體。然而，地方政府卻必須擔心其選民、鄉民、縣（市）民是否得到應得的服務；部落長老也要擔心其族人是否得到公平的對待；災民根本不清楚這些受委託團體是怎麼產生的，他們不可能事事項項都到中央去抗爭，最直接的壓力就是將意見反映給部落與地方政府。可是，地方政府卻無權力可以直接管理。

第三，地方政府的主動角色立基於縣市重建推動委員會，它扮演一個地方縣市層級的規劃組織，從「高雄縣莫拉克颱風災後重建推動委員會設置要點」和「屏東縣政府莫拉克颱風災後重建推動委員會組織規程」來看，它推動的重建工作與生活重建中心並行。雖然這個組織對重建業務也有間接的諮商、推動和督導的關係，但是實質上的行政資源和權力，仍須透過地方政府來行使。因此重建推動委員會的實質領導階層必須是地方政府的長官，才足以形成責任與能力可相互配合的行政系統，當重建推動委員會的首長為外聘學者時，領導與資源之間以及責任與權力之間都會產生斷裂，地方政府執行的重建工作便會嚴重受阻（B3, A3）。以過去的高雄縣為例，其重建委員會的組成，原本是由副縣長擔任副主委，就可以運用行政系統的資源執行與重建相關的業務，但是在與高雄市合併之

後，該職位則由外聘專家擔任，即很難動員行政資源（B3, A3），可見不同的組成會影響行政資源的使用情況。

最後，生活重建中心在3年後撤離災區，地方政府又必須在自身經費有限，處處須靠中央補助的狀態下接管災區。這意味著，生活重建中心所發展的各項事務，包含人力、經費和方案等各種原有的資源都將停止；社區組織是否能在3年內發展成熟，而能自主延續社區的經營，就成為一個令人關注的議題（A2, A3, A5, B3, C5）。又如上述，災區本來就有區域社會福利服務中心的存在，但這些單位在災後生活重建上卻未扮演重要角色，在生活重建中心撤離災區後，地方政府在無額外經費之下，顯然必須依賴原有區域社會福利服務中心，或從頭再開始布建新的服務網絡。期間的轉銜應如何處理？經費如何使用與如何延續？是否能與地方公部門體系接續？應做何種接續的準備？是否在整個系統裡有被安排共同參與規劃？很顯然地，這些相關事項並沒有明確的制度化安排。現有的系統似乎也很難預見確定的方向，可完整地提出未來的規劃和執行的藍圖。

（二）生活重建服務中心功能受限

在圖23-1的組織系統裡，可以看到在政府的制度設計上，生活重建中心應具有社會規劃的主動角色。它在中央參與聯繫會議，可以反映地區上的需求；在地方政府層級亦有聯繫會議，共同處理生活重建中心在區域上面臨的問題。就區域部分，生活重建中心召開在地聯繫會議，結合相關的衛生所、區公所等公部門，以及在地的非營利組織，共同商議災區的各項事宜。在角色上生活重建中心是一個樞紐，它必須具有組織、決策、提案和整合的能力，透過聯繫會報與中央、地方和地區各組織形成合作網絡。同時，也由於是位於最接近災區的組織，可以近身深入了解重建社區的需求，進而整合公私部門資源推動社區的重建工作。

內政部撥給生活重建中心一年40萬元的方案經費和3個人力的補助，業務上則必須處理內政部所要求的六大層面向，包含：1.心理服務：提供心理諮商輔導及協助醫療轉介。2.就學服務：協助學生就學扶助及輔導。3.就業服務：協助失

業者申請失業給付、參加職業訓練及推介就業等服務。4.福利服務：對老人、兒童及少年、身心障礙者、變故家庭、單親家庭、低收入戶、原住民或其他弱勢族群之生活需求，提供預防性、支持性及發展性之服務。5.生活服務：協助創造在地就業機會及促進地方產業發展。6.其他轉介服務：提供法律、申訴、公共建設、產業重建、社區重建、藝文展演。很明顯的，這些經費和人力並不足以因應如此龐大的業務。在生活重建中心3年後要撤離之前，它還必須協助建立社區裡的資源網絡，例如對社區發展協會的培力，以接續社區的發展。此外，每一年生活重建中心還必須接受內政部的考核及全國輔導團的督導。

以一個受委託的NGOs，是否適合擔任這樣的角色，是值得懷疑的。在公私合作的策略內，非營利組織即使受委託代理執行公共任務，也不等於享有公部門的行政資源，更不具有調度公部門業務的整合權力。尤其是，作為外來團體，它在進入災區之後，必須培訓足夠的專業人力、了解在地文化和資源分布、與社區互動建立關係。3年的時間和每年40萬元的方案經費，實不足以彌補這些行政上的劣勢。即使它可能帶來背後母會的豐沛人力和資源，以在資源上協助地方政府，但是在行政上是否適合作為整合主力，則是值得商榷的。

依高屏地區的狀況，可以就三個方面來了解生活重建中心的處境。

第一，人力方面。由於部分受託單位本身的專業資歷較淺，專業人才資料庫單薄，加上災區及其鄰近地區具資格的專業人力並不多，因此，生活重建中心在前一年就必須培訓專業人力，還要面臨人員不停更換、社工流動率高的情形。之後要熟悉住民，花費相當多的時間與社區互動、建立關係和處理社區爭議性的問題，並負起六大業務的辦理；每年還要應付中央考核和輔導，接下來又面臨在地社區發展協會銜接的問題。這些時間進程和工作任務，對於僅具備有限專業能力和高流動率下的生活重建中心，是很大的負荷（A2, A5, A6, B3, C2, C4, C5）。

第二，資源的供給。雖然受委託團體可透過母會得到部分的經費援助，但是在就業與產業發展上，需要投注長期的資源。生活重建中心必須與地方政府的資源相互配合才能有所作為。地方政府雖然有各項方案計畫，但是生活重建中心面臨的問題是，方案計畫要求的專業能力是生活重建中心的人力所無法勝任的，因

此由生活重建中心主動提出方案的可能性非常低（A2, B1, C5）。在屏東縣和高雄市都可以發現，由生活重建中心提出方案的例子非常少，甚至沒有。在地方政府各局處的方案則是由各局處獨立規劃，而非針對特定災區的需求加以計劃，結果是，生活重建中心不僅必須到各局處去競標方案，而且這些方案也未必符合其所服務災區的特殊需求（B3, C5）。另一方面，即使生活重建中心想與地方政府局處共推方案，也有困難，以推動災區產業的農業而言，農業局本身即有相關業務推動，基層有區／鄉公所作爲行政資源，局處未必需要與生活重建中心合作推動方案（A6）。總體來說，生活重建中心在主動推動災區建設上，不僅專業能力有限，在後端資源的供給和配合上亦是受限的。

　　第三，整合的能力。在制度設計上是以聯繫會議作爲生活重建中心通向中央、地方政府和在地組織的協調機制，由於地方政府受限於生活重建中心直接向中央負責，在聯繫會議內被期待要主動提出方案整合問題的，主要是生活重建中心，地方政府則在會議中會同各局處一起解決問題。但是事實狀況是，受委託團體由於對地方政府行政與地方政治不熟悉，並沒有能力在會議中提出他們平常在業務上碰到的困難，以供討論，或是沒有能力提出發展方向，以在會議中有策略地來解決（A6, C4）。此外，他們也無法在聯繫會議中提出要求，以促使公部門的各單位，如民政局、都發局等，配合生活重建中心的業務（A2, A6, B3）。因此作爲協調機制的聯繫會議，目前能發揮的功能大多在於資訊的溝通和交換。

伍、區域網絡中的合作機制

　　整體受災區域的網絡可以用圖23-2來表達。受災區域的社會服務輸送系統包含社福中心、區公所、衛生所等行政資源，公部門委託的生活重建中心，還有自行進駐的NGOs。不可忽視的是，受災區域中的各部落也擁有不同類型的傳統溝通機制，大致來說，在受災前，部落內部可能即存在著部落會議、教會、社區發展協會等組織，在受災後，一部分的部落有居民組織自救會成爲對外發聲的團

體。從圖23-2可以看出，存在著各種類型的組織。但是，本文所重視的是這個區域性網絡的結構特質，也就是在網絡內所呈現的服務輸送如何連結，以及是否具有表達和參與的制度安排。因此本文將就3個區域合作的重要單元，亦即社會行政系統、原民傳統組織，以及重建的社區窗口——管理委員會，來討論其在受災區域的合作情形。

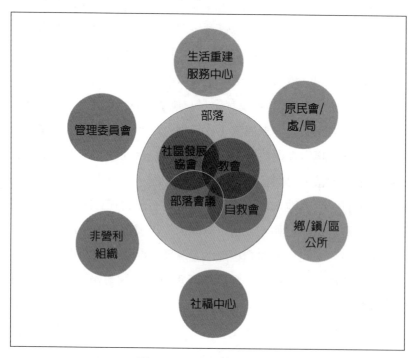

圖23-2　受災地區組織網絡

資料來源：作者整理。

一、重建中心和區域社會行政系統的合作困境

就地方區域來說，生活重建中心被設計為在地推動的主要機構，理論上可以召開在地聯繫會議，結合區域的公部門行政系統與非營利組織來推動災後重建工作。然而這樣的安排，在實際運作時遇到二層困境：

　　第一層困境是受委託的重建中心並沒實質的權力來整合地方行政單位。如果仔細觀察各地方的社會行政組織，可以發現區／鄉鎮公所是地方的最基層行政組織，而衛生所和社福中心則連結衛政和社政資源。在災後重建上，生活重建中心所扮演的角色和區／鄉鎮公所的角色重疊，然而二者在制度安排中並沒有明確的位階和合作方式（A2, A6, C2, C3, C4）。雖然可藉由在地聯繫會議來進行整合，但是生活重建中心不是公部門，並不具有整合公部門或商請公部門配合的實質權力。運用受委託的民營單位去整合公部門來執行重建，是一個在資源和權力上都不對等的角色安排。雖然在設計上，生活重建中心應扮演協力或主導的角色，一旦它無法有效連結地方行政單位，動用地方行政資源時，很容易就會陷入資源阻隔的困境。

　　如果比較原高雄縣公辦公營的二個生活重建中心，就可以看出其中的顯著差異。縣市政府所設置的生活重建中心有既存社會行政網絡作為後盾，並有地方政府的支持，所以這個服務輸送網絡就比較能夠有效使用地方行政資源。以公營的生活重建中心為例，地方政府與其合作，以及其與區域公所、衛生所和社福中心的連結，都比公辦民營之生活重建中心順暢，就可了解到治理結構中，任務的歸屬必須考慮到權力與資源可接近性。

　　第二層困境是，無論是以區域社會福利中心為據點，或是以生活重建中心為主導，都會面臨基層資源網絡效能不足的問題。這主要是因為在社區社會行政網絡中，鄉鎮市公所作為基層的社會行政網絡，在效能上是相對脆弱的。例如，在未升格前的高雄縣受災區域，社會服務的提供以區域社會福利中心為主要的推動單位，公所的專業能力和經驗則較為不足。此外，原鄉的公所與平地的公所相較之下，專業能力和效能都有不小的落差。社區發展協會作為最後端的資源單位，專業能力更是不足。這種專業不足所造成的落差，使得生活重建中心為主導的災後重建，在執行任務時，會遭遇到溝通的壁壘，它們常常無法以平地的專業思維來帶動原鄉社區的發展，專業思維有時反而是溝通的阻礙，不僅在理解彼此角色時造成障礙，也造成彼此期待的落差。

二、原民社區的部落傳統機制的忽視

在區域網絡中，除了公部門和生活重建中心之外，尚有原民會和永久屋社區成立的管理委員會。各部落則有既存的網絡，包含社區發展協會、教會、部落會議和災後成立的自救會等部落族人的組織。這些由社區既存的文化和權力結構所構成的網絡，很難去認同和參與從外而來進行援助的機構和當地的行政系統。然而忽略了在地的社會與文化脈絡，卻可能造成重建政策在執行上更多的困難，甚至反而造成排除於政策網絡之外的結果，於是政策的正當性就會遭致質疑。如同世界銀行所提及，有關於社會參與和溝通，必須評估社區內的：1.既有的社會溝通機制，如學校、教堂、市場；2.網絡，如宗教、部落社區、專業和學校；3.傳統的對話形式，如長老、宗教領導會議；4.指定社區領袖等（Jha et al., 2010）。也就是說，受災居民的資訊取得、對災區重建的理解與表達意願，以及參與決策的一系列過程，是整個災難治理內最能突顯出社會參與價值的重要部分。因此必須從地區的特殊性和既有的文化脈絡，尋找溝通和表達的窗口，既有的傳統結構是決策機制中重要的評估元素。

然而，在第一階段永久屋安置到第二階段設立生活重建中心的過程中，我們卻發現在各地區的決策結構裡，部落傳統結構和既有的社會網絡一直受到忽略，於是在做決策時無法顧及部落文化的特殊性，所提供的服務就無法切合部落的需求，這導致重建措施在部落中引起三種反應。

第一，安置或租（購買）屋的決定是由個人來選擇，受災的居民可以選擇安置於政府建造的永久屋，或領取租金、購屋優惠和生活賑助金。政府所提出的是現代社會中以個人或家戶為單位的補助措施，然而這種補助措施促使部落的村民各自離開部落，遷徙到都市，就導致部落的嚴重分裂。

第二，申請安置的戶數，依法是以戶籍登記來計算。然而在原住民的共享文化中，常常是大家族一同居住，而不是全數的人都設有戶籍，房子依山擴建，未必吻合於平地的法規。在原住民部落，沒有地方住的人，會有鄰人慷慨分享一個地方給他住，但是在政府執行重建政策時，資格的認定卻產生困難。因此在申請

資格的限制下，大家族必須拆離，所申請的永久屋空間亦不足以發展爲未來的大家族，這就對申請者產生不適合的情況。

第三，提供的服務無法符合部落眞正的需求，而且沒有參酌部落的決議來調整，引起部落的抗議。由於各部落依其傳統而有不同的權力核心，頭目、部落會議、教會組織、村長等都可能是在地的領袖，有一部分的部落還擁有類似會議的決議組織。在重建過程中，部落內的族人往往組成自救團體，以協商部落內的意見。例如，三地門鄉的排灣族部落，在災後即組有達瓦蘭部落重建委員會，小林村的平埔族部落則成立了「自救會」，作爲對外協商的組織。以達瓦蘭部落爲例，部落討論之後希望能將大家族內的戶數一起算入，以245戶來配置永久屋，但是最後審核合格的卻只有174戶（陳永龍，2010；陳儀深，2011）。部落因此深感不受重視，感到對自己家園的重建欠缺決定的空間。

這些事件如果以災難治理的觀點來看，在執行永久屋安置政策時，對於受災者的溝通，主要的安排是中央與縣市政府在災區舉行的「說明會」。但是在說明會中，受災戶並沒有實質參與決定的權力，固然表達也是一種參與，但是在說明會中的表達對於決策並不具實質的影響力。說明會似乎是目前制度設計下唯一可稱爲溝通機制的安排，主要的任務卻是提供政策的解釋和安撫，而沒有給災民參與決定的機會，也不在於了解他們的需求。

在執行災後重建時，由於沒有考量文化脈絡，又欠缺眞正的溝通機制，當時災民的反應可說是十分恐慌的，就如下列所說：

> 每一個說明都讓他們很恐慌，因爲文化的落差非常地大。我們原本認爲我們用漢人的觀念，把資格做一個很大的表。然後，好像寫了很多說明，儘量把它釐清每一項是怎麼樣的。眞的，我記得那一天一開始說，下面就一整個鬧哄哄。因爲完全不太能理解在我們平地生活的這些脈絡到底是什麼。……我們坐在上面的政府官員就是有那個落差，我自己感覺到是說，透過部落自己的領導來做這樣子的一個說明，會比我們去做說明是更有用的（A1）。

　　從這段敘述可以觀察到文化脈絡的重要性，也可以發現，原住民早就擁有相應於其文化脈絡的協商機制。換言之，原住民社區的溝通與協商機制，是從自身的文化脈絡和傳統對話形式中產生。部落的居民對於平地慣用的語言、觀念、文件表格都是陌生的，透過部落領導者的說明和詮釋，他們才有辦法跨越文化脈絡的差異，理解非屬於他們的表達方式。對於政府部門的政策有意見時，部落會透過自己的部落會議進行討論，雖然有各種分歧的意見，但是可以期待在較長時間的溝通中得到共識。想要參與政策的決定並進行表達時，他們也是透過部落會議推選自己的代表，以參與政府舉辦的會議，會後並由代表們將政府的政策帶回部落會議裡面討論。如果針對政策有不同看法時，部落則會組織自救會或災後重建委員會，來作為對外協商的機制。

　　如果能考慮文化脈絡的差異，重建服務進入原鄉災區時，必須先考量：在制度安排上，是否將具有重要意義的部落會議含括進來？是否將對於原住民而言十分重要的集體共識當作重要的參考？是否將原住民依年齡或階層而劃分的社會結構列入考慮？當原住民的文化脈絡被擱置一旁時，在政策決定的過程中，將會有意或無意地排除了災民參與的可能性。

　　觀察整體的災難治理結構可以發現，部落的傳統權力中心未被納入各層級的聯繫會議，甚至在地的聯繫會議都沒有納入部落內部的任何組織。可以說，「在所有的制度安排內，幾乎未以部落內部組織或者是部落重要的領導者作為溝通協商的對象（A1, A3, A5, C3）。原來，針對部落會議所提出的建議事項或訴求，主要的溝通媒介仍舊是縣市政府的原民事務委員會（原住民處），在縣市政府層級，對於部落會議的協商結果的代表性，是由原民事務委員會（原住民處）來認可和傳達，社會行政單位也多同意原民事務委員會（原住民處）認可的結果（A1, A5）。對公部門來說，原住民內部的權力結構似乎是無法理解的，承辦人認為他們沒有資格參與部落會議，而且會議中原住民母語溝通也不是他族可以了解的。雖然，原民事務委員會（原住民處）是由原住民所組成，在理論上應該是最可能了解並接近部落會議的代表，部落的利益與訴求應該可以透過他們來傳達，但是事實上，在整體的災難治理結構裡，這個角色定位是曖昧不明的。退

一步言，即使透過類似中介來間接傳遞部落所表達的訊息，也不意味著部落在決策過程中能夠具有有效的參與。基於文化的不理解或不認同，災難治理結構就排除了災民真正參與的可能性。

三、管理委員會難以作為社區參與的代表窗口

　　內政部對於社區的災後重建，還有由縣市政府或生活重建中心協助設置管理委員會的組織安排，以管理重建社區，並根據「莫拉克颱風災後民間團體與建住宅（永久屋）社區管理要點」建立政府與基地居民「對話窗口」。這個管理委員會的設置，也可以佐證政府的災後重建政策，並沒有將原住民文化脈絡下的部落內部組織列入考慮，而是從平地比較熟悉的「民主價值」和「個人主義」，來思考管理委員會在災民異地安置基地的功能。此外，管理委員會不管對於社會行政單位，還是對於在地的團體和民眾來說，都是一個不熟悉其運作的組織，事實上，它的構想來自於都市中的大樓管理委員會。在功能上，管理委員會與其他既存的機制相互重疊，如果當地已經有社區發展協會，兩者所扮演的角色近似；如果要作為與部落居民的溝通機制，則又與部落會議相互重疊。

　　除了上述缺點之外，這個採取代議制的管理委員會不但為部落帶來了文化困擾，也影響到部落原先的內部凝聚。由於部落是一個集體思維和講求共識的聚落，管理委員會的設置無疑與原權力結構相衝突，部落的領導者例如村長以及部落會議，和管理委員會無異形成一個緊張關係（A2, C2, C3）。因為部落的內部意見原來是由長老、村長、核心頭目凝聚而成，當在相同區域內又成立了管理委員會，部落原有的凝聚便遭到破壞。未能考慮原住民各族文化脈絡的安排，對於部落很容易造成文化上的混亂，例如，對於講求階層的排灣族部落而言，如果因為「貴族」並非居住於永久屋內，未能參選管理委員會主委，而造成由「庶民」擔任主委的情況，就會造成文化認知上的錯亂。如果在由不同部落混合居住的重建社區，這些問題會更嚴重，諸如：如何形成各族群的代表？誰能擔任族群的領導？當同一個社區中不同的族群希望依族群歸屬的不同來形成各自的管理委

員會時，也會產生爭議，這些爭議會產生是必然的，因爲在決定重建政策或是具體措施時，並沒有讓部落有實質參與決定的機會，因此就聽不到他們眞正的需求，而且也沒有考慮或尊重不同原住民的不同文化，採取與文化脈絡相應的措施。

陸、結論

透過以上的分析，可了解整個重建服務的機制存在著多樣的困境。決策過程裡，自主性和參與的預設是依據個人或族群的地位而再生產它的參與性，政策決定過程常因利害關係人的資源、利益和權力而影響到他的參與和互動（Jha et al., 2010）。因此誰有可能進入決策互動的網絡，是治理必須被考察的標的，資源和權力的弱勢者是處在政策網絡中的哪一部分？是否在制度安排中進入參與的脈絡？這些觀察的焦點在災難治理的檢視下，可測得合作參與機制的網絡，可能已排除了某些弱勢者的進入；或是在規則與責任角色不明確的狀況下，造成效能的減半。最後我們可以理解，在本研究的檢視之下，形成下列幾個被排除於政策網絡之外的現象。

由中央政府直接規劃、委託NGOs經營，造成第一重被排除的現象。被排除的是地方政府，由於權力相對弱勢的排除，不能參與災後生活重建中心的規劃與決策，阻斷其與生活重建中心的正式關係，致其出現某種程度的行政疏離。其機制是政治權力的落差。因於權力未能下放到地方政府，而形成中央主導的權力關係。

第二重的排除是資源的排除，被排除的是在地的服務機構，其機制是資源配置的落差。委託權在中央政府，接近中央政府地理距離與社會距離較近的是全國性NGOs，相對比的，地方型的NGOs就不利於資源競逐。且由於偏遠地區的災難服務資源短缺，必須仰賴全國性NGOs，大部分的受委託單位都是設在臺北。不只是地方政府的區域社會福利服務中心被排除在參與之外，在地的小型服務組

織也無力參與競標，以致基層的生活重建服務網絡很難完整地建立。

　　第三重的排除是部落，由於中央政府主導的生活重建缺乏在地的近鄰性，也缺乏多元文化敏感性，導致原住民部落文化被漠視，傳統部落組織被排除在大部分生活重建決策之外，其機制是文化的落差。

　　在災難治理過程中，中央與地方政府，以及受委託團體之間的合作，應建立在清楚責任分配的制度安排之下，才能在重建工作中發揮效能。但是，基於中央政府委託的機制，反而牽制了地方政府的主動執行能力，而受委託的NGOs在權能受限下，聯繫會議並未如預期，在中央、地方與在地發揮整合功能。結果在地方政府受限、生活重建中心無力整合的困境下，災區如何啟動資源的連結和長程的規劃，是一個嚴重的困境。由此可知，在災難治理中，採取何種策略和制度安排？對應的角色、能力和責任是否是適當的？是一個重要的考慮。角色的錯置或模糊會造成整體服務網絡的停滯，彼此期待的落差將花費更長時間的磨合，也讓有能力的行動者無法主動作為。

　　除了責任分配的模糊與不適當，使在地的需求很難在服務網絡內受到積極性的解決。另一方面就社會參與的機制來說，整體的治理架構並未把文化脈絡和傳統的對話機制納入。從服務網絡內衍生的新組織，不僅和區域的既有網絡疊床架屋，造成責任、角色和能力都不明確的狀態，也製造了新的文化爭議點。

　　當上述成為莫拉克風災後重建的治理特質，具有文化脈絡的受災社區，便無法由地方政府根據地方特殊性積極作為，受災部落也無法參與區域服務網絡，與之對話溝通。部落的需求和文化的重要性，便在此受到忽略，進而在政策決定過程中受到排除。

　　在這個結構內，責任歸屬、災民參與的價值和文化的敏感性是沒有被正確處理的。災難治理過程中「參與」是賦予災難重建政策正當性的重要元素。而「參與」指的是個人團體和組織在過程中的聲音是被聽到的，而且能確認政策和服務同時是政治上被要求也是社會接受的。參與的要求是讓政策和方案能反應真實的需求讓利益相關的人可以透過會議或網絡來增強行動、降低爭議的成本，同時也增加合法性和政策的接受度（Ahrens & Rudolph, 2006）。在國際上，2006

年爪哇地震重建的研究案例，2003年伊朗巴姆地震以社區參與巴姆市發展結構計畫，以及1992年巴基斯坦水災以草根NGOs引進讓女性參與住宅重建的措施，都呈現了社會參與確實增進政策成功的例子（Jha et al., 2010）。更重要的是「參與」是對政府策略信任的重要元素，沒有這個元素，科層的政策常是無效果的，甚至引起課責的質疑。漠視參與的重要性，以及未能將社區視為整體來看的災難反應，最後常常是沒有效果的（Lewis & Mioch, 2005）。

而社區常常是參與政策決定的一個很基層的單元，以莫拉克風災來看，從政府對災難的反應和對風險減低的策略，多著重在效率和動員速度。很顯然，具有影響力的中央政府，並沒有去了解社區的合作是整體的，社區本身它包含了生活的文化、慣常的分工互動方式，以及社區裡可產生的復原力和凝聚力。非正式關係的建立、不同場合的經驗表達和開放進入政策決定的管道，事實上也是災難治理中重要的一環。在各國災難重建工作裡，包容性的政策的決定過程是建立共識的一個關鍵性的因素（Lewis & Mioch, 2005）。只有在這個過程能擁有高的市民社會的參與品質，才足以使減災的努力產生效果。

而論及文化敏感度及在地參與時，臺灣的重建工作可能會有幾項現實上的限制，是可以再思考的。例如，第一的現實問題便是政策的推動是否有充分的時間，提供縝密的協商或討論？就預設點上，著重於文化敏感與受災居民參與的策略，在實際的操作中確實是有利於災難重建的進行，因為著重文化理解和參與的重建工作，能增強政策的信任以及透明度、責信等要求，並適而加強重建政策的正當性。正面的例子如美國安德魯颶風（Hurricane Andrew）的重建，打開了政治對話的空間，增進了種族認同的意識，這些都呈現了社會參與確實增進政策成功的例子。相反地，面對南亞海嘯的斯里蘭卡和印度，未考慮種族文化問題導致了社會和政治的衝突，反而形成災後更嚴重的災難。

針對時間上的考慮，原則上重建本身的速度是應該較救援緩慢的，為了能顧慮到時間及時和計畫縝密的目標，聯合國推動的策略，是以災難減低之「專業團隊」來進行在地的「社區為基礎的重建工作」。透過對地方的利害關係人和網絡組織的理解，專業團隊研擬符合在地可行的重建策略，並納入重要利害關係人

參與共同進行，專業團隊事前對地方的熟悉和文化的理解是掌握時間進度的重要變項。並且國際災難研究者亦發展了「社會脆弱性」的調查工具，如「脆弱性與能力評估」（Vulnerability and capacity assessments）、「災難繪製與社區描繪」（hazard mapping and community profiling）等，可以針對不同階層文化的社區進行較快速的理解，在協商和計畫上有助於災民和政府的溝通。如果主責單位能有意識地納入災難治理的必要原則，協商機制的建立較有可能在時間的預估之下進行。

第二是救災的時間的急迫性下，地方是否可能存在地方角力的問題？例如，救災的經費撥到社區，卻出現地方政治或既得利益者操作的實際狀況。就這部分的思考，臺灣目前的現實狀態有兩個層次必須加以區分。第一個層次是就災難治理來說，必須有適當的治理原則才有可能進行有效的災難管理措施。目前重建政策是以社會福利系統進入災區進行災後服務的提供，社會福利系統相較於民政系統較少政黨和地方派系介入，是較可統整的行政系統。但是在疊床架屋的結構，和錯置的領導位置下，卻可能造成重建服務的進行效能不彰。對於這點本文即是點出社會服務系統制度設計的問題。這個制度設計的問題，同時也涉及到社會服務系統在重建工作中的前理解，包含對社區文化的設定、資源銜接的節點的設定、非營利組織的位置和角色以及服務規劃中的督導、委託和整合等各種問題的預設。

當對社區文化不夠理解，所設定的資源銜接的節點、非營利組織的位置和角色就可能就是錯誤的預設。這反映許多的招標案件上，社區常顯示出沒有足夠參與的能力和沒有意願參與投標的狀況。這個現象有可能是文化敏感度不足的結果，而不是造成社會服務無法執行的原因。在田野調查中，受災居民抱怨必須一直配合服務者提供的活動而干擾農忙，或者因服務不符合需求，而不積極參與。因此以方案委託作為資源取得（或配置）的方式是值得討論的。因為在偏遠地區或原鄉方案撰寫的能力是不足的，同時一年為期的方案計畫也多偏向於活動的舉辦，和短期的人力使用，對於在地小農經營和長期就業需求的社區並未帶來實質上的利益。

　　第二個層次，就是臺灣常呈現的地方政治或既得利益者操作的現象。除了社福系統之外，部落內部確實有許多的派系、政黨椿腳和不同的領導者的衝突，當資源投入時，地方的角力便產生複雜的互動機制。但是這裡也和各部落的文化相關，例如排灣族和布農族內部的權力系統就有很大的不同，如果資源的配置，依原住民族文化來規劃，一個由部落所有居民共同討論和決議的場域是必要的，這也同時減少既得利益者的壟斷。

　　總結而言本文對高屏地區的災後重建服務的研究，是從二縣市整體性的服務架構來分析，了解整體服務網絡所導致的明顯社會排除現象。希望透過研究成果增進有效的政策規劃，特別目前社區參與是世界災難重建工作的重要原則，也將是未來災難重建的投入者必須學習的課題。

參考書目

中文書目

王仕圖、趙善如、許慧麗（2011年12月）。屏東縣災後社區重建下之公私部門互動關係：以莫拉克颱風為例。論文發表於「『從新生到永續』：屏東縣莫拉克災後重建研討暨社區產業成果展」。屏東：屏東縣政府。

王增勇（2010年11月）。災後重建中的助人關係與原住民主體：原住民要回到誰的家？論文發表於「一年過後：原住民災後重建與永續發展國際學術研討會議」。臺北：國立臺灣師範大學。

立法院公報（2009）。立法院公報98卷45期院會紀錄（頁66-67）。上網日期：2012年10月29日，取自議事暨公報管理系網頁http://lci.ly.gov.tw/LyLCEW/index.action

行政院（2011）。行政院災害防救白皮書。上網日期：2012年6月22日，取自中央災害防救會報網頁http://www.cdprc.ey.gov.tw/Upload/UserFiles/100%E5%B9%B4%E7%81%BD%E5%AE%B3%E9%98%B2%E6%95%91%E7%99%BD%E7%9A%AE%E6%9B%B8.pdf

呂理德（2010）。環境殖民到環境難民：小林村滅村啟示，國家與社會，9，1-31。

李素馨、陳英任（2010年11月）。誰的部落？莫拉克風災高雄杉林鄉大愛村的空間治理。論文發表於「一年過後：原住民災後重建與永續發展國際學術研討會議」。臺北：國立臺灣師範大學。

周芬姿（2011年12月）。以網絡結構觀點談公私部門協力關係治理：以屏東縣莫拉克風災後社

區自主重建計畫為例。論文發表於「『從新生到永續』：屏東縣莫拉克災後重建研討暨社區產業成果展」。屏東：屏東縣政府。

林玉華（2002）。政策網絡理論之研究。臺北：瑞興。

林珍珍（2010）。誰來建構社區照顧服務網絡？——談公私部門的治理。社區發展季刊，132，315-324。

林萬億（主編）（2010a）。災難管理與社會工作實務手冊。臺北：臺灣社會工作專業人員協會。

林萬億（2010b）。災難管理與社會工作。社區發展季刊，131，65-83。

林萬億（2010c）。社會福利。臺北：五南。

陳永龍（2010）。莫拉克風災後原住民部落再生成的主體化運動。臺灣社會研究，78，403-435。

陳恆鈞（2012）。治理互賴理論與實務。臺北：五南。

陳盈太、郭宏任（2011）。當代環境公民權概念與教育啟示——以曾文水庫越域引水工程為例。遠東學報，2，169-181。

陳振川（2010年11月）。莫拉克風災災後重建現況與展望。論文發表於「一年過後：原住民災後重建與永續發展國際學術研討會議」。臺北：國立臺灣師範大學。

陳儀深（2011）。八八水災口述歷史：2009-2010災後重建訪問紀錄。臺北：前衛。

黃婁郁（2012）。治理理論與國家職能的辯証：英國觀點。政治科學論叢，53，1-52。

廖俊松（2003）。地方政府夥伴治理關係之比較研究：以生活重建服務中心為例。立法院院聞，31(6), 35-51。

廖俊松（2006）。公私協力：重建區社區總體營造計畫之案例觀察。社區發展季刊，115，324-334。

蔡志偉（2009）。氣候變遷、生態永續與原住民族社會文化發展：莫拉克風災的反思。臺灣原住民研究論叢，6，27-54。

蔣斌（2010）。災難、文化與「主體性」：莫拉克風災後的省思。思想，14，19-31。

鄭如君（2014）。從災難復原力觀點探討我國災後生活重建機制。為出版碩士論文，國立臺灣大學社會工作學系研究所。

謝志誠、傅從喜、陳竹上、林萬億（2012）。一條離原鄉愈來愈遠的路？：莫拉克颱風災後異地重建政策的再思考。臺大社會工作學刊，26，41-86。

英文書目

Ahrens, J. &Rudolph P. M. (2006). The importance of governance in risk reduction and disaster management. *Journal of Contingencies and Crisis Management*, 14(4), 207-220.

Barry, B. (2002). Social exclusion, social isolation, and the distribution of income. In J. Hills, J. Le

Grand, & D. Piachaud (Eds.), *Understanding Social Exclusion* (pp.13-29). Oxford: Oxford University Press.

Belkhir, J. A., & Charlemaine C. (2007). Race, gender and class lessons from Hurricane Katrine. *Race,Gender & Class*, *14*, 1-2: 120-152.

Bevir, M., & Rhodes, R. A. W. (2011). The stateless State. In M. Bevir (Ed.), *The Sage Handbook of Governance* (pp. 203-217). London: Sage.

Brady, D. (2009). *Rich Democracies, Poor People: How Politics Explain Poverty*. Oxford: Oxford University Press.

Bureau for Crisis Prevention and Recovery-UNDP (2010). Disaster risk reduction, governance and mainstreaming. Retrieved November 6, 2012, from PreventionWeb.net, http://www.preventionweb.net/english/professional/publications/v.php?id=17429.

Daly, M. (2003). Governance and social policy. *Journal of Social Policy*, *32*(1), 113-128.

de Silva, M. W. A. (2009). Ethnicity, politics and inequality: Post tsunami humanitarian aid delivery in Ampara district, Sri Lanka. *Disasters, 33*(2), 253-273.

Fothergill, A., Maestas, E. G. M., & Darlington J. D. (1999). Race, ethnicity and disasters in the United States: A review of the literature. *Disasters*, *23*(2), 156-173.

Guha-Sapir, D., Vos F., Below R. & Ponserre S. (2011). Annual disaster statistical review 2010: The numbers and trends. Brussels, Belgium: CRED. Retrieved November 5, 2011, from The International Disaster Database, EM-DAT, http://www.emdat.be/publications.

Hoff, J. (2003). A constructivist bottom-up approach to governance: The need for increased theoretical and methodological awareness in research. In B. Heinrik (Ed.), *Governance as Social and Political Communication* (pp. 41-60). New York, NY: Manchester University Press.

Jasanoff, S. (2010). Beyond calculation: A democratic response to risk. In A. Lakoff (Ed.), *Disaster and the Politics of Intervention* (pp. 14-40). New York, NY: Columbia University Press.

Jha, A. K., Barenstein, J. D., Phelps, P. M., Pittet, D. & Sena, S. (2010). *Safer Homes, Stronger Communities A Handbook for Reconstructing after Natural Disasters*. Washington DC: The World Bank.

Kooiman, J. (1999). Social-political governance: Overview, reflections and desing. *Public Management Review, 1*(1), 67-92.

Lassa, J. A. (2010). *Institutional Vulnerability and Governance of Disaster Risk Reduction: Macro, Meso and Micro Scale Assessment* (With Case Studies from Indonesia). Unpublished doctoral dissertation, Hohen Landwirtschaftlichen Fakultät, Rheinischen Friedrich-Wilhelms- Universität, Bonn, Germany.

Lewis, D., & Mioch, J. (2005). Urban vulnerability and good governance. *Journal of Contingencies and Crisis Management*, *13*(2), 50-53.

Mayntz, R. (2004). *Governance Theory als fortentwickelte Steuerungstheorie?* Max-Planck-Institute für Gesellschaftsforschung working paper 04/-1, März 2004.

Newman, J. (2001). *Modernising Governance New Labour, Policy and Society.* London: Sage.

Patti, R. (2009). *The Handbook of Human Services Management.* London: Sage.

Pierre, J. & Peters B. G. (2000). *Governance, Politics and the State.* London: Palgrave Macmillan.

Pierson, J. (2010). *Tackling Social Exclusion* (2nd ed.). Oxon, United Kingdom: Routledge.

Rhodes, R. A. W. (1997). *Understanding Governance: Policy Networks, Governance, Reflexivity, and Accountability.* Philadelphia, PA: Open University Press.

Rhodes, R. A. W. (2012). Waves of governance. In D. Levi-Faur (Ed.), *The Oxford Handbook of Governance* (pp.33-48). Oxford: Oxford University Press.

Room, G. (1995). *Beyond the Threshold: the Measurement and Analysis of Social Exclusion.* Bristol, United Kingdom: The Policy Press.

Schneider, V. (2004). Politiknetzwerke und die Steuerung komplexer Gesellschaften. Retrieved November 14, 2012, from Lehrstuhl Volker Schneider, Materielle Staatstheorie, Universität Konstanz, http://www.uni-konstanz.de/FuF/Verwiss/Schneider/ePapers/VS_PudSkG.pdf.

Taket, A., Crisp, B. R., Nevill, A., Lamaro, G., Graham M., & Barter-Godfrey S., (2009). *Theorising Social Exclusion.* Oxon, United Kingdom: Routledge.

UNDP (2004). *Reducing Disaster Risk: A Challenge for Development.* Retrieved January 13, 2013, from United Nation development Programme, http://www/undp.org/bcpr.

UNISDR (2004). Disaster risk reduction, governance & development. Africa Educational Series, 2, Issue 4, December 2004. Retrieved January 13, 2013, from PreventionWeb.net, http://www.preventionweb.net/files/4080_governacedevelopment.pdf.

UNISDR (2005). WCDR proceedings. Retrieved January 13, 2013, from PreventionWeb.net, http://www.preventionweb.net/files/3800_WCDRproceedings1.pdf.

UNISDR (2009a). Building local government alliance for disaster risk reduction: The Incheon declaration. Retrieved January 13, 2013, from UNISDR, The United Nations Office for Disaster Risk Reduction, http://www.unisdr.org/preventionweb/files/10962_IncheonDeclarationFinal28Aug09.pdf.

UNISDR (2009b). Global assessment report on disaster risk reduction 2009. Retrieved January 13, 2013, from PreventionWeb.net, http://www.preventionweb.net/english/hyogo/gar/report/index.php?id=9413.

Zakour, M. J. (1996). Geographic and social distance during emergencies: A path model of interorganizational links. *Social Work Research, 20*(1), 19-30.

Zakour, M. J., & Harrell, E. B. (2004). Access to disaster services. *Journal of Social Service Research, 30*(2), 27-54.

第二十四章　災後社區生活重建——第一線社工人員之任務與核心能力

李俊昇、張麗珠、邱筱雅

壹、前言

　　災後社區生活重建對受災地區的居民而言是一條漫長的路，受災地區民眾所面臨的議題多元又複雜，受災地區人口組成又含括從搖籃到死亡，災變社工要想在災後生活重建中心擔任個案管理員的角色，整合協調跨專業的服務及資源連結，若沒有專業助人工作經驗及生活歷練，可能較難有效地協助受災地區中各年齡層受災居民的各項複雜需求，然而，依照過去921大地震與莫拉克風災的經驗，作者發現很多重建中心的社工是剛踏出校門的社工相關科系的社會新鮮人，造成此現象的原因之一是很多資深社工員都已有穩定的工作，不會為一份有期限的約聘職位而轉換跑道，同時，作者發現新手社工也有成功踏進受災地區民眾生活圈的案例。本章將針對災後社區生活重建第一線社工人員之任務與核心能力進行闡述，並分享新手災變社工的故事。

貳、第一線社工人員之角色

　　根據內政部2009年9月7日訂定發布的「莫拉克颱風災區生活重建中心實施辦法」第6條規定，生活重建服務中心「應置主任一名，綜理中心業務；得置行政人員、社會工作人員、心理輔導人員或其他與服務內容相關之專業人員辦理各項服務。本中心位於原住民族地區者，應優先雇用原住民或熟諳原住民族社會及文化之人員。」（註：該辦法已於2013年5月31日發布廢止。）在此章，第一線社工人員係指實際面對受災社區民眾並提供各項服務的專業人力，茲就一般社工的專業角色與災變社工在災後生活重建專業團隊的角色，分述如下：

一、一般社工的專業角色

　　社會工作是一門助人專業，透過個案、團體、社區工作等直接服務方法，協助解決或預防個人、家庭、團體、社區問題，助人專業是為滿足服務使用者的

需求、保障服務使用者權益，且於服務歷程中，連結適切之正式與非正式社會資源，以幫助個人、團體、社區於遭遇困境或問題時的解決與調適。故，社會工作人員專業角色係因應服務使用者、家庭、團體或社區的服務需求，予以回應與提供所需服務，這樣的服務歷程可概化成三種社會工作角色功能，分別為恢復的功能、預防的功能以及發展的功能，相關概念分述如下（李增祿，2007）：

（一）恢復的功能：社會工作者藉由服務處遇，使服務使用者失去或受損的適應能力恢復，即消極的解決社會問題。復健是復原與再組，協助服務使用者回復失去或受損的生活功能，以維持一般常態的生活。

（二）預防的功能：為預防服務使用者的社會功能失調，社會工作者採取必要措施，以預防新問題的產生及舊問題之再發生。透過潛在風險因子的分析，了解問題發生的可能脈絡，並設法提供支持與支援，以預防問題的發生。

（三）發展的功能：係指社會工作者提供資源的功能，意即藉由發掘社會資源及啟發服務使用者潛能，協助其積極地發展社會生活。

另外，專業助人者提供服務過程，亦應有共同的倫理價值，根據2008年3月28日內政部同意核備的臺灣社會工作倫理守則第2章第1條社會工作師對案主的倫理守則明文規定（植根法律網，2008）：

（一）優先考量：基於社會公平、社會正義，以促進案主福祉為服務之優先考量。

（二）自我決定：尊重並促進案主的自我決定權，除為防止不法侵權事件、維護公眾利益、增進社會福祉外，不可限制案主自我決定權。

（三）代理原則：案主為未成年人或身心障礙者，或無法完整表達意思時，應尊重案主監護人、法定代理人、委託人之意思；除非前開有權代理人之決定侵害案主或第三人之合法利益，否則均不宜以社會工作者一己之意思取代有權定者之決定。

（四）告知義務：應明確告知案主有關服務目標、風險、費用權益措施等相關事宜，協助案主理性的分析，以利案主做最佳的選擇。

（五）專業關係：應與案主維持正常專業關係，不得與案主有不當關係或獲

取不當利益。

（六）終止服務：基於倫理衝突或利益迴避，須終止服務案主時，應事先明確告知案主，並為適當必要之轉介服務。

（七）合理收費：應事先告知案主收費標準，所收費用應合理適當並符合相關法律規定，並不得收受不當的餽贈。

（八）隱私保密：案主縱已死亡，社工師仍須重視其隱私權利。

不論在何種社會工作領域中，社會工作專業與價值基礎是相同的，強調以人為本、尊重人與生俱來的尊嚴，服務的提供係以回應需求為導向，服務過程則強調建構社會支持網絡，陪伴服務使用者緩解其所面臨的困境，並設法激發其潛能，以提升其問題解決能力，進而達到幫助服務使用者自立自主的服務目標。

二、災變社工在專業團隊的角色

本文所指的災害事件，係依據2016 年 04 月 13 日修正的災害防救法第2條第1款定義（全國法規資料庫，2016），即災害係指下列災難所造成之禍害：

（一）風災、水災、震災（含土壤液化）、旱災、寒害、土石流災害等天然災害。

（二）火災、爆炸、公用氣體與油料管線、輸電線路災害、礦災、空難、海難、陸上交通事故、森林火災、毒性化學物質災害、生物病原災害、動植物疫災、輻射災害、工業管線災害等災害。

上述任何類型的災害，均可能衍生為複合性災害，其多元的樣態常造成生命財產無可彌補的傷害與損失。

美國聯邦緊急事務管理總署（Federal Emergency Management Agency, FEMA, 2010）將災害事件管理界定為四個階段：減災（mitigation）、災前整備（preparedness）、災害應變（response）以及災後重建與復原（recovery），此四階段雖互成一種循環的關係，但是，各階段間並沒有清楚的界限，甚至有多處重疊的部分，例如復原階段的規劃，事實上已是減災階段的開始。減災措施在災

前及災後執行，如為自己的財產投保水災及火災險，目的在於避免未來類似災害的發生或將災害的影響降到最低；災前整備是準備應付緊急狀況，如緊急疏散撤離計畫、食物與水的儲存、救災訓練等；災害應變強調安全地救災（responding safely to an emergency），此階段係將災前整備的各項計畫或訓練付諸行動，例如地震時立即關閉瓦斯、水災時立即撤離到避難收容中心；災後重建與復原重點在於使受災地區及民眾於災後盡速回復日常作息，如受創房屋及基礎設施設備的修復。國內的學者專家則依臺灣近20年來的災後重建經驗，將災害事件管理細分為災害發生前準備期、災害發生時警告撤退期、緊急救援、緊急安置期、中繼安置及重建期等階段（陸宛蘋，2010；林萬億，2011）。

社會工作人員在上述各災害管理階段扮演什麼角色呢？2007年美國社會工作教育學會（Council on Social Work Education, CSWE）提出災害管理與社會工作課程，針對社工人員在災害救援中的工作任務與角色做些釐清（引自林萬億，2011）：

（一）界定災害與創傷事件，並了解其性質。

（二）在災害與創傷事件發生前、救援中、復原後，將人們的文化多樣性與脆弱人口群的需求納入考量。

（三）經由協調計畫、訓練，以及其他行動，在災害發生前增強社區災害應變的能量。

（四）以知識與技巧來因應災害與創傷事件，以降低居民的痛苦。

（五）建立機構服務輸送體系，及社區行動計畫，以促進社區從災害復原，並改善其生活品質。

（六）運用災害相關的知識與技巧促成政策與實務的進步。

（七）開發個人、地方、組織、區域、國家，以至跨國的災害管理策略。

大型災害常造成受災地區巨大的損失，包含房舍、土地、財務、人身傷害，甚至寶貴的生命，災後的損害及創傷難以完全復原到災前的狀況。所以，在災害救助上的工作，透過有效的程序與方法，將災後的損失和潛在的危機降到最低，以達到災害預防及災後重建與復原的功效，便是重要課題（馮燕，

2010）。所以，社工如何在災害後介入工作團隊中，有效發揮上述社工任務及角色益形重要。

　　針對遭遇多重且複雜問題之個案，社會工作者時常運用個案管理服務模式進行服務，個案管理是提供給正處於多重問題且需要多種專業助人者同時介入的個案之協助過程（王玠、李開敏、陳雪真，1998）。個案管理是一種將全人納入考量的工作方法，不僅重視個案某項特定問題，而且將個案所有面臨的全面性問題、優勢及其關心的事（黃源協、陳伶珠、童伊迪，2004）。王玠等將個案管理的服務階段與內涵分成下列階段：

　　（一）建立關係：接納與尊重案主、建立信任關係、澄清角色、確認期待與需求。

　　（二）評估：找到案主的優勢、需求與資源的平衡、使用資源的障礙。

　　（三）計畫：確認目標、特定化目標、發展行動計畫。

　　（四）取得資源：協助案主連結所需資源、協商與倡導、發展內在資源、克服障礙。

　　（五）整合與協調：整合各專業助人者的服務類型與內容、取得專業團隊成員對服務目標的共識、管控及支持專業助人者的付出。

　　（六）結束關係：評估服務成效、確認結案的資訊、結案步驟化、決定後續追蹤服務的責任歸屬。

　　大型災害事件中，介入災害服務場域的專業人員繁多，可能包含了醫師、心理師、社工人員、物理及職能治療師、警察，以及教育人員等，在眾多助人專業領域裡，社工人員的養成最適合擔任個案管理者的角色，在因應個案需求的回應前提下，協助整合相關資源，為個案提供整合性的服務。而在社工、個案與其他專業溝通協調的過程，是以專業團隊服務模式來提供服務，「團隊」的概念，包含了合作、夥伴關係，團隊中可能有不同的部門（包含公、私部門）、不同的專業人士等之互動合作關係，為了共同的服務目標彼此相互溝通、協調、合作基礎下，提供具整合性的專業服務。

　　專業團隊合作模式中，約可劃分為三種合作模式，分別是多專業團隊服務模

式、專業間團隊服務模式、跨專業團隊服務模式，相關概念分述如下：

（一）多專業團隊服務模式：指各類專業人員均爲獨立作業，個別提供其所專長的專業服務給個案及其家庭成員，彼此間不會進行服務的意見交換與討論，服務資料也不會相互分享，專業人力間彼此沒有機會建立服務共識。其缺點爲專業整合度低，專業間容易產生衝突。

（二）專業間團隊服務模式：提供個案及其家庭成員服務者就其專業領域進行相關的評估工作，專業人員彼此知道對方的存在，會針對目標進行資料或意見的分享，但只負責自己專業目標的執行，僅就個別的特殊性進行討論，仍各自對個案負責。此模式的缺點爲服務使用者需自行整合專業意見。

（三）跨專業團隊服務模式：個案及家屬被視爲專業團隊討論的一員，各個專業人員釋放專業知識與技術，共同進行評估，一起訂定服務目標，整個專業團隊指定一人爲主要任務負責執行者、執行團隊服務目標，且彼此間定期討論，同時亦有協助家屬增能的效果。

最佳的個案管理服務模式，應是採用跨專業團隊模式，有效地將個案本身以及周遭專業人士的意見加以整合，在獲得共識的基礎下提供服務，以有效解決個案遭遇問題與滿足其服務需求。而社工人員在專業服務團隊中，即擔負著個案管理者的角色，以案主需求爲依據，協助協調專業團隊服務共識及服務內容，以達回應個案需求的服務效果。

參、第一線社工人員之任務

一、災變社工的基礎專業任務

（一）九二一生活重建暫行條例

依據「九二一生活重建暫行條例」第2章第4節協助居民生活重建，其中第22 -28條明定災變社工的角色與任務，詳列如表24-1：

表24-1　災變社工之角色與任務

法條	內容
22條	縣（市）政府應自行或委託其他機關、社會福利機構或團體，於各災區鄉（鎮、市）設立生活重建服務中心，提供居民下列服務： 一、福利服務：對失依老人、兒童少年、身心障礙者、變故家庭、單親家庭、低收入戶、原住民或其他弱勢族群之生活需求，提供預防性、支持性與發展性之服務。 二、心理輔導：提供居民、學校師生及救災人員個別式與團體式之諮商輔導及協助醫療轉介。 三、組織訓練：協助發展社區組織，辦理重建服務人員有關社會福利、心理重建等相關教育與訓練。 四、諮詢轉介：提供居民有關福利措施、就業、法律、申訴、公共建設、產業重建、社區重建及其他重建相關服務與資訊之諮詢、轉介與媒合。 五、縣（市）政府得視人口密度、受災程度及弱勢需要，增設生活重建服務中心，並應於五十戶以上之臨時住屋聚集處及原住民聚落，設置生活重建服務聯絡站。 六、生活重建服務中心應配置社工、心理輔導及其他相關專業人員。生活重建服務中心非專業人員應僱用災民。 七、第一項各款之服務工作，縣（市）政府得以專案補助社會福利機構或團體執行之。前項之社會福利機構或團體之審查及監督準則，由主管機關定之。
23條	一、各級政府及公益社團於緊急命令期間提供災區居民之臨時住宅，其居住期間以四年為限。必要時，得經立法院決議延長之。前項臨時住宅，經災區縣（市）政府申請，並經行政院九二一震災災後重建推動委員會同意後，得轉為各種災變之緊急救難中心或弱勢族群之安置屋。 二、在第一項期間內，居住於臨時住宅之災區居民未能完成住宅重建、重購或另有安置者，不得強制施行拆除其臨時住宅或遷移。第一項臨時住宅之用地向民間租用者，其租金依當地狀況協議之。但每年以不得超過該用地當期公告土地現值總價額百分之十為限。第一項及第二項臨時住宅之分配及管理辦法，由內政部定之。政府得視需要，提供住宅以出租、先租後售或救濟性住宅方式安置受災戶。前項提供住宅安置受災戶之辦法，由內政部定之。臨時住宅拆遷辦法必須包含完整拆遷計畫、資源回收及廢物棄置之規定，並優先作為慈善基金團體作為國內及國際捐助之用，其辦法由行政院九二一震災災後重建推動委員會定之。

法條	內容
24條	一、直轄市、縣（市）勞工行政主管機關應將災區失業者資料提供當地公立就業服務機構，作為推介就業或安排參加職業訓練之依據。直轄市、縣（市）勞工行政主管機關應辦理災區失業者就業服務及職業訓練資訊之提供及媒合，協助災區失業者就業，對於負擔家計之婦女、中高齡者、身心障礙者、原住民、生活扶助戶中有工作能力者及青少年，應訂定符合其需求之特別職業訓練及就業服務方案。 二、災區失業者經向公立就業服務機構辦理求職登記，未能推介就業或安排參加職業訓練者，得推介至政府機關或非營利團體從事臨時性工作，並發給臨時工作津貼。前三項災區失業者之資格、就業服務、職業訓練、臨時工作期間、臨時工作津貼之請領條件、期間及數額，由行政院勞工委員會另以辦法定之，不受勞動基準法及其相關法規規定之限制。行政院勞工委員會得以就業安定基金補助災區災民經營勞動合作社，其補助之條件、程序、項目及金額等事項之辦法，由行政院勞工委員會會商行政院九二一震災災後重建推動委員會定之。
25條	一、機關辦理未達公告金額之災後重建工程採購，其採公開徵求方式辦理者，應優先由震災前已於重建工程所在地縣市完成登記之廠商承包。但原住民地區優先由原住民廠商承包為原則。機關辦理災後重建工程採購之得標廠商，應將僱用該工程所需員工人數三分之一以上之災區居民定為契約內容，並送行政院勞工委員會備查。但得標廠商經以合理勞動條件在當地公立就業服務機構辦理招募者，不在此限。 二、得標廠商未依前項規定僱用災區居民，於履約期間，應定期向就業安定基金專戶繳納代金，作為促進就業之用。其應繳納代金之金額，依差額人數乘以每月基本工資之二倍計算，不足一個月者，每日以每月基本工資除以三十計，依差額人數乘其之二倍計算。經公立就業服務機構推介，而無正當理由拒絕僱用者，依其拒絕僱用人數計之。前項應繳納之代金，經限期繳納，屆期仍未繳納者，移送法院強制執行。各項重建工作，如須僱用人員時，應獎勵優先僱用災區失業者；其獎勵辦法及第三項所稱無正當理由，由行政院勞工委員會定之。
26條	未成年人有下列情形之一者，法院應依未成年人、檢察官、當地社會福利主管機關、社會福利機構或其他利害關係人之聲請，以未成年人之最佳利益，就其直系血親尊親屬、家長、三親等內旁系血親、社會福利主管機關、社會福利機構或其他適當之人選定或改定為監護人，並得指定或改定監護之方法，不受民法第一千零九十一條至第一千零九十四條之限制： 一、對於未成年人權利義務之行使負擔由其父母雙方任之，父母雙方均因震災死亡、心神喪失或其他原因致不能行使負擔對於該子女之權利義務者。 二、對於未成年人權利義務之行使負擔僅由其父母一方任之，該一方因震災死亡、心神喪失或其他原因致不能行使負擔對於該子女之權利義務者。

法條	內容
	三、未成年人之監護人因震災死亡、心神喪失或其他原因致不能行使負擔對於該未成年人之權利義務者。 監護人有下列情形之一者，法院得依第一項聲請權人之聲請，另行改定監護人： 一、不能行使負擔對於未成年人之權利義務者。 二、有不當之行為者。 三、有不適任之情事者。 四、有其他情事，足認由其監護不符合未成年人之最佳利益者。法院為前二項裁定時，應請當地社會福利主管機關或其他社會福利機構進行訪視，提出調查報告及建議。聲請人或利害關係人亦得提出相關資料或證據供法院審酌。法院裁定結果與當地社會福利主管機關或其他社會福利機構建議不同時，應敘明理由。 法院得依第一項聲請權人之聲請，就未成年人財產之全部或一部，另行指定或改定其管理之方法，並得命監護人代理未成年人設立信託管理之。前項財產管理及信託辦法，由內政部會商法務部及財政部定之。第一項未成年人於法院尚未為其選定監護人確定前，由當地社會福利主管機關任其監護人。第二項之聲請，由檢察官或社會福利主管機關為之者，法院於改定監護人確定前，得先行指定當地社會福利主管機關任其監護人。
28條	災區居民如因心神喪失或精神耗弱致不能處理自己事務者，法院得依社會福利主管機關、社會福利機構或利害關係人之聲請，宣告禁治產。並應參考社工人員之訪視報告，為禁治產人之利益，選定或改定適當之人為監護人，不受民法第一千一百十一條之限制。法院得依前項聲請權人之聲請，就禁治產人財產之全部或一部，另行指定或改定其管理之方法，並得命監護人代理禁治產人設立信託管理之。前項財產管理及信託辦法，由內政部會商法務部及財政部定之。

（二）莫拉克颱風災後重建特別條例

依照「莫拉克颱風災後重建特別條例」第9條規定，中央政府應於各災區（鄉、鎮、市）設立生活重建服務中心，提供生活、心理、就學、就業及各項福利服務。並據以訂定「莫拉克颱風災區生活重建服務中心實施辦法」，明定第一線社工任務之條文詳列如表24-2：

表24-2　第一線社工任務

法條	內容
2條	生活重建中心應提供災區居民下列服務： 一、心理服務：提供心理諮商輔導及協助醫療轉介。 二、就學服務：協助學生就學扶助及輔導。 三、就業服務：協助失業者申請失業給付、參加職業訓練及推介就業等服務。 四、福利服務：對老人、兒童及少年、身心障礙者、變故家庭、單親家庭、低收入戶、原住民或其他弱勢族群之生活需求，提供預防性、支持性、發展性之服務。 五、生活服務：協助創造在地就業機會及促進地方產業發展。 六、其他轉介服務：提供法律、申訴、公共建設、產業重建、社區重建、藝文展演與其他重建相關服務及資訊之轉介。
6條	本中心應置主任一名，綜理中心業務；得置行政人員、社會工作人員、心理輔導人員或其他與服務相關之專業人員辦理各項服務。本中心位於原住民地區，應優先僱用原住民或熟諳原住民族社會及文化之人員。
9條	本中心應協助災區居民發展組織，參與公共事務，並得輔導災區居民訂定生活公約。
10條	本中心應研提生活重建相關計畫，強化災區居民主動參與公共事務之意識，並將財務收支公開透明。

　　上述依「莫拉克颱風災後重建特別條例」及「九二一生活重建暫行條例」所彙整的有關協助民眾「生活重建」條例中，社會工作直接服務相關的通則內涵與陳素春（2000）指出的社會救助與福利服務計畫目標含括面向相同，分別是：1. 協助安置受災地區的弱勢族群，安定生活；2. 輔導喪親者、受傷者、財損者等走出悲傷，適應新生活；3. 透過生活照顧，協助恢復生機；4. 結合政府與民間資源，協助解決受災居民困境；5. 凝聚社區意識，重建家園。

　　從上述兩條例中，與社會工作角色服務直接相關的內涵，以強調設立生活重建服務中心，提供福利服務、就業服務、心理服務等為主，顯示條例的重點仍以災區中的個人與家庭為主要服務對象，協助社區組織發展與社區培力的服務模式並未在條例中被具體規範。

二、災變社工於災害事件各階段之任務

　　根據美國聯邦緊急事務管理總署（FEMA）對社區災害管理所下的定義，災害管理的時間序列上，可分為「減災、災前整備、災害應變以及災後重建與復原」等四個階段。災害事件管理四個階段概念分別為：

1. 減災階段：災害發生前的減災措施能夠降低災害造成的人員損傷及財產損失，並降低未來災害發生時所造成的影響，減災活動包含了宣導防災觀念、學習防災救災知識、確保社區環境安全、加強建築物結構等。

2. 災前整備階段：災前做好準備，便可大幅度地降低災害對受災地區的衝擊。社區可進行的防災整備活動包含發展緊急應變計畫、整備救災與資通器材、儲備民生物資、進行應變技能演練等。

3. 災害應變階段：災害發生時，有效地做出應變行動，能夠將災害所造成的損失減至最小。社區的應變階段行動包含了災害預警、勸導疏散、緊急避難、民眾的收容與管理、搜尋與救援、醫療救護與照顧、災情蒐集與通報、緊急輸送、救災物資分配、環境清理等。

4. 災後重建與復原階段：社區於此階段工作包含了短期與長期的工作，短期的工作包含了災民的安置、生活復原、心理復健、公共設施與維生系統的修復等；長期工作包含了住宅重建、產業復原與振興、都市（建物、道路、橋梁）的重建等。

　　以下就社工人員於災害事件中，各個階段實務工作角色與功能加以介紹：

（一）減災階段（Mitigation）

　　於災害發生前的預防措施，如災害性質的分析、災害風險分析、預警系統建構、災害管理政策與規劃等事宜又被稱為減災整備，此部分為中央主管機關之權責（王秀燕，2010）。雖然災害事件難以全然預防，但是針對可預期的災害，以及有時間可規劃因應措施之天災，例如颱風、水災、旱災、寒災等，第一線社工人員可發揮以下幾項角色與功能：

1. 掌握可能影響災害規模資訊：以颱風事件爲例，在過境臺灣前，社工應隨時掌握中央公布颱風行經路線、颱風規模（風勢、雨勢等）及可能對自身服務區域造成的影響等之災害風險分析。

2. 災害應變資源整合：不論是公私部門社工，應於事前加入災害應變專業團隊中，初步討論自身主責區域中各種災害發生時可行之配套措施，並與專業團隊成員確認彼此分工與合作的共識（兒童福利聯盟基金會，2009）。

3. 防災觀念的教育、宣導與演練：應於平時或是颱風來臨前，對社區居民或服務家庭進行防災觀念的教育，並結合其他相關專業領域社會資源辦理防災演練；其中防災社區的推動流程，包含了啟蒙與啟動、社區環境調查、防災對策討論、防救災組織建立、社區防救計畫研擬、社區說明與溝通、應變技能演練、落實執評與評估等流程（鄭善明，2010；吳麗雪、趙若新，2010；行政院災害防救委員會，n.d.）。

4. 災害潛勢社區的家戶與社區評估：針對災害可能造成特定地區或特定家戶嚴重影響的部分，應提前與當地網絡單位建置預防性防避災的疏散撤離與安置機制，以免造成生命危害。針對相關弱勢的家庭，例如：中低收入戶、獨居老人、有身心障礙者之家庭等，舉凡經社工評估有必要進一步關懷服務之家庭，應事前了解家庭食物與水的儲存量、住屋情況，並依據家戶個別化需求提供協助。

5. 設立物資銀行作物資存放：於災害前夕，可於各區域家庭福利服務中心開設物資銀行，平日即提供弱勢民眾物資需求，亦提供予縣市內相關民間團體，或接受縣市內慈善團體之物資捐贈；區域家庭福利服務中心與在地慈善團體透過聯繫會報建立良好互動的夥伴關係，以備災害來臨時可作爲物資輸送資源之一（吳麗雪、趙若新，2010）。

（二）災前整備期（Preparedness）

災前的整備除了平時的防災訓練、基礎工程施作、防訓準備之外，社工人員

需做下列事項（林萬億，2011）：

1. 編制分組：將社會局處人力依救災工作需要編制為若干組。如進駐前進指揮中心、緊急收容、人力動員、物資管理、救助與慰問，募款與基金管理、媒體公關、交通運輸、機動應變等，設定分工任務。

2. 規劃安置場所：將建築、設施、機構可作為緊急安置、短期安置的場所，如社區活動中心、學校、廟宇、教堂、體育場館、教育訓練中心、軍營等列出清單，並評估其容量、交通動線、物資儲存安全、生活機能完善，以利緊急疏散時，立即發揮安置功能。

3. 指派安置中心主管：事先指派各安置中心的負責人，及其轄下配置人力，以利其熟習各安置場所運作，並於職務調動時列入交接。

4. 儲備物資：除了急難救助基金外，應有足夠緊急應變的救災物資儲備，如準備金、泡麵、飲水、急救箱、睡袋等維生必需品的儲備。同時，應有餐飲商、泡麵商、計程車行、超商等的聯絡清單，包括可供應物品的量與質。

5. 人力動員清單：社會局處應建立自己的跨區域支援救災社工、志工名冊，以利緊急動員之需；並與民間救災組織密切聯繫，交流經驗，以備不時之需。

6. 個人救災準備：救災人員要有自保能力，避免造成他人的負擔。因此，隨時準備口糧、飲水、急救藥品、維他命、手電筒、手機充電器、備用電池、瑞士刀、禦寒衣物、救災背心、聯絡電話等，以利隨時被動員之需。

（三）災害應變期（Response）

災害應變包括災害預警、救災資源的動員、災害現場指揮系統建立、緊急救難行動的執行，包括財務、人員、設施的搶救，並減少二度傷害。這是真正進入災害救援階段，透過緊急的災害應變措施，期能降低災害所帶來的衝擊。在社會工作領域可結合公、私部門力量之功能與角色（王秀燕，2010），建議做法如

下：

1. 啟動緊急應變小組：在災害發生第一時間依原「緊急應變小組」編組，依災害性質設置綜合服務、救濟、慰助、勤務、收容服務、弱勢人口安置與服務、生活重建、物資管理等小組立即啟動運作，收容服務、弱勢人口安置與服務、生活重建、物資管理等組依平時建立區域分工與社福、慈善、救難組織之分工進行運作。

2. 受災戶短期收容安置（緊急收容安置）：各鄉（鎮、市、區）災害應變中心調查實際需求與狀況後，於災害發生前先行安置危險地區居民，或發現受災地區居民無法繼續留在家中，且無其他地方可暫時居住時，結合公家機關及民間團體建立合適且安全的緊急收容中心，並回報縣市災害應變中心與社會局（處）。緊急收容中心設綜合作業組、物資管理組、關懷照顧組、治安組及人力資源組，緊急收容工作流程依原計畫執行。各組成員可包含公部門（縣市政府與鄉、鎮、市、區公所），及私部門如慈善組織、紅十字會、救難團體、醫護團體等。

3. 公私協力合作提供即時物資或物資募集與管理：包含物資管理中心開設、管理中心人員的任務編組分工、緊急物資募集、緊急物資運送、剩餘物的處理等。

4. 公部門勘災與救助：
   (1) 慰問：主管機關接獲通報人員傷亡或失蹤時，立即進行訪視與慰問，再由轄區社工提供案主後續服務與經濟扶助。
   (2) 勘災：災情發生後，先由各鄉鎮市區公所進行災情現場勘查，如遇有疑義時，則會同相關人員進行複勘。
   (3) 救助金發放：依據災害防救法令相關規定進行分發救助金。

5. 公部門辦理罹難者家屬及重傷、弱勢家庭關懷訪視與慰助：慰問關懷死亡、失蹤家屬及重傷者，並完成家庭訪視、評估需求，因應需求提供即時服務。另外，調查通報轄內受災戶及災區弱勢人口以個案管理模式提供服務。

6. 公私福利機構受災協助：轄內各福利機構受災情況由公家機關及民間單位合力提供協助，如物資、人員疏散及安置等。

7. 志工人力資源管理：

(1)志工招募：建立待處理之事項及所需人數，由當地社會局處單一窗口協調與分派，以避免人力重複、混亂，不足人力資訊應每日更新，必要時，可透過新聞媒體、網站等方式招募志工。

(2)志工管理：由專人負責帶領及管理，核發志工證、定期或是不定期召開會議、分配工作任務。

(3)結合既有志工：如社區守望相助隊、社區保健志工隊、社區媽媽教室等，協助緊急收容中心安置之受災戶膳食、環境維護、秩序維持等。

8. 公部門資訊提供與媒體公關：定期發布賑災、救濟相關資訊，不要讓民眾僅能透過媒體才得知訊息，進行傳播媒體危機公關，例如：善用網際網路、指派專責發言人、擬定溝通策略等。

（四）災後重建與復原期（Recovery）

本階段含括短期安置服務至永久屋時期，並非每種災害型態皆需建置永久屋，需依災害類型與災害影響嚴重程度而定（兒童福利聯盟基金會，2009；王秀燕，2010；林萬億，2011），針對該時期第一線社工人員工作重點分述如下：

1. 短期安置服務：約災害發生後幾週至數個月，至於短期安置安排期程有多長，端視受災民眾是否有長期安置的需求，以及長期穩定住宅的安排順利與否。社工在短期安置中心與緊急收容中心管理方式一樣，需要設置主任1人、社工若干人並配置數名志工人力，因應受安置居民照顧、就業、心理輔導、就學、就醫、參與休閒活動、參與宗教活動、提供交通服務等必要性的服務。

2. 協助災民成立自助／自救會：不論在緊急安置或是短期安置時期皆適用，協助受災居民組成自救／自助組織，有利於居民凝聚共識、自行維

護周遭環境整潔、居住秩序，以及對重建表達意見並參與重建過程。此外，自助／自救會的組成可臨時由共同受安置居民中共同籌設，或由原村落中社區發展協會等既有立案組織執行。

3. 社會暨心理重建／家庭支持方案：依據相關暫行條例或是行政命令規劃與執行家庭生活重建與支持服務；例如，莫拉克生活重建特別條例明定需設置「生活重建中心」並提供心理服務、就學服務、就業服務、福利服務、資源連結服務（醫療、法律、經濟、租屋協助），以因應受災居民需求，其中尤需特別留意的是，受災地區居民創傷後壓力症候群（PTSD）的徵兆與治療協助。社會暨心理重建服務原則上以個案管理模式提供，並落實個別化服務計畫（Individual Service Plan, ISP），以確實回應受災地區居民的個別化需求。生活重建服務公部門社政人員為當然介入人力之外，亦可以方案委託方式聯合民間組織共同提供服務。

4. 長期住宅安排計畫：係指興建與提供永久住宅，可透過釋放現有國民住宅，或是結合民間資源（企業、社福、宗教等）興建永久屋，或是提供低率貸款購置住宅等方式。此外，倘若於永久屋規劃與興建期間，受災民眾無意願居住在短期安置所，則可以提供租屋津貼，供災民快速安頓住所。

5. 組織籌組與運作：不論是釋放國民住宅或是興建永久屋方式，都可能是一個新興的社區，生活重建中心社工需以社區工作方法協助社區居民進行社區組織工作，促進新興社區籌組正式立案之社團組織。

6. 建構社區資源體系與培植社區人才：生活重建中心社工員應建構社區支持網絡，提供工具性與情感性的支持，培力社區人才，促進社區投入社區公共議題，以進行社區營造、社區發展、社區照顧議題。透過社區參與的過程，凝聚社區共識、提升社區能力，以達社區培力的效果，增進社區居民自主解決社區問題的能力，甚至有能力自主發展社區相關服務業務，提供社區預防性、支持性的服務措施。

肆、第一線社工人員之核心能力

一、社工人員基本能力

　　個案工作、團體工作、社區工作為社會工作專業直接服務三大方法，於各種社會工作服務領域中，皆是運用此三大直接服務方法作為服務策略基礎，再延伸出更高度專業化的服務策略。故此，社會工作直接服務技能，是社工專業重要的核心能力。

（一）個案工作

　　個案工作是針對個人或是以家庭為服務單位的專業服務方式，協助其個人、家庭改善生活環境、增進生活適應；調適社會關係，建立良性互動網絡；調適自我功能（李增祿，2007）。個案工作服務的提供，係依照個人及家庭個別化的需求擬定服務計畫後提供服務，若是針對遭遇多重、複雜問題且需多重專業或是跨單位提供服務才得協助個案或家庭有效滿足其需求、改善現況時，則需以個案管理服務模式提供。

　　災害事件的發生，個案及家庭所遭遇的問題，常需要同時有多重專業介入服務才得以滿足其需求，此時，社會工作者即扮演著個案管理者的角色，除了提供個案或家庭所需的直接服務之外，更連結其他各項所需的正式、非正式資源，並促使各項資源之間得以正常提供給個案及家庭。

（二）團體工作

　　團體工作是針對兩個以上的人，有著共同問題、需求或是目標，為了解決其問題、滿足需求或是達成目標所組成的團體，透過彼此之間的互動與相互影響，達到團體工作的效果。若依照團體組成目的劃分，包含休閒團體、休閒技藝團體、教育團體、自助團體、社會化團體、治療團體，以及會心團體等（林萬億，2006）。

　　災難事件發生後，於不同階段，依據災民不同時期的需求，可籌組不同的團

體；例如，當災民進入短期安置或是重建階段，可能有創傷後壓力症候群輔導議題、重建相關資訊統整與決策議題，社會工作者可透過團體工作建立災民自助團體、支持團體，或會心團體，讓其透過團體的運作，幫助災民們彼此給予情緒支持、重建相關訊息的互通有無、討論與彙整，以達到生活重建的目標。

（三）社區工作

　　社區工作服務的對象概略可分為地理社區及意識形態的社區兩類，地理社區即是有形特定的區域，諸如以村里為單位，也就是一群人共同居住的區域；意識形態的社區指的是一群人有著共同背景、共同利益、共同使命等，而組成的互動社區。然而，不論是有形或是無形的社區，都有其共同的特性元素，分別是「人民、土地或地盤、社會互動、認同」等，作為界定社區的四個重要元素（林萬億，2006）。就莫拉克風災重建條例設置「莫拉克生活重建中心」情況，係以鄉鎮別設置生活重建中心，進而針對區域需求提供服務，故此，生活重建中心對於社區的界定傾向於地理社區的界定。社區工作的概念，是一種藉由社區工作人員與社區共同行動，協助社區組織或社區居民成長與提升的一個過程。甘炳光與莫慶聯認為，社區工作的目標分別為：1.促進居民參與解決自己的問題，改善生活素質；2.提升居民的社區意識；3.加強居民對社區的歸屬感；4.改進社區關係，改變權利分配；5.發揮居民的潛能；6.善用社區資源，滿足社區需求（引自李易駿，2015）。

　　社會工作者於災後重建與復原期的工作可包含短期與長期工作，短期工作包括災民的安置、生活復原、心理復健、公共設施與維生系統的恢復等；長期工作包含住宅重建、產業復原與振興重建等。社會工作者針對重建工作相關的議題，須透過社區工作方法，促進社區居民參與了解社區遭遇的景況，並凝聚社區意識共同解決遭遇的問題，在協助的過程中運用各式的策略方法，提升居民的意識與潛能、運用資源滿足社區需求等，以達社區災後復原與生活重建的目標。

二、資源連結與整合能力

社會資源存在於社會各個角落中，資源連結與整合的目的在於讓各個零散的資源能夠被有效地運用，發揮最大的效益滿足有需求的個人、家庭甚至於社區。而社會資源可分為正式資源與非正式資源，其內涵分述如下（賴兩陽，2009）：

（一）正式資源

正式資源係指機構及專業人員所提供的服務，提供者與服務使用者均依照某些規定程序辦理。一般而言，可再被細分為兩種：1.公部門資源：指依法行政並由賦稅制度提供經費，受服務者不需直接付費，如社政單位、衛政單位、民政單位、公立學校等；2.私部門資源：主要由非營利組織所提供的服務，所提供的服務可能是免費的，也可能是由使用者部分負擔，當然亦可能是營利組織提供公益贊助。

（二）非正式資源

包括親朋好友、志工所提供的服務，這些資源比較沒有資格限定的要求，通常也不需要服務付費，服務提供者的報酬通常是藉著服務使用者表達感謝的過程獲得一種情感上的滿足。

（三）資源連結與整合的原則

社會資源連結的原則，係以服務的個體（個人、家庭及社區）所處的地理環境中之特質了解，其原則如下（鄭善明、蔡秀蘭、鄭淑琪，2009）：

1. 資源連結的原則：
    (1)確認地理環境中的服務標的人口群：例如是老人、兒童、婦女、身心障礙者等。
    (2)確認地理環境中的特徵：例如該社區的地理界線、地理特性、社會問題及該地區的文化主流價值等。

(3) 確認地理環境中民眾的差異性：例如不同族群的生活方式與價值觀。

(4) 了解地理環境內部結構：例如地方不同派系互動情形、地方控制資源的領袖人物是誰、地方共同性的需求為何、地方上誰可以決定福利服務或是資源的輸送等。

2. 資源整合的原則：

(1) 在地化、社區化：由地方社區開發資源後，配合社區的本質提供各項服務，以確實滿足地方社區的需求。該資源最好是在地社區化的，若欲長期連結某資源，應以社區化在地化原則為佳，以讓資源使用得以長久。

(2) 個別化：對於社會資源的取得與運用，應該依據個別的情況，分別處理。

(3) 制度化：資源連結進行分配時，為有效且合理地運用相關資源，應當讓社區共同商議取得共識並訂定相關規範，讓資源的運用有依據可循。

(4) 具體化：對於社會資源的取得、運用，以及資源運用成效的評量，建議優先以具體可測量的方式呈現。

三、志工運用與管理能力

　　任職於非營利組織的社工員，因應組織使命承辦相關服務方案，投入不同的服務領域參與解決社會問題，然而，受限於機構財力及社工人力的有限性，以致於同一時間能夠解決問題的能量有其限制。若能有效地善用志工的協助，將能提升社工員因應、解決社會問題的效率與效能。隨著志工參與服務的時間長短不同，以及其不同的專業特性，能夠協助機構服務的性質也會有所差異。針對志工特性進行簡要介紹（曾華源、曾騰光，2003）：

（一）以時間性劃分志工

1. 定期性志願服務：固定提供服務時間。
2. 臨時性志願服務：可分爲參與單一方案的志願服務者，或是不定期參與志願服務者，可以視需要和個人時間允許，臨時接受任務。

（二）以服務領域性質劃分志工

1. 綜合類：如愛心服務隊、政令宣導服務、社區發展協會等。
2. 康樂類：如救國團、青年會、大學康樂性服務社團。
3. 福利類：如就業諮詢、老人照顧、婦女服務、青年休閒等。
4. 教育類：如親職諮詢專線、寄養家庭等。
5. 輔導類：如張老師、生命線等。
6. 文化類：如文化導覽員、鄉土解說員等。
7. 交通類：如義交、旅遊服務、公車路線諮詢等。
8. 醫療衛生類：摺疊棉紗、醫療諮詢、急救訓練、紅十字會等。
9. 環保類：生態保育服務、綠化服務、道路環保、街道或公園認養、清潔服務。
10. 權益類：消費者保護服務、勞工權益陣線、婦女權益促進會等。
11. 救援類：義消、山難救援、重大災難救援專業志工等。
12. 司法類：法律諮詢顧問、榮譽觀護人等。
13. 警政類：義警等。
14. 其他類：包括宗教、戶政、財稅、營建、政治、社區行動等。

（三）志工人員的角色

1. 直接服務的角色：直接與服務對象接觸，提供上述必要的服務，如在機構中教授技藝、居家環境清潔、課業輔導、電話接線總機等。
2. 間接服務的角色：透過間接途徑提供服務，如籌措方案活動前的行政工作、規劃休閒活動教案等。

3. 行政庶務的角色：擔任一般行政庶務工作，協助機構蒐集與整理檔案資料、製作統計月報、紀錄撰寫、協助機構內行政庶務處理等。

志工對於組織而言，可說是一大助力，協助組織提供各式直接、間接的服務，減少了許多因為社工人力不足的服務限制，大幅提升服務效率與效能。就依莫拉克風災為例，風災過後屏東縣沿海受災地區，如東港鎮、林邊鄉、佳冬鄉、枋寮鄉等，因為洪水沖破堤防以致許多住家家具報廢，因應地方環境清理需求，全國各地許多民眾自主前往協助清掃環境直至恢復。但是若無法有效地管理運用志工，也很有可能是一種阻力，例如，志工在組織中居於邊緣性地位，影響其對組織的貢獻；大多數組織主要責任是給有給職的員工，在運用志工上傾向於暫時性的工作或任務，大都無實質性責任。

伍、新手災變社工的故事與建議

就921大地震及莫拉克風災的災後生活重建中心人力資源可清楚發現，災變社工非常需要有專業經驗及生活歷練，方能有效地協助受災地區中各年齡層受災居民的各項複雜需求。但是，事與願違，大部分的資深社工都有穩定的工作，除非所服務的機構透過政府委託案或公辦民營方式協助災後重建，原則上他們不太會去應徵當災後生活重建中心的社工，因此，很多剛踏出校門的社工相關科系的社會新鮮人就會進駐受災社區，開始他們第一份具挑戰性的災變社會工作職位。作者訪談幾位災後生活重建中心的新手社工，詢問他們對災後社區生活重建的想像，邱社工員說：「剛畢業後就進入莫拉克災後重建中心服務，當時對災後的狀況沒有太多的想像，說真的……也不知道生活重建是什麼，只因為喜歡山上就毅然決然地選擇上山服務，會發生什麼事，就等到了再說吧！」是這份對山林的喜愛，讓他不顧家人的反對留在受災地區服務。如何當個有效能的災變社工？所需的社工專業素養、社區工作知能、志工管理等就從「做中學」吧！他將災後社區生活重建實際經驗綜整成簡潔有力的四個字：「成長、挑戰！」。

　　邱社工員回憶自己是災後第2年到重建中心服務的，當時許多硬體設施都還在建設，如道路、便橋、永久屋等。實際到重創最嚴重的小林村走一趟，根本無法想像平坦的砂石下掩埋了數百條的人命，那種震撼在數年後想起，還是很揪心。一路走來，實際參與受災地區民眾的生活，學習他們的文化，邱社工員笑說：「當時自己陪受災地區民眾的時間比家人還多很多」，若有人問她是哪裡人，還會不小心脫口說是「甲仙人」。邱社工說：「一開始要在社區辦活動，沒有想像中的簡單，鄉下做事需要有『人脈』，更重視『人情』，那時覺得課堂上學的任何專業技巧都用不上，只能做『陪伴』，社區辦活動就去幫忙到收場，阿桑約你到家裡吃個便飯，就厚著臉皮到她家去坐坐，久了走在街上就有人叫得出我的名字，接著就有人要介紹他家兒子給我認識……」

　　工作第二年是邱社工印象最深刻的一年，那年工作碰上了瓶頸，覺得自己該做點突破，不能只是被動參與社區活動，後來與在地協會寫了彩繪社區的案子，那時動員甲仙公、私部門及民間團體約一千多人次的合作，歷時六個月，完成兩千平方公尺的大面積色彩改造計畫，到現在他還記憶猶新，還能感受到心連心努力的溫熱感。身為過來人，邱社工建議新手災變社工：「不要害怕與在地人互動，相信多一點接觸與認識就會是未來協助他們的基礎，長時間的陪伴會讓他們知道你的『存在』，用真誠的心來打動他們暫時封閉的心房。」

參考書目

中文書目

王秀燕（2010）。災難因應與生活重建永不缺席的角色—社會工作。社區發展季刊，131，52-71。

王秀燕（2010年11月）。政府與民間的災變管理合作機制之探討。論文發表於「2010兩岸社會福利學術論壇：災害救助與社會工作研討會」。臺北：中華救助總會及財團法人中華文化社會福利事業基金會。

王玠、李開敏、陳雪真（譯）（1998）。個案管理（原作者：Ballew, J. R., & Mink, G.）。心理：臺北。（原著出版年：1996）

全國法規資料庫（2016）。災害防救法。上網日期：2017年5月27日，取自全國法規資料庫網頁 http://law.moj.gov.tw/LawClass/LawAll.aspx?PCode=D0120014

行政院災害防救委員會（n.d.）。社區防災指導手冊。上網日期：2016年12月12日，取自行政院 災害防救委員會網頁http://homepage.ntu.edu.tw/～lcchen/index.files/page0002.htm

吳麗雪、趙若新（2010）。地方政府社政系統在救災過程中的任務、角色與困境——高雄縣政 府莫拉克風災救災的經驗。社區發展季刊，131，16-32。

李易駿（2015）。當代社區工作計畫與發展實務（四版）。臺北：五南。

李增祿（2007）。社會工作概論。巨流：臺北市。

兒童福利聯盟基金會主編（2009）。災後生活重建工作手冊。臺北：八八水災服務聯盟。

林萬億（2006）。當代社會工作理論與方法。臺北：五南。

林萬億（2011）。災難管理與社會工作實務手冊。臺北：巨流。

張麗玉（2011）。社會工作的價值與倫理。古允文（總校閱），社會工作概論（一版），頁 17-4至17-19。臺北：華格那。

陳素春（2000）。九二一震災社會救助與福利服務因應措施。社區發展季刊，90，19-30。

陸宛蘋（2010年11月）。社會工作在重大災害服務提供的角色及民間非政府組織（NGOs）介入 所遭遇的挑戰。論文發表於「2010兩岸社會福利學術論壇：災害救助與社會工作研討會」。 臺北：中華救助總會及財團法人中華文化社會福利事業基金會。

曾華源、曾騰光（2003）。志願服務概論。臺北：揚智。

植根法律網（2008）。社會工作倫理守則。上網日期：2017年5月27日，取自植根法律網網頁 http://www.rootlaw.com.tw/LawContent.aspx?LawID=A040040061014800-0970328

馮燕（2010年11月）。環境變遷中社會工作專業發展—災變管理社會工作。論文發表於「2010 兩岸社會福利學術論壇：災害救助與社會工作研討會」。臺北：中華救助總會及財團法人中 華文化社會福利事業基金會。

黃源協、陳伶珠、童伊迪（2004）。個案管理與照顧管理。臺北：雙葉。

鄭善明（2010）。災變生活重建與社會工作內涵。社區發展季刊，131，100-116。

鄭善明、蔡秀蘭、鄭淑琪（2009）。社會資源運用之探討—以「屏東縣私立椰子園老人養護之 家」為例。社區發展季刊，126，395-412。

賴兩陽（2009）。社區工作與社會福利社區化（三版）。臺北：洪葉。

英文書目

Federal Emergency Management Agency (FEMA) (2010). *Comprehensive Preparedness Guide 101: Developing and Maintaining Emergency Operations Plans Version 2.0*. Washington, DC: US Department of Homeland Security.

第二十五章　觀光作爲一種災後生活重建

楊文慧

壹、災難觀光的概念

當世界發生重大事件或災難時，經由媒體、網路不斷重複或大量報導死亡及災難現場發生的畫面，而引發人們高度的關注，使災難區短期內可能成為熱門觀光景點。在1993年Rojek首先提出前往死亡、災難相關地點的旅遊概念，稱為「黑色點（black spots）」；Foley & Lennon兩位教授在1996年再提出所謂的「黑暗觀光（dark tourism）」一詞，並將其定義為「旅客參訪與消費真實或商業化的死亡與災難地點的旅遊型態」。20年來也引發學者們提出各種黑暗觀光的研究，如Yuill（2003）認為人們對於死亡和災難有高度興趣，可深度探討遊客參與黑暗觀光的動機；Ryan & Kohli（2006）研究指出一個因火山爆發被掩埋的紐西蘭村莊，成為黑暗觀光的旅遊景點；Stone（2006）也提出對於死亡、痛苦、災難的黑暗觀光已成為一種旅遊型態；而這些與死亡相關的旅遊行為研究又被稱為「死亡觀光」、「災難觀光」、「悲劇觀光」、「戰爭觀光」等稱呼。各種攸關死亡、歷史悲劇、災難事件等，都可成為新的旅遊景點，如甘迺迪總統被刺殺時兇手的所在位置、納粹集中營所在地；或者將災難的地點、人、事、物轉化成各種紀念碑、紀念館、博物館、公園等形式來展現與紀念死亡及災難事故，如911國家紀念博物館、廣島原爆紀念館、921地震教育園區、小林村紀念公園等，因此我們可以清楚地知道，某些災難現場，可直接作為觀光景點，或轉換不同方式呈現災難的主題，也可以成為一種觀光旅遊的型態。

但是面對災難後災區遺跡如何被安置、進行拆除或重建，都需要更多時間與理性的討論。災難情境或遺跡的保存具有多重象徵的意義，包含災民心理上的憑弔與復原、對當地經濟上復甦的援助、教育上、歷史上對災難的省思、社會上面對事件凝聚的團結力等。Yuill（2003）指出遊客進行黑暗觀光有發揮災區保存的作用，但沒有適當的管理，會與當地災民產生誤解與摩擦。災難發生後，在不同時間區段中進行以災難觀光為主題的同時，不能無視當地災民的感受，也需顧及災區居民承載著痛失親人的情緒，在需求與供給的討論上都需要充分的尊重與溝通。例如，2011年東日本大地震時，被海嘯沖上宮城縣氣仙沼市街區的「第18

共德丸」號漁船，大量媒體傳播報導這艘排水量330噸，全長約30公尺的大船，成功展現海嘯的威力，吸引大批遊客前來拍照紀念。爲了向後世警示海嘯的危險及其威力，氣仙沼市政府曾計劃把第18共德丸漁船作爲「災難遺跡」保存下來，也能給予後世教育的意義。但政府經過長期與當地居民討論溝通後投票結果，近7成居民認爲在陸地上看到船會引發他們想起喪失親人的痛苦回憶，希望進行拆除，只有不到2成的居民願意保留該船，在事件發生2年半後，政府最終決定尊重當地居民意願拆除船體。此次的災難，第18共德丸號曾經成爲新景點而帶來大量的遊客，也意外帶動當地商店街的繁華，但成爲觀光景點的想法與當地災民意見剛好相反，最終結果是日本政府決定做出對災民最好的選擇大於進行災難觀光的選項。2008年中國四川汶川大地震保留下來的北川地震遺址，也是目前世界上原貌規模最大的地震遺址，災難隔年即超過700萬人次遊客造訪，竟也帶來18億人民幣的收入，龐大的經費，可當作災區考察復原的費用。

　　從災區重建的角度出發，災難觀光正向的經濟效益、人與人之間情感的連結，能爲災區投注一股復興的希望與關懷，也可帶來教育與認識生命的意義。但在重建過程也屢屢受到爭議，當災難發生時，除了緊急救難人員直接進入災區處理之外，也有許多人可能因爲好奇、尋求刺激、湊熱鬧等各種原因，進而前仆後繼地前往災區，只爲親身一探究竟，或打卡紀念，妄言關心災民，卻造成救災困難，或延誤救災時機。「在傷口上灑鹽」、「快樂建立在災民的悲傷之上」、「無視危險與禁忌」等自我行爲與態度，也引起民眾撻伐，被視爲沒有同理心且不尊重死難者。當決定災難觀光作爲災後重建的方式之一時，旅客與災民都必須存著開放與友善的態度，供給面上除了迅速找出災區可以進行災難觀光的新旅遊景點外，還可創造支援災民復原的經濟產業，並在進行災區觀光活動時，還需要教育或提醒旅客尊重的態度與行爲，避免造成當地災民二次傷害，也須輔導當地民眾，發展災區觀光產業的目的，是在協助災區復原的項目之一。因此，爲了讓更多旅客能夠前往災區觀光，首先要了解旅客旅遊的動機，並滿足旅客的需求，才能進而讓災區觀光成爲重建復興的一股力量。

貳、災區觀光的需求與供給

一、災區觀光的需求動機

　　心理學上「動機」被認為是「行為的發端、方向、強度和持續性」。例如馬斯洛的「需求層次理論」，說明動機是由不同層次的需求組成。雖然旅遊的行為可能有很多複雜與多重的動機組成，我們透過了解旅客旅遊動機，可以事先進行遊程的安排，以滿足旅客的各項動機需求。劉純（2001）提出影響旅客選擇目的地決策的因素有四項：1. 遊客本身內在因素。2. 外在社會因素。3. 活動需求因素。4. 資源供給因素。遊客本身可能會因為媒體畫面報導、社會討論氛圍等產生好奇、求知、學習、考察、促進關係等等的動機，前往災區觀光。Dann的「推拉理論」也說明一方面自主性地想要前往，另一方面本身也會受到外來刺激的吸引，而產生旅遊行為。1964年John. A. Thomas提出18種旅遊動機，歸納成4大項：

　　（一）教育與文化的動機：1. 為觀察他國人民的生活、工作與娛樂。2. 為觀光特殊的景象。3. 為理解與認識社會變化的狀況。4. 為參加特別的活動。

　　（二）休閒與娛樂的動機：1. 為脫離日常例行工作的壓力。2. 為尋求愉快的生活。3.為體驗某種娛樂性的經驗。

　　（三）拜訪親友的動機：1. 訪問家族以前住過的地方。2. 拜訪家族或朋友住地。

　　（四）其他9項動機：如氣候（避暑或避寒）、維持健康、經濟、冒險、宗教、崇尚時髦、歷史、社會等動機。

　　在18項旅遊動機當中，為觀光特殊景象、為理解與認識社會變化的狀況、為參加特別活動、為拜訪親友、為冒險、為了解歷史、為社會等7種動機項目，皆可與前往災區觀光的動機產生關聯，在遊程中將動機賦予各項活動的意義，可滿足旅客需求，提高滿意度，形成前往災區觀光的動機。

　　各種災難發生的情形不同，前往災區的動機自然也不相同。Lennon & Foley

（2000）指出黑暗觀光主要的動機還包含新奇體驗；Yuill（2003）以訪談猶太屠殺紀念館職員研究中，曾羅列出10種黑暗觀光參與者動機包括：1. 遺產（heritage）。2. 歷史（history）。3. 內疚（guilt）。4. 好奇（curiosity）。5. 對死亡的疑惑（death and dying）。6. 懷舊（nostalgia）。7. 教育（education）。8. 紀念（remembrance）。9. 文物（artefacts）。10. 地點神聖化（site sacralization）。李卉（2012）以小林村為例，參觀動機除了好奇心外，還有媒體報導的影響、社交因素、教育意義及緬懷追思等動機。李忠榮（2014）也以金門戰地觀光問卷研究找出6種黑暗觀光的旅遊動機：1. 體驗戰地觀光新奇與特殊。2. 感受戰爭的對立與無情。3. 體驗戰爭真實性與了解歷史。4. 同理心與希望感。5. 媒體與交通。6. 個人懷舊與興趣。郭家禎（2014）透過驗證性因素分析，以小林村紀念公園將旅遊動機分為3類：1. 教育學習。2. 情感連結。3. 朝聖。洪維勵、周念潔（2011）以921地震教育園區為例，將黑暗觀光旅遊動機分為推力動機的：1. 自我追求。2. 旅遊體驗。3. 地震教育。4. 逃離放鬆；及拉力動機的：1. 展覽設施。2. 便利追求。3. 媒體資訊。4. 地震體驗，研究發現921地震教育園區旅客最高的推力動機為地震教育，最高的拉力動機為地震體驗。

　　遊客到死亡或災難的地點旅遊，就如Dann（1977）提出的推拉旅遊動機，旅客受到內在和心理推動，及外在旅遊目的地的拉動因素，進而驅使旅遊行為的發生；但因不同的地點與災難形成的觀光行為，其動機也不盡相同，而總結上述災難觀光的動機經由媒體、網路的傳播，包含死亡興趣、冒險、好奇、體驗、歷史、文物、學習與教育、情感、朝聖、休閒與娛樂等。各式不同的災難，觀光動機也會不同，動機會相互重疊或者單一動機也可讓災區觀光的行為成立，並非需要滿足所有動機，旅客也會得到不同體驗。

　　李忠榮（2014）研究指出經由黑暗觀光的遊客動機與情緒體驗有顯著關係，旅客感受到的5種情緒有：1. 痛苦、震驚、遺憾與敬畏。2. 厭惡、不安、淒涼與奇怪。3. 歡樂、有趣好玩且放鬆。4. 認同、激勵、感激並期待。5. 珍惜、欣慰並感到驕傲。賴韻文（2012）研究也發現進行黑暗觀光的遊客有產生正向與負向情緒並存的情形，也就是體驗結果並非都會令遊客滿意，或者體驗後無法

完全滿足原本旅遊的動機。

二、災區觀光的供給

　　為發展觀光產業而制定的「發展觀光條例」第二條第一款中提到，「觀光產業」指有關觀光資源之開發、建設與維護，觀光設施之興建、改善，為觀光旅客旅遊、食宿提供服務與便利及提供舉辦各類型國際會議、展覽相關之旅遊服務產業。發展觀光條例從1969年7月30日公布後迄今於2017年1月11日公告的9次修改，將原文的觀光事業修改為觀光產業，一般而言，目前較為一般接受的說法是，觀光相關企業的經營為觀光事業，將不同的觀光事業結合起來稱為觀光產業。

　　觀光產業究竟包含了哪些，套句旅行業的順口溜，簡單來說就是吃、住、行、遊、購。乃提供餐飲、住宿、運輸、娛樂、商業購物及旅遊資訊的提供等等相關行業。林燈燦（2011）觀光產業以旅行業、餐飲業、交通運輸業（陸海空）、住宿業（觀光旅館業、旅館業、民宿）、觀光遊樂業、金融業、生活雜物業、教育文化機構、商業服務、政府相關機關民間團體為架構。如何發展災區觀光產業，需具有部分觀光供給的能力，如上述的各項產業的完備或有替代的可行性，才有機會進行災區觀光的可行性。

（一）點檢災區觀光資源

　　有關災區旅遊資源，首先檢驗原有資源是否還存在，或者可以重建復原的機會；再者因為災難而產生的新觀光景點，是否有足夠的拉力，有趣味性與特殊性等能吸引遊客前往。在災難初期多數因為好奇，只為一探究竟，這樣的觀光不會為災區帶來太多的貢獻，事後的沉澱與檢視，可以加速災難的復原。如921地震教育園區，政府與民間積極保留住部分可以呈現災區的樣貌，當時地震後毀壞的教室、斷層帶隆起的操場，保留了當時最原始的情況，作為歷史的印記、災害教育、災害研究等；另外也新建以前沒有的地震教育園區成為新的觀光景點，讓前

往災區觀光的同時，可以讓遊客身歷其境，感受地震造成的損害與威力，並對當地觀光產業有所助益。

（二）交通運輸的恢復

交通乃觀光之母，陸、海、空等運輸的恢復最爲重要。陳貞吟（2009）研究中得知，了解旅客與方便旅客到達目的地，是前往災難觀光最重要的兩項指標。鐵路、公路、橋梁、停機坪等的修復完成，不僅能快速補給救援物資，點檢災區景點觀光資源的同時，也可掌握交通路線恢復的優先順序，如果故障無法排除，自然也不能順利進行各項觀光活動。但因災難種類不同，道路考察與復原往往也需要很多時間，還是優先運送民生物資的需求後，才會考慮災區觀光的可能性。

（三）電力、網路通訊設備的恢復

現今社會不論是電力、通訊網路設備等，民眾的需求大增，除了最新訊息的溝通傳遞，讓民眾得以正確判斷，避免二次災害與恐慌，因此各種災難後對電力、網路通訊的恢復有急迫性，對急難救助或災區觀光的進行都十分重要。

（四）培養當地人才，創造在地僱用的機會

災後重建除了短期內要讓當地居民盡快恢復原來的生活，更應考量長期性的再生創新。由於當地人最了解當地自然、歷史、人文及災前災後的變遷，可聘請並培養當地居民成爲專業導覽人員，一方面創造在地就業機會，不僅可以謀生、照顧親友，避免災民持續於悲傷情緒之中，重新認識家園亦可適時反應或敘述災後重建的人、事、物的情形，也讓災區觀光產業人力資源的加入呈現更加完整；但部分人員可能會因慘痛的回憶而觸景生情，導致災區觀光的導覽工作無法正常進行，因此需要專業訓練與時間培養。

（五）促進災區觀光產業發展

災後重建過程中，需要當地居民、政府、非營利組織、學者專家共同協力合作，災後觀光產業才有機會振興。災後重建的混亂多來自於災民各方意見不能整合，中央與地方政府各自救援、非營利組織自行決策、學者專家專業的傲慢下，往往在各自角力中，災區資源有過度集中或重複性太高的問題。如果針對災後觀光產業發展，首先必須能凝聚多數災區居民的意見，確認發展的核心目的，再積極爭取政府補助，結合專業民間組織、學者專家意見，輔導災區各項觀光產業，將重建的過程與結果，透過觀光產業來展現，重新恢復或者創造災區觀光產業的振興，如交通、住宿、餐飲、導覽、體驗、活動、伴手禮等產業發展。觀光收入不僅可以活絡當地經濟生活外，能夠加深外地與災民之間人與人的連結，觀光活動才能持續與延長。政府補助與民間團體的協助等，都是一時的緊急救濟行為，當地居民應有所警覺，盡早自主獨立以讓生活步入正軌。

（六）專業的宣導與促銷

災區希望透過政府、民間的力量，連橫合縱地進行災區觀光的宣導，利用大量資訊傳遞結合災區觀光產業，讓災區觀光的遊客順利找到合適的觀光主題，達到體驗、教育或休閒等目的，因此資訊的連結與行銷特別重要。例如，政府可提供優惠獎勵措施，補助災區業者或者消費者，如交通、住宿、餐飲、伴手禮等折扣或促銷，吸引國內外觀光客，提高災區觀光的經濟發展，宣傳支援災區觀光的正面旅遊形象。

三、供給面的限制與風險

人們生活品質的提升，觀光旅遊的需求也增加，旅客對於保護自然、歷史文物意識抬頭，對旅遊安全更加重視，從事各種旅遊活動碰到的人、事、物、地等各種環境交互影響下，都會影響到旅客的安全。特別是災難、重大死亡事件發生後，前往災區觀光其實尚存在許多限制與高度風險。

（一）災區地的風險

　　不論人爲或自然破壞產生的重大事件，短期內都有可能再次發生，或引發相關的災難。如戰爭、火山噴發、地震、颱風等。以人爲災害來說，如戰場上簽訂停火協議，卻也似乎難保戰事再起、誤觸地雷或發生災民資源搶奪等無法預期的風險。自然災害如火山噴發後，因無法預期再度噴發的時間，可能會造成避難不及的危險；颱風過後，除了溪河暴漲、淹水外，山坡地的含水量高，發生土石流或山崩的風險也相對提高；又或者大地震過後，總是餘震不斷，不穩固的建物突然倒塌、發生火災等危險。此次東日本大地震，原本以爲只是較強大的地震，會造成建物的損壞，不料卻引發臨海地區的大海嘯，並造成福島核輻射外洩；由於日本地震防災意識高，其建物毀損情形，因地震造成的危害反而最小。當觀光地區乘載不可預測的高危險性時，旅客所需承擔的風險也會變大，危險性相對增高。

（二）災區居民情感上的反對

　　當旅客來到災區時，除了看到災難現場的殘破景象外，還會遇到當地心情尚未平復的災民。旅客來到災區時，除了親眼所見、能理解的災區情形之外，必定有很多的問題想要知道答案。我們不僅必須尊重並避免禁忌的問題或行爲，小心翼翼地避免他們被迫回答不願提及的災難記憶，讓災民感受到不愉快的行爲，也不該像是參觀動物園般將災民視爲景點的一部分。行爲上自以爲是、不以爲意或者嬉鬧不屑的態度及沒有尊重與同理心，易使災民產生高度負面情緒，導致災民對遊客的厭惡，發生彼此的摩擦與衝突，造成災民的二次傷害。因此前往災區觀光時，以同理心、善意、尊重爲出發點，災民才有可能友善地回應，也才能眞正發揮災區復原的動力。訪客行爲與態度，深刻影響著當地災區居民的情感，旅客若存在不當的行爲與態度，不僅對災區沒有幫助，反而加深災民心理創傷，對災區復原沒有幫助，彼此尊重才有機會雙贏，讓災區觀光成爲成長的動力，使災民快速地脫去悲傷的情緒，恢復正常的作息。

（三）媒體報導的眞實性

　　災難發生當下，除了緊急救難人員進入災區外，還有世界各國媒體人員冒著風險，爭相進入災區進行第一線現場報導。但由於突發的災難事件發生，混亂的災難情形短時間內其實無法完全掌握，各家媒體相互競爭下，不同面向的報導經由電視、網路等資訊高度且重複地傳遞，一般大眾接觸的訊息往往是一時且片面的報導，例如災難現場死傷的數據，不僅各家資訊不同且錯誤率極高，加上現今網路資訊的發達，轉載影片情形也會因爲時間序的差異，導致錯誤或舊的訊息無法被更正或更新，進而無知、無意地隨手散布錯誤訊息，反而造成社會大眾的誤解與恐慌。此次2011年東日本大震災核能輻射外洩事故，即發生了嚴重「風評被害」的事情。所謂「風評被害」的意思，就是媒體依據沒有證據的流言、傳言或者是誇張不實的訊息來報導，而造成民眾的恐慌或重大的損害，特別是在災害、事故發生時，因時間的急迫，錯誤的報導造成無法挽救的損害。此次福島核能輻射外洩的「風評被害」，就是民眾對輻射造成人體危害的錯誤認知與過度恐慌，因而造成損害；當時有計程車司機拒絕搭載福島災民、卡車司機不願將救難物資載送到安全的災區，延誤救災時機。此外，還有NHK電視臺自行發表核能廠「這樣程度的輻射量是沒有問題的」，甚至記者自行結論輻射量是「安全的」、「對健康沒有影響」等說法。媒體若是爲了避免民眾恐慌，而營造安全的假象，卻因無法提供正確的資訊，將會影響或誤導了民眾應有的判斷，造成無法彌補的傷害；日本社會撻伐媒體是否有權利散布錯誤或未經證實的訊息，來影響民眾的判斷。專業的媒體報導應發揮正確資訊的傳遞，扮演好媒體應有的角色，讓災民對災區抱持希望，也可讓一般民眾對災難持續關心，大家在接收眾多資訊的同時，考察其眞實性，過濾或避免錯誤訊息的再度傳遞，獲取正確資訊才能發揮正確的判斷。

參、災難觀光

一、災難觀光的形成

　　如何可以將一場災難以觀光來呈現，因不同的人、事、時、地、物彼此會交錯影響，根據不同的情形造就不同的結果，因此災難觀光的形成，也會隨之改變。

（一）災民、遊客的態度（人）

　　災區人民意見是否凝聚，並願意且積極投注人力進行災區觀光，協助社區營造各項觀光產業，秉持友善、開放的態度，觀光的成效才有成功的機會。除此之外，外來的遊客也能秉持尊重災區生活，且不跨越禁忌行爲，彼此相互的包容才有機會發展良善循環的災區觀光。

（二）災難的型態與範圍（事）

　　不同災難型態及災區範圍大小，是否能進行觀光考量的結果都不相同。譬如火山爆發、地震、颱風、核災、土石流等，危險性高或災難區域太小的災區，不適合列入災區觀光的範圍，因爲無法吸引觀旅客前來觀光。

（三）災難觀光的時機點（時）

　　我們都知道災難發生後，先有救災才有觀光，因此不是一開始就可大肆進行，否則容易延誤救援或者引發居民反對，反而製造誤解與衝突，因此觀光的時機點十分重要。

（四）災難觀光的地點（地）

　　觀光地點的選擇，可以是在災區或者象徵災區的地方進行，避免危險性高的災區地點，例如：不易抵達的深山或河谷，或者危險的地方。

（五）資源的充沛（物）

　　資源不僅僅是政府、民間的補助或輔導，各項觀光產業的發展是否整合，足夠承受觀光人潮帶來的效益或者負面衝擊。

　　王鴻楷、林錫銓（2004）分析了921後災區觀光產業發現，雖基礎的產業重建，如遊憩設施、景觀、服務等有待加強外，但因公路局迅速將殘破的交通網路恢復通車，中央與地方觀光資訊網路平臺效能提升，加上媒體的宣傳與當地產業整合，如商圈老街再造、埔里酒、鹿谷茶、泡溫泉等觀光與農特產的結合，災區觀光效果已大幅提升。

二、增加遊客人次

　　沒有人潮便沒有觀光產業，因此找出各種活動方法，乃為了提升觀光人次，不僅僅要吸引國內遊客，國外遊客的增加，更是證明災區復甦的結果。

（一）吸引當地與國內遊客

　　輔導旅行社組成支援災區旅行團，吸引國內遊客進行災區觀光與支援並行的旅遊方式，譬如利用「觀光發展基金」補助餐費、住宿及交通費。另外除了廣告、新聞媒體的宣傳外，也可利用災區免費巴士吸引當地遊客造訪，利用縣市限定的住宿補助的方式，提高災區住宿率。

（二）吸引國際遊客

　　利用國際媒體加強放送，進行協助災區復甦的各項觀光活動。可以利用觀光簽證的免簽、免機場稅、郵輪船的補助、參加國際旅遊展、政府官員互訪、國外城市締結活動等等，增加外國人前往災區觀光的機會，展現互動、友好關係，協助災區的復甦。

三、災區觀光案例

災後觀光的案例當中，有的成功、有的失敗，端看災難觀光最初設立的目的是否達成。王鴻楷、林錫銓（2004）在921地震經驗後指出，臺灣災區觀光產業重建並且永續的契機需要具備四項基本條件：1.大筆重建經費的投入，2.全國性觀光議題的形成，3.除弊性觀光政策的推展，4.新觀光景點的形成。首先災後需有大量補助經費並且有效地使用，加上媒體大量報導產生全國性的觀光議題，另需要中央與地方政府合作，規劃各項觀光產業的發展，並找尋觀光資源、觀光景點，形成觀光產業鏈的連結，以吸引遊客駐足。以下是災區觀光產業的案例。

（一）國外案例

1. 義大利龐貝城

西元79年遭到維蘇威火山噴發後，被火山灰直接掩埋的古城，於1749年被發現，1997年列入世界遺產，因災難範圍的廣大，加上火山灰大量掩埋、保存當時生活情形，具有歷史考古的意義，災難觀光的人口居高不下。義大利政府為了龐貝城的觀光政策，於1997-2008年實施自治分權，10年間以「停止考古」的策略，轉移到對已開發的遺址加以保護，成功將考古區域減少擴張，集中在現有遺址的開發，可供參觀的遺址區域面積由14%提升到31%，開放區域從5個增加到7個，營業收入年年增長，除了遊客數量增加外，也提供增值服務，如夜遊龐貝等項目。然而2008年後，政府因古物殘破、猖獗的文物竊盜、不良的遊客服務，又將龐貝納入中央政府機構管理，但不論管理權力的改變，從2000年到2016年，龐貝城的觀光人口幾乎逐步上升，每年遊客人數已從210萬增加到2016年的320萬（圖25-1），顯示災難觀光成效卓著。

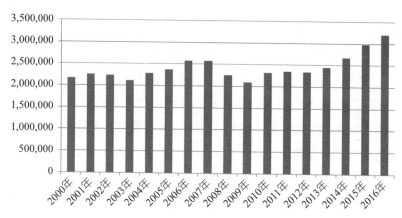

圖25-1　龐貝城觀光客人數

資料來源：龐貝城官網。

2. 日本廣島平和紀念館

　　1945年二次世界大戰，廣島、長崎是世界第一次也是唯一一次在戰爭中使用原子彈的地方，廣島死傷慘烈，死亡人數估計高達9-16萬人，約占當時只有34萬廣島人口的1/3-1/2，核爆威力下，瞬間人間蒸發、片瓦不存的慘況，大量死難和罹癌殘缺的人至今仍無法平復，為了這場慘烈的戰爭，於是在結束後建立和平紀念館。此次原子核爆人為災難的慘事，具有災區觀光人、事、時、地、物的特性，並藉由每年定期舉辦哀悼活動，死傷照片的慘狀，張張震撼及觸動人心，主要提醒世人戰爭的殘酷與莫忘歷史的教訓，觀光人數近40年來都維持百萬以上，有趣的是外國遊客逐年遞增，尤以2016年還達到最高峰，總入館人數高達173萬人次，累積人數為6,900萬人（表25-1），前往參觀廣島和平紀念館。

表25-1 廣島平和紀念館年度入館人數

西元年	總入館者數	累積	和前年度比較增減		外國人	總入館數對外國人比例
1955	人	人	人	%	人	%
	115,369	115,369				
1956	228,940	344,309	113,571	98.4		
1957	272,786	617,095	43,846	19.2		
1958	230,916	848,011	△ 41,870	△ 15.3		
1959	349,801	1,197,812	118,885	51.5		
1960	411,185	1,608,997	61,384	17.5		
1961	508,494	2,117,491	97,309	23.7		
1962	594,584	2,712,075	86,090	16.9		
1963	714,502	3,426,577	119,918	20.2		
1964	799,035	4,225,612	84,533	11.8		
1965	871,772	5,097,384	72,737	9.1		
1966	840,276	5,937,660	△ 31,496	△ 3.6		
1967	904,116	6,841,776	63,840	7.6		
1968	988,209	7,829,985	84,093	9.3		
1969	963,083	8,793,068	△ 25,126	△ 2.5		
1970	931,508	9,724,576	△ 31,575	△ 3.3	47,943	5.1
1971	1,074,465	10,799,041	142,957	15.3	34,645	3.2
1972	1,107,248	11,906,289	32,783	3.1	26,585	2.4
1973	951,550	12,857,839	△ 155,698	△ 14.1	23,498	2.5
1974	880,486	13,738,325	△ 71,064	△ 7.5	17,329	2
1975	1,253,145	14,991,470	372,659	42.3	28,803	2.3
1976	1,063,103	16,054,573	△ 190,042	△ 15.2	33,549	3.2
1977	986,709	17,041,282	△ 76,394	△ 7.2	39,561	4
1978	996,117	18,037,399	9,408	1.0	40,711	4.1

西元年	總入館者數	累積	和前年度比較增減		外國人	總入館數對外國人比例
1979	1,101,408	19,138,807	105,291	10.6	62,062	5.6
1980	1,208,003	20,346,810	106,595	9.7	75,087	6.2
1981	1,284,696	21,631,506	76,693	6.3	88,369	6.9
1982	1,368,989	23,000,495	84,293	6.6	66,875	4.9
1983	1,351,104	24,351,599	△ 17,885	△ 1.3	70,792	5.2
1984	1,447,447	25,799,046	96,343	7.1	73,406	5.1
1985	1,441,919	27,240,965	△ 5,528	△ 0.4	80,574	5.6
1986	1,426,160	28,667,125	△ 15,759	△ 1.1	68,189	4.8
1987	1,441,507	30,108,632	15,347	1.1	69,484	4.8
1988	1,450,210	31,558,842	8,703	0.6	62,906	4.3
1989	1,575,403	33,134,245	125,193	8.6	73,524	4.7
1990	1,504,618	34,638,863	△ 70,785	△ 4.5	70,452	4.7
1991	1,593,280	36,232,143	88,662	5.9	74,009	4.6
1992	1,434,773	37,666,916	△ 158,507	△ 9.9	83,090	5.8
1993	1,389,386	39,056,302	△ 45,387	△ 3.2	76,614	5.5
1994	1,417,040	40,473,342	27,654	2.0	73,230	5.2
1995	1,554,897	42,028,239	137,857	9.7	57,205	3.7
1996	1,441,739	43,469,978	△ 113,158	△ 7.3	74,903	5.2
1997	1,387,855	44,857,833	△ 53,884	△ 3.7	80,064	5.8
1998	1,252,104	46,109,937	△ 135,751	△ 9.8	89,794	7.2

西元年	總入館者數	累積	和前年度比較增減		外國人	總入館數對外國人比例
1999	1,180,693	47,290,630	△ 71,411	△ 5.7	89,730	7.6
2000	1,075,111	48,365,741	△ 105,582	△ 8.9	93,045	8.7
2001	1,113,864	49,479,605	38,753	3.6	93,322	8.4
2002	1,140,069	50,619,674	26,205	2.4	108,677	9.5
2003	1,102,662	51,722,336	△ 37,407	△ 3.3	102,564	9.3
2004	1,065,029	52,787,365	△ 37,633	△ 3.4	118,172	11.1
2005	1,190,993	53,978,358	125,964	11.8	127,768	10.7
2006	1,239,853	55,218,211	48,860	4.1	149,100	12
2007	1,339,400	56,557,611	99,547	8.0	174,815	13.1
2008	1,357,233	57,914,844	17,833	1.3	181,727	13.4
2009	1,400,543	59,315,387	43,310	3.2	160,341	11.4
2010	1,329,842	60,645,229	△ 70,701	△ 5.0	181,847	13.7
2011	1,213,702	61,858,931	△ 116,140	△ 8.7	96,510	8
2012	1,280,297	63,139,228	66,595	5.5	154,340	12.1
2013	1,383,129	64,522,357	102,832	8.0	200,086	14.5
2014	1,314,091	65,836,448	△ 69,038	△ 5.0	234,360	17.8
2015	1,495,065	67,331,513	180,974	13.8	338,891	22.7
2016	1,739,986	69,071,499	244,921	16.4	366,779	21.1

資料來源：廣島市官方網站。

（二）國內案例

1. 桃米生態村（從居民共同參與的生態觀光到變質的互相競爭商業觀光）

　　1999年9月21日芮氏規模7.3的大地震造成房屋倒塌、道路斷裂，重創南投縣埔里鎮，為了重振社區，桃米社區發展協會、新故鄉文教基金會、桃米自然保育及生態旅遊協會、桃米休閒農業推動委員會、桃米里辦公室等組織，經過多次溝通、協調、認養、再生，成功凝聚居民意識，確認發展生態觀光作為核心價值，也獲得許多非營利組織、政府、學校的補助與認可。例如從日本移來象徵和平的紙教堂，作為社區地標鼓舞災區居民，再融合當地豐富的自然資源，大小溼地、60種蕨類、23種蛙類、67種蜻蜓、161種蝴蝶、72種鳥類等生態特色，訓練當地居民從事民宿與解說員的機會，投入自然保育、生態導覽活動。孫司寬（2005）認為桃米社區將自然生態資源結合觀光服務，成為桃米生態休閒農業村，為社區帶來更多經濟效益。但由於生態地區面積有限，假日旅客過度集中，亦無交通直達的便利性，加上違法民宿及居民開始互相競爭、大量的投資客進駐，取而代之的新地標為2012年興建完成的天空之橋，慢活的生態旅遊已遭破壞，災難後觀光的演變，從生態觀光逐漸走向人潮聚集的商業觀光發展。

2. 921地震教育園區

　　1999年的大地震造成臺中霧峰區車籠埔斷層錯動，光復國中教室坍塌、操場毀壞、河床隆起等地貌，經專家學長評估規劃改建，保留完整地震殘留的活教材，由教育部提供7.5億及TVBS關懷臺灣文教基金會1.5億，興建921地震教育園區，以教育為目標，蒐集照片、影像，展示地震相關工程、防災、重建等各類場館。從2004年9月21日始對外開放，開放前三個月遊客數即達30萬人，次年2005年達到參觀人數最高峰79萬人次，但從2006年起開始大幅下滑至43萬人次，之後6年都在30-35萬人次左右，逐年有遞減現象，到了2014年參觀人數已經剩下27萬人，是第一年參觀人次的1/3（表25-2）。參觀人數遞減的意義是什麼？是人們對災難的遺忘、災難觀光地點吸引力不再，還是地震教育的目的已然達成？

表25-2 歷年參觀人數概況——地震園區（單位：人次）

西元年	合計	1.全票	2.折扣票	3.招待、獨立售票及免費參觀
2004	316,504	12,238	24,912	279,354
2005	790,422	55,226	155,496	579,700
2006	437,484	40,087	100,496	297,338
2007	316,403	30,850	65,069	220,484
2008	354,568	40,805	82,943	230,820
2009	348,001	48,114	72,253	227,634
2010	367,660	49,974	79,722	237,964
2011	342,844	51,651	66,206	224,987
2012	304,873	44,005	57,177	203,691
2013	291,343	43,600	59,632	188,111
2014	270,302	50,350	57,747	162,205

資料來源：國立自然科學博物館2014年業務統計年報。

3. 屏東山川琉璃吊橋

屏東縣山川琉璃吊橋，連結三地門鄉、瑪家鄉及霧臺鄉，是早期聯絡地交通要道，因莫拉克風災造成損毀，紅十字會秉持5,300萬風災專款經費，與屏東縣政府350萬，重建會916萬合力興建全國最長且最高的吊床式琉璃吊橋，全長262公尺，琉璃珠原民裝飾，可以連接禮納里永久屋及原住民文化園區，山水風景宜人，災後重建下，還具有文化及歷史意義，完成後隨即造成一股觀光熱潮。但因橋上人數限制只有100人，雖已採取預約入場，仍影響居住在當地的居民生活進出，旅客與居民產生摩擦與衝突，觀光造成當地居民生活的衝擊引發抗議，需要持續的溝通與策略才能避免這種衝突。

4. 南投縣中寮鄉某村

此案例是921災難後，社區營造成功後又失敗的例子。災難過後，只要經大量媒體曝光的地方，救援物資往往都是過度充分且會剩餘的，但沒有鎂光燈

關注的地方，資源缺乏的情形很多是來自分配不均。湯京平、黃詩涵、黃坤山（2009）研究指出，南投縣中寮鄉某村在921災難初期，因地處偏僻，物資救援困難，加上土石流危險，討論面臨遷村的命運，但此政策激發村民團結的危機意識，村民開始思考以社區發展方式，出錢出力自組協會，成功否決了遷村計畫，還提出「檳榔變綠林」的「自救綠化」行動，一年內並計畫性地發展有機蔬果構築「有機文化村」，該協會也在媒體重建報導中展露，意外獲得政府及民間關注及大量資源，成功在3年內吸引4萬5千名觀光客來社區消費；協會在臨時工作津貼及資源分派上的僱傭制度實施下開始質變，居民對協會獨斷資源及公平性產生質疑，3年後政府與民間補助停止，協會無力自主經營，也開始被村民孤立，使當時社區營造的集體行動已全然瓦解，清楚明白重建過程會隨著時間、空間進行改變。

5. 災區部落

陳永龍、丘延亮（2014）指出，在臺灣重大災難中，如921地震或莫拉克風災，許多災區都是原住民居住地區，遷村議題突顯了原住民在臺灣社會中相對弱勢的位置。滿田彌生（2014）也指出原住民與觀光產業連結的商品，大多是當地的歷史建築、傳統藝術、祭典儀式等。由於臺灣原住民部落多聚集在臺灣山區，保留下很多豐富珍貴的文化資產，政府希望以部落觀光帶動當地經濟發展，在發展觀光條例第19條中亦提及，自然人文生態景觀區於原住民族土地或部落，應優先聘用當地原住民從事專業導覽工作，但往往旅行社指派的導覽人員，「解說不真，遊客當真」，戲謔原住民文化，加上許多環境遭受破壞，遊客沒有尊重當地居民，造成部落拒絕觀光的窘況。

(1) 那瑪夏（布農、拉阿魯哇、卡那卡那富）

高雄那瑪夏原是楠梓仙溪野生動物保護區及溼地生態，多元族群相遇的地方，擁有豐富原民文化，莫拉克風災後，積極找尋自我定位，興建了象徵重生的Haipis公園、那瑪夏文物館，努力發展與復原茶、咖啡，愛玉、有機蔬菜、紅肉李、水蜜桃等農特產品，利用手工藝凝聚族人，傳承文化，強化伴手禮特色，

連結旅行社設計套裝遊程，推廣生態旅遊，提供餐飲、住宿，積極發展部落觀光。

(2) 阿禮部落（魯凱）

莫拉克災難初期留守居民透過屏科大與林務局協助下，記錄崩塌生物，進行生態監測的工作，期盼當地推動生態觀光旅遊，守護山林原鄉文化，推出古道行、勇士舞表演、搗小米、手工藝、古謠傳唱等等部落觀光，雖交通不便、地處偏鄉，仍堅持守護一份對部落族人或祖先的尊重。

肆、災區觀光未來展望

葉凱翔、蔡慧敏（2012）在進行谷關地區旅遊的研究指出，進行災區觀光永續發展同時，應研擬災害風險與避災策略，並考量在地文化、環境保育、提高災害識，也就是要了解災區環境特性、觀光旅遊人數的承載及當地災難史的發展，避免旅客遭遇災難，降低旅遊時的風險。災難後的重建過程中往往看不出當時的危難，再經由時間遺忘，降低人們對災害的警戒，反而提高旅遊風險，因此了解當地災難史，將災難記憶傳承後世，其價值在於提醒民眾，提高災害識覺，加強旅遊安全。

一般觀光旅遊是以快樂為出發點，前往災難地區觀光時，可促進當地經濟及防災意識提升，但遊客不能自我滿足或自以為是地認為，前往災區觀光完全是一種救援的行為，傲慢無禮的態度容易造成與當地災民的誤解與衝突，使當地居民拒絕旅客進行觀光活動。災難觀光的發展也會隨著災難型態、環境、時間的改變，有可能隨著觀光人數的增加、投資客進入災區觀光產業，順勢走向商業型觀光產業。劉松達、李晶（2012）強調，黑暗觀光產品規劃，在決策過程上與一般觀光產品不同，因此當災區已經不是災區，是否意味災區觀光已完成階段性的重建，或者該地區應該轉型別種觀光型態，展開新的發展。

人類在面對過去的種種災害經驗當中，省思找出最適合、適應及恢復的方

式。透過媒體的影響、發揮政治的力量、進行社會的變革，災難觀光可以作爲災後重建的方式之一，社區結合政府、民間團體、學者專家的努力下，災區觀光可以作爲重建的力量。不僅在對一個城市或地區的重建、遷移，是要保留還是創新的問題上，需有長遠的計畫，也要重視保護人民的生命、財產安全，降低自然、人爲災害的損壞，讓人民避免恐懼與危險。

參考書目

中文書目

王鴻楷、林錫銓（2004）。921災後觀光產業重建政策之永續性研究。都市與計畫，31，2:143-166。

李卉（2012）。探索旅客從事黑暗觀光之體驗效益—以小林村紀念公園爲例。未出版碩士論文，國立高雄餐旅大學旅遊管理研究所。

李忠榮（2014）。黑暗觀光遊客旅遊動機與情緒體驗對於重遊意願之影響：以金門戰地觀光爲例。未出版碩士論文，國立金門大學觀光管理所。

林燈燦（2012）。觀光學概論。觀光產業的範圍與特性，林燈燦（著），頁105-122。臺北：全華圖書公司。

洪維勵、周念潔（2011）。黑暗觀光動機之研究—以921地震教育園區爲例。島嶼觀光研究，4，2:1-17。

孫司寬（2005）。生態村非使用價值之評估—以桃米生態休閒農業村爲例。碩士論文，國立政治大學地政研究所。

國立自然科學博物館（n.d.）。2014年業務統計年報。上網日期：2017年3月17日，取自國立自然科學博物館網頁http://www.nmns.edu.tw/ch/research/library/publish/paper.htm

陳貞吟（2009）。黑暗觀光：創傷再現之體驗與詮釋研究成果報告。行政院國家科學會專題研究計畫成果報告。

陳永龍、丘延亮（2014）。防天災禦人禍：原住民抗爭與臺灣出路。臺北：臺灣社會研究雜誌社。

郭家禎（2014）。探討黑暗觀光旅遊動機與環境態度之關係並研擬小林村紀念公園管理策略。未出版碩士論文，國立高雄餐旅大學旅遊管理研究所。

湯京平、黃詩涵、黃坤山（2009）。災後重建政策與誘因排擠—以九二一地震後某社區營造集體行動爲例。政治學報，48，1-33。

葉凱翔、蔡慧敏（2012）。谷關地區災害史與觀光旅遊風險識覺研究。工程環境會刊，29，

1-19。

滿田彌生（2014）。災後重建與社區活化：臺灣與日本災難重建研究與人類學的對話。臺灣原住民研究論叢，16，33-52。

廣島市官方網站（n.d.）。上網日期：2017年4月4日，http://www.city.hiroshima.lg.jp/www/contents/1491263589626/index.html

劉松達、李晶（2012）。黑暗觀光實徵研究方向之探討。休閒觀光與運動健康學報，3(1)，1-13。

劉純（2001）。旅客心理學。遊客決策行爲過程。臺北：揚智文化。

賴韻文（2012）。黑暗觀光遊客之情緒體驗與再訪意願：黑暗吸引力之中介效果—以臺灣「國民革命忠烈祠」爲例。未出版碩士論文。國立臺灣大學生物產業傳播暨發展學研究所。

龐貝城官網網址（n.d.）。上網日期：2017年4月4日，https://translate.google.com.tw/translate?hl=zh-TW&sl=en&u=http://www.pompeiisites.org/Sezione.jsp%3Ftitolo%3DVisitor%2BData%26idSezione%3D1394&prev=search

英文書目

Dann, G. M. S. (1977). Anomie, ego-enhancement and tourism. *Annals of Tourism Research*, 4(4), 184-194.

Foley, M., & Lennon, J. (1996). JFK and dark tourism: A fascination with assassination. *International Journal of Heritage Studies*, 2, 198-211.

Lennon, J., & Foley, M. (2000). Dark tourism: The attraction of death and disaster. London: Continuum.

Rojek, C. (1993). *Ways of Escape: Modern Transformations in Leisure and Travel*. Basingstoke, UK: Macmillan.

Ryan, C. & Kohli, R. (2006). The Buried Village, New Zealand – An Example of Dark Tourism? *Asia Pacific Journal of Tourism Research*, 11(3),211-226.

Stone, P. (2006). A dark tourism spectrum: Towards a typology of death and macabre related tourist sites, attractions and exhibitions. *Tourism: An Interdisciplinary International Journal*, 52(2), 145-160.

Thomas, J. A. (1964). What makes people travel. *ASTA Travel News,* 1, 169-172.

Yuill, S. M. (2003). Dark tourism: Understanding visitor motivations at sites of death and disaster. Unpublished master's thesis, Texas A & M University, Texas.

第五篇

災難中的脆弱人口群與
多元文化

第二十六章　救災與社會脆弱性

林珍珍

壹、前言

　　災難何時到來是不可預測的，但災害中誰受到最大損傷？卻未必是那麼不可理解。住在山崩地滑的地質敏感區、洪水氾濫危險區域，或常受颱風嚴重威脅的區域的居民，顯然和住在建材品質良好、地質穩固與資源充沛區域的居民，擁有著不同的社經地位，以及語言文化優勢的差異。換個角度來說，從災害發生前對災害的理解、評估和預防，到災害發生時的應變，以及災害後恢復日常生活的能力，這一連串的過程，並非每個人的能力和資源都是一樣的。愈邊緣、愈無法接近資源的群體，常常是災難發生中損失最嚴重的族群，這個背後隱含了社會結構既有的不平等現象，所謂「社會脆弱性」（social vulnerability）就是從這個社會經濟和政治的過程來分析災難。

　　如果我們從受災的影響和因應能力來看災難事件，社會經濟因素事實上扮演了一個顯著的角色。因為最無法承受災害損失和最無法接近公私部門資源的人，往往是低社經地位者。這裡包含了很多的群體，如少數種族、單親媽媽的家庭、低收入的老年人、身心障礙者、非法的移民等。這些結構在災害發生之前就存在於社會上，當災害來襲時，各群體受損的嚴重性和復原的長短，就等同於複製了原有的社會不平等結構。

　　因此當我們討論災害防治時，首先應該要做的是減低這些不平等差異，同時這個視野也延伸出如何去使社會脆弱的族群可以更有能量來抵抗災害事件的議題。在災難中探討社會脆弱性議題，可以讓過去集中焦點在災難為一單一事件，且只著重工程建構問題的討論，可以轉而注意到災難所涉及的其實是一個社會階級再製的過程。邊緣性的弱勢群體往往是社會建構而成的，而災害的影響會隨這個社會建構的結果，讓邊緣者遭受到最大的威脅。能量的建構（capacity building）、復原力（resilience）和以社區為基礎的途徑（community based approach），正是這個觀點的另一面的延伸。要改善災害帶來嚴重損傷，就必須正視這些易受災難傷害的族群。所以如何從社區本身的特殊性來加強防災的能力，甚至災後以集體行動的方式來改變社區的結構，反省目前主流思想和既有社

會結構，才是更爲積極的防災行動。

在這個章節，本文主要在介紹社會脆弱性的概念，討論從社會建構的觀點來看災難的影響。主要資料來自文獻的檢閱，分爲三個部分討論。第一部分在討論社會脆弱性的定義，並舉例以美國的個案來看社會脆弱性的階層分布。第二部分討論文化脆弱性的特殊意涵，並以臺灣的莫拉克風災舉例說明。第三個部分是社會脆弱性分析帶來的貢獻。

貳、從社會建構的層面理解災害

一、社會脆弱性

災難不僅僅帶來不可預測的天然災害，也反應了原來社會階層的各個群體對災害的應對能力。從災害發生之前對災害的理解、評估和預防，到災害發生時的應變，以及災害後有多少能力可以恢復日常生活，這一連串的過程，並不是每個人的機運、能力和資源是一樣的；相反的，常常遭到災難襲及，而且苦無資源與能力復原的族群，往往是社會中處於社經地位較低的群體。再仔細觀察，災難所及之處，往往是原本就不堅固的地勢造成坍塌和帶來嚴重的損害，也可能是易於受洪水、颶風波及的廉價土地，或是品質較差的樓房形成嚴重的傷亡。會選擇居住於這些風險較高區域的人，往往是社會中經濟弱勢的族群。而災難重建時期，受災居民是否有預先購買保險？是否能在短期內透過社會網絡找到暫時安身之處？以及是否具有足夠的資訊和合法的身分得到補助和賠償？最後是否能擁有足夠的資源和社會網絡，再度恢復日常生活？這些都會和原來的社會階層相符應。非法移民、低階級族群、少數民族、單親家庭、年老者和身心障礙者，這些族群在災難事件中，因爲接近資源的知識、能力以及網絡是受限的，成爲災難受害的最脆弱群體。這就是災難研究裡所稱的「社會脆弱性」。

Wisner, Blaikie, Cannon & Davis（2004）對「社會脆弱性」下了一個定義，認爲社會脆弱性是指一個人或團體是否有能力去參與、因應和抵抗災難的發

生，以及從災難影響中復原。從這個定義來看，脆弱相對的是安全或是有能力的，我們也同時發現到，社會各群體間是有不同的條件來使得人有不同的能力因應災難的發生。更具體地說，人是否有能力運用自身的能力來應付災難，和復原受災的影響，它涉及了一連串的因素的作用，例如：階級、職業、種族、性別、身心障礙、健康狀態、年齡和移民的地位及社會網絡等因素，這些社會因素都會影響到人們處理災難的能力。也就是說，擁有資訊、知識、社會網絡、合法的權利以及合法的資源，可以使人有能力來處理災難。而誰能擁有或接近這些條件，就較能夠抵抗災害損害和較易於復原。這種用接近性（access）的觀點來看脆弱性（Wisner et al., 2004），強調的是當災難發生時，社會各個群體接近資源的能力是不同的，而這個資源接近性的不同是根據社會過程和社會結構而產生，並且在災難發生之前就形成的。所以社會脆弱性事實上是災難之前就存在於社會的模式，它是以性別、種族和階級所構成的社會不平等模式。當災難來臨時，人們依據可接近資源的能力來預防、因應和重建災難的損害，災難影響的大小和長久會取決於這些不同的資源可接近性，也就等於是再一次複製了原有的社會不平等模式。在許多地方社區的研究中，發現不利的團體和邊緣性的區域，特別是在貧窮和傳統脈絡之下的區域，常是災難發生中最脆弱的部分（Fothergill, Aestas & Darlington, 1999; Phillips, Thomas, Fothergill & Blinn-Pike, 2010; Wisner et al., 2004），可見災難確實是常複製既有的社會過程造成的不平等結果。較貧窮的國家，以及貧窮人口和邊緣者都是在災害中最為弱勢的群體，在知識和資訊匱乏之下，這些群體較難去警覺到風險和災難的發生，而且在災後也沒有多少經濟能力去選擇生活和住宅的品質（Phillips et al., 2010）。因此災難並非只是偶然性的天災，而是具有社會建構的意義，原先社會階層化的結果，也同樣地出現在災難重建中（Hewitt 1995）。資訊、文化知識、社會網絡、合法的權利、合法的資源，以及性別、年齡、健康狀態、身心障礙、種族、國別、宗教和社會經濟地位，這些都是應該在災難研究中受到重視的因素。

二、災害事件中呈現的社會脆弱性

在美國長年的災難事件裡，Fothergill等學者回顧有關災難發表的研究論文（Fothergill, 1996; Fothergill et al., 1999; Fothergill, 2003; Fothergill & Peek, 2004; Rodriguez & Barnshaw, 2006）發現，不論是熱浪、颶風和地震都呈現了上述社會脆弱性的結果。種族、階級、年齡和性別會造就出都市內最弱勢的群體，而這個弱勢群體正也是最易受到災難傷害的群體。社會層面中的語言、住屋習慣、建築品質、孤立的社區和邊陲的文化都會造成某些族群成為災害事件中的弱勢群體。如果我們仔細再回顧每一國災難受害的歷史，就可以發現確實存在一個不平等的社會結構，造成了特定族群是災難的最弱勢者。

根據Fothergill et al.（1999）對美國災難文獻的調查，可以發現有色種族和白人有不同的災難因應狀況。例如在安德魯颶風（Hurricane Andrew）中呈現，有色種族的社區，比較少有災難教育的機會，而且他們在災前準備不足，比較依賴親友的幫忙，同時因為主要資訊是英文，在語言隔閡下，他們比較無法得到正式管道的資訊，反而主要是從社會網絡來得到災害的訊息。從這裡也可了解，在南加州的 Loma Prieta地震的研究結果顯示，黑人較白人存在宿命論，且黑人更容易認為地震會嚴重損害家園。而相對於黑人，白人有較高的教育、收入和職業，比起其它有色人種來說，更懂得要去買相關的保險，預防家庭因意外災害的損失。Fothergill & Peek（2004）指出，災難即將降臨時，社經地位低的人特別不容易接收到警報。例如，在地震和龍捲風的研究中，因語言和文化的障礙常使得社經地位低的對象沒有辦法準確得知訊息，即使已有聽聞消息，卻也沒有足夠的金錢可以做災前的準備（如補給品或交通）；在颶風的研究裡亦顯示社經低的居民因為沒有交通工具和負擔得起的避難所，常不願意（也無法）撤離；而洪水研究中也同樣指出，失業者和低收入的女性較難撤離。

比較白人社區和少數種族的社區，在災害的防治、溝通、因應和重建過程也呈現了相當的差異。Fothergill et al.（1999）和 Fothergill & Peek（2004）研究顯示，在災害事件產生之後，由於隔離的居住模式和經濟限制，少數民族（特別是

低收入的少數民族），多住在老舊和不穩的建築，因此財務損失和生理傷害都比白人來得高。而且由於對自身處境和未來（包含債物）缺乏控制能力，也會導致較高的無助感和陷於困境的感受，因此貧窮者和少數民族在族群中對災難最爲感到壓力。特別是黑人老年人並沒有足夠的經濟資源爭取永久或組合屋，復原的狀況比白人老年人還要慢。另外在災後的初期，和災後十四年的長期比較研究裡也可得知，由於社區的歧視，雖然初期黑人在心理創傷上表現不是很明顯，但是在十四年後的長程追蹤卻發現，最後黑人的創傷後壓力症候群（PTSD）卻比白人多（Fothergill et al., 1999）。這些文獻研究也顯示，在社區資源上，黑人社區接受到較少的庇護和物資，而較富裕的社區有較多的志工，媒體也多偏向報導白人社區（Fothergill et al., 1999）。

　　從這裡可以觀察到，救援的人力和社區的資源是和既有的社會結構相一致的。由於收入低、存款少、失業多、沒有事前的保險和對災害溝通的接近性（例如：以英語爲主的資訊、以親友網絡相傳的溝通模式），這些社會經濟因素導致少數種族的社區邊緣化（Fothergill et al., 1999）。即使在接受災害救助的措施上，中上階層者也比較知道如何去和政府系統合作，如填表格、提出警示等，這些對中上階層者是輕易的事情，擁這些知識可以得到較多正式部門的協助。相對的，少數種族則處於正式服務網絡之外，經濟復原較慢。受限的經濟和政治權力，如貸款、租屋及補助方面上，貧窮的少數種族常不合條件，也囿於語言能力無法進一步溝通訊息，而致求助受阻；至於災前不法的居住者，在災後當然更無法得到補助資格（Fothergill & Peek, 2004）。

　　美國的種族的問題事實上是來自經濟地位和資源，所以主要的議題是這些脆弱的族群都是在社會經濟較低的「階級」。加上性別和年齡及種族在這個社會階級的分布下，社經地位低的黑人、貧窮的單親婦女、少數種族的老年人和非法移民可能是受災時受到衝擊最大、需要特別注意的弱勢人口。在這些例子裡可顯著看到，災難與社會不平等結構是習習相關的。即使救災之際資源暫時投入偏遠社區，可是就如Fothergill & Peek（2004）所說，團體和政府官員都沒興趣處理貧窮問題，資源也是限制在受災害影響的居民才可得到，社會建構出的不平等結構

並沒有改變，不停地複製在災難事件中。這裡所引申出來的社會政治層面對於資源爭奪的狀況，使災難研究的觀點更應去探究集體行動的可能性和社區治理的深層面向。

參、從文化框架理解災害

一、文化脆弱性

　　社會脆弱性包含了災難在社會建構上的各個面向，特別是階級、種族、性別、年齡和身心障礙等因素。從另一個分析的角度來說，災難的影響不僅與社會階層有關，也是發生在一個文化框架之下，舉凡災前的預防、災時的撤離和災後的重建會因文化的觀點而不同。因此文化在社會脆弱性裡，橫跨了一些範疇，尤其指少數民族和外來移民，他們可能同時居於經濟的弱勢和文化的弱勢，住在最易發生災害的貧窮地區，卻又是最難接近正式資源的族群。這些不同於主流社會的邊緣族群，因為文化的溝通模式和認知方式不同，是災難管理上一個特別需要注意的人口。

　　根據Lin & Lin（2016）的論述，文化本身可能指涉著兩個不同的面向，一是符合主流社會具有階層化意義的文化資本（cultural capital）；一是意指當地文化的傳統知識。就第一個面向文化資本來說，文化資本意味著和主流社會可以相溝通的知識和符號行為。例如，向公部門申請補助，必須有足夠的語言能力，以理解表格填寫樣式和申請資格，最後還要懂得投遞申請書的程序和期限，對於不理解的部分也能有足夠的禮儀，得以詢問到更詳細的資訊。假設一位住在部落的原住民老婦人因家中受颱風嚴重損害，你可以想見，因為文化的差異，這些合法的補助歷程會離她多遙遠。因此Hewitt（2012）認為，透過政治和經濟權力的鬥爭常常會表現在文化的層面上，這是災害管理必須要注意的地方。更清楚地說，延續著社會脆弱性的論點，社會不平等結構是因為制度化了不同的群體擁有不同形式資本的條件，這些不同形式的資本如人力資本、社會資

本、文化資本、財政資本和政治資本。這些各種形式的資本化成權力和資源，可影響到對災難的減低和重建。

這種擁有主流社會的溝通知識和符號行為的文化資本，是透過教育和教養而形成，是和生長的家庭階層有密切相關的；因此，文化資本和經濟資本的分布結構必然是相關的（Bourdieu, 1986）。文化資本可以連結到系統裡的社會關係，從而交換到權力，因此它可以視為是一項能力和機會的取得條件。它的背後可以說是一個權力的系統，這個系統包含一個對環境的認知觀點和生活型態需求的界定，更重要的是，它更是連結資源挹注的詮釋和銜接的符號。以最經常使用的臺灣資源申請方式來說，「寫方案」就是一個銜接資源的符碼。但是撰寫方案補助的知識、溝通的語言、專家合作的網絡以及服務的需求，都會因為文化資本的匱乏，而得到不適當和不平等的資源配置。

以臺灣災難重建為例子，政府、在地的非營利組織和人民捐獻出很豐沛的資源，但是資源卻因為文化差異而無法銜接。因為資源的分配、連結和重建的策略使用了現代生活的文化模式，是緣於工業社會的技術和半技術勞動者的想像，忽略了收入較低的、缺乏文化的非技術工人或農人，更忽略了原住民文化的特殊性。當原住民因災難安置移居到平地，也會因為文化資本的匱乏，成為市場就業和未來生活的弱勢族群。所以我們可以用文化脆弱性來指出，某些群體因為缺乏文化資本，而成為災難的弱勢團體。

文化資本談的是主流社會溝通的知識、語言和習慣。但是文化卻也意味著另一個面向，就是在地的文化、傳統的知識和溝通的行為。所以站在地方上或是各族群的層面來看，每一個地方或是族群都有一種減災的傳統文化知識，也就是各種族和各地方，有地方的傳統經驗及知識來預防災難。在這個面向上，文化則意味著對地方傳統的尊重，並透過地方知識和傳統社區資產的運用，達到資本的建立和永續的發展。這些地方知識包含依天象和動物行為來預測環境，或是產生一種社會連結的特定方式，例如：共識的產生、家族鄰里的聯繫、部落的學習模仿。重視地方知識可以加強受災區域的參與和增權成員，使在地居民成為領導的角色。同時也提供地方上的脈絡，加強社區對風險的知覺。

　　文化的要素讓人去細看，我們是使用何種文化框架來看待災害的減低？不同的族群如何對應這些文化框架？例如，在臺灣災難重建的議題上所挑戰的是，原住民並不是完全要求經濟上的援助，而是希望擁有自己能掌握的生活，用自己的文化主體性來對自己的生活詮釋。受災的原住民，希望恢復以前的生活風格，亦即與山林共存、自給自足的方式，以及由此連帶而來的集體生活方式和社會連帶。倘若所執行的救災和重建策略可以對傳統知識給予尊重和重視，災難反而可以帶來一個反省科技知識和災難重建模式的機會，也反省對災難重建的詮釋和定義的方向。

二、臺灣莫拉克風災爲例的文化脆弱性

　　風險的溝通是有一個文化框架的，災前的預防、災時的撤離和災後的重建常會因文化的觀點而不同的期待和防災重建措施。2009年的莫拉克風災就是一個典型的例子，受到影響的居民多爲原住民族，關於撤離和重建就引起眾多的爭議和抗爭。檢視莫拉克的災後重建的規劃，它包含了幾個特質。以大愛園區爲例，受災居民混雜著來自不同部落的原住民，有魯凱族、布農族、排灣族和西拉雅族，也包含臺灣的閩南人和客家人。大愛園區位於平地，離山上遷移而來的受災部落約有35到53公里山區道路的距離，園區內提供14坪、28坪和34坪的永久屋，以及全村民共同使用的廣場、市集和教堂，並設置有手工藝課程的活動空間。NGOs在初期提供園區內村民臨時工的機會和竹編、琉璃等文化產業課程；市政府則輔導園區成立管理委員會，進行社區的自治管理。除此之外，企業進駐成立永齡有機農場，意圖創造災民就業的機會。

　　這個所安排的服務和制度原則的典型，是根據臺灣城市的生活模式而來，原爲一個善意的設計，從各方面進行災後的援助，但是卻意外地造成了原住民居住者的衝突和不安。究其原因是因爲各部落的歷史和文化脈絡並沒有在永久屋社區規劃中受到嚴正的對待。Lin & Lin（2016）的研究指出了莫拉克災後的重建，因爲對文化脈絡的不重視與不理解，造成了許多錯誤設計，例如，原住民一

直都有整體部落遷村的歷史遺跡與紀錄，但在那些早期的過程，是部落自主以及達成共識之後，全村才一起動員遷村。然而當永久屋是以個人資格為條件時，部落就被迫分割成許多部分，產生各種內部衝突。所以在最開始分配永久屋時，留在部落的原住民和部分住永久屋的原住民產生分裂和競爭，簽永久屋者會被部落排斥，而進入永久屋者會展示他擁有比部落的人更多的資源；年輕和老年不同世代的原住民，也因為遷居與否產生爭執。個人資格的福利享有，混亂了以長老為部落意見領袖的集體生活。進入永久屋社區後，由於各個不同部落的原住民混居在永久屋社區，產生許多生活上的混亂。例如，部落是以自己的教會作為獨自擁有的公共場所，但是當政府把各部落混雜居住於同一永久屋社區，教堂和廣場在社區變成是各族群所共同使用的，反而形成各族群競爭或占用的情況。家庭內，因為永久屋的建造不符合原住民習慣共食的廚房大空間，和大家族可延伸的共同居住型式，家族誰可得到房子、如何共處和維繫成為家族的難題。而永久屋社區的自治組織——管理委員會，是山區居民很陌生的組織，因此被各族群認為不符合自己部落的代表性，同時也和原有的權力集中的部落會議產生競爭的緊張關係。會議討論的規則也常爭議是「多數決」或原住民傳統的「共識決定」。對於階級制度明確的魯凱族、排灣族，如果大頭目不具災民資格可住到永久屋社區內，族裡的庶民將被推派出來當管理委員會代表，反造成原部落內階級的混亂。這種混亂也發生在永久屋建造基地的爭議，例如瑪家農場永久屋基地，過去是排灣族的傳統領地，但是卻在災後成為安排魯凱族遷入居住的永久屋社區，對歷史脈絡忽視的政策，結果是造成兩個族群的嫌隙。

　　土地和原住民有著休戚與共的關聯。在未考慮文化生活和習以為常的小農工作下，NGOs與企業對受災者提供的是短期課程和臨時工機會，並沒有長期就業的安排。而根據當時的調查顯示（Ministry of Economic Affairs, 2011），居民渴望的是有可以維生的土地和便利的大眾運輸工具。Lin & Lin（2016）的研究也顯示，原住民在永久屋社區內，對NGOs提供的課程沒有興趣積極參與。過去只要砍柴回來或射到飛鼠就覺得有收穫，但待在永久屋社區沒有事情可以做，便產生了不知如何生活的狀況；在平地沒有金錢無法生活，面對要自己繳水電費，就

感到慌張；生活和飲食的改變，又看到青壯人接連病逝，居住在永久屋反而不知如何永續生活。所以，救災工作若有意或無意忽視文化和種族的重要性，將造成第二層更大的災害。由於文化框架的不同，反而製造了更多的衝突，甚至也會因為種族的權力和資源的不均，造成更深的對立。

在2004年南亞海嘯的例子裡，可以看到更為尖銳的例子。印度的救援模式呈現一種喀斯特系統的區隔，位居於喀斯特下層的種族，在接受援助時受到系統性的歧視，如救助分配資源時階層中的Dalits和Irulas是被排除的，受援助的名單是由當地的漁民協會或地方領袖提供，這些組織不准賤民加入，所以賤民不會被列入名單的考慮中（Fletcher, Stover & Weinstein, 2005）。下階層的種族缺乏管道去接觸救助單位，也沒有能力去應付複雜的申請程序，幾乎很難能接近到救援的服務（Fletcher, et al., 2005）。而在Sri Lanka由於受災區域種族所擁有的不同政治經濟權力，則造成救助的不公平問題（Sarvananthan & Sanjeewanie, 2008; de Silva, 2009）。如在Ampara地區的研究，當地的災民分種族安置，而援助則以各種族相互隔離的營區來發放救援（de Silva, 2009）。這種種族的區分造成各種族間相互競爭來取得援助，最後是加深種族的隔離和敵對。由此更可理解，文化對救災是一項不可不知的課題。

肆、社會脆弱性分析的貢獻

一、從脆弱性到增能

社會脆弱性的討論讓檢視災難角度，延伸到在權力和資源結構之下，救災是各族群能夠接近資源的一個動力過程（Wisner et al., 2004）。這也帶動了對災難的討論，從重視受災的弱勢族群的類別，延伸到社會政治層面資源爭奪的分析。Hewitt（1995）認為這是一種災難的政治經濟學，讓我們不僅了解到地理氣候上的自然事件，也必須注意，在一國內的低度發展和邊緣區域受災的可能性比其他區域更多，以及低度發展國家比富裕國家更常面對災難，也產生更嚴重的災

害損傷狀況。

　　災難管理的不但是要去看所發生的自然災難事件，也要正視這同時是一項社會和政治事件。受害的脆弱性根源是在社會系統或社會結構之中，這個由社會所建構出來的脆弱性，造成了某些族群和階層承受最大的風險。所以脆弱性是社會政治和經濟過程所導致，在經濟成長和都市化過程裡，缺乏地方投資的區域，居民對權力和資源的取得受到限制，這就是結構上的根源。這個結構在環境、地方經濟、社會關係和公共行動都會塑造成不安全的條件，進而影響到居住在這個區域的人們缺乏災難準備，在災難發生和重建時沒有辦法快速復原。

　　但是社會脆弱性的分析，是不是只在單方面著重去挖掘出不平等結構下的災害弱勢者，而認為這些弱勢者是被動的，需要更多的救災服務呢？Wisner et al.（2004）和Bankoff, Ferks & Hilhorst（2004）提出，社會脆弱性的分析這個觀點，如果只是強調社會過程造成的限制，且僅是針對這些弱勢者受岐視、邊緣化和社會經濟剝奪而造成的脆弱性來討論，則預設了一個被動接受者的假設。因此，要了解社會脆弱性，我們應該是更進一步強調這個族群的正面角色，將災害減低聚焦於降低脆弱性和增進能力，強調能量（capacity）、增能（empowerment）、社會資本（social capital）、復原力（resilience）和集體行動（collective action）的方向。這些觀點可以將研究與計畫，導向不同的方向，結合社會正義和居民參與的途徑來進行更全面的減災工作（Phillip et al. 2010）。如此對於災害風險減低的思考不僅從社會性的角度，如政治、環境和經濟的建構過程來探討，也將傳統控制的危機管理模式走向加強地方能力和社區參與的模式。而且除了強調地方能力和參與，過去的災害減低觀點也多是各專業的片斷式的看法，欠缺一個整合性的全面性觀點。因此在Phillips（2009）的研究裡，他試圖延續脆弱性的討論，更進一步針對復原提出永續性（Sustainability）的概念，針對重建過程應強調的：參與式復原的過程（participatory recovery processes）、確保生活品質（ensuring for quality of life）、經濟生機（economic vitality）、公正與環境品質（equity and environmental quality）以及災害復原力（disaster resilience），企圖針對災難管理提出一個全面性觀點的關注。由此可了解社會脆弱

性的理解，將過往救災的視野不僅擴展到族群、地方，也引導研究走向了永續經營的整合方向。

二、社區復原力與以社區為基礎的減災工作

認識到結構上社會不平等因素，造成不同群體的受災及災後復原狀況，更一進步的減災措施就是減低結構上構成的不平等，並且從能量和復原力的觀點來增加行為者的主動性。這種對社會脆弱性的關注和努力，會讓傳統命令－控制的危機管理方式走向地方能力的加強（Bankoff, et al., 2004）。對社會脆弱性的強調，把災害從一個外在事件，轉向為從社會學的詮釋角度下的複合現象，這個現象包含了政治、環境和經濟的建構過程，也連結了環境、社會和文化，以及低度發展、貧窮和災害。

當我們思考到如何能解決社會結構上所形成的不平等狀態，減災關注的焦點則會從弱勢的團體延伸到社會的不平等結構，也延伸到社區的差異性。社區是由不同的家庭、性別和社經地位以及地方差異性而組成的，以社區為減災和增能的單元，勢必是災難管理的一個重要工作，這裡就帶出了以社區為基礎的（community-based）災難重建觀點。

當我們以社區為整體考量的單位時，再連結「脆弱性」和「復原力」的討論，進一步思考易受災地區的能力和復原時，Wilson（2012）認為可以用社區脆弱性（community vulnerability）和社區復原力（community resilience）的概念來稱呼。社區脆弱性是指地方的系統沒有能力可以因應災難的改變；而社區復原力則是提出一個以社區對災害反應，和調適環境及社會變遷的思考架構。復原力是指可以避免系統干擾和再自行組織適應環境的能力，社區復原力則是社區可以有能力因應風險災難影響，走入調適的一個集體行動的過程。對於具有復原力的行動者或是社會網絡，能夠集結起來運用經濟、社會和環境的資本成功地因應災害帶來的影響。目前這樣的討論已經發展到實施的層面，多項已發展的脆弱性評估的工具，如脆弱性與能力評估（vulnerability and capacity assessments）、災難製

圖與社區分析（hazard mapping and community profiling）等，都有利於地區快速的評估內部的社會脆弱性以及社區可增能的部分（Bankoff, et al., 2004）。社區能以參與式的方式來分析災難對社區造成的影響，和評估社區可使用的因應資源。透過居民共同參與的過程，社區成員共同來建構社區的災難評估、脆弱性評估和能力評估，透過共同討論的方式，提升社區的風險意識，累積人們真實地面對災難的經驗，並進一步組成草根的災難應變組織。

在一些受災的地區，成功地將社區作為一個集體行動的單元，以社區為基礎來進行災害後的重建，連結地方知識和傳統社會網絡，用從下而上的途徑，將貧窮可憐的犧牲者和被動的接受者，轉為有能力的權利的爭取者。例如，菲律賓的社區為基礎的組織模式，他們在地方上組成自助的組織，這些組織可以創造社區的連帶、促進社會價值，建構社會實體，而且為窮困者發聲，進而影響政府（Bankoff, et al., 2004）。在國際上，2006年爪哇地震重建的研究案例，2003年伊朗巴姆地震以社區參與巴姆市發展結構計畫，以及1992年巴基斯坦水災以草根NGOs引進讓女性參與住宅重建的措施，都呈現了社區參與影響政策成功的例子（Jha, Barenstein, Phelps, Pittet & Sena, 2010; Lin & Lin, 2016）。

伍、結論

在災害管理的政策實施上常少了整體的分析觀點，各個專業都只有片斷化的觀察，缺少一個全面性的理論。社會脆弱性的分析就像是災難的政治經濟學分析一般，讓災害管理者有更遠的視角，看到災難的全貌。從社會脆弱性的角度，可以看到的是一個國家內的高發展區域和邊緣區域的權力落差狀況，也看到富裕國家和貧窮國家所受到的災害損傷的落差。災害構成的損失，不只是一件天然的災難事件，也是社會和政治事件，因為最終受到最大影響的區域和人民，都一直是在社會結構裡最邊緣和底層的族群。這不是一種偶然，而是社會政治和經濟過程所導致，在經濟成長和都市化過程裡，邊緣化的社區，也正是低社經地位者所居

住的地方。由於語言、文化和社會經濟條件的因素，居民對風險的資訊不足，對權力和資源的取得受到限制，這個結構塑造出不安全的條件，再加上地區匱乏的地方投資和不穩固的建築物，災難來臨時，居住在這個區域的人們，不僅事前缺乏災難準備，在災難發生時會受到最嚴重的損害，在災後重建時也沒有可得的資源和權力可快速復原。

社會脆弱性的架構讓災難的研究正視各個層面的分析，包含個人、社區、地方、國家和全球面向的分析，了解天然的災難事件是和社會因素是同時作用的，在這個過程裡社會正義是一個必須關注的焦點（Phillip et al. 2010）。災害不被視為一個意外的事件，而是基於一般的社會過程所產生的。貧窮與邊緣性的人，亦或是發展落後的國家，無法具有知識來反應災害，也對風險和天災沒有警覺。社會脆弱性的分析讓人意識到，機會和因應災害的資源是高度結構性的，是不平等地分布在所有群體中。富有的人有社會網絡（社會資本）和技術（人力資本）可以成功和快速地度過風險，而貧窮的人卻沒有太多的選擇。因此對於災害的預防和重建，需要先減低這種不平等條件，才能真正達到減災的可能。

社會脆弱性的分析提供了一個橋梁，連結了災害和社會的發展，也突顯了減低不平等結構，以及增強能力與復原力的議題，讓減災措施更關注在地方和社區的特殊性（Pelling & Dill, 2010），更推進了以集體行動和社區參與是更進一步減災的重要基礎。然而社會的複雜性和多元的社區動力，在政策實施上常是行政者最想規避的棘手問題，而這種迴避卻造成了由上而下的災難管理，和下而上的社區行動之間一直存在著極大的鴻溝。應該反省的是直線式的管理控制，很難去處理社區的異質性，以及面對弱勢群體呈現的複雜真實生活的樣貌。只有用強調彈性、復原力和能量建構的風險管理模式，才能因應這些複雜的組成（Bankoff et al., 2004）。強調社區復原力與以社區為基礎的減災工作，將是一個更貼近於受災者利益和發揮較大作用的措施。

參考書目

中文書目

林珍珍、林萬億（2014）。災難治理與社會排除：高雄市與屏東縣莫拉克風災後重建服務網絡之檢視。思與言，52：3，5-52。

英文書目

Bankoff, G., Frerks, G., & Hilhorst, D. (eds.) (2004). *Mapping Vulnerability: Disasters, Development and People*. London: Earthscan.

Bourdieu, P. (1986). *Distinction: A Social Critique of the Judgment of Taste*. New York, NY: Routledge.

de Silva, M. W. A. (2009). Ethnicity, politics and inequality: Post tsunami humanitarian aid delivery in Ampara district, Sri Lanka. *Disasters, 33*(2), 253-273.

Fletcher, L. E., Stover, E., & Weinstein H. M. (2005). *After the Tsunami Human Rights of Vulnerable Populations*. Berkeley, CA: Human Rights Center, University of California, and Honolulu, HI: East-West Center.

Fothergill, A. (1996). The neglect of gender in disaster work: An overview of the titerature. *International Journal of Mass Emergencies and Disaster, 14*(1), 33-56.

Fothergill, A., Maestas, E. G. M., & Darlington, J. D. (1999). Race, ethnicity and disasters in the United State: A review of the literature. *Disasters, 23*(2), 156- 173.

Fothergill, A. (2003). The stigma of charity gender, class and disaster assistance. *The Sociological Quarterly, 44*(4), 659-680.

Fothergill, A., & Peek L. A. (2004). Poverty and disasters in the United States: A review of recent sociological findings. *Natural Hazards 32*(1), 89-110.

Hewitt, K. (1995). Excluded perspectives in the social construction of disaster. *International Journal of Mass Emergencies and Disasters, 13*(3), 317-339.

Hewitt, K. (2012). Culture, hazard and disaster. In B. Wisner, J. C. Gaillard, & I. Kelman (Eds.), *The Routledge Handbook of Hazards and Disaster Risk Reduction* (pp.85-108). New York, NY: Routledge.

Jha, A. K., Barenstein, J. D., Phelps, P. M., Pittet, D. & Sena, S. (2010). *Safer Homes, Stronger Communities A Handbook for Reconstructing after Natural Disasters*. Washington DC: The World Bank.

Lin, J.-J., & Lin W.-I. (2016). Cultural issues in post-disaster reconstruction: The case of Typhoon Morakot in Taiwan. *Disasters, 40*(4), 668-692.

Ministry of Economic Affairs (2011, November). *Enforcing the Industry Development of Permanente*

Housing Base. Report of 39th Working Meeting. Reconstruction Council, Executive Yuan, Taipei

Phillips, B. D. (2009). *Disaster Recovery*. Boca Raton, FL: Taylor & Francis Group.

Phillips, B. D., Thomas, D. S. K., Fothergill, A., & Blinn-Pike, L. (eds.) (2010). *Social Vulnerability to Disasters*. New York, NY: Taylor & Francis Group.

Pelling, M., & Dill, K. (2010). Disaster politics: Tipping points for change in the adaptation of sociopolitical regimes. *Progress in Human Geography, 34*(1), 21-37.

Rodriguez, H. & Barnshaw, J. (2006). The social construction of disasters: From heat waves to worst-case scenarios. *Contemporary Sociology, 35*(3), 218-223.

Wisner, B., Blaikie, P., Cannon, T., & Davis I. (2nd ed.) (2004). *At Risk: Natural Hazards, People's Vulnerability and Disasters*. New York, NY: Taylor & Francis Group.

Wilson, G. A. (2012). *Community Resilience and Environmental Transitions*. New York, NY: Routledge.

Sarvananthan, M. & Sanjeewanie H. M. P. (2008). Recovering from the Tsunami: People's experiences in Sri Lanka. *Contemporary South Asia, 16*(3), 339-351.

第二十七章　災難中的原住民族社會工作：以莫拉克颱風災後原鄉族人的異地安置經驗為例[1]

林津如

[1] 本文為科技部整合型研究計畫「災難救援社會服務模式的建立：八八風災後原住民返家與部落重建的歷程探究」之子計畫：「守護狼煙的女人：災後原住民婦女返鄉重建家園的歷程探究」（計畫編號NSC99-2420-H-037001-MY2）之部分研究成果，感謝科技部提供研究經費補助。本文作者誠摯感謝生命中一起走過莫拉克風災之後風風雨雨的部落婦女們：你們堅毅的生命力量是支持我完成這篇文章的最大動力。本文於《台灣社會研究季刊》110期（八月號）出版。

壹、莫拉克颱風災後原住民族的異地安置

2009年8月8日，臺灣南部因為中度颱風莫拉克的影響，三天內降下了2,800毫米的雨量，造成嚴重的水災、山崩及土石流，中南部災情嚴重，其中又以高雄縣甲仙鄉、那瑪夏鄉、六龜鄉，屏東縣林邊鄉、佳冬鄉，臺東縣卑南鄉、太麻里鄉等區受災最為嚴重。死亡及失蹤699人，房屋毀損不能居住1,766戶。經由行政院莫拉克颱風災後重建推動委員會至各災區「劃定特定區域」之後，安全堪虞地區內總計6,316戶，19,191人，其中，原住民族人數13,911人，占災民總人數72.5%（行政院莫拉克颱風災後重建推動委員會，2010：3-11），莫拉克颱風對原住民族區域造成極大衝擊。

莫拉克颱風災後撤離與異地安置人數也創歷史新高。國軍撤離濱海人員1,364人，以直升機撤離山區24,950人，總共搶救災民41,752人，各縣市政府以廟宇、學校、活動中心、教堂、農場等提供災民臨時收容，最高收容8,189位受災民眾。8月中下旬當時的行政院長劉兆玄團隊南下到災區，敲定不再提供組合屋，國家將以軍營、榮家等閒置空間安置作短中期安置。少數的中繼組合屋在政策轉向前即已設置共安置506人，在營區作短中期安置的人數高達4,430人。2010年2月永久屋完工，開始關閉營區，移至永久屋，截至2012年止，永久屋共有8,873人入住（行政院莫拉克颱風災後重建推動委員會，2012a：15-62）。爾後，以閒置營區安置重災的災民已成政府慣常做法，例如2012年的泰利颱風過後，高雄市政府以位於市區的牛稠埔營區讓桃源區災民作離災離鄉的異地安置。

莫拉克風災對原住民族群延續與文化傳承造成非常大的浩劫。學者們一致指出，官方與大型非營利組織一意孤行，罔視原住民族文化差異，快速決定永久屋政策，完全沒有給原住民族參與討論與協商空間（丘延亮，2010；王增勇，2010；陳永龍，2010；謝志誠、傅從喜、陳竹上、林萬億，2012；謝志誠、陳竹上、林萬億，2013）。政府應為原住民族在土地上流浪、文化斷裂與滅絕負起全責（陳永龍，2010）。莫拉克颱風帶給原住民族最大衝擊的，不是天災而是人禍（丘延亮，2010）。

　　永久屋政策廣受批判，中繼屋需求也被提出，但較少文獻對短中期的異地安置政策提出質疑。我在災後半年和原住民族人一起歷經異地安置的歷程同樣衝突不斷。大量的族人在災後被帶離部落幾十公里遠、沒有地緣關係的廟宇和營區安置，體驗到非常嚴重的文化衝突與溝通困難，異地安置的歷程令原住民族人痛苦萬分。大部分族人等不到入住永久屋，便已迫不及待地想返回原鄉。為何官方眼中理想的異地安置政策，卻成為原住民族人極為痛苦的經驗？在災難脈絡下，如何和原住民族一起工作？從莫拉克經驗中，我們如何學習到原住民族社會工作的精神與方法？

　　本文以原鄉族人在災後被異地安置的經驗出發，探討原住民族社會工作的精神與方法，及文化能力如何在災難中實作出來。異地安置原住民族人的經驗與需求為何？他們經歷了怎麼樣的對待？產生哪些文化衝擊？政府及災難工作者如何才能掌握原住民族社會工作的精神與內涵？相關領域的工作者可以從此次的經驗中學習到怎麼樣的「文化安全」，養成怎麼樣的「文化能力」？本研究希望藉由經驗的爬梳以生產在地知識，以臺灣莫拉克颶風災後安置現場的案例，分析累積原住民族社會工作和災難社會工作的本土知識。

貳、文獻回顧

一、原住民族社會工作的精神

　　原住民族社會工作的歷史可回溯至1960年代中期起的一連串「山胞生活改善計畫」及「社會發展方案」。1996年行政院原民會成立，為了讓生活遭遇困難的家庭能連結相關資源網絡並提供原鄉婦女組織連結的空間，建制了「原住民族地區家庭暨婦女服務中心」，慢慢引進社會福利資源。1999年九二一大地震之後，災區成立生活重建中心，南投縣與臺中縣原住民鄉內的部落才有社工人員介入重建工作並提供協助（李明政、莊秀美，2001；王增勇，2002）。2009年八八風災之後，延用九二一生活重建中心模式將災區外包給非營利組織經營，

但成效不彰。2015年「原住民族地區家庭暨婦女服務中心」更名爲「原住民族家庭服務中心」。2016年全國共有58個原住民族家庭服務中心設於原鄉和都會區，這個原本由原住民族婦女提出想要培力原鄉家庭與婦女的服務中心，歷經社會工作專業化的歷程，意外地成爲原住民族社會福利及補助的濫觴。在此脈絡下，所謂原住民族社會工作，除了聘用人員可能是原住民族人這一點和主流社會不同之外，其工作內涵與主流社會工作方式無太大差異。要如何突顯原住民族社會工作的內涵呢？李明政、莊秀美（2001）參考原運對於原住民族人權的追求，將原住民族社會工作的目標定位在「消除各種形式之種族歧視」與「追求原住民族集體文化權」的實踐。這個論述透過王增勇（2002）得到完整的闡述。

王增勇認爲「消除各種形式之種族歧視」與「追求原住民族集體文化權」展現出兩種不同的原住民族社會工作思維模式，前者是以原住民爲客體的社工模式，即原住民作爲社會工作的實施對象，社工專業知識處於優勢而案主處於相對劣勢地位；後者是以原住民爲主體的社工模式，原住民是社會工作實施的主體，原住民不僅是服務對象，更是社會工作專業學習與存在的目的與依據，社工專業與原住民之間存在著主客體的辯證關係（2002：327）。王增勇個人立場較傾向於後者以原住民爲主體的思考模式。雖然我認同王增勇的立場：「以原住民爲主體」是邁向原住民族社會工作的核心，我也看見異地安置現場充斥著種種因爲缺乏文化敏感度而在無意間複製的種族歧視，這些歷程也必須被看見並提出檢討，故而我認爲「消除各種形式之種族歧視」也是原住民族社會工作無法迴避的重要內涵。

事實上，王增勇的立場也一再強調原住民族社會工作中的社工員應能區辨原住民族人和自己在社會結構位置中的落差：社會工作者爲國家體制中主流文化的一分子，而原住民族則在臺灣政治經濟和文化結構中處於劣勢位置。在殖民主義之下，社工員早已內化了主流文化的價值與思考而不自覺（2002：324-325）。社工員如果要擺脫社會控制的角色，要能反身自省，且必須肯定原住民文化價值的特殊性，否則很容易在不自覺的狀態下，以主流文化價值來詮釋原住民的生活經驗，透過社會工作的不平等關係，再次深化原住民的邊陲位置。

　　我們亦須留意，若只是「消除各種形式之種族歧視」而不認識「原住民族集體文化權」，仍難以掌握原住民族社會工作的精神。如何追求原住民族集體文化權？Morrissette, McKenzie, & Morrissette（1993）針對原住民族社會工作提出深遠的洞見：（一）肯定原住民族世界觀的獨特性：原住民族基於生存與大自然共存共榮，以及己身為地球守護者的信念，對於靈性與生態保有其獨特且不可取代的生態觀。（二）開展原住民族本身反殖民主義的意識：原住民族深受殖民主義的影響，歷代祖先被侵入以及被殖民的歷史讓族人身陷失去土地與傳統生活方式之苦、自身文化被否定及種種政治經濟的弱勢。因而開展出原住民族本身反殖民的意識，族人得以重新理解深受過去歷史所影響的現況。（三）運用原住民族傳統文化來保存原住民認同與集體意識：傳統文化中的靈性知識及世界觀，帶給族人真正的力量，產生正向自我認同以及族群的集體意識。（四）以培力作為實務工作方法：培力的歷程能讓族人選擇迎回自我的尊嚴而願意為個人、家人及社群做出相對應的正向改變。

　　總而言之，本文作者追隨李明政、莊秀美（2001）對原住民族社會工作的目標設定，以「消除各種形式之種族歧視」與「追求原住民族集體文化權」的實踐，為本文的寫作目標與架構。本研究將先描述原住民族人在莫拉克災難現場中經驗到各種被客體化的經驗及難以明言的各種歧視，進而闡釋這些被歧視的經驗背後，存在著怎麼樣的原住民族集體文化權，以重新理解原住民族人在災難異地安置的經驗與需求。

二、莫拉克風災中的原住民族處境

（一）莫拉克重建政策否定原住民族集體文化權

　　莫拉克風災最具爭議性也最能反應原漢差異思維的政策乃永久屋政策。除了曾任行政院莫拉克颱風災後重建推動委員會執行長的陳振川認為永久屋政策成果斐然，是成功重建的模式（陳振川、洪世益，2012），既有文獻均對永久屋政

策提出批判。透過回顧相關文獻，我將檢視重建政策中失落的原住民族觀點，以勾勒原住民族集體文化權的樣貌。

　　謝志誠、傅從喜、陳竹上、林萬億（2012）〈一條離原鄉愈來愈遠的路？：莫拉克颱風災後異地重建政策的再思考〉針對莫拉克風災異地重建政策，訪談相關人士以釐清政策執行過程中各個階段所產生的問題：包括原居住地安全勘查、原居地安全認定與遷居、遷村安置方式的諮商程序、永久屋申請、興建與分配入住等階段。主要發現，重建政策搭配部落安全鑑定並預設永久屋安置，有下列問題：1. 忽略部落的集體性：不論是初期租屋補助和末期永久屋分配，行政權力以戶為單位，忽略部落集體性及部落提出解決辦法的需求。2. 簽定永久屋者被迫放棄原鄉：簽定永久屋的附帶條件是，受贈者必須限期搬離原居地並限制居住，直接剝奪了族人在原鄉居住的權利，強迫族人脫離土地與部落的連結。3. 部落安全與否的判定剝奪族人對土地的利用和處分權利：原鄉部落一旦被劃定成特定區域和降限使用之後，也直接剝奪了居民對原有土地的利用和處分權利。4. 遷村政策造成部落分裂：族人被迫要在有限條件下、緊迫時間內決定部落的未來，過程中完全沒有考慮到部落需要時間凝聚共識。謝文中、鄭夙芬、鄭期緯（2011）訪談五位那瑪夏原住民族人，也證實了這些論點。族人在災後邊變和荒亂狀態下被迫選擇：回到原鄉或住平地永久屋。有些人可能只是為了求一個暫居之地而選擇永久屋，卻因此回不了原鄉的家。同一家人會因為彼此不同的選擇，在政策之下被撕裂，甚至互相敵對。政策過程中完全缺乏原住民族的觀點。

　　謝志誠、陳竹上、林萬億（2013）〈跳過中繼直達永久？探討莫拉克災後永久屋政策的形成〉回顧官方採納慈濟基金會永久屋政策的政治歷程。謝等認為「異地重建」模式並不符合受災原住民族的生活經驗與需求，政府卻因為力圖建立災後中央政府治理的正當性，搭配大型非營利組織必須使用捐款做出耀眼業績的壓力，做出興建永久屋的政策，忽略了居民自決的過程、建造不適切的居住環境、崩解了原住民族人共同議事及原鄉生活的機制。

　　陳永龍（2010）〈莫拉克災後原住民部落再生成的主體化運動〉從災區現

象來批判官方說法：馬總統和各部會代表在災區視察往往應允尊重部落自主、受災戶從寬認定、部落安全會尊重部落認定等，但一離開災區，所有應允的東西就隨之煙消雲散。從臺南到屏東，緊急安置結束後，不同原住民鄉鎮和部落都被遷到軍營之內安置，這就是所謂中繼安置；安家方案中的自行租屋、自行購屋等方案也同時進行。前者因未來之不確定性導致人心焦慮不知何去何從，後者則因分開居住使部落共議共決的機制不易進行。在此同時，原鄉部落被外來的專家學者做安全評估，無視於原住民族傳統知識與生態智慧，族人只能被動地讓國家決定是否能夠重返部落。種種錯誤的政策形成原住民族人「在自己的土地上無家可歸」的困境。最後，陳永龍反對由馬政府提出的「原住民自治」版本，認爲那只是官僚體系的操作手段，惟有回歸以原住民族文化爲主體的部落自治，才能讓部落走向回家的道路。

從上述文獻中我整理出原住民族在風災中提出的「集體文化權」如下：

1. 部落集體自治自決的權利

政府「劃定特定區域」仰賴專家學者進行部落的安全鑑定，忽略部落的傳統知識與生態智慧。遷村政策與永久屋以戶爲單位的審核資格，忽略部落集體性與自主權，部落需要集體共決與自治的政治空間。

2. 部落在原鄉居住、利用與處分土地的權利

永久屋不具土地所有權，又強迫族人離開原鄉，原住民族在自己的土地上無家可歸，是對集體文化權的殘害。

3. 原住民族傳統世界觀有助於保存文化與生態

原住民族是山林的守護者，留在原鄉才能守護傳統，災後需要的只是暫時的中繼安置。

莫拉克風災之遷村政策、部落安全鑑定、劃定特定區域等措施皆直接傷害原住民族在原鄉行使集體文化權的權利，引發了在地原住民族主體強硬的對抗，莫拉克重建政策中失落的原住民族觀點才有機會因強烈表達而被記錄。相較來說，本文所處理的短中期異地安置，因爲其短暫、臨時且離鄉的性質，迄今未有

文獻以集體文化權的觀點論述此議題。短中期異地安置的原住民族人更直接地曝露於國家政策與社會福利體制之下，時間雖然不長，但原住民族人其失去主體的歷程，更因為處於災後緊急救援與安置時期，更是令族人難以承受。探究短期異地安置的經驗可更完整地記錄族人在莫拉克風災之後，集體文化權被侵害的歷程。

（二）社福組織對原住民族的結構性歧視：社會排除與殖民壓迫

　　國家政策之外，地方政府和社福團體以及原住民族人如何互動？原住民族的觀點是否也被排除？林珍珍、林萬億（2014）以災難治理視角檢視莫拉克風災後高屏地區重建服務網絡，發現以中央政府為主導的災後重建架構，產生三層次的排除，分別是地方政府、在地長久經營的非營利組織（如世界展望會）、原住民族部落與在地網絡的參與。生活重建中心不僅成效不彰，也無法反應在地原住民族的聲音及文化差異。

　　王增勇（2010）從歷史觀點檢視外來的社福團體如何對待原住民族人。不論是1950年代基督宗教入侵原鄉、1960年代原鄉的國宅政策或是1980年代大專生山地服務現象，都呈現類似的文化殖民模式。慈濟大愛村象徵著新自由主義的社會福利結構直接對原住民族產生宰制關係。此種社福政策表面上看起來像助人，但是背後卻代表著對原住民族文化的否定，複製長期以來原漢關係中的殖民與被殖民的關係，是為暴力。王增勇主張，參與重建的社福組織應該從原漢關係的反思中，發展出反殖民意識，以原住民自治為災後重建的最高原則，以培力在地組織和尊重在地聲音為重建目標。

　　王增勇、賴誠斌、黃盈豪（2011）以參與式研究和高雄縣參與災難救援的社工人員共同探索災難救援期間社工員的經驗。研究發現，地方政府社工員處在國家與在地需求之間，沒有被中央政府所支持，也常受到災民的質疑。在這份以漢人社工為主體的詳盡報告中，雖然提及社工為原住民族人爭取福利的正向表述，但卻缺乏社工人員對跨文化工作的反思與改善策略。這或許反應了受訪社會工作者尚無餘力反思災難中的跨文化議題。

黃盈豪（2010）探討莫拉克風災時緊急救援與臨時安置時，社工員經驗到的文化衝擊和反省。衝擊包括語言差異、對原住民族文化的不理解、文化經驗與價值的落差等。受訪社工員反省到自己的價值體系，看見原住民族的復原力和工作彈性的正向價值。他看見許多自以爲是的專業人員到災區協助，卻不懂當地語言、不清楚當地文化習性，連和部落討論事情的能力都沒有，這些都是跨文化的重要課題。

以上文獻共同顯示：1. 不論是國家政策或社福團體，均結構性地排除了在地原住民族的聲音和參與。2. 國家與社福團體成了殖民者的幫手，原住民族人成爲無能發言的噤聲主體，這和原住民族長期以來在漢人社會中被殖民的處境相似。3. 若原住民族的主體意識沒有被表達的機會，也就再次複製了長期以來漢人對原住民的殖民關係。4. 個別社工員若無特別提示，傾向於忽略災難現場的跨文化差異，災難過程中的文化能力明顯不足。若我們想要在災難社會工作中「反殖民」和「消除各種形式之種族歧視」，就必須從經驗中學習，回到風災異地安置的現場深入理解國家政策與社福團體如何系統性地排除原住民族，以期「消除各種形式之種族歧視」。

三、多元族群的社會工作實踐：從文化能力到文化安全

原住民族社會工作的精神如何落實在工作歷程中？「消除各種形式之種族歧視」及「爭取原住民族集體文化權」此兩大工作目標如何落實在第一線災難現場的實作？即使在族群多元的美加澳等國，要在社工專業領域中探討族群與文化差異也是漫漫長路。本節先勾勒多元族群社會工作的崛起，並進一步討論如何以「文化能力」和「文化安全」的概念與實踐來進行原住民族社會工作。

美國的多元族群社會工作也有其漫長的發展歷程，白人中心的社會工作領域最初並看不見族群文化差異。1950年代宣稱「文化大熔爐」的美國採取同化的觀點，認爲所有族群皆應採納美式價值與態度，少數族群的文化應該被改變以融入美國社會，此爲「文化缺憾」觀點（Reisch, 2007）。隨著1960年代黑人運動及公民運動的崛起，美國社會工作學界也受到批判，認爲社工界中存在著白人中

心主義，缺少黑人及有色人種的聲音，未在教學與實作中提及社會工作中的種族歧視。這些批判使學界開始注重黑人社工的經驗，反思社會工作界中的種族中心主義。美國的社會工作教育準則中，也加入種族、種族歧視以及有色人種的相關內容（Abrams & Moio, 2009; Kohli, Huber & Faul, 2010）。

　　從1980年代開始，隨著多重歧視與交織理論的興起，美國社會工作界的關懷從理解文化差異、進行文化覺察、具有文化敏感度等層次開始，進而擴大學習並理解社會中受壓迫群體如何受到性別、性傾向、年齡及身體狀態等結構性歧視與壓迫（Lum, 2011）。為了和不同文化群體一起工作，社會工作者應學習文化知識、能覺察文化差異、具有文化敏感度、最終能具備相關工作技巧的「文化能力」。Lum（2011）在書寫社會工作教科書時把這些不同辭彙統整起來，作為理解多元文化社會工作的架構，她認為第一步是知識取得：對少數族群文化有先備知識的理解；第二步是文化覺察：能覺察自己和少數族群服務對象之間的差異；再來是具文化敏感度：觀察者能看見自己和服務對象在關係中的權力關係；最後是具備文化技巧：具備某一社會群體的文化知識與敏感度，以此為基礎來發展工作技巧。一般說來，諸多學者皆以此來定義，一個和多元族群一起的工作的社工員應具有「知識」、「態度」和「技巧」，如能具備此這三個面向的技能，即具備「文化能力」。

　　美國社會工作協會之《社會工作實務中的文化能力標準與指標》如此定義：

　　文化能力是一套一致的行為、態度以及政策，整合在一起成為一個體系，
　　使行動者或專業人士能有效地在跨文化情境中工作（NASW, 2015: 13）。

　　若將文化能力運用在原住民族社會工作的脈絡下，Weaver認為其內涵為：（一）知識：對原住民族內部的差異、歷史脈絡（如國家政策如何造成原住民依賴處境、認知壓迫、殖民和種族歧視如何對原住民族造成損傷等）、文化知識（如溝通模式、信仰系統、世界觀等）和當代現實的理解。（二）技術：分為一

般技術與限制性的技術。一般技術指與原住民族溝通、參與問題解決之過程；限制性的技術指少說話、耐心、容許沉默以及主動傾聽等讓社工員從主動角色中撤退的技術。（三）態度：社工的自覺、謙虛並願意學習、尊重及非評斷的態度、去殖民化地尋求原住民族的社會正義（Weaver，1999）。

　　文化能力最常受到的批判是：以個人爲取向，缺乏對結構性壓迫的批判觀點。原住民族社會工作脈絡下的文化能力，若要開展出結構性壓迫的批判觀點，意味著理解原住民族被殖民的歷史且能詮釋原漢之間的結構性壓迫，臺灣已有不少文獻指出結構性批判的重要性。林津如、黃薇靜（2010）以臺灣兒童保護的例子來說明，當社會工作者無感於原漢之間殖民的歷史與文化差異，就可能汙名化原住民族家庭，在主流社會「兒童最佳利益」的邏輯下，剝奪原住民族兒童和原生文化及家庭的連結。社工人員可能以「兒童保護」之名，無意間複製美加澳「失竊的世代」：讓原住民族兒童遠離他的族群與文化根源，複製族群同化政策。

　　許俊才、黃雯絹（2013）研究指出：社會工作專業進入原鄉反而讓原住民族原本的文化價值與意涵被解讀爲「不專業／不文明」，戕害了原本原住民族的助人方式和社會權力結構，並進一步鞏固主流文化霸權。他們認爲：原住民族社會工作應面對殖民主義所帶來的影響，除了社會公平正義的追尋之外，更特別著重族群正義與轉型正義，並消除因殖民歷史所導致社會中的族群歧視與不平等。

　　文化能力受到的另一批判是：白人學習者往往在文化能力學習過程中自我感覺良好，具備過度高漲的文化信心。Dean（2001）認爲文化「能力」此二字會讓人產生迷思，彷彿文化可以簡易地透過學習而得，產生誤判。文化學習者應該抱持著文化學習永遠有你所不知、不會與不懂的空間，承認學習者的不足才是正確的態度。Fisher-Borne, Cain & Martin（2015）也認爲文化「能力」一詞可能誤導，工作者應該以相對應的「文化謙遜」來覺察工作者所擁有的權力關係，同時挑戰文化間結構性的不平等。我認爲，不論是「文化能力」或「文化謙遜」，這些概念主要皆以服務提供者的角度在思考，不見得能夠反映原住民族人的觀點。

1990年代以來，加拿大與澳洲等國原住民族人逐漸發展並倡議「文化安全」（Cultural Safety）。此概念最初由紐西蘭毛利族學習護理的學生和原住民族組織共同提出，探究在臨床護理工作中如何能確保原住民族人得到文化適切的照顧，含有民族自決與原住民族人去殖民化的努力（National Aboriginal Health Organization，簡稱NAHO, 2006）。爾後，毛利族護理學者Irihapeti Ramsden在博士論文中發展與倡議此概念，並持續在紐西蘭、澳洲與加拿大等國的護理、社工及人權工作等領域拓展應用（參考Ramsden, 1990）。這些討論將「文化安全」定義爲：

> 對於族人而言安全的環境：沒有攻擊的地方，不會挑戰或否認他們的認同、他們是誰以及他們的需要。這是關於共享的尊重、共享的意義、共享的知識，在一起學習、生活和工作的互動經驗中具有尊嚴且真誠傾聽（Eckermann, Dowd, Martin, et, al. 1994, 轉引自Williams 1999: 213）。

紐西蘭護理評議會也定義「文化不安全」的行動：「任何的行動，它讓族人的文化認同及個人的完整性消失、貶低或者被否認」（NAHO, 2006: 1）。爲了達到文化安全，過程中必須「能夠分析體制之間的權力不平衡關係、制度性的歧視、殖民主義以及殖民關係」（NAHO, 2006: 1）。莊曉霞認爲NAHO在2006年提出的「文化安全」爲「原住民族人對資本主義施加於原住民族之柔性經濟與文化殖民的反動，強調原住民族生存權利和獨特的生存方式，並承認、理解和維護原住民族的核心價值」（2012：141）。此論點與李明政、莊秀美（2001）「追求原住民族集體文化權」有異曲同工之處。

「文化安全」是否能取代「文化能力」？從原住民族人的角度出發，Ramsden認爲文化覺察是開始認識文化差異，屬於第一階段；文化敏感度是第二階段，意即學習者開始自我探索文化差異以及權力關係；文化安全是第三階段，意思是一個護士可以從被服務者所定義的方式來進行安全照護（NAHO, 2006）。換句話說，Ramsden認爲文化安全其實是文化能力的最高階段，NAHO（2009）

也同時以文化能力和文化安全的雙重概念來探討第一民族、因紐特人和梅蒂族人的健康照護。「文化安全」和「文化能力」最基進的差別乃在於：文化安全將主要焦點從服務提供者轉換至服務接受端的原住民族人。「文化能力」雖然也逐漸重視結構性的分析，但畢竟仍是訴諸於服務提供者個人的能力或態度，而「文化安全」則直接跳脫服務提供者的個人態度，強調需要留意族人在社會組織之下所承受的種種權力作用，不論是權力不平衡、制度性歧視或殖民主義；最終以族人的需求、文化的認同與尊嚴的維持為依歸。

綜合以上文獻，原住民族社會工作的「文化能力」可區分為態度、知識和能力。文化能力常被批判無法處理結構性壓迫和需要文化謙卑的不斷學習，同時需要認識原住民族所受到的結構性不平等，而有「文化謙遜」的提出。但不論是「文化能力」或「文化謙遜」，其主要訴求對象皆為服務提供者，因此有其限制。近年來，由服務接收端的原住民族人提出「文化安全」的訴求，確保原住民族的文化延續是一切服務的主要目標，更有效地把關懷的焦點再回到原住民族人身上。從「文化能力」到「文化安全」，原住民社會工作的視角已經從服務提供者之個人式行為準則，轉換成服務接收端之原住民族群延續的維護，這標誌著原住民社會工作的重要進程。

原住民族社會工作若以「消除各種形式之種族歧視」與「追求原住民族集體文化權」為精神與終極價值，那麼原住民族社會工作的工作方法，就不僅限於強化社會工作者的態度、知識和能力等個人的「文化能力」，而需更激進地將原住民族的「文化安全」納入考量。「文化能力」與「文化安全」並非互斥的概念，而是個連續體。社工員本身應具有「文化能力」的態度、知識與技術，更需要同時考量到服務接受者的「文化安全」，納入殖民歷史結構性的思考、挑戰種族的不平等，兩者兼具才能產生社會改變和政策修訂的行動，有意識地維護原住民族的集體文化權，以確保原住民族的延續與文化尊嚴。

參、研究方法

一、研究脈絡與場域

　　莫拉克風災後原住民鄉受創嚴重，但八月底〈莫拉克颱風災後重建特別條例〉進入立法院，納入強制遷村的條款，即註定了國家政策和原住民族集體文化權的對峙。各地區具原住民族意識的團體與聯盟紛紛成立，宣示原住民族在災後重建的主體性，並集結在中央與地方政府前抗議。災後半年之間，原住民族運動團體持續點狼煙、反抗「部落安全鑑定」、抗議「劃定特定區域」、要求國家提供「中繼屋」。一波波的抗爭顯示國家政策已徹底挑戰了原住民族的集體文化權，也因為這些抗議與論述才使得原住民族的觀點能在莫拉克風災中被記錄下來（參見全國成，2010；陸宛蘋，2010；劉翠溶，2013）。

　　我是一位漢人女性，2005年因為參與南部的原住民同志口述歷史計畫，成為某原住民族聯盟的成員。風災後，這個聯盟成為原住民族災後重建的重要推手。聯盟成員原漢混合，由九個南部的非營利組織組成。九個組織中有兩個災區組織，我和其中一個災區婦女組織共同工作。

　　和我一同工作的婦女組織來自高雄縣某原住民鄉[2]，該鄉有三個部落，本文以匿名稱之分別為豐饒部落、夏山部落和建國部落，本研究以該婦女組織所坐落的豐饒部落族人災後異地安置的狀況為研究焦點。本研究的原住民鄉內族群依先來後到分別為卡那卡那富族、拉阿魯哇族、布農族、泰雅族和排灣族，屬遷移後逐漸混居的多元族群部落。本鄉是莫拉克風災的重災區之一，鄰近的小林村因土石流造成398人死亡，鄉內的建國部落亦有35人死亡，所幸豐饒部落在風災當時沒有土石流，也沒有族人死亡，但有不少河邊的房子被沖毀。全村沒水沒電，連外通訊全部中斷。

　　研究時間聚焦在2009年8月到2010年1月底，這段期間豐饒部落族人先後乘

---

[2] 2009年八八風災之時，本研究所處之鄉隸屬高雄縣。2010年12月高雄縣市合併之後，為高雄市所管轄。本文中，豐饒部落、建國部落、夏山部落、心星營區均為化名。

坐國軍的直升機被載到平地，而後高雄縣政府緊急安置於旗山附近的廟宇和香客大樓至8月底。9月起，約有三分之一的部落族人在位於高屏邊界的心星營區作臨時安置。在這段異地安置期間，沒有人知道會在營區待多久，也同時聽聞部落可能被劃定成特定區域，降限使用無法返鄉；另一方面，永久屋能否取得，也是未知數，前途未卜，人心惶惶。在文中所記錄的這段時期，我以中繼屋倡議者的身分在原住民族聯盟中工作，開記者會、發表聲明、跑遍高雄臨時安置的廟宇和營區、和族人一起衝鋒陷陣上街抗議，也和慈濟負責人對談原住民族災後的需求，熟悉聯盟中原住民族集體文化權的論述。因為災後一起並肩作戰，對抗國家與社福團體直接加諸於原住民族人身上的暴力，共同的處境讓我對原住民族婦女處境感同身受，貼近原住民族婦女在災後被安置的生活經驗，沒有太大的衝突與不一致的看法。[3]

行動形塑了我的經驗，但經驗需要被整理才能產生知識。在災難現場，我常常和部落婦女一起向社福團體辯駁某些做法不符合原住民族需求，但往往爭得面紅耳赤卻雞同鴨講，能夠產生的改變有限。經過沉澱之後，我認為這些經驗需要被整理並轉化成具批判性及解放性的知識，以助於原住民族社會工作和災難社會工作的教育。2013年我在組織領導者的同意下，和部落婦女們進行風災婦女口述史的訪談。此時我以研究者的身分進行訪談，婦女們認知我要為風災後的經驗做完整的紀錄。受訪原住民族婦女共有12人，4位卡那卡那富族、6位布農族、2位排灣族。[4]原住民族群內部的差異並非此研究的重點，因為國家與社福團體結構性的歧視對待，使得原住民族跨越族群差異共同形成一個受壓迫群體，所以本文以原住民族的集體文化權來理解其經驗。

本研究進行期間先於倫理審查委員會建制原住民族研究審查程序之前，研究之信任關係的建立乃憑著長久的合作基礎，經過血淚斑斑的組織實作，受部落組

---

[3] 唯一看法的差異是對災民無助的想像，這透過研究已澄清，將在本文第四節中交待。

[4] 受訪者資訊請見附錄一。本研究以原住民族來指稱這個混合族群的部落，並非意圖以單一部落代表全部。莫拉克風災中不同族群居住於不同營區皆有其特殊與不同的經驗。本文乃欲藉由莫拉克風災中個別部落經驗來突顯出泛原住民族在結構性壓迫下呈現的共同議題。同時強調，跨族群原住民族間雖然有文化差異，但結構性的壓迫使得族群間同受汙名，文化差異在此脈絡下無法突顯。也基於此共同性，原住民族社會工作的文化能力教育是有可能的。

織領導者的認可而取得的田野資料，書寫的結果也與部落婦女組織共同討論並分享。[5]這樣的歷程使得本文立論主要從受災原住民族婦女的經驗與立場出發，受到原住民族人認可的研究，符合從事原住民族研究的精神。

二、建制民族誌：拆解災後異地安置現場的論述與工作流程

我採用建制民族誌研究法來進行論文分析與書寫。建制民族誌由女性主義社會學者Dorothy Smith提出，適用於詮釋受壓迫群體每日生活中所承受的結構性壓迫（1987）。她認為，人們日常生活的所作所為皆是所處環境中社會關係的一部分，經驗與論述背後承載著結構性的權力關係，每一個論述背後隱藏著特定意識型態符碼，因而產生統制關係。例如，北美社會中預設家庭應是一夫一妻的核心家庭，這樣的意識型態符碼會對單親母親產生壓迫（呂明蓁、林津如、唐文慧譯，2009）。建制民族誌也透過拆解組織中的工作流程來解讀背後的意識型態符碼，指出這些步驟如何複製詮釋特定意識型態，再製既有的權力關係，如殖民主義與種族歧視等（王增勇等譯，2012）。

此研究遵循建制民族誌研究方法。我著重於分析災難安置過程中的被服務族人的日常生活經驗。既有文獻已從原住民族人集體、政策性和抗爭性的事件來呈現原住民族集體文化權，故本文特別描繪安置過程中屬於常民的日常生活經驗。看似瑣碎、細小，卻能呈現出異地安置現場族人真實的需求。再者，我分析族人在災後異地安置社會福利體系之下所產生的斷裂經驗：以受災者的文化身分想要維持自己慣常經驗的生活方式、認同、基本需求，和其實際在安置經驗中所經驗的、被社會體系對待方式之間產生的落差。我從婦女斷裂經驗中解析怎麼樣

---

[5] 2017年12月7日，我回部落和婦女們分享這個研究的成果，我盡可能地以淺顯的方式表達給部落婦女知悉，較高學歷的婦女表示她的經驗有被我的論文重新整理過，透過理性的分析得以消減當時難以言喻的複雜情緒。婦女們的整體回饋是：她們認為在工作現場和外人的溝通非常困難，認可我努力地把大家的心聲轉達出去，鼓勵我繼續書寫災後現場的諸多故事。這次的對話之後，我覺得本文所運用的語言和概念難度對原住民族婦女而言還是太高，因而也突顯出這篇論文寫作的讀者設定是漢人工作者而非部落婦女。

的意識型態符碼等權力機制滲透於其中、如何建構了被服務者的樣態，剖析族人文化安全的需求爲何在族群差異的權力結構之下變得難以實現。本文視莫拉克風災的異地安置現場爲一個社會關係的場域，現場充斥著種種對話、活動、文本、工作流程與互動方式，不論行動的主體（如社工、災難工作者、國家決策者）自己本身有無意識到，任何論述被使用的當下，都由主體啟動了文本，產生了意識型態符碼與權力關係。[6]本文以災後安置現場的經驗作爲出發點，回溯並解析現場的論述，拆解其行動背後的意識型態符碼，指出各個外來組織所創造的客觀知識和意識型態符碼，如何彼此相互建構，共同組織起來對原住民族人產生權力的效果，偏離了受災原住民族自身的經驗與對世界的理解。

　　建制民族誌有助於拆解災難現場的種族歧視，然而卻無法詮釋原住民族的文化安全與集體文化權，爲此研究方法的限制。爲強調原住民族集體文化權的觀點，我於每節書寫中納入族人的疑惑與觀點，且依循原住民族聯盟在災後現場的觀點，以統整出原住民族文化安全與集體文化權的論述，冀望如此能建構出相對完整的原住民族社會工作知識論述與實踐方法。

肆、莫拉克颱風災後原鄉族人的異地安置經驗

一、「受災的弱者」：國家政策的介入破壞自主救援機制

　　莫拉克風災之後，全國疏散撤離24,950人，收容災民4,691人，多爲異地收容，規模前所未見（行政院莫拉克颱風災後重建推動委員會，2012b：44）。災後國軍啟動直升機救援山區運載部落居民至平地。8月初在平地的我便望眼欲穿地希望那瑪夏的伙伴們早日搭著直升機下山，離開受災的部落與傷亡，但一直等

---

[6]　對Smith而言，論述指的是社會關係的場域。論述不只是文本或對話，也包括人們在實際場域中的活動——人們生產與使用這些文本，並採用文本所傳播的概念框架。這個論述的概念從未失去主體的存在，在任何文本被使用的當下，都由主體啟動了文本，啟動之時也複製了論述背後的意識型態符碼（王增勇等譯，2012：96）。因此文本媒介的統制關係雖然是建制民族誌中重要的一環，但它卻不是全部，特別在災後的混亂現場中，許多社會關係的建立不只透過文本，災後現場的文本、對話與活動，均可視爲論述，用以解析其產生的宰制關係。

到8月下旬，都沒有人搭直升機下來。在平地接機的現場，許多社福團體各自設立緊急連絡站爲「災民」提供服務。當時，包含我自己和災難工作者對災民都持有這樣的想像：他們剛從「危險」的災區中出來，而當災民來到「安全」的平地時，他們是無助、受害、迫切需要幫助的。事後我與她們核對，才了解她們在部落經驗著另外一種截然不同的心情與狀態，對同一場災難，我們的認知與理解有巨大落差。

　　婦女們說，和建國部落相距十公里遠的豐饒部落，雖然溪水暴漲，但沒有土石流沖刷，在災後仍是安全的。儘管前幾夜的雨聲及大地受風雨襲擊之聲勢驚人，大部分的族人受到驚嚇，從豐饒部落前村移到相較安全的後村避難，但不清楚其他地方發生了什麼事。因爲手機訊號不通，唯有靠著族人走路到其他部落傳來的消息，才約略知道建國部落的慘狀。豐饒部落前村族人在相對安全的後村族人家中，集體共住共食近兩星期，沒水沒電，直到雞鴨豬鵝等儲備於山的「山產」用盡，備用的酒也快飲完，才開始思索下一步。受訪婦女說，在山上住的是自己的屋子，吃的是熟悉的食物，還有部落男人在外巡守山林，雖然災難引發恐懼，但彼此互助扶助待在部落熟悉且安穩的環境，感覺依然美好。這和我想像的，「山上很危險且受災者很無助」的負面情境非常不同。雖有災難，部落族人表示族人「在一起」的感覺很正向。

　　最大的轉折來自於國家介入，部落自主救災功能被打散，族人遠離自己深愛的家鄉。8月下旬，教育部長信誓旦旦地宣布8月31日準時開學，豐饒國小和國中的兩位漢人校長都決定要在旗山復課，婦女們才不得不因應漢人世界的要求，搭上直升機到平地當「災民」。豐饒國小的漢人校長「英勇」地獨挑重責，要所有國小學童離開父母，集體住在美濃農場，並邀請幾位部落婦女一同下山擔任臨時保母。這一群部落婦女平日熱心部落社區工作，也擔任家長會長，她們責無旁貸地覺得自己有能力也有責任擔任保母，照顧孩子。直到上了直升機，離開部落已成爲事實，大家的心情才複雜了起來：

　　　會想說旗山就在那邊而已耶，居然要坐……居然要坐飛機……坐這一趟飛

機下山，不知道還回不回得來。（B）

那個時候家長離別時……嗚嗚嗚……哈哈哈，那個時候，我那個時候還不哭，因爲我覺得我真的已經飛上去的時候，我就看到怎麼這樣，然後我就說我真的要走了嗎？我不會再回來了喔……心裡糾結在那裡，我一直想說，唉呦完了完了，然後因爲……我怎麼就這樣子帶了四五十……四十幾個孩子。連我的小孩子在上面也是，他們可能捨不得他爸爸吧。哭得好慘。真的都哭得好慘喔。（E）

老人都嘛一路哭，從上飛機一路哭哭到下飛機啊。（C）

　　族人在機上的心情忐忑不安，離開家鄉、家人分離、未來不知道在哪裡、不知道何時才會再回到自己的家鄉。這些複雜的心情、種種的擔心害怕只能放心裡，也不知道要找誰回答。除此之外，更具體的是對金錢的擔心：

D：沒有錢，重點是沒有錢要怎麼生活？
C：我下山後真的剩下30塊餒。
D：都沒有錢呐，當然會擔心，那我在外面怎麼辦？
坐上飛機的時候有一種解脫的感覺，也有一種擔憂，想說解脫是因爲已經離開那個很恐怖的地方，然後擔憂就是那我們家人怎麼辦？啊那時……心情不知道怎麼講。（B）

　　從族人的經驗來說，不管災難再怎麼巨大，在生死交關之際，部落族人反而發揮了無比的自主照顧能力想辦法存活下來。從原住民族集體文化權觀之，族人期待離災不離鄉，能在部落相互扶持自主互助重建，相信部落自己會找到面對災難的方法。但因爲教育部長的「準時開學」的官僚主義效率論述，加上漢人校長的「英勇」決定，產生了權力效果，讓原住民族的婦女爲了孩子就學而扶老攜幼地離鄉。

　　徒手到平地，婦女們赫然發現自己成爲只能等待救助的災民。婦女並非無能

或無助，問題來自於被迫離開熟悉的環境，進入一個被社會福利所決定的系統之中，在原居地的自主性被剝奪，外加沒錢、沒衣物、沒地方住，一切得靠外界援助，才會顯得無助。族人從有能力自救的自主狀況，因「被迫離鄉」而成「受災的弱者」。

第一線緊急安置的災難工作者若刻板印象地理解族人為「受災的弱者」，就看不見族人在生態環境中的自救能力，抹煞了族人在部落自救的集體性與能動性。「受災的弱者」這個刻板印象將問題的焦點放在個別族人身上，忽略國家力量介入的結構性影響：教育部準時開學的指令讓漢人校長們決定孩子必須離開部落在平地開學，連帶造成婦女必須帶著老人、病人和孩子一起集體撤離。族人離開原鄉到平地，沒錢、沒身分、沒移動能力，才成為「災民」。換言之，是官方政策使得原本在部落仍可安住的豐饒部落族人被迫離鄉，各自分開、被國家體系緊急安置，族人進入結構性的弱勢處境。在此階段，族人的集體文化權乃為「離災不離鄉」，再怎麼大的災難，國家也不應該大規模地移動族人至離鄉太遠的地方安置與避難。當國家忽略原住民族人擁有族人自己動員、自己救援的能動性之時，也否定了原住民族人在災後的自治與自救權。

二、「福利的依賴者」：個人式管理主義的陰魂

部落婦女們懷著複雜的心情下直升機之後，被接送到旗山各大廟宇，隨即被社工們超乎想像的奇怪對待嚇到：

> 我和我的五個妹妹一起被載到順賢宮，他們什麼都沒說，就要我們填這個問卷那個問卷，我說，我不知道，可不可以先讓我喘口氣再說？（I）
> 我爸媽在建國部落，他們一下飛機就被送到禪淨中心。老人家說看不懂問卷，他們就用騙的，唸給你聽，你簽名。（E）

災民們一到廟宇不是受到溫暖的歡迎，而是冷冰冰地被要求填寫基本資料調查表。族人的抱怨是，落腳平地之後得不斷地簽名填問卷，連喘口氣的機會都沒

有。我在旗山各緊急安置現場觀察，社工們忙著完成任務，不論是任何人來到面前，標準的工作流程就是列冊、註記、發放物資，缺乏對部落族人經驗與脈絡的傾聽與理解。我在緊急安置現場觀察，所謂「問卷」，有些是社工們爲了製作名冊而要求居民塡寫的姓名、身分證字號、聯絡方式等資料，都是個人化資料，但也有不少災難問卷，藉機調查理解災民的身心及受災狀況。對於心情複雜的族人來說，這些一點都不重要，能坐下來不被打擾地休息喝口水，能打電話聯絡到自己的家人，才是最重要的。

安置現場「製作名冊」的管理主義思考操縱了災難工作者與族人的互動：社工們難以想像倘若沒有這些名單，善心人士和慈善團體送來的大批物資和善款要如何發放？「製作名冊」的管理主義思考讓社工們偏離了災後緊急安置最核心的助人價值：協助安撫受災者的身心狀態。不僅如此，個案式的製作名冊也忽略了族人需要以家人和部落爲單位地被安置。沒有以家庭及部落爲思考的安置方式，造成一個家庭分散到三、四個不同安置地點的痛苦狀態。我所參與的原住民族聯盟召集人不斷在現場倡議，以家族或部落爲單位，讓族人能夠團聚或居住在一起，成爲安置現場的重要議題（陸宛蘋，2010：164；全國成，2010），才促使社福單位開始以家庭和部落來進行安置思考。

族人原以爲問卷只是簽名而已，沒有預料簽名之後，各種福利措施也隨之判定。社會局設定只有搭乘直升機下山者，才能取得三擇一「安家方案」的福利補助，也才具備申請營區中繼安置的資格。如果災民下直升機之後，直接離開，沒有簽名，所有福利補助就不存在。官方的管理主義思考與現場災民的身分認定方式產生極大落差，造成許多衝突。譬如，許多族人下機後直接被親戚接走，休息幾天後發現短時間內回不了部落，再折返緊急安置現場想領取物資或衣物時，卻因不符合資格而被社工驅離。又如，受訪者J在八八風災時和朋友外出，離開部落留在平地，八八風災後，她就不能算是災民。九月初，J的父母親住到安置營區，按照規定，J無法分配到營區的住宿。當J去爭取和父母一起同宿營區之時，反而被認爲是貪婪的災民。

「她不過就是想和家人住在一起，有那麼困難嗎？」原住民族聯盟的工作

者在安置現場就常為這些福利身分的註記與社會局或社福單位起衝突。對於離鄉的族人來說，不論是災後領取衣物或一家人想要團聚，都是基本需求，但社工們卻認為：「不是坐直升機下來的，就不是災民。」「我只是依規定公平分配，你們這些災民就是不滿足，總是要多拿一些什麼。」社工們無法傾聽災民需求，反而誤將災民貼上「需索無度」的標籤。當族人被標籤化，社工也看不見自己在災難現場「製作名冊」的行動衍生出的管理主義霸權。為什麼緊急安置對災民的認定來自官方？為什麼不能將災民實際的多元需求納入考量？為何非得將同一部落、家族甚至同一個家庭的災民依各種不同被登記的情境作切割處理？在「製作名冊」的管理主義思考之下，災民真實的情境需求不被看見，反而被貼上「貪婪的依賴者」的負面標籤。

「福利的依賴者」這個刻板印象再度把問題的焦點放在個別族人身上，而忽略了國家力量介入的結構性影響：國家和社福單位透過「製作名冊」來定義「災民」的身分，並且主觀地決定這些災民得以享有何種福利。國家管理主義霸權無法容納災民真實的需求，以國家力量來決定災民如何領取福利，也剝奪了災民以自己的方式求生存、而後輔以國家協助的可能性。國家主導的社會福利管理主義表面上看似承擔起了救災、發放物資及短期安置的工作，但狹隘的定義、「製作名冊」背後的管理主義、個別化的社會福利服務，卻使得災民的真實需求、部落族人自主管理的集體能動性，消失於國家福利體系之下。向社福單位求援的個別族人怎麼樣也沒有想到，符合真實狀況的多樣需求，只是因為不符合國家定義的福利接受者，反而被汙名成為「福利的依賴者」。

三、宗教的他者：佛道文化為主流思考

參與莫拉克風災救援最重要的五個宗教團體中，有四個為佛教和道教，只有世界展望會是基督教團體。[7]高雄縣政府第一時間開設的收容中心，全都借用自

---

[7]　莫拉克風災後競逐中央政府資源的五大民間組織：慈濟基金會、法鼓山基金會、佛光山、紅十字會、世界展望會，除了紅十字會屬國際人道組織，其他組織均是宗教團體，其中以佛教組織為多數，只有世界展望會屬於基督教系統。

佛道團體。2009年8月10日，高雄縣政府先在旗山鎮開設佛光山禪淨中心與內門順賢宮爲災民收容中心，而後又陸續開放紫竹寺及佛光山寺，合稱「四大收容中心」（王增勇等人，2011：67）。災後第五天我到順賢宮，看見香客大樓的大廳及地下室擠滿了人，約有一千多個人打地鋪，規模實在很驚人。

漢人社會主要以佛道爲信仰[8]，廟宇是生活中的常態。基於歷史因素，原住民族以基督教或天主教信仰爲主[9]。原住民族人長期在一神論的信仰之下，特別是基督教徒，從小就被牧師警告不能偶像崇拜，禁止拿香拜佛，甚至許多受訪族人說，看到佛像內心便有種難以言說的排斥感。然而，這個文化差異並沒有在災難救援過程中被考慮進去。當時安排緊急收容所的社工員，說明當時開設收容所時，只有想到空間夠大、日常生活的飲食能夠被安排安當的地方，而沒有想到文化相容性：

坦白講我必須承認我壓根沒有去想到文化、宗教，在我的腦袋瓜沒有裝這些，我只有裝什麼是讓他們可以就近趕快下來休息，只有裝這個……沒有再去多想。後來我發現（收容所）爆了，都滿了，就想到佛光山，佛光山大。（王增勇等人，2011：72）

揭開這段回顧背後的意識型態，就是漢人習以爲常的佛道文化，缺乏對於原住民族主要信仰基督教或天主教的基本認識。因爲開安置中心時未顧及文化差異，這個安置方式被教會團體及原住民團體高度質疑。許多牧師看到自己教徒被安置在廟宇時，忍不住情緒激動地指責主事的社工。主事社工則不斷澄清希望取得諒解：

---

[8] 依內政部統計公務統計全國登記有案之信徒人數，天主教11.7%、基督教23.7%、佛教12.5%、道教51.1%（內政部統計處，2000）。
[9] 根據原住民族委員會調查，原住民族信仰天主教26.12%、基督教39.29%、佛教8.9%、道教10.63%、無宗教信仰者11.38%（原住民族委員會，1999）。

當時我對那些牧師講說，縣政府的立場，救人第一啊！救命第一嘛！第二個我才能考慮到宗教。（王增勇等人，2011：73）

或許對一個社工而言只是「沒有想到」的問題，但對於服務接收端、長期信仰基督教的原住民族人來說，待在廟宇中意味著極度地難以適應。例如，漢人眼中溫暖慈愛的大佛，對族人來說卻是難以言喻的不安經驗：

我們睡在那個很大的佛像的下面，半夜四點起來看到佛像，嚇了一跳，我們到底在哪裡？（B）

族人災後的心情多重且複雜。一方面驚駭於天崩地裂的大災難，山河變色且親人往生；另一方面，族人兩手空空登上直升機離開家鄉，不知道下一步會往哪裡。人心惶惶之際，卻被安置於不熟悉的廟宇空間，更是輾轉難眠，只好拿宗教來開玩笑：

他們（和尚）五點起來誦經，那我們就一定要四點起來禱告，讚美主！（B）

宗教信仰的差異使得收容所社工與原住民族災民之間產生極大的張力，情緒一觸即發。原住民族聯盟的工作伙伴因為站在原住民族災民的立場，對於住在佛寺與廟宇的安排有諸多不諒解，希望這件事能儘快被改善，但主事的漢人社工員卻起而護衛自己的行為，堅稱這是當時最好的決策。這樣無效的溝通，一再地於災後短期收容中心上演著。

「我想住到教會，有那麼困難嗎？」族人忍不住這樣問。事實上真的很難！原住民鄉的安置決策不在於鄉公所，而在於所屬的縣政府。當災後安置的決策權掌握在主流漢人社會之時，原住民族的宗教信仰在災後救援過程中往往直接被忽略。臺灣全國有77%的人口信奉佛道教，而原住民族人口有65%信奉基督教

和天主教。佛教與道教理所當然的文化預設主宰了原住民族災後安置的安排，此即爲意識型態符碼。當原住民族人從他的立場表達文化與宗教需求之時，漢人工作者的第一個反應不是回頭檢視自己的文化預設，也非立即採取補救措施並提供符合部落族人需求的宗教環境，而是努力說服族人接受這是當前最好的安排。第一線社工員並沒有聽見原住民族人眞正的需求，也沒有意識到自己的決策可能對族人災後安頓的心情產生具大的影響。原住民族人在此成爲「宗教的他者」意義再清楚不過。

　　隨著原住民族人及聯盟一再表達需求，外加教會牧師的努力，8月底下山的族人終於可以安置於教會，但原安置於廟宇的族人仍住在廟裡。原住民族人的信仰需求與權利，在主流社會以佛道爲主要信仰的狀況下，在災後安置決策權主要集中於中央以及地方政府的情況之下，顯得特別難以爭取。

四、野蠻的他者：吃素論述中的殺生隱喻

　　以漢人爲主體的佛道文化論述和價值觀持續在安置過程中發酵，族人的生活方式也同時被評斷，吃素文化是短期安置的重要衝突點。

　　供餐是異地安置的重要任務之一，但因爲佛道團體奉行吃素的規則，廟宇原先每日三餐均供應素食，許多族人覺得非常不適應，因而常常外出透氣吃葷食。後來因爲災民和原住民族聯盟相繼反應，收容中心也開始供應葷食。雖然廟宇最終也因應族人的需求提供葷食，但廟方總讓族人覺得那是特別爲族人破例開設。這種情形導致一種奇怪的氛圍，在佛道茹素文化之下，原住民族人在收容中心的主體需求被忽略，正常的飲食卻被視爲特殊的需求。收容中心「破例」爲族人開葷，意味著這是一種特殊的施恩，提供安置的宗教團體不覺得提供受災者所習慣的飲食是他們的責任；反之，「被服務的人就應該要感恩」，廟裡的氛圍讓族人覺得他必須要對吃一頓有肉的餐表達特別的感謝。

　　最讓族人感到不舒服的，也許和佛道團體吃素論述背後的價值評斷有關。佛道團體認爲吃素是「不殺生」、「慈悲」，相對而言，原住民族人狩獵與食用動物的生活習慣，很容易就被貼上了「殺生」、「不慈悲」的汙名，佛道團體奉

行吃素的理念和原住民族狩獵為主的傳統生產方式產生極大衝突。事實上，傳統原住民族在大自然中生活，取用動植物都有一定的生態邏輯，以維持生態平衡及永續發展。漢人對原住民族文化知識一無所知，「吃素」論述中帶著漢人文化「不殺生」的優越感與對原住民族「殺生」的批判。「我素你葷」的對照中，隱含著「我慈悲、你野蠻」的價值判斷、「己優彼劣」優劣順序，更讓原住民族人感受到自己成為接受服務的次等群體，而不是受災的主體。

　　從族人角度來看，「吃一頓飯有那麼困難嗎？」的確，很困難！以漢人為主體的佛道廟宇，在主流文化想像之下，理所當然地在災民救助時成為庇護之處。災後被收容之時，「吃素」論述背後的意識型態符碼，讓原住民族人蒙上難以擺脫的「殺生」污名。在災後安置現場，文化差異無法交流，反而透過災難工作者與佛道文化的話語，活生生地將原漢文化的差異賦與「漢優原劣」的權力效果。在此主宰的意識型態符碼是佛教與道教的吃素文化。族人在收容中心不僅無法安頓身心，還得適應難以適應的異文化宗教生活，甚至得忍受日常生活言語中的貶抑之意，這一切都超乎族人對於自己身為「災民」的想像。

五、環境的破壞者：永久屋意願書

　　2009年8月底，在擠滿了一千多人的順賢宮香客大樓大廳，族人各自散坐著，顯露出離鄉之後的茫然與不知所措。現場還有許許多多的世界展望會和慈濟基金會的志工，各自拿著中繼屋簡報檔或永久屋說帖，以大大小小的講座或小組說明的方式，向族人解釋並爭取族人認同自己的重建方式。就在災後兩週，一切都尚未安頓的臨時安置現場，許多族人拿到了一張「問卷」，標題是「意願書」。這張永久屋意願書是令當時原住民族聯盟非常憤怒的文件。簡述其內文如下：

> 全球暖化、氣候異常，台灣雖屬寶島〔…〕仍因〔…〕「莫拉克」颱風造成嚴重災害，許多村落房屋更在一夕之間被催毀。本人欣聞〔…〕慈濟慈善事業基金會秉持〔…〕「無緣大慈、同體大悲」〔…〕心情，啟動〔…〕專案，並立即與政府〔…〕協助興建永久住屋免費供災民居住。本

人至感謝意〔…〕並承諾未來取得房屋所有權之後〔…〕不再返回原住屋
居住。（永久屋志願書）

「不再返回原住屋居住」這個句子直接剝奪了原住民族人回到原鄉生活的
權利，經災民和社運團體抗議之後，在第二版本中，句子被改寫為「其所有山地
保留地，不得從事破壞水土保持之使用」。第二版本的全文可見圖27-1。兩個版
本相加，正好彰顯了永久屋政策不讓原住民族返回原住屋居住背後非理性的預
設：慈濟基金會認為原住民族在山地保留地耕種，會破壞水土保持。

意願書

　　全球暖化，氣候異常，台灣雖屬寶島，仍因98年8月7日遭「莫拉克」颱風造成嚴重災害，許多
村落房屋更在一夕間被摧毀。本人＿＿＿＿＿＿欣聞財團法人中華民國佛教慈濟慈善事業基金會秉
持「無緣大慈、同體大悲」、「人傷我傷」心情，啟動「八八惡水毀大地，秉慈運悲聚福緣」賑災
專案，並立即與政府相關部門研議於高雄縣杉林鄉月眉地段2168等地號上協助興建永久住屋免費供
災民居住。本人至感謝意，茲出具此意願書，除全力配合基金會及政府部門外，並承諾未來取得房
屋所有權之後，除繼承外，不移轉他人，且其所有山地保留地，不得從事破壞水土保持之使用。

立書人（戶長）：
身份證字號：
戶籍地址：
現居住所：□同戶籍地
　　　　　□現住地，地址＿＿＿＿＿＿＿＿＿＿
　　　　　□借住親友處，地址＿＿＿＿＿＿＿＿
　　　　　□暫住＿＿＿＿＿＿收容中心
　　　　　□其他＿＿＿＿＿＿＿＿＿＿＿＿

聯絡電話：

◎若填妥以上資料，請擲回高雄縣政府社會處身心障礙福利科陳繡裙科長07-7477611轉2735彙辦。
　　　　　　　　中華民國98年　　　　　月　　　　　日

圖27-1　永久屋意願書（第二版本）

資料來源：研究者田野資料

　　在災後安置處境下，一張問卷形式的文本承載著多大的權力？這張由慈濟主張、地方政府科長會辦、族人被要求填寫的問卷，看似簡單，卻連結著強大的國家權力：中華民國政府爲了永久屋政策，竟在這個文本流出之後，緊急規劃一系列複雜的法案「劃定特定區域」、「部落安全鑑定」等等，爲此張文本背書，期許原住民族人「不再返回原居地」（政策整理可參考summer, 2009）。族人如果簽了名，就會被法律綁定，遭到剝奪返鄉居住的權利！一張文本就能輕易地剝奪族人返鄉的權利，間接造成文化的滅絕。現場的原運與社運團體看到之後大吃一驚，透過持續不斷地發聲與動員，來抗議永久屋政策下的種種荒謬預設。

　　「我不過是要回自己的家，有那麼困難嗎？」族人再問。是的，很困難，當永久屋論述中影射原住民是「環境的破壞者」、問題的製造者，而欲進一步限制族人返鄉的自由時，就很困難。永久屋所帶來的種種侵害原住民族集體文化權的問題，已於文獻回顧中闡明，於此不再重述。而驅動著永久屋政策、「劃定特定區域」、「部落安全鑑定」一連串國家政策背後的意識型態符碼，即是慈濟人認爲原住民族人回到部落會「破壞水土保持」。然而，「原住民族人破壞水土保持」此種說法忽略了臺灣殖民主義的歷史事實：臺灣山林自日治以來受到林務局、公路局以殖民政權的力量長期介入開發山林，才導致原住民族所處的生態環境受到過度的開發與破壞。八八風災之後安置現場四處散播著「原住民族人破壞水土保持」的說法，迴避了殖民政權以國家之名濫墾濫伐，摧毀了山林大地的歷史事實，殖民政權以國家力量結構性地侵害了臺灣的土地，剝削環境以致於產生天崩地裂的土石流。原住民族人原是山林的守護者，但卻無法以少數的人口阻擋來自殖民政權的開發與破壞，災難發生後還得承受破壞環境的污名，甚至被剝奪返回原居地居住與重建的權利。

六、健康的他者：戒菸、戒酒、戒檳榔

　　或許歸因於高醫熱帶醫學的研究團隊發現：原住民鄉之抽菸、喝酒、吃檳榔這三樣習慣與鄉民的肺癌、肝硬化與口腔癌之間有高度相關性（葛應欽、劉碧

華、謝淑芬，1994；楊美賞，1992）；意外事故與慢性肝硬化，推測可能與飲酒有高度相關（陳憲明、汪明暉，1993；陳品玲、陳怡樺，2007）。此後，戒菸、戒酒、戒檳榔也為此後原住民健康促進的基調、衛生防治工作的重點很可惜的是，這類原本有極大潛能發展出原住民與健康不平等議題的研究，在公衛與醫學研究中，往往被簡化為「基因」問題，或以「戒酒防治計畫」針對原住民族個人做行為矯正的操作。這種個人層次的思考，忽略殖民歷史造成的結構性壓迫及其責任，反倒使得飲酒的原住民族人再度落入汙名：族人被定義為「酒精依賴」或「酒精濫用」，戒酒工作進行的同時族人也在過程中承受污名。

　　「想要自在地喝酒，大家暢快地聊聊，不行嗎？」確實不太行，原住民族人得偷偷進行。大部分救助災難的慈善團體都有宗教背景，宗教組織勸人向善的歷程中，往往帶著許多戒律，在莫拉克風災之下，這些戒律也和原住民族人慣習的生活方式產生衝突。除了先前提到的吃素之外，常見的戒律是不菸不酒的健康論述。安置在營區和宮廟的時候，族人往往把米酒裝在寶特瓶中，當成「飲料」帶到緊急安置的場所，偷渡飲料進收容中心成為災後壓力生活中的特殊記憶。前文提過，災後部落族人們靠著共食共飲等集體生活的方式，一起彼此支持度過壓力階段。但是到了平地被臨時安置，不論是在宮廟、營區或教會，這些以酒精飲料紓壓的方式，卻進入一種被批判、被評價、被論斷的價值系統，原本自在的紓壓方式，有了更多的顧忌與隱藏，肇因於宗教團體加諸族人飲酒行為的污名想像。

　　2010年在慈濟大愛永久屋園區，隨時可見慈濟志工在進行衛教。那年的2月，我走在慈濟的大愛園區，穿著藍天白雲制服、有秩序的慈濟人，像螞蟻般勤奮地打點新蓋好的房子和街道空間，安排入住儀式。對於他們的勤奮，你不能說沒有一些感動。在排列整齊、灰灰的、宣稱綠建築，但卻被原住民朋友笑是「雞籠」的一排長屋面前，路邊總是有些攤位，設有半人高的看板，上面貼著一張張口腔癌細胞病變的放大照片，攤位前數十位穿著藍天白雲制服的天使們，殷殷切切地勸導著每一個路過的原住民族人量血壓，順便勸導戒菸、戒酒、戒檳榔！族人在慈濟大愛屋居住時：

偶爾抽根菸、吃一口檳榔、喝一點酒，想解煩悶、去憂愁，被慈濟人看見三次，就再也沒有工作機會了。在小林附近的平埔族朋友說：沒工作的事情比較小，他的大嫂家門口有三根菸蒂，就被永久屋慈濟糾察隊罰了1,500元（劉瑋婷，2010）。

災難救助的歷程不斷複製著原漢之間的殖民暴力，在災後受創的脆弱狀態之下，漢人救助者以不切實際的理想要求族人改變，在戒菸、戒酒、戒檳榔的論述之下，看不見殖民體制對原住民族文化的殘害，也看不見族人在歷史創傷之下的心理狀態。吸菸、喝酒、吃檳榔成為個別族人的問題，族人紓壓的生活方式再度被污名化，也受到健康管理。健康論述再製了殖民體系的結構性暴力，強化了原漢的不平等權力關係，也看不見漢人社會在此結構下應負起的責任。

七、順服的敬拜者：失去尊嚴的賑災金發放方式

如第一節所述，豐饒部落族人災後對金錢需求來自於被迫離家離鄉，安置於外地的生活衍生了許多開支，族人對賑災金的需求也因此而來。災後許多的宗教團體會到安置現場發放善款。基督教的團體透過既有的教會系統，請族人簽完名就可以領錢，但大家傳聞領到錢的人很少，許多錢都不知道到哪裡去了；相較來說，佛教或道教的宗教團體卻要求族人行跪拜禮儀，引發了較大的爭議。為了一千元至兩千元不等的善款，族人要以磕頭或下跪的方式表達感謝，才能領到善款。磕頭或下跪，端視該單位的要求。諸多團體中禮儀最繁複的是一貫道，要求族人像自己的信徒一樣，要磕一千個頭，磕完頭才能領錢。

在漢人文化中，何時會行跪拜禮？過新年時，長輩給晚輩紅包，晚輩跪拜表示謝意；在佛道儀式中，師父指點徒弟，徒弟跪拜表示感謝。跪拜儀式本身即在彰顯階序，人向神跪拜、晚輩向長輩跪拜、徒弟向師父跪拜，跪拜者本身必然屬於兩者關係中的較低階序。行跪拜禮本身豈不暗示著發賑災金的佛道教工作人員位階高於領賑災金的基督教族人？在災後安置的場合，因為佛道團體自認為這是

「無條件的金錢贈與」，所以給錢的同時，也理所當然地要求族人對於這樣的階序表達感謝。漢人佛教徒要求基督教族人行跪拜禮以領取賑災金，同時展示著雙重的階序關係：漢人高於原住民、佛道教高於基督教。

在我看來，因爲大部分的族人信仰基督宗教，向異教徒跪拜領錢這個動作所展示的宗教順服隱喻，極度地羞辱，讓族人覺得不舒服。原住民族聯盟工作者試圖要求佛道團體不要行跪拜禮，但佛道團體賑災金發放者不覺得自己的行爲有問題，仍舊以跪拜儀式進行。族人的反應倒是挺幽默的，在平地有經濟開銷需求的族人，即使覺得不舒服，迫於經濟壓力，行禮如常，最後再玩笑面對：

> 有族人開玩笑，他們（基金會）說要磕一千個頭，我跪在那邊，因爲我的痛風發作，痛得讓我站不起來，就領到錢了。（A）

災民在安置現場領取賑災金，有什麼困難嗎？是的，很困難。從族人的觀點，自然會希望領取賑災金時能保有尊嚴，但因爲佛道意識型態符碼的運作，以跪拜儀式領取賑災金，對佛道賑災金發放者來說顯得理所當然。然而，在安置場合行使跪拜儀式，展現了雙重階序：漢人優於原住民、佛道教優於基督教。換句話說，以跪拜儀式領賑災金展示了漢優原劣的權力關係，也揭露了佛教與道教高於基督教的宗教階序，更進一步來說，這也隱隱暗示著「改宗」或者「宗教殖民」的新可能性。賑災金發放者又主觀認爲這是「無條件的發放」，所以要族人表達感謝。在此脈絡下，族人要有尊嚴地領到賑災金，眞的很難。

八、都市的他者：原住民族人爲漢人掃街

勞委會自8月中開始展開八八臨工方案，在南部五個縣市受災地區的鄉公所釋放出工作名額，讓災民有臨時工作機會，能在當天領到工資，而且希望與家園重建結合在一起（今日新聞，2009）。政府方面秉持善意的臨工，卻未顧及被安置原住民族人的特殊狀況。D因爲八八臨工的關係，被要求到營區附近的公園

去打掃。這歷程卻帶給她痛苦的想家經驗：

> 我去大樹鄉公所面試，然後得到這個工作機會。……它是一個很大片的公
> 園，它本來是很漂亮的，不過它也是被那個八八水災摧毀，那它就是要
> 做那個……復原的工作。結果第一天我真的很想哭，你知道為什麼嗎？
> 〔…〕那個時候我想說我會覺得很痛苦，真的很痛苦，我會想說為什麼不
> 留在原鄉，我寧願在原鄉做這個工作，我也不要來這個地方來做這個工
> 作，結果就一直做、一直做、一直做。（D）

　　花時間重建別人的家園，而不能重建自己家園，原住民族人感覺非常異
化。在營區常聽族人抱怨八八臨工去掃馬路、去掃廁所，雖然有收入，但是感受
不到意義，甚至愈掃愈痛苦，因為產生想家情緒。甚至，在都市為別人打掃，最
後成了另外一種被壓迫的屈辱象徵。三年後，D和C在焦點團體中一起再談起這
段歷程時，她們說：

> D：在那邊掃地，擴大就業的說：「在那邊掃地的，把大樹的街都掃光光
> 　　了。」（笑）
> C：原住民幫人家都市的街道掃地阿。（笑含諷刺）

　　八八臨工的善意雖可提供經濟支持，當原住民族被異地安置的特殊處境並沒
有被考量到決策中，災後在平地掃街，對族人來說，失去打掃家園的意義，甚至
複製了族人到平地為漢人打掃的階級歧視經驗，淪為從屬的位置，失去尊嚴。如
果災後國家決策者能依照「離災不離鄉」的精神來辦理臨時安置，這些狀況都可
以避免或舒緩。

伍、災難中的原住民族社會工作：結語與建議

　　我統整本文原住民族人風災之後的集體文化權及文化安全的內涵，再以族人的經驗說明爲何災難現場出現的種種論點帶有歧視意涵，剖析這些歧視觀點背後的制度性原因及其隱含的意識型態符碼，最後建議從莫拉克風災異地安置經驗中，我們可以學習到怎麼樣的文化能力。爲了協助說明，我將主要研究發現統整在表27-1。第一欄主題是本文主要發現，亦是族人被制度性歧視之後，被主流社會所誤解的刻板印象。第二欄呈現原住民族擁有自治權與展現文化主權的論述，即原住民族集體文化權。第三欄以文化安全的角度呈現原住民族人的個別需求，或是失去文化安全之後的需求。第四欄是災難現場常見的歧視觀點。第五欄剖析這些歧視觀點背後的制度性原因，及其隱含的意識型態符碼。

表27-1　從集體文化權和文化安全角度來反思異地安置現場的制度性歧視觀點

主題	原住民族集體文化權	文化安全或失去安全之後的需求	災難現場常見的歧視觀點	造成制度性歧視的漢人意識型態符碼
受災的弱者	·離災不離鄉。 ·部落原可自主自助，因爲國家要拯救才被迫離鄉成爲依賴者。	想要在家鄉，因爲來到平地沒錢、沒車、沒身分，需要一些錢才能在平地過日子。	災難很危險，災民需要被救援。	拯救災民是應然，反應出國家管理主義意識型態。
福利的依賴者	·以家、戶和部落爲共同單位一起安置。 ·讓部落自主規劃安置方式。	·想要和家人團聚。 ·平地也有家人可短暫依靠。	爲發放福利需先製作名冊。不符福利預設的災民便視之爲貪婪。	製作名冊反應出個案式的社福管理主義。
宗教的他者	·安置時應考慮並尊重部落族人的信仰。 ·族人以基督教和天主教爲主要信仰。 ·應以教會爲主要安置地點。	·想要住在教會。 ·懼怕佛像。 ·安置在廟宇與基督教的教義相抵觸。	第一時間馬上想到找廟宇作爲收容所。	佛道文化爲主要意識型態符碼。

主題	原住民族集體文化權	文化安全或失去安全之後的需求	災難現場常見的歧視觀點	造成制度性歧視的漢人意識型態符碼
野蠻的他者	原住民族人狩獵與吃肉乃遵循自然的韻律及法則，是生態循環的一部分。	·想要吃肉，非常不習慣素食。 ·食宿不需特別管制。 ·應儘可能提供受災者習慣的飲食，要有肉食。	·吃素等於慈悲不殺生，隱喻吃肉就是殺生、不慈悲。 ·讓你吃肉，要非常感恩。	吃素作為佛道文化的主要意識型態符碼。
環境的破壞者	·離災不離鄉。 ·原住民族是山林的守護者。殖民政權濫砍濫伐，才是破壞山林的元兇。 ·終究要返鄉。	想要返回山上的家園，因為土地家園都在那裡。只因給了我一棟屋子，就要求我不能回家居住？	·山林很危險。 ·原住民族人破壞環境，有礙水土保持。	國家管理主義及殖民主義思維。
健康的他者	殖民主義造成健康問題，殖民者又再汙名化喝酒的族人。	承受文化失落及山崩地裂的壓力，想要喝點酒紓壓。	菸、酒、檳榔都有害健康，應該戒除。	宗教管理主義及殖民主義思維。
順從的敬拜者	發放賑災金請尊重災民及文化差異。	有尊嚴地領取賑災金。	要求族人以跪拜禮領取賑災金。	佛道文化為主要意識型態符碼。宗教殖民的隱喻。
都市的他者	離災不離鄉。	·想回原鄉重建家園。 ·被迫離開原鄉到平地為漢人掃街，在異鄉掃街感到尊嚴受損。	以工代賑是對災民的福利。	國家管理主義。

資料來源：作者統整自本文。

一、災難下的原住民族集體文化權

原住民族人的需求難以在社會福利體系中獲得滿足，需從原住民族人提出的

集體文化權找到解答。統整災後原住民族人對臨時安置與重建的訴求為[10]：

（一）部落集體自治自決的權利：不論是遷村決定或是臨時安置，政府應尊重部落自治與自決的權利。部落需要時間，也需要集體共決與自治的政治空間。災後部落可自主自助，應該留時間與空間給部落自主規劃臨時安置方式。若需異地安置，應以家、戶和部落為共同單位一起安置。若要「劃定特定區域」應諮詢在地族人，尊重部落的傳統知識與生態智慧，而非仰賴外來專家學者做部落的安全鑑定。若要遷村，也應留給部落集體性自治自決的權利，不應由政府以社會福利思考取代部落集體共決。

（二）部落有權選擇留在原鄉居住及臨時中繼安置的權利：原住民族是山林的守護者，留在原鄉才能守護傳統，災後需要的只是暫時的中繼安置。災難雖然很慘烈，但是臨時安置應以「離災不離村，離村不離鄉」為原則，如此才能與土地共生，異地安置強迫原住民族人離鄉成為福利的依賴者，是對族群尊嚴與文化的殘害。族人有權利做選擇，關於是否離鄉、如何安置，及是否選擇臨時中繼安置等。

（三）國家政策內容應公開透明並取得部落同意權：國家政策、社會福利及殖民主義等皆有礙原住民族行使自治與自決的集體文化權，不論是政府決策、社福單位等任何與部落相關的決議要進行之前，皆應確保資訊公開透明，與部落族人協商，取得部落同意之後才能進行。

二、文化不安全：莫拉克風災後短期異地安置經驗

莫拉克風災之下，國家體制與慈善團體強勢介入，原住民族人幾乎無法申張上述的集體文化權，在異地安置的歷程中經驗著文化不安全：「任何的行動，它讓族人的文化認同及個人的完整性消失、貶低或者被否認」（NAHO, 2006: 1）。以下回顧豐饒部落族人異地安置的經驗，並詮釋這些行動為何造成文化不

---

[10] 本文研究發現中沒有處理永久屋與中繼屋的爭議，但集體文化權的部分已由文獻整理擬出要點，並結合異地安置的文化權，做整體的詮釋。

安全。

（一）族人在災後的第一時間發揮自治與自救的精神，即使有災難也不一定要離開原鄉。離災不離鄉才能保有文化安全，但在國家政策介入的情況下，被迫離鄉的族人文化認同與尊嚴被損傷，族人成為沒有錢、只得仰賴社會福利的災民。

（二）族人遠離原鄉到平地被安置，災民身分與需求完全受國家社福體制所定義，想要打電話或和家人團聚的基本需求被忽略，不斷地被要求填問卷。災民得搭直升機下山且被社會局登記才算是「災民」，不符合定義的族人無法取得社福資源與營區住宿安排，想要和家人安置在一起，或想要領取物資均有困難。族人被貶低為福利的依賴者。

（三）族人的宗教信仰以基督宗教為主，漢人以佛道為主，被安置在廟宇的族人對佛像感到恐懼，想要安置到熟悉的教會卻很困難。原住民族聯盟工作人員要求社工人員改善時，社工人員經常在第一時間持否定的態度。

（四）原住民族傳統文化以狩獵為生產方式，大部分族人不習慣茹素，在廟宇中想要吃肉，卻被隱喻為殺生，基本的飲食需求很難得到滿足。廟宇特別為族人開葷，吃一頓正常的餐卻被認為是接受施恩，所以族人要特別感恩。這些想法均損傷族人的文化尊嚴。

（五）在安置現場，慈善組織宗教團體提供永久屋的問卷調查，背後預設族人是環境的破壞者，族人想要返回原鄉，卻被永久屋政策及「部落安全鑑定」、「劃定特定區域」等重重法律障礙著族人返鄉的可能性。

（六）在宗教團體的戒律文化之下，族人抽菸、喝酒、吃檳榔等行為需要被矯正或被罰錢，族人想要喝酒得偷渡，漢人無視於殖民主義的歷史造成的結果，再度以殖民主義與宗教管理主義的思維管理族人，族人成為不健康的他者。

（七）族人要領取賑災金，竟然要跪拜，等於屈服於族群與宗教雙重壓迫的弱勢位置，致使個人的文化認同和人格完整性消失，被貶低、失去尊嚴。

（八）國家認為以工代賑是對災民的福利，但是被異地安置的族人亦面臨為漢人掃街的階級隱喻，同樣損傷族人尊嚴。

綜上所述，我們可以得此結論：莫拉克風災之後豐饒族人被異地安置於平地的經驗，以文化不安全的方式被對待。為達成文化安全，我們必須「能夠分析體制之間的權力不平衡關係，制度性的歧視，殖民主義以及殖民關係」（NAHO, 2006: 1）。

三、災後異地安置現場的種族歧視

異地安置現場最常聽聞服務提供者的歧視觀點呈現在表27-1第四欄，如「災難很危險，災民需要被救援」、「發放福利先製作名冊」，或「馬上想到找廟宇作為收容所」、「山林很危險，族人破壞環境有礙水土保持」、「請不要飲酒，有礙健康」、「請災民以跪拜禮領取賑災金」、「以工代賑是對災民的福利」等等行動與論述。這些文字表面看來似乎中立、無價值判斷，但若以異地安置處境下族人的經驗和需求來看，這些言語與行動皆帶著文化不安全的效果，讓受災族人的文化認同與人格完整性受到貶抑與否認，對受災的原住民族人產生權力不平衡關係、制度性的歧視與殖民主義壓迫。從福利接收端的族人觀點，過程中極度不舒服、被異化成為福利服務的客體。

災後異地安置現場的論述及其背後的意識型態符碼，挾帶著國家與社會體制中強大的宰制性權力關係，直接定義了族人的行為與舉止。在災後異地安置的脆弱處境下，族人因為不符合漢人文化期待而被污名化為「受災的弱者」、「福利的依賴者」、「宗教的他者」、「野蠻的他者」、「環境的破壞者」、「不健康的他者」、「順從的敬拜者」及「都市的他者」。

檢視論述背後的預設，可歸結為國家與社福的管理主義、漢人為主的佛道文化、殖民主義的他者想像，這些觀點視災民為無能為力的弱勢者，服務提供者認為福利有利於災民，福利提供者對於自身的佛道文化、個案式管理主義、國家管理主義、殖民主義等預設覺得理所當然且毫無反思，此為意識型態符碼。國家與社福的管理主義夾雜著佛道文化意識型態符碼建構出一套客觀知識，族人因為風災而進入了這些宗教組織的「管理」範疇，成為需要被國家、社福和宗教團體

「管理」且「救助」的災民。許多災難現場的歧視觀點看似平凡無常，但因這些想法背後夾帶著巨大的意識型態符碼，並搭配著國家與社福團體的權力關係，對原住民族人造成制度性歧視的效果，原鄉族人成為災難中的他者。

這是不是種族歧視？牛津英文辭典解釋種族歧視：「相信每個種族的所有成員都具有特定的特徵、能力或素質，特別是將其區分為劣等或優於另一種種族。」（Racism, 2017）原住民族在異地安置現場經驗的種種論述，都一再指向漢優原劣，在現實中形成了立基於族群與文化差異的偏見，無視於族人的真實需求，就已將其行動理解為有問題的他者，造成汙名，這就是種族歧視。即使當事人毫無覺察，亦無法置身事外，反而更顯示了「優勢族群對弱勢族群的忽視，是一種最不用力而最有效力的歧視」（李明政、莊秀美，2000：499）。在當代社會生活中，原漢之間的文化差異向來都存在著優劣的階序關係，只是從來沒有如此鮮明地、無差別地、集體地被對照呈現過。換言之，莫拉克風災後的異地安置讓原住民族進入一個被主流社會制度性種族歧視的狀態之中。

在災難的現場，種族歧視的觀點四處瀰漫，幾乎不可能禁止。我在災後異地安置現場理解到，在整體國家決策者與災難工作者皆欠缺文化知識的狀況下，即使四處抗議也難以撼動或改變現場狀況。不管是政府官員、宗教團體、社會工作者面對族人抗議的反應皆是：委屈、不能接受、無法對話。幾個月下來，族人間也只能彼此打趣：「被服務的人沒有說話的餘地，只能感恩！」

異地安置現場他者化的種種論述相互建構，形塑著災難社工對於原住民族人的判斷，對族人形成一個極為痛苦的壓迫體系。族人一開始仍會表達需求，但意識型態符碼已控制了福利提供者的想像，每一次的需求表達，卻總是意外地導向一個「漢優原劣」的意識型態與價值判斷，阻撓著災難工作者對族人真實需求的理解。這些論述在異地安置的每一個時刻不斷上演，其中隱含的價值判斷，也逐漸扭曲了族人的自我意識與自我價值，讓被安置的族人恨不得逃回山上，做自己的主人。

你知道為什麼我們不想走？因為離開山上你就是災民，留在山上你才是居

民。誰想變成災民？（D）

　　族人感受到在部落是主體，擁有生活的主權；到平地當災民，族人就成爲災難工作的客體，只能任人擺布，喪失了做主的權利。也難怪豐饒部落的耆老，經歷一次異地安置之後，再也不肯離鄉：

D：我爸爸從那個時候，現在不管是610水災或什麼水災，要帶他下山他堅
　　決不要，打死他都不從餒。
C：打死他都不從，他就認爲說我們……他下……那次帶下山再也不會被騙
　　了，再也不會。

　　莫拉克風災之後的異地安置讓族人直接進入漢人制度性的歧視情境之中，看似中立的語言，因爲其背後的佛道文化、社會福利管理主義、國家管理主義或殖民主義的思考，均指向於漢優原劣的從屬關係與權力不平衡的狀態，雖然原住民族聯盟工作者努力在現場試圖表達與翻轉，但對於許多族人而言，這些難以言說、難以翻轉的權力不平衡狀態仍是難以承受的，再也不願意離開原鄉被異地安置。

四、災難下原住民族社會工作實踐：從文化安全再探文化能力

　　災難下從事原住民族社會工作該具備何種文化能力？爲培養兼具反種族歧視及尊重原住民族權利爲基礎的工作模式，它必須以族人的文化安全來思考文化能力的內涵。以下從文化能力的三層面：1.文化知識；2.態度與價值；3.文化技術分別建議。

（一）文化知識方面

1. 原住民族社會工作若以「消除各種形式之種族歧視」與「追求原住民族集體文化權」爲核心價值，那麼本文所稱的文化能力，就須以文化安全爲基礎來思考。結合態度、知識與技術，擁有文化能力者需有意識地去維護原住民族的文化價值、對原住民族被殖民的歷史等結構性的不平等有所覺察、理解原住民族被殖民的歷史、激進地挑戰族群歧視與不平等，並維持原住民族的集體文化權。唯有納入歷史結構性的思考，從服務接收端的族人角度來思考，挑戰種族的不平等，有文化能力的工作者才能做出社會改變和政策修訂的行動，以維護原住民族的文化安全與文化尊嚴。

2. 在莫拉克風災下，原住民族人的自治權被社會福利取代，族人成爲被救助的他者。社會福利體制成了殖民者的幫手，族人在社會福利體制之下成爲福利的依賴者、受災的弱者、無法發言的噤聲主體。失去主體的原住民族人難以找回文化的主權與自治權。永久屋政策剝奪族人返鄉重建與文化安全。

3. 原住民是環境的守護者，非環境的破壞者：社工員應理解現代化價值使得人和環境形成相互對立的爭鬥關係，殖民剝削的歷史才是殘害山林的元凶。相對來說，傳統原住民族文化與山林維持著相互依存的生態智慧，原住民族應是生態環境的守護者而非破壞山林的兇手。殖民主義以國家體制開發山林、強迫族人進入現代化和資本主義邏輯，才是形成環境破壞的罪魁禍首。

4. 漢人以佛道爲主要文化信仰，原住民族則以基督教和天主教爲主：在災難安置之時，社工應覺知到己身文化信仰的限制，學習從原住民族信仰角度來思考。例如，安置時應以教會爲主要安置地點、不要勉強族人吃素、不要強行使用對信仰基督教和天主教的族人來說極不尊重文化差異的佛道教儀式。

5. 族人狩獵與吃肉乃遵循自然的韻律及法則，是生態自然的一部分；吃素是佛道文化的一部分，社工應覺知到自己文化的限制不應以此價值評斷原住民族人。在族人所屬的生態環境圈中，狩獵乃文化行動，殺豬乃至於分食豬肉皆蘊含文化知識於其中，勉強族人吃素會改變其文化習俗。最重要的是，佛道文化吃素意識型態背後隱含的不殺生邏輯容易冒犯族人，使族人感覺不舒服。

6. 健康管理論述看似維護族人健康，但卻忽略殖民主義的歷史才是造成族人健康的元兇。不論歷史脈絡片面地要求族人改變生活與飲食習慣，甚至動輒施以失去工作或者罰錢的懲罰，等於再次複製殖民主義的權力關係。

7. 社工員應了解原住民族長期在漢人社會中被殖民的處境，原漢之間長期以來不是平等的，而是維持著權力不平衡的宰制關係。任何的政策與制度改革若沒有採取文化安全與文化集體權的觀點，皆可能再次複製殖民主義、社會福利與國家管理主義等權力不平等關係於工作流程之中。

（二）態度與價值方面

1. 批判性的自我檢視：社工應盡可能地以自身經驗為借鏡，反思自己如何在行動中造成「各種形式的種族歧視」。本文已論證，第一線災難工作者的任何論述與行動皆可能啟動漢優原劣的意識型態符碼，造成種族歧視，例如視受災者為無助的弱者，或是工作過程中沒有考慮到文化差異，其結果由族人來承受時會比自己想像中的嚴重許多，甚至形成種族歧視。社工應覺知到自己作為國家統制機構中的一員所帶來的文化與結構性優勢，並能批判性地思考自己和族人之間在互動過程中如何形塑了不平等關係。社工員應理解：忽視也可能是歧視，種族歧視不在他人，可能就在自己的行為舉止之中，故而更應增進己身文化敏感度、對意識型態符碼的辨識能力，及對原漢權力關係的分析與反思。

2. 學習以災民為主體，尊重文化差異且聆聽需求：因為整體社會欠缺對原

住民族所處文化脈絡與眞實需求的理解，在意識型態符碼控制下，在宗教慈善組織與政府決策的多重權力交織下，福利提供者已難還原福利接收者的眞實需求。異地安置的族人是天然災害之後被剝奪返鄉權利、主體與文化需要被尊重的災民，而災民是被服務的主體，災難救援和緊急安置的目的是讓災民獲得良好照顧、被文化安全的環境所支持，使其能安心地在災後進行復原，以期早日返鄉的歷程。

3. 陪伴族人找回「集體文化權」：原住民族社會工作目的並非要完成國家管理主義的目標與手段，而是培力與陪伴族人，鬆綁傷害原住民族主權的各種社會控制手段，以協助原住民族人找回「集體文化權」。原住民族社會工作的最終目標，是讓族群整體找回自決自治的能力與時空環境。

（三）文化技術方面

1. 災後應以「離災不離村，離村不離鄉」爲原則進行安置，異地安置讓族人離開原鄉，成爲福利的依賴者，文化延續也面臨困難。建議未來災難後盡可能避免大規模的異地安置。

2. 以協助集體文化權的展現與實踐爲陪伴族人的方式：莫拉克颱風後大規模的異地安置及大量外部資源介入的後果，對於原住民族群內部造成極大的撕裂。提供個別式的福利服務往往讓族人陷入失去力量的福利依賴，社工員應基於對原住民族文化的了解與尊重，支持原住民族集體文化權，陪伴族人爭取並擁有自治自決權，方爲基進賦權的方式。

3. 在決策層次上，政府決策者應正視原住民族的集體文化權與文化安全，並將其納入政策思考。莫拉克颱風災後異地安置的歷程中，政府單位不論是教育部、勞委會、或者是莫拉克重建條例，皆未考量原住民族文化與地區的特殊性，更遑論災難下的原住民族集體文化權。政府或慈善單位是否能理解己身的決策與行動在原漢權力關係之下，將爲受助的原住民族帶來極大的壓迫？若能對此有歷程有所覺察，即爲有文化能力的決

策者，能覺察制度性的歧視，具備反種族歧視的意識，並在政策中做出正確的政策判斷與行動。

五、研究限制

受限於字數限制，本文只能選擇性地就族人在異地安置現場所感受被歧視的狀態做說明。有以下三個限制：(1) 未有足夠空間說明住進營區之後，族人具主體性地操作出具有文化特色的安置措拖，此將另文處理。(2) 也未有足夠空間處理安置現場的中繼屋爭議及安置期程錯置的問題。(3) 為強調泛原住民族受到的結構性歧視，不同原住民族之間、不同部落在不同安置點的差異經驗無法在此文中處理。

參考書目

中文書目

今日新聞（2009）。〈八八水災，五鄉鎮結合災民臨工17日啟動，每日現領800元〉。取自 http://www.nownews.com/news/20090816/885942

內政部統計處（2000）。宗教教務概況。內政部統計年報。取自https://web.archive.org/web/20150510001700/http://sowf.moi.gov.tw/stat/year/y01-03.xls

王增勇（2002）。原住民社會工作與福利服務。社會工作與臺灣社會，呂寶靜主編，頁309-348。臺北：巨流。

王增勇（2010）。原住民要回到誰的家？。台灣社會研究季刊，78：437-449。

王增勇、賴誠斌、黃盈豪（2011）。那一年我們在莫拉克……社會工作救災實務操作指引—莫拉克風災經驗集結實錄研究。高雄：高雄市政府社會局。

王增勇等（譯）（2012）。為弱勢者畫權力地圖：建制民族誌入門（原作者：Campbell, M.L & Gregor, F.）。臺北：群學。（原著作出版年：2002）

丘延亮（2010）。不對天災無奈，要教人禍不再：災後民間力量在信任蕩然之叢林世界中的對抗與戰鬥，台灣社會研究季刊，78：363-402。

全國成（2010）。以原住民族的重建需求為觀點—探討家園重建政策與原鄉期待的落差與衝突。社區發展季刊，131：230-248。

行政院莫拉克颱風災後重建推動委員會（2010）。莫拉克颱風災後重建周年成果彙編。高雄：

作者。

行政院莫拉克颱風災後重建推動委員會（2012a）。莫拉克颱風災後救助與安置。高雄：作者。

行政院莫拉克颱風災後重建推動委員會（2012b）。愛與希望耀動生命力：莫拉克颱風災後重建
　　3周年成果彙編。高雄：作者。

呂明蓁、林津如、唐文慧（譯）（2009）。母職任務與學校教育的拔河（原作者：Griffith, A. &
　　Smith D.）。臺北：高等教育。（原著作出版年：2004）

李明政、莊秀美（2001）。原住民社會工作實務的倫理議題。社會工作倫理，徐震、李明政
　　編，頁481-509。臺北：五南。

林津如、黃薇靜（2010）。失竊的世代？漢人家庭意識型態符碼與原住民族兒童保護。台灣社
　　會研究季刊，77：59-96。

林珍珍、林萬億。（2014）。莫拉克風災後高屏地區重建服務網絡之研究：災難治理的觀點。
　　思與言，52(3)：5-52。

原住民族委員會（1999）。台灣原住民狀況調查資料摘要。取自edu.tjc.org.tw/book/adult/origi-
　　nal/18.doc

莊曉霞（2012）。原住民社會工作文化能力內涵之初探：以花蓮縣為例。社會政策與社會工作
　　學刊，16(1)：133-182。

許俊才、黃雯絹（2013）。原住民（族）與社會工作的相遇─是美麗還是哀愁？。台灣原住民
　　族研究學報，3(2)：89-114。

陳永龍（2010）。莫拉克災後原住民部落再生成的主體化運動。台灣社會研究季刊，78：403-
　　435。

陳品玲、陳怡樺（2007）。中華民國九十四年度原住民健康狀況統計。臺北：行政院原住民族
　　委員會。

陳振川、洪世益（2012）。大規模災害家園重建策略─以莫拉克颱風重建為例。災害防救科技
　　與管理，1(1)：63-79。

陳憲明、汪明暉。（1993）。台灣山地鄉的酒類消費與飲酒問題。國立臺灣師範大學地理研究
　　報告，20：57-100。

陸宛蘋（2010年11月）。社會工作在重大災變服務提供的角色及民間非政府組織（NGOs）介入
　　所遭遇的挑戰。「災害救助與社會工作」論文。臺北。

黃盈豪（2010）。災後緊急救援與臨時安置：社會工作人員跨文化經驗初探─以莫拉克風災為
　　例。社區發展季刊，131：326-341。

楊美賞（1992）。原住民婦女健康：菸、酒、檳榔對婦女的健康危害。護理雜誌，49(2)：29-
　　34。

葛應欽、劉碧華、謝淑芬（1994）。台灣地區原住民的健康問題。高雄醫學科學雜誌，10(7)：
　　337-355。

劉瑋婷（2010）。大愛生活系列(5)黃沙配飯菜的日子何時結束？。小地方：台灣社區新聞網。取自http://www.dfun.tw/?p=26561

劉翠溶（2013年9月）。略論近年來台灣氣候災害對原住民的衝擊與災後調適。「台灣及太平洋友邦南島民族氣候變遷調適及因應政策研討會」論文。臺北。

謝文中、鄭夙芬、鄭期緯（2011）。這是「房子」，不是「家屋」：從解釋性互動論探討莫拉克風災後原住民的遷徙與衝擊。臺大社會工作學刊，24：135-166。

謝志誠、陳竹上、林萬億（2013）。跳過中繼直達永久？探討莫拉克風災後永久屋政策的形成。台灣社會研究季刊，93：49-86。

謝志誠、傅從喜、陳竹上、林萬億（2012）。一條離原鄉愈來愈遠的路？：莫拉克颱風災後異地重建政策的再思考。臺大社工學刊，26：41-86。

Summer（2009）。永久屋計畫系列(3)混亂的政策與衝突的法令。小地方：台灣社區新聞網。取自http://www.dfun.tw/?p=17591

英文書目

Abrams, L. S., & Moio, J. A. (2009). Critical Race Theory and The Cultural Competence Dilemma In Social Work Education. *Journal of Social Work Education*, 45(2), 245-261.

Dean, R. (2001). The Myth of Cross-cultural Competence. *Families in Society: The Journal of Contemporary Social Services*, 82(6), 623-630.

Eckermann, A., Dowd, T., Martin, M., et al. 1994. *Binang Goonj: Bridging cultures in aboriginal health*. Armidale, NSW, University of New England.

Fisher-Borne, M., Cain, J.M., & Martin, S. L. (2015). From Mastery to Accountability: Cultural Humility as an Alternative to Cultural Competence. *Social Work Education*, 34(2), 165-181.

Kohli, H., Huber, R., & Faul, A. (2010). Historical and Theoretical Development of Culturally Competent Social Work Practice. *Journal of Teaching in Social Work*, 30(1), 252-271.

Lum, D. (Ed.). (2011). *Culturally Competent Practice: A Framework for Understanding Diverse Groups and Justice Issues* (4th ed.). Belmont, CA: Brooks/Cole.

Morrissette V., McKenzie, B., & Morrissette, L. (1993). Towards An Aboriginal Model of Social Work Practice: Cultural Knowledge and Traditional Practices. *Canadian Social Work Review,* 10(1), 91-108.

National Aboriginal Health Organization. (NAHO). (2006). Fact Sheet: Cultural Safety. Retrieved from http://www.naho.ca/english/documents/culturalsafetyfactsheet.pdf

National Aboriginal Health Organization. (NAHO). (2009). Fact Sheet: Cultural competency and safety in First Nations, Inuit and Métis health care. Retrieved from http://www.naho.ca/documents/naho/english/factSheets/culturalCompetency.pdf

National Association of Social Workers. (NASW). (2015). *NASW Standards For Cultural Competence In Social Work Practice*. Washington, DC: Author. Retrieved from http://www.socialworkers.org/practice/standards/PRA-BRO-253150-CC- Standards.pdf

Racism. (2017). *English Oxford Living Dictionaries*. Retrived from https://en.oxforddictionaries.com/definition/racism

Ramsden, I. M. 1990. *wbakarurubau; Cultural safety in nursing education in Aotearoa: A report for Maori health and nursing*. New Zealand: Minister of Education.

Reisch, M., (2007). Social Justice and Multiculturalism: Persistent Tensions in the History of U.S. Social Welfare and Social Work. *Studies in Social Justice*, 1(1), 67-92.

Smith, D. (1987). Institutional Ethnography: A Feminist Research Strategy. In *Everyday World As Problematic: A Feminist Sociology* (pp. 151-179). Boston: Northeastern University Press.

Weaver, H. (1999). Indigenous People and the Social Work Profession: Defining Culturally Competent Services. *Social Work*, 44 (3), 217-225.

Williams, R. 1999. Cultural safety-what does it mean for our work practice? *Australian and New Zealand Journal of Public Health*, 23(2), 213-214.

附錄一　受訪原住民族婦女基本資料

　　本文採用建制民族誌，以受訪者的經驗作為探究的起點，受訪者的訪談資料提供了她們在災難中的經驗與感覺。附錄表1列出受訪婦女的年齡族別，為了保持匿名性，年齡以五年為間距，受訪者則以代稱標誌。受訪者全數曾在本研究所訪談的原住民婦女組織中工作，她們主要來自於豐饒部落，但也有來自於建國部落以及夏山部落的工作者，族群別涵蓋卡那卡那富族、布農族和排灣族。因為豐饒部落屬於不同族群混合居住的部落，以卡那卡那富為主，布農族次之，組織內部成員族群也呈現出這樣的多元族群特性。本文以跨族群的原住民族人來指稱安置場域中的族人和受訪對象，而不再特別指明其族別。受訪部落婦女的年齡分布從20-55歲，大部分來自豐饒部落，但也有一位來自夏山，兩位來自建國。最後兩位排灣族婦女在風災之時人不在那瑪夏，文中未引用其發言，放置於此乃為突顯部落婦女組織的族群多元性。

附錄表1　受訪原住民族婦女基本資料

代號	族別	受訪時年齡	所屬部落
A	卡那卡那富族	45-50	豐饒
B	卡那卡那富族	50-55	豐饒
C	卡那卡那富族	50-55	豐饒
D	卡那卡那富族	40-45	豐饒
E	布農族	35-40	豐饒
F	布農族	35-40	豐饒
G	布農族	30-35	豐饒
H	布農族	30-35	建國
I	布農族	20-25	夏山
J	布農族	20-25	豐饒
K	排灣族	20-25	豐饒
L	排灣族	20-25	建國

第二十八章　災難老人的需求與援助

蔡宜蓉、陳武宗

壹、前言

　　HelpAge International指出，分析全球趨勢發現，災難風險上升與人口老化兩者都是無法避免的，災難往往不僅是意外事故（accident）本身的影響與衝擊而已，即便起因是天然事故，意外事故、環境、社會、經濟和人等因素彼此互動下，災難及其影響通常會變得非常複雜。而這些因素中，只有災難事件是臨時、當下發生的意外，其它因素都是存在已久，甚至是在災難事件發生之前，就已經存在的結構與現實（Harris & Mihnovits, 2015）。因此，在老人，特別是失能老人族群的災難預防與管理，所需各方的檢視與規劃，早已超越了單純應付意外事故的層次。

　　2012年歐盟的全球人道風險分析指數INFORM，提出風險分析模式應從3種層面觀之：災害與暴露（Hazards & Exposure）、易受傷害性／脆弱性（Vulnerability）和缺乏因應能力（Lack of Coping Capacity）。易受傷害性的分析指標包括社會經濟易受傷害和易受傷害群體兩種，其中，失能老人在發展剝奪、不平等及依賴協助的三項社會經濟易受傷害性的風險值都是高的，且也是易受傷害群體中具有健康狀況的一群，災後，又落入近期受震撼及遠離家園（uprooted：被連根拔起）的一群（De Groeve, Vernaccini, & Poljanšek, 2015）。INFORM將因應能力分為機構（看政府效能與失靈度；災難風險降低），和基礎建設兩部分，災難失能老人在機構因應能力的風險，端看政府是否在公共政策與災難管理的設計與執行時，將失能老人納入考量；而災難及其後，基礎建設的破損與復原，則需要去補強失能老人在可近性方面的落差。

　　以下針對災難時，老人之易受傷害性進行闡述，並以88風災案例研究作為本土對照。文中後半將從災難援助與管理角度，回應前述之需求應如何因應、滿足，最後再提供適用於本土的建議。

貳、易受傷害老人的特質

在臺灣，老人的定義是年滿65歲後的人，於106年3月底的統計，我國老年人口3,151,977人，占全國人口的13.39%，並在106年2月底老年人口首次超過幼年人口總數。依據國家發展委員會的推估，150年我國老年人口將占總人口的36.7～41.9%之間（國家發展委員會，民105），未來高齡人口比率逐年持續上升，人口結構高齡化態勢非常顯著。從102年老人狀況調查報告得知（衛生福利部，民103），在健康與功能方面，65歲以上老人81.07%患有慢性疾病，20.84%在日常生活活動上有自理的困難，有自理困難的人當中，有13.7%無人照顧。老人居住方式以跨世代居住的家庭占64.3%為大宗，其餘20.6%與配偶同住，11.3%獨居，3.4%居住於機構中。經濟收入方面，65歲以上人口平均每月可使用的生活費用12,875元，最大比率老人是每月可使用6,000元～11,999元（28.47%），其次是5,999元及以下（23.3%）。教育程度方面，有22.19%的老人是不識字的。面對災難時，除了年齡之外，罹患疾病狀況、生活自理能力、同住狀況、經濟能力、識字能力等，都是會對老人及其家人造成影響的重要因素，例如老人無法自行移動將增加撤離的障礙，又如老人不識字則無法解讀即時公告或App傳播。這些老人易受傷害性的重要特質，便成為災難管理時必須加以特殊考量與因應的重點。

易受傷害性，亦稱脆弱性，聯合國的定義是：「自然、社會、經濟和環境因素或活動所決定的條件，由於這種條件，一個社區更容易受到危害的影響。」世界衛生組織（WHO）主張每位老人面對災難風險的易受傷害性，存在著個別差異，增加老人災難易受傷害性的個人因素包括：慢性疾病、精神健康狀態、動作限制、視力／聽力障礙、特殊營養需求；另外，社會因素也會提高老人的災難易受傷害性，包括：貧窮、低教育程度、男性、生活狀況改變、獨居和需維護家園（Pan American Health Organization, 2012）。

一、災難影響老人的死亡率

在一項系統性回顧的統合分析中發現，護理之家住民在天然或人造災難之後1個月、3個月和6個月死亡率都有上升現象，1個月死亡率比起災難前上升比率在0.03%～10.5%間；3個月死亡率介於0.08%～15.2%之間；6個月死亡率則是介於14.9%～16.8%之間。經過分析後，發現特別容易發生死亡率上升的族群是屬於80歲以上、衰弱、依賴、多重共病的一群機構住宿老人（Willoughby et al., 2017）。在卡崔娜颶風災難中，75歲以上的罹難災民占全部死亡人數的49%（Brunkard, Namulanda, & Ratard, 2008），60歲以上的人口，75%在這次災難中歷劫身故。而一項針對護理之家老人在卡崔娜颶風前兩年與當年的分析顯示，災後30天死亡率由過去兩年的2%多，上升到3.88%；災後90日死亡率，則是由過去兩年的6%多，揚升到9.27%（Dosa et al., 2010）。顯現老人生命的脆弱性，於災難期間受到嚴酷的挑戰。

二、災難對老人健康的衝擊

除了死亡率外，社區老人在面對災難時，易因身體行動能力缺損（平衡不佳、肌力不足、運動耐受度低、移動遷徙、進食、使用電話等聯絡工具、自我照顧和工具性日常生活功能困難）、感官能力退化、健康問題、社會限制和經濟限制，較容易受傷害（Fernandez, Byard, Lin, Benson, & Barbera, 2002）。身體行動能力缺損往往是老人災難期間最大的弱勢，因為它直接阻礙了撤離的速度，使保命與避開傷害增加了困難度。災難之後，根據卡崔娜颶風資料的分析，災後30天，護理之家老人與前兩年的同期數據相比，住院率從7.21%和7.53%提升到9.87%；90天住院率從18.61%和17.82%提升到20.39%。而120天後護理之家老人的失能再下降狀況，也從5% 提升到6.77%（Dosa et al., 2010）。日本在311震災後4年內多次調查顯示，老人的認知功能缺損出現惡化的態勢，不過在第4年（42個月）的追蹤時，心理安適和睡眠反而已經有所改善（Ishiki et al., 2016）。另一項長達九年，共5次針對經歷風災的老人之追蹤調查發現，長期觀

察下，老人的主觀成功老化指標與客觀成功老化指標（疼痛與功能下降）都有變差的趨勢（Wilson-Genderson, Pruchno, & Heid, 2017）。過去經驗顯示，災後半年內，災難老人的身體健康受到明顯的壓力，其後續將導致災後的醫療與照顧資源的投入需求升高。此外，災難對於老人認知功能下降的衝擊，將會持續很久，認知通常與社區日常生活能力息息相關，因此對於老人的獨立生活表現，也會造成威脅。

三、災難對老人經濟的影響

在災難因應的策略上，財務相關的準備被視為易受災害區域民眾一項至關重要的保障手段，包括增加積蓄、增加收入與各種借貸，都是家戶對於災難的一種防備選擇（Mazumdar, Mazumdar, Kanjilal, & Singh, 2014）。因為高齡、功能退化、退休等因素，老人在經濟收入方面通常是弱勢，在遭遇災難時，比起其他年齡層，缺乏積蓄與財產來作為減災或是重建的緩衝及保護，將使經濟弱勢外擴到其他層面。災難反應時期，老人可使用的交通工具選擇，比其他年齡的成人少，這將提高撤離時的困難，增加老人傷亡的機率。災難過後的安置與重建期，老人因為自有積蓄的限制，在生活必要開支的選項上逐欠缺自由度，造成對於公私救難資源的依賴度上升。與較年輕之成年人相比，老人容易因為預期償債能力受到質疑，因而被借款對象拒絕，欠缺財務奧援，造成經濟層面更形雪上加霜（Fernandez et al., 2002）。

四、災難後老人的心理社會特質

自殺與憂鬱在過去災難文獻上，一直是個重要問題（Matsubayashi, Sawada, & Ueda, 2013），臺灣921社區2年固定世代研究（fixed cohort study）中顯示，老人災後罹患重鬱症的風險比平常高，是一般成人的1.5～4倍；減緩的時間需要到災後3年才降低到像其他非災區的風險值（歐陽文貞，民99）。像是小學學歷、災難時房屋毀損、有親友傷亡、災後有PTSD及身體疾病，都是災後老人容

易罹患重鬱症的危險因子。在日本311東北震災後，追蹤老年人口占率近3成的重災區，災後自殺的比例都曾經有明顯升高的趨勢，女性出現得比較早、也比較久，災後一整年自殺的威脅都很明顯，男性則是在數個月後一段時間有出現升高的趨勢（Orui, Harada, & Hayashi, 2014）。

　　一項在亞塞拜然震災後3年的調查研究發現，60歲以上的社區老人比起年輕族群有較正向的心理狀態，包括在情緒、社會和心理安適方面，都比年輕人的表現還要好；研究者認為可能是因為老人暴露在災難的經驗值比較高，而有了比較好的復原力（Rafiey et al., 2016）。近期針對人為災難（human-induced disaster）的統合分析結果顯示，老人反而比年輕人不容易產生創傷後壓力症候群的症狀，其保護倍率為2.85（Siskind et al., 2016）。但也有些研究顯示，老人面對災難時的心理反應，跟其他年齡層的人並無二致（Fernandez et al., 2002）。

　　在社會連結部分，Chau等人根據先前的研究，將老人面對災難時應考慮的社會因素，重新發展成7個評量災難社會脆弱性的指標，分別是：老年人口多寡、機構化（含醫院與長照）程度、獨居、貧窮、溝通障礙（教育或語言因素）、失能以及就醫可近性，並在香港與紐約試測，驗證其跨文化和跨區試用的可行性（Chau, Gusmano, Cheng, Cheung, & Woo, 2014），發現這7項指標具備相當程度的反應性能。災難衝擊帶來人們在角色扮演、關係、支持系統、時間安排、自尊和生活結構的改變，老人在災難期間和其後暴露在大量變動中，往往對於家人和熟悉的人士之依賴度是提高的（Rosenkoetter, McDonough, McCall, Smith, & Looney, 2015）。日本在東北震災後第2年，研究者針對社區2,593位成人進行社會支持與睡眠困難的調查，其中35%為65歲以上的老人，社會支持則分為3類：情緒支持、資訊情報支持和工具性支持。發現年齡越大，有睡眠困難的比例越高；若缺乏社會支持，則睡眠困難的比例更高，缺乏情緒支持者的睡眠困難是有2倍之高，比起災難中失去家庭結構改變、房屋損毀及收入改變的影響都還要大。此調查中，大部分的人自認為擁有情緒支持，但是大部分的人缺乏工具性支持，有一半的人沒有資訊情報支持（Matsumoto, Yamaoka, Inoue, Inoue, & Muto, 2015）。但是另一方面，研究者也指出：當老年人自身健康無虞時，

老年人可以貢獻所屬社區社群的社區復原力,卻是高過於年輕人(Cohen et al., 2016)。

參、案例:莫拉克風災的失能老人

　　2009年8月8日莫拉克颱風侵襲並重創南臺灣,驚人雨量導致土石崩坍、河川改道,在經濟部水利署統計,颱風期間(8月5日20時起至8月10日8時)阿里山站總累積雨量(2,884毫米),降雨延時24、48及72小時累積雨量(分別為1,623.5毫米、2,361毫米及2,748毫米),均為本颱風發生最大降雨量之測站,亦為臺灣歷年之冠。其中,24及48小時降雨量甚至逼近世界降雨量極值(分別為1,825毫米及2,467毫米)。另歷年颱風單日最大降雨量前10名中,九成已由莫拉克颱風改寫,可見莫拉克颱風豪雨之驚人。颱風所經之處,造成人民住處毀損、道路坍塌,統計截至2010年02月4日止,死亡677人、大體未確認身分25件、失蹤22人,合計724人(件),另重傷4人,尤以高雄、屏東和臺南人員損傷最嚴重。因此災難導致住屋毀損達不堪居住程度者,統計截至2010年5月13日止,縣市政府勘定確認計有1,767戶,以高雄、屏東、嘉義和臺東居多。有超過19萬3,815戶遭受農業損失、4,294戶遭受漁業損失、958戶遭受畜牧損失,及2,972戶遭受林業損失,全臺農林漁牧損失164億。

　　其中高雄縣的人民損傷最為嚴重,縣內幅員廣闊的山地鄉,包括桃源、六龜、那瑪夏、甲仙與茂林鄉首當其衝,皆被宣告列為重災區,另外造成國人驚駭同哀的小林滅村悲劇,其平埔族文化傳承與社區延續的威脅更令人擔憂(行政院莫拉克颱風災後重建推動委員會,民98)。災後全國各界瞬時動員,舉國捐輸,政府與民間救災單位傾力投入,災後仍有部分災民無法獲得妥善安置,生活難以重回軌道,遠離家園與舊地重整家園的災區居民們都將面臨漫長的生活重建問題。

　　以下為災後八個月後至約一年半期間,作者以質性研究法,調查原高雄縣

境內桃源鄉、六龜鄉、那瑪夏鄉、甲仙鄉和茂林鄉失能老人因應災難過程中之經驗，以了解其災難期間和災難之後，此一特殊族群的需求被滿足狀況。

一、研究目的

探討災後失能老人的生活援助與照顧需求被滿足情形，其是否被滿足？如何被滿足？

二、研究方法

（一）研究對象與選取

為了解失能老人災難期間和之後的需求狀況，研究選擇在莫拉克風災中人員損傷最嚴重的高雄縣重災害地區為研究區域，即當時高雄縣政府核定的重災區五鄉——桃源鄉、六龜鄉、那瑪夏鄉、甲仙鄉、茂林鄉；並以因莫拉克風災侵襲而受災的50歲以上、無法完全獨立自理生活的老人或家屬為研究收案對象。

考量此五個災區在地理上，包括山地、丘陵與河谷聚落；族群則包含原住民（南鄒族、布農族、排灣族、魯凱族）、閩南人和客家人；以及年齡和失能程度之差異大，為使研究內容豐富，研究採用立意抽樣（purposive sampling），盡可能包含不同性別、年齡、種族與失能程度之老年災民為研究對象。同時亦依據深度抽樣（intensity sampling）原則，研究者參考既有文獻資訊，及與實地重要資訊提供人士之探索性訪談中，選擇能夠且有意願表達清楚又充足資訊的研究對象進入，以強化研究豐富度、深入度。研究團隊成員先拜訪災區進行觀察，透過在地衛生所地段護理人員、長照評估專員、居家服務提供單位、宗教組織、生活重建中心、社會局督導等，在不違反倫理及法理的原則下，協助推薦與招募參與之研究對象，經研究團隊說明，獲取個案或家屬知情同意後，始開始進行觀察和訪談。

深度訪談對象原規劃人數為失能老人6人、家屬2-3人，總數約8-9人。資料

蒐集進行過程中，考量所蒐集資料的飽和程度（saturation），即發現資料蒐集對象所提供的訊息已有重複情形時，即停止蒐集。實際訪談後，因失能老人居住地理分布廣泛，所屬族群異質性高，最後訪談的對象有17位（表28-1）。

表28-1　受訪失能老人及其家屬

編號	性別	年齡	居住地（災前／災後）	失能與疾病特質（使用輔具）
1	男	74	茂林／杉林	下肢無力（拐杖）
2	女	68	茂林／杉林	慢性疾病、照顧者
3	男	54	桃源／杉林	中風（輪椅）
4	女	52	桃源／杉林	照顧者
5	男	92	甲仙	輕度失能（拐杖）
6	女	86	甲仙	輕度失能（助行器）
7	女	59	那瑪夏／杉林	雙截肢、慢性洗腎者（輪椅、義肢）
8	男	77	甲仙／杉林	多重慢性疾病
9	男	50	桃源	中風（輪椅）
10	男	72	桃源	肺炎後衰弱、聽障（輪椅）
11	女	54	桃源	中度失能（輪椅）
12	女	83	桃源	病後衰弱（輪椅）
13	女	65	桃源	輕度失能、中風復原
14	女	78	那瑪夏／杉林	中度失能、中風（輪椅）
15	男	72	桃源／杉林	痛風、中風復原、骨刺、腳趾截斷
16	男	72	甲仙／杉林	中度失能、視障（輪椅）
17	女	68	甲仙／杉林	照顧者

資料來源：作者整理。

（二）時間架構之界定

　　莫拉克颱風於98年8月8日至9日侵襲臺灣，但高雄縣山區的豪雨、土石流及淹水現象依地區別持續數日方歇。對不同地區的災民而言，各自有其對莫拉克颱

風災難時間的定義，研究者充分理解與尊重受訪對象的主觀界定。研究指稱之「災後」，係以災民自認為度過莫拉克颱風災難之後，或災民接受到救援或援助之後為時間界定之一般原則，然而災民為實際災難經驗與接受援助的經驗主體，研究者尊重受訪對象依其感受所為之主觀界定。

（三）資料蒐集方法的選擇

因應研究目的，係針對失能老人災後生活經驗之探討，採用一對一深度訪談（one-to-one in-depth interview）作為資料蒐集的方法。

不論從援助接受面或供給面探討老年失能災民的生活援助與照顧，其主要研究對象首推失能老人及其家屬，目前臺灣老年族群識字率不高，一般不適合使用問卷或其他牽涉到文字書寫答覆的資料蒐集方法，而訪談的形式基礎為談話，雖不同但接近日常生活經驗，為老年族群較容易接受且習慣反應的形式，此為選擇訪談方法的第一個考量。再者，災難與接受援助的特殊生活經驗個別差異甚大，以災民角度而言，每位失能者之失能障礙類別、程度、原因及限制各有不同，家庭生活、支持體系和社區環境資源亦各自差異，災難之影響層面、時程、嚴重度與排除障礙又因居住地區又有不同，故資料蒐集階段及方式必須對個別經驗感受保持高度敏感且尊重差異。質性訪談的主要功能在於：1. 了解受訪者價值觀念、情感感受與行為；2. 了解受訪者過去生活經驗及其對事件的意義詮釋；3. 從廣泛與多角度切入事件，進行深入與細緻的描述；4. 使受訪者感到被重視、被聽到、被看到與被理解，進而產生力量。

研究從援助接受面了解老年失能災民的生活援助與照顧的經驗、過程、感受與意義，重點在挖掘受訪者內心深處的意見與感觸，並透過參與互動，讓訪問者和受訪者間共同選取、經歷與感染，而共同建構意義。一對一深度訪談即是採用隱私無干擾的環境形勢，以達到上述目標的資料蒐集方法。

訪談前及資料蒐集期間，研究者蒐集相關文獻及文本資料並進行實物分析，文本包括國際間救援組織對老年災民之援助指引、災後援助之法令規章、官方及非官方之會議紀錄、個人與組織之文字記載／相片、媒體報導、網站／部落

格內容等，並在正式訪談進行前發展引導式訪談問題（guiding questions），以便實施半結構性訪談（semi-structured interview）。訪談進行中，在受訪者同意下進行錄音與書面筆記紀錄。

（四）研究進行步驟

研究過程主要分為準備階段、資料蒐集階段與資料分析彙整階段三大部分，配合研究進行，期間會重疊或交替。準備階段之主要工作有文獻及文本蒐集、實物分析、接觸社區與災民、拜訪地方團體領袖與地方政府相關單位人員、取得推薦訪員名單、確立訪員（包括建立關係並取得書面參與同意）及發展引導式訪談問題。資料蒐集階段則進行一對一深度訪談。

（五）資料分析之原則與步驟

由於研究主要目的在探求老年失能者災後生活援助現象之經驗與內涵，並非驗證前設論證或假說，而是試圖在眾多個別現象經驗中尋求可能的共識概念，因此進行資料的分析時遵循歸納邏輯，透過資料展現、濃縮，最後建立結論（陳向明，民91）。研究分析步驟透過主題分析法（Thematic Analysis）進行，實施步驟方面，首先進行資料的呈現與閱讀，訪談錄音被轉譯成逐字稿以供分析閱讀；其次尋找本土概念的發展，從研究資料中尋找反覆出現的現象或可以解釋此等現象之重要概念；經由建立編碼與歸檔系統，再將前述概念進行類別分析（development of analytical categories），形成類屬（typology）；採用歸納邏輯發展出可能的主題（themes），並彙整研究資料及過程後，對主題進行確認與命名（Hammersley & Atkinson, 1995）。

質性研究的資料分析實際上在訪談前可能已經開始，以本研究而言，在準備期間的文獻與文本分析，即是資料分析的一部分。研究者透過對文獻、會議資料以及媒體文字呈現的內容進行文本分析，潤飾其研究問題，使訪談進行更能有效地獲取豐碩成果。在資料蒐集期間，文本分析及研究訪談資料的重現或閱讀，也是研究資料分析過程的一部分。在質性研究中，十分需要借助資料蒐集與資料

分析間辨證性互動（dialectical interaction）的過程，使研究能一步步地深入問題核心，貼近現象本質與被研究者的真實經驗（Hammersley & Atkinson, 1995）。本研究主要仍是以訪談資料分析為主，文本分析將列為對照比較分析之用途（comparative purpose）。

（六）研究倫理

　　研究倫理需被制約的適用對象類型眾多，包括研究者本身、被研究者群體、研究者之職業群體、研究出資者及一般大眾，本研究主要牽涉之對象為前兩者，僅就有關研究者本身和被研究者群體之倫理考量說明。研究者謹遵自願和不隱避原則，尊重受訪者參與研究的意願，即便在研究途中決定退出，亦不應給予壓力，完全尊重其意願。針對研究的過程與結果，同意對研究者公開。研究者亦謹遵個人隱私保密原則，不透漏任何涉及個人身分確認的資訊給研究團隊以外的成員。研究者對待研究者遵守公正與善意原則，本研究之受訪者多為災區老年失能者，其生活、行動與功能必有不方便之處，研究者不會因為老年受訪者不方便之處，造成研究進程延長，而對其產生惡意或為難，並視其需要，協助其連結至有關協助與資源，助其改善生活困境（陳向明，民91）。本計畫主持人及共同主持人皆定期接受有關人體試驗繼續教育課程之訓練。

三、結果

　　質性訪談分析出的主題包括：弱勢、震撼、斷裂和調適。有些特質是在特定的時期產生的，例如災難時期的斷裂，有些特質是災難之前就已經存在。詳細的主題與次主題請見表28-2災難失能老人特質。

表28-2　災難失能老人特質

	弱勢	震撼	斷裂	適應
災難前	貧窮、識字率低、職業傷害、老人庄、多重疾病、非主流族群（原住民）			
災難時期	忽略	災難規模、物資	家	
災難後	壓力下的決定自主性下降	地理、文化／族群、宗教	家園、祖先、祖靈、語言、工作、生活型態、家族財產、社會網絡、角色	自助互助、從事活動、重建照顧體系、詮釋

（一）弱勢

1. 貧窮、識字率低

　　受訪之失能老人在災難前、災難時和災難之後顯示出許多弱勢的特質，災難未曾發生之前，受訪者已然有貧窮、識字率低的特性，這些特性讓受訪者與其家庭在儲備災難因應的資源上，顯得相形貧弱；在災難不同階段中，也因為較難辨識公告文字訊息，許多作為亦備受限制。

　　17：啊我不識字，提遮（拿印刷的宣傳單）嘛無效。

　　訪問者：哈哈伊有電話，哈哈……（妻：哈哈哈）ㄟ電話，打電話。

　　17：伊目睭歹（丈夫視力差）看無，啊我毋識字……哈哈哈哈哈。

2. 職業傷害

　　受訪者的失能原因，除老化之外，有不少比例是來自於過去的工作傷害，在務農或是從事勞工的過程中，因器械操作、工作場所暴露之風險大，工作傷害的風險亦高，導致進入老年之前已經有累積的肢體失能。

訪問者：你的左腳是怎麼了？（左腳掌被截掉一隻腳拇指）

15：（以前）被割草機割到斷掉，醫生原本說要從小腿截肢，我說不要，希望割掉拇指就好。

~~~~~~

訪問者：齁，啊你手安怎啊？

17：遐斷伊（臺：斷掉）。

訪問者：喔……

17：兩手攏斷啊。

訪問者：安捏喔？

17：（手裡面）有鐵仔，啊這個、啊這個我嘛無去（意指缺損）。

16：割筍仔、割筍仔摔丟耶。

17：這手摔甲、斷甲哩—哩—哩（斷得很嚴重）。

3. 老人庄

受災地點在災前，年輕人居住的比例低，許多地方是老人聚落，失能老人之間也是老老照顧，或是勉強獨居為主。且在莫拉克風災的案例中，許多災區都是在原住民的聚落。

17：阮遮老人庄啦，老人庄啦。

旁人：攏老人啦，少年耶出去作康饋（臺：工作）啦。

4. 多重疾病

老人有不同的疾病，但對於患有不同疾病的老人，救災與照顧的資源和模式，有明顯不同的差異，其結果不免讓老人認為有些人的生命似乎比較值得被救。

7：對對對，如果說，氣象報說有大豪雨啦、颱風啊，衛生局的就會，縣政府衛生局打電話給我們說，ㄟ某某人你要下去喔，會有颱風喔會有豪雨啊，ㄟ不然的話就是我們衛生所的，護理長啊，他會催我們下山啊，沒有車子的話他們會請救護車載我們下山。

訪問者：就是洗腎的嘛，啊但是比如說像阿嬤這樣子中風的話就不會？

7：好像沒有捏，嗯。

……

7：因為像我們洗腎，可能我們比較重要吧（笑），是我們的生命，是我們的生命比較值得吧……（笑）

7：其實山上齁，很多像他一樣中風的喔，如果說，像這樣颱風、下雨的話，就，只有自己認命吧，就，因為這個是天災啊，就，只有求佛，已經沒有人可以救，怎麼救？只有禱告上帝請上帝幫忙。

5. 忽略

災難時期，局勢紛亂又緊急，許多失能老人自身應變的能力相對弱勢，在緊急避難過程中，出現許多被忽略的狀況。

1：我們在那邊困了快7天才有人來救我們出去。

14（透過參與者7的翻譯）：……結果她的女婿就把她放在，她女兒家裡後面有一棟房子，二樓的，就，把她放在那邊，人就走了，她女婿就走了，不見人了（笑），ㄛ，又在那邊又沒有穿衣服，衣服都濕了要到哪裡找衣服，也沒有衣服啊，就這樣一個晚上又在那邊被雨被風淋，這樣這樣子，她，也蠻，蠻可憐的，她。

6. 壓力下的決定

　　災難過後，必須面對搬遷、重新安置、財產的權屬變更等許多的決定性問題，因為災民眾多，失能老人過去並未熟悉這類事務，短時間必須了解原因、解析利弊、做出決定性的選擇，一切在壓力下進行決策，面對政府的公務法令體系，鄉間失能老人更顯弱勢。

　　16：嘿、對……無啊，去阮農保，啊來開會，啊開會經過那個，攏、攏無啊（意：都失去了），啊大家是講，啊我厝無乎我住啊，啊無飯乎我呷，啊農保我無了啊，我毋丟攏毋免啊（意：什麼都沒有了）？

7. 自主權的退縮

　　在自己的故鄉，各項皆自主，但到永久屋之後，許多的權利受到各種單位的限制。

　　訪問者：你們沒去永齡杉林有機農業園區工作嗎？
　　2：我們的年齡太大了（夫74歲，妻68歲），他們不願意請（60歲以上），在山上可以去種東西，身體比較健康，在這裡就不能種了。
　　訪問者：門前的地不能種蔬菜水果嗎？
　　2：好像不能。
　　1：慈濟他們說可以種花，這樣景觀比較好看。
　　2：（慈濟）少少地管，房子紗門我們自己裝，不能改建，這個房子不是我們的，沒有權狀，是給我們住（而已），孩子也可以（住）。

（二）震撼

　　莫拉克災難當中以及之後，有許多令災民感到震撼的事物。包括在災難期間，風災水災的規模；災後投入物資的數量、地理、文化與宗教震撼。

1. 災害規模

1：我們家位移了30公尺這麼多，我們家裡有水、泥土進來，我們都很緊張，不敢睡。房子裂開。就在哪裡……等死，就是……等死啊（小聲）。就也不能怎麼樣。沒有路了，也沒有錢。

2. 物資

1：還有20幾戶他們不下來……〔母語交談〕，50幾戶，他們不相信怎麼會有房子給我們住，一定是騙人的！

2：他們不相信怎麼會有房子白白送給我們，他們不相信。要感謝馬總統。看馬總統很多次，有愛心，有笑容，是個好人。

……

2：沒有帶什麼東西下來，我們（搬）進來的時候椅子（沙發）、冰箱、碗、櫃子、煮飯的地方（流理臺）、棉被一條、一包米、醬油都有了，慈濟送的。

1：還有蘭花。

3. 地理震撼

7：山上比較涼，比較涼，也不用……住山上就不用……（笑）

訪問者：不一樣的環境。

7：對，不一樣的環境，慢慢適應應該可以，（女兒開電風扇）本來是想要裝冷氣可是我們剛剛下來，沒什麼錢可以裝，所以……

訪問者：現在電費很貴耶。

7：嗯，再忍耐看看，看明年……因為這種房子太悶啦。

4. 文化／族群震撼

15：跟原住民比較好相處，平地人比較不好相處，原住民見面都會講話，平地人都只講一句。

~~~~~~~~~~~~~~~~~~~~~~~~~~~~~~~~~~~~~~

2：住在這一邊的都是桃源鄉的，對面那邊通通都是漢人

訪問者：另一邊呢？

1：那邊是那瑪夏的。

5. 宗教震撼

在杉林大愛村，許多原住民的家庭搬遷進入永久屋之後，居住的環境以及日常互動對話，深受慈濟的影響。包括家中的擺設，入住前慈濟已經放上內含宗教意味的裝飾品，災民沒有去變動它；或是即便許多原住民的家庭都是信奉不同的基督教派，甚至自己本身是牧師家庭，接起電話／與人交談前後，總是會加上「感恩」來開啟或是結束談話。在災難之後提供援助和重建的宗教組織對於災民生活的影響，點點滴滴融會其中。

訪問者：在佛光山會不會不習慣？

12（透過翻譯）：哪會阿，佛光山肯收留我們就很好了，對啊，不同宗教的他們還願意收留我們就已經很好了。

訪問者：在佛光山不能吃肉啊？

12（透過翻譯）：吃肉要自己到外面去吃，而且吃完一小時內不能進營區，怕有味道。

另一位衛生局人員：哪有，馬英九去探訪時就殺山豬啦！

（三）斷裂

災難摧毀長久以來胼手胝足建立的家園，災害迫使老年失能者在眼見家園正在被劇烈破壞的過程中，倉促逃離。災難之後不論是回歸原居住地或是異地重建，與原有家園的斷裂感受，散見在生活型態、語言文化、工作、角色、社會網絡、財產等層面中。

1. 家園

13：（透過翻譯）有，坐直升機下去，我是第一批，第一批是先送有病

的、中風的人，當時猶豫不決啊，不想下去，下山都會掉眼淚。

2. 角色

15：在山上要吃水果就行，水果（在這裡）要用買的，划不來。腳好的話，很想去山上拿菜下來，還可以打山豬、山羌，（妳）有吃過山羌嗎？

訪問者：沒有。

15：可惜，還有飛鼠，有吃過嗎？

訪問者：沒有。

15：唉，這裡有時候都會看到飛鼠，可是現在不能捕飛鼠了。

〜〜〜〜〜〜〜〜〜〜〜〜〜〜〜〜〜〜〜〜〜

7：剛剛的話，來這邊沒有事情就還不習慣耶，就想說，唉，怎麼會變成這樣子，那時候會很難過，一段時間我就是情緒上不穩定，想拿自己的生命來結束，（笑）可是，想一想又怎麼結束啊，那個門那個窗戶又不能掛什麼東西，（笑）每天就看那個窗戶，那個窗戶有可以掛的東西，一直想很痛苦……這樣子持續一個月。

（四）調適

災難之後，從避難、各階段安置、災後重建的過程中，老年失能災民透過自助互助、從事活動、重建照護體系和詮釋，逐漸找尋生活秩序。在營區短期安置和長期安置期間，政府開辦一些職訓班，其中照顧服務員的培訓課程吸引到部分中年婦女加入，並且由工作單位安排完訓者為部落或是家鄉的失能老人服務，一方面解決社區中長照問題，一方面解決年輕一輩的就業問題。

1. 自助互助

訪問者：會害怕嗎？

12（透過翻譯）：不會，在山上期間都沒在怕的，88風災時沒有怎樣，因為都是大家一起逃難，任何事都是大家在一起，與家人沒有分開這樣就很好了。

2. 從事活動

翻譯者：之前在營區的生活真的很累，好像都沒有目標，整天就是吃飯睡覺，不知道要幹什麼。

另一位衛生局人員：孕婦還不能工作，不能掃地。

……（略）

訪問者：所以你們在營區都在幹嘛？

12（透過翻譯）：就整天睡覺，睡醒吃飯，再睡覺，睡醒又再吃飯，洗澡睡覺，有帶電鍋進去煮飯。

……（略）

翻譯者：……（略）現在想想在營區的生活真的是好糜爛。

～～～～～～～～～～～～～～～～～～～～～～～

7：他們這邊有一些婦女喔，下午都會做一些……包圍做運動，不知道哪來的靈感，就說我們這樣天天做運動，我們來跳個舞吧，他們就請高雄的一個老師教他們。

3. 詮釋

15：大自然就是這樣阿。

訪問者：為什麼以前不會這麼嚴重呢？

15：我也不知道耶，時代不一樣了吧，牧師也是這樣說啊。

四、小結：災難中老人的需求

以莫拉克風災為例，失能老人除高齡、失能之外，其災前即暴露在較高風險、較少資源的生活情境中，包括教育經濟弱勢、健康弱勢、屬非主流族群等，且不僅是個人或家庭具備上述特質，聚落和社區皆是如此。因此災難來臨，個人、家庭，乃至於整個社區都受限於弱勢狀態，當災害規模大到即便是資源豐沛地區都難以因應時，在此區域的失能老人受到的威脅就加倍擴大。

災害帶來在健康、生活、心理、文化，和部分經濟層面的斷裂，從災難期

間浩劫式的剝奪，到災難後從殘破裡再度建構，單一問題（如：健康）便已是難題，多重問題同時發生且彼此錯綜交織，讓重建的負擔更重壓在失能老人及其家庭上。

肆、災難管理與處置

落實老人災難管理，需要主要關係人，包括老人本身、家人、照顧者、照顧單位／組織、鄰里社區，及各級政府具備共識與體認，並且能夠通力合作。如同仙台減災綱領（United Nations, 2015）中強調，減災必須優先推動的4個項目：

一、明瞭災害風險；

二、利用強化災害風險治理來管理災害風險；

三、投資減災工作以改進耐災能力；

四、增強防災整備以強化應變工作，並在重建過程中達成「更耐災的重建」（Build Back Better, BBB）。

主要關係人都必須要了解風險，共同投入防災、減災、整備的災難管理，一旦無法避免而需進行災後重建，也能夠堅持BBB的原則，投注資源以事前管理下一次的災難風險。

一、災難預防及整備

泰國在多重大型災難後調查發現（Witvorapong, Muttarak, & Pothisiri, 2015），平日有社會參與的民眾，災難時比較會去採取關注災難消息、準備逃生計畫與備品，和有減災規劃3類減災行為，其中又以經歷過南亞海嘯的倖存者，以及女性有採取減災行為的比例較高。很可惜的是，即便是在南亞海嘯時家人有嚴重的生命財產損傷者，在下一個災難（2012印度洋地震）時，也只做到關注災難消息的減災行動，對於準備逃生計畫與備品，和有減災規劃的2類減災行為，執行比例不高。但女性，特別是有受教育的女性，在3項減災行為的

遵行率是比較顯著的。美國研究發現，有特殊照顧需求的家庭，比較會預先規劃災難後約定地點、找好避難所，和準備救難逃生包；但是在逃生路線、準備飲水食物，以及災難因應計畫的準備上，與其他家庭無異（Uscher-Pines et al., 2009）。可見得，即便是針對高風險區域的災難倖存者，或是預期逃生不易的家戶，對於災難準備的觀念與行動落實都還有很大的努力空間，災難整備的教育、支援協助和各項更新，仍舊是災難管理的重要核心議題。

（一）自助：家庭與機構

遭遇災難時，救難人員、機具和科技援助，都需要通報後一段時間才會到達，因此，最有效的保命管道是當下的自助。美國老人事務局（Administration on Ageing, AOA, US）和美國常發生颶風的佛羅里達州政府時常更新許多出版刊物和文件，提醒每位老人及其家屬平時應該注意的事項：

1. 事先計劃好災難發生時，家族緊急聯繫的方法，依照計畫彼此聯絡和通報；
2. 事先計劃好災難及其後，家人間如何利用各類通訊或媒體，保持聯繫與互動；
3. 平時就先找好在災難發生後，除自家以外，其他供家人相約碰面的地點；
4. 平日就準備好個人健康和家用必備品，包括兩星期份的必備藥物、三天的飲水存糧、蠟燭火柴、裝重要文件的防水袋、失能家人必用物品；
5. 自備緊急逃生包，裝載手電筒、備用電池、無線電收音機、醫療急救包、眼鏡、藥品、身分證件影本、保險卡，和一些錢（Administration on Ageing; Aldrich, 2012; Department of Elder Affairs, 2013）。

其他給一般民眾的自我整備原則，如美國國土安全部公告的災難準備30項提示，包含針對準備、計畫、救難包、訓練和取得災情資訊的建議，或是更深入的自我準備指引，都可以在網路上取得，可供家人一併參考（Federal Emergency Management Agency, 2004; U.S. Department of Homeland Security, 2006）。這些

原則同樣適用於集體式照顧機構，例如：社區照顧中心或是住宿型照顧機構。

　　老人與家人在選擇長照機構時，其災難因應能力應納入選擇條件中，並注意以下重點：機構有合適的災難管理計畫、人員足以緊急因應、具有後送整備、與住民的溝通執行恰當、人事物的撤離規劃、適度與家屬溝通合作（National Citizens' Coalition for Nursing Home Reform, 2009）。在選擇入住前就先確保機構的災難管理與自己的需求，及在地狀況能夠吻合，避免災難發生時措手不及，甚至造成遺憾。

　　老人照顧機構在建置與運作時，應以作為更安全、更具有準備與復原能力的健康照顧機構為目標。若建後發現機構處在危險區域，盡快尋求可用資源，在政府的監督之下，進行安全改善措施，並定期更新災難儲備，如飲水、電力、存糧等，以因應隨時可能發生的災難，補強機構本身災難因應脆弱性高的缺點。國家需定期更新老人照顧機構的安全建置規範，將最新的防災實證納入規定中，業者應知生命安全是照顧最基本的職責，盡力維護安全標準，落實在機構照顧常規中，才能有安心的基本保障（World Health Organization, 2012）。

（二）互助：社區

　　環盱現今災難的型態、規模與頻率，災害是對人民和社區，特別是對貧窮和資源貧弱者之生存、尊嚴、生計和保障的重大威脅。在聯合國《2005-2015年兵庫行動綱領：加強國家和社區的抗災能力》中（United Nations, 2005），全球一致通過：需強化在地適當的減災措施，才能夠幫助社區和個人大幅度降低災害脆弱度。在兵庫行動綱領中，強調社區互助的行動建議有：

1. 對志願資源和網絡採取具體政策，實行戰略管理，確認功能和責任分工，必要時，提供必要的權力和資源。
2. 教育體系中，於各級教育中落實地方風險管理和備災課程／活動。
3. 針對社區志願人力，推廣以社區為基礎的培訓舉措。
4. 確保婦女和弱勢群體能平等利用適當的培訓和教育機會。
5. 加強落實社會保障網絡機制，援助受災害影響的窮人、老年人、失能者

和其他人口。

同此思維，美國由聯邦緊急事務管理總署（Federal Emergency Management Agency, FEMA），自1993年把原先在地方逐漸發展成熟的社區緊急救援隊（Community Emergency Response Team, CERT）模式，提升為全國性的社區教育、組訓和動員方案，系統性地培訓社區志願人力，使其在災難期間，快速就地集結，立即對家人、職場、鄰里社區展開避難協助與救援支持，等待正式的災難反應組織和人員進駐接手。CERT 20小時的訓練主題包括：災難整備、消防安全、災難醫學、簡易搜救、團隊組織、災難心理學等，最後一次則需穿上裝備演習。培訓完畢後，將由社區授予識別證，並持續參加回覆訓練，也資助CERT人員在社區中提供一些救難搜救會用的技藝，例如：簡單工事，作為技術操作演練、團隊默契深化，同時也提供社區志願服務。到2016年，全美國已經有28州設有CERT社區團隊（Federal Emergency Management Agency）；日本亦有類似的架構，在「防災生活圈」下，又分為基礎社區（1,000～1,500人）、鄰里住區（8,000～12,000人、小學學區）和社區街廓（50,000～60,000人）3級，在同一「防災生活圈」內，即便被災難阻隔或孤立，仍舊有足夠的社區資源，進行自我照顧，維繫共同生活達一段時間。社區3級防災體系中，各自有防災計畫、演練、培訓和日常組織動員，並且彼此交流（李威儀，民92）。日本並有9月1日全國防災日的各級演練，其結果，在阪神地震時，災區的自助、互助、他助比例是7：2：1，在正規救難人員抵達前，許多應變、援助等工作，已經由家戶與在地社區完成至一定程度（鄭錦桐，民105）。

我國行政院災害防救委員會自民國94年起，推動防災社區計畫，轉經國科會、內政部消防署，目前由國家災害防救科技中心主導，透過計畫結合中央、地方政府、學術界和民間組織，協助人才培育、社區組織培力、出版、辦理會議等。在網站教案部分，有導入慢性病患的案例，提醒社區組織討論因應特殊需求者的處遇之道。但經過多年努力下，國內一般性災難教育尚有下列問題：1.民眾缺乏災難風險意識與認知，2.災難教育無法普遍落實各階層民眾，3.災難醫學之課程設計內容，都是以學生、醫療人員、救難人員為對象而設計，沒有完整含

括災難健康照顧面向之內容，4.沒有落實社區全民參與（陳柏安，2013），辦理規模與美日相差甚多。針對特殊需求者的狀況，需要以其爲重點或範例的許多媒材、指導或教育，來強化對特殊族群的災難需求的認識，屆時才能夠有辦法展現出適切的援助反應，但目前教材與培訓都還非常欠缺。

（三）他助：政府與組織

　　針對衰弱老人的災難準備應該包括：監控與評估、地理資訊系統和宣導（Aldrich & Benson, 2008）。監控系統——建議應避免疊床架屋，政府或衛福體系可以善用既有的疾病監測或各項衛生福利通報系統，藉由既有的網絡增加災難之失能老人監測與通報功能，畢其功於一役，美國在911之後便是使用這樣的策略來提升通報的效率。災難所需的資訊包含使用者端和服務端，使用者端需要蒐集的是災難期間的災民待援、受傷、失能、死亡等需求狀況的數據，服務端則是特殊需求援助資源（人才、工具、網絡、組織等）、健康服務、長期照顧等資源布建與可用程度之即時資訊（World Health Organization, 2012）。地理資訊系統——各項罹病、衰弱或失能老人的名單，平時就要跟地理資訊系統有效結合，在災難發生時，利用此地理資訊引導緊急救難的行動措施，災難發生後，再利用此系統，進行巡視、搜索與補給供應。宣導——臺灣在老人災難宣導方面的出版與文件相當少見，美國則是在聯邦層次的疾病管制中心、老人事務局、近期的聯邦緊急事務管理署，都可見其針對老人所提供的災難教育、資源彙集、檢視表單工具等；在較常有天然災害侵襲的佛羅里達、加州等，也可見從州政府或轄下老人照顧局處所整理出版的手冊、月刊等文告，來強化老人及相關人士認識各類災難、身分別補助資源、災難反應原則、救援管道、災難預防、特殊需求者的災難處遇重點，與工具表格等，給予相當完整的資訊。值得一提的是，在展現方式上，能夠兼具知識性及易讀性，靈活運用圖文、條列、表格簡要說明，並提供免費的紙本與電子版，相當值得我國參考（Department of Elder Affairs, 2013）。

二、災難應變、救援與安置

（一）應變與救援

　　災難造成缺乏準備的社區、基礎建設和國家系統崩潰，是一個必然的結果，因此，必須要透過災難治理和災難管理來事前建構防衛機制、儲備資源，才能夠在巨大災難中，爭取時間、搶救生命、保障人民安全（Adams, Kaufman, van Hattum, & Moody, 2011）。為達減災，通報預警必須發揮效力，依據災難種類和科技發展進程，天氣型災難可以在事前幾天預知並發布預警，地震及海嘯則是在事前短暫幾分鐘可以預告，至於氣爆或火災等意外事件，則是當下才能發布警訊，但即便是當下發布警訊，仍舊可以產生引導其他人避開災區的減災效果。老人、失能／智者及其家人，必須時時監看廣播、電視、手機、網路等最新災情資訊，判斷風險是否提高，需要時進行緊急應變。依據先前的研究和救災經驗，部分老年人會抗拒避難、撤退與搬遷，有些研究顯示，部分曾經歷過災難的老人會比較不願意撤離家園，因為他們認為災難沒有那麼嚴重或可怕，這次應該可以像過去一樣再度倖存（Cherniack, 2008）。但目前的災難規模已非過往可想像，抗拒避難撤退的結果，可能造成救災難度驟升，或是嚴重的死傷，如同美國卡崔娜颶風造成70歲以上老人死亡的巨大數字，許多可歸因於抗拒和無法撤離的結果（Aldrich, 2012）。因此，必須透過平時的宣導、災難教育來建立老人及其家人的信念。對於救難人員和社區的災難應變人員，需要培訓其溝通勸說的能力，並提供勸說範例，讓他們事先準備好說詞說帖，以免緊急狀況下各方都慌亂緊張，無法妥善因應。相較於不認識的救難人員，由社區熟人擔任災難應變人員，對老人而言較具有說服力，由其出面說明，老人接受度將會提高。搜救老人的隊伍也須攜帶一些溝通輔具，例如簡易圖文卡或擴音小工具等，以便跟重聽老人或照顧者溝通（Boyce, Al-Awar Smither, Fisher, & Hancock, 2017）。

（二）撤離

　　搜救與撤離的老人名單，需透過各項人口名單（戶政資料、老人名冊、長照

服務名冊、身心障礙名冊、健保署病患名單等）來比對，特別注意這些名單中失能、失智、特殊維生醫療使用者和獨居者，並須掌握少數族群及非主要語言使用者，名單搭配地理資訊系統（GPS、GIS、Google Map等）進行定位，包括被搜救的老人、病人位置之定位，也同時確認災情與原規劃的逃生路徑是否堪用？原避難地點是否仍安全？如果災難整備時期，已經有透過監測評估系統和防災社區組織去建立老人和失能者名冊資料，可進一步設計「登錄系統」，讓有前述重點需求的老人和失能者的資料更有效地蒐集，在互助和他助救援應變團隊進來之前，即可根據特殊需求狀況，調配攜帶所需的擔架、維生設備等救難資源，以利完成即時成功撤離（Centers for Disease Control and Prevention, 2012）。在天候狀況及交通條件許可下，有特殊醫療和長照需求的個案，在撤離時，便需要評估是否直接撤到特殊照顧的地點，如醫院、後送的長照機構、親友家等，而不要後送到臨時或短期安置的場所。但如果老年災民狀況及家人安置條件穩定後，則盡快讓家人聚在一起生活，以降低災難的解離、焦慮，和家人間的牽掛奔波。

老人照顧和護理機構團體撤離的風險高，許多機構老人經過撤離後，死亡和罹病率易增加（Willoughby et al., 2017），因此建議的做法是，機構建構必須在安全地點，且建築及設備安全必須符合規定，以保障住民安全；須有撤離規劃，定期演練，與後送機構簽訂合約；在安全條件下，不要輕易撤離住民，但必須採取良好溝通策略，取得住民及家屬的信任，有效安撫；若必須撤離，則盡早進行（Aldrich, 2012）。過去國內外的災難統計已經累積許多實際數據，可以提供災民人口數與所需的醫療照顧資源對照估算參考，例如：多少受災民眾或區域時需開設幾家災難指定醫院、出動多少緊急醫療支援團隊（Disaster Medical Assistant Team, DMAT）。如同311東北震災時，日本政府便是仰賴阪神地震的經驗數據，及早已經編著的緊急醫療支援活動手冊，提供給各醫院使用，並進行組織和演練（WHO Regional Office for the Western Pacific, 2012）。否則以311東北震災高達40萬撤離災民，其中近9萬人為65歲以上老人的數量，可能的災後混亂必是難以想像。

（三）安置

　　安置分為避難型的臨時安置、短期安置和長期安置等，臨時安置是為了緊急逃離災害最嚴重的位置，快速移動到鄰近的安全場所，因此通常是鄰里社區中，建築結構和地勢較為安全的公共場所，例如：小學禮堂或教室，進行就地避難。在臨時安置的地點，可能只有數小時或一兩天的時間，此地點腹地空間足夠，具有水源、廁所，且能夠對外聯繫，位置地點廣為人知，容易找尋。在臨時安置的地點，平時必須有災難儲備物資，如乾淨飲水、乾糧、雨具、簡易衛生用品等，並定期盤點更新，緊急避難時就可立即派上用場。目前社區老人和家人尚未建立準備急難逃生包的普遍習慣，因此臨時安置地點的物資，就是避難者的救命物資。但老人個人必需品如眼鏡、助聽器、常備藥品與維生輔具系統，需要高度個人化，因此還是需要個人隨身攜帶至避難所，較難納入常備物資中。即便是非常短時間的停留，臨時安置所還是必須提供基本的環境改造，以支持老人和失能／失智者的生活和醫療所需，如有高度的床鋪（相對於年輕民眾睡在地板上）、無障礙廁所、無障礙的進出動線。被設定為安置場所的公共空間，基本上就應該符合公共建築物和公共空間的無障礙設施規範，如此便能夠保障老人和失能／失智者使用可近性的基本需求，避免災難與環境障礙雙重困擾的惡化加成。

　　近年災難的型態大規模化，破壞力強，災難對社區家園、環境地形及交通的破壞大，硬體與基礎設備需要重建而災民無法快速返家，離開的時間拉長，因此短期安置與長期安置的需要遂而產生。如東北311震災後3個月，仍有3萬多人住在短期安置所（WHO Regional Office for the Western Pacific, 2012），短期安置達數週到數月，跟臨時安置的過渡停留不同，短期安置期間，災民有了一個新的「短期住處」，短安所內除住宿外，需提供餐食、水、衛生設備或用品、醫藥療養服務和資訊。短安所的環境通常較為擁擠、缺乏隔音、缺乏隔間設備，因此隱私與財物安全性不足；對老年人而言，適應力未如年輕人高，容易因為噪音、床鋪、習慣性，而睡眠不佳。莫拉克風災高雄縣的安置選擇，即克服此限制

而改以閒置營區、廟宇香客大樓或教會宿舍為短安所，其住宿條件比其他大型災難短安所好上許多，這對罹患有骨骼系統疾病，無法忍受施力不平衡；罹患代謝系統疾病而體重過重；罹患神經系統疾病而行動不方便；患有失智問題難以忍受較多環境刺激；夜眠品質不佳導致容易高血壓……等慢病老人或失能／失智者而言，能夠有正常高度硬度的床鋪、完整隔間的房間、風扇或空調設備、無障礙廁所（莫拉克時期，營區進行環境改造；香客大樓則原本就有）等設備，使得生活品質便有較穩固的保障。在短安所期間，需要盡快恢復到原先的生活秩序，就醫、就養、就學和就業都需要盡量回歸，雖一時無法回歸到原居地的場所與職位，但可以在短安所區域附近的對應場所，開始進行生活秩序與常規的復原（Yotsui, Campbell, & Honma, 2016）。

老人和失能／失智者在安置處所期間，健康醫療和長期照顧服務都必須盡快銜接，藥物、維生醫療、輔具、特殊飲食之供應，需在救災物資調配時，納入規劃，安置災民之特殊需求，可回推到「登錄系統」或是各類災前服務／災後搜救名單去進行統計與確認，也需要在新進住後的需求調查中再度確認。初期以DMAT進行災區的緊急醫療因應，災難指定醫院作為後送院所；安置期間若災民數量多，可在安置所設置醫療服務站，倘若不多，可用安置所周邊的醫療院所進行醫療照顧，其人員設備規格會比較充裕，融入常規社會的秩序，也有助於災民早日脫離「災民」的負向角色。長照服務涉及基本生活需求的滿足，如果災區的服務機構能夠繼續提供服務，則應設法支援使該等機構繼續原先的服務編配（Aldrich, 2012），一方面讓老年失能／失智災民安心、有熟悉感，有利於心理和生活常規的復原，降低衝擊；另方面，以服務提供者（本身也是災民）角度，則可盡快恢復工作，使經濟收入不間斷，重拾生活重心，也幫助同儕災民展開復原之路。

WHO建議一個好的安置場所必須具5項特點：乾淨的飲用水、洗滌水源和汙水處理系統；撤離民眾內部強而有力的領導體系；撤離民眾彼此間熟識、屬同一社區，且關係穩固；較小型的安置場所，容易溝通、關係緊密且內部容易領導；有公衛護理師協助維護公共衛生與安置場所狀況（WHO Regional Office for the Western Pacific, 2012）。依據日本經驗，風險最高的非傳染性疾病（noncommunicable diseases, NCD）是洗腎、第一型糖尿病、依賴呼吸器的病患、近期器官移植和急性心血管疾病；第二大群NCD是第一型糖尿病、心臟病、氣喘、癌症和慢性肺部疾病；第三類是高血壓、高血脂病患。但若是從盛行率和罹患人數看來，排名反倒跟風險排名是顛倒的。第一群病患因風險高且人數不多可優先緊急處理，第三群病患則是可以藉由藥物供應（medicine refill）來管理。此外，這幾類疾病在災後容易因為環境條件差、勞累、重大事件、營養不平衡等問題，使症狀復發，因此，在安置期間應有健康照護人員提供健康監督或諮詢，並且供應營養控制下的良好飲食，鼓勵或督促運動，控制甚至改善疾病。此可以借助醫療健康相關的民間組織投入，協助一些專業性的指導與支援。

　　一旦進住安置場所後，就應該開始進行撤出準備計畫（discharge planning），針對老人或失能／失智者，返家或前往下一個處所，都需要有居住、照顧、醫療、輔具和生活支援的特殊考量，因此建議組成撤出準備計畫小組，邀請在地政府、衛生主管單位、退輔單位、身心障礙福利主管單位、社區服務組織、急難救助組織、住宅管理、醫院和長照單位代表，共同商議安置所內老人下一個居住地點的規劃安排，需要爭取的資源或是改造，即可盡快展開（Centers for Disease Control and Prevention, 2012）。其目的就在保障災區撤離的老人，下一個住處是安全、具有支持的。

三、生活重建

　　災後長期安置或返家後，遇到的挑戰包括：身、心、社會、生活、生計的回復或重建。災後，去面對變動過後的社會與地理環境，去經歷心理、社會和情緒的變化，是一種重新導向（reorientation）的過程。災民去面對與檢視的地方，除了有物理性的實體，供他們重新建構識別用的參考座標外，也是一個社會資產與社區復原力需要奠基扎根的所在。相較於災難時喪失方向（disorientation），災後則需要重新導向，這樣的復原過程，會不斷受到情境和文化因子複雜又動態

的影響（Cox & Perry, 2011）。

在重新導向的過程中，重拾生活規律是很重要的媒介。人們對於自我與生活的定位，是根源在每天熟悉的生活場域、用具、物品和事務當中，藉由每天執行的活動及互動的工具及環境，建構熟悉感、安全感與定位（Bennett, 2005; Hasselkus, 2011）。日常生活常規就是一種儀式與習慣，或許不自知，卻是據以仰賴的重要依歸。當災難導致異地住居、作息改變，災民仰賴的常規、儀式與習慣就需要重新被建構（Atchley, 2000）。如莫拉克風災案例中的老人和協助者，認為在營區無事可做的生活是很靡爛、無意義的，此時支援的策略可以更朝向幫助老人及其家人盡量地恢復原先的生活，如自己煮飯、做家事等，並投入工作；而非外加不熟悉的事務給他，或是給予太多的幫助，使其無事可做。若災民因為失能或是無法在異地重新定位自己的常規，可以由職能治療師、心理師或社工來諮詢協助，提供過渡期間的引導（Lee, 2014; Parente et al., 2017）。老年災民若是能夠每天走路超過半小時，每星期至少3天有外出活動，比較能夠保有良好的認知功能，減緩失智的發生（Ishiki et al., 2016）。在互動中若能感受到比較高的社會支持，也能夠保護老人免於心理困擾與疾病的威脅（Cherry et al., 2015）。

研究顯示，災後約3成多老人有焦慮症狀，也有3成照顧者有認知下降的困擾，這些災難後的創傷壓力症候群，仰賴復原力輔以外部支援來加以因應。復原力受到個人態度、生命經驗、家庭支持提升和社會支持之影響（Heppenstall, Wilkinson, Hanger, Dhanak, & Keeling, 2013）；災民認為比較有助於個人復原力的是：幫助情緒管理、做決定與計畫，及使用可近資源的資訊；協助建立新的社會連結的溝通策略與公開活動；幫助重建社區的志願者與捐助；以及能夠控制災難風險的政策（van Kessel, Gibbs, & MacDougall, 2015）。鄰里的公共區域，如公園，也可以透過自由使用或是辦理公開活動，來作為暫時逃離壓力或從事身體活動之用（Rung, Broyles, Mowen, Gustat, & Sothern, 2011）。在復原力的修補與改善過程後，老年災民也可以侃侃而談災難帶來的正面益處，包括：更有整備力可以面對未來的災難挑戰、居住環境更新、社區互相幫助，及社區／家庭更有凝聚力與認同感（Stanko et al., 2015）。

在日本331東北震災與莫拉克風災的經驗中，災後生活重建都納入了賦能的策略，讓中老年人從接受者轉移到幫助者的角色。日本災後在宮城縣南三陸町培訓了100多位的災區老人和較年輕志願者，平均74歲的災區老人被賦予了每天去探視其他2-3位老人至少兩次的任務，工作至少1年。這些老人都住在組合屋，有些與家人同住，更多是獨居。這樣的任務賦予，使得老年協助者有機會與其他的同儕分享共同文化、共同的新自我認同、舒適地共處，也分享焦慮；有機會建構新的網絡；並藉由照顧與關懷他人，變得更年輕、有自信、健康，擁有一個社會角色。同時，老年協助者開始展現價值，被社會、媒體重視，也洗刷民眾對老人的刻板印象；老人甚至有領導社區的地位；此外，這些老人也展現了對未來持續貢獻的意願（Yotsui et al., 2016）。臺灣在莫拉克風災的重建村中，培訓並鼓勵災民成為照顧服務員、保姆、有機農場員工，也是一種賦權的展現與落實。但可惜的是，提供的培訓與工作都以青中壯年為主，案例中受訪者也談到農場不願聘僱較高齡的災民，致使高齡卻尚屬健壯的災民無法被隔壁的農場錄用，卻騎一兩個小時機車返回部落種果樹的反差現象。

伍、結論與建議

從過去經驗得知，老人和失能／失智者受到災難威脅時，其特殊需求和易受傷害性都需要災難管理和治理層面不同的關注。以下的建議是參酌文獻與他國經驗後（Baylor College of Medicine and The American Medical Association, 2006），修正提出：

一、災難整備與規劃階段，須讓老人與特殊需求者的服務單位、醫療和長期志願者組織能夠一起參與。

二、災難整備與應變的各個階段，及各類人員培訓，納入老年專業或老人服務的專家。

三、開發並運用本土適用的災難支援分流評估篩檢工具。

四、災難期間，須有簡要、整合且有效率的全國性追蹤系統，來掌控老人和特殊需求者。盡可能是建構在平時的既有系統之上。

五、針對具技術性醫療和長期照顧需求的老人，需建立一套特殊撤離與安置的系統。

六、避難與安置區，須設置老人及特殊需求者專區，且盡量讓家屬比鄰而居。

七、老人保護機制，在災難期間與之後，必須持續運作。

八、災難援助及管理的相關知識、法規和流程，需隨時依據最新的研發與科技實證，進行更新。

參考書目

中文書目

行政院莫拉克颱風災後重建推動委員會（民98）。重建面面觀。上網日期：105年4月30日，取自行政院莫拉克颱風災後重建推動委員會網頁http://morakotdatabase.nstm.gov.tw/88flood.www.gov.tw/index-2.html

李威儀（民92）。日本都市防救災系統之規劃。論文發表於「基隆市共同管道系統整體規劃案－防災道路研討會」。臺北：國立臺北科技大學。

國家發展委員會（民105）。中華民國人口推估（105至150年）。上網日期：105年4月30日，取自國家發展委員會網頁http://www.ndc.gov.tw/Content_List.aspx?n=84223C65B6F94D72

陳向明（民91）。社會科學質的研究。臺北：五南。

陳柏安（民102）。災難健康照顧課程改善對社區民眾災難知識、技能成效之探討。未出版碩士論文，臺北醫學大學。

歐陽文貞（民99）。災後倖存老人的重鬱症及其治療。中南盟臨床專刊，3(1)，27 -35。

衛生福利部（民103）中華民國 102 年老人狀況調查報告。臺北：作者。

鄭錦桐（民105）。借鏡日本——地震之國 我們準備好了嗎？。上網日期：105年4月30日，取自報導者網頁https://www.twreporter.org/a/opinion-0206earthquake

英文書目

Adams, V., Kaufman, S. R., van Hattum, T., & Moody, S. (2011). Aging disaster: mortality, vulnerabil-

ity, and long-term recovery among Katrina survivors. *Med Anthropol, 30*(3), 247-270. doi:10.1080/01
459740.2011.560777

Administration on Ageing (n.d.). Just in Case: Emergency Readiness for Older Adult and Caregiv-
ers. Retrieved April 30, 2017, from http://www.aoa.gov/PROF/aoaprog/caregiver/overview/Just_in_
Case030706_links.pdf

Aldrich, N. (2012). Disaster planning tips for older adults and their families [Press release]. Retrieved
April 30, 2017, from https://www.cdc.gov/aging/pdf/disaster_planning_tips.pdf

Aldrich, N., & Benson, W. (2008). Disaster preparedness and the chronic disease needs of vulnerable
older adults. *Preventing Chronic Disease, 5*(1), 1-7.

Atchley, R. C. (2000). *A Continuity Theory of Normal Ageing. InAgeing and Everyday Life.* Malden,
MA: Blackwell.

Baylor College of Medicine and The American Medical Association (2006). *Recommendations for Best
Practices in the Management of Elderly Disaster Victims.* Retrieved April 30, 2017, from https://
www.bcm.edu/pdf/bestpractices.pdf

Bennett, A. (2005). *Culture and Everyday Life.* London: Sage

Boyce, M. W., Al-Awar Smither, J., Fisher, D. O., & Hancock, P. A. (2017). Design of instructions for
evacuating disabled adults. *Appl Ergon, 58*, 48-58. doi:10.1016/j.apergo.2016.05.010

Brunkard, J., Namulanda, G., & Ratard, R. (2008). Hurricane Katrina deaths, Louisiana, 2005. *Disaster
Med Public Health Prep, 2*(4), 215-223. doi:10.1097/DMP.0b013e31818aaf55

Centers for Disease Control and Prevention (2012). *Identifying Vulnerable Older Adults and Legal Op-
tions for Increasing Their Protection During All-Hazards Emergencies: A Cross-Sector Guide for
States and Communities.* Retrieved April 30, 2017, from Atlanta: https://www.cdc.gov/aging/emer-
gency/pdf/guide.pdf

Chau, P. H., Gusmano, M. K., Cheng, J. O., Cheung, S. H., & Woo, J. (2014). Social vulnerability index
for the older people-Hong Kong and New York City as examples. *J Urban Health, 91*(6), 1048-1064.
doi:10.1007/s11524-014-9901-8

Cherniack, E. P. (2008). The impact of natural disasters on the elderly. *Am J Disaster Med, 3*(3), 133-
139.

Cherry, K. E., Sampson, L., Nezat, P. F., Cacamo, A., Marks, L. D., & Galea, S. (2015). Long-term
psychological outcomes in older adults after disaster: relationships to religiosity and social support.
Aging Ment Health, 19(5), 430-443. doi:10.1080/13607863.2014.941325

Cohen, O., Geva, D., Lahad, M., Bolotin, A., Leykin, D., Goldberg, A., & Aharonson-Daniel, L. (2016).
Community Resilience throughout the Lifespan-The Potential Contribution of Healthy Elders. *PLoS
One, 11*(2), e0148125. doi:10.1371/journal.pone.0148125

Cox, R. S., & Perry, K. M. (2011). Like a fish out of water: Reconsidering disaster recovery and the role of place and social capital in community disaster resilience. *Am J Community Psychol, 48*(3-4), 395-411. doi:10.1007/s10464-011-9427-0

De Groeve, D., Vernaccini, L., & Poljanšek, K. (2015). *The Index for Risk Management INFORM: Concepts and Methodology*. Retrieved April 30, 2017, from Luxembourg: http://www.inform-index.org/Portals/0/InfoRM/2016/INFORM%20Concept%20and%20Methodology%20Version%202016%20updated%20cover.pdf

Department of Elder Affairs. (2013). Disaster Preparedness Guide for Elders. *Elder Update, 24,* 1-24.

Dosa, D., Feng, Z., Hyer, K., Brown, L., Thomas, K., & Mor, V. (2010). Effects of Hurricane Katrina on Nursing Facility Resident Mortality, Hospitalization, and Functional Decline. *Disaster Med Public Health Prep, 4*(01), S28-S32.

Federal Emergency Management Agency (n.d.). About Community Emergency Response Team. Retrieved April 30, 2017, from https://www.fema.gov/about-community-emergency-response-team

Federal Emergency Management Agency. (2004). *Are You Ready? An In-depth Guide to Citizen Preparedness*. Washington, DC: U.S. Department of Homeland Security.

Fernandez, L., Byard, D., Lin, C., Benson, S., & Barbera, J. (2002). Frail elderly as disaster victims: Emergency management strategies. *Prehospital and Disaster Medicine, 17*(2), 67-74.

Hammersley, M., & Atkinson, P. (1995). *Ethnography: Principles in Practice* (2nd ed.). London, England: Routledge.

Harris, H., & Mihnovits, A. (2015). *Disaster Risk and Age Index*. Retrieved April 30, 2017, from London: www.helpage.org/disaster-index

Hasselkus, B. R. (2011). *Meaning of Everyday Occupation* (2nd ed.). MA: SLACK Incorporated.

Heppenstall, C. P., Wilkinson, T. J., Hanger, H. C., Dhanak, M. R., & Keeling, S. (2013). Impacts of the emergency mass evacuation of the elderly from residential care facilities after the 2011 Christchurch earthquake. *Disaster Med Public Health Prep, 7*(4), 419-423. doi:10.1017/dmp.2013.47

Ishiki, A., Okinaga, S., Tomita, N., Kawahara, R., Tsuji, I., Nagatomi, R., . . . Furukawa, K. (2016). Changes in cognitive functions in the elderly living in temporary housing after the Great East Japan Earthquake. *PLoS One, 11*(1), e0147025. doi:10.1371/journal.pone.0147025

Lee, H. C. (2014). The role of occupational therapy in the recovery stage of disaster relief: a report from earthquake stricken areas in China. *Aust Occup Ther J, 61*(1), 28-31. doi:10.1111/1440-1630.12106

Matsubayashi, T., Sawada, Y., & Ueda, M. (2013). Natural disasters and suicide: evidence from Japan. *Soc Sci Med, 82*, 126-133. doi:10.1016/j.socscimed.2012.12.021

Matsumoto, S., Yamaoka, K., Inoue, M., Inoue, M., & Muto, S. (2015). Implications for social support on prolonged sleep difficulties among a disaster-affected population: Second report from a cross-sectional survey in Ishinomaki, Japan. *PLoS One, 10*(6), e0130615. doi:10.1371/journal.pone.0130615

Mazumdar, S., Mazumdar, P. G., Kanjilal, B., & Singh, P. K. (2014). Multiple shocks, coping and welfare consequences: natural disasters and health shocks in the Indian Sundarbans. *PLoS One, 9*(8), e105427. doi:10.1371/journal.pone.0105427．

National Citizens′ Coalition for Nursing Home Reform (2009, August). Re: Emergency preparedness: Questions consumers should ask [Web flyer]. Retrieved April 30, 2017, from https://www.in.gov/isdh/files/Questions_consumers_should_ask_Emergency-Preparedness.pdf

Orui, M., Harada, S., & Hayashi, M. (2014). Changes in suicide rates in disaster-stricken areas following the Great East Japan Earthquake and their effect on economic factors: An ecological study. *Environ Health Prev Med, 19*, 459-466. doi:DOI 10.1007/s12199-014-0418-2

Pan American Health Organization (2012). *Guidelines for Mainstreaming the Needs of Older Persons in Disaster Situations*. Washington, D.C.: Pan American Health Organization Retrieved April 30, 2017, from http://www.who.int/hac/events/disaster_reduction/guide_for_older_persons_disasters_carib.pdf

Parente, M., Tofani, M., De Santis, R., Esposito, G., Santilli, V., & Galeoto, G. (2017). The role of the occupational therapist in disaster areas: Systematic review. *Occupational Therapy International*, 8. doi:10.1155/2017/6474761

Rafiey, H., Momtaz, Y. A., Alipour, F., Khankeh, H., Ahmadi, S., Sabzi Khoshnami, M., & Haron, S. A. (2016). Are older people more vulnerable to long-term impacts of disasters? *Clin Interv Aging, 11*, 1791-1795. doi:10.2147/cia.s122122

Rosenkoetter, M. M., McDonough, J., McCall, A., Smith, D., & Looney, S. (2015). A Flex-Model for long-term assessment of community-residing older adults following disasters. *J Emerg Manag, 13*(5), 401-416. doi:10.5055/jem.2015.0251

Rung, A. L., Broyles, S. T., Mowen, A. J., Gustat, J., & Sothern, M. S. (2011). Escaping to and being active in neighbourhood parks: Park use in a post-disaster setting. *Disasters, 35*(2), 383-403. doi:10.1111/j.1467-7717.2010.01217.x

Siskind, D. J., Sawyer, E., Lee, I., Lie, D. C., Martin-Khan, M., Farrington, J., . . . Kisely, S. (2016). The mental health of older persons after human-induced disasters: A systematic review and meta-analysis of epidemiological data. *Am J Geriatr Psychiatry, 24*(5), 379-388. doi:10.1016/j.jagp.2015.12.010

Stanko, K. E., Cherry, K. E., Ryker, K. S., Mughal, F., Marks, L. D., Brown, J. S., . . . Jazwinski, S. M. (2015). Looking for the Silver Lining: Benefit Finding after Hurricanes Katrina and Rita in Middle-Aged, Older, and Oldest-Old Adults. *Curr Psychol, 34*(3), 564-575. doi:10.1007/s12144-015-9366-2

U.S. Department of Homeland Security (2006). 30 tips for emergency preparedness [Web document]. Retrieved April 30, 2017, from http://www.ala.org/advocacy/sites/ala.org.advocacy/files/content/adv-leg/federallegislation/govinfo/disasterpreparedness/Resolve06Tips.pdf

United Nations (2005). *2005-2015年兵庫行動綱領：加強國家和社區的抗災能力*. (A/CONF.206/6). Geneva, Switzerland: United Nations Retrieved April 30, 2017, from http://www.unisdr.org/files/1037_finalreportwcdrchinese1.pdf

United Nations (2015). *2015-2030 仙台減災綱領*. Geneva, Switzerland: United Nations Retrieved April 30, 2017, from http://www.preventionweb.net/files/resolutions/N1516715.pdf

Uscher-Pines, L., Hausman, A. J., Powell, S., DeMara, P., Heake, G., & Hagen, M. G. (2009). Disaster preparedness of households with special needs in southeastern Pennsylvania. *Am J Prev Med, 37*(3), 227-230. doi:10.1016/j.amepre.2009.04.028

van Kessel, G., Gibbs, L., & MacDougall, C. (2015). Strategies to enhance resilience post-natural disaster: a qualitative study of experiences with Australian floods and fires. *J Public Health (Oxf), 37*(2), 328-336. doi:10.1093/pubmed/fdu051

WHO Regional Office for the Western Pacific. (2012). *The Great East Japan Earthquake: A Story of a Devastating Natural Disaster, a Tale of Human Compassion*. Retrieved April 30, 2017, from Manila, Philippines: http://www.wpro.who.int/publications/docs/japan_earthquake.pdf

Willoughby, M., Kipsaina, C., Ferrah, N., Blau, S., Bugeja, L., Ranson, D., & Ibrahim, J. E. (2017). Mortality in nursing homes following emergency evacuation: A systematic review. *J Am Med Dir Assoc*. doi:10.1016/j.jamda.2017.02.005

Wilson-Genderson, M., Pruchno, R., & Heid, A. (2017). Modeling successful aging over time in the context of a disaster. *The Journals of Gerontology: Psychological Sciences and Social Sciences, Series B, 72*(2), 328.

Witvorapong, N., Muttarak, R., & Pothisiri, W. (2015). Social participation and disaster risk reduction behaviors in tsunami prone areas. *PLoS One, 10*(7), e0130862. doi:10.1371/journal.pone.0130862

World Health Organization (2012). *Health Indicators of Disaster Risk Management*. Retrieved April 30, 2017, from http://www.who.int/hia/green_economy/indicators_disasters2.pdf

Yotsui, M., Campbell, C., & Honma, T. (2016). Collective action by older people in natural disasters: The Great East Japan Earthquake. *Ageing and Society, 36*(5), 1052-1082.

第二十九章　災難中的婦女與性別議題：政策排除、脆弱性與韌性[1]

林津如

[1] 本文爲科技部整合型研究計畫「災難救援社會服務模式的建立：八八風災後原住民返家與部落重建的歷程探究」之子計畫：「守護狼煙的女人：災後原住民婦女返鄉重建家園的歷程探究」（計畫編號：NSC99-2420-H-037001-MY2）之部分研究成果，感謝科技部提供研究經費補助。本文作者誠摯感謝文章中匿名的婦女們分享自己的生命經驗，爲這篇文章奠下重要的論證基礎。

壹、前言

　　本文以脆弱性和韌性的觀點來探討災難中的婦女與性別議題。在第一部分，以莫拉克風災爲主要案例，說明當女性結構性地被排除在災難決策之外，所造成的負面後果。第二部分我將具體地說明，莫拉克風災之後的緊急救援與異地安置的狀況下，脆弱性的結構因子如何讓不同族群、年齡、家庭狀況、身體狀況的女性處於脆弱的處境之下，以期喚醒社工人員對女性及其間的差異產生具有性別敏感度的判斷與覺知，方能提供更好的服務。第三部分則是以韌性的觀點來描述與說明女性在災後的韌性，女性雖然是社會結構下脆弱的受害者，但災難也提供女性充分展現其韌性的機會。若能充分理解女性透過災難所呈現出來的韌性，將有機會把女性彈性使用資源並貼近在地需求的能力，轉化爲災難治理的新方向，爲災後重建帶來新的洞見。

貳、研究方法

　　本文採取行動研究法作爲資料來源。研究者長期從事性別研究，因爲對少數族裔婦女的關心而逐漸開始與臺灣南部的新移民及原住民族婦女團體一起合作。2009年因爲合作的原住民族婦女組織想要進行性別與原住民族的工作坊，於是我在2009年4月，開始提供資源並和協會共同舉辦國際研討會。7月的研討會結束一個月之後，這個婦女組織的所在地變成莫拉克風災的重災區。在莫拉克風災之後，我持續和婦女組織保持伙伴關係，災後半年在緊急安置與中繼安置階段，我同時以中繼屋倡議者和能量療癒陪伴者的雙重身分在安置營區和旗美地區奔走，與婦女們一起工作也同時經驗營區安置生活，此時我的生命經驗與原住民族婦女主觀經驗重疊共振。

　　這些和婦女們一起經歷災後異地安置的經驗，形塑了本文的見聞與想法。因此本文的主要例證都是來自88風災的經驗，而我所聽聞的狀況均以偏鄉婦

女狀況爲主，意味著這些故事和來自於都會的女性可能有社會結構位置上的差異。此外，我也考量到我所熟悉的原住民族婦女有其特殊性，在本文書寫的過程中，盡可能地加入客家女性、平埔族女性等不同地區女性的經驗。同時，我在寫作時，也會清楚描繪女性群體的差異，將不同年齡、族群、階級、社會經濟地位、家庭狀況的情形也描繪出來，符合女性主義能兼容並論女性差異的理論精神。

參、重要概念

在本文中脆弱性（vulnerability）指的是社會的脆弱性（social vulnerability）。相對於物理化學的脆弱性源自於災難的強度，社會的脆弱性指涉的是由人類系統內部固有特質衍生出的特質，比如貧窮、不公平、邊緣化、食物供給、保險取得能力等因素，可能會使某些社會群體在災後更加脆弱（Adger, 2004; 引自林冠慧，2004：35）。唯有透過社會脆弱性我們才得以確認社會中最脆弱的群體，才能知道一個災害之下，不同的社會群體可能因爲社會脆弱性的差異而受到不同的影響（林冠慧，2004）。

韌性／復原力（resilience）指的是社會實體吸收以及處理內部震盪與外部震盪的回復能力。Aldrich（2012）定義韌性爲：影響災難中受害人類社群或個人災後復原的各項因素。韌性不是造成自然或社會風險的原因，而是受災風險實現之後，人類社群回應災害的內在能力（林宗弘、李宗義，2016：47）。

運用社會學的角度來詮釋脆弱性與韌性，李香潔（2013）認爲，脆弱性關心的重點是社會結構問題，而韌性則著重個體能動性。本文脆弱性與韌性的定義延用李香潔的用法。本文爲質性研究且關注的婦女多屬偏鄉婦女，爲社會經濟的相對弱勢。在書寫過程中，我也把偏鄉婦女之間因爲社會因素而產生不同脆弱性的狀況考量進去，如此一來有助於我們進一步辨識婦女之間的差異。透過本文的描繪，希望傳達：同一個災難對於婦女也會因其社會脆弱性的不同，而產生差異

的影響。本文韌性的描繪偏重於女性本身的能動性，而非聚焦於社會環境等結構性脈絡如何影響其能動性。本文韌性分析中的許多婦女，本身的族群與社會經濟條件並不特別優於其他婦女，但其展現強烈的韌性反應出其內在的能動性。這也是我在書寫災難之性別研究中最動人的發現：相對無資源的偏鄉婦女仍可藉由其能動性在災後展現出自主重建的韌性。這讓我們得以超越社會結構限制性的解釋，重新看見婦女的力量。

肆、女性參與在災難中的結構性排除：莫拉克風災下性別不友善的災難政策

在聯合國的各級會議上，將氣候變遷融入性別與婦女的觀點已成一重要的國際趨勢。1995年的聯合國世界婦女大會、2000年北京行動綱領執行評估報告中皆指出，天然災害對女性的影響不容忽視，各國應加強探討女性在災難應變上的角色並將性別觀點納入災害預防、減災、備災、應變和復原重建等各階段的發展和執行。2007年在聯合國氣候變遷綱要公約締約國的第13次會議，成立了以婦女團體、學者專家和運動者為主的「Gender CC：氣候變遷的性別公義」（Gender CC- Women for Climate Justice），和以跨國環保團體、聯合國環境總署、聯合國發展總署等共同組成「全球性別與氣候聯盟」（Global Gender and Climate Alliance）（李香潔、陳亮全、李維森、李燕玲，2011）。

中華民國政府在2009年莫拉克風災來襲時，不只未能發揮一有效能的災難治理，更別說是將性別觀點融入災害管理之中。接下來我將針對莫拉克風災下，各層政府未將性別納入災害應變與管理的狀況，對於災難中的婦女之直接影響陳述如下：

一、在中央層級：行政院分責分權的救援系統

在莫拉克重建條例尚未通過之前，中央各級政府單位各自以本位主義的思考

來因應災後的混亂。例如，2009年8月17日，行政院院長到旗山開會決定採納永久屋政策，在永久屋未蓋好之前，利用棄置營區以作為臨時與中期安置。教育部主責國中小學的開學日期，當時的教育部長吳清基為了展現災後行政機構能馬上回復正常上課的魄力與效力，宣告各級學校會準時在8月31日正常開學。

馬政府因為被批評「救災緩慢」，因此特別要求「重建秩序」，整個行政院災後應變體系採取一個陽剛且官僚化的做法。但這些講求效率的果斷做法，卻和災難現場婦女與家庭的需求有很大的落差。比如說，以那瑪夏鄉為例，當行政院長決定把災民安置於高屏邊界的閒置營區，他只負責決策安置地點，但完全沒有想到安置地點應該和學校安置地點一起考量。教育局長只負責決定準時開學，然後由災區各校的國中小學校長去決定如何開學，所以同一個災區的國中和國小各自決定在不同的地點復學，例如：國小在美濃，國中在旗山，兩者相距半小時車程。等各單位各自決策完了之後，部落族人住進營區才發現：自己住在高屏邊界，國小的孩子在美濃上課，國中的孩子在旗山上課，各自距離營區一個小時以上的車程。各單位在決策時完全沒有考量不同單位的銜接與交通，等發現問題之後，災民得各自想辦法處理。

在這種情境下，原住民家庭與婦女在災後被這些政策弄得四分五裂，焦頭爛額。比如說，阿英是單親並獨自育有兩個子女，各自在國中和國小上學。她在災後被異地安置到高屏邊界的營區之時，兒子在旗山國中，女兒在美濃農場，兩人回營區和她一起過夜時，若睡過頭沒有跟上校車，她就會很困擾。有時得委託別人幫忙載她，若找不到人幫忙，她就得向老闆請假在營區顧小孩，或者把小孩委託給營區的其他婦女幫忙看顧，才能去上班。有限的經濟能力之下，她的安置生活過得非常辛苦，在此脈絡下，最基本的家庭團聚權竟成為奢求。

二、在地方層級：各行其事的地方官員

災難發生時，往往是地方政府第一線地進行應變與救災工作，很多時候，全國的救災應變中心的系統還未來得及應變，地方政府便得自己先行做決策，包

含安置中心的位置和賑災金的發放等，然後中央資源才會到來。莫拉克風災之下，中央政府與地方政府決策層級常常混淆不清，嚴重干擾地方自治的決策，但不管怎麼說，地方政府的決策仍然對災後的婦女有直接且明顯的影響。

舉例來說，高雄市政府社會局在2009年8月10日馬上向高雄各廟宇尋求協助找到緊急安置地點。在2009年8月17日，行政院的團隊才南下高雄旗山，決定以營區作為臨時及中繼安置之用。到了2009年底的時候，再由地方政府決策何時關閉營區。在此過程中，安置決策在中央與地方流動，地方政府第一手處理、中央接過去做，而後又得隨時接手應變。但無論是中央或地方在決策之時，幾乎都沒有把婦女與家庭的需求考量進去，不管是營區與人數眾多的香客大樓，大多不是性別與家庭友善空間。

即便決策只在地方政府層級，因為行政系統之間沒有統合一起決策，也常常出現許多問題。以安置結束之後的返鄉日期為例：地方政府各級單位面臨返鄉日期的決策，由各相關單位各自決定。高雄市政府社會局決定營區安置於12月底結束；教育局把決策權交給國中和國小校長們，由國中和國小校長各自決定返鄉日期。於是，國小校長則決定在第一學期結束之後，讓孩童返鄉過寒假；國中校長與教師則為了讓國三學生能專心準備基測，而決定學期結束後暫不返鄉，繼續安置於平地。因此，桃源鄉就發生大人已經先回部落，但是國小和國中學生卻還留在平地的情形。這些決策看似完善：各個單位各有立場及其考量的決定，但彼此不互相協調的結果，卻讓一個災後的家庭成員各自分離。從婦女的眼中看出去，這些決策實在極其誇張：在政策之下，婦女必須在12月底返鄉，國小生在1月底寒假返鄉，國中生則繼續留在平地拚學測。這個家庭要如何生活？試想如果你是這位婦女，你要如何擺放自己？這對於一個母親來說，是件非常難受的事。

在平日，家庭主婦就常常需要統合各個不同單位決策的後果，讓自己奔波於不同的地點並接送小孩，這些勞動通常被視為理所當然。在災變的狀況下，各級政府機關仍然各行其事，此時對於一個資源有限的受災婦女，就特別顯得難以承受。當婦女的需求與思考沒有被統整進災後決策時，這類性別不友善的災難政策

便屢見不鮮。

三、在國家層級：莫拉克重建委員會的性別參與

民國98年8月27日，立法院通過莫拉克重建條例，依此條例第四條，由行政院設置「莫拉克颱風災後重建推動委員會」負責重建事務之協調、整合、決策、推動及監督，由行政院長擔任召集人並設置37名委員，由召集人就行政機構政務委員、相關機構及災區縣市首長、專家學者與民間團體代表派（聘）兼之。其中災民及原住民代表，合計不得少於五分之一。

當2009年8月底，行政院莫拉克颱風災後推動委員會在組成時，婦女團體就已觀察到災後各個層級的婦女都沒有機會參與重建決策的機會與機制，並呼籲行政院在組織莫拉克重建委員會之委員時，應依性別主流化「任一性別不得低於三分之一」的運作原則，讓女性在災後重建上有正式參與的實質管道。行政院婦權會委員據此連署並向行政院重建辦公室積極爭取，但未獲接受（王介言，2010）。

行政院在民國98年9月3日公布的「莫拉克颱風災後重建推動委員會」的委員名單，37名委員當中的8位災民和原住民代表，都是鄉長、鄉代會主席、村長等公職人員，只有小林村自救會的會長是民間團體代表。此外，37位委員中只有當時的原民會主委是女性，其餘36人皆是男性。婦女新知的曾昭媛及南方部落重建聯盟的總召阿布嫣·亞伊細卡那（2009）聯合發表聲明，說明女性被排除的意義：

聯合國、WTO、APEC都曾提出災難、氣候變遷與性別、貧富、城鄉差距等互相影響的統計分析和建議原則，呼籲各國重視及改善，包括防災、救災、心理與生活復健、環境及社區政策等，皆應具備性別敏感度和重視民眾參與。過去921震災，行政院成立的災後重建委員會中40位執行人員全為男性；而這次莫拉克颱風的災後重建委員會，看到女性委員只有一位官

方代表，環保團體及原住民自救組織又被排除，我們只能嘆息，政府仍未學到教訓，重建大業難以期待，民眾當自強（曾昭媛、阿布嫵・亞伊細卡那，2009）。

民國98年9月6日，在行政院副院長邱正雄建議之下，才以推選一位婦權會委員會列席作爲替代方案，讓婦女代表以列席委員的方式參與重建會的會議。但列席者沒有提案權，委員除了得努力爭取發言權之外，也得取決於主席的善意才有可能做出改變（王介言，2010）。

整體而言，莫拉克風災下臺灣政府組織並沒有把性別納入災難管理和決策考量之中，因此在災難現場婦女的需求與聲音均難以被表達，也難以在決策層級上得到改善。災難下女性的需求爲何？災難現場有何性別的議題？將於下一節處理。

伍、災難中的婦女與性別議題：脆弱性的觀點

一、死亡

在南亞和東南亞性別規範相當嚴謹的地方，女性在天然災後中有不成比例的高死亡率。例如，1990年代孟加拉海嘯有9成的死亡人口是女性，因爲女性須著長裙，逃生不易（彭渰雯，2010）。Pincha再細究原因，認爲女性因爲受到內化的文化價值影響，她們寧可淹死，也無法承受自己爲了求生而得在眾人面前裸身（2008）。此外，2004年印尼海嘯婦女的死亡率是男性的4倍，主要歸因於性別分工，女性因手上抱著嬰兒而逃生不易（彭渰雯，2010）。

以臺灣莫拉克風災爲例，中央應變中心統計88水災總喪命人數，57%是男性，42%是女性。若以年齡區分，65歲以上男女喪失人數一樣多，而15歲以下52%是女性，48%是男性。表面上看來，死亡人數以男性相對較多，但若以受災人口和當年男女人口數相比較，則未有明顯性別差異（李香潔等人，2011：

26）。

林津如（2014）觀察災後，高雄市3個原住民區之男性災後死亡率明顯高於女性，有時高達2倍半以上。她搭配在原鄉的田野觀察分析死亡原因，認爲男性災後因飲酒相關引發的疾病或意外事故，是造成比女性較高死亡率的主因。男性災後較高的死亡率也有可能是因爲男性比起女性更難表達自己的情緒與需求，反而造成災後之後的復原較難，因此死亡率較女性爲高。

性別差異之外，我在災後現場觀察到另外兩個需要特別留意的女性脆弱群體：第一是隔代教養家庭，第二是移民勞工。臺灣偏鄉有許多隔代教養家庭，因爲壯年人外出工作，把年幼的孩子交給年長的母親留在家鄉照顧。災難來襲時，因爲家裡的壯年人不在，所以年長的父母親和年幼的孩子一起逃難的速度較慢，可能來不及逃生，或是陷於危險之中無人救援，隔代教養家庭屬於高度脆弱的群體。

移民勞工則是另一個常被忽略的群體，家庭內移工以女性爲多，獨自在臺灣單一家戶中工作。若是在災難之後受傷或者喪生，只能仰賴雇主的通報，但若雇主本身也受災或有災後的各種事情要處理，女性移工的海外家屬可能會有聯繫上的困難。莫拉克風災之後，美濃的南洋臺灣姐妹會看見移工姐妹海外家屬的焦慮，主動和外交部聯絡，讓海外家屬可以透過臺灣移民的民間網絡快速地提供協助，協尋到11位傷亡的移工狀況，通報給家屬，並協助辦理後續醫療與喪事。

整體而言，雖然莫拉克風災的受災群體無明顯性別差異。但在受災之後一年，男性的死亡率較高。另一方面，女性的脆弱處境往往與其他弱勢因素相交織，比如說年齡和族群，以災後現場觀察，隔代教養家庭與移民勞工是在災難中需要特別關注的脆弱群體。

二、物資募集：婦女與孕婦

在災難物資籌備過程中，女性衛生用品如衛生棉條等是較容易被忽略的用品（王介言，2010；紀惠容，2010），災後現場也仍看見女性四處尋找衛生棉的

窘境。另外，在衣物方面雖然不缺女性服飾，但此次莫拉克風災的問題是尺寸太小；捐贈的衣物多屬一般都會婦女的尺寸，有許多偏鄉婦女和原住民族婦女類似大地母親的豐腴身形，在災難之下難以取得適當尺寸的衣物。

募來的物資中有成人尿布與奶粉，但嬰幼兒奶粉常被忽略。當代電子通訊的發達，現在安置現場大多已有餘力直接對外界溝通，說明現場需要怎樣的物資，所以眾人也逐漸知道現場需求，奶粉的重要性被提出之後，雖然有奶粉送達，但仍有細節要處理：需要留意嬰幼兒慣用的奶粉品牌；嬰幼兒沒有辦法隨意換牌子，否則會導致孩子拉肚子，故需要特別針對每一個嬰幼兒的奶粉做特殊的調查並保持足夠的存量。奶粉類別的細緻差異需求，往往不是大量湧進的物資可以解決的。另一方面，即使有了奶粉，然而災區湧入的物資有許多過期食品，也需特別留意。

孕婦在災難之中屬於特殊的群體，需要給予最安心與舒適的照顧。災後多變的因素可能使孕婦的丈夫並不一定能完全陪伴在旁，但家人都會儘可能地提供親屬支援，較少留在集體安置的場域中。唯有完全沒有親屬支援系統的婦女，才會待在集體安置的環境，這時就需要特別的關照，孕婦需要在適當的時候有可以提供協助的人。

三、補助金與資源分配：一般婦女與特境家庭

災後的物資分配是個重要的工作，如何分配？一般婦女與特殊境遇婦女是否皆能獲得該有的物資與補助金？這些都是重要的提問。莫拉克風災之後，我在災後現場的觀察，當社工員一開始完全沒辦法管控人員時，大部分社工人員是以個案為單位在思考物資的需求，較無系統性與脈絡性。直到後來較安定之後，人員才有辦法以家庭為單位思考家庭的需求是什麼。然而，以家庭來思考，也未必能觸及一般婦女與特殊境遇婦女的需求。

以家戶為單位的救濟模式，往往將物資分配給男性戶長，如此一來可能傷害家庭主婦應有的權利。在安置營區，常聽聞家中的男人拿到社會救助金之後，跑

去花天酒地，不分給女性。女性常常在家承擔著照顧老人及小孩的責任，又拿不到補助金，使得女性家庭主婦承受著極大的壓力。若家庭中還有多個未成年子女，則該女性的負擔會特別大。女性主義者Wiest（1998）建議在物資發放時，採納資源分配的衝突論觀點，將資源直接發放給女人，如此會讓女人增能，得到平等的資源分配，重建家中對災難的能耐。

女性單親家庭在發放補助金之時，有可能因為兼顧工作與家庭而錯失機會。比如說，在營區，當外來單位要發放補助金的時候，一定要有家戶代表在才能領錢。黃女士是單親，因為在外工作無法一直待在營區，孩子在校就讀也不在營區，因此而錯失不少領取補助金的機會。

獨居者需要特別留意，因離婚、分居或寡居的年長婦女更是災難中特別需要照顧的群體。張女士55歲，在20年前先生因為外遇而和她離婚，僅有的一個孩子在32歲時開卡車意外死亡，目前只有自己一個人。我在營區之中和她聊天，感覺到她的孤單，由於自己獨居，她得自己負責照顧好自己的身體健康，偶爾會有頭痛及眩暈的現象，往往不知找誰求助或向誰訴苦。在分配物資之時，因為她單獨一戶，若沒有年輕人帶來訊息或者男人對外爭取資源，很容易就被忽略而沒有被處理到。因為家戶中無成年男性，資源分配時特別容易被遺忘。

四、就業與照顧的兩難：性別差異

災後大部分的家庭急需現金來擺脫家園受創的困境。除了補助金與賠償金之外，最重要的收入來源仍是就業。若受災者從事正式部門有證照的工作，相較來說較不會失業。若當災區是在農村或偏鄉，許多人的土地流失，農損慘重，形成嚴重的經濟負擔。目前尚未有針對土地流失所做的性別調查，一般而言，臺灣農地持有人仍以男性為多，當偏鄉的生計受到影響時，若是政府或社會團體沒有投入足夠的補貼金或是足夠的資金再重新開始，許多人可能會離開家鄉到異地做工，以便賺取更多的現金收入。此時，當家人分離時，留在家裡的女性就承受更大的照顧責任。

　　此外，若受災者屬於非正式部門工作者，失業情形很可能會發生。比如說，阿英災前在農會裡工作，因為只有高中學歷，即使工作表現良好，但也無法晉級成為正式員工，做了20年的約聘雇職員，竟然在災後得知自己的工作已經沒有了，因此失業。

　　災後「以工代賑」的方案可以讓災民馬上有機會工作，提供許多非正式部門的人就業機會。以原住民族群來說，許多原住民族人原本在不同的偏鄉地區當臨時的農工，藉由風災後的88臨工，族人暫時有機會可以返鄉或者在異地安置的營區和家人團圓。等救災資源退去之後，族人可能重返外地繼續打工生活。

　　但是，以工代賑的工作內容仍有待商榷，往往在執行之時，工作的內容未顧及災民的需求與感受。例如，莫拉克風災之後，88臨工的災民被安排去打掃平地的街道，或者被呼來喚去，為自己並不想住的大愛村搬石頭，因為這些工作內容並沒有意圖讓災民自主重建，上工的災民反而更感受到自己的失落與失去自主性，而心情不佳。這導致性別差異的後果，許多男人因為心情不佳大量飲酒，怠於工作；相對來說，許多女人因為擔心家計不夠用，當有機會打零工時，即使再令人煩悶，也會比男性更積極地投入工作。另一方面，單親婦女或家庭有重症病人要照顧的婦女，往往因為照顧工作，而無法穩定就業，也需特別留意。

五、人身安全：家庭暴力與性侵害

　　災後的壓力很大，男性可能會因為失業又增加飲酒，引發家庭關係的緊張，增加了家庭暴力的機會。女性則因為承擔更大量的照顧工作，也要承擔家計，再加上男人的失序，同時承受著極大的壓力。眾多研究均指出：災後的家庭暴力與性侵害案件的確增加了（Wilson, Philips, & Neal, 1998）。整體而言，女性在災後承受的壓力大於男性。

　　若是災後進行集體安置，年輕女孩的人身安全應特別被留意處理。一般來說，災後集體安置的狀況下，性侵和暴力事件的機率會增高，年輕女孩可能因為欠缺足夠的身體與性知識和經驗來應對外在複雜的環境，致使人身安全受威

脅。社工員應對於落單或者是高風險家庭中的年輕女孩有更多陪伴，或者教導她們受威脅時，相對應的知識與應對方式，並提供安全的居住空間給年輕女孩，或由可靠的大人提供支持與陪伴。

陸、災難下婦女的韌性

災難激發改變，女人與家戶的脆弱性（vulnerability）在災難中展現，但災難也提供了絕佳的契機，讓女人產生力量重建家園。政府對災難的管理往往對於返家有太簡單的想像：彷彿家就只是一間房子，家的重建及其意義常被忽略。事實上，女人在其中扮演關鍵性的角色（Fordham & Ketteridge, 1998），若是社會工作者知道女性的脆弱及能耐，針對此工作，便能使得（救援）工作不斷進行下去（Delica, 1998）。

一、重生與再婚

婦女與家庭的復原力，最直接的便是重新把孩子生回來。小林村有一對夫妻因為失去父母和3個女兒，立志再把孩子生回來。隔年8月，他們終於生下了小林村第一名新生兒，取名「永昱」，意味著永遠有陽光，為家裡帶來重生的希望（涂建豐，2010）。臺南震災1年之後，有3對夫妻因為失去孩子，各自生下一名女嬰，臺南市政府非常重視這些新生兒們，都稱之為「維冠寶寶」（林悅，2017）。

災後再次懷孕生子是重要的生命事件，受災者以重新開始的正向喜悅感覺來取代災難帶來的創傷與失落感；「把孩子生回來」也是引領著許多家庭走出失親創傷的重要心理引力。在災難之中喪失孩子的夫妻，可能會想要在災後把孩子生回來，重新為家庭帶來希望。

然而，想要再次生孩子的夫妻，可能已經高齡，或者曾經結紮，這時便得仰賴生殖科技的協助才有辦法再次孕育新生命。失親再生小孩的夫妻大多已有失親

補助可以支持這些經費，但參與臺南賑災的婦產科醫師許朝欽則呼籲政府應該基於人道考量，給予人道補助，協助夫妻實現夢想（林悅，2017）。

再生個孩子，可能會帶來希望。但在災後創傷的情況下，勇於再婚或者發展新關係的人，卻可能引發爭議。《此後》是一部關於小林村的紀錄片，主角翁瑞琪在災難中失去了11個親人，包含妻子、兒女和媳婦。他失去丈夫及2個孩子的阿露重組家庭，共同育有一對兒女。兩人要再婚的時候，吸引了大量媒體的注意，同時也引發不少人的批評，其中一個批判是無法接受為何他們如此快速又再婚。拜訪過小林村的導演魏德聖認為，小林村的心態比我們想像的還要健康，就只是想要一直生，把整個村子的人都再生回來（陳筑君，2016）。阿露作為一個從印尼嫁到臺灣的女性，更是承受對外籍配偶的雙重汙名：在性別層面，逝世丈夫的家人對她的補償金分配有意見；在族群層面，村裡的人和社會大眾都有人表達想要她回去印尼，這反映出女性在傳統父權家庭中永遠被視為外人的性別困境。雖是法定繼承人，但丈夫家人認為她不該獨得補償金，村裡的人也認為她該回到印尼。

社會大眾不僅對再婚有意見，若有人發展非婚姻中的性關係，也常受批評，而女性受到的批評更是嚴厲。莫拉克風災之後，在我所待的安置營區中，常常聽到村裡的人飯後閒聊，幾乎都是以神秘的口吻說：「我跟你說，但你不要跟別人說，誰和誰那一天在那裡被看到在一起。」之所以神秘，是因為這些關係可能是婚外情，或者和災前交往的伴侶不同，或者夫妻彼此各自有新的性對象，顯示出災後性及親密關係的強烈需求。村民在笑鬧之餘仍是對婚姻中或失婚女性的性自主權持保留的態度。

以上兩段故事均顯示災後女性再婚決定與性自主決定都較男性受到更大的社會壓力，但再婚或者性自主其實帶來一些新生的力量，讓受災的群體可以重新站起來女性可能在這過程中受到批評，卻也展現出女性在災後以鮮活的生命力重新站起來的努力。

二、女性是家庭中重要的支持力量：兼負家庭照顧與生計重擔

　　阿美是南沙魯村的縫紉師。她居住的村子在88風災中因大水夾雜著土石流沖進部落，造成69個人死亡，大家扶老攜幼往舊部落避難。3天之後，國軍派出直升機救援，全家人被送到禪淨中心。幸運的是，她的家人：公公、婆婆、先生和3個孩子都沒有死傷。當大家都仍在驚慌恐懼之中，她突然有個想法，要先生幫她和3個孩子一起照一張相，並且展開笑容比出「耶」的手勢，那場景和旁邊一片的哀傷氣氛很不相融，馬上吸引了蘋果日報的記者，問他們為什麼會笑？她說，只要活著便還有希望。全家人在歷經那麼大的災難之後仍然能夠存活下來，已經很幸運。雖然失去了家園，只要她能有兩臺縫紉機，就可以重新站起來。新聞報導出去之後2個月，她竟然收到兩臺縫紉機，是臺北的善心人士看到報紙後寄過去，祝福她能重新站起來。在災區像阿美這樣的女人不勝枚舉，許許多多不同年齡的女人，在災後獨自承擔起家庭經濟與照顧工作的雙重責任，延續與傳承著家庭責任。

　　達卡努瓦村的惠爸今年80多歲，惠媽也已年近80歲，夫妻兩人育有4個兒子、1個女兒，阿惠是唯一的女兒，今年48歲。早先家裡的經濟不好且重男輕女，阿惠只讀到小學畢業，阿惠的哥哥們都讀到高中以上，外出工作且在都市成家立業。阿惠是單親，之前在外面打零工，88風災之後自己一個人帶著兩個孩子和父母親回到村子裡，靠著重建方案計畫賺取微薄的薪資。哥哥和嫂嫂很少回家，災後阿惠承擔起照顧上一代和下一代的工作，爸爸心臟不好，她帶惠爸去臺中找哥哥看醫生，做完心臟手術之後再把惠爸帶回部落，由她進行術後的照顧。年近80歲的惠媽身體也不好，但平日會煮飯給惠爸吃，也為了幫助家庭生計，回收村子中的寶特瓶，多少能幫忙點家計收入。惠媽和阿惠兩個人一起承擔著家裡的照顧責任和生計。

　　同村的小麗今年20歲，爸爸50幾歲剛退休，有痛風和心臟病等健康問題，小麗的弟弟則是下半身癱瘓的身心障礙者，88風災時，剛好高中畢業。小麗20

歲就回家照顧爸爸和弟弟，帶著父親和弟弟兩人定期到都市回診，並且照顧他們的日常起居，這些對於一個20歲的女孩都不是件容易的事。小麗靠著教會和禱告，支撐著她自己在這樣辛苦的環境中生存。

在偏鄉，這種由較弱勢且邊陲的女兒和年老婦女來照顧老人及身心障礙者的情形非常普遍。有學歷、有能力的男人和他們的妻子會想盡辦法透過社會的流動，外出工作；像小惠和小麗相較沒有條件離開而留在村子裡的婦女，就得承擔起照顧家庭中老人和小孩的工作。在照顧工作之外，這些婦女也都同時承擔著家庭的生計。

三、婦女組織起來支持災後社區的復原與復振工作

在災區中常常見到婦女們不只扛起家庭生計和照顧責任，也扛起了社區中的災後重建工作。921大地震震垮了美春的家，那是美春用母親往生之後的保險費買的屋子。對她來說，要原地重建的意義非常大，因為那是她母親留給她的房子，她一定要建起來留給她的女兒。雖然美春從小失學，但憑著一股毅力，幫大樓的所有住戶處理申辦資料，即使被罵，她也仍然堅持到底，因為她知道這一代若沒有處理，下一代一定沒有辦法處理（921基金會，2000）。

921地震之後，臺中縣石岡鄉的石岡媽媽劇團透過人民劇場的方式，表達以女人看待社區重建事務的聲音，雖然受到許多客家男性的批判，但卻代表著客家女性參與社區公共事務的第一步。其後，石岡媽媽劇團的3位客家女性看見社區因為WHO衝擊而農產品滯銷，再次組織果菜合作社，為梨農婦女們找到新的行銷出路（張容嘉，2013）。

88風災之後，在高雄縣與屏東縣災區與安置點從事救援、照護與組織工作的女性工作者占大多數，除了社會大眾所熟知社工人員以女性為主體之外，在第一線的自救與安置過程中，在地組織的女性更是扮演了關鍵性的角色。舉例來說，莫拉克災後投入安置與重建的原住民重要組織：屏東縣霧臺鄉愛鄉發展協會、高雄縣婦女永續發展協會、達瓦蘭大社轉運站、南方部落重建聯盟等，均由

女性工作者承擔重任。達瓦蘭部落的朋友們更是戲稱第一時間以物資轉運站提供救援的重要幹部均爲「外籍新娘」——嫁至大社的各族媳婦們，承擔起災後救援與重建的工作。高雄縣原住民婦女永續發展協會在災前以孩童的文化成長班及皮雕班作爲培力婦女的工作平臺，在災後安置於營區的半年中，婦女延伸平時的社區工作繼續進行災後救援與照顧工作，甚至承擔起營區自治會的工作（林津如，2010）。

四、原住民族婦女守護土地和族人，不惜與國家對抗

災難之後，女性對抗國家不當的重建政策也不遺餘力。南方部落重建聯盟是由高屏地區在地組織串聯而形成的聯盟，此聯盟的成員長期關注原住民議題，在災後的倡議過程中扮演重要角色，多數的組織工作者爲女性。南盟留意到國家「劃定特定區域」的政策直接損傷原住民族土地權和傳統領域，發起抗議並引發了南臺灣原住民族部落一連串的抗爭，抗議國家對土地的暴力與不尊重。屏東縣霧臺鄉愛鄉發展協會的執行長勒斯樂絲，與先生宋文生長久以來在部落扎根經營魯凱族文化重建與山林復育。88風災後，因看見族人在平地有中繼安置需求，即使在多方壓力之下，仍毅然決然地承擔起中繼屋的重責大任。她向住在平原的娘家親戚租地簽約3年，引進民間資源打造中繼村落，直接挑戰國家不蓋中繼屋的政策，成爲南臺灣民間自主建造中繼屋的唯一成功案例。三和中繼部落三年後在地方政府法令介入之後悵然結束。

儘管和國家的對抗無法持續，婦女回到部落與森林，仍堅持理念，持續守護環境與生態。屏東縣霧臺鄉愛鄉發展協會的執行長勒斯樂絲和她的先生回到原鄉發起「達巴里蘭種樹計畫」，復育臺灣原生種森林。即使沒有自主經濟財源的支持，仍然堅持理念：守護環境與生態，爲復育臺灣的森林而盡一份心力。[2]南方部落聯盟總召阿布娪在南盟結束之後，也返回那瑪夏鄉達卡努瓦工作站進行災後

---

[2] 可參考上下游賴郁薇（2016）報導。此計畫持續募款中，請參考臉書「屏東縣霧臺鄉愛鄉發展協會」。

重建工作，過程中她找回傳統「女人的田地」，以友善土地的方式開設「大地廚房」和「願景窯」。2013年開始發展出災後友善土地的生態旅遊及「深山裡的麵包店」。[3]

柒、結語：良好的行動建議

一、將婦女納入災難決策之中

　　從災區自治到政策倡議，這次88風災之後在地組織中的女性有極大的貢獻，但在災難治理的過程中，女性卻被結構性地排除於中央政府、地方政府和自治組織之外。事實上，災難也是性別化的過程，例如，女性相對陰柔的體貼與照顧，是災難救援中最常見的模式。針對救援模式的個案研究已經發現受訪女性高度的彈性與運用資源的能力，是救災工作最能發揮效能的資產，但在官方救援模式之中，這樣的特質卻難有機會展現（Fordham & Ketteridge, 1998: 83）。在社會化過程中，女性常以「關係」及「家庭」為出發點做整體性的考量，這會使得她們看見「協調」、「統合」工作的重要性，也會謹慎周延地使用資源。相似地，一個統合良好的安置計畫，應該儘量協調各單位以「家庭」及「部落」為中心地進行救援與安置計畫。這與陽剛式、直線性的任務取向思考是不同的模式。因此，以性別的觀點，以「協調」、「統合」的概念來進行災難救援與安置，將有助於建構更好的、更符合需求的災難管理模式。在這個意義上，女性組織工作者對於災難管理與救援的思考，對於未來的救援模式之建立，有重要的啟發。

　　本文中提及這些默默進行照顧與社區工作的女性，除了不容易被看見，也不容易被媒體報導之外，她們由下而上的操作模式亦與官方／男性／由上而下的操

---

[3]　請參考臉書「深山裡的麵包店」。重建故事可在Youtube上尋找TVBS一步一腳印報導「那瑪夏姐妹的承擔」（https://www.youtube.com/watch?v=6q1NZ7lVb70）。

作模式形成強烈對比。針對救援模式的研究已經發現受訪女性高度地彈性及運用資源的能力，這是救災工作最能發揮效能的資產，但在官方救援模式之中，這樣的特質卻難有機會展現。相較來說，官方的救援體系常是以官僚體系、分工分權的方式各自行事。各單位工作各司其職，在不同的時間點上各自作主，不考慮協調工作，以至於部落／家庭被分割成不同區塊「被救援」。相對於婦女細緻及耐心的投入，各單位只想辦法完成自己單位的任務，沒有統合起來一起工作，也就無法以「部落」或以「家庭」為中心來進行救援服務。

我們在災區的工作現場也發現，原住民族婦女在災後重建歷程中，並非為了對抗而對抗。反之，她們是因為貼近現實而看得見族人的需求，所以才起身和政府對抗。因為婦女與現實的貼近，她們操作出來的救援模式具彈性、分殊化且貼近在地脈絡、能呼應個別差異，以服務到自己族人的短期與長期需求為最終目的。當我們以此女性的救援模式和官方救援模式做對照，更可以看見女性參與災變各階段決策之重要性與特殊性。

二、了解婦女在災難現場的脆弱性，並以此需求提供服務

本文分別就災難現場中遇見到主要議題：（一）死亡，（二）物資募集，（三）補助金與資源分配，（四）就業與照顧工作，（五）人身安全等，提出性別差異的面向，以提醒災難工作者能在工作時留意到婦女的脆弱性。許多時候，性別議題會交織著不同的差異：年齡、生理狀態、家庭狀況、收入、族群等，而產生不同的脆弱群體，例如：孕婦、年輕女孩、老年婦女、獨居婦女、單親婦女、隔代教養婦女、農村婦女、新移民女性等群體。這些特殊群體的脆弱性，應在災難的備災、應變、安置與復原中的歷程，給予更完善的照顧，以保障多元身分的女性脆弱性群體能得到適當的照顧。

三、了解婦女災難中的韌性，協助其能突破環境限制，走出自己的路

　　看見脆弱性不等同於弱化女性。災難顯示出女性在結構性上的弱勢，但災難現場我們也看見了女性在應變災難帶來的困境時，展現出強大的韌性。女性可能藉由重生或再婚重新開始生活，她也可能同時兼負照顧與生計的雙重負擔，成為家庭的支柱，並且鼓舞家人重新站起來。女性也成為社區重建與文化復振的主力。更因為女性能看見災難現場家人和族人的需求，能提出不同於國家陽剛式救援模式的觀點，這些勇敢又堅毅的女性往往挑戰國家政策，直接以有限的力量，做出真正對家庭、社群、環境和生態有益的重建方式。這是女性韌性的展現，若社工員能透過資源連結協助災難過程中協助有力量的女性實現她們眼中的世界，女性觀點的災後重建真正能為人間帶來一帶曙光，為災難治理政策指出應予遵循的方向與學習的典範。

參考書目

中文書目

王介言（2010）。性別主流化政策推動中，仍現災難性別觀點的邊緣化處境。性別平等教育季刊，51，27-40。

李香潔、陳亮全、李維森、李燕玲（2011）。性別與災害管理議題初探。臺北：國家災害防救科技中心。

李香潔（2013）。老人福利機構水災撤離因應韌性分析。思與言，51(1)，187-219。

林宗弘、李宗義（2016）。災難風險循環：莫拉克風災的災害潛勢、脆弱性與韌性。周桂田（編），永續與綠色治理新論，頁43-86。臺北：韋伯出版。

林津如（2010）。陽剛才能救援？災難論述中（被）噤聲的女性觀點。性別平等教育季刊，51，16-19。

林津如（2014）。災難下的原住民男性陽剛特質與健康研究期末報告。科技部補助專題研究計畫。

林冠慧（2004）。全球變遷下脆弱性與適應性研究方法與方法論的探討。全球變遷通訊雜誌，43，33-38。

林悅（2017）。臺南維冠震災戶透過人工生殖「將孩子生回來」（東森新聞）。上網日期：
　　2017年6月3日，取自ETNews 新聞雲網頁http://www.ettoday.net/news/20170316/886155.htm

紀惠容（2010）。大災難，往往伴隨性別問題而生。上網日期：2017年6月3日，取自信望愛網
　　頁https://www.fhl.net/main/goh/goh36.html

涂建豐（2010）。災後重生「小林之子」安產（蘋果日報）。上網日期：2017年6月3日，取自
　　蘋果日報網頁 http://www.appledaily.com.tw/appledaily/article/headline/20100817/32742944/

翁筠婷、許家菱、王詩涵（2009）。聯合國重要議題論壇系列之「性別與災難」。婦研縱橫，
　　91，113-124。

張容嘉（2013）。未竟的蛻變：災後女性角色的開展與困頓。思與言，51(1)，155-186。

陳來紅（2010）。重建無處不性別－如果決策可以納入性別主流化模式。性別平等教育季刊，
　　51，20-26。

陳筑君（2016）。陳文彬X魏德聖：從颱風莫拉克的裂縫裡，拍光照進來的地方。上網日期：
　　2017年6月3日，取自端傳媒網頁https://theinitium.com/article/20161019-culture-from-now-on-
　　morakot/

彭渰雯（2010）。性別與氣候變遷。性別平等教育季刊，51，41- 47。

曾昭媛、阿布娪‧亞伊細卡那（2009）。缺乏性別平等與環境正義的災後重建委員會。上網日
　　期：2017年6月3日，取自公民新聞網http://www.peopo.org/cesroc/post/42252

劉珠利（2005）。對天然災害受災女性之社會工作－一個增強權能的角度。社區發展季刊，
　　109，444-458。

賴郁薇（2016）。被摧毀的森林用自己的手重建，達巴里蘭部落扎水造林。上網日期：2017年6
　　月3日，取自上下游新聞市集網頁https://www.newsmarket.com.tw/blog/90914/。

英文書目

Aldrich, P. (2012). *Building Resilience: Social Capital in Post-Disaster Recovery*. Chicago, IL: Univer-
　　sity of Chicago Press.

Delica, Z. G. (1998). Balancing vulnerability and capacity: Women and children in the Philippines. In
　　E. P. Enarson, & B. H. Morrow (eds.), *The Gendered Terrain of Disaster: Through Women's Eyes*
　　(pp.10-114). Westport, CT: Praeger.

Enarson, E. (2009). Women, gender and disaster: Men and masculinities. Retrieved June 3, 2017, from
　　https://www.gdnonline.org/resources/GDN_GenderNote3_Men&Masculinities.pdf

Fordham, M. & Ketteridge, A. (1998). "Men must work and women must weep": Examining gender
　　stereotypes in disasters. In E. P. Enarson, & B. H. Morrow (eds.), *The Gendered Terrain of Disaster:
　　Through Women's Eyes* (pp.81-94). Westport, CT: Praeger.

Pincha, C. (2008). *Gender Sensitive Disaster Management: A Toolkit for Practitioners*. Mumbai, India:

Oxfam America and NANBAN Trust by Earthworm Books.

Wiest, R. (1998). A comparative perspective on household, gender, and kinship in relation to disaster. In E. P. Enarson, & B. H. Morrow (eds.), *The Gendered Terrain of Disaster: Through Women's Eyes* (pp.63-80). Westport, CT: Praeger.

Wilson, J., Philips, B. D., & Neal, D. M. (1998). Domestic Violence After Disaster. In E. P. Enarson, & B. H. Morrow (eds.), *The Gendered Terrain of Disaster: Through Women's Eyes* (pp.115-122). Westport, CT: Praeger.

第三十章　災難中的兒童與少年

黃瑋瑩

壹、前言

在災變過程中，兒少經常是最脆弱的人口群之一，不同年齡的孩子面對不同災難發生，身心也會有個別的差異反應出現。且災難對兒少及其家庭影響程度不一，輕則財物、房舍受損，重則親友死亡，甚至可能因父母均在災害中雙亡而成爲失依兒少。由此可見，不論是兒少本身身體、心理的創傷需要緊急醫療，還有後續生活照顧安排需要協助處理。

兒少在災變過程中有其獨特需求，包括：兒少生活必須依賴有人提供照顧、溝通和認同的需求、移動的需求（特別是嬰幼兒無法自力離開災難現場）、生理需求、營養的需求、情緒的需求、發展性的需求、規律和安慰（Thompson, 2015）。這些特殊需求，都必須在災害應變的各階段納入考量。

貳、針對兒少的災害預防性服務

學校與社區經常是災難預防的最前線，透過平時的防災計畫、加強訓練、反覆演練，方能在災難發生時迅速反應。若災難前校園設計有預防性危機計畫以避免受災，則更能減輕災後危機擴大程度。此計畫主要包含一套受災學校危機因應管理計畫，需要隨時更新及檢視，再針對團隊成員加強危機處理的相關訓練，最後是加強與區域性資源的聯繫。高雄市政府教育局（2013）亦於莫拉克災後重建的經驗中整理出，在災難與危機事件中，學校可以做的事情包括：

一、提升校內教職員對於災難與危機事件的認識；

二、一級預防概念的推廣；

三、建構校園災難及危機處理小組團隊；

四、培養校內專業人力並持續充實知能；

五、訂定校園災難及危機事件應變處理標準化流程；

六、落實校園災難及危機事件之模擬演練；

七、建立校內外資源連結與合作系統。

故，從災害預防到第一線提供救災服務過程中，整體教育防災計畫中應包括下列幾大項工作內容：

一、學校應該規劃不同類別的危機處理小組及方案；

二、篩檢校園內外高危險因子；

三、建立危機處理小組：包含指揮小組、資料組、聯繫組、受災學生服務組、教師聯繫組、總務組；

四、建立分層資源網絡系統：建議篩檢出校內具有特殊訓練的教職員工、建立受災學生可快速動員資源名單，以及建立社區資源網絡資訊並確認關鍵聯繫對象等（黃韻如，2010；陳再興，2011）。

從921震災到莫拉克風災，我們都可以看到，學校是地區重要中心與資源，尤其在原鄉與偏鄉，學校更是部落救災、防災、減災、備災的重要堡壘（陳再興，2011）。故平日相關政策、流程的建置與確認、教育訓練及落實演練，到災變事故發生時迅速組織回應，都是學校應負擔起的職責。

參、災難期間短中長期安置服務

災難發生的第一時間，首要面臨的就是緊急及短期安置服務。在安置期間所要注意的事項、安置期間針對兒少所提供的服務、如何轉銜其他服務（就學、課後照顧、醫療、輔導等等）均是這階段所必須注意的事項。

一、短期安置處所的照顧與托育服務

災後第一時間，將民眾進行緊急安置時，經常面臨混亂的狀況。成人忙著協尋親人、辦理證件、重建家園、處理自身的悲傷情緒等，經常無暇顧及兒童的身心照顧，而任由其在安置處所自由活動。因此在此期間，許多兒少福利團體的介入，均以穩定兒少身心照顧為主，例如世界展望會所成立的「兒童關懷中心」

（Child Friendly Space, CFS），係為災後兒童所成立的兒童關懷空間，由專業社工員陪伴受災兒童透過繪畫、遊戲、閱讀方式，共同抒發心中的恐懼和心聲，走過天災所帶來的不適應。也透過兒童閱讀車，巡迴營區安置點，透過社工員的關懷，照顧兒童身心靈的發展（全國成，2010；陳維智、張書禎，2010）。而在921震災時，臺中縣政府亦於各災區及組合屋提供臨時托育服務以讓災民安心重建家園。計有大里市等地成立臨托中心，收托數量約760人（王秀燕，2009）。

在莫拉克災後重建過程中，也針對幼兒日間托育的需求規劃出相關計畫，高雄縣政府在災後頒訂「高雄縣88災後社區及生活重建協力方案補助辦法」中提出：

（一）針對88災區6歲以下兒童，利用社區、民間團體或機構現有設施及人員，提供日間托育服務與照顧。開辦之初社區及團體應針對照顧者進行至少兩小時之照顧教育訓練，且每月召開聯繫會報並協助照顧者形成協力圈。

（二）服務對象以低收入戶、單親、主要負擔家計者無工作能力或失業、其他經濟困難或有具體事證家庭內幼童亟需照顧資源者為優先。

二、經濟扶助

經濟補助經常是災後兒少服務中不可或缺的一環，因遭受災變，致使家庭經濟陷入困境，首先受到衝擊的就是兒少的基本生活照顧。不管是托育、就學費用、或是營養餐食費用的補助，都在維護兒少基本生活照顧的品質。921災後的經驗中，臺中縣有針對學齡前幼童補助就讀托兒所、幼稚園托育費，於1999年9月至2000年1月補助因震災導致實際居住房屋全倒或半倒家庭，或父母一方重傷或死亡之兒童每名新臺幣4,000元托育費。以現金方式鼓勵災區家長將幼童送托，一方面可從事家園重整，一方面解決托育問題並減輕受災家庭經濟壓力。至於針對原住民及中低收入戶家庭15歲以下兒少，則開辦營養補助，受惠人數3,000人。而針對中低收入受災戶學子就學生活費補助則提供中低收入戶受災戶就讀高中職以上就學生活費補助，以及高中職各為2,000元，專科以上5,000元，

期以紓解困境（王秀燕，2009）。

類似的有南投縣在921災後針對受災兒少所提供之經濟補助，有單親家庭兒童就托立案機構之托育補助計畫；低收入、中低收入單親、失依兒童營養券補助計畫等，以減輕家庭照顧之經濟壓力（廖俊松，2000）。

莫拉克災後，慈濟基金會也提供「安學計畫」莫拉克風災助學金補助，舒緩因家庭受災嚴重的中輟課業或休學的危機（財團法人佛教慈濟慈善事業基金會，2014）。而世界展望會的助學行動，則是希望災害不會影響到兒童的就學權益，故持續撥款救助學童，國小、國中每學期每名核發助學金3,000元；高中職每學期每名核發助學金5,000元；大專以上學生每學期每名核發助學金10,000元。88風災後，在高雄縣共計有9,300名學童受惠（陳維智、張書禎，2010）。

三、就學及課後照顧

短期及中期安置期間，許多在學學生因學校及社區受災嚴重，暫時無法返回原校就讀，需要到其他學校寄讀或轉學，此時受災學生常見的問題需求如下（黃韻如，2010）：

（一）安排學校及學籍問題。
（二）住宿安置問題。
（三）學雜費用問題。
（四）學用品問題。
（五）班級安置及教育銜接問題。
（六）提供教職員工創傷症候群相關資訊。
（七）班級適應問題。
（八）專業心理諮商輔導資源的介入。
（九）協助受災學生了解新校園的危機管理策略。

針對莫拉克災後學生學習狀況之研究指出（涂美琳，2010），受災學生在初期多有不適應新學習環境的情形，且家長忙於家園重建，對孩子的學習多

採放任的態度。但如果教師對於受災學生適應過程中的課程與教學策略運用得宜，則受災學生的學習適應較佳。故，在莫拉克災後，高雄縣政府提出，針對88災區國小或國中學童，利用社區、民間團體或機構現有設施，提供課後照顧的服務，輔助學生適應新的學習環境，協助弱勢家庭之學童於課後能獲得妥善照顧，使家長無後顧之憂，安心工作。而此課後照顧對象主要為弱勢家庭兒少（低收入戶、中低收入戶、外籍配偶、失業、單親、隔代教養、其他經濟困難有事證之家庭等）。透過服務單位的專責人員規劃及執行，協助學童完成作業、提供品格教育、才藝課程及生活常規教育、行為及心靈輔導等。事實上，國外也有類似的課後輔導方案，針對災後學童提供輔導性活動，並協助老師與家長學習相關技巧，例如：深呼吸以及正向自我對話（positive self-talk），以便融入課程或是在家中與子女一起操作（Wahl-Alexander & Sinelnikov, 2013）。顯見在課後照顧這一方面，經由服務設計，可發揮多元功能。

四、醫療與心理輔導

　　至於相關的醫療與心理輔導部分，事實上災後很多心理衛生資源介入提供服務，例如，臺中縣政府在921災後補助受災家庭個別心理諮商費用，使受災家庭成員因震災帶來之心理創傷能獲得心理諮商服務（王秀燕，2009）。莫拉克災後針對學生學習與生活適應的研究（涂美琳，2010）亦指出，學校行政人員與老師普遍覺得自己心理輔導與諮詢的能力不足，希望透過專業人員針對受災學童提出教學策略與輔導方法。實務上的心理服務方式與內容，詳見下節敘述。

肆、災後兒少的心理輔導與悲傷輔導

　　經歷災難，兒少在身心均承受極大的創傷。許多研究指出，女童又比男童更容易受到災變的影響而產生創傷後壓力症候群（PTSD）（Derivois, Merisier, Cenat, & Castelot, 2014; Yang, Yang, Liu, Tian, Zhu, & Miao, 2010; Wei, Wang,

Wang, Cao, Shi, & Zhang, 2013）。而不同年齡的孩童，遭遇災變後的身心症狀亦會有所差異，不管是在行爲、生理、情緒等各方面的表現，都需要有不同的介入策略。國內針對921災後兩年半及四年後的追蹤研究（張宏業，2006）發現，災後四年災區兒童仍出現PTSD症狀，有過度警覺、類似情境引發心理反應、逃避反應、擔心不好的事再發生等，此與筆者在莫拉克災後兩年間的觀察類似。DeWolfe（2000）在美國DHHS出版的災後心理衛生與人群服務手冊中，即整理出針對不同年齡孩童災變後的反應與介入的建議，詳見表30-1。

在學齡階段，學校輔導系統的介入是一大重點。透過班級認輔、團體輔導以及個別輔導，協助受災學童及家庭渡過心理創傷。教育部在98年8月21日函示頒發「教育部莫拉克風災災後學生心理輔導計畫」中指出，輔導工作重點如下：

（一）班級輔導：導師可利用導師時間，對學生進行班級輔導。

（二）進行認輔：

    1. 將受災學生列冊，優先列爲認輔對象。

    2. 鼓勵退休教師參與認輔，投入認輔教師行列。

    3. 鼓勵現職教師積極投入認輔教師行列。

    4. 辦理認輔教師研習，提升認輔教師協助受災學生心理輔導知能。

（三）團體輔導：由專業心理諮商或輔導教師對受災學生進行團體輔導。

（四）同儕輔導：對受災學生進行同儕輔導，透過同儕相互關心與陪伴，提供社會與心理支持。

（五）家庭訪視：對受災學生或教師，進行家庭訪視，協助災後心理相關問題。

（六）個案諮商：對心理創傷嚴重之特殊個案，聘請專業輔導人員參與輔導諮商工作。

表30-1　不同年齡層對災變的反應與介入建議

年齡	行為徵狀	生理徵狀	災難的反應及介入建議	
			情緒徵狀	介入的選擇
1-5	・尿床、吸手指、緊黏著父母 ・怕黑 ・拒絕一個人睡覺 ・較常哭泣	・胃口不佳 ・胃痛 ・噁心 ・睡眠障礙、做惡夢 ・說話困難 ・肌肉抽搐	・焦慮 ・害怕 ・易怒 ・情緒爆發 ・難過 ・退縮	・給予口頭上的保證以及生理安慰 ・給予安撫的睡眠儀式 ・避免不必要的分離 ・答應讓孩子暫時和父母一起睡 ・鼓勵有關失落的表達（如死亡、寵物、玩具等） ・監看暴露在媒體的災害創傷 ・鼓勵透過遊戲活動來表達
6-11	・學校表現退步 ・在家或在校的侵略行為 ・過度高張或愚蠢的行為 ・愛哭、像小孩子一樣緊黏著父母 ・和弟妹搶著受到父母關注	・胃口改變 ・頭痛 ・胃痛 ・睡眠困擾、做惡夢	・拒絕 ・遠離朋友、熟悉的活動 ・情緒爆發 ・固執於災害的預防及安全性	・額外給予關照 ・暫時降低對在校表現的期待 ・對外顯行為設下溫和但堅定的界線 ・給予一些結構但不過度要求的家務和重整工作 ・鼓勵透過口語或遊戲表達想法和感受 ・聽孩子重複說災難發生時的狀況 ・讓孩子一起準備家庭緊急逃生包以及逃生訓練 ・針對未來可能的災害進行逃生演練 ・協調學校的有關同儕支持、表達性的活動、災難教育、預防性計畫、找到應於處於風險的兒童等方案

年齡	災難的反應及介入建議			
	行為徵狀	生理徵狀	情緒徵狀	介入的選擇
12-18	·學業成績退步 ·在家或在校的反叛 ·先前反應行為的退步 ·激動或是能量下降、冷漠 ·違法 ·社交退縮	·胃口改變 ·頭痛 ·胃腸問題 ·長疹子 ·抱怨有不明疼痛 ·睡眠障礙	·對同儕社交活動、興趣和休閒失去興趣 ·傷心或沮喪 ·反抗權威 ·覺得無法勝任或無助	·額外給予關照 ·暫時降低對任校在家表現的期待 ·鼓勵和同儕或同儕或重要他人討論災變發生的經驗 ·避免堅持要和父母討論感受 ·鼓勵體育活動 ·針對未來可能的災害進行逃生演練 ·鼓勵恢復原本的社交、體育或社團活動 ·鼓勵參與校園重建工作 ·協調學校同儕支持、減壓方案、預防性計畫、擔任社區重建志工、找到處於風險的青少年等方案

資料來源：DeWolfe（2000）。

（七）書信或電話關懷與諮商：

　　1. 開放各級學校輔導室（中心）並協調相關專業心理輔導諮商團體共同辦理電話諮商服務。

　　2. 各縣市政府學生輔導諮商中心或相關支援中心，安排輔導工作輔導團團員輪值，提供電話諮商及諮詢服務。

　　3. 學校輔導室（中心）主動寫信關懷家長。

　　4. 教師鼓勵同學寫信或發手機簡訊關懷與陪伴同學。

（八）轉介服務：各縣市政府學生輔導諮商中心或相關支援單位及各大專校院學生輔導諮商中心，協助學校評估並轉介有精神醫療需求的特殊個案到適當之精神醫療院所，提供醫療服務，並結合醫療、衛政、社政單位提供災區學生、教師及家長心理諮詢服務。

（九）成立輔導工作團隊：鼓勵大專院校輔導或心理相關系所師生、縣市政府輔導工作團團員，志願編組成立輔導工作團隊（3至5人為一團隊），由縣市政府學生輔導諮商中心或相關支援單位，有效支援各校輔導及師生心理復健工作。

（十）持續追蹤輔導：針對受災學校學生進行長期心理追蹤輔導。

　　其中，兒童團體輔導應該是最廣為使用的形式之一。在921震災後，受災戶進入長期安置階段，生活漸入軌道，但因面對雙重房貸及生活上的沉重壓力，兒童的需求較易被忽略。因此臺北縣社會暨心理關懷站以安置社區為據點，結合民間團體辦理說故事、童玩教學等課後活動，有效掌握兒童身心狀況；減輕受災戶照顧的壓力與負擔，提供喘息機會。另結合心理師針對因地震經驗或面對喪親、生活事件、父母管教及人際關係等，仍存情緒適應之困擾進行兒童團體，協助疏導情緒，分享生活中快樂、失落、悲傷及分離等情緒，並學習人際互動與適當表達情緒的技巧（黃淑惠，2009）。這一類的服務，不管是在921災後或是莫拉克災後安置、重建期間，均有不少相關兒少團體介入提供服務。

　　類似的方案還有「我的畫冊」的設計與帶領。為了可以審慎評估孩子的狀態，兒童福利聯盟文教基金會在921地震發生後便設計了「我的畫冊」繪本，希

望透過隨意彩繪、輕鬆的方式引導孩子走過整個地震歷程，協助孩子對大自然有更正確的認識，也從中觀察孩子的情緒是否能得到抒解，及評估可以再多介入使力的部分。畫冊主要分成四大階段：包含大自然介紹、地震前、地震發生及地震後的生活改變。從畫圖出發，自己可以決定想要談論的廣度與深度，對很多孩子來說，那是安全的開始，而藉由圖畫的引導抒發，漸進式地練習面對情緒，對於社工和孩子間的安全感建立，更有實質的幫助，「我的畫冊」是我們與孩子情緒接觸的起點（施靜芳，2009）。 此一畫冊，在中國汶川大地震以及莫拉克風災後，均改版為適合當時災難情境之畫冊（分別為簡體字版以及風災版），做進一步的實務操作之用。以繪畫作為兒少治療的媒介，在許多輔導歷程中多所運用，研究（賴念華，2009；蔡麗芳，2015）亦指出，透過象徵圖示表露悲傷情緒與溝通，較為安全，且可將視覺圖像重新創作，轉化為再出發的能量，有助於案主面對並處理創傷性經驗。故，類似「我的畫冊」的團體服務方案，實為災後兒少心理重建重要的方式之一。另外，也有相關研究（張宏業，2006）指出，若能針對受創兒童特定創傷事件（例如：921大地震），訂定其團體主題與活動內容，則可有助於受創兒童之嚴重度PTSD、憂鬱與焦慮反應的改善，可見透過主題畫冊的團體輔導方式，的確是災後心理輔導有效的做法。

伍、失依兒少服務

家庭是兒童最基本的照顧單位，也是最初的社會化場所，是形塑兒童人格基礎之所在。在天然災害突發、無預警災難發生時，所造成的創傷特別嚴重，失依、單親、受災家庭等除了需擴大整個家族網絡支持外，政府更需在第一時間提供各式資源、支持家庭的各種方案，用系統取向介入，以強化關鍵互動過程、促進療癒與復原。

而其中以喪親兒少的需求最為多元與廣泛，因其在災難中失去主要照顧者，對未來茫然無所依恃，故需要政府完整配套且長期的介入服務。喪親兒少的

需求包括需要知道自己未來會受到照顧、需要知道他們的憤怒或缺點並非帶來死亡的原因、需要了解死亡原因和狀況的清楚訊息、需要感受到自己的重要並參與相關哀悼與告別儀式、需要例行性活動、需要有人聽他們的問題，也需要有追憶逝者的方法（李開敏、林方皓、張玉仕、葛書倫譯，2011）。

在失依兒童少年及單親、危機家庭兒童少年服務計畫部分，主要的福利服務有：經濟扶助、安置輔導、心理輔導暨親職教育服務、個案管理及其他相關之福利服務。

以臺中縣在921災後為受災兒少及家庭所提出服務方案為例，其中在失依兒少及單親、危機家庭服務方面，包含經濟扶助中設立失依兒少生活與教育帳戶、兒少信託基金管理與手續費補助、寄養服務、單親家庭兒少生活扶助等；安置輔導方案包含家庭訪視輔導、安置照顧、寄養服務、心理輔導暨親職教育、個案管理；受災戶家庭服務方面包含臨時托育服務、補助學齡前幼童就讀托兒所、幼稚園托育費、個別心理諮商、受災戶學子就學生活費補助等等（王秀燕，2009）。

一、經濟扶助

（一）設立失依兒童少年生活與扶助教育帳戶：由臺中縣財團法人921震災重建基金會補助每位失依兒少每月20,000元生活扶助及零用金，2001年元月起由特別預算補助12,000元（全省一致）；年滿20歲尚在就學，提供教育補助。

（二）寄養費用補助：依據「臺灣省兒童少年家庭寄養辦法」補助每月寄養費與協助照顧之安置機構、寄養家庭所需費用。

（三）單親家庭兒童少年生活扶助：由臺中縣財團法人921震災重建基金會補助每位單親家庭兒少每月3,000元生活扶助。

二、財產信託

民國89年1月通過「民法第1094條」對於監護權認定的修改，對921喪親的

孩子來說，是跨出安穩確定的第一步，在政府介入親戚間由誰照顧最好的協調後，有九成以上的孩子由親屬代為撫養（內政部兒童局，2000）；民國89年2月通過「九二一震災重建暫行條例」，對921受災地區、民眾，及相關重建工作均做了詳細的規定；民國89年7月通過「九二一地震災區未成年人財產管理及信託辦法」，強制將失依兒少父母之財產交付信託，由政府代為保管直至成年為止；除此之外，政府部門亦研擬「九二一震災兒童生活照顧實施方案」，透過固定生活扶育金的發放、及相關服務的推動，保障921震災失依兒少的權益和福祉（施靜芳，2004）。

為輔導、鼓勵震災失依兒童、少年或其親屬，將已領得的全部慰助金、捐款與遺產等，採取成立信託方式處理，以保護其財產並增加其利益。內政部兒童局於民國88年11月25日邀請受災縣（市）政府及相關民間團體代表共同研商有關協助孤兒設立信託事宜，通過「九二一震災失依兒童、少年申請設立信託補助暨作業原則」。

（一）補助對象：921震災未滿十八歲父母雙亡之兒少。

（二）補助方式：921震災失依兒少願意將慰助金、遺產等委由公營信託事業單位設立信託者，每案由財團法人九二一震災重建基金會補助新臺幣50萬元（補助款亦須併入信託）。

（三）申請原則：以921震災失依兒少為委託人，與公營信託事業單位訂立信託契約書，其設定基準如下：

1. 信託財產：每人以所領慰助金設立信託為原則；
2. 信託期限：信託契約訂定期限自委託日起至委託人年滿20歲為原則；
3. 信託監察：設立信託監察一人，由失依兒少原受災地區縣（市）政府選任，若有變更，縣（市）政府應於一個月內以書面通知委託人及受託人；
4. 信託財產之運用與管理：由委託人與受託之公營信託事業單位協議，並經信託監察人同意後約定辦理（謝志誠，2001）。

經過兩年的努力，在921震災中總計134名失依兒少，共計有127名在921震

災基金會的補助下完成信託，以保障未成年失依兒少之未來生活照顧。

三、安置照顧計畫

對年幼的孩子來說，因為尚缺乏獨立生活的能力，日常作息都需要有人協助，因此確認生活裡有依附角色是件重要的事，不管是扶養家庭裡的阿公阿嬤、伯父伯母、舅舅舅媽，或是新的住宿機構裡的輔導員，在確認依附對象、得到類似父母般成人的穩定照顧和情感支持後，才能度過失落和失落引發的痛苦（施靜芳，2009）。故自921災後，如何建立震災失依、單親、危機家庭兒童少年資料，提供家庭訪視輔導服務，實為重要。

由社工員依負責鄉鎮進行震災後失依兒童少年家戶訪查，並建立系統性可供查詢之資料庫極為重要；失依兒童少年個別狀況則建立個別服務計畫。經社工員進行家訪發現有失依兒童少年而無親屬照顧遂進行寄養安置，並協尋其親屬。

四、兒少悲傷輔導

喪親對每個人來說，都是重大的創傷，因而在心理、生理、行為等各方面都會呈現出某些反應。尤其在災變中歷經親人「未預期的死亡」，是一種極大的衝擊，容易讓存活者帶著遺憾或未竟事務（unfinished business），可能感到內疚、憤恨或遺憾，甚至在日後產生心理創傷（賴念華，2009；蘇絢慧，2008）。通常在歷經喪親後的感受部分，會經歷悲哀、憤怒、愧疚與自責感、焦慮、孤獨感、疲倦、無助感、驚嚇、渴念、解脫感、放鬆、麻木等等；在生理感官知覺則可能會感到胃部空虛、胸部緊迫、喉嚨發緊、對聲音敏感、人格解組、呼吸急促、肌肉無力、缺乏精力、口乾等症狀；而認知方面則感到不相信、困惑、沉迷於對逝者的思念、感到逝者仍然存在，甚至出現幻覺；行為方面則可能有失眠、食慾障礙、心不在焉、社會退縮、夢到失去的親人、避免提起失去的親人、過動、哭泣、舊地重遊或攜帶可想起死者的物品、珍藏遺物等等，這些反應都是可能發生的，是普同的現象，差異的部分則會因著與親人的關係中尚未處理

的議題而有所不同（李開敏等譯，2011；蘇絢慧，2008；黃龍杰，2010）。

　　倘若兒童在災難中失去雙親，其面臨的壓力與衝擊會更大，是需要特別關注與照顧的一群人。當兒童與少年面臨父母或是主要照顧者因災難而過世時，通常會有的身心反應如下：

1. 否認：佯裝若無其事或表示懷疑、不信任；
2. 反向作用：不會悲傷，反而對死者生氣、憤怒、有敵意，認為自己被遺棄而感到失望；
3. 轉移：將氣憤投射到他人身上，或是怪他人沒有預防事件的發生；
4. 心因性的生理反應：覺得喉頭緊縮、呼吸困難、沒有食慾、疲倦、不能做功課、無法入睡、常做惡夢等；
5. 孤立與退縮：逃避情緒的創傷，不再輕易與其他人建立親密關係；
6. 退化：表現出較小的行為；
7. 罪惡感：害怕因自己表現不佳造成親人死亡，也後悔在親人生前沒表達他們的情感；
8. 替代：尋找其他來替代死去親人的角色；
9. 復原重建：已無罪惡感，能與他人正常相處，並且能與他人談論死者生前的種種（黃盈豪，2010）。

　　處理喪親的悲痛與創傷，除了面對各種失落悲傷的情緒外，還要重新組織自我與失落客體的關係，並且在歷經完成失落的事實、處理失落的痛苦、適應一個逝者不復存在的環境、參與新的生活並找到與逝者永恆的連結等四個任務才算結束（引自蔡麗芳，2015）。故為達成此目標，在社工實務上，針對喪親兒少的慌亂急需要安定與撫慰，政府和社工實有介入的必要。因為喪親之痛實在過重，在諸多重大社會災變後，社工開始關注如何協助生者度過難關。研究（施靜芳，2004）中顯示，喪親的打擊對孩子的影響是相當大的，不論是初期的慌亂和不知所措、中期的悲傷與無力，甚或是多年之後的追憶，當中的情緒起伏、定位拿捏，對他們生活都有極大的影響。對喪親兒少而言，要面對的有原本的生活世界破裂、摯愛的親友消失、生活型態的改變、家人關係的變化等（蘇絢

慧，2008）。故在921大地震中，政府和民間單位均投入相當多的資源和社工人力協助災區重建、罹難者家屬的輔導。對於不幸失去親人的人，伸出社會工作的援手，建立他們的支持系統、協助生者有力量面對失落，承認接納失去死者的悲傷、憤怒，與各種痛苦的情緒，進而找到自己與死者之間新的連結與意義，轉化死亡對生命束縛的力量，然後有勇氣繼續走自己的生命道路，是我們可以努力的方向（施靜芳，2004）。不管是針對失依兒童少年個案進行追蹤輔導暨心理輔導、治療復健，結合社工員進行個案訪查過程中進行案主初步社會心理評估，如心理諮商、輔導、治療或復健者，轉介適當機構進行；或是提供兒童少年團體治療（團體輔導）結合專業團體分年齡層進行兒童悲傷治療、創傷團體輔導，都是協助失依兒少走過依親創傷的重要歷程與力量。

五、個案管理長期追蹤

災後重建工作繁雜，兒少個案長期追蹤輔導多由政府委託民間單位承辦相關個案管理之服務，共同整合管理災變所致之失依兒童少年家庭、單親家庭及危機家庭，並依個案所需進行輔導、轉介、委託、執行。政府部門並定期與受委託執行計畫單位舉辦工作報告及聯繫會報，依案家需求及最佳利益之原則使政府與承辦單位皆能充分了解個案狀況，而達個案管理之目的。

因為悲傷者常會為了努力恢復失落之前的生活，而抗拒承擔新角色和嘗試必要的改變，小到經濟問題的處理、大到與他人相處的問題，都必須重新適應，並面對生活的每一部分，所以除了政府部門的各項法令頒訂，直接介入921震災失依兒少最具急迫性的權益維護議題外，兒童福利聯盟也從921震災發生之初，便針對921震災喪親兒童少年及其扶養家庭提供各項處遇服務，包括：按月定期訪視輔導、情緒支持、心理諮商、人際關係、家庭生活、親職教育、就業、托育、法律服務、經濟協助、喘息活動辦理等，服務的提供係以家庭為單位，做全面性的處遇介入。之後類似的災難發生時，縣市政府均關注到長期個案管理服務，而多與民間單位合作追蹤服務。

　　還有其他服務方案，像是扶養人支持性團體等。當創傷事件發生時，大人往往要負起「身為一個大人」的角色，所以常把個人的悲傷失落情緒壓抑，而不自覺忽略個人的情緒；另因接手照顧親人的孩子，也有教養磨合的功課與考驗，故家長的自我情緒處理、壓力抒解需求均會隨著時間越久跟著增加。因此透過同質性團體的形式，和有相同經驗的人一同分享支持，對協助家長將個人情緒進行宣洩以及親職教養能力的交流都有實際幫助（施靜芳，2004）。另外，扶養家庭在擔負起照顧教養的責任時，同時也要面對下列需求：哀悼過世親人、調整生涯規劃以及問題解決與資源連結等（施靜芳，2009），故透過個案管理、定期訪視以及團體分享，可協助扶養家庭走過這一段艱辛的路程。

　　承諾與實際擔負起失依兒少的照顧是一個重大且長遠的責任，且在各方資源介入與定期訪視下，不可謂壓力不大。為了讓照顧者好好放鬆平常的壓力，帶大家走出家裡，是喘息服務最主要的想法。既然活動鼓勵家庭參與，如何在當中鬆動可能有的對立、化解衝突的緊張氣氛，就是活動設計裡最重要的事。除了親子互動的安排不可或缺外，也藉由活動中的情感串聯和催化，讓大家重新感受對彼此的關照和心意，更能從對其他人相處的觀察中，學習不同的親子溝通模式，而有機會有更正向地成長。這中間有親子歡唱卡拉OK、烤肉、溫泉SPA、晚會、天燈祈福、遊樂競技等各種不同形式的活動嘗試，讓親子有更多交流，同時也透過刊物發行及網站部落格之經營，發布活動花絮及其他相關活動訊息，藉此協助孩子和照顧家庭彼此有更多的認識與接觸，營造支持情誼，進而強化其支持系統，兒福團體陪著大家在一起的形象、想要關心其他見過面的朋友的想法，也因此漸漸具體清晰。

　　為了不讓這些受災家庭過去的記憶漸漸淡去，可以幫助他們抓回這一段因家人突然過世而失去掌握的、難以抓取的時光，把心底深處的點滴情感細細留存，於是形成製作屬於孩子和他家人「家庭生命史」這類的方案，希望可以把孩子放在心中的照相本子，形成一本本有形的記憶。生命史的內容蒐集不是一件容易的事，有些家庭在地震發生時，所有的照片都隨著壓垮的房子毀於一旦，所以能不能從過去的朋友、親戚處進一步探詢蒐集的可能，便成了最難的一步。在過

程中，社工和失依兒少、照顧家庭一起討論出爸爸媽媽的樣子、爸爸媽媽的青春歲月、相識與姻緣、過去家裡曾經共享的酸甜苦辣、曾去玩的地方，以及有趣的、好笑的、特別的大小事、讓人印象深刻的成長記事等。一件件事情、一張張照片、一份份特殊的物品，透過社工員們親自和孩子、照顧他們的親戚、其他相關人士等從各方面加以蒐集、訪問與整理，在一大本家庭生命史裡，希望把他們的印象、他們的思念、他們心中暖暖的愛意一一放入，記憶屬於他們獨一無二的生命故事，在未來翻閱時，可以從當中感受到過去的美好。

陸、結語

　　當無預期的災難發生時，經常造成大規模區域性的影響，天崩地裂，家毀人亡。不論是災難發生之前的防災政策、教育與預防工作，或是災難發生時的短中長期安置照顧，以及隨之而來的家園社區重建工作，在其中，兒童及少年因身心發展條件與特殊性，都是特別需要關照的服務對象。針對不同狀態的受災兒少，政府與民間單位有責任規劃並提供適合之服務，從經濟扶助、安置照顧，到教育銜接，乃至於身心受創後的醫療救治，每一個環節均需要大量不同專業服務人力的投注。且未成年的服務個案，距離成年、獨立自主的時間長短不一，故個案管理式的長期追蹤服務實有必要。本章試圖將災難中兒少的特殊需求以及實務上服務提供的類型與狀態做一整理，將經歷921震災與莫拉克風災後，針對兒少所提供之災後服務一一列出，以供實務參考之用。

參考書目

中文書目

王秀燕（2009年7月）。臺中縣政府安置與輔導921震災受災兒少及其家庭之經驗。發表於「記錄‧薪傳－921震災十週年兒少及家庭生活重建研討會」。臺北：兒童福利聯盟文教基金會。

全國成（2010年3月）。災後重建過程中政府與民間組織的合作。發表於「921‧512‧88災後重

建工作研討會」。臺北：中華民國紅十字會總會。

李開敏、林方皓、張玉仕、葛書倫（譯）（2011）。悲傷輔導與悲傷治療：心理衛生實務工作者手冊。（原作者：J. William Worden）。臺北：心理出版社。（原著出版年：2008）

施靜芳（2004）。走過生命的幽谷～九二一喪親青少年的悲傷與復原。未出版碩士論文，國立暨南國際大學社會政策與社會工作學系。

施靜芳（2009年7月）。轉彎停駐‧想念再見～兒福聯盟的陪伴意義。發表於「記錄‧薪傳－921震災十週年兒少及家庭生活重建研討會」。臺北：兒童福利聯盟文教基金會。

涂美琳（2010）。國小學生災後學習適應及學校因應策略之研究。未出版碩士論文，國立屏東教育大學教育學系。

高雄市政府教育局（2013）。莫拉克教會我們的事－災難及危機處理手冊。高雄：作者。

財團法人佛教慈濟慈善事業基金會（2014年4月）。高雄市杉林區「生活重建服務中心」策略與工作模式。發表於「103年度莫拉克颱風災後重建經驗傳承：心理重建及生活重建系列座談會」。臺北：衛生福利部。

陳再興（2011）。莫拉克風災重建與校園危機處理。未出版碩士論文，國立屏東教育大學教育行政研究所。

陳維智、張書禎（2010年3月）。世界展望會於八八風災（軍）營區安置服務之經驗分享與探討。發表於「921‧512‧88災後重建工作研討會」。臺北：中華民國紅十字會總會。

張宏業（2006）。九二一地震災區學童創傷後壓力反應與校園介入方案追蹤研究。未出版碩士論文，長庚大學臨床行為科學研究所。

黃盈豪（2010）。弱勢族群的保障。林萬億（編），災難管理與社會工作實務手冊，頁135-160。臺北：臺灣社會工作專業人員協會。

黃淑惠（2009年7月）。臺北縣921震災社會暨心理重建工作經驗分享。發表於「記錄‧薪傳－921震災十週年兒少及家庭生活重建研討會」。臺北：兒童福利聯盟文教基金會。

馮燕編（2000）。九二一震災兒童生活照顧狀況報告書。臺北：兒童福利聯盟文教基金會。

黃龍杰（2010）。災難後安心服務。臺北：張老師文化事業。

黃韻如（2010）。學童復學與教育安置。林萬億（編），災難管理與社會工作實務手冊，頁161-178。臺北：臺灣社會工作專業人員協會。

廖俊松（2000）。地方政府行政治理能力之個案評估研究－以南投縣九二一災後生活重建為例。行政院研究發展考核委員會。

賴念華（2009）。表達性藝術治療在失落悲傷團體之效果研究。臺灣藝術治療學刊，1(1)，5-31。

蔡麗芳（2015）。創傷性悲傷諮商之個案研究：以莫拉克風災少女為例。臺灣藝術治療學刊，4(1)，1-22。

謝志誠（2001）。攜手走過：生活重建系列。財團法人九二一震災重建基金會。

蘇絢慧（2008）。於是，我可以說再見。臺北：寶瓶文化。

英文書目

Derivois, D., Merisier., G., Cenat, J., & Castelot, V. (2014). Symptoms of posttraumatic stress disorder and social support among children and adolescents after the 2010 Haitian earthquake. *Journal of Loss and Trauma, 19,* 202-212.

DeWolfe, D. J. (2000). *Field Manual: For Mental Health and Human Service Workers in Major Disasters.* Hobart, TAS, Australia: DHHS Publication.

Thompson, S. (2015, December 1). A big threat to our little campers: Protection children in disasters. Retrieved September 13, 2016, from http://www.nrpa.org/parks-recreation-magazine/2015/december/a-big-threat-to-our-little-campers-protecting-children-in-disasters/

Wahl-Alexander, Z. & Sinelnikov, O. A. (2013). Using physical activity for emotional recovery after a natural disaster. *Journal of Physical Education*, Recreation & Dance, 84(4), 23-28.

Wei, Y., Wang, L., Wang, R., Cao, C., Shi, Z., & Zhang, J. (2013). Prevalence and predictors of post-traumatic stress disorder among Chinese youths after an earthquake. *Social Behavior and Personality, 41*(10), 1613-1624.

Yang, J., Yang, Y., Liu, X., Tian, J., Zhu, X., & Miao, D. (2010). Self-efficacy, social support, and coping strategies of adolescent earthquake survivors in China. *Social Behavior and Personality, 38*(9)，1219-1228.

第三十一章　身心障礙者與災害治理

李香潔

壹、過去發生了什麼事？

2011年東日本大震災為近年數一數二的大型災害事件，其中數據發現，當災害規模愈大，災害特殊需求者（英文常稱之為people with special needs during a disaster）死亡比率和一般人死亡比率的落差也就愈大。其中，行動障礙者、視障、聽障者的死亡率皆遠高於一般人（Tatsuki, 2013）。除了東日本大震災，2016年日本發生的熊本地震，身心障礙者之收容議題亦被提出來討論。例如，日本雖有專為災害特殊需求者而設的福祉避難所，因為設置條件嚴格，平時整備數量並不多，兩次災害事件皆反應出福祉避難所有不足的問題。除此之外，東日本大震災時，當時有民間團體自願對身心障礙者進行家訪，以了解其是否有進入福祉避難所需求，卻因為個資問題，無法向政府單位取得名單及地址，而引起政府與民間單位針對緊急時個資處理方式的爭辯（Tatsuki, 2012; 李香潔、陳亮全，2012）。熊本地震時，也發生收容所內的身心障礙者，因為不願造成別人麻煩而選擇不使用淋浴設備。最後解決之道，是由福祉專職人員媒合他們至附近的護理設施（Nippon.com, 2016; The Asahi Shimbun, 2016; The Japan Times, 2016）。

其他國家亦多有發生身心障礙者受災的故事。例如，2000年發生於莫三比克和辛巴威的水災，許多身心障礙者因無法自行撤離而被留於災區（United Nations Human Settlements Programme, 2007）。2016年在斐濟發生的颶風，則有身心障礙者無法親自前往物資發放處、多數救災相關訊息無法傳遞至身心障礙者家庭，以及災後重建階段，身心障礙者也沒有機會參與重建會議等問題。

身心障礙者於臺灣的受災案例較少被媒體所報導，近期以2013年7月蘇利颱風發生的狀況最為所知。當時因為臺灣有部分地區停電時間較長，發生居家身心障礙者無法向地方政府單位借到備用發電機，以維持其呼吸器，最後採取至醫院急診室掛號的方式充電。整體而言，身心障礙者的災害處境與挑戰，臺灣目前相關文獻及討論皆不足。本章除了在本節回顧案例，並於後說明文獻上如何討論身心障礙者於災害時面臨的問題（學術上常用災害脆弱性一詞稱之）、國際上怎

麼做，並選擇以2015年通過之國際重要文件——〈2015-2030年仙台減災綱領〉（Sendai Framework for Disaster Risk Reduction 2015-2030）（UNISDR, 2015）爲分析依據，說明臺灣現況，以及未來可發展之方向。

貳、身心障礙者的災害脆弱性

　　身心障礙者之定義，依照民國104年12月16日修正的身心障礙者權益保障法（衛生福利部，2015），「本法所稱身心障礙者，指下列各款身體系統構造或功能，有損傷或不全導致顯著偏離或喪失，影響其活動與參與社會生活，經醫事、社會工作、特殊教育與職業輔導評量等相關專業人員組成之專業團隊鑑定及評估，領有身心障礙證明者：

　　一、神經系統構造及精神、心智功能。

　　二、眼、耳及相關構造與感官功能及疼痛。

　　三、涉及聲音與言語構造及其功能。

　　四、循環、造血、免疫與呼吸系統構造及其功能。

　　五、消化、新陳代謝與內分泌系統相關構造及其功能。

　　六、泌尿與生殖系統相關構造及其功能。

　　七、神經、肌肉、骨骼之移動相關構造及其功能。

　　八、皮膚與相關構造及其功能。」

　　身心障礙者與災害之連結，臺灣官方文件目前較常使用的字眼爲弱勢族群。例如，依據災害防救法（內政部，2016a）第22條第11點提及，「爲減少災害發生或防止災害擴大，各級政府平時應依權責實施下列減災事項：有關弱勢族群災害防救援助必要事項。」又如，水災災害防救業務計畫（經濟部，2014）爲弱勢族群進行定義，「指水災期間需特別援護疏散撤離之對象，包括長期病患、獨居老人、行動不便、身心障礙者等。」

　　日本早期亦使用災害弱勢一詞，但依據Tatsuki（2013），爾後改爲災害特

殊需求者。其認為災害弱勢一詞，強調的是弱勢者本身的個人特質，比較帶有責怪個人的味道。災害特殊需求者一詞，則強調特定社會群體有需求，需要他人提供服務，代表人際互助之社會面，由社會一起共同面對災害。筆者實務經驗亦發現，許多被定義成災害弱勢的群體，會自動表達對此詞之不悅，故筆者亦傾向使用災害特殊需求者一詞。

身心障礙者和災害相關的研究認為，身心障礙者在災時的死亡率或脆弱度較其他人高（Tierney, Petak, & Hahn, 1988; van Willigen, Edwards, Edwards, & Hessee, 2002; Wisner 2002; Wisner, Blaikie, Cannon, & Davis, 2004; Barile, Fichten, Ferraro, & Judd, 2006; Priestley & Hemingway, 2006; White, 2006; Dash & Gladwin, 2007; Fox, White, Rooney, & Rowland, 2007; Hewitt, 2007; Phillips & Morrow, 2007; Rooney & White, 2007; Rowland, White, Fox, & Rooney, 2007; Spence, Lachlan, Burke, & Seeger, 2007; Stough, 2009; Peek & Stough, 2010; Stough, Sharp, Decker, & Wilker, 2010; Phibbs, Good, Severinsen, Woodbury, & Williamson, 2015）。主要原因，在個人或家庭層次方面包含社經條件較差，因此容易居住於高災害風險區（Wisner et al., 2004; Hewitt, 2007）；少有身心障礙者及其家庭事先擬定災害應變計畫（Spence et al., 2007）；因行動不便、交通工具或援助人力等取得不易，較不會主動撤離（van Willigen et al., 2002; Dash & Gladwin, 2007）。

政府層級方面，進行災害治理時，較少考慮身心障礙者的需求，也導致其較少有社會、經濟資源及其取得管道。如較不容易取得預警資訊（Phillips & Morrow, 2007）、災時較不易有合適的收容所（Tierney, Petak, & Hahn, 1988; Priestly & Hemingway, 2006; Twigg, Kett, Bottomley, Tan, & Nasreddin, 2011）；災後比較不容易取得醫護資源或合適居所（Stough et al., 2010）等等。上述有些屬於一般資源的取得問題，如預警資訊取得；有些則是需要有專為身心障礙者而規劃的資源，如輪椅專用快速升降設備。一般需求的別名是可及性需求（access needs），專為身心障礙者而規劃的資源則屬於功能性需求（functional needs）。這兩種需求，皆是政府必須考量的課題。

聯合國附屬組織UNISDR於2014年有一份報告，調查全球5,700多位身心障礙者的防災困境。調查結果顯示：

1. 高達8成6的受訪者，沒有機會參與任何防災活動（例如：防災社區、災害演習）。
2. 高達7成2的受訪者，沒有自己的防災計畫。
3. 有防災計畫者，多數認為災時家人的協助最為關鍵。
4. 多數受訪者認為，國家應要能掌握災害特殊需求者的數量及位置。並應有法規保障特殊需求者參與防災活動的權利。

整體而言，身心障礙者的處境包含：平時沒有機會參與災害預防或減輕的相關規劃、多數政府無法掌握身心障礙者人數及分布狀況；災時災區環境讓移動及撤離更為困難，政府也很少考量到身心障礙者的災時預警、收容等資訊傳達方式、物資需求；災後政府很難特別關照身心障礙者各項需求（如居住、醫療），更遑論不同類型身心障礙者需求之異質性。

參、國際趨勢

一、仙台減災綱領

2015年3月，於日本宮城縣仙台市舉行第3屆世界減災會議，通過〈2015-2030年仙台減災綱領〉（以下簡稱仙台減災綱領）。此綱領為確保兵庫行動綱領（2005-2015年的國際災害治理依據）影響力之延續，訂出未來15年可遵循之減災目標、優先工作等等。另外，強調以人為本的減災精神，特別將利害關係者獨立成一章節，裡面包含建議身心障礙者及其相關組織，皆應參與災害風險評估、設計及落實災害治理相關計畫。

針對身心障礙者，仙台減災綱領提了幾個重要的概念：通用和無障礙設計、參與權、賦權（Stough & Kang, 2015; Stough & Kang, 2016）。通用設計（universal design）指不用特別改良就能被所有人使用，也是之前所述，能考量

身心障礙者之可及性需求。例如，使用的警戒發布方法考量所有人，包含視障和聽障者。通用設計反應的是自1982年以來的國際趨勢，將身心障礙者從需要被治療的醫療觀點，轉為社會建構觀點，後者強調身心障礙者為相對於社會主流之邊緣群，亦應享有與主流同等的權利（Silverstein, 2000）。無障礙設計（inclusion）是更以身心障礙者的角度去思考，強調環境設計（如疏散撤離路線）等對其是無障礙的，亦即前述之功能性需求。通用設計和無障礙設計演變到後來，常常密不可分。例如，環境友善的撤離路線，一開始是走無障礙設計概念，特別考量身心障礙者，但最後其實對許多人是有利的，包含老人、推娃娃車的爸爸或媽媽等，故又趨近於通用設計的概念。參與權或資源可獲取性（accessibility）意指身心障礙者和其他人有同等參與活動的機會、有同等取得緊急資源的機會，例如：參與災害演習、防災教育訓練、取得緊急物資、緊急溝通管道等。換言之，我們在考量身心障礙者時，不能只考量到硬體環境友善的層次，亦要考量到軟體資源或活動的可獲取性。賦權／充權（empowerment）則代表身心障礙者不只有參與，還有主動規劃、發表自己想法的機會，例如：參與規劃撤離路線及警戒發布方法、參與演習規劃等。

此綱領提及，以這些重要概念為前提的優先工作，可大致區分為：平時，包含編號24(a)風險資訊發布需考量不同使用者、24(g)對各類人士進行風險教育、24(h)風險溝通平臺、27(g)政策參與平臺、27(h)政策或財務支持；應變，包含30(k)針對特殊需求者之應變作為、33(b)發展以使用者為中心的災害預警系統；災後，包含30(j)災後提供生活改善方案、33(i)重建階段與特殊需求者建立合作關係。

上述建議之優先工作，編號24者，對應至仙台減災綱領第一大類優先工作——了解災害風險。編號27者，對應至第二大類工作——強調政策參與、災害治理的層次。編號30者，對應至第三大類工作——強調資金、成本的投入。編號33者，對應至第四大類工作——對災時應變、災後復原重建工作的事先整備。因為仙台減災綱領為各國未來15年災害研究及治理方向之重要依據，也已被行政院災害防救專家諮詢委員會（簡稱專諮會）選定為第八屆專諮會討論主題（行政

院災害防救專家諮詢委員會，2018），故此文以仙台減災綱領提及之方向為本文在第肆節進行現況分析的軸線。[1]

二、巴黎協定

聯合國氣候高峰會於2015年12月12日通過〈巴黎協定〉（Paris Agreement），取代京都議定書，目的是希望透過國際共同的力量，減緩全球暖化趨勢。這是國際第一次利用公約的形式，希望能共同努力，以減緩氣候變遷所帶來的負面影響，並幫助發展中國家因應這些影響。它的中心目標是使本世紀全球氣溫上升幅度低於攝氏2度（自工業化時代以來），並期許更加努力，讓氣溫上升幅度可以限制在攝氏1.5度以內。

巴黎協定裡面特別提及，氣候變化是人類應該共同關心的議題，締約方應採取相關行動，並以尊重和促進人權、讓人享有維持健康的權利為原則。這些權利的受體包含原住民、社區、移民、小孩（包含代間正義問題）、身心障礙者、不同性別群體，以及其他各類身處於脆弱處境的人群。

三、身心障礙者權利公約（CRPD）

聯合國於1971年通過〈智能障礙者權利宣言〉（Declaration on the Rights of Mentally Retarded Persons），為身心障礙者的人權基礎。之後開始一連串相關作為，包含1975年的〈障礙者權利宣言〉（Declaration on the Rights of Disabled Persons）、1981年的國際身心障礙年（International Year of the Disabled）、1982年通過〈世界障礙者行動綱領〉（World Program of Action Concerning Disabled Persons）、1983-1992年為身心障礙者10年（Decade of Disabled Persons）、1993年通過〈身心障礙者機會平等準則〉（Standard Rules on Equalization of Opportunities for Persons with Disabilities）。

---

[1]　行政院專諮會網站，參見http://www.ncdr.nat.gov.tw/drc/。

聯合國於2006年通過〈身心障礙者權利公約〉（Convention on the Rights of Persons with Disabilities, CRPD），臺灣雖非聯合國會員，於2014年亦採用CRPD之精神，訂定身心障礙者權利公約施行法（行政院，2014）。CRPD第11條：危險情況和人道緊急情況，原文爲：「締約國應依其基於國際法上之義務，包括國際人道法與國際人權法規定，採取所有必要措施，確保於危險情況下，包括於發生武裝衝突、人道緊急情況及自然災害時，身心障礙者獲得保障及安全。」即爲國際或國內有關身心障礙者及災害治理作爲之重要依據。[2]

四、美國

在世界各國的災害治理策略上，美國相對而言，有較多針對身心障礙者的法定作爲。其在1988年通過〈The Stafford Act-Robert T. Stafford Disaster Relief and Emergency Assistance Act〉。依據2016年版本，其中的Sec. 308. Nondiscrimination in Disaster Assistance提及所有的物資分派、災難救助相關運作，應符合公平、公正原則，不應歧視任何人，包含身心障礙者。Sec. 408. Federal Assistance to Individuals and Households提及在回應受災民眾的居住需求時，也要注意災害是否損毀原有的無障礙居住設施。Sec. 616 Disaster Related Information Services特別提及，身心障礙者應要能取得所有緊急資訊。

American with Disability Act（United States, 1990）特別要求，要提供人民（包含身心障礙者）合適的災後避難及居住地點。這項法令也成爲2004年，一位身心障礙員工Katie Savage告贏其雇主Marshall零售店的依據，因爲此員工在緊急避難時被要求到地下室，卻因爲停電、電梯無法運作而受困。此案例被認爲是重要的訴訟案件，推使美國在災害治理上，更重視身心障礙者的需求。

另外，在2005年通過〈Executive Order 13347-Individuals With Disabilities in Emergency Preparedness〉；2007年通過〈Homeland Security Appropriations Act〉

---

[2]　參考衛生福利部社會及家庭署網站。http://crpd.sfaa.gov.tw/index.php/tw/about-crpd.html，上網日期：2016/12/20。

後，美國聯邦緊急事務管理署（FEMA）於2004年針對身心障礙者建立跨單位協調會；2007年FEMA僱用第一位專門處理身心障礙者議題的協調官（Homeland Security, United States, 2005）。自2010年始，有專門為身心障礙者設立Office of Disability Integration and Coordination，2011年開始派這個辦公室的成員去災區工作。

2006年通過的〈Post-Katrina Emergency Management Reform Act〉，除了協助修正〈The Stafford Act〉，也強調為身心障礙者發展各式指導手冊，議題應包含短期、長期收容安置、復原重建中心、急救站、公共廚房、緊急公共電話服務點、公共廁所等。**³**並依據〈Executive Order 13347〉，強調身心障礙者協調員（Disability Coordinator）的角色，包含其該接受何種訓練，以及該負責什麼樣的任務。另外，在災後僱用身心障礙者廠商方面，也要考量比例原則。

此外，FEMA於2011年出版並推動全體社區參與式方法（the whole community），認為各層級政府、非營利組織、宗教團體、企業、學校、社區、家庭與個人等等，必須透過合作來整合防災能量。而這些團體或個人，包含身心障礙者等等災害特殊需求者的代表，所以FEMA特別提醒，開會選擇場所，一定要是身心障礙者可到達的場所。其背後亦反應美國社會的一個變遷狀況：愈來愈多的身心障礙者，選擇在地安養，而非居住於機構之中。臺灣打出的在地老化雖是比較針對高齡者，但在地安養的確亦是臺灣選擇的方向。FEMA報告裡實際舉出的例子，是2011年Alabama颶風後兩天，政府就組織Alabama Interagency Emergency Response Coordinating Committee來處理各種災後需求，其中，Alabama Governor's Office on Disability也是成員之一，有高達60位代表成員，並有志工蒐整媒體報導等，以整理出可以為身心障礙者等群體所用的災後復原重建資源。

除了以上各項作為，FEMA亦有〈Guidance on Planning for Integration of Functional Needs Support Services in General Population Shelters〉、〈Accessible Communication Technology for Disaster Survivors〉等文件，建議可以協助身心

---

³　https://www.congress.gov/bill/109th-congress/senate-bill/3721/text。上網日期：2017/1/5。

障礙者進行災害治理的服務或工具清單。並製作了訓練教材E/L917–Integrating Access & Functional Needs into Emergency Planning、E692–FEMA Disability Integration Specialist Advisors Course、IS-368–Including People with Disabilities in Disaster Operations。

　　文件及教材內容，強調基本原則包含：公平的服務資源取得管道；災管資源設置點，需有環境友善設施。如停車場若設於碎石地上，對使用輪椅的身心障礙者是不友善的；文宣、溝通媒界，需考量身心障礙者；身心障礙者對各類災管活動，應有平等的參與權；身心障礙者應是和其他人一起參與活動，而非用分隔的空間處理之；不能因為身心障礙者所需設備要另行設計，就對其收特別費用。另外，建議各類身心障礙者在地震發生當下的因應策略，例如：固定輪椅後保護頭部；蹲跪下時抱緊導盲犬並保護頭部（不要讓導盲犬因為驚嚇而跑離）；聽障小朋友在地震停止後，要主動跑出來以免大人無法利用喊叫的方式尋獲等。

肆、臺灣現況

　　目前國內各項身心障礙者與災害相關作為，以災害防救法（內政部，2016a）為主要依據。其第4章災害預防，第22條，「為減少災害發生或防止災害擴大，各級政府平時應依權責實施下列減災事項：……十一、有關弱勢族群災害防救援助必要事項。」第5章災害應變措施，第27條，「為實施災害應變措施，各級政府應依權責實施下列事項：……四、受災民眾臨時收容、社會救助及弱勢族群特殊保護措施。」

　　以下介紹各項目前主要的做法，於後並利用仙台減災綱領的角度進行分析。

一、疏散撤離、收容安置

　　臺灣在災害治理方面，很少單獨處理身心障礙者，基本上涵蓋於災害避難弱

勢族群名詞之下。疏散撤離、收容安置爲最早處理之議題，於上述災害防救法內即有規範。另外，震災（含土壤液化）災害防救業務計畫（內政部，2016b）與風災災害防救業務計畫（內政部，2014），直接將身心障礙者等，定義爲災害避難弱勢族群，並有多項規範：

「地方政府應事先模擬風災（震災）發生之狀況與災害應變措施，定期與相關機關所屬人員、居民、團體、公司、廠商等共同參與訓練及演習。對老人、外國人、嬰幼兒、孕婦、產婦及身心障礙者等災害避難弱勢族群，應規劃實施特殊防災訓練。」

「地方政府應考量災害種類、災害規模、人口分布、地形狀況，事先劃設避難路線及指定適當地點作爲災民緊急避難場所，並應確認避難場所所在區位及建築設施的安全性，避免二次災害，同時宣導民眾周知，並定期動員居民進行防災演練，對老人、外國人、嬰幼兒、孕婦、產婦及身心障礙者等災害避難弱勢族群應優先協助。」

「內政部、衛生福利部及地方政府應推動供老人、嬰幼兒、孕婦、產婦及身心障礙者等弱勢族群使用的醫院、各類社會福利機構等場所之防災整備。」

「地方政府應在避難場所或其附近設置儲水槽、臨時廁所及傳達資訊與聯絡之電信通訊設施與電視、收音機等媒體播放工具；並規劃食物、飲用水、藥品醫材、炊事用具之儲備及整備老人、身心障礙者、嬰幼兒、孕婦等人士之避難所需設備。」

「地方政府應妥善協助避難場所與臨時收容所內之老人、外國人、嬰幼兒、孕婦、產婦及身心障礙者等弱勢族群之生活環境及健康照護，辦理臨時收容時，除優先遷入外，並應規劃符合弱勢族群特殊需求之環境，對無助老人或幼童應安置於安養或育幼等社會福利機關（構）。」

「主動關心及協助避難場所與臨時收容所之老人、外國人、嬰幼兒、孕婦、產婦及身心障礙者等災害避難弱勢族群之生活環境、健康照顧及心理輔導，辦理臨時收容所內之優先遷入及老年或身心障礙者臨時收容所。對無助老人或幼童應安置或育幼等社會福利機構。」

在震災（含土壤液化）災害防救業務計畫（內政部，2016b）裡，又特別明定：「地方政府應對避難場所和避難道路，以統一的符號設置易懂的導覽板等並公告周知。並謀求災害防救團體（志願組織）之協助，整備引導老人、外國人、嬰幼兒、孕婦、產婦及身心障礙者等災害避難弱勢族群的避難機制。」

在水災災害防救業務計畫（經濟部，2014）、水災危險潛勢地區疏散撤離標準作業程序（經濟部，2010）裡，亦將包含身心障礙者之弱勢族群，定義為水災期間需特別援護疏散撤離之對象，尤其居住於水災危險地區之弱勢族群，必要時應優先疏散撤離。2005年起，每年水利署函請各縣市政府提報各縣市水災危險潛勢地區保全計畫，亦要求將上述水災危險地區之弱勢族群，進行事先造冊之動作（李香潔等，2017）。

土石流災害特別重視易形成孤島之問題，故土石流災害防救業務計畫（農委會，2016）提及，針對有災害擴大之虞或易形成孤島地區，應協助包含身心障礙之弱勢族群進行外地疏散避難。並在〈村里土石流防災疏散避難計畫（範例）〉裡建議相關工作細節：「避難撤離流程—避難勸告及自主疏散：為預防災情擴大，先行勸導保全住戶主動避難，經村長（或代行者）同意啟動疏散避難小組，原則上以挨家挨戶方式進行勸導，並告知保全住戶災情危險度、避難處所地點、避難路線、攜帶物品、諮詢方式等相關資訊，同時了解需要特別服務之對象（如老人、幼童、孕婦、洗腎或重病患者、身心障礙等弱勢族群）。利用村里廣播系統、消防警察民政等所有廣播車、地區廣播電台、電視台、簡訊、網路、電話等通（告）知。」孤島地區之疏散撤離，則另有內政部於2012年函頒之各級政府執行因災形成孤島地區疏散撤離及收容安置標準作業流程，裡面的弱勢族群沒有特別提及身心障礙者，但包含行動不便者。

除了水利署與水保局，2013年起，主責收容安置之前社會司及現今之衛福部，參與行政院災害防救業務訪評計畫之評核項目，亦開始處理身心障礙者及收容安置議題。評核項目包含：「收容場所空間之規劃是否區分男性、女性及家庭式等，且考量身心障礙者、老人等特殊族群之需求」、「是否考量性別及特殊身心障礙者等弱勢民眾需求儲備特殊民生物資」。

上述災害防救法（內政部，2016a）、各類業務計畫，爲各縣市災害防救計畫之依據，目前多數縣市之災害防救計畫，多有將身心障礙等特殊需求者納入考量。例如，基隆市地區災害防救計畫（基隆市，2016）規範，「在可能發生災害地區，地方政府對老人、外國人、嬰幼兒、孕婦、產婦及身心障礙等弱勢族群，應提早實施避難勸告」；嘉義縣地區災害防救計畫（嘉義縣，2016）提及，震災發生後，「對於無法返家之弱勢族群協助安置至適當場所，身心障礙、精神障礙者移轉安置於醫療院所或身心障礙福利機構」；臺北市地區災害防救計畫（臺北市，2016）提及避難弱勢族群之名冊建檔，應包含肢障等名冊，以利於災時優先疏散、收容安置；臺中市地區災害防救計畫（臺中市，2016）提及，「優先針對生活弱勢者、高齡及肢體障礙者規劃加強照護之避難設施場所，並與一般避難設施、人員有所區別」；新竹市提及，「應在避難場所或其附近設置儲水槽、臨時廁所及傳達資訊與聯絡之電信通訊設施；並應規劃食物、飲用水、藥品醫材、炊事用具之儲備及整備老人、身心障礙者、嬰幼兒、孕婦等人士之避難所需設備」等。

二、身心障礙機構災害治理

2010年凡那比颱風老人養護機構受災事件受媒體關注後，次年社會司與國家災害防救科技中心針對全臺老人及身心障礙福利機構進行調查，調查項目包含受災經驗、環境脆弱度、人力、空間配置等。身心障礙福利機構，母體285家，共266家回覆。

結果發現，由調查時間回溯10年，有33家身心障礙福利機構本身有淹水經驗，42家是附近有淹水經驗，2家附近有土石流，或是因土石流而道路中斷之經驗。附近有河堤、魚塭、水田、河堤或地勢低窪等有災害風險環境特徵之身心障礙機構，分別約有3-8%。較高淹水風險等級且院址設於一樓，又院民主要活動空間在一樓及地下室的身心障礙福利機構約有50家；較高淹水風險等級且無二樓以上避難空間的身心障礙福利機構約有7家；較高淹水風險等級且無臨時收容

場所的身心障礙福利機構約有60家。樓梯寬度小於1.4公尺且為淹水最高風險之身心障礙福利機構約有15家，不利於緊急時執行往樓上之垂直撤離；正門出入道路寬度小於4公尺之最高風險身心障礙福利機構約有15家，不利於緊急時車輛進入協助撤離至別處。夜間危急之時，平均每一位身心障礙福利機構員工必須要照顧約14位院民。備援電力對許多身心障礙者所依賴的維生系統至關重要，無發電機又列入最高淹水風險之身心障礙福利機構約有25家；發電機設於地下室且具有淹水風險之身心障礙福利機構有30家。身心障礙福利機構之主要建物，建造年分在1997年之前，且為非耐震結構物者，約有26家（李香潔等，2012；Lee, Yang, & Chuang, 2013）。

因此合作案衍生之後續作為，包含：

1. 前社會司和國家災害防救科技中心於2011年舉辦第一次全國性社會福利機構（包含身心障礙福利機構）水災示範演練；

2. 前社會司於2011年將上述調查結果發文予各縣市地方政府提醒注意；

3. 2012年始，前社會司在針對社會福利機構的評鑑，開始包含天災治理項目；

4. 2013年始，前社會司在中央對縣市災害防救業務訪評的評核項目裡加入社會福利機構天災治理的部分，包含縣市是否輔導機構建置緊急安置處所、災害潛勢地圖、保全名冊及緊急聯絡方式、訂定應變作業流程、通報機制、演練等。縣市也開始主動規劃相關策略，例如，臺北市將機構分組，以便形成災時小組互助、小組長負責通報的模式；嘉義市亦協助有意願的機構，建立彼此於緊急時可以互相聯絡的名冊；

5. 2013年國家災害防救科技中心將社會福利機構、護理之家空間點位，納入災害潛勢地圖網站（https://dmap.ncdr.nat.gov.tw/）；

6. 2014年，國家災害防救科技中心和衛福部合作，將社會福利機構災害風險評估方法，轉而應用於護理之家，並將評估結果作為選擇示範機構之依據，以進行災害治理策略之研發；

7. 2015-2016年，國家災害防救科技中心亦在針對各縣市政府執行之災害防

救業務評核項目裡，增加縣市應主動將災害或預警即時訊息通知包含身心障礙者、身心障礙福利機構等特殊需求群體。2016年已有縣市，如臺南市、臺東縣等等，將所有社會福利機構納入LINE群組，以達到即時通知或災後資源即時調度之效果。例如，2016年臺南市政府於梅姬颱風應變中心開設期間，社會局利用LINE提醒各社福機構（114家老人福利機構、26家身心障礙福利機構）提前做好防災準備。[4]

8. 2015-2016年，國家災害防救科技中心依據2011年調查結果所顯示的社福機構脆弱性問題，建置並公開〈防災易起來－長照機構災害管理平臺〉（http://easy2do.ncdr.nat.gov.tw/welfare）。

其他相關作為，則有2013年起，水利署開始將老人及身心障礙福利機構納入其「淹水警戒市話廣播」服務系統。當機構所處鄉鎮進入淹水紅色警戒時，水利署市話語音通知系統會主動撥打電話這些機構。若連續三通無人接聽，水利署亦會主動將無人接聽名單提供予地方政府，請其注意（李香潔等，2017）。

三、備援電力

2013年8月27日，立法委員楊玉欣國會辦公室舉辦「身心障礙者災害應變之困境與需求」公聽會，針對因使用呼吸器、抽痰機、氧氣製造機而有備援電力需求的身心障礙者，希望政府在颱風斷電多於兩小時的情形（一般居家備援電力可處理範圍），有相關的因應措施。[5]同年10月，衛福部舉辦「呼吸器使用者斷電處理問題研商會議」，以回應楊立委，主要決議包含：[6]

1. 中央相關部會比對並整合居家使用維生器材者名冊，由縣市政府向民眾取得同意書後，納入保全名冊。

2. 名冊提供予台灣電力公司，請其於計畫性停電之前，依據名冊及早通

---

[4] 請參考2016年臺南市政府社會局梅姬颱風開設災民收容所公告訊息。http://disaster.tainan.gov.tw/disaster/page.asp?id=%7BA379C11A-D19A-411E-A266-DDBC13F1400F%7D&disasterid=&projectdate=&projectname=

[5] 參考「身心障礙者災害應變之困境與需求」公聽會新聞稿（立法委員楊玉欣國會辦公室）。

[6] 修改自原始會議紀錄。

知。

3. 請經濟部提供衛福部所轄機關單位發電設備數量及位置，再由衛福部提供予縣市政府對應之窗口。

4. 地方政府依據保全數量及發電設備數量，評估是否有需求，再購置發電機或訂定開口契約委託廠商等。

5. 衛福部將身障族群之災時和平時的緊急救援機制，納入督導考核項目內容。

　　回應上述二次會議之後續作為，包含經濟部於2014年提供所屬單位呼吸器使用者於斷電時緊急使用之移動式發電機統計表[7]、居家使用、維生器材之身障者平時及災時斷電（救護）處理流程圖。衛福部於2015年將是否「建立居家使用維生器材身障者遇斷電問題之應變機制、保全名冊如有異動即時回報台電公司各區營業分處、即時更新聯繫窗口報部等」納入其對縣市之評核項目（特殊加分作為）。保全名冊人數於2015年有8,784 筆；衛福部社救司亦於2015年建立呼吸器使用者斷電處理問題之各縣市聯繫窗口。[8]圖31-1以臺北市政府為例，說明縣市政府在此議題上，開始製作相關宣傳文件。

---

[7] 參考http://khd.kcg.gov.tw/Attachment/000001_001039_000001/files/%E7%B6%93%E6%BF%9F%E9%83%A81030709%E5%87%BD%E9%99%84%E4%BB%B6-%E7%99%BC%E9%9B%BB%E6%A9%9F.pdf，上網日期：2016年03月05日。

[8] 參考http://www.mohw.gov.tw/CHT/DOSAASW/DM1_P.aspx?f_list_no=115&doc_no=48197，上網日期：2016年03月05日。

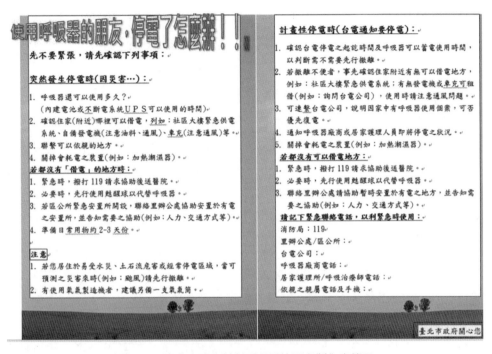

圖31-1　臺北市政府針對呼吸器使用者製作宣傳品

資料來源：臺北市政府。[9]

四、校園防災

　　校園防災始於2003-2006年「防災科技教育人才培育先導型計畫」，並於2008年以「防災科技教育深耕實驗研發計畫」持續進行（郭英慈等，2008）。特殊學校亦為校園防災計畫及教育施行之對象，其主要工作包含擬訂幼教及特殊教育學校災害防救計畫、繪製校園防災地圖、疏散避難地圖（包含標示身心障礙者相關設施與設備）、校園防災宣導、災防演練等（蘇光偉、呂牧蓁、施慧中，2009；楊士毅，2011）。

　　無論是特殊教育學校或一般學校，針對身心障礙學生的通常做法，是指定緊

---

[9]　參考www.taipei.gov.tw/public/Attachment/59308492291.docx，上網日期：2016年03月05日。

急時的照顧者。特殊教育學校因爲多是身心障礙學生，故依障礙程度分組，讓障礙程度較低的同學，在緊急時候，可以協助障礙程度較高的同學疏散。

五、身心障礙者與災後復原重建

　　相對於平時減災整備和災時應變，災後復原重建爲臺灣目前討論較少的議題。無論是在九二一震災後，或是莫拉克風災後，皆是用暫行條例的方式處理之，而非形成永續之機制。九二一震災重建暫行條例（行政院，1999）、各類莫拉克颱風災後重建作業程序當中，皆有提及針對身心障礙者之協助措施，但爲數不多。

　　九二一震災重建暫行條例（行政院，1999）提及，「縣（市）政府應自行或委託其他機關、社會福利機構或團體，於各災區鄉（鎮、市）設立生活重建服務中心，提供居民下列服務：1.福利服務：對失依老人、兒童少年、身心障礙者、變故家庭、單親家庭、低收入戶、原住民或其他弱勢族群之生活需求，提供預防性、支持性與發展性之服務……」。行政院莫拉克颱風災後重建推動委員會（2013）出版之《莫拉克颱風災後重建作業程序參考手冊》，則有心理重建（程序編碼3.4）工作，提及，「參考南投縣921災後心理重建經驗，建議將10項高危險群個案：失親者（罹難者、失蹤者家屬）、失和者（家庭失和或暴力）、失神者（自殺未遂者、自殺者家屬或常有自殺念頭者）、失能者（久病不癒或肢體重傷殘）、失業者（因失業導致家庭經濟困頓）、失常者（精神異常、長期失眠、憂鬱症、或有情緒困擾者）、失依者（獨居老人、孤兒、身心障礙者）、失財者（生財設備損失）、失學者（輟學者）及失所者（房屋沖毀全倒及半倒戶）列爲首要篩檢對象。」

　　在莫拉克颱風災區生活重建服務中心實施辦法（內政部，2009）裡，規範「生活重建服務中心應提供災區居民……福利服務：對老人、兒童及少年、身心障礙者、變故家庭、單親家庭、低收入戶、原住民或其他弱勢族群之生活需求，提供預防性、支持性及發展性之服務。……」而這樣服務的具體行動，包含租屋服務及送餐服務。

例如，高雄縣88災後社區及生活重建協力方案補助辦法（高雄縣，2009）當中，包含「社區照顧關懷據點」暨送餐服務計畫，「針對重建區低收入戶、老人、身心障礙者提供午餐及晚餐之定點用餐及送餐到家服務：每星期五次」、「重建區針對低收入戶、老人、身心障礙者提供午餐及晚餐之定點用餐及送餐到家服務：針對低收入戶每餐需收費20元、中低收入戶每餐需收費30元、一般戶需每餐收費50元」；老人、身心障礙者租屋計畫，「服務對象以輕度失能獨居老人、輕度失能獨居身心障礙者爲主」。

近期者，則有地方政府的個別處置措施。例如，臺東縣政府於2016年有臺東縣尼伯特颱風弱勢長者與身心障礙者屋損修繕補助，補助對象包含：(1)設籍且實際居住於臺東縣，年滿65歲列冊之低收入戶老人或中低收入老人。(2)領有身心障礙生活補助2.5倍以下或低（中低）收入戶之身心障礙者（不限年齡）等弱勢家庭，因風災屋損不勘居住者。

基礎資料累積方面，則有國家災害防救科技中心針對2009年莫拉克颱風主要受災家戶持續進行問卷追蹤調查（http://easy2do.ncdr.nat.gov.tw/survey）。依據於2012年進行的第3波調查結果顯示，家裡有行動不便者的家庭，在災後3年，最需要協助的項目包含金錢（含貸款）（210戶中有41.4%回答需要）、醫療資源（36.2%）、水、電、瓦斯（29.7%）、就業（26.7%）。其他相對較少的需求包含房屋修繕、土地、通訊、防治工程、道路重建、法律諮詢、子女就學、提供住處、心理協助、水電瓦斯、人力。其中，家中有行動不便者的家庭，在金錢（含貸款）和醫療資源的需求顯著高於沒有行動不便者的家庭；前者在就業上的需求則顯著低於後者。沒有行動不便者的家庭（1,325戶），有金錢（含貸款）、醫療資源、就業需求的比率分別爲32.3%、17.8%、38.2%。

在實際得到的幫助方面，調查資料亦顯示，針對上述需求，28.4%家中有行動不便者的家庭，在災後第3年有得到政府或民間團體在金錢上的幫助（沒有行動不便者的家庭的數據是19.6%，有顯著差異）。只有2.9%家中有行動不便者的家庭，在災後第3年有得到政府或民間團體在就業上的幫助（沒有行動不便者的家庭的數據是2.3%，沒有顯著差異）；亦有2.9%家中有行動不便者的家庭，在

災後第3年有得到親戚、鄰居／族人、朋友與同事等在就業上的幫助（沒有行動不便者的家庭的數據是1.7%，有顯著差異）。

除了上述需求，家中有行動不便者的家庭，在物資和心理協助，有得到較多的幫助。26.0%家中有行動不便者的家庭，在災後第3年得到政府或民間團體在物資上的幫助（沒有行動不便者的家庭的數據是17.4%，有顯著差異）。9.6%家中有行動不便者的家庭，在災後第3年得到政府或民間團體在心理協助上的幫助（沒有行動不便者的家庭的數據是4.1%，有顯著差異）。

居住品質方面，家中有行動不便者的家庭，在隱私及空間大小方面，認為災後3年顯著不如災前1個月；烹飪、衛浴、就寢方面則無顯著差別。這個結果和沒有行動不便者的家庭是類似的。

理想居住地的選擇方面，無論家中是否有行動不便者，皆認為遠離天災、生活與交通便利性、留在原來居住地、與親友的距離最為重要。家中有行動不便者的家庭特別認為醫療資源是重要的考量因素，和沒有行動不便者的家庭達到顯著差異（25.2%和13.4%的差距）。其他較少被選擇的因素，包含擁有土地產權、公園綠地、維持原有文化、多久才能搬進去、居住於當地的花費、學童的教育環境。

六、其他作為

本文歸類其他作為者，為國內相對著墨少，或近期才開始發展之作為。法規部分，天然災害停止辦公及上課作業辦法（行政院人事行政總處，2003）之第9條規範，「天然災害發生，高級中等（含高中、高職、五專一、二、三年級）以下學校停止上課時，公教員工家有就讀高級中等以下學校身心障礙子女或國民中學以下子女乏人照顧，其本人或配偶得有一人由服務機關、學校核實准以停止辦公登記，以照顧子女。」

即時預警訊息傳遞方面，震災（含土壤液化）災害防救業務計畫（內政部，2016b）與風災災害防救業務計畫（內政部，2014）規範：「內政部、交通部、地方政府及相關公共事業機關（構），應強化維護其資訊傳播系統及通訊設

施、設備,並建置風(震)災災情查報機制,以便迅速傳達相關災害的訊息,並對受災民眾提供生活資訊。並應考量外國人、身心障礙者,及災害時易成孤立區域之受災者(或都市中因無法返家而難以獲取訊息之受災者)之災情傳達方式。在可能發生災害地區,地方政府對老人、外國人、嬰幼兒、孕婦、產婦及身心障礙等災害避難弱勢族群,應提早實施避難勸告。」

2015年7月,中央氣象局在播放颱風動態時,開始納入即時手語翻譯,官方畫面直接在網路播送。災時救援方面,目前有消防署聽語障人士報案專線、聽語障人士119緊急簡訊報案服務等。但依據衛福部於2016年舉辦之身心障礙者權利公約(CRPD)首次國家報告座談會議第7場會議,與會者認為目前的聽語障人士報案服務宣傳效果不足,多數人並不知道。另外,也希望增加視訊報案系統。

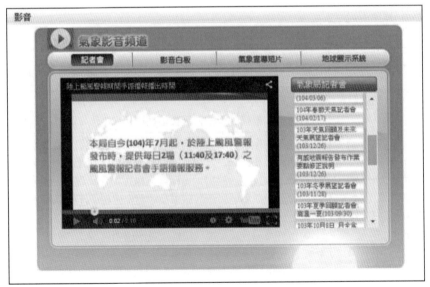

圖31-2 中央氣象局颱風記者會自2016年7月起納入即時手語翻譯
資料來源:氣象局官網、自由時報。[10]

---

[10] 〈造福聽障者!氣象局颱風記者會 有手語翻譯員〉,取自http://news.ltn.com.tw/photo/life/breakingnews/1458032_2

七、現況分析

表31-1利用仙台減災綱領建議優先工作項目，進行臺灣現況之強弱項分析。表31-1顯示，目前臺灣針對身心障礙者的災害治理作為，集中於應變作為，且是較屬於災害發生後的30(k)為強項，而非災害發生前的33(b)預警工作。平時和災後復原重建相對較少具體做法。

表31-1　以仙台減災綱領分析臺灣針對身心障礙者之災管作為

仙台減災綱領提及之優先工作	對應臺灣針對身心障礙者現有作為
平時-24(a)風險資訊發布需考量不同使用者	1. 災害潛勢圖納入社會福利機構 2. 身心障礙者潛勢區保全名冊建立
平時-24(g)對各類人士進行風險教育	1. 社會福利機構（水災）演練納入評鑑項目 2. 「防災易起來－長照機構災害管理平臺」網站
平時-24(h)風險溝通平臺	立委及公聽會（呼吸器使用者斷電處理）
平時-27(g)政策參與平臺	部分縣市協助社會福利機構之間形成災時互助模式，並負責通報
平時-27(h)政策或財務支持	1. 災害防救法 2. 社會福利機構評鑑納入天災治理項目
應變-30(k)針對特殊需求者之應變作為	1. 優先疏散撤離：風災災害防救業務計畫、震災（含土壤液化）災害防救業務計畫、水災災害防救業務計畫、土石流災害防救業務計畫、水災危險潛勢地區疏散撤離標準作業程序、各級政府執行因災形成孤島地區疏散撤離及收容安置標準作業流程 2. 縣市評鑑納入災害特殊需求者應變治理項目 3. 縣市評鑑納入社會福利機構天災治理項目 4. 呼吸器使用者斷電處理策略 5. 校園防災（疏散撤離） 6. 消防署聽語障人士報案專線 7. 天然災害停止辦公及上課作業辦法

仙台減災綱領提及之優先工作	對應臺灣針對身心障礙者現有作為
應變-33(b)發展以使用者為中心的災害預警系統	1. 縣市評鑑納入社會福利機構預警項目 2. 主動式民眾淹水預警系統（包含社會福利機構） 3. 颱風動態即時手語翻譯
災後-30(j)災後提供的生活改善方案	1. 心理重建、租屋服務及送餐服務（暫時條例） 2. 復原重建基礎資料建置（無固定執行機制）
災後-33(i)重建階段與特殊需求者建立合作關係	（較無代表性項目）

資料來源：本研究整理。

　　平時作為方面，目前地方多有將災害潛勢區內身心障礙者、機構列冊，不過多數民眾尚無法理解災害潛勢圖之意義。平時作為，以24(h)和27(g)最弱，24(h)之公聽會，並非常設的災害風險溝通平臺；27(g)則只有少數縣市有相關做法。另外，27(h)之社會福利機構評鑑納入天災治理項目，目前執行上亦有困境，主要是評鑑要求機構擬定災害應變計畫，但尚無理想的範本供參考，也無相關作業流程或備查規範。

　　應變的多項作為針對疏散撤離，因為多數縣市已採用儘早疏散撤離作法，較少有實際受災案例。撤離工具的調動也常在演習中呈現，以復康巴士為主。

　　不過，收容安置部分較少有明定的具體做法，部分縣市有調查哪些收容所有無障礙設施，或是調查哪些社會福利機構在緊急時，能收容身心障礙者等，但有這些作為的縣市為數不多。國外常使用的福祉避難所，在臺灣也尚未有可行性評估或討論。

　　預警資訊方面近年有多元作為，包含主動發予社會福利機構淹水預警資訊、颱風動態手語翻譯、社會福利機構LINE群組的建立等。預警資訊需有發送名冊，身心障礙者名冊由衛福部或地方社會局、衛生局管理，淹水預警系統由水利署管理，水保局針對土石流亦有主動預警系統（但尚未納入身心障礙者或機構為主動發送對象）。目前的主要問題，是部會間並無一套機制，要求衛福部等單

位，定期提供水利署或水保局最新發送名冊。

其他應變作為，來自各方的建議，包含需加強宣傳聽語障人士報案服務、增加多元（如視訊）的報案方式、發展身心障礙者家庭災害應變計畫範本、研議居家服務人員放颱風假時，身心障礙者的因應辦法等等。

復原重建方面，過去的做法有限，包含送餐服務、租屋服務、心理協助等。基礎調查結果反應的醫療資源、水電瓦斯、就業需求較沒有具體行動。且最大的問題是，過去作為皆是以暫行條例的方式處理之，尚無建立常設機制。

伍、災害研究及治理方向建議

依據上述分析，及參考國際做法，本文對未來災害研究及治理方向建議羅列如下：

1. 強化與身心障礙者相關的減災、復原重建作為，而非集中於應變作為。
2. 建立固定的風險溝通平臺（例如：利用衛福部既有的聯繫會報），並鼓勵身心障礙者參加。
3. 若一個地區有身心障礙人口，任何災害治理策略討論、演習計畫、防災社區，皆應有身心障礙者代表參加。
4. 協助一般民眾（包含身心障礙者）了解災害潛勢圖之意義。
5. 協助身心障礙者及機構思考災害時可能面臨的困境，並據以擬定應變對策或計畫。
6. 評估身心障礙者的收容安置需求，包含評估設置福祉避難所的可行性。
7. 強化宣傳身心障礙者緊急報案系統，並調查現有系統是否符合各類身心障者需求。
8. 針對身心障礙者預警資訊的傳達，必須要有名冊更新的機制，此依賴部會間有整合機制，包含衛福部、水利署、水保局等。
9. 由莫拉克復原重建經驗，了解身心障礙者醫療資源、就業機會取得的困

境，據以規劃解決之道。

10.針對復原重建過程中，哪些既有的無障礙居住設施應優先被修復，應事
　　先規劃。

參考書目

中文書目

內政部（2009）。莫拉克颱風災區生活重建服務中心實施辦法。上網日期：2017年1月28日，取
　　自財團法人921重建基金會網頁http://www.taiwan921.lib.ntu.edu.tw/88pdf/A8804-09.html

內政部（2012）。各級政府執行因災形成孤島地區疏散撤離及收容安置標準作業流程。上
　　網日期：2017年2月2日，取自內政部消防署全球資訊網http://www.nfa.gov.tw/main/List.
　　aspx?ID=&MenuID=522&ListID=3231

內政部（2014）。風災災害防救業務計畫。上網日期：2017年2月2日，取自內政部消防署全球
　　資訊網http://www.nfa.gov.tw/uploads/1/201503271026%E9%A2%A8%E7%81%BD%E7%81%
　　BD%E5%AE%B3%E9%98%B2%E6%95%91%E6%A5%AD%E5%8B%99%E8%A8%88%E7%95
　　%AB(103%E5%B9%B4%E6%A0%B8%E5%AE%9A).pdf

內政部（2016a）。災害防救法。上網日期：2017年2月15日，取自全國法規資料庫網頁http://
　　law.moj.gov.tw/LawClass/LawAll.aspx?PCode=D0120014

內政部（2016b）。震災（含土壤液化）災害防救業務計畫。上網日期：2017年2月2日，取自內
　　政部消防署全球資訊網頁http://www.nfa.gov.tw/main/Content.aspx?MenuID=756

行政院（1999）。九二一震災重建暫行條例。上網日期：2017年2月15日，取自全國法規資料庫
　　網頁http://law.moj.gov.tw/LawClass/LawAll.aspx?PCode=A0030110

行政院（2014）。身心障礙者權利公約施行法。上網日期：2017年2月15日，取自全國法規資料
　　庫網頁http://law.moj.gov.tw/News/news_detail.aspx?id=107425

行政院人事行政總處（2003）。天然災害停止辦公及上課作業辦法。上網日期：2017年2月15
　　日，取自全國法規資料庫網頁http://law.moj.gov.tw/LawClass/LawAll.aspx?PCode=S0110022

行政院災害防救專家諮詢委員會（2018）。仙台減災綱領落實策略建議。

行政院莫拉克颱風災後重建推動委員會（2013）。莫拉克颱風災後重建作業程序參考手冊。高
　　雄：行政院莫拉克颱風災後重建推動委員會。

李香潔、張歆儀、莊明仁、李欣輯、李中生、李沁妍、蘇昭郎、林李耀、陳宏宇（2017）。從
　　仙台減災綱領檢討未來防減災之規劃方向。新北市：國家災害防救科技中心。

李香潔、陳亮全（2012）。東日本大震災海嘯巨災下的避難收容與臨時安置。中興工程，115，

71-79。

李香潔、楊惠萱、莊明仁（2012）。老人及身心障礙福利機構災害脆弱性評估。新北市：國家災害防救科技中心。

高雄縣（2009）。高雄縣88災後社區及生活重建協力方案補助辦法。上網日期：2017年3月21日，取自高雄市政府社會局網頁http://socbu.kcg.gov.tw/

基隆市（2016）。基隆市地區災害防救計畫。上網日期：2016年8月1日，取自中央災害防救會報網頁http://www.cdprc.ey.gov.tw/cp.aspx?n=C0DE64FAF62FB9AA

郭英慈、賴怡璇、章瑜蓓、許明仁、李文正、林致君、金玉堅、黃宏斌、施邦築（2008）。96年度「防災科技教育深耕實驗研發計畫」推動成果與檢討。教育部顧問室。上網日期：2016年12月30日，取自國家災害防救科技中心網頁http://ncdr.nat.gov.tw/

新竹市（2016）。新竹市地區災害防救計畫。上網日期：2016年8月1日，取自中央災害防救會報網頁http://www.cdprc.ey.gov.tw/cp.aspx?n=C0DE64FAF62FB9AA

楊士毅（2011）。防災，每天都是一種練習－國立基隆特殊教育學校防災教育成果報告。上網日期：2016年07月6日，取自網頁http://eduxp.caece.net/uploads/1/8/6/3/18632820/cd02.pdf

經濟部（2010）。水災危險潛勢地區疏散撤離標準作業程序。上網日期：2016年07月6日，取自經濟部水利署防災資訊服務網http://fhy.wra.gov.tw/PUB_WEB_2011/Page/Frame_MenuLeft.aspx?sid=22

經濟部（2014）。水災災害防救業務計畫。上網日期：2016年7月22日，取自經濟部水利署防災資訊服務網http://fhy.wra.gov.tw/PUB_WEB_2011/Page/Frame_MenuLeft.aspx?sid=12&tid=34

農委會（2016）。土石流災害防救業務計畫。上網日期：2016年11月21日，取自行政院農委會水土保持局土石流防災資訊網http://246.swcb.gov.tw/

嘉義縣（2016）。嘉義縣地區災害防救計畫。上網日期：2016年8月1日，取自中央災害防救會報網頁http://www.cdprc.ey.gov.tw/cp.aspx?n=C0DE64FAF62FB9AA

臺中市（2016）。臺中市地區災害防救計畫。上網日期：2016年8月1日，取自中央災害防救會報網頁http://www.cdprc.ey.gov.tw/cp.aspx?n=C0DE64FAF62FB9AA

臺北市（2016）。臺北市地區災害防救計畫。上網日期：2016年8月1日，取自中央災害防救會報網頁http://www.cdprc.ey.gov.tw/cp.aspx?n=C0DE64FAF62FB9AA

臺東縣（2016）。臺東縣尼伯特颱風弱勢長者與身心障礙者屋損修繕補助。上網日期：2016年12月15日，取自臺東縣達仁鄉公所網頁http://www.ttdaren.gov.tw/FileUpload/%E4%BF%AE%E6%AD%A3%E8%A8%88%E7%95%AB.pdf

衛生福利部（2015）。身心障礙者權益保障法。上網日期：2017年3月7日，取自全國法規資料庫網頁http://law.moj.gov.tw/LawClass/LawAll.aspx?PCode=D0050046

蘇光偉、呂牧蓁、施慧中（2009）。特殊學校校園災害防救計畫編修暨考評獎勵機制之試行及檢討。教育部顧問室。上網日期：2016年12月30日，取自國家災害防救科技中心網頁http://

ncdr.nat.gov.tw/

Nippon.com.（2016年6 月18 日）。為了熊本災區等待救援的每一個人。上網日期：2016年12月30日，取自網頁http://www.nippon.com/hk/genre/society/l00157/

英文書目

Barile, M., Fichten, C., Ferraro, V., & Judd, D. (2006). Ice storm experiences of persons with disabilities: Knowledge is safety. *The Review of Disability Studies*, *2*(3), 35-48.

Dash, N., & Gladwin, H. (2007). Evacuation decision making and behavioral responses: Individual and household. *Natural Hazards Review*, *8*, 69-77.

FEMA. (2010). *Guidance on Planning for Integration of Functional Needs Support Services in General Population Shelters*. San Antonio: BCFS Health and Human Services.

FEMA. (2011). A whole community approach to emergency management: Principles, themes, and pathways for actions. Retrieved November 10, 2016 from, https://www.fema.gov/media-library/assets/documents/23781

FEMA. (2013). Accessible communication technology for disaster survivors. Retrieved November 10, 2016 from, https://www.fema.gov/media-library/assets/documents/105549

FEMA. (2016). The Stafford Act, as amended and emergency management-related provisions of the Homeland Security Act, as amended. Retrieved November 10, 2016 from, https://www.fema.gov/media-library-data/1490360363533-a531e65a3e1e63b8b2cfb7d3da7a785c/Stafford_ActselectHSA2016.pdf

Fox, M.H., White, G.W., Rooney, C., & Rowland, J. (2007). Disaster preparedness and response for persons with mobility impairments: Results from the University of Kansas Nobody Left Behind Project. *Journal of Disability Policy Studies*, 17(4), 196-205.

Hewitt, K. (2007). Preventable disasters: Addressing social vulnerability, institutional risk, and civil ethics. *Geographisches Rundscahu: International Edition*, *3*(1), 43-52.

Homeland Security, United States. (2005). Executive order 13347-individuals with disabilities in emergency preparedness. Retrieved November 11, 2016 from, https://www.dhs.gov/xlibrary/assets/CRCL_IWDEP_AnnualReport_2005.pdf

Lee, H.C., Yang, H.H., & Chuang, M.J. (2013). Develop a method to identify welfare institutions with flood or landslide risks in Taiwan. *Internet Journal of Society for Social Management Systems*, SMS12-4671.

Peek, L. & M. Stough. (2010). Children with disabilities in the context of disaster: A social vulnerability perspective. *Child Development*, *81*(4), 1260-70.

Phibbs, S., Good, G., Severinsen, C., Woodbury, E., &Williamson, K. (2015). Emergency preparedness and perceptions of vulnerability among disabled people following the Christchurch earthquakes: Applying lessons learnt to the Hyogo Framework for Action. *Australasian Journal of Disaster and Trauma Studies*, 19: 37-46.

Phillips, B.D. &. Morrow B.H. (2007). Social science research needs: Focus on vulnerable populations, forecasting, and warnings. *Natural Hazards Review*, 8 (3), 61-68.

Priestley, M. & Hemingway, L. (2006). Disability and disaster recovery: A tale of two cities? *J Soc Work Disabil Rehabil*, 5(3-4), 23-42.

Rooney, C., & White, G. W. (2007). Narrative analysis of a disaster preparedness and emergency response survey from persons with mobility impairments. *Journal of Disability Policy Studies*, 17(4), 206-215.

Rowland, J. L., White, G. W., Fox, M. H., & Rooney, C. (2007). Emergency response training practices for people with disabilities. *Journal of Disability Policy Studies*, 17(4), 216-222.

Silverstein, R. (2000). Emerging disability policy framework: A guidepost for analyzing public policy. *Iowa Law Review*, 85: 5.

Spence, P. R., Lachlan, K., Burke, J. M., & Seeger, M. W. (2007). Media use and information needs of the disabled during a natural disaster. *Journal of Health Care for the Poor and Underserved*, 18, 394-404

Stough, L. & Kang, D. (2016). The Sendai agreement and disaster risk reduction-- Conceptual influences from the field of disability studies. *Natural Hazards Observer*, XL(5). Retrieved November 16, 2016 from, https://hazards.colorado.edu/article/the-sendai-agreement-and-disaster-risk-reduction-conceptual-influences-from-the-field-of-disability-studies

Stough, L. M. (2009). The effects of disaster on the mental health of individuals with disabilities. In Y. Neria, S.Galea, & F. H. Norris (Eds.), Mental health consequences of disasters (pp. 264-276). New York: Cambridge University Press.

Stough, L. M., Sharp, A. N., Decker, C., & Wilker, N. (2010). Disaster case management and individuals with disabilities. *Rehabilitation Psychology*, 55(3), 211-220.

Stough, L.M. & Kang, D. (2015). The Sendai Framework for Disaster Risk Reduction and persons with disabilities. *International Journal of Disaster Risk Science, 6*(2), 140-149.

Tatsuki, S. (2012). Challenges in counter-disaster measures for people with functional needs in times of disaster following the Great East Japan Earthquake. *International Journal of Japanese Sociology*, 21(1), 12-20.

Tatsuki, S. (2013). Old Age, disability, and the Tohoku-Oki Earthquake. *Earthquake Spectra*, 29(S1), S403-S432.

The Asahi Shimbun. (2016, April 25). EDITORIAL: Improved system needed to assist disabled people in disasters. Retrieved November 16, 2016 from, http://www.asahi.com/ajw/articles/AJ201604250025.html

The Japan Times. (2016, May 08). Media show Kumamoto was woefully ill-prepared for disabled evacuees. By Michael Gillian Peckitt. Retrieved November 16, 2016 from, http://www.japantimes.co.jp/community/2016/05/08/voices/media-show-kumamoto-woefully-ill-prepared-disabled-evacuees/

Tierney, K. J., Petak, W. J., & Hahn, H. (1988). *Disabled Persons and Earthquake Hazards*. Boulder, CO: Institute of Behavioral Science, University of Colorado.

Twigg, J., Kett, M., Bottomley, H., Tan, L.T., & Nasreddin, H. (2011). Disability and public shelter in emergencies. *Environmental Hazards, 10*(3-4), 248-261.

UNFCCC. (2016). Paris Agreement. Retrieved November 10, 2016 from, http://unfccc.int/paris_agreement/items/9485.php

UNISDR. (2014). *Living with Disability and Disasters-UNISDR 2013 Survey on Living with Disabilities and Disasters - Key Findings*. Retrieved November 1, 2016 from, http://www.unisdr.org/2014/iddr/documents/2013DisabilitySurveyReport_030714.pdf

UNISDR. (2015). Sendai Framework for Disaster Risk Reduction 2015-2030. Retrieved July 25, 2016 from, http://www.unisdr.org/we/coordinate/sendai-framework

United Nations Human Settlements Programme. (2007). *Enhancing Urban Safety and Security: Global Report on Human Settlements*. London: Earthscan.

United Nations. (1971). Declaration on the Rights of Mentally Retarded Persons. Retrieved July 25, 2016 from, http://www.ohchr.org/EN/ProfessionalInterest/Pages/RightsOfMentallyRetardedPersons.aspx

United Nations. (1975). Declaration on the Rights of Disabled Persons. Retrieved July 25, 2016 from, http://www.ohchr.org/EN/ProfessionalInterest/Pages/RightsOfDisabledPersons.aspx

United Nations. (1982). World Program of Action Concerning Disabled Persons. Retrieved July 25, 2016 from, https://www.un.org/development/desa/disabilities/resources/world-programme-of-action-concerning-disabled-persons.html

United Nations. (1993). Standard Rules on Equalization of Opportunities for Persons with Disabilities. Retrieved December 3, 2016 from, http://www.un.org/esa/socdev/enable/dissre00.htm

United Nations. (2006). Convention on the Rights of Persons with Disabilities. Retrieved May 20, 2016 from, https://www.un.org/development/desa/disabilities/convention-on-the-rights-of-persons-with-disabilities.html

United States. (1990). American with Disability Act. Retrieved January 16, 2017 from, https://www.dol.gov/general/topic/disability/ada

United States. (2006). Post-Katrina Emergency Management Reform Act. Retrieved January 16, 2017 from, https://www.congress.gov/bill/109th-congress/senate-bill/3721

United States. (2007). Homeland Security Appropriations Act. Retrieved January 16, 2017 from, https://www.congress.gov/bill/114th-congress/house-bill/5634

van Willigen, M., Edwards, T., Edwards, B., & Hessee, S. (2002). Riding out the storm: Experiences of the physically disabled during Hurricanes Bonnie, Dennis, and Floyd. *Natural Hazards Review*, 3(3), 98-106.

White, B. (2006). Disaster relief for deaf persons: Lessons from Hurricanes Katrina and Rita. *The Review of Disability Studies*, 2(3), 49-56.

Wisner, B. (2002). *Disability and Disaster: Victimhood and Agency in Earthquake Risk Reduction*. Newcastle upon Tyne, UK: Northumbria University.

Wisner, B., Blaikie, P., Cannon, T., & Davis, I. (2004). *At Risk: Natural Hazards, People's Vulnerability, and Disasters* (2nd ed.). New York, NY: Routledge.

國家圖書館出版品預行編目資料

災難救援、安置與重建／林萬億著. －－初
版. －－臺北市：五南, 2018.10
　　面；　公分
　　ISBN 978-957-11-9822-4 (平裝)

1.災難救助　2.災後重建　3.文集

548.3107　　　　　　　　　　107011750

1JC7

災難救援、安置與重建

作　　者 ―	林萬億	張麗珠	李香潔	莊明仁	陳竹上	王秀燕
	陳武宗	謝宗都	陳偉齡	劉華園	傅從喜	謝志誠
	邵俊豪	邵珮君	趙善如	范舜豪	吳慧菁	譚慧雯
	蕭淑媛	鍾昆原	蔡宜廷	黃瑋瑩	李俊昇	鄭如君
	楊文慧	林珍珍	邱筱雅	蔡宜蓉	林津如	

發 行 人 ― 楊榮川

總 經 理 ― 楊士清

主　　編 ― 陳姿穎

責任編輯 ― 沈郁馨

封面設計 ― 姚孝慈　王麗娟

出 版 者 ― 五南圖書出版股份有限公司

地　　址：106台北市大安區和平東路二段339號4樓

電　　話：(02)2705-5066　　傳　　真：(02)2706-6100

網　　址：http://www.wunan.com.tw

電子郵件：wunan@wunan.com.tw

劃撥帳號：01068953

戶　　名：五南圖書出版股份有限公司

法律顧問　林勝安律師事務所　林勝安律師

出版日期　2018年10月初版一刷

定　　價　新臺幣980元